中国社会科学年鉴

中国地方志年鉴 2016

YEARBOOK OF CHINESE LOCAL RECORDS

中国地方志指导小组办公室 主办

中国社会科学出版社

图书在版编目（CIP）数据

中国地方志年鉴 . 2016 / 中国地方志指导小组办公室主办 . —北京：中国社会科学出版社，2017. 12

ISBN 978 - 7 - 5203 - 1791 - 7

Ⅰ. ①中…　Ⅱ. ①中…　Ⅲ. ①地方志—编辑工作—中国—2016—年鉴　Ⅳ. ①K290 - 54

中国版本图书馆 CIP 数据核字(2017)第 324784 号

出 版 人　赵剑英
责任编辑　孙铁楠　赵　慧
责任校对　林福国
责任印制　张雪娇

出　　版　中国社会科学出版社
社　　址　北京鼓楼西大街甲 158 号
邮　　编　100720
网　　址　http://www.csspw.cn
发 行 部　010 - 84083685
门 市 部　010 - 84029450
经　　销　新华书店及其他书店

印刷装订　三河市东方印刷有限公司
版　　次　2017 年 12 月第 1 版
印　　次　2017 年 12 月第 1 次印刷

开　　本　889 × 1194　1/16
印　　张　41.5
插　　页　16
字　　数　1228 千字
定　　价　278.00 元

凡购买中国社会科学出版社图书，如有质量问题请与本社营销中心联系调换
电话：010 - 84083683

编辑说明

一、《中国地方志年鉴》是经国家新闻出版广电总局批准、由中国地方志指导小组办公室主办、国内外公开发行的正式出版物，是一部全面系统地记述中国地方志事业发展状况的专业年鉴。从2016年卷起，改为书号。

二、《中国地方志年鉴（2016）》的编纂，坚持以马克思列宁主义、毛泽东思想、邓小平理论、“三个代表”重要思想、科学发展观为指导，全面贯彻习近平总书记系列重要讲话精神，客观翔实记述2014年全国及各省（自治区、直辖市）、市（地、州、盟）、县（市、区、旗）三级地方志编纂委员会（办公室）、新疆生产建设兵团志办公室、武警总部编研部、国务院有关部委局史志机构等地区、部门（行业）地方志工作的基本情况。

三、为了更好地反映全国地方志系统的工作情况，结合地方志工作的实际，《中国地方志年鉴（2016）》设特载，特辑，大事记，中国地方志指导小组及其办公室工作，志书编纂与出版，旧志整理与出版，年鉴编纂与出版，地方志资源开发利用，信息化与方志馆建设，理论研究与期刊出版，学会活动与理论研讨，法规规章与督察指导，工作会议，专业培训与考察交流，机构队伍，人物，文献类目。

四、在栏目编排上，《中国地方志年鉴（2016）》采用分类编辑法，类目下设分目，分目下设条目，以条目为主体。特载、特辑、大事记、中国地方志指导小组及其办公室工作、工作会议、专业培训与考察交流等类目按时间排序；论文索引、人物选介按汉语拼音音序排序；其他类目依行政区划排列，同一行政区域的在相对集中的前提下，再按时间排序。全书使用规范的语体文记述，文字言简意赅。

五、为便于读者查阅，卷首设中、英文目录，卷末有索引。索引采用主题分析法，包括地方志工作机构名和书名，按汉语拼音音序排列。

六、本年鉴所采用的文字内容和数据，除特载、研究综述、论点摘编和论文索引为特约稿外，其他资料基本由各级地方志工作机构提供，并经单位领导审定。对部分遗漏和不完整的资料，则从全国地方志系统期刊简报摘录补充，以全面系统地反映地方志工作情况。

《中国地方志年鉴》编辑委员会

《中国地方志年鉴(2016)》撰稿人名单

北京市：赵文才
天津市：天津市地方志办公室
河北省：魏铁军　华晓梅　鲍秋芬　张耀鑫
山西省：杨建中
内蒙古自治区：包勒格　赵　婧　姚思泰　李向兵　董丽娜　秦倩倩
辽宁省：梁忠音　杜祥武　姜潮洋　由林鹏　宁　芳　胡　亮
吉林省：李　雯　周玉顺　张圣祺　寇旭华　高　岩　张成训　肖志刚　刘士宏　李　刚　付　莉　李为平　侯远东　田莎莎　张　健　方永生　常京锁　马艾民　于泳生　刘传仁　赵　杰　桂剑峰
黑龙江省：徐　萍
上海市：王荣发　陈　畅　刘雪芹　赵明明　胡　俭　宋仲琤　孙长青　吕鲜林　王继杰
江苏省：武文明　朱莉萍　朱崇飞　张　丽　宫冠丽　李海宏
浙江省：周田田　浙江省地方志办公室　湖州市史志办公室　嘉兴市史志办公室　温州市史志办公室　绍兴市史志办公室　衢州市地方志办公室　台州市地方志办公室　丽水市地方志办公室　金华市地方志办公室　舟山市史志办公室
安徽省：史五一　章慧丽
福建省：孙洁斐　林忠玉　龚美华　陈建强　陈声华　张　宣　郑美华　曹传宁　林扬国
江西省：张志勇
山东省：李　坤　孙　杰吴　亮
河南省：王　颖　汪朝霞　程　茜　马俊明　胡柱文
湖北省：黄　绢　湖北省地方志办公室
湖南省：张征远　毛青山　黄俊军　隆清华　杨　帆　李章进　阳雍悦　刘运华　刘兴汉　邹　青　王　静　冯祥定　余勇辉　徐纪进　李献珍　张　睿　蔡素云
广东省：吕汉光
广西壮族自治区：韦　晓
海南省：李　鑫
重庆市：杨祖静　熊　英　司逸澈　重庆市地方志办公室

四川省：黄　绚　朱艳林　何颖雪　牛　森　刘　刚　臧国亮　冷国文　刘艳平
贵州省：贵州省地方志办公室
云南省：陈天武　郑灵琳　刘建军　方爱琴　赵　芳
西藏自治区：西藏自治区地方志办公室
陕西省：丁　喜
甘肃省：梁兴明
青海省：马 渊
宁夏回族自治区：王玉琴
新疆维吾尔自治区：陈　忠
新疆生产建设兵团：周　崇　陈俊芳　宋元杰　赵美成　张　萍　王元武　朱世坤　孙　静　陈远芳　贺啸威　曾庆硕　张婷婷　张　畅　第五师史志办公室　第十四师史志办公室
石家庄市：肖海军
太原市：太原市地方志办公室
沈阳市：俄文亮
大连市：何玉红　孙建宏　刘　成　阎　利
哈尔滨市：哈尔滨市地方志办公室
南京市：王艳荣
杭州市：蔡建明　刘金炎　冯跃民　金利权　倪　晴　许红霞　高　丹　李景苏　张　红　吴爱林　刘东山　钟丽佳　陈炜祥　刘雪萍　秦文蔚　吴　铮　俞美娜　俞胜男　《杭州文化年鉴》编辑部　下城区志办公室
宁波市：高曙明
合肥市：田　文
福州市：张　灵
厦门市：郑　欣
南昌市：邓水龙　南昌市史志办公室
济南市：张　阳
青岛市：李　乒
郑州市：李占虎
长沙市：长沙市地方志办公室
广州市：李玉平　贺　坤　郑剑锋　郭艳玲　陈　喆　张丽蓉　梁斯豪　颜岳军　王　娜　朱忠泽　杨宏伟　潘　虹　卢玉华　李启伦
深圳市：黄 玲　周 华　刘　耀　岳　颖　林吟专
南宁市：覃庆梅
昆明市：宇应军
西安市：姬娟妮
全军军事志指导小组办公室：丁国瑞　新疆军区军事志领导小组办公室

山西省军区军事志领导小组办公室

中国铁路总公司：叶 清

中国地方志指导小组办公室：杨军仕　刘永强　王　超　冷晓玲　杨卓轩　范锐超　宿万涛

摄影：李　坤　武　斌　朱高磊　陈广通　阳雍悦　易可倩　任璀洛　张婷婷　赵美成　王喜武

有关组织机构全称、简称对照表

中国共产党中央委员会	中共中央
中华人民共和国全国人民代表大会	全国人大
中国人民政治协商会议	政协
中国共产党中央军事委员会	中央军委
中华人民共和国国务院办公厅	国务院办公厅
中华人民共和国国家发展和改革委员会	国家发展改革委
中华人民共和国国家民族事务委员会	国家民委
中华人民共和国财政部	财政部
中华人民共和国人力资源和社会保障部	人社部
中华人民共和国教育部	教育部
中华人民共和国国土资源部	国土资源部
国家新闻出版广播电影电视总局	新闻出版广电总局
中国民用航空总局	民航总局
中国人民解放军	解放军
中国人民武装警察部队	武警部队
新疆生产建设兵团	兵团
中国共产党××省（自治区、直辖市）、市（地、州、盟）、县（市、区）委员会	××省（自治区、直辖市）、市（地、州、盟）、县（市、区）委
××省（自治区、直辖市）、市（地、州、盟）、县（市、区）人民代表大会	××省（自治区、直辖市）、市（地、州、盟）、县（市、区）人大
中国人民政治协商会议××省（自治区、直辖市）、市（地、州、盟）、县（市、区）委员会	××省（自治区、直辖市）、市（地、州、盟）、县（市、区）政协
中国地方志指导小组	中指组
中国地方志指导小组办公室	中指办

××省（自治区、直辖市）、市（地、州、盟）、县（市、区）地方志编纂委员会	××省（自治区、直辖市）、市（地、州、盟）、县（市、区）地方志编委会
××省（自治区、直辖市）、市（地、州、盟）、县（市、区）地方志编纂委员会办公室	××省（自治区、直辖市）、市（地、州、盟）、县（市、区）志办
××省（自治区、直辖市）、市（地、州、盟）、县（市、区）人民政府地方志办公室	××省（自治区、直辖市）、市（地、州、盟）、县（市、区）志办
××省（自治区、直辖市）、市（地、州、盟）、县（市、区）地方志办公室	××省（自治区、直辖市）、市（地、州、盟）、县（市、区）志办
××省（自治区、直辖市）、市（地、州、盟）、县（市、区）地方史志办公室	××省（自治区、直辖市）、市（地、州、盟）、县（市、区）史志办
科学技术委员会	科委
卫生和计划生育委员会	卫计委
文学联合会	文联
社会科学联合会	社科联
教育委员会	教委
地质矿产厅	地矿厅
外事办公室	外事办
规划委员会	规划委
住房和城乡建设委员会	住建委
管理委员会	管委会
烟草专卖局	烟草局
经济贸易委员会	经贸委
新闻出版广播电影电视局	新闻出版广电局
纪律检查委员会	纪检委（纪委）
工商业联合会	工商联
工商行政管理局	工商局
人民武装部	人武部

全国地方志系统先进模范座谈会

◀ 12 月 29 日，全国地方志系统先进模范座谈会在人民大会堂召开。中共中央政治局委员、国务院副总理刘延东在座谈会召开前亲切接见与会代表

▶ 12 月 29 日，刘延东在接见参加全国地方志系统先进模范座谈会代表时发表重要讲话

◀ 12 月 29 日，全国地方志系统先进模范座谈会的主席台就座领导（自左至右）有：北京市人大常委会原副主任段柄仁，军事科学院军事历史和百科研究部部长曲爱国，文化部副部长杨志今，军事科学院副院长、中指组副组长何雷，中国社会科学院院长、中指组组长王伟光，中国社会科学院副院长、中指组常务副组长李培林，国家档案局局长、中指组副组长李明华，国家宗教事务局副局长陈宗荣，国家公务员局副局长卢雍政

▶ 12 月 29 日，中指组秘书长，中指办党组书记、主任赵芮（前排右二），中指组副秘书长、中指办副主任冀祥德（前排左二），中指办副主任刘玉宏（前排右一）、邱新立（前排左一）出席座谈会

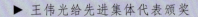

◀ 先进工作者代表上台领奖

▶ 王伟光给先进集体代表颁奖

◀ 先进集体代表上台领奖

中指组五届二次会议

◄ 3 月 27 日，中指组五届二次会议在北京召开。中国社会科学院院长、中指组组长王伟光出席会议并讲话。中国社会科学院副院长、中指组常务副组长李培林主持会议，传达习近平总书记等中央领导同志关于地方志工作的重要讲话、重要批示精神，并对中指组部分组成人员变动及调整情况进行通报说明。中指办党组书记赵芮汇报中指组五届一次会议以来全国地方志工作情况。第五届中指组副组长、成员近 30 人参加会议。图为会议会场

► 出席中指组五届二次会议代表合影

全国地方志机构主任工作会议

▶ 4 月 17 日至 18 日，全国地方志机构主任工作会议在安徽省合肥市召开。主席台就坐领导（自左至右）有：中指办副主任邱新立，中指组副秘书长、中指办副主任冀祥德，安徽省政府副秘书长吴行，中国社会科学院副院长、中指组常务副组长李培林，中国社会科学院院长、中指组组长王伟光，安徽省副省长谢广祥，中指办党组书记赵芮，安徽省志办主任朱文根，中指办副主任刘玉宏

◀ 4 月 17 日，王伟光向广东省政协常委、文史委员会副主任、广东省志办原主任陈强（右一），吉林省地方志编委会原党组书记、副主任刘淑坤（代领），厦门市志办原主任葛向勇（左一）颁发荣誉牌匾、荣誉证书

▶ 4 月 17 日，李培林参加全国地方志机构主任工作会议第一组分组讨论

◀ 全国地方志机构主任工作会议会场

2016 年度全国地方志机构主任工作会议

◀ 12 月 30 日，2016 年度全国地方志机构主任工作会议在北京召开。主席台就座领导（自左至右）有：中指办副主任邱新立，中指组副秘书长、中指办副主任冀祥德，中国社会科学院院长、中指组组长王伟光，中国社会科学院副院长、中指组常务副组长李培林，中指办副主任刘玉宏

▶ 王伟光作报告

◀ 李培林总结讲话

► 会上，王伟光向北京市志办原主任王铁鹏、河南省史志办原主任霍宪章、云南省志办原主任李一是颁发荣誉牌匾、荣誉证书

◄ 会上，王伟光、李培林等向山西省志办、山东省史志办、广东年鉴社、南京市志办、拉萨市志办、温州市志办、驻马店市史志办、北京市海淀区史志办、延吉市志办、威远县史志办等10家首批全国年鉴工作试点单位授牌

中国地方志学会第六届会员代表大会暨第六届理事会第一次会议

◀ 12 月 29 日上午，中国地方志学会第六届会员代表大会暨第六届理事会第一次会议在北京召开。主席台就座领导（自左至右）有：中指办副主任邱新立，中指组副秘书长、中指办副主任冀祥德，中国社会科学院副院长、中指组常务副组长李培林，中指组秘书长，中指办党组书记、主任赵芮，中指办副主任刘玉宏

▶ 李培林讲话

◀ 会议代表合影

第五届中国地方志学术年会

▶ 11月9日，第五届中国地方志学术年会在厦门市召开。主席台就座领导（自左至右）有：中指办副主任邱新立，福建省政府副秘书长赖碧涛，厦门市副市长国桂荣，中国社会科学院副院长、中指组常务副组长李培林，中指组秘书长，中指办党组书记、主任赵芮，中指组副秘书长、中指办副主任冀祥德，福建省地方志编委会主任冯志农

◀ 李培林讲话

▶ 会议会场

中国地方志指导小组领导调研活动

◀ 3 月 18 日，中国社会科学院副院长、中指组常务副组长李培林到四川省调研地方志工作

▶ 4 月 16 日，中国社会科学院院长、中指组组长王伟光到安徽省调研地方志工作

◀ 5 月 19 日，中国社会科学院副院长、中指组常务副组长李培林到广东省调研地方志工作

►6月5日，中国社会科学院院长、中指组组长王伟光到上海市调研地方志工作

◄6月6日，中国社会科学院副院长、中指组常务副组长李培林到常州市调研地方志工作

►6月24日，中国社会科学院院长、中指组组长王伟光，中国社会科学院副院长、中指组常务副组长李培林到天津市调研地方志工作

◀ 6 月 26 日，中国社会科学院副院长、中指组常务副组长李培林到江苏省调研地方志工作

▶ 6 月 27 日，中国社会科学院院长、中指组组长王伟光到内蒙古自治区阿拉善盟调研地方志工作

◀ 7 月 10 日，中国社会科学院副院长、中指组常务副组长李培林到湖南省调研地方志工作

▶ 7 月 17 日，中国社会科学院院长、中指组组长王伟光到云南省调研地方志工作

◀ 7 月 24 日，中国社会科学院副院长、中指组常务副组长李培林到贵州省调研地方志工作

▶ 8 月 6 日至 7 日，中国社会科学院院长、中指组组长王伟光到吉林省调研地方志工作

◀ 9 月 13 日，中国社会科学院院长、中指组组长王伟光到四川省调研《全国地方志事业发展规划纲要（2015—2020 年）》贯彻落实工作

▶ 10 月 12 日，中国社会科学院副院长、中指组常务副组长李培林到黑龙江省调研地方志工作

◀ 11 月 16 日上午，中国社会科学院副院长、中指组常务副组长、中国名镇志丛书编纂委员会主任李培林到方志出版社调研《中国名镇志文化工程丛书》出版工作

全国地方志系统业务研讨活动

▶ 6 月 24 日至 28 日，专业技术人才知识更新工程 2015 年全国地方综合年鉴资源开发利用高级研修班在北京举办

◀ 9 月 16 日，全国地方综合年鉴编纂高级研修班在银川市举办

▶ 10 月 19 日，全国地方志工作机构新任负责人培训班在泉州市举办

◀ 12 月 19 日，广东省委常委、常务副省长徐少华（左二），广东省委常委、宣传部长慎海雄（右二），广东省原副省长钟启权（左一），中指组副秘书长、中指办副主任冀祥德（右一）为广东省方志馆揭牌

▶ 12 月 1 日，中国地情网、中国方志网开通仪式在国家方志馆举行

◀ 中国社会科学院副院长、中指组常务副组长李培林出席中国地情网、中国方志网开通仪式并作讲话

省、自治区、直辖市地方志工作

▶2月26日，广东省省长朱小丹（左四），省委常委、常务副省长徐少华（左三），省政府秘书长李锋到广东省志办，代表省委、省政府向省志办干部职工和全省地方志工作者致以新春问候与祝福

◀4月24日，山东省副省长王随莲（右二）听取山东省政府办公厅党组成员、省史志办主任刘爱军（左二）关于全国地方志机构主任工作会议精神及贯彻落实意见的汇报，并对下一步工作作出重要指示

▶6月18日，浙江省副省长、省地方志编委会副主任郑继伟主持召开《浙江通志》编纂工作座谈会

◀8月18日，山东副省长王随莲（右四）到济宁市督导第二轮地方志编修工作

▶8月25日上午，黑龙江省第九次地方志工作会议在哈尔滨市召开。黑龙江省副省长于莎燕，中指组秘书长，中指办党组书记、主任赵芮出席会议并讲话

◀9月11日上午，浙江省委书记夏宝龙（前排一）到杭州市余杭区志办考察

▶12月21日，西藏自治区党委常务副书记吴英杰到西藏区志办视察调研，慰问全体史志工作者，听取全区史志工作情况汇报并作讲话

目　　录

特　　载

特 辑

• 省部级领导与地方志工作

大事记

中国地方志指导小组及其办公室工作

志书编纂与出版

• 编纂进展

● **乡镇村志出版**

旧志整理与出版

年鉴编纂与出版

● 年鉴创刊

• **年鉴出版统计**

地方志资源开发利用

● 地情书编写与出版

• 信息咨询与服务

信息化与方志馆建设

● 网站建设

● **数字化建设**

● **方志馆建设**

理论研究与理论研讨

学会活动与期刊出版

- **通讯简报**

法规规章与督察指导

- **法规规章**

● 督查指导

工作会议

● 地方志工作会议

• 年鉴工作会议

专业培训与考察交流

● **业务培训**

● **考察交流**

机构队伍

• 机构设置

• 表彰先进

人 物

● 领导名录

● 人物选介

文 献

● 修志文件

• 领导讲话摘要

索　　引

Contents

特　　载

·习近平总书记、李克强总理指示、批示

习近平总书记重要指示[①]

（2015 年 7 月 30 日）

加强国家层面的统筹协调，按照“总体研究要深、专题研究要细”的原则，制定中长期规划和具体工作方案，确定研究重点和主攻方向。要整合全国学术机构和研究队伍，协调各地党史、军史、档案、政协文史资料、地方志、社科院、高校等部门和机构的力量，扶持民间研究，从军事、政治、经济、文化、社会、外交、国际等领域对抗战进行系统研究，推出高水准的权威专著和通俗读物。有关部门要加强指导和协调，国家社科基金、出版基金要把抗战研究纳入重点资助范围，加大支持力度。

抗战研究要深入，就要更多通过档案、资料、事实、当事人证词等各种人证、物证来说话。要加强资料收集和整理这一基础性工作，全面整理我国各地抗战档案、照片、资料、实物等，同时要面向全球征集影像资料、图书报刊、日记信件、实物等。要做好战争亲历者头脑中活资料的收集工作，抓紧组织开展实地考察和寻访，尽量掌握第一手材料。

李克强总理重要批示[②]

（2015 年 12 月 28 日）

全国广大地方志工作者赓续传统，创新理念，涌现出一大批优秀人才。谨向受表彰的先进集体和先进工作者表示祝贺！方志流传绵延千载，贵在史识，重在致用。各级政府都要关心和支持地方志事业发展，也希望地方志工作者继续发扬方志人精神，志存高远，力学笃行，直笔著信史，

---

① 这是中共中央总书记、国家主席、中央军委主席习近平在中共中央政治局第二十五次集体学习时的讲话。标题为编者所拟。引自 2015 年 8 月 1 日《光明日报》第一版。

② 在 2015 年 12 月 29 日全国地方志系统先进模范座谈会召开前夕，中共中央政治局常委、国务院总理李克强对地方志工作者作出重要批示。标题为编者所拟。

彰善引风气，为当代提供资政辅治之参考，为后世留下堪存堪鉴之记述。

·全国地方志系统先进模范代表座谈会领导讲话

在接见全国地方志系统先进模范代表时的讲话

（2015 年 12 月 29 日）

刘延东

同志们：

今天，全国地方志系统先进模范座谈会在这里举行，这是地方志系统的喜事和盛事。我代表党中央、国务院，向受到表彰的先进集体和先进工作者表示热烈的祝贺！向参加会议的各位同志并通过你们向全国广大地方志工作者致以诚挚的问候！

党中央、国务院非常关心地方志工作。习近平总书记强调历史是最好的教科书，要高度重视修史修志，把历史智慧告诉人们，使人们了解过去、把握现在、开创未来；指示要统筹协调包括地方志在内的多个部门和机构的力量，深入开展中国人民抗日战争研究。李克强总理专门为这次座谈会作出重要批示，强调要直笔著信史，彰善引风气，为当代提供资政辅治之参考，为后世留下堪存堪鉴之记述。总书记、总理的重要指示批示精神，高屋建瓴，内涵丰富，要求明确，为今后工作指明了方向。我们要深入学习领会，认真贯彻落实。

地方志是历史智慧的结晶，是维系中华民族血脉亲情的重要力量。编修地方志是中华民族的优秀文化传统，其存史、育人、资治功能在当今时代日益彰显。过去五年，在地方各级党委政府和有关部门的大力支持下，全国广大地方志工作者辛勤耕耘、埋头苦干，形成了以修志编鉴为主业、各项工作协调开展的格局，为弘扬社会主义核心价值观，繁荣社会主义先进文化，建设社会主义文化强国，提升中华文化软实力作出了独特贡献。今天受到表彰的先进集体和先进工作者，就是其中的杰出代表。

今后五年，是全国建成小康社会、实现我们党建党百年奋斗目标的决胜阶段。我们将在以习近平同志为总书记的党中央领导下，按照“四个全面”战略布局，将改革开放和现代化建设事业推向前进，这为地方志工作搭建了广阔的历史舞台。地方志工作要按照党中央、国务院的决策部署，认真落实今年 8 月印发的《全国地方志事业发展规划纲要（2015—2020 年）》，认真履行职责，发挥更大作用。

一要找准时代定位，忠实记录我们党带领人民开拓奋进的伟大历史进程。编修地方志可追溯至春秋战国时期，绵延千载，历久弥新。回顾浩瀚的人类历史长河，审视世界不同文明的源流演变，我国历代先贤圣哲通过修史修志，以文字记述为主要形式，传承着中华民族的文化血脉，这体现了中华文化和中华民族之伟大。在当今改革发展的伟大时代，地方志工作更是大有可为。要紧跟时代步伐，勇担历史使命，忠实记录中国共产党领导人民坚持和发展中国特色社会主义的光辉历程和丰功伟绩，翔实记载中华民族走向复兴、实现中国梦的伟大进程，将这个伟大的时代客观、全面地载入史册，告之后人，传之久远。

二要坚持正确历史观和科学方法论，提升地方志编修质量。要掌握科学武器，坚持辩证唯物主义和历史唯物主义的世界观、历史观和方法论，去粗取精、去伪存真，把历史精华总结出来，传播和弘扬社会主义核心价值体系，增强人们的历史自信和文化自信，有力反击歪曲、篡改、否定历史的历史虚无主义。要创新理念，拓展领域，完善技术，全面完成第二轮修志规划任务，实现省市县三级地方综合年鉴全覆盖，确保编修史实客观、真实，经得起历史检验，为到2020年基本形成包括地方志编修、理论研究和学科建设、质量保障、资源开发利用、工作保障的地方志事业发展综合体系打牢坚实基础。

三要创新服务手段，开发利用好地方志资源。要加快方志馆和地方志信息化建设，用新的理念和技术加强和创新对地方志资源的开发利用，推动地方公共文化建设，使地方志更好地发挥传承历史、展现当今、启引未来的作用，不仅展示风土人情，而且反映当地的经济建设、社会民生、文化和法制建设等面貌，成为地方的“精神名片”，更好地发挥资政育人功能，教育人们热爱国家、热爱养育自己的土地，增添正能量。要通过学术交流与合作，推介高质量地方志成果，充分展示地方志的当代价值和恒久魅力，展示中国形象，讲好中国故事，服务中华文化走出去，增强中华文化影响力，让世界更多了解中国的过去，更好理解中国的现在和未来。

编修出具有传世价值的地方志精品，发挥好地方志的独特作用，关键在队伍。地方志工作者要加强学习，提高素质，写好新中国的历史，写好改革开放的历史，写好全面建成小康社会的历史。各级党委政府要关心支持地方志事业发展，通过完善机制、开展督查、依法治志等，推动《地方志工作条例》和《全国地方志事业发展规划纲要（2015—2020年）》目标任务落到实处。希望受到表彰的先进集体和先进工作者继续发扬担当精神、引领精神，直笔著史，再创佳绩。希望广大地方志工作者进一步增强大局意识、使命意识，学习先进，赶超先进，奋力书写地方志事业发展新篇章！

新春将至，提前祝大家工作顺利，阖家幸福！

公心直笔著信史阐善瘅恶引风气

——在全国地方志系统先进模范座谈会上的讲话

（2015年12月29日）

王伟光

同志们：

今天，人力资源和社会保障部、中指组在庄严的人民大会堂联合召开会议，隆重表彰全国地方志系统先进集体和先进工作者，我代表中指组，向受到表彰的先进集体、先进工作者表示热烈祝贺和崇高敬意！这次会议得到了党中央国务院的高度重视，中共中央政治局常委、国务院总理李克强专门作出重要批示；会前，中共中央政治局委员、国务院副总理刘延东亲切接见与会代表并发表重要讲话。李克强总理和刘延东副总理的重要批示、重要讲话，内涵深刻，意义重大，对新时期地方志工作提出了要求、明确了定位、指明了方向。各级地方志工作机构和广大地方志工作者要认真学习，深刻领会，全面贯彻落实，不辜负党中央国务院的重托，为实现2020年全国地方志事业发展目标砥砺前行，奋发有为，开启地方志事业发展的新篇章。

党的十八大以来，党中央从坚持和发展中国特色社会主义全局出发，作出全面建成小康社会、全面深化改革、全面依法治国、全面从严治党的战略部署，确立了实现“两个一百年”、实现中华民族伟大复兴中国梦的奋斗目标。刚刚召开的党的十八届五中全会，将今后五年确定为全面建成小康社会的决胜阶段。在举国上下为实现“两个一百年”奋斗目标、实现中华民族伟大复兴中国梦而奋力拼搏之际，全国地方志系统全面贯彻党的十八大和十八届二中、三中、四中、五中全会精神，全面贯彻习近平总书记系列重要讲话精神、李克强总理和刘延东副总理关于地方志工作的重要批示和讲话精神，全面贯彻国务院办公厅印发的《全国地方志事业发展规划纲要》，紧紧把握重大战略发展机遇期，一心一意谋发展，千方百计求突破，迎来了事业发展的最好时期。地方志工作在国家文化建设中的地位日益突出，作为各地基础文化工程的作用日益凸显，存史、育人、资治功能日益显现。一是地方志工作得到各级党委政府的高度重视，以依法治志为核心，“一纳入、八到位”为总抓手，“党委领导，政府主持，各级地方志工作机构组织实施，社会各界广泛参与”为体制机制，执法检查、行政督查等为工作手段的地方志事业保障体系日益完善。二是修志编鉴主体地位进一步巩固，第二轮修志全面深入推进，综合年鉴编纂省市县三级全覆盖进程加快，以地方综合志书、综合年鉴编纂为龙头，部门志鉴、行业志鉴、专题志、乡镇村志等为有机组成部分的地方志编纂体系日益成型。三是地方志资源开发利用进一步加强，公共文化服务能力不断提高，社会效益不断提升，开发出一大批群众喜闻乐见的地方志文化成果，以方志馆、地情网站、微信公众平台、手机报、数据库为公共文化服务平台，地情读物、教育读本、快报简讯等为载体的资源开发利用体系日益完善。四是地方志学科建设进一步推进，理论研究的主动意识不断提升，以建立独立的方志学学科为目标，地方志基础理论、编纂理论、管理理论为主线的理论研究和学科建设体系日益成熟。五是机构队伍建设进一步强化，机构职能得到优化，队伍新老交替逐步解决，以各级地方志工作机构为核心，部门、行业、乡镇修志机构为延伸，专兼职修志人员相结合的地方志工作队伍日益壮大。面对大好形势，如何乘势而上，在新的伟大历史时期找准发展定位，在当前良好发展形势下继续开创地方志事业发展新格局，充分展示方志文化的博大精深和无穷魅力，在协调推进“四个全面”战略布局中继续发挥重要作用，为提高国家文化软实力，实现“两个一百年”奋斗目标和中华民族伟大复兴中国梦作出新的、更大贡献，是当前和今后一个时期摆在全国地方志工作者面前的重大命题。

同志们！

习近平总书记指出：“人事有代谢，往来成古今。历史研究是一切社会科学的基础，承担着‘究天人之际，通古今之变’的使命。”“重视历史、研究历史、借鉴历史，可以给人类带来很多了解昨天、把握今天、开创明天的智慧。”他强调，“历史是人类最好的老师”，要以史为鉴、知古鉴今，在对历史的深入思考中做好现实工作、更好走向未来。历史是前人的“百科全书”，方志是地方的“百科全书”。从学科属性上讲，方志自古即有属历史书说、地理书说、史地书说、资料书说、时政书说等多种说法，其中属历史书说为学界多数人所认可。北宋著名学者李宗谔指出：“地志起于史官，郡记出于风土。”地志、郡记均为地方志的先源，据此可知古人对方志为史的属性早有认识。梁启超即断言：“最古之史，实为方志。”自隋唐确立地方志官修制度以来，方志人始终承担着记录历史、保存乡邦文献的史家职责，承担着“公心直笔著信史，阐善瘅恶引风气”、探索和挖掘历史智慧的重要使命。改革开放以来，几代方志人正是秉持为党立言、为国存史、为民修志的崇高情怀，默默无闻，无私奉献，在艰苦、辛苦、清苦的工作岗位上，涌现了像山西燕居谦、河南郑永立等为修志奉献终生，以及人力资源社会保障部、中指组三次联合表彰的一大批先进集体、先进工作者。这些先进模范，是时代的楷模，是精神的丰碑，是激励我们奋发向前的正能量，是鲜活的社会主义价值观和巨大的中国特色社会主义精神财富的模范，集中体现了方志人的精气神。

伟大事业需要伟大精神。有了精神的引领，才能信心十足，勇往直前，坚定不移地沿着正确的道路，瞄准既定的目标前进。有了精神的助推，才能前行不怠、开拓进取，不断破解前进道路上的各种难题，不断克服各种各样的困难。有了精神的滋养，才能一代又一代地涌现自觉担当大任、埋头苦干的优秀分子，才能让民族思想文化素质不断提升，才能让创造活力充分涌流。有了精神的凝聚，才能夯实团结奋进的思想基础，让无数人勠力同心，心往一处想，劲往一处使；才能形成"人心齐、泰山移"的态势，聚集起所有人的力量去成就震古烁今的伟大事业。干什么事都必须有精气神，方志人的精气神是什么？国务院办公厅印发的《全国地方志事业发展规划纲要》把"修志问道、直笔著史"作为方志人的精气神，明确为方志人精神，这既是对千百年来无数代方志人精神风骨和价值追求的总结凝练，又明确了方志人的时代自觉和当代使命，同时为地方志工作指明了方向和路径，词旨深远，意义重大。

一是党中央国务院对广大地方志工作者的基本要求。2014 年 2 月 25 日，习近平总书记在考察首都博物馆时强调要高度重视修史修志，把历史智慧告诉人们，激发我们的民族自豪感和自信心，坚定全体人民振兴中华、实现中国梦的信心和决心。4 月 16 日，李克强总理作出了"修志问道，以启未来"的重要批示。习近平总书记的重要讲话和李克强总理的重要批示精神一以贯之，要求利用地方志挖掘历史智慧、探索历史发展规律，为现实提供借鉴，为未来提供参考。清代学者龚自珍说"欲知大道，必先为史"，正是从这种意义出发的。历朝历代和新中国成立以来，留下了卷帙浩繁的地方志成果，蕴含着大量的历史信息。广大地方志工作者不仅承担着为国存史的使命，还应在直笔著史的同时，挖掘历史智慧，修志问道，探索区域发展历史兴衰，弘扬优秀文化传统，宣扬先进人物事迹等，为各地经济社会文化建设提供历史镜鉴，真正做到"治天下者以史为鉴，治郡国者以志为鉴"，为实现"两个一百年"奋斗目标和实现中华民族伟大复兴中国梦添砖加瓦。

二是对中华民族史家传统的继承和发扬。梁启超说："中国于各种学问，唯史学最为发达；史学在世界各国中，唯中国最发达。"我国自古有重视历史的传统，历史典籍汗牛充栋，诞生了一大批刚正不阿、秉笔直书的史家，形成了追求"书法无隐""实录直书"的优良传统。如春秋时期晋国董狐记"赵盾弑其君"、齐太史直书"崔杼弑其君"，西汉司马迁虽遭"宫刑"仍完成被誉为"史家之绝唱，无韵之离骚"的《史记》，直声动天下，英名耀古今。社会主义新编地方志工作开展以来，史家传统在方志人身上得到了继承和弘扬。一大批矢志不渝的方志人以强烈的责任意识和高度的担当精神，默默坚守，淡泊名利，甘于奉献，锲而不舍，笔耕不辍，以"板凳坐得十年冷，文章不写半句空"的精神，用事业心和热心肠，把"冷板凳"坐热，把"冷部门"做热，打造出数以百亿字计的地方志成果，形成了我国有史以来最大的社科成果群，为国家创造出一笔巨大的精神文化财富。"修志问道、直笔著史"，正是方志人继承、弘扬史家传统凝练形成的理想坚守和职业良知，是新时期方志人的历史担当和使命追求，是方志人对历史、对人民的庄严承诺。

三是社会主义核心价值观在方志人身上的直接体现。理想指引人生方向，信念决定事业成败。一个国家、一个民族要强盛，不能没有理想信念，不能没有精气神。社会主义核心价值观以马克思主义为指导思想，以共产主义远大理想为最高追求，以中国特色社会主义共同理想为实现目标，体现了以爱国主义为核心的民族精神和改革创新为核心的时代精神，是社会主义核心价值体系的内核，是对社会主义核心价值体系的高度凝练和集中表达，代表的是国家、民族的理想信念和精气神。编修地方志已作为特有的文化基因融入中华民族的文化传统，为传承文明与社会进步发挥了不可替代的独特作用。广大地方志工作者肩负记录历史、弘扬文化、服务社会、借史鉴今、启迪后人的光荣使命，始终坚持爱国爱岗、恪尽职守、开拓进取，始终坚持文化自信，始终坚持弘扬优秀传统文化，始终坚持文化创新，促使绵延数千年的古老修志传统焕发出新的魅力和活力，充分体现了社会主义核心价值观的本质要求。

四是几代方志人上下求索、扬鞭奋蹄精神的传神写照。改革开放30多年来，新编地方志工作经过风雨洗礼，经历了不平凡的发展历程，几代方志人呕心沥血，奋发有为，敢于啃硬骨头，敢于涉险滩，才逐步形成以修志编鉴为主业、各项工作协调开展的事业发展新格局。回顾过去，一路征程，一路艰辛。从20世纪70年代末、80年代初老一辈方志人筚路蓝缕、奔走呼吁，寻人才、搭班子、建机构的事业开创，到90年代中后期为打破“一本书主义”局限而进行的上下求索、千辛万苦，再到进入21世纪以来为实施依法治志和推进地方志转型发展的锐意改革、开拓创新，一步一步走过来，尽管探索艰辛坎坷，但取得的成果是极其宝贵的，为新的历史时期开创事业发展新局面提供了宝贵经验、理论准备、物质基础。奋斗成就伟业。正是几代方志人的锲而不舍，才铸就了今天地方志事业发展的坚实基础；正是几代方志人的实践和智慧，才凝炼出今天的方志人精神。

五是地方志事业发展的不竭动力。责任重于泰山，事业任重道远。在看到地方志事业发展面临重大战略发展机遇的同时，应居安思危，充分考虑面临的艰辛任务和复杂多样的矛盾、挑战，正所谓逆水行舟，不进则退。当前，地方志事业发展区域不平衡的局面还没有扭转，到2020年实现“两个全面”的发展目标还存在不少困难，地方志事业各业并举的根基还不够牢固，互联网、新媒体时代对传统志书编纂手段、表现形式、传播方式和发展样态的影响日益凸显，公共文化服务的路径和能力还需进一步创新和提升，热点难点问题不断出现等。要破解难题，化解挑战，创新发展，使方志之树枝繁叶茂、常绿常青，需要锲而不舍、驰而不息的艰苦努力，更需要一种精神作支撑。没有振奋的精神，没有高尚的品格，没有坚定的志向，我们的事业就不可能生生不息，就不可能朝气蓬勃地迈向未来。秉持弘扬“修志问道、直笔著史”的方志人精神，可以为新时期地方志事业发展注入不竭动力。

同志们!

习近平总书记指出:“历史是最好的教科书，也是最好的清醒剂。”一个民族的历史是安身立命的基础，总结和吸取历史教训，目的是以史为鉴、更好地前进。当前，党和国家建设事业进入了十分关键的时期，我们身处一个伟大的时代，大有可为，也可以大有作为。作为时代的记录员，作为民族文化的建设者，方志人承担着为民族写史、为时代立传的神圣职责。今天我们召开表彰会，既要表彰模范、先进，更要大力弘扬“修志问道、直笔著史”的方志人精神，以更好地担负起党和国家、人民和时代交付的新时期史家的职责。自古以来，史家职责大抵有两个方面：一是保存信史，以明鉴戒；二是从现实中提出问题，以史经世。为履职尽责，不辱使命，古人对史家提出“德、才、学、识”的要求和准则，字字珠玑，鞭辟入里。“学”反映了史家的功力，“才”与“识”反映了史家的思想和创造性，“德”反映史家的治史态度；学是基础，识是水平，才是学与识的表现。“德、才、学、识”，是古人对史家素养的最高标准，也是一个优秀史家所应具备的条件，历经锤炼，是古往今来治史经验的总结，于方志人同样适用，但必须赋予其新的时代内容。下面，我就如何弘扬“修志问道、直笔著史”的方志人精神，肩负起新时期史家职责，提几点希望：

一是要树立“志德”。史家所言的“德”，是指著史的道德修养，即章学诚所说的“著书者之心术”。“心术”是什么？章学诚解释说：“盖欲为良史者，当慎辨于天人之际，尽其天而不益以人也。”他说的“天”，用今天的话来说，就是历史的客观性；所谓“尽其天而不益以人”，就是说要尊重客观历史，不要用史家的主观好恶去影响对历史客观性的判断和反映。史家慎于心术，才谈得上史德。因此，古人所言的“史德”，就是要求史家在著史时，要有“好是正直，善恶必书”的直书精神和“善恶褒贬，务求公正”的高尚品德。今天我们提倡树立“志德”，也在于方志人的心术。而心术之慎，在于方志人的自我修养。树立“志德”，就必须坚持正确的政治方向，清醒认识肩负的政治责任和历史责任，自觉坚持和运用马克思主义的立场观点和方法，高举中国特色社会主义伟大旗帜，坚持辩证唯物主义和历史唯物主义，坚持为人民服务、为社会主义服务，身体力行社会主义核心价值观。树立“志德”，就必须具备家国和事业情怀，爱国爱乡，心怀职业的神圣感、劳动的光荣感，常怀敬畏之心，热爱地方志事业。树立“志德”，就必须具备史家伦理道德修养，临文摄心，不使气，不恣情，做到情真而气平，达到传人者文如其人、记事者文如其事的境界。

二是要提高“志才”。所谓“志才”，指的是方志人的能力，主要是掌握文献、驾驭文献的能力，运用志书体裁、体例的能力和文字表述的能力等。刘知几说：“夫有学无才，犹愚贾操金，不能殖货。”有了丰富的史料，如何进行分析、组织、整理、加工，“刊勒一家，弥纶一代，使其始末圆备、表里无咎”，是需要一定才能的。故章学诚说：“非才无以善其文。”地方志编纂是一门学问，既不是简简单单的资料堆砌，也不是写议论文、编科普教材等，而是有着自身特殊的包括观点、体裁、体例、内容、记述、资料、行文等方面的要求，没有相应的文献功底，没有足够的知识技能，是无法胜任的。“求木之长者，必固其根本；欲流之远者，必浚其泉源。”唯有培根固本，增强文化底蕴，提高文化修养，培养、锻炼“志才”，才能做好地方志工作。当前，队伍新老交替基本完成，新加入地方志队伍的年轻同志更应注重提高“志才”，以先贤为范，向经典看齐，以方志人精神作激励，不断进行学习和创新，不断提高文化素质，培养、锻炼各种能力，做一个合格的方志人。

三是要丰富“志学”。这里说的“学”，是指各方面的知识，主要是历史知识，也包括社会知识以至自然知识。“有才无学，犹巧匠无楩柟斧斤，弗能成室。”地方志纵贯古今，横陈百科，上至天文，下至地理，自然、政治、经济、文化、社会等方方面面的信息无所不包，涉及多学科、多领域。如果不具备丰富的知识，在志书编纂过程中就容易犯这样那样的错误尤其是知识错误，只能是“矮人看戏何曾见，都是随人说短长”。方志人应该是个杂家，知识要广博，“资之深，则取之左右逢其源”。当然，要求每个方志人做到博学通贯、多闻多识、行行精通、面面俱到也不现实，但至少要努力做个多面手。唯有了解相关学科和领域的基本知识，具有渊博的知识，掌握丰富的资料，博观约取，才能推出更多无愧于伟大民族、无愧于伟大时代的精品力作。

四是要增强“志识”。所谓“志识”，主要指洞察历史、揭示历史本质的能力。它包括史家的器局和胆识，即对客观事物的见解、鉴别判断能力，观察历史的器识，承担历史责任的胆识和评价历史问题的见识等。纵有极为丰富的知识，如果没有判别史料真伪、牴牾的能力，没有“好是正直，善恶必书”的胆识，那也是枉然。所以，章学诚说：“非识无以断其义。”世事纷纷，地方志要发挥为国存史、育人资治的功能，关键在于方志人的“志识”。能否客观地看待事物的好与坏、曲与直、善与恶，秉笔直书，是方志人是否具备“志识”的判断标准。“夫《尚书》之教也，以疏通知远为主。《春秋》之义也，以惩恶劝善为先。”志书要作为信史留存后世，方志人的器局要辽远，必须身怀“独见之明”，正确理解历史现象，正确记述历史事物，疏通知远，劝善惩恶，才能为后人提供历史智慧和历史借鉴。

同志们！

时代潮流浩浩荡荡，历史车轮滚滚向前。中华民族正在新的历史起点走向伟大复兴，全国人民正在全面建成小康社会决胜阶段的征程中昂首迈进。“潮平两岸阔，风正一帆悬”，我们有幸处于一个千帆竞发、催人奋进的伟大时代，历史性机遇千载难逢。让我们紧密团结在以习近平同志为总书记的党中央周围，高举中国特色社会主义伟大旗帜，深入贯彻《全国地方志事业发展规划纲要（2015—2020年）》，着力弘扬“修志问道、直笔著史”的方志人精神，以今天受表彰的先进集体、先进工作者为榜样，凝心聚力，锐意进取，忠实履行反映时代面貌的神圣职责，切实肩负起为国存史的历史担当，编纂出更好更多的地方志精品，为推动文化大发展大繁荣、建设社会主义文化强国作出新的更大的贡献！

·王伟光工作讲话

深入学习贯彻落实习近平总书记系列重要讲话精神 全力推动地方志事业繁荣发展

——在中指组五届二次会议上的讲话

（2015年3月27日）

王伟光

刚才，李培林同志传达了习近平总书记、李克强总理、刘延东副总理关于地方志工作的重要讲话和重要批示。这些讲话和批示，充分体现了党中央国务院对全国地方志工作的高度重视和亲切关怀，同时也对地方志事业发展提出了殷切期望，我们要认真学习领会、深入贯彻落实。赵芮同志代表指导小组办公室汇报了指导小组五届一次会议召开以来全国地方志工作进展情况和取得的主要成绩，同时提出了下一步的工作设想。总结汇报全面系统，我都同意。大家就如何进一步推动地方志事业发展提出了很好的意见和建议，指导小组办公室要认真研究，以指导今后更好地开展工作。

一年多来，指导小组及其办公室根据全国地方志事业发展实际，着力抓好习近平总书记系列重要讲话精神和李克强总理、刘延东副总理重要批示、重要讲话精神的学习宣传和贯彻落实；成功召开第五次全国地方志工作会议，认真做好会议精神的宣讲、阐释和贯彻落实工作；积极推动《全国地方志事业发展规划纲要（2015—2020年）》的拟订和报批工作；深入进行调查研究，为科学谋划和正确决策打下坚实基础；稳妥推进《汶川特大地震抗震救灾志》出版前的各项准备工作；大力开展国家经济欠发达地区志书出版资助工程、中国地方志精品工程和中国名镇志文化工程，争取实现二轮修志进度和质量双丰收；不断加强指导小组办公室建设，逐步实施国家方志馆改造工程，切实提升工作能力和服务水平。总体来看，第五届中指组牢记使命，扎实工作，认真履行统筹规划、组织协调和督促指导职责，全力推动全国地方志事业不断迈上新台阶、取得新成绩，没有辜负党中央国务院和全国广大地方志工作者寄予的厚望。

当前，全国地方志系统正在深入学习贯彻习近平总书记系列重要讲话精神。系列重要讲话贯穿坚定信仰，紧贴中国土壤；凝聚历史智慧，把握时代脉搏；统筹战略布局，着眼未来发展。讲话博大精深、高屋建瓴，是马克思主义中国化的最新成果，是新的历史条件下党治国理政的行动纲领，是指导我们推进中国特色社会主义伟大实践，实现“两个一百年”奋斗目标和中华民族伟大复兴中国梦的强大思想武器和精神动力。系列重要讲话中关于学习和掌握马克思主义哲学，更加能动地推动工作；关于建设社会主义法治体系，大力推进依法治国；关于牢记历史经验历史教训历史警示，为国家治理体系和治理能力现代化提供有益借鉴；关于传承和弘扬中华优秀传统文化，牢牢固守我们民族的“根”和“魂”等重要论述，既为地方志事业发展指明了方向，同时也提供了基本遵循。下面，我就进一步贯彻落实习近平总书记系列重要讲话精神，贯彻落实李克强总理重要批示和刘延东副总理重要讲话精神，贯彻落实第五次全国地方志工作会议精神，全力推动地方志事业不断向前发展，谈几点意见。

一、坚持正确方向，确保地方志事业健康发展

地方志编修是中国特色社会主义文化事业的重要组成部分，属于意识形态范畴。保证地方志事业方向不偏离、发展有保障，必须始终坚持马克思主义的世界观和方法论，必须始终牢固树立社会主义法治观念，切实做到守土有责、守土负责、守土尽责。

第一，坚持用辩证唯物主义和历史唯物主义的立场、观点和方法指导地方志工作。辩证唯物主义和历史唯物主义是马克思主义的重要组成部分，是科学的世界观和方法论，在当今时代依然有着强大生命力。要始终坚持用辩证唯物主义和历史唯物主义的立场、观点和方法指导地方志工作实践和方志理论研究，切实提高我们认识问题、分析问题、解决问题的能力和水平。

一要准确把握地方志事业发展客观实际，脚踏实地，奋发有为。经过改革开放以来三十多年的奋斗和积累，当前全国地方志事业呈现出良好发展态势和前所未有的大好局面，但也应清醒地认识到，地方志事业还存在发展基础薄弱、地区发展不平衡、有些地区和部门认识不到位等诸多困难和问题，做大做强地方志事业还有相当长的路要走。我们想问题、定思路、找办法，要从发展实际出发，既不能盲目乐观，不切实际地空想，又不能为问题所困，满足于现状，打不开局面。

二要着力化解地方志事业发展中的主要问题，注意牵住“牛鼻子”。纵观新编地方志事业发展历程，分析各地反映的突出困难和问题，地方志事业发展中必须解决好的主要问题就是贯彻落实好国务院《地方志工作条例》，切实做到“一纳入、八到位”，即把地方志工作纳入到国民经济和社会发展规划、政府工作任务之中，做到认识到位、领导到位、机构到位、编制到位、经费到位、设施到位、规划到位、工作到位。解决好这个主要问题，地方志事业发展中的很多问题就会迎刃而解。

三要认真总结正反两方面的经验，努力探索地方志事业发展规律。经过三十多年的发展，地方志工作积累了弥足珍贵的经验，也有一些教训，指导小组五届一次会议和第五次全国地方志工作会议已经进行了系统总结，我们要认真汲取、不断深化，将其上升为规律性认识，从而增强工作的主动性和针对性，减少主观性和盲目性，少走弯路，少付代价。对于当前工作来讲，重点是要对首轮修志和二轮修志经验教训进行总结反思，为正在进行的二轮修志收尾和将要启动的三轮修志提供历史借鉴。

四要大力弘扬修志问道、直笔著史的方志人精神，努力建设一支高素质的地方志工作队伍。干事创业关键在人。地方志事业发展最深厚的力量是广大地方志工作者。现在，我们已经基本形成一支能吃苦、能战斗、富有改革创新和奉献担当精神的高素质队伍。要倍加爱护这支久经锤炼的队伍，努力为他们提供更多学习进步的机会，创造更好的工作条件和发展环境，充分调动他们的积极性、主动性和创造性，形成推动地方志事业发展的强大合力。

第二，努力编修出党和人民满意的优秀地方志成果。地方志编修关乎历史延续、文化传承，关乎当前建设、未来发展。这是党和人民交给我们的光荣任务，是功在当代、利在千秋的神圣事

业，一定要高质量、高水平地完成好，争取多创精品、多出佳作。

一是要翔实记录党领导人民坚持和发展中国特色社会主义的光辉历程和丰功伟绩。正在开展的二轮修志，主要记述的是自20世纪70年代末到20世纪90年代末或21世纪初这段历史时期，各地开展社会主义经济建设、政治建设、文化建设、社会建设、生态文明建设的辉煌历史；将要启动的三轮修志，主要记述全面建成小康社会、全面深化改革、全面依法治国、全面从严治党的伟大征程。我们要详细搜集资料，认真分析研究，将在社会主义现代化建设中涌现的优秀人物、典型事迹，呈现的基本趋势、主要特点，取得的重大成就、成功经验，以及前进中的曲折，客观系统地载入史册，告诉后人，传之久远。

二是要坚持政治质量和客观存史的有机统一。要深刻认识并解决好地方志工作“为了谁、依靠谁、我是谁”的问题，在事关大是大非和政治原则问题上，划清是非界限，澄清模糊认识，真正做到为党立言、为国存史、为民修志。这是事关地方志事业长远发展的方向性、根本性问题，容不得半点的含糊、懈怠。地方志编修要讲政治，但讲政治并不是要搞政治化。要做历史的忠实记录者，既要充分记述中国特色社会主义建设事业中的成绩和经验，又不回避前进道路上出现的曲折和失误，要真正使地方志成为能够经得起时代和历史检验的信史。

三是要注重地方志成果的多样化。在修志编鉴的同时，要积极开展旧志整理，组织编写地方志简本、地情资料、地情书、地方史等地情文献。努力做好地方志成果转化工作，充分揭示地方志蕴藏的历史智慧，深入挖掘地方历史文化资源，形成独具特色的地方志成果体系，丰富中国特色社会主义文化内容，不断满足各级党委政府、社会各界以及广大人民群众的不同需求。

第三，全面推进依法治志。依法治国，是坚持和发展中国特色社会主义的本质要求和重要保障，是实现国家治理体系和治理能力现代化的必然要求。依法治志，是依法治国的应有内涵，是依法治国方略在地方志事业中的必然体现，也是开拓地方志事业发展新局面的根本要求。

一是要建立完备的地方志工作法规规章体系。要逐步建立和完善以国务院《地方志工作条例》为主体，各地地方志工作法规规章相配套的体系。同时要争取立法机关和政府法制部门的更大支持，继续加强地方志系统立法、法规修订完善等工作，深入推进地方志工作法治化进程。

二是要坚持依法修志。开展地方志工作是《地方志工作条例》赋予地方志工作机构的法定职责。地方志工作机构要依法组织、指导、督促和检查地方志工作，拟定地方志工作规划和编纂方案，组织编纂地方志书、地方综合年鉴，搜集、保存地方志文献和资料，组织整理旧志，推动方志理论研究，组织开发利用地方志资源，确保地方志事业持续健康发展。

三是要坚持依法用志。地方志工作机构要充分运用《地方志工作条例》赋予的各项权利，发挥掌握信息资料资源的独特优势，不断探索更加便利的服务形式，大力开发利用地方志资源，充分展示地方志的巨大价值和编修地方志同步存史的重要意义。

四是要坚持依法管志。法律的生命力和权威性在于实施。要善于运用法治思维和法治方式，建立和完善各级政府依法履行领导职责、各级地方志工作机构依法组织实施和管理、社会各界依法参与和支持地方志工作的法治化工作格局；要坚持有法可依、有法必依、执法必严、违法必究，严格依照《地方志工作条例》规定和地方法规规章要求，办事依法、遇事找法、解决问题用法、化解矛盾靠法，加强地方志工作的督促检查，充分发挥法治对地方志工作的引领、规范和保障作用。

二、服务发展大局，增强地方志事业发展后劲

习近平总书记去年2月在北京考察工作时强调，要高度重视修史修志，让文物说话、把历史

智慧告诉人们，激发我们的民族自豪感和自信心，坚定全体人民振兴中华、实现中国梦的信心和决心；12月，习近平总书记在澳门大学考察时，专门向学校赠送了《北京大学图书馆藏稀见方志丛刊》等书籍。习近平总书记对地方志工作寄予厚望，我们要紧紧抓住历史机遇，将开发地方志资源、发掘历史智慧作为一项重要工作来抓，让志书、年鉴、地情书等文献中的文字“活起来”，积极服务中心工作和社会需要，大力彰显地方志的资政和育人价值。

第一，要为各级党委政府科学决策和中心工作开展提供有益借鉴。地方志既是宝贵的文化遗产和精神财富，更是我们开启未来的重要智慧和力量源泉。古人曾讲：“治天下者以史为鉴，治郡国者以志为鉴。”地方志横陈百科，纵述史实，系统记录了本行政区域自然、政治、经济、文化和社会等方面的历史与现状。通过对这些资料的运用、研究，可以为认识地情、分析解决发展问题提供历史借鉴。近年来，各级地方志工作机构通过分类整理地方志信息资料，编辑地情书籍，创办资政刊物，撰写调研报告，出版研究专著，提出关系本地区经济社会发展的意见和建议，为各级党委政府科学决策提供重要的借鉴和依据；利用掌握信息资料资源优势，通过信息咨询、选题论证、项目合作、联合办学等多种途径，在规划编制、旅游开发、城市建设、招商引资、防灾减灾、文化建设、历史文化遗产保护、宣传教育等方面，积极发挥服务功能，取得了良好效果。这些工作应该予以充分肯定，并要逐步加强。

当前，中央提出“四个全面”的重大战略布局，各级地方志工作机构要紧紧围绕党和国家发展大局和中心工作，尤其在“一带一路”建设、京津冀协同发展等国家或地方发展战略，以及纪念抗日战争胜利70周年、地方特色文化构建等重大事务中，结合工作实际，主动作为，力争有所作为，充分发挥好地方志的资政功能。

地方志工作机构还要积极参与中国特色新型智库建设。要根据党中央国务院对新型智库建设作出的部署和提出的要求，树立正确的智库建设理念和定位。一方面，通过整合全国地方志资源和全系统力量，推进中国地方志智库建设，推出高质量的信息咨询、研究成果和对策建议，实现资源优势、研究优势和成果优势“三结合”，当好国民经济和社会发展的地情服务专家。另一方面，加强与其他学科新型智库的联系，积极提供信息咨询与资料服务，推动交叉问题研究，扩大地方志工作的社会影响力。

第二，要为中华文化兴盛夯实基础。习近平总书记指出，一个国家、一个民族的强盛，总是以文化兴盛为支撑的，中华民族伟大复兴需要以中华文化发展繁荣为条件。方志文化是中华优秀传统文化的重要基础和有机组成部分，要为中华文化发扬光大发挥更大作用、作出更大贡献。

一是广泛宣传方志文化，增强文化自信。地方志编修的悠久历史充分表明，地方志已经融进了中华文化的血液之中，成为中华民族重要的文化符号。千百年来积淀形成的方志文化，是中华传统文化的瑰宝。要采取多种形式宣传方志文化，通过方志文化阐释中国精神和中华文明的特点和优势，增强文化自信；坚持用资料说话，以史实服人，让历史虚无主义和文化虚无主义在充分的历史证据面前不攻自破。

二是积极参与公共文化服务体系建设，提高国民文化素质。要重点突出“现代”和“公共服务”两个基本点，通过加快网络化、数字化和方志馆建设，形成地方志的公共文化服务特色，让旧志、新志、年鉴中的内容真正活起来、用起来。要以各级方志馆建设为平台，学习借鉴图书馆、档案馆、文化馆、博物馆等公共服务单位的成功运作和管理经验，提高软硬件设施建设，提高管理服务水平，切实让地方志成果惠及广大人民群众。

三是大力传播方志文化，展示中华文化独特魅力。地方志工作机构不仅要推出更多更好的地方志成果，树立地方志编纂的话语权，还要积极开展理论研究和开发利用，树立学术研究、开发利用的话语权。要找准工作方向，加强传播能力建设，积极利用数字、影像、网络等各种媒介做好宣传推介，通过加强学术交流和业务合作提高自身影响力，积极引导国内外对地方志的关注，吸引更多的人通过方志文化了解当代中国的特色文化和价值观念，了解中国梦的历史根源和深厚根基。

第三，要为培育和弘扬社会主义核心价值观提供丰富滋养。习近平总书记强调，培育和弘扬社会主义核心价值观必须立足于中华优秀传统文化。历久弥新的地方志编修，保存了中华民族的精神追求和文明进步，传承了中华民族的历史记忆和文化基因。首轮修志中出版的5800多部省、市、县三级志书和数量庞大的地情书，客观系统地记述了近代以来中华民族遭受的欺侮和侵略，记录了中国人民追求富强、英勇抗争的伟大进程，通过历史事实充分证明了党领导人民走社会主义道路是正确的选择、历史的必然。地方志中蕴含的这些深厚历史积淀、宝贵精神品格、浓重家国情怀、崇高价值追求，对于激发人们的民族自尊心、自信心、自豪感，激发人们的民族认同、道路认同、制度认同，对于推进改革开放和社会主义现代化建设，实现中华民族伟大复兴，都具有重要的历史意义和现实意义。

作为传承中华文化的重要载体，地方志承担着教化育人的重要功能。清代史学家章学诚指出："史志之书，有裨风教者，原因传述忠孝节义，凛凛烈烈，有声有色，使百世而下，怯者勇生，贪者廉立。"历代方志中保留了许许多多名宦、循良、乡贤、忠义、孝行等先达前贤的嘉言懿行。新编地方志展示了在社会主义革命和建设中大量英雄模范人物的高贵品格和光辉事迹。在这些人物身上，保存着深厚的乡情、乡思、乡愁，承载着中国传统的修身、齐家、治国、平天下的精神追求，饱含着为社会主义建设开拓创新、无私奉献的人格魅力，为涵养社会主义核心价值观提供了重要的思想道德资源。

在当前和今后的地方志工作中，各级地方志工作机构要深刻把握我国的基本国情和地情特点，坚持弘扬以爱国主义为核心的民族精神和以改革创新为核心的时代精神，用历史史实教育人，用历史智慧武装人，用历史经验启发人，努力为实现中华民族伟大复兴中国梦提供强劲的精神动力。要深入挖掘地方志精髓，加大家训、家谱的收集整理，注重用人物的善言善行来感召人，用优秀道德思想来鼓舞人，弘扬主旋律，传播正能量。

要注重发挥教育引导作用，一方面将报刊、电台、电视台等作为平台，撰写文章报道，制作文献片，开展宣传教育；另一方面强化互联网思维，积极利用微博、微信等各种新媒体形式，多方面、立体式地展示方志文化，传播地方志承载的历史信息和道德风尚，增强社会主义核心价值观的生命力、凝聚力、感召力。

三、扎实开展工作，打牢地方志事业发展基础

习近平总书记指出："要抓实、再抓实，不抓实，再好的蓝图只能是一纸空文，再近的目标只能是镜花水月。"第五次全国地方志工作会议提出，到2020年，要全面完成二轮省、市、县三级志书编纂任务，基本形成由地方志编修体系、质量保障体系、理论研究和学科建设体系、资源开发利用体系、工作保障体系组成的、比较完善的地方志事业发展综合体系，确定了地方志事业发展的宏伟目标和具体任务。为确保顺利完成既定目标和任务，近期要突出抓好以下几个方面的工作：

第一，切实做好《汶川特大地震抗震救灾志》出版及首发式工作。《汶川特大地震抗震救灾志》是新中国成立以来第一部由国家层面组织、针对特大自然灾害编纂的志书。去年11月，李克强总理就《汶川特大地震抗震救灾志》出版作出重要批示，要求认真研究志书总结的汶川抗震救灾经验，不断完善近几年探索形成的"分级负责、相互协同"抗灾救灾应急机制，切实提高我国

应对特大自然灾害的能力和水平。总理的重要批示，进一步明确了地方志工作在推动经济社会发展中的重要作用。要认真做好志书的出版发行工作，开好志书首发式，通过志书出版发行进一步宣传方志文化，进一步提升地方志工作在全社会的影响力。要深入总结志书编纂经验，为今后组织编纂类似的或更大规模的志书如中华一统志做好准备。

第二，努力推动《全国地方志事业发展规划纲要（2015—2020年）》尽快出台。规划纲要是充分发挥地方志工作重要作用、推进地方志事业科学发展的有力保障。去年11月，指导小组向国务院报送了《关于批转〈全国地方志事业发展规划纲要（2015—2020年）〉（送审稿）的请示》。今年1月，刘延东副总理作出重要批示。批示指出，编制地方志事业发展规划纲要，有利于推动全国地方志工作，请地方志指导小组加强与发改委沟通，并按要求修改完善规划纲要，按程序报批，请发改委支持指导。根据批示精神，指导小组办公室多次与国家发展改革委等单位沟通联系，并组织专家修改论证，现在正在走报请国务院办公厅转发的程序。各级地方志工作机构要抓住机遇，按照规划部署，认真做好贯彻落实工作。

第三，全面推进“五大工程”建设。“五大工程”是在全国地方志事业深入推进，地方志事业在经济社会发展中的作用日益突显的形势下提出的。一是国家经济欠发达地区志书出版资助工程，目的在于支持甘、青、宁等省经济欠发达地区地方志工作，实现全国地方志工作协调发展，确保2020年全面完成二轮修志任务。二是中国地方志精品工程，是为提高志鉴编纂出版质量，打造一批流传百世、有影响力的精品志鉴而实施的质量工程和精品工程。三是中国名镇志文化工程，旨在通过名镇志编纂，记录名镇的历史文化、经济特色、民族特色、旅游景观等内容，记载中华传统乡镇文化，留住乡思，记住乡愁。四是“一体两翼”文化工程。“一体”是指《中国地情报告》，“两翼”是指《中国方志发展报告》和《中国年鉴发展报告》。通过三个报告的编纂，有助于展示地方志工作发展水平，提高地方志工作服务能力。五是全国家训集成文化工程。通过系统收集、整理中国历代著名家训，弘扬中华传统美德。“五大工程”的实施，要统筹安排，抓住重点，注重质量，扎实推进。

第四，系统总结二轮修志经验。目前，广东省已经全面完成二轮修志任务，部分省市修志任务完成过半。要深入总结修志经验，开好2015年全国二轮修志经验总结工作会议，对大家公认的经验和做法及时加以推广，为不断提高编纂质量提供重要参考，为即将开展的第三轮修志工作打下坚实的理论和实践基础。

第五，大力加强人才队伍建设。根据第五次全国地方志工作会议精神，2015年要全面开展地方志工作机构新任负责人培训、省市两级志鉴业务骨干培训；与人力资源和社会保障部合作，开展全国地方志系统先进集体和先进工作者评选表彰活动。希望通过培训和表彰工作，进一步提升各级地方志工作者的业务素质和工作水平。

第六，继续提升中国地方志学会活动水平。中国地方志学会是推动地方志工作经验交流，加强方志理论建设和方志学学科建设的重要平台。要做好学会换届工作，进一步加强学会内部建设，提高学会的组织协调能力，更好地服务于全国地方志工作。抓好全国地方志优秀成果奖的评选工作，将优秀的志书、年鉴选拔出来，推动志书、年鉴编纂质量稳步提高。积极开展“章学诚方志成果奖”评选活动，进一步深化章学诚方志理论研究，活跃全国方志学术气氛。

第七，积极开展国家方志馆建设。国家方志馆是一座集藏书、展览、科研、学术交流、地方志资源开发利用等多种功能于一体的文化基础设施。国家方志馆要体现独特的方志文化气息，体现国家级方志馆的气派。要加快方志馆改造和其他基础设施建设步伐，科学安排布展工作，加大馆藏图书资料的搜集整理力度，争取早日正式开馆，向社会提供文化服务。

同志们，地方志事业未来发展的蓝图已经绘就，但是工作的任务依然非常艰巨，指导小组重任在肩。希望指导小组各位成员和广大地方志工作者在今后的工作中，坚持以习近平总书记系列重要讲话精神为指引，统一思想，凝聚共识，勇于创新，勤奋工作，不断开创地方志事业发展新局面，为顺利完成第五次全国地方志工作会议确定的各项目标任务，为社会主义文化强国建设和全面建成小康社会作出新的更大贡献。

在上海地方志工作调研座谈会上的讲话

（2015 年 6 月 5 日）

王伟光

首先，非常感谢中共上海市委、上海市人民政府、上海市委宣传部、上海市地方志办公室对我们来上海调研地方志工作所做的认真准备和周到安排。同时，我代表中指组向上海市地方志工作者表示慰问，大家辛苦了！

刚才，听了上海市地方志办公室党组书记、主任洪民荣同志对上海市地方志工作的情况汇报，以及黄浦区方志办、市交通委、奉贤区方志办的同志对地方志工作的介绍，还有中指组原成员、复旦大学历史地理研究中心邹逸麟教授的发言，我认为上海地方志工作按照中指组的要求，工作做得有特色，也很有成效。总结起来讲，我认为有三个特点：

第一，领导高度重视，把地方志工作纳入上海市的总体工作格局。

“一纳入”就是把地方志工作纳入地方政府工作格局之中，纳入到地方经济社会发展规划之中。刚才我看了有关上海地方志工作情况的展板，上海市历届市委书记、市长在市委、市政府工作报告中，都把地方志工作作为一项重要的工作任务提出来，把地方志工作纳入市委、市政府的工作总体规划当中。上海各区县领导对地方志工作也是高度重视的，把地方志工作纳入区县工作和规划中。

第二，基本上做到了“八到位”，形成了完整的地方志工作体系。

“八到位”就是认识到位、领导到位、机构到位、编制到位、经费到位、设施到位、规划到位、工作到位。我看上海市地方志工作在机构建设、地方志规划、地方志工作格局、地方志资料收集、地方志开发利用和地方志研究宣传等方面，形成了一个规范的、完整的、运行有序的体系，应该说基本上达到了“八到位”的要求。

第三，思路清楚，为下一步全面完成修志工作打下一个坚实的基础。

刚才，洪民荣同志关于上海市地方志下一步工作开展的汇报，我看思路还是很清楚的。下一步工作设想也是按照第五次全国地方志工作会议的要求去部署的，为完成修志编鉴任务和做好上海市地方志工作打下了坚实的基础。

总体来讲，上海市地方志工作体现了上述三个特点。这三个特点实际上是上海市贯彻落实第五次全国地方志工作会议所提出的“一纳入、八到位”要求的具体体现，上海地方志机构所形成的以地方志办公室为核心的，办（办公室）、馆（通志馆）、所（研究所）、社（杂志社）“四位一体”的工作体制也值得全国学习和借鉴。

这里，我对上海市地方志工作提出三点要求：

第一，学习好、贯彻好、落实好中央领导同志关于地方志工作的重要指示、批示和讲话精神以及第五次全国地方志工作会议精神。

搞好地方志工作，首先要学习好、贯彻好、落实好中央领导同志关于地方志工作的重要指示、批示和讲话精神，特别要学习好、落实好习近平总书记关于地方志工作的重要指示精神。他在参观首都博物馆时，对编史修志工作作了重要指示。他在福建工作时，担任宁德地委书记，对地方志工作发表过重要讲话。他在浙江工作期间、上海工作期间，对地方志工作也是高度重视。习近平总书记关于地方志工作和继承中华优秀传统文化的重要指示，李克强总理对第五次全国地方志工作会议的重要批示，刘延东副总理在第五次全国地方志工作会议上的重要讲话，内涵丰富，意义深远。中指办已经把中央领导同志这些重要精神，转发给各级地方志工作机构，希望同志们认真组织学习，认真贯彻落实。要反复地、认真地学习好、领会好习近平同志、李克强同志、刘延东同志关于地方志工作的重要指示、批示和讲话精神。要组织地方志机构工作人员认真学习领会精神实质，作为开展地方志工作的重要指导原则。

其次，就是学习好、贯彻好、落实好第五次全国地方志工作会议精神。会议精神主要集中在工作报告和领导讲话里面，基本精神和要求体现在工作报告中对地方志工作总的要求、总的指导思想里面，要认真传达学习、贯彻落实好会议精神。

第二，按照“一纳入、八到位”的总体要求，和存史、育人、资政的定位，抓好地方志工作的全面建设，保质保量按时完成地方志的工作任务。

中央领导的重要指示、批示和讲话精神以及第五次全国地方志工作会议精神，我看可以聚焦在“一纳入、八到位”的总体要求上。“一纳入、八到位”针对性是很强的。在第五次工作会议之前，我先后到一些地方做过调研，通过调研发现，有的地方机构不健全，长期缺编，经费、设施、规划就更不用说了。有的领导虽然分管地方志工作，但实际上是长期不管。有的地方志工作条件，可以用四个字来说：非常困难。当然，上海不存在这个情况。有的同志说，地方志工作是坐冷板凳、吃冷饭，但是，我们还是有热心肠的。做好地方志工作，为什么首先提出要认识到位。认识不到位，行动必然不到位。认识到位最重要的是领导的认识要到位，主管领导和地方志机构领导的认识首先要到位。地方志机构虽然是冷部门，但干的却是存史、资政、育人的全局性工作。虽然地方志工作不能像信访办似的老有人来信来访，像财政部似的老有人来要钱，像宣传部似的天天都有新闻报道……因为地方志工作本身就是要坐冷板凳，本身就是冷部门，但是冷部门的工作不一定要冷起来，要让它热起来。怎么热起来呢？根本就是认识到位，认识提高了，工作热情也就高起来了，工作积极性、主动性也就高起来了。而认识到位，首先是领导的认识要到位。领导到位是指“两个”领导到位，一个是分管地方志工作的领导到位，一个是地方志机构本身的领导到位。你自己要把自己当回事，有为才有位。你干事，领导才重视你；你不干事，领导怎么重视你呢？认识到位、领导到位了，机构也要到位。有了机构，还要有编制和人员，编制、人员也要到位。编制、人员到位后，要有规划，五年干什么，三年干什么，一年干什么，要完成什么任务，都要有计划。有了规划后，要干事，要干事就要有钱，所以经费要到位。有了经费，要有办公室，要有放志书和年鉴的书库，要有网络，要有计算机，要有方志馆，设施就必须到位。最后，工作也要到位。通过地方志系统这两年贯彻落实“一纳入、八到位”的情况来看，还是相当好的。我们目前调研已走了18个省市区，情况大有改观。上海地方志工作的经费还是比较充裕的，机构人员也是到位的。地方志工作如果按照“一纳入、八到位”来办，工作就会上轨道，工作就会有成绩。地方志工作要定位在存史、资政、育人上来，要抓好地方志工作的全面建设。

关于地方志工作的全面建设，我认为有六大建设：

一是思想建设。就是一定要树立为人民修志的思想观念，要围绕中心工作，服务大局，为地方经济社会发展服务，要用这样的认识来统一所有修志人员的思想。有了为人民修志的雄心壮志，有了这样的正确方向，就能够甘坐冷板凳，才能干成地方志事业。思想建设，就是用社会主义的核心价值观，用正确的政治方向，来加强地方志队伍的思想建设。

二是学风建设。做地方志工作是要写稿子的，是纪实的，那就必须要有一个良好的学风，就一定要按事实讲话，实事求是，一定要科学严谨。当然，文风要好，学风要好，就要密切联系实际，密切联系群众，要围绕中心服务大局，要树立这样一个良好的学风、文风。做地方志工作，首先要有好的学风，不能说假话，不能记假事。文字也要简洁明了，通俗易懂。在这方面，古人司马迁树立了良好的风范。

三是机构建设。上海市地方志机构是非常健全的，而且形成了“四位一体”的机构体系，很有特点。市地方志编委会领导由市委领导来担任，全国只有三个省市是党委领导担任的，其他都是省政府领导担任编委会主任。

四是制度建设。地方志工作靠什么？靠依法修志，靠法规、规章、制度才能保质保量。国务院《地方志工作条例》就是地方志工作的根本法。各省通过人大或政府颁布了《实施办法》，相当多的地方志机构建立了健全的地方志管理制度和办法。

五是队伍建设。就是要真正建立一支方向正确，学风好，甘坐冷板凳，专业知识强，能够修出经得起历史和实践检验的志书这样一支方志人才队伍。

六是体系建设。整个地方志的运行体系建设十分重要，这方面我看上海市有好的经验。这是上海市地方志工作的一个特色，希望能对其他省市修志工作有所借鉴。

地方志的工作任务，总体来讲要做到“三出”，即：要出经得起检验的成果；在出成果的过程中出人才；要面向当地经济社会发展出服务。地方志工作是为当地的经济社会发展大局服务的，如果脱离了这个大局，就离开了地方志工作的正确导向。

第三，根据中指组的总体发展规划，制定好上海市“十三五”地方志发展规划。

《全国地方志事业发展规划纲要（2015—2020年)》即将由国务院办公厅转发，所以各省市区要编制好本省“十三五”发展规划，也希望把这作为一个大事来办好。

在刚才大家发言中，对中指组及其办公室指导地方志工作也提出了很好的建议。丁惠义同志提出的目前指导小组办公室对于年鉴工作重视不够，存在“一条腿长、一条腿短”的问题的意见，很值得我们改进。还有的同志在建议中提出，要树立地方志精神。地方志精神就是甘于坐冷板凳，甘于在冷部门做出一番火热的事业来，就是要有这样一种精神。我第一次做调研的时候，觉得地方志挺清贫的，有的同志总结为：冷冷清清，清清贫贫，辛辛苦苦。我当时讲了一句话：从古至今，做大官的有之，挣大钱的有之，但真正做大官的挣大钱的又留下名声的并不多。真正留下名声的做官的，第一为老百姓做事了，第二留下精彩的文字笔墨了，比如，杭州的白堤是白居易修的，苏堤是苏轼修的，老百姓就把这两个当官的记住了。从古至今，在杭州做官的多不多？老百姓能记住几个当官的？当然，白居易、苏东坡又是留下了千古文章和诗句的。从古至今挣大钱的也很多，但老百姓真正记住的没几个。我到江苏，江苏人想来想去历史上只有一个沈万三是挣大钱的。到底沈万三其人有没有？史书上查不出来，说朱元璋修金陵城的时候，沈万三捐了钱。但是《明史》上也没有记载这一段。挣了大钱，但也没有留下名声。从古至今，《史记》作者司马迁真正赢得了名声。司马迁死之前没有人去恭维他，但是死后的名声越来越响。当然，做地方志工作不图名利，但做地方志工作的，是可以留下名字的。我这次到上海调研座谈，感到柳亚子先生很不简单，1935年就编了《上海年鉴》，1936年编写了《上海通志》，而且还建了上海通志馆，留下好名声了。所以，修志编鉴，有青史留名之功。我希望同志们还是要重视这项工作。

邹逸麟先生刚才提出的加强学科建设也很重要。地方志工作要加强地方志的理论研究，加强地方志的学科建设，在加强地方志理论研究和地方志学科建设的过程中，培养并形成一支专门的地方志人才队伍。这个建议很重要。我这次来，是为中国社会科学院与上海市政府联合成立上海研究院之事而来。昨天上海大学校长和我说办本科班的事情，就是对那些急需的人才办本科，搞学科建设。当时我就考虑能不能把方志学办起来，直接招生，直接定点培训，培养出来就到地方志机构去工作。有很多研究方志的专家，可以组织起来当老师。也可以把上海研究院作为培养在职的修志专门人才的一个基地，从全国抽一些年轻的方志工作者到这里来学习，授予硕士、博士学位，培养出来以后再回本单位修志。能不能这么做？希望大家研究。

打造过硬方志团队，努力落实“一纳入、八到位”

（2015 年 6 月 24 日，根据录音整理）

王伟光

我代表中指组及其办公室，向精心安排这次座谈会的天津市委市政府、静海县委县政府表示衷心的感谢！第五届中指组于 2013 年 12 月组建换届，根据中央安排，由我担任组长，至今开展工作已经一年半多了。我以前虽然翻阅过地方志有关资料，但接触地方志工作较少，所以决定对地方志工作进行广泛深入的调查研究，听取汇报，听取意见和建议。在第五次全国地方志工作会议召开之前，我们先后到北京、河北、江苏三省（市）专题调研，从省到市、到县，有的已经到了乡镇和村，召开不同层次和范围地方志工作者参加的座谈会，考察和了解地方志工作的实际情况，并在此基础上成功召开了第五次全国地方志工作会议。会后，为了推动全国地方志系统进一步学习好、贯彻好、落实好第五次全国地方志工作会议精神，我们又陆续到 15 个省（市），听取工作汇报，开展调查研究。天津是我们开展调研的第 19 站。我希望，在我任职期内，除台湾之外，各省（区、市）都应该走到，与各省（区、市）从事地方志工作的同志，至少是与在县级以上地方志工作机构工作的同志们见面，尽可能的多深入基层了解一手情况。这也是中指组贯彻落实习近平同志主持新一届中央领导集体后提出的落实群众路线、改变工作作风、深入进行调查研究的要求，所采取的实际行动。

这次来天津，总的目的有两个：一是看望战斗在一线的地方志工作者。地方志工作，说得上是冷冷清清、清清白白、辛辛苦苦、默默无闻。但是，这项工作又极其重要。正因为这样，我们作为中指组的领导，更应该深入到省、市、县，深入到基层，看望大家、慰问大家，同时也通过你们，向工作在一线的从事地方志工作的同志们表示亲切的慰问，大家都辛苦了！希望在座诸位回去后把我的话带给大家，特别是那些虽然已经离退休但仍工作在一线参与编写地方志的老同志。二是听取汇报，调查研究，进一步摸清地方志工作的家底和情况，找准地方志工作存在的问题，总结地方志工作的经验和做法，从而进一步推进地方志工作。

刚才听了天津市地方志办公室主任苏长伟同志，还有静海县、北辰区、市科委、市公安局和河北区等单位、部门几个同志的汇报，我认为天津市地方志工作总体来讲很有特点，很有成效，主要有四个特点：

第一，领导重视。刚才听汇报了解到，天津市委市政府高度重视地方志工作，市委市政府同志多次作出批示，提出要求。这就说明，天津市地方志工作贯彻落实“一纳入、八到位”，首先是“领导到位”得到落实，一把手到位了。主管地方志工作的市政府秘书长张志强同志深入到市地方志办公室调研、听取汇报，要求地方志工作围绕中心、服务大局，坚持质量第一，抓紧推动工作，确保二轮修志任务圆满完成。静海县委书记冀国强同志工作那么忙，还专门来参加这次座谈会，和我们一起讨论地方志工作，也说明天津市辖的县委领导、区委领导对地方志工作的高度重视。刚才，静海县、北辰区、河北区的同志也都谈到了县、区领导对地方志工作的重视。所以，领导重视，可以说是天津市地方志工作的第一特点。

第二，基本形成了“党委领导、政府主持、专家参与、众手成志”的地方志工作体制。

第三，基本完成首轮修志任务，第二轮修志工作正常进行。至2008年，出版《天津通志》48部、56卷，区县志19部、20卷，总计约2亿字，基本完成首轮修志任务。根据天津市政府修志规划任务，到2020年底，要完成《天津市志》44部分志、13部区县志。从工作情况来看，天津市能够按时完成第二轮修志任务。

第四，形成了一些好的经验、好的做法。天津市地方志办公室于1984年成立，31年来带动天津市地方志工作不断发展，形成了一些好的经验、好的做法。一是明确工作定位。主动把地方志工作放在天津发展大局中找准定位，树立了“事在人为、路在脚下”的理念，改变了地方志工作“孤陋寡闻、孤家寡人、孤芳自赏”的被动局面。我看，只要把冷板凳坐热，这“三孤”都是可以克服的。二是制定长期规划。2011年，印发《天津市地方志“十二五”发展规划纲要》，提出打造“三个中心”、建设“一个溯源地”的工作目标，即到2015年基本建成天津地方志编纂中心、天津地情资料整理中心、天津方志理论研究中心，到2020年天津地方志工作机构要成为天津市地情历史溯源地，对凝聚和整合天津全市修志力量发挥了重要引领作用。三是落实工作责任。各项工作都有路线图、时间表、责任人。第五次全国地方志工作会议后，天津市人民政府办公厅还印发了《关于进一步加强天津市地方志工作的意见》。四是调整修志规划。对天津第二轮修志规划进行补充完善，将反映天津特点的《地理建置志》《历史风貌建筑志》等列入，将责任主体不明确、无法承修的剔除。这些好的经验，值得我们在全国推广。静海的同志刚才谈得很好，县地方志办公室出了三个政协委员，充分反映了县委领导对地方志工作的重视，也反映了县地方志办公室的同志们干工作都非常努力。北辰区同志提出的“一个中心、两个副线、三个服务平台”的工作经验，值得其他区县地方志工作机构借鉴。北辰区同志提到编写了三本书，有机会我要认真读一读。北辰区打造的方志团队也很有特点。天津市科委同志谈到，派了三名同志到上海介绍经验，做到这点很不容易，说明天津市科委的地方志工作做得好。天津市公安局是整个公安系统的缩影，编辑了450万字的资料，分量不小，我看可以出一套天津市公安局系统地方志系列丛书。河北区结合自身的区情特点来搞好地方志工作，也很有特点。

总的来说，天津市地方志工作取得了很大的成绩，我希望在这个成绩基础上，天津市地方志工作今后做得更好、更有成效，再上一个新的台阶。在此，我提四点希望：

第一，加强学习，提高认识，努力打造一支过硬的方志团队。总体上讲，地方志工作是一个冷清的部门，可以说清清静静、清清贫贫、清清白白，是个冷部门，要坐冷板凳，但是这项工作意义重大。我到上海调研时讲了这么一段话：从古至今，做大官的有之，挣大钱的有之，但真正做大官的挣大钱的又留下名声的并不多。真正留下名声的做官的，第一是给老百姓做事了。比如说杭州西湖的白堤、苏堤，白堤是白居易在杭州当官时修的，苏堤是苏轼在杭州当官时修的。历史上在杭州做官的人很多，但是大家都记住了白居易、苏轼，就是因为他们给老百姓做事了。第二是留下了精彩的文字笔墨。做官的如果没有给老百姓办事，但是文章或诗写得好也能留下名声。如李白，曾在唐玄宗时做官，并没有为老百姓谋过什么具体事，但是李白斗酒诗百篇，名声传于后世。《红楼梦》里有首《好了歌》说：“世人都晓神仙好，惟有功名忘不了！古今将相何其多？荒冢一片草没了。”很多人认为神仙再好没有当官好，从古至今当官的人很多，死后留下一座坟，若干年后连坟都没有了，人们渐渐就把他淡忘了。古来挣大钱、发大财的人也有很多，但老百姓真正记住的没有几个。我到江苏考察，江苏历史上苏州人沈万三是挣了大钱的，据传说曾捐资修筑金陵城墙，但《明史》没有记载这个人。挣了大钱，也没有留下名声。不做大官、不挣大钱，反而有人留下大名，如《史记》作者司马迁，曾受过宫刑，但是千古留名。我在这里不是要大家成名，而是要求做好修志工作，并不是要大家想着如何出名，主要是强调修志工作有多么重要。刚才天津市公安局同志说得好，修志人才难得，除了要专业水平高、文字功底强、身体好，最重要的就是要有修志激情。有激情才能修好志。司马迁如果没有激情，怎么会写出《史记》？激情则来自于责任。地方志工作者，一干就是十年、二十年，干一辈子的都有。地方志工作机构虽是个冷部门，要吃冷饭，但是做地方志工作必须要有热心肠，有激情，有奉献精神。这种激情、这种精神从哪里来？要从学习中来。学什么？就是要学习习近平总书记系列重要讲话，学习中央有关会议精神，学习和践行社会主义核心价值观。有了理想信念，提高了认识，我们就会自觉地把地方志工作做好。我认为，作为地方志工作者，最重要的就是抓好学习提高。当前，最重要的是要学习习近平总书记系列重要讲话精神以及关于“要高度重视修史修志”的重要讲话精神，学习李克强总理就第五次全国地方志工作会议召开作出的重要批示精神，学习刘延东副总理与第五次全国地方志工作会议部分代表座谈时的重要讲话精神，还要学习第五次全国地方志工作会议精神。我希望，同志们能认真学习，提高认识，统一思想，乐于为地方志做奉献。有了这种精神状态，有了这种工作热情，有了这种积极性，有了这样一支充满激情、甘于奉献、乐于坐冷板凳而且政治好、业务强的队伍，地方志工作一定能够做好。所以，同志们要抓的第一件事就是抓学习，抓队伍建设，提高自觉性。

第二，全面贯彻第五次全国地方志工作会议精神，努力做到“一纳入、八到位”。第五次全国地方志工作会议，是在党的十八大召开以后，为推动地方志事业全面发展而召开的一次重要会议，明确了今后一段时期地方志事业发展的总方针和主要目标。全面贯彻落实第五次全国地方志工作会议精神，是当前地方志工作的中心任务。第五次全国地方志工作会议精神集中到一点，就是全面落实“一纳入、八到位”。“一纳入”，就是把地方志工作纳入各地国民经济和社会发展规划、纳入各级政府工作任务中。“八到位”，首先是认识到位，最重要的是领导的认识要到位。认识到位，干工作的热情才能高起来，工作的积极性、主动性也才能高起来。认识不到位，行动必然不到位。领导到位，包括两个方面，一是分管地方志工作的领导如市委市政府的分管领导要到位，二是地方志工作机构本身的领导如主任、副主任以及领导班子成员要到位。认识到位、领导到位后，机构要到位。没有机构，怎么干事？没有庙，神摆在哪，和尚住在哪，到哪烧香拜佛？机构到位后，还要编制到位、经费到位、设施到位、规划到位、工作到位。这就是“三严三实”专题教育强调的谋事要实、创业要实、做人要实。要贯彻落实第五次全国地方志工作会议精神，就要集中力量，全力以赴，努力做到“一纳入、八到位”。要按照这个要求，来检查指导工作，查找差距，推动工作。

第三，围绕中心，服务大局，突出特色，努力为天津经济社会发展做贡献。地方志工作一定要树立为中心工作和大局服务的意识。要想有“位”，必须有“为”，有“为”才有“位”。“为”是什么？就是围绕中心、服务大局，围绕党的中心工作，服务党的改革开放大局，为天津市经济社会发展搞好服务。你服务得越好，领导就越满意。我们到河北保定调研，保定市长马誉峰同志说地方志工作很有用，并举例说促进了地方旅游发展。他说，他们编了《保定老照片》《保定读本》两本书，分发给出租车司机，从而带动起保定旅游的发展。要想服务好天津的发展，天津的地方志工作就要突出天津特色。天津是中国近代史的缩影，中国近代史上的很多人物都和天津有关，在天津活动过，如李鸿章建炮台、修铁路，袁世凯小站练兵等。天津也是近代工业的缩影，我小时候读过一本书叫《三条石血泪史》，三条石就是天津近代工业的摇篮。我小时候曾在天津居住过一段时间，留有深刻的印象，天津的估衣街，天津的小吃，都蕴藏着丰富的历史文化。天津也是我国近代金融业的缩影、近代文化的缩影，南开大学、南开中学等都有很多故事。围绕天津特色，我看天津市的地方志工作大有可为，大有作为。我希望，你们能够走出一条真正具有天津特色的地方志发展道路。

第四，抓好“十三五”规划，抓紧天津市的地方志立法，保质保量按时完成第二轮修志任务。最近，《全国地方志事业发展规划纲要（2015—2020年）》即将由国务院办公厅转发，希望天津市据此编制好本市的地方志工作“十三五”发展规划，把这作为一件大事来办好。根据国务院《地方志工作条例》，我们到天津来指导工作，是依法进行指导，所以也希望天津市加快地方志立法工作，尽快由市人大常委会出台条例或由市政府出台实施办法。我希望，通过今天这个座谈会，能够对天津市地方志工作的发展有所推动，有所促进。同志们也提出了一些好的建议，比如人才培养、资料管理、地方志工作创新等问题。我们还要进一步研究，从而进一步丰富和改进中指组的工作思路。

在内蒙古自治区地方志工作座谈会上的讲话

（2015年6月27日，根据录音整理）

王伟光

刚才，常军政副主席代表自治区政府对地方志工作作了总体汇报，同时对全区的地方志工作提出了指示和要求；阿拉善盟、包头市、乌海市和巴彦淖尔市四个盟市做了工作汇报，自治区地方志办公室主任胡满达全面汇报了全区的地方志工作。总的感觉是内蒙古自治区地方志工作按照中央的要求和部署，取得了不少的成绩。这次到内蒙古召开地方志工作座谈会，目的有两个：一是了解情况，听取汇报，进一步推动工作。二是看望战斗在地方志工作一线的同志并表示慰问。地方志工作“艰苦、辛苦、清苦”，大家在岗位上辛勤耕耘、默默奉献的精神，值得表彰和学习。

内蒙古地处我国北部边疆，幅员辽阔，横跨京津冀、东北、西北地区，是我国五个少数民族自治区之一，在实现“四个全面”战略目标中具有十分重要的地位。最近几年，内蒙古的经济社会建设发展很快。在自治区党委、政府的高度重视和大力支持下，地方志工作呈现良好的发展势头，为传承传统文化、民族文化，服务自治区经济社会文化发展作出了突出贡献。特别是第五次全国地方志工作会议召开以来，自治区党委、政府贯彻落实习近平总书记、李克强总理、刘延东副总理关于地方志工作的重要讲话、批示精神有新举措，贯彻落实“一纳入、八到位”有新思路，推动第二轮修志工作有新办法。刚才在汇报中你们提到，自治区主席巴特尔兼任地方志编纂委员会主任，最近又对地方志工作专门作出批示。6月9日召开了全区地方志工作电视电话会议，白向群副主席就贯彻中指组五届二次会议和全国地方志机构主任工作会议精神作了部署，对全区地方志工作提出了明确要求。此外，自治区政府还出台了《内蒙古自治区地方志工作规定》，为全区的地方志工作提供了法律保障，为依法修志提供了制度保障；经过多年的实践和探索，形成了“党委领导、政府主持、各级地方志工作机构组织实施，各种社会力量积极参与”的工作格局，等等。领导到位是内蒙古地方志工作能够向前推进，为地方经济社会文化发展大局服务的根本保障。

内蒙古自治区东西绵延2400多公里，南北横跨1700多公里，国境线长4200多公里。像我们今天开座谈会的地方——阿拉善盟，面积有27万平方公里，人口才22万多，地大人稀。刚才你们在汇报时提到，全区地方志工作机构普遍存在机构级别偏低、人员偏少的问题，全区从事地方志工作的在编人员不到500人。在幅员如此辽阔，人员不多的情况下，内蒙古自治区地方志工作能够取得现在的成绩，实属不易。证明内蒙古战斗在地方志工作一线的同志，甘于奉献、勇于承担，是能吃苦、能战斗的一支队伍。我代表中指组，向大家表示慰问，并通过你们，向全区的地方志工作者表示衷心的感谢和崇高的敬意。

同志们刚才在汇报中也提出了一些问题和建议，针对这些问题和建议，我就自治区地方志工作提几点要求：

第一，增强地方志工作的责任感和使命感。地方志工作具有存史、资政、育人的重要功能，不是可有可无的工作，是有着非常重要的历史性、政治性的责任和任务。习近平总书记高度重视地方志工作，在河北正定和福建宁德、厦门和福建省里担任领导时，对地方志工作发表过重要讲话、作过指示。在主持浙江和上海工作的时候，亲自关心地方志工作，像在浙江白沙村调研时，还专门询问了村志的编纂。担任总书记以后，在考察首都博物馆时作了要高度重视修史修志的重要讲话。李克强总理在第五次全国地方志工作会议召开之前专门作出重要批示。刘延东副总理作为分管地方志工作的国务院领导，在第五次全国地方志工作会议前会见与会代表并作了重要讲话，还多次就地方志工作作重要批示。党中央、国务院高度重视地方志工作，是当前全国地方志事业发展难得的战略机遇，我们一定要牢牢把握。

“国有史，邑有志”，连绵不断地编修地方志是我国独有的文化传统，为传承中华文明发挥了十分重要的作用。世界四大文明古国中，古埃及、古印度、古巴比伦文明都中断了，唯独中国文明绵延数千年不断。靠的是什么？历朝历代留下来的史志典籍发挥了十分重要的作用。二十五史加上8000多种古方志，如此巨大的史志文化宝库，在世界上是独一无二的。地方志工作虽然是坐冷板凳，冷冷清清，但却是清清白白、实实在在。“灭人之国，必先去其史”，修志工作有着传承历史、传承文明的重要作用。今天我们建设中国特色社会主义、弘扬党的光荣传统、弘扬社会主义核心价值观、弘扬中华优秀传统文化，地方志工作承担着重要职责，应该发挥重要的作用。特别是现在网络上、意识形态领域里面，搞“历史虚无主义”唱衰中国共产党，唱衰中国特色社会主义建设取得的伟大成就的人还是有的。地方志是资料性文献，实事求是，秉笔直书，述而不论，就是破除“历史虚无主义”的有力武器。因此，我们从事的地方志工作是一项光荣的工作，一定要增强责任感和使命感。

增强责任感和使命感，要靠抓队伍的思想建设，提高大家的思想认识水平。要通过学习习近平总书记的系列重要讲话，中央领导同志关于地方志工作的重要讲话、批示精神，学习党中央关于继承和弘扬中华传统文化的有关部署，牢固树立为党立言、为民修志的宗旨意识。

第二，进一步重视地方志工作。首先是领导重视，主管地方志工作的政府领导要重视，比如定期听取地方志工作汇报、提要求、作指示，帮助解决困难和问题。地方志工作是给点阳光就灿烂，花点小钱就能办大事。第五届指导小组组成以来，我已经调研了20多个省区市，有不少分管领导跟我说，地方志是冷部门，要高看一眼。地方志部门比不上一些职能部门，要求不多，即使是要钱要物，数额也不大。有些领导甚至表示，越是冷部门、越是弱势部门，越要支持。从我走过的地方看，领导重视的地方，地方志工作肯定做得有声有色。领导要重视，各级地方志工作机构的负责人也要重视，要看重自己这份工作，看重党和政府交给我们的这份职责。有句话叫“有为才有位”，我说有了位更应该有为。位置给你了就得干事，干成事领导才会更重视，你才更有“位”。我们方志人应该是上不怨天、下不怨地，积极发挥自己的主观能动性把工作搞好。重视地方志工作包括两个层次：一个是分管领导要重视，一个是地方志机构的负责同志要重视，形成合力，地方志工作才能做得更好。

第三，始终坚持依法治志和落实“一纳入、八到位”。第五届指导小组组成以来，按照党的十八届四中全会关于全面推进依法治国的要求提出要依法治志。地方志是有法可依的，我们的法就是国务院《地方志工作条例》这一行政法规。依法治志，首先就要有法必依。各级政府、各级地方志工作机构要严格遵照《地方志工作条例》办事，依法修志、依法管志、依法用志、依法研志。《条例》的内涵十分丰富，既包含各级政府对地方志工作的职责要求，又有对地方志工作机构本身的要求，还有对各部门、行业、法人、公民的要求，等等。地方政府和地方志工作机构要把依法治志作为依法治国在地方志工作领域的具体要求、具体体现来看待，用法律的思维、法律的方式开展地方志工作。要实现依法治志，总抓手就是要全面贯彻落实“一纳入、八到位”。“一纳入、八到位”是刘延东副总理代表党中央、国务院在会见五次工作会议代表时专门强调的，是地方志工作经过30多年实践凝练的智慧结晶，是根据当前地方志工作发展的新形势、新任务、新问题提出来的。刚才大家提到的在工作中面临的困难和问题，比如机构不健全，有14个旗没有地方志工作机构；编制落实不到位，力量不足；经费不够，有的单位只有日常办公经费，其他事业发展经费很少甚至没有；还有发展不平衡、业务能力不足、志稿质量不高等。像这些问题，就需要通过贯彻“一纳入、八到位”逐步加以解决，促使地方志工作上新台阶。而贯彻落实“一纳入、八到位”的有效手段就是开展行政督查。刚才胡满达同志也讲到，要加大督办检查的力度。实践证明，地方志工作机构主动请示联系人大、政府开展督查，是促进工作的科学有效的手段。内蒙古自治区地方志办公室要按照依法治志的要求、按照“一纳入、八到位”的要求，按照巴特尔主席的批示和自治区地方志工作电视电话会议的要求，一级一级地检查落实，建立通报制度，全面推进地方志工作。依法治志、“一纳入、八到位”、行政督查是全面促进地方志事业发展的保障机制。依法治志是依据，“一纳入、八到位”是总抓手，行政督查是科学手段，大家一定认清关系，切实贯彻落实好。

第四，努力为地方经济社会发展大局服务。修志编鉴、编撰出版地情读物、搞地方志文化资源开发利用等，最终的目的是要为全面建成小康社会服务，为建设中国特色社会主义服务，为内蒙古自治区和各盟市旗的经济社会文化建设服务，为推进地方社会主义精神文明建设和提高文化软实力服务。内蒙古地方志工作还有自身的特殊性，就是要为传承民族文化服务。中国有56个民族，每个民族都有自己独特的文化。内蒙古作为民族自治区，地方志工作在记录、传承、发扬民族文化方面承担着重要的责任。作为地方志工作者，一定要树立大局意识和服务意识，要传志、读志、用志。地方志工作成果出来了不能束之高阁，要不断创新用志手段，不断拓宽传志的路径，不断让各级领导、社会各界、广大人民群众来读志，用历史的智慧来为现实服务。只有树立了为地方经济社会文化发展大局服务的意识，才能得到领导的支持，得到群众的支持，才能够筑牢发展的根基。

第五，加强地方志工作队伍建设。打铁还须自身硬，搞好地方志工作最重要的是要有一支政治方向对、业务能力强，具有奉献精神和工作热情的队伍。这就需要各级地方志工作机构在队伍建设上下功夫。首先是要确保正确的政治方向。地方志是“官书”，属于意识形态范畴，志鉴成果要符合党的路线、方针、政策，地方志工作队伍在政治上、思想上要同以习近平同志为总书记的党中央保持高度一致，才能编修出无愧于党、无愧于人民、无愧于历史的志鉴成果。同时，方志人还要树立为人民修志的自觉性和积极性。地方志工作是坐“冷板凳”，必须有一副“热心肠”才能把工作做好。我去过这么多地方调研，一直让我很感动的是，很多同志在汇报的时候始终带着对事业真挚的感情，带着一种崇高的使命感、责任心在谈地方志工作。很多老同志都已经白发苍苍，干了一辈子的地方志工作，写了一辈子的志书，从大学毕业一直干到退休，有的退休后还返聘回来继续干地方志工作。这种精神，这种激情，是我们地方志系统的精神财富，是方志人精神实实在在的体现，也是社会主义核心价值观在方志人身上的具体体现。有这样一支队伍，地方志工作一定能够做得好。

我就讲这么多，谢谢大家。

在云南省地方志工作座谈会上的讲话

（2015年7月17日）

王伟光

这次来云南调研，主要目的有三个：一是了解云南省省、市、县三级地方志工作基本情况，共同研究解决工作中存在的困难和问题。二是通过调查研究，科学谋划地方志工作，推动全国地方志工作再迈新台阶，提升到新水平。三是来看望长期奋战在地方志工作第一线的同志们。同志们在被称为清苦、辛苦、艰苦的“三苦部门”干事创业，我们有责任到地方看望工作在第一线的同志们。在此，我代表中指组，向在座的同志们，并通过你们，向全省地方志工作者表示诚挚的问候，大家辛苦了！

刚才，听了省地方志办公室主任任玉华以及昭通、大理、玉溪、曲靖、怒江、石林、丘北、西盟等市（州）县地方志工作机构负责同志的情况汇报，总体感觉同志们对地方志工作是有责任心的，也是很有热情的。云南省地方志工作有进展，有成绩，是符合中央要求的，也是符合第五次全国地方志工作会议精神要求的。具体来讲，感受颇深的有以下几个方面。

一是云南地方志编修历史悠久。从现有文献资料来看，早在唐代，樊绰就编著《蛮书》一书，记述南诏时期云南的地理、民族、物产等情况；元代，李京编著《云南志略》；明代，云南编修志书83种，步入全面发展阶段；民国时期，云南志书的种类和数量位居全国前列，比较有代表性的有周钟岳主修的《新纂云南通志》。从唐到明，由元代至民国，云南共修成省府州厅县志400余种，山水盐井专志30余种，为中国方志文化积累了丰硕成果，更为中国传统文化积累了宝贵财富。

二是省委省政府领导高度重视地方志工作。徐荣凯、秦光荣、李纪恒、陈豪等云南省委省政府主要领导同志，先后担任省地方志编纂委员会主任，就地方志工作都发表过重要讲话或作过重要批示。今天中午，李纪恒书记、陈豪省长在和我会谈时表示，将会更加重视地方志工作，协调解决地方志工作遇到的困难。像西盟县志办提出他们在工作中还存在机构、人员等问题，就可以请省委省政府领导关心过问一下。

三是地方志工作机构基本健全。省政府杨杰副秘书长讲，云南省省级地方志工作机构的规格和干部配备问题已经得到基本解决。现在省志办一把手到位了，两个副主任也到位了，你们要抓紧按照省政府的批示要求，将机构人员真正落到实处。参加座谈的各个市（州）县，除玉溪地方志机构规格较低而影响工作外，其他大多数得到了较好的解决。玉溪是财政税收大市，机构编制应该容易得到解决。今天我们还要去玉溪调研，我会请市委书记罗应光同志尽快协调解决。同时，也请杨杰副秘书长和任玉华主任跟进一下，地方领导同志事情千头万绪，要主动提醒他们，做好落实工作。

四是修志工作有一定进展。从刚才汇报的情况看，全省第二轮修志工作稳步推进，16个市（州）出版志书5部，129个市（县、区）出版志书51部，另有一批部门志、行业志、名山志、江河志、乡镇村志、茶叶志也在编纂过程中。其中，曲靖市的第二轮修志在2011年就已经全面完成，为全省首家完成的地区，修志工作走在全省前面，在全国也是位居前列的。

五是地方志工作有较好的发展基础。从大家汇报的情况看，全省的整体工作状态还是不错的。比如，昭通市的地方志工作机构健全，修志队伍不断充实扩大；大理州的机构也是健全的，积累了丰富的修志经验；曲靖市的第二轮修志已经完成，机构与队伍建设稳步推进；怒江州虽然地处边陲，属于贫困地区，但总结出了“四个不放松”“四个不离开”的好做法、好经验，值得在全省推广；玉溪市修志工作虽然面临着机构规格低等很多困难，但是精神状态还是不错的，能够甘心坐冷板凳，认认真真地进行修志，这个精神值得发扬。

总之，云南的地方志工作历史丰厚，领导重视，机构健全，有一定发展基础，这就为进一步推进地方志工作提供了很好的前提，打下了坚实的根基。虽然地方志工作机构被称为冷部门，从事地方志工作被形容为坐冷板凳，但是我们有热心肠，有高昂的激情，有厚着脸皮、磨破嘴皮的闯劲和韧劲，做好地方志工作就要勇于发扬这个“两皮”精神。

当然，大家也谈到工作存在一定的困难，比如整个修志进度比较慢，地方志资源开发利用滞后；在机构、编制、经费、人才等问题上都存在着较大的困难，特别是经费问题，有些地方面临着很大的困难，这在一些贫困地区、少数民族地区、边境地区表现得比较突出。虽然有这些困难，但是相比地方志事业发展的条件和发展面临的机遇来讲，我相信同志们一定能够克服困难，把地方志工作做好。

下一步如何做好地方志工作呢？我提几点具体要求，供同志们来参考。

第一，全力以赴、扎扎实实地贯彻落实第五次全国地方志工作会议精神。

去年召开了第五次全国地方志工作会议，今年又召开了中指组五届二次会议。整个地方志工作的指导思想、任务要求、发展目标都在五次工作会议的讲话和报告中体现出来了，当前和今后一个时期，全国地方志系统的主要任务就是扎扎实实地、全力以赴地、不折不扣地贯彻落实五次工作会议精神。

一是要加强学习，提高认识，提高做好地方志工作的自觉性和责任感。关于地方志工作的重要性，习近平总书记有重要指示，李克强总理有重要批示，刘延东副总理有重要讲话，中指组也有重要报告，要组织全国地方志系统的干部职工认真学习习近平总书记的重要指示、李克强总理的重要批示、刘延东同志的重要讲话，以及五次工作会议的重要精神，提高认识，统一思想，增强对地方志工作重要性的认识，树立在任何困难、条件下，都要把地方志工作做好的责任感、使命感。

我们都知道，中国历史上有一部“欲究天人之际、通古今之变”的不朽名著，就是《史记》，作者是汉代伟大的史学家、文学家司马迁。《史记》由十二本纪、十表、八书、三十世家、七十列传组成，堪称我国纪传体史书的典范，也是后世修志者汲取修志思想营养的宝库。司马迁发奋写《史记》的时候，条件远不如现在。他既不享受公务员待遇，又不是事业人员待遇，也没有办公经费，更谈不上拥有电脑等现代化办公设施。更为令人叹服的是他受了宫刑，忍受着奇耻大辱，秉笔直书，写出了绝世佳作《史记》。这蕴含着一种为事业献身、为文化传承献身的伟大精神，姑且称之为“司马迁精神”。在当今时代，我们要发扬“司马迁精神”，克服各种困难，增强在新的历史条件下做好地方志工作的自觉性和责任感。

二是要善于做领导的工作，争取领导重视支持地方志工作。地方党委政府的领导同志事务繁忙，那么，你们就要发现机会，利用机会，做好领导的工作，让领导重视地方志工作、支持地方志工作。像大理州志办的王超英主任，会协调，会争取，会做工作，值得大家学习。做领导的工作，要善于去抓住领导。我到河北保定市调研，马誉峰市长就对我讲，地方志对他来说非常重要，地方旅游的拉动，没有地方志是不行的，因为介绍保定的历史风貌、风土人情，主要是靠地方志。他要求把保定市志办编写的涵盖当地名胜古迹、历史人物等内容的《保定读本》，发给每个地方，发给每个出租车司机，结果保定的旅游收入一年之内大幅度上升。地方志工作者要深刻地认识到，地方志工作不是没有位，而是要有为，有了为才会有位，有了位才能更好的有为。

三是要大力推进依法修志。国务院颁布施行了《地方志工作条例》，云南省政府颁布了《云南省地方志工作规定》，这是开展地方志工作的重要依据。我们要求机构健全、编制齐备、经费充足，绝不是胡乱张口开价，而是有法规规定，有习近平总书记、李克强总理、刘延东副总理的重要指示、重要讲话和重要批示，必须严格贯彻执行。要依法修志，加强督办。下一步云南省志办要争取分管省长、分管秘书长的支持，把督察督办作为一项任务，专门对地方志工作落实情况进行督察督办，并及时就督察督办情况印发通报。省志办要给县以上的志办主任撑腰，当好“娘家人”，通过分管领导为他们说话，解决困难，这样才能确立工作威望、工作威信，才能向前推进全省的地方志工作。

四是要真正做到“一纳入、八到位”。“一纳入、八到位”是刘延东副总理在五次工作会议上提出来，中指组在五次工作会议工作报告中加以强调的。这是对三十多年来地方志工作实践经验的总结和凝练，也是对修志历史智慧的精确归纳。全力以赴、扎扎实实地贯彻落实五次工作会议精神，要抓住的“牛鼻子”、把住的“总开关”，就是按照“一纳入、八到位”的总要求来开展工作。“一纳入”，就是把地方志工作纳入到国民经济和社会发展规划、各级政府工作任务之中，要把地方志工作视为政府工作不可或缺的一个有机组成部分；“八到位”，就是认识到位、领导到位、机构到位、编制到位、经费到位、设施到位、规划到位、工作到位。要按照“一纳入、八到位”要求，逐条检查工作，扎扎实实抓落实。在这里，请杨杰副秘书长把大家提出的问题梳理出来，向省委省政府汇报，共同努力把这些问题解决好。

第二，坚持修用结合，把努力为地方经济社会发展服务作为地方志工作的宗旨。

我们经常讲修志为用，修志要为现实服务。这不是一句虚话，只有服务好现实，志书、年鉴的社会价值才能充分体现出来，地方志工作的社会地位才能真正提高。地方志工作一定要围绕中心、服务大局。要弄清楚、把握准党委政府的中心工作是什么，地方志工作要时刻围绕中心，服务党委政府的工作大局。如果地方志工作和地方经济社会发展，和地方党委政府的中心工作是“两张皮”的话，就没有生命力，也不会得到重视。一定要树立全心全意为地方经济社会发展服务的宗旨，只有这样，地方志工作才能做得更好。

这次来参会的各个市（州）县都能充分认识到用志工作的极端重要性，取得了可圈可点的成绩，积累了一些好经验、好做法。像昭通市志办利用地方志资源为昭通天麻申报国家原产地保护产品，以及对城市建设、产业建设、古迹修复等提出论证依据；大理州志办围绕民族文化强州建设和美丽幸福大理建设编纂地情资料书籍；曲靖市志办建立地情资料服务中心；石林县志办与云南省社会科学院合作开展石林科研与社会服务基地建设，等等。你们要继续发扬成绩，继续探索经验，把为地方经济社会发展服务这篇文章做得更好。

第三，加强地方志工作机构自身建设，加强人才队伍培训。

刚才，大家普遍谈到了地方志人才匮乏、人员老化、队伍青黄不接等问题，由此看来，应当把加强地方志机构的思想建设、组织建设、业务建设、队伍建设提到议事日程上。中指组办公室在加强自身建设的同时，要探索制定出全系统的队伍建设、学科建设、理论建设规划，积极推动理论研究和学科建设，逐渐展开人员培训。机构的自身建设，队伍的提升优化，全系统要高度重视起来，一个县的地方志机构哪怕只有三五个人，也有自身建设和队伍建设问题，不能有任何懈怠。干事创业关键在人，如果地方志事业发展了几十年，没有培养出自己的人才队伍，这项事业就会枯竭，更谈不上兴旺发达。所以，一定要把自身建设这项工作做好。

第四，按照中央要求，抓好地方志事业发展规划的制定。

《全国地方志事业发展规划纲要（2015—2020 年）》即将由国务院办公厅印发，各省、市、县三级地方志工作机构要抓住时机，争取当地党委政府的支持，制定出台本地的地方志事业发展规划，并努力将地方志工作列入“十三五”规划之中。

最后还有几个具体问题，请中指组办公室的同志回去加以落实：一是志书出版经费问题。我到甘肃、青海、宁夏三个省区召开地方志工作座谈会，发现他们的出版经费也是比较匮乏的，采取了一些扶持措施。能不能把云南省一些贫困地区的志书出版经费，列入中指组办公室经济欠发达地区志书出版资助工程中，加大对贫困地区和少数民族地区志书出版经费支持的力度。中指组办公室的同志回去研究一下，如果可以，就通知符合条件的地区申报，给予他们一定的出版经费支持。二是中指组办公室在人才培训方面要给云南少数民族地区、边疆地区一定的倾斜，增加他们参加培训的名额。三是探索有没有可能向中央财政申请一笔经费，对像怒江、西盟这样的贫困地区给予必要扶持。

我就讲这么多，不合适的地方，请你们批评指正。

在吉林省地方志工作座谈会上的讲话

（2015 年 8 月 7 日，根据录音整理）

王伟光

这次到吉林，主要有两个任务：一是参加中国辩证唯物主义研究会、中共中央党校哲学教研部、中国社会科学院哲学研究所在长春联合主办的“辩证唯物主义与‘四个全面’战略布局”理论研讨会，二是调研吉林省地方志工作。

这次调研，主要有两个目的：一是对吉林省地方志工作进行调研，了解情况，以便对全国地方志工作及时作出指导。第五届中指组对地方志工作的调研，大体分两个阶段。第一阶段是 2013 年 12 月第五届中指组组建换届至 2014 年 4 月第五次全国地方志工作会议召开。为筹备召开第五次全国地方志工作会议，按照刘延东副总理有关做好调研工作的要求，我们先后到河北、江苏两省进行了全面的调研，从省到市、到县，有的已经到了乡镇和村，深入到地方志工作基层，了解地方志工作的实际情况，形成了第五次全国地方志工作会议的思路。“一纳入、八到位”，就是在调研过程中提炼形成的。刘延东副总理在与第五次全国地方志工作会议部分代表座谈时明确提出“一纳入、八到位”，随后第五次全国地方志工作会议将其作为做好地方志工作的基本要求进行了强调。第二阶段是第五次全国地方志工作会议召开以后，我们深入到各省（区、市），进一步开展调研，推动贯彻落实第五次全国地方志工作会议精神，重点检查全面落实“一纳入、八到位”的情况。吉林省是我们开展调研的第 23 站。二是向吉林省从事地方志工作的同志们表示慰问，看望大家。我们在河北、江苏调研的时候，对于地方志工作机构，有的同志说是“清苦、辛苦、艰苦”

的“三苦”单位，有的同志称为“坐冷板凳、吃冷猪肉、是冷部门”的“三冷”部门。但是，大家一致认为，虽然是“三苦”单位，我们却甘心为地方志工作做奉献，有一种使命精神、奉献精神和牺牲精神；虽然是“三冷”部门，大家却有热爱、有热情、有热心，对地方志工作充满激情，非常敬业。因此，我希望自己在担任中指组组长期间，各省（区、市）都会走到，争取到市、到县、到基层，和从事地方志工作的同志们见面，表示慰问和感谢，说一声同志们辛苦了！同时，也通过你们，向奋战在吉林省地方志工作一线的同志们表示慰问和感谢，大家都辛苦了！

刚才，隋忠诚副省长发表了讲话，对地方志工作充满了热情、激情和感情。吉林省地方志编纂委员会党组书记、副主任李云鹤同志和长春市、吉林市、通化市、公主岭市、延吉市地方志工作机构负责同志作了汇报。听了汇报，我认为吉林省地方志工作有一个非常好的工作状态。像通化市提前完成了第二轮修志，公主岭市正在为第三轮修志做准备，这不仅在吉林省走在前列，在全国也是走在前列的。延吉市获得不少奖励，说明成绩不小。这充分说明，吉林省同志们的工作状态是好的，工作热情是高的。总体来看，吉林省地方志工作是走在全国前列的，主要有五个特点：

第一，领导高度重视，及时给予指导，及时解决地方志工作面临的实际困难。第五次全国地方志工作会议结束后，当时还任省长、现任省委书记的巴音朝鲁同志，专门听取地方志工作汇报，并指示要贯彻落实好会议精神。省长蒋超良同志专门就吉林省第八次全省地方志工作会议召开作出批示，希望全省地方志工作者“笃行修志问道，追求志以载道”。这两句话说得很好，不仅是对吉林省地方志工作者提出的要求，还可以加以推广，成为全国地方志工作者都应奉行的格言。陈伟根副省长参加第八次全省地方志工作会议并讲话，对今后五年的吉林省地方志工作作出部署。隋忠诚副省长刚分管地方志工作，就亲自到省地方志编纂委员会调研，听取汇报。所以说，领导高度重视，是吉林省地方志工作做得好的一个重要因素，可以说是决定性因素。

第二，确立了志、鉴、用、馆、网、研“六位一体”的工作格局。志书编修工作方面，2009年底，吉林省首轮89部省志分志、50部市县志全部出版。截至2015年7月，第二轮59部省志分志已出版13部、终审完成待出版7部，68部市县志已出版54部、通过终审待出版6部；已有45个已完成第二轮修志任务的地方启动了2001—2020年续志资料长编工作。地方综合年鉴编纂工作方面，《吉林年鉴》1987年创刊，至2014年已连续出版27卷；9个市（州）年鉴全部连续编纂、公开出版；60个县（市、区）已有52个出版了首卷年鉴。在修志编鉴主体业务之外，吉林省在地方志资源开发利用、方志馆建设、地情网建设、地方志理论研究等方面也都取得了可喜的成绩。“六位一体”工作格局的确定，为吉林省地方志事业的持续健康发展打下了坚实的基础。

第三，坚持依法修志，法规制度体系建设基本配套形成。国务院《地方志工作条例》是国家行政法规，是依法开展地方志工作的依据。吉林省由省人大常委会出台《吉林省地方志工作条例》，由省政府办公厅印发《吉林省志书、年鉴编纂审查验收办法》，由省地方志编纂委员会制定14个配套的部门规范制度，形成了与国家行政法规相呼应，较为完善的地方法规、政府规章和部门规范制度配套衔接的法规制度体系。2009年，省人大常委会还组成两个执法调研组，深入到四个市（州）进行“两个《条例》”贯彻执行情况执法调研。因此，吉林省在推进依法修志工作上做得是好的。

第四，地方志工作进展顺利，工作状况良好。吉林省在志、鉴、用、馆、网、研六个方面都取得了很大成绩，发展势头很好。特别是，吉林省地方志学会组织筹划了吉林省“方志理论研究三百工程”，计划经过若干年的不懈努力，确立100个研究课题，推出100项研究成果，培养100名专业人才，从中产生几十名方志专家，以便服务修志现实、培养方志人才、发展方志理论。这是非常积极的尝试，中指办要加强对这个“方志理论研究三百工程”的跟踪调研。各市介绍的情况也都是很不错的。比如，长春市地方志工作着力推进并实现了“五个转变”，即工作格局由“一本书主义”向“兴一方事业”转变，地方志功能由重修轻用向修用并举、服务当代转变，地方志产品由数量增长型向质量效益型转变，工作力量由业内封闭运行向面向社会开放整合转变，工作职能由志鉴编纂单位向地方志工作机构转变。吉林市开发利用地方志资源取得丰硕成果，同时创新地方志理论研究工作，在理论研究方面走在全国前列。通化市提前完成第二轮修志，逐步形成依法修志的局面，对照“一纳入、八到位”要求推进工作，还在通化市人大、政协召开两会期间开展“知家乡、忆家乡、爱家乡、建家乡”主题展览，在为地方经济社会发展服务方面成绩突出。公主岭市特别注重修志为现实服务、为地方经济社会发展服务，地情资源开发成果丰厚，地情资料室的建设也很有特点。延吉市建立完善机制，全面落实“一纳入、八到位”，特别是立足民族特色，突出地域特色，工作很有特点。

第五，高度重视地方志基础设施建设。至 2014 年底，全省已有 5 个市（州）、15 个县（市）的方志馆（地情馆、资料室）通过省地方志编纂委员会评估验收。长春市政府将国家级文物保护单位原长春道台衙门作为长春市方志馆馆舍，正在进行建设，充分说明长春市委市政府对地方志工作的高度重视。

总的来说，我认为吉林省地方志工作做得有声有色，可圈可点，很多做法经验值得在全国推介。大家在汇报中也提出一些问题，其中省地方志编纂委员会主要提出两个问题：一是省方志馆建设问题，二是有 19 个县（市、区）地方志工作机构为档案局内设机构，工作难以开展，希望省政府和隋忠诚副省长能够帮助协调解决。其他一些建议，由中指办的同志整理一下，逐步加以解决。

关于下一步工作，我在这里提几点要求：

一是要把思想道德建设放在首位，抓好地方志工作机构自身建设。打铁还需自身硬。地方志工作机构虽然是“三苦”单位、“三冷”部门，但也是一个具有高度历史责任感和政治使命感的工作部门，肩负着“修志问道”的历史使命。李克强总理提出“修志问道”，就是要探索中国发展道路成功的秘密在哪里，成功的经验是什么，我们今天为什么要坚定不移地走中国特色社会主义道路，为什么这条道路是实现中华民族伟大复兴的唯一正确的道路。地方志工作者要传承中华文明、发掘历史智慧，充分发挥地方志存史、育人、资政的作用，责任非常大，任务非常重。所以，大力加强队伍建设，建立一支方向正确、专业精湛、工作热情的工作队伍，是做好地方志工作的关键。第一，要抓好思想道德建设。抓好思想建设，就是要把学习马克思主义和中国特色社会主义理论作为我们的中心任务，用马克思主义世界观、方法论来指导地方志工作。2014 年 2 月，习近平总书记在参观首都博物馆时指示要“高度重视修史修志”，“把历史智慧告诉人们”。2014 年 4 月，李克强总理就第五次全国地方志工作会议召开作出“修志问道，以启未来”的重要批示，刘延东副总理明确提出“一纳入、八到位”的基本要求。习近平总书记、李克强总理、刘延东副总理关于地方志工作的重要指示、重要批示、重要讲话，是我们提高地方志工作责任感、自觉性的指南，最重要的就是要认真组织好学习，领会其精神实质，以提高修史修志工作的自觉性。在抓好思想建设的基础上，还要抓好道德建设。在所谓的“三苦”单位、“三冷”部门，如果没有一种奉献精神，没有一种牺牲精神，是很难把事业干成的。我到内蒙古调研时讲，修史修志要效仿司马迁精神，就是要提倡一种奉献精神，一种牺牲精神。司马迁受过宫刑，他强忍奇耻大辱，靠奉献精神和牺牲精神，完成了千古名作《史记》。做好地方志工作，就要提倡司马迁精神，要一丝不苟、科学严谨、甘于奉献，只有这样，才能完成党和国家交给我们的存史、育人、资政及问道未来的历史任务。第二，要抓好学科建设。地方志工作是一项专业性很强、理论性很强、学术性很强、文字性也很强的工作，有人说是“能人不乐意干，歹人还干不了”。要进一步加强方志学学科建设，加强地方志理论研究，为地方志事业科学发展提供强有力的理论支撑，同时要全面提高地方志工作者的专业素质和工作水平。第三，要抓好组织建设。要对照“一纳入、八到位”的要求，把机构健全起来，确保领导到位、编制到位、人员到位，并把基础设施建设、资料建设等配套工作做好。第四，要抓好制度建设。国务院颁布有《地方志工作条例》，省里颁布有《吉林省地方志工作条例》，还要有详尽的地方志工作管理制度，建立一整套配套的、完善的、科学的法规制度体系，要靠法规制度来规范地方志工作，使地方志工作实现制度化、规范化、科学化。第五，要抓好基础建设。不仅要解决好地方志工作的办公条件，还要解决好地方志信息化建设的条件和地情资料馆、方志馆等基础设施建设的条件。总之，抓好地方志工作的整体建设，抓好学习、抓好队伍、抓好业务、抓好管理、抓好保障，是非常重要的。

二是要全力以赴、扎扎实实地贯彻落实好第五次全国地方志工作会议精神。第五次全国地方志工作会议精神是在总结以往地方志工作经验的基础上，结合贯彻落实党的十八大精神和习近平总书记系列重要讲话精神形成的，是今后五年以至更长一段时间做好地方志工作的方针，所以全面抓好贯彻落实是当前和今后一个阶段地方志工作的中心任务。第五次全国地方志工作会议精神凝结成一句话，就是“一纳入、八到位”。“一纳入”，就是把地方志工作纳入各地国民经济和社会发展规划、纳入各级政府工作任务中；“八到位”，就是认识到位、领导到位、机构到位、编制到位、经费到位、设施到位、规划到位、工作到位。要像延吉市那样，严格对照“一纳入、八到位”的要求，逐条检查落实，未落实的要限期落实。只有这样，第五次全国地方志工作会议精神才会落到实处。

三是要按照“三严三实”专题教育要求，总结经验，查找问题，从严管理，从实修志。我在今年全国地方志机构主任工作会议上提出要围绕“为谁修志、修什么志、怎样修志”这一根本问题来开展工作。“为谁修志”，是个方向问题，地方志工作者是为国家修志、为党修志、为中国特色社会主义修志，说到底是为人民修志，这是解决修志的根本宗旨问题。“修什么志”，就是要弘扬中国的优秀文化传统，修人民之志、共产党之志、社会主义之志。“怎样修志”，就是要明确依据国务院《地方志工作条例》来修志，做到从严管理、从实修志。要严格对照“三严三实”的要求，查找在修志过程中还存在什么问题，思考这些问题应当如何解决，如何按照“严”和“实”的要求来解决。这一点，我希望能从省级、市级地方志工作机构开始做起。

四是要坚持为地方经济社会发展服务的方针，既要修好志，又要用好志。听了大家的汇报，感觉大家对服务地方经济社会发展的把握还是很好的。有“为”和有“位”是个辩证关系，有“为”才有“位”，有“位”才能更有“为”，“为”就是为地方经济社会发展服务。如果地方志工作和地方经济社会发展脱节了，那么地方志工作就会失去方向，起不到应有的作用。所以，要紧紧围绕地方工作的中心任务，服务党委政府的工作大局，既要修好志，又要用好志。志书编好了，如果发挥不了作用，就体现不出价值。刚才，隋忠诚副省长讲到修志要落在用上，要在用上下功夫，这一点请同志们认真思考。修志为用，只有用好志，才能更好地修志。从一定程度上也可以说，既要修好志，更要用好志。因此，在工作安排上，要修用结合、修用并举，不可偏废。

五是要按照中央的要求，按照即将召开的党的十八届五中全会的要求，谋划好、制定好吉林省地方志事业发展“十三五”规划。最近，《全国地方志事业发展规划纲要（2015—2020年）》即将由国务院办公厅印发。规划纲要出台后，各省（区、市）都要按照规划纲要的要求，认真进行谋划，制定科学的本省（区、市）地方志事业发展规划。希望吉林省据此编制好本省的地方志事业发展“十三五”规划，把这件大事办好。

盛世修志助力中国梦①

王伟光

编修地方志是中华民族优秀文化传统，历史悠久，连绵不断。盛世修志，志载盛世。新中国成立后，特别是改革开放新时期以来，在党中央国务院的领导下，地方志工作取得巨大成就。特别是2006年国务院《地方志工作条例》颁布施行后，地方志工作走上了依法治志的轨道，在为党立言、为国存史、为民修志方面作出了重要贡献。

一年多来，党和国家领导人对地方志工作高度重视，习近平总书记强调“要高度重视修史修志”，李克强总理提出“修志问道，以启未来”，对地方志工作提出了新的更高的要求。为贯彻落实党和国家领导人重要讲话、重要批示精神，推进全国地方志事业科学发展，充分发挥地方志工作在我国经济社会发展、社会主义文化强国建设中的重要作用，在实施“四个全面”战略部署中作出更大贡献，国务院办公厅近日印发了《全国地方志事业发展规划纲要（2015—2020年）》（以下简称《规划纲要》）。这是地方志事业发展的顶层设计，具有非常重要的意义。

一、地方志是传承中华文明、发掘历史智慧的重要载体

党的十八大以来，习近平总书记就传承弘扬中华传统文化发表了一系列重要讲话，深刻阐述了中华优秀传统文化的地位作用、价值意义、基本内涵和传承弘扬的原则要求，提出了一系列新思想新观点新论断。这些重要论断立意高远，内涵丰富，思想深刻，脉络清晰，为新形势下传承弘扬中华优秀传统文化提供了根本遵循。地方志工作者必须把握好传承弘扬中华优秀传统文化的根本要求，坚持改革创新，使地方志事业与经济社会发展需要相融相通。

地方志是最深厚的国家文化软实力之一。习近平总书记强调，“中华优秀传统文化是中华民族的突出优势，是中华民族自强不息、团结奋进的重要精神支撑，是我们最深厚的文化软实力”。在中华传统文化中，地方志自成一脉，独树一帜，具有独特的魅力，成为中华民族特有的文化基因，是最具有民族特征的标志性传统文化形式之一。地方志所记载的内容纵贯古今，横陈百科，有助于重点展示中国历史底蕴深厚、各民族多元一体、文化多样和谐的文明大国形象，政治清明、经济发展、文化繁荣、社会稳定、人民团结、山河秀美的东方大国形象，坚持和平发展、促进共同发展、维护国际公平正义、为人类作出贡献的负责任的大国形象，对外更加开放、更加具有亲和力、充满希望、充满活力的社会主义大国形象。中国地方志讲的就是中国故事，是向全世界展示中国魅力的有力话语体系，不仅有助于认清中华文化和地域文化的历史渊源、发展脉络、基本走向，了解中华文化的独特创造、价值观念、鲜明特色，更有助于塑造我国的国家形象。《规划纲要》明确提出要配合国家文化“走出去”战略，推介一批高质量地方志成果，充分展示地方志的当代价值及永恒魅力，推动方志文化走向世界，增强中华文化凝聚力、影响力和国际竞争力，可以说准确呼应了时代要求，提出了全国地方志系统要加强国际传播能力建设，把中国地方志推介

---

① 原载《人民日报》2015年9月10日第10版。

出去的目标，主动把地方志工作融入国家战略，力求为提升国家文化软实力发挥重要作用。

地方志是社会主义核心价值观的源头活水之一。习近平总书记强调，“中华优秀传统文化是中华民族的精神命脉，是涵养社会主义核心价值观的重要源泉，也是我们在世界文化激荡中站稳脚跟的坚实根基”。地方志作为中华优秀传统文化的一个重要组成部分，也是社会主义核心价值观最宝贵的思想源泉和最直接的精神纽带。一部地方志就是记载一方水土之上的人和事，就是一方人的精神家园。地方志通过记载各个历史时期经济社会发展成就、家乡面貌的变化、模范人物事迹等，再现了我国各族人民创造的光辉业绩和精神风貌，以真实资料和生动事实，激发人们热爱祖国、热爱家乡的热情。历史经验和现实社会实践证明，地方志在教化人心、巩固信仰等方面起着不可替代的积极作用，是践行社会主义核心价值观的重要推动力量。《规划纲要》强调通过编修、开发利用地方志成果，为培育和践行社会主义核心价值观提供丰富、优秀的精神文化产品，突出了地方志的育人功能，通过发掘历史智慧，在进行优秀传统教育、培育文明风尚、增强民族自豪感和民族凝聚力等方面发挥重要作用，推动以爱国主义为核心的民族精神和以改革创新为核心的时代精神发扬光大，成为实现中国梦的精神动力。

二、地方志可以为治国理政提供智慧经验

习近平总书记提出，实现中华民族伟大复兴中国梦的内涵是国家富强、民族振兴、人民幸福，只有“国家好，民族好，大家才会好”。实现中国梦的首要前提是“国家富强”“国家好”，只有国家治理好了、建设好了，国家才会富强，民族才会振兴，人民才会幸福。

“一邑之典章文物，皆系于志”。地方志不仅反映了我国各个时代、各个地区、各个民族的社会实际情况，还记载了各个地区的气候、地貌、山川、城镇、矿产、动植物等分布情况，成为我国自然、政治、经济、社会、文化的历史和现实记载的重要资料宝库、文化宝库、知识宝库，记载了前人和当代人的实践活动和智慧经验。

“治天下者以史为鉴，治郡国者以志为鉴”。习近平总书记曾多次强调，历史是最好的教科书，是最好的老师，可以把历史智慧告诉人们，可以启迪后人。他说：“不忘历史才能开辟未来，善于继承才能善于创新。”他还说：“历史记述了前人积累的各种科学文化知识，记述了他们治理国家和社会的思想与智慧，记述了他们经历的成功和失败的经验与教训。”“在中国的史籍书林之中，蕴涵着十分丰富的治国理政的历史经验。”2006 年，习近平同志在温州市苍南县考察台风“桑美”灾后重建工作时，调阅了《苍南县志》，并在与当地领导座谈时大段朗读了书中关于台风的记载，告诫地方干部要以史为戒，认清台风活动以及影响浙江的规律，科学决策，不断提高防台风抗台风和处置各类自然灾害的能力。习近平同志在担任上海市委书记期间，还专门要求报送《上海通志》，以备查阅。地方志可以为治国理政提供智慧经验，各级领导干部是带领我国人民实现中国梦的中坚力量，也是治理国家的核心力量，应当按照习近平总书记的重要论述，善于利用地方志中所记载的历史经验和智慧，善于从前人留下的思想宝库中汲取治国理政的珍贵滋养，提高治国理政的能力和科学执政的水平。《规划纲要》有助于推进地方志事业的全面发展，更好地发挥地方志的功能作用，提高各级领导干部治国理政水平，为推动“四个全面”重大战略部署的实施提供历史借鉴和智力支持。

三、全面落实《规划纲要》对推进地方志事业发展的顶层设计

地方志工作要在“四个全面”的战略部署和实现“两个一百年”奋斗目标、中华民族伟大复

兴中国梦中发挥更大作用，发展再上新台阶，关键是落实《规划纲要》对推进地方志事业发展所作的顶层设计。

要增强对落实《规划纲要》自觉性和主动性的认识。《规划纲要》全面贯彻落实党的十八大、十八届二中三中四中全会精神和习近平总书记系列重要讲话精神，以刘延东副总理提出的“一纳入、八到位”（即将地方志工作纳入各地国民经济和社会发展规划、各级政府工作任务，认识、领导、机构、编制、经费、设施、规划、工作到位的工作机制）为依据，立足弘扬优秀传统文化、服务经济社会发展，实现中华民族伟大复兴中国梦的目标，有计划、有步骤地对今后一个时期的工作进行了部署，这种顶层设计具有不可替代性。“一纳入、八到位”是从地方志事业发展现实需要中总结提炼出来的，是为推动解决地方志事业发展面临的突出矛盾和主要问题提出来的，是对解决好地方志工作中具有普遍性、关键性问题的高度概括。《规划纲要》出台，是贯彻落实“一纳入、八到位”要求，在地方志工作中全面推进依法治国，深入推进地方志工作法治化的具体行动，也是贯彻落实国务院《地方志工作条例》的必然要求。是否按《规划纲要》提出的目标任务办，直接影响着地方志事业的发展水平，也是衡量地方各级党委政府是否重视地方志工作的重要标准。

要充分发挥《规划纲要》的指标导向作用。地方各级政府应按照“一纳入、八到位”总要求，认真落实《规划纲要》的部署，制定相应的地方志发展规划，依法治志，保障地方志工作的基本条件。各级地方志工作机构和广大地方志工作者，应围绕“为谁修志、修什么志、怎样修志”这一根本问题，坚持正确方向、履职尽责、真抓实干，以修志编鉴为核心，统筹兼顾地方志各项工作，把既定的科学目标、好的工作蓝图变为现实，努力实现地方志事业全面可持续发展。社会各界人士应提高对地方志重要性的认识，多了解地方志工作，多支持地方志事业发展，积极参与地方志开发利用工作，以地方志为基础创造更多的优秀文化成果，努力营造全社会共同参与的良好氛围。

要围绕服务经济社会发展大局创造性地开展工作。习近平总书记提出“创新是引领发展的第一动力”“抓创新就是抓发展，谋创新就是谋未来”，强调了创新在发展中的重要性。《规划纲要》提出了地方志工作的总体目标和主要任务，同时也提出要拓宽用志领域，提升服务经济社会发展大局的能力，为党政机关、社会各界和人民群众服务。全国地方志系统应进一步增强创新意识，树立勇于创新、不断创新的精气神，努力做到思想上不断有新突破，理论上不断有新发展，工作上不断有新举措。在完成好修志编鉴主要任务的同时，要积极拓展地方志工作领域，不断拓展地方志工作内涵。如通过编修乡镇村志、发掘乡土文化资源，履行好地方志承载乡愁、延续历史文脉的重要使命。

在四川省地方志工作座谈会上的讲话

（2015 年 9 月 13 日，根据录音整理）

王伟光

首先，我代表中指组向长期以来关心和支持地方志工作的四川省委、省政府表示衷心的感谢！向四川省广大地方志工作者表示诚挚的问候！希望通过在座的各位代表，把我们的问候转达到全省的每一位地方志工作者。

第五次全国地方志工作会议召开以后，各地全面贯彻落实会议精神，取得了很大进展。近日国务院办公厅又印发了《全国地方志事业发展规划纲要（2015—2020年）》（以下简称《规划纲要》），科学描绘了2015年至2020年全国地方志事业发展的宏伟蓝图。这次到四川召开地方志工作座谈会，主要目的就是调查研究，进一步推进第五次全国地方志工作会议精神和《规划纲要》要求的落实。

刚才听了四川省地方志编委会党组书记、副主任马小彬同志，以及成都市、凉山州、省交通厅、南充市嘉陵区地方志工作机构负责同志的工作汇报，我感到四川省很好地落实了第五次全国地方志工作会议精神，地方志事业全面发展，取得了很大的成绩，地方志工作总体上走在了全国前列。四川省的地方志工作概括起来有这样几个特点：

第一，有着悠久的修志传统。四川是一个方志大省，修志历史悠久，有着很好的修志基础。四川省有“三个最”：一是有我国存世最早的方志之一——《华阳国志》；二是四川省人大颁布的《四川省地方志工作条例》，是全国第一部地方志工作法规；三是志书的数量和质量排在全国前列，获奖数也是全国领先的。这三个“最”说明“蜀人好治史”。

第二，有四川省委、省政府的有力领导和高度重视。刚才听了汇报，按照“一纳入、八到位”的要求，除了新成立的成都市天府新区修志机构还不太健全之外，其他地区和单位已经基本上到位。这和各级党委、政府对地方志工作的高度重视是有很大关系的。钟勉、王宁等省领导，对修志工作高度重视。成都在地方志编修方面，发挥了省会城市的作用，这与成都市委书记、市长的高度重视有着密切的关系。凉山州是一个少数民族地区，他们既是全国地方志系统的先进集体，又是全省地方志系统的先进集体。这跟州委、州政府的高度重视也是分不开的。省交通厅领导不重视，也不会取得这些成绩。嘉陵区领导也很重视地方志工作。

第三，有一支政治好、业务精的修志编鉴专业队伍。四川的地方志专业队伍基本形成。

第四，有一整套行之有效的工作办法。成都市的统编统筹方式，保证质量很有效，这条经验很好。省交通厅“1+4”的修志模式、嘉陵区的经验都很有特点。

以上四个特点很值得在全国地方志系统加以总结和推广。

对于四川的地方志工作，我再提五点具体的希望：

第一，认真学习贯彻习近平总书记、李克强总理、刘延东副总理重要指示、批示和重要讲话精神，进一步提高地方志工作的责任感、使命感和自觉性。从习近平总书记、李克强总理到具体分管地方志工作的刘延东副总理，对地方志工作都高度重视。习近平总书记在参观首都博物馆时，对修史修志做出了重要指示。在浙江、福建、上海主持工作期间，也有一系列关于地方志工作的重要指示和讲话。大家要组织我们的干部认真学习领会。李克强总理为第五次全国地方志工作会议专门作出了“修志问道，以启未来”的重要批示。什么叫“问道”？就是通过修志来总结经验，找到规律，为中国特色社会主义建设服务。刘延东副总理在与第五次全国地方志工作会议部分代表座谈时，代表党中央国务院发表了重要讲话，对“一纳入、八到位”做出明确要求。这些重要批示、讲话，充分体现了党中央国务院对地方志工作的高度重视。广大地方志工作者要认真学习这些重要指示、批示、讲话精神，深刻理解其精神实质，提高做好地方志工作的责任感、使命感和自觉性。

为什么要提到责任感、使命感和自觉性呢？为了开好第五次全国地方志工作会议，会前我到一些地方做了调查研究。通过调查研究，一方面发现全国广大地方志工作者为编好地方志做了大量的工作；另一方面，也发现在地方志工作中还存在一些问题。比如说，有的认为地方志部门是“三苦”单位（清苦、辛苦、艰苦）、“三冷”部门（坐冷板凳、吃冷猪肉、是冷部门）。原因在于，一方面，有些地方的领导对地方志工作重视不够；另一方面，地方志工作机构的部分同志本身对自身工作重要性的认识也不够。当然，大家工作很辛苦，而且有相当一部分地方志工作者是一辈子都献给了地方志。我们到江西省调研工作的时候，有一个地方志办公室主任说：“我们虽然是冷部门，但我们有热心肠，而且还有热泪。”所以，我觉得提高对地方志工作重要性的认识，是搞好地方志工作的着入点。不仅分管领导要重视，地方志的领导要重视，而且地方志工作人员也要树立为地方志工作献身的精神，提高工作的责任感、使命感和自觉性。刚才我听了几位同志的汇报，首先我觉得你们对地方志工作都很有感情，也很热情。

第二，积极学习贯彻落实国务院办公厅印发的《规划纲要》。《规划纲要》是今年以国务院名义印发的第一个部门规划纲要，是今后一个时期内地方志事业发展总的规划、总的工作思路和总的工作要求。各地要将学习贯彻落实《规划纲要》作为一项十分重要的工作来抓。要根据《规划纲要》要求，结合“三严三实”专题教育活动，从“严”和从“实”两个角度检查我们的地方志工作，查找存在的问题，总结好经验，提出下一步发展的思路，找到进一步发展的措施和办法，编制本地区地方志工作规划，推动地方志事业发展。

第三，加大督察力度，扎扎实实贯彻落实好“一纳入、八到位”的总要求。第五次全国地方志工作会议和今年召开的全国地方志机构主任工作会议精神集中起来，就是“一纳入、八到位”六个字。“一纳入”就是要将地方志工作作为省政府工作的一个有机组成部分，纳入到省政府的总体工作中，纳入到全省的发展规划中。“八到位”，即认识到位、领导到位、机构到位、编制到位、经费到位、设施到位、规划到位、工作到位。认识不到位，工作就做不好。而且，认识到位首先是领导的认识到位，领导的认识到位首先是主管领导和地方志工作机构领导的认识要到位。也就是说，领导到位是两个层次：一个是分管领导，省委省政府、州委州政府、县委县政府的分管领导对地方志工作的认识要到位，不要以为它可有可无，也不要以为这项工作可以不管，让它自生自灭；第二个是地方志工作机构本身的领导要自重，不管别人说冷不冷、热不热，自己觉得自己的工作很重要。“八到位”要靠上级领导、主管部门积极支持，要靠地方志工作机构领导积极争取。成都市、凉山区、南充市嘉陵区、省交通厅的一条非常重要的经验，就是按照“一纳入、八到位”要求去开展工作。

第四，存史、育人、资政，努力为地方经济社会发展大局服务。地方志工作要为当地党委、政府中心工作服务，为当地经济社会发展服务。一旦地方志工作离开了地方党委、政府的中心工作，离开了地方经济发展的大局，工作就失去了方向，也失去了目标，领导也不会支持你，群众也不会满意你。成都市的《成都精览》《美丽彭州图文志》《锦江百年光影》等地情书籍，就起到了旅游推介、扩大影响的作用。所以同志们要下决心，有所作为，为领导提供地情、社情、民情，为地方的经济社会发展服务。

第五，抓基层、打基础，抓好市、县两级地方志的机构建设。听了汇报，我觉得市、县两级的地方志工作机构建设非常重要。但是全国的市、县两级地方志工作机构有很多还不够健全，有“缺胳膊少腿”的现象，有的有牌子没领导，有的有领导没士兵，人马不齐。所以，要把抓基层，打基础，抓好市、县两级的机构建设，提到重要议事日程。抓机构建设首先是要抓好“四个建设”，即思想建设、组织建设、人才建设和制度建设。一是思想建设，就是要提高认识，提高市、县两级领导和地方志工作人员对地方志工作重要性的认识；二是组织建设，就是要通过立法、通过督察督办来使机构、编制、人员、经费四个方面落实下来；三是人才建设，就是抓好队伍建设，要组织、培养一批地方志工作的专业人员；四是制度建设，就是建立一整套适合本市、本县实际的地方志工作制度、规章和程序。这次到四川调研，我发现四川在这一方面做得比较好，特别是像凉山这样的少数民族地区，能够做到“八到位”是很不容易的。所以我有一个建议，能不能找个合适的时间，在凉山召开一次全国地方志系统地、市两级“抓基层、打基础”建设经验交流会，把优秀经验介绍给大家。中指办负责组织一个调研报告，搞清楚全国哪些地市、哪些县“一纳入、八到位”还没有落实，提出有针对性的要求，让没有落实的地方来参加会议，学习经验。

此外，有关四川省地方志工作办公室的班子建设和省方志馆建设，在与王宁常务副省长的会见中，已经得到省领导及有关部门的重视，正在按照程序进行。省地方志办班子要珍惜机遇，不辜负省委、省政府领导对地方志工作的重视和期望，要以优异的工作业绩回报省委、省政府的重视，服务好大局和中心，服务好社会各界。

针对同志们提出的加强西部少数民族地区地方志工作，并予以政策、项目和资金支持，中指组已经出台有关文件部署落实。对于出台方志馆和信息化建设指导性文件、年鉴评奖、发挥新兴媒体在地方志工作中的作用等问题和建议，我们带回去加以研究。

谢谢大家。

为全面推进西藏自治区地方志工作而努力奋斗

——在中指办援藏志鉴编纂业务培训班上的讲话

（2015年9月20日）

王伟光

各位学员：

金秋九月，我们国家迎来了两件大事。9月3日，隆重纪念中国人民抗日战争暨世界反法西斯战争胜利70周年，在北京举行了盛大的阅兵式，集中展示了我国国防建设和现代化建设的伟大成就。9月8日，又高规格举办了西藏自治区成立50周年庆祝大会，全面展示了在党的领导下50年来西藏自治区发生的翻天覆地的变化。最近，全国地方志系统也迎来了一件具有里程碑意义的大事，国务院办公厅印发了《全国地方志事业发展规划纲要（2015—2020年)》。为全面贯彻落实《规划纲要》，全面推进西藏自治区地方志工作，根据第五次全国地方志工作会议、中指组五届二次会议、2015年全国地方志机构主任工作会议的部署，中指办在林芝举办这次援藏志鉴编纂业务培训班。自治区党委常委、区直机关工委书记多托，林芝市委书记赵世军等同志出席了今天的开班仪式，充分体现自治区和林芝市党委、政府对地方志工作的高度重视。我代表中指组，向自治区和林芝市党委、政府表示衷心感谢，向参加此次培训班的各位学员表示热烈欢迎，希望你们通过这次学习，学有所获、学有所成，为西藏地方志工作发展作出更大的贡献。

党的十八大以来，以习近平为总书记的党中央从坚持和发展中国特色社会主义全局出发，实施“全面建成小康社会、全面深化改革、全面依法治国、全面从严治党”的“四个全面”发展战略。要实现“四个全面”，就必须始终坚定中国特色社会主义的道路自信、理论自信、制度自信和文化自信。在世界几大古代文明中，中华文明是唯一没有中断、延续5000多年发展至今的文明。中华民族的文化自信，植根于悠久的传统文化。优秀的传统文化是中华民族的精神之根、文化之魂，是民族繁衍生息的根基和血脉，是建设中华民族共有精神家园的重要支撑，凝聚着中华民族自强不息的精神追求和历久弥新的精神财富。作为古老的、绵延两千多年的中华民族优秀文化传统，地方志作为传承文明、发掘历史智慧的重要载体，为中华文明的代代相继、血脉相承，发挥了至关重要的作用。在新的历史时期，党中央国务院高度重视地方志工作。自 2014 年以来，习近平总书记在考察首都博物馆和政治局第二十五次集体学习时两次提到地方志，分别强调要高度重视修史修志，整合地方志等力量深入开展中国人民抗日战争研究。李克强总理作出了“修志问道，以启未来”的重要批示。国务院分管地方志工作的刘延东副总理发表了重要讲话并作出了多次重要批示。这次又以国务院办公厅文件正式印发《规划纲要》。中央领导同志的重要讲话、批示和国务院办公厅文件，进一步明确地方志事业发展在实现“两个百年”奋斗目标和中华民族伟大复兴中国梦进程中的地位和作用，把促进地方志事业发展作为协调推进“四个全面”战略布局在文化领域的一项重要工作来抓，提升到新的高度。推动地方志事业发展，既能展示中华文化的博大精深和无穷魅力，也能体现现代文明与历史文明的一脉相承。改革开放以来，在几代方志人的共同努力下，形成了以修志编鉴为主业，数据库、方志馆、地情网、开发利用、理论研究等各项工作协调开展的事业发展新格局；形成了以国务院《地方志工作条例》为核心，各地地方性法规规章为组成部分的依法治志法规体系；形成了“党委领导、政府主持、地方志工作机构组织实施、社会各界广泛参与”的工作机制；形成了由 7000 多部省市县三级地方志书，2 万多部行业志、部门志、军事志、武警志、专题志、乡镇（街道）志、村（社区）志，1900 多种、1.5 万多部地方综合年鉴，1000 多种、7000 多部专业年鉴以及大量地情文献资料组成的成果体系，地方志工作在国家文化建设中的地位日益突出，作为各地基础文化工程的作用日益凸显，存史、育人、资治功能日益显现。古老东方文明的修志传统，在新的时代焕发出强大的活力和魅力。

当前，全国地方志事业发展迎来极为重要的战略发展机遇，进入历史最好时期，“振奋精神，谋势而动，顺势而为，乘势而上”，是广大地方志工作者担负的重要责任。西藏自治区地方志工作在全国地方志事业发展大局中，有着重要的地位和作用。虽然在全国起步最晚，1997 年西藏自治区才正式启动修志工作，但在全区地方志工作者的辛勤努力下，近几年出版了大量的三级综合志、行业志、地方综合年鉴、地情读物，修志编鉴工作有序推进，质量逐步提高；地方志工作机构从无到有，从小到大，不断发展，成绩来之不易。当然，与当前全国地方志事业发展的形势相比，与《规划纲要》确定的事业发展布局和要求相比，西藏自治区地方志工作要进一步发挥后发优势，迎头赶上，开创新局面。就下一阶段的地方志工作，我提几点意见：

第一，要全面贯彻落实中央领导同志的重要讲话批示精神和国务院办公厅印发的《规划纲要》。当前和今后一个时期，各级地方志工作机构的头等任务是全面贯彻落实习近平总书记系列重要指示和李克强总理、刘延东副总理关于地方志工作的重要批示和讲话精神，全面贯彻落实《规划纲要》。中央领导的重要指示、批示、讲话和《规划纲要》，明确了地方志工作在国家发展改革中的地位和作用，明确了地方志事业的发展方向、目标任务、工作范围，描绘了地方志事业未来的宏伟蓝图。西藏自治区各级地方志工作机构务必抓住有利时机，学好、学深、学透，用好、用足、用够。特别是这次参加培训的各位同志，有的是地方志工作机构的负责人，有的是业务骨干，一定要反复学，吃透精神实质，吃透目标内涵，吃透措施任务，吃透基本要求，结合工作实际提出贯彻落实方案，拿出本区域、本部门贯彻落实的时间表、任务书、路线图。贯彻落实的核心在一个“实”字，只有实实在在学，才能实实在在用，最终才能实实在在推动各项工作。

第二，要始终坚持正确的政治方向和党的西藏工作总方针总要求。西藏作为民族自治区，有着独特的历史文化和民族文化，同时又处于与部分境外反动势力斗争的第一线，这决定了西藏地方志工作的特殊性和重要性。我们必须始终坚持习近平总书记提出的“治国必治边、治边先稳藏”的战略思想，按照“加强民族团结，建设美丽西藏”的要求，坚持“依法治藏、富民兴藏、长期建藏、凝聚人心、夯实基础”的重要原则，并运用于具体实践当中。西藏地方志工作必须始终坚持“为党立言，为国存史，为民修志”的准则，始终坚持辩证唯物主义和历史唯物主义，始终坚持正确的政治方向和党的西藏工作的总方针和总要求。编修西藏地方志，不仅是文化工程，更是政治工程、战略工程、固边工程。要通过地方志的编纂传承历史和文明，继承和发扬传统文化、民族文化，加强民族团结，增进民族自豪感。西藏自治区的地方志工作成果，不仅要真实记录历代王朝在西藏有效行使主权，展现西藏经济社会发展的历史脉络，还要真实记录西藏与祖国一脉相承、荣辱与共，西藏和平解放后中央政府关心西藏、全国支援西藏的历史进程，用无可辩驳的事实，展示在党的领导下西藏经济社会文化建设取得的巨大成就，展示西藏翻天覆地的变化和各族人民幸福安定的生活。

第三，要全面实施依法治志和“一纳入、八到位”工作要求，建立科学的工作保障体系。依法治志是依法治国在地方志工作领域的具体体现。截至目前，根据国务院《地方志工作条例》，全国已有27省（自治区、直辖市）由人大或者政府出台了地方志工作条例、规定、实施办法等地方志法规规章。实现依法治志，首先要做到有法必依。现在有了国务院的上位法，又有了全国其他省份出台的地方志法规规章作为参照，西藏有条件根据本地实际由人大或政府出台一部地方法规或规章，用法治手段全面推进地方志工作。坚持依法治志，要以贯彻落实“一纳入、八到位”为总抓手，即把地方志工作纳入到国民经济和社会发展规划、文化事业发展规划和各级政府工作任务之中，切实做到认识到位、领导到位、机构到位、编制到位、经费到位、设施到位、规划到位、工作到位。“一纳入、八到位”是被实践证明行之有效的地方志工作机制和工作要求，务必在实践中贯彻落实。坚持依法治志，还要建立“党委领导，政府主持，各级地方志工作机构组织实施，社会各界广泛参与”的组织领导机制，充分利用执法检查、行政督查等管理手段，把依法治志的触角延伸到地方志工作的各个领域。全面推进西藏自治区地方志工作，当前一项重大的任务就是要建立起以依法治志为核心，以“一纳入、八到位”为总抓手，以“党委领导，政府主持，各级地方志工作机构组织实施，社会各界广泛参与”为领导机制，以执法检查、行政督查为管理手段的地方志工作体制机制，形成科学的工作保障体系。从中指办的统计和昨天调研的情况看，西藏地方志工作在机构、编制、经费等方面存在一些亟待解决的问题，希望自治区党委、政府继续关心支持，全面落实依法治志，妥善解决机构编制问题，进一步加大经费投入，提供必要的保障。

第四，要按照全国的总体部署扎实推进修志编鉴工作。按照全国的总体部署，到2020年要实现“两个全面”——全面完成第二轮修志工作、全面实现地方综合年鉴编纂的全覆盖。西藏因为修志工作起步较晚，首轮和第二轮修志合并开展。从目前的情况看，要实现“两个全面”的困难还比较多，地方志工作开展不平衡的矛盾比较突出，修志进度、综合年鉴编纂工作相对落后于内地其他省份，亟需通过各种措施加以推进。修志编鉴是地方志事业发展的主业，是根基所在，基础打牢了，事业才能稳固发展。西藏各级地方志工作机构要迎难而上，奋发有为，发扬刻苦精神，按照“两个全面”的要求布好局、谋作为。下一阶段，中指组及其办公室要进一步探索地方志对口支援机制，加大向西藏倾斜帮扶的力度，力争进一步加大人才、资金支持，采取点对点帮扶的方式，让未开展修志编鉴工作的地区启动起来，让已开展修志编鉴工作的地区把工作巩固下来，扎实推进修志编鉴工作。要始终坚持质量第一原则，以科学认真的态度、精益求精的学风，进一步完善资料收集、资料报送、志稿评审、质量评价、审查验收、出版等制度，严把政治、史料、体例、文字关，力争出精品志鉴。

第五，要因地制宜探索构建适应本地经济社会发展水平的地方志事业发展格局。经过三十余年的实践，“志、鉴、库、馆、网、开发利用、理论研究”等多业并举是被全国地方志系统广泛认同的地方志事业发展新格局，并发挥了重要的社会效益，成为各地公共文化服务体系的重要组成部分。就目前的情况看，要求西藏三级地方志工作机构完全按照事业发展格局要求形成多业并举的局面并不现实。但在条件成熟的地方，特别那些修志编鉴主业已经扎实推进的地方，要自觉地把地方志工作纳入到当地公共文化服务体系建设当中，结合本地实际，加快地情网站、数据库、方志馆等基础设施建设，加强对地情文献资料、地方志资源的研究，做好地方志资源的整合、共享与开发利用，用喜闻乐见的方式宣传地方志，弘扬方志文化。

第六，要加大人才培养力度，优化人才结构，进一步强化队伍建设。人才队伍始终是工作和事业发展的关键。近年来，通过本地举办培训、参加中指办和其他兄弟省市举办的学习培训，或与援藏省市的地方志工作机构开展交流等，西藏培养了一批爱岗敬业的修志人才，普遍提高了修志人员的理论水平和业务能力。此外，还通过招录、选调等方式吸收高素质人才加入到地方志工作队伍，补充了新鲜血液，增添了后备力量，壮大了修志队伍。但从总体上看，西藏自治区修志人才较为缺乏的矛盾还未彻底缓解。地方志工作专业要求高，对人才队伍建设有特殊的要求，尤其离不开人才的培训和培养。“闻道有先后，术业有专攻”，西藏自治区各级地方志工作机构要高度重视人才引进、培训和进修，进一步加大力度，通过一段时间的努力，打造一支政治素质高、业务能力强的地方志工作队伍，彻底扭转地方志专业人才贫乏的不利局面。

同志们，从事西藏地方志工作使命光荣，任务艰巨。“铁肩担道义，秉笔写春秋”，在座的各位不仅是西藏历史的见证人，更是西藏历史的记录人，要增强责任感、使命感，继续发扬“两路”精神，尤其是《规划纲要》刚刚确定的“修志问道、直笔著史”的方志人精神，自强不息，创新发展，为开创西藏地方志工作美好的明天而努力奋斗，创造新的辉煌。

最后，希望各位学员在林芝期间学习好、生活好，祝愿西藏的明天更美好，祝愿林芝的明天更美好，扎西德勒。

全面落实《全国地方志事业发展规划纲要（2015—2020年）》，大力推进地方志事业科学发展

——在全国地方志机构主任工作会议上的报告

（2015年12月30日）

王伟光

现在，我代表中指组就2015年工作进行总结，对下一步工作提出要求。

一、2015年主要工作回顾

一年来，中指组及其办公室紧紧围绕党和国家事业发展大局，圆满完成《全国地方志事业发展规划纲要（2015—2020年）》（以下简称《规划纲要》）报批工作，全面谋划《规划纲要》的学习宣传和贯彻落实，引领地方志事业持续健康发展；深入基层开展调查研究，摸情况，理思路，做决策，破难题，全面推进各项工作；积极实施中国志书精品工程、民族地区与经济欠发达地区志书出版资助工程，开展全国第二轮省级志书编纂研讨，确保第二轮修志顺利推进；开展中华一统志编修可行性论证、方志学学科建设工程等重大研讨活动，发挥中国地方志学会、新方志论坛

和《中国地方志》期刊等平台、阵地作用，加强地方志理论研究和方志学学科建设；积极推进年鉴工作试点，逐步实施中国年鉴精品工程，全力提升年鉴工作水平；大力推进“互联网+地方志”战略，启动全国信息方志与数字方志建设工程，成功开通中国地情网、中国方志网，引领地方志信息化大发展；稳步推进国家方志馆建设工程，积极筹备“方志中国”展览和国情展览，传播方志文化，扩大地方志影响；扎实推进中国名镇志文化工程、中华家训文化工程、中国官箴文化工程，编纂出版《中华家训精编100则》《中国古代为官箴言》等，进一步拓宽修志用志工作领域，提升服务大局能力；开展全国地方志系统表彰先进活动，举办地方志机构新任负责人培训、援藏培训、年鉴高级研修班等系列培训活动，加强人才队伍建设，努力提升人员素质；深入开展“三严三实”专题教育，完成指导小组办公室机关党委、机关纪委换届，调整并增设内设处室，建立健全有关规章制度，着力抓好办公室内部建设。总体来看，指导小组及其办公室始终围绕地方志事业发展实际和需要，依法履行统筹规划、组织协调、督促指导职能，锐意进取，开拓创新，工作有序、高效，成绩显著。但是，推进全国地方志事业科学发展任务依然艰巨、责任依旧重大，还需继续努力拼搏，奋力攻坚克难。

一年来，各地区各有关部门地方志工作机构和广大地方志工作者，锐意进取，开拓创新，圆满完成各项工作任务。其中，以下方面成绩突出：

（一）贯彻落实中央领导同志重要批示、重要讲话精神和《规划纲要》成效显著。全国各地继续贯彻落实习近平总书记系列重要讲话精神，李克强总理、刘延东副总理重要批示、重要讲话精神和第五次全国地方志工作会议精神，福建、山东等省将修志编鉴工作列入省政府年度主要工作任务，广东、四川等省由省委办公厅、省政府办公厅联合印发关于进一步加强地方志工作的通知，安徽、山东、河南、广西、新疆等省（区）对落实情况进行调研督察。山东省省长郭树清年内就地方志工作作出8次批示。

《规划纲要》出台后，全国各地上下齐动，多措并举抓学习、抓宣传、抓落实，把贯彻落实工作引向深入。北京、河北、山西、黑龙江、江苏、江西、山东、河南、广东、云南、甘肃、青海等省（市）政府领导以及新疆生产建设兵团领导作出批示，要求大力推动《规划纲要》的贯彻落实。江苏省政府常务会议专题听取地方志工作汇报，山东省率先由省政府办公厅印发《山东省地方史志事业发展规划纲要（2016—2020年）》，内蒙古、江苏、湖北三省（区）由省（区）政府办公厅出台贯彻落实《规划纲要》实施方案，广东省举办全省分管地方志工作的市、县长培训班。北京市对照《规划纲要》抓紧修订原有的地方志工作规划纲要，天津、山西、吉林、黑龙江、上海、安徽、福建、江西、河南、湖南、广东、广西、四川、贵州、云南、甘肃、青海等省（区、市）以及新疆生产建设兵团正在制定本地区地方志事业“十三五”规划，北京、河北、山西、安徽、江西、湖北、西藏、陕西等省（区、市）即将由省（区、市）政府出台贯彻《规划纲要》的实施意见或方案，江苏等省还把加强地方史志研究列入省委“十三五”规划建议。

（二）第二轮修志工作稳步推进。各地紧抓二轮修志进度，取得可喜成绩。截至2015年10月底，全国二轮志书年内共出版240部，累计出版2200多部。除广东省全面完成二轮修志规划任务外，吉林、江苏、安徽、山东、湖南、湖北、四川、宁夏等省（区）二轮省、市、县三级志书编修任务完成过半，个别省份的市、县级志书已完成90%以上。内蒙古自治区启动蒙古文志书翻译出版工作和《内蒙古志》（简编）编纂工作。江苏省成立省志总编室，加快推进省志各专业分志编纂工作。重庆市对工作滞后区县开展帮扶，促进区县修志工作平稳协调发展。部门志、行业志、专题志编修成果丰硕，截至2015年10月底，全国年内出版部门志、行业志、专题志300多部，累计出版23000多部。乡镇志、村志编修大规模铺开，截至2015年10月底，全国年内出版乡镇志、村志197部，累计出版4500多部。

各地还狠抓志书质量建设，通过加大跟踪指导力度、规范编纂流程、完善评审验收办法，严格志书质量管控和质量评价制度等，强化制度约束，强化流程管理，确保第二轮志书质量。

（三）年鉴编纂工作扩面提质。省、市、县三级地方综合年鉴覆盖面进一步扩大。截至2015年10月底，全国地方综合年鉴年内新创刊39种，共编纂出版2300多种。北京、上海、安徽、福建、广东、宁夏等省（区、市）实现三级地方综合年鉴全覆盖。吉林、江苏、浙江、江西、湖北、广西、重庆、四川、云南等省（区、市）地方综合年鉴覆盖率达80%以上。黑龙江、福建、西藏三省（区）理顺地方综合年鉴工作管理体制。天津市已明确地方综合年鉴编纂划归天津市志办，正在推进后续工作。专业年鉴编修方兴未艾。截至2015年10月底，全国年内新创刊专业年鉴3种，编纂出版1100多种。广东省还大力推动乡镇年鉴编纂工作。在不断扩大覆盖面的同时，各地不断强化创新意识和质量意识。江苏省开展综合年鉴框架设计和条目质量评比，山东省举办学习优秀年鉴活动，广西壮族自治区实施年鉴精品工程。《上海年鉴》《江苏年鉴》英文版影响力持续扩大，《广东年鉴》英文版、《海南年鉴》英文版简本创刊。

（四）旧志整理工作成果显著。在广东省整体完成全省旧志整理工作基础上，2015年，北京、上海、江苏、河南、四川、陕西等省（市）继续推进《北京旧志汇刊》《上海府县旧志丛书》《江苏历代方志全书》《河南历代方志集成》《四川历代方志集成》《陕西历代旧志文库》编辑、出版工作，福建、山东、宁夏等省（区）分别启动《闽台历代方志集成》《山东省历代方志集成》《宁夏旧方志丛书》工程。天津、河北、山西、辽宁、上海、浙江、安徽、江西、湖南、广西、重庆、四川、云南等省（区、市）出版了部分旧志点校本、影印本。截至2015年10月底，全国地方志系统整理出版旧志累计达2500多部。

（五）信息化和方志馆建设突飞猛进。各地积极推进“互联网+地方志”工程，网、库建设迈上新台阶。山东、广东、广西等省（区）实现地情网省、市、县三级全覆盖，内蒙古、黑龙江、江苏、浙江、江西、湖北、陕西等省（区）实现地情网省、市两级全覆盖。上海、山东、海南等省（市）完成地情网改版升级，河北省地情网建设取得突破性进展。陕西省与百度公司合作建成百度百科·陕西数字方志馆，福建省启动“数字方志”项目，湖南省启动“湖南数字方志馆”项目。北京、山西、内蒙古、辽宁、吉林、黑龙江、江苏、安徽、山东、河南、四川、甘肃等省（区、市）不断完善地情资源数据库建设，江西、山东、河南、广东、广西等省（区）开设微信公众号，向社会公众读志用志提供服务，受到广泛关注。截至2015年10月底，全国地方志系统年内新建网站、网页52个，累计建设网站、网页1073个。

方志馆建设加速推进。运行中的北京、吉林、黑龙江、上海、江苏、江西、山东、广西等省级方（通）志馆不断丰富馆藏，举办各种专题展，提升服务力，增强影响力。广东省方志馆于12月中旬正式开馆。河北、山西、安徽、福建、河南、海南、重庆、四川、青海等地省级方志馆建设取得实质性进展。截至2015年10月底，全国年内新建市、县两级方志馆23个，累计建成方志馆390多个。

（六）地方志资源开发利用水平不断提升。各地围绕党委政府中心工作，主动作为，积极为本地经济社会发展大局服务。各地深入学习贯彻习近平总书记2015年7月在中央政治局第25次集体学习时的重要讲话精神，让历史说话，用史实发言。山东省出版纪念抗战胜利70周年丛书并筹拍专题片，北京、天津、河北、山西、辽宁、上海、江苏、河南、海南、四川、陕西等省（市）也深挖方志资源，编写抗战题材丛书，深化抗战研究，弘扬抗战精神。北京、天津、山西、辽宁、上海、山东、河南、湖北、广东、贵州、云南、陕西、新疆等省（区、市）以及新疆生产建设兵团深入开展地情研究，通过编辑资政刊物，编写志书干部读本或地情书籍，为党委政府科学决策提供信息咨询服务。北京市启动“北京城市居住建设开发”口述史项目。上海市接收管理上海地方文史刊物《上海滩》。福建省编纂的《福建家训》，出版后多次印刷，入选福建省第八届、第九届“书香八闽”全民读书月活动百种优秀读本，被评为“福建省社会科学普及优秀作品”“全国优秀社会科学普及作品”，作为第九届全球孔子学院大会代表读物。广东省启动自然村落历史人文普查工作，深度挖掘地方历史文化资源，服务文化建设。北京、上海、山东、广东、青海、新疆等省（区、市）积极扩大地方志宣传工作，开展志鉴进机关、进企业、进学校、进社区、进军营、进乡村活动，服务相关文化建设。

（七）地方志理论研究取得新成果。各地举办学术年会、理论研讨会、方志论坛，开展学术交流活动，推进地方志课题研究，组织优秀论文评选、编辑出版论文集，同时充分发挥地方志学会、地方志期刊等平台、阵地作用，努力推动地方志基础理论、应用理论、管理理论研究。其中，河北、安徽两省联合举办“2015 年冀皖方志理论研讨会”，吉林省推进“方志理论研究三百工程”，较有特色。截至 2015 年 10 月底，全国地方志系统年内共发表志鉴论文 1000 多篇，出版专著、教材、论文集 40 多部。

（八）依法治志格局逐步形成。2015 年，各地地方志法治建设取得新进展。山东省实现省、市、县三级地方志法规规章全覆盖。青海省政府出台《青海省地方志工作规定》，使得出台省级地方志法规规章的省份达到 27 个。北京市规范行政许可工作程序，加强执法检查调研工作；福建、江西、广东、广西、四川等省（区）政府正式公布本省（区）地方志工作机构权力清单、责任清单；四川省依法梳理行政执法依据，加强地方志行政权力依法规范公开运行平台建设。天津市地方志立法工作已列入 2016 年天津市立法计划，吉林省开展修订《吉林省地方志工作条例》调研和文本起草工作。河北、辽宁、黑龙江、江苏、山东、海南、四川、贵州等省依法对第二轮市县志编修工作进行督促检查，其中山东省由副省长带队开展督察工作。上海、福建、宁夏等省（区、市）开展地方志法规宣传活动，努力营造依法治志的社会氛围。

（九）地方志机构队伍建设扎实推进。江苏省 19 个尚无地方志工作机构的市辖区近期将全部挂牌并配给编制，实现省、市、县三级修志机构全覆盖；江西省志办由原来的“小厅小处”升格为“小厅大处”，提高了干部职工的积极性；广东省按照《规划纲要》要求迅速调整省志办内设机构，增设地方史处；四川省地方志编纂委员会更名为四川省地方志工作办公室，理顺依法治志体制；厦门市等一批市、县志办改名为人民政府地方志办公室。各地还认真组织开展“三严三实”专题教育活动，增强了党员干部履职尽责的进取意识；不断完善学习制度、交流制度，举办多种形式的培训，提高地方志机构工作人员的业务素质；开展评优活动，充分发挥先进组织和人物的模范带头作用，激发干部职工工作积极性，营造干事创业的良好氛围。

同志们！

2015 年各项成绩的取得，离不开党中央国务院的高度重视和亲切关怀，离不开地方各级党委政府的大力支持和强力推动，离不开有关部门和社会各界的协同配合和积极参与，更离不开各级地方志工作机构和广大地方志工作者同心同德的不懈奋斗努力。在此，我谨代表中指组，向长期以来关心、支持地方志事业发展的各有关方面、有关部门、有关人士表示衷心的感谢！向全国广大地方志工作者致以崇高的敬意！

回顾过去所取得的成绩，我们完全有理由因此而自豪，但我们自豪而不自满。在充分肯定成绩的同时，我们也要清醒地看到，地方志工作在前进道路上还有不少困难和问题，面临一系列矛盾和挑战，必须引起高度重视。责任重于泰山，事业任重道远。我们要以改革创新、开拓进取的精神，以“功成不必在我”的胸襟和“千磨万击还坚韧”的定力，戮力同心、接力奋斗，一个难题一个难题加以解决，一个困难一个困难进行克服。

二、面临的主要形势和任务

两个月前胜利召开的党的十八届五中全会，准确把握我国发展所处重要战略机遇期内涵的深刻变化，审议通过了《中共中央关于制定国民经济和社会发展第十三个五年规划的建议》（以下简称《十三五规划建议》），为“十三五”时期我国经济社会发展指明了道路、明确了航向。会议明确了全面建成小康社会新的目标要求，强调要坚持“四个全面”战略布局，坚持发展是第一要务，以提高发展质量和效益为中心，加快形成引领经济发展新常态的体制机制和发展方式，确保如期实现第一个百年奋斗目标全面建成小康社会，为实现第二个百年奋斗目标、实现中华民族伟大复兴的中国梦奠定更加坚实的基础。

今年 8 月 25 日，国务院办公厅印发《规划纲要》，充分体现了党中央、国务院对地方志事业的高度重视和殷切期望。这是全国地方志系统千载难逢的重要战略机遇，我们必须以党的十八届五中全会精神为统领，围绕贯彻落实好《规划纲要》这个中心任务，在“十三五”期间全面建成小康社会的决胜阶段有所作为、有所突破。因此，今后一个时期开展地方志工作的指导思想是：高举中国特色社会主义伟大旗帜，全面贯彻党的十八大和十八届二中、三中、四中、五中全会精神，以马克思列宁主义、毛泽东思想、邓小平理论、“三个代表”重要思想、科学发展观为指导，深入贯彻习近平总书记系列重要讲话精神和李克强总理、刘延东副总理重要批示、重要讲话精神，深入贯彻第五次全国地方志工作会议精神，紧紧围绕《规划纲要》总体目标和主要任务，坚持正确方向，坚持依法治志，坚持全面发展，坚持改革创新，坚持质量第一，坚持修志为用，努力至 2020 年基本形成“五位一体”的地方志事业发展综合体系，开创地方志事业发展新局面。

《规划纲要》是我国第一部全国地方志事业规划性文件，其颁布施行，标志着地方志从“一本书主义”向一项事业的转型，标志着全国地方志事业从此走上规划先行、以科学规划引领发展的道路。这是地方志事业发展进程中的重要里程碑，必将载入地方志发展史册。全国各级地方志工作机构和广大地方志工作者要充分认识《规划纲要》颁行的重大意义，深刻理解把握其科学内涵，并切实做好贯彻落实工作，确保规划任务圆满完成、规划目标顺利实现。

（一）认清形势，统一认识，增强全面落实《规划纲要》的责任感和使命感

2016 年是全面实施“十三五”规划的开局之年，是全面深化改革的重要一年，也是全面落实《规划纲要》的关键之年。我们必须认清形势，统一认识，坚定信心，稳中求进，开拓创新，扎实开局。

第一，要贯彻落实好中央领导同志重要批示、重要讲话精神，全面落实《规划纲要》势在必行。党的十八大以来，新一届中央领导集体高度重视地方志工作。习近平总书记就传承弘扬中华传统文化发表了一系列重要讲话，2014 年 2 月在北京首都博物馆考察时强调要“高度重视修史修志”，12 月在澳门大学考察时赠送《北京大学图书馆藏稀见方志丛刊》等书籍；2015 年 7 月在中央政治局第 25 次集体学习时强调要整合协调党史、军史、地方志等机构力量对抗日战争进行系统研究，提出地方志工作机构要在抗战研究上发挥应有作用。这些重要指示，为全国地方志事业指明了发展方向，提供了根本遵循。李克强总理 2014 年 4 月就第五次全国地方志工作会议的召开专门作出重要批示，提出“修志问道，以启未来”的重要论断，11 月就《汶川特大地震抗震救灾志》出版工作作出重要批示；2015 年 12 月 28 日，又就此次表彰会议的召开专门作出重要批示，要求各级政府都要关心和支持地方志事业发展，希望地方志工作者继续发扬方志人精神，志存高远，力学笃行，直笔著信史，彰善引风气，为当代提供资政辅治之参考，为后世留下堪存堪鉴之记述。刘延东副总理 2014 年 4 月在与第五次全国地方志工作会议部分代表座谈时发表重要讲话，2014 年 11 月、2015 年 1 月又分别就中指组上报的《当前全国地方志工作和事业发展情况报告》

和编制《规划纲要》作出重要批示，昨天又在人民大会堂亲切接见了受到表彰的先进集体和先进个人，并发表重要讲话，要求切实采取有效措施，推动地方志事业迈上新台阶。中央领导同志的有关重要批示、重要讲话精神，是做好地方志工作的精神指引，是开展地方志工作的指导原则。《规划纲要》全面贯彻落实中央领导同志的重要批示、重要讲话精神，以“一纳入、八到位”为突出主线，立足弘扬优秀传统文化、服务经济社会发展的宗旨，对今后一个时期地方志事业平稳、有序、健康发展进行了顶层设计和统筹安排，是今后几年我们推进工作的“总抓手”和行动指南。要学习好、贯彻好、落实好中央领导同志关于地方志工作的重要批示、重要讲话精神，就既要内化于心，更要外化在贯彻落实《规划纲要》的实践中。“合抱之木，生于毫末；九层之台，起于累土。”要对照《规划纲要》提出的目标任务，一项一项实施，一项一项完成。

第二，要推动社会主义文化繁荣发展，全面落实《规划纲要》意义重大。习近平总书记2014年10月在文艺工作座谈会上指出：“中华优秀传统文化是中华民族的精神命脉，是涵养社会主义核心价值观的重要源泉，也是我们在世界文化激荡中站稳脚跟的坚实根基。”方志文化是中华民族的优秀传统文化之一，有鲜明的民族特色，有永不褪色的时代价值。一方面，地方志是中华民族特有的文化基因，是最具有民族特色的标志性传统文化形式之一，有其独特的魅力，对于提升国家文化软实力具有不可替代的重要作用。另一方面，地方志作为中华优秀传统文化的一大重要组成部分，也是社会主义核心价值观的源头活水之一，有着“治天下者以史为鉴，治郡国者以志为鉴”的生命价值，是中华民族生生不息、发展壮大的丰厚滋养，在教化人心、巩固信仰等方面发挥着不可替代的积极作用。《规划纲要》将地方志事业发展纳入国家“四个全面”战略布局，明确将地方志工作置于我国经济社会发展和社会主义文化强国建设的伟大实践，作为国家战略实施在文化领域不可或缺的重要一环。贯彻落实《规划纲要》，不仅有助于有计划、有步骤、有重点地推动地方志事业不断向前发展，使地方志事业与我国经济社会发展需要相融相通、互助共进，还有助于我们用正确的历史观抵制历史虚无主义，破除其危害，以高度的文化自觉和文化自信推动中华优秀传统文化在新的历史时期取得新发展，在国家“四个全面”战略布局中作出新贡献。

第三，要推进地方志事业科学发展，全面落实《规划纲要》时不我待。新编地方志事业经过30多年的蓬勃发展，已经取得巨大成就，形成了以修志编鉴为主业，理论研究、开发利用、信息化建设、方志馆建设、旧志整理等工作协调开展的事业格局。但不能忽视的是，前进的道路上仍有不少困难、挑战，还存在一些制约事业发展的问题。主要有：部分地区和部门对地方志工作的重要性认识不够，地区之间发展不平衡，国务院《地方志工作条例》以及各地地方志法规规章落实不到位，机构不健全，编制、人员和经费不足，等等。妥善解决上述制约事业发展的难题，推动地方志事业顺利发展，还需要爬一道道的坡、过一道道的坎。而规划先行，谋定后动，无疑是做好工作的有效方法。要解决发展难题，就不能“头痛医头，脚痛医脚”，东一榔头西一棒槌，而要从国家层面理清发展思路，通过科学规划，加强统筹安排。《规划纲要》直面地方志事业发展形势和发展难题，明确了“十三五”时期全国地方志事业发展的总体目标和主要任务，提出了明晰的任务书、时间表、路线图。当前及今后一段时期，要不断推进地方志由“一本书主义”向一项事业的转型升级，不断推进由“依法修志”向“依法治志”的转型升级，不断蓄积后劲，迸发活力，就必须统一思想、协调行动，凝聚力量、攻坚克难。我们的事业没有终点，只有一个接一个的新起点。

（二）理清思路，提升理念，增强全面落实《规划纲要》的科学性和能动性

思想是行动的先导，理念是实践的指南。要增强落实《规划纲要》的科学性和能动性，增强发展的全面性、协调性、可持续性，厚植发展优势，破解发展难题，就必须结合十八届五中全会倡导的创新、协调、绿色、开放、共享等发展理念，把握发展规律，创新发展理念。

第一，树立创新驱动理念。十八届五中全会指出，“创新是引领发展的第一动力”“必须把创新摆在国家发展全局的核心位置”。创新是民族进步的灵魂，是一个国家兴旺发达的不竭源泉，也是推动地方志事业长远发展的强大驱动力。《规划纲要》顺应时势要求，将创新放在地方志事业发展全局的核心，明确提出要坚持改革创新，正确把握发展规律，深化改革，与时俱进，不断拓展地方志工作领域，丰富地方志成果表现形式。同时，《规划纲要》在编制过程中，也始终坚持创新，明确了地方志事业走“体系化”建设的思路；在《地方志工作条例》规定的职责基础上，适当拓展了地方志工作的范围；创造性地提出了“为国存史”“修志问道、直笔著史”方志人精神等概念；首次提出硬性指标，限定完成任务的时间，明确到2020年，全面完成第二轮修志规划任务，实现省、市、县三级综合年鉴全覆盖（以下简称“两全”目标）。为此，我们要树立“创新驱动发展”理念，敢于担当、勇于超越，不断推动地方志理论创新、实践创新、制度创新、管理创新、方法创新，做到思想上不断有新突破，理论上不断有新发展，工作上不断有新举措，确保地方志事业永葆发展活力。

第二，树立协调发展理念。十八届五中全会指出，“协调是持续健康发展的内在要求”。只有协调发展，才能行稳致远。协调也是有序推进地方志事业发展综合体系建设的关键。《规划纲要》强调以修志编鉴为主业，各项工作协调可持续发展，到2020年，基本形成地方志编修体系、理论研究和学科建设体系、质量保障体系、资源开发利用体系、工作保障体系建设“五位一体”的地方志事业发展综合体系。我们要胸怀全局、把握大势、着眼长远，着力解决发展不平衡、不协调、不可持续等问题，在协调发展中拓展发展空间，在加强薄弱领域中增强发展后劲。一方面，要从全局的高度、长远的角度思考和研究工作，把握工作主动权，观大势、重运筹；另一方面，要用联系、整体的观点思考和研究工作，加强开展工作的针对性，打基础、谋长远。这就要求我们，必须立足于全国地方志事业发展大局，既大处着眼、登高望远，又小处着手、积微成著，不断增强发展整体性，提高发展协调性，重点促进各地区地方志事业协调发展、促进修志编鉴等各项工作协调开展。独木不成林，“一花独放不是春，百花齐放春满园”。如果只有一个或几个地区的工作做好了，如果只有某一项或几项工作做好了，这不是真的好，只有协调一致、齐头并进，大家好、各方面都好才是真的好！

第三，树立开放治志理念。十八届五中全会指出，“开放是国家繁荣发展的必由之路”。坚持实施互利共赢的开放战略，是改革开放以来我国的一项基本国策。开放也是地方志事业健康发展的重要保障。开放才能“致广大而尽精微”，才能兼容并蓄、海纳百川。《规划纲要》强调要健全地方志工作机构主导、社会各界有序参与修志编鉴的途径和方式。地方志工作不能单打独斗，要避免“闭门造车”；要坚持合作共赢原则，加强与高等院校、科研院所、档案与图书馆等机构、单位的交流与合作，引导社会各界更加广泛地参与地方志工作，在更大范围、更宽领域、更深层次上提升事业发展水平。文化因交流而多彩，文化因互鉴而丰富，只有交流互鉴，一种文化才能充满生命力。因此，我们还要充分挖掘、阐发、展示方志文化的当代价值和永恒魅力，加强国际传播能力建设，配合国家文化“走出去”战略，推介一批高质量地方志成果。通过“走出去”，讲述好中国故事，传播好中国声音，阐释好中国特色，塑造好中国形象，推动方志文化走向世界，增强中华文化凝聚力、影响力和国际竞争力。

第四，树立共享方志理念。十八届五中全会指出，“共享是中国特色社会主义的本质要求”。社会成员共享改革发展的成果，既是现代社会文明的标志，也是现代化进程中的客观需要，对于社会的正常运行和健康发展有着多方面的重大意义。共享也是地方志事业平稳发展的基本要求。只有全体人民共享地方志成果，地方志工作的价值才能得以充分体现，地方志事业发展才有源源不竭的动力。《规划纲要》强调修志为用，呼应时代要求，全面提升开发利用水平；要求拓宽用志领域，提升服务大局能力，为党政机关、社会各界和人民群众服务；要求加大宣传力度，提高全社会读志用志水平。全国地方志工作者要树立“共享方志”理念，重点抓好两件事：一是积极主动地将地方志工作放在服务经济社会发展大局中，围绕中心服务大局，做到经世致用；二是适应信息化社会发展趋势，大力推进“互联网+”，推动地方志信息化建设，传统手段与互联网新媒体结合，承载乡愁，延续文脉，做到与时俱进。

（三）明确要求，从严从实，切实抓好《规划纲要》的全面落实

真抓才能攻坚克难，实干才能梦想成真。发展蓝图有了，现在的关键是把蓝图一步步变为现实。今后五年，我们的中心任务就是全面贯彻落实《规划纲要》。各地区、各有关部门要明确要求，发扬钉钉子的精神，驰而不息抓落实，久久为功促发展。

第一，要坚持正确的政治方向。地方志事业是党领导的中国特色社会主义事业的有机组成部分，属于意识形态范畴，一刻也不能放松和削弱为国存史、为党立言、为民修志的使命意识。地方志工作者必须始终高举中国特色社会主义伟大旗帜，始终坚持马克思主义的世界观和方法论，在事关大是大非和政治原则问题上进一步增强主动性、掌握主动权，这是对地方志工作最大的政治要求。一方面，要始终坚持为人民服务的修志立场，牢固树立人民至上的价值观、人民是真正英雄的历史观，始终围绕“为谁修志、修什么志、怎样修志”这一根本问题来开展工作。“为谁修志”，是个方向问题，必须时刻保持清醒的头脑。有了这样的修志立场，才能够坐住、坐稳、坐热“冷板凳”，把工作做好。另一方面，要始终坚持走中国特色社会主义文化发展道路，把马克思主义的立场、观点、方法贯穿于地方志工作之始终，在思想上、政治上、行动上同以习近平同志为总书记的党中央保持高度一致，筑牢思想根基，站稳政治立场，传导正能量。

第二，要坚持落实“一纳入、八到位”。“一纳入、八到位”是刘延东副总理在与第五次全国地方志工作会议部分代表座谈时提出来，中指组在第五次全国地方志工作会议工作报告中作为重要经验加以强调的，是新时期做好地方志工作的根本原则。这一原则的提出，是对30多年来地方志工作实践经验的总结、凝炼，是对修志历史智慧的精确归纳，是为推动解决地方志事业发展面临的突出矛盾和主要问题而提出的。“一纳入”，就是把地方志工作纳入国民经济和社会发展规划、各级政府工作任务之中；“八到位”，就是认识、领导、机构、编制、经费、设施、规划、工作到位。《规划纲要》以贯彻落实“一纳入、八到位”为突出主线，对2015—2020年间的全国地方志事业发展和地方志工作推进作出了顶层设计。要贯彻落实《规划纲要》，确保各项目标任务圆满完成，就必须按照“一纳入、八到位”要求，逐条逐项找差距，扎扎实实抓落实。各地要依法开展行政督察，逐级检查“一纳入、八到位”的落实情况，为地方志事业的平稳、有序、健康发展创造条件、提供保障。

第三，要坚持依法治志。依法治志是依法治国方略在地方志事业上的重要实践。我们要以“一纳入、八到位”为总要求，推动地方志从依法修志到依法识志、依法修志、依法用志、依法管志、依法存志和依法传志等的转型发展。一方面，要强化依法治志思维。国务院《地方志工作条例》和《规划纲要》明确了各级政府、各级地方志工作机构在地方志工作中的法定职责。按照“法定职责必须为”的要求，地方志工作不是想不想干、要不要做的事，而是必须完成的一项法定职责。各级政府依法对地方志工作负有主体责任，就有责任落实“一纳入、八到位”，在人财物上给予支持，为地方志工作机构开展工作提供保障，明确地方志工作机构的权力清单和责任清单。各级地方志工作机构依法承担开展工作的具体责任，就要切实承担主导作用，认真履职尽责。另一方面，要转变工作模式。要将地方志工作放在国务院《地方志工作条例》和《规划纲要》规定的轨道上、框架下运行，用法治思维破解发展难题，用法治手段保障《规划纲要》的贯彻落实。

第四，要坚持全面统筹。“不谋万世者，不足谋一时；不谋全局者，不足谋一域。”随着地方

志事业的升级发展，地方志工作格局实现由“一本书主义”向“兴一方事业”转变，地方志成果实现由数量增长型向质量效益型转变，工作职能实现由志鉴编纂向全面治志的转变。面对新形势，我们要准确把握地方志事业发展的指导方针、主要目标、重点任务、重大举措，既登高望远，又脚踏实地，多管齐下、综合施策，全力把既定的科学目标、好的工作蓝图变为现实。一方面，要全面统筹《规划纲要》规定任务。“两全”目标是具有约束性的硬任务，加快信息化和方志馆建设、做好第三轮修志工作准备、加强对社会修志的指导和管理等也是必须做好的工作。我们要认真梳理工作任务，充分发挥指标导向作用，统筹兼顾，协调推进，远近兼顾，确保各项目标任务都能按时、保质、保量完成。另一方面，要全面统筹地方志编纂力量。党委领导、政府主持、地方志工作机构组织实施、社会各界广泛参与，是改革开放30多年来地方志工作形成的基本工作体制，也是一条重要经验。我们要运用新思路、推出新举措、创建新机制，统筹地方志系统内与系统外两种力量，既不断增加内生动力，又不断强化协作力度，推动形成良性互动、共同发展地方志事业的大好局面。

第五，要坚持弘扬方志人精神。人无精神不立，一个人要有点精神，一个群体也要有点精神，否则就容易迷失方向。地方志工作不但辛辛苦苦、默默无闻，而且清清贫贫，更是需要有点精神。《规划纲要》提出了“修志问道、直笔著史”的方志人精神，蕴含着方志人“爱岗敬业、淡泊名利、甘于奉献”的价值追求，“经世致用、秉笔直书、锲而不舍”的史官风范，“恪尽职守、真抓实干、开拓进取”的职业操守，体现了方志人的精神追求。我们要进一步弘扬方志人精神，不为任何风险所惧，不被任何干扰所惑，勇做时代的弄潮儿，在“冷”部门做出一番“热”事业，在“小”单位干出一番“大”成就。一是要进一步增强对地方志工作重要性的认识。要明确地方志的功能定位，明确地方志事业在“四个全面”战略布局中的重要作用，进一步增强责任感、使命感、紧迫感，牢记宗旨、提高本领、锤炼作风，讲奉献、敢担当、勇创新，把规划蓝图变为现实。二是要充满对地方志事业的激情。只有充满激情、淡泊明志、甘于奉献，才能踏石留印、抓铁有痕，才能克服各种各样的困难，扎扎实实地贯彻落实《规划纲要》，圆满完成各项任务。三是要始终坚持存真求实。广大地方志工作者承担着为民族写史、为时代立传的职责使命，必须秉持“修志问道、直笔著史”的方志人精神，以“好是正直、善恶必书”的胆识，不唯书、不唯上、只唯实，不断编修出经得起实践、历史、人民检验，具有鲜明时代特征和浓郁地域特色的地方志成果。

三、2016年主要工作部署

下一步要着力完成好以下工作：

（一）继续深入学习贯彻习近平总书记等中央领导同志重要批示、重要讲话精神和第五次全国地方志工作会议精神，使《规划纲要》的目标任务落到实处

当前和今后一个时期，全国地方志系统的首要任务仍是深入学习贯彻习近平总书记系列重要讲话精神，李克强总理、刘延东副总理重要批示、重要讲话精神，全面贯彻落实第五次全国地方志工作会议精神，进一步增强做好地方志工作的责任感、使命感和自觉性；进一步提高用辩证唯物主义和历史唯物主义的立场、观点、方法分析问题、解决问题的能力；进一步坚定中国特色社会主义的道路自信、理论自信、制度自信和文化自信，全面推动全国地方志事业繁荣发展。指导小组及其办公室要以《规划纲要》为总抓手，切实加强分类指导，加大组织推动力度，定期对《规划纲要》落实、执行情况进行督促检查，还要与国务院办公厅督察室联系，力争将《规划纲要》纳入其督察范围。省、市、县三级地方志工作机构要积极争取当地党委政府的支持，制定出台本地的地方志事业发展规划，力争将地方志工作列入本地“十三五”发展规划。同时，各地区、

各有关部门还要制定本地区、本部门贯彻落实《规划纲要》的实施意见或方案，确保贯彻落实到位，按时保质完成任务。

（二）全面推进修志工作，确保进度与质量

又好又快地推进二轮修志工作，是《规划纲要》提出的“两全”目标之一。规划任务已经完成的地区，要认真总结首轮、第二轮修志经验教训，做好第三轮修志启动前的准备工作；规划任务未完成的地区，应倒排工期，量化程序，细化责任，强化督导，确保按时完成任务。指导小组及其办公室要实施好民族地区与贫困地区志书出版资助工程，支持民族地区做好地方志编纂工作；要加强业务指导，通过组织召开业务研讨会，全面梳理把握第二轮修志面临的困难和问题，适时制定加强二轮修志工作的相关指导性文件，特别是提高志书质量的措施办法；要开展调查研究，建立全国地方志系统二轮修志规划任务进展情况备案制度。在此基础上，建立指导小组办公室督察通报制度和年度工作督察制度，适时通报进度，强化责任落实，确保第二轮志书编纂质量和编纂进度。继续深入推进中国名镇志文化工程、中国志书精品工程，启动中国名村志文化工程。配合中国名镇志丛书项目，举办首批名镇志出版成果发布会及名镇论坛。做好《汶川特大地震抗震救灾志》出版工作，开好座谈会、办好首发式，做好宣传总结工作。要继续开展编修一统志的可行性研究，制定可行性方案。进一步推动《地方志书质量规定》的贯彻落实，制定质量管理、质量监督等规定，严把质量关。加强与港澳台有关机构、学者的联系，互学互鉴，从业务上对香港、澳门修志工作予以支持。

（三）继续加强年鉴工作，创造更多精品年鉴

指导小组及其办公室要组织起草《地方综合年鉴工作管理规定》，规范年鉴工作管理；修订《地方综合年鉴编纂出版规定（试行）》，建立健全年鉴编纂评议机制；大力推进年鉴试点工作，以点带面，从线到面，充分发挥试点工作的示范引领作用；推动实施中国年鉴精品工程，组织开展全国年鉴质量评比活动。各地区要继续高度重视年鉴工作，尚未理顺地方综合年鉴工作管理体制的，要加大工作力度，做到地方综合年鉴由地方志工作机构组织编纂；坚持一年一鉴，公开出版，积极推进地方综合年鉴编纂覆盖工作，争取尽早实现全国省、市、县三级综合年鉴编纂全覆盖。

（四）深入开展旧志整理工作，抢救保护优秀文化遗产

指导小组及其办公室要有计划、有步骤地推动全国旧志整理、保护工作，积极稳妥地开展海外藏中国旧志的引进工作，继续做好与哈佛大学哈佛燕京图书馆善本中国地方志数字化项目后期加工工作，积极推动旧志数字化建设。各级地方志工作机构要继续有计划、高质量地集中整理本地历代方志，让优秀遗产方便于用。要分类整理旧志资料，做到古为今用。要加强与国内外高等院校、科研院所、公共图书馆、档案馆等单位的交流、合作，开展旧志点校、提要、考录、辑佚等工作。

（五）稳妥推进地方史研究、编写工作，拓宽地方志工作领域

指导小组及其办公室要深入调研，组织开展地方史编写研讨活动。要开展地方史理论研究，在《中国地方志》期刊增设地方史研究栏目，深化对地方史编写的认识，指导地方史编写实践。要开展地方史编写试点工作，着手制定地方史编写规划与规范。条件成熟的地区，要将地方史编写纳入地方志工作范畴，统一规范管理。

（六）扎实推进理论研究和学科建设，夯实地方志理论研究基础

指导小组及其办公室要以重大理论问题和实践问题为导向，抓紧制定全国地方志科研工作规划，编制课题研究指南，推进理论研究；要继续开展清代方志整理与研究，做好《方志理论学习通典》编辑出版工作，着手编写《方志学通论》《方志编纂学》《方志管理学》《中国历代方志导读》等通用教材，为方志学学科建设打牢基础。要发挥中国地方志学会的平台作用，办好中国地方志学术年会、中国地方志学会城市区志专业委员会学术年会、新方志论坛和地方志国际学术研

讨会，做好中国地方志学会年鉴工作专业委员会换届工作。继续开展与中国社会科学院研究生院、有关高等院校合作办学，与暨南大学联合举办方志学理论与实践学术研讨会。要加强方志期刊的理论引导作用，大力推进《中国地方志》名刊建设，筹备《史志集刊》创刊工作，筹办《国家方志馆馆刊》。

（七）不断强化人才队伍建设，激发事业发展源动力

要重视人才选拔、培养和使用。要完善教育培训制度，分级实施对地方志工作机构新任负责人、志鉴主编（总纂）的专项培训，分类组织地方志信息化、方志馆建设等的业务培训。支持地方志工作人员接受专业继续教育，努力培养一支素质更高、视野更广、技能更强的现代化、专业化人才队伍。建立国家级、省级地方志专家库，选拔一批方志和年鉴专业领军人才。

（八）大力推行资料年报制度，强化地方志资料建设

要进一步加大依法征集地方志资料的力度，建立和完善地方志资料收（征）集、保存、管理制度，推行地方志资料年报制度并形成常态机制。要创新方式，大力拓展资料收（征）集范围和渠道，建立能够全方位适应地方志编纂、地方志事业发展和方志文化建设需要的地方志资料保障机制。

（九）进一步加快信息化建设步伐，提高服务水平

指导小组及其办公室要统筹协调全国地方志信息化建设工作，制定《全国地方志信息化发展规划（意见）》《全国信息方志与数字方志建设工程方案》，推动信息标准化建设；着手研究制定信息化制度规范，不断提高管理的规范性和可操作性；搭建国家数字方志馆框架，并上线试运行；加强中国地情网、中国方志网的日常维护和安全管理，进一步扩大方志中国微信、手机报的影响力，创刊并办好《中国方志》报；召开全国地方志信息化工作会议，总结“十二五”期间全国地方志信息化工作，研究部署“十三五”全国地方志信息化工作。加快各级地方志信息化建设步伐，支持民族地区地方志信息化建设。

（十）加强方志馆建设，提升服务能力

强化国家方志馆馆藏资源建设，以志鉴收藏为中心，充实馆藏量，初步完成国家方志馆图书编目上架工作，着手编制《国家方志馆馆藏图书总目》，夯实方志馆提供公共文化服务的基础。稳步推进“方志中国”展览、国家方志馆国情展览的设计和布展工作，加强方志馆服务能力建设。开展《全国地方志系统方志馆建设标准》制定工作，推动方志馆建设的规范化，并加强国家方志馆分馆建设和管理。

（十一）深入挖掘地方志资源，提高开发利用水平

继续深入学习贯彻习近平总书记2015年7月在中央政治局第25次集体学习时的重要讲话精神，指导小组及其办公室要抓好《抗日战争研究中长期规划实施方案》落实工作，启动《中国地方志抗日战争资料汇编》《中国抗日战争人物志》编辑工作，配合做好抗战研究工作；适时启动以《中国地情报告》为主体、《中国方志发展报告》《中国年鉴发展报告》为两翼的“一体两翼”工程。各级地方志工作机构要加强对地方志资源的深加工，做好抗战研究相关工作。继续编辑信息简报、编写地方史和地情书籍、开展专题研究，进一步拓宽服务渠道，增强服务功能，创新服务手段；要发挥地方志资源在地方公共文化服务中的重要作用，利用各类媒体广泛宣传地方志成果，推动方志文化进机关、进农村、进社区、进校园、进企业、进军营。

（十二）实施依法治志，推进地方志事业法治化进程

指导小组及其办公室要推动国务院《地方志工作条例》的修订完善，开展《中华人民共和国地方志法》立法可行性研究，提高地方志工作的法律地位。各地要加强《地方志工作条例》的贯彻落实，强化地方志法规规章的执行力度，推动执法监督检查常规化，依法纠正、查处执行不力和违法行为。开展《地方志工作条例》颁布十周年主题纪念活动，加大地方志工作法规规章的宣

传力度。完善地方志法规规章体系，没有制定或正在制定地方志工作法规规章的地方，要力争早日出台；已经出台的，要抓好贯彻落实。

（十三）加强组织领导，为地方志事业发展提供保障

指导小组及其办公室要团结带领各级地方志工作机构和广大地方志工作者，深刻学习领会《规划纲要》，明确今后几年事业发展的战略重点、优先顺序、主攻方向、工作机制、推进方式和时间表、路线图。继续开展调查研究，全面掌握全国地方志工作情况，及时总结、推广各地好的经验，定期向党中央国务院报告工作进展情况，对地方志工作中涉及的重大方针政策问题及时请示、汇报。县级以上人民政府要根据新形势新任务新要求，依法加强对本行政区域地方志工作的领导，通过制度安排、法律规范、政策支持，切实落实“一纳入、八到位”。各级地方志工作机构要提高运用法治思维和法治方式的能力，依法履职，尽责有为，抓好各项工作的督促落实。

（十四）加强指导小组办公室自身建设，进一步提高工作水平

指导小组办公室要继续紧密结合“三严三实”专题教育，密切联系群众，切实改进工作作风。要不断加强办公室思想政治建设、组织建设、作风建设，进一步完善以办公室党组为领导核心、以机关党委为依托、以党支部为战斗堡垒的组织体系，培育“齐心聚力、开拓创新、攻坚克难”的风气，提高驾驭全局、统筹谋划、指导督查能力。要认真学习《中国共产党廉洁自律准则》和《中国共产党纪律处分条例》，全面贯彻落实党中央和中央纪委关于党风廉政建设的各项部署，建立科学完善的责任制度。要结合办公室工作实际，不断加强制度建设，通过建章立制，列出制度清单，建立长效机制，规范工作责任，强化刚性执行。

“古之立大事者，不惟有超世之才，亦必有坚韧不拔之志。”地方志事业的宏伟蓝图已经绘就，我们也踏上了新的征程。2016 年的中心工作，说到底，就是“落实”二字。让我们拿出习近平总书记要求的“一件事情接着一件事情办，一年接着一年干，锲而不舍向前走”的韧劲儿，咬定青山不放松，一张蓝图干到底，全力完成《规划纲要》确定的各项目标任务，全力推进地方志事业科学发展，为实现“两个一百年”奋斗目标和中华民族伟大复兴的中国梦作出更大贡献！

· 李培林工作讲话

谋事创业　再续辉煌

——在四川第八次全省地方志工作会议上的讲话

（2015 年 3 月 18 日）

李培林

在全国两会刚刚闭幕，举国上下全面贯彻落实党的十八届三中、四中全会精神，贯彻落实习近平总书记系列重要讲话精神，协调推进全面建成小康社会、全面深化改革、全面依法治国、全面从严治党之际，四川第八次全省地方志工作会议隆重召开，这是四川省地方志工作的一件盛事。我代表中指组和王伟光组长，向会议的召开表示热烈祝贺，向长期以来大力支持地方志工作的四

川省委、省政府表示衷心的感谢，向四川省全省广大地方志工作者表示诚挚的问候和崇高的敬意。

四川自古就有“天府之国”的美誉，既有美丽的自然风光，又有璀璨厚重的文化积淀，在我国经济、政治、文化、社会、生态文明建设中具有举足轻重的地位。四川是方志大省，修志历史悠长，地方志工作得天独厚。近年来，四川作为全国首轮修志工作的先进省、第二轮修志工作的试点省，地方志工作一直走在全国前列。特别是第五次全国地方志工作会议召开以来，四川省委、省政府加大领导力度，全省广大地方志工作者奋发有为，采取多种形式全面贯彻落实会议精神，工作取得了新成绩，突出表现在：一是领导重视措施得力。四川省委省政府对地方志工作高度重视。2014 年，钟勉副省长对地方志工作多次作出批示。2015 年初，四川省委办公厅、省政府办公厅联合印发了《关于进一步加强和改进新形势下地方志工作的意见》。这是迄今为止全国第一个由省委省政府两办联合发文的省级地方志工作指导文件。二是法治化建设成效显著。2003 年，四川省人大常委会出台了全国第一部地方性地方志法规——《四川省地方志工作条例》。2007 年，四川省政府颁布了《〈四川省地方志工作条例〉实施办法》。2013 年底，四川省人大常委会对《四川省地方志工作条例》进行了修订，2014 年 1 月 1 日正式施行。既有人大颁布的工作条例，又有省政府颁布的实施办法，四川也是全国唯一的一个。三是志鉴成果不断丰富。至 2014 年底，四川已出版各类志书 1.1 万种；第二轮修志已终审（或出版）省志 45 卷、市（州）志 15 部、县（市、区）志 162 部；全省 21 个市（州）、80% 的县（市、区）开展了综合年鉴编纂工作，还编纂了大量的抗震救灾志，全面记录四川改革开放历程，全面集存了历史资料。四是事业发展基础扎实。近年来，四川省地方志工作坚持“志、鉴、库、馆、网、开发利用、理论研究”全面推进，编纂出版了大量的地方志资源开发成果，方志馆建设全面推进，信息化网络化建设、旧志整理等工作取得阶段性成果，理论研究成果推陈出新，为下一阶段地方志事业的全面发展奠定良好基础。五是地方志工作特色鲜明。四川省地方志工作思路清晰，特点突出。比如，围绕省委提出的建设西部文化强省、推进“一核四带”文化产业区建设，各级地方志工作机构在传承和挖掘巴蜀优秀历史文化、民族文化、红色文化、感恩文化资源上狠下功夫，彰显方志文化元素；在队伍建设方面纳入党委组织部门规划，通过干部挂职锻炼、横向交流、举办培训班、与高校合作等拓宽培养途径，等等。

同志们，党中央、国务院高度重视地方志工作。2014 年以来，习近平总书记、李克强总理、刘延东副总理就修志工作多次发表重要讲话、作重要批示，为全国地方志工作和事业发展指明了方向。第五次全国地方志工作会议总结了过去五年的工作经验，明确了 2014 年至 2020 年的工作发展目标，布置了主要的工作任务。过去一年，各地各级地方志工作机构紧紧抓住贯彻落实中央领导同志重要讲话、批示和第五次全国地方志工作会议精神的有利时机，理思路、定目标、抓落实，出台了一系列的具体措施，实效明显，开局很好。四川在全国地方志工作和事业发展中占有重要地位，希望省委、省政府继续加大支持力度，希望全省广大地方志工作者继续努力拼搏，把握大好形势，实现全省地方志工作的新跨越。借此机会，提几点意见：

一是谋主业，筑牢事业发展根基。作为全国第二轮修志的试点省，四川要努力成为修志编鉴的先进省。按照第五次全国地方志工作会议的部署，到 2020 年要全面完成第二轮修志任务、全面实现省市县三级地方综合年鉴编纂的全覆盖。这是硬性指标，四川省要不打折扣地落实好。修志编鉴这两项主业是事业发展的根基，必须全面抓好，丝毫不能放松。必须全面提高志鉴编纂质量，守住事业发展生命线。千秋志业，质量为本。地方志“为党为民立言，为国存史”，抓质量不能有丝毫的马虎。特别是在当前意识形态领域斗争错综复杂的局面下，修志编鉴要始终坚持辩证唯物主义和历史唯物主义的立场观点方法，把志鉴修成“信史”，成为凝聚人心、提升民族自信心和自豪感，弘扬社会主义核心价值观，破除历史虚无主义，坚持道路自信、理论自信、制度自信、文化自信的重要载体。

二是谋法治，完善事业发展保障。作为地方志法治建设的典型省，四川要在地方志法治化建设探索新思路、新经验。地方志工作是官职、官责，不是要不要重视，想不想完成，而是法定的任务，法定的政府行为，必须做好。四川省要继续发挥既有人大法规，又有政府规章的优势。以法规为依据，以“一纳入、八到位”为抓手，以执法检查、行政督察为手段，省市县同步推进，不断建立和完善地方志工作的保障机制。“一纳入、八到位”是地方志法治化建设的基本内涵和具体要求。“一纳入”，就是把地方志工作纳入到国民经济和社会发展规划、文化事业发展规划和各级政府工作任务之中，纳入到政府的总体工作部署中去；“八到位”，就是认识到位、领导到位、机构到位、编制到位、经费到位、设施到位、规划到位、工作到位。“一纳入、八到位”实现得好的地方，地方志法治建设就能上台阶，地方志工作就能上层次。

三是谋作为，拓宽事业发展途径。作为地方志资源大省，四川要在地方志资源开发利用方面拓展新路径。“有作为才能有地位”，地方志资源是一座巨大的文化宝藏，我们不能守着青山要饭吃。近年来，各地开发利用地方志资源的手段不断丰富，建网站、数据库，开设微信公众号、手机地情网，编资政简报、干部读本、地情读物，提供信息咨询服务，开展课题研究等，收到很好的社会效果，得到了领导干部、群众的欢迎。四川要在借鉴各地经验的基础上不断创新，在网站、数据库建设方面有新突破，在方志馆建设方面有新进展，在开发利用方式上有新变化，努力为各级党委、政府的中心工作服务，努力为广大人民群众提供更多更好的喜闻乐见的地方志成果，把“冷板凳”坐“热”，把“冷部门”做“火”。

四是谋规划，蓄积事业发展后劲。作为地方志事业发展的标杆省，四川省要在事业全面发展上有目标、有计划、有担当。四川省地方志工作发展在全国具有举足轻重的地位，对西部地区地方志工作发展有重要的辐射作用。“凡事预则立，不预则废”，2015 年是“十三五”规划的制定年，四川省各级地方志工作机构要把 2015 年当作规划年，抓紧制定全省地方志工作的“十三五”规划。不仅要争取通过各级政府转发，还要力争把地方志工作写入全省的“十三五”规划。

同志们，一年之计在于春，春播才能秋收，地方志工作和事业发展已经迎来了春天，希望大家再接再厉、艰苦奋斗、努力拼搏、笔耕不辍，播下事业发展的种子，耕耘在事业收获的季节，为四川省地方志事业发展作出新贡献，为四川的发展繁荣作出新的更大的贡献。

最后，祝会议取得圆满成功。

努力打造广东省地方志事业发展的升级版

——在广东省第七次地方志工作会议上的讲话

（2015 年 5 月 19 日）

李培林

同志们：

广东省政府今天召开全省第七次地方志工作会议，深入学习贯彻习近平总书记系列重要讲话精神，深入贯彻第五次全国地方志工作会议和 2015 年全国地方志机构主任工作会议精神，全面部署今后五年的全省地方志工作，这是广东省委省政府高度重视地方志工作、全面提升地方志事业发展水平采取的重要举措，也是广东省地方志事业在发展关键阶段召开的一次十分重要的会议，我代表王伟光组长和中指组对会议的召开表示热烈的祝贺，对广东省委省政府对地方志工作的大力支持表示衷心的感谢，向广东全省为地方志事业发展默默无闻、无私奉献的广大地方志工作者表示崇高的敬意。

广东省作为全国地方志事业发展的排头兵，在全国地方志工作大局中具有重要的示范带头作用。近两年来，在广东省委省政府的支持下，在率先全面完成第二轮修志的基础上，广东省地方志工作又有新发展。今年 4 月，广东省委办公厅、省政府办公厅联合印发了《关于加强地方志工作的通知》；年鉴工作在实现全省全覆盖的同时，不断理顺管理机制，质量得到进一步提升；地方志工作的触角不断延伸，资料年报制度进一步完善，乡镇村志编纂、全省自然村落历史人文普查等工作相继开展；地方志资源开发利用水平不断提升，资治服务手段丰富多彩，广东省情网手机版、微信公众号、省情数据库等的社会影响不断扩大；方志馆建设、机构队伍建设不断得到加强，全省地方志工作继续保持良好发展势头，取得了不少新的成绩。对此，中指组给予充分肯定。

广东省地方志工作基础好、起点高，面对新机遇、新形势、新任务，应该有更高的标准、更明确的发展目标、更严格的要求，要通过今后五年的努力，努力打造全省地方志事业发展的升级版。就下一阶段的工作，提几点意见：

一要着眼大局，进一步明确广东省地方志事业的发展方向。一方面是把握好全国地方志事业的发展形势。党中央国务院高度重视地方志工作，习近平总书记、李克强总理、刘延东副总理的多次重要讲话、批示，把地方志工作提升到了激发我们的民族自豪感和自信心，实现“两个百年”奋斗目标，坚定全体人民振兴中华、实现中国梦的信心和决心，“修志问道、以启未来”的高度。党中央国务院高度重视文化建设，高度重视传统文化的继承和发展以及第五次全国地方志工作会议的召开，为全国地方志事业的快速发展提供了重大机遇。全国地方志系统普遍反映，当前已经进入全国地方志事业发展的春天。在 2015 年全国地方志机构主任工作会议上，王伟光同志在所作的工作报告中进一步强调，地方志事业发展要在全面建成小康社会、全面深化改革、全面推进依法治国、全面从严治党战略布局中发挥更大作用，并作出了相应的布置。广东省要继续发挥全国地方志系统的排头兵作用，就要在全国地方志事业发展中找准定位，定好目标。另一方面，广东省地方志工作发展要放在全省经济、政治、文化、社会、生态文明“五位一体”建设的大局中考虑。在广东省委省政府的带领下，全省上下正为实现“成为发展中国特色社会主义的排头兵、深化改革开放的先行地、探索科学发展的实验区”的“三个定位”，“率先全面建成小康社会、率先基本实现社会主义现代化而奋斗”的“两个率先”发展目标而砥砺奋进。广东在全国改革发展大局中具有举足轻重的地位，肩负着光荣而艰巨的使命。广东省地方志工作作为重要的文化品牌，建设文化强省的重要组成部分，要通过挖掘历史智慧，创新存史、资政、育人等服务手段，在省委省政府确定的重大发展战略中发挥作用、作出应有的贡献。

二要着眼基础，进一步完善广东省地方志事业的发展保障。地方志工作既有行政性，又有专业性。要确保地方志工作顺利推进，必须有科学完善的行政和业务保障机制。通过 30 余年的经验积累，全国地方志系统已经摸索出“以依法治志为核心，以‘一纳入、八到位’为总抓手，以系列规章制度为有机组成部分”的地方志事业发展保障体系。全面推进依法治国，是党中央作出的事关国家发展前途命运的重大战略部署。地方志工作有国务院《地方志工作条例》这一行政法规，在依法治国的背景下，要全面实现依法治志，就要明确做好地方志工作是各级政府的法定职责，明确各级地方志工作机构对地方志工作的职责和义务。“一纳入、八到位”是刘延东副总理代表党中央国务院对地方志工作提出的要求，是实现依法治志的具体要求和基本路径。而建立系列的规章制度，比如行政督查制度、志鉴质量保障制度、地方志组织管理制度等，是地方志事业发展保障体系的有机组成部分，是实现依法治志和“一纳入、八到位”的具体手段。广东在实现依法治志方面已经有了坚实的基础，省政府出台的《广东省地方志工作规定》已经实施近8年，即将启动《广东省地方志工作条例》的立法工作等，下一阶段，要全面梳理现有的规章制度，紧紧围绕依法治志和“一纳入、八到位”的要求，紧紧围绕强化地方志组织管理和业务规范两条主线，逐步建立科学完善的制度保障体系。

三要着眼当前，进一步筑牢广东省地方志事业的发展根基。最近十余年广东省地方志工作能够实现快速发展，一跃成为全国的排头兵，一条重要的经验就是从地方志工作只是编纂一本志书的“一本书主义”，过渡到按照地方志事业全面发展的总体格局全面推进各项工作。广东省各级地方志工作机构“志、鉴、库、馆、网、开发利用、理论研究”等多业并举的工作格局已经初步形成，但还存在区域发展不平衡、基础不牢固、社会影响和效益还不够突出等困难和问题。固本才能强基，广东省要实现地方志事业的发展升级，就要对各项工作发展现状号号脉、理理思路，全面梳理存在的困难和问题，既要查漏补缺，又要提升发展水平和质量。自第五届中指组组成以来，在王伟光同志的带领下，我们已经调研了15个省（自治区、直辖市）的地方志工作，各地普遍反映，越到基层地方志工作开展越是困难，甚至有一些县区连地方志工作机构都没有。广东一定要利用好当前第二轮修志已经全面完成的时间优势，在推动地方志事业平衡发展、推动地方志工作区域发展平衡上下大功夫，因地制宜，稳扎稳打。通过五年的努力，努力打造上下互动、区域平衡、各业齐头并进的生动活泼的地方志事业发展新格局。

四要着眼未来，进一步探索广东省地方志事业的发展经验。广东省第二轮修志已经全面完成，是截至目前全国唯一完成的省份。按照全国的总体部署，第三轮修志应该在2020年以后启动。接下来的五年，是广东为第三轮修志工作做充分的思想准备、资料准备、工作准备、理论准备、人才准备的重要五年，也是全面总结30余年地方志事业发展经验的重要五年。按照第五次全国地方志工作会议的要求，广东省肩负着为全国第三轮修志和地方志资源开发利用探索经验的任务。所以，广东省在总结工作经验方面既要为本省地方志事业的发展提供智力支持，又要为全国地方志事业的全面可持续发展提供经验和借鉴，要率先把修志工作向正在发生巨变的村镇延伸。

同志们，广东一直有“敢为人先”的精神，当前是广东省地方志事业发展的关键时期，要勇于先行先试，大胆实践探索，力争总结出地方志工作广东经验，为全国地方志事业的发展闯出一条把冷工作做成大事业的路子。最后，祝会议取得圆满成功。

努力打造中国名镇志文化品牌

——在中国名镇志丛书编纂业务培训班上的讲话

（2015年7月1日）

李培林

同志们：

今天，在建党94周年的特殊日子举办“中国名镇志丛书编纂业务培训班”，很有纪念意义。这次培训班有来自各省（自治区、直辖市）、新疆生产建设兵团地方志工作机构的联络员和名镇志主编、方志出版社编辑人员等140余人参加，标志着中国名镇志文化工程各项工作正式进入全面推进阶段。我代表中指组及其办公室，对各位学员的到来表示热烈的欢迎，对大家为中国名镇志文化工程的实施付出的辛勤努力表示衷心的感谢和诚挚的问候。下面，我讲几点意见：

一、要充分认识中国名镇志文化工程的重要意义

（一）这是适应全国地方志事业发展的需要

党中央国务院高度重视地方志工作，自2014年以来，习近平总书记、李克强总理、刘延东副总理就修史修志和地方志工作发表重要讲话和作出重要批示，进一步明确了地方志事业在传承、发扬中华优秀传统文化中的重要作用。最近，《全国地方志事业发展规划纲要（2015—2020年)》正在走由国务院办公厅印发的程序，这个文件的印发将会进一步推动地方志事业的发展。第五届中指组组成以来，以王伟光同志为组长的指导小组组织召开了第五次全国地方志工作会议，中指组五届一次、二次会议，2015年全国地方志机构主任工作会议，已经到20个省市区调研，明确了今后五年和当前地方志工作的目标和任务，全国地方志工作和事业发展呈现良好态势，开创了工作的新局面。

按照国务院《地方志工作条例》的规定，法定的修志行为只包括编纂省、市、县三级志书，乡镇志并不在里面。为什么要启动规模这么大的文化工程？而且这次报国务院的事业发展规划纲要已经把这项工程写了进去，它将会成为国家级文化工程。启动这项文化工程，是为了适应当前地方志事业发展需要，有几个目的：一是为了围绕中心，服务大局。2013年12月，习近平总书记在中央城镇化工作会议上强调，要让居民望得见山、看得见水、记得住乡愁；要融入现代元素，更要保护和弘扬传统优秀文化，延续城市历史文脉。2015年1月在云南考察、6月在贵州考察时又分别强调农村要系得住乡愁。乡镇承载着中华民族世世代代的文化寄托和心理守望，承载着丰富生动的传统文化和历史记忆，传承着中华文明血脉。乡镇志作为全面、权威的地情资料文献，是完整记录乡镇历史，留得住乡愁的重要载体。用乡镇志来记住乡愁，既是各级地方志工作机构的责任，也是各乡镇党委政府的职责所在，对国家推进城镇化建设有重要的文化价值。二是要把修志工作向基层延伸。改革开放最精彩、最生动的内容发生在基层乡镇，地方志要完整记录改革开放历史，必须形成省、市、县、乡镇、村志完整的成果体系。乡镇志能够补市县志之所缺，能够通过微观的材料反映历史变迁。从社会学、历史学的角度来看，微观的材料更能直观表现事物的本来面貌。费孝通先生一部《江村经济》蜚声中外，收录的都是微观的素材。乡镇志是地方志事业发展的重要组成部分，对于打造系统科学的地方志成果体系意义重大。三是充分发挥地方志存史、资治、教化功能，培育爱乡、爱国情怀。中国人素有“家国情怀”，乡镇是无数中国人生命的底色和成长的摇篮。故乡的山水，乡音乡情的记忆，乡土的气息和家乡菜的味道，总是最能触动心弦。编纂一部全面梳理乡镇历史人文，“名”“特”突出的镇志，挖掘文化特色，让老百姓亲身感受本土本乡自然的优美、历史的醇厚、人物的优秀，对培育人民群众爱乡爱国情怀意义重大。

（二）这是适应国家文化建设的发展需要

党的十七大以来，国家对文化大发展大繁荣作出了系列重要部署。党的十八大以来，以习近平为总书记的党中央对继承和弘扬传统文化尤为重视。文化是民族的根脉，是人民的精神家园。作为世界四大文明古国之一，中华文明璀璨夺目、独一无二。“国有史，邑有志”，中国自古就有

注重修史修志的传统。连绵不断地编修地方志是中华民族特有的文化基因，为中华文明代代相继、血脉相承，发挥了至关重要的作用。中国现存旧志有8000余种，占古籍的十分之一。自中华人民共和国建立以来，编纂的省市县三级志书累计近8000种，部门志、行业志、专题志23000多部，乡镇志、村志4300多部，年鉴数万部，总字数以百亿计，形成以反映国情、地情为主要内容，全面系统、持续不断、卷帙浩繁的社会科学成果群，在国家文化建设中发挥着越来越重要的作用。编纂地方志作为各地文化建设的基础工程，对于梳理各地发展脉络、地情特征、文化基础等有十分重要的意义，特别是乡镇志这一作用尤为明显。乡镇志的编纂对于乡镇文化建设来说是打地基，地基打好了，文化建设的根基就稳固了。最近几年，编纂乡镇志成为地方志事业发展新的增长点和亮点。启动中国名镇志文化工程，促进乡镇志编纂的健康发展，提升乡镇志编纂水平和质量，对地方志事业的发展繁荣意义重大，是继承和弘扬中国优秀传统文化的重要举措，对国家文化建设有重要的基础性作用。

（三）这是适应国家城镇化建设的发展需要

改革开放几十年来，我国社会发生巨变，在基层社会的乡镇、村落、家庭领域更为深刻。城镇化作为国家经济社会发展的必然趋势，也是现代化的重要标志，是全面建成小康社会的必由之路。城镇化建设日新月异，作为“乡之首、城之尾”的乡镇，逐渐被日益崛起的大都市淹没了光彩，基层政区变动频繁，乡镇、村落在快速的城镇化进程中不断消失，大量乡镇甚至是千年古镇所承载的重要历史文化信息、传统文化信息不断消亡，乡土文化和民俗文化流失严重。如何在城镇化进程中留得住乡愁，记得住乡音，忘不了乡思，继承传统文化精华，事关城镇化进程的人文关怀和文化保护，事关文化血脉的传承。同时，科学记录城镇化进程，展示乡镇个体发展脉络，摸索乡镇化建设经验，提炼发展思路，梳理发展模式和发展道路，反映城镇化成就，挖掘历史智慧，也是今后探索城镇化发展规律、积累经验的基本要求。“方志乃一方之信史”。启动中国名镇志文化工程，既是总结梳理城镇化建设的历史经验和智慧，又是传承传统文脉、重塑乡镇特色，抢救和保存乡土文化、民俗文化，满足农民文化需求的重要举措。

二、要努力打造中国名镇志文化品牌

（一）要坚持志体

乡镇志编纂历史悠久，现存最早的乡镇志是南宋常棠所撰的《澉水志》（属今浙江省嘉兴市海盐县）。乡镇志作为“小志”，自古以来在编纂内容和要求方面有其自身的特点，与省市县志有所区别，但保持志体始终是最基本的要求。坚持志体是中国名镇志编纂的前提和基本原则，比如政治观点正确、横排竖写、述而不论、生人不立传、体例体裁运用科学、以现代语体文表述等，必须始终遵循。名镇志应该是乡镇志的精品佳作，而不是别的书，这是大家在编纂时必须首先明确和考量的。

（二）要坚持创新

地方志书的一个重要特点就是内容系统全面、包罗万象，自然、地理、政治、经济、文化方方面面的信息都有，但同时也有部头过大、阅读不方便，文字内容多、图片内容少，宏观资料多、微观资料少，平面内容多、典型内容少等问题。这次名镇志编纂作了适当的创新，比如内容记述不求面面俱到、版面字数控制在40万字左右、图文比例达到1∶3、资料以微观为主、加大对口述和调查材料的运用等。创新是事物发展的活力所在，名镇志的创新重点在于坚持志体的前提下，编纂一部好读，读之有味、有趣的志书。

（三）要坚持突出“名”和“特”

中国名镇志丛书设定了历史文化名镇、经济强镇和特色镇三种类型。历史文化名镇以住房和城乡建设部、国家文物局评定的中国历史文化名镇为入选对象；经济强镇以国家统计局农村社会经济调查总队公布的全国综合实力“千强镇”中有产业特色、其产业在全国占有重要地位的名镇为主要入选对象；特色镇以获得国家级荣誉称号的具有某方面特色的镇为入选对象。“横看成岭侧成峰，远近高低各不同”，每种类型的镇志要有各自的特色和个性，要重点突出本镇的“名”和“特”，不能编成千志一面。在镇志编纂过程中，一定要突出本地最有特色、最能反映当地特点的内容，做到“人无我有、人有我特、人特我优”。作为历史文化名镇，一定要突出历史的厚重、人文的底蕴；作为经济强镇，一定要突出经济地位和产业特色；作为特色镇，一定要突出特色所在、个性所在，让读者一书在手，就能感受到本乡本镇的特点，把握住脉搏。

三、培训班期间应注意的事项

（一）要遵守纪律

没有规矩，不成方圆。在座的各位，有的同志是推动本省市区名镇志编纂工作的骨干力量，有的同志是镇志编纂的领头人，承担着重要责任。这次培训班在课程设计方面，包括了名镇志编纂总体要求、地方志编纂基础知识、名镇志编纂中应注意的问题以及四部名镇志编纂实践经验介绍等，虽然只有短短的两天，但内容丰富。为了强调纪律，每次上课都要签到。既来之，则安之。来了就要遵守培训班的各项安排，遵守纪律，认真学习，学有所获，为名镇志编纂和名镇志文化工程的推进打好基础。希望参加这次培训的学员中，以后有成为乡镇志编纂的专家或行家里手，成为典型，出书、出人、出经验，成为下一次培训班典型发言代表。

（二）要加强交流

培训班是一个交流学习的平台，一同培训结下了友谊，今后在编纂中碰到的困难和问题，可以相互沟通，相互学习。在培训期间，大家如果有什么意见建议，特别是对名镇志编纂中遇到的一些共性问题，要向会务组的同志反映；对今后举办类似的培训班在课程设置、内容安排方面，多提宝贵意见。如果说这次培训班举办后，大家跟指导小组办公室的联系紧密了，跟各省市区负责名镇志工作的联络员联系紧密了，学员之间的联系紧密了，效果就达到了。

（三）要注意安全

安全是第一位的，培训期间，大家外出一定要注意安全，要注意身体，身体如有不适务必跟会务组联系。特别是有些镇志的主编，年纪比较大了，舟车劳顿，更要注意健康，一并来的同志要照顾好年纪大的同志。因为会议规模较大，难以安排接送站，请大家返程的时候要注意交通安全。

同志们，中国名镇志文化工程是全国地方志事业发展的重要探索，是重要的方志文化品牌，大家肩负重任，希望不负重托，努力工作，打好名镇志文化工程推进的第一仗，向社会推出第一批高质量的乡镇志，为拓宽地方志工作领域，提升社会效益，扩大社会影响作出贡献。最后，祝培训班取得圆满成功。

在湖南省地方志工作调研座谈会上的讲话

（2015年7月10日，根据录音整理）

李培林

刚才，听了湖南省地方志编委会、长沙市地方志办公室和长沙县史志档案局的工作汇报，倍受鼓舞。虽然大家在工作中遇到一些困难和问题，但在省委、省政府的大力支持和省委宣传部许又声部长、省政府陈肇雄常务副省长等领导同志的关心爱护下，可以看出湖南的地方志工作是有声有色的，比如按照全国第二轮省市县三级志书出版统计，湖南的省志编修进度排在全国第三位，这个成绩来之不易，应当给予充分肯定。

地方志工作在表面上看比较边缘，但也不是随便什么人都可以干好的，它是一个需要静下心来长期从事的辛苦工作，孤灯寒影之下，十年磨一剑。在此，我代表中指组和王伟光组长，向长期以来辛勤耕耘、无私奉献的全省地方志工作者，表示崇高的敬意！

下面，我谈几点意见，供大家参考。

第一，全面推进依法修志，加快推进第二轮修志工作，确保完成第二轮修志任务。

以习近平同志为总书记的党中央从坚持和发展中国特色社会主义全局出发，提出“四个全面”战略布局。“四个全面”战略布局具有极其丰富的内涵，其中一个重要组成部分就是全面依法治国。毋庸置疑，依法修志是全面推进依法治国的题中应有之义，也是建设法治中国的必然要求。依法修志中的“法”，主要指的是国务院《地方志工作条例》。《条例》明确规定：县级以上人民政府应当加强对本行政区域地方志工作的领导，县级以上地方人民政府负责地方志工作的机构主管本行政区域的地方志工作，并且还规定，地方志书每20年左右续修一次。法规对修志工作作出了明确规定，国家又建立了相应的修志机构，投入大量经费，所以，第二轮修志工作是一项法定职责，不是哪一级政府想做或不想做的工作，而是不能有任何懈怠、必须完成好的历史使命。

就全国第二轮修志进展情况来看，虽然取得较大成绩，但仍不容乐观。广东省去年率先完成第二轮修志，提前了6年。多数省区市计划2018年基本完成，接着开始筹备第三轮修志工作。湖南省的地方志工作要走在全国前列，从这个目标看，湖南第二轮修志时间紧、任务重，要进入倒计时，确定路线图、时间表，明确短板如何解决，对未启动修志工作的部门，省地方志编委会要找出其没有启动的原因，研究出对策，如果觉得有必要，应及时向主管领导汇报。如果一些部门实在无法启动修志工作，在不影响修志主体框架和修志质量的前提下，可以根据实际情况调整原定的全省修志工作规划，对规划内志书进行合并。

第二，围绕中心、服务大局，创造性地开展方志工作，努力打造地方方志名片。

地方志编修作为中华民族历久弥新的优秀文化传统，在社会主义文化强国建设的伟大征程中，在各地蓬勃开展的文化大省和文化强省建设中，一定能发挥重要而独特的作用。因此，我们不仅要依法开展修志工作，还要创造性地开展地方志资源开发利用工作。地方志工作普遍面临的一个现实问题是：志书、年鉴辛辛苦苦地修出来，但是看的人并不太多。领导需要了解情况了看一看，学者需要数据了查一查。由此看来，用志是当前地方志工作存在的一个比较大的问题。怎么使地方志部门红火起来，怎么使地方志工作围绕经济社会发展大局，怎么使地方志工作进入领导的中心视野，需要我们以更广阔的视野，以更活跃的思维，紧紧把握时代发展脉络，创造性地开展工作。

近期，中指组及其办公室围绕服务经济社会发展，紧密结合中心工作，陆续采取了一些措施。一个是开展中国名镇志文化工程。今年，在指导小组办公室、方志出版社和有关地方志机构的共同努力下，首批名镇志编纂工作基本完成，将要公开发行。在编纂过程中，我们改变现有的志书模式，致力于创新，名镇志不超过40万字，图文并茂，尽量留下群众需要了解的信息，尽量删去群众不感兴趣的信息，落实到好读好看上来。名镇一般是旅游点，希望名镇志推出后，普通游客愿意自己拿钱购买。我们明年还准备启动名村志，名村志推介可能有些困难，但是更急迫，随着城乡一体化进程的加速，有些村以后可能消失了。村是地方文化很重要的浓缩，以后会有更多的人去关注它，亟需我们以修志的方式进行抢救。另一个是配合社会主义核心价值观的培育，组织编写了《中华家训精编100则》。习近平总书记很重视家庭、家风、家教，多次进行强调，所以这也是落实习近平总书记系列重要讲话精神的具体行动。再一个是为配合中央“三严三实”专题教育，开展中华官箴文化工程，组织人员大力挖掘中国古代官箴文化和当代从政智慧，编辑了《中国古代为官箴言》和《中国当代从政箴言》。

有些省也积极开展用志工作，做了一些有特色的事情。山东省配合纪念抗日战争胜利70周年活动，编辑《山东抗战口述史资料》《山东抗日根据地图志》《山东抗日将士传略》等书籍。因为他们的工作成绩突出，省领导对地方志工作两年作了12次批示，这是很难得的，表明地方志工作进入了中心工作视野。湖南有很多名山秀水，留存了许多历史文化遗迹，你们汇报正在开展名山名水名楼志的编修，这是很符合湖南实际情况的。同时，你们还要深入研究湖南省委、省政府的中心工作是什么，要围绕中心工作开拓进取，以有为争有位。

第三，适应信息传播的新趋势，大幅度提高方志数字化水平，让方志知识走进千家万户。

现在互联网发展非常迅猛，利用互联网了解信息已经成为一种趋势。地方志工作一定要适应大数据时代和信息化社会的需求，要想办法使志书和年鉴活起来，绝不能让这些宝贵资源变成一堆死资料。现在，中指办得到中国社科院的大力支持和资金资助，准备逐步开展省级方志网或地情网联网工作，最后建成中国方志网、中国地情网或中国国情网。建成后的全国网站要顺应群众的需求，里面的知识结构分块要打破目前志书结构模式。网站数据库将包含丰富的地情资源，当点开一个地区，马上可以了解一个地方的地形地貌、山川水利、物产风俗、民族人口、经济社会基本情况等，这将是地方志成果惠及人民群众的宏大文化工程。此外，各地也要积极开展数字化、网络化建设，以后只要是编辑出版的志书、年鉴都要准备上网，如广东要求编修完成的志书要及时上传到网络，这是一个很好的范例。在开展网站建设的时候，我们要注意区别于当地政务网及其他相关网站，要办出自己的特色。

在这次座谈中，你们也反映了很多问题，我们在其他地区调研时对这些问题都有所发现，现在正在抓紧研究，有些问题需要根据实际情况区别对待，探索出好的解决办法。当然，我们自身要从严要求，方志队伍从上到下要强调方志人精神，我们是全世界唯一一支担负独特历史文化传承的队伍，要有方志人精神，奉献精神就是其中很重要的方面。

这次来主要还是学习，湖南人杰地灵，文化底蕴深厚，希望湖南省广大地方志工作者继续发展成绩，再接再厉，推动地方志事业发展再上新台阶，在湖南经济社会发展和文化建设中再立新功。

在贵州省地方志调研座谈会上的讲话

（2015 年 7 月 24 日，根据录音整理）

李培林

刚才贵州省地方志办公室田洪主任汇报了全省地方志工作情况，贵阳、遵义、黔东南、黔西南 4 个市州和怀仁市、钟山区、碧江区 3 个市区的地方志工作机构负责同志也分别作了汇报。听了以后感到很振奋。在各级党委、政府的高度重视和支持下，贵州省地方志工作总体发展形势很不错，成绩来之不易。从大家的汇报来看，贵州省依法治志保障有力，省政府出台了《贵州省地方志工作规定》，开展了行政督查，有些地市州根据《规定》制定了本地的地方志工作规划等。志鉴编纂主业稳步推进，第二轮修志市县志编纂进度处于全国的中上游水平，年鉴工作开展扎扎实实。围绕中心、服务大局工作有声有色，像贵阳、遵义、黔东南等市州围绕党委政府的“主基调、主战略”，在地方志文化资源开发利用方面思路清晰、形式新颖，为当地经济社会文化建设作出了很大的贡献。方志馆建设取得新突破，省方志馆立项工作进展顺利，部分市州甚至县市区的方志馆建设配套到位。数字化建设有新亮点，结合贵阳市在全国大数据产业发展方面的得天独厚优势，网站、数据库建设站位高、立意远，目标明确。地方志工作的触角不断延伸，在旧志整理、乡镇志编纂方面做了很多工作，取得了不少成果，等等。贵州省地方志工作不仅在努力完成规定动作，还做了很多自选动作，能取得现在的成绩，克服了不少困难和问题，是省委、省政府关心支持的结果，是全体地方志工作者共同努力的结果。借此机会，我代表王伟光组长，代表中指组，向贵州省委省政府表示衷心感谢，向贵州全省广大地方志工作者表示诚挚的问候和崇高的敬意。

当前，贵州省地方志工作正处于第二轮修志工作的攻坚期，也是全省地方志事业“十三五”发展规划的谋划期，各级地方志工作机构要把握机遇，后发赶超，全面推进地方志事业发展。我提几点希望和要求：

第一，要全面深入学习贯彻习近平总书记贵州讲话精神。2015 年 6 月 16 日至 18 日，习近平总书记专程到贵州考察并发表了重要讲话，有着重要的政治意义。讲话不仅为贵州当前和今后一个时期各项工作提供了根本遵循、理论指导和行动指南，具有十分重要的指导意义，对全国的发展也提出了新的要求。贵州省各级地方志工作机构和广大地方志工作者，要深刻领会讲话精神，结合工作实际全面贯彻落实。学习贯彻总书记的讲话，关键是要深刻领会内涵，把握好讲话精神实质。我初步体会要把握好几个方面：首先是要坚守住生态和发展“两条底线”。原来有一种看法，认为发展和生态环境保护是相矛盾的，要发展就得付出生态环境破坏的代价，先发展、后治理。这已经被实践证明是错误的，生态环境的恶化带来的治理成本可能会比发展的成果还要大。习近平总书记一直强调，既要注重发展，也要注重环境保护。在担任浙江省委书记的时候就已经提出“绿水青山就是金山银山”，这次又进一步提出要坚守住“两条底线”。现在我们国家经济在转型升级，能不能打破过去发展和环境保护之间的恶性循环，是重要的考量标准。贵州在坚守“两条底线”方面是比较突出的，保住了青山绿水，经济发展的步伐也不断加快。最近两年，我国经济呈现速度变化、结构优化、动力转换的特点，经济适度放缓，现在有些省份经济发展速度下行压力很大。在这种局面下，贵州 2014 年还能保持 10.8% 的增长；昨天我看贵阳的报纸，贵阳上半年增长 12% 以上，这非常令人振奋。而且，贵州的增长是在保护好生态的前提下取得的，更加难能可贵。经济发展了，还留得住秀美的山川、清澈的河流，非常不容易。其次，习近平总书记提出要紧紧围绕"后发赶超、跨越发展，努力走出一条不同于东部、有别于西部其他省份的发展新路"。这种提法在以前是没有的。不同于东部，很好理解，东部毕竟是沿海地区，开放早，发展早，跟贵州的发展肯定有很大的差异。而按照传统的划分，贵州是包含在西部地区的，现在习近平总书记提出来要走出不同于西部其他省份的发展新路，很有深意。到底是什么样的内涵，需要进一步深入探讨。三是总书记提出全面小康一个也不能少，哪个少数民族也不能少的重要论断。过去我们讲消除贫困没有提过一个也不能少。扶贫工作要实现一个都不能少，一个民族都不能少，一个地区都不能少，要求非常高。按照我国农民年人均纯收入 2300 元的扶贫标准，现在全国的农村贫困人口还有7000 多万。截止到2014 年，贵州还有贫困人口 600 多万，这几年贵州扶贫力度很大，贫困人口减少很快，成绩十分突出。习近平总书记贵州讲话提到的这几点，都与地方志工作密切相关，都应该在地方志成果中有所体现。比如，贵州省地方志办公室能不能组织编修《贵州扶贫开发志》《贵州生态环境保护志》，把贵州的扶贫工作、生态环境保护工作用志书的形式记录下来，为后人提供历史智慧，为领导决策提供历史借鉴。

第二，要适应新形势，实现后发赶超。这次除了调研贵州省的地方志工作之外，我还要代表中国社会科学院参加 2015 年中国·贵州第三届"后发赶超"论坛。最近几年，贵州省委省政府提出要发挥后发优势，实现后发赶超。大家刚才在汇报的时候也提到，贵州省地方志工作过去一度走了弯路。最近两年，贵州省地方志工作发生了非常大的变化，有了很大的发展。但与贵州省整个经济社会发生的变化相比，地方志工作还有很大的差距。全省各级地方志工作机构一定要适应贵州省后发赶超的大形势、大局面，占有位置，做出贡献。

首先是要始终坚持依法治志。《地方志工作条例》属于行政法规，是中国特色社会主义法律法规体系的组成部分。现在我们讲依法治志，并不是无法可依，而是要消除有法不依、执法不严。连绵不断编修地方志是中国特有的优秀文化传统，其他国家是没有的。自古以来志书就是官修，一直延续至今。依法治志，就要明确做好地方志工作是各级政府的法定职责和任务。与此同时，各级地方志工作机构要切实履行法定的职责。《地方志工作条例》规定了省市县三级地方志工作机构的五条职责，《贵州省地方志工作规定》也规定了本省地方志工作机构的职责。现在讲"法无授权不可为"，同时还有另外一句话"法定职责必须为"，不履行法定职责就是不作为，就是渎职。所以，依法治志既是对政府的要求，也是对各级地方志工作机构的要求。

其次是要贯彻好"一纳入、八到位"的要求。贵州省地方志工作碰到的困难和问题，比如说发展不平衡、机构编制不到位等，都可以通过贯彻落实"一纳入、八到位"来解决。地方志工作要实现后发赶超，不能空谈，"空谈误国，实干才能兴邦"。省地方志办公室要按照"一纳入、八到位"的要求全面梳理存在的困难和问题，一条一条对，一条一条整理，拿出一个一揽子的方案，报给省委省政府，请省领导出面协调、统筹安排，逐步进行解决。后发赶超关键是要有实实在在的举措，实实在在的成效。

三是要按照 2020 年全面完成第二轮修志的要求，真抓实干，按时保质完成。按照贵州省的总体安排，计划到 2018 年全面完成第二轮修志任务，从目前完成的进度来看，压力还比较大。第五届指导小组组成后，通过第五次全国地方志工作会议、指导小组五届二次会议、2015 年全国地方志机构主任工作会议，多次明确提出 2020 年全面完成第二轮修志任务。这是个硬指标，全国要一盘棋。通过多次的调研，我们也看到，第二轮修志还面临不少困难和问题。贵州省地方志工作后发赶超的重要标准，就是要按时保质完成第二轮修志任务，要列出时间表、任务书、路线图，精确到每部志书现在编到什么程度，什么时候完成初审、复审、终审，计划什么时候出版。中指办已经启动经济欠发达地区志书出版资助工程，现在初步确定是国务院扶贫办确定的国家级贫困县（区、旗）优先资助，经济欠发达地区、少数民族地区的市县级志书酌情资助。贵州省如果有的地方出版经费比较欠缺的，可以积极申报，我们根据实际情况尽力解决。不能书编完了因为没有经费出版，影响了第二轮修志任务的完成进度。

第三，要围绕中心、服务大局，创造性地开展工作。这个问题我已经在很多会上反复讲。刚才大家在座谈的时候也谈到，领导有时不太重视地方志工作。领导也有自身的难处，一个县有数十个科局级单位，一个领导要分管十来个部门。经济社会发展情况错综复杂，县委书记、县长和市委书记、市长工作千头万绪，想让他们拿出专门的精力考虑地方志工作，的确有难度。所以，要想让领导重视，地方志工作就要有能够进入领导视野的工作和成果。编修志书是要有十年磨一剑的精神，但是不能就十年只磨一把剑。地方志工作还得了解本地区的中心工作，服务党委政府的中心工作，创新服务的手段和路径。地方志工作怎么来围绕中心、服务大局？关键是要发挥地方志掌握系统的丰富的地情资料的优势。比如今年是抗日战争胜利70周年，9月3日还要举行阅兵，中央非常重视，布置了一系列的相关任务。前几天我去江苏调研了解到，江苏省地方志办公室与扬子晚报社联合推出“不屈的江苏”专题报道，前后有30期，每期都是一个整版，宣传的效果非常好，领导很重视。像这样的资料，我们志书里面都有，无非就是摘出来，也没花多少时间，一宣传社会效益就很好。还有山东省史志办公室也推出了山东纪念抗战胜利70周年丛书，省长因为这件事一年就批示了5次，这就是争取领导重视的实实在在的案例。为了适应国家城镇化建设需要，留得住乡愁，自2014年底，中指办启动了中国名镇志文化工程，初衷就是要把中国乡村正在经历的千年未遇的巨变记录下来。国家法定是编修省、市、县三级志书，编修乡镇志是自选动作。这次名镇志的编纂进行了创新，内容不像传统志书那样面面俱到，而是要突出这个镇的“名”和“特”，编一套雅俗共赏，有可读性、趣味性的志书，可以走入寻常百姓家。贵州地方志文化资源开发利用方面作了不少工作，你们刚才也谈到，有编名山名水志的、有编图志的、有编专题志的。贵州是旅游大省、生态大省、红色文化大省、民族文化大省，文化资源非常丰富。最近我们国家的几处土司遗址申遗成功，贵州的土司遗址很多，能不能探讨集中编《贵州土司遗址志》，打造一张靓丽的文化名片。贵州要保住山水，又要发展富民，旅游是很重要的一条路，而且这个趋势正在加快到来。旅游发展除了靠优美的自然环境外，还得靠文化宣传。当年中国社会科学院社会学所搞了个中国百村调查项目，贵州选择了安顺的一个村，就是屯堡村，贵州民族学院的孙兆霞同志负责。她非常吃苦，深入到农村呆了很长时间，写出的调查报告质量非常高。调查结束后组织了专门的新闻发布会，一宣传屯堡一下子就火了起来，成为一个热门的旅游项目。屯堡旅游为什么火？还是因为有文化、有历史、有内涵。所以，地方志一定要创造性开展工作，地方志的优势是横陈百科、包罗万象，一个地方的自然、地理、历史、人文、政治、经济、社会等方方面面的信息都掌握，只要与当地的中心工作一结合，就能做出很多不平凡的事情。

大家刚才提到的需要指导小组及其办公室解决的困难和问题，我们回去会深入研究，努力解决。

我就讲这么多，谢谢大家。

为到2020年基本形成地方志事业发展综合体系而努力[①]

李培林

近日，国务院办公厅印发《全国地方志事业发展规划纲要（2015—2020年）》（以下简称《规划纲要》)。这是全国地方志事业发展的第一部规划性文件，是指导今后一个时期全国地方志工作的重要指导性文件，对于确保地方志事业持续健康发展具有重要而深远的意义。

《规划纲要》是国家协调推进“四个全面”战略布局在文化领域的一项重大举措

编修地方志是中华民族的优秀文化传统，历史悠久，连绵不断。新中国成立后特别是改革开放以来，这一优良传统得到继承和发扬，取得了丰硕成果。2006年，国务院颁布施行《地方志工作条例》，地方志工作走上了依法治志的道路，逐步形成了以修志编鉴为主业，理论研究、开发利用、信息化建设、方志馆建设、旧志整理等工作协调开展的事业格局，呈现出良好发展态势，在推动经济社会发展等方面发挥出日益重要的作用。但同时，还存在着诸如事业发展不平衡现象比较突出、少数地区和部门对地方志工作重要性认识不够、相关法规规章落实不到位、机构不健全以及编制、人员和经费不足等一些制约事业发展的问题。如何进一步加强统筹安排、协调推进各项工作，日渐成为全国地方志工作面临的十分紧迫的重要课题。

党的十八大以来，党中央围绕“四个全面”战略布局作出了部署，对地方志工作提出了新任务新要求。在发展改革新形势下，如何贯彻落实习近平总书记关于要“高度重视修史修志”“把历史智慧告诉人们，激发我们的民族自豪感和自信心，坚定全体人民振兴中华、实现中国梦的信心和决心”的重要讲话精神，李克强总理关于“修志问道，以启未来”的重要批示精神，为国存史，在记录当代、保存历史、传承文明、发展文化以及为经济社会发展与治国理政提供历史借鉴、智力支持等方面发挥更加突出的作用，成为全国地方志工作面临的重要的时代课题。

《规划纲要》出台，是在党中央国务院的领导下，国家协调推进“四个全面”战略布局在文化领域的一项重大举措，也是中指组带领全国地方志工作者紧抓时代机遇作出的响亮回答。《规划纲要》明确了地方志工作在国家发展改革大局中的目标、任务，有助于有计划、有重点地推动地方志事业科学发展，有助于充分发挥地方志工作存史、育人、资政的重要作用，在协调推进“四个全面”战略布局中作出更大贡献。

《规划纲要》描绘了全国地方志事业发展的宏伟蓝图

《规划纲要》以落实“一纳入、八到位”为突出主线，描绘了今后一个时期全国地方志事业发展的宏伟蓝图。“一纳入、八到位”，即将地方志工作纳入各地国民经济和社会发展规划、各级政府工作任务，认识、领导、机构、编制、经费、设施、规划、工作到位，是刘延东副总理在与

---

① 原载《光明日报》2015年9月11日第7版。

第五次全国地方志工作会议部分会议代表座谈时明确提出来的。这既是贯彻落实中央领导同志重要讲话、重要批示精神的具体要求，又是对国务院《地方志工作条例》各项规定的总体凝练和具体深化。准确把握落实“一纳入、八到位”这条主线，就能理清思路，明确目标，稳步推进，完成《规划纲要》规定的各项工作任务。

《规划纲要》共分为发展基础与机遇、指导思想与基本原则、总体目标与主要任务、保障措施、加强组织领导等五个部分。《规划纲要》明确提出，全国地方志事业发展的总体目标是：到2020年，全面完成第二轮修志规划任务；实现省、市、县三级综合年鉴全覆盖；加快信息化和方志馆建设；做好第三轮修志工作准备；加强对社会修志的指导和管理；基本形成地方志编修体系、理论研究和学科建设体系、质量保障体系、资源开发利用体系、工作保障体系“五位一体”的地方志事业发展综合体系，努力开创地方志事业发展新局面，为实现“两个一百年”奋斗目标和中华民族伟大复兴的中国梦作出更大贡献。围绕总体目标，《规划纲要》从推动解决全国地方志事业发展面临的突出矛盾和主要问题出发，提出了全面完成第二轮修志规划任务、大力推进地方综合年鉴工作等11项主要任务和法治、制度、经费、队伍、宣传五方面保障措施。

《规划纲要》是对全国地方志事业发展的顶层设计，目标明确，措施有力，是今后一个时期全国地方志工作的行动纲领。

《规划纲要》在创新引领发展思维下体现出的特点亮点

《规划纲要》强化了以修志编鉴为主业、统筹兼顾各项工作的全面发展理念。一方面，《规划纲要》强调坚持为人民服务、为社会主义服务的方向，坚持实事求是，坚持质量第一，把努力编修出更多地方志成果放在突出位置；另一方面，提出要到2020年基本形成“五位一体”的地方志事业发展综合体系，通过协调安排工作任务，把“五位”有机联系为“一体”，实现统筹兼顾、全面发展。

《规划纲要》明确了修志编鉴主业的核心目标任务。一是明确提出到2020年要“完成第二轮地方志书规划任务，省、市、县三级地方志书全部出版”。在时间节点上，这既与党的十八大提出的到2020年我国要全面建成小康社会的宏伟目标相契合，也与《地方志工作条例》关于“地方志书每20年左右编修一次”的规定相符合，具有落实依法修志、整体协调推进全国修志进度的意义。二是明确提出到2020年要“做到地方综合年鉴由地方志工作机构组织编纂，一年一鉴，公开出版，实现省、市、县三级地方综合年鉴全覆盖”。这进一步细化了《地方志工作条例》的规定，为落实依法编鉴指明了方向，为进一步理顺地方综合年鉴编纂管理体制、扩大覆盖面提出了明确要求。

《规划纲要》适当拓展了地方志工作机构的工作范围。《地方志工作条例》明确了各级地方志工作机构的职责，其中不包括对各类专业志鉴编纂、社会修志和地方史编写的指导和管理。随着我国经济社会取得巨大发展，各类专业志鉴编纂、乡镇村志编纂日渐普遍，地方史编写活动也日益增多，如何加强指导和管理成为一大难题。面对社会各界对有关修志编鉴活动加强业务指导和管理的强烈需求，《规划纲要》明确提出“加强对已开展和准备开展志鉴编纂工作的行业、部门、单位等的业务指导和管理”“指导有条件的乡镇（街道）、村（社区）做好志书编纂工作”，对适当调整各级地方志工作机构工作范围进行了确认。同时，《规划纲要》还与中宣部办公厅、国家新闻出版广电总局办公厅近期印发的《关于进一步做好地方史编写出版工作的通知》作了对接，将该通知中“具备条件的，可将地方史编写纳入地方志工作范畴，统一规范管理”的条款写入《规划纲要》中。

《规划纲要》就做好第三轮修志工作准备作出了部署。全国首轮修志是在理论和实践准备均显不足的情况下上马的，是边摸索边工作，有很多经验教训。第二轮修志虽有首轮修志的经验为基础，但编纂工作发展不平衡的情况仍较为突出，加上受机构改革调整、人才断档等因素影响，有不少缺憾。有鉴于此，《规划纲要》明确提出，要“在抓紧完成第二轮修志任务的同时，全面总结第一轮、第二轮修志工作的经验教训，认真研究第三轮修志的组织管理、运作模式、续修方式等，为启动第三轮修志做好资料收（征）集、队伍培训及理论准备等工作”。与此相应，中指组及其办公室强调要做好经验总结和前期准备，对在2020年全面完成第二轮修志规划任务后实现全国整体启动第三轮修志工作进行了安排部署。

《规划纲要》确立了要走依法治志的道路。《规划纲要》将地方志编纂、管理、开发利用等工作均纳入“依法”开展的范畴，用“依法治志”的概念替代了“依法修志”的概念，强调要全面推进依法治国与依法治志的有机结合，不断加强法治建设，依法开展地方志工作。

学习贯彻《规划纲要》，推动地方志事业科学发展

——在学习贯彻《全国地方志事业发展规划纲要（2015—2020年）》会议上的讲话

（2015年9月11日）

李培林

国务院办公厅于2015年8月25日印发《全国地方志事业发展规划纲要（2015—2020年）》（以下简称《规划纲要》），9月3日在中国政府网上公开发布《规划纲要》全文。这是国务院出台的全国地方志事业发展的第一个规划性文件，也是指导“十三五”时期和今后相当长时期全国地方志工作的重要政策性文件。这是国务院继2006年5月颁布施行《地方志工作条例》后再次出台关于地方志工作的文件，是一件大好事。消息一出，全国地方志工作者无不欢欣鼓舞、倍感振奋。我们今天在这里召开学习贯彻《规划纲要》动员部署会议，主题是就学习贯彻《规划纲要》进行辅导，全面动员部署学习贯彻工作，把学习宣传、贯彻落实工作引向深入。在此，我代表中指组组长王伟光同志和中指组及其办公室，对大家的到来表示热烈的欢迎！

《规划纲要》公开发布当天，中指办立即发出通知，要求各地马上组织开展学习贯彻《规划纲要》活动。虽然适逢纪念中国人民抗日战争暨世界反法西斯战争胜利70周年阅兵假期，但各地迅速行动起来。几天来，各地工作积极主动，采取组织内部学习、及时向有关领导汇报、组织撰写发表学习体会文章、宣传普及等多种形式，抓学习，抓宣传，形成较大声势，学习贯彻工作已初步打开了局面。这充分说明，全国地方志工作者对工作极为热爱，具有勤奋、奉献和创新精神，是一支特别能战斗的队伍。在此，我也代表中指组组长王伟光同志和中指组及其办公室，对大家致以衷心的感谢！

这次会议是《规划纲要》出台后指导小组办公室召开的第一次全国性会议，参会的都是各省级地方志工作机构的主任及军队、武警、新疆生产建设兵团的代表，层次较高，所以这次会议也是研究工作的一次重要会议。希望大家利用好这个机会，实实在在谋事，认真把会议开好，为学

习贯彻工作布好局、开好头。

下面，我谈三个问题。

一、充分认识《规划纲要》出台的重要意义

《规划纲要》出台是地方志发展史上的一件大事，有着极为重要和深远的意义。要增强学习宣传、贯彻落实《规划纲要》的自觉性和主动性，就必须深刻认识《规划纲要》出台的重要意义。

（一）《规划纲要》出台，是贯彻落实习近平总书记、李克强总理、刘延东副总理关于做好地方志工作重要批示、重要讲话精神的具体体现

党的十八大以来，新一届中央领导集体高度重视传统文化，多次强调要继承和发扬中华民族的优秀传统文化和民族精神，同时也对地方志工作给予了高度关注。习近平总书记就传承弘扬中华传统文化发表了一系列重要讲话。2014 年 2 月在北京首都博物馆考察时强调要“高度重视修史修志”“把历史智慧告诉人们，激发我们的民族自豪感和自信心，坚定全体人民振兴中华、实现中国梦的信心和决心”，12 月在澳门大学考察时赠送《北京大学图书馆藏稀见方志丛刊》等书籍；2015 年 7 月在中共中央政治局第 25 次集体学习时提出地方志工作机构要在抗日战争研究上发挥应有作用。这些重要指示，为传承弘扬修志优秀文化传统提供了根本遵循。李克强总理 2014 年 4 月就第五次全国地方志工作会议的召开专门作出重要批示，提出“修志问道，以启未来”，11 月又就《汶川特大地震抗震救灾志》出版工作做出重要批示，对地方志工作提出了殷切期望和明确要求。刘延东副总理 2014 年 4 月与第五次全国地方志工作会议部分代表座谈时发表了重要讲话，就进一步做好地方志工作提出明确要求；11 月就中指组上报的《当前全国地方志工作和事业发展情况报告》、2015 年 1 月就编制《规划纲要》分别作出重要批示，要求切实采取有效措施，推动地方志事业迈上新台阶。在一年多的时间内，中央领导同志如此密集地就地方志工作作出重要批示、发表重要讲话，肯定地方志工作的重要作用，对地方志工作提出新任务新要求，是极为罕见的，充分凸显了地方志工作作为国家基础性文化建设工作的重要性。《规划纲要》出台，就是贯彻落实习近平总书记、李克强总理、刘延东副总理关于做好地方志工作重要批示、重要讲话精神的具体行动。我们要站在不辜负党和国家交付重任、继承和弘扬优秀文化传统的高度来深刻认识《规划纲要》出台的深远意义，将学习宣传、贯彻落实《规划纲要》化作我们做好工作的不竭精神动力。

（二）《规划纲要》出台，是国家实施“四个全面”战略布局在文化领域推出的一项重大举措

党中央围绕“四个全面”战略布局作出了重大部署，对激发文化创造活力、加快文化强国建设提供了重要的动力。作为社会主义文化建设的重要组成部分，地方志事业经过改革开放后 30 多年的蓬勃发展，现正面临着大好的时代氛围和难得的战略机遇。正如王伟光同志在 2015 年全国地方志机构主任工作会议上的报告中分析总结的，地方志事业发展的春天已经到来。春天来了，如何让春天变得更加绚烂多彩？党的十八届三中全会通过的《中共中央关于全面深化改革若干重大问题的决定》提出要推进国家治理体系和治理能力现代化，其中为全面正确履行政府职能，明确“政府要加强发展战略、规划、政策、标准等制定和实施”；十八届四中全会通过的《中共中央关于全面推进依法治国若干重大问题的决定》提出加快建设社会主义法治国家，其中为依法全面履行政府职能，明确“行政机关要坚持法定职责必须为……”。党中央提出的这些大政方针，既为《规划纲要》出台提供了重要的政策依据，也为《规划纲要》实施营造了有利的社会环境。同时，《规划纲要》是根据国务院《地方志工作条例》制定的，其内容是《地方志工作条例》各项规定的具体化。这样，就将全面推进依法治国与依法治志有机结合起来，确立了依法治志的方向。只

有深入贯彻落实《规划纲要》，才能把地方志工作的春天留住，让地方志工作的春天变得更加绚烂！我们要从推动实施“四个全面”战略布局的高度来深刻认识《规划纲要》出台的深远意义，扎扎实实做好学习宣传、贯彻落实《规划纲要》的各项工作。

（三）《规划纲要》出台，是全国地方志事业科学发展的必然要求

编修地方志是中华民族优秀文化传统，至今已有2000多年的历史。新中国成立后，特别是改革开放以来，这一优良传统得到继承和发扬，取得了丰硕成果。2006年，国务院颁布施行《地方志工作条例》，地方志工作从此走上了依法治志的轨道，逐步形成了以修志编鉴为主业，理论研究、开发利用、信息化建设、方志馆建设、旧志整理等工作协调开展的事业格局，呈现出良好发展态势，在推动我国经济社会发展等方面发挥出日益重要的作用。但同时也不可否认，还存在着一些制约事业发展的问题，主要有：一是部分地区和部门对地方志工作的重要性认识不够，地方志工作开展取决于领导者个人对地方志工作认识水平高低的情况仍未得到根本扭转；二是各地地方志事业发展不平衡，相关工作开展程度层次不一、进展速度快慢不一、发展水平高低不一，差别很大，不能充分适应服务各地经济社会发展的需要；三是《地方志工作条例》以及各地地方志法规规章落实不到位，依法做好地方志编纂、管理和开发利用等工作尚有很长的一段路要走；四是机构不健全，编制、人员和经费不足，无法充分满足有效履行职能、顺利开展工作的要求。如何改变因上述问题造成的被动局面，抓住大好形势，进一步加强统筹安排、协调推进各项工作，日渐成为全国地方志工作面临的十分紧迫的重要课题。《规划纲要》以国务院政令的形式发布，是地方志工作领域中一项重大的制度创新，强化了编修地方志是“官职”“官责”的认识，也使得贯彻落实《规划纲要》的各项目标任务具有了相当强烈的依法施政的刚性意味。因此，《规划纲要》出台，对于有效推动解决全国地方志事业发展面临的突出矛盾和主要问题具有相当积极的意义。我们应当从执行国务院政令、推动地方志事业科学发展的高度来深刻认识《规划纲要》的重要意义，增强发展自信，全力完成《规划纲要》列出的各项目标任务。

二、深刻理解《规划纲要》的精神实质和丰富内容

《规划纲要》是在国务院严格规范发文的条件下出台的，而且编制历时近两年时间，来之不易。它的全文虽只有4800余字，但内容极其丰富，不仅科学分析了全国地方志事业的发展基础与机遇，确定了全面推动地方志事业发展的指导思想与基本原则，还明确了到2020年的总体目标与主要任务，以及确保实现目标任务的保障措施。《规划纲要》的每个条款内容，都经过了反复的讨论、锤炼，体现着党中央倡导的创新引领发展的思维，凝聚着全国地方志系统的最大共识；每项目标任务，都是从全国地方志事业发展现实需要中总结提炼、为推动解决全国地方志事业发展面临的突出矛盾和主要问题提出来的，既符合客观工作实际，又切实可行。我们要逐条逐句学习领会，找出每个条款的特点亮点是什么，同时又要抓住重点，统筹兼顾，力求准确把握它的深刻内涵和相关要求。“知之愈明，则行之愈笃”。只有认真学习领会，不断加深理解，才能真正掌握运用，切实推动工作开展，最终圆满完成《规划纲要》确定的各项目标任务。

下面，我结合个人的理解，对《规划纲要》的主要设计思路和特点亮点作些归纳、概括，提出来和大家交流。

（一）《规划纲要》以落实“一纳入、八到位”为突出主线

“一纳入、八到位”，即将地方志工作纳入各地国民经济和社会发展规划、各级政府工作任务，认识、领导、机构、编制、经费、设施、规划、工作到位。它来自于大家都比较熟悉的“一纳入、五到位”，是“一纳入、五到位”在改革开放新形势下的改造升级版。它最初是王伟光同志担任

指导小组组长后在北京、河北、江苏三省（市）调研时的初步概括，2014 年 4 月刘延东副总理在与第五次全国地方志工作会议部分会议代表座谈时明确提了出来，第五次全国地方志工作会议根据刘延东副总理的讲话精神将其作为做好地方志工作的基本要求进行了强调，从而使它成为了贯彻落实好第五次全国地方志工作会议的总体要求，有了明确的意义和内涵。它既是贯彻落实中央领导同志重要讲话、重要批示精神的具体要求，又是对国务院《地方志工作条例》各项规定的总体凝练和具体深化。准确把握落实“一纳入、八到位”这条主线，就能深刻理解《规划纲要》的各项目标任务“是什么、做什么、怎么做”，就能理清思路、明确目标，稳步推进，有计划、有重点地推动完成《规划纲要》规定的各项工作任务。

（二）《规划纲要》强化了以修志编鉴为主业、统筹兼顾各项工作的全面发展理念

一方面，《规划纲要》强调坚持为人民服务、为社会主义服务的方向，坚持实事求是，坚持质量第一，把努力编修出更多地方志成果放在突出位置。这主要体现在主要任务部分的地方志编修体系上，该体系通过设置全面完成第二轮修志规划任务，大力推进地方综合年鉴工作，重视军事、武警及其他各类专业志鉴、民族地区地方志、乡镇村志和地方史编纂工作，深入开展旧志整理工作四项任务，旨在构建一座以国情地情为主要内容并不断丰富的地方志资源宝库，突出体现了为国家提供丰富、优秀的精神文化产品的神圣使命。

另一方面，《规划纲要》提出要到 2020 年基本形成地方志编修体系、理论研究和学科建设体系、质量保障体系、资源开发利用体系、工作保障体系“五位一体”的地方志事业发展综合体系，通过协调安排各体系的工作任务，把“五位”有机联系为“一体”，实现统筹兼顾、全面发展。理论研究和学科建设体系，包括加强地方志理论研究和学科建设、加强人才队伍建设两项任务，旨在有重点、全方位地开展理论研究，提升方志学、年鉴学的学科地位，培养专业人才。质量保障体系，包括深化地方志质量建设、强化地方志资料建设两项任务，旨在保证地方志成果的质量品质和科学价值。资源开发利用体系，包括加快地方志信息化建设、提高地方志资源开发利用水平、扩大学术交流与合作三项任务，旨在提升地方志工作服务大局、服务社会的能力，扩大方志文化影响力，增强国家文化软实力。工作保障体系，包括第四部分法治、制度、经费、队伍、宣传五项保障措施和第五部分加强组织领导，旨在加强对地方志工作的支持力度，确保各项体系建设顺利推进、有效运转。五个体系之间是有机联系的一个整体，环环相扣，缺一不可。《规划纲要》这种体系化的总体设计思路，对于彻底破除“一本书主义”的影响、确立地方志事业科学发展的思想有着积极的推动作用。

（三）《规划纲要》明确了修志编鉴主业的核心目标任务

修志编鉴是地方志工作的主业，这是《地方志工作条例》规定的。《规划纲要》为了突出“主业”的概念，分别将“修志”“编鉴”列为主要任务的第一条、第二条，提出了“两全”目标。“两全”目标都不算长，但其条款内容可以说得上是最重要的，是体现国务院办公厅印发《规划纲要》的“中央政令”刚性意味最强的地方，毫不含糊。

第一条提出了第一个“全”，即明确提出“到 2020 年，完成第二轮地方志书规划任务，省、市、县三级地方志书全部出版”。在时间节点上，这既与党的十八大提出的到 2020 年我国要全面建成小康社会的宏伟目标相契合，也与《地方志工作条例》关于“地方志书每 20 年左右编修一次”的规定相符合。据统计，截至 2014 年年底，全国第二轮省、市、县三级地方志书规划 5916 部，累计出版 1972 部，剩余任务多达 3944 部，任务非常繁重。为充分汲取首轮修志迟迟不能完成扫尾工作、截至 2014 年年底尚余 61 部未完成的教训，《规划纲要》将“2020 年”确定为任务完成时间，具有落实依法修志、整体协调推进全国修志进度的“破天荒”“立军令状”的意义。在调研过程中，一些地方提出这个目标有些高，表示届时完成任务有困难。对此，我们要有清醒

的认识，首轮修志迟迟不能全部结束的情况绝不能重演了。旷日持久，出工不出活，还叫苦喊冤，到哪里都是说不过去的。全国的地方志工作实践已经充分证明，后进单位的落后，绝不是时间不够造成的。国务院已经下了行政命令，没有讨价还价的余地，只有圆满完成任务。有为才有位，“为”是前提和先决条件。

第二条提出第二个“全”，即明确提出“到2020年，做到地方综合年鉴由地方志工作机构组织编纂，一年一鉴，公开出版，实现省、市、县三级综合年鉴全覆盖”。《地方志工作条例》颁布施行9年多了，但是全国地方综合年鉴编纂仍存在管理体制未彻底理顺、覆盖面不够等情况。《规划纲要》的条文进一步细化了《地方志工作条例》的规定，提出了明确要求，为落实依法编鉴明确了方向。就目前情况看，这一条真正落实困难很大，还要做大量具体细致的工作。

此外，第一条还就做好第三轮修志工作准备作出了部署。全国首轮修志是在理论和实践准备均显不足的情况下上马的，是边摸索边工作，有很多经验教训。第二轮修志虽有首轮修志的经验为基础，但编纂工作发展不平衡的情况仍较为突出，加上受机构改革调整、人才断档等因素影响，有不少缺憾。有鉴于此，《规划纲要》明确提出，要“在抓紧完成第二轮修志任务的同时，全面总结第一、二轮修志工作的经验教训，认真研究第三轮修志的组织管理、运作模式、续修方式等问题，为启动第三轮修志做好资料收（征）集、队伍培训及理论准备等工作”。与此相应，中指组及其办公室强调要做好经验总结和前期准备，对在2020年全面完成第二轮修志规划任务后实现全国整体启动第三轮修志工作进行了安排部署。

（四）《规划纲要》适当拓展了地方志工作机构的工作范围

《地方志工作条例》明确了各级地方志工作机构的职责，没有赋予地方志工作机构对各类专业志鉴编纂、社会修志和地方史编写进行指导和管理的职责。一直以来，对各级地方志工作机构是否要承担这些职责，也有着不同的声音，有的地方有所涉及并取得一些不错的成绩，但很多地方受困于本职工作繁忙，无暇顾及。随着我国经济社会取得巨大发展，各类专业志鉴编纂、乡镇村志编纂日渐普遍，地方史编写活动也日益增多，如何加强指导和管理成为一大难题。面对社会各界对有关修志编鉴活动加强业务指导和管理的强烈需求，《规划纲要》明确提出“加强对已开展和准备开展志鉴编纂工作的行业、部门、单位等的业务指导和管理”“指导有条件的乡镇（街道）、村（社区）做好志书编纂工作”，对适当调整各级地方志工作机构工作范围进行了确认。同时，《规划纲要》还与中宣部办公厅、国家新闻出版广电总局办公厅近期印发的《关于进一步做好地方史编写出版工作的通知》作了对接，将该通知中“具备条件的，可将地方史编写纳入地方志工作范畴，统一规范管理”的条款写入《规划纲要》中。这样，以《规划纲要》出台为标志，地方志工作机构的职责范围就正式得到了较大的拓展。这是党和国家在实施“四个全面”战略布局大背景下作出的一种制度性安排，我们要勇敢担负起党和国家交给我们的任务，扎扎实实做好工作，不能扯皮，更不能推诿。今后，大家的任务更重了，但提供给大家的舞台也就更大了，施展才干的机会也就更多了。

（五）《规划纲要》确立了要走依法治志的道路

《规划纲要》明确“坚持依法治志”的原则，强调：“省、市、县级地方志工作机构依法履行组织、指导、督促和检查地方志工作职责，加强编纂业务工作。”从而将地方志编纂、管理、开发利用等工作均纳入“依法”开展的范畴。这是首次将“依法治志”写入国务院文件，具有非常重要的意义。坚持依法治志，既是全面推进依法治国方略的题中应有之义，也是建设法治中国的必然要求。这就要求，要不断加强法治建设，将地方志工作放在法治的轨道、框架下运行，依法开展。这个“法”，主要是指《地方志工作条例》。按照“法定职责必须为”的要求，地方志工作作为一项“法定职责”，约束性非常强，不是想做或不想做的工作，而是不能有任何懈怠、必须做好的历史使命。所以，我们要抓住历史机遇，注重运用法治思维、法治方式来思考谋划《规划纲要》的贯彻落实。要推动《地方志工作条例》的贯彻落实，逐步建立健全地方性法规规章，建立健全以《地方志工作条例》为主体、地方性法规规章相配套的完备体系。要加大地方志工作法规规章的宣传、执行力度，定期开展执法监督检查，依法纠正、查处执行不力和违法行为。要建立健全相关规章制度，强化责任落实，用制度保障地方志事业健康发展。

三、抓紧抓好《规划纲要》的学习宣传、贯彻落实工作

《规划纲要》是对全国地方志事业发展的顶层设计，是今后一个时期全国地方志工作的行动纲领。学习宣传、贯彻落实《规划纲要》既是一项紧迫的任务，也是一项长期的任务，有大量艰苦细致的工作要做。大家一定要紧紧抓住《规划纲要》出台的大好时机，结合第二轮修志的实践，下大力气抓紧抓好学习宣传、贯彻落实工作，把它当作当前和今后一段时期的头等任务。指导小组已经印发了学习贯彻《规划纲要》的通知，提出了具体要求，这里，我再强调几点：

第一，抓紧请示汇报，强化责任落实。《地方志工作条例》明确，各级政府对地方志工作负有主体责任，就有责任在人财物上给予支持，为地方志工作机构开展工作提供保障。会后，大家首先要向省（区、市）政府主管领导汇报好这次会议的精神，特别是要让主管领导认清省（区、市）政府负有的主体责任，必须将地方志工作纳入省政府督办工作范围。要结合工作实际，出台贯彻落实《规划纲要》的实施办法。要根据《规划纲要》的要求，制定本地区本部门的地方志事业发展规划，已制定过的要抓紧修订。指导小组办公室也要加强与国家发改委的沟通、联系，力争在国家“十三五”规划中增加加强地方志工作的内容。

第二，服务中心工作，彰显专业优势。省、市、县三级志书和地方综合年鉴编纂虽然是主体工作，但不太容易彰显地方志工作的优势。《规划纲要》第三项主要任务强调要“重视军事、武警及其他各类专业志鉴、民族地区地方志、乡镇村志和地方史编纂工作”，主要目的就是围绕中心、服务大局，积极开展专业志、部门志、特色志编纂工作，使地方志工作进入各级政府的中心视野。这应该是地方志工作机构的一个突破方向。指导小组办公室在这方面做了一些有益的尝试，如编写《中华家训精编100则》《中国古代为官箴言》等书，正在组织编纂的中国名镇志文化工程以及将于明年启动的中国名村志文化工程等。山东、四川、山西、江苏等地做得也不错。过去，我们在这方面比较薄弱，不太容易引起注意。今后，我们要抓紧锻炼队伍，提高能力，充分发挥地方志资源优势，为党政机关、社会各界和人民群众提供更多优秀成果。

第三，抓紧学习领会，统一思想认识。各地区、各部门地方志工作机构要全部动员起来，集中一段时间，组织全体工作人员认真学习领会《规划纲要》的精神实质和深刻内涵，研究本地区、本部门的工作重点和难点，努力确保到2020年实现“两全”目标。经济发达地区要加把劲，在2018年前基本完成“两全”目标，同时依托国家对口援藏、援疆工作，将地方志工作纳入支援计划。西部经济欠发达地区不能等靠要，首先要自己研究解决办法，确实有困难的再寻求支持。指导小组办公室要加强分类指导，研究切实有效的办法。通过学习，我们要统一思想，统一认识，将《规划纲要》的有关规定要求落实到今后的实际工作中去。

第四，抓好督促检查，及时汇总上报。各省级地方志工作机构要对本地学习宣传、贯彻落实《规划纲要》工作进行指导、督促、检查，宣传推广好典型、好经验，及时向指导小组办公室反馈情况。年内，指导小组办公室要对学习宣传、贯彻落实《规划纲要》的情况进行专题调研、督促检查，以有序推进各项工作的落实。

同志们，我们要紧紧抓住《规划纲要》出台的有利时机，全国一盘棋，把学习贯彻《规划纲

要》的文章做好做足，迅速掀起高潮，为推进全国地方志事业科学发展、开创地方志事业发展新局面营造更好的环境。让我们携起手来，扎实工作，奋发有为，为国家实施“四个全面”战略布局提供更多历史借鉴与智力支持，为实现“两个一百年”奋斗目标和中华民族伟大复兴的中国梦作出更大贡献。

李培林：要全面推进依法治国与依法治志有机结合①

人民网记者　李楠楠

近日，国务院办公厅印发《全国地方志事业发展规划纲要（2015—2020年）》（以下简称《规划纲要》），明确地方志工作在发展改革大局中的目标任务，推进全国地方志事业科学发展。

一年多来，党和国家领导人对地方志工作高度重视，习近平总书记强调“要高度重视修史修志，让文物说话，把历史智慧告诉人们，激发我们的民族自豪感和自信心，坚定全体人民振兴中华、实现中国梦的信心和决心。”李克强总理作出批示：“地方志是传承中华文明、发掘历史智慧的重要载体，存史、育人、资政，做好编修工作十分重要。……修志问道，以启未来。”

“一邑之典章文物，皆系于志。”编修地方志是中华民族优秀文化传统，新中国成立后特别是改革开放以来，经过各地区各有关部门不懈努力，地方志工作取得巨大成就，形成以修志编鉴为主业、各项工作协调开展的事业格局，拓展了方志文化的内涵，为提升国家文化软实力发挥了独特作用。目前首轮修志结束，第二轮修志进入关键时期，已出版省、市、县三级地方志书7000多部，行业志、部门志、军事志等2万多部，地方综合年鉴1900多种、1.5万多部。《规划纲要》明确，到2020年，全面完成第二轮修志规划任务，实现省、市、县三级综合年鉴全覆盖。

9月11日，中国社会科学院副院长、中指组常务副组长李培林接受人民网专访。在介绍《规划纲要》时，李培林表示，《规划纲要》其中一个亮点就是确立了要走依法治志的道路，不断加强法治建设，依法开展地方志工作。

记者：《规划纲要》可以说是对全国地方志事业发展的顶层设计，是今后一个时期全国地方志工作的行动纲领，有哪些特点亮点？

李培林：强化了以修志编鉴为主业、统筹兼顾各项工作的全面发展理念。一方面，《规划纲要》强调坚持为人民服务、为社会主义服务的方向，坚持实事求是，坚持质量第一，把努力编修出更多地方志成果放在突出位置；另一方面，提出要到2020年基本形成“五位一体”的地方志事业发展综合体系，通过协调安排工作任务，把“五位”有机联系为“一体”，实现统筹兼顾、全面发展。

明确了修志编鉴主业的核心目标任务。一是明确提出到2020年要“完成第二轮地方志书规划任务，省、市、县三级地方志书全部出版”。在时间节点上，这既与党的十八大提出的到2020年我国要全面建成小康社会的宏伟目标相契合，也与《地方志工作条例》关于“地方志书每20年左右编修一次”的规定相符合，具有落实依法治志、整体协调推进全国修志进度的意义。二是明确提出到2020年要“做到地方综合年鉴由地方志工作机构组织编纂，一年一鉴，公开出版，实现

① 来源：人民网－社会频道，2015年9月25日。

省、市、县三级地方综合年鉴全覆盖”。这进一步细化了《地方志工作条例》的规定，为落实依法编鉴指明了方向，为进一步理顺地方综合年鉴编纂管理体制、扩大覆盖面提出了明确要求。

适当拓展了地方志工作机构的工作范围。《地方志工作条例》明确了各级地方志工作机构的职责，其中不包括对各类专业志鉴编纂、社会修志和地方史编写的指导和管理。随着我国经济社会取得巨大发展，各类专业志鉴编纂、乡镇村志编纂日渐普遍，地方史编写活动也日益增多，如何加强指导和管理成为一大难题。面对社会各界对有关修志编鉴活动加强业务指导和管理的强烈需求，《规划纲要》明确提出“加强对已开展和准备开展志鉴编纂工作的行业、部门、单位等的业务指导和管理”“指导有条件的乡镇（街道）、村（社区）做好志书编纂工作”，对适当调整各级地方志工作机构工作范围进行了确认。同时，《规划纲要》还与中宣部办公厅、国家新闻出版广电总局办公厅近期印发的《关于进一步做好地方史编写出版工作的通知》作了对接，将该通知中“具备条件的，可将地方史编写纳入地方志工作范畴，统一规范管理”的条款写入《规划纲要》中。

就做好第三轮修志工作准备作出了部署。全国首轮修志是在理论和实践准备均显不足的情况下上马的，是边摸索边工作，有很多经验教训。第二轮修志虽有首轮修志的经验为基础，但编纂工作发展不平衡的情况仍较为突出，加上受机构改革调整、人才断档等因素影响，有不少缺憾。有鉴于此，《规划纲要》明确提出，要“在抓紧完成第二轮修志任务的同时，全面总结第一轮、第二轮修志工作的经验教训，认真研究第三轮修志的组织管理、运作模式、续修方式等，为启动第三轮修志做好资料收（征）集、队伍培训及理论准备等工作”。与此相应，中指组及其办公室强调要做好经验总结和前期准备，对在2020年全面完成第二轮修志规划任务后实现全国整体启动第三轮修志工作进行了安排部署。

记者：《规划纲要》确定了2015—2020年全国地方志事业发展的宏伟蓝图，中指组及其办公室准备采取哪些具体措施，落实《规划纲要》确定的目标任务？

李培林：《规划纲要》明确提出，全国地方志事业发展的总体目标是：到2020年，全面完成第二轮修志规划任务；实现省、市、县三级综合年鉴全覆盖；加快信息化和方志馆建设；做好第三轮修志工作准备等。

现在，离规划目标实现的时间只有五六年了，我们要求各地要根据《规划纲要》精神拿出本地区本部门的规划或实施方案，定出具体时间表、任务书、路线图。从目前掌握的情况来看，有些地区独立完成存在困难。在这种情况下，中指组要积极组织对口援助，包括西部志书出版的资助计划等。除了资金支持外，更要有人的支持。目前，一些地区机构不健全，只有一两个人，甚至没有人。各地要把工作的难点焦点问题提出来，定出保障措施和落实到位的步骤，确保“两个全覆盖”的总目标如期完成。

记者：地方志工作如何适应新媒体的发展，更好地服务大众？

李培林：近年来，随着互联网等新媒体的快速发展，利用互联网了解信息已经成为一种趋势。地方志工作一定要适应大数据时代和信息化社会的需求，要想办法使志书和年鉴活起来，绝不能让这些宝贵资源变成一堆死资料。中指组已要求各地积极推进志鉴资源的数字化。目前，每一个县都积累了大量文字资料，要做的就是把这些资料编排成符合人们阅读习惯、适合新媒体发展的形式。近期，中指办正逐步推进中国方志网、中国地情网、中国国情网建设，分期分批实现与各地方志网和地情网的联网。下一步，打开全国地图，当点开一个地区，马上可以了解一个地方的地形地貌、山川水利、物产风俗、民族人口、经济社会基本情况等，这将是地方志成果惠及人民群众的宏大文化工程。

在广西壮族自治区地方志工作调研座谈会上的讲话

(2015 年 9 月 14 日，根据录音整理)

李培林

9 月 11 日，中指办组织召开了全国省级地方志工作机构负责人参加的会议，学习贯彻国务院刚刚颁发的《全国地方志事业发展规划纲要（2015—2020 年）》（以下简称《规划纲要》）。我们这次来，就是想再继续推进一下，进一步落实学习贯彻《规划纲要》工作。

听了广西区志办，还有桂林市志办、武鸣县志办和柳州市鱼峰区志办地方志工作情况，感到很欣慰，因为大家在第一线工作，条件很艰苦，人员编制配得也不是很齐全，但仍然做了大量的工作，取得了非常突出的成绩。刚才李秋洪主任在汇报中说，要在 2017 年底完成全区第二轮三级志书的评稿和审查验收工作，看来李主任是立下了军令状了，要全面完成《规划纲要》确定的总目标。李主任也多次跟我谈到自治区李康副主席对地方志工作非常熟悉，非常关心，在很多方面都给予大力支持。因此，我代表中指组感谢广西壮族自治区党委、政府长期以来对地方志工作的高度重视。之前我还不太熟悉，今天一看材料，广西修志有着非常良好的传统，民国时期就成立了广西省修志局，马君武任总纂，省主席任督办。另外，以我到过的省级地方志工作机构来看，广西的办公条件算是比较好的，志书的收藏条件也是比较好的，各方面的功能设计也比较合理。下面，我简单谈几点意见。

第一，要全面落实依法治志的原则。国务院办公厅颁布的《规划纲要》，首次提出依法治志。大家知道，国务院办公厅正在全面清理各种文件，某一单个行业的规划一般是不会考虑颁发的。党中央、国务院高度重视编史修志工作，所以，破例为地方志部门颁发了《规划纲要》，这也是有史以来第一次由国办颁发关于地方志的《规划纲要》。《规划纲要》第一次正式提出了依法治志的原则。我们现在要贯彻落实“四个全面”战略布局，实现全面建成小康社会的总目标，实现国家治理体系、治理能力现代化，依法治国将发挥非常关键的作用。依法治志就是依法治国在地方志领域的一个重要体现。怎么贯彻依法治志？我们依据的法规就是《地方志工作条例》，根据《地方志工作条例》，编修史志是地方政府的主体责任，我们地方志办公室负有执行责任，主体责任应由地方政府来承担。所以说，修志不是说想不想干、要不要做的事情，而是地方政府遵照国务院行政法规所必须完成的一项任务。我到基层，有一个特别深的感受，那就是地方志部门总体来说仍然比较边缘，完全靠地方志部门来推动各级地方志工作，力度还是不够的。因此，希望把地方志工作纳入到地方政府的督办事项和考核指标体系。这两条如能落实，地方志工作就有了一个重要的法治保障。

第二，要确保完成第二轮修志规划总目标。我们刚刚在北京开完会，提出 2020 年实现“两个全面”的总目标。一个“全面”是全面完成第二轮省、市、县三级志书编纂任务。省一级修志力量比较强，但全国有两千多个县，要做到县县有志，不太容易。因此，各级地方志工作机构要充分调查，找出薄弱环节，制定好时间表、路线图，倒计时安排工作，确保按时完成第二轮三级志书编修任务。即便现在还没有启动第二轮修志工作的，也要下功夫，想办法完成任务。在北京学习贯彻《规划纲要》会上，大家提出了不少建议，讨论了很多办法。比如说有的县即使完不成一百万字、八十万字的编纂规划任务，哪怕完成二十万字、三十万字，也一定要按时完成，最终一定要做到县县有志。第一轮修志没有完成修志任务的县，多是贫困地区、边远地区、民族地区，这些地区恰恰是应该编修地方志书的地方。因为地方志书是体现我们国家主权和管理权限的一种重要文字载体。地方政府其他管辖区域都编有志书，偏偏这一地方没有志书，怎么好说该地方属于这个地方政府呢？所以，各地要详细统计，哪些县现在还没有启动，哪些县到2020年完不成，然后认真分析，应该采取什么措施来确保任务的完成。省级地方志工作机构要做一些协调性工作，比如经费支持，比如动员社会力量等。尤其是一些特别贫困的民族地区，到底应该怎么办？省级志办要拿出具体的措施。另一个“全面”是实现省、市、县三级综合年鉴编纂的全覆盖。按《规划纲要》的要求，就是省、市、县三级地方综合年鉴全部要由地方志工作机构组织编纂，一年一鉴，公开出版。“两个全面”的总目标，是国家确定的约束性指标。也就是说它不是指导性的、预期性的指标，而是具有约束力的硬性指标，到2020年必须完成。北京学习贯彻会上明确告诉了各省级志办主任，开完会就算都立下军令状了，回去以后要想办法完成任务。广西努力一下的话，2020年完成任务应该没问题。

第三，要围绕中心，服务大局，开拓地方志工作的新局面。我走了不少省份，大家都反映地方志是一个冷部门，是一个边缘部门，不容易受到重视，有的还存在人员不整齐、机构不完备等问题。但也看到一些省份积极进取，努力有为，取得了较大成绩，开拓了新局面。究其原因，很重要的一点就是做好了围绕中心、服务大局的工作。这其实是地方志工作的一部分，过去这条不够重视，强调的也不够。一个地方有很多重要工作，如工业、农业、服务业等等，地方志工作并不在这些行业之内，也确实很难进入到地方领导的中心视野。那么，地方志工作怎么才能进入地方领导的中心视野？正如你们常说的，有为才能有位，也就是要创造性地开展工作，要下力气思考地方志工作如何围绕中心、服务大局的问题。有些省份，如山东、陕西、四川、江苏等在这次纪念抗战胜利70周年的活动中，乘势而上，成绩显著。山东省省长曾召集该省十几个文化部门，要求在短时间内编出山东抗战地方史料，时间紧，任务重，其他部门都不敢承担，山东省史志办主动提出承担任务，而且在很短时间内拿出了成果，山东省领导非常满意，拨给山东省史志办几百万经费，省长半年之内6次批示地方志工作。还有的省，像湖北，为服务中部崛起战略，开展跨省修志工作。前段时间我去贵州，习总书记刚在那里就扶贫发展作了重要讲话，中国社科院、人民日报和贵州省人民政府联合召开学习讲话精神的会议，我建议贵州方志办编著《贵州扶贫史》或《贵州扶贫志》，这样，地方志工作一下子就进入到省委领导的中心视野，成为受其关注的工作。广西具有沿边、沿江、沿海的区域优势，与东盟合作的战略地位，还是对外开放的西南窗口、“一带一路”的重要节点，广西地方志部门要从工作大局角度进行谋划，认真思考地方志部门能够为此做些什么。当然，首先还是要确保完成“两个全面”的工作任务，在此前提下，创造性地开展工作，开拓地方志工作新局面。

我就讲这几点，谢谢大家！

在西藏地方志工作汇报会上的讲话

（2015 年 9 月 19 日，根据录音整理）

李培林

听了刚才同志们的汇报，在非常艰苦的条件下，西藏地方志工作取得了很大成绩，实属来之不易。我代表中指组、王伟光组长对西藏自治区党委、政府长期以来对西藏地方志事业发展的高度重视、各级政府对地方志工作给予的支持，表示感谢！对工作在地方志一线的同志们表示亲切的慰问和崇高的敬意！

我和伟光院长这次来西藏林芝调研，并召开这次汇报会，就是贯彻全国地方志五次会议精神和《全国地方志事业发展规划纲要（2015—2020 年）》（以下简称《规划纲要》）精神。伟光院长强调，要加强调研，把全国 31 个省（区、市）都跑完，西藏是全国调研的第 26 个省（区、市），还有 5 个没调研。以前，我和伟光院长都到过拉萨，高原反应很严重，此次在林芝举办援藏志鉴培训，主要是考虑到气候较好，大家身体较为适应。

大家知道，最近国务院办公厅颁布了《规划纲要》。该文件出台确实不容易。最近国务院正在清理文件，一般的行业文件是不发的。这也是因为习近平总书记高度重视修史修志工作，李克强总理专门对地方志工作作出了批示。地方志这样一个行业，如果不由国务院来颁布，推行力度是难以达到满意的效果的。这次来藏调研，也是来贯彻《规划纲要》精神的。中央给我们提出的要求很高，要在 2020 年完成《规划纲要》所规定的目标，关键在西藏、在新疆。这次来藏也是希望和西藏的同志们一起研究些办法，共同完成《规划纲要》所规定的目标。以下提出三点建议：

一是要把西藏地方志工作提升到宣示我国主权和传承中华文化的高度来认识。因为地方志工作在各行各业中是一个很不起眼、很边缘的工作。但为什么中央这么重视地方志工作，在这种情况下还专门给地方志工作发个文件，应该说是因为地方志已经成为我国主权管辖和行政管辖权的重要的文化宣示。地方志工作为官方的权威文本，具有重要的史料价值，是国土主权的重要文化宣示。世界上其他国家都没有这种由政府设置机构人员专门修志的机构，这是中国特色社会主义的一个特点，也体现了中华文化一脉传承。为什么要求实现县县有志？如果西藏的许多边境县都没有志书，就会给国家的相关政策造成被动。从文化的传承角度看，藏文化也是重要的组成部分，非常重要。在民国时期就讲五族共和，就把这样一个概念明确提了出来。西藏修志，具有文化传承意义和政治意义，要从这种高度来认识。为落实《规划纲要》的相关要求，就要依法治志。它是“四个全面”战略布局中全面依法治国的重要组成部分。《规划纲要》是国务院颁布的重要文件，具有法律效应，是各级政府职能的一部分。不是可修可不修、想修不想修的问题，各级党委、政府更有督办的责任。“一纳入”要求将地方志工作纳入地方经济社会发展规划中，“八到位”要求中最关键的还是人、财、物到位。人、财、物不到位，其他的就是空话。地方工作中有许多困难，但是要完成地方志工作任务，这几条是关键。

二是西藏地方志工作要为实现《规划纲要》确定的“两个全面”工作目标做出贡献。现在国务院办公厅颁布《规划纲要》，提出到 2020 年实现“两个全面”的任务。一个是到 2020 年全面完成省市县三级志书编纂出版全覆盖。因为编修的志书很多，这个规定是国家法定的政府负责的志书，政府职责就是编修省、市、县三级志书。另一个全面覆盖就是2020年全面完成省、市、县三级地方年鉴编纂的全覆盖。中指组也在研究怎样完成“两个全面”的任务。有些省份已经提前五六年就完成了。但是全国是一盘棋，在西藏就得具体情况具体分析，西藏完不成，全国也就完不成。考虑到西藏自身条件，中央第六次西藏工作座谈会提到西藏全面建成小康社会时，有些指标要和全国相比，有些指标要和西部省区相比，有些指标要和西藏过去的历史情况相比。但是，不管有多少特殊情况，要完成2020年的目标，总得有个计划，要完成“两个全面”怎么办？有两点意见：一是要调整和修订相关的规划。这指的是规划类，规划类我们现在确定的是省市县都要修志。比如说省志修多少卷，各省差别很大，西藏就要依据自身实际制定切实可行的规划。原来规划中有不属于中央给你的责任的，就可以把它拿出来。像西藏反分裂志、民族宗教志都在这个规划里。这类是专业志，专业志是在完成规定志书出版后，还有精力与能力去完成的志书，这也是地方志工作的一部分，但它不是法定的，而且也比较复杂，也不是地方志工作人员能编修好的。规划要做一定的调整和修订，使它到2020年确实能够完成。如果规划与实际完全脱节，规划就成了一个空帽。第二是县怎么办。7地（市）都已完成了，但西藏74个县（区）大概只完成50%，而且其中有些没完成的还是一轮修志。一轮和二轮修志的年限是不一样的，有没有可能把时限延长一点，按照二轮修志的时间段来修订。这比较好操作，多了10年，你可以多写，也可以少写，这没有硬性规定。比较难的就是剩下的30多部，没有机构、没有人、没有经费怎么办。有一部分县必须有单独的志书，比如海南省的三沙市，没有志书就说不过去。像这种特殊的志，我们必须单独出，哪怕是出一个简本。现在我们并没有规定县志必须要有一百几十万字。时间年限也可以长一点。西藏情况特殊，有些是口头传承，有些是古藏文。但至少中华人民共和国成立以来的可以编成简本。其他比较困难确实无法编修的县，是否可编一个西藏地方志补编。每个难度较大的县弄一个3—5万字，把所有的简志放一块，这样也是某种形式的全覆盖。在现有的条件下，努力实现中央提出来的两个全面的目标。地方综合年鉴困难大一点。我估计统计年鉴现在应该县县都有。建议可协调相关部门将统计年鉴和地方综合年鉴合并。综合年鉴是记事的，统计年鉴主要是用数字来表达的。在统计年鉴前加一些文字记载，这样也就算有了。这是希望你们这边要做的。要经过一定的程序，经过自治区政府同意，才能更好地实施。中指组也要根据规划，考虑怎么支持西藏。

三是中指组将进一步动员全国力量支援西藏地方志工作。努力推进把地方志工作纳入对口支援省份的总体安排当中，探索建立地方志工作援藏的长效机制。第一要主动作为，深入调研形成一个加大对西藏修志支持力度的通知。主要下发给对口支援西藏的省份。地方志机构来支持地方志机构，作用可能不是那么明显。要把对西藏地方志的支持纳入到对口省份对口支援的规划中，从资金、人员、培训、编修、出版等多方面给予支持。像福建省、广东省就有这种条件，因为它们早已完成了第二轮修志，有时间和精力来做这方面的事。但是西藏要做个规划，提出需要什么支援。比如说剩下几个县，是缺人、缺钱还是缺什么？缺钱的话就让兄弟省市支援点经费，自己通过找当地修志人员、学校、社会研究机构合作完成修志，贵州就是采取这样的做法。有些志书就是发改委出钱，他们委托别人修的。第二就是省级志书。现在有些志书的底本已有七八十万字，但是因为人员和经费等因素影响，现停滞不前。我们中指组可以拿出一部分资金，帮你们请一些社科专家，在你们的基础上帮助编修一个志书稿子，但最后仍要以西藏自治区为主导来进行最后审定。因为毕竟是要以西藏自治区编委会名义来出书。第三就是要把西藏县志出版列入到中指组对欠发达地区资助内。中指组现在有一个对欠发达地区资助计划，就是为欠发达地区免费出版志书，但编纂需要自己来。总之就是通过这样一些措施，帮助西藏就是帮助自身。中指组要完成

《规划纲要》任务，西藏、新疆都要完成、共同完成，和全国一道完成。就像总书记说的全面建成小康社会关键在农村、在贫困地区，同样，要完成《规划纲要》所规划的修志任务，西藏也是关键地区，决不能落下一个县。

大力推进互联网+，引领地方志信息化大发展

——在中国地情网、中国方志网开通仪式上的讲话

（2015年12月1日）

李培林

同志们、朋友们：

大家上午好！欢迎参加中国地情网、中国方志网开通仪式！中国地情网、中国方志网的开通，是中指办信息化工作值得铭记的日子，对于提升地方志工作信息化水平，加强网络舆论阵地建设，推进依法治志进程具有十分重要的意义。

进入新世纪以来，中指组及其办公室一直重视包括网站建设在内的信息化工作，2006年老版网站“中国地方志网”运行以来，在信息发布、沟通交流、资源共享等方面发挥了一定作用。为了顺应“互联网+”的新形势，进一步适应地方志事业发展的新任务、新要求，第五届中指组领导和新一届中指办领导对信息化工作提出了更高的要求。4月9日，中国社会科学院公布将地方志工作纳入名优建设工程，称为“名志”工程，社科院“七名”工程变成“八名”工程。作为落实“八名”工程的一个重要举措，中指办推出“全国信息方志与数字方志建设工程”，而工程的核心是中国方志网、中国地情网、中国国情网、国家数字方志馆、地方志综合办公平台、地方志新媒体传播平台，即“三网一馆两平台”建设。“三网”是分三期建设三个不同功能定位的网站（今天开通两网，实际上是“三步并作两步走”，提前完成二期目标了）。5月21日成立了信息处，7月1日开通方志中国微信公众号，9月1日方志中国手机报正式开通，今天中国地情网、中国方志网开通，本月底《中国方志》即将创刊。

中国地情网、中国方志网从6月1日项目立项到今天开通，仅用了半年的时间就完成了网站设计、招标、开发和实施工作，实现了“当年立项、当年建设、当年开通、当年见效”的目标。

中国地情网、中国方志网的开通，是全国地方志系统信息化工作的一件大事、喜事。在此，我代表中指组和王伟光组长，对中国地情网、中国方志网的开通表示热烈祝贺，向加班加点建成两网的这支年轻团队表示肯定与表扬。借此机会，我就地方志信息化工作讲三点意见：

一、切实增强做好地方志信息化工作的责任感和使命感，全力推进地方志信息化工作

当前中国社会已经进入信息化时代，科技进步日新月异，互联网、云计算、大数据等现代信息技术深刻改变着我们的思维、生产、生活、学习方式。党中央、国务院高度重视信息化工作。2014年2月27日，中央网络安全和信息化领导小组成立，习近平总书记亲自担任组长。2015年3月5日，李克强总理在政府工作报告中首次提出“互联网+”行动计划。2015年7月，国务院印

发《关于积极推进“互联网+”行动的指导意见》。2015年10月29日，党的十八届五中全会通过的《中共中央关于制定国民经济和社会发展第十三个五年规划的建议》提出，实施网络强国战略，实施“互联网+”行动计划，发展分享经济，实施国家大数据战略，推进数据资源开放共享。近年来，中国社会科学院高度重视信息化工作。2013年8月22日，第280次院党组会议审议通过《中国社会科学院信息化体制机制改革方案》，对中国社会科学院在新的历史起点上占领信息化大潮制高点、尽早建成数字化中国社会科学院作出全面部署。

当前，新一届中央领导高度重视地方志工作，习近平总书记、李克强总理、刘延东副总理多次作出重要批示、发表重要讲话，国务院办公厅印发《全国地方志事业发展规划纲要（2015—2020年）》（以下简称《规划纲要》），全国地方志事业发展迎来了千载难逢的发展机遇。与此同时，近年来全国地方志系统信息化工作取得了较大成绩。各级地方志网站、地情网站、地方志数据库等信息化建设规模越来越大，相关配套制度逐步建立，专业人才队伍进一步壮大，利用信息技术手段服务社会的能力不断增强。山东、广东、陕西等省加快省、市、县三级地情网站群建设，实现了全省联网、资源共享；一些地方志工作机构与政府门户网站、图书馆网站实现链接，公共服务能力大大提高。许多地区加快地方志成果数字化速度，不断丰富地情资源数据库，将海量数字资源上传到地方志网站、地情网站，供社会各界查阅使用。

在此新形势下，“互联网+地方志”是当前全国地方志系统面临的重要课题，地方志信息化工作迎来了前所未有的发展机遇和挑战。大家要切实增强责任感和使命感，顺应时代要求，抢抓发展机遇，紧贴工作实际，积极作为，迎难而上，全力推进地方志信息化工作。

二、全面落实《规划纲要》关于地方志信息化建设的具体要求，切实做好信息化工作的顶层设计

《规划纲要》在“主要任务”第九条中明确要求，“按照统一规划、统一标准、分级建设、资源共享、安全保密的原则，制定全国地方志事业信息化发展意见”。根据这一要求，中指办今后要加强调研，认真研究，搞好论证，做好信息化工作的顶层设计，尽快制定《全国地方志事业信息化发展意见》，切实加强对全国地方志系统信息化工作的指导。各地也要结合自身实际情况，制定“十三五”地方志信息化发展规划，同时将信息化规划纳入本地地方志事业“十三五”规划中，推动现代信息技术与地方志事业发展深度融合。为确保顶层设计落实到位，中指办和省级地方志工作机构信息化部门，要加强联系，密切配合，切实做好全国和本省地方志信息化发展的统一组织、协调、指导、监督、管理工作。一些基础性和关键性的信息化项目，由中指办和省级地方志工作机构信息化部门按照统一标准，统一组织建设，各地各单位共享使用。只有这样，才能避免重复投入，形成汇聚优势，实现集群效应。

今年，中指办推出了“全国信息方志与数字方志建设工程”，这是强化地方志信息化工作顶层设计的一个重要举措。今后五年，要大力实施“全国信息方志与数字方志建设工程”，着力推进“三网一馆两平台”建设。今天，中国地情网、中国方志网的开通，标志着这一工程迈出了坚实的步伐。我希望在不远的将来，中指办把中国方志网、中国地情网、中国国情网建成方志工作的宣传窗口、方志理论的研究中心、方志文化的传播阵地、国情地情资源的展示平台，加快推进国家数字方志馆建设，不断提升信息方志与数字方志的核心竞争力，让这一工程结出更加丰硕的果实，进一步丰富和发展“互联网+地方志”的内容，不断提高地方志事业的信息化水平。

三、充分发挥信息化在地方志资源开发利用中的作用，不断扩大地方志的影响力

王伟光组长在多地调研地方志工作时，多次强调了信息化对地方志工作的重要意义。今年我在全国地方志机构主任工作会议上和到湖北、湖南等地调研的时候，专门就如何更好地发挥信息化在地方志资源开发中的作用谈了意见。近年来，各地开发利用地方志资源的手段不断丰富，建网站、数据库，开设微信公众号、手机地情网等，收到很好的社会效果。下一步，我们要充分利用信息化手段，整理、挖掘、分析志书中的相关内容，向社会各界提供个性化的国情、地情信息服务。根据用户个性化需求，通过订阅、智能搜索等功能实时向不同的人群提供其所需的信息资料。如向地方领导提供资政参考资料，向专家学者提供与其研究领域相关的地情信息，向普通百姓提供各地民俗、旅游信息等。总之，在互联网＋地方志的新形势下，地方志工作者要善于运用互联网思维，实现以创新思维谋思路，以融合思维促发展，以用户思维强服务，以协作思维聚力量，以快速思维提效率，力争在地方志资源开发利用的手段上取得新发展、新突破，使地方志资源活起来，绝不能让这些宝贵资源变成一堆“死资料”。只有把地方志的“死资料”变成“活资源”，用好用活了，地方志的价值才能体现出来，才能得到社会的认可，从而为全国地方志事业科学发展创造良好的社会氛围。

同志们、朋友们，信息化建设是新时期地方志事业发展的迫切需要与发展趋势，更是一项长期性、系统性的工作，我们唯有立足地方志工作的实际，解放思想，开拓创新，将先进理念与前沿技术不断融入到地方志工作中，才能加速信息化进程，推动全国地方志事业科学发展，为政治、经济、社会、文化各领域发展作出新的更大贡献。

谢谢大家！

发挥学会优势　把握发展机遇　齐心协力　开创地方志事业发展新局面

——在中国地方志学会第六届理事会第一次会议上的讲话

（2015 年 12 月 29 日）

李培林

中国地方志学会第六届理事会第一次会议已经完成了预定的各项议程，即将闭幕。会议审议并通过了第五届理事会的工作报告，选举产生了中国地方志学会新一届理事会和领导机构，为中国地方志学会在新时期统一思想、凝聚力量、迎接更大发展奠定了坚实基础。在此，我代表中指组，对大会的圆满成功表示诚挚的祝贺！向各位新当选的理事致以热烈的祝贺和亲切的问候！同时，我代表中指组和中国地方志学会，向由于年龄和工作调动等方面原因不再继续担任学会理事、常务理事和领导的同志致以崇高的敬意和衷心的感谢，并希望他们今后一如既往地关心和支持学会的工作！

这次会议选举我为会长，是各位代表和理事对我的信任。对此，我深表感谢，也深知使命的

光荣和责任的重大。我将遵照学会章程的规定，认真履行自己的职责，竭诚为广大会员服务，同全体理事一起努力，把学会办得更好，把学会工作推上新的台阶，不辜负各位代表和理事的重托。

第五届理事会自2009年组成以来，做了大量卓有成效的工作，取得了许多令人振奋的成绩，主要表现在：做好学会的更名工作，将“中国地方志协会”更名为“中国地方志学会”，突出学会工作的学术性；建立学术年会制度，2011—2015年，坚持每年举办主题鲜明的学术年会，加强了方志系统内的学术交流；规范了分支机构城市区志专业委员会、年鉴工作专业委员会的工作，顺利完成了城市区志专业委员会的换届，经验交流、学术会议走向了制度化；积极配合中指办做好《方志百科全书》的编纂工作、《汶川特大地震抗震救灾志》编纂工作等。这些成绩的取得，离不开中指组的坚强领导、大力支持，离不开学会第五届常务理事会的精心筹划，离不开第五届理事会全体理事的不懈努力，更离不开广大会员单位的积极参与。我提议，让我们以热烈的掌声，向为学会发展作出重要贡献的第五届会长、常务副会长、副会长、常务理事、理事表示崇高的敬意！向他们的辛勤工作表示衷心的感谢！

党的十八大以来，新一届中央领导集体非常重视传统文化在中国特色社会主义建设中的重要作用，十分关心地方志工作，多次发表重要讲话、作出重要批示。习近平总书记2014年2月到北京首都博物馆考察时强调要“高度重视修史修志”，2014年12月到澳门大学考察时赠送《北京大学图书馆藏稀见方志丛刊》等书籍，2015年7月在中共中央政治局第25次集体学习时提出地方志工作机构要在抗日战争研究上发挥应有作用，这些重要指示将地方志工作列为传承优秀文化传统的重要抓手，为弘扬修志优秀文化传统提供了根本遵循。李克强总理2014年4月就第五次全国地方志工作会议召开作出重要批示，强调“修志问道，以启未来”，11月又就《汶川特大地震抗震救灾志》出版工作做出重要批示，对地方志工作提出了殷切期望和明确要求。刘延东副总理2014年4月与第五次全国地方志工作会议部分代表座谈时发表了重要讲话，就进一步做好地方志工作提出明确要求；2014年11月、2015年1月又先后作出两次重要批示，要求切实采取有效措施，推动地方志事业迈上新台阶。在一年多的时间内，中央领导同志如此密集地就地方志工作作出重要批示、发表重要讲话，肯定地方志工作的重要作用，对地方志工作提出新任务新要求，是极为罕见的，充分凸显了地方志工作作为国家基础性文化建设工作的重要性。

2014年4月，在党中央、国务院的关心和指导下，第五次全国地方志工作会议圆满召开。会议进一步明确了中国特色社会主义理论体系和习近平总书记系列重要讲话精神是地方志工作的指导方针，进一步明确了地方志事业发展在实现“两个一百年”奋斗目标和中华民族伟大复兴的中国梦进程中的地位和作用。2015年8月，国务院办公厅印发《全国地方志事业发展规划纲要（2015—2020年）》（以下简称《规划纲要》），明确了到2020年的总体目标与主要任务，是指导今后一个时期全国地方志工作的重要政策性文件。

以上这些，就是中国地方志学会第六届会员代表大会召开的大背景和大形势，为我们做好新一届理事会的工作指明了方向，提出了要求。下面，我就如何做好新一届学会理事会的工作讲五点意见。

（一）加强学习，统一思想，切实提高认识。习近平总书记系列重要讲话及对修史修志工作的重要指示、李克强总理的重要批示、刘延东副总理的重要讲话、重要批示，是指导地方志工作的重要理论依据和基本遵循。当前和今后一个时期，学会的首要工作任务与各级地方志工作机构和广大地方志工作者一样，就是学习好、领会透、贯彻落实中央领导同志的重要指示、重要批示、重要讲话精神。认识的高度，决定着理论联系实际、做好实际工作的自觉性和主动性，决定着直面困难、克服困难、解决难题的勇气和决心。要通过集中学习与个人自学相结合、学习研讨与专题辅导相结合、学以致思与学以致用相结合等方式，抓好学习，切实做到统一思想，提高认识。

通过学习，进一步增强用辩证唯物主义和历史唯物主义的立场、观点和方法指导地方志工作的能力，进一步确立依法治志的理念，进一步深化守土有责、守土负责、守土尽责的意识，努力编修出党和人民满意的优秀地方志成果，服务发展大局，增强地方志事业发展后劲。通过学习，确保充分认识到地方志工作在弘扬社会主义核心价值观、提高国家文化软实力、建设中国特色社会主义文化强国进程中的地位和作用，切实树立大局意识、责任意识和逆水行舟不进则退的忧患意识，弘扬方志人精神，坐得住冷板凳，力争在推进地方志事业发展中有所突破、有所创新、有所作为。

（二）明确中心，狠抓落实，牢牢把握机遇。第五次全国地方志工作会议的召开，是地方志发展史上的一件大事，意义重大。会议总结了过去五年地方志工作的主要经验，明确了到2020年地方志事业发展的奋斗目标，布置了今后五年地方志工作的主要任务。国务院办公厅印发的《规划纲要》是国务院出台的全国地方志事业发展的第一个规划性文件，对2015—2020年间的全国地方志事业发展做出了顶层设计，是指导今后一个时期全国地方志工作的重要指导性文件，也是深入贯彻落实第五次全国地方志工作会议精神的重要抓手，同时也为各地谋划事业发展、扎实推动工作提供了坚实的基础保证。我们当前的中心工作就是传达好、落实好第五次全国地方志工作会议精神，学习好、贯彻好《规划纲要》的有关要求，抓好落实，有序推进学会的各项工作。学会要紧紧抓住这个“牛鼻子”，理清思路，明确目标，牢牢把握地方志事业发展的重点，明确今后五年的工作任务、工作目标，制定时间表、任务书、路线图，抓好落实，确保学会各项工作更好地融于服务地方志事业发展的过程中。

（三）立足学会，发挥优势，服务发展大局。学会的宗旨，就是团结广大地方志工作者，充分调动广大会员和有关科研人员的积极性，服务地方志事业的科学发展。作为全国性的学术团体，学会在整合社会资源，发挥专家学者、退休老同志作用方面有着得天独厚的优势，发挥着不可替代的作用。《规划纲要》明确，到2020年，要基本形成地方志编修体系、理论研究和学科建设体系、质量保障体系、资源开发利用体系、工作保障体系“五位一体”的地方志事业发展综合体系。我认为，今后五年学会的工作重点就是要发挥自己的资源优势、人才优势、科研优势，为“五位一体”的地方志事业发展综合体系的构建提供理论支持、智力支撑。

一是服务于方志编修实践。《规划纲要》明确到2020年，要完成第二轮地方志书规划任务，省、市、县三级地方志书全部出版；要做到地方综合年鉴由地方志工作机构组织编纂，一年一鉴，公开出版，实现省、市、县三级地方综合年鉴全覆盖。学会要明确将推动完成“两全”目标列为主要任务，找准定位，明确目标，采取切实措施。第一，要发挥优势，制定理论研究规划，加大理论研究的力度，认真做好首轮、二轮修志工作的经验总结，做好第三轮修志启动前的理论研讨，切实研究解决关系地方志编纂、地方志事业发展的重大业务问题和基础理论问题。第二，要把握好形势，积极探索对部门志、行业志、专题志、乡村志编纂的规范和指导，积极推动地方志工作的纵向、横向发展，进一步夯实地方志工作基础。

二是服务于推动方志学学科建设。方志学学科建设对于地方志事业发展而言，有着举足轻重的作用。学会作为学术团体，在学科建设上的作用不言而喻。第一，要积极引导研究方向，发布全国方志学学科研究课题指南目录，加强对学科前沿问题、修志实践热点难点问题的研究。第二，要加强整合力量，参与组织编写方志学通用教材和方志学各分支学科研究论著。第三，要加强规划，逐步建立学科带头人制度，加强与高校、社科院的联系、合作，协助完成方志学学科纳入二级学科的论证、申报，不断提升方志学的学科地位。第四，要建立学术激励机制，将组织开展章学诚方志学术成果奖评选活动作为重要抓手，并将其制度化，形成示范效应，为推进方志学学科建设提供有力保障。

三是服务于提高志书质量。质量是地方志安身立命之本，关系到志书的功能价值，关系到地方志事业的可持续发展。今后五年，在提高志书质量方面，学会主要有三项工作要开展。第一，调查研究各地对《地方志书质量规定》《地方综合年鉴编纂出版规定（试行）》的执行情况。第二，开展志书阅评、志书质量评比活动，对三级志书的质量进行检查，系统评估地方志书质量。第三，积极探索，根据不同志书的特点，分门别类地建立科学规范的地方志书质量全程控制机制，完善地方志质量评议、审查验收等制度。

四是服务于开发利用地方志文化资源。地方志作为一种文化载体，只有惠及社会、为经济社会发展大局服务，只有贴近百姓、为广大居民群众服务，才会有绵延不息的生命力。我们要积极拓宽服务渠道，增强服务功能，创新服务手段，使地方志成果更好地贴近经济社会发展，贴近人民群众。要主动推动地方志成果进机关、进农村、进社区、进校园、进企业、进军营，开展多种形式的社会服务活动，推动城乡文化建设。要大力丰富地方志产品种类，创新地方志产品载体，发挥地方志资源在地方志公共文化服务体系建设中的重要作用。

五是服务于方志人才培养。方志人才是地方志事业发展始终保持生机与活力的重要源泉，是地方志事业发展的重要支撑。学会要依托其人才优势，在方志人才培养上抓好三项工作：第一，整合研究力量，建立一支高水平的方志学研究队伍，多出有分量、有价值的研究成果，造就一批在学术界有较大影响的方志学专家。第二，依托各级学会，加大开展学历教育、专业培训等活动的力度，建立健全业务骨干人才培养机制，弘扬修志问道、直笔著史的方志人精神。第三，强化学术交流。采用多种形式，加强与中国香港、澳门和台湾地区以及国外高等院校、科研机构、档案与图书馆等部门、单位的学术交流、合作，开拓方志人视野，提高方志人全面素养。

（四）依法治志，开拓创新，全面谋划工作。经过30多年的发展，特别是2006年国务院颁布施行《地方志工作条例》后，全国地方志工作面貌发生了重大变化，取得了巨大成就，地方志事业呈现出蒸蒸日上的发展势头。但是，各地地方志法规规章落实不到位的情况仍大量存在，真正做到依法做好地方志编纂、管理和开发利用等工作尚有很长的一段路要走。党的十八届四中全会提出了全面推进依法治国的总目标和总任务，我们要紧抓机遇，进一步贯彻落实国务院《地方志工作条例》，为依法履行对地方志工作的组织、指导、督促和检查等职责创造更好的条件。尤其是要在加大地方志工作法规规章的宣传、执行力度的同时，积极做好研讨、调研等工作，为协助推动国务院《地方志工作条例》的修订完善和地方志工作的进一步立法做好准备。

今年，地方志事业发展的一件大事就是《规划纲要》的出台，这是国家实施“四个全面”战略布局在文化领域推出的一项重大举措，是新形势下贯彻落实国务院《地方志工作条例》、第五次全国地方志工作会议的有力措施，对于推动全国地方志事业的科学发展有着重要意义，当然对推动学会工作也有重要的指导作用。学会要切实抓好《规划纲要》的贯彻落实工作，近期尤其要做好《规划纲要》的解读工作，为掀起学习贯彻《规划纲要》的高潮，开展好地方志工作营造良好氛围；同时要结合本地实际，全面谋划工作，统筹各方资源，明确工作目标，为完成《规划纲要》既定目标提供理论支撑。

（五）强化管理，丰富活动，完善自身建设。“打铁还需自身硬”，学会要在服务地方志事业发展上有更大的作为，必须不断强化管理，持续完善自身建设，切实提高工作能力。

一是在学会管理的规范化、制度化上下功夫。认真贯彻执行国家关于社团管理的有关法规，用法规规范学会的活动，在法规规定的范围内开展学会工作，依法加强管理。不断完善理事会议制度、常务理事会议制度、会员管理登记制度、学术活动组织制度、学术委员工作制度等各项规章制度，进一步提高学会工作的规范化、制度化水平。要根据形势发展的需要，适时成立新的专业委员会。要按照学会章程规定的条件和标准，积极开展吸收个人会员工作，特别要注意吸收中青年科研骨干，支持他们积极参与学会各项活动，使学会工作更加活跃，更富有生机和活力。

二是在学术活动的丰富性、多样性上下功夫。要进一步加强与政府部门、高等院校、科研院所之间的联系、交流与合作，发挥好学会的组织协调中枢和桥梁纽带作用。进一步坚持和完善学术年会制度，打造学会的精品学术活动，使之成为地方志工作者、专家学者之间交流与互动的重要平台、重要品牌。进一步加强方志学与历史学、社会学、政治学、哲学、文学等学科的关联性研究，打破较为封闭的理论研究模式，取长补短，合作共赢。进一步加强与各会员单位、其他兄弟学会的交流与合作，促进地方志工作更好更快地发展。认真组织开展有特色、有创新、有成效的研讨会，适时组织召开地方志国际学术会议，努力培育更多的跨学科、综合性学术活动精品，搭建方志人展示、锻炼、交流和提高的学术舞台。

三是在联系会员单位的常态化、长效化上下功夫。定期走访会员单位，了解会员单位的运行情况、听取会员单位对学会工作的意见和建议、帮助解决会员单位在地方志编纂工作中存在的业务问题、落实学会相关专业委员会的活动计划实施情况、掌握会员单位联络员衔接到位情况，进一步密切与会员的沟通与联系，提高学会的凝聚力与战斗力。

各位理事，同志们！办好学会离不开各级领导的重视和有关部门的支持，在此，我代表学会理事向给予学会工作大力支持的有关领导、有关部门和同志们表示衷心的感谢！为了今后工作的更好开展，也请各位领导、有关部门的同志们继续给以关怀和支持。

同志们！五年的时间，眨眼即逝。当前全国地方志工作和事业呈现出良好发展态势和前所未有的大好局面，我们要认真贯彻落实党的十八大和十八届三中、四中、五中全会精神，贯彻落实习近平总书记系列重要讲话精神，紧紧抓住历史机遇，加倍努力工作，推动全国地方志工作取得更大成绩，为全国地方志事业的科学发展作出更大贡献！

在全国地方志机构主任工作会议上的总结讲话

（2015 年 12 月 30 日）

李培林

在大家的共同努力下，全国地方志机构主任工作会议各项议程即将圆满完成。根据会议安排，由我对会议进行总结。

一、会议的基本情况和总体评价

这次会议是在国务院办公厅印发《全国地方志事业发展规划纲要（2015—2020 年）》（以下简称《规划纲要》）后召开的首次主任工作会议，也是两天来继中国地方志学会换届会议、全国地方志系统先进模范座谈会之后连续召开的又一次重要会议。会前，李克强总理就全国地方志系统先进模范座谈会召开作了重要批示，刘延东副总理接见与会代表并发表重要讲话。会议回顾成绩，总结经验，探讨问题，部署任务，推进工作，是一次成功的年度工作会议，对深入学习贯彻习近平总书记系列重要讲话精神和李克强总理、刘延东副总理重要批示、重要讲话精神，贯彻落实《规划纲要》具有非常重要的意义。这次会议呈现了三个方面的特点：

第一，领导高度重视。中指组领导非常关心会议的筹备工作，对开好这次会议提出了具体要求。上次全国地方志机构主任工作会议在合肥召开，各地参会的同志在会上建议把主任工作会议提前，以便及时总结当年工作、研究部署新一年工作。会后，中国社会科学院院长、中指组组长王伟光同志和我继续到一些省（区、市）调研，了解情况，研究问题，也听到了各地同志希望提前召开主任工作会议的建议。为此，王伟光同志专门要求中指办进行专题研究，在此基础上，最终决定会议提前到12月下旬召开。到今天为止，除了少数几个省（区、市）外，王伟光同志和我将大部分省（区、市）都走到了，有的去过还不止一次。大家对此反映比较好，认为有力推动了全国地方志工作。王伟光同志提出，在本届指导小组任期内要把各省（区、市）走完，这个目标有望提前完成。在调研过程中，我们发现并推广了各地工作中的一些好经验、好做法，也发现了一些不足，这些内容已经在王伟光同志的报告中进行了充分反映。会上，王伟光同志还传达了李克强总理的重要批示精神和刘延东副总理的重要讲话精神，作了主题鲜明、内容丰富的报告。领导的高度重视为会议的顺利召开提供了重要保障。

第二，会议准备充分。一是会务筹备工作紧张有序。与以往春节后召开会议不同的是，这次会议召开时间大幅度提前，加之与中国地方志学会换届会议、全国地方志系统先进模范座谈会“三会”合一，会议时间之紧、任务之重、需要准备的材料之多，都是前所未有的，给会务组织工作带来了很大的压力。指导小组办公室党组对会议的内容与要点进行了充分研究，对会议的任务和要求进行了具体部署，对人员的分工与协作进行了统筹协调，并多次向指导小组领导作专门汇报。尽管会议筹备时间很短，但各项工作有条不紊、顺利推进。二是会议材料在广泛听取各方面意见和建议基础上，不断修改完善。会前，指导小组办公室成立会议筹备工作组，进行统筹安排、总体部署，有关会议文稿还在办公室内部充分讨论的基础上征求了部分省市地方志工作机构负责同志的意见，确保了会议文稿的质量。

第三，会议内容丰富，主题突出。这次会议虽只有半天时间，但议程安排紧凑，组织严谨有序，内容非常丰富。会上，王伟光同志作了题为《全面落实〈全国地方志事业发展规划纲要（2015—2020年）〉，大力推进地方志事业科学发展》的报告。报告围绕全面贯彻落实《规划纲要》，结合当前地方志工作形势，作了主题明确、内涵丰富、立意深远的陈述，为下一步做好地方志工作指明了方向。会上，还对霍贵兴等21名同志进行通报表扬，并延续全国地方志机构主任工作会议合肥会议上的好做法，为刚刚退出地方志工作岗位、在地方志工作机构任职10年以上的省级地方志工作机构负责人王铁鹏、霍宪章、李一是三位同志颁发了荣誉证书，肯定了他们为地方志事业发展作出的贡献，有助于进一步弘扬“修志问道、直笔著史”的方志人精神；还安排向10家全国年鉴工作试点单位授牌，要求试点单位牢固树立质量意识、争当全国年鉴工作的排头兵，也为深入贯彻《规划纲要》关于推进地方志综合年鉴工作的要求开了个好头。与会代表还分为三个小组，围绕王伟光同志的报告和如何做好2016年的地方志工作进行了广泛、深入的交流，提出了很多有价值的意见和建议。会后，请会务组的同志认真进行研究。

二、关于做好2016年地方志工作的几点意见

同志们，2016年是全面实施“十三五”规划的开局之年，也是全面落实《规划纲要》的关键之年，我们要努力抓住这个大好时机，通过扎实有力的工作，为推进落实《规划纲要》各项目标任务、推动地方志事业科学发展奠定坚实的基础。下面，我就进一步深入学习贯彻习近平总书记系列重要讲话精神和李克强总理、刘延东副总理重要批示、重要讲话精神，进一步深入贯彻第五次全国地方志工作会议精神，抓好《规划纲要》的贯彻落实，抓好这次会议精神的贯彻落实，谈几点意见。

第一，深刻领会会议精神，着力抓好会议精神的贯彻落实。这次会议紧紧围绕全面落实《规划纲要》，系统总结了2015年工作，深刻分析了当前面临的形势和任务，并就2016年的全国地方志工作进行了部署。会议研究了新情况，交流了新经验，形成了一系列重要的共识。与会代表要深刻领会会议精神，回去后及时向当地政府和上级主管领导汇报，同时还要把会议精神及时传达到各级地方志工作机构，引导和推动广大地方志工作者抓好会议精神的贯彻落实。

第二，深入结合本地实际情况，全面落实《规划纲要》目标任务。《规划纲要》明确了今后一个时期全国地方志事业发展的总体目标与主要任务，是我们开展地方志工作的行动纲领。大家要结合本地工作实际，通过对照《规划纲要》要求，认真找差距、找不足，系统梳理本地地方志工作的特点与存在的问题，深入研究解决措施与办法。在此基础上，我们要抓住这难得的战略机遇，主动作为，抓紧制定本地地方志事业“十三五”规划或贯彻落实《规划纲要》的实施意见或方案。已经出台规划或实施意见的，要抓紧贯彻落实；没有出台的，要抓紧工作，加倍努力，争取早日出台。目前，编史修志已写入全国“十三五”规划草案，各地要对照“一纳入、八到位”的总要求，努力争取把地方志工作列入本地“十三五”规划，列入本级政府新一年的政府工作报告。在这方面，福建、山东等省已经开了好头，希望2016年有更多的省份能做到。

第三，全面落实依法治志原则。依法治志是依法治国方略在地方志领域的具体体现。国务院《地方志工作条例》实施马上进入第十个年头了，通过各级地方志工作机构的不懈努力，地方志法治化建设已取得丰硕的成果，积累了丰富的经验，为全面推进依法治志提供了充分条件。大家要全力抓住2016年《地方志工作条例》颁布10周年这个有利时机，加大宣传贯彻力度，为深入推进依法治志营造更有利的社会环境；要进一步建立健全与法律规章配套的制度体系，确保全面推进依法治志有法可依、有章可循；积极借鉴其他省（区、市）推进依法治志的好经验、好做法，如与人大、法制办联合开展执法检查，与督查室开展行政督查等，努力提高地方志工作法治化水平。

第四，加快第二轮修志进度，扩大省、市、县三级综合年鉴覆盖面。《规划纲要》明确了地方志工作的“两全”目标，即到2020年全面完成第二轮修志规划任务，实现省、市、县三级综合年鉴全覆盖。这是《规划纲要》中的核心任务，是硬性指标，是必须完成的任务，没有讨价还价的余地。关于第一个“全”，王伟光同志在报告中提出要“又好又快推进二轮修志工作”，尚未完成规划任务的地方要倒排工期，细化责任，确保按时完成任务。关于第二个“全”，王伟光同志在报告中提出，要努力扩大本地区地方综合年鉴编纂覆盖面，为实现省、市、县三级综合年鉴编纂全覆盖奠定更好基础。实现“两全”目标是我们向全面建成小康社会献出的大礼，大家要结合自身优势，在新的一年更加勤奋、更加努力地工作，不折不扣地将这些要求落到实处。

第五，紧紧围绕中心、服务大局，创造性地开展地方志工作。各地要牢牢把握时代发展脉搏，着眼于服务本地经济社会发展大局，充分发挥地方志资源优势，创造性地开展工作，力争使地方志工作进入到地方领导的视野中心。指导小组办公室要统筹协调、总体部署，进一步扎实推进中国名镇志文化工程，抓紧启动中国名村志文化工程。此外，还要重点抓好几件事：一是抓紧筹备2016年全国经验交流会，力争把会议办出成效，为全国地方志事业发展提供经验交流的好平台；二是按照《抗日战争中长期规划实施方案》的要求，推动《中国地方志抗日战争资料选编》《中国抗日战争人物志》等丛书的编辑工作；三是积极筹备第三届全国地方志书评奖活动；四是抓紧筹备《汶川特大地震抗震救灾志》首发式；五是积极推动修志援藏援疆工作；六是大力推进“互联网+”，引领地方志信息化大发展，多为党政机关和社会各界提供国情、地情信息方面的优质服务。各地也要积极探索读志用志工作的新渠道、新措施，积极配合各地文化大省、旅游大省、生态大省等建设，全力打造好地方志这张靓丽的文化名片。前不久，第二届世界互联网大会在浙江乌镇召开，我从中受到启发，觉得如果我们抓住机遇，编修出版《乌镇志》的中英文版，送给与会代表，向全世界展示中国方志文化，是多么有意义的一件事。

同志们，地方志工作使命光荣，任务艰巨，责任重大，前程光明。我们要紧紧围绕《规划纲要》规定的各项目标任务，锐意进取，开拓创新，大力推进地方志事业的科学发展，在新的历史起点上开创地方志工作的新局面。

特 辑

·省部级领导与地方志工作

【北京市市长王安顺对贯彻落实《全国地方志事业发展规划纲要（2015—2020 年)》作出批示】 9月8日，北京市市长王安顺对贯彻落实国务院办公厅印发的《全国地方志事业发展规划纲要（2015—2020 年)》（以下简称《规划纲要》）作出批示。批示指出，《规划纲要》对做好全市地方志工作具有重要指导意义，希望全市地方志工作者认真学习《规划纲要》，抓好贯彻落实工作，推动北京市地方志事业取得更大成绩。（赵文才）

【河北省省长张庆伟对地方志工作作出批示】 6月19日，河北省省长张庆伟对河北省地方志工作作出批示。批示强调，方志工作很重要，要求省政府办公厅了解当前情况后报送。（李苍绵）

【河北省常务副省长杨崇勇对地方志工作作出批示】 6月23日，河北省常务副省长杨崇勇对地方志工作作出批示："修志是文化建设的一项系统工程。河北当前面临多重机遇和挑战，更应重视整理研究地方历史文化。焕文同志精益求精，不辞辛苦作了大量工作，令人感动。"（李苍绵）

【辽宁省委常委、大连市委书记唐军对地方志工作作出批示】 6月29日，辽宁省委常委、大连市委书记唐军就大连市委党史研究室（大连市志办）坚持开展每周学习活动的做法作出批示："党史研究室每周学习制度很好。要持之以恒，学有成效。"（杜祥武）

【吉林省副省长兼省地方志编委会副主任隋忠诚到吉林省地方志编委会调研】 6月23日，吉林省副省长兼省地方志编委会副主任隋忠诚到吉林省地方志编委会调研。省地方志编委会党组书记、副主任李云鹤介绍省地方志编委会基本情况、主要成果和工作任务等相关情况。隋忠诚对省地方志编委会的工作给予充分肯定，对吉林省地方志事业发展的有关具体问题作出指示。（周玉顺）

【吉林省副省长李晋修听取吉林省地方志编委会工作汇报】 12月7日，吉林省副省长李晋修专门听取省地方志编委会工作汇报。省地方志编委会党组书记、副主任李云鹤汇报省地方志编委会基本情况、全省地方志系统总体状况、2015 年度主要工作和 2016 年度安排等情况。李晋修对下一步工作提出要求，对全省地方志事业发展中的有关具体问题作出指示。（周玉顺）

【黑龙江省副省长于莎燕出席黑龙江省第九次地方志工作会议】 8月25日，黑龙江省政府召开全省第九次地方志工作会议，黑龙江省副省长于莎燕出席并作讲话。她对全省地方志工作给予充分肯定。她指出，全省地方志工作者须站在全局高度认识地方志工作的重要性，进一步增强做好地方志工作的责任感和使命感，抓住机遇，统筹谋划，改革创新，利用成果优势、地情优势、资料优势，加强对优秀传统文化的挖掘和整理，推出质量更高、数量更多的文化产品，满足人民群众日益增长的文化需求，推动黑龙江省地方志事业持续稳定发展。她要求，全省各级地方志工作机构要把握重点，充分发挥地方志服务功能。要紧密围绕中心工作，提高服务意识；切实抓好志鉴编修，提升服务能力；积极开发方志资源，丰富服务内容；满足群众文化需求，拓展服务途径。她还强调，各级政府和省有关部门要依法履职，切实加强对地方志工作的领导。（徐萍）

【上海市委常委、统战部部长沙海林出席《汶川特大地震上海市救灾援助实录》首发座谈会】 5月6日，《汶川特大地震上海市救灾援助实录》（以下简称《实录》）首发座谈会举行。上海市委常委、统战部部长、《实录》编委会主任沙海林出席会议并讲话。沙海林指出，上海民众救灾援助足迹遍及整个四川灾区，上海人民在充分彰显拼搏与人文精神的同时，“海纳百川、追求卓越、开明睿智、大气谦和”的城市精神得到充分锤炼和升华，并融入上海这座城市的血脉中。

《实录》分上、下卷，上卷设第一时刻、紧急救援、交通救援、医疗救援、心理救助、安置房建设、大爱赈灾、灾后重建和新闻报道；下卷设区县篇、民主党派篇、民族宗教篇和附录。全书共140万字。（王荣发）

【上海市委常委、统战部部长沙海林对修志工作提出要求】 5月11日，上海市委常委、统战部部长沙海林听取市统战系统地方志工作有关情况汇报，对做好机关及系统修志工作提出要求。一是思想上要重视。修志工作“利在当代，功在千秋”，既是日常工作，也是重要的基础性工作。修志工作成效如何不仅反映了参与人员的工作水平，更反映了领导干部的大局观、思想水平与工作能力。《上海市志·统战卷》的编纂反映了改革开放以来上海统战工作的工作轨迹与工作特点，参与人员在思想上要高度重视，以高度的使命感、责任感和紧迫感开展修志工作。二是责任要落实。要明确工作职责与时间节点，明确具体工作要求，实行责任追究制度，并纳入考核内容。三是要落实人员、经费等保障，抓好人员培训工作，搞好指导工作与检查。四是要把修志工作列入督办事项。要进一步探索建立档案工作与史志工作的协调机制，尝试利用计算机网络等科学化手段，进一步提高修志工作的效率与质量。

（王荣发）

【第十一届全国政协副主席厉无畏出席2015年上海市地方志法规宣传日活动】 5月18日，2015年上海市地方志法规宣传日活动·上海地方志论坛暨《国之歌——〈义勇军进行曲〉诞生八十周年》画册首发式举行。第十一届全国政协副主席厉无畏作《从地方志看中国现代化的断层与进程》报告。他根据上海地方志中的翔实史料，详尽论述上海在抗日战争前后的经济发展情况，特别指出日本发动的侵华战争，尤其对上海的两次军事进攻以及经济掠夺，极大地破坏了上海的经济发展，造成中国现代化发展的断层。上海市志办党组书记、主任洪民荣主持论坛。（陈畅）

5月18日，2015年上海市地方志法规宣传日活动·上海地方志论坛暨《国之歌——〈义勇军进行曲〉诞生八十周年》画册首发式举行，第十一届全国政协副主席、著名经济学家厉无畏（左）作报告

【江苏省省长李学勇要求深入贯彻落实《全国地方志事业发展规划纲要（2015—2020年）》】

10月23日，江苏省省长李学勇主持召开省政府第70次常务会议，专题听取全省地方志工作情况汇报，研究落实《全国地方志事业发展规划纲要（2015—2020年）》的意见。会议要求，认真贯彻国务院《地方志工作条例》和

《全国地方志事业发展规划纲要（2015—2020年）》，抓紧制定江苏省实施意见，进一步明确地方各级政府管理和发展地方志事业的重要职责，科学谋划和推进“十三五”地方志事业发展。要坚持质量第一原则，按时完成二轮修志任务，加快推进综合年鉴等编纂工作，努力推出更多代表江苏形象、富有江苏特色的地方文化精品。地方志工作要纳入现代公共文化服务体系建设，积极运用现代手段推进方志资源开发利用，鼓励和倡导全社会读志、传志、用志。会议原则同意省志办提出的关于将完成二轮修志任务列入政府工作报告并作为年度考核内容，将《江苏省地方志工作条例》列入立法规划，督促部分市辖区健全地方志工作机构，进一步加大对地方志信息化建设及资源开发利用投入力度等工作建议。会议还要求各有关方面加强工作对接，狠抓措施落实，为推动地方志事业持续健康发展创造良好条件。（武文明）

【浙江省委常委、宣传部部长葛慧君一行到浙江省志办视察指导】 2月4日，浙江省委常委、宣传部部长、省地方志编委会副主任葛慧君一行到省志办视察指导。葛慧君对《浙江通志》编纂和省志办的工作给予充分肯定，并对做好下一阶段的工作提出了明确要求。

（浙江省志办）

【浙江省副省长郑继伟批复同意建立《浙江通志》总纂工作班子】 5月18日，浙江省副省长、省地方志编委会副主任郑继伟批复省志办上报的《关于呈报〈浙江通志〉总纂工作班子人员名单的请示》，同意建立《浙江通志》总纂工作班子，决定聘请李志廷为总纂，廖曰文、章其祥、董郁奎、颜越虎、周祝伟、王林等六人为副总纂。（浙江省志办）

【浙江省副省长郑继伟主持召开《浙江通志》编纂工作座谈会】 6月18日，浙江省副省长、省地方志编委会副主任郑继伟主持召开《浙江通志》编纂工作座谈会。会议听取省志办主任、《浙江通志》常务副总编潘捷军及省经信委、省教育厅等11个单位编纂工作情况汇报。郑继伟指出，要按到2018年基本完成《浙江通志》编纂任务的总目标和“三个一批”的阶段性计划，进一步明确目标，强化责任，坚持进度与质量并举，做好编纂工作。

（浙江省志办）

【浙江省委书记夏宝龙参观余杭方志馆】 9月11日，浙江省委书记夏宝龙到杭州市余杭区塘栖古镇考察运河保护与治理以及旅游资源开发、历史遗存保护等情况并参观余杭方志馆。（浙江省志办）

【浙江省委常委、宁波市委书记刘奇对地方志工作作指示】 3月18日，宁波市委、市政府召开全市党史和地方志工作会议。浙江省委常委、宁波市委书记刘奇在会上讲话，要求全市广大党史、地方志工作者要努力做到“三个坚持”“三大作为”。（高曙明）

【原福建省委书记、省方志委主任陈明义到福建省方志委调研】 5月25日，原福建省委书记、省地方志编委会主任陈明义到省方志委调研。陈明义参观福建志书出版成果展。他指出，这些成果倾注了一批批默默无闻方志工作者的心血，是福建省巨大的文化工程，具有很高的现实作用和历史价值。（孙洁斐）

5月25日，原福建省委书记、省地方志编委会主任陈明义到省地方志编委会调研，参观福建志书出版成果展

【福建省副省长李红对地方志工作作出指示】 9月1日，福建省副省长李红专门听取福建省地方志编委会关于全省第八次地方志工作会议以来主要工作汇报，并就有关事项作出指示。李红指出，在省地方志编委会领导班子带领下，去年以来全省地方志工作很有成效，尤其是选拔提任了一批干部，对增强机关凝聚力非常重要。她支持编制《福建省地方志事业发展规划纲要（2016—2020年）》，并强调编制规划纲要很重要，地方志工作是要出书的，必须列入规划，才有经费，可以先搞专项规划。她赞同《闽台历代方志集成》申报"十三五"国家重点图书出版项目，并表示，申报基金获批数额与出版经费数额之间的差额，可以从社会事业费中予以补助。她非常关心省方志馆修缮改造布展项目建设，表示将协调有关单位在加快项目建设方面给予支持。（孙洁斐）

【山东省领导对史志工作挖掘和阐发优秀传统文化作出批示】 2月8日，山东省省长郭树清在《山东省地方史志办公室2014年工作总结和2015年工作安排》上批示："史志工作对建设经济文化强省具有重要意义。去年十一月习近平总书记再次对山东工作提出明确要求，其中，利用丰富的齐鲁文化资源，挖掘和阐发优秀传统文化是一项很关键的要求。你们有巨大的舞台，能演出什么样的活剧来，就要看你们有什么样的态度、能力和韧性了。"2月10日，山东省委常委、宣传部部长孙守刚批示："过去一年，史志办工作取得显著成绩，特别是围绕挖掘传承齐鲁优秀传统文化、编辑出版十艺节志等方面做了大量开创性工作，体现了高度责任意识和务实精神，谨向史志办同志们表示衷心感谢！新的一年，我们共同领会落实好树清省长批示要求，把修志育人、传承文明的工作做得更好。"2月9日，山东省副省长王随莲批示："爱军同志：郭省长对史志工作给予了充分肯定，也提出了明确的目标要求，请你和同志们一定抓住山东文化大发展大繁荣的关键时机，充分发挥好史志部门的作用，为文化强省建设添砖增瓦。"2月13日，山东省副省长季缃绮批示："史志办工作很有成效。请省文化厅、新闻出版广电局及省有关文化单位认真学习树清省长的批示精神，在贯彻落实习总书记对山东工作的讲话、批示中，演出接地气、吸收齐鲁文化丰富养分、弘扬中华优秀传统文化的精彩活剧来。"3月26日，山东省省长郭树清在省史志办《关于贯彻落实省政府领导在〈山东省地方史志办公室2014年工作总结和2015年工作安排〉上的重要批示情况的报告》上作出批示。（孙杰）

【山东省副省长王随莲听取史志工作汇报】 4月24日，山东省副省长王随莲听取了山东省政府办公厅党组成员、省史志办主任刘爱军关于全国地方志机构主任工作会议精神及贯彻落实意见的汇报，并对下一步工作作出指示。王随莲对全省史志工作给予充分肯定。她提出，一要深入贯彻"一纳入、八到位"的总要求。按照把地方志工作纳入国民经济和社会发展规划、各级政府工作任务，做到认识到位、领导到位、机构到位、编制到位、经费到位、设施到位、规划到位、工作到位的总要求，逐项加以排查推进，抓好贯彻落实，确保将中指组的各项要求落到实处。二要坚持修志主线。严格按照《全省第二轮修志倒排工期计划表》要求，开展第二轮修志工作专项督查，通过召开座谈会、调研督导等方式，督促后进，推进第二轮修志工作协调发展。三要编制《山东省地方史志事业发展"十三五"规划》。要争取将史志工作纳入《山东省国民经济和社会发展"十三五"规划》。四是持之以恒地抓好人才培养，不断充实史志人才队伍，为史志事业发展提供强大的人才保障。五是做好修订《山东省地方史志工作条例》的各项基础性工作，加强与中指组和省人大、省法制办的联系沟通，结合工作实际提出意见建议，为"依法治志"提供有力保障。六是以9月3日抗战胜利纪念日为时间节点，加快推进抗战胜利70周年纪念宣传活动有关项目，确保提前完成任务。要以对民族、对历史、对先烈、对后人高度负责的态度，认真做好各项工作，精心打磨，精益求

精。七是承办好中指组交办的会议和有关活动，宣传好山东史志工作的先进经验，扩大影响。（李坤）

4月24日，山东省副省长王随莲（右二）听取山东省政府办公厅党组成员、省史志办主任刘爱军（左二）关于全国地方志机构主任工作会议精神及贯彻落实意见的汇报，并对下一步工作作出重要指示

【山东省副省长王随莲出席中国社会科学院、中指办国情调研临朐基地揭牌仪式】 4月27日，中国社会科学院、中指办国情调研临朐基地揭牌仪式举行。山东省副省长王随莲，中指办党组书记赵芮，中指组副秘书长、中指办副主任冀祥德，山东省政府办公厅党组成员、省史志办主任刘爱军出席仪式并为国情调研临朐基地揭牌。潍坊市副市长王桂英主持揭牌仪式。同日，王随莲与赵芮、冀祥德一行举行座谈。（孙杰）

4月27日，中国社会科学院、中指办国情调研临朐基地揭牌仪式举行，山东省副省长王随莲（左二），中指办党组书记赵芮（右二），中指组副秘书长、中指办副主任冀祥德（左一），山东省政府办公厅党组成员、省史志办主任刘爱军（右一）出席仪式并为国情调研临朐基地揭牌

【山东省领导对学习贯彻地方志全国会议精神作出批示】 5月18日，山东省省长郭树清在省史志办《关于全国会议精神及有关工作情况的报告》上批示：“史志办有些工作项目是否也列入全省弘扬优秀传统文化计划和工程之中，建议省委宣传部、文化厅、文物局研究。”5月19日，山东省副省长季缃绮批示：“史志办雷厉风行的工作作风值得肯定。”5月18日，山东省政府秘书长蒿峰批示：“工作抓的紧，成绩很大，望抓好现在几个项目的进展。可由爱军、卢杰同志与有关单位商研，落实省长要求。”（李坤）

【山东省领导对省史志办拍摄纪念抗战胜利70周年纪录片作出批示】 5月28日，山东省委常委、宣传部部长孙守刚在省史志办《关于联合拍摄山东纪念抗战胜利70周年纪录片的报告》上批示：“这些想法很好，也做了大量基础性工作，但拍系列纪录片时间可能来不及。有些内容可吸收进网上抗日纪念馆中。”（孙杰）

【山东省领导对山东纪念抗战胜利70周年丛书作出批示并作序】 6月1日，山东省省长郭树清在省史志办《关于恳请郭树清省长为山东纪念抗战胜利70周年丛书作序的请示》上批示：“编撰这本书很有意义，建议由随莲同志作序。”6月3日，山东省副省长王随莲为山东纪念抗战胜利70周年丛书作序。（李坤）

【山东省委常委、德州市市委书记吴翠云看望德州市史志办工作人员】 7月20日，山东省委常委、德州市委书记吴翠云看望德州市史志办工作人员，与市地方史志编委会成员座谈，听取市史志办主任李其常关于《德州市志》编纂工作的汇报。吴翠云详细询问《德州市志》编纂情况，并对近几年全市史志工作取得的成绩给予高度评价。（李坤）

【山东省委常委、宣传部部长孙守刚对省史志办《关于开展纪念抗战胜利70周年系列成果宣传的请示》作出批示】 7月21日，山东省委常委、宣传部部长孙守刚在省史志办《关于开展纪念抗战胜利70周年系列成果宣传的请示》上作出批示："史志办发挥优势，主动作为，做了大量工作，值得充分肯定。"他还就做好相关宣传工作提出要求。（李坤）

【山东省领导对编纂支援西藏志、新疆志作出批示】 7月30日，山东省省长郭树清在山东省史志办《关于编纂〈山东省对口支援西藏志〉〈山东省对口支援新疆志〉及开展史志对口支援工作的报告》上作出批示。7月31日，山东省副省长王随莲批示同意编纂支援新疆志和西藏志，并就对口支援工作提出要求。（李坤）

【山东省副省长王随莲到济宁督导第二轮地方志编修工作】 8月18日，山东省副省长王随莲到济宁督导第二轮地方志编修工作。山东省政府办公厅党组成员、省史志办主任刘爱军等参加有关活动。在听取济宁市第二轮修志工作情况汇报后，王随莲强调，各级政府要把史志工作当作一项长期任务，纳入国民经济和社会发展规划，切实做到认识到位、领导到位、机构到位、编制到位、经费到位、设施到位、规划到位、工作到位。要加快第二轮修志工作步伐，严格按照《全省第二轮修志倒排工期计划表》，确保在2018年按时完成工作任务。同时，还要坚持质量第一的原则，强化全过程质量控制，努力把每部志书都打造成经得起历史检验的文化精品。各级各有关部门要把史志工作纳入公共文化服务体系，加强方志馆等基础设施建设，为史志工作开展搭建好平台，提高社会公众的参与度，更好地服务经济社会发展。（李坤）

【山东省领导对纪念抗战胜利70周年丛书作出批示】 8月28日，山东省省长郭树清在省史志办《关于山东纪念抗战胜利70周年丛书编纂情况的汇报》上作出批示。9月6日，山东省委常委、宣传部部长孙守刚批示："这套丛书为研究宣传山东抗战历史，弘扬伟大抗战精神提供了宝贵资料，体现了省史志办的责任担当和务实作风，谨向所有参与这项工作的同志表示衷心感谢！"9月2日，山东省副省长季缃绮批示："史志办雷厉风行、扎实工作的作风值得肯定。"（李坤）

【山东省副省长季缃绮对山东省史志办制作齐鲁历史名人动漫及纪录片作出批示】 9月21日，山东省副省长季缃绮在山东省史志办《关于制作齐鲁历史名人动漫及纪录片的请示》上作出批示："该项工作也是下步推进齐鲁优秀传统文化传承创新工程的内容，请有关部门给予支持。"（李坤）

【山东省副省长王随莲到聊城督导史志工作】 10月22日，山东省副省长王随莲到聊城督导史志工作。王随莲听取聊城市史志工作情况的汇报，并到阳谷县方志馆实地调研。王随莲强调，聊城市要贯彻落实"一纳入、八到位"的主线，把史志工作当作一项长期任务，纳入国民经济和社会发展规划，切实做到认识到位、领导到位、机构到位、编制到位、经费到位、设施到位、规划到位、工作到位。要切实完成修志编鉴核心目标任务，认真梳理工作进度，严格按照规划纲要的要求，采取有效措施，加大推进力度，确保按时完成。同时，还要坚持质量第一的原则，强化全过程质量控制，努力把每部志鉴都打造成经得起历史检验的文化精品。要提升史志工作服务能力，统筹兼顾各项工作全面发展。（李坤）

【河南省副省长张广智就贯彻落实《全国地方志事业发展规划纲要（2015—2020年）》作出批示】 9月6日，河南省副省长张广智就贯彻落实《全国地方志事业发展规划纲要（2015—2020年）》作出批示："《纲要》对发展史志事业具有十分重要的意义，抓好学习、

贯彻、落实，推动我省史志工作取得更大成绩。”　（王颖）

【湖南省委常委、宣传部部长张文雄到省地方志编委会调研指导工作】　9月8日，湖南省委常委、宣传部部长张文雄到省地方志编委会调研指导工作。张文雄一行参观湖南方志馆，看望编委会工作人员。张文雄指出，修志同道，以启未来，省地方志编委会要在高质量抓好修志编鉴的同时，切实做好读志用志工作，要创新方法，打造“互联网＋地方志”等数字化、信息化新平台，用群众喜闻乐见、简便易行的方式促进全民读志用志；要更加注重领军人才的培养，要在培育方志专家、大家和优秀团队上狠下功夫；要不断优化环境，促进全省地方志事业持续健康发展。　（张征远）

9月8日，湖南省委常委、宣传部部长张文雄（前排中）一行参观湖南方志馆

【广东省省长朱小丹、常务副省长徐少华看望省志办工作人员】　2月26日，广东省省长朱小丹，常务副省长徐少华到省志办，代表省委省政府向全办干部职工和全省地方志工作者致以新春问候与祝福。朱小丹指出，地方志工作意义非常重大。我们把历史记录下来，不光是要对得起前人，更重要的是昭示后人，是资政育人这一特殊功能的体现。盛世修志，也正是有了改革开放30多年来广东省经济社会发展取得的辉煌成就，才可能让广东的地方志工作迈上今天这样一个大台阶。他肯定了广东地方志工作30周年成果展，很好地展示了广东省新方志编修30年来取得的琳琅满目的成果，特别是近几年地方志工作取得的成果。朱小丹强调，修志编鉴是很严肃、很细致的工作，要实事求是，忠于史实，注重历史细节。要认真做好资料的搜集、分析工作，最后形成成果。对地方志工作，省委省政府一直十分重视，给予充分肯定和高度评价。朱小丹表示：“对你们去年的工作，我们再给你们一个新的点赞！”朱小丹在参观《广东行政区域演变图》时提出，省方志办可把这些珍贵资料整理成册，服务社会。　（广东省志办）

2月26日，广东省省长朱小丹（左一）代表省委省政府向省方志办干部职工和全省地方志工作者致以新春问候与祝福

【广西壮族自治区党委常委、自治区副主席李康出席广西地方志工作电视电话会议并讲话】　11月20日，广西壮族自治区党委常委、自治区副主席李康出席广西地方志工作电视电话会议并讲话。李康充分肯定第二轮修志以来广西地方志工作在依法修志、编修业务、队伍建设、基础设施建设等方面取得的成绩。她要求，全区各级政府、各部门要加强领导、落实责任，要把贯彻“一纳入、八到位”和第二轮修志编修进度情况纳入政府工作目标、政府督办和绩效考评体系，对“一纳入、八到位”执行不力、工作推进慢的单位和相关领导进行约谈，甚至问责。要明确任务、确保质量，坚持正确的编纂方向，“全面、客观、真实、科学”和“资治、教化、存史”贯穿于整个编纂过程，严格按照保证质量进度、编纂规范和审查验收程序的要求进行编修。协调配合、形成合

力，有关部门要依法支持、共同推动全区地方志事业发展。承担编修任务的单位，要落实工作经费和人员，严格按照要求，采取有效措施，狠抓落实，努力开创广西地方志事业发展新局面。（韦晓）

11月20日，广西壮族自治区党委常委、自治区副主席李康出席广西地方志工作电视电话会议并讲话

【海南省委常委、宣传部部长许俊等到海南史志馆建设工地调研】 1月6日，海南省委常委、宣传部部长许俊，省委常委、省委秘书长孙新阳到海南史志馆项目工地调研，召开推进项目建设各方共同参与的现场会。许俊指出，建设海南史志馆是对历史的传承，是对千千万万革命先辈的纪念，也是全省人民的热切期盼，省委省政府对项目建设高度关注。今年是海南解放65周年，史志馆建设各方和有关部门要有高度的政治责任感，以对历史负责的态度，履行好自己的职责，把史志馆项目建设好。（李鑫）

【海南省委常委、省委秘书长孙新阳到海南史志馆建设工地调研】 4月28日，海南省委常委、省委秘书长孙新阳到海南史志馆项目工地调研并召开现场会。孙新阳指出，建设海南史志馆是省委、省政府的重大决策，是海南省政治生活中的一件大事，也是全省人民的热切期盼。他要求，各有关方面对此项目要高度重视、加强沟通、特事特办、强化管理、确保质量。（李鑫）

【四川省委常委、常务副省长王宁听取省地方志工作办公室情况汇报】 8月24日，四川省委常委、常务副省长王宁听取省地方志工作办公室关于全省地方志工作的情况汇报，对当前和今后一段时间的地方志工作作出指示。王宁指出，地方志工作重要，地方志系统的干部辛苦敬业。班子主要负责人要在选好干部、用好干部上作长远考虑，形成良好的工作氛围。对省方志馆的筹建工作，他要求，要珍惜机遇，抓住机遇，加快上报立项申请前期各项工作进度。他强调，省方志办要围绕中心大局，按照省委省政府工作部署、在中指组及办公室的指导下，发挥规划引领、宏观监督指导作用，切实履职尽责，加强对全省行政区域内地方志工作的统一指导、分级管理工作。（黄绚）

【西藏自治区党委书记陈全国对地方志工作作出批示】 10月4日，西藏自治区党委书记陈全国在区志办《关于中指组赴藏调研及我区方志工作的情况报告》上批示："此次伟光院长来，是对我们的支持。要重视地方志工作，也是弘扬优秀西藏文化和在党的领导下西藏发生的巨大变化的展示。"（西藏自治区志办）

【西藏自治区领导出席区地方志编委会会议】 11月17日，西藏自治区地方志编委会召开会议，专题研究部署地方志工作。区党委副书记、区主席、区地方志编委会主任洛桑江村出席会议并讲话，区党委副书记、区常务副主席、区党委政法委书记、区地方志编委会副主任邓小刚主持会议并作总结讲话，区党委常委、区党委秘书长、区地方志编委会副主任王瑞连出席会议。洛桑江村充分肯定西藏地方志编纂工作，他强调，编修好西藏社会主义新方志意义十分重大。各级政府、自治区地方志编委会各成员单位和各有关部门要站在全局和战略的高度，切实增强做好地方志工作的责任感和使命感，以对人民、对历史、对未来高度负责的精神，扎扎实实推进地方志工作迈上新台阶。（西藏自治区志办）

【西藏自治区党委常务副书记吴英杰视察指导史志工作】 12月21日，西藏自治区党委常务副书记吴英杰到西藏自治区党委党史研究室（区志办）视察指导史志工作，慰问全体史志工作者，听取全区史志工作情况汇报并讲话。吴英杰充分肯定全区史志工作取得的成绩，对全区史志干部多年来默默无闻、勤勉敬业、严于律己、甘于奉献的精神给予高度评价。他指出，重视史志工作，注重从历史中汲取智慧和力量，是我们党的一个优良传统和政治优势。西藏是重要的国家安全屏障和反分裂斗争的主战场，西藏工作事关国家发展大局。做好西藏史志工作，对于促进西藏经济社会长足发展和长治久安具有重大而深远的意义。

（西藏自治区志办）

【西藏自治区党委常委、区常务副主席丁业现出席《西藏自治区志·民航志（2001～2010）》终审会】 7月9日，《西藏自治区志·民航志（2001～2010）》志稿终审会议召开。自治区党委常委、区常务副主席、《西藏自治区志·民航志（2001～2010）》终审领导小组组长丁业现出席会议并讲话。丁业现指出，鉴史可以知兴替，编史修志是中华民族的优良传统，也是社会主义先进文化建设的重要组成部分。质量是志书的生命，是志书的价值所在。只有精品，才能流芳百世。如果把关不严，质量不高，不仅会严重影响志书的信誉，降低志书的价值，甚至会给党和国家的工作带来很大的被动。

（西藏自治区志办）

【甘肃省副省长、省地方史志编纂委员会主任夏红民出席地方史志工作会议】 5月11日，甘肃省副省长、省地方史志编纂委员会主任夏红民出席省地方史志工作会议并讲话。夏红民希望广大史志工作者继续秉持崇高信念，以更加饱满的热情、以求真存实的作风进一步做好地方志编纂、管理和开发利用工作，为弘扬优秀传统文化、服务经济社会发展作出新的贡献。一要统一思想，深化认识，进一步增强做好新形势下地方志工作的责任感和使命感；二要明确目标，强化落实，全面完成各项工作任务；三要加强领导，强化地方志事业发展保障。

（梁兴明）

【新疆维吾尔自治区党委副书记、新疆生产建设兵团党委书记、政委韩勇对兵团史志工作作出重要批示】 10月19日，新疆维吾尔自治区党委副书记、新疆生产建设兵团党委书记、政委韩勇在兵团党委党史研究室、兵团志办公室《关于认真学习贯彻落实韩勇政委在参观七十二团红军团纪念馆时的讲话精神的报告》上作出重要批示：“兵团各级党委要继承光荣传统，重视史志工作，要进一步关怀老红军、老八路。”

（周崇）

大 事 记

1月

6日 海南省委常委、宣传部部长许俊，省委常委、秘书长孙新阳到海南史志馆项目建设工地进行调研并召开现场会。

14日 中国社会科学院院长、中指组组长王伟光，中国社会科学院副院长、中指组常务副组长李培林在北京听取山东省政府办公厅党组成员、省史志办主任刘爱军一行工作汇报。李培林作出批示，高度评价山东地方志工作，认为在加强依法修志的同时，在指导村镇志、编纂特色志方面也充分发挥了主动性，表现出大局意识、责任意识、担当意识和工作热情。

16日 浙江省嘉善县档案局和嘉善县地方档案史料收藏研究会主编的《嘉善记忆》创刊首发式举行。

19日 青海省政府颁布《青海省地方志工作规定》。

31日 四川省委常委、常务副省长钟勉在《省志编委班子 2014 年工作总结及 2015 年工作打算》上作出批示。

是月 宁波市海曙区档案局（馆）、宁波市海曙区委党史办公室、宁波市海曙区志办主办的《海曙记忆》创刊出版。

是月 西藏自治区党委党史研究室（区志办）正式接手《西藏年鉴》工作。

是月 厦门市湖里区首部地方综合年鉴《湖里年鉴（2014）》由方志出版社出版。

2月

2日 黑龙江省副省长于莎燕就黑龙江省地方志工作作出批示。

4日 浙江省委常委、宣传部部长、省地方志编委会副主任葛慧君一行到浙江省志办视察指导。

6日 河南省政府发出通知，免去霍宪章河南省史志办主任、省方志馆馆长职务。

6日 宁夏回族自治区银川市政府召开全市地方志工作会议。

8日 内蒙古自治区政府任命胡满达为自治区志办主任。

8日 山东省省长郭树清在《山东省地方史志办公室 2014 年工作总结和 2015 年工作安排》上作出批示。

9日 山东省副省长王随莲就山东省地方志工作作出批示。

10日 山东省委常委、宣传部部长孙守刚部长就山东省地方志工作作出批示。

是日 广州市地方志工作会议召开。

13日 山东省副省长季缃绮就山东省地方志工作作出批示。

28日 四川省委办公厅、省政府办公厅印发《关于进一步加强和改进新形势下地方志工作的意见》。

28日 青海省政府发出通知，任命高煜为青海省志办主任。

是月 厦门市翔安区首部《翔安年鉴（2014）》由中华书局出版。

3月

4日 中国社会科学院院长、中指组组长王伟光在《关于郭树清省长对史志工作批示等有关情况的报告》上作出批示，要求以适当方式宣传郭树清同志重视地方志工作。

6日　安徽省副省长谢广祥就2015年《安徽年鉴》编纂工作作出批示。

17日至18日　2015年北京市地方志工作会议召开。

18日　宁波市委、市政府召开全市党史和地方志工作会议。

是日　中共宁波市委办公厅、宁波市政府办公厅印发《关于进一步加强党史和地方志工作的意见》。

是日　第八次四川省地方志工作会议召开。

20日　青岛市召开全市史志工作会议。

24日　河南省地方史志工作会议召开。

是日　广西方志馆荣获“广西古籍保护工作先进单位”称号。

26日　山东省省长郭树清在山东省史志办《关于贯彻落实省政府领导在〈山东省史志办2014年工作总结和2015年工作安排〉上的重要批示情况的报告》上作出批示。

27日　中指组五届二次会议在北京召开。

30日　湖南省永州市政府办公室印发《关于进一步做好地方综合年鉴编纂工作的通知》。

31日　河南省郑州市地方史志工作会议召开。

4月

7日　百度百科·陕西数字方志馆正式上线运行。

13日　2015年贵州年鉴工作会议在贵阳召开。

15日　安徽省省长王学军、副省长谢广祥分别对安徽省地方志工作作出批示。

16日至18日　2015年度全国地方志机构主任工作会议在合肥召开。

17日　乌鲁木齐市委常委会第19次会议决定，自治区党委常委、乌昌党委书记、乌鲁木齐市委书记朱海仑担任乌鲁木齐市党史地方志编委会主任。

23日　广东省委办公厅、省政府办公厅印发《关于加强地方志工作的通知》。

24日　山东省副省长王随莲听取山东省政府办公厅党组成员、省史志办主任刘爱军关于全国地方志机构主任工作会议精神及贯彻落实意见的汇报，并对下一步工作作出指示。

26日　山东省史志办官方微信“山东史志”开通。

27日　中国社会科学院、中指办国情调研临朐基地揭牌仪式举行。山东省副省长王随莲，中指办党组书记赵芮，中指组副秘书长、中指办副主任冀祥德出席揭牌仪式。

28日　海南省委常委、省委秘书长孙新阳到海南史志馆项目工地调研并召开现场会。

是月　宁波市江东区首部《江东年鉴(2014)》由宁波出版社出版。

是月　宁波市江北区首部《江北年鉴(2014)》由浙江人民出版社出版。

5月

11日　甘肃省地方史志工作会议召开。

18日　浙江省副省长、省地方志编委会副主任郑继伟批复省志办上报的《关于呈报〈浙江通志〉总纂工作班子人员名单的请示》，同意建立《浙江通志》总纂工作班子。

是日　山东省省长郭树清在省史志办《关于全国会议精神及有关工作情况的报告》上作出批示。次日，山东省副省长季缃绮也作出批示。

是日　广东省政府召开全省第七次地方志工作会议。

21日　山东省常务副省长孙伟圈阅省史志办《关于全国会议精神及有关工作情况的报告》。

22日　深圳市史志办开通“深圳史志”微信公众号。

26日　山东省省长郭树清在济南军区原政委宋清渭《中国共产党是夺取抗战胜利的民族先锋》上作出批示，要求党史研究室、史志办参阅。

26日　河南省政府发出通知，任命管仁富为河南省史志办主任、省方志馆馆长。

28日 山东省委常委、宣传部部长孙守刚在省史志办《关于联合拍摄山东纪念抗战胜利70周年纪录片的报告》上作出批示。

29日 江苏省志办印发《关于贯彻落实〈中国名镇志文化工程实施方案〉的实施办法》。

6月

1日 山东省省长郭树清在《关于恳请郭树清省长为山东纪念抗战胜利70周年丛书作序的请示》上作出批示。

3日 山东省省长郭树清在省史志办《关于贯彻落实郭树清省长对宋清渭同志抗战纪念文章重要批示的报告》上作出批示。

是日 山东省副省长王随莲圈阅《关于恳请郭树清省长为山东纪念抗战胜利70周年丛书作序的请示》，为山东纪念抗战胜利70周年丛书作序。

是日 山东省政府印发《山东省政府关于公布省级政府部门责任清单有关事宜的通知》，山东省史志办“负责山东省史志资料的编纂和指导工作”列入清单。

9日 内蒙古自治区地方志工作电视电话会议在呼和浩特召开。自治区主席巴特尔对全区地方志工作作出批示，自治区副主席白向群出席会议并讲话。

17日 吉林省政府决定由副省长隋忠诚兼任吉林省地方志编委会副主任。

18日 浙江省副省长、省地方志编委会副主任郑继伟主持召开《浙江通志》编纂工作座谈会。

是日 宁波市政府办公厅印发《宁波市地方志事业发展规划（2015～2020年）》。

19日 河北省省长张庆伟对河北省地方志工作作出批示。

23日 河北省常务副省长杨崇勇对河北省志总纂龚焕文的工作汇报作出批示。

24日至28日 受人社部委托，中国社会科学院人事教育局主办、中指办承办的“专业技术人才知识更新工程2015年全国地方综合年鉴资源开发利用高级研修班”在北京举办。

25日 蒋文欢任杭州市政府办公厅党组成员、杭州市志办主任。

29日 辽宁省委常委、大连市委书记唐军就大连市委党史研究室（大连市志办）坚持开展每周学习活动的做法作出批示。

是月 厦门地情数据库项目获批并招标开始建设。

7月

1日 中国名镇志丛书编纂业务培训班在北京举办。

是日 江苏省首部乡镇年鉴泰州市高港区《永安洲年鉴（2014）》由南京出版社出版。

7日至8日 全国第二轮省级志书编纂工作座谈会暨精品志书编纂研讨会在山东济南召开。

13日 吉林省地方志编委会副主任严寒被聘为吉林省政府文史研究馆馆员。

14日 广东省委决定，丘洪松任省志办党组成员、副主任。

15日 青海省副省长高华在省志办《关于玉树大地震救灾重建志编纂情况的专题汇报》上作批示。

20日至21日 全国第二轮省级志书编纂工作推进会在山西太原召开。

21日 山东省委常委、宣传部部长孙守刚在省史志办《关于开展纪念抗战胜利70周年系列成果宣传的请示》上作出批示。

22日 中国志书精品工程专家座谈会在太原召开。

30日 中共中央总书记、国家主席、中央军委主席习近平在中共中央政治局第二十五次集体学习时作出重要指示，要求统筹协调包括地方志在内的多个部门和机构的力量，深入开展中国人民抗日战争研究。

是日 山东省省长郭树清在《关于编纂〈山东省对口支援西藏志〉〈山东省对口支援新疆志〉及开展史志对口支援工作的报告》上作

出批示。次日，山东省副省长王随莲也作出批示。

8月

3日 中国社会科学院院长、中指组组长王伟光在《季缃绮副省长在全国第二轮省级志书编纂工作座谈会暨精品志书编纂研讨会的致辞》上作出批示。

4日 江西省机构编制委员会办公室印发《江西省机构编制委员会办公室关于调整省志办内设机构级别及领导职数的批复》。

5日 第二届西北地区地方志工作协作会议在青海西宁召开。

13日 青海省副省长高华在省志办《关于第二届西北地区地方志工作协作会议情况及会议精神贯彻落实意见的汇报》上作出批示。

14日 经辽宁省委同意，樊文忠任辽宁省志办主任、党组书记，辽宁省政府办公厅党组成员。

19日 中国社会科学院院长、中指组组长王伟光批示，中国社会科学院副院长、中指组常务副组长李培林分别就山东省编纂山东纪念抗战胜利70周年丛书作出批示。

20日 新疆生产建设兵团党委党史研究室、兵团志办公室印发《关于表彰兵团史志系统先进集体、先进工作者和优秀成果的通报》，对2010年1月1日至2014年12月31日期间，涌现出的兵团史志系统先进集体、先进工作者和优秀史志成果进行表彰。

25日 国务院办公厅印发《全国地方志事业发展规划纲要（2015—2020年）》。

是日 黑龙江省政府召开全省第九次地方志工作会议。

是日 哈尔滨市方志馆荣获“黑龙江省地方志系统先进集体”荣誉称号。

26日 广州市地方志编委会印发《广州市地方志事业“十三五”发展规划（2016—2020年）》。

27日至28日 中华一统志编修可行性论证会议暨方志学学科建设规划专题研讨会议在南昌召开。

28日 山东省省长郭树清在省史志办《关于山东纪念抗战胜利70周年丛书编纂情况的汇报》上作出批示。

9月

1日 福建省副省长李红听取省方志委关于全省第八次地方志工作会议以来主要工作汇报，并就有关事项作出指示。

2日 山东省副省长季缃绮在《关于山东纪念抗战胜利70周年丛书编纂情况的汇报》上作出批示。

5日 田洪任贵州省志办主任。

6日 山东省委常委、宣传部部长孙守刚在《关于山东纪念抗战胜利70周年丛书编纂情况的汇报》上作出批示。

是日 河南省副省长张广智就贯彻落实《全国地方志事业发展规划纲要（2015—2020年）》作出批示。

7日 广州市委办公厅、市政府办公厅联合印发《关于进一步加强地方志工作的意见》。

8日 北京市市长王安顺对贯彻《全国地方志事业发展规划纲要（2015—2020年）》作出批示。

是日 湖南省委常委、省委宣传部部长张文雄到湖南省地方志编委会调研指导工作。

9日 山西省省长李小鹏批示省志办要研究制定实施方案，全面落实《全国地方志事业发展规划纲要（2015—2020年）》。

11日 浙江省委书记夏宝龙参观余杭方志馆。

12日 赵竹帛任哈尔滨市政府志办党组书记、主任。

15日至19日 全国地方综合年鉴编纂高级研修班在宁夏银川举办。

20日至25日 中指办援藏志鉴编纂业务培训班在西藏林芝市举办。

21日 山东省副省长季缃绮在省史志办《关于制作齐鲁历史名人动漫及纪录片的请示》上作出批示。

24 日 广州市第八次地方志工作会议召开。

10 月

14 日 辽宁省省长陈求发到省志办视察，听取地方志工作情况汇报，详细了解省地方志办机构设置、人员编制及经费保障情况，询问了全省二轮修志工作进展情况。

15 日 青海省省长、省志编委会主任郝鹏在《关于学习贯彻〈全国地方志事业发展规划纲要（2015—2020 年）〉的报告》上作出批示。

19 日 青海省副省长高华在青海省志办报送的《关于学习贯彻〈全国地方志事业发展规划纲要（2015—2020 年）〉的报告》上作出批示。

19 日至 22 日 2015 年新方志论坛在上海举办。

19 日至 24 日 全国地方志工作机构新任负责人培训班在福建泉州举办。

20 日 山东省政府办公厅印发《山东省地方史志事业发展规划纲要（2016—2020 年）》。

22 日 山东省副省长王随莲到聊城督导史志工作。

23 日 江苏省省长李学勇主持召开省政府第 70 次常务会议，专题听取全省地方志工作情况汇报，研究落实《全国地方志事业发展规划纲要（2015—2020 年）》的意见。

是月 奉化市首部地方综合年鉴《奉化年鉴 2013》由浙江人民出版社出版。

是月 宁波市镇海区首部地方综合年鉴《镇海年鉴 2012》由方志出版社出版。

11 月

3 日 长沙市政府印发《长沙市政府关于进一步加强新时期地方志工作的意见》。

9 日至 10 日 第五届中国地方志学术年会在福建厦门召开。

17 日 广东省机构编制委员会印发《关于广东省政府地方志办公室机构编制方案的通知》。

是日 深圳市方志馆举行揭牌仪式。

20 日 广西壮族自治区党委常委、自治区副主席李康出席广西地方志工作电视电话会议。

22 日 江苏省第十二届委员会第十一次全体会议审议通过的《中共江苏省委关于制定江苏省国民经济和社会发展第十三个五年规划的建议》提出“加强爱国主义教育理论研究，特别是地方史志研究”。这是地方志工作第一次被列入江苏省委五年规划建议。

25 日 福州市第十届委员会第十一次全体会议通过《中共福州市委关于制定福州市国民经济和社会发展第十三个五年规划的建议》，“设立福州市方志馆”并列入“打响闽都文化品牌”中。

26 日 安徽省政府办公厅印发通知，任命严希为省志办副巡视员。

30 日 河北省政府办公厅党组任命宋士青、杨胜旗、王蕾三人为河北省志办副主任。

是日 《杭州文化年鉴》创编工作被列为《杭州日报》评出的“2015 年杭州文化工作十件大事”之一。

12 月

1 日 中国地情网、中国方志网开通仪式在北京举行。

1 日 《北京风物图志——去伪存真说北京》节目在北京电视台公共频道“这里是北京”栏目播出。

2 日 哈尔滨市政府决定将原市社科院负责的年鉴管理职能整建制划转至市志办管理。

3 日 青海省政府办公厅印发《关于加快推进全省二轮三级志书及〈玉树大地震救灾重建志〉编纂工作的通知》。

7 日 吉林省副省长李晋修听取省地方志编委会工作汇报。

8 日 江西省志办官方微信公众订阅号“方志江西”开通。

14 日　长沙市政府办公厅印发《长沙市地方志事业发展规划纲要（2015—2020)》。

15 日　经黑龙江省委常委会议决定，章磊任省志办副主任、党组成员。

17 日　辽宁省委常委、大连市委书记唐军就中共大连市委党史研究室（大连市志办）坚持开展每周学习活动，以及加强干部学习和青年干部培养的做法作出批示。

是日　江苏省政府办公厅印发《江苏省贯彻〈全国地方志事业发展规划纲要（2015—2020 年)〉实施方案》。

18 日　广东省志办举办的“家谱家训家风展”开幕。

21 日　西藏自治区党委常务副书记吴英杰到区党委党史研究室（区志办）视察指导史志工作，慰问全体史志工作者，听取全区史志工作情况汇报并讲话。

25 日　《萧山市志》首发式举行。

26 日　四川省委常委、常务副省长王宁在中共四川省委机构编制委员会办公室《关于省地方志领导班子配备事宜的报告》上作出批示。

27 日　福建省政府办公厅印发《福建省地方志事业发展规划纲要（2016—2020 年)》。

28 日　中共中央政治局常委、国务院总理李克强对全国地方志系统先进模范座谈会作出重要批示，强调各级政府要关心和支持地方志事业发展，地方志工作者要继续发扬方志人精神，直笔著信史，彰善引风气，为当代提供资政辅治之参考，为后世留下堪存堪鉴之记述。

是日　哈尔滨市方志馆被命名为哈尔滨市首批爱国主义教育基地。

29 日　中共中央政治局委员、国务院副总理刘延东在接见全国地方志系统先进模范代表时发表重要讲话，强调要扎实推进地方志事业科学发展，为弘扬社会主义核心价值观、建设社会主义文化强国作出新贡献。

是日　中国地方志学会第六届会员代表大会暨第六届理事会第一次会议在北京召开。

是日　由人社部、中指组联合主办的全国地方志系统先进模范座谈会在北京人民大会堂召开。

30 日　2016 年度全国地方志机构主任工作会议在北京召开。

是日　方志出版社成立 20 周年座谈会在北京召开。

是日　全国年鉴工作、中国年鉴精品工程试点单位授牌仪式暨试点工作座谈会在北京召开。

是日　广西壮族自治区政府办公厅印发《广西贯彻落实〈全国地方志事业发展规划纲要（2015—2020 年)〉实施方案》。

31 日　吉林省政府办公厅印发《吉林省地方志事业发展规划（2016—2020 年)》。

是日　青海省地方志网正式开通运行。

是月　兵团第十师北屯市首部《北屯年鉴(2015)》由新疆大学出版社出版。

是月　杭州市志办主办的微信公众平台“方志杭州”试运行。

是月　宁波市海曙区首部地方综合年鉴《海曙年鉴（2014)》由浙江人民出版社出版。

是月　广东省委决定，任命刘卫为广东省志办党组成员、副主任。

中国地方志指导小组及其办公室工作

·中国地方志指导小组工作

【王伟光、李培林听取山东史志工作汇报并作出批示】 1月14日，中国社会科学院院长、中指组组长王伟光，中国社会科学院副院长、中指组常务副组长李培林听取山东省政府办公厅党组成员、省史志办主任刘爱军一行工作汇报，对山东史志工作给予充分肯定。李培林作出批示："赵芮同志，山东地方志工作成就突出，在加强依法修志的同时，在指导村镇志、编纂特色志方面也充分发挥了主动性，表现出大局意识、责任意识、担当意识和工作热情。代向山东省地方志工作者表示敬意。"（李坤）

1月14日，中国社会科学院院长、中指组组长王伟光，中国社会科学院副院长、中指组常务副组长李培林听取山东省政府办公厅党组成员、省史志办主任刘爱军一行工作汇报

【王伟光到泉州市、晋江市调研地方志工作】 2月11日，中国社会科学院院长、中指组组长王伟光在泉州出席"21世纪海上丝绸之路国际研讨会"期间，到泉州市、晋江市调研地方志工作。在泉州市地方志编委会听取工作汇报，调研晋江市地方志文献中心和五店市传统街区，了解晋江海丝文化和地方志工作。王伟光充分肯定泉州市、晋江市地方志工作取得的成绩，要求加强管理，建立制度，依法修志。

（王超）

【王伟光对山东省省长郭树清重视史志工作作出批示】 3月4日，中国社会科学院院长、中指组组长王伟光在山东省史志办《关于郭树清省长对史志工作批示等有关情况的报告》上作出批示，要求以适当方式宣传郭树清同志重视地方志工作。3月5日，中国社会科学院副院长、中指组常务副组长李培林批示，要求中指办落实。（吴亮）

【李培林出席第八次四川省地方志工作会议】 3月18日，中国社会科学院副院长、中指组常务副组长李培林出席第八次四川省地方志工作会议并讲话，肯定四川省地方志工作取得的新成绩，希望四川省委、省政府继续加大支持力度，希望全省地方志工作者谋主业，努力成为修志编鉴的先进省，筑牢事业发展根基；谋法治，探索地方志法治化建设新思路、新经验，完善事业发展保障；谋作为，在地方志资源开发利用方面拓展新途径，拓宽事业发展途径；谋规划，在事业全面发展上有目标、有计划、有担当，蓄积事业发展后劲。（王超）

【中指组五届二次会议召开】 3月27日，中指组（以下简称中指组）五届二次会议在北京召开。中国社会科学院院长、中指组组长王伟光出席会议并作题为《深入学习贯彻落实习近平总书记系列重要讲话精神，全力推动地方志事业繁荣发展》的重要讲话。中国社会科学院副院长、中指组常务副组长李培林主持会议。会上，李培林就第五届中指组成立以来部分组成人员变动及调整情况进行通报说明；传达学习了习近平总书记、李克强总理、刘延东副总理一年多来关于地方志工作的重要讲话和重要批示精神。中指组秘书长，中指办党组书记、主任赵芮汇报了中指组五届一次会议以来全国地方志工作进展情况和取得的主要成绩，并提出下一步工作设想。与会中指组成员和代表对中指组及全国地方志工作进行讨论，提出意见和建议。军事科学院副院长、中指组副组长何雷，中指组成员杨志今、陈宗荣、段柄仁、曲爱国、王建朗、王巍、邢广程、陈光金、刘一皋、杨志刚、赵芮、冀祥德，以及成员代表共25人参加会议。

（王超）

【李培林肯定百度百科·陕西数字方志馆上线运行】 4月7日，百度百科·陕西数字方志馆上线运行。中国社会科学院副院长、中指组常务副组长李培林对陕西数字方志馆上线运行表示赞赏，指出用“互联网+”发展地方志文化是个方向，希望陕西数字方志馆越办越好。陕西数字方志馆是陕西省志办与百度百科合作共建的创新项目，设陕西省志、陕西年鉴、市县志、市县年鉴、地情资料丛书、陕西关键词等板块，全方位、多层次、立体化介绍陕西历史与现状。

（王超）

【李培林到湖北调研】 4月8日，中国社会科学院副院长、中指组常务副组长李培林到湖北省进行地方志工作调研，召开湖北省地方志工作调研座谈会，听取地方志工作汇报。就全面推进湖北省地方志工作，李培林指出，要使地方志工作走出边缘，服务经济社会发展大局；要使地方志工作机构从“冷部门”变得红火；要使地方志的死资料变成活的数据；要使地方志成就一番大事业。

（王超）

【王伟光、李培林一行到安徽调研】 4月16日，中国社会科学院院长、中指组组长王伟光，中国社会科学院副院长、中指组常务副组长李培林在出席2015年度全国地方志机构主任工作会议期间，到安徽省进行地方志工作调研，听取安徽地方志工作情况介绍，要求安徽省传达好、学习好中央领导同志重要讲话和重要批示、指示精神，贯彻落实好第五次全国地方志工作会议，发扬光大地方志安徽精神，推动地方志工作上新的台阶。

4月17日至19日，王伟光、李培林一行到安徽亳州调研地方历史文化和地方志工作，并对亳州的经济社会发展情况进行考察。王伟光对亳州市地方志和地情研究工作取得的成绩给予肯定，强调要加强地方志工作者业务能力的培养，要走出去，学习外地的先进经验和好的做法；地方志工作要紧紧围绕党委、政府中心工作，为领导科学决策提供有用的参考资料。

（王超）

【王伟光、李培林出席2015年度全国地方志机构主任工作会议】 4月16日至18日，2015年度全国地方志机构主任工作会议在合肥召开。会上，中国社会科学院院长、中指组组长王伟光作题为《认真落实“一纳入、八到位”，大力推动地方志事业发展再上新台阶》的报告，充分肯定2014年全国地方志工作取得的成绩，要求认识领会“一纳入、八到位”的重要意义，抓好抓实“一纳入、八到位”的全面落实。中国社会科学院副院长、中指组常务副组长李培林主持会议，并作题为《开拓创新，乘势前进，努力开创地方志事业发展新局面》的总结讲话，就进一步做好2015年地方志工作提出要求。会上，王伟光向长期在地方志战线辛勤耕耘、刚刚离开地方志领导岗位的陈强、刘淑坤、葛向勇颁发荣誉证书。

（王超）

【李培林出席广东省第七次地方志工作会议】 5月19日，广东省政府在广州召开广东省第七次地方志工作会议，中国社会科学院副院长、中指组常务副组长李培林出席会议。他充分肯定广东省地方志工作，要求广东地方志工作以更高的标准、更明确的发展目标，大胆实践探索，力争总结出广东经验、广东模式，为全国地方志事业的发展闯出一条路子。（王超）

5月19日，李培林出席广东省第七次地方志工作会议

【王伟光到上海调研】 6月5日，中国社会科学院院长、中指组组长王伟光到上海进行调研，召开上海地方志工作调研座谈会。在听取汇报后，他指出，上海地方志工作做得有特色，也很有成效。他要求，上海地方志系统要学习贯彻落实好中央领导同志关于地方志工作的重要指示、批示和讲话精神以及第五次全国地方志工作会议精神；按照“一纳入、八到位”的总体要求和存史、育人、资政的定位，抓好地方志工作的思想建设、学风建设、机构建设、制度建设、队伍建设、体系建设，保质保量按时完成地方志工作任务；制定好上海市“十三五”地方志发展规划。（王超）

【李培林到常州调研】 6月6日，中国社会科学院副院长、中指组常务副组长李培林到常州调研地方志工作。他听取常州市地方志工作汇报，参观常州方志馆，对布展思路、活动策划、管理运作等给予肯定。李培林强调，方志馆作为地方文化展示的重要组成部分，设计展陈要充分考虑人民群众日益提高的文化欣赏品味，做到专业性与可读性的有机统一；方志馆在进行方志文化宣传过程中，要不断创新形式，增强互动性和参与性，吸引和培养更多的不同年龄段的方志爱好者；积极探索二维码等信息技术在地方史料的整理、运用和推广等方面发挥更大的作用，将方志馆打造成为传承常州传统文化与现代文明的最佳平台。（王超）

【李培林出席《开弦弓村志》首发式】 6月7日，苏州市吴江区《开弦弓村志》首发式在苏州举行，中国社会科学院副院长、中指组常务副组长李培林出席首发式并讲话。他指出，开弦弓村是社会学追踪调查最长的村庄，在当前城镇化快速推进和城乡一体化的进程中，持续研究开弦弓村的发展，将该村独有的历史文化及文化遗存保护并记载下来，具有重要的现实意义。《开弦弓村志》对于留住中国农村的文化遗存，留住乡愁记忆具有重要意义，也为今后中国的村志编纂提供借鉴和指导作用。

（王超）

【王伟光、李培林一行到天津调研】 6月24日，中国社会科学院院长、中指组组长王伟光，中国社会科学院副院长、中指组常务副组长李培林一行到天津看望一线修志工作者，召开天津市地方志工作座谈会，听取汇报，调查研究。王伟光在讲话中希望天津市打造过硬的方志团队；努力做到“一纳入、八到位”；围绕中心，服务大局，突出天津特色，为经济社会发展做贡献。李培林要求天津市采取切实措施，推进依法治志；加快地方志工作立法；加大经费支持力度；重视“互联网+”与修志。

（王超）

【王伟光到内蒙古调研】 6月27日，中国社会科学院院长、中指组组长王伟光到内蒙古进行工作调研，召开内蒙古自治区地方志工作座谈会，听取了自治区和部分盟市的工作汇报。就自治区地方志工作，他要求增强地方志工作的责任感和使命感；分管领导和地方志机构的

负责人要进一步重视地方志工作；始终坚持依法治志和落实“一纳入、八到位”；加强地方志工作队伍建设；努力为地方经济社会发展大局服务。　（王超）

【李培林到江苏调研】　6月26日，中国社会科学院副院长、中指组常务副组长李培林到江苏调研地方志工作，参观江苏方志馆、南京市方志馆，听取全省及南京市地方志工作情况汇报。他对省方志馆运营管理和方志文化传播的创新思路表示赞赏，对江苏地方志工作取得的成绩给予充分肯定，希望江苏省地方志系统创造性开展工作，推动全省地方志事业发展再上新台阶。　（王超）

【李培林出席中国名镇志丛书编纂业务培训班】　7月1日，中指办在京举办中国名镇志丛书编纂业务培训班，来自各省（自治区、直辖市）、新疆生产建设兵团地方志工作机构的联络员和名镇志主编、方志出版社编辑人员等140余人参加，标志着中国名镇志文化工程各项工作正式进入全面推进阶段。中国社会科学院副院长、中指组常务副组长李培林出席培训班，在讲话中要求参加培训班的学员充分认识中国名镇志文化工程的重要意义，努力打造中国名镇志文化品牌。　（王超）

【李培林到湖南调研】　7月10日，中国社会科学院副院长、中指组常务副组长李培林到湖南省调研地方志工作，出席分别在长沙和岳阳召开的地方志工作座谈会，听取工作汇报并讲话。李培林在讲话中充分肯定湖南省地方志工作取得的成绩，要求全面推进依法治志，加快推进第二轮修志工作；围绕服务经济社会发展，紧密结合中心工作，创造性地开展地方志资源开发利用工作；适应信息传播新趋势，大幅度提高方志数字化水平；要继续弘扬方志人精神。　（王超）

【王伟光到云南调研】　7月17日，中国社会科学院院长、中指组组长王伟光到云南调研，召开云南省地方志工作座谈会，听取工作情况汇报。就如何做好地方志工作，王伟光要求，一要全力以赴、扎扎实实地贯彻落实第五次全国地方志工作会议精神；二要坚持修用结合，把努力为地方经济社会发展服务作为地方志工作的宗旨；三要加强地方志工作机构自身建设，加强人才队伍培训；四要按照中央要求，抓好地方志事业发展规划的制定。　（王超）

【王伟光听取山东史志工作汇报】　7月19日，中国社会科学院院长、中指组组长王伟光一行听取山东省政府办公厅党组成员、省史志办主任刘爱军关于山东史志工作情况的汇报。中指组秘书长，中指办党组书记、主任赵芮，中指组副秘书长、中指办副主任冀祥德参加有关活动。王伟光审阅刚刚出版的《山东年鉴(2015)》和《山东省情概览》，对山东史志工作给予充分肯定，认为山东史志工作在近两年走在了全国前列。王伟光希望山东继续保持先进，认真学习贯彻习近平总书记、李克强总理、刘延东副总理重要讲话、重要批示精神，在省委、省政府的加强领导下，进一步提升责任感和使命感，深入落实“一纳入、八到位”的总要求，更好地服务于经济社会发展，在经济文化强省建设中发挥更大作用，为全国地方志事业发展作出新的更大贡献。　（李坤）

7月19日，中国社会科学院院长、中指组组长王伟光（左二）听取山东省政府办公厅党组成员、省史志办主任刘爱军关于山东史志工作情况的汇报

【李培林到贵州调研】　7月24日，中国社会

科学院副院长、中指组常务副组长李培林到贵州省进行工作调研，召开地方志调研座谈会，听取工作汇报。他要求贵州省各级地方志机构在第二轮修志工作的攻坚期全面深入学习贯彻习近平总书记贵州讲话精神；适应新形势，实现后发赶超，按时保质完成第二轮修志任务；围绕中心，服务大局，创造性地开展工作。

（王超）

【王伟光对山东省领导重视支持史志工作作出批示】 8月3日，中国社会科学院院长、中指组组长王伟光在《季缃绮副省长在全国第二轮省级志书编纂工作座谈会暨精品志书编纂研讨会的致辞》上作出批示："望山东省地方志不辜负省领导的殷切希望，把工作做得更好。"

（李坤）

【王伟光到吉林调研】 8月7日，中国社会科学院院长、中指组组长王伟光到吉林省调研地方志工作，召开地方志工作座谈会。对下一步的地方志工作，他要求抓好地方志工作机构自身建设；要全力以赴、扎扎实实贯彻落实好第五次全国地方志工作会议精神；总结经验，查找问题，从严管理，从实修志；坚持为地方经济社会发展服务的方针，既要修好志，又要用好志；谋划好、制定好吉林省地方志事业发展"十三五"规划。 （王超）

【李培林到济南考察调研】 8月10日，中国社会科学院副院长、中指组常务副组长李培林到济南考察调研，听取山东省政府办公厅党组成员、省史志办主任刘爱军关于山东史志工作情况汇报。李培林审阅刚刚出版的《山东年鉴（2015）》和《山东省情概览》，对山东史志工作给予充分肯定。他指出，山东省史志办开拓创新、主动作为，编纂纪念抗战胜利70周年丛书，体现出史志工作者应有的责任担当，符合习总书记的要求，在全国带了个好头，值得学习推广。年鉴编纂提速增效、特色鲜明，史志工作法规体系"全覆盖"，创造出"山东经验"，走在了全国前列。他希望山东省史志系统继续深入贯彻第五次全国地方志工作会议和全国地方志机构主任工作会议精神，扎实做好各项工作，服务地方经济文化社会发展。同时充分发挥优势，对西部省份的修志工作给予帮扶和支持，为全国地方志事业发展作出新的更大的贡献。

（李坤）

8月10日，中国社会科学院副院长、中指组常务副组长李培林到济南考察调研，听取山东省政府办公厅党组成员、省史志办主任刘爱军关于山东史志工作情况的汇报

【王伟光、李培林为山东纪念抗战胜利70周年丛书作批示】 8月19日，中国社会科学院院长、中指组组长王伟光，中国社会科学院副院长、中指组常务副组长李培林审阅山东纪念抗战胜利70周年丛书，听取山东省政府办公厅党组成员、省史志办主任刘爱军关于丛书编纂情况的汇报，高度评价丛书编纂并作出批示。王伟光批示："山东史志办公室按照中央的要求和省委省政府的安排，组织深入系统的抗战研究，编纂纪念抗战胜利70周年丛书，弘扬优秀齐鲁传统文化和山东抗战精神，充分发挥志书存史资政、传承文化、教育后人、对外宣传的重要作用。望再接再厉，作出更大贡献。"李培林批示："山东纪念抗战胜利70周年丛书编得很及时、很有意义，体现了史志工作者应有的责任和担当，为全国地方志工作服务大局树立了榜样。向山东省史志办和丛书编纂人员表示祝贺和感谢。希望山东省史志办继续深入贯彻习近平总书记系列重要讲话精神，进一步深入开展抗战研究。" （王超）

【李培林出席山东省精品志书编修培训班开班仪式】 8月24日，山东省精品志书编修培训班在济南市开班。中国社会科学院副院长、中指组常务副组长李培林出席开班仪式并讲话，他简要介绍第二十二届国际历史学科大会的有关情况，全面分析当前地方志事业面临的大好形势。他要求全国地方志系统一是要认真学习贯彻习近平总书记致第二十二届国际历史学科大会的贺信和刘延东副总理在大会上的重要讲话精神。二是培养一支政治、业务双强的专业化方志队伍。他指出，下一步全国地方志系统要严格按照中央部署，扎实做好全国抗日战争口述史料的搜集、整理工作，抢救性保护战争亲历者头脑中的活资料，让历史说话，用史实发言。三是把支持欠发达省份做好地方志工作作为一项长期的任务。东部发达省份要根据自身实际，采取多种形式支持西部欠发达省份做好地方志工作。（王超　李坤）

【李培林出席山东纪念抗战胜利70周年丛书和《图说山东抗战》新闻发布会暨赠书仪式】 8月24日，山东纪念抗战胜利70周年丛书和《图说山东抗战》新闻发布会暨赠书仪式在济南举行。中国社会科学院副院长、中指组常务副组长李培林出席仪式，高度评价山东抗战研究工作，对取得的成果表示祝贺，希望山东省委、省政府一如既往地关心支持抗战研究工作，也希望山东史志、档案等有关部门继续深入学习贯彻习近平总书记系列重要讲话精神，充分发挥自身优势，深入开展抗战研究，积极参与国家有关项目，不断推出新成果、取得新突破，为我国抗战史研究作出新的更大贡献。（王超）

【李培林出席学习贯彻《全国地方志事业发展规划纲要（2015—2020年）》会议】 9月11日，中指办在京召开学习贯彻《全国地方志事业发展规划纲要（2015—2020年）》（以下简称《规划纲要》）会议，中国社会科学院副院长、中指组常务副组长李培林出席会议并讲话。李培林在讲话中深刻阐述《规划纲要》出台的重大意义，全面分析如何完成《规划纲要》确定的总体目标，特别是完成“两个全面”目标面临的主要问题。李培林还就抓紧抓好《规划纲要》的学习宣传、贯彻落实工作提出要求。（王超）

【李培林出席四川省地方志工作办公室向国家方志馆捐赠《四川历代方志集成》仪式】 9月11日，四川省地方志工作办公室向国家方志馆捐赠《四川历代方志集成》仪式在京举行。中国社会科学院副院长、中指组常务副组长李培林出席捐赠仪式并讲话，对加强方志馆建设提出三点要求：一是各地要继续关心和支持国家方志馆建设；二是各级方志馆要全面推进规范化建设；三是各级方志馆要着力抓好图书资料的收藏工作。《四川历代方志集成》计划出版5辑，150余册，囊括四川历代方志400余种。此次捐赠的图书为第1辑，2套共计48册。（王超）

【王伟光到四川调研】 9月13日，中国社会科学院院长、中指组组长王伟光到四川进行地方志工作调研，并召开四川省地方志工作座谈会，听取地方志工作情况汇报。对四川省地方志工作，他提出五点希望：一是认真学习贯彻中央领导同志重要指示、批示和重要讲话精神，进一步提高地方志工作的责任感、使命感和自觉性；二是积极学习贯彻落实《全国地方志事业发展规划纲要（2015—2020年）》；三是加大督查力度，扎扎实实贯彻落实好“一纳入、八到位”的总要求；四是存史、育人、资政，努力为地方经济社会发展大局服务；五是抓基层、打基础，抓好市、县两级地方志工作机构建设。（王超）

【李培林到广西调研】 9月14日，中国社会科学院副院长、中指组常务副组长李培林到广西调研，召开地方志工作调研座谈会。在听取了地方志工作汇报后，李培林要求全面落实依法治志原则；要确保完成第二轮修志规划总目标；要围绕中心，服务大局，开拓地方志工作

的新局面。 （王超）

【李培林到西藏调研】 9月19日，中国社会科学院副院长、中指组常务副组长李培林到西藏自治区进行工作调研，召开西藏地方志工作调研会。李培林在听取汇报后，对西藏地方志工作提出三点要求：一是要把西藏地方志工作提升到宣示主权和传承中华文化的高度来认识；二是西藏地方志工作要为实现2020年全国地方志事业发展的总体目标作出贡献；三是要协调全国地方志系统力量支持西藏地方志工作。 （王超）

【王伟光出席援藏志鉴编纂业务培训班】 9月20日，中指办援藏志鉴编纂业务培训班在西藏林芝开班。中国社会科学院院长、中指组组长王伟光出席开班仪式并讲话，就下一阶段西藏自治区地方志工作提出六点意见：一要全面贯彻落实中央领导同志重要讲话、重要批示精神和国务院办公厅印发的《全国地方志事业发展规划纲要（2015—2020年）》；二要始终坚持正确的政治方向和党的西藏工作总方针、总要求；三要全面实施依法治志和“一纳入、八到位”工作要求，建立科学的工作保障体系；四要按照全国的总体部署扎实推进修志编鉴工作；五要因地制宜探索构建适应本地经济社会发展水平的地方志事业发展格局；六要加大人才培养力度，优化人才结构，进一步强化队伍建设。 （王超）

【李培林到黑龙江省志办调研】 10月12日，中国社会科学院副院长、中指组常务副组长李培林到黑龙江省志办调研指导工作，与省志办全体干部职工进行座谈，对黑龙江省地方志工作给予充分肯定和高度评价。就如何继续做好黑龙江省地方志工作，李培林提出三点要求：一是全面贯彻落实《全国地方志事业发展规划纲要（2015—2020年）》，确保到2020年实现“两个全面”的规划目标；二是进一步加强依法治志，把依法治志的各项措施落到实处；三是围绕中心、服务大局，开创地方志工作新局面。 （王超）

【李培林到新疆调研】 10月20日，中国社会科学院副院长、中指组常务副组长李培林到新疆维吾尔自治区地方志编委会进行工作调研，看望地方志工作者，召开新疆地方志工作座谈会，对今后新疆地方志工作提出要求：一是要充分认识新疆地方志工作的地位作用，将其提升到维护新疆稳定和长治久安的高度来认识；二是要全面动员起来，确保到2020年实现“两全”目标；三是要坚持修志为用原则，努力让志书进入千家万户；四是要做好顶层设计，积极稳妥推进修志援疆工作。 （王超）

【李培林到新疆生产建设兵团调研地方志工作】 10月20日，中国社会科学院副院长、中指组常务副组长李培林，中指组秘书长，中指办党组书记、主任赵芮等一行到新疆生产建设兵团调研地方志工作。李培林对兵团史志工作给予充分肯定。他强调，兵团体制特殊，兵团志在全国是特殊志种，编修工作责任重大，使命光荣。他希望，兵团史志系统同志自觉围绕中心，服务大局，维护新疆社会稳定和长治久安；要掌握民族、宗教历史知识，准确记载民族、宗教历史，正本清源，拿出权威版本；要认真贯彻落实《地方志工作条例》，着力推进《全国地方志事业发展规划纲要（2015—2020年）》目标任务的完成。 （周崇）

【李培林出席第五届中国地方志学术年会】 11月9日至10日，第五届中国地方志学术年会在福建厦门召开，中国社会科学院副院长、中指组常务副组长李培林出席会议并讲话。他在讲话中分析第二轮修志的进度和质量状况，要求通过学术年会，发挥学术专长，服务于地方志“两全”目标的完成，服务于地方志理论研究和学科建设，服务于地方志质量建设，切实提高地方志理论研究水平。 （王超）

【李培林到厦门市志办考察】 11月9日，中国社会科学院副院长、中指组常务副组长李培林到厦门市志办考察工作并与相关人员座谈。李培林听取厦门市地方志工作情况汇报，详细了解厦门市、区两级二轮志书的编纂情况以及厦门市历史老照片的收集利用情况。李培林对厦门市地方志工作的成绩给予肯定。他强调，地方志工作要重视史志知识的传播，在浩瀚的历史资料中精挑细选，用百姓喜闻乐见的特定形式让地方志进入千家万户。他指出，厦门市志办应担当起“走出去”的特殊职责，加强与台湾、金门地区的方志文化交流，在海峡两岸大局中发挥应有的作用，希望厦门市地方志在今后的工作中走在全国前列。（王超）

【李培林调研《中国名镇志文化工程丛书》工作】 11月16日，中国社会科学院副院长、中指组常务副组长李培林到方志出版社调研《中国名镇志文化工程丛书》出版工作，听取《中国名镇志文化工程丛书》相关负责人工作汇报。李培林指出，中国名镇志文化工程是我国地方志事业发展的一项重要工程，对全国乡镇志编修的科学发展有重要意义，出版社要高度重视这项工程，认真、严格对待每一部志稿，在保证质量的前提下，积极加快推进《中国名镇志文化工程丛书》的出版进程，争取使第一批名镇志尽快与读者见面。（王超）

【李培林出席《闽台历代方志集成》整理合作出版签约仪式】 11月24日，福建省《闽台历代方志集成》整理合作出版签约仪式在北京举行，中国社会科学院副院长、中指组常务副组长李培林出席项目合作签约仪式并讲话。《闽台历代方志集成》由社会科学文献出版社与福建省地方志编委会合作整理出版，以集中展现闽台两地最经典最完整的历史文献和方志文化成果。（王超）

【李培林出席中国地情网、中国方志网开通仪式】 12月1日，中国地情网、中国方志网开通仪式在国家方志馆举行。中国社会科学院副院长、中指组常务副组长李培林出席仪式并作题为《大力推进互联网+，引领地方志信息化大发展》的讲话，对中国地情网、中国地方志网的开通表示祝贺，对中指办信息化工作给予充分肯定，并就做好全国地方志信息化工作提出三条意见：一是切实增强做好地方志信息化工作的责任感和使命感，全力推进地方志信息化工作；二是全面落实《全国地方志事业发展规划纲要（2015—2020年）》中关于地方志信息化建设的具体要求，切实做好信息化工作的顶层设计；三是充分发挥信息化在地方志资源开发利用中的作用，不断扩大地方志的影响力。（王超）

【李培林出席中国地方志学会第六届会员代表大会暨第六届理事会第一次会议】 12月29日，中国地方志学会第六届会员代表大会暨第六届理事会第一次会议在北京召开。中国社会科学院副院长、中指组常务副组长李培林当选为新一届中国地方志学会会长，并作题为《发挥学会优势，把握发展机遇，齐心协力开创地方志事业发展新局面》的讲话，对学会第五届理事会自2009年组成以来所做的大量工作给予充分肯定，就如何做好新一届学会理事会的工作提出五点意见：一是加强学习，统一思想，切实提高认识；二是明确中心，狠抓落实，牢牢把握机遇；三是立足学会，发挥优势，服务发展大局，包括服务于方志编修实践、服务于推动方志学学科建设、服务于提高志书质量、服务于开发利用地方志文化资源、服务于方志人才培养等；四是依法治志，开拓创新，全面谋划工作；五是强化管理，丰富活动，完善自身建设。（王超）

【王伟光、李培林出席全国地方志系统先进模范座谈会】 12月29日，由人社部、中指组联合主办的全国地方志系统先进模范座谈会在北京人民大会堂召开。中国社会科学院院长、中指组组长王伟光出席座谈会并作题为《公心直笔著信史，阐善瘅恶引风气》的讲话，就如何继续弘扬方志人精神提出要树立“志德”、提高“志才”、丰富“志学”、增强“志识”。中国社会科学院副院长、中指组常务副组长李

培林主持座谈会。（王超）

【王伟光、李培林出席2016年度全国地方志机构主任工作会议】 12月30日，2016年度全国地方志机构主任工作会议在北京召开。中国社会科学院院长、中指组组长王伟光作题为《全面落实〈全国地方志事业发展规划纲要（2015—2020年）〉，大力推进地方志事业科学发展》的报告，就2015年工作进行总结，对2016年工作进行部署。中国社会科学院副院长、中指组常务副组长李培林作总结讲话。

（王超）

【李培林出席方志出版社成立20周年座谈会】 12月30日，方志出版社成立20周年座谈会在国家方志馆举行，中国社会科学院副院长、中指组常务副组长李培林出席会议并讲话。他回顾了方志出版社的创立过程和取得的成绩，对出版社今后的工作提出要求：一要适应地方志发展的新形势，制定中长期出版发展规划，保持出版社的可持续发展，努力将方志出版社打造成为全国一流的方志出版基地，成为方志文化产业的主力军；二要不断增强质量意识和精品意识，把好出版质量关；三要加强人才队伍建设，重视人才的选拔、培养和使用，建立专兼职结合、结构合理的人才队伍，培养和引进一批高端人才，建设一支高素质的方志出版队伍；四要不断适应信息化社会和数字出版的新形势，大力开展数字化和信息化建设，开拓思路，适应不同的内容载体的发展需要；五要增强创新意识，策划和实施质量上乘的选题，以大项目为抓手，在做好传统志书、年鉴出版工作的同时，搞好志书的开发利用；六要做好方志类图书的宣传、营销、发行工作，打通地方志作品从出版社到读者手中“最后一公里”，让志书、年鉴走入寻常百姓家。（王超）

·中国地方志指导小组办公室工作

【赵芮、邱新立一行到河南调研】 1月6日，中指组秘书长，中指办党组书记、主任赵芮，副主任邱新立一行到河南省调研地方志工作，在驻马店市召开河南省地方志工作座谈会，了解河南省地方志工作情况，听取地方志工作的意见和建议。随后，赵芮、邱新立出席《驻马店市志（1978—2012）》志稿评审会。（王超）

【赵芮、冀祥德一行到江苏省调研地方志工作】 1月14日，中指组秘书长，中指办党组书记、主任赵芮，中指组副秘书长、中指办副主任冀祥德一行到苏州调研，召开座谈会，并对《中国名镇志文化工程丛书》编纂工程进行专题研讨。江苏省志办以及无锡、常州、苏州部分地方志工作机构负责人参加座谈并汇报工作。（王超）

【中指办组织集中调研】 为筹备2015年度全国地方志机构主任工作会议，1月21日至26日，中指办西南调研一行3人，赴四川、西藏调研地方志工作，中指组副秘书长、中指办副主任冀祥德带队；1月21日至27日，中指办西北调研组赴宁夏、陕西和新疆进行工作调研，由中指办副主任刘玉宏带队；1月30日，冀祥德一行3人赴海南调研。2月2日至5日，中指办华东调研组赴上海和安徽进行工作调研，由中指办副主任刘玉宏带队。（王超）

【邱新立出席2015年北京市地方志工作会议】 3月17日至18日，北京市地方志工作会议召开，中指办副主任邱新立出席会议，介绍2014年全国地方志规划志书编修，年鉴工作，旧志整理，方志馆、数据库、网络建设，为党委政府科学决策和工作服务，地方志法治化建设，方志理论研究等方面取得的一些新成果，以及中指组2015年的主要工作思路。（王超）

【冀祥德、刘玉宏一行到河北保定考察指导工作】 3月31日至4月2日，中指组副秘书长、中指办副主任冀祥德，中指办副主任刘玉宏一行到河北省保定市考察指导工作。其间，冀祥德、刘玉宏一行出席保定市方志馆开馆暨保定抗战史料展启动仪式和《涿州市志

(1993—2005)》志稿省级评审会。　(王超)

【2015年度全国地方志机构主任工作会议召开】　4月16日至18日，2015年度全国地方志机构主任工作会议在安徽合肥召开。这次会议在总结往年全国省级方志工作机构主任会议经验教训的基础上，从会议性质、名称、规格和内容等方面进行了全新设计，确定为工作会议。中国社会科学院院长、中指组组长王伟光作题为《认真落实“一纳入、八到位”，大力推动地方志事业发展再上新台阶》的报告，中国社会科学院副院长、中指组常务副组长李培林作题为《开拓创新，乘势前进，努力开创地方志事业发展新局面》的总结讲话。会议总结2014年全国地方志工作，对下一阶段工作作出部署。　(王超)

【中国社会科学院、中指办国情调研临朐基地揭牌】　4月27日，中国社会科学院、中指办国情调研临朐基地揭牌仪式在山东临朐举行，山东省副省长王随莲，中指组秘书长，中指办党组书记、主任赵芮，中指组副秘书长、中指办副主任冀祥德，山东省政府办公厅党组成员、省史志办主任刘爱军出席仪式。这是第一个关于地方志方面的国情调研基地，也是深入基层、联系基层、了解基层、服务基层的重要载体。赵芮要求调研基地注重总结经验，深化理论认识，发挥示范引领作用，为推进地方志事业发展提供成功模式和智力支持。　(王超)

【赵芮、冀祥德一行到山东调研】　4月27日至28日，中指组秘书长，中指办党组书记、主任赵芮，中指组副秘书长、中指办副主任冀祥德一行到山东省调研地方志工作。27日下午在潍坊召开调研座谈会，听取山东9个市的地方志工作汇报。赵芮介绍中指办在加强人才培养、加强学历学位教育、加强与高等院校合作、依法治志等方面的新思路、新举措，对山东省地方志工作提出要求：服务中心、留住春天；总结经验，形成机制；工作到位，不辱使命；相互学习，协调发展。冀祥德要求山东省地方志工作者抓住机遇，坚定信心；取人之长，补己之短；勇当先进，帮扶后进；众志成城，开创方志。4月28日，冀祥德赴烟台市芝罘区调研，29日赴烟台经济技术开发区调研，并出席《烟台经济技术开发区志（1984—2003)》志稿评议会。　(王超)

【冀祥德出席浙江省各市方志办主任工作会议】　5月8日，中指组副秘书长、中指办副主任冀祥德出席浙江省各市方志办主任工作会议，就贯彻落实2015年度全国地方志机构主任工作会议提出要求：一是要牢牢把握当前全国地方志工作发展的大好形势；二是要以抓好“一纳入、八到位”作为贯彻全国工作会议精神的总抓手；三是要全面实施依法治志；四是要在规定动作和自选动作中选好平衡点；五是要统筹兼顾，不断提升全省地方志工作的发展水平；六是弘扬“修志问道、直笔著史”的方志人精神。　(王超)

【刘玉宏到山东东营专题调研方志馆建设情况】　6月3日，中指办副主任刘玉宏一行3人赴山东省东营市，就方志馆建设情况做专题调研，听取山东省、东营市的地方志工作汇报。他指出，东营市方志馆要努力建设成东营市的地情馆、市情馆，把方志馆打造成东营市的“文化名片”、东营市的文化标志性建筑。他希望东营市深入贯彻落实“一纳入、八到位”，尽快落实方志馆的机构和人员编制问题；加大东营数字方志馆建设力度，力争在全国发挥表率作用。　(王超)

【赵芮到上海通志馆调研】　6月4日，中指组秘书长，中指办党组书记、主任赵芮到上海通志馆调研上海志书收藏、开发及馆舍建设情况。他指出，上海通志馆在地方志书、各省市的综合年鉴收藏方面成效显著；近年来开展的史志文化下基层、下社区活动，地情文化系列讲坛，青年史志志愿者社会援助行动，开展得有声有色；利用所藏志书年鉴等地情资源，服务当地经济、文化、社会发展，做出了自己的

特色。他希望上海通志馆能够把这些极有意义的活动继续开展下去，并积累经验，形成典范模式。（王超）

【邱新立到广东调研】 6月19日，中指办副主任邱新立一行3人到广东省志办调研，了解广东省地方志工作情况，并就国情调研基地建设、广东省地方志工作经验总结等进行交流座谈。在听取汇报后，邱新立对广东省地方志工作取得的成绩给予充分肯定，要求广东在下一步的地方志工作中全面总结第二轮修志、旧志整理、信息化建设、机构队伍建设、资料年报制度等方面的经验做法，找出广东省地方志工作的亮点、优点；积极探索第三轮修志工作的筹备和地方史编修的经验，先行先试，进一步提升事业发展质量；开展全省自然村落历史人文普查工作，做到实用性和学术性兼顾。（王超）

【2015年全国地方综合年鉴资源开发利用高级研修班举办】 6月24日至28日，受人力资源和社会保障部委托，中国社会科学院人事教育局主办、中指办承办的“专业技术人才知识更新工程2015年全国地方综合年鉴资源开发利用高级研修班”在北京举办。研修班邀请专家围绕年鉴信息资源开发利用、志书年鉴编纂出版中的法律问题、口述史料与方志资料的收集整理、大数据年鉴的互联网等内容授课，部分省市介绍年鉴资源开发利用工作经验并进行研讨交流。（王超）

【刘玉宏到黑龙江调研】 6月29日，中指办副主任刘玉宏到黑龙江省志办调研，参观省方志馆，与省志办各处室负责人座谈，听取黑龙江省地方志工作情况汇报。刘玉宏对黑龙江省地方志工作给予肯定，希望黑龙江在地方志工作中，一要抓好基础理论研究工作；二要进一步加大信息化建设力度；三要抓好第二轮修志的攻坚阶段工作，做好第三轮修志工作准备。（王超）

【《中国名镇志文化工程丛书》编纂业务培训班举办】 7月1日至3日，中国名镇志丛书编纂业务培训班在北京举办。培训班对启动中国名镇志文化工程的实施方案、组织管理工作以及中国名镇志丛书的凡例、基本篇目、行文通则等进行解读。中国社会科学院副院长、中指组常务副组长李培林作动员讲话。此次会议标志着中国名镇志文化工程各项工作正式进入全面推进阶段。（王超）

【全国第二轮省级志书编纂工作座谈会暨精品志书编纂研讨会召开】 7月7日至8日，全国第二轮省级志书编纂工作座谈会暨精品志书编纂研讨会在山东济南召开。会议交流讨论了全国首轮省级志书编纂成功经验和存在问题，全国第二轮省级志书编纂工作进展情况、好的做法和经验、存在的重点、热点难点问题，以及对协调推进全国第二轮省级志书编纂工作的意见和建议等。（王超）

【全国第二轮省级志书编纂工作推进会召开】 7月20日至21日，全国第二轮省级志书编纂工作推进会在山西太原召开，研讨制定全国第二轮省级志书编纂工作推进方案。会后，初步形成关于如何推进省级志书编纂工作的思路和计划。（王超）

【中国志书精品工程专家座谈会召开】 7月22日，中国志书精品工程专家座谈会在山西太原召开。与会人员表示，当前正处于第二轮修志的关键时期，志书质量建设是重中之重，启动精品工程意义重大，正得其时，并就文件内容、报审程序、精品标准等提出意见建议。（王超）

【冀祥德到新疆调研】 7月30日上午，中指组副秘书长、中指办副主任冀祥德一行到新疆维吾尔自治区农村信用社联社调研志鉴编修工作，出席自治区信用社联社组织召开的志鉴工作座谈会并讲话。冀祥德对自治区信用社联社志鉴工作给予肯定，同时就如何加入中国志书精品工程、中国年鉴精品工程提出具体要求。

30日下午，冀祥德一行到新疆自治区调研地方志信息化工作，出席自治区地方志编委会组织召开的地方志信息化工作座谈会并讲话。对新疆下一步工作，他提出五点要求：一是认真深入全面地分析总结信息化建设方面的经验；二是从服务大局、接地气、创特色的角度继续努力；三是既要巧借外力，又要保证信息安全；四是加大新疆地方志信息化的科学化、规范化建设力度；五是进一步发扬方志人精神，争当全国地方志信息化建设的排头兵和领头羊。

8月3日上午，冀祥德到新疆自治区监狱管理局出席新疆监狱志系列丛书编纂工作动员会并作动员讲话。下午，在新疆自治区党校作题为《志鉴编纂及出版中常见法律错误及其纠正》专题讲座。（王超）

【中指办开展方志馆建设专题调研】 8月4日至9日，中指办副主任刘玉宏一行5人赴江西、广西、云南就方志馆建设工作开展专题调研。调研组先后参观江西省方志馆、鄱阳湖生态规划馆、广西史志博物馆、桂林市博物馆、云南红塔烟事文化馆、昆明市方志馆等，并同相关志办、方志馆人员座谈交流，针对国家方志馆如何开展展览展示工作进行探讨。（王超）

【冀祥德出席第二届西北地区地方志工作协作会议】 8月5日，第二届西北地区地方志工作协作会议在青海西宁召开，中指组副秘书长、中指办副主任冀祥德出席会议并讲话。他在讲话中指出，近年来西北五省（自治区）、新疆生产建设兵团以全面推进依法治志为中心，坚持依法修志、用志、传志、管志，科学谋划“志、鉴、库、馆、网”全面发展，地方志工作呈现出良好的发展势头。他希望把西北地区地方志工作会议这一模式延续下去，积极探索建立地方志工作携手并肩、合作努力的“西北模式”，不断开创地方志事业科学发展新局面。（王超）

【冀祥德到青海调研】 8月6日，中指组副秘书长、中指办副主任冀祥德在青海西宁调研青海省地方志工作，听取省志办负责人工作汇报。他指出，青海省地方志工作很有起色，并对今后青海省地方志工作提出明确要求：一是积极主动地争取党委、政府的重视和支持；二是紧跟中指组和中指办工作步伐，带动青海省地方志工作发展；三是学习和借鉴兄弟省份的经验做法，促进青海省地方志工作发展；四是通过聘请专家学者、协调民间修志力量、购买社会服务等方式，解决人员不足的问题；五是凝心聚力，抓住机遇，尽快发展。（王超）

【赵芮、冀祥德一行到吉林省地方志编委会调研】 8月7日，中指组秘书长，中指办党组书记、主任赵芮，中指组副秘书长、中指办副主任冀祥德到吉林省地方志编委会进行调研，与吉林省地方志编委会领导举行座谈，并看望吉林省地方志编委会工作人员。（王超）

【冀祥德到北京市志办调研信息化工作】 8月14日，中指组副秘书长、中指办副主任冀祥德一行7人到北京市志办专题调研信息化工作，听取北京市志办信息化工作汇报，观看了京网、北京数字方志馆网站功能演示，就《全国数字方志与信息方志建设工程实施方案（2015—2020年）》（征求意见稿）征求意见。（王超）

【冀祥德到山东调研信息化工作】 8月20日至22日，中指组副秘书长、中指办副主任冀祥德一行到山东省调研信息化工作并在威海市召开座谈会。山东省史志办、威海市史志办、东营市史志办、临朐县史志办、青岛市崂山区史志办分别汇报信息化工作情况，并对《全国数字方志与信息方志建设工程实施方案（2015—2020年）》（征求意见稿）提出意见建议。（王超）

【赵芮出席黑龙江省第九次地方志工作会议、《黑龙江省志简编》暨新书发行会】 8月25

日，黑龙江省第九次地方志工作会议在哈尔滨召开，赵芮出席会议并讲话。他肯定近年来黑龙江省在志书编纂、史志鉴文化资源开发利用、网站建设、方志馆建设、期刊编发、方志理论研究和培训交流等工作上取得的成绩，对黑龙江省地方志工作提出三点意见：一是深入学习贯彻落实中央领导同志重要讲话、重要批示精神和第五次全国地方志工作会议、中指组五届二次会议、全国地方志机构主任工作会议精神；二是加大依法修志力度，增强依法修志的能力；三是全面推进地方志各项工作，不断提升服务经济社会发展能力。

在出席《黑龙江省志简编》暨新书发行会的致辞中，赵芮高度评价此次发行会，希望黑龙江省地方志工作者在今后工作中不断强化责任感和使命感，保持方志人本色，再接再厉，继续打造更多的精品佳志。（王超）

【中指办领导为山东省精品志书编修培训班授课】 8月24日，山东省史志办举办的全省精品志书编修培训班在济南开班。中指组副秘书长、中指办副主任冀祥德出席并以中国志书精品工程规划方案为题授课；中指办副主任刘玉宏以方志馆与信息化建设为题授课；8月29日，中指办副主任邱新立以志书体例创新为题授课。（王超）

【中华一统志编修可行性论证会议暨方志学学科建设规划专题研讨会议召开】 8月27日至28日，中华一统志编修可行性论证会议暨方志学学科建设规划专题研讨会议在江西南昌召开，研讨中华一统志编修的必要性、面临的主要问题、解决问题的方法等，并对《方志学学科建设规划（2015—2020年）》文本进行研讨和修改。（王超）

【全国地方综合年鉴编纂高级研修班举办】 9月15日至19日，全国地方综合年鉴编纂高级研修班在宁夏银川举办。研修班旨在提升年鉴队伍创新意识，打造年鉴编纂骨干队伍，进一步提高地方综合年鉴编纂质量。研修班邀请国家统计局、社科院、中国知网以及方志界、年鉴界的专家学者授课，并对《广州年鉴》《厦门年鉴》稿进行评议。（王超）

【援藏志鉴编纂业务培训班举办】 9月19日至26日，中指办援藏志鉴编纂业务培训班在西藏林芝举办，中国社会科学院院长、中指组组长王伟光出席开班仪式并讲话。培训班课程围绕志鉴编纂业务的核心内容，解读全国地方志事业发展的新形势、新任务、新局面、新举措，解读国家关于地方志工作的法规政策，解读地方志基础理论、体例体裁、篇目设计以及编纂中需要注意的问题，解读年鉴的特点和编纂方法，解读历代中央政府治藏方略和西藏文化脉络、特点。来自西藏各级地方志工作机构的学员近130人参加培训。9月20日上午，中指组副秘书长、中指办副主任冀祥德以依法治志及志鉴编纂中的法律问题为主题授课；下午，中指办副主任邱新立以深度解读《全国地方志事业发展规划纲要（2015—2020年）》为主题进行授课。25日，中指办副主任刘玉宏作总结讲话。（王超）

【邱新立到上海调研信息化工作】 9月28日至29日，中指办副主任邱新立一行到上海市调研信息化工作并召开座谈会。上海市志办、上海市通志馆、奉贤区志办、闵行区志办负责信息化工作的人员汇报本单位信息化工作情况，并对《全国数字方志与信息方志建设工程实施方案（2015—2020年）》（征求意见稿）以及下一步全国地方志系统信息化工作提出意见建议。（王超）

【冀祥德、邱新立出席湖南省学习贯彻《全国地方志事业发展规划纲要（2015—2020年）》志办主任培训班】 10月13日至16日，湖南省学习贯彻《全国地方志事业发展规划纲要（2015—2020年）》志办主任培训班举办，中指组副秘书长、中指办副主任冀祥德结合《全国地方志事业发展规划纲要（2015—2020年）》要求，为培训班学员讲解了全国地方志事业发展的新形势，以及在新形势下中指组及其办公室推出的新举措。中指办副主任邱新立出席培训班并深入解读《全国地方志事业发展规划纲要（2015—2020年)》。（王超）

【冀祥德到河南调研信息化工作】 10月14日至15日，中指组副秘书长、中指办副主任冀祥德一行到河南省调研信息化工作，并在郑州召开信息化工作座谈会，听取河南省信息化工作情况汇报。冀祥德在讲话中指出，河南省地方志信息化工作目标明确，思路清晰，成效显著。他介绍了当前全国地方志事业发展的新形势、新任务与新举措，以及《全国地方志事业发展规划纲要（2015—2020年)》制定的背景与意义，尤其是《规划纲要》中有关信息化工作的新要求、新任务，重点对中指办已经实施和即将实施“十大工程”中的全国信息方志与数字方志建设工程进行阐述。（王超）

【冀祥德到湖南调研信息化工作】 10月15日至17日，中指组副秘书长、中指办副主任冀祥德一行到湖南省调研信息化工作，并在长沙召开信息化工作座谈会。冀祥德在听取部分地方志工作机构负责人和信息化工作负责人汇报后，认为湖南省地方志信息化工作发展较快，推进有效。对湖南省下一步信息化工作，他提出四点建议：一要提高认识，二要加强领导，三要主动作为，四要创新奉献。（王超）

【冀祥德到福建调研信息化工作】 10月18日至19日，中指组副秘书长、中指办副主任冀祥德一行到福建省调研信息化工作，并在泉州召开信息化工作座谈会。在听取部分地方志工作机构负责人或信息化工作分管领导对本地区信息化工作情况的汇报后，冀祥德指出，福建全省的地方志信息化工作有思路，有章法，有特色，有成效，但还有提升的空间。他对福建省下一步信息化工作提出五点希望：一是立足当前，着眼长远；二是提高认识，健全机构；三是把握机遇，应对挑战；四是统筹兼顾，全面推进；五是突出重点，抓出特色。（王超）

【2015年新方志论坛举办】 10月19日至22日，2015年新方志论坛在上海举办，主题是修志问道、依法治志、修志之道。论坛采取主题发言、提问发言人、专题发言和大会讨论相结合的形式，围绕修志问道、依法治志、修志之道三个议题进行研讨。此次论坛收到论文120余篇。（王超）

【全国地方志工作机构新任负责人培训班举办】 10月19日至24日，全国地方志工作机构新任负责人培训班在福建泉州举办。培训内容包括学习贯彻习近平总书记系列重要讲话精神、地方志政策解读、事业发展形势分析，以及志鉴编纂基础知识讲解、地方志工作经验介绍等。（王超）

【冀祥德出席浙江省年鉴主编（业务骨干）培训班并授课】 10月27日，浙江省志办举办全省年鉴主编（业务骨干）培训班，中指组副秘书长、中指办副主任冀祥德出席培训班并授课。（浙江省志办）

【冀祥德、邱新立一行到淮北调研信息化建设工作】 10月28日，中指组副秘书长、中指办副主任冀祥德、中指办副主任邱新立到安徽省淮北市调研地方志信息化建设工作，先后参观淮北市方志馆数字阅览室、地方文献阅览室和地情研究中心，观看数字方志库、淮北地方志网站、地方志在线编纂系统的演示，并听取淮北市志办网、馆、库和智能化修志平台建设情况汇报。冀祥德、邱新立一行对淮北市地方志工作给予高度评价，希望淮北市志办能够抓住契机，争取支持，在方志馆与信息化建设方面更进一步；同时要继续加大创新力度，紧紧围绕中心工作，服务全市发展大局，充分发挥地方志存史、育人、资政的重要作用，使全市地方志工作取得新的更大的发展。（王超）

【冀祥德出席安徽省名镇名村志编纂人员培训班并授课】 10月28日，安徽省名镇名村志编纂人员培训班举办，中指组副秘书长、中指办副主任冀祥德、中指办副主任邱新立授课，安徽省志办主任朱文根和巡视员刘成典分别作动员和总结讲话。（章慧丽）

【冀祥德为山东省名镇名村志编修培训班授课】 11月3日至5日和10日至12日，山东省名镇名村志编修培训班分别在聊城市东昌府区、潍坊市临朐县举办，中指组副秘书长、中指办副主任冀祥德出席并以“落实《规划纲要》，实施十大工程”为题授课。他全面分析全国地方志事业发展的新形势，以及中指组及其办公室推出的新举措，全面系统介绍实施“十大工程”的目的意义、主要内容、进展状况、工作步骤等，深刻阐述地方志工作千载难逢的发展机遇，描绘出地方志事业跨越发展的宏伟蓝图。（王超　李坤）

【冀祥德到重庆调研信息化工作】 11月6日至7日，中指组副秘书长、中指办副主任冀祥德一行到重庆市调研地方志信息化工作，并在重庆市志办召开信息化工作座谈会，听取重庆市地方志工作总体情况和信息化工作存在问题的汇报。冀祥德对重庆市地方志工作给予肯定，并提出四点希望：一是提高认识，二是提升短板，三是“弯道超车”，四是跨越发展。（王超）

【第五届中国地方志学术年会举办】 11月9日至10日，第五届中国地方志学术年会在福建厦门召开。会议主题是“精品志书与第二轮市县志编纂创新——以三部二轮市县志为例”。会议通过点评福建厦门、石狮与四川北川三部第二轮市县志稿，总结首轮、第二轮修志经验，研讨第二轮市县志编纂存在的共性问题，以更好地指导第二轮市县两级志书编修工作，确保志书质量，为到2020年全面完成第二轮修志规划任务提供支撑和保障。年会共收到学术论文112篇。（王超）

【冀祥德到广东调研信息化工作】 11月10日，中指组副秘书长、中指办副主任冀祥德一行到广东省就地方志信息化工作进行调研，并在广东省志办召开座谈会。冀祥德在听取汇报后，对广东省地方志工作以及地方志信息化工作给予充分肯定，希望广东省地方志工作保持优势，继续领跑；创造经验，发扬光大；胸怀全国，扶弱济贫；敢于担当，创新发展。（王超）

【冀祥德到海南调研信息化工作】 11月13日至14日，中指组副秘书长、中指办副主任冀祥德一行到海南省调研地方志信息化工作，召开信息化工作座谈会，听取海南部分地方志工作机构负责人汇报信息化工作情况。冀祥德对海南省地方志工作及信息化工作给予肯定，指出当前全国地方志事业迎来千载难逢的发展机遇，希望海南省地方志工作尤其是信息化工作认真学习，提高认识；抓住机遇，立即作为；“弯道超车”，科学发展；立足地情，做出特色；开阔视野，走向全国。（王超）

【冀祥德出席淄博市地方史志业务培训班并授课】 12月1日至3日，淄博市史志办在淄博市委党校举办全市地方史志业务培训班，中指组副秘书长、中指办副主任冀祥德出席开班仪式，并就依法治志进行授课。（李坤）

【冀祥德出席广东省分管地方志工作领导培训班并授课】 12月18日，广东省分管地方志工作领导培训班在广东省委党校召开。全省各市县区分管地方志工作的负责人140余人参加会议。中指组副秘书长、中指办副主任冀祥德，省政府副秘书长陈世庆、省志办主任温捷香等出席会议并讲话。会上，冀祥德向全省各市县区分管地方志工作的负责人作依法治志专题辅导报告，温捷香向全省各市县区分管地方志工作的负责人作工作报告。陈世庆代表省政府对中指组长期以来对广东地方志工作的大力支持、对冀祥德来粤指导并为培训班作专题辅导报告表示热烈欢迎和衷心感谢。

（广东省志办）

12 月 18 日，广东省分管地方志工作领导培训班举办

【中国地方志学会第六届会员代表大会暨第六届理事会第一次会议召开】 12 月 29 日，中国地方志学会第六届会员代表大会暨第六届理事会第一次会议在北京召开。会议总结学会第五届理事会的工作，完善学会章程，选举产生新的学会领导机构，并研究新一届学会的工作任务，指明新一届学会的发展方向。 （王超）

【2016 年度全国地方志机构主任工作会议】 12 月 30 日，2016 年度全国地方志机构主任工作会议在北京召开。中国社会科学院院长、中指组组长王伟光作题为《全面落实〈全国地方志事业发展规划纲要（2015—2020 年）〉，大力推进地方志事业科学发展》的报告，中国社会科学院副院长、中指组常务副组长李培林作总结讲话。会议总结交流 2015 年全国地方志工作，部署 2016 年工作。与会代表围绕王伟光的报告和如何做好 2016 年的地方志工作进行交流。 （王超）

【《全国地方志事业发展规划纲要（2015—2020 年）》的制定、颁布与学习宣传、贯彻落实工作】 2 月 2 日，中指办在北京组织召开《全国地方志事业发展规划纲要（送审稿）》专家论证会。会后，起草小组对专家提出的具体修改意见和建议进行了研究整理，进一步修改完善送审稿文本。6 月 11 日，经国家发展改革委会签，中国社会科学院正式向国务院报送《关于以国务院名义印发〈全国地方志事业发展规划纲要（2015—2020 年）〉的请示》。7 月，国务院办公厅就请示稿征求中组部、中宣部、中央编办、国家发展改革委等 19 个部门的意见。8 月 25 日，国务院办公厅印发《规划纲要》，9 月 3 日在中国政府网公开发布。

9 月 11 日，学习贯彻《全国地方志事业发展规划纲要（2015—2020 年）》会议在北京召开，中国社会科学院副院长、中指组常务副组长李培林出席会议并讲话。此次会议既是一次动员部署的工作会议，也是一次强化理解的学习会议，对于充分宣传好、准确解读好《规划纲要》的内涵和实质，并进而在全国范围内掀起学习贯彻的高潮及时而必要。

与此同时，《规划纲要》的宣传工作全面展开。中国社会科学院院长、中指组组长王伟光在 9 月 10 日《人民日报》上发表《盛世修志 助力中国梦》、李培林在 9 月 11 日《光明日报》上发表《为到 2020 年基本形成地方志事业发展综合体系而努力》的署名文章。9 月 11 日，《中国社会科学报》开辟 4 个专版刊发《规划纲要》文本、解读文章以及六个省（自治区、直辖市）地方志工作机构负责人的学习体会文章。《中国地方志》《中国方志通讯》分别制作专刊，中国方志网、中国方志出版网、方志中国微信公众号、方志中国手机报或开辟专题，或连续发布有关信息，对《规划纲要》进行学习宣传、贯彻落实，形成了贯彻落实《规划纲要》的浓厚氛围。

11 月 23 日，中指组印发《关于贯彻落实〈全国地方志事业发展规划纲要（2015—2020 年）〉的意见》，包括总体目标、具体任务、分工和原则要求三个部分，有计划、有步骤、有重点地推动全国地方志事业科学发展。（王超）

【全国地方志系统表彰先进活动开展】 4 月 18 日，根据人社部和中指组《关于评选全国地方志系统先进集体和先进工作者的通知》要求，中指办在安徽合肥召开全国地方志系统先进集体和先进工作者评选会，评选产生 32 个全国地方志系统先进集体、10 名先进工作者作为推荐对象。之后，有序开展向人力资源和社

会保障部报送审批，组织各省（自治区、直辖市）、新疆生产建设兵团公示，进而组织开展全国公示、上报推荐报告和联合印发人力资源和社会保障部与中指组的表彰决定等工作。

12 月 29 日，由人社部、中指组联合主办的全国地方志系统先进模范座谈会在北京人民大会堂召开。中共中央政治局常委、国务院总理李克强作出重要批示，希望地方志工作者继续直笔著信史，彰善引风气，为当代提供资政辅治之参考，为后世留下堪存堪鉴之记述。会前，中共中央政治局委员、国务院副总理刘延东代表党中央、国务院接见与会代表并发表重要讲话。刘延东要求，地方志工作一要找准时代定位，忠实记录伟大历史进程；二要坚持正确历史观和科学方法论，提升地方志编修质量；三要创新服务手段，开发利用好地方志资源；四要加强队伍建设，把地方志队伍建成一支政治素质高、专业能力强的文化建设生力军。各级党委政府要按照习近平总书记、李克强总理的指示批示精神，认清地方志事业的重要意义，关心支持地方志事业发展；要通过建立有效的体制机制，积极开展督察工作，大力推进依法治志，保证《地方志工作条例》和《规划纲要》各项规定要求和目标任务落到实处，保证“一纳入、八到位”落到实处。中国社会科学院院长、中指组组长王伟光出席座谈会并作题为《公心直笔著信史，阐善瘅恶引风气》的讲话，就如何继续弘扬方志人精神提出要树立“志德”、提高“志才”、丰富“志学”、增强“志识”。

座谈会由中国社会科学院副院长、中指组常务副组长李培林主持，国家公务员局副局长卢雍政在会上宣读了人社部、中指组联合印发的《关于表彰全国地方志系统先进集体、先进工作者的决定》。（王超）

【中指办科研管理工作】 3 月 12 日，中国社会科学院科研局批复同意中指办新一届学术委员会由李培林、赵芮、冀祥德、邱新立、于伟平、张英聘、黄晓勇组成。经学术委员会选举，李培林任主任委员，赵芮任副主任委员。

5 月，中指办成立科研处，负责中指办以及地方志系统科研管理、外事管理、海内外学术交流、方志理论研究和学科建设、地方志人才培养等工作。年内，起草中指办以及全国地方志系统科研工作规划（草案）、中指办优秀科研成果评奖办法（草案），积极筹备第一次全国地方志科研工作会议。（王超）

【中指办信息化建设工作】 中指办为加强自身信息化建设，同时做好全国地方志信息化顶层设计，推动全国地方志系统信息化建设一体化发展。5 月，中指办成立信息处。在大量调研的基础上，中指办推出全国信息方志与数字方志建设工程。6 月，中国方志网（中国国情网、中国地情网）项目被列入中国社会科学院重大信息化项目。7 月 1 日，开通方志中国微信公众号，当年累计发布微信 100 多期，并带动多个省、市地方志工作机构开通微信公众号，方志微信矩阵粗具规模。9 月 1 日，开通方志中国手机报。当年累计发布 15 期，发送范围覆盖全国地方志系统 4000 多人，为宣传地方志工作、普及地方志知识、传播地方志文化、扩大地方志影响等发挥积极作用。12 月 1 日，中国地情网、中国方志网正式开通。中国地情网的开通，实现国家、省、市、县四级地情网站全覆盖。中国地情网是全国地情网站的集群，致力于各地地情网站资源的整合与开发，努力打造全国地情信息的展示、检索、服务和共享中心。中国方志网是全国地方志系统门户网站，将努力打造成全国地方志系统的信息发布平台、在线服务平台和互动交流平台。中国方志网具有一屏展示、标签化、智能化、集约化等特点，凸显方志文化特色。

同时，开展全国地方志信息化（含数字方志馆）建设调研，印发《全国地方志信息化（含数字方志馆）工作调研方案》，先后赴 12 个省（自治区、直辖市）开展工作调研，接收 20 多个省（自治区、直辖市）的书面调研报告，初步形成国家数字方志馆建设方案。

3 月 19 日，经中国社会科学院党组会议研究决定，把名志工程加入名优工程，“名志”

成为中国社会科学院名优建设工程新成员。12月22日，中国社会科学院“八名”工程会议在国家方志馆举行，中指办在会上作“名志”经验做法典型发言。（王超）

【中指办期刊“名优工程”建设工作】 年内，《中国地方志》期刊继续围绕“名优工程建设”，认真组稿、审稿、用稿、编稿，努力提高期刊编辑和出版质量，办刊宗旨实现从工作指导、理论研究并重转移到以理论研究为主。为提高期刊学术品位，从封面设计、目录版式、用纸等方面较2014年进行了调整，并去商业化，不再刊登广告。在期刊编辑工作中，一是研究和优化期刊全年方志理论研究选题，有针对性地拟订2015年选题策划37个，重点关注方志基础理论和重大编纂实践问题，并在期刊显著位置刊发；二是调整优化期刊栏目，规范栏目名称，加强重点栏目建设；三是编辑贯彻落实《规划纲要》专刊；四是设置“纪念陈桥驿先生专辑”，刊发陈桥驿生前文章及有关纪念文章；五是加强人物访谈和口述历史等采编工作；六是适应信息化建设的要求，使用了具备投稿、审稿、组稿、统计、查询等功能的新采编系统，提高了工作效率。全年编辑出版《中国地方志》期刊12期，每期发行5000份。（王超）

【中指办地方志专业人才培养工作】 年内，中指办积极组织联合办学。一是与暨南大学文学院合作举办历史文献学专业（方志学方向）研究生课程进修班。这是中指办与高等院校首次合作举办的研究生课程进修班，从2013年开始，进修班共招收全国各地从事地方志工作的具有本科以上学历的人员24人，非脱产在职学习2年，每学期集中面授一个月。该班学生学业期满，拟于2016年1月中旬举行结业仪式，并组织召开方志学理论与实践学术研讨会。二是与中国社会科学院研究生院联合举办在职公共管理硕士（MPA）学位班。中指办、中国社会科学院研究生院联合举办2015级在职公共管理硕士（MPA）学位班（地方志管理）。（王超）

【中指办第二轮修志试点工作总结】 全国第二轮修志试点工作从2003年8月开始，截至2015年底共设立23个试点单位，其中省级试点单位2个，市级修志试点单位6个，县市区级试点单位10个，部分试点单位志书已经出版，部分志稿已经送交出版社，部分志稿处在评审阶段。中指办密切关注试点单位工作动态，审读部分试点单位的志稿。同时，对第二轮修志试点单位工作开展情况进行了阶段性总结。（王超）

【中指办2014年度统计工作】 根据中指办印发的《关于开展2014年度全国地方志系统统计工作的通知》，要求各省于2015年1月30日之前报送统计数据。3月底，中指办完成数据统计汇总工作，为2015年度全国地方志机构主任工作会议提供数据资料，并在以往统计基础上汇总整理《全国第二轮修志工作进展情况统计表》，统计全国地方志法规规章制定情况，整理全国年鉴近五年来出版情况。4月，统计全国第二轮志书出版情况，撰写《关于全国第二轮三级志书情况报告》。

据统计，截至2014年底，全国首轮省市县三级志书规划5787部、出版5726部，完成率约98.9%；全国第二轮省市县三级志书规划5916部，累计出版1972部，其中省级志书378部，市级志书150部，县级志书1444部；共出版全国地方志系统省级综合年鉴774部，市级综合年鉴4357部，县级综合年鉴10840部，专业年鉴7186部。全国建有国家方志馆1个，省级方志馆16个，市级方志馆83个，县级方志馆276个。对全国地方志系统的行业志、乡镇村志、街道社区志、山水志、地情书、教材、历代整理累计出版情况，全国地方志系统网站、网页建设情况，全国地方志系统工作机构情况、工作人员情况等也分别进行统计。（王超）

【中指办2015年度统计工作】 11月13日，

中指办印发《关于开展 2015 年度全国地方志系统统计工作的通知》，初步统计范围为当年 1 月 1 日至 10 月 31 日出版的各类志鉴成果及方志馆建设、网站建设、修志机构、修志队伍情况。12 月 8 日，完成统计材料的收集和统计数据的汇总工作。

据统计，截至 2015 年 10 月底，全国首轮省市县三级志书规划 5854 部、出版 5802 部，总完成率约 99.1%；全国第二轮省市县三级志书规划 5867 部，累计出版 2212 部，其中省级志书 455 部，市级志书 177 部，县级志书 1580 部。累计出版全国地方志系统省级综合年鉴 797 部，市级综合年鉴 4595 部，县级综合年鉴 12002 部，专业年鉴 7551 部。全国建有国家方志馆 1 个，省级方志馆 16 个，市级方志馆 86 个，县级方志馆 296 个。对全国地方志系统的行业志、乡镇村志、街道社区志、山水志、地情书、教材、历代整理累计出版情况，全国地方志系统网站、网页建设情况，全国地方志系统工作机构情况、工作人员情况等也分别进行统计。 （王超）

【中指办地方志宣传工作】 3 月 20 日，中指办在京举行宣传工作新闻通气会，通报 2015 年中指办宣传工作重点。新华社、中央电视台、社科院新闻办以及《人民日报》《光明日报》《中国青年报》《中国社会科学报》《中国社会科学报专刊》《中国新闻出版报》等多家新闻机构及媒体记者出席会议。

中指办及时与《人民日报》《光明日报》《中国青年报》《中国社会科学报》《中国社会科学报专刊》、新华网、人民网、光明网、中国新闻网、中国社会科学网等媒体联系，做好重大会议和活动的宣传，包括中指组五届二次会议、2015 年度和 2016 年度全国地方志机构主任工作会议、《全国地方志事业发展规划纲要（2015—2020 年）》的颁布及学习贯彻会议、2015 年新方志论坛、第五届中国地方志学术年会、中国地方志学会第六届会员代表大会暨第六届理事会第一次会议、全国地方志系统先进模范座谈会的宣传工作。会议或活动结束后，及时对新闻报道材料进行统计和报送。

中指办还通过自有媒体进行宣传。一是通过中国方志网、方志中国微信公众号、方志中国手机报进行宣传。二是在充分调研的基础上，研究制定《中国方志》报可行性报告，并广泛征求中指组领导和成员意见，形成创办《中国方志》报实施方案。 （王超）

【《中国方志通讯》编辑工作】 《中国方志通讯》作为全国地方志系统内部工作简报，及时报道全国地方志事业的新进展、新成绩，是全国地方志系统的工作交流平台。全年共编辑《中国方志通讯》32 期，共约 70 万字，其中第 26 期为《全国地方志事业发展规划纲要（2015—2020 年）》颁布以及学习贯彻材料的汇编。 （王超）

【中指办与哈佛燕京图书馆藏善本中国地方志数字化项目基本完成】 从 2014 年 2 月份开始，中指办委托美国哈佛大学哈佛文理学院燕京图书馆将其馆藏的全部善本中国地方志转化成数字化图像，共包括 763 种、7522 卷、将近 100 万幅，主要为明代和清乾隆中期以前的地方志。该项目历时一年半，转化数字化图像工作全部完成，正进行后期加工制作。 （王超）

【中国名镇志文化工程实施】 1 月，中指办印发《关于加强〈中国名镇志文化工程丛书〉编纂工程报送工作的通知》；5 月，印发《关于印发〈中国名镇志文化工程实施方案〉的通知》，明确指导思想、目的意义、总体设计、编纂要求、报送和审查验收、组织领导，并确定全书的凡例、基本篇目和行文规范。截至 12 月底，全国有 20 余个省（自治区、直辖市）的 120 多部镇志申报，第一批 10 本名镇志即将出版。中国名镇志文化工程有力地推动了全国乡镇志的编纂，已有河南、江苏、安徽、湖北、四川等多个省份全面推开乡镇志的编纂工作。 （王超）

【民族地区与贫困地区志书出版资助工程实施】 针对当前部分少数民族地区、经济欠发达地区因经费紧缺致使第二轮志书出版困难的情况，8月，中指办印发《关于启动经济欠发达地区志书出版资助工程的通知》，对经国务院扶贫开发领导小组办公室认定的国家级贫困县（区、旗、县级市）的第二轮志书优先进行资助，中西部地区、少数民族边疆地区存在经费困难的地级市和未列入国家级贫困县（区、旗、县级市）的第二轮志书酌情进行资助。截至年底，有20余部志稿申报，10部图书进入第一批资助工程范围。 （王超）

【中国志书精品工程实施】 10月，中指办印发《关于实施“中国志书精品工程”的通知》，在各省（自治区、直辖市）、新疆生产建设兵团、解放军、武警部队规划编修并通过终审的第二轮修志志稿中培育精品志书。截至2015年底，有3部志稿报送，进入评审环节。 （王超）

【中国年鉴精品工程启动】 年内，中指办决定在全国地方志系统开展年鉴工作试点，启动中国年鉴精品工程。经综合研究，确定山西省志办、山东省史志办、广东年鉴社、南京市志办、拉萨市志办、温州市志办、驻马店市史志办、北京市海淀区史志办、吉林省延吉市志办、四川省威远县史志办10家单位为2016年至2020年首批全国年鉴工作试点单位。12月30日，全国年鉴工作、中国年鉴精品工程试点单位授牌仪式暨试点工作座谈会在北京召开。与会代表围绕《全国年鉴工作、中国年鉴精品工程试点管理暂行办法》对试点工作进行研讨。 （王超）

【方志馆研究建设工程启动】 年内，中指办稳步推进方志馆研究建设工程，一是推进“方志中国”展览和中国国情展大纲撰写。中指办在对江苏、江西、广西、云南等地方志馆建设和展览展示进行调研的基础上，经过8次研讨，形成“方志中国”展览大纲，报请中指组领导审定，交由展览公司形成深化设计方案，并于11月正式开始施工，布展工作有序推进；开展国情展大纲起草工作，自10月开始，对大纲的框架结构、基本内容等展开多次研讨。二是推进国家方志馆分馆建设。6月，《国家方志馆分馆准入标准及管理规定》拟订完成；7月16日，中指办正式批复东营市方志馆设立国家方志馆黄河分馆，并对黄河分馆建设提供业务指导。三是继续做好图书馆藏工作。组织各地捐赠图书，共接收各地捐赠图书290余种，1220余册，另有其他单位及个人捐赠图书110种约150余册；与方志出版社商洽购买志书和年鉴计1590种4758册，通过中国社会科学院人文公司购买旧志25种。 （王超）

【中指办机构及人员状况】 中指办为参照公务员法管理的事业单位，加挂国家方志馆牌子。2015年5月，中指办（国家方志馆）内设机构调整，调整后共有内设机构10个，即方志处、年鉴处、规划处、信息处、期刊处、科研处、秘书处、人事处（机关党委办公室）、国家方志馆馆藏部、国家方志馆综合部。

截至年底，中指办共有在编在职人员39人。其中，30人为参照公务员法管理人员，9人为事业编制人员（含院管局级干部1人）。 （王超）

【中指办机关内部建设】 年内，中指办调整内设处室，参公编制由原来的6个处室增设为8个处室，国家方志馆10名编制设置为综合部和馆藏部两个部门。按照中指办党组关于制定“四定”（即定职能、定职责、定岗位、定措施）方案的要求，各处室初步研究制定部门职能定位、岗位职责、岗位分工及下一步的工作措施。10月，中指办启动处级干部选拔工作，完成组织动员、报名、民主评测、谈话推荐、考察等环节工作。同时，向国家公务员局上报2016年3名公务员的招录计划。

为加强党的建设，中指办启动中华家训文化工程项目，组织人员挖掘整理中华家训文化，编纂《中华家训精编100则》；为配合

“三严三实”专题教育活动，中指办组织编纂《中国古代为官箴言》；开展机关党委、机关纪委换届工作，先后组织全体党员动员会、党委和纪委候选人推荐和上报审批工作，并于12月24日召开换届选举大会。 （王超）

【方志出版社工作】 年内，方志出版社紧密围绕“方圆天下、志书古今”的宗旨，继续坚持“志书精品、社科奇葩”的定位，积极贯彻“团结立社、制度治社、质量强社、效益兴社”的方针，着力落实《方志出版社发展规划纲要（2014—2020年）》，通过出版社全体职工的共同努力与拼搏，对外推动实现“名志”入“名优”，“七名”变“八名”。12月22日，中国社会科学院名优建设工程工作会议在国家方志馆召开，中国社会科学院院长、中指组组长王伟光在工作报告中指出“方志出版社继续开拓创新，团结聚力，发生了根本性变化”，中指组副秘书长、中指办副主任冀祥德作“名志”经验介绍；出版社对内“三步并作两步走”，提前一年零一个月实现了“一年一小步、三年一大步”职工工资收入翻番目标。

出版社2015年主要工作有：一是抓政治，保证出版社正确发展方向；二是抓机遇，推动出版社快速发展；三是抓队伍建设，保障出版社持续发展；四是抓制度，继续推进出版社人治向法治转变；五是抓经营，着力推进出版社经营模式转型；六是抓改革，对内深挖出版社潜力；七是抓谋划，对外拓展壮大发展；八是抓待遇，让职工得到实实在在实惠；九是抓机会，扩大出版社的影响力；十是抓协作，营造出版社发展优良环境。 （王超）

志书编纂与出版

·编纂进展

【2015年北京市志书编纂进展】 年内，北京市19部志书启动部署，其中18部进入编审阶段。东城区志、崇文区志、西城区志、宣武区志、朝阳区志、海淀区志、丰台区志、石景山区志、门头沟区志、房山区志、通州区志、顺义区志、大兴区志、昌平区志、平谷区志、怀柔区志、密云区志、延庆县志、政府志等志书部署启动，除政府志外均进入编审阶段。

（赵文才）

【2015年天津市志书编纂进展】 年内，天津市3部志书进入编审，4部志书公开出版。地理志、黄崖关长城志、公安志进入编审，审判志、妇女组织志、城乡建设志、规划志公开出版。（天津市志办）

【2015年河北省志书编纂进展】 年内，河北省省级志进入编审的有邮电志、财政志、电力工业志、人口和计划生育志、林业志、军事志、信访志、国土资源志、交通运输志、政府志、民主党派与工商联志、公安志、审判志、广播电视志、科学技术志、水利志、旅游志、国有企业改革志、社会科学志、武术志、吴桥杂技志、统计志、安全生产监督管理志、精神文明建设志、文化志、教育志、金融志、医疗卫生志、体育志、避暑山庄与皇家寺庙志、清陵志、司法行政志、审计志、税务志、开放志、重工业志、共产党志、人民代表大会志、发展规划志、海关·口岸·检验检疫志、武警志、城乡建设志、商贸志、供销合作社志、劳动和社会保障志、民族·宗教志、农业志、工商行政管理·市场中介志、气象·地震志、环境保护志、测绘志、质量技术监督志、开发园区志、政治协商志、人事志、档案志、人民团体志、信息产业志、方志志、轻工业志、医药志、检察志、陶瓷志、外事·侨务志、著述志、物价志、出版报业志、人物志、葡萄酒志、民俗志、历史文化名镇名村志。地市级志进入编审的有石家庄市志、唐山市志、邯郸市志、邢台市志、保定市志，公开出版的有张家口市志。县区级志进入编审的有石家庄市桥西区志、新华区志、藁城县志、灵寿县志、高邑县志、深泽县志、无极县志，唐山市路北区志、路南区志、古冶区志、开平区志，张家口市桥西区志、桥东区志、尚义县志、蔚县志，承德市双桥区志、双滦区志、鹰手营子矿区志，廊坊市香河县志、文安县志；公开出版的有南宫市志、唐海县志、易县志、玉田县志、孟村回族自治县志。（华晓梅　魏铁军）

【2015年山西省志书编纂进展】 年内，山西省省级志书部署启动的有社会团体志、现代书画家志；进入编审的有民政志、人物志（下）、证券志、煤炭志、商务志；公开出版的有检察志、地方税务志、非物质文化遗产志、邮政志、铁路志、农业统计志、政区沿革志、陈永贵志、人民代表大会志、农业学大寨志、金融统计志、林业志、地震志、机械电子工业志、化学工业志。地市级志进入编审的有长治市志、太原市志、运城市志。县区级志进入编审的有大宁县志、沁源县志、偏关县志、代县志、万荣县志、介休市志、朔州市平鲁区志、烦县志、安泽县志、绛县志、芮城县志、平遥

县志、隰县志、寿阳县志、长治县志、永济市志；公开出版的有繁峙县志、大同市新荣区志、榆社县志、太谷县志、阳泉市矿区志。

（杨建中）

【2015年内蒙古自治区志书编纂进展】 年内，内蒙古自治区省级志部署启动的有煤炭工业志、地税志、农牧业志、文物志、经济和信息化志、上海办事处志、北京办事处志、国土资源志、蒙古语言文字志；进入编审的有文化志、草原志、人口和计划生育志、出版志、地震志、包钢志、气象志、民主党派志、外事志、科学技术志、公安志、文学艺术志、建设志、经济和信息化志、大兴安岭森工志；公开出版的有对外贸易志、宣传志、审计志。地市级志进入编审的有呼和浩特市志、包头市志、鄂尔多斯市志、乌海市志、巴彦淖尔市志、乌兰察布市志、锡林郭勒盟志、呼伦贝尔市志、赤峰市志。县区级志进入编审的有阿拉善右旗志、正蓝旗志、东胜区志、乌审旗志、丰镇市志；公开出版的有乌海市海勃湾区志。专业（部门、行业、专题）志部署启动的有信访志、发展研究志、环境科学研究院志；进入编审的有土壤肥料志；公开出版的有石油化工监督检验研究院志。

（赵婧）

【2015年辽宁省志书编纂进展】 年内，辽宁省省级志书部署启动的有武警志、少数民族志、宗教志、中小企业志；进入编审的有公安志、通信志、林业志、人口与计划生育志、地震志、煤炭工业志、水利志、科学技术志、公路水运志、出入境检疫志、财政志、人民防空志、检察志、政协志、社会科学志、军事志、供销合作社志、民政志、审判志、外事侨务志、物价志、农业志、红十字会志、文物志、文化志、铁道志、国土资源志、共青团志、劳动和社会保障志、对外经贸志、体育志、档案志、民主党派志·工商联志、商业志、邮政志、司法行政志、妇女志、海洋与渔业志、税务志、质量技术监督志、人事志、测绘志、卫生志、教育志、粮食志、石油开采工业志、中共地方组织志、政府法制志、旅游志；公开出版的有气象志、畜牧业志、统计志。地市级志书部署启动的有抚顺市志第三卷、本溪市志第三卷、本溪市志第四卷、丹东市志社会卷、营口市志第二卷、营口市志第三卷；进入编审的有沈阳市志第四卷、沈阳市志第二卷（下）、鞍山市志政治卷、鞍山市志文化卷、鞍山市志经济卷、丹东市志综合卷、丹东市志文化卷、锦州市志经济卷、营口市志第一卷、营口市志第二卷、营口市志第三卷、阜新市志第二卷、辽阳市志第二卷、辽阳市志第三卷、铁岭市志卷二、朝阳市志第一部、朝阳市志第二部、盘锦市志第一卷；公开出版的有抚顺市志第二卷。县区级志书部署启动的有台安县志、岫岩县志、本溪市溪湖区志、本溪市明山区志、本溪市平山区志、本溪市南芬区志、丹东市振兴区志；进入编审的有新民市志、沈阳市大东区志、沈阳市东陵区志、大连沙河口区志、北镇市志、义县志、盖州市志、阜新蒙古族自治县志、彰武县志、辽阳市太子河区志、辽阳市白塔区志、辽阳市文圣区志、辽阳市宏伟区志、朝阳市双塔区志、朝阳市龙城区志、盘锦双台子区志、大洼县志、盘山县志、盘锦市兴隆台区志、葫芦岛市南票区志、建昌县志；公开出版的有大连市金州区志、普兰店市志、新宾满族自治县志、东港市志、阜新市太平区志、辽阳县志、凌源市志、兴城市志。乡镇村志部署启动的有丹东市大孤山镇志、丹东市大鹿岛村志；进入编审的有丹东市四台子村志；公开出版的有大连市旅顺口区登峰街道志、大连市旅顺口区小黑石村志；内部出版的有瓦房店市老虎屯镇志、鞍山市黄沙坨镇志、阜新市韩家店镇志、绥中县大台山志。专业（部门、行业、专题）志进入编审的有第十二届全国运动会沈阳赛区志、丹东抗美援朝志、丹东解放战争志、丹东市人物志、丹东市地名志；内部出版的有抚顺2013年8·16水灾志、抚顺市交通志、抚顺市林业志、抚顺朝鲜族志、营口调查队志、朝阳市公安志、朝阳市卫生志、建平县财政志、建平县交通志、建平县公安志、凌源市供销社志、凌源市人口和计划生育局志、凌

源市卫生监督局志、凌源市第二人民医院志、凌源市妇幼保健所志、凌源市结核病防治所志、凌源市采供血办公室志、凌源市康宁医院志、凌源市新农合管理中心志、凌源市凌北社区卫服务中心志。　（杜祥武）

【2015年吉林省志书编纂进展】　年内，吉林省省级志进入编审的有人物志、大事记、中共地方组织志、政府志、民主党派工商联志、审判志、人大志、检察志、公安志、司法行政志、森警志、民族宗教志、外事侨务志、共青团志、妇联志、经济综合志、工业志、工商行政管理志、技术监督志、医药志、安全生产志、海关志、国土资源志、建设志、地震志、邮政电信志、水利志、科学技术志、教育志、医疗卫生志、体育志、文化志、文学艺术志、广播电影电视志、财政志、税务志、出版志、粮食志、烟草志、民政志、人事志、劳动志、旅游志、开发区志；公开出版的有政协志、工会志、军事志、出入境检验检疫志、交通志·公路水运地方铁路、电力志、交通志·铁道、农业志、林业志、社科志、金融志、商务志、人口和计划生育志、气象志、测绘志、畜牧志。县区级志进入编审的有龙井市志、图们市志、铁西区志、铁东区志、东辽县志；公开出版的有长春市双阳区志（1989~2000）。

（吉林省地方志编委会）

【2015年黑龙江省志书编纂进展】　年内，黑龙江省省级志进入编审的有烟草志、工商行政管理志；公开出版的有土地志、公路志、审计志、农垦志。地市级志进入编审的有哈尔滨市志第一卷、哈尔滨市志第八卷、鹤岗市志；公开出版的有哈尔滨市志第五卷。县区级志公开出版的有绥芬河市志、宁安市志、林口县志。乡镇村志内部出版的有中心河村史、肇东市向阳乡志、合庆村志。　（徐萍）

【2015年江苏省志书编纂进展】　年内，江苏省省级志部署启动的有总述、大事记、人物志；进入编审的有邮电志、农林志、资源志；公开出版的有纪检监察志、旅游餐饮志。地市级志进入编审的有淮安市志、泰州市志、连云港市志、徐州市志、常州市志。县区级志进入编审的有北塘区志、丰县志、沛县志、邳州市志、云龙区志、泉山区志、溧阳市志、如皋市志、港闸区志、赣榆县志、东海县志、灌云县志、灌南县志、洪泽县志、盱眙县志、金湖县志、楚州区志、淮阴区志、高邮市志、广陵区志、维扬区志、京口区志、兴化市志、靖江市志、泰兴市志、姜堰市志、海陵区志、高港区志、宿城区志；公开出版的有马山志、鼓楼区志、相城区志、海安县志、如东县志、通州市志、海门市志、滨海县志、东台市志、亭湖区志、江都市志、睢宁县志、新浦区志。

（朱莉萍　朱崇飞）

【2015年浙江省志书编纂进展】　年内，浙江省地市级志进入编审的有温州市志、嘉兴市志、绍兴市志、金华市志、衢州市志、舟山市志、丽水市志；县区级志部署启动的有诸暨市志、新昌县志、玉环县志；进入编审的有永嘉县志、瑞安市志、泰顺县志、瓯海区志、文成县志、平阳县志、安吉县志、长兴县志、海宁市志、桐乡市志、秀洲区志、南湖区志、绍兴县志、上虞市志、东阳市志、永康市志、定海区志、温岭市志、临海市志、莲都区志、龙泉市志、云和县志、庆元县志、松阳县志、景宁县志、缙云县志、遂昌县志；公开出版的有德清县志、嘉善县志。乡镇村志部署启动元通街道志、于城镇志、百步镇志、西湖村志、祝温村志、虾峙镇志；进入编审的有钱库镇志、赤溪镇志、泗溪镇志、腾蛟镇志、鹤盛镇志、藻溪镇志、禹越镇志、王江泾镇志、新塍镇志、洪合镇志、王店镇志、钟埭镇志、黄姑镇志、当湖镇志、全塘镇志、曹桥镇志、林埭镇志、沈家弄村志、王坛镇志、沥海镇志、梁湖镇志、陈溪镇志、驿亭镇志、丰惠镇志、店口镇志、岭北镇志、枫桥镇志、草塔镇志、大唐镇志、山下湖镇志、江藻镇志、同弓乡志、朱家尖志、六横志、鼠浪湖村志、潮面村志、建胜村志、壶镇镇志、三溪乡志、新碧街道志、

上坪村志；公开出版的有新渡桥村志、东岙顶村志、双林镇志、长安镇志、天凝镇志、干窑镇志、曙光村志、稽东镇志、兰亭镇志、王化村志、太平山村志、湖镇镇志；内部出版的有油车港镇志、倪家浜村村史、北蝉乡志、黄岩头陀白湖塘村志、岱石口村志。专业（部门、行业、专题）志部署启动的有苍南县文化志、苍南慈善志、南湖区统战志、湘家荡志、嘉善方言志、海盐县卫生志、海盐县工业志、嵊泗县公安志、台州市路桥区公安志、台州市路桥区人民代表大会志、三门县水利志、三门县文化志、三门广播电视志、林业志、地名志；进入编审的有温州农业志、温州交通志、温州环保志、温州教育志、温州城市建设志、温州公安志、泰顺县教育志、平阳县人民代表大会志、平阳县水利志、永嘉交通志、湖州交通志、湖州市公安志、湖州市卫生志、湖州市地名志、平湖市人口与计划生育志、平湖市劳动和社会保障志、平湖市环境保护志、平湖市人民法院志、平湖市公安志、平湖市体育志、平湖市海洋渔业志、巨龙垫圈公司志、海盐县检察志、海盐县城乡建设志、海盐县气象志、诸暨市检察志、诸暨市农业志、衢州市水利志、续修衢州市建设志、续修衢州市公安志、常山县林场志、龙游县地名志、舟山市交通续志、舟山市港行志、普陀山志、普陀洛迦山志续编、舟山审判志、舟山引航志、舟山市定海区交通志、舟山市定海区地名志、舟山市普陀区地名志、舟山市普陀区政协志、舟山市普陀区教育志、嵊泗县交通志、台州市路桥区地名志、三门人大志、龙泉市卫生志、缙云县水利志、缙云县交通志、遂昌县教育志；公开出版的有乐清市卫生志、中国农工民主党乐清市志、瑞安市文化志、龙湾区风景旅游志、嘉兴市工会志、平湖市城乡建设志、平湖市统战志、平湖市人事志、海宁市文化志、海宁土地志、桐乡市政协志、桐乡市交通志、桐乡市中医医院志、上虞市供销社志、诸暨市司法志、衢州市教育志、普陀渔业志、岱山县工会志、岱山县政协志、台州市路桥区卫生志、玉环胜迹图志、温岭河溪周氏志、龙泉市林场志；内部出版的有乐清市妇联志、瓯海人大志、上虞渔业志。

（浙江省志办）

【2015年福建省志书编纂进展】 年内，福建省省级志进入编审的有民政志、军事志、电力工业志、船舶工业志、建设志、铁路志、质量技术监督志、民主党派志、卫生志、教育志、华侨志、知识产权志、机械工业志、审判志、劳动志、红十字志、发展与计划志、福州海关志、台联志、共产党志、科技志、国民党志、供销合作社志、盐业志、林业志、广播电视志、政协志、出入境检验检疫志（福建局篇）、大事记、文化艺术志、建材工业志、煤炭工业志、报业志、轻工志、冶金工业志、渔业志、旅游志、厦门海关志、档案志、出版志、工商联志、对外经贸志、石化工业志、闽台关系志、信息产业志、总概述、人物志、民族宗教志；公开出版的有烟草志、粮食志、审计志、妇联志。地市级志书进入编审的有南平市志、福州市志、厦门市志、漳州市志、泉州市志、宁德市志、平潭县志；公开出版的有三明市志。县区级志书进入编审的有武夷山市志、建阳市志、建瓯市志、顺昌县志、浦城县志、光泽县志、松溪县志、政和县志、闽侯县志、闽清县志、永泰县志、福清市志、仓山区志、鼓楼区志、晋安区志、马尾区志、连江县志、罗源县志、思明区志、同安区志、龙海市志、龙文区志、诏安县志、芗城区志、南靖县志、东山县志、平和县志、华安县志、石狮市志、晋江市志、南安市志、德化县志、永春县志、鲤城区志、丰泽区志、洛江区志、泉港区志、惠安县志、宁化县志、清流县志、梅列区志、沙县志、三元区志、仙游县志、荔城区志、涵江区志、寿宁县志、霞浦县志、蕉城区志、福鼎市志、福安市志、古田县志；公开出版的有延平区志、建宁县志、将乐县志、秀屿区志、上杭县志、云霄县志、柘荣县志、长乐市志、长泰县志。乡镇村志公开出版的有周宁县浦源镇志、上杭县才溪镇志、闽侯县鸿尾乡超墘村志、漳浦县霞美镇白石村记；内部出版的有上杭县湖洋镇古楼村志、上杭县临城镇新丰村

志、南安市九都镇志。专业（部门、行业、专题）志进入编审的有福建茶志、福建寿山石志、漳州地名志；公开出版的有闽侯县闽剧艺术传承发展中心志、漳浦寺庙志、尤溪县方言志；内部出版的有永春县林业志。

（福建省地方志编委会）

【2015年江西省志书编纂进展】　年内，江西省地市级志进入编审的有赣州市志、九江市志；公开出版的有新余市志、上饶地区志。县区级志进入编审的有湖口县志；公开出版的有定南县志、峡江县志。乡镇村志部署启动的有永平镇志；进入编审的有四十里街镇志；内部出版的有祁禄山镇志。专业（部门、行业、专题）志部署启动的有弋阳县人民防空志、信丰县人物志、黎川纪检监察志、黎川县组织志；进入编审的有靖安姓氏志；公开出版的有铅山县政协志（续编）、南康人物志、乐安财政志、鄱阳县检察院志、德安县文化志；内部出版的有高安市老干部志、赣州市宗教场所志·石城卷、新建县水利志、高安市文化志、信丰县森林公安志、于都县检察院志、弋阳县政协志。

（张志勇）

【2015年山东省志书编纂进展】　年内，山东省省级志进入编审的有海洋渔业志、民俗志、金融志、外经贸志、旅游志、电力工业志、证券志、粮食志、环保志、检验检疫志、工业志、电信志、工业综合管理志、海关志、卫生志、煤炭工业志、社科志、邮政志、气象志、教育志、冶金工业志、建设志、供销合作社志、共青团志、科技志、妇女团体志、体育志、水利志、报业志、少数民族·宗教志、信息产业志、文化志、出版志、侨务志、文物志、人物志、序言·凡例·目录；公开出版的有盐业志、大事记、工业志（上）、交通志、测绘志、物价志、统计志、工会志、广播电视志。地市级志部署启动的有东营市志、聊城市志；进入编审的有济南市志、青岛市志、烟台市志、潍坊市志、济宁市志、威海市志、日照市志、临沂市志、德州市志；公开出版的有枣庄市志、济南市志（二、三册），临沂市志（第一册）。县区级志部署启动的有文登区志、荣成市志、乳山市志、薛城区志、罗庄区志、阳信县志；进入编审的有历下区志、市中区志、槐荫区志、商河县志、市南区志、市北区志、胶州市志、峄城区志、台儿庄区志、滕州市志、芝罘区志、莱州市志、海阳市志、长岛县志、潍城区志、寒亭区志、青州市志、寿光市志、昌邑市志、兖州区志、曲阜市志、汶上县志、梁山县志、河东区志、郯城县志、平邑县志、蒙阴县志、武城县志、惠民县志、定陶县志、鄄城县志、天桥区志、福山区志、安丘市志、岱岳区志、兰陵县志、邹平县志、单县志、任城区志；公开出版的有费县志、济阳县志、岚山区志、天桥区志、平度市志、巨野县志、莱阳市志。乡镇村志部署启动的有周村区村镇志略、博山区村镇志略、李家村志、仙河镇志、济北开发区志、四刘庄村志、郑保屯村志、河口街道志；进入编审的有卫固村志、李家疃村志、大汶口镇志、安驾庄镇志、宁阳县村庄简志、州城街道志、远遥村志、陶家夼村志、韩王许村志、劝礼村志、周王许村志、雪野村志、茌平县村庄志、尚官屯村志、傅坡村志、白浮图镇志、西朱家庄志、王官屯村志、刘桥镇志、西毛村志、新户镇郭局村志、花园村志、毛庄村志、北站村志；公开出版的有商河乡村志、大桥镇志、后登瀛村志、中华埠社区志、晓阳社区志、千乘之光、东浊北村志、山后徐村志、姚哥庄村志、王富社区志、朱庄村志、东疏镇志、宁阳镇志、泗店镇志、马家庄村志、芝罘大疃村志、六股路村志、只楚村志、邢庄村志、冶源镇志、化楼镇志、刘集村志、傅庄志、宋官屯村志、王家院村志、旧军庄志、大桥村志、南赵村志、仁里集镇志、岭西村志、肯东志、七峪村志、北宅科村志、朱庄村志、张家村村志、文登南桥村志、济南市槐荫区村庄概览。专业（部门、行业、专题）志部署启动的有山东省地方史志志、威海市地方史志志、泰安市体育志、鲁王建工集团志、广饶县人大志、德州市统战志、德州市国土资源管理志、阳谷县人民代表大会志、河口区人

民代表大会志；进入编审的有青岛世园会志、华能白杨河发电公司志、淄博工会志、淄博工商联志、东营市物价志、东营黄河志、芝罘区殡仪馆志、潍坊风筝志、潍坊审计志、新华印刷厂志、潍坊水文志、泰安市大汶河志、泰安体育志、柳下惠志、新泰市建筑安装工程总公司志、新泰市工商志、东平县文化志、泰安市地方税务志、威海市教育志、莱芜民盟志、莱芜民革志、聊城市民政志、东昌府区体育志、乔昌集团志、东营市外侨志、乳山市国土资源志、齐河县科学技术志、齐河县质监志、齐河县中医院志、齐河县职业中专志、东港区卫生志、商河法院志、广饶县政协志、平原县卫生志、平原县公安志、平原县一中校志、商河县农业局志、齐河县检察志；公开出版的有济南金融志、平阴法院志、青岛经济技术开发区图志、城阳区教育志、即墨师范学校志、大沽河志、临淄文物志、周村区武术志、高青县林业志、新泰市人民医院志、肥城地方税务志、荣成市中医院志、河口区水利志、河口区教育志、正顺集团有限公司志、利津县第一中学志、利津县物价志、利津县一千二林场志、东平湖志、齐河县教育志、平原县文化志、鲁中职业学院十年发展志、阳信文化志、聊城市民族宗教志、阳谷县人力资源和社会保障志、泗水县建设志、徂徕山志、威海市国土资源志、滨州市沾化区工业志、东营区政协志、文登职业技术教育志、高青县林业志、垦利县纪检监察志、齐河经济开发区志、淄川区风景园林志、烟台东山宾馆志、利津县城市管理志、东昌府区人民代表大会志、文登人民公安志、齐河县住房和城乡建设志、平阴政协志、泗水县工会志。（李坤）

【2015年河南省志书编纂进展】 年内，河南省地市级志进入编审的有开封市志、南阳市志、驻马店市志；公开出版的有新乡市志；县区级志部署启动的有淅川县志（重修本）、进入编审的有安阳市郊区、方城县志、桐柏县志、南阳市卧龙区志、许昌市魏都区志、荥阳市志、石龙区志、偃师市志、商丘市志、民权县志、宁陵县志、开封市顺河回族区志、开封市南关区志、开封市鼓楼区志、南乐县志；公开出版的有安阳市郊区志、清光绪开州志、清光绪开州志再版、明嘉靖开州志、明嘉靖开州志校注、清丰县志、辉县市志、卫辉市志、获嘉县志、延津县志、封丘县志、原阳县志、卫滨区志、红旗区志、牧野区志、凤泉区志。乡镇村志部署启动的有卫辉市太公镇志、柳位村志、台上村志、太公泉村志、牧野区寺庄顶村志、获嘉县太山乡志、龙潭镇志、湖阳镇志、苍台镇志、桐河乡志、滨河办事处志、石界河镇、九重镇志、歪子镇志、沙堰镇志、溧河铺镇志、上庄乡志、五星镇志、新郑市孟庄镇志、和庄镇志、中牟县大孟镇志、官渡镇志、姚家镇志、万滩镇志、金水区丰庆路街道志、杜岭街道志、邓城镇志、黄寨镇志、固墙镇志、郑郭镇志、贾岭镇志、老城镇志、王明口镇志、逍遥镇志、聂堆镇志、奉母镇志、址坊镇志、朱口镇志、马头镇志、城关回族镇志、四通镇志、朱集镇志、鲁台镇志、黄集乡志、城关镇志、付井镇志、槐店镇志、老城镇志、宜路镇志、钱店镇志、丁村镇志、韭园镇志、包屯镇志、白潭镇志、北关办事处志、金海办事处志、睢县尚屯镇志、睢县平岗镇志、睢县匡城乡志、睢县西陵寺镇志、夏邑桑堌乡志、宁陵乡镇志、柘城慈圣镇志、柘城惠济乡志、柘城牛城乡志、柘城胡襄镇志、柘城大仵乡志、虞城城关、虞城利民、虞城站集、虞城杜集、睢阳区宋集镇志、睢阳区李口镇志、睢阳区郭村镇志、睢阳区毛堌堆镇志、睢阳区坞墙镇志、城关镇志、英豪镇志、陈村乡志、洪阳镇志、仁村乡志、天池镇志、坡头乡志、南村乡志、段村乡志、大王镇志、朱阳镇志、五亩乡志、川口乡志、西阎乡志、崖底街道志、磁钟乡志、高庙乡志、会兴街道志、交口乡志、大营镇志、原店镇志、西张村镇志、观音堂镇志、张汴乡志、张湾乡志、菜园乡志、张茅乡志、王家后乡志、硖石乡志、西李村乡志、宫前乡志、店子乡志、文留镇志、柳屯镇志、户部寨镇志、清丰城关镇志、马庄桥镇志、韩村乡志、元村镇志、福堪镇志、韩张镇志、辛庄

镇志、濮城镇志、华龙区岳村镇志、夹河乡志、吴坝镇志、清水河乡志、马楼镇志、孙口镇志、打渔陈镇志、城郊乡志、东见山村志、长青屯村志、内黄县城关镇村志、内黄县张龙乡村志、内黄县马上乡村志、内黄县高堤乡村志、韩庄镇志、古贤镇志、菜园镇志、任固镇志、瓦岗镇志、伏道镇志、宜沟镇志、北陈王村志、高汉村志、旱塔河村志、大宋村志、三里屯村志、北关村志、宝莲寺镇志、甜水井街道志、夏邑青铜寺村志；进入编审的有辉县市孟庄镇志、常村镇志、小蒲水村志、常屯村志、八盘磨村志、卫辉市南李庄村志、新乡市卫滨区平原乡志、获嘉县徐营镇东浮庄村志、获嘉县冯庄镇职王村志、凤泉区大块村志、郭滩镇志、大河屯镇志、安皋镇志、石道乡志、宣化镇志、送表乡志、石桥村志、袁桥村志、新密市大隗镇志、曲梁镇志、来集镇志、牛店镇志、新密市岳村镇志、岳村镇志、荥阳市王村镇志、广武镇志、桃村李村志、金水区杲村村志、杨槐村志、高皇寨村志、须水镇志、航海西路街道志、三王庄村志、桐树王村志、周新庄村志、中心路街道志、十八里河镇志、十八里河镇志（续志）、十八里河村志、七里河村志、郊段村志、魏岗村志、肖洼村志、夏邑太平镇志开封市龙亭区北郊乡志、开封龙亭区北道门办事处志、尉氏县水坡镇志、尉氏县十八里镇申庄村志、祥符区罗王乡大时寨村志、祥符区西姜寨乡仇店村志、祥符区大李庄乡大孟昶村志、通许县大岗李乡户岗村志、通许县城关镇后王菜园村志、杞县傅集镇赵村志、仰韶镇志、果园乡志、张村镇志、大王镇志、朱阳镇志、五亩乡志、陕县西李村乡志、中国信阳茶志、陕县西张村镇志、内黄县陆村乡村志、五陵镇志、三官庙村志、娘娘庙村志、石板岩镇志、都里镇志；公开出版的有辉县市胡桥乡志、原阳县韩屋村志、牧野区杨岗村志、凤泉区耿黄乡志、金水区西史赵村志、中原区常庄村志、桂林镇志；内部出版的有红旗区向阳街道志、新乡县郎公庙村志、新乡县赵堤村志、新乡县东营村志、封丘县洛寨村志、封丘县陈桥村志、原阳县东留侯村志、获嘉县小官庄村志、南阳屯村志、凤泉区老道井村志、嵩县城关镇北店街村志、偃师城关镇前杜楼村志、祁仪乡志、碾盘桥村志、方城县袁店乡志、茨梅寺村志、新密市大隗村志、二七区侯寨乡志、上街区峡窝镇志、杞县产业聚集区袁洼村志、荆彰村志、三门村志、前虎峪村志、西茄村志、古墓窑村志、南坡村志、马庄村志、淤泥村志、岭东村志、郏县长桥镇志、白营镇志、杨庄村志、五里村志。专业（部门、行业、专题）志部署启动的有安阳市工会志、中国文字博物馆志、林州工会志、林州广电志、内黄县民政续志、内黄县发改委志、内黄县审计志、唐河文化志、唐河戏曲志、唐河民政志、唐河工商志、濮阳县人大志、科技志、土地志、文化志、卫生志、河务志、华龙区财政志、华龙区政协志、开封黄河志、卢氏县民政志、灵宝黄金志、牧野区组织部志、纪检委志、获嘉县马皮舞志；进入编审的有林州供水志、内黄县土地续志、内黄县计生志、郑州南水北调工程志、郑州黄河志、郑州市国土资源志、郑州市水务志、荥阳黄河志、荥阳统战志、中牟黄河志、中牟县国土资源志、中牟县教育志、中牟县郑州村镇银行志、内乡县教育志、县国土志、县税务志、县科技志、林业志、公安志、军事志、卧龙区工会志、西峡县排气管厂志、范县国税志、延津县土地志、原阳县国土自然志、获嘉县国土资源志、凤泉区国土资源志；公开出版的有内黄县民俗志、内黄县人社志、郑州大学附属中心医院院志、郑州市外事侨务志、登封文化广电新闻出版志、登封审计志、登封市鹅坡武院志、南召县教育志、西峡县计生志、淅川移民与移民民俗志、柘城水利志、柘城刘楼志、柘城板曾口志、图说商丘名胜志、医药志、范县政协志、台前县人口和计划生育志、台前县民俗志、开封九三学社志、辉县市矿产资源志、国土资源志、武装部志；内部出版唐河县教育志、桐柏县公安志、卧龙区政协二十年志、西峡口抗战志、范县公安志、新乡县商业志、卫辉市矿产资源志、封丘县军事志、水利志、土地志、民政志。

（汪朝霞）

【2015年广西壮族自治区志书编纂进展】 年内，广西壮族自治区省级志进入编审的有行政区划志、教育志、地税志、外事志、铁路志。地市级志进入编审的有南宁市志。县区级志进入编审的有恭城瑶族自治县志、桂林市秀峰区志、平乐县志、东兴市志、灵川县志、永福县志、金秀县志、浦北县志；公开出版的有柳州市城中区志、临桂县志、武鸣县志（壮文版）。乡镇村志公开出版的有头排镇志、礼村村志。专业（部门、行业、专题）志公开出版的有广西电网公司志。 （韦晓）

【2015年海南省志书编纂进展】 年内，海南省省级志进入编审的有旅游志、人事劳动志、报业志、测绘志、文化志、工青妇志、渔业志、安全生产监督志、国土资源志、气象志、地震志、民政志、外事侨务志、民族·民俗·宗教志、经济管理志、商务志、粮食志、林业志、教育志、科学技术志、琼剧志、体育志、广播电视志、卫生志、工业志、交通志、物价志、邮政通信志、人大志、政协志、城乡建设志、检察志、公安志、司法行政志、地名志、人口与人民生活志、工商管理志、农业志、税务志、金融志、社会科学志、政府志、军事志、监察志、海关志、统计管理志、洋浦开发区志、审计志；公开出版的有中国共产党志、环境保护志。地市级志部署启动的有三沙市志；进入编审的有海口市志、三亚市志、儋州市志。县区级志进入编审的有海口市秀英区志、海口市龙华区志、海口市琼山区志、海口市美兰区志、琼海市志、文昌市志、万宁市志、东方市志、五指山市志、乐东黎族自治县志、澄迈县志、临高县志、定安县志、屯昌县志、陵水黎族自治县志、昌江黎族自治县志、保亭黎族苗族自治县志、琼中黎族苗族自治县志、白沙黎族自治县志。乡镇村志部署启动的有崖城镇志、博鳌镇志；进入编审的有兴隆镇志。专业（部门、行业、专题）志公开出版的有洋浦经济开发区志。 （李鑫）

【2015年重庆市志书编纂进展】 年内，重庆市省级志部署启动的有政府志、市政管理志、国土房管志、广播电视志、中国共产党重庆地方组织志；进入编审的有体育志、科学技术志、政协志、乡镇企业志、工业经济志、煤炭工业志、卫生志；公开出版的有统计志、人口和计划生育志；内部出版的有司法行政志、审计志、台湾民主自治同盟重庆地方组织志。县区级志部署启动的有奉节县志；进入编审的有酉阳县志、永川市志；公开出版的有江津县志。 （杨祖静）

【2015年四川省志书编纂进展】 年内，四川省地市级志公开出版的有绵阳市志、遂宁市志、甘孜州志、达州市志、攀枝花市志、南充市志、凉山州志、泸州市志、宜宾市志、阿坝州志、广安市志、乐山市志、德阳市志、自贡市志、巴中市志。 （朱艳林）

【2015年贵州省志书编纂进展】 年内，贵州省省级志部署启动的有大事记、人物、地名、名乡名镇名村；进入编审的有国土资源志、环境保护志、气象·地震志、人口志、中共贵州省地方组织志、民主党派·社团志、人大志、政府志、政协志、公安志、司法行政志、检察志、审判志、人力资源·社会保障志、民政志、军事志、国防动员志、发展改革志、统计·工商志、质量技术监督志、民族·宗教志、财政·审计志、税务志、金融志、农业志、林业志、水利志、扶贫开发志、工业志（上、下）、能源志、商贸志、供销 粮食 盐业志、海关·检验检疫志、铁路志、民航志、信息产业志、非公经济志、安全监督志、食品药品监督志、教育志、科学技术志、社会科学志、文化志、文学艺术志、卫生志、体育志、新闻出版志、传媒志、旅游志、社会生活志、档案史志、酒业志、烟草志、茶业志、文化遗产志；公开出版的有公路 水路、城乡建设。地市级志进入编审的有贵阳市志、遵义市志、六盘水市志、安顺地区通志、铜仁地区通志、毕节市志、黔南州志、黔西南州志。县区级志进

入编审的有贵阳市云岩区志、贵阳市南明区志、贵阳市花溪区志、贵阳市乌当区志、贵阳市白云区志、贵阳市观山湖区志、清镇市志、修文县志、息烽县志、开阳县志、遵义市红花岗区志、六枝特区志、水城县志、六盘水市钟山区志、平坝县志、普定县志、镇宁县志、关岭县志、大方县志、纳雍县志、织金县志、岑巩县志、台江县志、剑河县志、丹寨县志、镇远县志、凯里市志、雷山县志、三穗县志、榕江县志、施秉县志、平塘县志、惠水县志、都匀市志、独山县志、荔波县志、龙里县志、罗甸县志、三都水族自治县志、长顺县志、贵定县志、安龙县志、册亨县志、晴隆县志、普安县志、贞丰县志、望谟县志、兴仁县志;公开出版的有石阡县志、铜仁市志、桐梓县志。

（贵州省志办）

【2015 年西藏自治区志书编纂进展】 年内，西藏自治区县区级志进入编审的有错那县志、堆龙德庆县志、扎囊县志、浪卡子县志、洛扎县志、白朗县志、墨脱县志、察隅县志、昂仁县志、南木林县志;公开出版的有隆子县志、贡嘎县志、朗县志。专业（部门、行业、专题）志进入编审的有对外贸易经济志、国民经济综合志、劳动与社会保障志、民航志、妇女志;公开出版的有农业志、畜牧志。

（西藏自治区志办）

【2015 年青海省志书编纂进展】 年内，青海省省级志进入编审的有国土资源志、地震志、农业志、畜牧业志、税务志·地税;公开出版的有税务志·国税、电力工业志。县区级志进入编审的有德令哈市志、西宁市城北区志。

（马渊）

【2015 年宁夏回族自治区志书编纂进展】 年内，宁夏回族自治区地市级志部署启动的有石嘴山市志;进入编审的有银川市志。县区级志部署启动的泾源县志、同心县志;进入编审的有惠农区志、大武口区（重修）、平罗县志。乡镇村志部署启动的有汪家塬村志;进入编审的有姚伏镇志、瞿靖镇志、树新林场志;公开出版的有惠安堡镇志、麻黄山乡志、大水坑镇志;内部出版的有陈袁滩镇志、大坝镇志、瞿靖镇志。专业（部门、行业、专题志）部署启动的有重修银川市司法志、平罗县交通志、平罗县文化旅游广电志、青铜峡党史地方志工作志、吴忠市残联志、吴忠市社保志、贺兰山志;进入编审的有银川市九三学社志、银川市质量技术监督志、银川市卫生志、银川市工会志、泾源县检察志;公开出版的有银川市农业志;内部出版的有银川市劳动保障志、青铜峡卫生志、青铜峡环境保护志。 （王玉琴）

【2015 年新疆生产建设兵团志书编纂进展】 年内，新疆生产建设兵团省级志进入编审的有新疆生产建设兵团志。地市级志部署启动的有十师北屯市志、十二师志;进入编审的有一师阿拉尔市志、二师志、三师图木舒克市志、四师志、七师志、八师石河子市志、九师志、建工师志、十三师志、十四师志。县区级志部署启动的有五一农场志;进入编审的有二十二团志、三十一团志、二十九团志、二二三团志;公开出版的有一团志、五十三团、新疆北新路桥公司志、皮山农场志。 （周崇）

·省级志出版

【《天津市志·审判志（1991～2010)》出版】 2 月，天津市志办、天津市高级人民法院编纂的《天津市志·审判志》由天津社科院出版社出版。主编高震。全志设 6 篇，44 章，彩图 47 幅。记述各级人民法院的立案审判执行、高级人民法院、中级人民法院、专门人民法院、基层人民法院、人物等方面的内容。全面记述了 1991 年至 2010 年天津市各级人民法院的审判工作、改革、队伍管理、信息化建设等方面的情况。全书 60 万字。 （天津市志办）

【《天津市志·妇女组织志（1991～2010）出版》】 3 月，天津市志办、天津市妇女联合会编纂的《天津市志·妇女组织志》由天津社科院出版社出版。主编程兰书。全书设4篇13章，图照101幅。上溯清末，下至2008年，全面、系统地记述了天津妇女组织、妇女运动的发展历程。全书160万字。（天津市志办）

【《天津市志·城乡建设志（1991～2010）出版》】 4月，天津市志办、天津市城乡建设委员会编纂的《天津市志·城乡建设志》由天津社科院出版社出版。主编王明浩。全书设9篇58章，167张表格，305幅图。记述机构、工程勘察设计、市政工程、重点工程、公用事业、建筑业管理、房地产业管理、城建科技和人物等方面的内容。全书200余万字。

（天津市志办）

【《天津市志·规划志（1991～2010）出版》】 5月，天津市志办、天津市规划局编纂的《天津市志·规划志》由光明日报出版社出版。主编赵友华。该志设14篇，图照500余幅，156张表格。包括组织机构、城市总体规划与空间发展规划、重点专项规划设计、滨海新区规划设计、主城区功能区规划设计、中心城区规划设计和区县城乡规划等内容。全书220万字。（天津市志办）

【《山西省志·化学工业志》出版】 3月，《山西省志·化学工业志》由中华书局出版。该志上限为1978年，下限至2008年。全志设基本建设、化学肥料工业、煤化学工业、电石工业、有机化学工业、无机化学工业、化学矿山工业、化学农药工业、精细化学品工业、橡胶加工工业、三大合成材料工业、化工机械、环境保护、化工科技、化工教育、化工基础与区域化工、行业管理、行业协会18编77章，以及概述、人物简介、大事编年、附录、索引等。全书149.7万字。（杨建中）

【《山西省志·陈永贵志》出版】 3月，《山西省志·陈永贵志》（上、下）由中华书局出版。该志上限为1915年2月，下限至1986年3月。全志设纪事、生平、思想、文著、讲话、汇报、摘语、报道、交往、家世亲属、文艺创作、遗址遗物、纪念物品、回忆文存14编91章，以及概述、附录、索引等。全书290.6万字。

（杨建中）

【《山西省志·邮政志》出版】 6月，《山西省志·邮政志》由中华书局出版。该志上限为1978年，下限至2010年12月。全志设组织机构、邮政行业监管、通信网络、邮政业务、基础能力建设、企业管理、科技教育、党群工作、快递服务9编40章，以及概述、人物、大事编年、附录、索引等。全书127.6万字。

（杨建中）

【《山西省志·农业统计志》出版】 6月，《山西省志·农业统计志》（上、下）由中华书局出版。该志上限为1949年，下限至1979年。全志设全省基本情况、地市县基本情况、地市县发展畜牧情况、地市县收益分配情况、地市县农业生产情况、全省农村基本情况、各市县乡村基本情况、各市县农业生产条件、各市县农林牧渔业增加值、各市县农业生产情况、各市县水果生产情况、各市县林业生产情况、各市县牧业生产情况、各市县渔业生产情况、各市县农民人均纯收15章。全书274.1万字。

（杨建中）

【《山西省志·金融统计志》出版】 6月，《山西省志·金融统计志》（上、下）由中华书局出版。该志上限为1949年，下限至2008年。全书18.7万字。（杨建中）

【《山西省志·人民代表大会志》出版】 7月，《山西省志·人民代表大会志》由中华书局出版。上限为1998年，个别事项追溯事物发端，下限至2013年1月。全志设省人民代表大会、省人大常委会会议、立法工作、监督工作、讨论决定重大事项、人事任免、换届选举、代表工作、理论研究会、组织机构10编42章，以及概述、人物、大事编年、附录、索引等。全书108.3万字。（杨建中）

【《山西省志·铁路志》出版】 9月，《山西省志·铁路志》由中华书局出版。该志上限为1978年，下限至2011年。全志设路网建设，运输装备，客货运营，经营管理，安全，多元经营，基本建设，科技与教育，房建、生活、卫生，党群组织，政法、人武，机构12编54章，以及概述、人物、大事编年、附录、索引等。全书173.9万字。（杨建中）

【《山西省志·机械电子工业志》出版】 10月，《山西省志·机械电子工业志》由中华书局出版。该志上限为1978年，下限至2010年，个别章节下限适当下延。全志设机械工业、电子工业、人物、大事编年4编20章，以及概述、附录等。全书153.2万字。（杨建中）

【《山西省志·农业学大寨志》出版】 10月，《山西省志·农业学大寨志》（上、下）由中华书局出版。该志上限为1963年11月，下限至1980年11月。全志设社会背景、发展历程、社会变化、重要会议、重要文献、署名文章、宣传报道、文艺创作、文化遗存、大事记10编40章，以及概述、附录等。全书257.5万字。（杨建中）

【《山西省志·政区沿革志》出版】 11月，《山西省志·政区沿革志》由中华书局出版。该志上限追溯事物发端，下限至2014年底。全志设11编119章以及概述等。全书164.1万字。（杨建中）

【《山西省志·地方税务志》出版】 11月，《山西省志·地方税务志》由中华书局出版。该志上限为1994年，下限至2013年。全志设税收制度、税务管理、税务行政管理3编24章，以及概述、人物、大事编年、附录、索引等。全书112.3万字。（杨建中）

【《山西省志·林业志》出版】 11月，《山西省志·林业志》由中华书局出版。该志上限为1978年，下限至2007年。全志设森林资源、林业调查规划与设计、造林绿化、森林资源保护管理、林业产业、林业科技与教育、林业宣传与对外合作、国有林场、林业机构9编54章，以及概述、人物、大事编年、附录、索引等。全书172.8万字。（杨建中）

【《山西省志·地震志》出版】 11月，《山西省志·地震志》由中华书局出版。该志上限为1978年，下限至2008年。全志设地震活动、地震地质、监测预报、震灾预报、应急救援、法治建设、地震科技、防震减灾事业管理8编29章，以及概述、人物、大事编年、附录、索引等。全书97万字。（杨建中）

【《山西省志·检察志》出版】 12月，《山西省志·检察志》由中华书局出版。该志上限为1978年，个别事项追溯事物发端，下限至2010年底。全志设检察机构，刑事检察，职务犯罪侦查与预防，监所检察，控告申诉检察，民事行政检察，技术鉴定，机要通讯、信息技术，检察调研、书刊编辑、学会协会，决策、咨询、办案监督，检察队伍建设11编34章，以及概述、人物、大事编年、附录、索引等。全书134.2万字。（杨建中）

【《山西省志·非物质文化遗产志》出版】 12月，《山西省志·非物质文化遗产志》由中华书局出版。该志上限为古代，下限至2014年12月。全志设民间文学、传统音乐、传统舞蹈、传统戏剧、曲艺、传统体育游艺与杂技、传统美术、传统技艺、传统医药、民俗、保护单位传承人11编22章，以及概述、大事编年、附录、索引等。是第一部关于山西省非物质文化遗产的志书。全书132.7万字。（杨建中）

【《内蒙古自治区志·对外贸易志》出版】 7月，内蒙古自治区商务厅编纂的《内蒙古自治区志·对外贸易志》由内蒙古人民出版社出版。主编李俊。全书45万字。（赵婧）

【《内蒙古自治区志·审计志》出版】 12月，内蒙古自治区审计厅编纂的《内蒙古自治区志·对外贸易志》由中国时代经济出版社出版。主编长江。全书36万字。（赵婧）

【《内蒙古自治区志·宣传志》出版】 11月，内蒙古自治区党委宣传部编纂的《内蒙古自治区志·宣传志》由内蒙古人民出版社出版。主编周纯杰。全书65万字。（赵婧）

【《辽宁省志·气象志（1986～2005）》出版】 11月，辽宁省志办编纂的《辽宁省志·气象志（1986～2005）》由辽宁民族出版社出版。主编王江山。前置概述，正文设气候、气象业务、气象服务、气象科研、学会与教育、气象事业管理6篇74章96节；附录设大事年表、气候特点与灾害年表、重要文献辑存和编纂始末，配有彩图113幅。该志全面客观地记述1986年至2005年辽宁气候、气象业务、气象服务、气象科研教育、气象事业管理等方面的发展变化情况，对辽宁20年间发生的气象灾害、次生灾害的频次、危害、成因及其特点等均有详细记述，并配有相关图片。附录中附载的1986年至2005年辽宁气候特点与灾害年表具有较高的史料价值，行业、专业特点突出。全书77万字。（杜祥武）

【《辽宁省志·畜牧业志》出版】 11月，辽宁省志办编纂的《辽宁省志·畜牧业志》由辽宁民族出版社出版。主编王树林。该志上限起自金代天德三年（1151年），下限至2005年底。前置概述，设畜牧业资源、畜牧业生产、畜产品、动物疾病防控、饲料工业、草业、畜牧兽医科技与教育、畜牧业经营、畜牧业行政管理9篇36章140节，附录设大事年表、重要文献辑存和编纂始末，配彩色图片33幅及大量黑白随文图片。全志重点记述中华人民共和国成立后辽宁地区畜牧业以及动物卫生监督管理的历史与现状，特别注重反映改革开放后由传统畜牧业向现代畜牧业的巨大转变过程。全书117万字。（杜祥武）

【《辽宁省志·统计志（1986～2005）》出版】 11月，辽宁省志办编纂的《辽宁省志·统计志（1986～2005）》由辽宁民族出版社出版。主编张晶。前置概述，设制度与指标、调查与监测、应用与分析、管理与科研4篇25章105节，附录设大事年表、重要文献辑存和编纂始末，配彩色图片39幅。全志记述1986年至2005年辽宁省统计事业的发展变化情况。全书103万字。（杜祥武）

【《吉林省志（1986～2000）·社会科学志》出版】 6月，吉林省地方志编委会编纂的《吉林省志（1986～2000）·社会科学志》由吉林人民出版社出版。全书18章26节，126万字。（寇旭华）

【《吉林省志（1986～2000）·电力志》出版】 6月，吉林省电力公司编纂的《吉林省志（1986～2000）·电力志》由吉林人民出版社出版。全书11篇54章，93万字。（高岩）

【《吉林省志（1986～2000）·畜牧志》出版】 10月，吉林省畜牧局编纂的《吉林省志（1986～2000）·畜牧志》由吉林文史出版社出版。全书计7篇19章70节，54万字。（高岩）

【《吉林省志（1986～2000）·交通志·公路水运地方铁路》出版】 11月，吉林省交通运输厅编纂的《吉林省志（1986～2000）·交通志·公路水运地方铁路》由吉林文史出版社出版。该志记述1986年至2000年的吉林省交通事业。全书共7篇25章91节，61万字。（张成训）

【《黑龙江省志简编》出版】 年内，黑龙江省地方志办公室编纂的《黑龙江省志简编》由方志出版社出版。该书作为新中国成立后黑龙江省首次由政府主持编纂的大型地方文献的浓缩版，将首轮《黑龙江省志》各专业志书78卷

(98部)、6000余万字进行提炼加工浓缩为150万字左右的简编本，按照志书体例编纂出版。（徐萍）

【《黑龙江省志·公路志》出版】 5月，黑龙江省交通厅编纂的《黑龙江省志·公路志》由黑龙江人民出版社出版。主编赵文惠。全志分3篇20章89节，照片162幅，表138个，图3幅。上限为1986年，下限至2005年，为记述事物完整性，概述追溯到1914年，续修部分个别项目最早起始时间为1934年，有关改革内容上溯至1978年，新增添部分内容最早发端时间为1960年。全书77万字。（徐萍）

【《黑龙江省志·审计志》出版】 年内，黑龙江省审计厅编纂的《黑龙江省志·审计志》由黑龙江人民出版社出版。主编张翠萍。上限为1986年，下限至2005年。全志分4篇16章62节，照片88幅，表30个，54.7万字。（徐萍）

【《黑龙江省志·农垦志》出版】 9月，黑龙江省农垦总局编纂的《黑龙江省志·农垦志》由黑龙江人民出版社出版。主编曲伟。上限为1986年，下限至2005年。全志分9篇29章139节，有文前图片41幅，文中照片102幅，文中表格77个，87.4万字。（徐萍）

【《福建省志·审计志（1996～2005）》出版】 9月，福建省审计厅编纂的《福建省志·审计志（1996～2005）》由社会科学文献出版社出版。全志共14章，39万字。（林忠玉）

【《福建省志·妇联志（1998～2005）》出版】 10月，福建省妇联编纂的《福建省志·妇联志（1998～2005）》由社会科学文献出版社出版。全志共设9章，43.8万字。（孙洁斐）

【《福建省志·烟草志（1991～2008）》出版】 10月，福建省烟草专卖局编纂的《福建省志·烟草志（1991～2008）》由社会科学文献出版社出版发行。全书共14章，共108万字。（林忠玉）

【《福建省志·粮食志（1988～2005）》出版】 12月，福建省粮食局编纂的《福建省志·粮食志（1988～2005）》由社会科学文献出版社出版发行。全志共12章。（林忠玉）

【《山东省志·盐业志》出版】 10月，山东省盐务局编纂的《山东省志·盐业志（公元前26世纪至2005年）》由山东人民出版社出版。主编孟庆平。全志设概述、正文、附录、编后记等。正文设环境与资源、盐区与生产企业所有制形式、基本建设、生产、运销、盐政执法、食盐专营、盐价盐税与专用基金、科技教育文化、机构队伍与盐业团体10篇32章，按照详今略古的原则，重点记述新中国成立后的山东盐业发展变化。全书共47.5万字。（李坤）

【《山东省志·大事记》出版】 10月，山东省史志办编纂的《山东省志·大事记》由山东人民出版社出版。主编刘爱军。该志记述1999年至2008年山东省自然、政治、经济、文化、社会等方面的大事、要事、特事、新事。全书61万字。（李坤）

【《山东省志·交通志（1986～2005）》出版】 12月，山东省交通厅编纂的《山东省志·交通志（1986～2005）》由山东人民出版社出版。主编王其峰、郭长路。全志设概述、正文、附录、后记等，正文设公路、道路运输、海洋运输、内河运输、交通工业、交通管理、民航7篇31章，记述20年间全省交通部门在基础设施建设、运输生产、管理与服务水平、民心工程、安全生产交通科技、精神文明建设等方面取得的重大成就。全书60万字。（李坤）

【《山东省志·测绘志（1991～2005）》出版】 12月，山东省国土资源厅编纂的《山东省志·测绘志（1991～2005）》由山东人民出版社出版。主编刘俭朴。全志设概述、正文、编后记等，插图50幅（志首彩图25幅，随文图片25幅）。正文设基础测绘、专项测绘、地图制图、测绘管理4篇17章64节，含表格27张，凸显全省测绘事业在全省经济社会建设中发挥的基础性、公益性作用。全书32万字。

（李坤）

【《山东省志·统计志（1992～2005）》出版】 12月，山东省统计局编纂的《山东省志·统计志（1992～2005）》由山东人民出版社出版。主编左振华。全志设统计报表制度、专项统计调查、统计资料与统计分析报告、统计建设与管理、机构与队伍5篇25章，图照40幅（志首彩图23幅，随文图片17幅），表格6张。全书35万字。（李坤）

【《山东省志·物价志（1997～2005）》出版】 12月，山东省物价局编纂的《山东省志·物价志（1997～2005）》由山东人民出版社出版。主编陈充。设概述、正文、附录、后记等，插图79幅（志首彩图24幅，随文图片55幅），表格80张。正文设价格总水平调控、价格管理、收费管理、价格执法、机构队伍与基础服务5篇15章，记述8年间全省政府物价部门坚持“定规则、当裁判、搞服务”的价格职能转变方向，充分发挥价格杠杆引导资源合理配置的作用。全书46万字。（李坤）

【《山东省志·工业志（上）》出版】 12月，山东省机械工业协会、省纺织工业协会、省轻工协会编纂的《山东省志·工业志（上）》由山东人民出版社出版发行。主编刘卫东、朱大力、李伟鸣。全志记述1986年至2005年山东省机械工业、纺织工业、一轻工业的发展历程和辉煌成就，展现了三个工业行业在全省、全国工业发展中所处的重要地位与作用。全书71万字。（李坤）

【《山东省志·工会志》出版】 12月，山东省总工会编纂的《山东省志·工会志》由山东人民出版社出版。主编王芳恩。全志设职工队伍与工会组织、经济技术工作与劳动保护、宣传教育与文化体育、工会保障工作与女职工工作、集体合同与工会法律工作、职工民主管理与社会参与、工会建设7篇27章，志首彩图24幅、随文图片67幅，表格50张，共406页。全书记述1994年至2005年山东省工人运动和工会工作的历史。全书48万字。（李坤）

【《山东省志·广播电视志》出版】 12月，山东省新闻出版广电局编纂的《山东省志·广播电视志》由山东人民出版社出版。主编司安民。全志设广播，电视，电影、电视剧，技术设备与设施建设，社团、科教、出版、经营，管理6篇21章，志首彩图21幅，随文图片54幅，表格41张。全书44.5万字。（李坤）

【《海南省志·中国共产党志（1991～2010）》出版】 11月，《海南省志·中国共产党志（1991～2010）》由方志出版社出版。全书设组织建设、纪律检查、宣传教育、统一战线、政法工作、党校工作、党的重大决策及活动等7章，记述海南省委在行政管理体制、政府职能转变、企业所有制改革、市场体系建设、文化体制改革、农村和农垦体制改革、社会保障制度改革、市场经济法律体系建设等方面所进行的一系列探索和实践。全书66.5万字。

（李鑫）

【《海南省志·环境保护志（1991～2010）》出版】 10月，《海南省志·环境保护志（1991～2010）》由方志出版社出版。该书设环境质量状况、自然环境保护、工业污染防治、环境监督管理、环境保护规划与实施、环境保护监测、科技、信息、宣传教育与国际交流合作、环境保护管理机构与队伍、海南生态省建设等9章，重点记述20年间海南省环境保护工作的“五个转变”：一是从末端治理向源头和全过程控制转变，从点源治理向流域和区域综合治理转变；二是通过实施天然林保护和退耕还林、退塘还林，实现由污染防治为主向污染防治与生态保护并重的转变；三是通过开展城市环境综合整治与环境基础建设等，实现由单纯治理工业污染向工业、生活和农村生态环境建设、建立文明生态村、建设社会主义新农村的转变；四是从简单的企业治理向调整产业结构、清洁生产和大工业介入、高科技介入、发展循环经济模式转变；五是依靠科技进步和多渠道筹措资金，实现环保投入由政府为主向投资主体多元化转变，依靠高科技治理环境。全书53.9万字。 （李鑫）

【《重庆市志·审计志（1983～2005）》出版】 1月，重庆市审计局编纂的《重庆市志·审计志（1983～2005）》出版。主编王耘农、卢建辉、袁天长。全志设国家审计机构、国家审计管理、国家审计业务、内部审计与社会（民间）审计、区县（自治县、市）审计，共5篇68章。为系统反映重庆直辖后的审计工作概况，设特载“1996年度至2005年度重庆市预算执行情况审计工作报告”。同时，鉴于抗日战争时期，重庆成为战时陪都，国民政府审计院搬迁至重庆，特设专记“民国时期的重庆审计”。全书149.8万字。 （杨祖静）

【《重庆市志·统计志（1986～2005）》出版】 4月，重庆市统计局、国家统计局重庆调查总队编纂的《重庆市志·统计志（1986～2005）》由西南师范大学出版社出版。主编项铁林。该志记述上限为1986年，下限为2005年。除序、凡例、综述、大事记、附录、编后记外，设统计组织机构、统计管理、统计报表、统计调查、统计资料与信息以及统计教育与科研、财务基建与信息化建设，共6篇17章。该志记述重庆直辖前后统计组织机构的变迁、统计基础建设的过程及成果、统计工作的组织管理及各专业、各行业统计工作的变化等内容。全书62万字。 （杨祖静）

【《重庆市志·台湾民主自治同盟重庆地方组织志（1988～2011）》出版】 11月，台湾民主自治同盟重庆市委员会编纂的《重庆市志·台湾民主自治同盟重庆地方组织志（1988～2011）》出版。主编许沛。该书采用篇、章、节、目结构，前置序、凡例、综述、大事记，后有附录、索引、编后记，正编设发展沿革、自身建设、履行职责、重要活动和人物、荣誉5篇16章，记述1988年至2011年间台湾民主自治同盟重庆地方组织成立、建设与发展历程。全书61.7万字。 （杨祖静）

【《重庆市志·司法行政志（1840～2005）》出版】 12月，重庆市司法局编纂的《重庆市志·司法行政志（1840～2005）》出版。除序、凡例、综述、大事记、附录、索引、后记外，全志设机构沿革、监狱工作、劳教工作、法治宣传、法律服务、基层司法行政、法治 法学教育 司法考试、队伍建设、党风廉政建设、学会协会10篇40章，记述1840年至2005年间重庆司法行政发展历程和工作概况。全书68万字。 （杨祖静）

【《四川省志·妇女工作志》】 1月，四川省地方志编委会编纂的《四川省志·妇女工作志》由方志出版社出版。主编陈芳、吴旭。该志集中记述四川党委领导、政府推动、社会支持、妇联协调、各方参与的妇女儿童工作格局。全书60.4万字。 （朱艳林）

【《四川省志·发展改革志》】 7月，四川省地方志编委会编纂的《四川省志·发展改革志》由方志出版社出版。主编唐利民、刘捷、解洪、翁蔚祥。全志系统反映断限期内四川省发改系统进行宏观调控和管理的历史与现状。全书88.9万字。 （朱艳林）

【《贵州省志·公路 水路（1978～2010）》出版】 12月，贵州省地方志编委会编纂的《贵州省志·公路 水路（1978～2010）》由贵州人民出版社出版。主编李程。全志设规划与勘察设计、公路、公路运输、水路、机构与管理、科技与教育6篇，108.8万字。

（贵州省志办）

【《贵州省志·城乡建设（1978～2010）》出版】 12月，贵州省地方志编委会编纂的《贵州省志·城乡建设（1978～2010）》由贵州人民出版社出版。主编袁晓虎。全志设城乡规划、城市建设和管理、村镇建设、建筑业、房地产与住房制度改革、风景名胜区和世界自然遗产、依法管理、科技教育、管理机构9篇，95.4万字。 （贵州省志办）

【《贵州省志·人物志》出版】 12月，贵州省地方志编委会编纂的《贵州省志·人物志》由方志出版社出版。主编王传福。上限不限，下限到1977年12月去世的人物。全志共收录贵州人物955人，85.5万字。 （贵州省志办）

【《西藏自治区志·水利志》出版】 6月，《西藏自治区志·水利志》编纂委员会编纂的《西藏自治区志·水利志》由中国藏学出版社出版。主编黄克义。该志上限自事物的起源发端，下限至2000年底。志首设署名、图照、总序、序、凡例、概述，正编设自然地理、水资源、水利建设、水利科研与国际合作等，志尾设人物、大事记、专记、附录、索引、英文目录、后记、总后记等内容。全书58万字。 （西藏自治区志办）

【《西藏自治区志·畜牧志》出版】 8月，《西藏自治区志·畜牧志》编纂委员会编纂的《西藏自治区志·畜牧志》由中国藏学出版社出版。主编王承杰、周春来、坚参、次旺多布杰。该志上限自事物的起源发端，下限至2000年底。志首设署名、图照、总序、序、凡例、概述，正文设畜牧业资源、草业、疫病防治等，志尾设人物。全书85.6万字。 （西藏自治区志办）

【《陕西省志·司法行政志》出版】 2月，陕西省地方志编委会编纂的《陕西省志·司法行政志》由陕西出版传媒集团三秦出版社出版。主编乌永陶。该书上限为1995年，下限至2010年，89万字。 （丁喜）

【《陕西省志·国土资源志》出版】 2月，陕西省地方志编委会编纂的《陕西省志·国土资源志》由陕西出版传媒集团陕西科学技术出版社出版。张西岳、赵金祥、张启凡。该书上限为2001年，下限至2010年，65万字。（丁喜）

【《甘肃省志·大事记》出版】 8月，《甘肃省志·大事记》编纂委员会编纂的《甘肃省志·大事记》由甘肃文化出版社出版。全书资料主要来自《甘肃政报》《甘肃工作》《甘肃日报》《甘肃年鉴》《中国共产党大事记》、部门年鉴以及各市州、省直各部门提供的资料，上限自1986年起，下限断至2009年底。全书56万字。 （梁兴明）

【《甘肃省志·广播电影电视志》出版】 6月，《甘肃省志·广播电影电视志》编纂委员会编纂的《甘肃省志·广播电影电视志》由甘肃文化出版社出版。主编刘炘。全志设广播、电影、电视、科技事业、管理、事业企业学术团体6篇27章，330多幅图片，70万字。 （梁兴明）

【《甘肃省志·检察志》出版】 9月，甘肃省检察院编纂的《甘肃省志·检察志》由甘肃人民出版社出版。全志共13章49节，图片238张、表格77张，典型案例75个，70万字。 （梁兴明）

【《甘肃省志·气象志》出版】 9月，甘肃省气象局编纂的《甘肃省志·气象志》由甘肃文化出版社出版。该志全面系统地记述时限内甘肃气象事业的改革发展历程。全志设6篇25章，57万字。 （梁兴明）

【《青海省志·税务志·国税（1986～2005）》出版】 2月，中国人民银行西宁市支行编纂的《青海省志·税务志·国税（1986～2005）》由陕西出版集团三秦出版社出版。主编范立

会、李兴国。全书除卷首照片、概述、目录、大事记、附录外，共设 2 篇 10 章 51 节，38.8 万字。（马渊）

【《青海省志·电力工业志（1991～2002）》出版】 3 月，国家电网青海电力公司编纂的《青海省志·电力工业志（1991～2002）》由青海民族出版社出版。主编韩刚、尹兰英。全书除卷首照片、概述、目录、大事记、附录外，共设 9 章 50 节，50 万字。（马渊）

·地市级志书出版

【《抚顺市志·第二卷（1986～2005）》出版】 9 月，辽宁省抚顺市志办编纂的《抚顺市志·第二卷（1986～2005）》由辽宁民族出版社出版。主编傅波、陈忠全、李栋。全志分为抚顺概况、社会保障、民族 宗教、民俗风尚、县区综述、人物及大事记等 7 个部分。全书 200 万字。（杜祥武）

【《辽阳市志（1989～2005）·第一卷》出版】 1 月，辽宁省辽阳市志办编纂的《辽阳市志（1989～2005）·第一卷》由辽宁民族出版社出版。主编叶红钢。上限 1989 年，下限 2005 年。前编为综述、大事记；正编设政区、环境资源、人口、教育科技、文化、卫生体育、社会生活、人物 8 篇 25 章 133 节；附录为论文及调研文章选录、《辽阳日报》摘录。全书 149 万字。（杜祥武）

【《哈尔滨市志·商贸财税金融（1991～2005）》出版】 11 月，黑龙江省哈尔滨市志办编纂的《哈尔滨市志·商贸财税金融（1991～2005）》由黑龙江人民出版社出版。主编宋希斌。全志分 17 篇，另设有总叙、大事辑要、人物、附录、索引，合为 8 卷。该志上限为 1991 年，下限至 2005 年，下限以 2005 年哈尔滨市行政区划为记述空间范围，采用篇章节与条目相结合的结构形式，大篇体式。全书 110 万字。（徐萍）

【《扬州市志（1988～2005）》出版】 5 月，《扬州市志（1988～2005）》由方志出版社出版。该志上限为 1988 年，下限为 2005 年，总述、大事记、人物篇、附录延至 2010 年。采用中篇章节体式结构，专志设 42 篇 232 章 958 节，收录 1052 张表、965 幅图。全书 600 万字。（张丽）

【《镇江市志（1983～2005）》出版】 2 月，《镇江市志（1983～2005）》由方志出版社出版。该志由总述、史事纪略、大事记、专志、专记和附录 6 大部分组成，分设 49 卷 283 章 1126 节，图照 525 幅，统计表 845 个。与首轮《镇江市志》相比，新增开发园区、信息产业、商贸服务业、乡镇企业、民营经济、建筑业、房地产业等内容。全书约 536 万字。（张丽）

【《苏州市志（1986～2005）》出版】 2 月，《苏州市志（1986～2005）》由江苏凤凰科学技术出版社出版。全书共分 47 卷，卷首设序、图照、综述和大事记，采用条目体结构，将改革开放贯穿于全志各卷，专设历史文化遗产、文博等卷。全书 370 余万字。（张丽）

【《杭州市志（1986～2005）》出版】 9 月，《杭州市志（1986～2005）》由方志出版社出版。全志共 6 卷 7 册 47 篇（不含索引卷、导读卷）。其中，第一卷（自然）1 册、第二卷（经济）2 册、第三卷（政治）1 册、第四卷（文化）1 册、第五卷（社会）1 册、第六卷（文献）1 册，含地图 21 幅照片 723 幅。全书 1000 余万字。（冯跃民）

【《三明市志（1993～2005）》出版】 9 月，《三明市志（1993～2005）》由方志出版社出版。全志分上下两册，内容涵盖政区、人口与计划生育、国土资源管理、城乡建设、交通、邮政、水利、地方组织等，设 33 卷，还设有概述、大事记、县（市、区）概况、人物、补遗、附录、索引、编后记等。全书 323 万字。
（陈声华 张宣）

【《新余市志（1983～2007）》出版】 9月，江西省新余市史志办编纂的《新余市志（1983～2007）》由方志出版社出版。主编彭卫东、胡四芽、黄福生。全志分上、下两册，设 40 篇，310 万字。（张志勇）

【《上饶地区志（1991～2000）》出版】 11月，《上饶地区志》编纂委员会主编的《上饶地区志（1991～2000）》由方志出版社出版。全书分上、下两册，共设专志 37 卷，记述时限 1991 年至 2000 年，记述上饶地区的社会全貌，地貌、山川、城镇、矿产和动植物分布情况，当代上饶人振兴上饶、发展上饶的实践活动和智慧经验。全书约 300 万字。（张志勇）

【《济南市志（1986～2010）》第三册出版】 7月，山东省济南市史志编纂委员会编纂的《济南市志（1986～2010）》第三册经济综合与管理分册由方志出版社出版发行。主编翟旭东。全书共设 16 篇，126.3 万字。（李坤）

【《济南市志（1986～2010）》第二册出版】 10月，山东省济南市史志编纂委员会编纂的《济南市志（1986～2010）》第二册城市建设分册由方志出版社出版。主编翟旭东。全书共 15 篇，106.6 万字。志书按照济南市城市发展战略设置东拓、西进、南控、北跨、中疏等章节，对城市建设重大工程、环保科技、市政建设等给予浓墨重彩记述，突出地方特色。
（李坤）

【《临沂市志（1995～2010）》第一册出版】 9月，山东省临沂市地方史志编纂委员会编纂的《临沂市志（1995～2010）》由方志出版社出版。主编朱海涛。全志共设 8 编。该志为突出境内旅游的绿色沂蒙、红色风情、文韬武略三大主题，将“旅游”单独列编。在“县区概况”编中，专设“县区名片”和“乡镇街道”等目。全书 106.9 万字。（李坤）

【《广水市志（1978～2008）》出版】 10月，《广水市志（1978～2008）》出版。《广水市志》上接 1990 年版《应山县志》，下延至 2014 年。全书共设 25 卷，210 万字。
（湖北省志办）

【《益阳市志（1986～2000）》出版】 2月，湖南省益阳市志办编纂的《益阳市志（1986～2000）》（上下卷）由民主与建设出版社出版。这是益阳撤地建市后的志书。作为《益阳地区志》的续编，对前志中所涉及的动态事物，则采取续记、补记的办法丰富志书内容，对下限之内刚刚起步、下限之外初见端倪的个别事物亦作适当交代。（范锐超）

·县区级志书出版

【《玉田县志（1989～2005）》出版】 4月，河北省玉田县地方志编委会编纂的《玉田县志（1989～2005）》由新华出版社出版。该志篇首设概述、大事记，正编设行政区划、自然环境、居民、经济总情、城乡建设·环境保护、交通运输、水利·电力、信息产业、农业、工业、商贸服务业、财政·税务、金融·保险、经济综合管理、中国共产党玉田县地方组织、精神文明建设、地方人民代表大会、地方政府、政协地方委员会、综合政务、社会团体、司法·军事、科学技术、教育、文化、京东第一寺——净觉寺、卫生、体育、艺文、人物，共 30 编。全书 165 万字。（魏铁军）

【《孟村回族自治县志（1989～2009）》出版】 8月，河北省孟村回族自治县地方志编委会编纂的《孟村回族自治县志（1989～2009）》由中州古籍出版社出版。该志上限与 1993 年版《孟村回族自治县志》衔接，下限为 2009 年 12 月 31 日。志首设彩照、地图、序、凡例、概述、大事记，正编设 36 编 175 章，其中特色编是回族、管道装备业、养殖业、八极拳等。

全书 136 万字。（魏铁军）

【《大同市新荣区志》出版】 2 月，《大同市新荣区志》由中华书局出版。该志上限上溯事物发端，下限至 2012 年底。全志设 30 编，以及概述、人物、大事编年、附录、索引等。全书 152 万字。（杨建中）

【《榆社县志》出版】 4 月，《榆社县志》由中华书局出版。该志上限上溯事物发端，下限至 2008 年底。全志设 32 卷，以及概述、人物、大事编年、附录、索引等。全书 256 万字。（杨建中）

【《太谷县志》出版】 3 月，《太谷县志》由中华书局出版。该志上限上溯事物发端，下限至 2012 年底。全志设 35 编，以及概述、人物、大事编年、附录、索引等。全书 380 万字。（杨建中）

【《乌海市海勃湾区志》出版】 3 月，《海勃湾区志》编纂委员会编纂的《乌海市海勃湾区志》由内蒙古人民出版社出版。主编高永清。全书 125.8 万字。（姚思泰）

【《凌源市志》出版】 3 月，辽宁省凌源市史志办编纂的《凌源市志》由辽宁民族出版社出版。主编杨树礼。该志上限为 1986 年，下限至 2005 年。全书分上、下册，200 万字。（杜祥武）

【《太平区志（1986～2005）》出版】 1 月，辽宁省阜新市太平区史志办编纂的《太平区志（1986～2005）》由东方财富出版社出版。主编刘闻欣。该志上限为 1986 年，下限至 2005 年。篇目采用篇、章、节、目四级结构，个别章节目下设子目。该志设特载、概述、大事记、建置与自然环境、政党、经济发展与转型、工业、商业、农业、城建环保、教育、科技文化、卫生、社会生活、人物等，卷末缀以附录。全书 110 万字。（杜祥武）

【《新宾满族自治县志（1986～2005）》出版】 10 月，辽宁省新宾满族自治县志办编纂的《新宾满族自治县志（1986～2005）》由辽宁民族出版社出版。主编邹本镛。该志上限为 1986 年，下限至 2005 年。全志设特载、概述、大事记、建置区划、人口民族、中共新宾县委、县政府、人民政协、经济管理、劳动人事、群众团体、工业、商业贸易、农电邮政电信、城乡建设、自然环境、财税金融保险、教育、文化广电旅游、卫生科技、社会生活、人物等。全书 175 万字。（杜祥武）

【《辽阳县志》出版】 6 月，辽宁省辽阳市辽阳县志办编纂的《辽阳县志》由辽宁民族出版社出版。主编张静。该志上限为 1988 年，下限至 2005 年。全书 140 万字。（杜祥武）

【《东港市志》出版】 9 月，辽宁省东港市史志办编纂的《东港市志》由沈阳出版社出版。主编孙承云。该志上限为 1986 年，下限至 2005 年。全志由序、述、记、志、传、图、表、录等体裁组成，共设 27 篇。全书 150 万字。（杜祥武）

【《大连市金州区志（1986～2005）》出版】 12 月，辽宁省大连市金州新区史志编纂委员会编纂的《大连市金州区志（1986～2005）》由辽海出版社出版。主审张世坤，主编刘锡安、高治力。该志是 1987 年金州区由金县“撤县建区”后的首部区志，也是 1990 年出版的《金县志》的延续。全书设 33 篇 115 章 404 节，136.6 万字。（孙建宏）

【《普兰店市志（1986～2005）》出版】 12 月，辽宁省普兰店市地方志编委会编纂的《普兰店市志（1986～2005）》由辽宁民族出版社出版。主编蒋殿普、沙浩然。该志记述 1986 年至 2005 年普兰店市政治、经济、社会、文化等方面的发展情况。全书设 32 篇 130 章 467 节，100 万字。（孙建宏）

【《兴城市志（1986～2012）》出版】 2月，辽宁省兴城市地方志编委会编纂的《兴城市志（1986～2012）》由方志出版社出版。主编于学利。该志上限为1986年，下限至2012年。《兴城市志》是兴城撤县建市以来的第一部志书，全书设27篇，148万字。（杜祥武）

【《长春市双阳区志（1989～2000）》出版】 7月，《长春市双阳区志（1989～2000）》由吉林文史出版社出版。主编白玉堂、刘忠庆。志前置地图、照片，篇末设置附录、修志始末、索引。该志上限为1989年，下限至2000年。全书共设35篇，110万字。（肖志刚）

【《宁安市志》出版】 2月，黑龙江省宁安市地方志编委会编纂的《宁安市志》由黑龙江人民出版社出版。主编李洪波。全志分24篇111章509节。该志上限为1986年，下限至2005年。该志特别设沙兰抗洪救灾专记、兴隆寺题记、清代吴大澂手记3篇，补遗1篇。全书110万字。（徐萍）

【《林口县志》出版】 9月，黑龙江省林口县地方志编委会编纂的《林口县志》由黑龙江人民出版社出版。主编刘洪河。该志上限为1993年，下限至2005年。该志分16篇，151万字。（徐萍）

【《宿迁市宿豫志》出版】 7月，《宿迁市宿豫志》由中华书局出版。该志上限量事溯源，下限为2006年，大事记延至2013年。全志分卷首、专志、卷末三大部分。卷首设地图、史略、大事记，专志分41编239章974节2452目，卷末设附录、索引、编纂始末等。按照明古详今原则，采用编、章、节、目结构。志前置各类地图30幅，专志设附57篇、专记7篇、表731张、图照397幅。该志分上、中、下三卷。（张丽）

【《通州市志（1993～2009）》出版】 6月，《通州市志（1993～2009）》由中国文史出版社出版。《通州市志》为《南通县志》的续志。全志设33篇196章777节，221万字。（张丽）

【《启东市志（1986～2005）》出版】 1月，《启东市志（1986～2005）》由中华书局出版。该志采用编、章、节、目体式，卷首设综述、大事记，正编设33篇203章，卷末有附录、索引。专设经济总情、开放开发、精神文明建设等专编，对海洋渔业、电动工具业和江苏省启东中学等地方特色内容升格设编设章予以记述。全书约250万字。（张丽）

【《扬中市志（1986～2006）》出版】 12月，《扬中市志（1986～2006）》由方志出版社出版。该志与1985年为下限的《扬中县志》相衔接。全志共设39卷208章779节，相关链接56个，使用图照825幅，统计表642张。志首设总述、大事记、彩页；后缀附录、后记。全书296万字。（张丽）

【《无锡市郊区志（1986～2000）》出版】 3月，《无锡市郊区志（1986～2000）》由方志出版社出版。该志上限为1986年，下限至国务院批准无锡市郊区更名为无锡市滨湖区的2000年。该志共设28篇，前有总述、大事记，后有专记、杂记、附录，编有主题索引、图表索引。全书125余万字。（张丽）

【《德清县志（1986～2005）》出版】 10月，浙江省德清县地方志编委会编纂的《德清县志（1986～2005）》由浙江人民出版社出版。主编姚达人。全志约203万字。（湖州市史志办）

【《嘉善县志（1989～2008）》出版】 10月，《嘉善县志（1989～2008）》由中华书局出版。全书分上、下册，设42编183章685节，收录志首照片151幅，地图12张，随文照片353幅，随文表格512张。全书约220万字。

（嘉兴市史志办）

【《慈溪市志（1988～2011）》出版】 4月，浙江省慈溪市地方志编委会编纂的《慈溪市志（1988～2011）》由浙江人民出版社出版。主编龚建长。全书分上、下两卷，共设50编210章661节4259目（含子目）；配有彩色、黑白地图64张，照片507张，表格540张。记述1988年至2011年间慈溪市自然、经济、政治、文化、社会等领域的发展变化情况。采用小编体。志前设序、凡例、地图、彩照、综述、大事记，志后设专记、索引、后记等。全书约350余万字。（高曙明）

【《五河县志（1986～2009）》出版】 9月，《五河县志（1986～2009）》由黄山书社出版。该志为《五河县志》（1992年版）的续志，设19篇71章，150万字。（章慧丽）

【《长乐市志（1995～2005）》出版】 4月，福建省长乐市地方志编委会编纂的《长乐市志（1995～2005）》由厦门大学出版社出版。该志前置图照、概述、大事记，志体设32篇148章，还有人物专栏（古今人物传130篇，人物表7个）及附录。内容按自然、经济、政治、文化部类排列，设有政区、自然环境、居民、环境保护、国土资源管理、城乡建设、交通、邮政通信、农业、林业、海洋与渔业、水利、工业、商贸服务业、财政税务、金融、经济管理、中共长乐市地方组织、地方人大地方政府政协地方组织、民主党派工商联和群团组织、政法、民政、军事、编制人事、劳动和就业保障、外事侨务台湾事务、教育、科技体育、文化、卫生、旅游、宗教风俗方言等32篇，附录包括历代长乐人著作、历代长乐籍画家、营前模范村始末、重要文件辑存、长乐境内郑和史迹简介等。全书185万字。（孙洁斐）

【《延平区志（1991～2005）》出版】 6月，福建省南平市延平区地方志编委会编纂的《延平区志（1991～2005）》由方志出版社出版。全书包括总述、大事记、附录和32卷分志，156万字。（林忠玉）

【《将乐县志（1991～2005）》出版】 11月，《将乐县志（1991～2005）》由中国时代经济出版社出版。《将乐县志（1991～2005）》共设30卷，另设有概述、大事记、人物、附录及索引。全书160万字。（陈声华　张宣）

【《建宁县志（1988～2005）》出版】 3月，《建宁县志（1988～2005）》由方志出版社出版。全书共设23卷，配彩图27页，154万余字。（陈声华　张宣）

【《秀屿区志》出版】 11月，福建省莆田市秀屿区地方志编委会编纂的《秀屿区志》由中国文史出版社出版。该志为秀屿建区以来第一部地方志书。上限上溯事物发端，下限至2008年，配有132张图照，地图2幅。全书共28章，150多万字。（林忠玉）

【《云霄县志（1997～2006）》出版】 10月，《云霄县志（1997～2006）》由方志出版社出版。全志前置彩页、概述、大事记，后设附录，内置图照。内容涵盖建置区划、自然环境、政治政权、经济管理、城乡建设、产业发展、教育科技、文化艺术、体育卫生、社保民生、社会民俗、人物志等方面。全书约122万字。（郑美华）

【《长泰县志（1991～2007）》出版】 3月，《长泰县志（1991～2007）》由中华书局出版。该志全面系统记述了长泰县政治、经济、文化、社会发展变化的内容。（郑美华）

【《上杭县志（1988～2003）》出版】 12月，福建省上杭县地方志编委会编纂的《上杭县志（1988～2003）》由方志出版社出版。全书共设36编161章。卷首设立习近平在上杭、江泽民在古田、胡锦涛古田之行专记；专设紫金矿业章、建筑业章，体现地方特色。全书约170万字。（林忠玉）

【《柘荣县志（1991～2005）》出版】 9月，福建省柘荣县地方志编委会编纂的《柘荣县志（1991～2005）》由中华书局出版。全志共22编，130万字。（林忠玉）

【《定南县志（1986～2000）》出版】 1月，江西省定南县档案史志局编纂的《定南县志（1986～2000）》由方志出版社出版。主编胡东汉。全国政协原副主席叶选平为该志题词。前置概述、大事记，后置附录，正编设建置区划、自然地理、人口民族、农业、工业、交通、邮政电信、城建环保、商业贸易、财税金融、经济管理、政党人民团体、政权政协、政法军事、教育科技、文卫体旅游、人民生活、人物荣誉等18篇。全书119.4万字。

（张志勇）

【《峡江县志（1991～2005）》出版】 3月，《峡江县志（1991～2005）》由武汉出版社出版。主编赵国祥。该志编纂工作自2002年6月启动，历时13载。全书设28卷130章，100多万字。（张志勇）

【《济南市天桥区志（1991～2012）》出版】 12月，山东省济南市天桥区地方史志编纂委员会编纂的《济南市天桥区志（1991～2012）》由方志出版社出版。主编王封军。欧阳中石题写书名。全书记述天桥区1991年至2012年经济社会及各行业的发展情况，共设29编，208.1万字。（李坤）

【《平阴县志》重印出版】 7月，《平阴县志》（1991年版）由济南出版社重印出版。此次重印，在卷首设《重印说明》，同时对卷内发现的个别错字作必要勘正，其余未作修改。该书记述1840年至1987年间平阴县各项事业的发展轨迹，部分内容记载追溯至事物发端。全书共30篇122章316节，63.4万字。（张阳）

【《济阳县志（1991～2011）》出版】 12月，山东省济阳县志编纂委员会编纂的《济阳县志（1991～2011）》由方志出版社出版。主编刘斌、赵明法。卷末设前志提要，与前志衔接，既承前简述，又方便读者阅读和使用。单设济阳黄河公路大桥、鼓子秧歌、名优土特产品等编，展现地方特色。全书共31编，170万字。

（李坤）

【《平度市志（1986～2005）》出版】 4月，山东省平度市史志编纂委员会编纂的《平度市志（1986～2005）》由方志出版社出版。主编徐明堂。该志民风民俗编内容丰富，图文并茂，有一定的创新性；在附录中设置"限外辑要"，以弥补下限（2005年）距出版时间较长而缺失资料之憾，并在附录"媒体看平度"内容，以媒体外的视角介绍平度的发展状况。全书共22编，137.8万字。（李坤）

【《日照市岚山区志》出版】 12月，山东省日照市岚山区地方史志编纂委员会编纂的《日照市岚山区志》由方志出版社出版。主编刘绍见。全志共设35编，重点记述1993年岚山办事处设立后各项事业的发展情况。志书特设海港编、茶叶编、海洋与水产业编。全书258.4万字。（李坤）

【《费县志（1986～2010）》出版】 9月，山东省费县地方史志编纂委员会编纂的《费县志（1986～2010）》由方志出版社出版。主编刘露。全志有随文图片1000多张。全志特设费县奇石和颜真卿及颜氏文化两编，并将《沂蒙山小调》作为文化编中的重要一章重点进行记述，突出地方特色。全书共32编，266.4万字。（李坤）

【《清丰县志（1986～2000）》出版】 4月，《清丰县志（1986～2000）》由中州古籍出版社出版。该志为1990年版《清丰县志》的续修，采用章节目体，对上部志书遗漏或记述过简的内容进行补记，并设立孝道之乡、忠勇之地、革命老区等专章。全书设41章196节，有图照458幅，表格264张，170万余字。（汪朝霞）

【《郧西县志（1979～2005）》出版】 12月，《郧西县志（1979～2005）》由中国文史出版社出版。该书总体框架按照先自然后社会，从政区、自然、农业、工业、交通、金融、政治、国民经济、科教、文卫、社会生活等方面记载。全志设30卷119章484节，彩页60页，160余万字。（湖北省志办）

【《黄州区志》出版】 1月，《黄州区志》由武汉大学出版社出版。《黄州区志》是黄冈市黄州区首部志书，为《黄冈县志》续志。记述断限上起1986年，下迄2007年。全志共26卷，收录珍贵历史照片300余幅，约170万字。（湖北省志办）

【《恩施县志（1840～1982）》修订本出版】 12月，《恩施县志（1840～1982）》修订本由长江出版传媒集团湖北人民出版社出版。修订本的下限提前至1982年，设地理、人口民族、城建环保、交通邮电、农业、林业特产、水利电力、工业、贸易、工商物价、计划统计、财政税务、金融、政党、政权、政协、人民团体、军事、公安司法、民政人事、教育科技、文化新闻、卫生体育、民俗宗教方言、公社（镇）概况和人物等26卷，另置序言、前言、凡例、大事记、概述、附录、后记等，有表293个，彩图114幅，示意图15幅，附记26篇。修订本对前志主要断限和重要漏项方面进行大量补充完善和调整规范。全书130万字。（湖北省志办）

【《岳阳市屈原管理区志（1978～2011）》出版】 10月，湖南省岳阳市屈原管理区编纂的《岳阳市屈原管理区志（1978～2011）》出版。全书除概述、大事记、人物、附录、索引外，共设22篇91章，约107万字。（李章进）

【《东莞市南城区志》出版】 年内，《东莞市南城区志》出版。全书记述自五代以来南城的环境变迁、风云变幻、兴衰荣辱。全书设23编99章322节，138.5万字。（广东省志办）

【《武鸣县志（1991～2005）》壮文版出版】 10月，广西武鸣县史志办组织翻译的《武鸣县志（1991～2005）》壮文版由广西人民出版社出版。这是为全国、广西壮族自治区首部壮文版县级志书。全书设23篇，100万字。（覃庆梅）

【《临桂县志（1991～2012）》出版】 9月，广西临桂县地方志编委会编纂的《临桂县志（1991～2012）》由广西人民出版社出版。该志分上、下两卷，设30篇，图文并茂，有彩图190多幅、随文插图360多幅，220万字。（韦晓）

【《重庆市北碚区志·城乡建设志（1927～2012）》出版】 9月，重庆市北碚区城乡建设委员会编纂的《重庆市北碚区志·城乡建设志（1927～2012）》出版。该书设城乡建设管理机构、城市规划、城市建设、城市建设管理、城市市政管理、建筑业管理、房地产开发、风景名胜、园林绿化、村镇建设、党政工作共11章62节，约65万字。（熊英）

【《重庆市北碚区志·民防志（1937～2012）》出版】 7月，重庆市北碚区民防办公室编纂的《重庆市北碚区志·民防志（1937～2012）》出版。该书记述1937年抗日战争开始以来北碚防空活动和历史事件及其发展变化的基本情况，是北碚区第一部较为完整、系统的民防志书。全书设12篇36章，约50万字。（熊英）

【《重庆市北碚区志·政协志（1993.3～2012.2）》出版】 8月，重庆市北碚区政协编纂的《重庆市北碚区志·政协志（1993.3～2012.2）》出版。该志是继1999年6月出版的《北碚政协志（1950.11～1993.2）》续志。全书设机构沿革，全体会议、常务委员会议和主席会议，政协工作，政协建设，中共北碚区委政协工作会议等，共20章，75万余字。

（熊英）

【《重庆市渝北区志·龙溪街道志（1895～2006）》出版】 9月，《重庆市渝北区志·龙溪街道志（1895～2006）》出版。全书设地域、地理环境、人口、开放开发、党政群组织、农业·林业·水利、乡镇企业、商贸、财税·金融、文化、民风、人物等，共16章65节，30万余字。

（熊英）

【《重庆市渝北区人事志（2003～2009）》出版】 4月，重庆市渝北区人力资源和社会保障局编纂的《重庆市渝北区人事志（2003～2009）》出版。该书从机构沿革、干部任免、公务员管理、事业单位人员管理、专业技术人员职称管理、机关事业单位工资福利及退休管理、人事培训及继续教育、人事调配、人事争议仲裁、人才交流服务、军转干部管理等方面记述2003年至2009年间渝北区人事工作的开展轨迹。全书共设11章48节，约36万字。

（熊英）

【《重庆市渝北区劳动和社会保障志（1999～2009）》出版】 4月，重庆市渝北区人力资源和社会保障局编纂的《重庆市渝北区劳动和社会保障志（1999～2009）》出版。这是《重庆市渝北区劳动志（1986～1998）》的续志。全书设机构沿革、就业再就业、社会保险、和谐劳动关系等，共4篇21章，约41万字。

（熊英）

【《重庆市巴南区人民代表大会志（1987～2011）》出版】 1月，重庆市巴南区人大常委会编纂的《重庆市巴南区人民代表大会志（1987～2011）》出版。全志从权力机关、法定会议、常委会主要工作、工作机构职能职责等方面记述1987年至2011年巴南人民代表大会制度的发展变化。全书设5篇26章，约77万字。

（熊英）

【《重庆市巴南区志·李家沱街道志（1949～2011）》出版】 年内，重庆市巴南区政府李家沱街道办事处编纂的《重庆市巴南区志·李家沱街道志（1949～2011）》出版。全书设8篇39章，从街区、政治、经济、城市建设、文教卫生、社会、人物等方面记述1949年至2011年李家沱街道的人文、社会发展概况，记述李家沱街道沿变、人口发展、组织体系及演变、经济发展、城市建设等。

（熊英）

【《重庆市巴南区志·跳石镇志（1949～2011）》出版】 8月，重庆市巴南区跳石镇政府编纂的《重庆市巴南区志·跳石镇志（1949～2011）》出版。全志设政区、政治、经济、文化、古迹·名胜·特产、社会、人物等，共7篇28章，约60万字。

（熊英）

【《重庆市巴南区志·接龙镇志（1949～2011）》出版】 9月，重庆市巴南区接龙镇政府编纂的《重庆市巴南区志·接龙镇志（1949～2011）》出版。全志设政区、政治、经济、文化·体育、教育·卫生、社会、人物等，共7篇33章，约34万字。

（熊英）

【《重庆市巴南区志·文化志（1986～2011）》出版】 10月，重庆市巴南文化委员会编纂的《重庆市巴南区志·文化志（1986～2011）》出版。全志设10篇48章，收录图片300余幅，分别从机构设置、群众文艺组织、文学艺术创作、文艺演出活动、社会文化、非物质文化遗产保护、文物与文物保护等方面对26年间巴南文化的大发展进行记述。全书40万字。

（熊英）

【《江津县志（1986～1992）》出版】 5月，《江津县志（1986～1992）》由四川科学技术出版社出版。该书设政区、自然环境、人口、农业、工业、交通、邮电、城乡建设·环境保护、商业·贸易、旅游、财政·税务、金融·保险、综合经济、劳动·人事、民政·人民生活、中共地方组织、人民代表大会、政府、政治协商会议、民主党派·群众团体、政法、军事、科技、教育、文化、体育、医疗卫生、人物，共28篇127章，98万字。 （熊英）

【《重庆市合川区政法综治志》出版】 7月，重庆市合川区委政法委员会编纂的《重庆市合川区政法综治志》出版。全志重点记述合川政法、综治、防邪、国安、平安合川建设及政法委员会成员的工作。全书设15章60节，约68万字。 （熊英）

【《金堂县志（1991～2005）》出版】 10月，四川省金堂县地方志编委会编纂的《金堂县志（1991～2005）》由方志出版社出版。主编孙成君、周丽君。该书始修于2004年。全书约166万字。 （朱艳林）

【《广元市昭化区志（1949～2007）》出版】 12月，四川省广元市元坝区志编纂委员会编纂的《广元市昭化区志（1949～2007）》由方志出版社出版。主编赵思彦。该书始修于2006年。全书约174万字。2013年4月，元坝区已更名为昭化区。 （朱艳林）

【《罗江县志（1912～2007）》出版】 9月，四川省罗江县地方志编委会编纂的《罗江县志（1912～2007）》由方志出版社出版。主编白光裕、林永成、陈天航、张胜虎。该书始修于2005年。全书约162万字。 （朱艳林）

【《桐梓县志（1993～2006）》出版】 3月，贵州省桐梓县地方志编委会编纂的《桐梓县志（1993～2006）》由方志出版社出版。主编胡大宇。全志设自然环境 行政区划、经济总览、农业、工业、交通 运输 邮电、城建 城管 环保、商业 贸易、财政 税务 金融、政党 群团、政权 政协、民政、人事 劳动 社保、司法 武装、教育 科技、医药 卫生 体育、文化 旅游、人口 民族 宗教等17篇，附录中还收录《桐梓历史文化研究》。全书178.6万字。 （贵州省志办）

【《铜仁市志（1997～2011）》出版】 11月，贵州省铜仁市碧江区地方志编委会编纂的《铜仁市志（1997～2011）》由方志出版社出版。主编喻永金。全志设政区环境、城市建设、旅游、交通·邮电、农村·农业·农民、工业、商务·贸易、财税·金融、综合经济管理、政党·群团、政权·政协、民政·人事·劳动、政法·武装、教育·科技、文化、卫生·体育、人口·计生、社会生活18篇。该志设农村·农业·农民篇，从农村改革、农村建设、农业综合开发、种植业、畜牧水产业、林业、乡镇企业、水利、农业机械、农民十个方面记述时限内铜仁市域“三农”的发展与变化。全书211.6万字。 （贵州省志办）

【《石阡县志（1986～2010）》出版】 11月，贵州省石阡县地方志编委会编纂的《石阡县志（1986～2010）》由方志出版社出版。主编雷绍华。全志设政区、环境、温泉、中国共产党地方组织、地方人民代表大会、地方政府、地方政治协商会议、人力资源和社会保障、群众团体、军事·司法、经济概述、农业、工业、旅游业、商业贸易、财政、税务、金融、经济综合管理、城乡建设、交通·邮电、水利·电力、民政、教育·科技、文化、卫生·体育、民风民俗等篇。该志专设温泉为一篇，从温泉资源与调查、开发利用及规划、温泉文化三个方面记述石阡温泉。全书156万字。

（贵州省志办）

【《宜良县志（1978～2008）》出版】 3月，《宜良县志（1978～2008）》由云南人民出版社出版。全志设25篇93章319节1320目，配有65页彩图。全书138万字。 （字应军）

【《郎县志》出版】 9月，西藏自治区朗县地方志编委会编纂的《郎县志》由中国藏学出版社出版。该志为西藏自治区地方志系列丛书之一。全书111.3万字。 （范锐超）

【《贡嘎县志》出版】 4月，西藏自治区贡嘎县地方志编委会编纂的《贡嘎县志》由中国藏学出版社出版。该志为西藏自治区地方志系列丛书之一。全书105.7万字。 （范锐超）

【《旬阳县志》出版】 7月，陕西省旬阳县地方志编委会编纂的《旬阳县志》由陕西新华出版传媒集团三秦出版社出版。主编张沛。该志上限为1989年，下限至2009年。全书120万字。 （丁喜）

【《平川区志（1996～2005）》出版】 1月，甘肃省白银市平川区志办编纂的《平川区志（1996～2005）》由方志出版社出版。主编关勇。全书70万字。 （梁兴明）

【《民勤县志（1986～2005）》出版】 5月，甘肃省民勤县地方志编委会编纂的《民勤县志（1986～2005）》由方志出版社出版。全书98.4万字。 （梁兴明）

【《崇信县志（1991～2010）》出版】 10月，甘肃省崇信县地方志编委会编纂的《崇信县志（1991～2010）》由中华书局出版。主编朱鸿鹏。该志上限为1991年初，下限至2010年底。全书设8篇55章312节，配有图片500多幅，约85万字。 （梁兴明）

【《陇西县志（1986～2005）》出版】 9月，甘肃省陇西县地方志编委会编纂的《陇西县志（1986～2005）》由甘肃文化出版社出版。主编陈彦吉。该志上限为1986年初，下限至2005年底。全书设35编160章545节，140余万字。 （梁兴明）

【《五十三团志（1995～2011）》出版】 6月，新疆生产建设兵团第三师五十三团史志编纂委员会编纂的《五十三团志（1995～2011）》由新疆生产建设兵团出版社出版。主编杜风雪。该志记述自1995年1月至2011年12月五十三团的环境、社会、政治、经济、人口、民族、风俗、教育、卫生、物产、人物等情况。该书共31章，约60万字。 （陈俊芳）

【《一团志》出版】 12月，新疆生产建设兵团第一师阿拉尔市一团史志编纂委员会编纂的《一团志（1996—2010）》由新疆生产建设兵团出版社出版。主编魏新元、闫志顺。该志记述1996年至2010年期间第一师阿拉尔市一团政治、经济、文化、社会各项事业的发展历程。全书50万字。 （宋元杰）

·乡镇村志出版

【《南董古镇志》出版】 1月，河北省石家庄市藁城区南董村公益联合会编纂的《南董古镇志》由河北人民出版社出版。主编龚小元。该志上限约为公元前400年（南董建村时间），下限至2014年。该书从建置沿革、自然环境、村民生活、经济、政治、文化、社会等方面记述南董村的历史与现状，其中对村内诸宗族及家谱的详尽记载为一大亮点。全书设18章115节，收图照百余幅，85万字。 （肖海军）

【《梅花古镇志》出版】 12月，河北省石家庄市藁城区梅花村党支部、村委会编纂的《梅花古镇志》由中国文史出版社出版。主编樊海江。该志上限为公元前300年，下限至2015年10月。该书从建置沿革、自然环境、人口、经济、政治、宗族、文教卫生、村民生活、兵事、社会、人物等方面全面系统地记述梅花村的古老历史与现状。全书设24章148节，配有图照近300幅，8万字。 （肖海军）

【《栈道村志》内部出版】 1月，河北省石家庄市鹿泉区《栈道村志》内部出版。主编王书朝。该志上溯不限，下限至2013年。全志以概述、大事记统摄，设村庄概况、自然环境、自然资源、人口、党政建设等19章，附录载媒体报道等资料。全书24.3万字。（肖海军）

【《牛山村志》内部出版】 1月，河北省石家庄市鹿泉区《牛山村志》内部出版。主编杜景书。该志上限上溯不限，下限至2012年。全志以概述、大事记统摄，分为村庄建立与历史沿革、自然环境与资源、人口、村政沿革及党组织等19章，随文插入大量彩图。全书40万字。（肖海军）

【《东辛庄村志》内部出版】 9月，河北省石家庄市鹿泉区《东辛庄村志》内部出版。主编李春义。该志上限上溯自公元1418年，下限至2014年底。全书前置概述、大事记，按照溯源、环境、党政、经济、民生、古迹、文物、家族和人物排序，记录东辛村庄的发展历程。全书20.5万字。（肖海军）

【《北胡庄村志》内部出版】 9月，河北省石家庄市鹿泉区《北胡庄村志》内部出版。主编张书贵。该志时限自先商至2013年底。全书按照追踪溯源、位置环境、隶属沿革、党政建设等为序排列，附录部分保存的历代地契、田房草契、地产证契等资料。全书20万字。（肖海军）

【《黄岩村志》内部出版】 10月，河北省石家庄市鹿泉区《黄岩村志》内部出版。主编刘新立。该志上限上溯不限，下限至2014年12月底。该书以概述、大事记统摄，按照政区·人口、党政·军事、经济等为序排列。全书40万字。（肖海军）

【《岸下村志》内部出版】 10月，河北省石家庄市鹿泉区《岸下村志》内部出版。主编王富红。该志上限上溯不限，下限至2014年。该书前置概述、大事记，内容包括村庄的建立与沿革、自然环境与资源、人口、党政建设、群团组织等，附录包括家谱等相关资料。全书26.4万字。（肖海军）

【《获鹿镇一街村志》内部出版】 11月，河北省石家庄市鹿泉区《获鹿镇一街村志》内部出版。主编李日明。该志上限可追溯到最早建制石邑的出现，下限至2014年。全书前置概述、大事记，设历史沿革与人口、自然环境、基础设施、农业、林牧业等18编，附录包括村民自治章程、部分史料来源等资料。全书50万字。（肖海军）

【《同阁村志》内部出版】 12月，河北省石家庄市鹿泉区《同阁村志》内部出版。主编霍风和。该志上限上溯先商，下限至2014年。该书前置概述、大事记，设建置沿革、自然环境与资源、人口、姓氏家族、党政建设、农业、林果养殖业、工商业、村庄建设、交通邮电等，附录部分收存修建引岗渠、下乡知青等相关资料。全书23.8万字。（肖海军）

【《北薛庄村志》内部出版】 12月，河北省石家庄市鹿泉区《北薛庄村志》内部出版。主编薛保祥。该志上限上溯到唐开元元年，下限至2014年。该志以概述、大事记统摄，内容包括建置沿革、自然环境与资源、人口姓氏、党政建设、军事、农林牧等，附录部分收存文史资料。全书21万字。（肖海军）

【《纸屯村志》内部出版】 10月，河北省元氏县纸屯村志编写小组编纂、李国军主编的《纸屯村志》内部出版。该志上限自该村有文字记载始，下限至2012年。志首置概述和大事记，志末置限外辑要，设置村庄概况、河流、居民、农副业、电力、党政团体、教育、医疗、生活、习俗、农谚·方言、古建筑·古文化、孝行·义举、故事、人物、家谱等16章。全书25.2万字。（肖海军）

【《故城村志》出版】 8月，河北省元氏县《故城村志》编纂委员会编纂的《故城村志》

由中华古籍出版社出版。主编吕路平、张腾昊。该志上限自正史有该村文字记载始，下限至2013年。志首设概述和大事记，正编设地理环境、建置沿革、人口、组织、传统农业、现代农业、服务业、社会事业、民俗、方言、文物、村民生活、谱系、人物、农村面貌改造提升等15章。全书19万字。（肖海军）

【《丰南镇志》出版】 年内，河北省唐山市丰南区《丰南镇志》由民族出版社出版。该志上限上溯事物发端，下限至2012年。全志分18编70章196节，配有图表229幅，照片28张。该志记述丰南镇的历史沿革、自然环境、革命斗争、经济发展、科学技术文化教育、历史事件、文物胜迹、民情民俗、重要人物、精神文明建设等方面的情况。全书165万字。（魏铁军）

【《太各庄村志》出版】 年内，河北省唐山市丰南区《太各庄村志》由中国文史出版社出版。全志采用章节体，首置概述、大事记，志末有附录，设村域环境、居民、村街建设、村党支部、村委会、群众团体、军事、革命斗争纪略、农业、商贸服务、文化教育、民情习俗、人物，共13章48节。全书30万字。（魏铁军）

【《林城村志》出版】 年内，河北省固安县《林城村志》由中国文史出版社出版。该志由概述、大事记、建置、地理自然、人口与姓氏、基础设施建设、温泉小镇、党政组织、时政纪要、农业工业商业、滤芯、金海集团、教育卫生体育、文化、社会生活、风俗习惯、方言土语、人物、郭村史话和附录组成，较为全面记述林城的历史和发展现状。（魏铁军）

【《南金庄村志》出版】 年内，河北省保定市莲池区《南金庄村志》由中国文史出版社出版。全书记述南金庄的历史演变和现实发展，反映南金庄从郊区村到城中村的变化和村庄居民从农民到市民的变化。全书30万字。（魏铁军）

【《王硇村志》内部出版】 年内，河北省沙河市《王硇村志》内部出版。王德才编撰。该书记述王硇村历史沿革、政治经济、文化教育、民俗民风、人物风云等内容。全书共设26章，55万字。（魏铁军）

【《后楼下村志》内部出版】 年内，河北省邢台县《后楼下村志》内部出版。除概述、大事记外，全书设22章96节，从历史沿革、自然环境、经济发展、人文社会、风土民情、姓氏家谱等方面较为全面地记述后楼下村的历史及现实情况，同时收录图片、表格、附录等资料，全书58万余字。（魏铁军）

【《登峰街道志》出版】 3月，辽宁省大连市旅顺口区登峰街道志编纂委员会编纂的《登峰街道志》由辽宁民族出版社出版。主编贾世松。全书记录自明末清初至2013年末登峰街道自然、历史、政治、经济、社会发展等情况。该书设20编82章210节，附图200幅，96万字。（孙建宏）

【《小黑石村志》出版】 6月，辽宁省大连市旅顺口区三涧堡街道小黑石村志编纂委员会编纂的《小黑石村志》由辽宁民族出版社出版。主编王德业。全书记述自青铜器时代至2013年小黑石村自然、历史、政治、经济、社会发展等情况，着重介绍改革开放后小黑石村的发展变化。该书设9编32章115节，60万字。（孙建宏）

【《瓦房店市老虎屯镇志（1986～2005）》内部出版】 10月，辽宁省瓦房店市老虎屯镇志编纂委员会编纂的《瓦房店市老虎屯镇志（1986～2005）》内部出版。主编高锦和、黄显刚。全书记录1986年至2005年瓦房店市老虎屯镇在自然、政治、经济、社会、人文等方面的历史变迁与现状，共设17章67节，附图44

幅，21万字。（孙建宏）

【《合庆村志》内部出版】 11月，黑龙江省勃利县吉兴朝鲜族满族自治乡合庆村志编纂委员会编纂的《合庆村志》内部出版。主编张子权。该志上限为光绪二十六年（1901年），下限至2012年，分10章47节，6.3万字。

（徐萍）

【《百年沧桑向阳村——简述肇东市向阳村的历史变迁》出版】 年内，黑龙江省肇东市《百年沧桑向阳村——简述肇东市向阳村的历史变迁》由黑龙江人民出版社出版。主编李全祯。该书记述向阳村从1898年李焕公开荒建村起，历经民国、“日伪”“土改”时期，新中国成立、到改革开放新时期发生的重要事件，包括“李焕公烧锅酒坊”村里繁荣、李安堂智斗日寇震撼人们、彭海楼带领群众改天换地增福祉、知识青年插队落户传佳话以及“村庙”被毁烙下伤疤等事件。全书5章36节，21.8万字。（徐萍）

【《张码办事处志》出版】 2月，江苏省淮安市清河区《张码办事处志》由河海大学出版社出版。该志下限为2012年。该书设建制境域、自然环境、基础设施、政党政务军事、社会治理、产业和经济管理、盐碱科技产业园、征地拆迁安置、教育卫生体育、文化、民政劳动、社会风俗、方言、人物等14章，另设概况、大事记、附录等。全书25万字。（张丽）

【《朱坝镇志》出版】 4月，江苏省洪泽县《朱坝镇志》由电子科技大学出版社出版。该志下限为2013年，部分内容和图片延伸至2014年。全书分为“建置”等21个篇章，穿插各个时代背景的图片120多幅，约40万字。

（张丽）

【《南周村志》出版】 年内，江苏省常州市武进区《南周村志》由南京大学出版社出版，图文并茂地介绍南周村千百年来的变迁发展。全书约50万字。（周田田）

【《无锡新安志》内部出版】 5月，江苏省无锡市新区《无锡新安志》内部出版。该志下限为2010年，包含建置区划、自然环境、人口、农业、水利、财税金融、文化体育等内容，约60万字。（张丽）

【《胥口镇志》出版】 7月，江苏省苏州市吴中区《胥口镇志》由古吴轩出版社出版。该志下限为2010年12月，共设24章110节，图片117幅，约90万字。（张丽）

【《黄潦泾社区志》出版】 10月，江苏省苏州市吴中区《黄潦泾社区志》由古吴轩出版社出版。该志上限上溯不限，下限至2013年。该志设13章，约58万字。（张丽）

【《双浜社区志》出版】 12月，江苏省苏州市吴中区《双浜社区志》由古吴轩出版社出版。该志对10年前出版的《郭巷镇志》作延续和补充，下限为2013年。全书共设11章和附录，40万字。（张丽）

【《金家坝镇志》出版】 1月，江苏省苏州市吴江区《金家坝镇志》由上海社会科学院出版社出版。该志记述金家坝的境域地理、经济财贸、社会事业、政治军事、人文历史、民俗风情等概貌。全书分列18卷，约78万字。

（张丽）

【《开弦弓村志》出版】 4月，江苏省苏州市吴江区《开弦弓村志》由江苏人民出版社出版。主编刘豪兴。该志上限不限，下限为2010年，共11卷，50余万字，收录图片300多幅。

（张丽）

【《八都镇志》出版】 6月，江苏省苏州市吴江区《八都镇志》由广陵书社出版。该志下限至2003年11月八都镇撤并为止。全志设地理、镇区农村、农业、工业、商业服务业、财税金融、交通邮电、镇村建设、党政群团、治安司法、民政劳动、军事、文化科技、教育、卫生体育、人口、风俗宗教、方言、人物，共19卷76章242节，收录照片100余幅，65万字。

（张丽）

【《横扇镇志》出版】 7月，江苏省苏州市吴江区《横扇镇志》由广陵书社出版。该志上限自1999年开始，下限为2008年。全书约72.3万字。

（张丽）

【《千灯镇志（1988～2007）》出版】 4月，江苏省昆山市《千灯镇志（1988～2007）》由江苏人民出版社出版。该志以文化古镇为主线，图文并茂地介绍顾炎武、顾坚与昆曲、古镇古遗址古村落，重点突出千灯历史文化风貌。全书共设23篇98章，收录300多幅图片，约88万字。

（张丽）

【《董浜镇志》出版】 5月，江苏省常熟市《董浜镇志》由上海科技文献出版社出版。该志上限追溯远古，下限至2012年。该志详细记载董浜镇的建制沿革、自然环境、经济社会、文化艺术，特别是重点记述抗日战争时期的革命斗争历史、富有地域特色的群众文化以及改革开放以后变化。全书约325万字。

（张丽）

【《永联村志》出版】 4月，江苏省张家港市《永联村志》由凤凰出版社出版。该志记述永联村自然、政治、经济、文化和社会发展的历史与现状，下限为2012年。全书设15编60章191节，配图160余幅，56万字。

（张丽）

【《大新镇志》出版】 6月，江苏省张家港市《大新镇志》由广陵书社出版。该志下限为2008年，志首照片延至2012年。全志共设16卷51章，志尾设志余、编后记，67万字。

（张丽）

【《李巷村志》出版】 6月，江苏省张家港市《李巷村志》由凤凰出版社出版。该志上限不限，下限为2013年。全书设14卷47章161节，配图80余幅，50万字。

（张丽）

【《湍口镇志》出版】 8月，浙江省临安市湍口镇党委、政府编纂的《湍口镇志》由中国文史出版社出版。主编潘庆平。该志全面记述湍口镇自有历史记载以来至2013年底的自然、经济、政治、文化和社会生活的发展历程。卷首设图照、序言、凡例、概述、大事记，正编按自然、政事、经济、人文、分村简志五大类排列，共设17章90节，66万字。

（刘金炎）

【《倪家浜村村史》内部出版】 5月，浙江省嘉兴市南湖区编纂的《嘉兴市南湖区大桥镇倪家浜村村史》内部出版。该志共9篇31章102节，内容贯穿古今。

（嘉兴市史志办）

【新编《长安镇志》出版】 12月，浙江省海宁市新编《长安镇志》由方志出版社出版。该志上限追溯至有文字可考，下限为2005年。全书110万字。

（嘉兴市史志办）

【《曙光村志》出版】 3月，浙江省嘉善县经济开发区（惠民街道）曙光村《曙光村志》编纂委员会编纂的《曙光村志》由中国文史出版社出版。全书内容包括村域、自然地理、人口、农业、工业、交通、税收、金融、保险、村庄建设、共产党基层组织、村级组织、民政、教育、医疗卫生、文化体育、历史遗存、宗教、居民生活、习俗、方言谚语、人物、附录等，共设20章82节187目，记述曙光村的地域情况、人文传统、经济发展的历史变革和现状。志首配有彩照36幅、村域图3张，文中插入随文图照124幅。全志12.8万字，

（嘉兴市史志办）

【《干窑镇志》出版】 8月，浙江省嘉善县《干窑镇志》由中华书局出版。该志上限为事物发端、可追溯的史实，下限至2010年。全

书 80 万余字。　　（嘉兴市史志办）

【《江东区东郊街道志》内部出版】 5 月，浙江省宁波市《江东区东郊街道志》内部出版。志书上限溯至事物发端，下限至 2007 年。卷首设序、概述、大事记，卷末设附录等，正编设 10 编 37 章，有彩色图照 260 余幅。全书 35 万字。　　（高曙明）

【《稽东镇志》出版】 1 月，浙江省绍兴市柯桥区稽东镇编纂委员会编纂的《稽东镇志》由中华书局出版。主编张韩松、俞林萍、胡倡华、胡伟炎、方卫利。该志系绍兴县志丛书镇村志序列，上限为先秦时期，下限至 2005 年。全书 57 万字。　　（绍兴市史志办）

【《兰亭镇志》出版】 2 月，浙江省绍兴市柯桥区兰亭镇编纂委员会编纂的《兰亭镇志》由中华书局出版。该志系绍兴县志丛书镇村志序列。主编王宜男。该志上限夏商周，下限至 2004 年，大事记及个别章节适当延伸。全书 86 万字。　　（绍兴市史志办）

【《王化村志》出版】 1 月，浙江绍兴市王化村民委员会编纂的《王化村志》由浙江人民出版社出版。主编宋兴隆。该志系柯桥区村志丛书之一，上限为唐代，下限至 2013 年。全书 38 万字。　　（绍兴市史志办）

【《邱隘镇志》出版】 10 月，浙江省宁波市鄞州区《邱隘镇志》由中国文史出版社出版。该志分上、下两册，上限溯至唐代，下限至 2013 年底。该志按行业门类为编，设政区、地理、人口、交通、镇村建设、南区建设与房产管理等 23 编。该书 200 余万字。　　（高曙明）

【《黄岩头陀白湖塘村志》内部出版】 12 月，浙江省台州市黄岩区《黄岩头陀白湖塘村志》内部出版。编纂杨广座（杨从土）。全志 18.5 万字。　　（台州市志办）

【《温岭河溪周氏志》出版】 8 月，浙江省温岭市《温岭河溪周氏志》由中国言实出版社出版，主编金宗炳。该志为温岭出版的首部姓氏志。　　（台州市志办）

【《东岙顶村志》出版】 11 月，浙江省温州市洞头东屏街道东岙顶村志编纂委员会编纂的《东岙顶村志》由吉林文史出版社出版。主编杨志林。上限追溯事物发端，下限至 2013 年底。全书由概述、大事记、专志、人物、附录等组成；卷首配有地图和照片，文内插图片。全书 23 万字。　　（周田田）

【《坦头村志》出版】 年内，浙江省温州市龙湾区史志办编纂的《坦头村志》由方志出版社出版。主编孙建胜。该志设村情、山川、社会、人文、人物、氏族、艺文、遗事、媒体报道等 9 章，记述龙湾区永中街道坦头村的山川地貌、风土人情和人文历史，其中还有采自通掌故的老人的口述史。　　（周田田）

【《新渡桥村志》出版】 11 月，浙江省瑞安市仙降街道新渡桥村支部委员会、村民委员会、老人协会编纂的《新渡桥村志》由北京图书出版社出版。主编庄中宝、吴仕华。该志上限起自先秦，下限至 2014 年。全书设建制沿革、自然环境、人口、组织、经济、人物故事、风俗、语言、文化艺术等 9 篇，28.7 万字。　　（周田田）

【《双林镇志》出版】 3 月，浙江省湖州市双林镇志编纂委员会编纂的《双林镇志》由方志出版社出版。主编宋银虎。该志上限溯事物发端，下限至 2010 年 12 月底，部分延伸至 2013 年。全书 173.6 万字。　　（湖州市史志办）

【《湖镇镇志》出版】 7 月，浙江省湖镇镇志编纂委员会编纂的《湖镇镇志》由方志出版社出版。主编吴土根。该志上限溯事物发端，下限至 2010 年 12 月。全书 91.2 万字。

（衢州市志办）

【《岱石口村志》内部出版】 3月，浙江省缙云县《岱石口村志》内部出版。该志由村民自发筹资付印。主编朱有强。全志约4万字。

（丽水市志办）

【《吴弄村志》出版】 5月，浙江省松阳县《吴弄村志》由光明日报出版社出版。主编叶坚红。该志上限始于事物发端、有确切文字记载或实物例证，下限至2014年10月。全书33.5万字。（丽水市志办）

【《超墘村志》内部出版】 7月，福建省闽侯县鸿尾乡超墘村村民委员会编纂的《超墘村志》内部出版。全书设13章，约13万字。

（林忠玉）

【《白石村记》出版】 11月，福建省云霄县白石村委会编印的《白石村记》内部出版。该书是云霄县第二部村志，记述白石村民自明洪武年间从漳浦官浔迁徙云霄白石的近700年历史，还收集了光绪元年（1875年）“云霄厅平和县交界碑”等首次发现的文物照片。全书20万字。（林忠玉）

【《祁禄山镇志》出版】 3月，江西省赣州市于都县《祁禄山镇志》内部出版。该志编修历经5年多时间，记述祁禄山镇的历史及现状，重点记载祁禄山镇的现代、当代发展情况。上限年代不限，下限至2013年10月30日。全书设22章87节，约30.6万字。（张志勇）

【《商河乡村志》出版】 4月，山东省商河县史志办编纂的《商河乡村志》由济南出版社出版。该志是商河县第一部记载乡村历史的综合志书。主编陈丽梅。上限不限，下限至2010年。该志以行政村为基本编纂单位，记述全县各个村庄的地理位置、村庄概况、人文轶事、经济特色等方面内容，反映村民劳动条件、衣食住行、居住环境、家庭设备的变化情况。全书230万字。（张阳）

【《化楼镇志》出版】 12月，山东省乐陵市《化楼镇志》编纂委员会编纂的《化楼镇志》由中国文史出版社出版。主编张德元。该志记述化楼镇自然、政治、经济、文化和社会等方面的历史和现状，配有图照200余幅。全书50余万字。（李坤）

【《邢庄村志》出版】 12月，山东省齐河县《邢庄村志》编纂委员会编纂的《邢庄村志》由中国文史出版社出版。主编邢兆水。该志上限为事物发端，下限至2014年。全书共设7编28章，22万字。（李坤）

【《只楚村志》出版】 1月，山东省烟台市芝罘区只楚村志编纂委员会编纂的《只楚村志》由中国文联出版社出版。主编杨永亮、牟惟忠。该志记述公元698年至2004年该村的历史变迁，共设19编65章240节，内容包含只楚村的历史沿革、民俗文化、自然地理等。全书71万字。（李坤）

【《峡窝镇志》内部出版】 年内，河南省郑州市上街区峡窝镇编纂的《峡窝镇志》内部出版。该志上限以有历史记载起始，下限至2014年。全书设概述、政治、村落、经济、文卫、社会、人物、艺文和其他，共9篇，记述峡窝镇历史沿革变化。（李占虎）

【《郏县长桥镇志》内部出版】 2月，河南省郏县长桥镇政府组织编纂的《郏县长桥镇志》内部出版。该志为通志，首设概述、大事记，末设附录，横排纵写，运用了大量数据和资料。全书共设26章111节，50余万字。

（汪朝霞）

【《二郎村志》内部出版】 11月，河南省信阳市平桥区甘岸街道《二郎村志》内部出版。该志是平桥区第一部村志，记述二郎村村落的发展变迁过程，展示二郎村的历史文化、民风民俗和经济的发展变化。（汪朝霞）

【《东莞市厚街镇志》出版】 年内，广东省《东莞市厚街镇志》由广东人民出版社出版。这是厚街镇第二部志书，也是厚街第一部公开出版的志书。该志上限追溯到事物起源，下限至 2010 年。全书重点记叙改革开放以来厚街所取得的成就。全书设 32 卷 144 章 404 节，并配有图片 400 多幅，120 多万字。

（广东省志办）

【《中山市南朗镇志》出版】 10 月，广东省中山市南朗镇政府编纂的《中山市南朗镇志》由广东人民出版社出版。主编程康交、简君毅、林定华。该志上限不限，最早追溯至新石器时代中晚期南朗地域有人类繁衍生息时起，下限至 2005 年 12 月底。全书共设 22 章 102 节 316 目及专记，篇首置总述、大事记，篇末设附录、编后记、索引。（广东省志办）

【《竹元村志》出版】 11 月，四川省自贡市自流井区志办编纂的《竹元村志》由群言出版社出版。该志记述从清末至 2014 年自流井区仲权镇竹元村的历史和现状。全书共 14 章 54 节，配有彩色图片 115 幅，39 万字。

（周田田）

【《梨花村志》出版】 年内，云南省宜良县《梨花村志》由云南民族出版社出版。主编马克勤。该志上限为明洪武十五年（1382 年），下限至 2015 年。全书共设 9 章，内容包括梨花村的政治、经济、历史、文化各个方面。其中，沐英家族平滇、镇滇、治滇以及建文帝亡滇的历史研究是村志的重要内容。该志还收录高发元《建文帝亡滇不再是传说》、李清升《揭开建文帝及沐昶亡滇之谜》两篇论文。全书 20 余万字。（字应军）

【《周宋村村志》内部出版】 9 月，陕西省西安市雁塔区周宋村《周宋村志》内部出版。主编周随合。全书 60 万字。（丁喜）

【《长安香积寺村志》出版】 2 月，陕西省西安市长安区郭杜镇长安香积寺村《长安香积寺村志》由三秦出版社出版。主编崔皓。全书 16 万字。

（丁喜）

【《八合村志》内部出版】 1 月，陕西省富县《八合村志》内部出版。主编缑宗和、缑文昌。全书 140 万字。（丁喜）

【《马额镇志》内部出版】 3 月，陕西省咸阳市三原县马额镇《马额镇志》内部出版。主编刘忠振。全书 45 万字。（丁喜）

【《山坳村志》内部出版】 10 月，陕西省乾县山坳村《山坳村志》内部出版。主编张显庆。全书 16.5 万字。（丁喜）

【《杨家河村志》内部出版】 10 月，陕西省渭南市合阳县城关镇杨家河村《杨家河村志》内部出版。主编杨增杰。（丁喜）

【《高家湾村志》内部出版】 年内，陕西省榆林市榆阳区上盐湾镇《高家湾村志》内部出版。主编高来荣。全书 6 万字。（丁喜）

【《鱼河湾村志》内部出版】 年内，陕西省榆林市榆阳区安崖镇《鱼河湾村志》内部出版。主编杜德荣。全书 7 万字。（丁喜）

【《雷龙湾乡志》内部出版】 年内，陕西省榆林市横山县《雷龙湾乡志》由陕西人民出版社出版。主编邵培禄。全书 75 万字。（丁喜）

【《汉滨区乡镇志》内部出版】 9 月，陕西省汉滨区地方志编委会编纂的《汉滨区乡镇志》由三秦出版社出版。主编方琛。全书 125 万字。

（丁喜）

·部门（行业、专题）志书出版

【《长安区教育志（1989～2010）》出版】 6

月，河北省石家庄市《长安区教育志（1989～2010）》由河北美术出版社出版。该志内容包括长安区教育事业的改革发展、历史沿革和工作成果，涉及教育改革、学前教育、小学教育、中学教育、职业技术教育、其他教育、教育科研、实践性教学与信息化建设、语言文字工作、人口素质与人才输送、教师、教育行政、党群组织、教育人物等。（肖海军）

【《正定纪检监察志》出版】 年内，河北省《正定纪检监察志》由中国方正出版社出版。全书记述正定县纪检监察机关35年来的机构沿革、体制调整、主要工作和发展历程。全书共设8章28节，约40万字。（魏铁军）

【《高邑人物志》出版】 10月，河北省《高邑人物志》由光明日报出版社出版。主编高春需。该书收录古今高邑籍人士、在高邑工作任职的外地人士等1600余人。全书97万字。（肖海军）

【《赤城交通运输志》内部出版】 3月，河北省赤城县交通运输局编纂的《赤城交通运输志》内部出版。这是该县继1985年《公路交通志》之后第二部交通运输专业志书。该书记述1986年至2010年全县公路建设、公路养护和绿化、公路工程建设、地方道路建设、道路运输、市场发展及行业管理等方面情况。该志设11编63章126节，另设图片、凡例、发展巡礼、序言、概述、交通运输大事记、附录等，40多万字。（魏铁军）

【《赤城县工会志》出版】 年内，河北省赤城县总工会编纂的《赤城县工会志》由中国工人出版社出版。该志记述1940年至2013年赤城县工会的历程。全书设6编26章55节，编首设凡例、概述、大事记，编末设编后记，33万多字。（魏铁军）

【《赤城历代行政区划》出版】 年内，河北省赤城县档案史志局编纂的《赤城历代行政区划》由经济日报出版社出版。全书记述赤城县自西汉至今2000多年来建置沿革以及明代以来的区划变迁，还充分运用史料，尝试对黑河川、各乡镇等行政区划沿革进行探究。全书设3编7章24节58目，图79幅，表93张，附录7篇，70多万字。（魏铁军）

【《平泉督查考核志》内部出版】 5月，河北省《平泉督查考核志》内部出版。除概述、大事记外，全书设督考机构、督考机制、督查工作、考核工作、信息调研工作、通报与简报工作、专报工作、党务工作与机关作风建设、人物简介，共9章37节。志首置彩图28幅，志后设附录，附有重要文件辑录、重要规章制度、工作经验选录、重要论文选录、调研报告选录、考核单位序列表6部分。全书约60万字。（魏铁军）

【《涞源县扶贫志》出版】 年内，河北省《涞源县扶贫志》由中州古籍出版社出版。该志全面记述1980年至2012年，特别是1985、1986年涞源县先后被河北省政府、国务院确定为省级和国家级重点扶持的贫困县之后，扶贫工作的开展情况和取得的成绩、获得的经验，并收录大量珍贵历史图片。全书32万多字。（魏铁军）

【《青县军事志》出版】 年内，河北省《青县军事志》由军事科学出版社出版。该书记述自公元前719年至2005年青县各个历史时期的军事环境、军事组织、军事活动、后备力量、兵役、国防动员、军事人物等情况。该书还收录朱德部署青沧战役的珍贵文献资料。全书共设7篇36章119节，39万余字。（魏铁军）

【《沙河民政志》内部出版】 年内，河北省沙河市民政局编纂的《沙河民政志》内部出版。主编胡昆平。志首设概述、大事记，共19章，记述沙河市民政机构、行政区划、基层政权、烈士褒扬、军人安置、优抚救灾、社会养老、社会福利、婚姻登记、殡葬管理、地名管理、

民间组织管理、民族宗教事业等内容，并收录大量文档资料，附有800余幅图片。全书106万字。（魏铁军）

【《邢台县人大志》内部出版】 年内，河北省邢台县人大常委会主编的《邢台县人大志》内部出版。该志记述自1954年7月邢台县第一届人民代表大会成立至2014年10月共60年时间里人大工作的历史和现状。前设序言、凡例、县情简介、概述，后设大事记、附录、后记。全书设9章，50万字。（魏铁军）

【《平乡县人大志》出版】 年内，河北省平乡县人大常委会主编的《平乡县人大志》由中国文史出版社出版。志首设序言、县情简介、概述，志尾设后记，以志为主，采用章节体。全书重点记述自中华人民共和国成立至2012年12月平乡县人民代表大会及其常委会在中国共产党领导下的组织形式、沿革状况和依法行使职权情况，展示平乡县人民代表大会制度发展和不断完善的全貌。全书共设9章38节，68万字。（魏铁军）

【《邺城公园志》内部出版】 4月，河北省临漳县《邺城公园志》内部出版。该志前置凡例、概述、大事记，后置附录，正文设公园规划、公园景貌、文昌阁布展、建安文学布展、千佛塔布展、公园雕刻、公园文化，共7篇33章114节，通过记述文昌阁、建安文学馆、千佛塔的布展及各个景区的雕塑、碑刻，展示临漳的历史人物、历史典故、成语故事，凸显临漳历史文化名城的特色。全书41.4万字。（魏铁军）

【《太原市园林志》出版】 年内，山西省太原市园林局编纂的《太原市园林志》由山西经济出版社出版。该志设置综述、大事记、古代近代园林、现代公园、绿化、园林植物、苗圃、科技与教育、园林管理、创建园林城市、区（市、县）园林绿化、人物及文献辑存等13部分，插图216幅，142万字。（太原市志办）

【《内蒙古自治区石油化工监督检验研究院志》】 11月，内蒙古自治区石油化工监督检验研究院编纂的《内蒙古自治区石油化工监督检验研究院志》由内蒙古人民出版社出版。主编李强。全书60万字。（赵婧）

【《黑龙江图志·综合卷》出版】 年内，黑龙江省志办编纂的《黑龙江图志》由黑龙江人民出版社出版。该书以图片为主、文字为辅，将首轮和第二轮编修的《黑龙江省志》及各市（地）县（市）志书中收录的大量的图片资料加以整理补充，汇编成册。全书分为上、下两册，从搜集整理的14000余幅图片遴选出5000余幅入志。首列概述，设有自然环境与人文概况、上古至新石器时代、夏至明代、清代、中华民国时期、中华人民共和国成立后、龙江采风7篇。每篇设有无题小序。每篇中分别选择这一历史时期的大事、要事设立目与子目。（范锐超）

【《黑龙江省公路建设三年决战志》出版】 年内，《黑龙江省公路建设三年决战志》由黑龙江人民出版社出版。该书在体例上，充分运用志书“述、记、志、传、图、表、录”7种体裁，按照篇、章、节、目结构进行编排。（徐萍）

【《黑龙江省参与2010年上海世博会图志》出版】 3月，《黑龙江省参与2010年上海世博会图志》由黑龙江人民出版社出版。该书是黑龙江省特色志书组成的品牌文化工程的一部分。以图为主，以文为辅，详细记录2010年上海世博会黑龙江省场馆建设、文化展览、经贸洽谈等活动情况。（范锐超）

【《连云港抗战志》出版】 9月，江苏省《连云港抗战志》由中国文史出版社出版。全书收录200余张图片，分概述、大事记、地理、政

治、军事、侵华日军对连云港沦陷区的殖民统治和掠夺、人物、纪念设施、附录等部分。全书50万字。（武文明）

【《东海县地震志》出版】 2月，江苏省东海县地震局编纂的《东海县地震志》出版。全书设地震地质概况、地震活动、地震监测预报、地震灾害预报、地震应急救援、地震科研与“亚洲第一井”、地震文化、地震管理机构沿革8章。书前有序言、凡例和大事记，后有附录和后记。全书约35万字。（李海宏）

【《靖江市国土资源志》出版】 11月，江苏省靖江市国土资源局编纂的《靖江市国土资源志》由方志出版社出版。该志共设12章46节130目，配有332幅彩图、159张表，约80万字。（张丽）

【《吴江市文化广播电视志》出版】 3月，江苏省《吴江市文化广播电视志》由古吴轩出版社出版。该志上限不限，下限至2008年。全志设文化卷11篇和广播电视卷8篇，约120万字。（张丽）

【《吴江市人口和计划生育志》出版】 3月，江苏省《吴江市人口和计划生育志》由上海社会科学院出版社出版。下限为2005年，共设12章，48.5万字。（张丽）

【《吴江市科学技术志》出版】 3月，江苏省《吴江市科学技术志》由广陵书社出版。该志下限为2011年。全志设15章，82.5万字。（张丽）

【《吴江水产志》出版】 4月，江苏省《吴江水产志》由上海社会科学院出版社出版。该志下限为2010年，设17章，包括水域环境和水资源、淡水捕捞、种苗繁育、淡水养殖、特种养殖、水产养殖科技、水产机构、渔政管理、生产经营和贸易、渔业工具和机械、渔文化等。全书55万字。（张丽）

【《吴江市环境保护志》出版】 5月，江苏省《吴江市环境保护志》由广陵书社出版。该志上限为1979年，下限至2008年。全志设吴江地情、管理机构、环境管理、环境监测、环境监察、环境质量、环境治理、创建活动、宣传和教育、政党群团、荣誉、丛录，共12章，60万字。（张丽）

【《常熟统战志》出版】 3月，江苏省《常熟统战志》由上海社会科学院出版社出版。该志上限为1926年2月，下限至2012年。全书记述人民政协、民主党派、党外人士、多党合作、经济领域统战工作、民族宗教、统战宣传等内容。全书40多万字（张丽）

【《常熟图书馆志》出版】 8月，江苏省《常熟图书馆志》由广陵书社出版。该志上限为民国初，下限至2014年，全书共设15章，67万字。（张丽）

【《余杭水务志》出版】 7月，浙江省杭州市余杭区水务有限公司编纂的《余杭水务志》由方志出版社出版。该志按饮用水源、城镇供水、农村改水、城乡一体化供水、城镇排水、农村生活污水治理、水费和人物荣誉，分设8篇38章166节，记述1958年至2012年余杭水务事业的发展历程和余杭水务企业的成长经历。全书近150万字。（李景苏）

【《余杭建设志》出版】 5月，浙江省杭州市余杭区住房和城乡建设局、杭州市规划局余杭规划分局编纂的《余杭建设志》由方志出版社出版。该志编纂工作始于2013年末。该志设城乡环境、城乡规划、住房、城市管理、城区建设等10编，其中包括余杭在“五水共治”“三改一拆”和美丽乡村建设中资金的投入的情况。浙江省地方志专家委员会主任魏桥为该志作序。全书111万字。（李景苏）

【《嘉兴市工会志（1991～2010）》出版】 12

月，浙江省《嘉兴市工会志》编纂委员会编纂的《嘉兴市工会志（1991～2010）》由方志出版社出版。该志51.9万字。（嘉兴市史志办）

【《平湖市人事志》出版】 10月，浙江省《平湖市人事志》编纂委员会编纂的《平湖市人事志》由中国文史出版社出版。该志上限为平湖地域有政权性质机构始，下限至2011年底，个别事项略有延伸。全书约50万字。

（嘉兴市史志办）

【《平湖市城乡建设志》出版】 11月，浙江省《平湖市城乡建设志》编纂委员会编纂的《平湖市城乡建设志》由中国文史出版社出版。该志上限起自平湖建县之端，下限至2010年底，个别事项略有延伸。全书约35万字。

（嘉兴市史志办）

【《平湖市统战志》出版】 10月，浙江省《平湖市统战志》编纂委员会编纂的《平湖市统战志》由中国文史出版社出版。该志上限1929年3月，下限2009年，个别事项略有延伸。全书约20万字。（嘉兴市史志办）

【《海宁市文化志》出版】 5月，浙江省海宁市文化广电新闻出版局组织编纂的《海宁市文化志》由浙江人民出版社出版。主编虞铭华。该志上限为海宁文化发端，下限至2005年。全书64.2万字。（嘉兴市史志办）

【《海宁土地志》出版】 12月，浙江省海宁市国土资源局编纂的《海宁土地志》由北京地质出版社出版。主编郑培天、沈炜、徐明。该志上限溯地情起源，下限至2010年。全书80万字。（嘉兴市史志办）

【《桐乡市政协志》出版】 2月，浙江省《桐乡市政协志》由中国文史出版社出版。该志列入桐乡市二轮修志15部专业（部门）志编修规划。该志上限为1983年5月，下限至2012年2月。全书95万字。（嘉兴市史志办）

【《桐乡市交通志》出版】 8月，浙江省《桐乡市交通志》由吴越电子音像出版社出版。该志记述时限为1986年至2010年。全书62万字。（嘉兴市史志办）

【《桐乡市中医医院志》出版】 9月，浙江省桐乡市中医医院组织编纂的《桐乡市中医医院志》由方志出版社出版。主编王敬民。该志上限始于1955年梧桐联合诊所成立，下限至2014年。全书48.3万字。（嘉兴市史志办）

【《宁波古桥名桥图志》出版】 12月，浙江省宁波市政府志办编纂的《宁波古桥名桥图志》由中华书局出版。全书分为宁波十佳名桥，各县（市）区古桥名桥，旧志、文献所载宁波古桥三部分，记载255座现有（部分成书后已损毁）古桥名桥，记录各桥的桥名、地点、建造时间、形制、材质、走向、跨水名、刻石以及主要特点、保存现状等。该志通过文献整理方式，对于宋代至民国时期已湮灭的数百座桥梁情况，分府治等9个区域追述。该志配图照444幅，其中部分为老照片，插入编绘的各县（市）区古桥名桥分布地图11幅。全书93万字。（高曙明）

【《鄞州慈善志》出版】 7月，杜建海主编的浙江省《鄞州慈善志》由浙江人民出版社出版。该书记述时限跨越2400多年，分大事记和地理、史略、机构、人物、义商、项目、风俗、规章、文献等10个部分，收录图片300多幅。全书90万字。（周田田）

【《衢州市教育志（2005～2014）》出版】 9月，浙江省《衢州市教育志（2005～2014）》编纂委员会编纂的《衢州市教育志（2005～2014）》由浙江人民出版社出版。主编梅雪中。该志上限为2005年1月，下限至2014年12月。全书65.5万字。（衢州市志办）

【《兰溪市工会志（1996～2014）》内部出版】

年内，浙江省兰溪市工会志编纂委员会编纂的《兰溪市工会志（1996～2014）》内部出版。编委会主任章振贤，主编金建清。该志由序、凡例、概述、大事记、正编8篇49章及编后记组成。该志上限为1996年，下限至2014年底。全书60万字。（金华市志办）

【《兰溪市司法志》出版】 3月，浙江省兰溪市司法局、兰溪市司法志编纂委员会编纂的《兰溪市司法志》由中华书局出版。主编周云金。该志上限自事物发端，下限至2013年底。全书共设11章，35万字。（金华市志办）

【《东阳财税志》出版】 12月，浙江省《东阳财税志》编纂委员会编纂的《东阳财税志》由上海交通大学出版社出版。该志共21章84节，97万字。（金华市志办）

【《武义县财政税务志》出版】 7月，浙江省武义县财政税务志编纂委员会编纂的《武义县财政税务志》由中国时代经济出版社出版。主编徐国强。该书137.8万字。（金华市志办）

【《台州市路桥区卫生志》出版】 11月，浙江省台州市路桥区卫生和计划生育局编纂的《台州市路桥区卫生志》由中国文史出版社出版。该志47.4万字。（台州市志办）

【《玉环胜迹图志》出版】 6月，浙江省玉环县志办编纂的《玉环胜迹图志》由方志出版社出版。主编潘明贤。该志34.8万字。（台州市志办）

【《龙湾区风景旅游志》出版】 8月，浙江省温州市龙湾区风景旅游管理局编纂的《龙湾区风景旅游志》由方志出版社出版。该志25万余字。（温州市史志办）

【《瑞安市文化志》出版】 1月，浙江省瑞安市文化广电新闻出版局组织编纂的《瑞安市文化志》由西泠印社出版社出版。主编李淳。该志上限溯事物发端，下限至2012年。全书88万字。（温州市史志办）

【《乐清市卫生志（1991～2011）》出版】 3月，浙江省《乐清市卫生志》编纂委员会编纂的《乐清市卫生志（1991～2011）》由中国文史出版社出版。该志上限为1991年，下限至2011年。全书55万字。（温州市史志办）

【《中国农工民主党乐清市志》出版】 7月，浙江省《中国农工民主党乐清市志》编纂委员会编纂的《中国农工民主党乐清市志》由中国文联出版社出版。该志上限为1945年，下限至2013年，个别下延至2014年6月。全书41.5万字。（温州市史志办）

【《乐清市妇联志（1949～2014）》内部出版】 9月，浙江省乐清市妇女联合会编纂的《乐清市妇联志（1949～2014）》内部出版。该志29.9万字。（温州市史志办）

【《龙泉市林场志》出版】 5月，浙江省《龙泉市林场志》编委会编纂的《龙泉市林场志》由中国林业出版社出版。主编周慧娟。该志上限为建立龙泉县造林站（龙泉市林场前身）时的1954年，下限至2014年。全书17.9万字。（丽水市志办）

【《松阳县教育志（1992～2012）》出版】 1月，浙江省《松阳县教育志（1992～2012）》由光明日报出版社出版。主编阙良庆。该志共15章49节，上限为1992年，下限至2012年12月。（丽水市志办）

【《松阳县卫生志（1991～2010）》内部出版】 2月，浙江省松阳县卫生局编纂的《松阳县卫生志（1991～2010）》内部出版。该志上限1991年，下限2010年12月，个别内容下限有所延伸。全书约15万字。（丽水市志办）

【《蓝田村族志》内部出版】 年内，安徽省歙县《蓝田村族志》内部出版。该志主编叶丽昌任蓝田村文书数十年，经过20余年田野调查、采集口碑，获得大量民间资料。该书记述蓝田村2000年的可考历史，1400年的清晰脉络，用大量的文字和图片展示村庄的传承和发展。全书共设31章，114万字。（章慧丽）

【《徽剧志》出版】 8月，朱祝新、朱丹、朱甜父子编写的安徽省《歙县徽剧志》由合肥工业大学出版社出版。该志分徽班篇、剧本篇、音乐篇三大篇章，其中徽班篇中第十章结语的缩文——《徽剧之源探考》曾获得第29届田汉戏剧奖论文一等奖。全书100余万字。

（章慧丽）

【《黟县地质矿产志》出版】 1月，胡济源编著的安徽省《黟县地质矿产志》由黄山书社出版。该志为《黟县志》相关记述的拓展和延伸，是黟县地质矿产调查成果资料的综合汇编，内容包括基础地质、水文地质和工程地质、环境地质、矿产资源、地质调查与矿产开发等5篇，约45万字。（章慧丽）

【《尤溪县方言志》出版】 12月，福建省尤溪县方志办组织编纂的《尤溪县方言志》由海峡出版发行集团海峡书局出版。主编张其兴。该志采用国际音标记音，主要记述尤溪县内7种有明显差异的方言（即城关话、新桥话、西洋话、洋中话、中仙话、汤川话和街面话）的语音系统、词汇、俗语及各方言之间语音和词汇的比较等。全书40万字。（陈声华　张宣）

【《漳浦寺庙志》出版】 11月，福建省漳浦县方志委组织编纂的《漳浦寺庙志》由中国文史出版社出版。全志重点选编全县近400座较具规模和代表性的寺庙，有彩照47张。全书约33.8万字。（林忠玉）

【《南昌公安简史》出版】 年内，江西省南昌市公安局编纂的《南昌公安简史》第一、二、三辑出版。全书包括图片锦集、南昌市公安局组织机构沿革及其领导名录、南昌公安工作大事记、南昌公安工作专题、英模光荣谱和革命烈士传略等部分，记述1949年5月至2011年12月期间南昌公安事业的发展历史。全书220万余字。（南昌市史志办）

【《新建县水利志》内部出版】 2月，江西省《新建县水利志》内部出版。该志上限不限，下限至2013年底。该志记述断限内县域水利及水利建设事业的历史和现状。全书共10篇35章127节，约66万字。（张志勇）

【《德安县文化志》出版】 6月，江西省《德安县文化志》编纂委员会编纂的《德安县文化志》由江西高校出版社出版。主编王玲玲。该志上限为1950年，下限至2010年。全书记述断限内全县文化、艺术、旅游、广播、电影、电视、新闻出版地历史变迁和现实规划。全书设凡例、概述、大事记，共14篇，42.8万字。

（张志勇）

【《信丰县森林公安志》内部出版】 1月13日，江西省《信丰县森林公安志》内部出版。该志上限为1981年，下限至2013年。全志重点记述信丰县森林公安在打击各类破坏森林资源的违法犯罪活动、保护信丰森林及野生动植物资源、维护林区社会治安秩序等方面的情况。除概述、大事记、附录外，全书共设7章。全书配有图片42幅，16万字。

（张志勇）

【《南康人物志》出版】 10月，江西省赣州市南康区志办编纂的《南康人物志》由陕西人民出版社出版。主编倪贵清。该书从2014年3月开展编纂工作，共收集副科级以上领导干部、高级技术职称人员等2000多人的信息，同时设“机构沿革和名录”“南康历代职官”“南康历代名人表”等。（张志勇）

【《于都县检察院志》内部出版】 9月，江西省于都县检察院组织编纂的《于都县检察院志》内部出版。主编刘殿卿。该志上限为于都县检察院成立时，下限至2014年底。全书共设23章79节，53.8万余字。（张志勇）

【《赣州市宗教场所志·石城卷》内部出版】 7月，江西省石城县民宗局编纂的《赣州市宗教场所志·石城卷》内部出版。主编赖才旺。该书设宗教场所、宗教管理及组织、宗教大事及活动3个篇章，记述石城县宗教场所的建设与发展情况。（张志勇）

【《铅山县政协志（续编）》出版】 3月，江西省政协铅山县委员会、政协志编纂委员会编纂的《铅山县政协志（续编）》由江西人民出版社出版。主编俞惕生。该志上限为1998年1月，下限至2011年8月。全书共设10章，28万余字。（张志勇）

【《弋阳县政协志》内部出版】 6月20日，江西省《弋阳县政协志》内部出版。主编黄伟建。该志上限为1959年2月，下限至2015年4月。全志首设概述、大事记，并根据政协主体工作和实际情况分设10章37节，43万余字。（张志勇）

【《鄱阳县检察院志》出版】 11月，江西省鄱阳县检察院编纂的《鄱阳县检察院志》由中国检察出版社出版。卷首有图片、序、凡例、概述、大事记，40幅插页。全书78万字。（张志勇）

【《乐安县财政志》出版】 11月，江西省《乐安县财政志》由方志出版社出版。该志记述乐安自南宋绍兴十九年（1149年）建县至2012年的县级财政发展、演变的历史和现状。内容包括财政收入，财政支出，政府性基金收入和支出，财政管理，苏区财政，财政机构人员编制、机关建设、中介学会等，共设6篇50章221节，235万字。（张志勇）

【《高安市老干部志》内部出版】 3月，江西省《高安市老干部志》内部出版。主编戴佳臻。全志上限为1982年，下限至2013年，共设8章24节。配有148幅图照，其中志首彩照62幅，随文图照86幅，设置表格36个。全书约40万字。（张志勇）

【《高安市文化志》内部出版】 9月，江西省《高安市文化志》内部出版。主编罗晔根。该志上限为1993年12月，下限至2013年12月。全志设13章52节，重点记述高安市撤县设市以来三大文化品牌，即元代青花瓷、吴有训科教馆、高安采茶戏发展的历史过程及业绩。全书约30万字。（张志勇）

【《平阴法院志》出版】 9月，山东省平阴县《平阴法院志》由中国文史出版社出版。该志上限为1942年，下限至2014年，记述从抗战中的平阴县政府司法科，到新中国成立后法院初建、曲折前行，改革开放后的恢复完善，以及在新世纪向现代法院迈进的发展历程。全书共设16章59节，120余万字。（张阳）

【《阳谷县人力资源和社会保障志》出版】 4月，山东省阳谷县人力资源和社会保障志编纂委员会编纂的《阳谷县人力资源和社会保障志》由山东画报出版社出版。主编王勇。该志断限时间为1949年至2012年，是聊城市第一部记载人力资源社会保障工作的专业志书。志首置概述、大事记，设机构设置、人事、劳动、社会保障、机构编制与管理等编，记述阳谷县人力资源和社会保障事业的发展历程。全书91.1万字。（李坤）

【《河口区水利志》出版】 3月，山东省东营市河口区地方史志编纂委员会编纂的《河口区水利志》由中州古籍出版社出版。主编孟维芳、张兆栋。该志断限时间为2004年至2014年。全志共设20编，图照300余幅，记述10年间河口区水利建设的成就和特点。全书70万字。（李坤）

【《周村区武术志》出版】 10月，山东省淄博市周村区武术协会编纂的《周村区武术志》由中国文史出版社出版。主编李柱训。该志断限时间为清初至2014年。全书记述武术在周村祖祖辈辈手口相传的发展脉络，还挖掘整理抗日战争和解放战争中武术抗敌的许多动人英雄事迹。全书50余万字。（李坤）

【《潍坊人居环境志》出版】 1月，山东省潍坊市史志办编纂的《潍坊人居环境志》由方志出版社出版。该志采用章节体，卷首设序、凡例、概述、大事记，正编设8编，卷尾设附录、编后记，随文图片200余幅。全书61.9万字。（李坤）

【《威海市国土资源志》出版】 12月，山东省威海市国土资源局编纂的《威海市国土资源志》由山东地图出版社出版。主编车国进、初钊兴。该志以正确处理保护资源与保障发展的关系为主线，记述威海市国土资源事业发展的历史与现状。全书85万字。（李坤）

【《荣成市中医院志》内部出版】 9月，山东省《荣成市中医院志》编纂委员会编纂的《荣成市中医院志》内部出版。主编苏晓明、王金玲。该志上限为1982年，下限至2014年。全志设组织领导、职能管理、医疗业务、教学科研、精英风采、荣誉成果等章，记述荣成市中医院30多年的发展历程。（李坤）

【《泗水县建设志》出版】 8月，山东省泗水县住房和城乡规划建设局编纂的《泗水县建设志》由中国文史出版社出版。主编韩继伟。该志为泗水县第一部系统记述泗水城乡规划建设的志书。全志共设12卷49章，117.5万字。（李坤）

【《徂徕山志》出版】 10月，山东省泰安市史志办编纂的《徂徕山志》由方志出版社出版。主编王天宇。该志为徂徕山首志，上限自事物发端，下限至2012年。该书采用章节体，图文并茂，包括动植物资源、风景名胜、旅游、徂徕山抗日武装起义、山区居民等内容，集中体现徂徕山历史悠久的地方特色和人与自然和谐发展的时代特点。全书92万字。（李坤）

【《鲁中职业学院十年发展志》出版】 1月，山东省鲁中职业学院图书档案馆编纂的《鲁中职业学院十年发展志》由中国文史出版社出版。该志设彩页、序、凡例、概述、大事记、正文等，后附有特载文献，收录图片70幅，详述了学院改革发展的重要决策部署、重点工作与重大事件。全书70余万字。（李坤）

【《阳信文化志》出版】 4月，山东省《阳信文化志》编纂委员会编纂的《阳信文化志》由山东友谊出版社出版。主编刘海新。该志设文化机构、群众文化、戏剧、图书管理、文博事业、电影发行放映、曲艺、音乐、舞蹈、文学、美术书法、民间艺术、摄影、寺庙文化、非物质文化遗产、文化市场管理、文化交流、文化事业管理、文化产业与文化社会团体、阳信文化名人等20章。全书50万字。（李坤）

【《滨州市沾化区工业志》出版】 12月，山东省滨州市沾化区经济和信息化局、区地方史志编纂委员会编纂的《滨州市沾化区工业志》由黄河出版社出版。主编杨爱民。该志上限为1949年，下限至2014年，部分内容适当上溯下延。志首设综述、大事记，专志设工业管理、工业门类、园区及乡镇街道工业3编，下设22章77节，志末设附录。全书42万字。（李坤）

【《郑州侨务志》内部出版】 3月，河南省《郑州侨务志》内部出版。该书共分两卷，设机构沿革、友好接待、友好城市、因公出国（境）管理、涉外管理、参与国际组织活动、侨务工作、重大外事活动等8章。（李占虎）

【《孟州市移民安置志（1993～2012）》出版】

3月，河南省孟州市移民安置局编纂的《孟州市移民安置志（1993～2012）》由吉林人民出版社出版。全志分10章47节，前设概述、大事记，后有附录等。全书50余万字。

（汪朝霞）

【《黄冈窑炉志》内部出版】 1月，湖北省黄冈市窑炉工业协会与黄冈市地方志学会合编的《黄冈窑炉志》内部出版。上限起自行业发端，下限至2011年。设机构沿革、企业管理、窑炉建造、窑炉科技、市场营销、党群文化、企业简介、人物等9卷。卷首收录彩色图片20页。全书共100万字。（湖北省志办）

【《广州地方志事业志（1984～2014）》出版】 8月，广东省广州市志办编纂的《广州地方志事业志（1984～2014）》由广东人民出版社出版。该志记述市区两级地方志事业30年发展历程。（广东省志办）

【《东莞市海洋与渔业志》出版】 年内，广东省《东莞市海洋与渔业志》由广东人民出版社出版。该志上限不限，下限为2006年。全书包括大事记、机构、环境与资源、渔村渔港渔民、养殖渔业、捕捞渔业、水产品加工与流通、海域管理、水产科技、群团组织、人物和荣誉等，共12篇，彩图36页，95万字。

（广东省志办）

【《深圳市中医院志》出版】 1月，广东省深圳市中医院编纂的《深圳市中医院志》由深圳报业集团出版社出版。主编李顺民、易铁钢。该书为深圳市卫生系统第一部专志，也是“深圳市专志系列丛书”的重要专志之一。该志以1998年和2006年编写的院志资料为基础，对中医院的历史和现状资料进行重新整理和补充完善。上限始于1975年2月中医院建院，下限至2010年，记述深圳市中医院从县级中医院发展成为国家三级甲等医院的历史与现状。全书配有图照252张，60万字。

（广东省志办　深圳市史志办）

【《广西高等院校志》】 11月，《广西高等院校志》由广西人民出版社出版。该书设高等教育概况、本科高等院校、高职高专院校、成人高等院校、民办高等院校等5篇，系统记述广西高等教育的发展历史与现状，着重反映新中国成立后广西改革开放和建设社会主义市场经济背景下各高校教育的新情况、新举措、新成就。全书80万字。（韦晓）

【《洋浦经济开发区志（1992～2010年）》出版】 11月，海南省洋浦经济开发区志编纂委员会编纂的《洋浦经济开发区志（1992～2010年）》由方志出版社出版。该书设开发区沿革、地理环境、开发区建设、征地与搬迁、招商引资、经济发展、经济管理、财政税务金融、口岸管理、区内主要企业、党政群团、政法建设、社会与保障、教育文化卫生等14篇。全书共81万字。（李鑫）

【四川省部门（行业、专题）志出版情况】 年内，四川省各市（州）、县（市、区）共编纂出版部门志、专业志、行业志67部，分别是《新津县粮食志（1982—2008）》《彭州市计划生育志》《中国苴却砚图志》《攀枝花市东区财政志》《攀枝花煤业（集团）有限责任公司志（1991—2013）》《攀枝花市西区审判志（1973—2013）》《泸州市工业经济志》《泸州市纪检监察志》《泸州市工商行政管理局志》《泸州市审计局志》《泸县卫生志》《合江县工会志》《遂宁纪检监察志》《卓筒井镇小学校志》《魁山玉佛寺志》《射洪县工业志》《内江市市中区疾病预防控制中心志》《沐川县人力资源和社会保障志（2009—2015）》《四川省川南林业局志》《南充民盟志》《西充县民政志（1986—2005）》《西充县林业志（1985～2005）》《南溪政协志》《宜宾县国税志》《江安县工会志》《江安县政协志》《兴文县环境保护志》《珙县国土资源志》《长宁人大志》《内江市市中区疾病预防控制中心志》《沐川县人力资源和社会保障志（2009～2015）》《四川省川南林业局志》《岳池农家文化志》《邻水县审计志》《邻水县工业志》《华蓥市科学技术协会志》《华蓥市审计志》《华蓥市水利志》《华蓥市工商志》《达县中学志》《达县检察志》《达县水务志》《荥经县国税志》《眉山市人口和计划生育志》《眉山市环境保护志》《眉山市司法行政志》《眉山市粮食志》《越西县档案志》《越西县妇联志》《越西县文联志》《越西县统计志》《越西县审计志》《西昌市水务志》《凉山州工商联志》《越西县工业园区志》《越西县贝尔小学志》《越西县南城小学志》《越西县交通志》。其中《中国苴却砚图志》《攀枝花市东区财政志》《泸州市审计局志》《遂宁纪检监察志》《南充民盟志》《南溪政协志》《岳池农家文化志》《邻水县审计志》《邻水县工业志》《凉山州工商联志》等10部志书为公开出版，其余均为内部出版。

（朱艳林）

【《洛川县卫生志》内部出版】 年内，陕西省洛川县卫生局编纂的《洛川县卫生志》内部出版。主编严宏川。全书21.5万字。（丁喜）

【《三原县人大志》内部出版】 10月，陕西省三原县人大常委会编纂的《三原县人大志》内部出版。主编辛钢。全书60万字。（丁喜）

【《宝鸡市烟草志》内部出版】 3月，陕西省宝鸡市烟草专卖局编纂的《宝鸡市烟草志》内部出版。主编刘高计。全书56.6万字。

（丁喜）

【《宝鸡市气象志》内部出版】 6月，陕西省宝鸡市气象局编纂的《宝鸡市气象志》内部出版。主编张丰龙。全书18万字。（丁喜）

【《公路管理志》内部出版】 5月，陕西省宝鸡市公路管理局编纂的《公路管理志》内部出版。主编赵敏红。全书52万字。（丁喜）

【《彬县商业志》内部出版】 年内，陕西省彬县商务办编纂的《彬县商业志》由陕西人民出版社出版。主编郭崇斌。全书36.8万字。

（丁喜）

【《彬县工会志》出版】 年内，陕西省彬县总工会编纂的《彬县工会志》由太白文艺出版社出版。主编房华一。全书36.5万字。（丁喜）

【《武功县卫生志》内部出版】 3月，陕西省武功县卫生局编纂的《武功县卫生志》内部出版。主编杨金录。全书40万字。（丁喜）

【《武功县计生志》内部出版】 4月，陕西省武功县计生局编纂的《武功县计生志》内部出版。主编王俊生。全书45万字。（丁喜）

【《武功县教育志》内部出版】 5月，陕西省武功县教育局编纂的《武功县教育志》内部出版。主编刘志斌。全书45万字。（丁喜）

【《武功县公安志》内部出版】 2月，陕西省武功县公安局编纂的《武功县公安志》内部出版。主编武军。全书50万字。（丁喜）

【《渭滨公安志》内部出版】 7月，陕西省宝鸡市公安局渭滨分局编纂的《渭滨公安志》内部出版。主编薛胜平。全书21.4万字。

（丁喜）

【《陈仓区公安志》内部出版】 7月，陕西省宝鸡市陈仓区公安分局编纂的《陈仓区公安志》内部出版。主编杨志林。全书60万字。

（丁喜）

【《凤翔县统战志》内部出版】 10月，陕西省凤翔县委统战部编纂的《凤翔县统战志》内部出版。主编冯强、田百忍。全书25万字。

（丁喜）

【《凤翔县农村工作志》内部出版】 10月，陕西省凤翔县委农工部编纂的《凤翔县农村工

作志》内部出版。主编王磊。全书18万字。（丁喜）

【《凤翔县公安志》内部出版】 10月，陕西省凤翔县公安局编纂的《凤翔县公安志》内部出版。主编王三虎。全书22.8万字。（丁喜）

【《眉县公安志》内部出版】 5月，陕西省眉县公安局编纂的《眉县公安志》内部出版。主编黄耀忠。全书60万字。（丁喜）

【《陇县纪检监察志》内部出版】 6月，中共陇县纪检委编纂的《陇县纪检监察志》内部出版。主编蒙科建。全书19万字。（丁喜）

【《陇县统计志》内部出版】 5月，陕西省陇县统计局编纂的《陇县统计志》内部出版。主编董克礼。全书15万字。（丁喜）

【《麟游县水利志》内部出版】 4月，陕西省麟游县水利局编纂的《麟游县水利志》内部出版。主编张小平。全书40万字。（丁喜）

【《麟游县公安志》内部出版】 5月，陕西省麟游县公安局编纂的《麟游县公安志》内部出版。主编郑海林。全书41万字。（丁喜）

【《凤县公安志》内部出版】 8月，陕西省凤县公安局编纂的《凤县公安志》内部出版。主编张武平、张勇。全书28万字。（丁喜）

【《太白县人力资源和社会保障志》内部出版】 10月，陕西省太白县人力资源和社会保障局编纂的《太白县人力资源和社会保障志》内部出版。主编张保全。全书13万字。（丁喜）

【《太白县纪检监察志》内部出版】 10月，中共太白县纪委编纂的《太白县纪检监察志》内部出版。主编刘俊霞。全书10万字。（丁喜）

【《太白县公安志》内部出版】 年内，陕西省太白县公安局编纂的《太白县公安志》内部出版。主编王伟。全书40万字。（丁喜）

【《汉中市疾病预防控制中心志（1962～2012）》内部出版】 9月，陕西省汉中市疾病预防控制中心编委会编纂的《汉中市疾病预防控制中心志（1962～2012）》内部出版。主编马荣庆。（丁喜）

【《榆阳区人民代表大会志》出版】 6月，陕西省榆阳区人大常委会编纂的《榆阳区人民代表大会志》由陕西人民出版社出版。主编常思义。全书109万字。（丁喜）

【《横山县政协志》内部出版】 年内，陕西省横山县政协编纂的《横山县政协志》内部出版。主编雷声。全书34.2万字。（丁喜）

【《清涧县人事志》内部出版】 年内，陕西省清涧县人事局编纂的《清涧县人事志》内部出版。主编徐飞。（丁喜）

【《安康市档案志》出版】 5月，陕西省安康市档案志编委会编纂的《安康市档案志》由陕西新华出版传媒集团三秦出版社出版。主编魏顺奇。全书40万字。（丁喜）

【《安康市蚕业志》出版】 6月，陕西省安康市林业局编纂的《安康市蚕业志》由陕西新华出版传媒集团三秦出版社出版。主编陈正余。全书30万字。（丁喜）

【《汉滨区政协志》内部出版】 7月，陕西省汉滨区政协编纂的《汉滨区政协志》内部出版。主编刘庆海。全书40万字。（丁喜）

【《汉滨区教育志》内部出版】 8月，陕西省汉滨区教体局编纂的《汉滨区教育志》内部出版。主编刘学强。全书108万字。（丁喜）

【《石泉县人口和计划生育志》内部出版】　年内，陕西省石泉县计生局编纂的《石泉县人口和计划生育志》内部出版。主编王根平。

（丁喜）

【《岚皋县文化文物广电志》内部出版】　4月，陕西省岚皋县文化文物广电局编纂的《岚皋县文化文物广电志》内部出版。主编杜文涛。全书20万字。（丁喜）

【《洛南县社保志》内部出版】　5月，陕西省洛南县社保局编纂的《洛南县社保志》内部出版。主编卢瑜明。全书30万字。（丁喜）

【《铜川矿务局志》内部出版】　8月，陕西省陕煤铜川矿业有限公司编纂的《铜川矿务局志》内部出版。主编王蓬、郭宝辉。全书120万字。（丁喜）

【《银川市农业志》出版】　1月，宁夏回族自治区《银川市农业志》编纂委员会编纂的《银川市农业志》由宁夏人民出版社出版。该志上限起自1949年9月23日银川解放，下限至2012年12月31日。因统计口径不同，加上资料局限，乡镇企业记述下限多断至2005年12月31日。该志以志为主，图、表分别附于各章节之后，首立概述、大事记统领全志，正编之后设附录，志末设后记。全志共设机构团体、农业生产条件、农村生产关系、农村经济经营管理、农村经济收入、种植业、蔬菜业、畜牧业、水产业、农业机具、乡镇企业、农业科技、农业执法、党群工作、人物等，15章64节。全书近50万字。（王玉琴）

【《新疆北新路桥建设股份有限公司志（1995～2010）》出版】　12月，新疆北新路桥集团股份有限公司史志编纂委员会编纂的《新疆北新路桥建设股份有限公司志（1995—2010）》由新疆人民出版社出版。主编王文树。该志记述北新路桥公司16年的创业发展历程。全书约70万字。（周崇）

【《皮山农场志（1955～2010）》出版】　10月，新疆生产建设兵团第十四师皮山农场史志编纂委员会编纂的《皮山农场志（1955～2010）》由新疆生产建设兵团出版社出版。主编肖飞。全书记述农场50多年的自然环境和社会面貌，真实反映皮山农场发展变迁历程，61万字。（周崇）

旧志整理与出版

·工作开展

【石家庄市鹿泉区旧志整理与出版】 年内，河北省石家庄市鹿泉区共整理和出版旧志8部。4月，鹿泉区史志编纂委员会办公室采用原版修版翻印的方式出版明嘉靖三十五年（1556年）、清乾隆元年（1736年）及乾隆四十六年三部《获鹿县志》。齐海群整理，内部出版。同时，整理出版光绪七年（1881年）《获鹿县志》、光绪年间的《获鹿县乡土志》、民国二十年（1931）《鹿泉文献》、抗战时期增编的光绪《获鹿县志》、民国29年（1940年）《获鹿县事情》。（肖海军）

【吉林省旧志整理工作有序进行】 年内，吉林省地方志编委会对民国《永吉县志》进行影印。吉林省方志馆收集整理《来宾县志》《凌云县志》《黎县志》《大理县志》《顺宁府志》《建水县志》《阿坝州志》等旧志电子版300余部。（刘士宏 李刚）

【黑龙江省旧志整理工作取得新进展】 年内，黑龙江省志办与国家图书馆出版社签订战略合作协议，开启了地方志行业与国家一级专业机构深入合作的先河，推动黑龙江省地方文献整理工作。双方落实旧志底本搜集协议，通过国家图书馆的专业平台，在国内图书馆逐一排查旧志底本名录。全部底本收藏情况已摸清，在原有88部基础上，新增8部，已经搜集完成66部。（徐萍）

【江苏全省市县档案系统开展旧志扫描工作】 截至年底，江苏省市县档案系统所藏江苏旧志84种，基本完成扫描任务，正在接收数据、审核验收中。该工作被列入省委宣传部“2015年度社科强省建设工作要点”项目。（宫冠丽）

【《江苏艺文志》编写工作进展顺利】 《江苏艺文志》是江苏古代作家著述总目，被列入“2011—2020年国家古籍整理出版规划项目”。全志分20册，总字数约1000万字。截至年底，完成初稿约300万字。（宫冠丽）

【清乾隆《江南通志》点校工作有序进行】 截至年底，江苏省志办完成点校清乾隆《江南通志》125卷。清乾隆《江南通志》修于雍正末年，历时5年。全书200卷，首5卷，被《四库全书提要》誉为“名作”。（宫冠丽）

【民国《淳安县志》稿整理情况】 年内，淳安县志办从淳安县档案馆3000多卷民国时期的案卷中复印20余万字民国《淳安县志》资料。民国《淳安县志》原为民国淳安县政府修志馆（后改为文献委员会）所主持编纂，自1947年初开始编纂至1949年初中断，共完成20余万字，记述清光绪十年（1884年）至民国三十七年（1948）的淳安概况，内容包含疆域、地理、物产等传统旧编20编，增加近现代史党派、群团、议会、警察、教育、抗战特载等新编10余编。由于战乱，大部分稿件散落于淳安县档案馆民国时期各类案卷中。（刘东山）

【宁波市旧志整理情况】　年内，浙江省宁波市志办完成制定《宁波市地方历史文献整理工作规划（2016—2020 年）》（初稿），开展各县（市）区地方历史文献整理收藏情况、完成情况、规划情况的摸底调查。《宁波历史文献丛书》（第四辑）影印点校明代《敬止录》出版。各县（市）区继续推动旧志及地方历史文献整理出版工作。余姚市对历代县志及其他志书进行搜集、整理，已影印 3 部；完成或启动家谱续修整理 12 部。《慈溪地方文献集成》（第五辑）中《白湖诗选三百首赏析》出版，《慈溪进士录（第六辑）》交出版社付印。奉化市拓印拍片明嘉靖《奉化县图志》，编印校改《光绪〈奉化县志〉文选》。镇海区编印《蛟川文史丛书》《老照片的故事》，已出版《蛟川竹枝词》和《蛟川诗话》。鄞州区推进名志典籍整理重印再造工程，影印清同治《鄞县志》，启动清乾隆《鄞县志》影印出版事宜。

（高曙明）

【《瑞安县志稿》点校出版启动】　年内，浙江省瑞安市志办进行民国《瑞安县志稿》点校出版工作。该志稿 47 卷（缺 9 卷），其中文征 12 卷、诗征 7 卷，原本存瑞安博物馆，因时间久远，有所损毁。截至年底，打字排版 5 卷。

（温州市史志办）

【《光绪嘉兴府志》19 卷点校工作初步完成】　年内，浙江省嘉兴市史志办重点做好《光绪嘉兴府志》的校勘、注释和存疑工作。截至年底，共完成 19 卷的初步校勘。

（嘉兴市史志办）

【德清县史志办两部旧志点校工程启动】　6 月，浙江省德清县史志办与浙江大学古籍研究所合作启动清康熙十二年（1673）《德清县志》和嘉庆十三年（1808）《德清县续志》两部旧志的点校工程。双方于 7 月签订正式合同，至年底完成初校工作。　（湖州市史志办）

【清代《诸暨县志》点校】　年内，浙江省诸暨市史志办对清康熙、乾隆、光绪三部《诸暨县志》进行整理并标点，并以《诸暨旧志三种》为名，用简体字横排出版，年底交付出版社。清康熙《诸暨县志》刊行于清康熙十一年（1672），章平事、杨浣编纂，共 12 卷，约 12.6 万字。乾隆《诸暨县志》刊行于清乾隆三十八年（1773），楼卜瀍编纂，共 44 卷，约 33.2 万字。光绪《诸暨县志》又称《国朝三修诸暨县志》，始修于光绪二十一年（1895 年），刊行于宣统三年（1911 年），陈遹声、蒋洪藻编纂，共 60 卷，约 106 万字。

（绍兴市史志办）

【《诸暨民报五周纪念册》重印】　年内，《诸暨民报五周纪念册》整理完毕，交浙江古籍出版社重印。《诸暨民报五周纪念册》于民国十四年（1925）5 月由崇文印书馆印刷。该纪念册由诸暨民报社经理金月如发起编纂，民报主笔朱逸人、杨寄玄等搜集资料纂辑而成，约 28.8 万字。全书记述自 1865 年至 1924 年间诸暨社会生活的方方面面，以及诸暨的近代史人物、诸暨的民谚和民谣等。　（绍兴市史志办）

【金华市旧志整理工作顺利收官】　年内，浙江省金华市志办完成清康熙《金华府志》（宣统元年石印本）与《金华贤达传》《金华先民传》的底本收集、拼版和宣纸线装重印工作。金华市旧志重印工作总计整理重印《金华府县志辑》之明成化《金华府志》、明万历《金华府志》、清康熙《金华府志（手抄本）》《婺志粹》《婺书》《婺学志》等一系列旧志古籍。

（金华市志办）

【浙江省开化县旧志整理点校工作顺利开展】　12 月，清顺治《开化县志》的点校工作完成，并将清康熙《开化县志》、清乾隆《开化县志》等旧志整理翻印，以备点校。

（衢州市志办）

【民国褚传诰《天台县志稿》点校工作启动】　年内，民国褚传诰《天台县志稿》（1915

年）点校工作启动，姚兆形、叶国麟点校。志稿共16册，约68万字。第一轮整理完成9册，约32万字，同时对3册（卷一、卷二之三、卷三十九之四十）进行两遍校对，约7万字。

（台州市志办）

【民国《丽水县志》点校初稿完成】 年内，浙江省丽水市莲都区史志办聘请丽水学院教授赵治中对民国《丽水县志》开展点校工作，包括断句、化繁为简、注音释义、史实校正等。截至年底，民国《丽水县志》点校初稿进入校对阶段。该志共14卷，铅印本，李钟岳、孙寿芝纂修，民国15年（1926年）成稿付梓。

（丽水市志办）

【《遂昌县志》旧志综合版送审】 11月，《遂昌县志》旧志综合版交付出版。《遂昌县志》旧志综合版以清光绪《遂昌县志》为底本，综合清康熙、乾隆、道光《遂昌县志》和《处州府志》中有关遂昌的内容，汇编成册。总纂刘宗鹤。全书约60万字。（丽水市志办）

【浙江省松阳县史志办旧志整理工作启动】 5月，浙江省松阳县史志办启动旧志整理工作。截至年底，初步整理并标点出元至大《松阳志略》（整理本）、明成化《松阳县志》（整理本）、明隆庆《松阳县志》（整理本）、清康熙《松阳县志》（整理本）、清雍正《松阳县志》（整理本）5部。元元统《松阳县志》（整理本）、明洪武《松阳县志》（整理本）、明弘治《松阳县志》（整理本）、明嘉靖《松阳县志》（整理本）、明万历《松阳县续志》（整理本）、明崇祯《松阳县志》（整理本）等6部待整理。

（丽水市志办）

【《闽台历代方志集成》整理合作出版签约仪式举行】 11月24日，《闽台历代方志集成》整理合作出版签约仪式举行。中国社会科学院副院长、中指组常务副组长李培林，中指组副秘书长、中指办副主任冀祥德，福建省地方志编委会主任冯志农，社科文献出版社社长谢寿光等出席项目合作签约仪式。福建省地方志编委会副主任林浩、社科文献出版社总编辑杨群分别代表项目合作方签字。（林忠玉）

【漳州市旧志点校整理工作】 年内，漳州市方志委组织点校整理明嘉靖《龙溪县志》，基本完成点校本初稿。云霄县对清嘉庆木刻本《云霄厅志》进行点校、整理、出版。南靖县收集整理姚循义编纂的清乾隆《南靖县志》稿本和郑丰稔编纂的民国《南靖县志》稿本。

（郑美华）

【河南省旧志整理工作进展情况】 年内，河南省各地继续开展旧志整理工作，共35部，其中直管县整理7部；继续编纂出版古今人物志，共7部。（汪朝霞）

【广东省旧志整理情况】 据不完全统计，截至年底，广东省各地级以上市、县（市、区）地方志工作机构共完成历代方志整理8部，其中广州市、惠州市各3部，韶关市、梅州市各1部。同时，还有部分历代方志正在整理中。

（广东省志办）

【河源市地方志办启动5部旧志整理点注工作】 年内，广东省河源市方志办对清乾隆二十八年（1763）《和平县志》、清乾隆二十七年（1762）《龙川县志》、清乾隆十年（1745）《河源县志》、清康熙二十六年（1687）《永安县志》、清雍正八年（1730年）《连平州志》共约200多万字的5部旧志进行整理点注。截至年底，书稿进行3次核对，印制样书。

（广东省志办）

【广西壮族自治区旧志整理情况】 年内，广西志办继续对清嘉庆《广西通志》280卷进行校补，对民国《广西通志稿》18册中1—10册进行初校，并与贵港市志办、平南县志办整理影印出版清道光《平南县志》，与贺州市志办整理影印民国《贺县志》。8月，昭平县史志办扫描重印民国《昭平县志》，由中州古籍出

版社出版。（韦晓）

【重庆旧志整理情况】　年内，重庆市旧志整理工作取得显著成效。重点开展整理清乾隆、嘉庆、同治《璧山县志》《江北厅志》，清《江北厅乡土志》，民国《江北县志稿》《北碚旧志》，清康熙、清光绪、民国《长寿县志》，民国《南川县志》，民国《大足县志》，民国《铜梁县志》，民国《垫江县志》，清乾隆《开县志》，清乾隆《夔州府志》，合川明清时期旧志，彭水旧志等一批典藏旧志。（熊英）

【四川省旧志整理情况】　年内，四川省地方志工作办公室继续开展四川历代旧志版本的搜集工作。《叙永旧志辑存》出版。《四川历代旧志集成》第一、二辑出版，共收录四川历代旧志155部，完成第一辑500套、第二辑100套的入库工作。开展《四川历代方志集成》第一辑、第二辑新书首发式。同时，完成《四川历代方志集成》第三辑出版印刷招投标工作。完成《西康通志稿》《迪山日记》《刘赞廷编康区36部图志》点校、招投标、凡例和编后记纂写等工作，3部图书均已交付出版。

（何颖雪）

【昆明市旧志整理工作稳步推进】　年内，昆明市志办与云南大学图书馆、云南大学西南古籍所的专家合作，加快推进清康熙《云南府志》、民国《昆明县志》、民国《续修昆明县志》、民国《昆明近世社会变迁志略》4部旧志的整理工作。截至年底，4部旧志整理稿交出版社。年底，启动清道光《昆明县志校注》和《昆明山水志合辑》的整理工作。嵩明县委宣传部组织完成的清《嵩明州志校注》交付出版；富民县政协组织完成的清《富民县志校注》内部出版；禄劝县4部旧志的整理进入复校阶段。（字应军）

【陕西历代旧志文库工程启动】　年内，陕西省志办启动陕西历代旧志文库工程，陕西历代旧志文库以影印为主，力求其全，整理旧志520余部。陕西省地方志系统计划用5到10年时间完成陕西历代旧志文库编写工程。截至年底，《陕西通志》完成篇目大纲初稿，制订编纂方案。召开陕西历代旧志文库专家论证会，明确了开展陕西历代旧志文库《陕西历代旧志集萃》的工作思路和工作步骤，下发旧志整理的规划安排、技术规范文件。（丁喜）

【宁夏旧志工作开展情况】　年内，宁夏回族自治区隆德县志办启动隆德县现存的3部旧县志清康熙《隆德县志》、清道光《隆德县续志》、民国《重修隆德县志》合编校注工作，完成文字录入，进入文字校注阶段。（王玉琴）

· 旧志出版

【《霸州旧志合刊》（点校版）刊印】　年初，河北省霸州市委史志办搜集整理的《霸州旧志合刊》（点校版）内部刊印。全书分上、下册，图21幅，84万字。此次整理将旧志竖排变成横排、繁体字变成简体字（个别生涩字除外）、标点断句，不做译文，保持原文风貌。霸州自建置到中华人民共和国成立共修志8次，包括州志6部，县志2部。8部旧志中明洪武、永乐、万历版均已散佚，其余5部存世。此次整理的5部旧志中，清同治《霸州志》仅整理全8卷中的前4卷。（魏铁军）

【清康熙《平阳府志》出版】　11月，山西省志办整理的清康熙《平阳府志》共8函40册由中华书局影印出版。《平阳府志》由平阳府知府刘启修，孔尚任、高孝本等纂。该志修成于康熙四十七年（1708），有康熙四十九年补刻本，共36卷，117.4万字。全书记载古代晋南建制沿革、地理环境、田赋物产、风土人情、政治政法、官署兵防、职官宦绩、学校教育、选举人物、古迹名胜、艺文杂志，以及历代帝王活动方面的资料。（杨建中）

【辽宁省旧志整理出版情况】　年内，辽宁省共整理出版旧志3部，均为内部出版。其中，铁岭市志办重印《辽宁旧方志·铁岭卷》3函；铁岭市西丰县志办整理出版民国二十七年（1938）《西丰县志》，共5册，30万字；朝阳市建平县史志办翻印民国二十年（1931）《建平县志》（修订本），共4册，50万字。

（杜祥武）

【民国《永吉县志》出版】 12月，吉林省地方志编委会影印的民国《永吉县志》出版。民国《永吉县志》成书于民国二十年（1931），徐鼐霖修，章华、金兆丰、王重民等纂，民国三十年付梓铅印，线装本，装帧用材考究，底本存于吉林省永吉县档案馆。卷目主要有沿革表、大事表、氏族表、职官表、选举表、舆地志、食货志、礼俗志、学校志、实业志、交通志、军警志、艺文志、人物志、杂记等。全书50卷，4函32册，约65万字。（刘士宏）

【《上海府县旧志丛书·上海县卷》整理出版】 12月，上海市志办和上海市闵行区志办联合整理的《上海府县旧志丛书·上海县卷》由上海古籍出版社出版。该书为上海府县旧志丛书的收官之作。全书共12种，约500万字。

（胡俭）

【《江苏历代方志全书·省部》出版】 11月，《江苏历代方志全书·省部》由凤凰出版社出版。《江苏历代方志全书》是由江苏省志办主编的重大古籍出版项目，也是江苏省委、省政府加快推进“社科强省”建设的重点项目，被列入“江苏文脉整理与研究工程”。全书根据清代江苏政区设置情况，并参照现行行政区划，分省部、府部和小志部3种丛刊。省部共收录明嘉靖《南畿志》、清康熙《江南通志》、清乾隆《江南通志》《江苏备志稿》《江苏省通志稿》和《江苏六十一县志》6部省志，共49册。其中孤本《江苏备志稿》是首次面世。

（宫冠丽）

【清嘉庆《重修扬州府志》整理出版】 1月，江苏省扬州市志办整理的5卷本清嘉庆《重修扬州府志》由广陵书社出版。《重修扬州府志》一直被视为清代的名志。扬州市志办邀请扬州大学刘建臻教授主持整理工作，采用简体横排，点校考订。全书100多万字。（李海宏）

【明洪武《苏州府志》点校本出版】 6月，明洪武《苏州府志》点校本由广陵书社出版。明洪武《苏州府志》为明代吴县教谕卢熊撰，自洪武十二年（1379）刊刻后，未经再版。此次由苏州市志办陈其弟点校，浙江大学教授仓修良作序。

（李海宏）

【《吴江历代旧志辑考》出版】 6月，江苏省苏州市吴江区志办组织编纂、陈其弟编著的《吴江历代旧志辑考》由广陵书社出版。《吴江历代旧志辑考》把吴江历代旧志大体按照县志、乡镇志、专志三类排列，不论存佚，按时间顺序，逐一撰写旧志提要，共著录历代编修的吴江旧志82种，其中县志28种、乡镇志38种、专志16种。书后附录《吴江现存旧志一览》，著录存世旧志50种，其中县志16种、乡镇志18种、专志16种。（宫冠丽）

【《江苏历代方志地图选》出版】 10月，《江苏历代方志地图选》由凤凰出版社出版。全书一函5册，仿古线装，宣纸印刷，精选江苏各个地区、各个时期具有代表性的地图360幅。

（宫冠丽）

【《西湖志纂》等4部旧志影印出版】 年内，杭州市志办整理影印《西湖志纂》《净慈寺志》《湘湖水利志》《北新关志》4部旧志。《西湖志纂》以李卫的《西湖志》为蓝本，共12卷。今据赐经堂版整理出版，1函5册。《净慈寺志》今据嘉惠堂丁氏刻本整理出版，1函8册。《湘湖水利志》为毛奇龄据《萧山水利志》补辑而成。今据清代版本整理，1函1册。《北新关志》据雍正年间版本整理，1函6册。

（杭州市志办）

【民国《桐庐县志》点校出版】 9月，民国

《桐庐县志》点校本由方志出版社出版。该书为颜士晋修，朱邦彦、臧承宣纂，始修于光绪三十年（1904），成书于民国十五年（1926），上限为东汉，下限至民国十五年。桐庐县委党史研究室（志办）根据县档案馆保存的民国《桐庐县志》底本进行标点整理。全书正文18卷，卷首1卷，共60万字。（吴爱林）

【《宁波历史文献丛书》第四辑《敬止录》出版】 8月，宁波市志办整理的《宁波历史文献丛书》第四辑《敬止录》由宁波出版社出版。《敬止录》是明末清初鄞县人高宇泰编纂的一部私修志书。据推断，该志始编于清顺治初年，其中《灾异考》记至顺治三年（1646）。成稿后，未刊刻印行，目前存世抄本有9种。《敬止录》（点校版）全书3册。第一、二册为影印版，底本为国家图书馆所藏清烟屿楼抄本，系清代鄞县籍藏书家、方志学家徐时栋重新编次的校本，共40卷。第三册为点校本。点校工作以国家图书馆藏本为底本，浙江图书馆藏冯贞群伏跗室校抄本、天一阁藏诸本等为互校本，吸收各版本原有批注，并参校相关志书、碑拓、个人文集等资料，差异之处出脚注说明。全书196.5万字。（高曙明）

【《宁海文献丛书》第一辑《宋元卷》出版】 12月，《宁海文献丛书》第一辑《宋元卷》由上海古籍出版社出版。《宁海文献丛书》计划分宋元卷、明清卷、民国卷三辑。第一辑共31册，收录《资治通鉴音注》《通鉴释文辨误》《通鉴注辨正》《通鉴注商》等。

（高曙明）

【清同治《鄞县志》影印出版】 4月，清同治《鄞县志》由浙江古籍出版社影印出版。原志由戴枚修，徐时栋、董沛纂，共75卷，34册。现存刻本收藏分散、破损严重。底本采用浙江省图书馆藏清光绪三年（1877）刻本影印。影印版采用宣纸、古典线装形式，分4函24册。（高曙明）

【清康熙《宁海县志》影印出版】 年内，浙江省宁海县档案局、宁海县志办联合影印清康熙《宁海县志》。原志由崔秉镜修，华大琰纂辑，清康熙十六年（1677）完成，十七年刊印，卷首后列12卷。影印版共5册12卷，采用仿古宣纸印刷，个别作修改。（高曙明）

【清嘉庆《嘉善县志》影印出版】 3月，清嘉庆《嘉善县志》由中华书局影印出版。清嘉庆《嘉善县志》是清代修编的6部《嘉善县志》之一，成书于清嘉庆五年（1800），为嘉庆年间嘉善首任知县万相宾修编。全志共12册，线装影印。该志图文并茂，共列20卷。

（嘉兴市史志办）

【清嘉靖《海盐县志》等三部明清旧志影印出版】 4月，明嘉靖《海盐县志》、明天启《海盐县图经》和清康熙《海盐县志补遗》三部海盐旧志由西泠印社出版社影印出版。明嘉靖《海盐县志》，夏浚修，徐泰纂，编纂于嘉靖十一年（1532），是海盐县目前存世最早的县志。明天启《海盐县图经》，樊维城修，胡震亨纂，该志编修于明天启二年（1622），全书7篇55目。清康熙《海盐县志补遗》，张素仁修，彭孙贻、童申祉纂，全书3卷，是对《康熙海盐县志》资料的完善与补充。

（嘉兴市史志办）

【清光绪《海盐县志（点校本）》出版】 5月，清光绪《海盐县志（点校本）》由浙江古籍出版社出版。该书为清代海盐知县王彬修，邑人徐用仪纂。浙江省海盐县史志办根据清光绪三年（1877）蔚文书院刊本进行标点整理，宋金华点校。该志记述上自远古，下迄光绪二年。全书正文22卷，卷首、卷末各1卷，100万字。（嘉兴市史志办）

【《海宁小志集成（点校本）》出版】 5月，《海宁小志集成（点校本）》由方志出版社出版。该点校本整理点校的旧志包括《修川小志》《修川志余》《花溪志补遗》《横山纪略》

《西水志略》《古盐官安国寺志》《白马神庙小志》《海宁县乡土志》(二种) 8部。全书53.1万字。 (嘉兴市史志办)

【《当湖文系初编(点校本)》出版】 1月,《当湖文系初编(点校本)》由中华书局出版。该书为清代邑人朱壬林所辑。浙江省平湖市史志办副主任郭杰光根据清光绪十五年(1889年)《当湖文系初编》刊本进行标点,并对原刊本中误处加以订正。全书收录作者百余人,录文五百余篇,时间自南朝顾野王开始至清咸丰初年,共28卷,53.5万字。

(嘉兴市史志办)

【清同治《嵊县志》重印】 年内,浙江省嵊州市志办整理重印同治九年(1870)重修的《嵊县志》,采用原版影印。 (绍兴市史志办)

【民国《新昌县志》校对重印】 1月,浙江省新昌县志办对民国《新昌县志》校对重印。该志共12卷(附《新昌农事调查》1卷),新昌县知事金城(字汤侯)修,象山县陈畲等纂,民国7年(1918)重修,民国8年铅印出版。重印版每页底部加注页码并加总目录,以便阅览。 (绍兴市史志办)

【清康熙《金华府志》宣统元年石印本重印】 8月,浙江省金华市志办对清康熙《金华府志》宣统石印本进行重印,全书分2函12册,宣纸印刷,函套线装。清康熙《金华府志》共30卷,原修于康熙二十二年(1683)。

(金华市志办)

【明《金华贤达传》重印】 年内,浙江省金华市志办重印《金华贤达传》,1函1册,宣纸印刷,函套线装。全书共12卷,明代浦江人郑柏著,按忠义、孝友、政事等分列汉唐至明初金华先贤传记。 (金华市志办)

【明《金华先民传》重印】 年内,浙江省金华市志办重印《金华先民传》,1函1册,宣纸印刷,函套线装。全书共10卷,明代永康人应廷育撰,分道学、名儒、名臣等记载金华先贤367人。 (金华市志办)

【民国《台州府志》影印版、点校版出版】 1月,台州文献丛书编纂委员会主持编纂的民国《台州府志》影印版出版。10月,民国《台州府志》点校版由上海古籍出版社出版。影印版共10册,7218页;点校版由胡正武、徐三见、李建军、楼波点校,共10册,共480万字。民国《台州府志》上起三代,下迄宣统,为喻长霖等编纂。志书草创于民国十五年(1926),140卷,民国二十五年出版。 (台州市志办)

【《赤城新志》出版】 1月,《赤城新志》由中国文史出版社出版。该志由明谢铎撰,临海市博物馆徐三见点校。《赤城新志》始修于明弘治八年(1495),弘治十年成书。设16门23卷,篇目分设疆域图、沿革谱、人物表、风俗、版籍、水利、学校、公廨、人物、官守、职役、宫室、祠墓、典籍、补遗、考异等。

(台州市志办)

【清康熙《仙居县志》点校本和影印本交付出版】 8月,清康熙《仙居县志》点校本和影印本完成全书40多万字的编辑工作,并交中华书局出版。清康熙《仙居县志》始编于康熙十二年(1673),至康熙十七年告成,由时任知县郑录勋主持,其子金赞甫主修,张徽谟、张明焜同纂。全志共分30卷,较详尽地记述仙居从有历史记载以来至清二千多年间的疆域、地理、历史、政治、经济、人物、风俗、灾异等发展和变迁。 (台州市志办)

【清光绪《亳州志》校点本出版】 5月,安徽省亳州市志办校点整理的清光绪《亳州志》(上、下册)出版。该志是清朝末年亳州知州宗能征编纂。卷目有舆地志、营建志、水利志、职官志、选举志、人物志、列女志、艺文志、杂类志等。卷前有图17帧,其中,地图5

幅，景观图画12幅。全书20卷，约90万字。（章慧丽）

【明弘治《八闽通志》影印本出版】 8月，福建省地方志编委会以创新政府购买社会服务方式，与海峡出版发行集团·海峡书局和福建九仙文化传媒有限公司合作，联合整理出版明弘治《八闽通志》（宣纸线装影印本）。该书以日本内阁文库馆藏刊刻影印本为底本，以国家图书馆和天津图书馆馆藏刊刻本为他校本，由福建九仙文化传媒有限公司负责版本征集及修版整理，省方志委组织专家审定。（林忠玉）

【民国《崇安县新志》点校本出版】 4月，福建省武夷山地方志编委会点校整理的民国《崇安县新志》点校本由鹭江出版社出版。（孙洁斐）

【万历《考亭志》影印本出版】 5月，福建省南平市建阳区地方志编委会整理的《考亭志》由海峡书局影印出版。该志为建阳书坊明万历年间刻本，朱世泽主修，考亭书院刊刻，日本内阁文库藏。全志分沧州形胜、道举赞扬、考亭日抄、朱子手泽、及门造士、历朝诰谥、隆儒缛典、名公翰墨、飨堂奠章、谒祠题咏等10卷，共两册。其中有许多朱熹与考亭书院的第一手资料。（孙洁斐）

【云霄县旧志电子版出版】 11月，福建省云霄县方志委组织整理的清嘉庆《云霄厅志》木刻本、台湾版《云霄厅志》铅印本、民国《云霄县志》三部旧志，由北京云智网媒科技有限公司制作成电子版图书。每部旧志制作光盘1000张。清嘉庆《云霄厅志》木刻本是国家图书馆珍藏孤本，云霄县地方志编委会专门对该志重新点校整理出版。（林忠玉）

【民国版《连江县志》整理出版】 7月，福建省连江县地方志编委会整理出版民国《连江县志》。该书由丘景雍编纂。（张灵）

【民国《弋阳县志》点校出版】 5月，江西省弋阳县志办组织的民国十四年版《弋阳县志》点校工作完成，并内部出版。该书共19卷12分册。汪贵云点校。点校内容包括标点断句、汉字繁简转化、生僻字注音注解、衍文括注等，点校后将改为横排式出版。（张志勇）

【清同治《饶州府志（点校注释本）》出版】 8月，《饶州府志（点校注释本）》由江西人民出版社出版。卷首录有纶音、旧序、凡例、绘图等。全志分地域志、建置志、食货志、学校志、武备志、职官志、选举志、艺文志、杂类志等。该志记述饶州府及所属各县建置以来的地情、政情、民情及诸县之间的政治、经济、文化往来和相互影响。志书采用全古籍排版，线装本，用纸为连四纸，单色套红，封面及书套采用古籍通用绫面布料。全书共分32卷，约100万字。（张志勇）

【《赣县新志稿》整理出版】 12月，《赣县新志稿》整理出版。该志稿于民国三十五年（1946）出版，存世不多。全书分史地编、人文编、地方编三编并附录文、诗、词。史地编记述全县沿革、位置、疆域、面积、地形、气候、地质、人口，并特附大事记及历代大事简表。人文编记述全县党务、政治、经济、财政、文化、交通、司法、社会、胜迹、金石。地方编分别记述本县一镇四十二乡之沿革、位置、疆域、形势、市集、土地、户口、社团、财政、实业、教育、公益、物产、交通、保安。（张志勇）

【清康熙《弋阳县志》影印出版】 12月，江西省弋阳县志办主持整理的清康熙二十二年（1683）《弋阳县志》影印出版。该志由当时弋阳知事谭瑄主持编纂，共8卷8分册，原本藏国家图书馆。（张志勇）

【《山东省历代方志集成》（府州志）出版】 12月，山东省史志办整理的《山东省历代方志集成》（府州志）由齐鲁书社影印出版。该书精选新中国成立前历朝历代编撰、现存且可查、分散收藏在国内外的珍贵府志、州志31种，多为社会上未整理过的名家精品。本着保留原貌、修旧如旧的原则，按照底本影印，不作点校；依据原装订规制，线装出版。全书共46函275册，26000余筒子张、1300余万字。

（孙杰）

《山东省历代方志集成》（府州志）

【《济南金石志》整理出版】 11月，山东省济南市史志办点校整理的《济南金石志》由中华书局出版。该志对清道光年间济南府属16州县所存历代钟鼎碑碣都做了较详尽记载，是有史以来首部系统总结济南地区金石文字成果的专志，不仅可用来考订古文字之源流变化，更可订正补充史书之讹阙，有着重要的价值。全书17万字。（孙杰　张阳）

【清光绪《平阴县志》整理出版】 12月，山东省平阴县史志办组织点校的清光绪《平阴县志》由中国文史出版社出版。该志38万字，是平阴县现存旧志中内容最全面、资料最丰富的一部旧志。整理本由刘书龙点校。全志采用简化汉字，保持旧志版式，体例统一。（孙杰）

【《博山旧志集成》出版】 1月，山东省淄博市博山区史志办校勘、整理的《博山旧志集成》由中国文史出版社出版。博山历史上共修过6部志书：清康熙三年（1664）《颜山杂记》，孙廷铨著；清康熙九年（1670）《颜神镇志》，叶先登主持编修；清乾隆十八年（1753）《博山县志》，富申主持纂修；清乾隆四十年（1775）《博山志稿》，洪銮撰稿；民国二十年（1931）《博山乡土志》，谭景文等编著；民国二十六年（1937）《续修博山县志》，王荫桂督修。整理本以这6种版本为底本重新整理点校，总名为《博山旧志集成》，汇集了博山现存的全部旧志，是一部完整的旧志校勘本。全书30.1万字。（孙杰）

【清光绪《泗水县乡土志》《泗志钩沉》整理出版】 8月，山东省泗水县史志办点校整理的清光绪《泗水县乡土志》《泗志钩沉》由中国文史出版社出版，共40万字。该志泗水县仅存复印本。整理本本着修旧如旧的原则，不改变原书面貌，仅进行断句标点，错讹处作“校记”进行修改说明。全志采用繁体竖排，宣纸印刷，仿古线装，函套包装。（孙杰）

【清光绪《日照县志》整理出版】 12月，山东省日照市史志办点注整理、李世恩主编的清光绪《日照县志》由中国文史出版社出版。该志85万字，记述日照历史沿革、山川古迹、物产风俗、建置祀典、赋役制度、职官选举、人物艺文等方面情况，是记录日照传统社会最为翔实的一部志书。整理本以此版本为底本，采用原文缩影，简体重排，校订精密，版式规范，装帧精美。（孙杰）

【清雍正《莒州志》整理出版】 年内，山东省莒县史志办整理的清雍正《莒州志》由中国古籍出版社出版。该志由莒州知州李方膺、彭甲声主修，陈有蓄、战锡侯纂修，记载上起周代下至清乾隆七年（1742）莒地近三千年的历史。（孙杰）

【明嘉靖《莱芜县志》整理出版】 年内，明嘉靖莱芜县志整理委员会点校整理的嘉靖《莱芜县志》出版。该志由明朝嘉靖年间莱芜知县陈甘雨编纂完成。整理本据1963年上海古籍书店影印的宁波天一阁所藏孤本为底本，进行影印和点校。（孙杰）

【清康熙、道光《沂水县志》整理出版】 11

月，山东省沂水县史志办编辑的清康熙、道光《沂水县志》由中国文史出版社出版。该志系据2003年版《沂水县清志汇编》整理再版。其中，《沂水县志》康熙卷1册、《沂水县志》道光卷3册。按编纂年代顺序排列，文字竖排，断句校点，宣纸印刷，函盒包装。（孙杰）

【民国《德县志》整理出版】 9月，山东省德州市史志办点注整理的民国《德县志》出版。民国《德县志》与明清《德州志》一脉相传，集明清《德州志》之大成。全书共16卷。整理本进行点校，详加校勘，对其中的存谬与误记均一一加以标出，注释达10万余字。全志以简体字重新竖排，宣纸印刷，手工线装。（孙杰）

【清乾隆《曹州府志》整理出版】 12月，山东省菏泽市历史与考古研究所、菏泽市史志办、菏泽历史文化与中华古代文明研究会点校整理的清乾隆《曹州府志》由中国文史出版社出版。清乾隆《曹州府志》由曹州知府周尚质主修，刘藻（巨野人）编纂，是菏泽市唯一一部府志。整理本进行标点、注释。全书60万字。（孙杰）

【《〈杞乘〉译注》出版】 1月，杞县地方志史志编纂委员会整理的《〈杞乘〉译注》由中州古籍出版社出版。《杞乘》在明万历二十五年（1597）由时任知县马应龙（进士）纂修。明万历二十七年刊本行世，后被收入《千顷堂书目》《澹生堂藏书目》。《杞乘》是明代《杞县志》中保存最完整的一部，也是明代河南地方志书中卷帙最多的一部。全书共48卷，分为总纪2卷、表6卷、考8卷、事述5卷、世家6卷、列传21卷，另有序、目录、凡例、图载于志书正文之前，马应龙之门生侯应琛书跋于卷末。译注本对原文标点断句，对词语、典故作注释，对讹误之处进行校正，并对原文作翻译。全书50万字。（汪朝霞）

【光绪《德安府志》校注本出版】 2月，湖北省孝感市旧志整理委员会主持，市志办具体实施的清光绪《德安府志》校注本由湖北人民出版社出版。此次校注整理的清光绪《德安府志》，以国家图书馆馆藏的清光绪十四年（1888）《德安府志》为底本，以《中国地方志集成》本《德安府志》为校本，参考明正德《德安府志》、清康熙《鼎修德安府全志》，予以校注整理。全书115.4万字。（湖北省志办）

【《大冶旧志集成》出版】 1月，湖北省大冶市地方志编委会、大冶市史志办收集整理的《大冶旧志集成》由武汉出版社出版。大冶自北宋乾德五年（967）建县至清朝末年，曾8次修纂县志。其中明朝4次，即永乐十五年（1417）、宣德元年（1426）、嘉靖十九年（1540）、万历十二年（1584）；清朝4次，即康熙二十二年（1683）、同治六年（1867）、光绪八年（1882）、光绪二十一年（1895）。此次《大冶旧志集成》校注本共收录明嘉靖十九年和清朝4次修纂的《大冶县志》，并对其进行整理、断句、注释。（湖北省志办）

【清道光《永定县志》翻印出版】 1月，湖南省张家界市永定区地方志编委会整理的清道光三年（1823）修刊《永定县志》影印出版。《永定县志》原为永定知县赵亨钤组织文人所纂，古装本4卷，按原样翻印合订为精装本，共印制200套。（阳雍悦）

【清康熙《祁阳县志》校注本出版】 6月，清康熙十九年（1680）《祁阳县志》校注本由湖南人民出版社出版。该书是祁阳县存世最早的一部县志，孤本藏于国家图书馆。此校注本共10卷。卷一至卷十分别为舆地志、建置志、职官志、选举志、学校志、祀典志、赋役志、人物志、艺文志和三吾石钞志。全书约60万字。（阳雍悦）

【《添平所志校注》出版】 12月，湖南省常德市志办整理点校的《添平所志校注》由湖南人民出版社出版。《添平所志》点校整理在保持旧志原有文本风貌和篇章结构的基础上，变繁体字为简体，对纰漏错讹、标点断句、段落划分，进行随文修改校正，对旧志中的纪年、地名、人物、官职、典故等均予以注释。该志设地域志、田赋考、旧衙署志、职官志、职员荫袭考、艺文志等4志2考。（阳雍悦）

【民国《五华县志》（校点本）出版】 10月，丁思深校点的民国《五华县志》（校点本）出版。该志由张际清修，吉竹楼纂。书前有广东省志办主任温捷香和五华县代县长吴晖撰写的再版前言。现存的1949年以前的《五华县志》共4部，民国《五华县志》是其中卷数最多、内容最丰富的一部，不仅记述医院、教堂等民国时期五华县的新生事物，还专设自治志一卷，反映民国时期五华县地方治理的变革。

（广东省志办）

【明清《增城县志》翻印出版】 年内，广州市增城区地方志办组织翻印出版6部明清时期《增城县志》。（广东省志办）

【清道光《平南县志》整理出版】 8月，广西壮族自治区志办、贵港市志办、平南县志办共同整理影印的清道光《平南县志》由广西人民出版社出版。该志由张显相修，黎士华纂。全志共22卷，清道光十五年（1835）刊刻。该志记述道光以前平南县的山川津梁、物产风俗、文物古迹、教育礼制、户口赋税、军事制度、职官人物、艺文金石等，资料丰富，图文并茂。全书20万字。（韦晓）

【民国《贺县志》影印出版】 7月，广西壮族自治区志办、贺州市志办整理的民国《贺县志》由广西人民出版社影印出版。该志由韦冠英修，梁培煐、龙先钰纂。全书共10卷，民国二十三年（1934）铅字印行，志书收录地图36幅，内容特色鲜明。文化编记述贺县华侨人数；宦绩编记有唐御史韩思彦被谪贺县、宋诗词名家吕本中流居贺县等历史事件；第八编的“外传”记明孝宗生母孝穆纪太后事迹。全书40万字。（韦晓）

【四川省旧志整理出版情况】 年内，四川省各市（州）、县（市、区）地方志机构影印、校注旧方志24部。分别是清乾隆《中江县志》、清嘉庆《双流县志》、清光绪《双流县志》、清嘉庆《荣县志》、清嘉庆《合江县志》、民国《犍为县志》、明正德《蓬州志》、清乾隆《筠连县志》、清乾隆《珙县志》、清道光《岳池县志》、清道光《新修武胜县志》、清乾隆《邻水县志》、民国《渠县志》、清乾隆《丹棱县志》、清道光《重修丹棱县志稿》、清光绪《丹棱县志》、清《丹棱乡土志》、民国《丹棱县志》、民国《丹棱县志稿》、清咸丰《资阳县志》、清乾隆《简州志》、清乾隆《新繁县志》、民国《渠县志》《盐源九所土司概况》。其中，清嘉庆《双流县志》、清光绪《双流县志》、明正德《蓬州志》清乾隆《筠连县志》、清乾隆《珙县志》为公开出版，其余均为内部出版。（朱艳林）

【清康熙《永昌府志》点校出版】 6月，云南省保山市委史志委及保山学院点校编辑的清康熙《永昌府志》由云南人民出版社出版。该志是保山境内保存完好的一部府志，康熙四十一年（1702）由时任永昌府知府罗纶监修、永昌府同知李文渊纂修。底本共26卷，前有序，后有跋。依照原书分卷体例和顺序排版，标点断句、对难字词、典故、典章制度、术语进行注音、注释，为备读者参照研究，将底本影印图片附于每卷之后。全书55万字。（赵芳）

【清乾隆《陆凉州志》点校出版】 10月，云南省陆良县志办点校的《陆凉州志》由云南人民出版社出版。该志由清沈生遴原纂辑。全志包括卷一星野、舆图，卷二建置、田赋风俗，卷三秩官、学校，卷四典礼、祀典、选举，卷五人物、烈女、土司、杂志，卷六艺文共6卷。全书35万字。（赵芳）

【陕西省旧志整理出版情况】 年内，陕西省各市县地方志机构影印、校注旧方志15部。分别是《永寿县新志》《弘道书院志注释》《醴泉县志》《武功县后志》《武功县续志》《潼关卫志校注》《(顺治)绥德州志》《(光绪)绥德直隶州志》《清涧县志》《略阳县志校注》《安康县志》《平利县志校注》《(光绪)白河县志》《旬阳县志》《石泉县志(初稿)》。其中,《醴泉县志》《潼关卫志校注》《略阳县志校注》《安康县志》《平利县志校注》《旬阳县志》为公开出版,其余为内部出版。　(陕西省志办)

【清嘉庆《长安县志》《咸宁县志》、民国《咸宁长安两县续志》出版】　年内,西安市志办组织,董健桥负责整理校点的清嘉庆《长安县志》《咸宁县志》和民国《咸宁长安两县续志》由三秦出版社出版。清嘉庆《长安县志》36卷,长安县知县张聪贤修,董曾臣纂,嘉庆二十年(1815年)镌刻成书,约38.6万字。清嘉庆《咸宁县志》26卷,首一卷,咸宁县知县高廷法、沈琮修,陆耀遹、董祐诚纂,嘉庆二十五年(1820年)镌刻成书,约58.8万字。民国《咸宁长安两县续志》22卷,长安县县长翁柽修,著名学者宋联奎纂,是对清嘉庆《长安县志》《咸宁县志》两部志书的续修,民国二十五年(1936)成书,约44.6万字。3部志书共出校勘记及必要的注释性文字3260余条,约14.5万字。　(姬娟妮)

【宁夏旧方志集成】　12月,宁夏回族自治区志办编《宁夏旧方志集成》由学苑出版社出版。主编负有强、李习文。全书对宁夏历代方志的存佚情况作了考探。第一部分佚志寻踪,主要包括明代以前失传志书钩沉,详细介绍宋《安定郡图经》、元《开成府志》、清朝及民国散佚志书等情况。第二部分为存志简介,主要对明代6部志书、清代19部志书、民国10部志书进行介绍。第三部分为地情资料选,主要介绍民国时期宁夏省政府秘书处等部门编纂的17部地情书。全书994万字。　(王玉琴)

【《增补万历朔方新志校注》】　12月,《增补万历朔方新志校注》由宁夏人民出版社出版。范宗兴校注,方红霞、孙广文审校。《朔方新志》是明代宁夏地区最后一部志书,体例完善,诸图汇集,史料容量、时间跨度大。校注本38万字,依据《故宫珍本丛刊》,并参照《宁夏历代方志萃编》影印本进行校注。校注本依照古代修志惯例,保留明万历朝以后至清初原始资料,并遵循今人对原志的志名称谓习惯。
(王玉琴)

【《陕甘地方志中宁夏史料辑校》出版】　年内,胡玉冰、韩超、邵敏、刘鸿雁辑校的《陕甘地方志中宁夏史料辑校》由上海古籍出版社出版。全书共143.2万字,分《陕西地方志编》《平凉地方志编》《甘肃地方志编》等3编。《陕西地方志编》以明嘉靖二十一年(1542)《陕西通志》(华东师范大学图书馆藏)为基本内容,辑入明万历三十九年(1611)《陕西通志》及清康熙六至七年(1667年至1668年)《陕西通志》(中国国家图书馆藏)的增补部分,并以后者对校前者。部分整理成果参考董健桥等校注本。《平凉地方志编》以明嘉靖三十九年(1560)刻本(日本东洋文库、中央民族大学图书馆藏)为底本,以万历间据嘉靖刻本增刻本(中国国家图书馆藏)、张维抄本对校。《甘肃地方志编》以乾隆元年(1736)《甘肃通志》(中国国家图书馆藏)为基本内容,辑入宣统元年(1909)《甘肃新通志》(中国国家图书馆藏)的增补部分,并以后者对校前者。另参校陕甘宁三地多种旧志及考古所获与宁夏相关的碑刻文献资料。
(周田田)

【明正统《宁夏志》校注出版】 年内，胡玉冰、孙瑜校注的明正统《宁夏志》由中国社会科学出版社出版。该书以明万历二十九年（1601）重刻本（日本国立国会图书馆藏）为底本，以上海书店1990年版《天一阁藏明代方志选刊续编》影印明弘治刻本《宁夏新志》、上海古籍书店1961年版《天一阁藏明代方志选刊》影印明嘉靖刻本《宁夏新志》等为对校本，部分整理成果参考宁夏人民出版社1996年版吴忠礼著《宁夏志笺证》。全书35.3万字。 （周田田）

【明弘治《宁夏新志》校注出版】 年内，胡玉冰、曹阳校注的明弘治《宁夏新志》由中国社会科学出版社出版。该书以上海书店1990年版《天一阁藏明代方志选刊续编》影印本为底本，以明万历二十九年（1601）重刻本明正统《宁夏志》（日本国立国会图书馆藏）、上海古籍书店1961年版《天一阁藏明代方志选刊》影印明嘉靖《宁夏新志》等为对校本，部分整理成果参考宁夏人民出版社2010年版范宗兴笺证明弘治《宁夏新志》。全书29.3万字。 （周田田）

【明嘉靖《宁夏新志》校注出版】 年内，邵敏校注的明嘉靖《宁夏新志》由中国社会科学出版社出版。该书以上海古籍书店1982年版《天一阁藏明代方志选刊》影印天一阁藏嘉靖年间刻本为底本，以明弘治《宁夏新志》等为对校本，部分成果参考宁夏人民出版社1982年版陈明猷点校本。全书41万字。 （周田田）

【明万历《朔方新志》校注出版】 年内，胡玉冰校注的明万历《朔方新志》由中国社会科学出版社出版。该书以海南出版社2001年版《故宫珍本丛刊》影印明万历刻本为底本，以天津古籍出版社1988年版《宁夏历代方志萃编》影印明万历刻本为对校本。全书51.3万字。 （周田田）

【清乾隆《宁夏府志》校注出版】 年内，胡玉冰、韩超校注的清乾隆《宁夏府志》由中国社会科学出版社出版。该书以清朝乾隆四十五年（1780）刻本（中国国家图书馆藏）为底本，以台湾成文出版社、兰州古籍书店、天津古籍出版社、宁夏人民出版社、凤凰出版社等影印本及明嘉靖《陕西通志》、明万历《朔方新志》、清乾隆《甘肃通志》、清乾隆《中卫县志》等为对校本，部分成果参考宁夏人民出版社1992年版陈明猷点校本。全书80.6万字。

（周田田）

【清乾隆《银川小志》校注出版】 年内，柳玉宏校注的清乾隆《银川小志》由中国社会科学出版社出版。该书以清朝乾隆二十年（1755）稿本（南京图书馆藏八千卷楼抄本）为底本，以明嘉靖《陕西通志》、明万历《朔方新志》、清乾隆《甘肃通志》、清乾隆《宁夏府志》等为对校本，部分成果参考宁夏人民出版社2000年版张钟和、许怀然点校本。全书20.2万字。

（周田田）

【《嘉庆灵州志迹·光绪灵州志》校注出版】 年内，蔡淑梅校注的《嘉庆灵州志迹·光绪灵州志》由中国社会科学出版社出版。《灵州志迹》以清嘉庆四年（1799）刻本（中国国家图书馆藏）为底本，《灵州志》以清光绪三十四年（1908）抄本（中国国家图书馆藏）为底本，以清乾隆《甘肃通志》、清乾隆《宁夏府志》等为对校本，部分成果参考宁夏人民出版社1996年版张建华、苏昀校注本。全书34.5万字。 （周田田）

【《光绪花马池志迹·民国盐池县志》校注出版】 年内，孙佳校注的《光绪花马池志迹·民国盐池县志》由中国社会科学出版社出版。《花马池志迹》以清光绪三十三年（1907）抄本（甘肃省图书馆藏）为底本，《盐池县志》以民国三十八年（1949）铅印本为底本。部分成果参考黑龙江人民出版社2004年版范宗兴著《盐池旧志笺证》。全书20.9万字。 （周田田）

年鉴编纂与出版

·年鉴创刊

【《静海年鉴(2014)》创刊出版】 3月，天津市静海区政府主办、静海区地方志编修委员会办公室编纂的《静海年鉴(2014)》由中国文化出版社出版。这是静海县首部综合年鉴。该年鉴设特载、特辑、静海概况、中共静海县委员会、静海县人大常委会、静海县政府、政协静海县委员会、纪检及公检法、人民团体、交通邮电、区域经济、园区建设、综合经济管理、财政税收、银行保险、城市建设与管理、人民武装、科技教育、文化传媒、卫生体育、社会生活、乡镇、附录23个类目，随文照片214张，彩页图照81张。全书80余万字。

(天津市志办)

【《巨鹿年鉴(2014)》创刊】 2月，河北省巨鹿县政府主办、巨鹿县志办编纂的《巨鹿年鉴(2014)》出版。这是巨鹿县首部综合年鉴。全书50万字，设特载、巨鹿概况、党政群团、政法、军事、综合经济管理、财政·税务、农业、工业、交通·运输·通讯、建设·环保、商业·贸易、金融·保险、教育、科学技术、文化、卫生、社会生活、乡镇概况、政府文件等篇章。(鲍秋芬)

【《青县年鉴(2010)》创刊】 4月，河北省《青县年鉴》编纂委员会编纂的《青县年鉴(2010)》由九州出版社出版。这是青县首部综合年鉴。《青县年鉴(2010)》主要记述青县2009—2010年两年的基本情况和重点特色工作。该年鉴采取卷首彩图与随文插图相结合的方法，图文并茂，更加鲜活地反映事物。卷首设彩图50张，采用分类编纂法，个别相关或相近部类合并立目，共计21个类目131个分目618个条目，类目包括：概况、青县县委、党务工作、县人大、县政府、县政协、人民团体、军事政法、综合政务管理、农业、工业园区建设及对外开放、商贸流通、财政税务、金融保险证券、城乡建设环境保护、交通供电邮政通信、教育问题卫生、社会生活、乡镇概况、人物、大事记。全书36万字。(鲍秋芬)

【《吴桥年鉴(2010～2011)》创刊】 6月，河北省吴桥县志办编纂的《吴桥年鉴(2010～2011)》由九州出版社出版。这是吴桥县首部综合年鉴。该年鉴设类目、分目、条目三个层次，类目25个，分别为：特载、大事记、概况、吴桥县委、县人大、县政府、县政协、纪检监察、群众团体、武装政法、综合管理、农业、工业、商务流通、经济技术开发区、财政税务、金融保险、城乡建设环境保护、交通运输邮政通信、教育、文化、体育杂技旅游、社会生活、乡镇概况、人物、附录等。全书55.1万字。(鲍秋芬)

【《宁晋年鉴(2013)》创刊】 年内，河北省宁晋县志办编纂的《宁晋年鉴(2013)》由中州古籍出版社出版。这是宁晋县首部综合年鉴。主修王文玉，主审薛刚，主编罗立存。首卷设特载、大事记、宁晋概况、党政群团、政法、军事、综合经济管理、财政税务、农业、工业、交通运输通讯、城乡建设、商业贸易、金融保险、教育、科技地震气象、文化体育、卫生、社会生活、乡镇(区)概况、年度人

物、文件辑要、附录等23个类目，彩页28页，收录随文照片70余幅，50万字。（鲍秋芬）

【《国网秦皇岛供电公司年鉴（2015）》创刊】 12月，国网秦皇岛供电公司年鉴编辑委员会编纂的《国网秦皇岛供电公司年鉴（2015）》由科学普及出版社出版。这是国网秦皇岛供电公司的首部年鉴。该年鉴设历史沿革、特载、公司概况、电网发展、企业管理、安全生产、市场营销及优质服务、和谐企业建设、公司所属单位、公司荣誉及先进典型、大事记、重要文献、统计资料13篇。（鲍秋芬）

【《河北电子政务年鉴（2014）》出版】 5月，《河北电子政务年鉴（2014）》由河北人民出版社出版。《河北电子政务年鉴（2014）》由省政府办公厅技术处负责组织、省志办业务指导、省电子政务研究会具体承编，是河北省第一部全面、系统记录河北省电子政务发展历史进程的大型资料性文献。该年鉴设有特载、大事记、省直各部门电子政务建设、各市县电子政务建设、政府网站及精品栏目、典型电子政务工程建设案例、绩效评估报告及情况通报、法规规章政策文件、人物、相关机构及IT企业以及附录11个类目133个分目804个条目，55个法规政策文件以及17个其他相关资料，彩色图片100多幅。全书133万字。（鲍秋芬）

【辽宁省2部年鉴创刊】 年内，辽宁省有2个县区级综合年鉴创刊。10月，灯塔市市志编纂委员会主办、灯塔市市志办公室编纂的《灯塔年鉴（2012～2013）》由社会科学文献出版社出版。12月，开原市政府主办、开原市志办编纂的《开原年鉴（2015）》内部出版。

（梁忠音）

【《江苏社会科学年鉴（2014）》创刊】 12月，《江苏社会科学年鉴（2014）》由江苏凤凰科学技术出版社出版。该卷年鉴为创刊号，设有特载、学术机构、学术队伍、综合类学术著作和综合类学术活动、马克思主义、哲学、经济学、政治学、法学、社会学、历史学、文学、艺术学、语言学、教育学、新闻与传播学、管理学、社科研究项目、决策咨询和社会服务、社科普及、学术出版、哲学社会科学评奖、哲学社会科学“走出去”、社会科学管理、大事记、附录等栏目。编写形式以条目为主，兼有概述、表格、图片等。全书65万字。

（朱崇飞）

【《慈溪年鉴（2013）》创刊】 年内，浙江省慈溪市政府主办、慈溪市志办编纂的《慈溪年鉴（2013）》由浙江人民出版社出版。该卷年鉴为创刊号，设有特载、大事记、慈溪概貌、专记、人物、荣誉等栏目，正文部分由类目、分目、条目3个层次组成，分为28类，卷末设附录、索引等。全书60余万字。（高曙明）

【《奉化年鉴（2013）》创刊》】 10月，浙江省奉化市地方志编委会编纂的《奉化年鉴（2013）》由浙江人民出版社出版。该卷年鉴为创刊号，分为栏目、分目、条目三级结构层次，设36个栏目170余个分目，收条目900余条。全书70余万字。（高曙明）

【《海曙年鉴（2014）》创刊】 12月，浙江省宁波市海曙区委领导、区政府主办，海曙区志办编纂的《海曙年鉴（2014）》由浙江人民出版社出版。该卷年鉴为创刊号，设30个栏目148个分目567个条目。全书52万字。（高曙明）

【《江东年鉴（2014）》创刊】 4月，浙江省宁波市江东区志办编纂的《江东年鉴（2014）》由宁波出版社出版。该卷年鉴为创刊号，设有特载、大事记、江东概貌等栏目，分为24大类。全书32万余字。（高曙明）

【《江北年鉴（2014）》创刊】 4月，浙江省宁波市江北区史志办编纂的《江北年鉴（2014）》由浙江人民出版社出版。该部年鉴为创刊号，卷首设特载、江北概貌、大事记、专记，正文部分设类目、分目、条目3个层次，以条目为主要信息载体，卷末设有文件选编、组织机构等内容，附有索引。全书55万字。

（高曙明）

【《镇海年鉴（2012）》创刊】 10月，浙江省《镇海年鉴（2012）》由方志出版社出版。这是该区首部公开出版的综合年鉴。全书共设35个栏目220个分目，附表格68个，随文插图120余幅。全书53万字。（高曙明）

【《萧县年鉴》创刊】 11月，浙江省萧县志办编纂的《萧县年鉴》创刊号由黄山书社出版。该年鉴涉及全县政治、经济、文化、社会、民生、军事等方面。全书约40万字。

（章慧丽）

【福州市县（市、区）年鉴创刊情况】 年内，福建省福州市县（市、区）综合年鉴创刊出版10种。6月，台江区政府主办、台江区方志办编纂的《台江年鉴（2014）》由海峡书局出版。10月，马尾区政府主办、马尾区方志办编纂的《马尾年鉴（2015）》由方志出版社出版。11月，鼓楼区政府主办、鼓楼区方志委编纂的《鼓楼年鉴（2015）》由海峡书局出版；罗源县政府主办、罗源县方志委编纂的《罗源年鉴（2015）》由福建省地图出版社出版。12月，仓山区政府主办、仓山区方志办编纂的《仓山年鉴（2015）》由海峡书局出版；闽侯县政府主办、闽侯县方志委负责编纂的《闽侯年鉴（2015）》由海峡文艺出版社出版；晋安区政府主办、晋安区方志办编纂的《晋安年鉴（2015）》由海峡书局出版；闽清县政府主办、闽清县方志委编纂的《闽清年鉴（2015）》由哈尔滨工程大学出版社出版；福清市政府主办、福清市方志委编纂的《福清年鉴（2015）》由福建人民出版社出版；连江县政府主办、连江县方志委编纂的《连江年鉴（2015）》由福建省地图出版社出版。以上10种年鉴均为创刊号。（张灵）

【《湖里年鉴（2014）》创刊】 1月，福建省厦门市湖里区政府主办、湖里区年鉴编纂委员会编纂的《湖里年鉴（2014）》由方志出版社出版。该卷年鉴为创刊号，分为特载、大事记、区情述要、城市建设环境保护、城市管理、工业、商贸旅游与服务业、经济管理、中共地方组织等21个类目，配备双重检索系统并随书附赠电子光盘。全书80.7万字。

（郑欣）

【《翔安年鉴（2014）》创刊】 2月，福建省厦门市翔安区政府主办、翔安区年鉴编纂委员会编纂的《翔安年鉴（2014）》由中华书局出版。该卷年鉴为创刊号，系统记载2013年翔安区经济、政治、文化、社会等方面的情况，分为特载、大事记、地理、领导机关、政法武装、党派群团、建设环保、交通邮电等19个类目，随书附赠电子光盘。全书65万余字。

（郑欣）

【《山东地方史志年鉴（2015）》创刊】 12月，山东省史志办主办并编纂的《山东地方史志年鉴（2015）》由中国文史出版社出版。该卷年鉴为创刊号。该卷年鉴主要反映全省地方史志工作的开展现状，展示全省史志系统的精神风貌，为社会各界了解山东史志工作提供系统权威的信息。该卷年鉴设特载、2014年大事记、全省史志工作、志书编纂与出版、旧志整理与出版、年鉴编纂与出版、信息化建设、方志馆建设、地方志资源开发与利用、学术交流与活动、法制化建设、工作机构与队伍、史志人物、附录14个栏目。卷首插入代表全省史志系统重要工作和会议的图片40幅，正文插入随文图片191幅，表格43个，收录领导重要讲话5篇，重要法规和文件13件，史志人物21人，图文并茂，信息量丰富。为方便读者查阅，卷首设有中文目录，卷末配有综合性主题索引。全书55万字。（孙杰）

【《德城年鉴（2015）》创刊】 6月，山东省德州市德城区政府主管、区史志办主办的《德城年鉴（2015）》由中国文史出版社出版。主编姜桂军。该卷年鉴是德城区自新中国成立以来首次正式编纂出版的年鉴，设特载、专记、大事记、德城概览、机构、政党、政务、经济管理等27个篇目。该卷年鉴全面、客观地反映了德城区2014年度自然、政治、经济、文化社会、生态等各方面的情况。全书65万字。

（孙杰）

【《东平年鉴（2004～2012）》创刊】 7月，山东省东平县政府主管、东平县史志办主办的《东平年鉴（2004～2012）》由黄河出版社出版。该卷年鉴为创刊号。主编王圣雨。该卷年鉴文字资料时限为2004年1月1日至2012年12月31日。大事记延至2014年7月，图片资料截至2014年12月。年鉴设特载、大事记、县情概况、政党·群团、政权·政协、法治·军事、综合经济管理、东平湖·旅游、农业、工业·信息产业、经济园区、民营经济·招商引资、城建·环保、商业贸易、财政·税务、金融·保险、交通运输·邮政、教育·科技、文化·体育、卫生·人口与计划生育、社会·生活、乡镇（街道）、人物和附录等类目。全书140万字

（孙杰）

【《邹城年鉴（2015）》创刊】 10月，山东省邹城市政府主管、邹城市史志办主办的《邹城年鉴（2015）》由中国文化出版社出版。主编周广志。该卷年鉴为创刊号，设有特载、专记、大事记等28个栏目，收录2014年度邹城市行政区域内的大事要闻与党委、政府的主要工作。全书60万字。

（孙杰）

【《泸溪年鉴（2015）》创刊】 12月，湖南省《泸溪年鉴（2015）》出版。该卷年鉴为创刊号，由类目、分目、条目三级结构组成，共35类目，205个分目，1246个条目。其中，具有服务功能的单位在其文后增设“便民查询”和“便民信息”等个性创新栏目。全书62万字。

（阳雍悦）

【《祁阳年鉴（2015）》创刊】 年内，湖南省祁阳县委、祁阳县政府主办，祁阳县党史地方志征集编纂办公室编纂的《祁阳年鉴（2015）》由方志出版社出版。该卷年鉴是祁阳县首部综合年鉴。该卷年鉴部类下设分目、条目，以条目为主体。设特载、大事记、祁阳概况、中共祁阳县委员会、祁阳县人大常务委员会、祁阳县政府、政协祁阳县委员会、人民团体、国防、法治、综合经济与管理、农业经济、工业、商业·贸易、国土环保·城建城管、交通·通信、财税·金融、科技·教育、文化·卫生·体育、社会管理与服务、镇乡办场概况、人物、主要统计资料、文件选编、附录等。全书67.5万字。

（阳雍悦）

【《巷头年鉴》创刊】 年底，广东省东莞市《巷头年鉴》由方志出版社创刊出版，成为全国第一部公开出版的村级综合年鉴。《巷头年鉴》共分8个篇目63个分目，约26万字，收录图片150多张，重点记载2014年巷头社区经济、政治、文化各方面的大事要事。《巷头年鉴》注重突出社区特色，开设特载“中国毛织第一村”，记录社区毛织业发展历程，反映社区特色毛织文化。

（广东省志办）

【《坪山办事处年鉴（2015）》创刊】 年内，广东省深圳市《坪山办事处年鉴（2015）》由中国文史出版社创刊出版。这是广东省第一部街道年鉴。《坪山办事处年鉴（2015）》设19个类目88个分目459个条目，收录图片180多张，收录各个社区基本情况及居民生活状态。全书33万字。

（广东省志办）

【《珠江三角洲城市群年鉴（2015）（简本）》创刊】 年内，广东省广州市政府主管、广州市志办主办、珠江三角洲城市群年鉴编纂委员会编纂的《珠江三角洲城市群年鉴（2015）（简本）》由广东人民出版社出版。这是该年鉴首部简本年鉴。全书内容分为珠江三角洲基本情况、珠江三角洲地区经济社会发展概述、大事记、区域协调、合作交流、城市发展、统计资料等7大部分，并附有珠江三角洲主要经济

指标、社会文化事业基本情况等统计表格。全书 18 万字。（贺坤）

【《肃北年鉴》创刊】 年内，甘肃省肃北蒙古族自治县政府主管、肃北县史志办编纂的《肃北年鉴》创刊出版。该年鉴按类目、分目、条目三级结构编辑。（梁兴明）

【《合水年鉴》创刊】 年内，甘肃省合水县委、县政府主管，合水县志办编纂的《合水年鉴》创刊出版。该年鉴按类目、分目、条目三级结构编辑，主要内容包括特载、专记、大事记、县情概览、机构设置、党政工作、政法军事、群众团体、综合管理、农林水利、工信交通、财税金融、城建环保、商贸流通、科教文卫、社会生活、乡镇工作、先进表彰、县级领导班子、重要文献等。为了突出合水特色，设专记记述合水县党的群众路线教育实践活动开展情况。附录为合水县 2014 年合水县国民经济和社会发展统计公报。（梁兴明）

【《北屯年鉴（2015）》创刊】 12 月，新疆生产建设兵团第十师北屯市政府主办、北屯年鉴编纂委员会编纂的《北屯年鉴（2015）》由新疆大学出版社出版。全书采用部类、分目、条目编辑法，分为特载、综述、大事记、师市党政、师市机关、政权、政治协商等 34 部类。正文前后附有综合性彩页。彩页部分共 60 页，设亲切关怀、领导考察、领导调研、图片专题、十大新闻五个方面，从不同角度全面反映十师各项事业发展成就。由于是创刊号，部分介绍有历史沿革。全书 40 万字。（周崇）

· 年鉴出版统计

【2015 年北京市地方综合年鉴出版统计】

2015 年北京市地方综合年鉴出版统计

年鉴类别	年鉴名称	创刊时间	主管单位	主办单位	编纂单位	出版单位	出版时间	字数（万字）
省级年鉴	北京年鉴	1990	北京市地方志编委会	北京市志办	北京年鉴社	北京年鉴社	2015	150
县区级年鉴	北京东城年鉴	1996	北京市东城区政府	北京市东城区地方志编委会	北京市东城区志办	同心出版社	2015. 10	100
	北京西城年鉴	2000	北京市西城区政府	北京市西城区地方志编委会	北京市西城区志办	中华书局	2015. 12	120
	北京朝阳年鉴	2005	北京市朝阳区政府	北京市朝阳区志办	北京市朝阳区志办	中华书局	2015. 12	101
	北京海淀年鉴	2002	北京市海淀区党委	北京市海淀区政府	北京市海淀区史志办	方志出版社	2015. 11	110
	北京石景山年鉴	2006	北京市石景山区政府	北京市石景山区政府	北京市石景山区志办	中华书局	2015. 12	146
	北京丰台年鉴	2002	北京市丰台区政府	北京市丰台区地方志编委会	北京市丰台区志办	中华书局	2015. 12	70

续表

年鉴类别	年鉴名称	创刊时间	主管单位	主办单位	编纂单位	出版单位	出版时间	字数（万字）
县区级年鉴	北京通州年鉴	1999	北京市通州区党委、政府	北京市通州区地方志编委会	北京市通州区委党史工作办公室、通州区志办	方志出版社	2015.12	96
	北京房山年鉴	1988	北京市房山区委宣传部	北京市房山区地方志编委会	北京市房山区史志办	线装书局	2015.12	90
	北京门头沟年鉴	2002	北京市门头沟区政府	北京市门头沟区地方志编委会	北京市门头沟档案史志局	中共党史出版社	2015.10	80
	北京顺义年鉴	2007	北京市顺义区政府	北京市顺义区政府	北京市顺义区党史区志办	中华书局	2015.12	75
	北京密云年鉴	2008	北京市密云区政府	北京市密云区地方志编委会	北京市密云区志办	中共党史出版社	2015.12	60
	北京昌平年鉴	2005	北京市昌平区党委	北京市昌平区地方志编委会	北京市昌平区委党史办公室	中共党史出版社	2015.12	75
	北京大兴年鉴	2008	北京市大兴区政府	北京市大兴区地方志编委会	北京市大兴区史志办	内部出版	2015	80
	北京平谷年鉴	2012	北京市平谷区党委	北京市平谷区党史办公室	北京市平谷区党史办公室	内部出版	2015	90
	北京怀柔年鉴	2012	北京市怀柔区政府	北京市怀柔区地方志编委会	北京市怀柔区史志办	内部出版	2015	80
	北京延庆年鉴	2004	北京市延庆区政府	北京市延庆区地方志编委会	北京市延庆区史志办	内部出版	2015	73

备注：1. “年鉴名称”栏，非2015年卷而在2015年出版的年鉴，在年鉴名称后括注卷号，如“__年鉴（2014）”；2015年卷年鉴不再括注“2015”。

2. “出版单位”栏，以正式书号出版的年鉴填写出版社名称，以刊号出版的填写“××年鉴社”或“××年鉴编辑部”，其他的填写“内部出版”。

3. 其他各省（自治区、直辖市）地方综合年鉴、专业年鉴出版统计同此处理，不再一一注明。

（赵文才）

【2015年天津市地方综合年鉴出版统计】

2015年天津市地方综合年鉴出版统计

年鉴类别	年鉴名称	创刊时间	主管单位	主办单位	编纂单位	出版单位	出版时间	字数（万字）
省级年鉴	天津年鉴	1986	天津年鉴社	天津年鉴社	天津年鉴社	天津年鉴社	2015.10	146
	天津区县年鉴	2000	天津市政府	天津市政府	天津市志办	天津社会科学院出版社	2015.10	97

续表

年鉴类别	年鉴名称	创刊时间	主管单位	主办单位	编纂单位	出版单位	出版时间	字数（万字）
县区级年鉴	天津市和平年鉴	2000	和平区政府	和平区政府	和平区志办	天津科学技术出版社	2015.12	40
	天津市河西年鉴	2000	河西区政府	河西区政府	河西区史志办	内部出版	2015.10	53
	天津市河东年鉴	2004	河东区政府	河东区政府	河东区档案局	内部出版	2015.12	60
	天津市河北年鉴	2003	河北区政府	河北区政府	河北区志办	内部出版	2015.12	40
	天津市南开年鉴	1984	南开区政府	南开区政府	南开区志办	内部出版	2015.12	36
	天津市红桥年鉴	2006	红桥区政府	红桥区政府	红桥区档案局	内部出版	2015.12	40
	天津市东丽年鉴	2008	东丽区政府	东丽区政府	东丽区志办	内部出版	2015.12	40
	天津市西青年鉴	1996	西青区政府	西青区政府	西青区年鉴编修委员会办公室	内部出版	2015.12	50
	天津市津南年鉴	2011	津南区政府	津南区政府	津南区志办	内部出版	2015.9	40
	天津市北辰年鉴	2003	北辰区政府	北辰区政府	北辰区志办	吉林人民出版社	2015.10	82
	天津市武清年鉴	2007	武清区委	武清区委	武清区地方志编修委员会	内部出版	2015.12	40
	天津市宝坻年鉴	2012	宝坻区政府	宝坻区政府	宝坻区档案局	内部出版	2015.12	30
	天津滨海新区年鉴	2011	滨海新区政府	滨海新区政府	滨海新区志办	天津社会科学院出版社	2015.11	99
	天津市宁河年鉴	2009	宁河区政府	宁河区政府	宁河区志办	内部出版	2015.12	40
	天津市静海年鉴	2014	静海区政府	静海区政府	静海区志办	中国文化出版社	2015.12	50
	天津经济技术开发区年鉴	2006	天津经济技术开发区管委会	天津经济技术开发区管委会	天津经济技术开发区地方志办公室	中华书局	2015.12	66

（天津市志办）

【2015年天津市专业年鉴出版统计】

2015年天津市专业年鉴出版统计

年鉴名称	创刊时间	主管单位	主办单位	编纂单位	出版单位	出版时间	字数（万字）
天津科技年鉴	2004	天津市科学技术委员会	天津市科学技术委员会	天津市科技史志编修办公室	方志出版社	2015.12	100
天津教育年鉴	1999	天津市教育委员会	天津市教育委员会	天津市教委职业技术教育中心	天津社会科学院出版社	2015.12	118.9
天津规划年鉴	2009	天津市规划局	天津市规划局	天津市规划局年鉴编委会	天津科学技术出版社	2015.11	66

续表

年鉴名称	创刊时间	主管单位	主办单位	编纂单位	出版单位	出版时间	字数（万字）
天津邮政年鉴	1997	天津市邮政公司	天津市邮政公司	天津市邮政公司文史中心	天津古籍出版社	2015.11	48.3
天津水务年鉴	1997	天津市水务局	天津市水务局	天津市水务局志鉴编辑办公室	内部出版	2015.11	49
天津公安年鉴	2000	天津市公安局	天津市公安局	天津市公安局指挥部	内部出版	2015.12	50
天津社会科学年鉴	2003	天津市社会科学界联合会	天津市社会科学界联合会	《天津社会科学年鉴》编辑部	天津人民出版社	2015.12	60
天津统计年鉴	1983	天津市统计局、国家统计局天津调查总队	天津市统计局、国家统计局天津调查总队	天津市统计局	中国统计出版社	2015.9	97.6
天津卫生年鉴	2005	天津市卫生局	天津市卫生局	天津市卫生局办公室	内部出版	2015.12	90
天津南开中学年鉴	2011	天津市南开中学	天津市南开中学	南开中学年鉴编辑委员会	天津教育出版社	2015.6	55

（天津市志办）

【2015年河北省地方综合年鉴出版统计】

2015年河北省地方综合年鉴出版统计

年鉴类别	年鉴名称	创刊时间	主管单位	主办单位	编纂单位	出版单位	出版时间	字数（万字）
省级年鉴	河北年鉴	1991	河北省政府办公厅	河北省志办	河北年鉴社	河北年鉴社	2015.10	177
地市级年鉴	石家庄年鉴	1993	石家庄市政府	石家庄市方志办	石家庄市方志办	河北人民出版社	2015.5	136.9
	唐山年鉴	2008	唐山市政府	唐山市志办	唐山市志办	新华出版社	2015.11	72
	秦皇岛年鉴	1990	秦皇岛市政府志办	秦皇岛市政府志办	秦皇岛市政府志办	中国文史出版社	2015.11	77.9
	邯郸年鉴	2001	邯郸市政府	邯郸市志办	邯郸市志办	中国文史出版社	2015.4	65.3
	邢台年鉴（2014）	1999	邢台市政府	邢台市方志办	邢台市方志办	九州出版社	2015.3	88
	保定年鉴	1998	保定市政府	保定市志办	保定市志办	中国文史出版社	2015.12	100.7
	张家口年鉴	2010	张家口市政府	张家口市志办	张家口市志办	九州出版社	2015.12	120
	承德年鉴	2008	承德市政府	承德市志办	承德市志办	北京艺术与科技电子出版社	2015.10	79.4

续表

年鉴类别	年鉴名称	创刊时间	主管单位	主办单位	编纂单位	出版单位	出版时间	字数（万字）
地市级年鉴	沧州年鉴	2001	沧州市政府	沧州市志办	沧州市志办	九州出版社	2015. 8	69. 6
	廊坊年鉴（2014）	2002	廊坊市人民政府	廊坊市志办	廊坊市志办	方志出版社	2015. 11	100. 7
县区级年鉴	鹿泉年鉴	1991	鹿泉区委区政府	鹿泉区史志办	鹿泉区史志办	内部出版	2015. 12	64. 1
	晋州年鉴	1997	晋州市政府	晋州市地方志编委会	晋州市地方志编委会	中国文史出版社	2015. 4	79
	栾城年鉴	1998	栾城区政府	栾城区史志办	栾城区史志办	中国国际文化出版社	2015. 12	80. 4
	井陉年鉴	1989	井陉县委县政府	井陉县史志办	井陉县史志办	内部出版	2015. 1	48. 6
	正定年鉴	1991	正定县委县政府	正定县史志编纂委员会办公室	正定县史志编纂委员会办公室	内部出版	2015. 12	45
	行唐年鉴	2011	行唐县政府	行唐县方志办	行唐县方志办	河北人民出版社	2015. 6	50
	元氏年鉴	2010	元氏县政府	元氏县志办、元氏县党史办公室	元氏县志办、元氏县党史办公室	内部出版	2015. 10	38
	宣化县年鉴	2013	宣化县政府	宣化县档案史志局	宣化县档案史志局	内部出版	2015. 12	42
	万全年鉴（2014）	2011	万全县政府	万全县档案史志局	万全县档案史志局	内部出版	2015. 12	50
	宣化区年鉴（2014）	2006	宣化区政府	宣化区档案史志局	宣化区档案史志局	内部出版	2015. 12	70
	赤城年鉴（2014）	2009	赤城县政府	赤城县档案史志局	赤城县档案史志局	内部出版	2014. 12	90
	康保年鉴（2013～2015）	2006	康保县委、县政府	康保县档案史志局	康保县档案史志局	内部出版	2015	—
	高新区年鉴	2010	高新区党政办	—	—	内部出版	2015. 12	18. 9
	张北年鉴	2008	张北县档案史志局	张北县档案史志局	张北县档案史志局	内部出版	2015. 12	—
	怀来年鉴（2014）	2011	《怀来年鉴》编纂委员会	怀来县档案史志局	怀来县档案史志局	内部出版	2015. 12	55
	馆陶县年鉴	2015	政府办	馆陶县方志办	馆陶县方志办	内部出版	2015. 11	35
	邯郸县年鉴	2004	邯郸县政府	邯郸县志办	邯郸县志办	内部出版	2015. 12	50
	曲周年鉴	2010	曲周县政府	曲周县政府办公室	曲周县政府办公室	内部出版	2015. 10	54

续表

年鉴类别	年鉴名称	创刊时间	主管单位	主办单位	编纂单位	出版单位	出版时间	字数（万字）
县区级年鉴	魏县年鉴	2014	魏县政府	魏县志办	魏县志办	内部出版	2015.12	64
	中共魏县年鉴	2004	中共魏县县委	中共魏县县委党史研究室	中共魏县县委党史研究室	内部出版	2015.12	60
	峰峰年鉴	2004	峰峰矿区区委、区政府	峰峰矿区党史区志办公室	峰峰矿区党史区志办公室	内部出版	2015.11	56
	中共廊坊年鉴	2005	中共廊坊市委	廊坊市委党史研究室	廊坊市委党史研究室	内部出版	2015.12	80
	霸州年鉴（2014）	2007	霸州市政府	霸州市委史志办	霸州市委史志办	内部出版	2015.12	50
	三河年鉴（2014）	2004	三河市政府	三河市志办	三河市志办	内部出版	2015.12	60
	大厂年鉴（2014）	2009	大厂回族自治县政府	大厂回族自治县志办	大厂回族自治县志办	中国文史出版社	2015.12	42.8
	海港区年鉴（2014）	1986	秦皇岛市海港区地方志编委会	秦皇岛市海港区志办	秦皇岛市海港区志办	方志出版社	2015.4	83.4
	北戴河年鉴（2012）	2011	秦皇岛市北戴河区志办	秦皇岛市北戴河区志办	秦皇岛市北戴河区志办	方志出版社	2015.2	53.6
	昌黎县年鉴（2013）	2014	昌黎县政府志办	昌黎县政府志办	昌黎县政府志办	中国文史出版社	2015.12	44.8
	青龙满族自治县年鉴（2014）	2012	青龙满族自治县政府县志办公室	青龙满族自治县政府县志办公室	青龙满族自治县政府县志办公室	方志出版社	2015.7	48
	沧县年鉴	1995	沧县政府	沧县史志办	沧县史志办	中州古籍出版社	2015.10	60
	青县年鉴	2015	青县政府	《青县年鉴》编纂委员会	《青县年鉴》编纂委员会	九州出版社	2015.4	36
	吴桥年鉴	2015	吴桥县政府	吴桥县志办	吴桥县志办	九州出版社	2015.6	55.1
	围场年鉴	2010	围场县政府	围场县志办	围场县志办	内部出版	2015.11	67.8
	隆化年鉴	2007	隆化县委县政府	隆化县档案局	隆化县档案局	内部出版	2015.10	45.1
	承德县年鉴	2015	承德县委、县政府	承德县志办	承德县志办	内部出版	2015	42
	兴隆年鉴	2006	兴隆县委办公室	兴隆县史志办	兴隆县史志办	兴隆县档案局	2015.11	48
	滦平年鉴	2008	滦平县政府	滦平县地方志编委会	滦平县地方志编委会	滦平县档案局	2015.7	60.4

续表

年鉴类别	年鉴名称	创刊时间	主管单位	主办单位	编纂单位	出版单位	出版时间	字数（万字）
县区级年鉴	丰宁满族自治县年鉴	1991	丰宁满族自治县史志办	丰宁满族自治县史志办	丰宁满族自治县史志办	内部出版	2015. 7	50
	邢台县年鉴（2010～2013）	1989	邢台县政府	邢台县方志办	邢台县方志办	内部出版	2015. 10	61. 6
	宁晋年鉴（2013）	2013	宁晋县政府	宁晋县方志办	宁晋县方志办	中州古籍出版社	2015. 2	50
	巨鹿年鉴（2014）	2014	巨鹿县政府	巨鹿县方志办	巨鹿县方志办	内部出版	2015. 2	42
	清河年鉴（2014）	1996	清河县政府	清河县方志办	清河县方志办	中国文史出版社	2015. 12	73. 4
	迁安年鉴	1999	迁安市政府办	迁安市方志办	迁安市方志办	方志出版社	2015. 10	70. 8
	唐山市曹妃甸区年鉴	2006	曹妃甸区政府	曹妃甸区志办	曹妃甸区志办	中央文献出版社	2015. 10	55. 7
	迁西年鉴（2006～2012）	2013	迁西县政府	迁西县地方志编委会	迁西县地方志编委会	中国文史出版社	2015. 4	189. 9
	唐山市丰润区年鉴	2011	唐山市丰润区政府	丰润区志办	丰润区志办	中国文史出版社	2015. 12	106
	景县年鉴	—	景县政府	县政府办	县政府办	内部出版	2015	—

（鲍秋芬）

【2015 年河北省专业年鉴出版统计】

2015 年河北省专业年鉴出版统计

年鉴名称	创刊时间	主管单位	主办单位	编纂单位	出版单位	出版时间	字数（万字）
廊坊经济统计年鉴	1997	—	廊坊市统计局	廊坊市统计局	内部出版	2015. 8	80
中国·秦皇岛经济技术开发区年鉴	2005	秦皇岛经济技术开发区志办	秦皇岛经济技术开发区志办	秦皇岛经济技术开发区志办	方志出版社	2015. 10	54. 6
秦皇岛统计年鉴	1990	统计局、国家统计局秦皇岛调查队	统计局、国家统计局秦皇岛调查队	统计局、国家统计局秦皇岛调查队	中国统计出版社	2015. 12	80
秦皇岛金融年鉴	2011	秦皇岛市金融工作办公室	秦皇岛市金融工作办公室	秦皇岛市金融工作办公室	中国金融出版社	2015. 12	40. 1

续表

年鉴名称	创刊时间	主管单位	主办单位	编纂单位	出版单位	出版时间	字数（万字）
国网秦皇岛供电公司年鉴	2015	国网秦皇岛供电公司	《国网秦皇岛供电公司年鉴》编辑委员会	《国网秦皇岛供电公司年鉴》编辑委员会	科学普及出版社	2015.12	42
衡水市统计年鉴	—	衡水市政府	市统计局国家调查队	市统计局国家调查队	内部出版	2015	—

（鲍秋芬）

【2015年山西省地方综合年鉴出版统计】

2015年山西省地方综合年鉴出版统计

年鉴类别	年鉴名称	创刊时间	主管单位	主办单位	编纂单位	出版单位	出版时间	字数（万字）
省级年鉴	山西年鉴	1985	山西省方志办	山西省方志办	山西省方志办	方志出版社	2015	160
地市级年鉴	长治年鉴	1986	长治市政府	长治市方志办	长治市方志办	北岳文艺出版社	2015	—
	大同年鉴	1987	大同市政府	大同市方志办	大同市方志办	北岳文艺出版社	2015	—
	太原年鉴	1989	太原市政府	太原市方志办	太原市方志办	三晋出版社	2015	—
	阳泉年鉴	1989	阳泉市政府	阳泉市方志办	阳泉市方志办	方志出版社	2015	—
	运城年鉴	1998	运城市政府	运城市方志办	运城市方志办	山西人民出版社	2015	—
	晋城年鉴	1999	晋城市政府	晋城市方志办	晋城市方志办	山西人民出版社	2015	—
	忻州年鉴	1999	忻州市政府	忻州市方志办	忻州市方志办	北岳文艺出版社	2015	—
	晋中年鉴	2000	晋中市政府	晋中市史志院	晋中市史志院	三晋出版社	2015	—
	临汾年鉴	2001	临汾市政府	临汾市方志办	临汾市方志办	方志出版社	2015	—
	朔州年鉴	2014	朔州市政府	朔州市方志办	朔州市方志办	三晋出版社	2015	—
县区级年鉴	迎泽区年鉴	2015	太原市迎泽区政府	迎泽区志办	迎泽区志办	三晋出版社	2015	—
	杏花岭区年鉴	2014	太原市杏花岭区政府	杏花岭区志办	杏花岭区志办	北岳文艺出版社	2015	—
	尖草坪区年鉴	2012	太原市尖草坪区政府	迎泽区志办	尖草坪区志办	三晋出版社	2015	—
	娄烦年鉴	2006	娄烦县政府	娄烦县史志办	娄烦县史志办	三晋出版社	2015	—
	大同城区年鉴	2014	大同市城区政府	大同市城区志办	大同市城区志办	山西人民出版社	2015	—
	大同矿区年鉴	2014	大同市矿区政府	大同市矿区志办	大同市矿区志办	三晋出版社	2015	—
	大同南郊年鉴	2014	大同市南郊区政府	大同市南郊区志办	大同市南郊区志办	北岳文艺出版社	2015	—

续表

年鉴类别	年鉴名称	创刊时间	主管单位	主办单位	编纂单位	出版单位	出版时间	字数(万字)
县区级年鉴	沁源年鉴	2013	沁源县政府	沁源县史志办	沁源县史志办	山西人民出版社	2015	—
	晋城城区年鉴	2009	晋城市城区政府	区委区政府	城区志办	山西人民出版社	2015	—
	高平年鉴	2009	编纂委员会	高平市志办	高平市志办	山西人民出版社	2015	—
	陵川年鉴	1998	陵川年鉴编纂委员会	陵川县志编委办公室	陵川县志编委办公室	中国社会出版社	2015	—
	沁水年鉴	1989	沁水县政府	沁水县政府	沁水县志办	山西人民出版社	2015	—
	垣曲年鉴	2013	垣曲县政府	垣曲县志办	垣曲县志办	白山出版社	2015	—
	河津年鉴	1999	河津市政府	河津市政府	河津市志办	北岳文艺出版社	2015	—
	闻喜年鉴	2015	闻喜县政府	闻喜县志办	闻喜县志办	三晋出版社	2015	—
	永济年鉴	2004	永济市政府	永济市志编委	永济市志办	中国铁道出版社	2015	—
	盐湖年鉴	2014	盐湖区政府	盐湖区志办	盐湖区志办	山西人民出版社	2015	—
	侯马年鉴	—	侯马市志办	曲沃县志办	曲沃县志办	北岳文艺出版社	2015	—
	曲沃年鉴	—	曲沃县志办	曲沃县志办	曲沃县志办	中州古籍出版社	2015	—
	洪洞年鉴	2014	洪洞县志办	洪洞县志办	洪洞县志办	北岳文艺出版社	2015	—
	蒲县年鉴	2013	蒲县志办	蒲县志办	蒲县志办	三晋出版社	2015	—
	乡宁年鉴	2014	乡宁县志办	乡宁县志办	乡宁县志办	北岳文艺出版社	2015	—

(杨建中)

【2015 年内蒙古自治区地方综合年鉴出版统计】

2015 年内蒙古自治区地方综合年鉴出版统计

年鉴类别	年鉴名称	创刊时间	主管单位	主办单位	编纂单位	出版单位	出版时间	字数(万字)
省级年鉴	内蒙古年鉴	1998	内蒙古自治区政府	内蒙古自治区政府	自治区志办	内蒙古人民出版社	2015	220
地市级年鉴	呼和浩特年鉴	2004	呼和浩特市政府	呼和浩特市政府	呼和浩特市志办	内蒙古大学出版社	2015	65
	包头年鉴	1984	包头市政府	包头市志办	包头市志办	内蒙古大学出版社	2015	58
	呼伦贝尔年鉴	2001	呼伦贝尔市政府	呼伦贝尔市档案史志局	呼伦贝尔市档案史志局	内蒙古文化出版社	2015	59
	兴安年鉴	2008	兴安盟行政公署	兴安盟行政公署	兴安盟志办	内蒙古文化出版社	2015	62
	通辽年鉴	2001	通辽市委、市政府	通辽市委、市政府	通辽市委史志办	内蒙古文化出版社	2015	54

续表

年鉴类别	年鉴名称	创刊时间	主管单位	主办单位	编纂单位	出版单位	出版时间	字数（万字）
地市级年鉴	赤峰年鉴	1996	赤峰市政府	赤峰市政府	赤峰市志办	内蒙古文化出版社	2015	55
	锡林郭勒年鉴	2000	锡林郭勒盟盟委	锡林郭勒盟行政公署	锡盟史志办	内蒙古文化出版社	2015	68
	鄂尔多斯年鉴	2005	鄂尔多斯市政府	鄂尔多斯市志办	鄂尔多斯市政府	内蒙古人民出版社	2015	72
	巴彦淖尔年鉴	2000	巴彦淖尔市政府	巴彦淖尔市政府	巴彦淖尔市志办	内蒙古人民出版社	2015	78
	乌海年鉴	1993	乌海市党委、政府	市档案史志局	市档案史志局	内蒙古出版社	2015	85
	阿拉善盟年鉴	2001	阿拉善盟党委办公厅	阿盟行政公署	阿盟档案史志局	阿盟档案学会	2015	65
	乌兰察布年鉴	2000	乌兰察布市政府	市地方志办公室	市地方志办公室	内部出版	2015	56
县区级年鉴	土默特右旗年鉴（1991～2005）	2007	包头市土右旗旗委	包头市土右旗志史办	包头市土右旗志史办	内蒙古大学出版社	2015	50
	满洲里市年鉴	2002	呼伦贝尔市满洲里市党委、政府	满洲里市档案史志事业管理局	满洲里市档案史志事业管理局	内蒙古文化出版社	2015	62
	扎兰屯年鉴	2009	呼伦贝尔市扎兰屯市党委、政府	扎兰屯市档案史志局	扎兰屯市档案史志局	内蒙古文化出版社	2015	63
	鄂温克年鉴	2008	呼伦贝尔市鄂温克族自治旗旗委、政府	鄂温克旗档案史志局	鄂温克旗档案史志局	内蒙古新闻出版局	2015	57
	莫力达瓦达斡尔族自治旗年鉴	2010	呼伦贝尔市莫旗旗委、政府	莫旗档案史志局	莫旗档案史志局	内蒙古新闻出版局	2015	59
	扎赉诺尔区年鉴	2011	呼伦贝尔市扎赉诺尔区委、区政府	扎区档案史志局	扎区档案史志局	内蒙古新闻出版局	2015	62
	松山年鉴	1999	赤峰市政府	松山区政府	松山区志办	内蒙古文化出版社	2015	60
	克什克腾旗年鉴	2011	赤峰市政府	克什克腾旗政府	克什克腾旗志办	内蒙古人民出版社	2015	54
	锡林浩特年鉴	2008	锡林浩特市委	锡林浩特市政府	锡林浩特市档案史志局	内蒙古新闻出版局	2015	53

续表

年鉴类别	年鉴名称	创刊时间	主管单位	主办单位	编纂单位	出版单位	出版时间	字数（万字）
县区级年鉴	正镶白旗年鉴	2005	正镶白旗旗委	正镶白旗旗委、政府	正镶白旗史志办	内蒙古新闻出版局	2015	45
	西乌珠穆沁年鉴	2010	西乌珠穆沁旗旗委	西乌珠穆沁旗政府	西乌珠穆沁旗史志办	内蒙古新闻出版局	2015	48
	准格尔年鉴（2011～2012）	2011	鄂尔多斯市志办	准格尔旗政府	准格尔旗史志编纂委员会办公室	中国文史出版社	2015	46
	临河市年鉴	1992	临河市政府	临河市政府	临河市地方志办	内蒙古人民出版社	2015	42
	乌拉特中旗年鉴	2000	乌拉特中旗政府	乌拉特中旗政府	乌拉特中旗志办	内蒙古人民出版社	2015	59
	乌拉特后旗年鉴	2006	乌拉特后旗政府	乌拉特后旗政府	乌拉特后旗志办	内蒙古远方出版社	2015	41
	额济纳年鉴	2009	额济纳旗委	额济纳旗政府	额济纳年鉴编纂委员会办公室	内蒙古文化出版社	2015	47
	海拉尔年鉴	2010	呼伦贝尔市海拉尔区委、市政府	海拉尔区档案史志局	海拉尔区档案史志局	内部出版	2015	63
	牙克石年鉴	2010	呼伦贝尔市牙克石市委、市政府	牙克石市档案史志局	牙克石市档案史志局	内部出版	2015	54
	额尔古纳年鉴	2010	呼伦贝尔市额尔古纳市委、市政府	额尔古纳市档案史志局	额尔古纳市档案史志局	内部出版	2015	42
	根河年鉴	2010	呼伦贝尔市根河市委、市政府	根河市档案史志局	根河市档案史志局	内部出版	2015	47
	新巴尔虎左旗年鉴	2010	呼伦贝尔市新左旗旗委、旗政府	新左旗档案史志局	新左旗档案史志局	内部出版	2015	51
	新巴尔虎右旗年鉴	2010	呼伦贝尔市新右旗旗委、旗政府	新右旗档案史志局	新右旗档案史志局	内部出版	2015	38
	鄂伦春族自治旗年鉴	2010	呼伦贝尔市鄂伦春族自治旗旗委、旗政府	鄂伦春旗档案史志局	鄂伦春旗档案史志局	内部出版	2015	37

续表

年鉴类别	年鉴名称	创刊时间	主管单位	主办单位	编纂单位	出版单位	出版时间	字数（万字）
县区级年鉴	阿荣旗年鉴	2010	呼伦贝尔市阿荣旗旗委、旗政府	阿荣旗档案史志局	阿荣旗档案史志局	内部出版	2015	45
	乌兰浩特年鉴	2008	兴安盟乌兰浩特市委	乌兰浩特市委、市政府	乌兰浩特市史志档案局	内部出版	2015	41
	阿尔山年鉴	2008	兴安盟阿尔山市委	阿尔山市委、市政府	阿尔山史志档案局	内部出版	2015	40
	科尔沁右翼前旗年鉴	2008	兴安盟科右前旗旗委	科右前旗政府	科右前旗史志局	内部出版	2015	38
	科尔沁右翼中旗年鉴	2008	兴安盟科右中旗旗委	科右中旗政府	科右中旗史志局	内部出版	2015	39
	扎赉特年鉴	2008	兴安盟扎赉特旗委	扎赉特旗委、旗政府	扎赉特旗史志局	内部出版	2015	44
	突泉年鉴	2012	兴安盟突泉县委	突泉县政府	突泉县史志局	内部出版	2015	39
	科尔沁区年鉴	2010	通辽市科尔沁区委、区政府	科尔沁区委、区政府	科尔沁区史志办	内部出版	2015	46
	扎鲁特年鉴	2012	通辽市科尔沁区委、区政府	扎鲁特旗委、旗政府	扎鲁特旗档案局史志股	内部出版	2015	52
	奈曼年鉴	2005	通辽市科尔沁区委、区政府	奈曼旗委、旗政府	奈曼旗委史志办	内部出版	2015	63
	霍林郭勒年鉴	2014	通辽市科尔沁区委、区政府	霍林郭勒市委、市政府	霍林郭勒市档案局史志办	内部出版	2015	41
	库伦年鉴	2005	通辽市科尔沁区委、区政府	中共库伦旗委、旗政府	中共库伦旗委史志办	内部出版	2015	55
	开鲁年鉴	2009	通辽市科尔沁区委、区政府	开鲁县委、县政府	开鲁县委史志办	内部出版	2015	56
	科左中旗年鉴	2008	通辽市科尔沁区委、区政府	科左中旗委、旗政府	科左中旗档案局	内部出版	2015	43

续表

年鉴类别	年鉴名称	创刊时间	主管单位	主办单位	编纂单位	出版单位	出版时间	字数（万字）
县区级年鉴	科尔沁左翼后旗年鉴	2009	通辽市科尔沁区委、区政府	科左后旗委、旗政府	科左后旗档案局史志办	内部出版	2015	41
	红山年鉴	2005	赤峰市政府	红山区政府	红山区政府志办	内部出版	2015	85
	宁城年鉴	2005	赤峰市政府	宁城县政府	宁城县政府志办	内部出版	2015	69
	翁牛特年鉴	2005	赤峰市政府	翁牛特旗政府	翁牛特旗政府志办	内部出版	2015	63
	集宁区年鉴（2004～2013）	2004	乌兰察布市集宁区政府	集宁区档案局	集宁区档案局	内部出版	2015	352
	商都年鉴（2014～2015）	2010	乌兰察布市商都县委、县政府、县政协	商都县政协史志办	商都县政协史志办	内部出版	2015	86
	兴和年鉴（2008～2014）	2008	乌兰察布市兴和县政府办	兴和县档案史志局	兴和县档案史志局	内部出版	2015	245
	察右中旗年鉴（2008～2009）	2008	乌兰察布市察右中旗政府	察右中旗档案史志局	察右中旗档案史志局	内部出版	2015	96
	凉城年鉴（2011～2013）	2011	乌兰察布市凉城县政府	凉城县档案史志局	凉城县档案史志局	内部出版	2015	142
	化德年鉴（2008～2013）	2008	乌兰察布市化德县政府	化德县档案史志局	化德县档案史志局	内部出版	2015	288
	准格尔年鉴	2005	鄂尔多斯市地志办	准格尔旗政府	准格尔旗史志编纂委员会办公室	内部出版	2015	45
	杭锦旗年鉴（2008）	2008	鄂尔多斯市杭锦旗旗委宣传部	旗委宣传部	杭锦旗史志办	内部出版	2015	52
	鄂托克旗年鉴	2008	鄂尔多斯市鄂托克旗政府	鄂托克旗政府	鄂托克旗地方史志编纂委员会办公室	内部出版	2015	47
	东胜年鉴	2008	鄂尔多斯市东胜区委、区政府	东胜区委、区政府	东胜区档案局	内部出版	2015	56

续表

年鉴类别	年鉴名称	创刊时间	主管单位	主办单位	编纂单位	出版单位	出版时间	字数（万字）
县区级年鉴	伊金霍洛年鉴	2008	鄂尔多斯市伊金霍洛旗政府	伊金霍洛旗党史旗志征编办公室	伊金霍洛旗党史旗志征编办公室	内部出版	2015	46
	乌审旗年鉴	2008	鄂尔多斯市乌审旗政府	乌审旗档案局	乌审旗档案局	内部出版	2015	48
	达拉特旗年鉴	2007	鄂尔多斯市达拉特旗政府	达拉特旗史志办	达拉特旗史志办	内部出版	2015	53
	临河市年鉴	1997	巴彦淖尔市临河市政府	临河市政府	临河市地方志办	内部出版	2015	65

（李向兵）

【2015年内蒙古自治区专业年鉴出版统计】

2015年内蒙古自治区专业年鉴出版统计

年鉴名称	创刊时间	主管单位	主办单位	编纂单位	出版单位	出版时间	字数（万字）
内蒙古统计年鉴	1985	自治区统计局	自治区统计局	自治区统计局	自治区统计局	2015	65
内蒙古审计年鉴（2014）	2013	自治区审计厅	自治区审计厅	自治区审计厅	自治区审计厅	2015	54
内蒙古纪检监察年鉴（2014）	2005	自治区纪检监察厅	自治区纪检监察厅	自治区纪检监察厅	自治区纪检监察厅	2015	68
内蒙古地方税务年鉴	1987	内蒙古地税局	内蒙古地税局	内蒙古地税局	内蒙古地税局	2015	53
内蒙古财政年鉴	1987	自治区财政厅	自治区财政厅	自治区财政厅	自治区财政厅	2015	76
内蒙古卫生年鉴（2012）	2007	自治区卫生和计划生育委员会	自治区卫生和计划生育委员会	自治区卫生和计划生育委员会	自治区卫生和计划生育委员会	2015	65

（赵婧）

【2015 年辽宁省地方综合年鉴出版统计】

2015 年辽宁省地方综合年鉴出版统计

年鉴类别	年鉴名称	创刊时间	主办单位	编纂单位	出版单位	出版时间	字数(万字)
省级年鉴	辽宁年鉴	1995	辽宁省政府	辽宁省统计局	《辽宁年鉴》编辑部	2015.10	142
地市级年鉴	沈阳综合年鉴	2012	沈阳市志办	沈阳市志办	沈阳出版社	2015.11	120
	大连年鉴	1988	中共大连市委	大连市志办	《大连年鉴》编辑部	2015.12	150
	鞍山年鉴	1985	鞍山市政府	鞍山市史志办	北方传媒万卷出版公司	2015.12	90
	抚顺年鉴	1987	抚顺市政府	抚顺市志办	辽宁民族出版社	2015.12	100
	本溪年鉴	1991	本溪市政府	本溪市党史志办	辽海出版社	2015.9	137
	丹东年鉴	1996	丹东市政府	丹东市志办	沈阳出版社	2015.12	100
	锦州年鉴	1987	锦州市政府	锦州市志办	辽宁民族出版社	2015.12	93
	营口年鉴	1999	营口市政府	营口市史志办	辽宁民族出版社	2015.12	100
	阜新年鉴	1986	阜新市政府	阜新市史志办	中国文史出版社	2015.12	80
	辽阳年鉴	1997	辽阳市政府	辽阳市志办	辽宁民族出版社	2015.12	93
	铁岭年鉴	2001	铁岭市政府	铁岭市志办	辽宁民族出版社	2015.12	100
	朝阳年鉴	1987	中共朝阳市委、市政府	朝阳市史志办	辽宁民族出版社	2015.12	105
	盘锦年鉴	1991	盘锦市政府	盘锦市志办	辽海出版社	2015.12	100
	葫芦岛年鉴(2014)	2000	葫芦岛市政府	葫芦岛市志办	沈阳出版社	2015	80
县区级年鉴	中山年鉴	1998	中共大连市中山区委、区政府	中山区党史办公室	辽宁民族出版社	2015.12	96
	西岗年鉴(2014)	2003	大连市西岗区地方志编委会	西岗区史志办	内部出版	2015.2	40
	甘井子年鉴	1996	大连市甘井子区委、区政府	甘井子区史志办	辽宁民族出版社	2015.12	63
	旅顺口年鉴	1998	中共大连市旅顺口区委	旅顺口区史志办	辽宁民族出版社	2015.12	70
	普兰店年鉴	1992	中共普兰店市委党史研究室	普兰店市史志办	辽宁民族出版社	2015.12	60
	庄河年鉴	1998	中共庄河市委、市政府	庄河市史志办	辽宁民族出版社	2015.12	60
	金州年鉴	1987	大连市金州新区党工委、管委会	金州新区志办	辽海出版社	2015.12	100
	瓦房店年鉴	1997	瓦房店市志办	瓦房店市史志办	辽宁民族出版社	2015.12	60
	长海年鉴	2014	中共长海县委、县政府	中共长海县委党史研究室	辽宁人民出版社	2015.12	70
	海城年鉴	1986	海城市政府	海城市档案局	内部出版	2015.5	50

续表

年鉴类别	年鉴名称	创刊时间	主办单位	编纂单位	出版单位	出版时间	字数（万字）
县区级年鉴	岫岩年鉴	1993	岫岩县政府	岫岩县史志办	内部出版	2014.12	50
	铁东年鉴	1986	鞍山市铁东区政府	铁东区志办	内部出版	2015.11	50
	千山年鉴	2008	鞍山市千山区政府	千山区史志办	内部出版	2015.5	50
	抚顺县年鉴（2014）	2007	抚顺县政府	抚顺县档案局	辽宁民族出版社	2015.10	65
	凤城年鉴（2014）	2010	中共凤城市委、市政府	凤城市史志办	东北大学出版社	2015.12	70
	东港年鉴	1997	东港市市委、市政府	东港市史志办	—	2015.6	40
	宽甸年鉴	1999	中共宽甸县委、县政府	宽甸县史志办	白山出版社	2015.12	40
	辽阳县年鉴	2007	辽阳县政府	辽阳县志办	内部出版	—	—
	文圣区年鉴	2008	辽阳市文圣区志编委会	文圣区志办	内部出版	2015	—
	灯塔年鉴（2012～2013）	2015	灯塔市市志编纂委员会	灯塔市市志办公室	科学文献出版社	2015.10	87
	昌图年鉴（2013～2014）	1986	中共昌图县委、县政府	昌图县史志办	辽海出版社	2015.12	120
	开原年鉴	2015	开原市政府	开原市志办	内部出版	2015.12	50
	喀左年鉴（2014～2015）	1998	—	喀左县档案局	辽宁民族出版社	2015.11	105
	双塔年鉴（2012～2014）	2005	中共朝阳市双塔区委、区政府	双塔区史志办	内部出版	2015.12	100
	绥中年鉴（2011～2012）	—	绥中县政府	绥中县志办	辽宁大学出版社	2015.6	75

（梁忠音）

【2015年辽宁省专业年鉴出版统计】

2015年辽宁省专业年鉴出版统计

年鉴名称	创刊时间	主管单位	主办单位	编纂单位	出版单位	出版时间	字数（万字）
沈阳铁路局年鉴	1987	—	沈阳铁路局	沈阳铁路局年鉴社	沈阳铁路局年鉴社	2015.12	80
中国北车集团大连机车车辆有限公司年鉴	1989	—	中国北车集团大连机车车辆有限公司	《中国北车集团大连机车车辆公司年鉴》编委会	中国铁道出版社	2015.12	32

续表

年鉴名称	创刊时间	主管单位	主办单位	编纂单位	出版单位	出版时间	字数（万字）
大连理工大学年鉴（2014）	2003	—	大连理工大学	大连理工大学档案馆史志编研室	大连理工大学出版社	2015.12	80
长海统计年鉴	1980	—	长海县统计局	长海县统计局	内部出版	2015.12	20
昌图县教育年鉴（2014）	2004	—	昌图县教育局	昌图县教育志编纂委员会	内部出版	2015.12	50
丹东统计年鉴	—	—	丹东市统计局	丹东市统计局	内部出版	2015.12	30

（梁忠音）

【2015年吉林省地方综合年鉴出版统计】

2015年吉林省地方综合年鉴出版统计

年鉴类别	年鉴名称	创刊时间	主管单位	主办单位	编纂单位	出版单位	出版时间	字数（万字）
省级年鉴	吉林年鉴	1986	吉林省政府办公厅	吉林省地方志编委会	吉林省地方志编委会	《吉林年鉴》编辑部	2015	—
地市级年鉴	通化年鉴	1991	通化市政府	通化市政府	通化市志办	吉林文史出版社	2015.10	60
	辽源年鉴	1987	辽源市政府	辽源市政府	辽源市地方志编委会	吉林文史出版社	2015.3	53
	辽源年鉴	1987	辽源市政府	辽源市政府	辽源市地方志编委会	吉林文史出版社	2015.12	61.4
	白山年鉴	1986	白山市政府	白山市政府	白山市志办	吉林文史出版社	2015.10	179
	吉林市年鉴	1994	吉林市政府	吉林市政府	吉林市志办	吉林文史出版社	2015.12	95
	四平年鉴	1986	四平市政府	四平市政府	四平市地方志编委会	内部出版	2015.12	70
	长春年鉴	1988	长春市政府	长春市政府	长春市地方志编委会	吉林人民出版社	2015.12	80
	延边年鉴	2005	延边朝鲜族自治州政府	延边朝鲜族自治州政府	延边朝鲜族自治州地方志编委会	延边人民出版社	2015.12	80
县区级年鉴	永吉年鉴（2015）	2009	永吉县政府	永吉县政府	永吉县档案局方志办	吉林文史出版社	2015.12	50
	磐石市年鉴（2015）	1988	磐石市政府	磐石市政府	磐石市档案局	吉林文史出版社	2015.12	45
	舒兰市年鉴（2015）	2008	舒兰市政府	舒兰市政府	舒兰市方志办	吉林大学出版社	2015.12	50
	桦甸市年鉴（2015）	2007	桦甸市政府	桦甸市政府	桦甸市方志办	吉林文史出版社	2015.12	40
	船营区年鉴（2015）	2012	船营区政府	船营区政府	船营区地方志编纂委员会	吉林大学出版社	2015.12	60

续表

年鉴类别	年鉴名称	创刊时间	主管单位	主办单位	编纂单位	出版单位	出版时间	字数（万字）
县区级年鉴	蛟河年鉴（2015）	1986	蛟河市政府	蛟河市政府	蛟河市档案局	吉林文史出版社	2015. 12	50
	二道江区年鉴（2013～2014）	2013	二道江区政府	二道江区政府	二道江区志办	吉林文史出版社	2015. 6	94
	辉南年鉴（2014）	2005	辉南县政府	辉南县政府	辉南县地方志编纂委员会	吉林文史出版社	2015. 1	51. 5
	通化县年鉴（2011～2014）	1986	通化县政府	通化县政府	通化县志办	吉林文史出版社	2015. 8	114
	集安年鉴（2007～2014）	1986	集安市政府	集安市政府	集安市档案局	吉林文史出版社	2015. 12	114
	柳河年鉴（2015）	2000	柳河县政府	柳河县政府	柳河县方志办	吉林文史出版社	2015. 12	46
	梅河口年鉴（2015）	1986	梅河口市委、市政府组织部	梅河口市委、市政府组织部	梅河口市方志办	吉林文史出版社	2015. 12	68
	宁江年鉴（2014）	2009	松原市宁江区政府	松原市宁江区政府	宁江区方志办	吉林大学出版社	2015. 6	30
	乾安年鉴（2014）	2010	乾安县政府	乾安县政府	乾安县方志办	吉林大学出版社	2015. 6	92
	前郭年鉴（2015）	2007	前郭县政府	前郭县政府	前郭县地方志办公室	吉林文史出版社	2015. 12	200
	扶余年鉴（2012）	2012	扶余市政府	扶余市政府	扶余市地方志办公室	吉林文史出版社	2015. 10	65
	扶余年鉴（2014）	2012	扶余市政府	扶余市政府	扶余市地方志办公室	吉林文史出版社	2015. 6	65
	东辽年鉴（2009～2012）	2013	东辽县政府办公室	东辽县政府办公室	东辽县地方志编委会	吉林大学出版社	2015. 8	68
	东丰年鉴（2012～2013）	1987	东丰县政府	东丰县政府	东丰县地方志编委会	吉林文史出版社	2015. 5	74. 4
	临江年鉴（2014）	1994	临江市政府	临江市政府	临江市史志办	吉林大学出版社	2015. 3	60
	靖宇年鉴（2013～2014）	2003	靖宇县政府	靖宇县政府	靖宇县史志办	吉林文史出版社	2015. 11	46
	长白年鉴（2014）	1985	长白县政府	长白县政府	长白县史志办	吉林大学出版社	2015. 12	70
	浑江年鉴	2012	浑江区委组织部区志办	浑江区委组织部区志办	浑江区地方志编委会	吉林大学出版社	2015. 12	34

续表

年鉴类别	年鉴名称	创刊时间	主管单位	主办单位	编纂单位	出版单位	出版时间	字数(万字)
县区级年鉴	公主岭年鉴(2015)	1986	公主岭市委、市政府	公主岭市委、市政府	公主岭市地方志编委会	吉林文史出版社	2015.12	76.3
	铁东区年鉴(2015)	2009	铁东区委、区政府	铁东区委、区政府	铁东区志办	吉林大学出版社	2015.11	42
	朝阳年鉴	2015	朝阳区政府办公室	朝阳区政府办公室	朝阳区方志办	吉林大学出版社	2015.12	50
	和龙年鉴	2009	和龙市政府办公室	和龙市政府办公室	和龙市地方志编委会	吉林文史出版社	2015.8	50
	图们年鉴	2008	图们市政府	图们市政府	图们市地方志编委会	科学文化艺术出版社	2015.12	30
	安图年鉴	2009	安图县政府	安图县政府	安图县方志办	科学文化艺术出版社	2015.11	28
	延吉年鉴	1986	延吉市政府	延吉市政府	延吉市史志办	吉林文史出版社	2015.12	60
	敦化年鉴	2010	敦化市政府	敦化市政府	敦化市方志办	吉林文史出版社	2015.12	60
	汪清年鉴	2009	汪清县政府	汪清县政府	汪清县方志办	吉林文史出版社	2015.12	47
	龙井年鉴	2008	龙井市政府	龙井市政府	龙井市地方志编委会	吉林文史出版社	2015.12	40

(吉林省地方志编委会)

【2015年吉林省专业年鉴出版统计】

2015年吉林省专业年鉴出版统计

年鉴名称	创刊时间	主管单位	主办单位	编纂单位	出版单位	出版时间	字数(万字)
吉林省地方志年鉴	2011	吉林省地方志编委会	吉林省地方志编委会	吉林省方志馆	吉林文史出版社	2015.10	42.4
中国一汽年鉴	1987	一汽集团公司办公室	一汽集团公司办公室	一汽档案馆	内部出版	2015.7	50
吉林统计年鉴	1986	吉林省统计局国家统计局吉林调查总队	吉林省统计局国家统计局吉林调查总队	吉林省统计局	中国统计出版社	2015.10	130
吉林省食品药品监督管理年鉴	2015	吉林省食品药品监督管理局	吉林省食品药品监督管理局	—	内部出版	2015.5	50
白山军事年鉴	2001	《白山军事年鉴》编纂委员会	《白山军事年鉴》编纂委员会	—	内部出版	2015.5	35
公主岭统计年鉴	2014	公主岭市统计局、国家统计局公主岭调查队	公主岭市统计局、国家统计局公主岭调查队	公主岭市统计局	中国国际图书出版社	2015.7	84.3

(吉林省地方志编委会)

【2015年黑龙江省地方综合年鉴出版统计】

2015年黑龙江省地方综合年鉴出版统计

年鉴类别	年鉴名称	创刊时间	主管单位	主办单位	编纂单位	出版单位	出版时间	字数（万字）
地市（含副省级城市）级年鉴	大庆年鉴（2014）	1987	市委市政府	大庆市志办	大庆市志办	黑龙江朝鲜民族出版社	2015.4	100
	双鸭山年鉴（2014）	1993	双鸭山市政府	双鸭山市志办	双鸭山市志办	内部出版	2015.9	60
	伊春年鉴	1987	伊春市政府	伊春市志办	伊春市志办	黑龙江人民出版社	2015.12	120
	黑河年鉴（2014）	1999	黑河市政府	黑河市志办	黑河市志办	社会科学文献出版社	2015.7	85
	大兴安岭年鉴（2014）	1997	中共大兴安岭地区委员会大兴安岭地区行政公署大兴安岭林业集团公司	大兴安岭地区志办	大兴安岭地区志办	黑龙江人民出版社	2015.3	122
县区级年鉴	抚远年鉴（2013）		抚远县政府	抚远县档案局	《抚远年鉴》编纂委员会	内部出版	2015.1	71.3
	五大连池年鉴（2014）	2008	五大连池市政府	五大连池市志办	五大连池市志办	内部出版	2015.1	31.9
	铁力年鉴（2014）	2014	铁力市政府	铁力市志办	铁力市志办	黑龙江人民出版社	2015.7	48
	新林年鉴	2013	中共新林区委员会新林区政府新林林业局	新林区政府志办	新林区政府志办	内部出版	2015.6	26
	香坊年鉴（2014）	2015	香坊区政府	香坊志办	香坊志办	内部出版	2015.2	30
	道里年鉴（2014）	2010	道里区政府	道理志办	道理志办	内部出版	2015.1	46.1
	依兰年鉴	—	依兰县政府	依兰志办	依兰志办	内部出版	2015.8	47.8
	肇东年鉴	—	肇东市志办	肇东市志办	肇东市志办	黑龙江教育出版社	2015.12	80
	兰西年鉴	—	兰西县志办	兰西县志办	兰西县志办	内部出版	2015.11	80
	北安年鉴（2014）	—	北安市政府	北安市政府办	北安市政府办	内部出版	2015.9	43.3

（徐萍）

【2015 年黑龙江省专业年鉴出版统计】

2015 年黑龙江省专业年鉴出版统计

年鉴名称	创刊时间	主管单位	主办单位	编纂单位	出版单位	出版时间	字数(万字)
哈尔滨地税年鉴(2014)	1998	哈尔滨市地税局	哈尔滨市地税局	哈尔滨市地税局	内部出版	2015. 12	60
黑龙江金融年鉴	1992	—	—	—	黑龙江人民出版社	2015. 12	100
哈尔滨统计年鉴	1986	哈尔滨市统计局	哈尔滨市统计局	哈尔滨市统计局	内部出版	2015. 9	112
绥化法院年鉴	2011	绥化市中级人民法院	绥化市中级人民法院	绥化中级人民法院	内部出版	2015. 6	47

(徐萍)

【2015 年江苏省地方综合年鉴出版统计】

2015 年江苏省地方综合年鉴出版统计

年鉴类别	年鉴名称	创刊时间	主管单位	主办单位	编纂单位	出版单位	出版时间	字数(万字)
省级年鉴	江苏年鉴(中文版)	1986	江苏省政府办公厅	江苏省志办	江苏年鉴杂志社	江苏年鉴杂志社	2015. 12	180
	江苏年鉴(英文版)	2011	江苏省政府办公厅	江苏省志办	江苏年鉴杂志社	江苏凤凰科技出版社	2015. 12	40
地市级年鉴	南京年鉴	1987	南京市志办	南京市志办	南京市地方志编辑部	《南京年鉴》编辑部	2015. 8	135
	无锡年鉴	1991	无锡市政府	无锡市政府	无锡市史志办公室	方志出版社	2015. 12	104. 5
	徐州年鉴	1998	徐州市政府	徐州市政府	徐州市史志办	江苏人民出版社	2015. 11	110
	常州年鉴	1990	常州市政府	常州市政府	常州市志办	常州年鉴社	2015. 12	100
	苏州年鉴	1983	苏州市委	苏州市委	苏州市档案局	古吴轩出版社	2015. 10	102
	南通年鉴	1998	南通市年鉴编纂委员会	南通市年鉴编纂委员会	南通市志办	江苏凤凰科学技术出版社	2015. 10	85
	连云港年鉴	1999	连云港市政府	连云港市政府	连云港市志办	江苏人民出版社	2015. 10	102
	淮安年鉴	1995	淮安市政府	淮安市政府	淮安市志办公室	方志出版社	2015. 12	96. 9
	盐城年鉴	1998	盐城市政府	盐城市政府	盐城市志办	方志出版社	2015. 12	113. 8
	扬州年鉴	1991	扬州市地方志编委会	扬州市地方志编委会	扬州市志办	广陵书社	2015. 11	110
	镇江年鉴	1992	镇江市政府	镇江市政府	镇江市史志办	方志出版社	2015. 12	115
	泰州年鉴	1998	泰州市委、市政府	泰州市委、市政府	泰州市党史方志档案办公室	方志出版社	2015. 10	106. 3
	宿迁年鉴	1999	宿迁市政府	宿迁市政府	宿迁史志办	江苏人民出版社	2015. 10	100

续表

年鉴类别	年鉴名称	创刊时间	主管单位	主办单位	编纂单位	出版单位	出版时间	字数（万字）
县区级年鉴	玄武年鉴	1985	玄武区政府	玄武区政府	玄武区志办	方志出版社	2015.9	83.4
	秦淮年鉴	2004	秦淮区政府	秦淮区政府	秦淮区志办	中国时代经济出版社	2015.12	85
	建邺年鉴	1986	建邺区政府	建邺区政府	南京市建邺区志办	凤凰科技出版社	2015.10	80
	鼓楼年鉴	1986	鼓楼区政府	鼓楼区政府	鼓楼区志办	方志出版社	2015.12	98
	栖霞年鉴	2003	栖霞区政府	栖霞区政府	栖霞区志办	方志出版社	2015.12	110
	雨花年鉴	2001	雨花台区政府	雨花台区政府	雨花台区志办	方志出版社	2015.12	70
	江宁年鉴	2001	江宁区政府	江宁区政府	江宁区志办	方志出版社	2015.8	99.7
	浦口年鉴	1996	浦口区政府	浦口区政府	浦口区志办	方志出版社	2015.10	97.1
	六合年鉴	2000	六合区政府	六合区政府	六合区地方志编委会	方志出版社	2015.9	75
	溧水年鉴	2006	溧水区政府	溧水区政府	溧水区志办	中国文史出版社	2015.9	86.8
	高淳年鉴	1993	高淳区政府	高淳区政府	高淳区志办	中国文联出版社	2015.9	80
	江阴年鉴	1993	江阴市政府	江阴市政府	江阴市史志办	方志出版社	2015.9	120.5
	宜兴年鉴	1989	宜兴市政府	宜兴市政府	宜兴市史志办	方志出版社	2015.7	108.2
	惠山年鉴	2011	惠山区委	惠山区委	惠山区史志办	中国时代经济出版社	2015.10	78.8
	锡山年鉴	2002	锡山区政府	锡山区政府	无锡市锡山区档案局	方志出版社	2015.8	84
	丰县年鉴	2009	丰县县政府	丰县县政府	丰县史志办	江苏人民出版社	2015.10	80
	贾汪年鉴	2008	贾汪区政府	贾汪区政府	贾汪区志办	江苏人民出版社	2015.10	50
	睢宁年鉴	2009	睢宁县政府	睢宁县政府	睢宁志办	江苏人民出版社	2015.11	60
	沛县年鉴	2005	沛县县政府	沛县县政府	沛县志办	江苏人民出版社	2015.11	55
	新沂年鉴	2006	新沂市政府	新沂市政府	新沂史志办	江苏人民出版社	2015.11	60
	铜山年鉴	2008	铜山区政府	铜山区政府	铜山区志办	江苏人民出版社	2015.11	60
	邳州年鉴	2006	邳州市政府	邳州市政府	邳州史志办	江苏人民出版社	2015.11	60
	溧阳年鉴	2005	溧阳市政府	溧阳市政府	溧阳市志办	方志出版社	2015.8	77.8
	金坛年鉴	1993	金坛区政府	金坛区政府	金坛区志办	方志出版社	2015.10	98.9
	武进年鉴	1987	《武进年鉴》编纂委员会	《武进年鉴》编纂委员会	武进区志办	方志出版社	2015.10	78.6
	苏州高新区虎丘区年鉴	1995	《苏州高新区虎丘区年鉴》编纂委员会	《苏州高新区虎丘区年鉴》编纂委员会	高新区档案局	广陵书社	2015.8	71

续表

年鉴类别	年鉴名称	创刊时间	主管单位	主办单位	编纂单位	出版单位	出版时间	字数（万字）
县区级年鉴	苏州工业园区年鉴	2013	《苏州工业园区年鉴》编纂委员会	《苏州工业园区年鉴》编纂委员会	苏州工业园区档案管理中心	上海社会科学院出版社	2015.6	81.2
	太仓年鉴	1997	太仓市政府	太仓市政府	太仓市史志办	方志出版社	2015.9	99.2
	吴江年鉴	1986	吴江区政府	吴江区政府	吴江区档案局（馆）	中央文献出版社	2015.9	46.6
	吴中年鉴	1986	苏州市吴中区政府	苏州市吴中区政府	吴中区档案局	上海社会科学院出版社	2015.10	70
	张家港年鉴	1996	张家港市政府	张家港市政府	中共张家港市委党史志办	方志出版社	2015.8	92
	常熟年鉴	1996	常熟市政府	常熟市政府	常熟市地方志编纂办公室	方志出版社	2015.12	102.2
	昆山年鉴	1995	中共昆山市委、市政府	中共昆山市委、市政府	昆山市年鉴编纂委员会	江苏凤凰科学技术出版社	2015.12	120
	如皋年鉴	1989	如皋市委、市政府	如皋市委、市政府	如皋市委党史工作办公室	方志出版社	2015.9	80.5
	如东年鉴	2000	如东县政府	如东县政府	如东县年鉴委员会	方志出版社	2015.10	84.6
	海安年鉴	1998	《海安年鉴》编纂委员会	《海安年鉴》编纂委员会	海安县委史志工委	方志出版社	2015.11	90
	海门年鉴	2000	海门市年鉴编纂委员会	海门市年鉴编纂委员会	海门市志办	方志出版社	2015.10	97
	启东年鉴	1986	启东市地方志编委会	启东市地方志编委会	启东市志办	方志出版社	2015.9	104
	南通市通州区年鉴	1997	南通市通州区委、区政府	南通市通州区委、区政府	南通市通州区志办	方志出版社	2015.9	88
	赣榆年鉴	2003	赣榆区政府	赣榆区政府	赣榆区史志工作办公室	江苏人民出版社	2015.10	78.3
	海州年鉴	2000	海州区政府	海州区政府	海州区年鉴编辑部	方志出版社	2015.10	72.3
	连云年鉴	2007	连云区政府办公室	连云区政府办公室	连云区志办	江苏人民出版社	2015.10	52
	东海年鉴	2004	东海县政府	东海县政府	东海县志办	江苏人民出版社	2015.12	56
	灌云年鉴	2004	灌云县政府	灌云县政府	灌云县志办	江苏人民出版社	2015.12	90
	灌南年鉴	1996	灌南县政府	灌南县政府	灌南县志办	江苏人民出版社	2015.12	88

续表

年鉴类别	年鉴名称	创刊时间	主管单位	主办单位	编纂单位	出版单位	出版时间	字数（万字）
县区级年鉴	涟水年鉴	1998	涟水县政府	涟水县政府	涟水县志办	中国文史出版社	2015.10	70
	洪泽年鉴	2007	洪泽县政府	洪泽县政府	洪泽县志办	方志出版社	2015.12	66.1
	淮阴年鉴	1996	淮阴区政府	淮阴区政府	淮阴区志办	内部出版	2015.12	81
	淮安区年鉴	2001	淮安区政府	淮安区政府	淮安区志办	中国古籍出版社	2015.12	75
	盱眙年鉴	1994	盱眙县政府	盱眙县政府	盱眙县志办	广陵书社	2015.12	43
	清河区年鉴	2008	清河区政府	清河区政府	清河区志办	方志出版社	2015.12	67.4
	建湖年鉴	1999	建湖县政府	建湖县政府	建湖县志办	中国文史出版社	2015.6	80.3
	金湖年鉴	1995	金湖县政府	金湖县政府	金湖县志办	线装书局	2015.12	75
	响水年鉴	2000	响水县政府	响水县政府	响水县志办	江苏人民出版社	2015.12	110
	滨海年鉴	2014	滨海县政府	滨海县政府	滨海县志办	江苏人民出版社	2015.12	103
	射阳年鉴	2000	射阳县政府	射阳县政府	射阳县志办	江苏人民出版社	2015.12	84.8
	阜宁年鉴	1986	阜宁县政府	阜宁县政府	阜宁县委党史工作办公室	江苏人民出版社	2015.12	75
	大丰年鉴	2000	大丰区政府	大丰区政府	大丰区年鉴编纂委员会	方志出版社	2015.12	86
	东台年鉴	2004	东台市政府	东台市政府	东台市党史志办	江苏人民出版社	2015.12	88
	盐都年鉴	1994	盐都区政府	盐都区政府	盐都区志办	方志出版社	2015.12	92.7
	亭湖年鉴	2006	亭湖区政府	亭湖区政府	亭湖区志办	方志出版社	2015.11	75
	宝应年鉴	2001	中共宝应县委、宝应县政府	中共宝应县委、宝应县政府	宝应县档案局	广陵书社	2015.9	85.8
	高邮年鉴	1987	高邮市委、市政府	高邮市委、市政府	高邮市志办	方志出版社	2015.12	81.1
	邗江年鉴	2004	中共邗江区委、邗江区政府	中共邗江区委、邗江区政府	邗江区史志办	广陵书社	2015.12	50
	广陵年鉴	2005	广陵区地方志年鉴编纂委员会	广陵区地方志年鉴编纂委员会	广陵区地方志年鉴编纂委员会	广陵书社	2015.12	80.6
	江都年鉴	1998	江都区地方志编委会	江都区地方志编委会	江都区志办	广陵书社	2015.12	72.3
	仪征年鉴	1999	仪征市政府	仪征市政府	仪征方志办	广陵书社	2015.12	82
	扬中年鉴	2009	扬中市政府	扬中市政府	扬中市史志办	广陵书社	2015.12	75
	京口年鉴	1993	京口区政府	京口区政府	京口区史志档案办公室	方志出版社	2015.12	80
	丹徒年鉴	1993	丹徒区政府	丹徒区政府	丹徒区史志办	方志出版社	2015.11	58

续表

年鉴类别	年鉴名称	创刊时间	主管单位	主办单位	编纂单位	出版单位	出版时间	字数（万字）
县区级年鉴	润州年鉴	2000	润州区政府	润州区政府	润州区史志档案办公室	方志出版社	2015. 12	52. 5
	句容年鉴	1996	句容市政府	句容市政府	句容市史志办	方志出版社	2015. 12	73. 9
	丹阳年鉴	1997	丹阳市政府	丹阳市政府	丹阳市史志办	方志出版社	2015. 10	75
	靖江年鉴	2001	靖江市政府	靖江市政府	靖江市党史方志档案办公室	方志出版社	2015. 10	65. 5
	泰兴年鉴	1994	泰兴市政府	泰兴市政府	泰兴市年鉴编纂委员会	方志出版社	2015. 12	60
	兴化年鉴	2002	兴化市政府	兴化市政府	兴化市史志档案办公室	江苏凤凰科技出版社	2015. 11	90
	高港年鉴	2010	高港区委、区政府	高港区委、区政府	区史志档案办公室	方志出版社	2015. 11	63. 4
	姜堰年鉴	2000	姜堰区政府	姜堰区政府	姜堰区史志档案办公室	方志出版社	2015. 11	74
	沭阳年鉴	2000	沭阳县政府	沭阳县政府	沭阳县志办	内部出版	2015. 12	40
	宿城年鉴	1999	宿城区政府	宿城区政府	宿城区志办	内部出版	2015. 12	60
	泗洪年鉴	2004	泗洪县政府	泗洪县政府	中共泗洪县委党史工作委员会	江苏人民出版社	2015. 12	61. 2
	泗阳年鉴	1996	《泗阳年鉴》编纂委员会	《泗阳年鉴》编纂委员会	《泗阳年鉴》编辑部	南京出版社	2015. 12	61
	宿豫年鉴	2002	宿豫区委、区政府	宿豫区委、区政府	宿豫区志办	江苏人民出版社	2015. 12	90

（江苏省志办）

【2015 年江苏省专业年鉴出版统计】

2015 年江苏省专业年鉴出版统计

年鉴名称	创刊时间	主管单位	主办单位	编纂单位	出版单位	出版时间	字数（万字）
江苏体育年鉴	1992	江苏省体育局	江苏省体育局	江苏体育信息中心	人民体育出版社	2015. 10	60
江苏民盟年鉴	2013	民盟江苏省委	民盟江苏省委	民盟江苏省委	河海大学出版社	2015. 10	59
江苏出版年鉴	1993	江苏省新闻出版局	江苏省新闻出版局	江苏省新闻出版局	江苏人民出版社	2015. 12	80
江苏交通年鉴	2002	江苏省交通宣传教育中心	江苏省交通宣传教育中心	江苏省交通宣传教育中心	《江苏交通年鉴》编辑部	2015. 12	117

续表

年鉴名称	创刊时间	主管单位	主办单位	编纂单位	出版单位	出版时间	字数（万字）
江苏保险年鉴	1987	中国保监会江苏监管局	中国保监会江苏监管局	江苏省保险协会	中国文史出版社	2015.9	120
江苏统计年鉴	1983	江苏省统计局	江苏省统计局	江苏省统计局	中国统计出版社	2015.8	254.4
江苏卫生年鉴	1989	江苏省卫生厅	江苏省卫生厅	江苏省卫生厅办公室	科学技术文献出版社	2015.12	111
江苏省文学艺术联合会年鉴	2009	江苏省文联	江苏省文联	江苏省文联	南京师范大学出版社	2015.12	53
江苏信息化年鉴	2001	江苏省发改委	江苏省发改委	江苏省信息中心	科技出版社	2015.12	110
长三角信息年鉴	2014	江苏省信息中心	江苏省信息中心	长三角信息研究中心	科技出版社	2015.11	100
长江三角洲城市年鉴	2003	中国城市经济学会、江苏省城市发展研究院、长江三角洲城市经济协调会	中国城市经济学会、江苏省城市发展研究院、长江三角洲城市经济协调会	南京志鉴文化传播有限公司	中国文史出版社	2015.11	180
江苏教育年鉴	1996	江苏省教育厅	江苏省教育厅	江苏省教育厅办公室	江苏教育出版社	2015.12	130
江苏宣传年鉴	2000	江苏省委宣传部	江苏省委宣传部	江苏省委宣传部	江苏人民出版社	2015.11	100
江苏水利年鉴	1989	江苏省水利厅	江苏省水利厅	江苏省水利厅办公室	河海大学出版社	2015.12	60.5
江苏博爱建筑年鉴	2009	江苏省建筑安全与设备管理协会	江苏省建筑安全与设备管理协会	江苏省建筑安全与设备管理协会	江苏人民出版社	2015.12	140
江苏开发区年鉴	2011	江苏省商务厅	江苏省开发区协会	江苏省开发区协会	内部出版	2015.11	100
江苏疾病预防控制年鉴	1985	江苏省疾控中心	江苏省疾控中心	江苏省疾控中心	内部出版	2015.12	74
江苏财政年鉴	—	江苏省财政厅	江苏省财政厅	江苏省财政厅	江苏人民出版社	2015.12	—
江苏社会科学年鉴	2015	江苏省哲学社会科学界联合会	江苏省哲学社会科学界联合会	江苏省哲学社会科学界联合会	江苏凤凰科学出版社	2015.12	65
江苏经济年鉴	2012	南京财经大学	南京财经大学	江苏现代服务业研究院	江苏凤凰出版社	2015.12	100

续表

年鉴名称	创刊时间	主管单位	主办单位	编纂单位	出版单位	出版时间	字数（万字）
南京统计年鉴	1992	南京市统计局、国家统计局南京调查队	南京市统计局、国家统计局南京调查队	南京市统计局、国家统计局南京调查队	中国统计出版社	2015.8	61.3
无锡统计年鉴	1992	无锡市统计局、国家统计局无锡调查队	无锡市统计局、国家统计局无锡调查队	无锡市统计局、国家统计局无锡调查队	中国统计出版社	2015.7	110
无锡城市建设年鉴	1993	无锡市建设局	无锡市建设局	无锡市城市建设档案馆	广陵书社	2015.12	50
无锡民营经济年鉴	2003	无锡市哲学社会科学联合会等	无锡市哲学社会科学联合会等	无锡太湖文史编纂中心	江苏人民出版社	2015.12	40
无锡保险年鉴	2010	无锡市金融工作办公室	无锡市金融工作办公室	无锡市保险学会、无锡市保险行业协会	方志出版社	2015.12	65
徐州教育年鉴	1996	徐州市教育局	徐州市教育局	徐州市教育局	方志出版社	2015.10	54
徐州统计年鉴	1990	徐州市统计局、国家统计局徐州调查队	徐州市统计局、国家统计局徐州调查队	徐州市统计局、国家统计局徐州调查队	中国统计出版社	2015.7	120
常州统计年鉴	1991	常州统计局、国家统计局常州调查队	常州统计局、国家统计局常州调查队	常州统计局、国家统计局常州调查队	中国统计出版社	2015.8	115
苏州统计年鉴	1989	苏州统计局、国家统计局苏州调查队	苏州统计局、国家统计局苏州调查队	苏州统计局、国家统计局苏州调查队	中国统计出版社	2015.7	136
南通统计年鉴	1999	南通市统计局、国家统计局南通调查队	南通市统计局、国家统计局南通调查队	南通市统计局、国家统计局南通调查队	中国统计出版社	2015.8	13
南通公安年鉴	2006	南通市公安年鉴编纂委员会	南通市公安局	南通市公安局	内部出版	2015.10	50
南通市文化年鉴	2002	南通文化年鉴编纂委员会	南通市文化广电新闻出版局	南通市文化广电新闻出版局	南通市文化广电新闻出版局	2015.8	35
连云港统计年鉴	1980	连云港市统计局、国家统计局连云港调查队	连云港市统计局、国家统计局连云港调查队	连云港市统计局、国家统计局连云港调查队	中国统计出版社	2015.8	216
连云港年鉴	1991	连云港港口集团	连云港港口集团	连云港港口集团	内部出版	2015.12	55

续表

年鉴名称	创刊时间	主管单位	主办单位	编纂单位	出版单位	出版时间	字数（万字）
淮安统计年鉴	—	淮安市统计局、国家统计局淮安调查队	淮安市统计局、国家统计局淮安调查队	淮安市统计局、国家统计局淮安调查队	中国统计出版社	2015.9	95.2
盐城统计年鉴	2000	盐城市政府	盐城市统计局、国家统计局盐城调查队	盐城市统计局、国家统计局盐城调查队	中国统计出版社	2015.8	72
扬州统计年鉴	1986	扬州市统计局	扬州市统计局	扬州市统计局	中国统计出版社	2015.9	110
镇江统计年鉴	1990	镇江市统计局	镇江市统计局	镇江市统计局	中国统计出版社	2015.8	126.5
泰州统计年鉴	1996	泰州市统计局、国家统计局泰州调查队	泰州市统计局、国家统计局泰州调查队	泰州市统计局、国家统计局泰州调查队	中国统计出版社	2015.9	83
宿迁统计年鉴	1996	宿迁市统计局、国家统计局宿迁调查队	宿迁市统计局、国家统计局宿迁调查队	宿迁市统计局、国家统计局宿迁调查队	中国统计出版社	2015.8	98
江阴统计年鉴	2004	江阴市统计局	江阴市统计局	江阴市统计局	中国统计出版社	2015.12	59
宜兴统计年鉴	—	宜兴市统计局	宜兴市统计局	宜兴市统计局	内部出版	2015.7	13
灌南统计年鉴	1958	灌南县统计局、国家统计局灌南调查队	灌南县统计局、国家统计局灌南调查队	灌南县统计局、国家统计局灌南调查队	内部出版	2015.10	20
阜宁统计年鉴	1961	阜宁县政府	阜宁县统计局	阜宁县统计局	内部出版	2015.12	50
大丰统计年鉴	1989	大丰市统计局	大丰市统计局	大丰市统计局	内部出版	2015.12	70
东台统计年鉴	1992	东台市统计局	国家统计局东台调查队	国家统计局东台调查队	内部出版	2015.8	52
句容统计年鉴	1949	句容市统计局	句容市统计局	句容市统计局	内部出版	2015.8	30
扬中统计年鉴	1987	扬中市统计局、统计协会	扬中市统计局、统计协会	扬中市统计局、统计协会	内部出版	2015.8	10
丹阳统计年鉴	2006	丹阳市统计局	丹阳市统计局	丹阳市统计局	中国统计出版社	2015.8	100
丹徒统计年鉴	1992	丹徒区统计局	丹徒区统计局	丹徒区统计局	内部出版	2015.10	4
润州统计年鉴	2003	润州区统计局	润州区统计局	润州区统计局	内部出版	2015.8	19
丹徒军事年鉴	2014	丹徒市武装部	丹徒市武装部	丹徒市武装部	内部出版	2015.11	20
兴化统计年鉴	1987	兴化市统计局	兴化市统计局	兴化市统计局	内部出版	2015.6	20

（江苏省志办）

【2015 年浙江省地方综合年鉴出版统计】

2015 年浙江省地方综合年鉴出版统计

年鉴类别	年鉴名称	创刊时间	主管单位	主办单位	编纂单位	出版单位	出版时间	字数（万字）
地市（含副省级城市）级年鉴	温州年鉴	1998	中共温州市委、市政府	温州市政府志办	温州市政府志办	中华书局	2015.12	130
	湖州年鉴	1994	湖州市政府	湖州市政府	《湖州年鉴》编纂委员会	方志出版社	2015.11	95.2
	嘉兴年鉴	1998	中共嘉兴市委、市政府	嘉兴市地方志编委会	嘉兴市志办	方志出版社	2015.11	116.1
	绍兴年鉴	2000	绍兴市政府	绍兴市政府	绍兴市志办	方志出版社	2015.12	101.8
	金华年鉴（2013）	1997	—	中共金华市委、市政府	金华市地方志编委会	方志出版社	2015.5	84.6
	金华年鉴（2014）	1997	—	中共金华市委、市政府	金华市地方志编委会	方志出版社	2015.10	71.6
	金华年鉴	1997	—	中共金华市委、市政府	金华市地方志编委会	方志出版社	2015.11	88.9
	衢州年鉴（2013）	1995	中共衢州市委、市政府	中共衢州市委、市政府	衢州市地方志编委会	中国文史出版社	2015.2	76.5
	舟山年鉴	1997	—	中共舟山市委、市政府	舟山市史志办	中国文史出版社	2015.11	125
	台州年鉴	1984	台州市档案局	台州市档案局	台州市档案局	中华书局	2015.10	140
	丽水年鉴	1996	—	中共丽水市委、市政府	丽水市志办	方志出版社	2015.9	95.5
县区级年鉴	洞头年鉴	1991	中共洞头县委、县政府	洞头县委史志编纂委员会	洞头区委史志办	方志出版社	2015.11	60.8
	瓯海年鉴	2006	—	中共瓯海区委、区政府	瓯海区地方志办	中华书局	2015.12	52.3
	龙湾年鉴	2005	中共龙湾区委、龙湾政府	龙湾区委史志办	龙湾区史志编纂委员会、龙湾区委史志办	中国时代经济出版社	2015.11	93.3
	乐清年鉴（2014）	2005	乐清市政府	乐清市地方志编委会	乐清市地方志编委会、乐清年鉴编辑部	线装书局	2015.2	78.4
	瑞安年鉴（2014）	1987	瑞安市府办	瑞安市政府	瑞安市志办	中华书局	2015	80
	永嘉年鉴	2004	永嘉县政府	中共永嘉县委、县政府	永嘉县志办	方志出版社	2015.12	81.9
	苍南年鉴	1994	苍南县方志办	苍南县方志办	苍南年鉴编辑部	线装书局	2015.9	74

续表

年鉴类别	年鉴名称	创刊时间	主管单位	主办单位	编纂单位	出版单位	出版时间	字数（万字）
县区级年鉴	泰顺年鉴	—	—	—	泰顺史志办	中国时代经济出版社	2015.12	50
	文成年鉴	1985	中共文成县委	文成县地方志编委会	中共文成县委党史县志办公室	内部发行	2015.8	45.8
	平阳年鉴	1994	—	平阳县政府	平阳县志办	中国文史出版社	2015.12	84.4
	长兴年鉴	1994	中共长兴县委、县政府	长兴县史志办	长兴县史志办	方志出版社	2015.8	100.2
	德清年鉴	1994	中共德清县委、县政府	德清县史志办	德清县史志办	方志出版社	2015.12	58
	嘉善年鉴	1999	嘉善县地方志编委会	嘉善县史志办	嘉善县史志办	方志出版社	2015.10	103.4
	平湖年鉴	1997	平湖市地方志编委会	平湖市档案局（史志办）	平湖市档案局（史志办）	中华书局	2015.11	75
	海盐年鉴	1994	海盐县党史地方志编委会	海盐县史志办	海盐县史志办	中华书局	2015.12	90.5
	海宁年鉴	1999	海宁市史志编纂委员会	海宁市档案局（史志办）	海宁市档案局（史志办）	方志出版社	2015.11	76.4
	桐乡年鉴	1998	桐乡市地方志编委会	桐乡市史志办	桐乡市史志办	方志出版社	2015.11	72.8
	新昌年鉴	2002	新昌县政府	新昌县地方志编委会	新昌县地方志编委会	内部出版	2015	55.4
	柯桥区年鉴	2001	中共柯桥区委、区政府	中共柯桥区委、区政府	柯桥区史志办	浙江人民出版社	2015.12	70
	嵊州年鉴	2002	—	嵊州市政府	嵊州市史志办	中国时代经济出版社	2015.10	76.4
	兰溪年鉴（2014）	2013	—	中共兰溪市委、市政府	兰溪市志办	浙江人民出版社	2015.6	76
	东阳年鉴（2014）	1997	—	中共东阳市委、市政府	东阳市政府志办	上海人民出版社	2015.7	68
	义乌年鉴	2008	中共义乌市委、市政府	义乌市政府	义乌市地方志编委会	上海人民出版社	2015.12	67.8
	永康年鉴（2014）	2013	—	中共永康市委、市政府	永康市地方志编委会	上海人民出版社	2015.9	121.1
	武义年鉴（2014）	2015	—	—	武义县地方志编委会	中国时代经济出版社	2015.8	58.2
	磐安县鉴（2013）	2012	—	—	磐安县志办	中国文史出版社	2015.5	50

续表

年鉴类别	年鉴名称	创刊时间	主管单位	主办单位	编纂单位	出版单位	出版时间	字数（万字）
县区级年鉴	柯城年鉴（2011~2012）	2007	中共柯城区委、区政府	中共柯城区委、区政府	柯城区地方志编委会、柯城区档案局	中国文史出版社	2015.7	69
	龙游年鉴	2005	中共龙游县委、县政府	中共龙游县委、县政府	龙游县地方志编委会	方志出版社	2015.12	94
	常山年鉴（2014）	2005	中共常山县委、县政府	中共常山县委、县政府	常山县地方志编委会	方志出版社	2015.10	78.3
	开化年鉴（2014）	2009	中共开化县委、县政府	中共开化县委、县政府	开化县地方志编委会	中国文史出版社	2015.1	70
	定海年鉴	2004	—	舟山市定海区委、区政府	舟山市定海区史志办	中国文史出版社	2015.12	100
	岱山年鉴（2014）	1996	—	岱山县委、县政府	岱山县史志办	浙江人民出版社	2015	75
	嵊泗年鉴（2013）	1992	—	—	嵊泗县地方志编纂委员会	中国文史出版社	2015.12	40
	椒江年鉴	2004	椒江区委、区政府	椒江区委、区政府	椒江区志办、椒江区档案局	中华书局	2015.10	59.4
	黄岩年鉴	2002	黄岩区委	黄岩区委政策研究室	《黄岩年鉴》编委会	内部出版	2015.10	38.5
	路桥年鉴	1994	路桥区委	路桥区档案局	《路桥年鉴》编纂委员会	浙江古籍出版社	2015.11	68
	温岭年鉴	2002	温岭市委办	温岭市档案局	温岭市档案局	内部出版	2015.10	—
	天台年鉴	2003	台州市档案局	天台县档案局	天台县档案局	中华书局	2015.12	60
	仙居年鉴（2013~2014）	2012	仙居县政府办公室	仙居县志办	仙居县志办	中华书局	2015.12	—
	三门年鉴	2002	三门县政府	三门县档案局	三门县档案局	银河出版社		
	莲都年鉴	2006	—	莲都区委、区政府	莲都区史志办	方志出版社	2015.12	78.3
	龙泉年鉴（2008~2012）	—	—	中共龙泉市委、市政府	龙泉市史志办	内部出版	2015	—
	云和年鉴	1997	—	中共云和县委、县政府	云和县年鉴编纂委员会	内部出版	2015	—
	庆元年鉴（2014）	2007	—	中共庆元县委、县政府	庆元县档案局（馆、史志办）	方志出版社	2015.3	50.5
	庆元年鉴	2007	—	中共庆元县委、县政府	庆元县档案局（馆、史志办）	中国文史出版社	2015.12	42.2
	缙云年鉴（2014）	2002	缙云县政府	中共缙云县委、县政府	缙云县志办	内部出版	2015.4	70

【2015年浙江省专业年鉴出版统计】

2015年浙江省专业年鉴出版统计

年鉴名称	创刊时间	主管单位	主办单位	编纂单位	出版单位	出版时间	字数（万字）
浙江公安年鉴	2004	浙江省公安厅	—	浙江公安史志编纂委员会	方志出版社	2015	—
浙江文化年鉴	2007	浙江省文化厅	浙江省文化研究院	《浙江文化年鉴》编辑委员会	中华书局	2015	—
浙江地税年鉴	2001	浙江省地方税务局	浙江省地方税务局	《浙江地税年鉴》编纂办公室	中华书局	2015	—
浙江统一战线年鉴	2005	中共浙江省委统战部	中共浙江省委统战部	中共浙江省委统战部	杭州出版社	2015	—
浙江财政年鉴	2001	浙江省财政厅	浙江省财政厅	《浙江财政年鉴》编委会	中华书局	2015	—
浙江交通年鉴	2001	浙江省交通运输厅	浙江省交通运输厅办公室	浙江省交通运输厅年鉴办	内部资料	2015	—
浙江人力资源和社会保障年鉴	2010	浙江省人力资源和社会保障厅	浙江省人力资源和社会保障科学研究院	浙江省人力资源和社会保障科学研究院	浙江大学出版社	2015	—
温州统计年鉴	1985	—	—	温州市统计局	中国统计出版社	2015.8	—
温州公安年鉴	2010	—	温州公安局	温州公安史志编纂委员会	中华书局	2015.12	56
温州科技年鉴	2003	—	—	温州市科技局	内部出版	2015.12	—
温州大学年鉴	2007	—	—	温州大学	内部出版	2015.12	—
鹿城统计年鉴	1985	—	—	鹿城区统计局	内部出版	2015.10	—
龙湾统计年鉴	2005	—	—	龙湾区统计局	内部出版	2015.11	—
瓯海统计年鉴	1982	—	—	瓯海区统计局	内部出版	2015.10	—
洞头统计年鉴	1978	—	—	洞头区统计局	内部出版	2015.5	40.2
乐清统计年鉴	1983	乐清市政府	—	乐清市统计局	内部出版	2015.8	26
瑞安统计年鉴	1987	—	—	瑞安市统计局	内部出版	2015	—
永嘉统计年鉴	1993年	永嘉县统计局	永嘉县统计局	永嘉县统计局、国家统计局永嘉调查队	内部出版	2015.9	40
泰顺统计年鉴	1983	—	泰顺县统计局	泰顺县统计局	内部出版	2015	5.6
苍南统计年鉴	1997	—	—	苍南县统计局	内部出版	2015.11	—
文成统计年鉴	1989	—	—	文成县统计局	内部出版	2015.8	—

续表

年鉴名称	创刊时间	主管单位	主办单位	编纂单位	出版单位	出版时间	字数（万字）
平阳统计年鉴	1977	—	—	平阳县统计局	内部发行	2015	—
嘉兴统计年鉴	1988	—	嘉兴市统计局	嘉兴市统计局	中国统计出版社	2015.9	140
嘉善统计年鉴	1989	—	嘉善县统计局	嘉善县统计局	内部出版	2015	—
平湖统计年鉴	1991	—	平湖市统计局	平湖市统计局	内部出版	2015	—
海盐统计年鉴	1992	—	海盐县统计局	海盐县统计局	内部出版	2015.7	—
海宁统计年鉴	1985	—	海宁市统计局	海宁市统计局	内部出版	2015.10	—
桐乡统计年鉴	1995	—	桐乡市统计局	桐乡市统计局	内部出版	2015	—
南湖区统计年鉴	2003	—	南湖区统计局	南湖区统计局	内部出版	2015.9	—
秀洲区统计年鉴	1983	—	秀洲区统计局	秀洲区统计局	内部出版	2015	—
衢州统计年鉴	1988	—	—	衢州市统计局、国家统计局衢州调查队	中国统计出版社	2015.9	49
舟山统计年鉴	—	—	—	舟山市统计局、国家统计局舟山调查队	中国统计出版社	2015.9	85
舟山公安年鉴(2014)	2012	—	—	舟山市公安局	内部出版	2015.4	—
台州统计年鉴	—	台州市统计局	台州市统计局	台州市统计局、国家统计局台州调查队	中国统计出版社	2015.8	120
临海市统计年鉴(2014)	1975	中共临海市委、市政府	临海市统计局、国家统计局临海调查队	临海市统计局、国家统计局临海调查队	内部出版	2015.8	—
温岭统计年鉴(2014)	—	—	温岭市统计局	温岭市统计局	内部出版	—	—
台州市玉环县军事年鉴	2006	台州军分区	玉环县人民武装部	玉环县人民武装部	内部出版	2015.12	4.3
三门县统计年鉴(2014)	1978	台州市统计局	三门县统计局	三门县统计局	内部出版	2015.6	—
仙居统计年鉴(2014)	—	台州市统计局	仙居县统计局	仙居县统计局	内部出版	2015.6	—
庆元县军事年鉴(2006~2010)	2015	—	庆元县人武部	《庆元县军事年鉴》编纂委员会	内部出版	2015.9	18

（浙江省方志办）

【2015年福建省地方综合年鉴出版统计】

2015年福建省地方综合年鉴出版统计

年鉴类别	年鉴名称	创刊时间	主管单位	主办单位	编纂单位	出版单位	出版时间	字数（万字）
地市级年鉴	福州年鉴	1988	福州市政府	福州市政府	福州市方志委	方志出版社	2015.9	115
	厦门年鉴	2002	厦门市政府	厦门市政府	厦门市方志办	方志出版社	2015.12	151.6
	宁德年鉴（2014）	1999	宁德市政府	宁德市政府	宁德市方志委	海风出版社	2015.3	84
	宁德年鉴	1999	宁德市政府	宁德市政府	宁德市方志委	海风出版社	2015.12	80
	漳州年鉴（2013）	2000	漳州市政府	漳州市政府	漳州市方志委	方志出版社	2015.9	95.1
	南平年鉴	1997	南平市政府	南平市政府	南平市方志委	福建省地图出版社	2015.11	130
	三明年鉴	2007	三明市政府	三明市政府	三明市方志委	方志出版社	2015.12	115
县区级年鉴	鼓楼年鉴	2015	鼓楼区政府	鼓楼区政府	鼓楼区方志委	海峡书局	2015.11	52
	长乐年鉴	2014	长乐市政府	长乐市政府	长乐市方志委	福建省地图出版社	2015.9	84.4
	台江年鉴（2014）	2014	台江区政府	台江区政府	台江区方志委	海峡书局	2015.6	48.4
	台江年鉴	2014	台江区政府	台江区政府	台江区方志委	海峡书局	2015.11	50
	马尾年鉴	2015	马尾区政府	马尾区政府	马尾区方志办	方志出版社	2015.10	60.6
	晋安年鉴	2015	晋安区政府	晋安区政府	晋安区方志办	海峡书局	2015.12	50
	闽侯年鉴	2015	闽侯县政府	闽侯县政府	闽侯县方志委	海峡文艺出版社	2015.12	60
	福清年鉴	2015	福清市政府	福清市政府	福清市方志委	福建人民出版社	2015.12	37
	连江年鉴	2015	连江县政府	连江县政府	连江县方志委	福建省地图出版社	2015.12	70
	仓山年鉴	2015	仓山区政府	仓山区政府	仓山区方志办	海峡书局	2015.12	51
	罗源年鉴	2015	罗源县政府	罗源县政府	罗源县方志委	福建省地图出版社	2015.11	61
	闽清年鉴	2015	闽清县政府	闽清县政府	闽清县方志委	哈尔滨工程大学出版社	2015.12	87.8
	永泰年鉴	2000	永泰县政府	永泰县政府	永泰县方志委	福建省地图出版社	2015.6	50
	集美年鉴	2012	集美区政府	集美区政府	集美区方志办	中华书局	2015.12	83
	湖里年鉴（2014）	2015	湖里区政府	湖里区政府	湖里区方志委	方志出版社	2015.6	80.7
	翔安年鉴（2014）	2015	翔安区政府	翔安区政府	《翔安年鉴》编纂委员会	中华书局	2015.2	66.5
	龙海年鉴（2013）	1999	龙海市政府	龙海市政府	龙海市方志委	内部出版	2015.12	45
	龙海年鉴	1997	龙海市政府	龙海市政府	龙海市方志委	内部出版	2015.11	49
	诏安年鉴（2014）	2013	诏安县政府	诏安县政府	诏安县地方志编委会	内部出版	2015.1	35

续表

年鉴类别	年鉴名称	创刊时间	主管单位	主办单位	编纂单位	出版单位	出版时间	字数（万字）
县区级年鉴	诏安年鉴	2013	诏安县政府	诏安县政府	诏安县地方志编委会	内部出版	2015.12	40
	南靖年鉴	2009	南靖县政府	南靖县政府	南靖县方志委	内部出版	2015.12	55
	漳浦年鉴（2014）	2009	漳浦县政府	漳浦县政府	漳浦县地方志编委会	中国文史出版社	2015.1	72
	云霄年鉴（2014）	2014	云霄县政府	云霄县政府	云霄县方志委	内部出版	2015.8	30
	长泰年鉴（2011）	2013	长泰县政府	长泰县政府	长泰县方志委	内部出版	2015.8	55
	长泰年鉴（2012）	2013	长泰县政府	长泰县政府	长泰县地方志编委会	内部出版	2015.8	55
	长泰年鉴（2013）	2013	长泰县政府	长泰县政府	长泰县地方志编委会	内部出版	2015.8	50
	清流年鉴（2014）	2007	清流县政府	清流县政府	清流县方志办	内部出版	2015.4	55
	清流年鉴	2007	清流县政府	清流县政府	清流县方志办	方志出版社	2015.12	61.1
	永安年鉴	1990	永安市政府	永安市政府	永安市方志办	内部出版	2015.12	70
	泰宁年鉴（2013～2014）	1997	泰宁县政府	泰宁县政府	泰宁县方志办	内部出版	2015.12	55
	建宁年鉴（2014）	2006	建宁县政府	建宁县政府	建宁县方志办	鹭江出版社	2015.11	40
	梅列年鉴（2014）	2009	梅列区政府	梅列区政府	梅列区方志委	方志出版社	2015.1	56.7
	将乐年鉴（2014）	2008	将乐县政府	将乐县政府	将乐县方志办	内部出版	2015.8	40.7
	大田年鉴（2014）	1998	大田县政府	大田县政府	大田县方志办	方志出版社	2015.3	58.4
	大田年鉴	1998	大田县政府	大田县政府	大田县方志办	方志出版社	2015.12	58.4
	沙县年鉴（2014）	1998	沙县政府	沙县政府	沙县方志办	内部出版	2015.4	33
	尤溪年鉴（2014）	2002	尤溪县政府	尤溪县政府	尤溪县方志办	内部出版	2015.1	60
	尤溪年鉴	2002	尤溪县政府	尤溪县政府	尤溪县方志办	海峡书局	2015.12	38
	宁化年鉴（2014）	1998	宁化县政府	宁化县政府	宁化县方志办	内部出版	2015.1	51
	宁化年鉴	1998	宁化县政府	宁化县政府	宁化县方志办	中国时代经济出版社	2015.11	70.8

续表

年鉴类别	年鉴名称	创刊时间	主管单位	主办单位	编纂单位	出版单位	出版时间	字数（万字）
县区级年鉴	延平年鉴（2014）	2007	延平区政府	延平区政府	延平区方志委	福建省地图出版社	2015.3	56
	延平年鉴	2007	延平区政府	延平区政府	延平区方志委	福建省地图出版社	2015.12	54
	政和年鉴（2011～2013）	1997	政和县政府	政和县政府	政和县地方志编委会	海峡书局	2015.9	103
	光泽年鉴	2015	光泽县政府	光泽县政府	光泽县方志委	福建省地图出版社	2015.12	76
	松溪年鉴（2011～2013）	2015	松溪县政府	松溪县政府	松溪县方志委	海峡书局	2015.12	45
	邵武年鉴（2014）	2014	邵武市政府	邵武市政府	邵武市方志委	福建省地图出版社	2015.2	42
	邵武年鉴	2014	邵武市政府	邵武市政府	邵武市方志委	福建省地图出版社	2015.12	50
	顺昌年鉴（2014～2015）	2015	顺昌县政府	顺昌县政府	顺昌县地方志编委会	内部出版	2015.10	35.2
	建阳年鉴（2014）	2013	建阳区政府	建阳区政府	建阳区地方志编委会	福建省地图出版社	2015.4	45
	建阳年鉴	2013	建阳区政府	建阳区政府	建阳区地方志编委会	海峡书局	2015.12	40
	浦城年鉴	2015	浦城县方志委	浦城县方志委	浦城县方志委	内部出版	2015.12	52
	洛江年鉴（2013）	2013	洛江区政府	洛江区政府	洛江区方志办	—	2015	39
	泉港年鉴（2012～2013）	2011	泉港区政府	泉港区政府	泉港区方志办	内部出版	2015.6	123
	晋江年鉴（2014）	1996	晋江市方志委	晋江市方志委	晋江市方志委	方志出版社	2015.1	172.9
	石狮年鉴（2014）	2003	石狮市政府	石狮市政府	石狮市方志委	方志出版社	2015.1	66.4
	石狮年鉴	2003	石狮市政府	石狮市政府	石狮市方志委	方志出版社	2015.10	67.1
	德化年鉴（2013）	2007	德化县政府	德化县政府	德化县方志办	鹭江出版社	2015.10	72.2
	惠安年鉴	2013	惠安县政府	惠安县政府	惠安县方志委	福建省地图出版社	2015.12	65
	上杭年鉴	1995	上杭县政府	上杭县政府	上杭县方志委	鹭江出版社	2015.9	80
	武平年鉴	1996	武平县政府	武平县政府	武平县方志委	内部出版	2015.12	50
	屏南年鉴（2013）	2014	屏南县政府	屏南县政府	屏南县地方志编委会	中国言实出版社	2015.4	35.5
	屏南年鉴（2014）	2014	屏南县政府	屏南县政府	屏南县地方志编委会	中国言实出版社	2015.4	35

续表

年鉴类别	年鉴名称	创刊时间	主管单位	主办单位	编纂单位	出版单位	出版时间	字数(万字)
县区级年鉴	屏南年鉴	2014	屏南县政府	屏南县政府	屏南县地方志编委会	中国文史出版社	2015.12	33
	霞浦年鉴	2015	霞浦县政府	霞浦县政府	霞浦县地方志编委会	海峡书局	2015.12	45
	寿宁年鉴	2000	寿宁县政府	寿宁县政府	寿宁县地方志编委会	海峡书局	2015.12	43

（孙洁斐）

【2015 年福建省专业年鉴出版情况统计】

2015 年福建省专业年鉴出版情况统计

年鉴名称	创刊时间	主管单位	主办单位	编纂单位	出版单位	出版时间	字数(万字)
邵武统计年鉴	2015	邵武市政府	邵武市政府	邵武市统计局	内部出版	2015.8	40
晋江统计年鉴	2015	晋江市统计局	晋江市统计局	晋江市统计局	内部出版	2015.8	
德化统计年鉴	2015	德化县统计局、国家统计局德化调查队	德化县统计局、国家统计局德化调查队	德化县统计局	内部出版	2015.9	—
延平统计年鉴	1950	延平区政府	延平区政府	延平区统计局	内部出版	2015.9	28
宁德宣传年鉴	2014	中共宁德市委宣传部	中共宁德市委宣传部	中共宁德市委宣传部	内部出版	2015.2	—
宁德统计年鉴	2015	宁德市统计局、国家统计局宁德调查队	宁德市统计局、国家统计局宁德调查队	宁德市统计局、国家统计局宁德调查队	中国统计出版社	2015.9	130
福建卫生计生年鉴	2014	福建省卫生和计划生育委员会	福建省卫生和计划生育委员会	福建卫生计生年鉴编委会	内部出版	2015.6	100
福建地税年鉴	2014	福建省地方税务局	福建省地方税务局	福建地税年鉴编委会	内部出版	2015	55

（孙洁斐）

【2015 年江西省地方综合年鉴出版统计】

2015 年江西省地方综合年鉴出版统计

年鉴类别	年鉴名称	创刊时间	主管单位	主办单位	编纂单位	出版单位	出版时间	字数(万字)
省级年鉴	江西年鉴	2002	江西省政府	江西省政府	江西省志办	中国时代经济出版社	2015.9	138.7

续表

年鉴类别	年鉴名称	创刊时间	主管单位	主办单位	编纂单位	出版单位	出版时间	字数（万字）
地市级年鉴	南昌年鉴	1998	中共南昌市委、市政府	中共南昌市委、市政府	南昌市史志办	方志出版社	2015. 10	158. 8
	赣州年鉴	2002	赣州市政府	赣州市政府	赣州市志办	方志出版社	2015. 10	102. 6
	新余年鉴	1996	新余市政府	新余市政府	新余市志办	江西人民出版社	2015. 12	80
	九江年鉴	2004	九江市政府	九江市政府	九江市史志办	武汉出版社	2015. 11	134
	鹰潭年鉴	2002	鹰潭市政府	鹰潭市政府	鹰潭市地方志办	方志出版社	2015	—
	萍乡年鉴	2005	萍乡市政府	萍乡市政府	萍乡市史志办	内部出版	2015. 11	60
县区级年鉴	万安年鉴（2014）	2012	中共万安县委、县政府	中共万安县委、县政府	万安县档案史志局	内部出版	2015. 4	45
	永新年鉴（2014）	2005	中共永新县委、县政府	中共永新县委、县政府	永新县史志办	江西人民出版社	2015. 3	60
	泰和年鉴（2014）	2012	中共泰和县委、县政府	中共泰和县委、县政府	泰和县地方志办	江西人民出版社	2015. 3	87
	章贡年鉴	2007	章贡区政府	章贡区政府	章贡区地方志办	三秦出版社	2015. 6	60
	信丰年鉴（2014）	2007	信丰县政府	信丰县政府	信丰县地方志办	江西人民出版社	2015. 10	60
	永新年鉴	2005	中共永新县委、县政府	中共永新县委、县政府	永新县史志办	武汉出版社	2015. 12	60
	新建年鉴（2014）	2011	《新建年鉴》编辑委员会	《新建年鉴》编辑委员会	新建区地方志办	内部出版	2015. 11	150. 5
	新干年鉴（2011～2012）	1986	新干县政府	新干县政府	新干县地方志办	中央民族大学出版社	2015. 2	40
	高安年鉴（2013）	1990	中共高安市委、市政府	中共高安市委、市政府	高安市史志办	内部出版	2015. 2	60
	九江县年鉴	2011	九江县政府	九江县政府	九江县地方志办	武汉出版社	2015. 12	70
	武宁年鉴（2014）	2010	武宁县政府	武宁县政府	武宁县地方志办	内部出版	2015. 4	42
	龙南年鉴	2000	龙南县政府	龙南县政府	龙南县地方志办	内部出版	2015. 12	30

续表

年鉴类别	年鉴名称	创刊时间	主管单位	主办单位	编纂单位	出版单位	出版时间	字数（万字）
县区级年鉴	安义年鉴（2014）	1993	安义县政府	安义县政府	安义县史志办	内部出版	2015. 4	30
	樟树年鉴（2014）	1989	樟树市政府	樟树市政府	樟树市史志办	江西科技出版社	2015. 10	74
	瑞昌年鉴（2014）	2012	瑞昌市政府	瑞昌市政府	瑞昌市志办	内部出版	2015. 1	68
	青山湖年鉴	2013	青山湖区委	青山湖区委	青山湖区委史志办	江西省画报社	2015. 12	40
	西湖年鉴（2014）	—	《西湖年鉴》编辑委员会	《西湖年鉴》编辑委员会	西湖区地方志办	内部出版	2015	26
	瑞金年鉴	2009	瑞金市政府	瑞金市政府	瑞金市县志办	内部出版	2015. 12	47
	崇义年鉴	1986	崇义县政府	崇义县政府	崇义县志办	方志出版社	2015. 12	82
	兴国年鉴	1993	兴国县政府	兴国县政府	兴国县志办	内部出版	2015. 9	30
	会昌年鉴	2011	会昌县政府	会昌县政府	会昌县地方志办	内部出版	2015. 12	50
	赣县年鉴	1986	赣县政府	赣县政府	赣县地方志办	内部出版	2015. 12	100
	定南年鉴	1986	定南县政府	定南县政府	定南县档案史志局	内部出版	2015. 12	30
	石城年鉴	2010	石城县政府	石城县政府	石城县地方志办	内部出版	2015. 10	59
	南康年鉴	2002	南康区志办	南康区志办	南康区志办	黄山书社	2015. 11	80
	永丰年鉴	2012	中共永丰县委、县政府	中共永丰县委、县政府	永丰县地方志办	内部出版	2015. 11	54
	峡江年鉴（2014）	2012	《峡江年鉴》编辑委员会	《峡江年鉴》编辑委员会	峡江县地方志办	内部出版	2015. 6	80
	遂川年鉴（2014）	2013	中共遂川县委、县政府	中共遂川县委、县政府	遂川县地方志办	内部出版	2015. 2	52
	井冈山年鉴（2014）	2011	井冈山市地方志编委会	井冈山市地方志编委会	井冈山市地方志编委会	中国时代经济出版社	2015. 3	176. 7
	弋阳年鉴	1993	弋阳县政府	弋阳县政府	弋阳县地方志办	内部出版	2015. 1	40
	信州年鉴（2014）	2012	信州区政府	信州区政府	信州区地方志办	内部出版	2015. 1	40
	德兴年鉴（2013）	2014	德兴市政府	德兴市政府	德兴市地方志办	内部出版	2015. 3	60

续表

年鉴类别	年鉴名称	创刊时间	主管单位	主办单位	编纂单位	出版单位	出版时间	字数（万字）
县区级年鉴	浮梁年鉴（2014）	2004	浮梁县政府	浮梁县政府	浮梁县史志档案局	内部出版	2015.10	80
	乐平年鉴	1993	乐平市地方志办	乐平市地方志办	乐平市年鉴编委会	内部出版	2015.11	45
	安源年鉴	2009	安源区政府	安源区政府	安源区史志办	内部出版	2015..10	8
	上栗年鉴	2008	上栗县政府	上栗县政府	上栗县史志办	内部出版	2015	—
	莲花年鉴	2010	莲花县政府	莲花县政府	莲花县史志办	内部出版	2015.6	60
	安福年鉴（2014）	1997	安福县政府	安福县政府	安福县地方志办	内部出版	2015.1	70
	吉水年鉴（2014）	2012	吉水县地方志编委会	吉水县地方志编委会	吉水县史志档案局	内部出版	2015.4	40

（张志勇）

【2015年江西省专业年鉴出版统计】

2015年江西省专业年鉴出版统计

年鉴名称	创刊时间	主管单位	主办单位	编纂单位	出版单位	出版时间	字数（万字）
上饶统计年鉴	—	上饶市统计局、国家统计局上饶调查队	上饶市统计局、国家统计局上饶调查队	上饶市统计局、国家统计局上饶调查队	内部出版	2015.9	98
景德镇统计年鉴	—	—	—	景德镇市统计局、国家统计局景德镇调查队	内部出版	2105.9	—
萍乡统计年鉴	—	萍乡市统计局	萍乡市统计局	萍乡市统计局	内部出版	—	—
遂川统计年鉴	1985	遂川县统计局	遂川县统计局	遂川县统计局	内部出版	2015.9	20
泰和统计年鉴（2014）	—	泰和县统计局	泰和县统计局	泰和县统计局	内部出版	2015.8	—
峡江统计年鉴	2014	《峡江统计年鉴》编辑委员会	《峡江统计年鉴》编辑委员会	峡江县统计局	内部出版	2015.4	—
永丰统计年鉴	—	永丰县统计局	永丰县统计局	永丰县统计局	内部出版	2015	—
鹰潭广播电视年鉴（2014）	2006	鹰潭市文广新局	鹰潭市文广新局	—	内部出版	—	—
鹰潭统计年鉴（2014）	—	鹰潭市统计局	鹰潭市统计局	—	内部出版	—	—

续表

年鉴名称	创刊时间	主管单位	主办单位	编纂单位	出版单位	出版时间	字数（万字）
鹰潭环保年鉴（2014）	—	鹰潭市环保局	鹰潭市环保局	—	内部出版	—	—
石城统计年鉴（2014）	—	石城县统计局	石城县统计局	石城县统计局	石城县统计局	2015.8	30
石城交通年鉴	—	石城县交通局	石城县交通局	石城县交通局	内部出版	2015.3	45
全南工商行政管理年鉴（2001～2014）	—	全南县工商局	全南县工商局	全南县工商局	内部出版	2015.1	15
南昌统计年鉴	1995	南昌市统计局	南昌市统计局	南昌市统计局	中国统计出版社	2015.9	98
南昌市场和质量监督管理年鉴（原工商行政管理年鉴）	2009	南昌市市场和质量监督管理局	南昌市市场和质量监督管理局	南昌市市场和质量监督管理年鉴编辑委员会	内部出版	2015	40
西湖区经济统计年鉴	—	西湖区统计局	西湖区统计局	—	内部出版	2015	25
九江统计年鉴	1992	九江市政府	九江市政府	九江市统计局、国家统计局九江调查队	中国统计出版社	2015.8	52.8
中共江西省委党校江西行政学院年鉴（2014）	2000	中共江西省委党校	中共江西省委党校	中共江西省委党校办公室研究室	内部出版	2015.7	25
抚州统计年鉴	—	—	—	抚州市统计局、国家统计局抚州调查队	中国统计出版社	2015.9	75
靖安统计年鉴	1978	靖安县政府	靖安县政府	靖安县统计局	内部出版	2015.5	60
奉新统计年鉴（2014）	1978	奉新县统计局	奉新县统计局	奉新县统计局	内部出版	—	—
樟树统计年鉴（2014）	—	樟树市统计局	樟树市统计局	—	内部出版	2015.10	41
高安统计年鉴（2014）	1950	高安市政府	高安市政府	高安市统计局	内部出版	2015.8	30
铜鼓统计年鉴	1980	铜鼓县政府	铜鼓县政府	铜鼓县统计局	内部出版	2015.7	60
江西省高级人民法院年鉴（2013卷）	—	江西省高级人民法院	江西省高级人民法院	江西省高级人民法院	内部出版	2015.8	44

（张志勇）

【2015 年山东省地方综合年鉴出版统计】

2015 年山东省地方综合年鉴出版统计

年鉴类别	年鉴名称	创刊时间	主管单位	主办单位	编纂单位	出版单位	出版时间	字数（万字）
省级年鉴	山东年鉴	1987	山东省政府办公厅	山东省史志办	山东省史志办	山东年鉴社	2015.6	125
地市（含副省级城市）级年鉴	济南年鉴	1989	济南市政府	济南市史志办	济南市史志办	济南出版社	2015.9	95
	青岛年鉴	1988	青岛市政府	青岛市史志办	青岛市史志办	青岛年鉴社	2015.8	132
	淄博年鉴	1987	淄博市政府	淄博市史志办	淄博市史志办	黄河出版社	2015.9	76.5
	枣庄年鉴	1987	枣庄市政府	枣庄市史志办	枣庄市史志办	长城出版社	2015.10	100
	东营年鉴	1993	东营市政府	东营市史志办	东营市史志办	中华书局	2015.6	116.3
	烟台年鉴	1990	烟台市政府	烟台市史志办	烟台市史志办	中华书局	2015.10	80
	潍坊年鉴	1995	潍坊市政府	潍坊市史志办	潍坊市史志办	方志出版社	2015.12	95
	济宁年鉴	2003	济宁市政府	济宁市史志办	济宁市史志办	黄河出版社	2015.9	94.7
	泰安年鉴	1991	泰安市政府	泰安市史志办	泰安市史志办	方志出版社	2015.10	95.7
	威海年鉴	1998	威海市政府	威海市史志办	威海市史志办	方志出版社	2015.10	118.6
	日照年鉴	1994	日照市政府	日照市史志办	日照市史志办	中国文史出版社	2015.11	85
	莱芜年鉴	1994	莱芜市政府	莱芜市史志办	莱芜市史志办	黄河出版社	2015.9	58
	临沂年鉴	1995	中共临沂市委、市政府	临沂市史志办	临沂市史志办	中华书局	2015.11	87
	德州年鉴	1992	德州市政府	德州市史志办	德州市史志办	中国文史出版社	2015.8	60
	聊城年鉴	1991	聊城市政府	聊城市史志办	聊城市史志办	中国文史出版社	2015.12	94
	滨州年鉴	1997	中共滨州市委、市政府	滨州市地方史志办公室	滨州市地方史志办公室	黄河出版社	2015.9	68
	菏泽年鉴	1999	菏泽市政府	菏泽市史志办	菏泽市史志办	中国国际文化出版社	2015.10	100
县区级年鉴	天桥年鉴	1994	天桥区政府	天桥区史志办	天桥区史志办	中国文史出版社	2015.12	54
	市南年鉴	2010	市南区委、区政府	市南区史志办、市南区档案局（馆）	市南区史志办、市南区档案局（馆）	中国海洋大学出版社	2015.12	55
	市北年鉴	2009	中共青岛市北区委、市北区政府	市北区档案局	市北区档案局	黄河出版社	2015.12	55
	青岛西海岸新区青岛市黄岛区年鉴	2015	青岛市黄岛区政府	青岛市黄岛区史志办	青岛市黄岛区史志办	黄河出版社	2015.10	65
	崂山年鉴	2005	崂山区政府	崂山区史志办	崂山区史志办	黄河出版社	2015.8	49

续表

年鉴类别	年鉴名称	创刊时间	主管单位	主办单位	编纂单位	出版单位	出版时间	字数（万字）
县区级年鉴	李沧年鉴	2010	中共李沧区委、区政府	李沧区档案馆（局）、青岛市李沧区史志办	李沧区档案馆（局）、青岛市李沧区史志办	内部出版	2015. 10	81. 6
	城阳年鉴	1997	城阳区政府	城阳区史志办	城阳区史志办	黄河出版社	2015	73
	胶州年鉴（2014）	2004	胶州市政府	胶州市史志编纂委员会办公室	胶州市史志编纂委员会办公室	内部出版	2015. 1	50
	即墨年鉴	1990	即墨市政府	即墨市史志办	即墨市史志办	黄河出版社	2015. 11	43. 6
	平度年鉴	2004	平度市委、市政府	平度市史志办、档案局	平度市史志办、档案局	内部出版	2015. 12	28
	临淄年鉴	2004	临淄区政府	临淄区史志办	临淄区史志办	黄河出版社	2015	65
	周村年鉴（2014）	1995	周村区政府	周村区史志办	周村区史志办	中国国际文化出版社	2015. 1	57. 5
	桓台年鉴（2014）	1988	桓台县政府	桓台县史志办	桓台县史志办	内部出版	2015. 3	58
	高青年鉴（2014）	2005	高青县政府	高青县史志办	高青县史志办	黄河出版社	2015. 1	65
	博山年鉴	1986	博山区政府	博山区史志办	博山区史志办	黄河出版社	2015. 12	62. 1
	山亭年鉴	2008	山亭区政府	山亭区史志办	山亭区史志办	中国国际文化出版社	2015. 10	65. 8
	东营区年鉴	2000	东营区政府	东营区史志办	东营区史志办	中国文史出版社	2015. 9	50
	河口年鉴	1998	河口区政府	河口区史志办	河口区史志办	中国国际文化出版社	2015. 5	66
	垦利年鉴	2004	垦利县政府	垦利县党史史志办	垦利县党史史志办	黄河出版社	2015. 7	80
	利津年鉴	1996	利津县政府	利津县史志办	利津县史志办	中国国际文化出版社	2015. 7	60
	广饶年鉴	2000	广饶县政府	广饶县史志办	广饶县史志办	内部出版	2015. 9	67. 5
	招远年鉴	1995	招远市政府	招远市史志办	招远市史志办	黄海数字出版社	2015. 9	140
	寒亭年鉴（2009～2013）	1985	潍坊市寒亭区政府	潍坊市寒亭区史志办	潍坊市寒亭区史志办	中国国际文化出版社	2015. 3	86. 6
	曲阜年鉴（2012～2013）	1987	曲阜市政府	曲阜市史志办	曲阜市史志办	中国国际文化出版社	2015. 1	80

续表

年鉴类别	年鉴名称	创刊时间	主管单位	主办单位	编纂单位	出版单位	出版时间	字数（万字）
县区级年鉴	泗水年鉴	1992	泗水县政府	泗水县史志办	泗水县史志办	内部出版	2015	60
	兖州年鉴（2013）	1999	兖州区政府	兖州区史志办	兖州区史志办	内部出版	2015.1	50
	邹城年鉴	2015	邹城市政府	邹城市史志办	邹城市史志办	中国文化出版社	2015.10	60
	东平年鉴（2004～2012）	2015	东平县政府	东平县史志办	东平县史志办	黄河出版社	2015.7	140
	乳山年鉴	1998	中共乳山市委、市政府	乳山市党史市志办公室	乳山市党史市志办公室	方志出版社	2015.10	65
	文登年鉴	1997	中共文登区委、区政府	文登区史志办	文登区史志办	天津古籍出版社	2015.10	95
	环翠年鉴	2014	环翠区政府	环翠区史志办	环翠区史志办	中国时代经济出版社	2015.10	91.7
	威海经济技术开发区年鉴	2013	《威海经济技术开发区年鉴》编委会	《威海经济技术开发区年鉴》编委会	《威海经济技术开发区年鉴》编委会	中国时代经济出版社	2015.10	85.5
	东港年鉴	2015	中共东港区委、区政府	东港区委党史研究室	东港区委党史研究室	内部出版	2015.9	35.1
	五莲年鉴	2010	中共五莲县委、县政府	中共五莲县委党史办公室、五莲县史志办	中共五莲县委党史办公室、五莲县史志办	内部出版	2015.7	117
	莱城年鉴	2003	莱城区政府	莱城区党史史志办	莱城区党史史志办	中国图书出版社	2015.12	54.6
	钢城年鉴（2014）	2013	钢城区政府	钢城区史志办	钢城区史志办	中国文化出版社	2015.4	47
	费县年鉴	2013	中共费县县委、县政府	费县地方史志编纂委员会办公室	费县地方史志编纂委员会办公室	济南出版社	2015.8	98
	临沭年鉴（2014）	2006	中共临沭县委、县政府	临沭县史志办	临沭县史志办	方志出版社	2015.8	72
	郯城年鉴（2011～2014）	2015	郯城县政府	郯城史志办	郯城史志办	黄河出版社	2015.10	—
	莒南年鉴	1994	中共莒南县委、县政府	莒南县地方史志编纂委员会办公室	莒南县地方史志编纂委员会办公室	中国文史出版社	2015.11	85

续表

年鉴类别	年鉴名称	创刊时间	主管单位	主办单位	编纂单位	出版单位	出版时间	字数(万字)
县区级年鉴	蒙阴年鉴(2009~2013)	1988	蒙阴县政府	蒙阴县史志办	蒙阴县史志办	中国文史出版社	2015.10	131.2
	德城年鉴	2015	德城区政府	德城区史志办	德城区史志办	中国文史出版社	2015.6	65
	齐河年鉴(2014)	2009	中共齐河县委、县政府	齐河县史志办	齐河县史志办	中国文史出版社	2015.5	70
	乐陵年鉴	2013	中共乐陵市委、市政府	乐陵市党史史志办	乐陵市党史史志办	中国文史出版社	2015.5	50
	阳谷年鉴(2009~2012)	1996	阳谷县政府	阳谷县地方史志编纂委员会	阳谷县地方史志编纂委员会	中国文史出版社	2015.12	88
	高唐年鉴(2005~2013)	2000	高唐县政府	高唐县史志办	高唐县史志办	中国文化出版社	2015.11	95
	惠民年鉴(2010~2012)	1999	中共惠民县委、县政府	惠民县史志办	惠民县史志办	中国国际文化出版社	2015.10	57
	邹平年鉴(2014)	1997	邹平县政府	邹平县史志办	邹平县史志办	中国教育文献出版社	2015.12	72.9
	无棣年鉴(2012~2014)	1999	中共无棣县委、县政府	无棣县史志办	无棣县史志办	方志出版社	2015.12	68
	成武年鉴	1986	成武县政府	成武县史志办	成武县史志办	中国国际文化出版社	2015.9	58
	东明年鉴	2013	东明县政府	东明县史志办	东明县史志办	中国国际文化出版社	2015.10	90
	曹县年鉴(2014)	2014	曹县政府	曹县地方史志编纂委员会办公室	曹县地方史志编纂委员会办公室	黄河出版社	2015.12	106
	巨野年鉴	2013	巨野县政府	巨野县志办	巨野县志办	中国国际文化出版社	2015.11	50
	鄄城年鉴	1991	鄄城县政府	鄄城县史志办	鄄城县史志办	中国国际文化出版社	2015.10	50
	郓城年鉴(2014)	1999	郓城县政府	郓城县史志办	郓城县史志办	中国国际文化出版社	2015.3	86.8
	郓城年鉴	1999	郓城县政府	郓城县史志办	郓城县史志办	中国国际文化出版社	2015.10	86

(李坤)

【2015 年山东省专业年鉴出版统计】

2015 年山东省专业年鉴出版统计

年鉴名称	创刊时间	主管单位	主办单位	编纂单位	出版单位	出版时间	字数（万字）
中共山东年鉴	2002	山东省委	山东省委党史研究室	中共山东省委党史研究室	黄河出版社	2015.12	180
山东地方史志年鉴	2015	山东省史志办	山东省史志办	山东省史志办	中国文史出版社	2015.12	55
山东建设年鉴	2007	山东省住房和城乡建设厅	山东省建设发展研究院	山东省建设发展研究院	黄河出版社	2015.11	80
山东商务年鉴	2002	山东省商务厅	山东省商务厅	山东省商务厅	黄河出版社	2015.6	56.4
山东统计年鉴	1989	山东省统计局、国家统计局山东省调查总队	山东省统计局、国家统计局山东省调查总队	山东省统计局、国家统计局山东省调查总队	中国统计出版社	2015.8	190
山东食品药品监督管理年鉴	2015	山东省食品药品监督管理局	山东省食品药品监督管理局	山东省食品药品监督管理局	山东人民出版社	2015.11	95
山东教育年鉴（2014）	2002	山东省教育厅	山东省教育厅	山东省教育厅	黄河出版社	2015.5	125.5
山东档案年鉴	2012	山东省档案局	山东省档案局	山东省档案局	山东人民出版社	2015.12	86
山东社会科学年鉴	2013	山东省社会科学界联合会	山东省社会科学界联合会	山东省社会科学界联合会	山东人民出版社	2015.11	183
山东金融年鉴	2000	中国人民银行济南分行	中国人民银行济南分行	中国人民银行济南分行	中国金融出版社	2015.12	206.6
莱钢年鉴	1993	莱芜钢铁集团有限公司	莱芜钢铁集团有限公司	莱芜钢铁集团有限公司	黄河出版社	2015.12	49.7
济钢年鉴	1987	济钢集团有限公司	济钢集团有限公司	济钢集团有限公司	冶金工业出版社	2015.12	50.4
胜利油田年鉴	1987	胜利石油管理局	胜利油田政策研究室	胜利油田政策研究室	中国石化出版社	2015.11	68.3
山东交通学院年鉴（2014）	2011	山东交通学院	山东交通学院	山东交通学院	中国水利水电出版社	2015.12	80.5
山东理工大学年鉴	2004	山东理工大学档案馆	山东理工大学档案馆	山东理工大学档案馆	线装书局	2015.8	51.4
山东农业大学年鉴（2014）	1993	山东农业大学	山东农业大学	山东农业大学	山东人民出版社	2015.7	46
桓台统计年鉴	—	桓台县统计局	桓台县统计局	桓台县统计局	内部出版	2015.7	—

续表

年鉴名称	创刊时间	主管单位	主办单位	编纂单位	出版单位	出版时间	字数（万字）
沂源统计年鉴	1949	沂源县统计局	沂源县统计局	沂源县统计局	内部出版	2015.6	41.6
泗水统计年鉴（2014）	1986	泗水县统计局	泗水县统计局	泗水县统计局	内部出版	2015.6	—
泰安统计年鉴	1990	泰安市统计局、国家统计局泰安调查队	泰安市统计局、国家统计局泰安调查队	泰安市统计局、国家统计局泰安调查队	内部出版	2015.9	—
山服年鉴（2014）	2005	山东服装职业学院	山东服装职业学院	山东服装职业学院	内部出版	2015.1	28
莱芜统计年鉴	1991	莱芜市统计局	莱芜市统计局	莱芜市统计局	内部出版	2015.8	—
临沭统计年鉴（2014）	—	临沭县统计局	临沭县统计局	临沭县统计局	内部出版	2015.8	—
沂南统计年鉴（2014）	—	沂南县统计局	沂南县统计局	沂南县统计局	内部出版	2015.11	—
东明统计年鉴	1986	东明县统计局	东明县统计局	东明县统计局	内部出版	2015.9	41
聊城统计年鉴	2009	聊城市统计局	聊城市统计局	聊城市统计局	内部出版	2015	—
烟台统计年鉴	1985	烟台市统计局	烟台市统计局	烟台市统计局	内部出版	2015.9	81
东营统计年鉴	2003	东营市统计局	东营市统计局、国家统计局东营调查队	东营市统计局、国家统计局东营调查队	内部出版	2015	—
东营区统计年鉴（2014）	2003	东营区统计局	东营区统计局	东营区统计局	内部出版	2015.1	50
淄博财政年鉴	1998	淄博市财政局	淄博市财政局	淄博市财政局	中国财政经济出版社	2015.12	68

（李坤）

【2015年河南省地方综合年鉴出版统计】

2015年河南省地方综合年鉴出版统计

年鉴类别	年鉴名称	创刊时间	主管单位	主办单位	编纂单位	出版单位	出版时间	字数（万字）
省级年鉴	河南年鉴	1984	河南省政府办公厅	河南省史志办	河南年鉴社	河南年鉴社	2015.1	186.8

续表

年鉴类别	年鉴名称	创刊时间	主管单位	主办单位	编纂单位	出版单位	出版时间	字数（万字）
地市级年鉴	漯河年鉴	1999	漯河市政府	漯河市史志档案局	漯河市史志档案局	中州古籍出版社	2015.3	60
	焦作年鉴	1986	焦作市政府	焦作市史志办	焦作市史志办	中州古籍出版社	2015.11	111
	郑州年鉴	1985	郑州市政府	郑州市史志办	《郑州年鉴》编辑部	中州古籍出版社	2015.12	150
	平顶山年鉴	1999	平顶山市政府	平顶山市史志办	平顶山市史志办	中州古籍出版社	2015.9	110
	濮阳年鉴	1986	濮阳市政府	濮阳市史志办	濮阳市史志办	中州古籍出版社	2015.1	85
	洛阳年鉴	2000	洛阳市政府	洛阳市史志办		中州古籍出版社	2015.12	130
	安阳年鉴（2014）	1999	安阳市政府	安阳市政府地方史志办	安阳市政府地方史志办	中州古籍出版社	2015.10	88
	新乡年鉴	1996	新乡市政府	新乡市地方史志局	新乡市地方史志局	中州古籍出版社	2015.11	115
	三门峡年鉴	2001	中共三门峡市委	中共三门峡市委党史史志办	中共三门峡市委党史史志办	方志出版社	2015.12	91
	信阳年鉴（2014）	1999	信阳市政府	信阳市史志办	信阳市史志办	中州古籍出版社	2015	100.6
	开封年鉴	1993	开封市政府	开封市史志办	开封市史志办	中州古籍出版社	2015.1	100
县区级年鉴	平顶山市卫东区年鉴	1991	平顶山市卫东区政府	平顶山市卫东区史志办	平顶山市卫东区史志办	中州古籍出版社	2015.1	60
	平顶山市湛河区年鉴	1998	平顶山市湛河区政府	平顶山市湛河区史志办	平顶山市湛河区史志办	内部出版	2015.12	42
	舞钢市年鉴	1987	舞钢市政府	舞钢市史志办	舞钢市史志办	中州古籍出版社	2015.7	79
	宝丰年鉴	1997	宝丰县政府	宝丰县史志办	宝丰县史志办	中州古籍出版社	2015.11	80
	郏县年鉴	2003	郏县政府	郏县史志办	郏县史志办	中州古籍出版社	2015.11	53
	叶县年鉴	2009	叶县政府	叶县史志办	叶县史志办	中州古籍出版社	2015.12	51
	鲁山年鉴	2002	鲁山县政府	鲁山县史志办	鲁山县史志办	中州古籍出版社	2015.12	76
	新安年鉴	2009	新安县政府	新安县志办	新安县志办	内部出版	2015.12	60
	洛龙年鉴	2010	洛龙区政府	洛龙区档案史志局	洛龙区档案史志局	中州古籍出版社	2015.12	60
	伊川年鉴	2003	伊川县政府	伊川县志办	伊川县志办	中州古籍出版社	2015.12	50
	宜阳年鉴	1998	宜阳县政府	宜阳县志办	宜阳县志办	中州古籍出版社	2015.12	50
	洛宁年鉴（2012）	2006	洛宁县政府	洛宁县志办	洛宁县志办	内部出版	2015.12	50
	嵩县年鉴	2009	嵩县政府	嵩县志办	嵩县志办	中州古籍出版社	2015.12	60
	孟津年鉴	2006	孟津县政府	孟津县志办	孟津县志办	中州古籍出版社	2015.12	
	偃师年鉴（2012）	2010	偃师县政府	偃师市志办	偃师市志办	中州古籍出版社	2015.12	60
	栾川年鉴（2014）	2014	栾川县政府	栾川县志办	栾川县志办	内部出版	2015.11	50
	汝阳年鉴（2013～2014）	2009	汝阳县政府	汝阳县志办	汝阳县志办	内部出版	2015.8	60

续表

年鉴类别	年鉴名称	创刊时间	主管单位	主办单位	编纂单位	出版单位	出版时间	字数（万字）
县区级年鉴	洛阳市涧西年鉴	2008	涧西区政府	涧西区志办	涧西区志办	中州古籍出版社	2015. 12	50
	洛阳市老城年鉴（2014）	2010	老城区政府	老城区志办	老城区志办	中州古籍出版社	2015. 8	50
	洛阳市瀍河年鉴（2014）	2011	瀍河区政府	瀍河区志办	瀍河区志办	中州古籍出版社	2015. 7	45
	濮阳县年鉴（2014）	2001	濮阳县政府	濮阳市史志办	濮阳县史志办	中州古籍出版社	2015. 11	41
	清丰年鉴	2006	清丰县政府	清丰县志办	清丰县志办	内部出版	2015. 8	53
	南乐年鉴	2007	南乐县政府办公室	南乐县史志办	南乐县史志办	内部出版	2015. 12	60
	范县年鉴	2010	范县政府办公室	范县史志办	范县史志办	中州古籍出版社	2015. 10	78
	华龙年鉴	1988	中共华龙区委、区政府	华龙区党史地方史研究中心	华龙区党史地方史研究中心	中州古籍出版社	2015. 12	45
	台前年鉴	2007	台前县政府	台前县史志办	台前县史志办	中州古籍出版社	2015. 11	67
	新乡县年鉴（2014）	1987	新乡县政府	新乡县志办	新乡县志办	内部出版	2015. 12	70
	新乡市延津县年鉴	2001	延津县政府	延津县志办	延津县志办	中州古籍出版社	2015. 12	94. 6
	新乡市红旗区年鉴	1987	新乡市红旗区政府	新乡市红旗区志办	新乡市红旗区志办	内部出版	2015. 11	30
	新乡市卫滨区年鉴	1995	新乡市卫滨区政府	新乡市卫滨区区志办	新乡市卫滨区志办	内部出版	2015. 1	32
	新乡市卫辉市年鉴	1985	卫辉市政府	卫辉市史志办	卫辉市史志办	内部出版	2015. 12	35
	封丘县年鉴	2005	封丘县政府	封丘县史志办	封丘县史志办	内部出版	20015. 11	60
	原阳县年鉴	2004	原阳县政府	原阳县史志办	原阳县史志办	内部出版	2015. 12	
	新乡市牧野区年鉴（2014）	1996	新乡市牧野区政府	新乡市牧野区史志办	新乡市牧野区史志办	内部出版	2015. 12	29
	辉县市年鉴	1985	辉县市政府	辉县市史志办	辉县市史志办	中州古籍出版社	2015. 12	60
	获嘉县年鉴（2005～2008）	2006	获嘉县政府	获嘉县史志办	获嘉县史志办	内部出版	2015. 12	75
	新乡市凤泉区年鉴（2010～2012）	2001	新乡市凤泉区政府	新乡市凤泉区史志办	新乡市凤泉区史志办	内部出版	2015. 12	43

续表

年鉴类别	年鉴名称	创刊时间	主管单位	主办单位	编纂单位	出版单位	出版时间	字数（万字）
县区级年鉴	尉氏年鉴	2015	尉氏县政府	《尉氏年鉴》编纂委员会	《尉氏年鉴》编纂委员会	中州古籍出版社	2015.12	65
	通许年鉴	2011	通许县政府	通许县史志办	通许县史志办	中州古籍出版社	2015.1	43.2
	睢县年鉴	2008	睢县政府	睢县史志办	睢县史志办	中州古籍出版社	2015.12	60
	柘城年鉴	2012	柘城县政府	柘城县史志办	柘城县史志办	中州古籍出版社	2015.1	50
	虞城年鉴	2011	虞城县政府	虞城县志办	虞城县志办	内部出版	2015.12	85
	商丘市睢阳区年鉴	1990	商丘市睢阳区政府	商丘市睢阳区志办	商丘市睢阳区志办	内部出版	2015.12	50
	商丘年鉴	1998	商丘市政府	商丘市史志办	商丘市史志办	中州古籍出版社	2015.12	70
	郑州市金水区年鉴（2014）	2007	郑州市金水区政府	郑州市金水区史志办	金水年鉴编辑部	内部出版	2015.5	51
	郑州市中原区年鉴	2007	郑州市中原区政府	郑州市中原区史志办	郑州市中原区史志办	中州古籍出版社	2015.12	95
	郑州市二七区年鉴	2006	二七区政府	二七区志办	二七年鉴编辑部	中州古籍出版社	2015.12	130
	郑州市管城区年鉴	2006	管城回族区政府	管城回族区志办	管城回族区志办	中州古籍出版社	2015.12	96
	郑州市惠济区年鉴（2014）	2004	惠济区政府	郑州市惠济区史志办	郑州市惠济区史志办	内部出版	2015.12	52.8
	登封年鉴（2014）	2013	登封市政府	登封市志办	登封市志办	中州古籍出版社	2015.6	65
	新密年鉴	2006	中共新密市委、市政府	新密市委史志办	《新密年鉴》编辑部	中共党史出版社	2015.12	70
	荥阳年鉴（2014）	2010	荥阳市政府	荥阳市地方史志总编室	《荥阳年鉴》编辑部	内部出版	2015.6	83
	中牟年鉴（2014）	2009	中牟县政府	中牟县志办	中牟县志办	中州古籍出版社	2015.4	94
	沈丘年鉴	2012	沈丘县政府	沈丘县史志办	沈丘县史志办	内部出版	2015.10	85
	商水年鉴	2009	商水县政府	商水县史志办	商水县史志办	内部出版	2015.6	30.5
	项城年鉴	2014	项城市政府	项城市史志办	项城市史志办	内部出版	2015.11	40
	太康年鉴	2012	太康县政府	太康县史志办	太康县史志办	内部出版	2015.12	62
	博爱年鉴（2013～2014）	2014	博爱县政府	博爱县史志办	博爱县史志办	中州古籍出版社	2015.12	62
	沁阳年鉴（2012～2012）	2014	沁阳市政府	沁阳市史志办	沁阳市史志办	中州古籍出版社	2015.5	60
	温县年鉴（2011～2013）	1993	温县政府	温县史志办	温县史志办	内部出版	2015.12	—
	南召年鉴（2014）	2015	南召县政府	南召县史志办	南召县史志办	中州古籍出版社	2015.12	53.7

续表

年鉴类别	年鉴名称	创刊时间	主管单位	主办单位	编纂单位	出版单位	出版时间	字数（万字）
县区级年鉴	内乡年鉴	2012	内乡县政府	内乡县史志办	《内乡年鉴》编辑部	中州古籍出版社	2015.12	60
	唐河年鉴（2014）	2002	唐河县政府	唐河县史志办	《唐河年鉴》编委会	内部出版	2015.3	66
	桐柏县年鉴（2014）	2011	桐柏县政府	桐柏县史志办	桐柏县史志办	内部出版	2015.12	28
	南阳市宛城区年鉴	1987	南阳市宛城区政府	南阳市宛城区史志办	南阳市宛城区史志办	中州古籍出版社	2015.1	55
	信阳市浉河年鉴（2014）	2006	信阳市浉河区政府	信阳市浉河区史志办	信阳市浉河区史志办	中州古籍出版社	2015.12	96.3
	信阳市平桥年鉴（2014）	2006	信阳市平桥区政府	信阳市平桥区史志办	信阳市平桥区史志办	中州古籍出版社	2015.12	96
	罗山年鉴（2014）	1999	罗山县政府	罗山县史志研究室	罗山县史志研究室	内部出版	2015.12	80
	光山年鉴（2014）	2015	光山县政府	光山县史志研究室	光山县史志研究室	中州古籍出版社	2015.5	96
	潢川年鉴	2010	潢川县政府	潢川县史志办	潢川县史志办	中州古籍出版社	2015.12	88
	息县年鉴（2014）	2015	息县县政府	息县县史志研究室	息县县史志研究室	中州古籍出版社	2015.12	49.5
	淮滨年鉴（2014）	1985	淮滨县政府	淮滨县史志室	淮滨县史志室	中州古籍出版社	2015.12	50
	新县年鉴	2015	新县政府	新县史志研究室	新县史志研究室	中州古籍出版社	2015.10	50

（汪朝霞）

【2015年河南省专业年鉴出版统计】

2015年河南省专业年鉴出版统计

年鉴名称	创刊时间	主管单位	主办单位	编纂单位	出版单位	出版时间	字数（万字）
安阳教育年鉴（2014）	1987	安阳市政府	安阳市教育局	安阳市教育史志编纂委员会	内部出版	2015.9	26
安阳统计年鉴（2014）	1985	安阳市政府	安阳市统计局	安阳市统计局	内部出版	2015.10	30
三门峡统计年鉴	1989	三门峡市政府	三门峡市统计局	三门峡市统计局	中国统计出版社	2015.10	93
河南省卢氏县统计年鉴（2014）	1993	卢氏县政府	卢氏县统计局	卢氏县统计局	内部出版	2015.6	10
渑池统计年鉴	1999	渑池县政府	渑池县统计局	渑池县统计局	内部出版	2015.8	30
陕县统计年鉴（2014）	1990	陕县政府	陕县统计局	陕县统计局	内部出版	2015.10	15

续表

年鉴名称	创刊时间	主管单位	主办单位	编纂单位	出版单位	出版时间	字数（万字）
开封统计年鉴	1994	开封市统计局	开封市统计局	开封市统计局	内部出版	2015.10	90
洛阳统计年鉴	1981	洛阳市统计局	—	—	中国统计出版社	2015	—
中铁隧道年鉴	1999	—	—	—	中国铁道出版社	2015	—
洛阳石化年鉴	1986	—	—	—	中国石化出版社	2015	—
洛阳卫生监督年鉴	2006	—	—	—	内部出版	2015	—
洛阳师范学院年鉴	2008	—	—	—	内部出版	2015	—
中国一拖年鉴	2011	—	—	—	内部出版	2015	—
洛阳公安年鉴	2011	—	—	—	内部出版	2015	—
洛阳教育年鉴	2002	—	—	—	内部出版	2015	—
平顶山统计年鉴	1990	平顶山市政府	平顶山市政府	平顶山市统计局	中国统计出版社	2015.12	66
南乐统计年鉴	—	南乐县政府	南乐县统计局	南乐县统计年鉴编辑部	内部出版	2015.10	15
睢阳区统计年鉴	—	睢阳区政府	睢阳区统计局	—	内部出版	2015.8	30
商丘市统计年鉴	—	商丘市政府	商丘市统计局	—	中国统计出版社	2015.9	40
郑州统计年鉴	1978	郑州市统计局	郑州市统计局	郑州市统计局	中国统计出版社	2015.10	100
焦作统计年鉴	—	焦作市统计局	焦作市统计局	焦作市统计局	内部出版	2015.9	62
信阳市浉河统计年鉴（2014）	—	浉河区政府	浉河区统计局	浉河区统计局	内部出版	2015.3	60
光山县统计年鉴（2014）	2008	光山县政府	光山县政府	光山县统计局	内部出版	2015.10	86
黄河年鉴	1995	黄河委员会	黄河委员会	黄河年鉴社	黄河年鉴社	2015.10	80

（汪朝霞）

【2015年广东省地方综合年鉴出版统计】

2015年广东省地方综合年鉴出版统计

年鉴类别	年鉴名称	创刊时间	主管单位	主办单位	编纂单位	出版单位	出版时间	字数（万字）
省级年鉴	广东年鉴	1987	广东省地方志办	广东省地方志办	广东年鉴社	广东年鉴社	2015.9	170

续表

年鉴类别	年鉴名称	创刊时间	主管单位	主办单位	编纂单位	出版单位	出版时间	字数（万字）
地市级年鉴	广州年鉴	1983	广州市地方志办	广州市地方志办	广州年鉴社	广州年鉴社	2015.10	148.7
	韶关年鉴	1990	韶关市委、市政府	韶关市委、市政府	韶关市史志办	方志出版社	2015.9	119
	深圳年鉴（2015）	1985	深圳市史志办	深圳市史志办	深圳市史志办	深圳市史志办	2015.10	—
	汕头年鉴	1989	汕头市委、市政府	汕头市委、市政府	汕头市地方志办	方志出版社	2015.12	103
	佛山年鉴	1993	佛山市委、市政府	佛山市委、市政府	佛山年鉴社	广东人民出版社	2015.11	125
	江门年鉴	1997	江门市委、市政府	江门市委、市政府	江门市地方志办	方志出版社	2015.11	90
	湛江年鉴	1994	湛江市政府	湛江市政府	湛江市地方志办	广东人民出版社	2015.10	140
	茂名年鉴（2014）	2006	茂名市政府	茂名市政府	茂名市党史地志办	内部出版	2015.3	93
	茂名年鉴	2006	茂名市政府	茂名市政府	茂名市党史地志办	中州古籍出版社	2015.12	68.9
	肇庆年鉴	1998	肇庆市政府	肇庆市政府	肇庆市地方志办	中华书局	2015.10	95
	惠州年鉴	1999	惠州市委、市政府	惠州市委、市政府	惠州市地方志办	广东人民出版社	2015.9	100
	梅州年鉴	1993	梅州市委、市政府	梅州市委、市政府	梅州市地方志办	广东人民出版社	2015.11	58
	汕尾年鉴	1999	汕尾市委、市政府	汕尾市委、市政府	汕尾市地方志办	北京大学出版社	2015.11	91
	河源年鉴	2002	河源市委、市政府	河源市委、市政府	河源市地方志办	广东人民出版社	2015.11	138
	阳江年鉴（2014）	2007	阳江市政府	阳江市政府	阳江市志办	中州古籍出版社	2015.4	70
	清远年鉴	1999	清远市委、市政府	清远市委、市政府	清远市史志办	广东人民出版社	2015.10	120
	东莞年鉴	2001	东莞市委、市政府	东莞市委、市政府	东莞市地方志办	广东人民出版社	2015.9	220
	中山年鉴	1998	中山市政府	中山市政府	中山市地方志办	广东人民出版社	2015.11	117

续表

年鉴类别	年鉴名称	创刊时间	主管单位	主办单位	编纂单位	出版单位	出版时间	字数（万字）
地市级年鉴	潮州年鉴	1997	潮州市委、市政府	潮州市委、市政府	潮州市地方志办	广东人民出版社	2015.9	71.8
	揭阳年鉴	1996	揭阳市委、市政府	揭阳市委、市政府	揭阳市史志办	广东人民出版社	2015.10	79
	云浮年鉴	1999	云浮市委、市政府	云浮市委、市政府	云浮市地方志办	广东人民出版社	2015.10	70
县区级年鉴	越秀年鉴	1996	越秀区委、区政府	越秀区委、区政府	越秀区地方志办	广东经济出版社	2015.12	85
	海珠年鉴	2002	海珠区委、区政府	海珠区委、区政府	海珠区地方志办	广东经济出版社	2015.10	76
	荔湾年鉴	1995	荔湾区委、区政府	荔湾区委、区政府	荔湾区地方志办	广州出版社	2015.12	65
	天河年鉴	2002	天河区委、区政府	天河区委、区政府	天河区地方志办	广东人民出版社	2015.11	72
	白云年鉴	2004	白云区委、区政府	白云区委、区政府	白云区地方志办	广州出版社	2015.12	53
	黄埔年鉴	1999	黄埔区委、区政府	黄埔区委、区政府	黄埔区地方志办	广东人民出版社	2015.12	100
	花都年鉴	1997	花都区委、区政府	花都区委、区政府	花都区地方志办	广东人民出版社	2015.10	70
	番禺年鉴	1995	番禺区委、区政府	番禺区委、区政府	番禺区地方志办	方志出版社	2015.10	52
	南沙年鉴	2007	南沙区委、区政府	南沙区委、区政府	南沙区地方志办	广东人民出版社	2015.9	75
	萝岗年鉴	2007	萝岗区委、区政府	萝岗区委、区政府	萝岗区地方志办	广东人民出版社	2015.11	96
	从化年鉴	1999	从化市委、市政府	从化市委、市政府	从化市地方志办	广东人民出版社	2015.12	73
	增城年鉴	1997	增城市委、市政府	增城市委、市政府	增城市地方志办	广东旅游出版社	2015.12	50
	福田年鉴（2014）	2011	福田区委、区政府	福田区委、区政府	福田区地方志办	深圳报业集团出版社	2015.8	86.6
	罗湖年鉴（2013）	2010	罗湖区委、区政府	罗湖区委、区政府	罗湖区地方志办	深圳报业集团出版社	2015.9	87.5
	盐田年鉴	2008	盐田区委、区政府	盐田区委、区政府	盐田区地方志办	深圳报业集团出版社	2015.11	72.8

续表

年鉴类别	年鉴名称	创刊时间	主管单位	主办单位	编纂单位	出版单位	出版时间	字数（万字）
县区级年鉴	南山年鉴	2009	南山区委、区政府	南山区委、区政府	南山区地方志办	广东人民出版社	2015.9	84
	宝安年鉴	1995	宝安区委、区政府	宝安区委、区政府	宝安区史志办	深圳报业集团出版社	2015.11	72.8
	龙岗年鉴	2010	龙岗区委、区政府	龙岗区委、区政府	龙岗区史志办	深圳报业集团出版社	2015.12	65
	坪山新区年鉴（2013）	2014	坪山新区管委会	坪山新区管委会	坪山新区管委会办	深圳报业集团出版社	2015.5	75
	坪山新区年鉴	2014	坪山新区管委会	坪山新区管委会	坪山新区管委会办	深圳报业集团出版社	2015.12	48
	龙华新区年鉴（2013）	2015	龙华新区管委会	龙华新区管委会	龙华新区管委会办	羊城晚报出版社	2015.8	32
	大鹏新区年鉴（2014）	2015	大鹏新区管委会	大鹏新区管委会	大鹏新区管委会办	深圳报业集团出版社	2015.12	46
	禅城年鉴	2013	禅城区政府	禅城区政府	禅城区地方志办	广东人民出版社	2015.11	64
	南海年鉴	1994	南海区委、区政府	南海区委、区政府	南海年鉴社	广东经济出版社	2015.10	70
	顺德年鉴（2014）	2008	《顺德年鉴》编纂委员会	《顺德年鉴》编纂委员会	顺德区地方志办	方志出版社	2015.5	80
	高明年鉴	1999	高明区委、区政府	高明区委、区政府	高明区地方志办	中华书局	2015.12	78
	三水年鉴	1996	三水区委、区政府	三水区委、区政府	三水区地方志办	广东人民出版社	2015.10	82
	潮阳年鉴	2012	潮阳区委、区政府	潮阳区委、区政府	潮阳区地方志办	广东人民出版社	2015.10	85
	浈江年鉴	2011	浈江区委、区政府	浈江区委、区政府	浈江区史志办	广东人民出版社	2015.12	57
	武江年鉴	2010	武江区委、区政府	武江区委、区政府	武江区史志办	方志出版社	2015.11	55
	曲江年鉴	2011	曲江区委、区政府	曲江区委、区政府	曲江区史志办	广东人民出版社	2015.10	63
	南雄年鉴	1998	南雄市政府	南雄市政府	南雄市史志办	广东人民出版社	2015.12	60
	仁化年鉴	1999	仁化县委、县政府	仁化县委、县政府	仁化县史志办	方志出版社	2015.11	98

续表

年鉴类别	年鉴名称	创刊时间	主管单位	主办单位	编纂单位	出版单位	出版时间	字数（万字）
县区级年鉴	始兴年鉴	2011	始兴县委、县政府	始兴县委、县政府	始兴县史志办	方志出版社	2015.10	63
	翁源年鉴	2011	翁源县委、县政府	翁源县委、县政府	翁源县史志办	广东人民出版社	2015.10	65
	乳源年鉴	2012	乳源县委、县政府	乳源县委、县政府	乳源县史志办	方志出版社	2015.11	60
	新丰年鉴（2014）	2012	新丰县委、县政府	新丰县委、县政府	新丰县史志办	广东人民出版社	2015.10	55
	新丰年鉴	2012	新丰县委、县政府	新丰县委、县政府	新丰县史志办	光明日报出版社	2015.12	78
	源城年鉴	2008	源城区委、区政府	源城区委、区政府	源城区地方志办	广东人民出版社	2015.12	66
	东源年鉴	2010	东源县政府	东源县政府	东源县地方志办	广东人民出版社	2015.12	75
	和平年鉴	2013	和平县政府	和平县政府	和平县地方志办	广东人民出版社	2015.11	50
	龙川年鉴	2013	龙川县委、县政府	龙川县委、县政府	龙川县地方志办	广东人民出版社	2015.12	64
	紫金年鉴	1999	紫金县委、县政府	紫金县委、县政府	紫金县地方志办	内部出版	2015.12	65
	连平年鉴	2007	连平县委、县政府	连平县委、县政府	连平县地方志办	内部出版	2015.12	65
	梅江年鉴	2003	梅江区委、区政府	梅江区委、区政府	梅江区地方志办	内部出版	2015.12	40
	兴宁年鉴	1995	兴宁市委、市政府	兴宁市委、市政府	兴宁市地方志办	内部出版	2015.12	48
	梅县年鉴	1994	梅县区委、区政府	梅县区委、区政府	梅县区地方志办	方志出版社	2015.11	50
	平远年鉴	1992	平远县委、县政府	平远县委、县政府	平远县地方志办	广东人民出版社	2015.10	60
	蕉岭年鉴	1993	蕉岭县委、县政府	蕉岭县委、县政府	蕉岭县地方志办	内部出版	2015.10	40
	大埔年鉴	1993	大埔县委、县政府	大埔县委、县政府	大埔县地方志办	广东人民出版社	2015.11	63
	丰顺年鉴	1997	丰顺县委、县政府	丰顺县委、县政府	丰顺县史志办	广东人民出版社	2015.12	62

续表

年鉴类别	年鉴名称	创刊时间	主管单位	主办单位	编纂单位	出版单位	出版时间	字数（万字）
县区级年鉴	五华年鉴	1994	五华县委、县政府	五华县委、县政府	五华县地方志办	方志出版社	2015.11	52.1
	惠城年鉴	2008	惠城区委、区政府	惠城区委、区政府	惠城区地方志办	广东人民出版社	2015.12	72
	惠东年鉴	1997	惠东县委、县政府	惠东县委、县政府	惠东县地方志办	广东人民出版社	2015.12	75
	陆丰年鉴	2015	陆丰市委、市政府	陆丰市委、市政府	陆丰市地方志办	广东人民出版社	2015.12	87
	海丰年鉴	2012	海丰县委、县政府	海丰县委、县政府	海丰县地方志办	方志出版社	2015.11	89
	陆河年鉴	2013	陆河县委、县政府	陆河县委、县政府	陆河县地方志办	方志出版社	2015.12	71
	虎门年鉴	2013	虎门镇委、镇政府	虎门镇委、镇政府	《虎门年鉴》编辑部	广东人民出版社	2015.11	58
	蓬江年鉴	2015	蓬江区委、区政府	蓬江区委、区政府	蓬江区地方志办	广东人民出版社	2015.12	39
	江海年鉴（2011～2012）	2014	江海区政府	江海区政府	江海区志办	方志出版社	2015.4	31.3
	新会年鉴（2014）	1999	新会区政府	新会区政府	新会区志办	广东人民出版社	2015.10	65
	台山年鉴	1986	台山市委、市政府	台山市委、市政府	台山市地方志办	内部出版	2015.12	55
	开平年鉴	2012	开平市政府	开平市政府	开平市地方志办	广东人民出版社	2015.11	77
	鹤山年鉴（2013～2014）	2003	鹤山市委、市政府	鹤山市委、市政府	鹤山市党史地方志办	内部出版	2015.12	50
	恩平年鉴（2011～2013）	2005	恩平市委、市政府	恩平市委、市政府	恩平市地方志办	内部出版	2015.12	64.9
	江城年鉴（2014）	2012	江城区政府	江城区政府	江城区志办	广东人民出版社	2015.7	64
	阳西年鉴（2013）	2013	阳西县政府	阳西县政府	阳西县志办	广东人民出版社	2015.8	54
	阳西年鉴（2014）	2010	阳西县政府	阳西县政府	阳西县志办	中州古籍出版社	2015.11	39.8
	阳东年鉴（2014）	2009	阳东县政府	阳东县政府	阳东县志办	广东人民出版社	2015.8	55

续表

年鉴类别	年鉴名称	创刊时间	主管单位	主办单位	编纂单位	出版单位	出版时间	字数（万字）
县区级年鉴	赤坎年鉴（2014）	2013	赤坎区政府	赤坎区政府	赤坎区地方志办	中国文联出版社	2015.11	60
	霞山年鉴（2014）	2013	霞山区政府	霞山区政府	霞山区地方志办	广东人民出版社	2015.1	30
	麻章年鉴（2014）	2014	麻章区政府	麻章区政府	麻章区志办	广东人民出版社	2015.5	53
	坡头年鉴	2013	坡头区政府	坡头区政府	坡头区地方志办	广东人民出版社	2015.11	75
	廉江年鉴	2005	廉江市政府	廉江市政府	廉江市志编纂委员会办	广东人民出版社	2015.11	74
	遂溪年鉴	2008	遂溪县政府	遂溪县政府	遂溪县地方志办	广东人民出版社	2015.12	63
	徐闻年鉴（2014）	2005	徐闻县政府	徐闻县政府	徐闻县地方志办	人民日报出版社	2015.3	70
	茂南年鉴（2014）	2011	茂南区政府	茂南区政府	茂南区地方志办	内部出版	2015.8	50
	高州年鉴（2013）	2009	高州市政府	高州市政府	高州市地方志办	广东人民出版社	2015.5	88
	化州年鉴（2013）	1998	化州市政府	化州市政府	化州市地方志办	广东人民出版社	2015.5	70
	化州年鉴（2014）	1998	化州市政府	化州市政府	化州市地方志办	广东人民出版社	2015.10	72
	电白年鉴（2014）	2009	电白县政府	电白县政府	电白县地方志办	广东人民出版社	2015.9	85
	端州年鉴（2014）	1997	端州区政府	端州区政府	端州区地方志办	广东人民出版社	2015.1	39
	端州年鉴	1997	端州区政府	端州区政府	端州区地方志办	广东人民出版社	2015.12	43
	鼎湖年鉴	2010	鼎湖区政府	鼎湖区政府	鼎湖区地方志办	广东人民出版社	2015.12	72
	四会年鉴	1997	四会区政府	四会区政府	四会党史方志办	广东人民出版社	2015.12	43
	高要年鉴	1989	高要市政府	高要市政府	高要市地方志办	广东人民出版社	2015.11	95
	广宁年鉴	1998	广宁县政府	广宁县政府	广宁县地方志办	广东人民出版社	2015.12	63

续表

年鉴类别	年鉴名称	创刊时间	主管单位	主办单位	编纂单位	出版单位	出版时间	字数(万字)
县区级年鉴	德庆年鉴	1998	德庆县政府	德庆县政府	德庆县地方志办	广东人民出版社	2015.11	55
	封开年鉴	1998	封开县政府	封开县政府	封开县地方志办	广东人民出版社	2015.11	70
	怀集年鉴	1996	怀集县政府	怀集县政府	怀集县地方志办	广东人民出版社	2015.10	42
	清城年鉴	2012	清城区委、区政府	清城区委、区政府	清城区地方志办	广东人民出版社	2015.10	48
	清新年鉴	2002	清新区委、区政府	清新区委、区政府	清新区史志办	广东人民出版社	2015.11	45
	英德年鉴	2005	英德市委、市政府	英德市委、市政府	英德市史志办	广东人民出版社	2015.11	60
	连州年鉴	2004	连州市委、市政府	连州市委、市政府	连州市地方志办	广东人民出版社	2015.11	63
	佛冈年鉴	2008	佛冈县委、县政府	佛冈县委、县政府	佛冈县史志办	广东人民出版社	2015.10	86.7
	连山年鉴	2012	连山县委、县政府	连山县委、县政府	连山县史志办	广东人民出版社	2015.11	61.5
	连南年鉴	2011	连南县政府	连南县政府	连南县地方志办	广东人民出版社	2015.11	62
	阳山年鉴	2008	阳山县委、县政府	阳山县委、县政府	阳山县史志办	广东人民出版社	2015.11	65
	湘桥年鉴(2014)	2014	湘桥区政府	湘桥区政府	湘桥区地方志办	内部出版	2015.2	55
	饶平年鉴(2014)	2011	饶平县委县政府	饶平县委县政府	饶平县地方志办	内部出版	2015.9	60
	潮安年鉴(2014)	2013	潮安县委、县政府	潮安县委、县政府	潮安县地方志办	内部出版	2015.10	55
	揭东年鉴	2013	揭东区委、区政府	揭东区委、区政府	揭东区地方志办	广东人民出版社	2015.12	47
	普宁年鉴	2012	普宁市委、市政府	普宁市委、市政府	普宁市地方志办	广东人民出版社	2015.11	76
	揭西年鉴	2009	揭西县委、县政府	揭西县委、县政府	揭西县史志办	广东人民出版社	2015.11	57
	惠来年鉴	2012	惠来县委、县政府	惠来县委、县政府	惠来县地方志办	广东人民出版社	2015.11	48

续表

年鉴类别	年鉴名称	创刊时间	主管单位	主办单位	编纂单位	出版单位	出版时间	字数（万字）
县区级年鉴	云城年鉴	1998	云城区委、区政府	云城区委、区政府	云城区史志办	广东人民出版社	2015.12	60
	新兴年鉴	2005	新兴县委、县政府	新兴县委、县政府	新兴县党史县志办	广东人民出版社	2015.12	80
	郁南年鉴	2009	郁南县政府	郁南县政府	郁南县地方志办	广东人民出版社	2015.10	70
	云安年鉴	1997	云安县委、县政府	云安县委、县政府	云安县地方志办	广东人民出版社	2015.10	60
乡镇年鉴	大朗年鉴	2010	大朗镇委、镇政府	大朗镇委、镇政府	《大朗年鉴》编辑部	广东人民出版社	2015.12	59
	巷头年鉴	2015	大朗镇巷头社区	大朗镇巷头社区	《巷头年鉴》编辑部	方志出版社	2015.12	26.5

（吕汉光）

【2015 年广东省专业年鉴出版统计】

2015 年广东省专业年鉴出版统计

年鉴名称	创刊时间	主管单位	主办单位	编纂单位	出版单位	出版时间	字数（万字）
珠江三角洲城市群年鉴	2010	广州市委、市政府	广州市委、市政府	《珠江三角洲城市群年鉴》编辑部	广东人民出版社	2015.11	102

（吕汉光）

【2015 年广西壮族自治区地方综合年鉴出版统计】

2015 年广西壮族自治区地方综合年鉴出版统计

年鉴类别	年鉴名称	创刊时间	主管单位	主办单位	编纂单位	出版单位	出版时间	字数（万字）
省级年鉴	广西年鉴	1985	广西壮族自治区政府	广西志办	广西年鉴社	广西年鉴社	2015.12	150
地市级年鉴	南宁年鉴	1996	南宁市政府	南宁市志办	南宁市志办	广西人民出版社	2015.8	174
	柳州年鉴	1993	柳州市政府	柳州市志办	柳州市志办	广西人民出版社	2015.12	104.5
	钦州年鉴（2014）	1993	钦州市政府	钦州市志办	钦州市志办	广西人民出版社	2015.3	120
	玉林年鉴（2014）	2005	玉林市政府	玉林市志办	玉林市志办	广西人民出版社	2015.7	107.6
	百色年鉴（2011～2012）	2008	百色市政府	百色市志办	百色市志办	广西人民出版社	2015.4	130
	河池年鉴	2004	河池市政府	河池市志办	河池市志办	广西人民出版社	2015.2	89
	来宾年鉴	2004	来宾市政府	来宾市志办	来宾市志办	广西人民出版社	2005.7	60

续表

年鉴类别	年鉴名称	创刊时间	主管单位	主办单位	编纂单位	出版单位	出版时间	字数（万字）
县区级年鉴	兴宁区年鉴	2012	兴宁区政府	《兴宁区年鉴》编纂委员会	《兴宁区年鉴》编纂委员会	广西人民出版社	2015.10	—
	青秀年鉴	2010	中共青秀区委、区政府	青秀区地方志编委会	青秀区地方志编委会	广西人民出版社	2015.10	—
	西乡塘区年鉴	2011	西乡塘区政府	西乡塘年鉴编纂委员会	西乡塘年鉴编纂委员会	广西人民出版社	2015.4	95
	良庆年鉴	2006	中共良庆区委、区政府	良庆区地方志编委会	良庆区地方志编委会	广西人民出版社	2015.8	60
	邕宁年鉴	2011	邕宁区政府	邕宁区年鉴编纂委员会	邕宁区年鉴编纂委员会	广西人民出版社	2015.9	90
	武鸣年鉴	2001	武鸣县政府	《武鸣年鉴》编纂委员会	《武鸣年鉴》编纂委员会	广西人民出版社	2015.9	75
	鱼峰年鉴	2014	鱼峰区政府	鱼峰区地方志编委会	鱼峰区地方志编委会	广西人民出版社	2015.10	68
	柳北年鉴	2012	柳北区政府	柳北区志办	柳北区志办	广西人民出版社	2015.7	43
	柳江年鉴	2002	柳江县政府	柳江县年鉴编委会	柳江县年鉴编委会	中州古籍出版社	2015.5	48
	融水年鉴	2007	融水县政府	融水县委史志办	融水县委史志办	中州古籍出版社	2015.5	71
	秀峰年鉴	2012	秀峰区政府	秀峰区地方志编委会	秀峰区地方志编委会	中国时代经济出版社	2015.10	51
	象山区年鉴（2014）	2013	象山区政府	象山区志办	象山区志办	广西人民出版社	2015.10	43
	雁山年鉴（2014）	2014	雁山区政府	雁山区志办	雁山区志办	广西师范大学出版社	2015.5	46
	阳朔年鉴	2011	阳朔县政府	阳朔县志办	阳朔县志办	中国时代经济出版社	2015.12	67.8
	全州年鉴（2013～2014）	2013	全州县政府	全州县志办	全州县志办	中州古籍出版社	2015.3	56
	平乐年鉴	2013	平乐县政府	平乐县志办	平乐县志办	中州古籍出版社	2015.12	50
	恭城年鉴	2013	恭城县政府	恭城史志办	恭城史志办	内部出版	2015.12	42
	岑溪年鉴（2014）	2005	岑溪市政府	岑溪市地方志办	岑溪市地方志办	广西人民出版社	2015.7	61.5
	港口年鉴（2013）	2014	港口区政府	港口区地方志办	港口区地方志办	广西人民出版社	2015.5	42.6

续表

年鉴类别	年鉴名称	创刊时间	主管单位	主办单位	编纂单位	出版单位	出版时间	字数（万字）
县区级年鉴	港口年鉴（2014）	2014	港口区政府	港口区地方志办	港口区地方志办	广西人民出版社	2015.5	40
	防城年鉴（2013）	2014	防城区政府	防城区地方志办公	防城区地方志办公	中州古籍出版社	2015.8	62
	东兴年鉴（2014）	2011	东兴市政府	东兴市地方志办	东兴市地方志办	广西人民出版社	2015	70
	钦北年鉴（2014）	2014	钦北区政府	钦北区志办	钦北区志办	广西人民出版社	2015.3	54
	福绵区年鉴（2013）	2015	福绵区政府	福绵区地方志	福绵区地方志	中国时代经济出版社	2015.9	42
	容县年鉴（2014）	2008	容县政府	容县地方志办	容县地方志办	广西人民出版社	2015.10	99
	兴业年鉴（2014）	2009	兴业县政府	兴业县地方志办	兴业县地方志办	中州古籍出版社	2015.7	82
	北流年鉴（2013）	1996	北流市政府	北流市地方志办	北流市地方志办	中州古籍出版社	2015	70
	右江区年鉴（2011～2012）	2008	右江区政府	右江区地方志办	右江区地方志办	广西人民出版社	2015.4	73.5
	田阳年鉴（2011～2012）	1996	田阳县政府	田阳县志办	田阳县志办	广西人民出版社	2015.2	60
	德保年鉴（2014）	2011	德保县政府	德保县党史县志办	德保县党史县志办	广西人民出版社	2015.10	55.2
	那坡年鉴（2010～2011）	2014	那坡县政府	那坡县志办	那坡县志办	广西人民出版社	2015.10	—
	凌云年鉴（2012～2013）	2007	凌云县政府	凌云县史志办	凌云县史志办	广西人民出版社	2015.10	50
	乐业年鉴（2011～2012）	2014	乐业县政府	乐业县县志办	乐业县县志办	广西人民出版社	2015.8	54
	钟山年鉴	2013	钟山县政府	钟山县地方志办	钟山县地方志办	中州古籍出版社	2015.6	80
	金城江区年鉴	2010	金城江区政府	金城江区志办	金城江区志办	内部出版	2015.4	—
	环江年鉴	2015	环江毛南族自治县政府	环江毛南族自治县志办	环江毛南族自治县志办	内部出版	2015.3	45
	天峨年鉴	2008	天峨县政府	天峨县志办	天峨县志办	广西人民出版社	2015.3	81
	凤山年鉴	2013	凤山县政府	凤山县志办	凤山县志办	内部出版	2015.3	25
	东兰年鉴	2014	东兰县政府	东兰县志办	东兰县志办	广西人民出版社	2005.8	51

续表

年鉴类别	年鉴名称	创刊时间	主管单位	主办单位	编纂单位	出版单位	出版时间	字数（万字）
县区级年鉴	巴马年鉴	2013	巴马瑶族自治县政府	巴马瑶族自治县志办	巴马瑶族自治县志办	内部出版	2015. 10	50
	宜州年鉴	2004	宜州市政府	宜州市志办	宜州市志办	出版出社	2015. 3	50
	兴宾年鉴（2014）	2003	兴宾区政府	兴宾区志办	兴宾区志办	—	2015. 10	35
	金秀年鉴（2014）	2005	金秀瑶族自治县政府	金秀瑶族自治县史志办	金秀瑶族自治县史志办	广西人民出版社	2015. 5	43
	天等年鉴（2014）	2009	天等县政府	天等县志办	天等县志办	广西人民出版社	2015. 12	49. 2

（韦晓）

【2015 年海南省地方综合年鉴出版统计】

2015 年海南省地方综合年鉴出版统计

年鉴类别	年鉴名称	创刊时间	主管单位	主办单位	编纂单位	出版单位	出版时间	字数（万字）
省级年鉴	海南年鉴	1989	海南省政府	中共海南省委党史研究室（海南省志办）	海南年鉴社	海南年鉴社	2015. 11	157. 5
	海南年鉴（英文简本）	2015	海南省政府	中共海南省委党史研究室（海南省志办）	海南年鉴社	海南年鉴社	2015. 12	10
地市级年鉴	海口年鉴	1995	海口市政府	海口市史志办	海口市史志办	南海出版公司	2015. 11	150
	三亚市年鉴（2014）	2005	中共三亚市委、市政府	三亚市史志办	三亚市史志办	南方出版社	2015. 4	68
	三亚市年鉴	2005	中共三亚市委、市政府	三亚市史志工作办公室	三亚市史志工作办公室	南方出版社	2015. 10	84
县区级年鉴	琼海市年鉴（2014）	2009	中共琼海市委、市政府	琼海市志办	琼海市志办	海南出版社	2015. 6	40
	文昌市年鉴（2014）	2008	文昌市政府	文昌市志办	文昌市志办	南方出版社	2015. 9	60
	文昌市年鉴	2008	文昌市政府	文昌市志办	文昌市志办	南方出版社	2015. 12	63
	万宁市年鉴（2011）	2009	中共万宁市委、市政府	万宁市志办	万宁市志办	南海出版公司	2015. 5	63
	五指山市年鉴（2014）	2009	中共五指山市委、市政府	五指山市史志办	五指山市史志办	南海出版公司	2015. 11	66. 5

续表

年鉴类别	年鉴名称	创刊时间	主管单位	主办单位	编纂单位	出版单位	出版时间	字数（万字）
县区级年鉴	陵水黎族自治县年鉴（2014）	2011	中共陵水黎族自治县委、县政府	陵水黎族自治县史志办	陵水黎族自治县史志办	南海出版公司	2015.12	55
	陵水黎族自治县年鉴	2011	中共陵水黎族自治县委、县政府	陵水黎族自治县史志办	陵水黎族自治县史志办	南海出版公司	2015.12	57
	乐东黎族自治县年鉴（2014）	2011	中共乐东黎族自治县委、县政府	乐东黎族自治县史志工作办公室	乐东黎族自治县史志工作办公室	南海出版公司	2015.12	58
	昌江黎族自治县年鉴（2014）	2002	昌江黎族自治县政府	昌江黎族自治县志办	昌江黎族自治县志办	南方出版社	2015.5	70
	昌江黎族自治县年鉴	2002	昌江黎族自治县政府	昌江黎族自治县志办	昌江黎族自治县志办	南方出版社	2015.12	75
	龙华年鉴	2014	海口市龙华区政府	海口市龙华区政府办公室	海口市龙华区政府办公室	南海出版公司	2015.12	61

（李鑫）

【2015年海南省专业年鉴出版统计】

2015年海南省专业年鉴出版统计

年鉴名称	创刊时间	主管单位	主办单位	编纂单位	出版单位	出版时间	字数（万字）
海南统计年鉴	1987	海南省统计局、国家统计局海南调查总队	海南省统计局、国家统计局海南调查总队	《海南统计年鉴》编辑部	中国统计出版社	2015.7	92.8
海南公安年鉴	2010	海南省公安厅	海南省公安厅警令保障部	海南省公安厅警令保障部调研处	内部出版	2015.11	50
海南法院年鉴	2008	海南省高级人民法院	海南省高级人民法院	海南省高级人民法院	内部出版	2015.12	60
中国移动海南公司年鉴	2012	中国移动海南公司	《中国移动海南公司年鉴》编辑委员会	《中国移动海南公司年鉴》编辑部	内部出版	2015.12	50
海南大学年鉴	2008	海南大学	海南大学	《海南大学年鉴》编辑部	海南出版社	2015.11	42.1
海口统计年鉴	1988	海口市统计局	海口市统计局	海口市统计局	中国统计出版社	2015.12	50
三亚统计年鉴	1987	三亚市统计局	三亚市统计局	三亚市统计局	中国统计出版社	2015.12	45
儋州统计年鉴	2012	儋州市统计局	儋州市统计局	儋州市统计局	内部出版	2015.11	38

续表

年鉴名称	创刊时间	主管单位	主办单位	编纂单位	出版单位	出版时间	字数（万字）
琼海统计年鉴	2003	琼海市统计局	琼海市统计局	琼海市统计局	内部出版	2015.12	39
昌江统计年鉴	2011	昌江县统计局	昌江县统计局	昌江县统计局	内部出版	2015.11	35
琼中统计年鉴	2011	琼中黎族苗族自治县政府	琼中黎族苗族自治县统计局	琼中黎族苗族自治县统计局	内部出版	2015.12	37

（李鑫）

【2015年重庆市地方综合年鉴出版统计】

2015年重庆市地方综合年鉴出版统计

年鉴类别	年鉴名称	创刊时间	主管单位	主办单位	编纂单位	出版单位	出版时间	出版字数（万字）
省级年鉴	重庆年鉴	1986	重庆市政府	重庆市政府办公厅	重庆市志办	重庆年鉴社	2015	147
县区级年鉴	万州年鉴	1989	万州区政府	万州区政府办公室	万州区志办	内部出版	2015	68
	黔江年鉴	2008	黔江区政府	黔江区政府办公室	《黔江年鉴》编纂委员会	内部出版	2015	65
	涪陵年鉴	2005	涪陵区政府	涪陵区政府办公室	涪陵区志办	内部出版	2015	68
	渝中年鉴	1998	渝中区政府	渝中区政府地方志编委会	渝中区政府志办	内部出版	2015	70
	大渡口年鉴	2007	大渡口区政府	大渡口区政府办公室	大渡口区志办	内部出版	2015	72
	江北年鉴	2004	江北区政府	江北区政府办公室	江北区志办	内部出版	2015	65
	沙坪坝年鉴	2014	中共沙坪坝区委	沙坪坝区政府	沙坪坝区志办	内部出版	2015	65
	九龙坡年鉴	2008	九龙区政府	九龙坡区政府办公室	九龙坡区志办	内部出版	2015	65
	南岸年鉴	1999	南岸区政府	南岸区政府办公室	南岸区志办	内部出版	2015	65
	北碚年鉴	2000	北碚区政府	北碚区志办	《北碚年鉴》编辑部	内部出版	2015	70
	渝北年鉴	1999	渝北区政府	渝北区政府办公室	渝北区志办	内部出版	2015	60
	巴南年鉴	1998	巴南区政府	巴南区政府办公室	巴南区志办	方志出版社	2015	105
	长寿年鉴	1986	长寿区政府	长寿区政府办公室	长寿区志办	方志出版社	2015	62
	江津年鉴	2006	江津区政府	江津区政府	区志办	内部出版	2015	65
	合川年鉴	1999	合川区政府	合川区政府	合川区党史志办	内部出版	2015	65
	永川年鉴	1997	永川区政府	永川区政府办公室	永川区档案局	内部出版	2015	70
	南川年鉴	2012	南川区政府	南川区政府办公室	南川区党史与志办	内部出版	2015	60
	綦江年鉴	1993	綦江区政府	綦江区政府	綦江区志办	内部出版	2015	50

续表

年鉴类别	年鉴名称	创刊时间	主管单位	主办单位	编纂单位	出版单位	出版时间	出版字数（万字）
县区级年鉴	万盛年鉴	2009	万盛经济技术开发区管理委员会	万盛经济技术开发区行政办公室	万盛经济技术开发区档案局	内部出版	2015	50
	大足年鉴	2007	大足区政府	大足区政府办公室	大足区志办	内部出版	2015	50
	璧山年鉴	1998	璧山区政府	璧山区政府办公室	《璧山年鉴》编辑部	四川科学技术出版社	2015	71
	铜梁年鉴	2015	铜梁区政府	铜梁区政府办公室	铜梁区党史志办	内部出版	2015	60
	潼南年鉴	1991	潼南区政府	潼南区政府办公室	潼南区档案史志局	内部出版	2015	55
	荣昌年鉴（2014）	1986	荣昌区政府	荣昌区政府办公室	荣昌区志办	西南师范大学出版社	2015	60
	梁平年鉴	2011	梁平县政府	梁平县政府办公室	梁平县档案局	内部出版	2015	50
	城口年鉴	2012	城口县政府	城口县政府办公室	城口县档案局	内部出版	2015	50
	丰都年鉴	2014	丰都县政府	丰都县档案局	《丰都年鉴》编辑部	四川科学技术出版社	2015	75
	垫江年鉴	2002	垫江县政府	垫江县政府办公室	垫江县档案局	内部出版	2015	50
	武隆年鉴（2014）	2000	武隆县政府	武隆县政府办公室	武隆县档案局	四川人民出版社	2000	50
	忠县年鉴	2001	忠县政府	忠县史志办	忠县史志办	内部出版	2015	50
	开县年鉴	2004	开县政府	开县政府办公室	开县志办	内部出版	2015	50
	云阳年鉴	1993	云阳县政府	云阳县政府办公室	云阳县志办	内部出版	2015	50
	奉节年鉴（2014）	1996	奉节县政府	奉节县政府办公室	奉节县志办	内部出版	2015	70
	巫山年鉴	2003	巫山县政府	巫山县政府办公室	巫山县党史研究室	内部出版	2015	50
	巫溪年鉴	2014	巫溪县政府	巫溪县政府办公室	巫溪志办	内部出版	2015	50
	石柱年鉴	2008	石柱土家族自治县政府	石柱土家族自治县政府办公室	石柱土家族自治县志办	内部出版	2015	50
	秀山年鉴	2013	中共秀山土家族苗族自治县委	秀山土家族苗族自治县政府	秀山土家族苗族自治县档案局	内部出版	2015	50
	酉阳年鉴	2014	酉阳县政府	酉阳县政府办公室	酉阳县档案局	内部出版	2015	50
	彭水年鉴	2012	彭水苗族土家族自治县政府	彭水苗族土家族自治县政府办公室	彭水苗族土家族自治县档案局	重庆出版集团	2015	50

（杨祖静）

【2015 年重庆市专业年鉴出版统计】

2015 年重庆市专业年鉴出版统计

年鉴名称	创刊时间	主管单位	主办单位	编纂单位	出版单位	出版时间	字数（万字）
重庆统计年鉴	1989	重庆市政府	重庆市政府办公室	重庆市统计局、国家统计局重庆调查总队	中国统计出版社	2015	88
重钢年鉴	1993	重庆钢铁（集团）有限责任公司	重庆钢铁（集团）有限责任公司	《重钢年鉴》编辑委员会	四川科学技术出版社	2015	82
大渡口统计年鉴	2009	重庆市大渡口区统计局	重庆市大渡口区统计局	重庆市大渡口区统计局	内部出版	2015	60
北碚统计年鉴	1999	重庆市统计局	北碚区统计局	北碚区统计局	内部出版	2015	60
璧山统计年鉴	1976	璧山区政府	璧山区政府办公室	璧山区统计局	内部出版	2015	60
丰都统计年鉴	1993	丰都县政府	丰都县统计局	丰都县统计年鉴编辑部	内部出版	2015	60
合川统计年鉴	2000	合川区统计局、国家统计局合川调查队	合川区统计局、国家统计局合川调查队	《合川统计年鉴》编辑部	内部出版	2015	60
开县统计年鉴	1988	开县统计局	开县统计局	开县统计局	内部出版	2015	60
南川统计年鉴	2003	南川区统计局、国家统计局南川调查队	南川区统计局、国家统计局南川调查队	《南川统计年鉴》编辑部	内部出版	2015	60
彭水县统计年鉴	1999	彭水县政府	彭水县统计局	彭水县统计局	内部出版	2015	60
黔江统计年鉴	2000	黔江区统计局	黔江区统计局	黔江区统计局	内部出版	2015	60
荣昌统计年鉴	1996	荣昌区政府	荣昌区统计局	荣昌区统计局	内部出版	2015	60
沙坪坝统计年鉴	1990	沙坪坝区统计局	沙坪坝区统计局	沙坪坝区统计局	内部出版	2015	60
石柱统计年鉴	2006	石柱县统计局	石柱县统计局	石柱县统计局	内部出版	2015	60
武隆统计年鉴	2012	武隆县统计局	武隆县统计局	武隆县统计局	内部出版	2015	60
秀山统计年鉴	2007	中共秀山县委	秀山县政府	秀山县统计局	内部出版	2015	60
永川统计年鉴	1984	永川区政府	永川区统计局、国家统计局永川调查队	永川区统计局、国家统计局永川调查队	内部出版	2015	60
渝北统计年鉴	1979	渝北区政府	渝北区统计局	渝北区统计局	内部出版	2015	60
渝中统计年鉴	1974	渝中区计划经济委员会	渝中区计划经济委员会	渝中区计划经济委员会	内部出版	2015	60
忠县统计年鉴	1994	忠县政府	忠县统计局	忠县统计局	内部出版	2015	60
潼南统计年鉴	1991	潼南区统计局、国家统计局潼南调查队	潼南区统计局、国家统计局潼南调查队	潼南区统计局、国家统计局潼南调查队	内部出版	2015	60
云阳统计年鉴	1980	云阳县政府	云阳县统计局	云阳县统计局	内部出版	2015	60

（杨祖静）

【2015 年四川省地方综合年鉴出版统计】

2015 年四川省地方综合年鉴出版统计

年鉴类别	年鉴名称	创刊时间	主管单位	主办单位	编纂单位	出版单位	出版时间	字数（万字）
省级年鉴	四川年鉴	1986	四川省政府	四川省地方志工作办公室	四川年鉴社	四川年鉴社	2015	—
地市级年鉴	成都年鉴	1987	成都市政府	成都市志办	成都市年鉴社	成都年鉴社	2015. 11	165
	自贡年鉴	1995	自贡市政府	自贡市志办	自贡市志办	方志出版社	2015. 10	110
	攀枝花年鉴	1992	攀枝花市政府	攀枝花市志办	攀枝花市志办	开明出版社	2015. 11	112
	泸州年鉴	1997	泸州市政府	泸州市志办	泸州市志办	方志出版社	2015. 9	61. 6
	绵阳年鉴	1996	绵阳市政府	绵阳市志办	绵阳市志办	方志出版社	2015. 10	113
	广元年鉴（2014）	1995	广元市政府	广元市志办	广元市志办	内部出版	2015. 1	45
	遂宁年鉴	1985	遂宁市政府	遂宁市志办	遂宁市志办	中国文史出版社	2015. 12	80
	内江年鉴（2014）	1991	内江市政府	内江市志办	内江市志办	中国文史出版社	2015. 6	68
	乐山年鉴	1993	乐山市政府	乐山市志办	乐山市志办	新华出版社	2015. 9	80
	南充年鉴	1995	南充市政府	南充市志办	南充市志办	中国文史出版社	2015. 11	50
	宜宾年鉴	1998	宜宾市政府	宜宾市志办	宜宾市志办	开明出版社	2015. 11	95
	广安年鉴	2005	广安市委、市政府	广安市志办	广安市志办	方志出版社	2015. 12	120
	达州年鉴	2003	达州市政府	达州市志办	《达州年鉴》编纂委员会	四川科学技术出版社	2015. 12	70
	雅安年鉴（2014）	1998	雅安市政府	雅安市志办	雅安市志办	中国文史出版社	2015. 4	80
	眉山年鉴	2003	眉山市政府	眉山市志办	眉山市志办	方志出版社	2015. 12	78
	资阳年鉴（2014）	2003	资阳市政府	资阳市志办	资阳市志办	四川大学出版社	2015. 6	70
	资阳年鉴	2003	资阳市政府	资阳市志办	资阳市志办	四川科学技术出版社	2015. 12	54
	阿坝州年鉴（2014）	1998	阿坝州政府	阿坝州地方志编委会	阿坝州地方志编委会	巴蜀书社	2015. 7	90
	甘孜州年鉴（2014）	2002	甘孜州政府	甘孜州志办	甘孜州志办	方志出版社	2015. 5	39. 6
	凉山年鉴（2014）	1998	凉山彝族自治州政府	凉山州史志办	凉山州史志办	方志出版社	2015. 5	80. 9

续表

年鉴类别	年鉴名称	创刊时间	主管单位	主办单位	编纂单位	出版单位	出版时间	字数（万字）
县区级年鉴	新津年鉴	1986	新津县政府	新津县志办	新津县志办	内部出版	2015.10	67
	金牛年鉴	2003	金牛区政府	金牛区志办	金牛区志办	新华出版社	2015.11	55
	大邑年鉴	1998	大邑县政府	大邑县志办	大邑县志办	内部出版	2015.12	38.8
	青白江年鉴（2014）	1990	青白江区政府	青白江区志办	青白江区志办	中国言实出版社	2015.10	70.5
	彭州年鉴	1998	彭州市政府	彭州市志办	彭州市志办	中国文史出版社	2015.11	60
	金堂年鉴	1991	金堂县政府	金堂县志办	金堂县志办	开明出版社	2015.12	45
	武侯年鉴	2007	武侯区政府	武侯区地方志	武侯区地方志办公室	新华出版社	2015.11	78
	青羊年鉴	1999	青羊区政府	青羊区志办	青羊区志办	中央民族大学出版社	2015.11	76
	双流年鉴（2014）	1986	双流县政府	中共双流县委史志办	中共双流县委史志办	四川科学技术出版社	2015.11	61
	双流年鉴	1986	双流县政府	中共双流县委史志办	中共双流县委史志办	四川科学技术出版社	2015.11	62
	成华年鉴	1999	成华区政府	成华区志办	成华区志办	新华出版社	2015.11	80
	崇州年鉴	1986	崇州市政府	崇州市志办	崇州市志办	方志出版社	2015.11	50.8
	蒲江年鉴	1993	蒲江县委、县政府	蒲江县史志办	蒲江县史志办	开明出版社	2015.11	52
	邛崃年鉴	1999	邛崃市政府	邛崃市志办	邛崃市志办	四川大学出版社	2015.12	57
	都江堰年鉴（2014）	1986	都江堰市政府	都江堰市志办	都江堰市志办	中国文史出版社	2015.1	60
	自流井年鉴	2007	自流井区政府	自流井区志办	自流井区志办	电子科技大学出版社	2015.8	70
	荣县年鉴	1994	荣县政府	荣县志办	荣县志办	中央民族大学出版社	2015.9	75.5
	自贡高新区年鉴	2015	自贡高新技术产业管理委员会区管委会	自贡高新区党政办公室	自贡高新区党政办公室	四川科学技术出版社	2015.7	43
	攀枝花市东区年鉴	2005	攀枝花市东区政府	攀枝花市东区志办	攀枝花市东区志办	四川科学技术出版社	2015.12	80
	攀枝花市西区年鉴	2007	攀枝花市西区政府	攀枝花市西区志办	攀枝花市西区志办	中央民族大学出版社	2015.10	75.5
	米易年鉴	2004	米易县政府	米易县志办	米易县志办	四川师范大学电子出版社	2015.12	36

续表

年鉴类别	年鉴名称	创刊时间	主管单位	主办单位	编纂单位	出版单位	出版时间	字数（万字）
县区级年鉴	盐边年鉴	2003	盐边县政府	盐边县史志办	盐边县史志办	开明出版社	2015.11	60
	江阳年鉴（2014）	2003	江阳区政府	江阳区志办	江阳区志办	中国文史出版社	2015.1	45
	纳溪年鉴	2001	纳溪区政府	纳溪区志办	纳溪区志办	中国文史出版社	2015.9	58
	泸县年鉴（2014）	2006	泸县政府	泸县志办	泸县志办	方志出版社	2015.3	60
	合江年鉴	1997	合江县政府	合江县志办	合江县志办	中国文史出版社	2015.11	50
	叙永年鉴（2014）	2008	叙永县政府	叙永县档案史志局	叙永县档案史志局	中国文史出版社	2015.11	45
	古蔺年鉴	2007	古蔺县政府	古蔺县志办	古蔺县志办	四川师大电子出版社	2015.11	66
	德阳市旌阳区年鉴（2014）	2007	德阳市旌阳区政府	《德阳市旌阳区年鉴》编纂委员会	《德阳市旌阳区年鉴》编纂委员会	中国文史出版社	2015.12	50
	绵竹年鉴（2014）	1998	绵竹市政府	绵竹市志办	绵竹市志办	四川科学技术出版社	2015.5	45
	罗江年鉴（2014）	2010	罗江县政府	罗江县地方志编委会	罗江县地方志编委会	内部出版	2015.6	41
	涪城年鉴	1996	涪城区政府	涪城区志办	涪城区志办	中国文史出版社	2015.12	60
	三台年鉴（2014）	1983	三台县政府	三台县志办	三台县志办	电子科大出版社	2015.8	45
	江油年鉴	2001	江油市政府	江油市志办	江油市志办	中国文史出版社	2015.11	75
	安县年鉴（2014）	1993	安县政府	安县志办	安县志办	电子科技大学出版社	2015.2	45
	朝天年鉴（2014）	2008	朝天区政府	朝天区志办	朝天区志办	内部出版	2015.3	48
	昭化年鉴（2014）	2008	昭化区政府	昭化区志办	昭化区志办	内部出版	2015.10	53
	剑阁年鉴（2014）	1990	剑阁县政府	剑阁县志办	剑阁县志办	内部出版	2015.7	54
	利州年鉴（2014）	2008	利州区政府	利州区志办	利州区志办	内部出版	2015.3	40
	苍溪年鉴（2012～2013）	1991	苍溪县政府	苍溪县志办	苍溪县志办	内部出版	2015	50
	安居年鉴（2007～2013）	2015	安居区政府	安居区志办	安居区志办	四川师范大学电子出版社	2015.4	110

续表

年鉴类别	年鉴名称	创刊时间	主管单位	主办单位	编纂单位	出版单位	出版时间	字数（万字）
县区级年鉴	蓬溪年鉴	2002	蓬溪县政府	蓬溪县志办	蓬溪县志办	内部出版	2015.11	60
	船山年鉴（2010~2012）	2007	船山区政府	船山区志办	船山区志办	内部出版	2015.3	59
	大英年鉴（2012~2013）	2006	大英县政府	大英县志办	大英县志办	中国文史出版社	2015.5	50
	资中年鉴（2013）	2009	资中县政府	资中县志办	资中县志办	内部出版	2015.5	45
	威远年鉴	2012	威远县政府	威远县史志办	威远县史志办	中国文史出版社	2015.12	72
	隆昌年鉴（2014）	2013	隆昌县政府	隆昌县志编纂委员会办公室	隆昌县志编纂委员会办公室	内部出版	2015.11	46
	乐山市市中区年鉴	1986	乐山市市中区政府	乐山市市中区志办	乐山市市中区志办	四川科学技术出版社	2015.10	39
	沙湾年鉴	2003	沙湾区政府	沙湾区志办	沙湾区志办	电子科技大学出版社	2015.8	42
	金口河区年鉴（2014）	2000	金口河区政府	金口河区志办	金口河区志办	电子科技大学出版社	2015.8	41
	峨眉山市年鉴	2003	峨眉山市政府	峨眉山市地方志编委会	峨眉山市地方志编委会	开明出版社	2015	45
	夹江县年鉴	1986	夹江县政府	夹江县志办	夹江县志办	四川师范大学电子出版社	2015.10	33.5
	井研年鉴	1986	井研县政府	井研县政府办公室、井研县志办	井研县政府办公室、井研县志办	中国文史出版社	2015.11	46
	犍为年鉴	1991	犍为县政府	犍为县志办	犍为县志办	电子科技大学出版社	2015.8	30
	沐川年鉴（2014）	1993	沐川县地方志编委会	沐川县政府办公室	沐川县政府办公室	电子科技大学出版社	2015.8	37.8
	峨边彝族自治县年鉴	2007	峨边彝族自治县政府	峨边彝族自治县志办	峨边彝族自治县志办	中国文史出版社	2015.11	50
	马边彝族自治县年鉴	2004	马边彝族自治县政府	马边彝族自治县地方志编委会	马边彝族自治县地方志编委会	电子科技大学出版社	2015.8	50
	五通桥区年鉴	1991年	五通桥区政府	五通桥区志办	五通桥区志办	内部出版	2015.8	35
	顺庆年鉴	1995	顺庆区政府	顺庆区志办	顺庆区志办	方志出版社	2015.11	60
	高坪年鉴（2012）	2003	高坪区政府	高坪区志办	高坪区志办	内部出版	2015.3	50

续表

年鉴类别	年鉴名称	创刊时间	主管单位	主办单位	编纂单位	出版单位	出版时间	字数（万字）
县区级年鉴	高坪年鉴（2014）	2003	高坪区政府	高坪区志办	高坪区志办	中国文史出版社	2015. 11	47
	西充年鉴（2014）	2002	西充县政府	西充县志办	西充县志办	内部出版	2015. 1	40
	营山年鉴	1994	营山县政府	营山县志办	营山县志办	内部出版	2015. 11	38
	蓬安年鉴	2003	蓬安县政府	蓬安县志办	蓬安县志办	中国文史出版社	2015. 12	59
	仪陇年鉴（2014）	1998	仪陇县政府	仪陇县志办	仪陇县志办	内部出版	2015. 8	70
	阆中年鉴	2000	阆中市政府	阆中市志办	阆中市志办	内部出版	2015. 11	50
	嘉陵年鉴	1998	嘉陵区政府	嘉陵区志办	嘉陵区志办	内部出版	2015. 11	61
	宜宾市翠屏区年鉴	1986	宜宾市翠屏区政府	宜宾市翠屏区志办	宜宾市翠屏区志办	群言出版社	2015. 11	90
	宜宾市南溪区年鉴	1986	宜宾市南溪区政府	宜宾市南溪区地方志办	宜宾市南溪区地方志办	群言出版社	2015. 10	54
	宜宾县年鉴	1986	宜宾县政府	宜宾县志办	宜宾县志办	内部出版	2015. 10	40
	江安县年鉴	1998	江安县政府	江安县志办	江安县志办	开明出版社	2015. 11	42
	长宁县年鉴	1993	长宁县政府	长宁县志办	长宁县志办	开明出版社	2015. 11	50
	高县年鉴	2004	高县政府	高县志办	高县志办	开明出版社	2015. 11	64. 7
	筠连县年鉴	1991	筠连县政府	筠连县志办	筠连县志办	方志出版社	2015. 12	100
	珙县年鉴	1994	珙县政府	珙县志办	珙县志办	光明日报出版社	2015. 12	65
	兴文县年鉴	1999	兴文县政府	兴文县志办	兴文县志办	方志出版社	2015. 12	70
	屏山县年鉴	1999	屏山县政府	屏山县志办	屏山县志办	开明出版社	2015. 11	56
	广安区年鉴	1993	广安区委、区政府	广安区志办	广安区志办	四川师范大学电子出版社	2015. 12	60
	前锋区年鉴（2014）	2015	前锋区委、区政府	前锋区志办	前锋区志办	西安出版社	2015. 3	58
	岳池年鉴	1993	岳池县政府	岳池县史志办	岳池县史志办	方志出版社	2015. 11	55
	武胜年鉴	2005	武胜县政府	武胜县史志办	武胜县史志办	电子科技大学出版社	2015. 11	90
	华蓥年鉴（2014）	1992	华蓥市政府	华蓥市史志办	华蓥市史志办	西安出版社	2015. 3	52
	邻水年鉴	1998	邻水县政府	邻水县史志办	邻水县史志办	开明出版社	2015. 11	50
	通川年鉴（2014）	1993	通川区政府	通川区志办	通川区志办	中国文史出版社	2015. 8	—

续表

年鉴类别	年鉴名称	创刊时间	主管单位	主办单位	编纂单位	出版单位	出版时间	字数（万字）
县区级年鉴	达川年鉴（2013）	2006	达川区政府	达川区志办	达川区志办	内部出版	2015.1	—
	万源年鉴（2014）	2010	万源市政府	万源市志办	万源市志办	电子科技大学出版社	2015.1	—
	宣汉年鉴（2013）	1996	宣汉县政府	宣汉县志办	宣汉县志办	内部出版	2015.1	—
	大竹年鉴（2013）	1993	大竹县政府	大竹县志办	大竹县志办	中国文化出版社	2015.8	—
	渠县年鉴	2010	渠县政府	渠县志办	渠县志办	中国文史出版社	2015.12	60
	开江年鉴	1989	开江县政府	开江县志办	开江县志办	中国文史出版社	2015.9	—
	巴中市巴州区年鉴（2014）	2002	巴中市巴州区政府	巴中市巴州区志办	巴中市巴州区志办	内部出版	2015.5	35
	巴中市恩阳区年鉴（2014）	2015	巴中市恩阳区政府	中共巴中市恩阳区委史志档案局	中共巴中市恩阳区委史志档案局	中国文史出版社	2015.10	45
	南江年鉴（2014）	2014	南江县政府	南江县志办	南江县志办	中国文史出版社	2015.3	60
	通江年鉴（2014）	1999	通江县政府	通江县志办	通江县志办	光明日报出版社	2015.12	52
	平昌年鉴（2014）	2015	平昌县政府	平昌县志办	平昌县志办、平昌县地方志学会	电子科技大学出版社	2015.2	60
	雨城年鉴	2006	雨城区政府	平昌县地方志学会	《雨城年鉴》编辑部	开明出版社	2015.12	40
	雅安市名山区年鉴（2014）	1998	雅安市名山区政府	《雨城年鉴》编辑部	雅安市名山区志办	中央民族大学出版社	2015.11	78.3
	荥经年鉴	1999	荥经县政府	荥经县地方志工作办公室	荥经县地方志工作办公室	中央民族大学出版社	2015.6	63
	石棉年鉴	2002	石棉县政府	石棉县志办	石棉县志办	群言出版社	2015.12	65
	天全年鉴	2002	天全县政府	天全县地方志工作办公室	天全县地方志工作办公室	九州日报出版社	2015.9	65
	芦山年鉴（2014）	2004	芦山县政府	芦山县志办	芦山县志办	中央民族大学出版社	2015.3	32
	宝兴年鉴（2014）	2009	宝兴县政府	宝兴地方志工作办公室	宝兴地方志工作办公室	中国言实出版社	2015.10	65

续表

年鉴类别	年鉴名称	创刊时间	主管单位	主办单位	编纂单位	出版单位	出版时间	字数（万字）
县区级年鉴	彭山年鉴（2014）	1986	彭山区政府	彭山区史志办	彭山区史志办	内部出版	2015.12	51
	仁寿年鉴	1986	仁寿县政府	仁寿县志办	仁寿县志办	中国文化出版社	2015.12	61
	洪雅年鉴	2008	洪雅县政府	洪雅县志办	洪雅县志办	四川大学出版社	2015.12	70
	丹棱年鉴	2004	丹棱县政府	丹棱县志办	丹棱县志办	中国文史出版社	2015.11	35
	青神年鉴（2014）	1996	青神县政府	青神党史县志办	青神党史县志办	内部出版	2015.12	48
	安岳县年鉴（2014）	2006	安岳县政府	安岳县志办	安岳县志办	四川师范大学电子出版社	2015.12	56
	乐至县年鉴（2014）	2006	乐至县委、县政府	乐至县志办	乐至县志办	电子科技大学出版社	2015.3	50
	汶川县年鉴	1992	汶川县政府	汶川县史志办	汶川县史志办	开明出版社	2015.10	89
	理县年鉴（2011～2012）	1997	理县政府	理县志办	理县志办	中央民族大学出版社	2015.7	68
	茂县年鉴	2009	茂县政府	茂县志办	茂县志办	中央民族大学出版社	2015.8	64
	黑水县年鉴	1996	黑水县政府	黑水县史志编纂委员会	黑水县史志编纂委员会	中国文学出版社	2015.12	35
	马尔康县年鉴（2013）	1996	马尔康县政府	马尔康县史志办	马尔康县史志办	电子科技大学出版社	2015.9	40
	小金年鉴（2013）	2003	小金县政府	小金县志办	小金县志办	开明出版社	2015.9	31.8
	小金年鉴（2014）	2003	小金县政府	小金县志办	小金县志办	中央民族大学出版社	2015.10	44
	壤塘年鉴（2014）	2005	壤塘县政府	壤塘县志办	壤塘县志办	四川科学技术出版社	2015.9	42
	红原年鉴（2014）	2011	红原县政府	红原县党史志办	红原县党史志办	电子科技大学出版社	2015.5	39.1
	雅江年鉴	2002	雅江县政府	雅江县地方志编委会	雅江县地方志编委会	中国文史出版社	2015.9	54
	白玉年鉴（2014）	2012	白玉县政府	白玉县志办	白玉县志办	中央民族大学出版社	2015.5	46
	白玉年鉴	2012	白玉县政府	白玉县志办	白玉县志办	开明出版社	2015.12	50
	康定年鉴	1994	康定县政府	康定县地方志编委会	康定县地方志编委会	中国文史出版社	2015.12	45
	九龙县年鉴（2014）	2006	九龙县政府	九龙县志办	九龙县志办	科学技术文献出版社	2015.11	32.5

续表

年鉴类别	年鉴名称	创刊时间	主管单位	主办单位	编纂单位	出版单位	出版时间	字数(万字)
县区级年鉴	德格年鉴(2014)	2008	德格县政府	德格县地方志编委会	德格县地方志编委会	中央民族大学出版社	2015.1	43
	得荣年鉴(2010~2013)	2015	得荣县政府	得荣县志办	得荣县志办	中央民族大学出版社	2015.7	68
	泸定县年鉴	2005	泸定县政府	泸定县志办	泸定县志办	内部出版	2015.11	32
	稻城年鉴(2013)	2002	稻城县政府	稻城县志办	稻城县志办	内部出版	2015.8	50
	稻城年鉴(2014)	2002	稻城县政府	稻城县志办	稻城县志办	内部出版	2015.11	38
	理塘年鉴(2014)	2003	理塘县政府	理塘县志办	理塘县志办	内部出版	2015.1	50
	道孚年鉴	2003	道孚县政府	道孚县地方志编委会	道孚县地方志编委会	内部出版	2015.11	30
	美姑年鉴(2014)	—	美姑县政府	美姑县史志办	美姑县史志办	中国文史出版社	2015.4	32
	越西年鉴(2014)	2015	越西县政府	越西县史志办	越西县史志办	中国文化出版社	2015.1	55
	冕宁年鉴	1996	冕宁县政府	冕宁县史志办	冕宁县史志办	内部出版	2015.9	50.2
	宁南年鉴	2009	宁南县政府	宁南县史志办	宁南县史志办	开明出版社	2015.10	50
	甘洛年鉴(2013)	—	甘洛县政府	甘洛县史志办	甘洛县史志办	内部出版	2015.6	36
	布拖年鉴	201	布拖县政府	布拖县史志办	布拖县史志办	中央民族大学出版社	2015.11	35
	金阳年鉴(2013~2014)	2013	金阳县政府	金阳县史志办	金阳县史志办	中国文史出版社	2015	60
	西昌年鉴	1990	西昌市政府	西昌市志办	西昌市志办	西南交通大学出版社	2015.12	61
	会东年鉴	2003	会东县政府	会东县史志办	会东县史志办	内部出版	2015.12	46
	木里藏族自治县年鉴	2015	木里藏族自治县政府	木里藏族自治县史志办	木里藏族自治县史志办	开明出版社	2015.12	50
	普格年鉴(2012)	—	普格县政府	普格县史志办	普格县史志办	方志出版社	2015.9	32.8
	喜德年鉴		喜德县政府	喜德县史志办	喜德县史志办	内部出版	2015.11	40
	昭觉县年鉴	2014	昭觉县政府	昭觉县史志办	昭觉县史志办	线装书局	2015.11	33

(朱艳林)

【2015年四川省专业年鉴出版统计】

2015年四川省专业年鉴出版统计

年鉴名称	创刊时间	主管单位	主办单位	编纂单位	出版单位	出版时间	字数（万字）
新都统计年鉴（2014）	—	新都区政府	新都区政府	新都区统计局	内部出版	2015.5	—
崇州统计年鉴（2014）	—	崇州市政府	崇州市统计局	崇州市统计局	内部出版	2015.8	—
自流井年鉴	2007	自流井区政府	自流井区政府	自流井区志办	内部出版	2015.8	—
泸州统计年鉴	1982	泸州市政府	泸州市统计局	泸州市统计局	内部出版	2015.8	97
泸县统计年鉴（2014）	2006	泸县政府	泸县政府	泸县统计局	内部出版	2015.7	20
合江县统计年鉴	1978	合江县政府	合江县政府	合江县统计局	内部出版	2015.8	97
叙永县统计年鉴（2014）	1999	叙永县政府	叙永县统计局、国家统计局叙永调查队、叙永县统计学会	叙永县统计局	内部出版	2015.8	19
古蔺统计年鉴（2014）	2007	古蔺县政府	古蔺县统计局	古蔺县统计局	内部出版	2015.8	20
德阳统计年鉴	1986	德阳市政府	德阳市统计局、德阳市统计学会	德阳市统计局	内部出版	2015.7	100
犍为县统计年鉴（2014）	2015	犍为县政府	犍为县政府	犍为县统计局	内部出版	2015.7	50.2
西充统计年鉴（2014）	—	西充县政府	西充县政府	西充县统计局	内部出版	2015.8	26
营山统计年鉴（2014）	—	营山县政府	营山县统计局	营山县统计局	内部出版	2015.7	30
蓬安统计年鉴（2014）	1952	蓬安县政府	蓬安县统计局	蓬安县统计局	内部出版	2015.6	30
南充统计年鉴	1950	南充市政府	南充市统计局	南充市统计局	内部出版	2015.11	50
康定县统计年鉴（2014）	1978	康定县政府	康定县政府	康定县统计局	内部出版	2015.10	10
金阳统计年鉴（2014）	2014	金阳县政府	金阳县政府	金阳县统计局	内部出版	2015	—
会东统计年鉴（2014）	—	会东县政府	会东县政府	会东县统计局	内部出版	2015	—
木里藏族自治县统计年鉴（2014）	2015	木里藏族自治县政府	木里藏族自治县统计局	木里县统计局	内部出版	2015.7	—
凉山彝族自治州人民代表大会年鉴	2001	凉山彝族自治州政府	凉山彝族自治州人大常委会研究室	凉山彝族自治州人大常委会研究室	内部出版	2015.6	18

续表

年鉴名称	创刊时间	主管单位	主办单位	编纂单位	出版单位	出版时间	字数（万字）
凉山统计年鉴（2014）	1978	凉山彝族自治州政府	凉山州统计局、国家统计局凉山调查队	凉山州统计局、国家统计局凉山调查队	内部出版	2015	60
凉山科技年鉴（2014）	—	凉山彝族自治州政府	凉山州彝族自治科技局	凉山州彝族自治科技局	内部出版	2015	—

（朱艳林）

【2015 年贵州省地方综合年鉴出版统计】

2015 年贵州省地方综合年鉴出版统计

年鉴类别	年鉴名称	创刊时间	主管单位	主办单位	编纂单位	出版单位	出版时间	字数（万字）
省级年鉴	贵州年鉴	1984	贵州省志办	贵州省志办	《贵州年鉴》编辑部	《贵州年鉴》编辑部	2015. 11	210
地市级年鉴	贵阳年鉴	1990	贵阳市地方志编委会	贵阳市地方志办	《贵阳年鉴》编辑部	《贵阳年鉴》编辑部	2015. 10	95
	遵义年鉴	1999	遵义市委办、市政府	遵义市委办、市政府	遵义市地方志办	中国文化出版社	2015. 11	130
	毕节年鉴	2001	毕节市政府	毕节市政府	毕节市中史志办	中国方志出版社	2015. 12	113
	铜仁年鉴	1998	铜仁市政府	铜仁市档案局（方志办、档案馆）	铜仁市档案局（方志办）	九州出版社	2015. 11	80
	六盘水年鉴	2000	中共六盘水市委、市政府	中共六盘水市委、市政府	六盘水市地方志编委会	贵州人民出版社	2015. 12	101
	黔东南年鉴	2000	黔东南州政府	黔东南州地方志编委会	黔东南州地方志办年鉴科	开明出版社	2015. 12	80
	黔西南年鉴	2002	黔西南州地方志编委会	黔西南州史志办	黔西南州史志办	亚太新闻出版社	2015. 12	80
	黔南年鉴	1997	黔南州委办	黔南州政府办	黔南州史志办	中国文化出版社	2015. 12	
	南明年鉴	2014	南明区委、区政府	南明区志办	《南明年鉴》编辑部	贵州人民出版社	2015	32
	云岩年鉴	2014	云岩区政府	云岩区地方志办	云岩年鉴编辑部	开明出版社	2015	
	花溪年鉴	2014	花溪区政府	花溪区政府	花溪区地方志办	方志出版社	2015	84
	白云年鉴	2000	白云区委、区政府	白云区志办	《白云年鉴》编辑部	新华出版社	2015	—
	观山湖年鉴	2014	观山湖区委、区政府	观山湖区政府	《观山湖年鉴》编辑部	贵州人民出版社	2015	76
	息烽年鉴	2014	息烽县政府	息烽县志办	《息烽年鉴》编辑部	开明出版社	2015	—

续表

年鉴类别	年鉴名称	创刊时间	主管单位	主办单位	编纂单位	出版单位	出版时间	字数（万字）
地市级年鉴	遵义县年鉴	2009	遵义县委办、遵义县政府办	遵义县委办、遵义县政府	遵义县地方志办	中国文史出版社	2015	65
	湄潭年鉴	2012	湄潭县委、县政府	湄潭县委、县政府	湄潭县志办	中国文史出版社	2015	—
	红花岗年鉴	2007	红花岗区委、区政府	红花岗区委、区政府	红花岗区志办	云南科技出版社	2015	—
	汇川年鉴	2013	汇川区委、区政府	汇川区委、区政府	汇川区志办	德宏民族出版社	2015	—
县区级年鉴	凤冈年鉴	2011	凤冈县委、县政府	凤冈县委、县政府	凤冈县地方志办公室	中国文化出版社	2015	—
	绥阳年鉴	2012	绥阳县委、县政府	绥阳县委、县政府	绥阳县地方志办公室	中国文化出版社	2015	—
	习水年鉴	2001	习水县委、县政府	习水县委、县政府	习水县地方志办公室	中国文化出版社	2015	—
	仁怀年鉴	1989	仁怀市委、市政府	仁怀市委、市政府	仁怀市地方志办公室	中国文化出版社	2015	—
	正安年鉴	2012	正安县委、县政府	正安县委、县政府	正安县地方志办公室	中国文化出版社	2015	—
	务川年鉴	2012	务川县委、县政府	务川县委、县政府	务川县地方志办公室	中国文化出版社	2015	—
	赤水年鉴	2012	赤水市委、市政府	赤水市委、市政府	赤水市地方志办公室	中国文化出版社	2015	—
	道真年鉴	2010	道真县委、县政府	道真县委、县政府	道真县地方志办公室	中国文化出版社	2015	—
	余庆年鉴	2011	余庆县委、县政府	余庆县委、县政府	余庆县地方志办公室	中国文化出版社	2015	—
	桐梓年鉴	2011	桐梓县委、县政府	桐梓县委、县政府	桐梓县地方志办公室	中国文化出版社	2015	—
	西秀年鉴	2007	西秀区委、区政府	西秀区地方志办	西秀区地方志办	德宏民族出版社	2015	—
	普定年鉴	2005	普定县政府	普定县地方志办	普定县地方志办	中国文化出版社	2015	—
	紫云年鉴	2010	紫云县政府	紫云县地方志办	紫云县地方志办	中国文化出版社	2015	—
	平坝年鉴	2008	平坝县政府	平坝县地方志办	平坝县地方志办	中国文化出版社	2015	—
	黔西年鉴	2010	黔西县委、县政府	黔西县委、县政府	黔西县史志办	中州古籍出版社	2015	—
	大方年鉴	2008	大方县委、县政府	大方县委、县政府	大方县地方志办	贵州人民出版社	2015	—

续表

年鉴类别	年鉴名称	创刊时间	主管单位	主办单位	编纂单位	出版单位	出版时间	字数（万字）
县区级年鉴	七星关年鉴	2001	七星关区政府	七星关区年鉴编纂委员会	七星关区志办	三秦出版社	2015	—
	纳雍年鉴	2004	纳雍县政府	纳雍县政府	纳雍县志办	德宏民族出版社	2015	—
	赫章年鉴	2007	赫章县政府	赫章县志办	《赫章年鉴》编辑部	贵州民族出版社	2015	—
	威宁年鉴	2011	威宁自治县政府	威宁自治县政府	威宁自治县史志办	光明日报出版社	2015	—
	织金年鉴	2011	织金县政府	织金县政府	织金县史志办	中州古籍出版社	2015	—
	金沙年鉴	2001	金沙县政府	金沙县政府	金沙县史志办	德宏民族出版社	2015	—
	思南年鉴	2004	中共思南县委、县政府	思南县档案局	思南县档案局（方志办）	中国文化出版社	2015	—
	德江年鉴	2013	德江县政府	德江县档案局	德江县档案局（方志办）	《德江年鉴》编辑部	2015	—
	沿河年鉴	2012	沿河土家族自治县委、县政府	沿河土家族自治县档案局	沿河土家族自治县档案局（方志办）	中国文化出版社	2015	—
	松桃年鉴	2010	松桃苗族自治县政府	松桃苗族自治县政府办公室	松桃苗族自治县档案局（方志办）	天津科学技术出版社	2015	—
	石阡年鉴	2007	石阡县委、县政府	石阡县委、县政府	石阡县档案局（方志办、档案馆）	德宏民族出版社	2015	—
	都匀年鉴	2002	都匀市政府	都匀市年鉴编委会	都匀市史志办	方志出版社	2015	—
	瓮安年鉴	2012	瓮安县政府	瓮安县地方志编委会	瓮安县地方志编委会	中国文史出版社	2015	—
	福泉年鉴	2015	福泉市委	福泉市政府	福泉市年鉴编委会、市档史局	中国文史出版社	2015	—
	惠水年鉴	2013	惠水县委	惠水县政府	惠水县档案史志局	云南人民出版社	2015	—
	三都年鉴	2007	三都县政府	三都县年鉴编纂委员会	三都县史志办	中国文化出版社	2015	—
	平塘年鉴	2007	平塘县委办	平塘县政府办	平塘县史志编纂委员会	贵州人民出版社	2015	—
	锦屏年鉴	2014	锦屏县政府	《锦屏年鉴》编纂委员会	《锦屏年鉴》编纂委员会	天津科学技术出版社	2015	—
	凯里年鉴	2003	凯里市政府	凯里市年鉴编纂委员会	凯里市年鉴编纂委员会办公室	云南美术出版社	2015	—
	镇远年鉴	2014	镇远县政府	镇远县地方志编纂委员	镇远县史志办	云南人民出版社	2015	—

续表

年鉴类别	年鉴名称	创刊时间	主管单位	主办单位	编纂单位	出版单位	出版时间	字数（万字）
县区级年鉴	兴义年鉴	2006	兴义市委	兴义市史志办	兴义市史志办	贵州人民出版社	2015	—
	普安年鉴	2007	普安县委、县政府	普安县史志办	普安县史志办	中国文史出版社	2015	—
	安龙年鉴	2011	安龙县委、县政府	安龙县史志办	安龙县史志办	云南科技出版社	2015	—
	贞丰年鉴	2011	贞丰县委、县政府	贞丰县史志办	贞丰县史志办	云南科技出版社	2015	—
	晴隆年鉴	2008	晴隆县委、县政府	晴隆县史志办	晴隆县史志办	华文国际出版社	2015	—
	册亨年鉴	2011	册亨县委、县政府	册亨县史志办	册亨县史志办	中国文化出版社	2015	—
	望谟年鉴	2013	望谟县委、县政府	望谟县史志办	望谟县史志办	德宏民族出版社	2015	—
	钟山年鉴	2010	钟山区委、区政府	钟山区委、区政府	钟山区委史志办	中州古籍出版社	2015	—
	盘县年鉴	2014	盘县县委、县政府	盘县县委、县政府	盘县地方志编委会	云南民族出版社	2015	—
	水城年鉴	2015	水城县委、县政府	水城县委、县政府	水城县委史志办	云南人民出版社	2015	—
	六枝年鉴	2015	六枝特区区委、区政府	六枝特区区委、区政府	六枝特区史志办	方志出版社	2015	—

（贵州省志办）

【2015年贵州省专业年鉴出版统计】

2015年贵州省专业年鉴出版统计

年鉴名称	创刊时间	主管单位	主办单位	编纂单位	出版单位
贵州统计年鉴		贵州省统计局、国家统计局贵州调查总队	贵州省统计局、国家统计局贵州调查总队	贵州省统计局、国家统计局贵州调查总队	中国统计出版社
贵州交通运输年鉴	2011	贵州省交通运输厅	贵州省交通运输厅	贵州省交通运输厅	贵州大学出版社
贵阳统计年鉴	1999	贵阳市统计局	贵阳市统计局	贵阳市统计局	中国统计出版社
贵阳建设生态文明城市年鉴	2009	贵阳市委政策研究室	贵阳市委政策研究室	《贵阳建设生态文明城市年鉴》编辑部	新华出版社
贵阳幼儿师范高等专科学校年鉴	2015	贵阳幼儿师范高等专科学校	贵阳幼儿师范高等专科学校图书馆	《贵阳幼儿师范高等专科学校年鉴》编辑部	贵州大学出版社
遵义统计年鉴	2002	遵义市统计局	遵义市统计局	遵义市统计局	内部出版
铜仁市统计年鉴	1979	铜仁市统计局	铜仁市统计局	铜仁市统计局	内部出版

续表

年鉴名称	创刊时间	主管单位	主办单位	编纂单位	出版单位
黔南统计年鉴	2000	黔南州政府	黔南州统计局	黔南州统计局	内部出版
黔南经济普查年鉴	2013	黔南州政府	黔南州统计局	黔南州统计局	内部出版
云岩统计年鉴	2000	云岩区政府	云岩区统计局	云岩区统计局	内部出版
白云统计年鉴	1997	白云区委、区政府	《白云统计年鉴》编纂委员会	白云区统计局	内部出版
沿河土家族自治县统计年鉴	2003	沿河土家族自治县政府	沿河土家族自治县政府	沿河土家族自治县统计局	内部出版
三都统计年鉴	2013	三都县政府	三都县统计局	三都县统计局	内部出版
岑巩统计年鉴	2000	岑巩县统计局	岑巩县统计局	岑巩县统计局	内部出版
天柱统计年鉴	1999	天柱县统计局	天柱县统计局	天柱县统计局	内部出版
镇远统计年鉴	1980	镇远县统计局	镇远县统计局	镇远县统计局	内部出版
三穗统计年鉴	1979	三穗县统计局	三穗县统计局	三穗县统计局	内部出版
三穗法院年鉴	2012	三穗县法院	三穗县法院	三穗县法院研究室	内部出版
三穗司法年鉴	2013	三穗县司法局	三穗县司法局	三穗县司法局	内部出版
施秉统计年鉴	1991	施秉县统计局	施秉县统计局	施秉县统计局	内部出版
雷山统计年鉴	2006	雷山县统计局	雷山县统计局	雷山县统计局	内部出版
凯里统计年鉴	1996	凯里市统计局	凯里市统计局	凯里市统计局	内部出版

(贵州省志办)

【2015 年云南省地方综合年鉴出版统计】

2015 年云南省地方综合年鉴出版统计

年鉴类别	年鉴名称	创刊时间	主管单位	主办单位	编纂单位	出版单位	出版时间	字数(万字)
省级年鉴	云南年鉴	—	云南省政府	云南省政府	云南年鉴社	云南年鉴社	2015.9	157
地市级年鉴	昆明年鉴	—	昆明市政府	昆明市政府	昆明市志办	云南民族出版社	2015.10	126
	昭通年鉴	—	昭通市政府	昭通市政府	昭通市志办	德宏民族出版社	2015.10	110
	曲靖年鉴	—	中共曲靖市委、市政府	中共曲靖市委、市政府	曲靖市志办	云南人民出版社	2015.9	130
	楚雄州年鉴	—	楚雄彝族自治州政府	楚雄彝族自治州政府	楚雄彝族自治州志办	云南科技出版社	2015.9	100
	玉溪年鉴	—	玉溪市政府	玉溪市政府	玉溪市志办	德宏民族出版社	2015.10	135
	文山州年鉴	—	文山州政府	文山州政府	文山州志办	德宏民族出版社	2015.8	96
	南涧年鉴	—	南涧县地方志编委会	南涧县地方志编委会	南涧县政府	云南美术出版社	2015.10	77
	西双版纳年鉴	—	州人民政府	州人民政府	州档案局	云南科技出版社	2015.10	134.1
	丽江年鉴	—	丽江市政府	丽江市政府	丽江市志办	云南民族出版社	2015	—

续表

年鉴类别	年鉴名称	创刊时间	主管单位	主办单位	编纂单位	出版单位	出版时间	字数（万字）
地市级年鉴	怒江傈僳族自治州年鉴	—	怒江傈僳族自治州政府	怒江傈僳族自治州政府	怒江傈僳族自治州志办	云南民族出版社	2015.11	73.1
	迪庆年鉴	—	迪庆州政府办公室	迪庆州政府办公室	迪庆州志办	云南民族出版社	2015.12	200
县区级年鉴	呈贡年鉴	2003	呈贡新区管理委员会、呈贡区政府	呈贡新区管理委员会、呈贡区政府	呈贡区委志办	德宏民族出版社	2015.9	97
	富源年鉴	1992	中共富源县委、县政府	中共富源县委、县政府	富源县志办	内部出版	2015.7	70
	罗平年鉴	1991	中共罗平县委、县政府	中共罗平县委、县政府	罗平县志办	德宏民族出版社	2015.8	85
	陆良年鉴	1995	中共陆良县委、县政府	中共陆良县委、县政府	陆良县志办	内部出版	2015.9	75
	会泽年鉴	1992	中共会泽县委、县政府	中共会泽县委、县政府	会泽县志办	德宏民族出版社	2015.9	87
	沾益年鉴	1999	中共沾益县委、县政府	中共沾益县委、县政府	沾益县志办	德宏民族出版社	2015.9	106
	麒麟区年鉴	1993	中共麒麟区委、区政府	中共麒麟区委、区政府	麒麟区志办	德宏民族出版社	2015.9	80
	宣威年鉴	1988	中共宣威市委、市政府	中共宣威市委、市政府	宣威市史志办	德宏民族出版社	2015.8	80
	师宗年鉴	1991	中共师宗县委、县政府	中共师宗县委、县政府	师宗县志办	云南人民出版社	2015.9	70
	马龙年鉴	1995	中共马龙县委、县政府	中共马龙县委、县政府	马龙县志办	内部出版	2015.9	80
	牟定年鉴	1989	牟定县委、县政府	牟定县委、县政府	牟定县志办	内部出版	2015.10	63
	楚雄市年鉴	1995	楚雄市政府	楚雄市政府	楚雄市志办	德宏民族出版社	2015.10	70
	南华年鉴	1997	《南华年鉴》编辑委员会	《南华年鉴》编辑委员会	南华县志办	内部出版	2015.7	65
	武定年鉴	1995	武定县政府	武定县政府	武定县志办	德宏民族出版社	2015.8	93
	元谋年鉴	1991	元谋县政府	元谋县政府	元谋县志办	德宏民族出版社	2015.8	76
	大姚县年鉴	2000	大姚县委、县政府	大姚县委、县政府	大姚县志办	内部出版	2015.10	74
	姚安县年鉴	2001	姚安县政府	姚安县政府	姚安县志办	内部出版	2015.4	59
	禄丰县年鉴	1992	禄丰县政府	禄丰县政府	禄丰县志办	内部出版	2015	60

续表

年鉴类别	年鉴名称	创刊时间	主管单位	主办单位	编纂单位	出版单位	出版时间	字数（万字）
县区级年鉴	通海年鉴	1990	通海县委、县政府	通海县委、县政府	通海县史志办	德宏民族出版社	2015.11	70
	新平年鉴	1996	新平县委、县政府	新平县委、县政府	新平县史志办	德宏民族出版社	2015.8	86
	澄江年鉴	1994	澄江县委、县政府	澄江县委、县政府	澄江县史志办	德宏民族出版社	2015.10	100
	峨山年鉴	2000	峨山县委、县政府	峨山县委、县政府	峨山县史志办	德宏民族出版社	2015.10	85
	华宁年鉴	—	华宁县委、县政府	华宁县委、县政府	华宁县史志办	德宏民族出版社	2015.9	90
	江川年鉴	1991	江川县委、县政府	江川县委、县政府	江川县史志办	德宏民族出版社	2015.10	75
	绿春年鉴	2007	绿春县委、县政府	绿春县委、县政府	绿春县志办	德宏民族出版社	2015.10	85.9
	屏边年鉴	2009	屏边苗族自治县委、县政府	屏边苗族自治县委、县政府	屏边苗族自治县志办	德宏民族出版社	2015.9	73.7
	弥勒年鉴	2002	弥勒市委、市政府	弥勒市委、市政府	弥勒市志办	德宏民族出版社	2015.10	85
	马关年鉴	2001	马关县政府	马关县政府	马关县史志办	内部出版	2015.10	68
	丘北年鉴	2009	丘北县政府	丘北县政府	丘北县志办	内部出版	2015.10	55
	施甸年鉴	2012	施甸县委、县政府	施甸县委、县政府	施甸县史志工作委员会办公室	内部出版	2015.10	45
	腾冲年鉴	2012	腾冲市委、市政府	腾冲市委、市政府	腾冲市史志工作委员会办公室	云南人民出版社	2015.8	94
	昌宁年鉴	2012	昌宁县委、县政府	昌宁县委、县政府	昌宁县史志工作委员会办公室	云南人民出版社	2015.8	51.5
	瑞丽年鉴	2005	瑞丽市委、市政府	瑞丽市委、市政府	瑞丽史志办	内部出版	2015.1	63
	盈江年鉴	2008	盈江县政府	盈江县政府	盈江县史志办	德宏民族出版社	2015.5	76
	泸水年鉴	—	泸水县委、县政府	泸水县委、县政府	泸水县志办	内部出版	2015.11	140
	福贡年鉴	2004	福贡县政府	福贡县政府	福贡县志办	内部出版	2015.11	50
	贡山年鉴	2007	贡山县政府	贡山县政府	贡山县志办	云南民族出版社	2015.11	96
	香格里拉年鉴	—	香格里拉市政府	香格里拉市政府	香格里拉县志办	云南人民出版社	2015.12	150

续表

年鉴类别	年鉴名称	创刊时间	主管单位	主办单位	编纂单位	出版单位	出版时间	字数（万字）
县区级年鉴	维西年鉴		维西县政府	维西县政府	维西县志办	云南人民出版社	2015.9	100
	永德年鉴	2014	永德县志办	永德县志办	—	内部出版	2015.1	31
	双江年鉴	1997	双江县政府	双江县政府	双江县志办	内部出版	2015.8	31
	临翔区年鉴	2014	临翔区政府	临翔区政府	临翔区志办	云南人民出版社	2015.3	40
	沧源佤族自治县年鉴	2007	沧源佤族自治县委、政府	沧源县委、佤族自治县政府	沧源佤族自治县志办	云南人民出版社	2015.1	38

（宣勤）

【2015年云南省专业年鉴出版统计】

2015年云南省专业年鉴出版统计

年鉴名称	创刊时间	主办单位	承办单位	出版单位	出版时间	字数（万字）
保山统计年鉴	1994	保山市统计局、国家统计局保山调查队	保山市统计局	内部出版	2015.8	—

（宣勤）

【2015年西藏自治区地方综合年鉴出版统计】

2015年西藏自治区地方综合年鉴出版统计

年鉴类别	年鉴名称	创刊时间	主管单位	主办单位	编纂单位	出版单位	出版时间	字数（万字）
省级年鉴	西藏年鉴（2014）	2000	西藏自治区政府办公厅	西藏自治区志办	年鉴编辑部	西藏人民出版社	2015.7	110
	西藏年鉴	2000	西藏自治区政府办公厅	西藏自治区志办	年鉴编辑部	西藏人民出版社	2015.12	120
地市级年鉴	拉萨年鉴	2012	拉萨市政府	拉萨市政府	拉萨市志办	方志出版社	2015.9	98.2
	日喀则年鉴	2011	日喀则市委	日喀则市委办公厅	日喀则市志办	内部出版	2015.10	77.7
	林芝年鉴	2007	林芝市委、市政府	林芝市委、市政府办公室	林芝市志办	内部出版	2015.6	81.1
	昌都年鉴（2013）	2004	昌都市委	昌都市委办公厅	昌都市志办	内部出版	2015.8	90
	那曲年鉴	2007	那曲地区行署	《那曲年鉴》编撰委员会	那曲地区志办	内部出版	2015.7	47
	阿里年鉴（2012）	2010	阿里地委	阿里地委办公室	阿里地区志办	内部出版	2015.4	68.1

续表

年鉴类别	年鉴名称	创刊时间	主管单位	主办单位	编纂单位	出版单位	出版时间	字数（万字）
县区级年鉴	拉萨城关年鉴	2012	城关区政府	城关区政府办公室	年鉴编辑部	内部出版	2015.9	28.2
	堆龙德庆年鉴	2012	堆龙德庆县政府	堆龙德庆县政府办公室	年鉴编辑部	内部出版	2015.7	48
	墨竹工卡年鉴	2012	墨竹工卡县政府	墨竹工卡县政府办公室	年鉴编辑部	方志出版社	2015.7	38.3
	曲水年鉴	2012	曲水县政府	曲水县政府办公室	年鉴编辑部	内部出版	2015.6	25.5
	当雄年鉴	2012	当雄县政府	当雄县政府办公室	年鉴编辑部	内部出版	2015.6	28
	达孜年鉴	2012	达孜县政府	达孜县政府办公室	年鉴编辑部	内部出版	2015.6	29.5
	尼木年鉴	2012	尼木县政府	尼木县政府办公室	年鉴编辑部	内部出版	2015.7	30.1
	林周年鉴	2012	林周县政府	林周县政府办公室	年鉴编辑部	内部出版	2015.6	34

（西藏自治区志办）

【2015 年西藏自治区专业年鉴出版统计】

2015 年西藏自治区专业年鉴出版统计

年鉴名称	创刊时间	主管单位	主办单位	编纂单位	出版单位	出版时间	字数（万字）
西藏统计年鉴	1989	《西藏统计年鉴》编辑委员会	西藏自治区统计局、国家统计局西藏调查总队	《西藏统计年鉴》编辑部	中国统计出版社	2015.7	86
昌都检察年鉴（2014）	2002	昌都市检察分院	昌都市检察分院	《昌都检察年鉴》编辑部	内部出版	2015	47
昌都统计年鉴（2014）	1972	昌都市统计局、国家统计局昌都调查队	昌都市统计局、国家统计局昌都调查队	《昌都统计年鉴》编辑部	内部出版	2015	6
那曲地区统计年鉴	1999	那曲地区统计局	那曲地区统计局	《那曲地区统计年鉴》编辑部	内部出版	2015.5	45

（西藏自治区志办）

【2015年陕西省地方综合年鉴出版统计】

2015年陕西省地方综合年鉴出版统计

年鉴类别	年鉴名称	创刊时间	主办单位	承办单位	出版单位	出版时间	字数（万字）
省级年鉴	陕西年鉴	1987	陕西省政府	陕西省志办	陕西年鉴社	2015	—
地市级年鉴	西安年鉴	1993	西安市政府	西安市志办	世界图书出版西安有限公司	2015.10	90
地市级年鉴	咸阳年鉴	2000	咸阳市政府	咸阳市志办	陕西人民出版社	2015.10	130
地市级年鉴	铜川年鉴	2000	陕西省铜川市政府	《铜川年鉴》编纂委员会	内部出版	2015.10	70
地市级年鉴	榆林年鉴	2000	榆林市志办	—	陕西人民出版社	2015.4	256
地市级年鉴	汉中年鉴	1998	汉中市政府	汉中市地方志办	内部出版	2015.10	50.1
县区级年鉴	未央年鉴	2015	未央区政府	未央区志办	陕西人民出版社	2015.9	98
县区级年鉴	三原年鉴	2007	三原县政府	三原县志办	内部出版	2015.10	67.3
县区级年鉴	秦都年鉴	2008	秦都区政府	秦都区地方志办	内部出版	2015	63.2
县区级年鉴	渭城年鉴	2000	渭城区政府	渭城区地方志办	内部出版	2015	26
县区级年鉴	礼泉年鉴	2003	礼泉县政府	礼泉县志办	内部出版	2015.12	20
县区级年鉴	淳化年鉴	2007	淳化县政府	淳化县志办	内部出版	2015	—
县区级年鉴	旬邑年鉴	2006	旬邑县政府	旬邑县志办	内部出版	2015.8	40
县区级年鉴	彬县年鉴	2012	彬县政府		内部出版	2015	45
县区级年鉴	武功年鉴	2009	武功县政府	武功县志办	内部出版	2015.10	70
县区级年鉴	耀州年鉴	2006	耀州区政府	耀州区委史志办	内部出版	2015.11	40
县区级年鉴	澄城年鉴	2015	澄城县政府	澄城县志办	内部出版	2015.10	30
县区级年鉴	临渭年鉴（2014）	2012	临渭区政府	临渭区志办	内部出版	2015.3	38.5
县区级年鉴	白水年鉴	2011	白水县政府	白水县志办	内部出版	2015.12	35
县区级年鉴	潼关年鉴	2013	潼关县政府	潼关县志办	西安出版社	2013.12	43
县区级年鉴	蒲城年鉴	2012	蒲城县政府	蒲城县志办	内部出版	2015.1	44
县区级年鉴	延川年鉴	1998	延川县政府	延川县方志办	内部出版	2015	35
县区级年鉴	黄陵年鉴	1998	黄陵县政府	黄陵县志办	西安地图出版社	2015.9	60
县区级年鉴	富县年鉴	2006	富县政府	富县方志办	内部出版	2015.10	41
县区级年鉴	宝塔年鉴	2009	宝塔区政府	宝塔区区志档案局	内部出版	2015.11	55
县区级年鉴	志丹年鉴	2005	志丹县政府	志丹县志办	内部出版	2015.11	40
县区级年鉴	黄龙年鉴（2011～2013）	—	黄龙县地方志年鉴编纂委员会	—	内部出版	2015.10	48.8
县区级年鉴	延长年鉴	2014	延长县政府	延长县志办	内部出版	2015.9	30
县区级年鉴	洛川年鉴	—	洛川县政府	洛川县地方志编委会	内部出版	2015.10	33
县区级年鉴	定边年鉴	2006	定边县政府	定边县史志办	内部出版	2015.6	67

续表

年鉴类别	年鉴名称	创刊时间	主办单位	承办单位	出版单位	出版时间	字数（万字）
县区级年鉴	靖边年鉴（2013）	2013	靖边县政府办公室	靖边县委史志办	内部出版	2014. 3	98
	汉台年鉴	1997	汉台区委、区政府	汉台区史志办	红旗出版社	2015. 9	50
	南郑年鉴	1992	南郑县委、县政府	南郑县史志办	内部出版	2015. 8	46
	城固年鉴（2008～2012）	1996	城固县政府	城固县志办	内部出版	2015. 6	170
	西乡年鉴（2012～2013）	1991	西乡县政府	西乡县志办	内部出版	2015. 11	82
	宁强年鉴（2014）	2012	宁强县委、县政府	宁强县志办	内部出版	2015. 10	45
	略阳年鉴（2011～2012）	1996	略阳县委、县政府	略阳县志办	内部出版	2015. 7	48
	汉滨年鉴	1989	汉滨区委、区政府	汉滨区档案史志局	内部出版	2015. 10	80
	紫阳年鉴	2013	紫阳县政府	紫阳县档案史志局	内部出版	2015. 10	50
	旬阳年鉴	2014	旬阳县政府	旬阳县档案史志局	内部出版	2015. 09	30
	洛南年鉴	1996	洛南县政府	洛南县史志办	内部出版	2015. 10	30
	镇安年鉴	2002	镇安县政府	镇安县志办	内部出版	2015. 10	50
	柞水年鉴	1998	柞水县政府	柞水县史志办	内部出版	2015. 10	30

（丁喜）

【2015 年陕西省专业年鉴出版统计】

2015 年陕西省专业年鉴出版统计

年鉴名称	创刊时间	主管单位	主办单位	编纂单位	出版单位	出版时间	字数（万字）
铜川统计年鉴	—	铜川市统计局	铜川市统计局	铜川市统计局	内部出版	2015. 10	18. 5
横山统计年鉴（2014）	—	—	—	横山县统计局	内部出版	2015. 8	—
定边统计年鉴	2009	定边县政府	定边县政府	定边县统计局	内部出版	2015. 4	15
旬阳统计年鉴	—	旬阳县统计局	旬阳县统计局	—	内部出版	2015. 6	18

（丁喜）

【2015 年青海省地方综合年鉴出版统计】

2015 年青海省地方综合年鉴出版统计

年鉴类别	年鉴名称	创刊时间	主管单位	主办单位	编纂单位	出版单位	出版时间	字数（万字）
省级年鉴	青海年鉴	1997	青海省地方志编委会	青海省志办	青海年鉴社	青海年鉴社	2015	—

续表

年鉴类别	年鉴名称	创刊时间	主管单位	主办单位	编纂单位	出版单位	出版时间	字数（万字）
地市级年鉴	海南年鉴（2014）	2001	海南州政府	海南州地方志编委会	海南州志办	青海民族出版社	2015.12	42.5
	海西年鉴（2014～2015）	1988	海西州委	海西州档案局志办	海西州档案局志办	青海民族出版社	2015.12	80
	玉树藏族自治州年鉴	2012	玉树藏族自治州政府	玉树藏族自治州地方志编委会	玉树藏族自治州地方志编委会年鉴编辑部	青海民族出版社	2015.12	60
县区级年鉴	城中年鉴（2014）	2011	城中区政府办公室	《城中年鉴》编纂委员会	城中区志办	内部出版	2015	20
	西宁市城西区年鉴（2014）	2010	城西区政府	城西区地方志编委会	城西区志办	内部出版	2015.10	37
	大通年鉴（2011～2012）	2007	大通县政府	大通县政府	大通县志办	内部出版	2015.1	57.3
	乐都年鉴（2010）	2010	乐都区政府	乐都区政府办公室	乐都区志办	内部出版	2015.12	45
	民和回族土族自治县年鉴（2013）	2012	民和回族土族自治县政府	民和回族土族自治县政府办公室	民和回族土族自治县志办	青海民族出版社	2015.12	70
	化隆回族自治县年鉴（2012）	2004	化隆回族自治县政府	化隆回族自治县志办	化隆回族自治县志办	青海民族出版社	2015.11	89
	门源年鉴（2014）	2006	门源县政府办公室	门源县志办	门源县志办	青海人民出版社	2015.12	50
	祁连年鉴（2014）	1996	祁连县政府办公室	祁连县志办	祁连县志办	青海民族出版社	2015.12	50
	刚察年鉴（2014）	2011	刚察县政府办公室	刚察县志办	刚察县志办	青海民族出版社	2015.12	50
	海晏年鉴（2014）	2015	海晏县政府办公室	海晏县志办	海晏县志办	青海民族出版社	2015.12	34
	囊谦年鉴（2014）	2015	囊谦县政府	囊谦县志办	囊谦县志办	内部出版	2015.12	25

（马渊）

【2015 年青海省专业年鉴出版统计】

2015 年青海省专业年鉴出版统计

年鉴名称	创刊时间	主管单位	主办单位	编纂单位	出版单位	出版时间	字数（万字）
青海邮政年鉴（2009）	2011	—	中国邮政集团公司青海省分公司	《青海邮政年鉴》编辑部	内部出版	2015. 12	42. 5
青藏铁路公司年鉴	2006	青藏铁路公司	青藏铁路公司	青藏铁路公司史志编纂委员会	内部出版	2015. 12	45
青海统计年鉴	1985	—	青海省统计局、国家统计局青海调查总队	青海统计年鉴 2015 编辑委员会	中国统计出版社	2015. 8	110
青海民政统计年鉴（2015 年）	2010	—	青海省民政厅	《青海民政统计年鉴》编委会	内部出版	2015. 10	40
青海大学年鉴	2008	《青海大学年鉴》编委会	青海大学校办	《青海大学年鉴》编委会	内部出版	2015. 12	60
青海交通年鉴（2013）	2006	青海省交通厅	青海公路交通史志编审委员会	青海公路交通史志编审委员会办公室	三秦出版社	2015. 3	66. 8
玉树州统计年鉴（2014）	2000	玉树藏族自治州政府	玉树藏族自治州统计局	玉树藏族自治州统计局	内部出版	2015. 4	—

（马渊）

【2015 年宁夏回族自治区地方综合年鉴出版统计】

2015 年宁夏回族自治区地方综合年鉴出版统计

年鉴类别	年鉴名称	创刊时间	主管单位	主办单位	编纂单位	出版单位	出版时间	字数（万字）
省级年鉴	宁夏年鉴	2000	宁夏回族自治区地方志编审委员会	宁夏回族自治区志办	宁夏回族自治区志办	宁夏人民出版社	2015. 12	100
地市级年鉴	银川年鉴	2000	银川市政府	银川市志办	《银川年鉴》编辑部	宁夏人民出版社	2015. 12	71
	石嘴山年鉴（2014）	2011	石嘴山市政府	石嘴山市志办	石嘴山市志办	宁夏人民出版社	2015. 12	92
	固原年鉴	2005	固原市政府	固原市志办	固原市志办	中国经济时代出版社	2015. 12	100
	中卫年鉴	2004	中卫市政府	中卫市志办	中卫市志办	阳光出版社	2015. 11	72

续表

年鉴类别	年鉴名称	创刊时间	主管单位	主办单位	编纂单位	出版单位	出版时间	字数（万字）
县区级年鉴	兴庆区年鉴（2014）	2015	兴庆区委、区政府	兴庆区地方志编审委员会办公室	兴庆年鉴（2014）编辑部	宁夏人民教育出版社	2015.7	70
	金凤区年鉴（2013～2014）	2015	金凤区政府	《金凤区年鉴》编纂委员会编	《金凤区年鉴》编纂委员会编	宁夏人民教育出版社	2015.12	70
	西夏区年鉴（2014）	2015	西夏区政府	西夏区档案局、《西夏区年鉴》编辑部	西夏区档案局、《西夏区年鉴》编辑部	宁夏人民出版社	2015.8	55
	永宁年鉴	2011	永宁县政府	永宁县志办	永宁县志办	内部出版	2015.12	60
	贺兰年鉴（2014）	2010	贺兰县政府	贺兰县志办	贺兰县志办	阳光出版社	2015.3	75
	灵武年鉴	2011	灵武市政府	灵武市志办	灵武市志办	宁夏人民出版社	2015.12	64
	大武口区年鉴	2015	大武口区政府	大武口区志办	大武口区志办	内部出版	2015.12	35
	平罗年鉴	2009	平罗县政府	平罗县志编审委员会办公室	平罗县志编审委员会办公室	宁夏人民出版社	2015.12	75
	利通年鉴	2015	利通区政府	利通区政府办公室	利通区政府办公室	宁夏人民出版社	2015.12	60
	青铜峡年鉴	1998	青铜峡市政府	青铜峡市志办	青铜峡市志办	内部出版	2015.10	60
	红寺堡区年鉴	2015	红寺堡区政府	《红寺堡区年鉴》编辑委员会	《红寺堡区年鉴》编辑委员会	宁夏人民出版社	2015.11	40
	同心年鉴	2014	同心县政府	同心县志办	同心县志办	内部出版	2015.12	40
	盐池年鉴	2012	盐池县委、县政府	盐池县志办	盐池县志办	内部出版	2015.11	50
	原州区年鉴	2005	原州区政府	原州区志办	原州区志办	宁夏人民出版社	2015.12	70
	西吉年鉴	2007	中共西吉县委、县政府	西吉县志办	西吉县志办	宁夏人民出版社	2015.10	60
	彭阳年鉴	2011	彭阳县政府	彭阳县志办	彭阳县志办	宁夏人民出版社	2015.12	70
	隆德年鉴（2014）	2001	隆德县政府	隆德县志办	隆德县志办	内部出版	2015.12	30
	中宁年鉴（2014）	2012	中宁县政府	中宁县志办	中宁县志办	宁夏人民出版社	2015.3	51
	沙坡头区年鉴（2013～2015）	2015	沙坡头区管委会	沙坡头区管委会办公室	沙坡头区管委会办公室	宁夏人民出版社	2015.12	35

（王玉琴）

【2015 年新疆生产建设兵团地方综合年鉴出版统计】

2015 年新疆生产建设兵团地方综合年鉴出版统计

年鉴类别	年鉴名称	创刊时间	主管单位	主办单位	编纂单位	出版单位	出版时间	字数（万字）
省级年鉴	新疆生产建设兵团年鉴	1986	新疆生产建设兵团办公厅	新疆生产建设兵团办公厅	兵团年鉴社	—	2015.11	192
地市级年鉴	农一师阿拉尔市年鉴（2013）	2010	农一师阿拉尔市史志编纂委员会	农一师阿拉尔市史志编纂委员会	农一师史志办	中国文史出版社	2015.1	71
	农一师阿拉尔市年鉴（2014）	2010	农一师阿拉尔市史志编纂委员会	农一师阿拉尔市史志编纂委员会	农一师史志办	新疆生产建设兵团出版社	2015.8	90
	六师五家渠市年鉴	2006	六师五家渠市政府	六师五家渠市政府	六师五家渠市史志办	新疆生产建设兵团出版社	2015.12	100
	第七师年鉴（2014）	2001	第七师史志编委会	第七师史志编委会	第七师史志办	新疆生产建设兵团出版社	2015.12	88
	石河子年鉴	2002	石河子市政府	石河子市政府	八师石河子市史志办	新疆生产建设兵团出版社	2015.12	100
	北屯年鉴（创刊号）	2015	第十师北屯市政府	第十师北屯市政府	《北屯年鉴》编纂委员会	新疆大学出版社	2015.12	40
	建工师年鉴	2007	建工师史志编纂委员会	建工师史志编纂委员会	建工师史志办	新疆生产建设兵团出版社	2015.12	75
县区级年鉴	一二三团年鉴（2010）	2001	一二三团史志编纂委员会	一二三团史志编纂委员会	一二三团史志办	新疆生产建设兵团出版社	2015.3	35
	一二三团年鉴（2014）	2001	一二三团史志编委会	一二三团史志编委会	一二三团史志办	新疆生产建设兵团出版社	2015.12	40
	一二九团年鉴（2014）	2000	一二九团史志编委会	一二九团史志编委会	一二九团史志办	新疆生产建设兵团出版社	2015.11	30
	一三七团年鉴（2014）	2001	一三七团史志编委会	一三七团史志编委会	一三七团史志办	新疆生产建设兵团出版社	2015.11	55

（新疆生产建设兵团史志办）

【2015 年新疆生产建设兵团专业年鉴出版统计】

2015 年新疆生产建设兵团专业年鉴出版统计

年鉴名称	创刊时间	主管单位	主办单位	编纂单位	出版单位	出版时间	字数（万字）
新疆生产建设兵团第二师统计年鉴	2008	第二师统计局、国家统计局第二师调查队	第二师统计局、国家统计局第二师调查队	—	内部出版	2015.6	114

（新疆生产建设兵团史志办）

【2015 年全国铁路系统年鉴出版统计】

2015 年全国铁路系统年鉴出版统计

年鉴名称	创刊时间	主管单位	主办单位	编纂单位	出版单位	出版时间	字数（万字）
中国铁道年鉴（2014）	1999	中国铁路总公司	铁路档案史志中心	《中国铁道年鉴》编辑部	中国铁路总公司档案史志中心	2015.8	150
哈尔滨铁路局年鉴	—	—	—	—	哈尔滨铁路局	2015.12	60
沈阳铁路局年鉴	—	—	—	沈阳铁路局年鉴编委会	沈阳铁路局	2015.12	90
北京铁路局年鉴	—	—	北京铁路局	北京铁路局年鉴编委会	北京铁路局	2015.10	75
郑州铁路局年鉴	1985	郑州铁路局	郑州铁路局	郑州铁路局史志编纂委员会	郑州铁路局	2015.12	108
南宁铁路局年鉴	—	—	—	《南宁铁路局年鉴》编辑部	南宁铁路局	2015.12	68.9
乌鲁木齐铁路局年鉴	—	—	—	—	乌鲁木齐铁路局	2015.12	52
太原铁路局年鉴	—	—	—	太原铁路局年鉴编委会	中国铁道出版社	2015.11	55
济南铁路局年鉴（2014）	—	—	—	《济南铁路局年鉴》编委会	中国铁道出版社	2015.12	70
南昌铁路局年鉴（2013）	—	—	—	南昌铁路局年鉴编纂委员会	中国铁道出版社	2015.10	70
广州铁路（集团）公司年鉴（2014）	—	—	—	—	中国铁道出版社	2015.12	50
成都铁路局年鉴	—	—	—	成都铁路局史志办公室	中国铁道出版社	2015.12	80
兰州铁路局年鉴	—	—	—	兰州铁路局史志编撰委员会	中国铁道出版社	2015.12	120
昆明铁路局年鉴（2014）	—	—	—	—	昆明铁路局	2015.5	50
青藏铁路公司年鉴	—	—	—	《青藏铁路公司年鉴》编纂委员会	青藏铁路公司	2015.12	45
呼和浩特铁路局年鉴	—	—	—	—	呼和浩特铁路局	2016.3	60
武汉铁路局年鉴	—	—	—	武汉铁路局年鉴编纂委员会	武汉铁路局	2015.12	120
中铁快运公司年鉴（2014）	—	—	—	—	中铁快运股份有限公司	2015.11	30
中国铁道科学研究院年鉴（2014）	—	—	—	—	中国铁道科学研究院	2015.12	96

（中国铁路总公司档案史志中心）

· 年鉴选介

【《北京东城年鉴（2015）》】　年内，北京市东城区委区政府领导、区地方志编委会主编的《北京东城年鉴（2015）》出版。该年鉴自1996年开始逐年出版，至2015年共出版19卷。该卷年鉴设有综述、大事记、特载、政党·团体、政权·政协等18个一级栏目。全书100万字。　（赵文才）

【《北京海淀年鉴（2015）》】　年内，《北京海淀年鉴（2015）》出版。该年鉴2002年创刊，已连续出版14卷。该卷年鉴设党和国家领导人在海淀、特载、规范性文件选载、区情概述、大事记、中国共产党海淀区委员会、海淀区人民代表大会、海淀区政府、中国人民政治协商会议北京市海淀区委员会、民主党派·工商联、群众团体、法治、武装、中关村国家自主创新示范区核心区、综合经济管理、农业·水务·气象、商业服务业·对外经济贸易、旅游、城乡建设、城市管理与服务、文化、教育、科技·卫生·体育、社会民生、社会建设、街·镇、人物、统计资料（选编）、附录等29个类目、187个分目、5个次分目、1699个条目，图片250幅，全书110万字。

（赵文才）

【《北京交通年鉴（2015）》】　年内，《北京交通年鉴（2015）》出版。该年鉴于2010年创刊。该卷年鉴设特载、专文、大事记、综述、交通管理、规划·计划、缓解交通拥堵、设施建设与养护、运输发展、交通行政执法、区县交通、附录等24个栏目。　（赵文才）

【《北京西城年鉴（2015）》】　年内，《北京西城年鉴（2015）》出版。该卷年鉴在编纂过程中，注重篇目设置的科学合理，通过图片、特载、撰文、统计资料、索引、设置英文目录等形式，记载区域内建设与发展的情况；设置综述、大事记、专记等篇目，并处理好重点篇目与重点条目的有机联系。　（赵文才）

【《北京建设年鉴（2015）》】　年内，《北京建设年鉴（2015）》出版，该年鉴2007年创刊，已连续出版9卷。全书采用文章、条目、图片、图表等体裁，以条目为主。每卷收录工作信息和工程项目近1500条。设有特载、大事记、综述、房屋工程建设、基础设施建设、住房保障工作、行业管理服务、市场监督管理、基础工作建设、机关自身建设、行业协会建设、区县城乡建设、企业发展简介、附录等共14个类目。全书约60万字。　（赵文才）

【《天津区县年鉴（2015）》】　11月，天津市政府主办、天津市志办编纂的《天津区县年鉴（2015）》由天津社会科学院出版社出版。该卷年鉴是《天津区县年鉴》自2000年创刊以来的第16部，彩版部分除配地图外，设置“2014数字天津”“区县风采”和“地方志工作剪影”栏目，介绍天津市和各区县经济社会发展情况及全市地方志工作；增加“京津冀协同发展”和“滨海新区综合配套改革最新情况”；配合纪念抗日战争胜利70周年，在人物篇增加“抗战英烈”介绍。该卷平卷设特载、特辑、专文、天津概况、中心城区、环城四区、远郊区县、滨海新区、人物、统计资料、附录、索引等12个栏目，配随文图照261幅。全书97万字。　（天津市志办）

【《天津市北辰年鉴（2015）》】　年内，天津市北辰区政府主办、北辰区志办编纂的《天津市北辰年鉴（2015）》出版。2003年公开出版第一卷《北辰区年鉴（1998～2002）》，其后逐年编纂。其中，自第六卷起改称《天津市北辰年鉴》，至2015年已出版13卷。该卷年鉴设特载、特辑、文献、专记、综述、大事记、区域经济、水务·环境保护、财政·税务·金融、经济管理监督、城乡建设与管理、中共北辰区委、北辰区人民代表大会、北辰区政府、政协北辰区委员会、民主党派·社会团体、政法·军事、社会事业、精神文明建设、社会生活、镇街、创先争优、统计资料、人物、附录等类目，并编索引。全书82万字。

（天津市志办）

【《天津科技年鉴（2015）》】 年内，天津市科学技术委员会主办、市科技史志编修办公室编纂的《天津科技年鉴（2015）》出版。该年鉴2004年创刊，自2005年起每年出版一卷，公开发行。该年鉴坚持创新理念，以科技研发、成果转化、科技管理与服务为主线，构建全书框架，确定条目撰写重点，全面反映天津科技发展的新面貌、新变化。2015年，该卷年鉴在篇目设置中突出科技政策与法规的重要性，独立设置政策法规篇。同时提高装帧设计水平，提升整体质量。全书100万字。

（天津市志办）

【《秦皇岛年鉴（2015）》】 年内，《秦皇岛年鉴（2015）》出版。该卷年鉴设专记、大事记、市情综述、中共秦皇岛市委员会、秦皇岛市人民代表大会、秦皇岛市政府、政协秦皇岛市委员会、法治·国防、民主党派·工商联、人民团体、城乡建设、旅游业、工业、邮电通信业、商贸流通业、交通运输业、金融业、农业、综合管理、经济开放·口岸管理、社会事业、社会生活、县区概况、人物、荣誉专版、附录等26个类目。全书77.9万字。（鲍秋芬）

【《张家口年鉴（2015）》】 12月，《张家口年鉴（2015）》由九州出版社出版。该卷年鉴将之前书前和书后夹带彩页的形式改为随文附图形式，分类目、分目、条目三个层次，主要设特载、大事记、张家口概况、政治、国防建设、法治、综合政务管理、农业、工业、国内贸易、对外开放、财政·税务、金融·保险、建设·环保、交通·邮政通讯、旅游业、民营经济、社会科学、科学技术、教育、文化、卫生、体育、县（区）概况、市直管镇概况、人物共26个类目。全书120万字。（鲍秋芬）

【《沧州年鉴（2014）》】 年内，《沧州年鉴（2014）》出版。该卷年鉴设特载、大事记、概况、沧州市委、市人大、市政府、市政协、纪检监察、民主党派、人民团体、军事、政府、综合管理、农业、工业、专业流通、商务、港口建设与口岸管理、沧州渤海新区、经济开发区、财政税务、金融、城乡建设环境保护、交通运输邮政通信、教育科技、文化、卫生体育、社会生活、县市区概况、人物以及附录30个类目。全书69.6万字，配61幅彩图。

（鲍秋芬）

【《廊坊年鉴（2014）》】 11月，《廊坊年鉴（2014）》由方志出版社出版。主编李冬梅。该卷年鉴设特载、大事记、市情概况、中国共产党廊坊市委员会、廊坊市人民代表大会常务委员会、廊坊市政府、中国人民政治协商会议廊坊市委员会、民主党派·工商联、群众团体、法治·国防、城乡建设、交通运输、农林·水利、工业·信息产业、邮政·通信、环保·旅游、商贸流通、民营经济、财政·税务、金融·保险、综合行政管理、教育、文化·科技、卫生·体育、社会生活、县（市、区）概况、园区建设、驻廊中省直属单位、人物，卷末设附录。该卷年鉴围绕全市年度重点工作，前置图片特设“京津冀协同发展”“大气污染治理”“京津乐道 绿色廊坊”等专题，以彰显廊坊经济社会发展年度特色。全书100.7万字。（鲍秋芬）

【《邢台年鉴（2014）》】 3月，河北省邢台市政府主办、邢台市志办编纂的《邢台年鉴（2014）》出版。该卷年鉴分类目、分目、条目三个层次，设特载、大事记、邢台概况、党政群团、政法、军事、综合经济管理、农业、教育、科技、文化卫生、社会生活、县（市、区）概况、年度人物等22个类目。全书88万余字。（鲍秋芬）

【《唐山年鉴（2015）》】 11月，《唐山年鉴（2015）》由新华出版社出版。该卷年鉴大致分类目、分目、条目三个层次，部分篇内增加子

目。为便于查阅，设目录、索引两种检索途径。全书图文并茂，72 万字。（鲍秋芬）

【《邯郸年鉴（2015）》】 年内，《邯郸年鉴（2015）》出版。该年鉴 2001 年创刊，截至 2015 年已连续出版 15 卷。该卷年鉴设特载、大事记、邯郸概貌、市委、市人大、市政府、市政协以及农业、工业、城建、县市区概况等类目，记载 2014 年各项事业主要状况。全书 65.3 万字。（鲍秋芬）

【《山西年鉴（2015）》】 11 月，《山西年鉴（2015）》由方志出版社出版。该卷年鉴设 35 个类目、203 个分目、176 个子目、1994 个条目，收录统计图表 92 张。全书 160 万字。（杨建中）

【《辽宁年鉴（2015）》】 10 月，辽宁省政府主办、辽宁年鉴编纂委员会编纂的《辽宁年鉴（2015）》出版。主编张晶。该卷年鉴按类目、分目、条目三级体例进行编排，设特载、大事记、概况、党政机关、民主党派工商联、群众团体社会团体、法治、军警人防、经济发展与改革、农村经济、工业、固定资产投资环保旅游、交通运输邮电、国内贸易、对外经贸、经济社会管理、财政税务、金融保险、科学技术、教育、卫生社保生活、文化体育、市县区概况和统计资料等 24 个栏目，彩图 38 页，统计表 61 页。全书 142 万字。（梁忠音）

【《大连年鉴（2015）》】 12 月，中共大连市委员会主管、中共大连市委党史研究室（大连市志办）主办的《大连年鉴（2015）》出版。主编李奇。该卷年鉴是自 1990 年创刊以来连续出版的第 29 卷，设 40 个类目，下设 225 个分目、1991 个条目，收录表格 199 个，图片 164 幅，另附英文目录和电子光盘。全书 152 万字。（刘成）

【《本溪年鉴（2015）》】 9 月，辽宁省本溪市党史志办编纂的《本溪年鉴（2015）》由辽海出版社出版。该卷年鉴在内容上继续突出本溪地方特色，以新本溪建设为重点，增设“支柱产业”类目，重点记述 2014 年本溪市重点产业集群建设新发展，扩大承载历史和服务经济社会发展的信息量。全书 137 万字。（梁忠音）

【《营口年鉴（2015）》】 11 月，辽宁省营口市史志办编纂的《营口年鉴（2015）》由辽宁民族出版社出版。该卷年鉴设 38 个类目、228 个分目，形象、直观地反映和记录 2014 年营口市在中共营口市委、市政府领导下，在政治、经济、文化和社会等各项事业中所取得的成就。全书 100 万字。（梁忠音）

【《阜新年鉴（2015）》】 12 月，辽宁省阜新市史志办编纂的《阜新年鉴（2015）》由中国文史出版社出版。该卷年鉴设 29 个类目、137 个分目、1309 个条目，收录彩图 116 页。全书 95 万字。（梁忠音）

【《绥中年鉴（2011～2012）》】 6 月，辽宁省绥中县志办编纂的《绥中年鉴（2011～2012）》由辽宁大学出版社出版。全书记载全县政治、经济、文化、社会等方面的基本面貌和发展进程。全书 75 万字。（梁忠音）

【《吉林年鉴（2015）》】 12 月，吉林省政府主办、吉林省地方志编委会编纂的《吉林年鉴（2015）》出版。该卷年鉴是自 1986 年创刊以来出版的第 29 卷，收录 2014 年发生在吉林省境内的大事和要事，设精彩吉林、大事记、概况、政治、法治、军事、经济调节与监管、经济建设、科技教育、文化 卫生 体育、社会·生活、市县概况、人物、文献、附录和吉林风采等 16 个类目，下设 189 个分目、392 个栏目、2745 个条目，图片 225 幅，表格 98 个。在保持原有框架相对稳定的前提下，该卷年鉴对部分内容进行调整和充实并加强自主采编，增加“吉林大米”等记述内容。彩版集中反映党和国家领导人在吉林省考察的情况及吉林省 2014 年度的大事、新事。该卷年鉴将书中表格

和图片编入索引。（李雯）

【《吉林省地方志年鉴（2013）》】 10月，吉林省地方志编委会编纂的《吉林省地方志年鉴（2013）》由吉林文史出版社出版。《吉林省地方志年鉴》是记载吉林省地方志事业发展状况的专业年鉴。该卷年鉴设精彩地方志、特载、地方志工作综述、志书编纂与出版、年鉴编纂与出版、资料基础建设、旧志整理与出版、方志资源开发利用、信息化建设、学术交流与活动、工作机构与队伍、纪事、文献等13个类目。卷首设彩色图片27幅，正文插图19幅。在栏目编排上，按吉林省行政区划和时间排序，“精彩地方志”按图片内容及地区排序。卷首设目录，卷末设索引。全书42.4万字。

（李刚）

【《长春高新技术产业开发区年鉴（2015）》】 年内，长春高新技术产业开发区管理委员会主办、开发区地方志编委会编纂的《长春高新技术产业开发区年鉴（2015）》由吉林人民出版社出版。《长春高新技术产业开发区年鉴》每年编辑出版1卷，到2015年已连续出版6卷。该卷年鉴主体内容分为类目、分目、条目3个层次，设文献、专文、大事记、长春高新区概况、主导产业及特色园区、科技创新、招商引资及项目建设、综合经济管理、经济发展软环境等19个类目，收录照片226张。在“专文”中收录《长春高新区推进企业挂牌新三板工作综述》《长春高新区培育科技型“小巨人”企业综述》2篇文章，“附录”中收录《长春高新区“加强基层基础建设，提高城市化发展水平”三年行动计划》《长春高新区优质项目扶持资金使用办法》《长春高新区国有资产监督管理暂行办法》等内容，在“主导产业及特色园区”部分增设副分目。书前设中、英文目录，书后附主题词索引。全书50万字。

（田莎莎 张健）

【《吉林市年鉴（2015）》】 12月，吉林省吉林市政府主办、吉林市地方志编委会编纂的《吉林市年鉴（2015）》由吉林文史出版社出版。《吉林市年鉴》1994年创刊，已连续出版22卷。该卷年鉴设有大事记、城市概貌、党政群团、地方军事、法治、经济调节与监管、农业、工业、城建环保、开发区建设、交通通信、金融、商贸服务业、旅游、科技、教育、文化、卫生体育、社会生活、区县概况、人物、领导干部名录、文坛艺苑、市情研究、重要文献、附录共26个类目，下设161个分目、1555个条目，图片203幅。为方便查阅，除备有中文目录和英文简目外，卷末附有主题分析索引。全书95万字。（付莉）

【《延边年鉴（2015）》】 12月，吉林省延边朝鲜族自治州政府主管、州地方志编委会编纂的《延边年鉴（2015）》由延边人民出版社出版。《延边年鉴》2005年创刊，已连续出版11卷。该卷年鉴设专文、大事记、概览、党政机构、群众团体、法治、地方军事、农业、林业、畜牧业、水利、工业、城乡建设、环境、交通、邮政·物流、金融·保险·证券、商务、旅游、开发·开放、口岸、非国有经济、经济调节与监管、科学技术、教育、文化·体育、广播·电影·电视、新闻出版·网络传媒、卫生·计划生育、社会·民生、县（市）概况、人物、文献、附录、索引等35个类目。卷首选用照片104张，分16个专题，反映延边州2014年开发建设的足迹；正文使用表格80个和图片497幅。该卷年鉴将原来的“概览”类目由2个分目扩充至13个分目，在“商务”类目中增设“电子商务”分目，在“教育”类目中增设“进城务工人员子女教育”分目。该卷年鉴配备有三重检索系统，书前设中、英文目录，将卷中类目、分目、栏目和条目逻辑排列；书中设置“书眉检索”，在双页标注类目标题、单页标注分目标题；书后备有主题索引和图表索引。全书80万字。（李为平）

【《梅河口年鉴（2015）》】 12月，中共梅河口市委、市政府主办，《梅河口年鉴》编纂委员会组织实施，梅河口市志办编纂的《梅河口年鉴（2015）》由吉林文史出版社出版。《梅河口年鉴》2006 年创刊，已连续出版 10 卷。该卷年鉴分为类目、分目、子目 3 个层次，设专文、大事记、概况、中国共产党梅河口市委员会、梅河口市人民代表大会、梅河口市政府、中国人民政治协商会议梅河口市委员会、民主党派 工商联 人民团体、吉林梅河口经济开发区、法治、地方军事、工业、农业、城乡建设与管理、商贸 服务、综合经济管理、交通 物流、供电 邮政 通信、金融业、教育 科技 气象、文化 体育 卫生、社会民生、乡镇街道、人物、文献、附录和主题索引等栏目 27 个，条目 1395 个，卷首及正文使用图片 140 幅。该卷年鉴增设英文目录，并在保持框架基本结构稳定的前提下，将原来的四级目调整为三级目，将“地方志编纂”设计为二级目，下含 4 个三级目。全书 68 万字。（侯远东）

【《舒兰年鉴（2015）》】 12 月，吉林省舒兰市政府主办、市年鉴编纂委员会编纂的《舒兰年鉴（2015）》由吉林大学出版社出版。《舒兰年鉴》2008 年创刊，已连续出版 8 卷。该卷年鉴设卷首彩页、特载、专文、大事记、基本概况、中国共产党舒兰市委员会、舒兰市人民代表大会常务委员会、舒兰市政府、中国人民政治协商会议舒兰市委员会、中国共产党舒兰市纪律检查委员会（监察）、人民团体、地方军事、法治、经济管理与监督、农业经济、工业经济、民营经济、城建·环保·供电、交通·邮政·通信、金融·保险、商务经济、旅游、科学·教育、文体·卫生、社会生活、开发区建设、乡（镇）街概况、人物、文坛艺苑、文献、附录等 30 个类目，下设 170 个分目、1170 余个条目，图片 115 幅。除备有中文目录和英文目录外，卷末附有主题分析索引，按主题词首字汉语拼音顺序排列。全书 50 万字。

（方永生）

【《道外年鉴（2015）》】 11 月，中共哈尔滨市道外区委、区政府主办，区志办编纂的《道外年鉴（2015）》出版。该卷年鉴设大事记、党政机关、政法军事、经济监督管理、财政税务、农业、工业商贸、交通邮电、教育科技、文化旅游、卫生体育等栏目。全书 60 万字。

（哈尔滨市政府志办）

【《呼兰年鉴（2015）》】 11 月，中共哈尔滨市呼兰区委、区政府主办，区志办编纂的《呼兰年鉴（2015）》出版。该卷年鉴设特载、大事记、呼兰概貌、军事、法治、财政税务、农业、工业和信息产业、交通邮电、商业贸易、金融业等栏目。全书 60 万字。

（哈尔滨市政府志办）

【《阿城年鉴（2015）》】 11 月，哈尔滨市阿城区政府主办、区档案局编纂的《阿城年鉴（2015）》出版。该卷年鉴设大事记、概貌、特载、区委工作、政府工作、人大政协纪检、党派群团、武装法治、农林水利、工电企业、交通邮电、经济管理、旅游商贸、城建环保、财税工商、金融机构、社会保障、科教档案、医疗卫生、文化艺术、街道乡镇概况、人物、附录、索引等 23 篇 147 分目。全书 60 万字。

（哈尔滨市政府志办）

【《巴彦年鉴（2015）》】 12 月，中共巴彦县委、县政府主办，县地方志编委会编纂的《巴彦年鉴（2015）》出版。该卷年鉴设特载、大事记、巴彦概况、法治、军事、财政税收、经济管理与监督、农林业、商业贸易、文化体育、社会生活、乡镇经济发展等栏目。全书 60 万字。（哈尔滨市政府志办）

【《双鸭山年鉴（2014）》】 年内，黑龙江省双鸭山市政府主办、市志办编纂的《双鸭山年鉴（2014）》出版。该卷年鉴由特载、大事记、概况、政治、经济、文化、新闻媒体、县区、人物等类目组成，图片 570 多幅。全书 50 万字。

（徐萍）

【《大庆年鉴（2014）》】 4 月，黑龙江省大庆市志办编纂的《大庆年鉴（2014）》出版。主

编曲录海。全书100万字。（徐萍）

【《伊春年鉴（2015）》】 12月，黑龙江省伊春市志办编纂的《伊春年鉴（2015）》由黑龙江人民出版社出版。该年鉴自创刊以来已连续出版15卷。主编马燕。该卷年鉴从封面设计、内文版式到全书风格进行重新设计。书前设城市名片、数字伊春、新任市领导简介、全市主要会议、产业发展、民生改善、经贸活动、赛事活动、县市区局9个图片版块。正文部分共设26个类目，插图160多幅。全书120万字。（徐萍）

【《铁力年鉴（2014）》】 7月，黑龙江省铁力市志办编纂的《铁力年鉴（2014）》由黑龙江人民出版社出版。主编卢少林。全书设有20个类目，48万字。（徐萍）

【《抚远年鉴（2013）》】 1月，黑龙江省抚远年鉴编纂委员会编纂的《抚远年鉴（2013）》出版。主编冷继国。该卷年鉴采用条目体和分类编法，设有27个类目、130个分目、1038个条目。全书71.3万字。（徐萍）

【《黑河年鉴（2014）》】 7月，黑龙江省黑河市政府主办、市志办编纂的《黑河年鉴（2014）》由社会科学文献出版社出版。主编田桂珍。该卷年鉴主体内容以条目为记述基本形式，设特载、大事记、概况、政治、军事、法治、经济综合管理、农业·农垦·林业、工业、城乡建设·环境保护、交通·邮电、金融·保险、口岸·贸易·旅游、社会事业、县（市、区）及部分乡镇概况、人物、附录等类目17个。全书85万字。（徐萍）

【《大兴安岭年鉴（2014）》】 3月，黑龙江省大兴安岭地区志办编纂的《大兴安岭年鉴（2014）》由黑龙江人民出版社出版。主编陈广辉。《大兴安岭年鉴》由中共大兴安岭地区委员会、大兴安岭地区行政公署、大兴安岭林业管理局（林业集团公司）主管，创办于1997年，逐年编写。该卷年鉴由彩页和正文两大部分组成，彩页部分设领导活动、生态建设、项目建设、生态旅游、社会民生等9个专栏，正文部分设特载、概况、特辑、政治、军事、生态建设等26个类目、187个分目、近2000个条目，配随文图片186幅，收录单位180余个。卷前有目录（含英文目录），后有索引。全书约122万字。（徐萍）

【《江苏年鉴（2015）》】 年内，《江苏年鉴（2015）》出版。该卷年鉴设图片专题、特载、重要文献、大事纪要、省情概览、政治、法治、公共管理、经济结构、制造业、服务业、农业、开放型经济、境外交流、基础设施、城乡发展、区域发展、生态环境、科学技术、教育、文化艺术、大众传媒、医疗卫生、体育、人力资源、收入与消费、社会保障、公共安全、军事、市县建设、附录等31个类目2134个条目。收录表格、名录等235份，随文图片353幅。图片专题栏目特设江苏要闻、2014年终盘点、国家公祭12·13、第二届夏季青年奥林匹克运动会、运河记忆、鱼米之乡 美好江苏6个专题，选用图片295幅。特载栏目重点记述和反映南京大屠杀死难者国家公祭、江苏省党的群众路线教育实践活动、南京青奥会、大运河（江苏段）申遗等年度大事。该卷年鉴在主体内容之后设“延伸阅读”“参考文献”资料。其中，“延伸阅读”收录相关资料80条，采用随文编排形式，以扩展条目内容的信息量；“参考文献”编排在各类目之后，共著录文献50份。全书180万字。（朱崇飞）

【《江苏年鉴（2014）》（英文版）】 年内，《江苏年鉴（2014）》（英文版）由凤凰科技出版社出版。该卷年鉴设江苏概况、2013年江苏大事记、年度回顾、附录、索引等5部分，年度回顾为主体部分，其下设地方组织机构、法治、外事与港澳台侨事务、收入与消费、公共财政、经济、制造业、服务业、农业、对外经贸、基础设施、生态环境、城乡发展、科学技术、教育、文化艺术、大众传媒、医疗卫生、体育、人力资源、社会保障、社会组织与服务、公共安全等 23 个类目。全书 50 万字。

（朱崇飞）

【《南京年鉴（2015）》】 8 月，江苏省南京市志办主办、《南京年鉴》编辑部编纂的《南京年鉴（2015）》出版。该卷年鉴共设 37 个类目，在保持框架结构基本稳定的同时，调整、充实部分类目，如南京都市圈、会展业等；加大软件业和交通、科技、教育等的记述力度，以彰显区域特点和时代特色；突出反映第二届青奥会、首次南京大屠杀死难者国家公祭活动等重大事件。全书约 135 万字。（王艳荣）

【《建邺年鉴（2015）》】 年内，江苏省南京市建邺区政府主办、区志办编纂的《建邺年鉴（2015）》由凤凰科技出版社出版。该卷年鉴是自 1986 年创刊以来的第 30 卷，设青奥专辑、重要文献、城区概况、大事纪要、功能园区、都市建设、城区经济、公共服务、社会管理、机关团体、街道社区、人物荣誉、附录、索引等 14 个类目 52 个分目 800 余个条目，彩页照片 44 幅，正文插图 97 幅，表格 21 张，重点记述建邺区 2014 年社会、经济、政治、文化等各项事业的发展状况和最新成就，特别增设“青奥专辑”类目。全书 80 万字。（朱崇飞）

【《太仓年鉴（2015）》】 年内，《太仓年鉴（2015）》由方志出版社出版。该卷年鉴是自 1997 年创刊以来的第 19 卷，设图片专题（包括封面故事、年度便览、视觉太仓）、特别报道、大事纪要、城市概况、人居环境、太仓港、中德中小企业合作示范区、区域经济、公共服务、社会管理、地方组织机构、城镇街道、附录、索引等类目，共有分目 77 个、副分目 155 个、条目 1031 个，图表 126 张，图片 214 幅。全书 99.2 万字。（朱崇飞）

【《南通年鉴（2015）》】 年内，《南通年鉴（2015）》由凤凰科技出版社出版。卷前设有南通荣誉、南通要闻、灵秀南通、奋进南通、幸福南通 5 个重点反映南通经济社会发展亮点的图片专题；主体部分设市情概览、年度纪事、政治、法治、群众组织、公共管理、公共安全、沿海开发、园区经济、产业发展、城乡建设、生态环境、科学技术、教育、文化、体育、医疗卫生、社会保障、军事、辖区概况、人物、文献等 22 个类目；在主体内容之后设有 16 家重点企业、22 所学校、10 个医疗机构等选介资料和 64 张图表，后编有年度荣誉、名词解释、统计资料、实用信息等附录资料和索引。该卷年鉴设置“沿海开发”“园区经济”类目，在“产业发展”类目中优化“渔业”“建筑业”等分目内容，深度挖掘“文化”“公共安全”“生态环境”等栏目内容。全书 85 万字。

（朱崇飞）

【《杭州年鉴（2015）》】 12 月，中共杭州市委、市政府主办的《杭州年鉴（2015）》由方志出版社出版。该卷年鉴是自 1987 年创刊以来连续出版的第 29 卷，重点记载 2014 年杭州市落实“杭改十条”和“杭法十条”。主体内容分为类目、分目、条目三个层次，设类目 40 个、分目 256 个、条目 2464 条，图片 260 幅，表格 103 张。在延续上年年鉴编纂框架的基础上，百科部分做了调整，如“旅游业”类目增加“旅游资源”分目，“国防建设”类目增加“消防”“边防”分目，“文化”类目增加“公共图书馆”“博物馆”分目。（蔡建明）

【《上城年鉴（2015）》】 年内，《上城年鉴（2015）》出版。该卷年鉴是自 2006 年创刊以来的第 10 卷，基本内容分为综合情况、动态信息、辅助资料三大部分。综合情况部分设特载、总述、专记三个专栏。动态信息部分设上城区委、上城区人大、上城区政府、上城区政协、纪检监察、民主党派与工商联、人民团体、政法、国防建设、经济综合管理、工业、城区建设管理、环境保护、社会民生、街道等部类。辅助资料有大事记、统计资料和附录。全书设类目 32 个、分目 162 个，收入条目 1065 条、随文照片 112 幅、表格 36 张、图片 5

张、附属资料 40 篇。卷首刊有各级领导在上城视察、上城荣誉、上城新貌等照片。全书 66.1 万字。（许红霞）

【《萧山年鉴（2015）》】 12 月，《萧山年鉴（2015）》由浙江人民出版社出版。该卷年鉴分类编辑，卷首设特载、专记、大事记、总述，主体设工业经济、重点企业和集团、农业·农村·农民、国内贸易、对外经济贸易、开发区、旅游、交通、城市建设与管理、房地产业·建筑业、国土资源管理·环境保护、金融业、社会服务业、经济管理与监督、中共萧山区委、萧山区人民代表大会、萧山区政府、政协萧山区委员会、中共萧山区纪律检查委员会、民主党派·群众团体、人力资源和社会保障、法治、军事、教育、科技·信息化、文化、卫生和计划生育、社会、镇·街道、大江东产业集聚区、人物，卷末设先进名录、重要文件辑录、重要文件目录选编、调研报告、索引等。全书共设类目 40 个、分目 320 个、条目 2002 个。（钟丽佳）

【《富阳年鉴（2015）》】 11 月，《富阳年鉴（2015）》由方志出版社出版。该卷年鉴由卷首、百科、卷尾 3 个部分组成，以类目、分目、条目 3 个层次为框架结构，设类目 34 个、分目 240 个、条目 1618 个。全书 80 万字。（陈炜祥）

【《临安年鉴（2015）》】 11 月，中共临安市委、市政府主办，市志办编纂的《临安年鉴（2015）》由方志出版社出版。该卷年鉴设条目 1280 个，条目数和文字量均比上年增长 30% 以上。强化专辑栏目编纂，设“朱忠华”“‘一线十廊’美丽乡村精品线建设”“临安农村电子商务” 3 个专辑，增设“图文专辑”“临安制造”等内容，并加大人物栏目内容。全书采用图片 424 幅。全书 103 万字。（刘金炎）

【《宁波年鉴（2015）》】 12 月，浙江省宁波市志办编纂的《宁波年鉴（2015）》由中华书局出版。该卷年鉴设正文栏目 51 个、附属栏目 7 个、分目 326 个、条目 1735 个，有表格 107 个，随文照片 175 幅，配全文 PDF 光盘。与上卷年鉴相比，该卷年鉴在结构上增设全面深化改革等栏目和汽车工业、家用电器工业、网媒等分目，对栏目排序、分目设置及条目命名进行大幅调整；在内容上以专记形式记录 2014 年经济社会转型发展“三年行动计划”实施情况、市城乡规划委员会成立等；附录刊载《中共宁波市委重要文件目录》《宁波市政府重要文件目录》《重要媒体对宁波报道情况》等；在形式上全书目录由二级改为三级。全书 150 万字。（高曙明）

【《江东年鉴（2015）》】 12 月，浙江省宁波市江东区志办编纂的《江东年鉴（2015）》由宁波出版社出版。该卷年鉴设有特载、大事记、江东概貌、百科栏目、附录等，其中百科栏目 23 个、分目 119 个。全书约 33 万字。（高曙明）

【《奉化年鉴（2014）》】 12 月，浙江省奉化市志办编纂的《奉化年鉴（2014）》由浙江人民出版社出版。该卷年鉴设 35 个栏目、170 余个分目、1000 余个条目。全书 54 万字。（高曙明）

【《余姚年鉴（2014）》】 10 月，浙江省余姚市史志办编纂的《余姚年鉴（2014）》由中央文献出版社出版。这是余姚市按年度连续出版的第 5 本年鉴。全书约 70 万字。（高曙明）

【《温州年鉴（2015）》】 12 月，浙江省温州市委、市政府主管，市志办主办的《温州年鉴（2015）》由中华书局出版。这是自创刊以来连续出版的第 17 卷。该卷年鉴设 47 个类目、365 个分目、2006 个条目，有 35 张图片、94 张表格、156 幅随文彩照。年内，《温州年鉴》在线编纂信息系统正式投用，从而加快编纂进度，供稿、编辑、审改等工作可通过网络进行

异地编纂。全书约130万字。（温州市史志办）

【《绍兴年鉴（2015）》】 12月，浙江省绍兴市政府主办、市志办编纂的《绍兴年鉴（2015）》由方志出版社出版。该卷年鉴是创刊后的第16部。全书由卷首、百科、卷尾三部分组成，按类目、分目、条目三个层次框架编排。类目下一般设综述，分目下设概况；以条目为主要载体，一事一条；对其中的个别类目和分目做适当调整和补充。卷首设地图、彩页、中英文目录、特载、专记、大事记和总述，百科部分按事物属性设35个类目，卷尾设统计资料、附录和索引，共42个类目、257个分目、2502个条目，收录绍兴市政区图和绍兴市城区图各1幅、宣传彩页22页、正文黑白照片123张、图表132幅。全书约101.8万字。

（绍兴市史志办）

【《柯桥区年鉴（2014）》】 12月，中共绍兴市柯桥区委、区政府主办，区史志办编纂的《柯桥区年鉴（2014）》由浙江人民出版社出版。主编何鸣雷。该卷年鉴为柯桥区（绍兴县）第15部年鉴。按事物属性和主次，分总情、经济、政治、文卫、建制镇（街道）、国民经济统计资料选刊和索引等7部分，分类目、分目、条目3个层次。全书70万字。

（绍兴市史志办）

【《衢州年鉴（2013）》】 2月，浙江省衢州市地方志编委会编纂的《衢州年鉴（2013）》由中国文史出版社出版。主编胡锡明。该卷年鉴由卷首、百科、卷末三部分组成。卷首设编辑说明、彩页、地图、中文目录、英文要目、特载、大事记、概览；百科记述各项事业和人物；卷末设统计资料、附录。全书76.5万字。

（衢州市志办）

【《丽水年鉴（2015）》】 9月，浙江省丽水市委、市政府主办，市志办编纂的《丽水年鉴（2015）》由方志出版社出版。主编雷华英。该卷年鉴是自1996年创刊以来连续出版的第20卷，设类目42个、分目238个、条目1540个，随文照片插图163幅，附光盘1张。全书95.5万字。

（丽水市志办）

【《马鞍山强镇年鉴（2015）》】 11月，《马鞍山强镇年鉴（2015）》出版。全书共收录马鞍山市有代表性的7个强镇，简要介绍各强镇发展状况，既注重展示各镇风貌，又基本遵循年鉴的体例标准。全景式展现马鞍山市主要乡镇政治、经济、文化、社会、生态等方面取得的新成就和新经验。

（章慧丽）

【《当涂年鉴（2014）》】 5月，中共当涂县委、当涂县政府主办，县党史志办编纂的《当涂年鉴（2014）》出版。全书设30个类目、154个分目，特设民生工程篇，62万字。

（章慧丽）

【《徽州年鉴（2015）》】 安徽省黄山市徽州区政府主办、区志办编纂的《徽州年鉴（2015）》出版。这是黄山市徽州区首部综合年鉴。该卷年鉴共设24个栏目、168个分目、790个条目，图文并茂，记载2006年至2013年徽州区经济和社会发展历程。全书90余万字。

（章慧丽）

【《郎溪年鉴（2015）》】 年内，中共郎溪县委、郎溪县政府主办，县志办编纂的《郎溪年鉴（2015）》由黄山书社出版。全书55万字，配有32页彩插。

（章慧丽）

【《福州年鉴（2015）》】 9月，福建省福州市政府主办、《福州年鉴》编纂委员会编纂的《福州年鉴（2015）》由方志出版社出版。该卷年鉴为总第28卷，主要记载2014年福州市的基本情况、发展变化及年度大事要闻，设有41个栏目、251个分目、1500个条目，配有75张彩页、120张内文照片、97幅图表。主体内容有三个部分：卷首设特载、专文、大事记、市情概貌；主体部分为各类事业；卷末设县（市）区，人物，法规、规章政策选录以及统

计资料。全书115万字。（张灵）

【《鼓楼年鉴（2015）》】 12月，福建省福州市鼓楼区政府主办、区地方志编委会承办、《鼓楼年鉴》编辑部编纂的《鼓楼年鉴（2015）》及多媒体光盘出版。该卷年鉴主体部分设栏目、分目、条目三个层次，部分条目增设细目，有特载、专文、大事记、区情概况、中共鼓楼区委、人民代表大会、政府、人民政协、民主党派与工商联、社会团体、外事侨务港澳台事务、法治、国防建设、综合经济管理、财政税务、城区建设与管理、环境保护、工业建筑业、园区建设、服务业、对外及港澳台经济贸易、科学技术、教育、文化、卫生体育、社会民生、街道（镇）、人物、鼓楼区2014年规范性文件（选录）、统计资料、索引等共31个栏目，下设157个分目、767个条目、100余幅图照。全书52万字。（张灵）

【《厦门年鉴（2015）》】 12月，福建省厦门市政府主办、市方志办编纂的《厦门年鉴（2015）》由方志出版社出版。该卷年鉴设特载、大事记、市情总貌等32个栏目，下设188个分目、101个二级分目、2230个条目。与往年相比，该卷年鉴有以下亮点：一是框架设计更加切实、科学；二是结构、内容鲜明反映地方及年度特色；三是在年鉴前部增设照片专辑，分数字厦门、厦门地图、美丽厦门、大事集萃、千亿产业培育5个部分；四是条目选题突出科学发展和“美丽厦门 共同缔造”主题，注意反映经济增长质量、节约资源、保护生态，以及人民群众生活方面的内容。全书151.6万字。（郑欣）

【《南平年鉴（2015）》】 11月，福建省南平市政府主办、市地方志编委会编纂的《南平年鉴（2015）》由福建省地图出版社出版。该卷年鉴设特载、大事记、市情概貌、中共南平市委、南平市人大常委会、南平市政府、政协南平市委员会、民主党派工商联、人民团体社团组织、法治、军警、武夷新区、国土资源环境保护、城乡规划和建设、农业林业水利、工业经济、交通邮政、商贸流通、旅游业、综合经济管理、国有资产经营管理、财政税务、银行保险证券、信息产业、教育科技、文化体育、卫生计生、社会生活、县（市、区）概况、风物、人物、附录等32个栏目。全书130万字。（曹传宁）

【《三明年鉴（2015）》】 12月，福建省三明市政府主办、市地方志编委会编纂的《三明年鉴（2015）》由方志出版社出版。该卷年鉴在体例上采取栏目、分目、条目三级框架结构，部分内容层次较多的在分目下增设二级分目。内容分为三大板块：卷首设特载、大事记、市情总貌；主体部分以各类事业条目和各县（市、区）概况条目，为主要信息和基本撰稿内容；卷末设名录、专记、附录（统计资料、重要文件目录、选刊等）。全书共设34个栏目265个分目（含二级分目）2098个条目。全书117万字。（陈声华 张宣）

【《尤溪年鉴（2015）》】 12月，福建省三明市尤溪县政府主办、县方志办编纂的《尤溪年鉴（2015）》由海峡书局出版。该卷年鉴收录全县157个副科以上单位及其他社会团体2014年最基本的、重要的、新鲜的信息内容，以及反映尤溪县各行各业成就的照片和简要文字说明。全书38万字。（陈声华 张宣）

【《江西年鉴（2015）》】 9月，江西省政府主办、省志办编纂的《江西年鉴（2015）》由中国时代经济出版社出版。主编鹿心社。该年鉴2002年出版首卷，已出版14卷。该卷年鉴首次增设“索引”，内容分为综合情况、动态信息和辅助资料3大部分48个栏目。全书138.7万字。（张志勇）

【《南昌年鉴（2015）》】 10月，中共南昌市委、市政府主办，市史志办编纂的《南昌年鉴（2015）》由方志出版社出版。该卷年鉴以“部类”为单元，共44个部类。“部类”由分目和

条目组成，设有目录和索引两种检索方式。全书 158.3 万字。（张志勇）

【《九江年鉴（2015）》】　11 月，江西省九江市政府主办、市史志办编纂的《九江年鉴（2015）》由武汉出版社出版。该卷年鉴基本分为类目、分目、条目三个层次，其中部分分目根据实际需要设置子目，共设 40 个类目、278 个分目。该卷年鉴在结构和内容上做局部调整，以体现年度特色和科学分类要求。原“民主党派”类目变更为“民主党派·工商联”；交通类目变更为“交通·邮政”；增设“杂记”；“城乡建设”类目增设“城市保障”分目；“旅游业”类目增设“节庆旅游”分目等。全书 134 万余字。（张志勇）

【《信丰年鉴（2014）》】　10 月，《信丰年鉴（2014）》由江西人民出版社出版。该卷年鉴主要内容分类目、分目、条目三个层次，共设类目 29 个、分目 312 个、条目 1302 个。全书 60 万字。（张志勇）

【《山东年鉴（2015）》】　年内，山东省政府办公厅主管、省史志办主办的《山东年鉴（2015）》出版。该卷年鉴是 1987 年创刊以来的第 29 卷，设特载、大事记、专记、全省概况等 27 个栏目，随文图片 92 幅，运用表格示意图 80 多个。卷首编制有中英文目录，卷末设有综合性主题索引。全书 125 万字。（孙杰）

【《济南年鉴（2015）》】　9 月，《济南年鉴（2015）》由济南出版社出版。该卷年鉴是创刊以来连续出版的第 27 卷，设 25 个栏目，图片约 150 幅、图表近 70 个，汇集全市经济和社会发展的基本资料和重要信息。全书 95 万字。（张阳）

【《枣庄年鉴（2015）》】　10 月，山东省枣庄市政府主办、市史志办编纂的《枣庄年鉴（2015）》出版。该卷年鉴是自 1993 年开始编纂以来连续出版的第 23 卷，增加了目录部分的英文翻译，在 2015 年“山东省优秀史志成果奖”评选中被评为优秀年鉴。全书彩页 88 页，100 万字。（孙杰）

【《乳山年鉴（2015）》】　10 月，中共乳山市委、市政府主办，市党史市志办公室编纂的《乳山年鉴（2015）》由方志出版社出版。该卷年鉴是自 1998 年创刊以来出版的第 18 卷，设 23 个栏目，随文图片 184 幅，图表 57 张，图文并茂地展现乳山的新发展、新变化。彩页图片先以四季分明的远景近照体现滨海宜居、生态旅游主题，又分活力乳山、魅力乳山、幸福乳山、生态乳山、宜居乳山、文化乳山、仁爱乳山，以及农业、古村、海岛、湿地、夜景、石景等专题突出市委市政府年度工作重点、亮点，并根据全市年度工作特点，增加动态性和特色性条目，反映年度热点；增加概况等综述性条目，设立资料“链接”，收录实例，增加记述深度。同步推出电子版（光盘）。在 2015 年“山东省优秀史志成果奖”评选中被评选为优秀年鉴。全书 65 万字。（孙杰）

【《莱芜年鉴（2015）》】　9 月，山东省莱芜市政府主办、市史志办编纂的《莱芜年鉴（2015）》由黄河出版社出版。该卷年鉴是自 1994 年开始编纂以来连续出版的第 22 卷。正文设 30 个栏目。卷首彩页紧紧围绕市委、市政府的中心工作，突出反映年度工作重点、亮点，除设置时政图片外，增加莱芜境内 3A 级以上旅游区、市级以上非物质文化遗产、莱芜传统村落及莱芜乡村记忆图片专栏；根据全市年度工作特点，及时调整栏目框架，增加“党的群众路线教育活动”专记栏目；随文图片 200 余幅。在 2015 年“山东省优秀史志成果奖”评选中被评为优秀年鉴。全书 58 万字。（孙杰）

【《成武年鉴（2015）》】　山东省成武县政府主办、县史志办编纂的《成武年鉴（2015）》由中国国际文化出版社出版。该卷年鉴是创刊以来的第 21 卷，并进行适当改版：卷首彩页紧紧围绕市委、市政府的中心工作，突出反映年度工作重点、亮点；正文设26个栏目，并根据全县年度工作特点，增加“武警成武县中队”“党的群众路线教育活动”栏目作为专记，增加正文图片数量。在2015年“山东省优秀史志成果奖”评选中被评选为优秀年鉴。全书58万字。（孙杰）

【《河南年鉴（2015）》】 10月，河南省政府办公厅主管、省史志办主办、河南年鉴社编辑的《河南年鉴（2015）》出版。该卷年鉴设特载、概览、政治、军事、法治、基础产业、现代农业、新型工业、建设环保、商务、旅游、财税金融、经济管理、教育科学、文化、社会事业、市县概况、附录等18个栏目。卷首有“目录”“英文要目”，书末附“索引”。全书186.8万字。（马俊明）

【《郑州年鉴（2015）》】 12月，《郑州年鉴（2015）》由中州古籍出版社出版。该卷年鉴设有特载、市情概要、大事记、党政机构、人民团体和社会团体、法治、人民武装、农业和农村工作、工业经济、服务业、交通运输业、民营经济、财政税务、城乡建设与环境保护、经济监督与管理、文化事业、新闻出版与传媒、科技教育、卫生体育、社会事业、开发区及产业集聚区、县（市）区、附录等23个栏目。全书150万字。（马俊明）

【《通许年鉴（2015）》】 年内，河南省通许县政府主办、县史志办编纂的《通许年鉴（2015）》由中州古籍出版社出版。该卷年鉴分为概述、大事记、地理、政治、经济、教育卫生、人民生活等栏目，彩页30页。全书约43.2万字。（汪朝霞）

【《卫东区年鉴（2015）》】 11月，河南省平顶山市卫东区政府主办、区史志办编纂的《卫东区年鉴（2015）》由中州古籍出版社出版。该卷年鉴为三级框架编排，专业类统归类目，系统内以工作性质设分目，分目下择主要工作设条目。为突出年度特点，将与当年有关的地方文献及领导的重要讲话以特载、专文和附录形式载入。新增150多幅工作图片。全书有19个类目、125个分目、700多个条目，60万字。（汪朝霞）

【《信阳年鉴（2014）》】 6月，河南省信阳市政府主办、市史志办编纂的《信阳年鉴（2014）》由中州古籍出版社出版。该卷年鉴在保持篇目框架结构基本稳定的基础上，对部分条目及内容进行进一步的调整和完善。文前彩图部分除收录时政要事外，还专门收录2013年信阳市评选出的信阳毛尖、鸡公山、南湾湖、信阳菜等信阳十大名片。全书100.6万字。（汪朝霞）

【《新县年鉴（2014）》】 2月，《新县年鉴（2014）》由中州古籍出版社出版。该卷年鉴共设27个部类，收录单位130个，条目1500余条，图片230幅，50万字。除设固定条目外，还增设“英雄梦·新县梦规划设计公益行”“两区建设”“美丽乡村建设”“招商引资”等符合地方特点的特殊条目。为确保各卷的延续性，在附录后增设“上期补遗”。（汪朝霞）

【《河南粮食年鉴（2015）》】 7月，《河南粮食年鉴（2015）》出版。该卷年鉴由综述、专文、全省粮食工作、市县粮食工作、粮食政策与法规文件、附录等6部分组成，其中“全省粮食工作”部分是主体内容，包括粮食生产、粮食流通、粮食调控、粮食流通监督检查等19个分目。全书配置图表20多幅，40余万字。（马俊明）

【《湖北年鉴（2015）》】 10月，湖北省政府主管、省志办主办的《湖北年鉴（2015）》出版。该卷年鉴为自1989年创刊以来连续编纂出版的第27卷，内容分综合信息、分类信息和其他信息，其中综合信息设年度关注、特载、省情概览、经济社会发展战略4部分，分类信息总设经济、政治、文化、社会、生态文明5大部分，其他资料分设地区经济社会发展概况、企事业单位选介、经济和社会发展统计资料及附录。书后附内容索引，并附电子光盘。（湖北省志办）

【《黄冈年鉴（2015）》】　11月，湖北省黄冈市政府主办、市志办编纂的《黄冈年鉴（2015）》出版。该卷年鉴为创刊以来的第19卷。设大事记、特载、专文、黄冈概貌、经济社会发展战略等类目，类目空白处收录黄冈历史人物小资料，正文中穿插随文图片29幅，刊载彩色图片118插页。新设“经济社会发展战略”类目，收录“双强双兴”战略实施、全面深化改革、“大别山试验区”建设、“两型社会”建设、沿江经济开发等方面所取得的成就。增录电子政务、国防动员、民进黄冈市委、人事考试与人才服务、医疗保险、劳动就业、社保公共服务、社会劳动保险、劳动监察、卫生监督、疾病防控等内容。

（湖北省志办）

【《湖南年鉴（2015）》】　11月，湖南省政府主办、湖南年鉴社编纂的《湖南年鉴（2015）》出版。该卷年鉴设立32个类目、172分目、147次分目、1985个条目，收录各种表格89张。前面有湖南省行政区划图1张，统计示意图1张以及公益宣传性质彩色专版图片31张，后面设有主题分析索引。同时新增加区域开发与园区经济和附录2个部类。“湖南概况”增设“民族·宗教”“政治文明建设”“生态文明建设”分目；“政治”部类“湖南省政府”分目下增设“移民工作”“发展研究工作”次分目；“人物”增设“中国青年五四奖章获得者”“2014年度湖南省全国三八红旗手”分目。“综合经济与管理”改名为“综合监督管理”；“农业·林业·水利·气象”改名为“农业·林业·水利”；“建设·环境保护”改名为“城乡建设与房地产·环境保护”；“科学技术”改名为“科学技术与科技服务”；“新闻出版·广播电影电视”改名为“新闻出版广电”；“卫生·食品药品监督管理”改名为“卫生和计划生育”；“纪检·监察”改名“中共湖南省纪律检查委员会”。“气象”从“农业·林业·水利·气象”部类调整到“科学技术与科技服务”部类，设立“气象服务”分目；“地方志工作”从“社会科学”部类调整到“文化事业”部类，设立“地方志工作”分目；部分顺序排列也进行适当调整。“湖南概况”增加一些介绍湖南的静态内容，“附录”设立着重增加大众喜闻乐见的社会性内容。全书192.2万字。（刘运华）

【《长沙年鉴（2015）》】　11月，湖南省长沙市地方志编委会主办、市志办编纂的《长沙年鉴（2015）》由方志出版社出版。该卷年鉴设有37个栏目、174个分目、77个子目、1177个条目。正文体例有概况、条目、附录、资料、图表等，以条目为主体。该卷年鉴对框架结构进行调整，增设“长沙市党的群众路线教育实践活动”专文；将“政法”类目更名为“法治”类目；将“长沙市政府”类目中的“政府法制建设”分目调整至“法治”类目下，更名为“政府法治建设”；将“地方志工作”分目调整至“文化”类目；将“社会生活”类目下的“区划调整”的内容分解到“长沙概况”与“城乡建设”两个类目中；将“农村经济”类目中的分目“天气气候与气象服务”中的“天气气候”内容调整至“长沙概况”当中。并向湖南省地图测绘院申请长沙行政区划图的审图号，使年鉴的编纂出版更具规范性和权威性。全书150万字。（长沙市志办）

【《岳阳年鉴（2015）》】　10月，《岳阳年鉴（2015）》由方志出版社出版。该卷年鉴设有34个栏目、272个分目、1230个条目，80个彩版。在“中共岳阳市委员会”“岳阳市政府”部类减少“重要会议”条目，增加“重大决策及活动”等条目；在其他部类编辑时减少带有共性的条目，增加特色性的个性条目。彩色专版突出专题打造，以“岳阳市荣膺全国文明城市”“岳阳一座可以深呼吸的城市”“国家级非物质文化遗产——临湘花鼓戏”为主要内容。

全书94万字。（刘兴汉　邹青）

【《常德年鉴（2014）》】 11月，湖南省常德市政府主办、市志办主编的《常德年鉴（2014）》由方志出版社出版。该卷年鉴设33个类目、244个分目，收录编写各类条目684条，随文图片161幅，彩色插页63页，各类图表65张。与上卷年鉴相比，该卷年鉴在栏目设置上进行适当调整，以特载和专题的形式反映全市的重点工作和重大活动，同时在附录中注重增加民生方面的内容。全书149.3万字。

（王静）

【《永州年鉴（2015）》】 年内，中共永州市委、市政府主办的《永州年鉴（2015）》出版。该卷年鉴设立13个类目、334个分目，收录1449个条目，共有彩色插页246页，各类图表28张。与上卷年鉴相比，该卷年鉴对框架结构作出新的调整和完善：增加“六城同创”“党的群众路线教育实践活动”和重要文件、规章等内容，以正文或附录或列表式进行反映；增加“封面题字”“城市名片”“市花”“市树”等地方文化元素；采用条目模块化操作，规范各类目下的“综述”“概况”和条目内容；采用随文配图形式。全书100万字。（冯祥定）

【《广东年鉴（2015）》】 10月，广东省政府主管的《广东年鉴（2015）》出版。该卷年鉴以广东省第一条最长跨海大桥——南澳大桥合龙彩做封面。设全省概况、广东大事记、年度关注、政治、经济、教育·科学、文化·卫生·体育、侨务、社会生活、人物、市县概况、统计资料、文献·法规、调查报告、附录等15个类目，共设75个分目、229个次分目、1803个条目。“年度关注”类目择取11篇社会关注度居高的专文。“调查报告”类目更新全部选题，收录的社会调研报告更加倾向于反映现实经济社会问题，尤其是民生方面。“附录”类目继续收录一批实用性、指南性、便览性资料，新增“广东省国家地理标志保护产品”名录。“全省概况”类目“经济社会发展”分目易名为“经济建设”，以避免与“社会建设”分目内容重复；增设“区域发展”分目，下设“珠江三角洲地区”“粤东西北地区”次分目；“经济”类目“农业”分目易名为“农业和农村经济”；“文化·卫生·体育”类目“卫生”分目易名为“卫生·计划生育”，所设次分目相应调整。全书170万字，随书配套出版电子版（光盘）。（广东省志办）

【《广州年鉴（2015）》】 10月，《广州年鉴（2015）》由广州年鉴社出版。该卷年鉴有250个分目及次分目，下设1656个条目、186张表格，157幅随文图片，设有概貌、年度要事、大事记、党政机关、社会团体、法治、军事、经济监督管理、财政·税务、工业、商贸流通和服务业、金融业、农业、交通运输和邮政业、信息业、城市建设、环境保护、建筑和房地产业、旅游业、对外经济贸易、开发区·重大平台、民营经济、科学技术、社会科学、教育、文化、传媒、卫生·体育、社会民生、区·县级市、人物、经济社会统计资料、文献法规等33个栏目。将原来的“总述”改为“概貌”，创设“年度要事”栏目，重点记录2014年入载广州地方志十件大事；将原来的“政法”栏目更名为“法治”。全书148.7万字。

（贺坤）

【《广州年鉴（2015）》（简本）】 11月，《广州年鉴2015》（简本）出版。该卷年鉴主体内容采用条目化的表现形式，包括市情概貌、经济社会发展概述、年度要事、大事记、经济建设、政治建设、文化建设、社会建设、生态文明建设等9部分。全书32万字。（贺坤）

【《广州年鉴（2014）》（英文版）】 4月，广州市政府主管、广州市政府志办主办、广州年鉴社编纂的《广州年鉴（2014）》（英文版）由广州年鉴社以增刊的形式出版。该卷年鉴以《广州年鉴（2014）》（简本）为蓝本，由广州外国语协会翻译。分市情概貌、经济社会发展概述、大事记、经济建设、政治建设、文化建

设、社会建设、生态文明建设等 8 部分。全书 60 万字。（贺坤）

【《深圳年鉴（2015）》】 10 月，广东省深圳市史志办主办的《深圳年鉴（2015）》出版。该卷年鉴设 42 个类目、357 个分目、2204 个条目，收录图片 460 多幅。在目录页前增设要目，增加“年度聚焦”类目，将以往分散在各类目中的年度大事集中刊载；将“前海深港现代服务业合作区”从分目改为类目，突出前海建设在深圳发展中的重要地位。内容上补充“创新创业”“创客之城”“青年联合会”“公益救援志愿者联合会”“机器人产业”“电子制造业”“盐业专卖”“快递业”“家政服务业”“美容业”等 10 个分目。增加“相关链接”，对正文中的有关内容做链接解释。全书 144.7 万字，随书配套出版全文检索光盘。（深圳市史志办）

【《深圳年鉴（2015）》（简本）】 12 月，《深圳年鉴（2015）》（简本）出版。该卷年鉴是为便于读者使用和携带，在正本《深圳年鉴（2015）》的基础上经分类整合编辑而成的，设 12 个类目、77 个分目、286 个条目，收录图片 48 幅。全书共 14.9 万字。（深圳市史志办）

《深圳年鉴（2015）》和《深圳年鉴（2015）》（简本）

【《福田年鉴（2014）》】 8 月，中共福田区委、区政府组织，区年鉴编纂委员会编纂的《福田年鉴（2014）》由深圳报业集团出版社出版。该卷年鉴共设 17 个类目、70 个分目、42 个次分目、732 个条目。卷首设“图片”“大事记”“总述”等栏目；卷尾有“荣誉”“特载”“统计资料”和“索引”。卷首配有彩图 213 幅，福田区行政区划图 1 幅，文内配有彩色插图 127 幅以及大量表格。彩图专辑部分紧密结合时代特色，设有“国际化城区”“人文福田”“民生实事”等特色板块 9 个。全书 86.6 万字。（深圳市史志办）

【《罗湖年鉴（2013）》】 9 月，广东省深圳市罗湖区年鉴编纂委员会编纂的《罗湖年鉴（2013）》由深圳报业集团出版社出版。全书共设 15 个类目、94 个分目、247 个次分目、451 个条目，分别比 2012 年卷减少 3 个分目，增加 76 个次分目，增加 83 个条目。全书 87.5 万字。（深圳市史志办）

【《盐田年鉴（2015）》】 12 月，中共盐田区委、区政府主管，区档案局、区史志办编纂的《盐田年鉴（2015）》由深圳报业集团出版社出版。该卷年鉴共设 25 个类目、104 个分目、27 个次分目、729 个条目，比 2014 年卷增加 2 个分目、13 个条目，精简 2 个次分目。全书 72.8 万字。（深圳市史志办）

【《南山年鉴（2015）》】 9 月，《南山年鉴（2015）》由广东人民出版社出版。该卷年鉴内容突出地方特色，充分体现南山区的高新技术产业、旅游业、高等教育等优势；写法坚持“概况＋大事要闻”，增加动态性条目，比重达 60% 左右；设置类目 30 个分目、144 个条目、720 个，相关链接 18 个，图表等近 200 幅。全书共 84 万字。（深圳市史志办）

【《宝安年鉴（2015）》】 11 月，《宝安年鉴（2015）》由深圳报业集团出版社出版。该卷年鉴是创刊以来的第21卷，下设26个类目、93个分目、63个次分目、812个条目。调整“特色宝安”类目内容，新增“动态条目”，包括“中国艺术研究院凤凰创作基地凤凰书院开讲”“宝安区实施‘文化春雨行动’”“宝安区实现加工贸易全程信息化”“宝安区首届创新创业大赛”。收录图片专辑26版，图片210幅。全书72.8万字。（深圳市史志办）

【《龙岗年鉴（2015）》】 12月，《龙岗年鉴（2015）》由深圳报业集团出版社出版。该卷年鉴设聚焦龙岗、特色龙岗、执政龙岗、议政龙岗、法治龙岗、产业龙岗、宜居龙岗、管理龙岗、人文龙岗、民生龙岗、基层龙岗、探索龙岗、荣誉龙岗、数字龙岗等类目。将卷首图片整合为“聚焦龙岗”部分，分为会议论坛、合作交流、文体活动、城市新貌、街道风采等5个专辑。将重点区域园区、重大文体活动、权责清单全国率先编制等进行专题编写。收录图片300余幅，图文并茂，装帧精美，并配随书光盘。全书65万字。（深圳市史志办）

【《坪山新区年鉴（2015）》】 12月，《坪山新区年鉴（2015）》由深圳报业集团出版社出版。该卷年鉴设16个类目、78个分目，图片152幅。该卷年鉴在以往基础上，增设“政治建设”“法治建设”类目。在筛选图片方面遵循体现民生的原则，尽可能选取贴近百姓的照片，并随书附赠电子光盘。全书约48万字。

（深圳市史志办）

【《龙华新区年鉴（2013）》】 8月，中共深圳市龙华新区工作委员会、新区管理委员会主办的《龙华新区年鉴（2013）》由羊城晚报出版社出版。该卷年鉴为创刊号，设有党政机构、特载、人居环境、工业、商贸等20个类目。全书约32万字。（深圳市史志办）

【《大鹏新区年鉴（2014）》】 12月，《大鹏新区年鉴2014》由深圳报业集团出版社出版。该卷年鉴为创刊号，设有类目28个、分目78个、次分目17个、条目482个，图片183幅，各类表格27个。全书约46万字。（深圳市史志办）

【《清远年鉴（2015）》】 11月，中共清远市委、市政府主办的《清远年鉴（2015）》由广东人民出版社出版。该卷年鉴设27个类目、170个分目、37个子分目、1382个条目，配有彩色图片72版。该卷年鉴将结构适当调整：将类目“年度关注”改为“特色清远”；类目“清远概览”中的“经济社会发展”“政治文明建设”“生态文明建设”分目改为“经济建设”“政治建设”“生态建设”；原分目“政治文明建设”中的“依法治市” “依法行政”“政务公开”条目分别调至“清远市人民代表大会”“清远市政府”分目，并升格为子分目；类目“政党政权”改为“党务政务”；原类目“社会经济统计资料”“文献专载”并入“附录”，降为分目等。分目下“概况”条目均加限定语；条目标题普遍采用主题词前置，方便检索和查阅。总条目数1382个，比去年增长27%，年度动态条目数372个，比去年增长31%。同时，首次使用二维码向读者提供便捷的年鉴在线阅读服务。全书约120万字。

（广东省志办）

【《揭阳年鉴（2015）》】 10月，《揭阳年鉴（2015）》由广东人民出版社出版。该卷年鉴设特辑、全市概况、大事记、政治、经济、教育·科技、文化·卫生·体育、社会生活、县（市、区）概况、人物、统计资料、文献·法规、调研报告、附录等14篇，共1093条目，照片160张，图表44幅。新增“调研报告”篇，收录具有较高存史价值的调研报告5篇，特辑收录2014年揭阳政治、经济、文化等具有较大影响力的14个事项。附录收录“第六批揭阳市文物保护单位”“揭阳旅游线路一览表”“揭阳市旅行社一览表”“揭阳市星级旅游饭店一览表”等服务民生内容。全书79万字。

（广东省志办）

【《怀集年鉴（2015）》】 10月，中共怀集县委员会、县政府主办,《怀集年鉴》编纂委员会编纂的《怀集年鉴(2015)》由广东人民出版社出版。主要内容由彩页、文字及表格构成,插图117幅。彩页部分设大事要闻、城乡建设、文化生活等栏目;文字部分设特载、大事记等26个栏目,下设109个分目、702个条目;表格以统计表为主。同时,设置"县情概貌"栏目,介绍怀集县建置区划、自然地理、资源物产等。全书42万字。 (广东省志办)

【《珠江三角洲城市群年鉴(2015)》】 11月,《珠江三角洲城市群年鉴(2015)》由广东人民出版社出版。主编陈建华。该卷年鉴设栏目17个。在各市发展部分,珠三角9市设立"年度大事"分目,重点记载各市当年发生的大事要事;在泛珠江三角洲基本情况栏目,各省区采用"基础信息+大事要闻"和国民经济发展情况、社会事业发展情况两个表格的形式进行记载。全书101万字,随书配套出版全文检索光盘。 (贺坤)

【《广东卫生和计划生育年鉴(2015)》】 12月,广东省卫生和计划生育委员会主办的《广东卫生和计划生育年鉴(2015)》出版。该卷年鉴主体内容设类目、分目、条目三个结构层次。前设目录,后设索引,内设图片专辑、概述、年度专辑、卫生和计划生育工作大事记、工作进展、人事与干部、行业卫生和计划生育工作、各市卫生和计划生育工作、学术(群众)团体工作、卫生统计、重要会议报告、重要文件与法规、附录和索引等14个类目。工作进展类目中设卫生改革与综合管理、规划与财务管理、信息与统计、综合监督、政策法规、体制改革、卫生应急、疾病预防与控制、医政管理、基层指导、妇幼健康服务、食品安全标准与监测评估、药物政策与基本药物制度、计划生育家庭发展、考核评价、流动人口计划生育服务管理、卫生和计划生育宣传、科技与教育、爱国卫生工作、合作与交流、人事管理、纪检监察、党团组织建设、中医药管理等24个分目。全书70万字。 (广东省志办)

【《广西年鉴(2015)》】 12月,广西壮族自治区志办主办、广西年鉴社编纂的《广西年鉴(2015)》由广西年鉴社出版。主编李秋洪。该卷年鉴基本内容分综合情况、动态信息、辅助资料三大部分。综合情况设特载、概况两个专栏,动态信息设政治、法制、军事、经济等15个部类,辅助资料设大事记、统计资料和附录。在保持基本框架的基础上,增加志愿服务、数字出版等内容;在书前彩图部分设第45届世界体操锦标赛、重大项目建设、"美丽广西·生态乡村"等专题,配备双重检索系统及光盘。全书150万字。 (韦晓)

【《南宁年鉴(2015)》】 8月,广西壮族自治区南宁市政府主办、市政府地方志编纂办公室编纂的《南宁年鉴(2015)》由广西人民出版社出版。该卷年鉴设类目39个,收录统计图表110幅,随文配图805幅,加大"中国—东盟博览会""中国—东盟商务与投资峰会""南宁国际民歌艺术节"等篇幅内容,调整"开发区·新区"位置,突出经济建设主线。随书光盘采用多媒体及全文检索技术,在南宁政务网及南宁地情网同步推出。全书174万字。 (覃庆梅)

【《永福年鉴(2015)》】 年内,广西壮族自治区永福县政府主办、县党史县志办公室编纂的《永福年鉴(2015)》由中国时代经济出版社出版。该卷年鉴配彩色插页208页,图片50幅,辑封和内文插图166幅。设特载、大事记、概况、中国共产党永福县委员会等27个类目、133个分目、841个条目。 (韦晓)

【《秀峰年鉴(2015)》】 年内,广西壮族自治区桂林市秀峰区政府主办、区地方志编委会编纂的《秀峰年鉴(2015)》由中国时代经济出版社出版。该卷年鉴设26个类目、88个分目、518个条目,彩色插页32页,辑封和内文插图107幅。全书51.2万字。 (韦晓)

【《恭城年鉴（2015）》】 12月，广西壮族自治区恭城瑶族自治县政府主办、县史志办编纂的《恭城年鉴（2015）》出版。该卷年鉴设经济、社会、政治、民生等25个类目，下设130个分目、813个条目。全书42万字。 （韦晓）

【《重庆年鉴（2015）》】 10月，《重庆年鉴（2015）》出版。该卷年鉴设有重庆概况、三峡库区移民、政治与法治、经济、两江新区、社会事业、区县（自治县）、人物 光荣榜、大事记、文献、统计资料、附录、索引等13个部分42个类目，重点反映5大功能区建设、内陆开放高地建设、加快推进新型工业化和城镇化、推进农业现代化和社会主义新农村建设、推进科技创新体系建设、建设法治政府、切实改善和保障民生、统筹城乡发展的新进展和新成果。全书彩色插页26页，147万字。

（重庆市志办）

【《巴南年鉴（2015）》】 年内，《巴南年鉴（2015）》由方志出版社出版。该卷年鉴设特载、专文、综述、政治、法治、军事、经济、社会事业、镇（街）、人物 光荣榜、大事记、重要文献、文件索引、统计资料、附录等类目；"大事记"采用以事系图的方式记录，编排前移至全区目录之前；在"经济"类目增设"四区一基地"（山水城市风貌展示区、中央文化休闲活动区、生态健康体验区、商贸物流集聚区和先进制造业基地）板块，详细记述巴南区构建"四区一基地"发展战略的谋划背景、主体功能定位、主要经济社会发展指标及2014年建设发展情况和凸显"四区一基地"新格局所取得的新进展和新成就。全书彩色插页32页，105万字。 （重庆市志办）

【《璧山年鉴（2015）》】 12月，《璧山年鉴（2015）》由四川科学技术出版社出版。该卷年鉴设"璧山速览""撤县设区""三区一美"等彩色专版，以及"璧山概貌""经济""大事记"等14个栏目。彩色专版66页，收录125幅图片；随文收录黑白图片120幅。全书约71万字。 （重庆市志办）

【《丰都年鉴（2015）》】 12月，《丰都年鉴（2015）》由四川科学技术出版社出版。该卷年鉴首次去掉彩页宣传，除卷首外，共设14个部分，92幅图片。重点记述各镇乡街、各系统行业贯彻落实党的十八大以及三中、四中全会精神，围绕"生态涵养、绿色崛起"总任务，加快建设"三峡库区明珠、重庆生态低碳经济重地、国际旅游文化名城"等方面情况。全书约75万字。

（重庆市志办）

【《重庆统计年鉴（2015）》】 12月，重庆市统计局和国家统计局重庆调查总队编纂的《重庆统计年鉴（2015）》由中国统计出版社出版。该卷年鉴收录重庆市历史重要年份和2014年经济和社会各方面统计数据，以及各区县（自治县）主要统计资料。该卷年鉴共22章，每章前设"简要说明"，介绍本章节的主要内容和资料来源，章末附有《主要统计指标解释》，附录设一个篇章列举全国及各省（自治区、直辖市）主要统计资料。全书88万字。

（重庆市志办）

【《乐山年鉴（2015）》】 9月，《乐山年鉴（2015）》由新华出版社出版。这是创刊以来的第23部年鉴。该卷年鉴设有重要活动、工业经济、生态农业、文旅发展、社会事业、首届四川国际旅游博览会等6个图景专页，精选彩图照片28页。设有特载、大事记、自然等13个类目296个分目，还新增有总目、中英文对照目录、索引等。全书约80万字，随书赠电子光盘。 （刘刚）

【《自贡年鉴（2015）》】 年内，四川省自贡市政府主办、市志办编纂的《自贡年鉴（2015）》由方志出版社出版。该年鉴于1994年创刊。该卷年鉴设部类38个，收录照片223幅，记述全市项目建设、产业发展、环境改善、国企改革、民生工程及"五个自贡"等各方面的内容。设置规范的检索系统，方便读者

快捷查阅信息资料。全书约110万字。（刘刚）

【《武侯年鉴（2015）》】 11月，四川省成都市武侯区政府主办、区志办编纂的《武侯年鉴（2015）》由新华出版社出版。该卷年鉴设有综述、专文、大事记、中共成都市武侯区委、城乡建设与管理、商贸与服务业、居民生活与社会保障、文献、人物、附录等34个类目，下设168个分目、936个条目，有54张表、157幅内文图片、49页图照。全书78万字。

（臧国亮）

【《威远年鉴（2015）》】 年内，四川省威远县政府主办、县史志办编纂的《威远年鉴（2015）》由中国文史出版社出版。《威远年鉴》于2011年创刊。年鉴光盘开设《影像威远》，并以“石坪山歌”等民歌作为配乐，地方文化特色更鲜明。全书100多幅插图，70余万字。（冷国文）

【《四川交通年鉴（2015）》】 年内，《四川交通年鉴（2015）》出版。该卷年鉴是自1987年创刊以来的第29部。基本内容分为综合情况、动态信息和辅助资料三部分。《四川交通年鉴（2015）》注重提高实用性，刊载有四川省公路交通图、四川省高速公路网布局规划示意图、四川省内河水运发展规划示意图、2014年四川省客运汽车站场分布示意图和2014年四川省货运汽车站场分布示意图。全书1000多幅图片，100余万字。（朱艳林）

【《昆明年鉴（2015）》】 10月，云南省昆明市政府主办、市方志办编纂的《昆明年鉴（2015）》由云南民族出版社出版。该卷年鉴共30个类目，首次采用摘要形式刊登特载，更新附录部分的全部内容，选录更加贴近读者关注和需要的内容。全书126万字。（字应军）

【《西藏年鉴（2015）》】 12月，西藏自治区政府办公厅主管、自治区志办主办、《西藏年鉴》编辑部编纂的《西藏年鉴（2015）》由西藏人民出版社出版。主编汪德军。该卷年鉴设特载、综述、政治、军事、经济社会事业、地市、县（区）、大事记、统计资料、先进名录等9个栏目，增设“先进名录”分目。全书120万字。（西藏自治区志办）

【《拉萨年鉴（2015）》】 9月，西藏自治区拉萨市政府主办、市志办编纂的《拉萨年鉴（2015）》由方志出版社出版。主编张延清。该卷年鉴采用文章和条目两种载体，以条目体为主。设有特载、专文、大事记、政治经济文化和社会各行业情况、区情县情、人物、附录等7个基本栏目。全书98.2万字。

（西藏自治区志办）

【《墨竹工卡年鉴（2015）》】 7月，西藏自治区墨竹工卡县政府主办、《墨竹工卡年鉴》编辑部编纂的《墨竹工卡年鉴（2015）》由方志出版社出版。主编张屹。该卷年鉴载分正文和彩页两部分，设有特载、综述、政治、军事、法治、经济管理、社会事业、城市建设·环保、交通·通信、金融、乡（镇）概况等内容。全书38.3万字。（西藏自治区志办）

【《西藏统计年鉴（2015）》】 7月，西藏自治区统计局、国家统计局西藏调查总队编纂的《西藏统计年鉴（2015）》由中国统计出版社出版。主编多吉战都。该年鉴1989年创刊。该卷年鉴设行政区划和自然资源，综合，人口、从业人员和职工工资，固定资产投资，财政，物价，人民生活，农业，工业，建筑业，运输和邮电，国内贸易，对外经济贸易和旅游，金融和保险，教育、科技和文化，卫生、体育和环保，各县（区、市）主要统计资料，全国各省（区、市）统计资料等18个栏目。全书86万字。（西藏自治区志办）

【《咸阳年鉴（2015）》】 10月，陕西省咸阳市政府主办、市志办编纂的《咸阳年鉴（2015）》由陕西人民出版社出版。在该卷年鉴彩页部分，设置“稳中求进，改革创新”系列栏目，下设经济平稳向好发展、全面推进政治建设、文化建设快速发展、社会事业和谐稳定、加快生态文明建设、时代楷模·咸阳正能量，以及“传承红色基因，践行‘三严三实’”“蓝天碧水绿城·国家园林城市”、乡村旅游看咸阳等专栏。另有机关风采、县域经济等目标考核优秀单位和纳税企业大户等栏目设置，特别是前环和后环采取城市形象宣传——“大秦故都、德善咸阳”和咸阳精神——“崇德包容、尚法创新”主题，图文并茂展现咸阳年度特点和热点。内文部分，增加党的群众路线教育实践活动、贯彻中央八项规定、全面深化改革等栏目。全书共设40个类目、218个分目、11个子分目、1352个条目，有126页彩插，更新咸阳市政区图、城区图，新增咸阳市交通图、旅游图、影像图、地势图。全书130万字。（丁喜）

【《汉滨年鉴（2015）》】 10月，陕西省安康市汉滨区委、区政府主办，区档案史志局编纂的《汉滨年鉴（2015）》出版。该卷年鉴记录2014年安康市汉滨区政治、经济、文化和社会等方面的新情况和新发展，设置特载、大事记、概况、党政群团、军事、政法、农业、工业、商贸·旅游、交通·邮政·通讯、城建·环保、财税·金融、经济管理、文化·教育、科技·卫生、社会生活、镇办简介、统计资料、附录等19个栏目，收录图片160余幅。全书80万字。（丁喜）

【《秦都年鉴（2015）》】 年内，陕西省咸阳市秦都区政府主办、区方志办编纂的《秦都年鉴（2015）》出版。正文设27个类目、137个分目、641个条目，附彩色插页60页。该卷年鉴在提高彩页图片质量档次和品位的基础上，删减领导题词，增加交通建设、城乡一体化建设栏目；通过增加文字图表、收录回溯性资料等，随条目增加统计表，总数达到53张。全书63.2万字。（丁喜）

【《华县年鉴（2015）》】 年内，《华县年鉴（2015）》出版。该卷年鉴从领导视察、重要会议、社会民生、渭河安澜四个板块展示华县经济社会的新变化。设置“渭河安澜”栏目，凸显华县人民吸取“三八”炎情教训，治理渭河的决心和成效，体现县域特色；增加大量随文图片、统计表、目录、名录、示意图等；增设“华州地情”栏目，收录反映华县不同时期的地情资料文章。全书约30万字。（丁喜）

【《玉门年鉴（2014）》】 年内，甘肃省玉门市政府主办、市史志办编纂的《玉门年鉴（2014）》出版。该卷年鉴设10个类目、113

个条目，配有 110 幅图片。全书 40 万字。

（梁兴明）

【《庆城综合年鉴（2014）》】 9 月，甘肃省庆城县委、县政府主管，县志办编纂的《庆城综合年鉴（2014）》出版。主编高文耀。全书配有 220 幅图片，30 万字。（梁兴明）

【《山丹年鉴（2014）》】 12 月，甘肃省山丹县委、县政府主办，县地方史志编纂办公室编纂的《山丹年鉴（2014）》出版。主编杨争山。全书配有卷前彩页 40 页、照片 150 张、随文照片 178 张，图表 183 张。全书 80 万字。

（梁兴明）

【《高台年鉴（2014）》】 10 月，《高台年鉴（2014）》出版。主编常登成。全书 41 万字。

（梁兴明）

【《海南年鉴（2014）》】 12 月，青海省海南州政府、州地方志编委会主办，州志办编纂的《海南年鉴（2014）》由青海民族出版社出版。该卷年鉴设有特载、概况、大事记、组织机构及领导名录、政治、军事、经济、社会事业、五县发展概况、附录等栏目，按四级结构层次编排。全书 42.5 万字。（马渊）

【《青海统计年鉴（2015）》】 8 月，青海省统计局和国家统计局青海调查总队共同编纂的《青海统计年鉴（2015）》由中国统计出版社出版。该卷年鉴收录 2014 年青海经济和社会各方面的统计数据，同时增加体现经济和社会协调发展及反映资源与环境变化的资料。全书设 26 个栏目，110 万字。（马渊）

【《银川年鉴（2015）》】 12 月，《银川年鉴（2015）》由宁夏人民出版社出版。主编戴亮。该卷年鉴设特载、大事记、银川综述、工业、开发区、农业和农村经济、城市建设、环境保护、交通通信邮政、国内外贸易、会展业、旅游、财政税务审计、金融、综合经济管理、教育、科学技术、文化、新闻出版广播电视、卫生、体育、党政群团、军事、政治、社会生活、县（市）区概况、人物、政策法规选编、附录等 28 章。全书 71 万字。（王玉琴）

【《利通年鉴（2015）》】 12 月，《利通年鉴（2015）》由宁夏人民出版社出版。主编马娟。该卷年鉴设特载、专载、公报、机构和组成人员、大事记、区情概览、乡镇概览、区委、纪委、人大、政府、政协、群团工作、司法公安、军事、财政税务、经济管理与综合经济、农业与农村经济、工业和园区建设、交通邮政、商业贸易、旅游业、文体教育、城乡建设与环境治理、科学技术、人口与卫生、社会保障与人民生活、人物与集体、附录等 29 个类目。全书 60 万字。（王玉琴）

【《红寺堡区年鉴（2015）》】 11 月，《红寺堡区年鉴（2015）》由宁夏人民出版社出版。主编杨爱琴。该卷年鉴设特载、专文、大事记、机构和组成人员、概览、中共红寺堡区委员会、红寺堡区人大常委会、红寺堡区政府、政协红寺堡区委员会、群众团体、政务服务、政法军事、经济管理、农业经济、工业经济、财政税务、金融保险、商贸交通、邮政通讯、城建环保、教育体育、文化科技、卫生计生、乡镇、荣誉集锦、附录等共 26 个类目，下设 151 个分目、710 个条目。全书约 40 万字。

（王玉琴）

【《彭阳年鉴（2015）》】 12 月，《彭阳年鉴（2015）》由宁夏人民出版社出版。主编张文明。该卷年鉴设专载、综述、机构和组成人员、大事记、乡镇、政党政权、群众团体、政务服务、公安司法、军事、经济监管服务、农业与农村经济、工业和信息产业、财政税务、金融保险、商业贸易、交通运管和邮政快递、建设环保林业生态、科技卫生计生、教育文化旅游、乡镇荣誉榜、附录等 22 个类目。全书约 70 万字。（王玉琴）

【《兵团年鉴（2015）》】 11月，新疆生产建设兵团办公厅主办、兵团年鉴社编纂的《兵团年鉴（2015）》出版。该卷年鉴共设32个类目，编有彩色、黑白照片407幅，表格45张。《兵团年鉴（2015）》围绕"规范和创新"两大主题，在保持基础框架总体稳定前提下，新设"兵团成立六十周年专辑"，置于卷首；将"产业指导"和"乡镇企业"分目撤并至农业产业化类目中，新设"非公经济企业选介"分目；着重记述兵团地域特点和年度特色，突出兵团属性；以反映年度特色的系列专题统摄彩页，精选精编随文图片。全书192万字。

（周崇）

【《六师五家渠市年鉴（2015）》】 12月，新疆生产建设兵团第六师五家渠市政府主办、六师五家渠市史志办编纂的《六师五家渠市年鉴（2015）》由新疆生产建设兵团出版社出版。该卷年鉴设35个类目，更加突出和强调年鉴的实用性、客观性特点，其中文字内容突出国家领导人调研、党的群众路线教育实践活动、"访惠聚"活动等。彩页方面进行创新，以五家渠市行政区划、山西对口援建、"访惠聚"活动、群众文化生活等内容为主，突出师市2014年中政治、经济、社会、文化等各项事业的发展重点和发展成果。全书100万字。

（王元武）

【《中国铁道年鉴（2014）》】 8月，中国铁路总公司档案史志中心编纂的《中国铁道年鉴（2014）》出版。该卷年鉴调整完善部分栏目，删除工业篇、多元经营篇两个栏目，栏目设置由17个合并为15个。在管理篇中增加资本运营和开发、物资、劳资社保3个分目，将原多元经营篇相关内容和运输篇中土地管理内容调整到管理篇。调整后的篇目突出时代特征和行业特点，全书随文图片115幅，图表101张，其中图10张，表91张。全书约150万字。

（中国铁路总公司档案史志中心）

【《山西军事年鉴（2015）》】 10月，山西省军区司令部主办、省军区军事志领导小组办公室编纂的《山西军事年鉴（2015）》出版。该卷年鉴设编辑说明、凡例、彩页图片、特载、正文、大事记、先进单位和个人、逝者简介、附录等内容。该卷年鉴共有条目1918条，各类图片207张。内容涵盖山西省军区及师旅级、团级单位，驻晋陆、海、空军、武警、消防、边防、警卫部队师旅级单位和团级单位的所有重要信息。封面设计运用山西地貌特征。全书68万字。

（山西省军区军事志领导小组办公室）

地方志资源开发利用

·地情书编写与出版

【北京市地情资料编纂工作】 年内，北京市出版《北京胡同文化》《北京副食品行业文化史》；北京市方志馆编辑出版《京华讲坛文集(2013—2014)》《北京方志提要（修订版）》《京郊方言》《北京市方志馆文件汇编》《北京市地方志资料年报指导手册》等书。(赵文才)

【《京郊方言》】 8月，北京市方志馆编纂的《京郊方言》由中国书店出版社出版。该书设11章，分别就平谷区、延庆县、门头沟区、密云县、怀柔区、房山区、顺义区、大兴区、通州区、昌平区等地的方言特征、方言发展以及该地域的方言词汇进行梳理和介绍。全书10万字。(范锐超)

【《津门读史杂记》出版】 1月，天津市志办策划编辑、南开大学历史学院教授付贵久编著的《津门读史杂记》由天津社会科学院出版社出版。该书是继《天津南市记忆》《天津七十二沽》等书之后，天津市志办组织编纂的又一部地情资料书。全书分为津门史志、历史杂谈、地方考释、方志研究、历史人物、邮政史话6个部分，21万字。(天津市志办)

【《画说津沽民俗》出版】 12月，天津市志办编辑的《画说津沽民俗》由天津古籍出版社出版。该书精选160幅画作，配以4万余字的文字说明，展现数百年来天津民俗的发展和演变，是对《天津通志·民俗志》较好的诠解和注释。(天津市志办)

【《藁城区善美人物事迹辑录》出版】 12月，河北省石家庄市藁城区文明办编写的《藁城区善美人物事迹辑录》出版。主编桑晓辉。该书根据藁城区涌现出的全国、省市道德模范、中国好人、石家庄市文明公民标兵、“藁城好人”“孝子孝媳”“美德少年”等各级道德模范的事迹整理编辑而成。全书共设助人为乐、见义勇为、诚实守信、敬业奉献、孝老爱亲、优秀志愿者、美德少年7个篇章，收录125名具有广泛影响的代表性人物，对他们平时的凡人善举及优秀事迹进行介绍。全书25万字。

(肖海军)

【《藁城金钹战鼓》出版发行】 2月，河北省石家庄市藁城区政协编写的《藁城金钹战鼓》由河北美术出版社出版。主编解亚静。该书分13个章节，图照60幅。该书全面系统地记录藁城金钹战鼓，藁城架鼓，藁城挎鼓三种类型、四大流派近百种鼓谱及表演程式套路，地域特色浓厚。全书50余万字。(肖海军)

【南皮一中校本教材《家乡与母校》出版】 年内，河北省南皮一中校长肖国普组织主编的《家乡与母校》由河北教育出版社出版。南皮一中的前身是清末重臣张之洞于1907年捐资在家乡建成的“慈恩学堂”。作为校本教材的地情书，该书分为“家乡”与“母校”两部分。“家乡”部分设置南皮简介、历史沿革、经济概况、特色产业、文化概览、教育概述、文物古迹、自然景观、教育基地、历代名人、民间艺术、土特产品、民俗风情、轶事传说、诗词选萃等12章；“母校”部分记述从“慈恩

学堂”到南皮一中的发展历程。（魏铁军）

【宁晋一中校本教材《凤鸣杨纡》刊印】 年内，河北省宁晋县政府志办指导宁晋一中编写的校本教材《凤鸣杨纡》，并以内部资料形式刊印发行。该书共分宁晋历史、地理、村名、姓氏、古迹、文物、牌坊、人物、文选等9章，介绍宁晋源于何时、迁自何方以及历史名人及当代人物。全书约12万字。（魏铁军）

【《山西省情报告（2015）》出版】 12月，山西省志办与山西省政府发展研究中心共同组织省社科院、省发改委宏观研究院、省统计局等部门专家学者编纂的《山西省情报告（2015）》由社会科学文献出版社出版。该书从地理历史、发展现状、发展比较、区域发展等方面对山西省情特别是2014年山西经济社会发展变化作较为全面系统的梳理和分析，是年度序列动态研究省情的重大课题。全书45.4万字。（杨建中）

【《山西通史》出版】 12月，山西省志办主编的《山西通史》由方志出版社出版。该书分远古、先秦、秦汉魏晋南北朝、隋唐五代、宋辽、金元、明代、清代、民国、抗日战争、解放战争、当代（1-4）、人物（1-4）、大事记（1-3）等22卷。全书867.8万字。（杨建中）

【《山西革命根据地史丛书》出版】 7月，山西省志办编辑的《山西革命根据地史丛书》由山西人民出版社出版。该丛书包括《太行革命根据地史》《太岳革命根据地史》《晋绥革命根据地史》3册，是纪念中国人民抗日战争暨世界反法西斯战争胜利70周年的专题图书。全书135万字。（杨建中）

【《辽宁大事记（2014）》出版】 9月，辽宁省志办编辑的《辽宁大事记（2014）》由辽宁民族出版社出版。主编赵云升。该书收录2014年辽宁省政治、经济、社会、文化等领域发生的带有全局性、具有一定影响（意义）和存史价值的大事、要事和特事。附录中收录辽宁省委书记和省长在中共辽宁省委十一届七次全会暨经济工作会议上的报告，2015年1月政府工作报告，2014年辽宁省地方法规、规章及文件目录，以及2014年辽宁省国民经济和社会发展统计公报、环境状况公报、气候公报、水资源公报、金融运行报告、统计指标与数据等省情内容。全书26万字。（姜潮洋）

【《腾飞的十年——沈阳振兴大事记（2004～2013）》出版】 12月，辽宁省沈阳市志办编纂的《腾飞的十年——沈阳振兴大事记（2004～2013）》由沈阳出版社出版。该书用大事记形式记载沈阳在十年振兴过程中有重要影响和重大意义的事件，内容主要取材于沈阳市志办编发的月度《沈阳大事记》，从中提炼反映沈阳城市发展和经济振兴方面成就的内容。全书照片近600幅，30余万字。（佟文亮）

【《数字看大连（2014）》出版】 4月，辽宁省大连市委党史研究室（大连市志办）编纂的《数字看大连（2014）》（总第4期）内部出版。主编李奇、陈序平。该书是以数字形式反映大连市情况的地情资料书，分25个部分，收录数据2918个。所收录的数据为市直各部门，各区市县（先导区），部分驻连中直、省直单位提供的年报数，个别数据为快报数。（刘成）

【《甘井子区历史文化概览》出版】 3月，辽宁省大连市甘井子区委党史研究室（甘井子区志办）编纂的《甘井子区历史文化概览》由辽宁民族出版社出版。主编王万涛、张晓燕。该书主要记载中华人民共和国成立前甘井子区历史沿革区划、自然环境、兵事、古迹、人物、故事、历史事件、民俗风情等方面的情况。全书设10篇，附图170余幅，24万字。（孙建宏）

【《古风汉韵营城子》出版】 12月，辽宁省大连市甘井子区委党史研究室编写的《古风汉韵营城子》内部出版。主编张晓燕。该书设前言、营城子地名释源、国家级文化保护遗址、省市级文物保护单位及其他遗址4篇，附图80余幅，详细介绍营城子地名的来源、辖内国家级文化保护遗址（4个）、省市级文物保护单位，以及其他遗址和重要出土文物的基本信息。全书1.6万字。（孙建宏）

【《旅顺口之最（第二版)》出版】 3月，辽宁省大连市旅顺口区史志办编纂的《旅顺口之最（第二版)》由辽宁民族出版社出版。主编张景范。该书分旅顺口区之世界之最、旅顺口区之亚洲之最、旅顺口区之中国之最、旅顺口区之东北之最、旅顺口区之辽宁之最、旅顺口区之大连之最、旅顺区之最7个部分，主要记录有史以来至2011年旅顺口区自然、历史、政治、经济、社会发展，以及人文民情方面情况。全书70万字。（孙建宏）

【《数字旅顺（2014)》出版】 12月，辽宁省大连市旅顺口区史志办编辑的《数字旅顺(2014)》内部出版。主编张景范。该书分24个部分，收录反映旅顺口区2014年政治、经济、社会发展等方面情况的数据2418个。（孙建宏）

【《数说长海（2014)》出版】 4月，辽宁省长海县委党史研究室（长海县志办）编辑的《数说长海（2014)》内部出版。主编洪波。该书分21个部分，收录反映长海县2014年经济社会发展基本情况的数据973个。全书3万字。（孙建宏）

【《鞍山市情简介》出版】 1月，辽宁省鞍山市史志办编纂的《鞍山市情简介》内部出版。该书为了解鞍山、认识鞍山提供比较全面、系统、翔实的资料，也是展示“祖国钢都”的独特魅力，加强对外交流与合作、提升社会形象的重要宣传品。（姜潮洋）

【《鞍山市情（2000～2014)》出版】 年内，辽宁省鞍山市史志办编纂的《鞍山市情(2000～2014)》内部出版。该书记载2000～2014年鞍山所取得的成就和2015年鞍山发展规划。着重介绍鞍山市的自然情况、经济发展、社会事业、历史文化、地方特色、2000～2014年全市的重要事件等内容。（姜潮洋）

【《数字看鞍山（2014)》出版】 年内，辽宁省鞍山市史志办编纂的《数字看鞍山（2014)》内部出版。全书分22个部分，收录数据1326条，涵盖2014年鞍山市政治、经济、文化和社会发展等方面的基本情况，全面收录2014年全市政府部门及各行各业的统计数据信息，是一部以数字形式反映鞍山国民经济和社会发展情况的资料性工具书。（姜潮洋）

【《史话鞍山》出版】 7月，张士尊、崔海默、夏天编著的《史话鞍山》由沈阳出版社出版发行。该书由鞍山广播电视台播出的同名节目改编而成，基本上按照原节目的结构进行整理，分为鞍山历史的发展线索、甲午中日战争、鞍山地名、千山文化、抗日义勇军、家谱和族谱和民国人物7个专题，共61讲。全书共有各种珍贵老照片和重新绘制的地图150余幅，基本保持播音稿的原貌，采用一问一答的形式，讲述鞍山的悠久历史。全书34万字。（姜潮洋）

【《鞍山故事传说》出版】 12月，辽宁省鞍山市史志办编写的《鞍山文化丛书》之《鞍山故事传说》分册出版。该书记录鞍山从远古到现代的基本情况，包括神话、名人、景物、地名、名物、习俗、生活、动植物等8个部分。《鞍山故事传说》是劳动人民对生产和生活的总结，是对鞍山家乡的赞美，是对后代的一种传承教育。（姜潮洋）

【《海城历史文化丛书》出版】 1月，辽宁省鞍山市史志办审定、《海城历史文化丛书》编纂委员会编辑的《海城历史文化丛书》由春风文艺出版社出版。该丛书是一部集历史性、艺术性、趣味性于一体的文学科普读物。共6册，即《澄州往事》（历史篇）《海邑胜迹》（名胜篇）、《临溟之子》（人物篇）、《艺苑风华》（艺术篇）、《商贾百话》（市场篇）、《海城味道》（美食篇）。全书采用散文式文学叙述手法，以点带面，图文并茂，彰显海城历史文化魅力。每册约10万字。（姜潮洋）

【《牛庄古城古事》编印】 5月，辽宁省海城市档案局编印《牛庄古城古事》，内部出版。主编高明岩。该书分为牛庄名称的由来、明代建牛庄、重建牛庄城、牛庄的兴盛、牛庄的餐饮、牛庄的文化、牛庄的宗教、牛庄码头和甲午海城战事9篇21则。其中，重点介绍在中日甲午战争中，日军由丹东、岫岩、析木城一线进攻海城、牛庄，湘军、淮军在牛庄英勇抵抗的历史，并配有多幅甲午战争时期海城战事的图片，是了解牛庄暨海城古城的重要地情书。全书约3万字。（姜潮洋）

【《海城的传说》编印】 5月，辽宁省海城市档案局编印《海城的传说》，内部出版。主编高明岩。该书分为海城的传说、海城的唐王文化两部分。其中，海城的传说含杨柳河的传说等13个传说，海城的唐王文化含唐王东征的史实等5则。全书约3万字。（姜潮洋）

【《本溪人民抗日斗争纪实》出版】 9月，辽宁省本溪市史志办编辑的《本溪人民抗日斗争纪实》出版。该书为纪念抗战胜利70周年献礼之作，分为概述篇、文献篇、亲历篇和纪事篇四部分，记述本溪人民14年反抗日本侵略者的史实，其中部分史料属首次公布。全书32万字。（姜潮洋）

【《铁血诗魂》出版】 年内，辽宁省本溪市史志办与本溪市诗词学会联合征集纪念抗战胜利诗词作品700余首，汇集成《铁血诗魂》内部出版。该书为纪念抗战胜利70周年献礼之作。全书8万字。（姜潮洋）

【《丹东抗日历史文化丛书》出版】 8月，为纪念中国人民抗日战争胜利70周年，辽宁省丹东市志办编辑的《丹东抗日历史文化丛书》由东北大学出版社出版。该丛书是丹东地区进行爱国主义教育的乡土教材，包括《丹东抗日诗文歌谣选》《丹东抗日文献会要》《个人口述中的丹东抗日史》《丹东抗日游击区》。从不同角度、不同侧面立意，记录丹东人民反抗日本侵略，保卫国家独立的历史。（姜潮洋）

【《丹东手册（2014）》出版】 年内，辽宁省丹东市志办编辑的《丹东手册（2014）》内部出版。该书由丹东概览和丹东指南两大板块组成，突出反映2013年丹东市经济社会发展基本情况和丹东地情特色。全书15万字。

（姜潮洋）

【《丹东文史书库（一）》出版】 年内，《丹东文史书库（一）》内部出版。该书库包括张其卓《丹东建州女真史》《丹东满族氏族史》，王云峰《安东旧事》，路地编《丹东，从远古走来》《鸭绿江畔抗日烽火》，黄文科主编《100位老人口述安东》，李鸿璧主编《丹东大事记（1949～2009）》，赵旭光《丹东民间语文》，高云胜主编《丹东史画》等。（姜潮洋）

【《营口通史（第二卷）》出版】 6月，辽宁省营口市史志办编辑的《营口通史（第二卷）》由万卷出版公司出版。该卷记述1949年10月1日中华人民共和国成立至1978年12月18日中共十一届三中全会召开的29年间，中共营口市委带领全市人民在中国共产党的领导下探索社会主义道路所走过的历程。该书共6章49节，收录图片192幅。全书32万字。

（姜潮洋）

【《2014年营口市情》出版】 6月，辽宁省营口市史志办编辑的《2014年营口市情》内部出版。该书分为建置沿革、市区形成、营口概貌、自然资源、发展优势、发展现状和附录7个部分，38个条目，全面反映2014年营口市政治、经济、文化等各领域的发展情况。

（姜潮洋）

【《营口市抗日战争时期人口伤亡和财产损失调查》出版】 6月，辽宁省营口市史志办、中共营口党史研究室编辑的《营口市抗日战争时期人口伤亡和财产损失调查》由中共党史出版社出版。该书是为纪念中国人民抗日战争暨世界反法西斯战争胜利70周年而编辑，分为营口市抗日战争时期人口伤亡和财产损失调研报告、专题研究、资料和大事记四个部分，比较全面地记载从1931年9月18日开始至1945年8月15日止，营口市在日本统治时期人口伤亡和财产损失情况，是研究营口抗日战争历史的宝贵史料。全书12万字。（姜潮洋）

【《阜新人民的抗日斗争》出版】 7月，辽宁省阜新市史志办、市档案局编纂的《阜新人民的抗日斗争》由辽宁教育出版社出版。主编李立新。该书设阜新概况，阜新人民反对日本蚕食煤田的斗争，日本帝国主义对阜新的殖民统治，日本帝国主义对阜新的经济掠夺，日本帝国主义对阜新的文化侵略，抗日义勇军血战阜新，"特殊工人"和普通民众的抗日斗争，隐蔽战线的抗日斗争，中国共产党、八路军接收阜新等内容，并附大事记和主要参考文献等。全书附有200多幅照片，40万字。（姜潮洋）

【《辽宁地域文化通览·辽阳卷》出版】 6月，辽宁省辽阳市文广新局组织、辽阳市志办编纂的《辽宁地域文化通览·辽阳卷》由辽宁民族出版社出版。该书分为上、下两编，上编起自新石器时代，止于清末，是对辽阳地域文化发展史的梳理；下编在横向比较的基础上，对辽阳文化构成的特点和文化内涵的亮点，展示不同时期独具魅力的辽阳文化特色和亮点。全书40余万字。（姜潮洋）

【《辽阳大事图志（2014）》出版】 年内，辽宁省辽阳市志办编纂的《辽阳大事图志（2014）》出版。该书在保持原有风格基础上，加大对全市重点工作的记述力度，抓准年度记述重点，并注重反映社会和民生的内容。

（姜潮洋）

【《抗美援朝在海龙》出版】 4月，吉林省地方志资源开发立项项目"抗美援朝在海龙"（项目编号201304）由吉林文史出版社出版。主编崔宏。该书以《习近平在纪念中国人民志愿军抗美援朝出国作战60周年座谈会上讲话》开篇，以"亲历亲见亲闻"的史实资料为宗旨，分为"历史背景、钢铁动脉——炸不断的军需运输线""全面动员——轰轰烈烈开展抗美援朝运动""青史流芳——抗美援朝群英谱""峥嵘岁月——援朝老兵忆当年"和"附录——海龙县部分抗美援朝烈士英名录"6部分，较全面地记录毛泽东关于组建中国人民志愿军的命令等高端决策、历史文献、人物回忆录等珍贵的史料。全书利用图文混排，收录历史图片多幅，20余万字。（常京锁）

【《吉林方言土语词典》出版】 6月，吉林省地方志资源开发立项项目"吉林方言土语词典"（项目编号201101）由吉林教育出版社出版。编著者王玉书。吉林省长白山文化研究会会长张福有为该书题签，吉林省民俗学会理事长施立学作序。该书是一部反映吉林方言土语的专业词典，按照方言的基本调查方法，将吉林省60多个县（市、区）方言根据汉语方言的划区分片进行归纳整理，收录具有鲜明吉林区域特色词语2.38万条，附录中收录有"关东土匪黑话"。全书110余万字。（常京锁）

【《吉林近现代新闻媒介简史（1907.8～1949.10）》出版】 12月，吉林省地方志资源开发立项项目"吉林近现代新闻媒介简史（1907.8～1949.10）"（项目编号201407）由吉林文史出版社出版。吉林日报社社长、党组书记郈正作序。该书是关于研究吉林省报刊、通讯社、广播、新闻法制、新闻研究、新闻教育等方面发展史的专著。全书图片100幅，18万字。（常京锁）

【《志说吉林风物》出版】 12月，吉林省地方志资源开发立项项目“志说吉林风物”（项目编号201408）由吉林文史出版社出版。该书是分专题撰写的历史文化书籍，内容包括长白山民俗、吉林人文地理、关东民艺、历史寻访、珍奇异宝等5个版块，文章38篇，图片200余幅。全书38万字。 （常京锁）

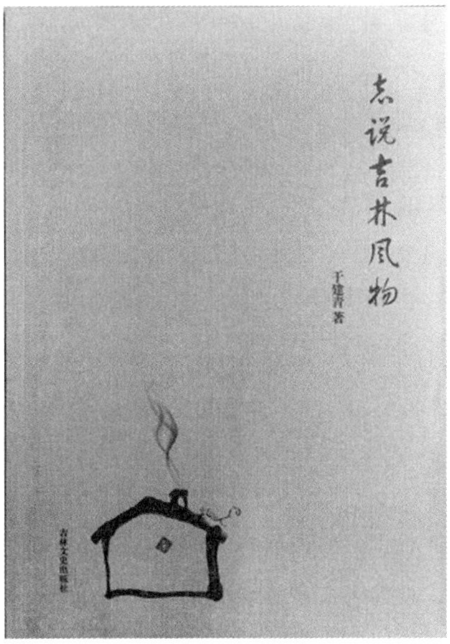

《志说吉林风物》

【《“感动吉林”人物评选纪实（2003～2013）》出版】 9月，吉林省地方志编委会和新文化报社共同编纂的《“感动吉林”人物评选纪实（2003～2013）》由吉林人民出版社出版。该书分为活动始末、人物事迹、当选者说和社会评价4个部分，全面记述2003年至2013年11年间“感动吉林”年度人物评选活动的历程，全景再现110多位人物（群体）的感人事迹以及当选者的切身感受、社会各界对于“感动吉林”人物评选活动的多角度评价。全书60余万字。 （马艾民）

【《“感动吉林”人物评选年鉴（2014）》出版】 12月16日，吉林年鉴编纂委员会和新文化报社共同编纂的《“感动吉林”人物评选年鉴（2014）》由吉林文史出版社出版。该书分为编辑说明、2014年度“感动吉林”·当选人物、2014年度“感动吉林”·梦想之星、2014年度“感动吉林”·候选人物、2014年度“感动吉林”·评选经过等5部分，全面记述2014年度“感动吉林”人物评选活动中，30名“草根英雄”的感人事迹记述时限承接9月出版的《“感动吉林”人物评选纪实（2003～2013）》。全书20余万字。 （马艾民）

【《百年沧桑话长春》出版】 7月，吉林省地方志资源开发立项项目《百年沧桑话长春》（项目编号201406）由吉林文史出版社出版。著者宋伟宏。吉林日报社社长、党组书记邴正作序；长春书法家协会副主席施永安题写书名。该书按照长春城市发展的历史脉络，用20万字、300余幅照片记述长春最具代表性的190个重大历史事件及主要建筑，图文并茂反映1800年至1945年长春百余年的发展历程。 （常京锁）

《百年沧桑话长春》

【《长春锡伯族》出版】 12月，吉林省地方志资源开发立项项目“长春锡伯族”（项目编号201403）由吉林文史出版社出版。主编关莉、吴克尧。该书较详细地记述锡伯族的历史变迁、宗教信仰、民风习俗、节日庆典、传统

文化艺术与创作等。全书图片 82 幅，26 万字。（常京锁）

【《长春历史街区》出版】 12 月，吉林省地方志资源开发立项项目“长春历史街区”（项目编号 201404）由吉林文史出版社出版。该书以生动鲜明的文字和实物如实记述长春历史街区的由来、主要建筑、主要街路、主要事迹等，设有序篇、新立城街区篇、宽城子街区篇、中东铁路附属地街区篇、满铁附属地街区篇、长春商埠地街区篇、吉长铁路长春站街区篇、“新京”特别市街区篇。全书图片 78 幅，12 万字。（常京锁）

【《白城地区少数民族传统体育文化研究》出版】 4 月，吉林省地方志资源开发立项项目“白城地区少数民族传统体育文化研究”（项目编号 201306）由吉林文史出版社出版。主编崔宏。该书较详细地介绍少数民族传统体育的概念、起源、特征、功能、价值、特性等，对少数民族传统的体育项目逐一进行介绍。为使少数民族传统体育文化得到传承，专门介绍各传统体育项目的教学和竞赛方法。全书约 15 万字。（常京锁）

【《于凤至生平史迹资料选辑》出版】 7 月，吉林省地方志资源开发立项项目“于凤至生平史迹资料选辑”（项目编号 200904）由吉林文史出版社出版。主编秦亚欧。该书分为于凤至自述生平和张学良对于凤至的评价，亲朋、故友、乡亲、学人回忆，采访、研究于凤至，民国时期国内报刊中有关于凤至的记载，以及有关史实争议等 4 个部分，对于凤至诞生年代、张学良和于凤至婚姻之谜、张学良与于凤至解除婚约等史实争议部分进行考证。附录收录于凤至生平年表。部分张学良和于凤至的亲笔墨迹首次公之于世。（常京锁）

【《沧桑偏脸城》出版】 8 月，吉林省梨树县志办、县诗词楹联协会编写的吉林省地方志资源开发立项项目“沧桑偏脸城”（项目编号 201405）由吉林文史出版社出版。主编李铁夫。该书以挖掘偏脸城（古韩州）遗址文化为主旨，是融论文、散文、故事、传说、小说（节选）、诗歌、楹联等为一体的综合性文史书籍。通过对偏脸城历史资料的搜集整理，对出土文物的考证，以及相关史料的佐证，论证偏脸城的历史沿革，解读宋徽、钦二帝北迁与囚居韩州（偏脸城）的关系，解释有关历史人物对偏脸城的影响，以及偏脸城的历史状貌等问题，填补关于偏脸城（古韩州）研究的空白。全书图文并茂，彩色、黑白图片 30 幅，25 万字。（常京锁）

【《哈达山口述文化》出版】 12 月，吉林省地方志资源开发立项项目“哈达山口述文化”（项目编号 201409）由吉林文史出版社出版。编著者常维范。中国民间文艺家协会副主席、吉林省民间文艺家协会主席曹保明为该书作序。该书中的文章全部来自农村，出自一个个农民之口，是一部反映和传承满族民风民俗的口述文化史。全书图片 26 幅，16.5 万字。（常京锁）

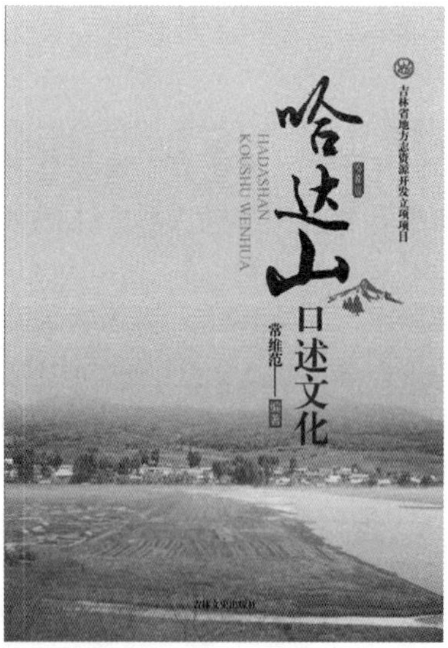

《哈达山口述文化》

【《郭尔罗斯王府史略》出版】 12 月，吉林省地方志资源开发立项项目“郭尔罗斯王府史略”（项目编号 201402）由吉林文史出版社出版。该书翔实介绍郭尔罗斯王府的发展史和十三个王公的主要经历，特别是在政绩上有建树的王公，将郭尔罗斯当地的民风民俗、节日庆典、传统技艺等结合王公的个人经历一并做介绍。全书图片34幅，27万字。（常京锁）

【《哈尔滨地情信息参考》创刊编印】 11月，黑龙江省哈尔滨市志办主办的《哈尔滨地情信息参考》创刊编印。《哈尔滨地情信息参考》以"资政"为主旨，一周一期，内容分为"哈尔滨历史上的一周"和"信息链接"两部分。"哈尔滨历史上的一周"权威发布哈尔滨历史上这一周发生的重要事件；"信息链接"以独特视角选取发生在一周时段内有影响力的相关事件。（哈尔滨市志办）

【《1929～1932年中东铁路年报》出版】 7月，黑龙江省哈尔滨市方志馆编辑的《1929～1932年中东铁路年报》影印出版。该书以图表、数字的形式，系统记录1929～1932年中东铁路的管理机构、通信、机车、客运、货运、运营收入等情况，中东铁路沿线各站的文化、卫生、基建，以及东北北部经济等方面数据。（哈尔滨市志办）

【《哈尔滨的精华——多元文化》出版】 11月，黑龙江省哈尔滨市志办、市方志馆策划编辑的《哈尔滨的精华——多元文化》出版。全书34万字。（哈尔滨市志办）

【《哈尔滨旧报再现——〈远东报〉》出版】 12月，黑龙江省哈尔滨市方志馆编辑的《哈尔滨旧报再现——〈远东报〉》影印出版。该系列分14册，为《远东报》原件的影印本。20世纪初，《远东报》是沙俄在哈尔滨创办的最具影响力的中文报纸，堪称"哈尔滨历史变迁的记录者和哈尔滨市民生活的一面镜子"。（哈尔滨市志办）

【《抗日英雄陶家齐》出版】 8月，江苏省南京市江宁区志办、南京市新四军研究会江宁分会及南京市江宁区档案局（档案馆）共同编印的《抗日英雄陶家齐》出版。全书分"血沃江宁""峥嵘岁月""英名永存""后继有人"4个篇章。"血沃江宁"收录关于陶家齐烈士的论文或与其有关的回忆性文章、诗歌；"峥嵘岁月"收录与陶家齐生前并肩作战的将军、同事以及跟他有过交集的人员的口述史料；"英名永存"收录在陶家齐烈士立碑仪式及其殉难70周年座谈会上与会领导及人员的致辞和发言稿；"后继有人"收录陶家齐后人们撰写的纪念文章。全书约12万字。（武文明）

【南京首份敌后抗日烈士陵园手绘地图出版】 9月，由来自南京三所高校的大学生地方志志愿者寻访并绘制的南京敌后抗日烈士陵园手绘地图由南京出版社出版。这份手绘地图分为两面，一面是一幅完整的综合地图，上面一共标有15座敌后抗日烈士陵园及公墓，另一面是解说说明图，将15座烈士陵园按照"敌后抗日烈士陵园"和"安葬有敌后抗日烈士的综合烈士陵园"分为两部分。15座烈士陵园及公墓主要分布在六合区、雨花台区、江宁区、溧水区和高淳区等地。其中，江宁区6座、溧水区4座、六合区3座，高淳区和雨花台区各1座。（李海宏）

【《灵塔——南京栖霞山舍利塔瞻礼》出版】 9月，江苏省栖霞山旅游开发办公室组织、栖霞区志办编纂的《灵塔——南京栖霞山舍利塔瞻礼》由中国文史出版社出版。该书与《佛光——南京栖霞山千佛崖瞻礼》为系列图书，分综述、塔记、图析、文论、特载、附录6个部分，收录舍利塔整体、局部照片200余幅，关于舍利塔的拓片20余张，节选梁思成、刘敦桢、濑川、张驭寰等人对舍利塔研究的著作及珍贵图片，收集由唐至今关于舍利塔的诗文20余篇。全书39万余字。（李海宏）

【《南京稀见文献丛刊》第十辑发布】 9月，《南京稀见文献丛刊》第十辑发布。该丛刊包括《南京愚园文献十一种》《南唐二陵发掘报告》《南京》。这三种图书由南京出版传媒集团和南京出版社联合南京市志办、南唐二陵文物保护管理所共同推出，揭秘诸多鲜为人知的南京掌故。（李海宏）

【《话说鼓楼·扬子饭店专辑》编印】 12月，南京市鼓楼区志办完成编印《话说鼓楼》第3期“扬子饭店专辑”。该书设“百年翘楚”“百年忆想”“百年新生”3个栏目13篇文章。《话说鼓楼》按照“贴近鼓楼、挖掘历史、文体活泼、文笔流畅”的风格定位，自创刊已出28期，收录文章300余篇。（李海宏）

【《新四军在无锡》出版】 9月，江苏省无锡市史志办、市新四军历史研究会编纂的《新四军在无锡》由中央文献出版社出版。该书分综述、抗日根据地建设、重要战事、人物简介、军民鱼水深情、大事记以及附录7个部分。全书约28.8万字。（李海宏）

【《中共无锡地方史系列丛书》首发】 1月，江苏省无锡市史志办公室组织编印的《中共无锡地方史系列丛书》首发。该丛书由《党史春秋》《党史故事》《党史知识》《党史遗址》4个分册组成，21万余字。《党史春秋》简明扼要地介绍无锡人民在中国共产党的领导下，投身大革命、土地革命战争、抗日战争和解放战争，推翻国民党反动统治，迎接无锡解放的光辉历史。《党史故事》选取新民主主义革命时期无锡地区60位革命先辈人物的感人事迹。《党史知识》以无锡地方党组织的历史活动为主线，采用条目体形式，从事件、人物、附录三个方面记述。《党史遗址》图文并茂地介绍留存至今的118处党史遗址遗迹。（李海宏）

【《太滆记忆》出版】 9月，江苏省宜兴市新四军历史研究会、市史志办联合编著的《太滆记忆》由中共党史出版社出版。该书分为概述、重要战斗、抗日人物、日军暴行、抗日遗址遗迹、抗日歌曲、纪念文章等部分，收录文章70篇，历史照片31幅。全书32万字。（李海宏）

【《口述常州》（第4辑）出版】 12月，江苏省常州市委党史工作委员会、市志办编写的《口述常州》（第4辑）由凤凰出版社出版。该书首次尝试与报社、电视台等媒体合作方式组稿，采用回忆、口述笔录等方式，设置“纪念中国人民抗日战争暨世界反法西斯战争胜利70周年”专篇，刊载第一次淞沪抗战和卢沟桥保卫战参加者、黄埔抗战女兵等口述文章。全书18万字。（李海宏）

【《常州方志馆读本》出版】 12月，江苏省常州市志办编纂的《常州方志馆读本》由南京大学出版社出版。常州市长费高云作序。该书分为8编，从常州历史沿革、建城史、经济、文化、教育、人物、非遗等方面系统梳理地方文史资源，强化“专题简史、拓展阅读、史料花絮、图文并茂”四位一体，致力“5分钟了解方志、1小时读懂常州”，打造“纸质版”方志馆。在编排上进行突破创新，设二维查询码延伸阅读。全书20万字。（李海宏）

【《武进史话》出版】 4月，江苏省常州市武进区委党史工委、区志办编写的《武进史话》由社会科学文献出版社出版。该书是大型历史文化系列丛书《中国史话》的组成部分。全书分“武进概览”“史海钩沉”“风云人物”“古县文化”“毓秀揽胜”“现代风貌”六大专题。全书共10万字，随文图照25张。（李海宏）

【《吴江名门望族》出版】 5月，《吴江名门望族》由光明日报出版社出版。《吴江名门望族》共选取对各个镇产生深远影响的有良好门风的世家，且每一个家族都出过三代以上优秀人物的48个家族进行记述，每个家族主要设概述、人物两部分，部分家族还有附录和世系表。不属于这个家族但是和这个家族有关联的人物作为附录记在这个家族里面。全书40万字。（张丽）

【《常熟史话》出版】 1月，江苏省常熟市志办组织编写的《常熟史话》由古吴轩出版社出版。该书以时间为经，以邑内名人轶事、山水风物为纬，采撷常熟3000多年文明史之精华，进行生动、活泼的记述。收入文章33篇。

（武文明）

【《灌云抗战风云录》出版】 7月，江苏省灌云县委党史办公室与灌云县民政局联合编著的《灌云抗战风云录》由中共党史出版社出版。全书分“大事记略”“抗战组织”“战地烟火”“沙场英雄”“斗争故事”等篇章，40余万字。

（李海宏）

【《运河串珠》出版】 9月，江苏省扬州市档案局、市文物局共同策划编辑的《运河串珠》出版。该书入选照片86张，档案51件。扬州10余种档案入册其中，尤其是绘制于1948年江都城厢图展示扬州城市建设布局。（李海宏）

【《句容历史文化新探》出版】 11月，江苏省句容市委宣传部、市史志办联合编写的《句容历史文化新探》由江苏大学出版社出版。该书分“新发现”“新视角”“新探索”3篇。全书27万字。

（李海宏）

【《泰州艺苑志略》出版】 6月，江苏省泰州市党史方志档案办公室与泰州市历史学会联合编纂的《泰州艺苑志略》由方志出版社出版。该书记述近千名本邑艺人在书法、国画、篆刻、戏剧、曲艺、音乐、工艺、鉴赏等方面所取得的杰出成就。全书48万字。

（李海宏）

【《中国共产党宿迁史略》出版】 5月，江苏省宿迁市委党史工办和宿迁市档案局合著的《中国共产党宿迁史略》由中共党史出版社出版。宿迁市委书记、市人大常委会主任魏国强作序。该书收录200余幅珍贵的历史图片。全书十余万字。

（李海宏）

【《宿迁掌故》出版】 12月，《宿迁掌故》由江苏人民出版社出版。该书内容主要分为人物春秋、历史风云、风景名胜、古迹觅踪、地名探源、艺文撷珍、地方风物、趣闻逸事等部分，载录第一手史料和流传于民间的口碑材料，并探求其源，详释演变。全书25万字。

（李海宏）

【《〈清宫扬州御档〉解读文集》出版】 9月，《〈清宫扬州御档〉解读文集》由广陵书社出版。该书汇集文章近80篇，附图彩印，内页单色精印。内容涵盖对《清宫扬州御档》中历史人物和历史事件的解读，涉及政治、经济、军事、文化、教育、盐务、关税、灾害以及农业水利、案件审理、民风市井、民俗工艺等。其中绝大部分文章已分别在国家级以及省、市报刊媒体刊载。书中另一亮点为书首的近30幅清代扬州舆图。全书近50万字。（李海宏）

【《秦淮夜谈》（第24辑）出版】 12月，《秦淮夜谈》（第24辑）由团结出版社出版。该书收录有老门东专辑、人物长廊、史海钩沉、情系秦淮、灯下漫笔、耆宿忆旧、艺林拾萃、旧志重刊8个栏目、26篇文章，其中，“老门东专辑”系年度精心打造的特色栏目。全书约13万字。

（李海宏）

【《萧山记忆·纪念来新夏专辑》出版】 4月，《萧山记忆·纪念来新夏专辑》由浙江人民出版社出版。该书设余霞满天、故里深情、著述提要、先生简表四个栏目。“余霞满天”收录区外学者怀念来新夏的文章15篇；“故里深情”收录萧山籍学者怀念来新夏的文章8篇；“著述提要”系孙伟良编辑整理来新夏先生著述而成，共涉著述101种；“先生简表”由焦静宜在来新夏撰写的《旅津八十年记事》基础上，根据来新夏简要笔记补录相关内容编辑整理而成。全书24.8万字。

（钟丽佳）

【《萧山记忆·纪念抗日战争胜利70周年专辑》出版】 9月，《萧山记忆·纪念抗日战争胜利 70 周年专辑》由浙江人民出版社出版。该书是萧山区委党研室、区志办为纪念抗战胜利 70 周年而编辑的特刊。设抗战综述、烽火记忆、档案解读、漫画抗战、口述抗战、抗日英杰、文献实录、大事年表 8 个栏目。“抗战综述”收录文章 4 篇；“漫画抗战”以 18 张漫画图文并茂地呈现抗战史；“口述抗战”为战争亲历者口述历史；“大事年表”以年代为轴，记录萧山抗日战争史上的重大事件。全书 12.4 万字。（钟丽佳）

【《余杭民国期刊文献选辑》出版】 10 月，浙江省杭州市余杭区志办编纂的《余杭民国期刊文献选辑》出版。主编吴莹岗。该书是余杭区史志办编撰的《余杭民国研究丛书》系列之一，是余杭区史志办与华东师范大学合作开展的有关余杭史料的收集、整理与编订的成果，详尽收录 1913 年至 1949 年间民国期刊中有关余杭和杭县的文章，配有图表、插页，是研究余杭民国史的宝贵资料。全书 75 万字。（刘雪萍）

【《富阳历代宗谱艺文选编》出版】 4 月，《富阳历代宗谱艺文选编》由西泠印社出版社出版。全书由祠堂、风光、杂记三部分组成，共有 323 篇文稿，涉及全区 16 个乡镇街道 80 余个村 50 余个姓氏，记述有关姓氏的源流、居住环境的变化、定居创业的艰辛以及发生在各家族中的要事。全书 30 万字。（陈炜祥）

【《抗日战争在富阳》出版】 8 月，《抗日战争在富阳》由浙江工商大学出版社出版。该书分日军暴行篇、军民抗战篇、抗战人物篇、抗战期间富阳大事记 4 大部分。收录内容主要为抗战时期发生在富阳的重要历史事件和有关人物，以及部分著名富阳籍人士参与外地抗战的内容。书中所收录的文章和资料，大多为档案文献史料和“三亲”（亲见者、亲闻者、亲历者）回忆史料，基本反映富阳抗日战争史的概貌。全书共 36 万余字。（陈炜祥）

【《辉煌跨越·筑梦余姚 30 年》出版】 8 月，浙江省余姚市史志办编写的《辉煌跨越·筑梦余姚 30 年》出版。该书分 30 年 30 事、余姚荣誉、领导关怀、党的建设等 30 个主题，以图片展示为主。（高曙明）

【《永嘉壁画》出版】 12 月，《永嘉壁画》由中国民族摄影艺术出版社出版。该书有 200 多幅彩照，全景或局部展示永嘉县现存的 50 余幅清代壁画代表作，包括大箬岩镇荆州村东太阴宫壁画 20 幅，东城街道绿嶂下村南太阴宫壁画 21 幅，桥下镇吊坑村三官殿壁画 6 幅。（温州市史志办）

【《印象东栅》出版】 12 月，浙江省嘉兴市南湖新区东栅街道编委会编纂的《印象东栅》由团结出版社出版。该书分水乡东栅、郡城栅口、行政沿革、鱼米之乡、工商重镇、邮电交通、医药卫生、教育文体、名人荟萃、上山下乡、历史胜迹、红色印记、“非遗”文化、旧貌新颜等 14 部分。（嘉兴市史志办）

【《建国路史话》出版】 12 月，浙江省嘉兴市南湖区政协文教卫体与学习文史委、南湖区档案局（史志办）、建设街道办事处共同编纂的《建国路史话》由嘉兴吴越电子音像出版公司出版。该书以历史事实为依据，采用大量的叙述故事，讲述建国路变迁的历史。（嘉兴市史志办）

【《一百个民间习俗》出版】 11 月，浙江省嘉兴市南湖区档案局（史志办）编纂的《一百个民间习俗》由团结出版社出版。该书选录近百个在民间流行并传承下来的风俗习惯，按形式分为岁时节令、民间信仰、生活习俗和生产习俗 4 个部分，内容涉及劳动人民日常生活的各个方面。（嘉兴市史志办）

【《岁月秀洲系列丛书·名胜古迹》出版】 年内，浙江省嘉兴市秀洲区史志办编纂的《岁月秀洲系列丛书·名胜古迹》由中华书局出版。

主编山陈云。该书分为运河风帆、革命胜迹、历史遗址、名人故居等8个部分。全书照片378幅，27.5万字。（嘉兴市史志办）

【《海盐风俗春秋》出版】 12月，浙江省海盐县史志办编纂的《海盐风俗春秋》由中华书局出版。该书共分生产、生活、礼仪、岁时和社会习俗5个部分，并配有相关插图。全书43万字。（嘉兴市史志办）

【《潮乡记忆（2014）》出版】 4月，浙江省“海宁记忆系列丛书”《潮乡记忆（2014）》出版。该书设综合数据、深化改革、经济建设、生态环境、城乡发展、民生事业、社会管理、民主政治、路线教育、实事工程、最美海宁人等11篇。（嘉兴市史志办）

【《〈浙江日报〉平湖史料（1949～1978）》出版】 1月，浙江省平湖市史志办编纂的《〈浙江日报〉平湖史料（1949～1978）》出版。该书根据1949年5月至2012年12月《浙江日报》中有关平湖的报道编辑而成，共分4辑。第一辑反映新中国成立初期至改革开放以前平湖市的政治、经济、文化、社会等各方面情况。（嘉兴市史志办）

【《桐乡风俗》出版】 4月，浙江省桐乡市史志办编纂的《桐乡风俗》由方志出版社出版。该书分人生礼仪习俗、岁时节令习俗、生产生活习俗3大部分，以“桐乡人的一生有多少礼俗相伴”“桐乡一年有多少风俗”以及“桐乡有多少生产生活风俗”为串联，涉及重点民间习俗100多项。全书50余幅图片，25.8万字。（嘉兴市史志办）

【《义乌丛书》出版12部】 年内，《义乌丛书》由上海人民出版社出版，相继出版《黄溍评传》《义乌姓氏文化》《义乌婺剧剧作选（第8、9辑）》《风华上溪》《义乌寓台人物小传》《义乌细菌战受害者口述史》《义乌抗战老兵口述》《义乌曲艺选（第1辑）》《图说义乌》《走进倍磊》《义乌楹联汇编》等12部，约338万字。（金华市志办）

【《衢州建市30周年要事录》出版】 7月，《衢州建市30周年要事录》由中国文史出版社出版。主编胡锡明。该书采用纪事本末体，记述1985年5月至2015年4月衢州建市30年的历程。全书28万余字。（衢州市志办）

【《浙江舟山群岛新区纪实（四）·江海汇流》出版】 9月，浙江省舟山市档案局（史志办）编撰的《浙江舟山群岛新区纪实（四）·江海汇流》由中国文史出版社出版。主编刘胜勇。该书记述自2014年7月至2015年6月浙江舟山群岛新区所发生的经济社会发展与变化，分浙江舟山群岛新区纪略、特载（习近平在舟山）、彩页（建设美丽群岛 创造美好生活、法治新区建设 抓好“一号工程”、推进江海联运 加快新区建设、对外开放直航 国际邮轮开港）、新区掠影——金塘、一号工程——江海联运、浙江舟山群岛新区实录、浙江舟山群岛新区重点项目等篇章。全书随文编排彩色图照62幅，15万字。（舟山市史志办）

【《正史黄岩籍人物传》出版】 10月，浙江省台州市黄岩区地方志编委会编纂的《正史黄岩籍人物传》由中国文史出版社出版。校注严振非、傅亚文。该书设4卷，汇集正史、《四库全书·清雍正浙江通志》《四库全书总目》《宋元学案》中的黄岩籍人物，基本囊括宋元明清4朝800多年黄岩本地名人，共120多人，其中正史25人。该书按原书分类实录，不作改动，各卷之前设“标注说明”。全书20万字。（台州市志办）

【《回忆周至柔》出版】 5月，浙江省临海市东塍镇政府编纂的《回忆周至柔》由中国文史出版社出版。主编李尔昌。该书汇集与周至柔有过长期接触和交往的同乡挚友、部属、幕僚、亲友等各阶层人士撰写的回忆文章，回顾周至柔在各个历史时期里治军从政的经历和历

史贡献。（台州市志办）

【《瓜瓞绵延山海间——临海传统宗祠研究》出版】 9月，《瓜瓞绵延山海间——临海传统宗祠研究》由文物出版社出版。主编滕雪慧。该书以建筑文化与社会文化史的双重视角，研究和阐释第三次全国文物普查中临海现存80余座传统宗祠的建筑风格、特征与内涵，复原其宗祠所反映的宗族社会全景。

（台州市志办）

【《临海民间俗语》出版】 10月，《临海民间俗语》由线装书局出版。该书收集台州府城及周边地区各历史时期、各行业间的俗语1500条。（台州市志办）

【《玉岩记事》出版】 10月，《玉岩记事》由中国文史出版社出版。主编叶正中。该书的编纂工作始于2012年4月，分为往事玉岩、见闻杂谈两个部分。通过“亲见、亲闻、亲历”，详细叙述玉岩村半个多世纪以来的历史沧桑和古往今来的旧闻遗事。全书约18万字。

（丽水市志办）

【《记载人民创造的历史》出版】 年内，安徽省志办朱文根撰写的《记载人民创造的历史》由方志出版社出版。该书全面收录作者自2006年6月以来有关工作报告和工作研究成果。中指组组长、中国社会科学院院长王伟光撰文作序，题为《中国地方志讲的就是中国故事》；原中指组常务副组长、中国社会科学院副院长朱佳木为本书题写“适应新形势，进行新探索；提出新见解，开辟新境界”。全书共分3卷，193万字。（史五一）

【《合肥地情活页（2015）》（合订本）出版】 年底，《合肥地情活页（2015）》（合订本）出版。该书设方域之间、史料解码、钩玄提要、沧桑日历、文化视界、新政解读、百业风采、人物春秋等栏目。（田文）

【《淮北人物与典故》出版】 12月，安徽省淮北市志办组织编纂、耿汉东执笔的《淮北人物与典故》由黄山书社出版。该书入选2014年度安徽省社会科学知识普及规划项目，收集整理淮北籍人物及客居淮北人物的典故133条，分正编、副编两部分。按照典故名称、典故出处、典故释义、同源典故、相关文典、相关诗典等6个部分表述。全书19.5万字。

（史五一）

【《淮北先贤诗文集（汉魏晋南北朝卷）》出版】 9月，淮北市志办编纂的《淮北先贤诗文集（汉魏晋南北朝卷）》由黄山书社出版。点校傅瑛。该书收录汉魏晋南北朝淮北籍的薛广德、桓谭、刘伶、嵇康、嵇含等29位先贤的重要著述167篇。全书15.5万字。

（史五一）

【《相城初探》再版】 7月，黄汝鑑撰写的《相城初探》一书时隔28年之后再版。作为第一部追述相城历史地位及其兴衰过程和原因的专著，《相城初探》详细记录相城的兴衰过程，系统记述从传说中颛顼筑相城，到西汉时期的繁荣，及至三国之后日渐衰落，直至北齐天保七年（556）废相县为相城乡的全过程。《相城初探》理清城市发展脉络，享有“认知相城第一书”的美誉。（史五一）

【《泾县村落》出版】 7月，安徽省志办、泾县志办共同编纂的《泾县村落》出版。该书重点选择包括国家传统村落和省级传统村落在内的36个自然村落，以图文并茂的形式，介绍各村历史沿革、自然景致、风俗民情、特色人文。（史五一）

【《“三张”作品集萃》出版】 7月，安徽省马鞍山市志办编纂的地方文化读本《“三张”作品集萃》出版。该书收录马鞍山市和县乌江境内历史上著名的三位同宗族文人，即中唐诗人张籍、南宋词人张孝祥和南宋书法大家张即之（史称“和县三张”）在诗、词、书法领域的代表作品。全书共三个部分，约20万字。

（史五一）

【《李白的月光》出版】 4月，安徽省马鞍山市志办、市文化委员会联合编辑的《李白的月光》由安徽师范大学出版社出版。该书收录第一、二届中国诗歌大赛暨中国李白诗歌奖获奖作品。（史五一）

【《不尽的乡愁》出版】 12月，安徽省全椒县地名文化录《不尽的乡愁》出版。该书以历史、故事、神话、传说等多种形式记录全椒县各类地名的产生、发展和演变。有山、河、湖、塘、坡、岗、垄、洼、洞、瀑、泉、井、街、路、巷，有自然村、建筑物、名胜古迹、纪念地、遗址、风景区，还有曾经使用现已消失具有地名意义的历史地名。全书共有96篇文章、100余幅图片，约30万字。（史五一）

【《福建乡规民约》出版】 9月，福建省委宣传部、省委文明办、省文化厅、省地方志编委会联合编纂的《福建乡规民约》由海峡文艺出版社出版。全书共193篇，内容涵盖自宋以来的有典型意义的乡规民约，包括综合类、廉政类、社会治安类、保护环境类、保护文物古迹类、移风易俗类、公益类，注重突出历史文化名镇、名村、生态村及文明村的乡规民约，配有180余幅图照。全书28万余字。（林忠玉）

【《天遣瑰宝生闽中——〈福建寿山石志〉编纂特辑》印行】 11月，《天遣瑰宝生闽中——〈福建寿山石志〉编纂特辑》由福建寿山石志编委会印行。该特辑展示南朝以来近百幅寿山石作品，包括南朝石猪俑、宋代文武俑、明代观音像、清代《乾隆田黄三连章》《鸳锦云章·循连环》及近当代有代表性的佳作。（林忠玉）

【福州市地情书籍编写与出版】 年内，福建省福清市编纂出版《福清历代著述人物纪略》《福清科名录》《福清风物纪略》。闽侯县编写《2015年闽侯县大事记》，该系列由福建人民出版社出版。（张灵）

【《日本侵略军在连江罪行录》出版】 年内，福建省连江县地方志编委会编写的《日本侵略军在连江罪行录》由鹭江出版社出版。全书分4部分，以时为序，图文配合，揭露日本侵略军在连江所犯下的罪行。全书共17.6万字。

（林忠玉）

【《长泰乡规民约选集》出版】 年内，福建省长泰县地方志编委会搜集整理的《长泰乡规民约选集》内部出版。全书由家训族范篇28篇、专项规约篇13篇、村规民约篇7篇、民俗民风篇10篇等4部分组成，共辑录文稿58篇。

（郑美华）

【《三明民俗风情》出版】 年内，《三明民俗风情》由海峡出版发行集团出版。全书共10篇，近40万字。（陈声华 张宣）

【泉州市地情书编纂与出版】 9月，福建省泉州市地方志编委会根据史志资料整理的《泉州抗日战争大事记（1932～1945）》《泉州抗日志士名人录》出版。《泉州抗日战争大事记（1932～1945）》6000余字，以时间为主线，记述1932年至1945年间海内外泉州人与全国同胞同仇敌忾、浴血抗战的奋斗历程。《泉州抗日志士名人录》1万多字，收录在抗日战争中涌现出的泉州籍抗日名将和爱国志士。泉州市地方志编委会还组织编纂《泉州市地情丛书（第三辑）》，其中《泉州古代科技史话》《泉州海丝史话》《泉州戏曲史话》《泉州经济史话》《泉州抗战史话》由海峡书局出版。为配合“清源山”纪念邮票发行，泉州市地方志编委会联合市委宣传部、市邮政公司共同编纂的《邮票上的泉州》由海峡书局出版。10月，由泉港区方志办编纂的《泉港名产》内部出版，全书共7章23节118目，收录各类物种和产品124种，以及60项具有泉港特性和时代特点的现代名优特新产品。9月，晋江市方志办编纂

的《晋江古代与近现代著述录》由海峡出版社出版。10月，《闽南红砖文化》由海峡书局出版。（陈建强）

【《晚霞璀璨——尤溪县老科技工作者资料汇编》印行】 7月，福建省尤溪县志办编辑的《晚霞璀璨——尤溪县老科技工作者资料汇编》印行。该书主要收集2007年9月至2015年8月尤溪县老科协第一、二届顾问与理事会成员的资料，县老科协成立以来在册的具有中级职称以上（含中级职称）、副科级以上的新老会员资料，同时收录老科技工作者积极作为的资料等。（陈声华　张宣）

【《南平习俗》出版】 10月，福建省南平市地方志编委会和南平市民俗学会共同编纂的《南平习俗》由鹭江出版社出版。该书收录文章121篇，分传承、纪录、探索三编，从岁时节庆、特色节俗、古韵今风、风味饮食、闽北酒俗、茶饮习俗、生产习俗、民间技艺、婚嫁习俗、丧葬习俗、民间信俗、民俗档案、人物专访等方面介绍闽北地区的民间风俗习惯。全书42.5万字。（曹传宁）

【《建阳历史文化名人丛书》出版】 5月，福建省南平市建阳区地方志编委会编纂的《建阳历史文化名人丛书》由海峡书局出版。该丛书分《朱熹》《宋慈》《游酢》《蔡氏九儒》《潭阳七贤》和《建阳乡贤》6册，约90万字。（曹传宁）

【《宁德市情手册》出版】 年内，《宁德市情手册》由海风出版社出版。该书由市情概貌、组织机构与领导人名单、重大事件等13部分组成，采用小32开“口袋书”版式，便于携带使用。（龚美华）

【《南昌公安简史》出版】 12月，江西省南昌市公安局编纂的《南昌公安简史》第一、二、三辑正式出版。该书包含南昌市公安局组织机构沿革，市局领导名录及各单位（部门）、各分局、县局领导名录，公安工作大事记，公安工作专题，公安英模，烈士丰碑等篇目，记述自1949年6月10日机构成立至2011年12月31日共63年的历史。（张志勇）

【《当代南昌日史（1976～1985）》出版】 4月，江西省南昌市史志办编纂的《当代南昌日史（1976～1985）》由江西人民出版社出版。该书作为“当代南昌日史”丛书第四卷，按年编排章节，以时间为序记述当年历史，内文插图188张。全书共76万余字。（范锐超）

【《南昌大事图记（2014）》出版】 4月，江西省南昌市史志办编纂的《南昌大事图记（2014）》由江西人民出版社出版。该书设亲切关怀、殷切期望，打造核心增长极，推进昌九一体化，凝聚共识、汇集力量，经济建设，政治建设，文化建设，社会建设，生态文明建设，党的建设，开发区（新区）新貌，县区风采等12章。全书配582张图片，6万余字。（范锐超）

【《南昌大事记（2014）》出版】 年内，江西省南昌市史志办编辑的《南昌大事记（2014）》出版。全书共219张图片，17万余字。（南昌市史志办）

【《走遍石城》出版】 4月，《走遍石城》由江西人民出版社出版。主编黄运群。该书分上、下两篇，上篇为总述，下篇为乡（镇）分述，以图文形式反映石城县全县10个乡（镇）132个行政村1881个村小组的基本情况。乡（镇）、村依音序编排，村小组以便利为原则编排；遵循详县、村，略乡（镇）原则编写。（张志勇）

【《刁氏花门楼——中国历史文化名村湖洲村探源》出版】 1月，江西省峡江县政协组织编纂的《刁氏花门楼——中国历史文化名村湖洲村探源》出版。主编毛润根。该书从村庄的地理位置和历史沿革起始，追溯至村庄历史、刁氏祖源有文字记载的准确年代，举凡有关湖洲的村落事项、自然地理、民居建筑、经济发展、文化教育、民情风俗、人物传记、家族谱系等进行全面梳理。全书30余万字。

（张志勇）

【《万载古城旧事》出版】 年内，江西省万载县史志办主编的《万载古城旧事》由中国文史出版社出版。该书主要是为保护和开发工作深入挖掘并提供历史文化资料，分“古迹·建筑”“文化·人物”“风俗·故事”3篇，叙说古城旧事。全书30余万字。（张志勇）

【《上饶概览》出版】 11月，《上饶概览》正式出版。该书记述1949年至2013年上饶市12个县（市、区）自然、政治、经济、文化、社会等各方面的情况，重点反映改革开放后30多年所取得的辉煌成就。设引言、行政区划、自然环境、经济发展、城乡建设、基础设施、社会发展、风物特产、人民生活、风景名胜、著名人物、重大事件等栏目，突出时代特点和地方特色，列举数据以1949、1978、2010、2013年4个年份为时间节点，以对比反映上饶市改革开放前后的历史变化。全书29.5万字。

（张志勇）

【《山东省情概览（2015）》出版】 6月，山东省史志办编纂的《山东省情概览（2015）》内部出版。该书设特载、十大新闻、省情概况、经济建设、政治建设、文化建设、社会建设、生态文明建设、走遍山东、人物、各市概况、统计资料、附录等13个栏目，注重体现年度特征和地域特色，有较强的资料性、知识性和可读性。简装32开，全彩印刷。全书32万多字。（吴亮）

【《山东纪念抗战胜利70周年丛书》出版】 8月，山东省史志办组织编纂的《山东纪念抗战胜利70周年丛书》由山东人民出版社出版。该丛书共5本、200万字、3000余幅图片，包括《山东抗战将士记忆》《山东抗战将士传略》《山东抗日根据地图志》《山东抗战战事史料汇编》《山东抗战纪念设施和遗址名录》，力求全方位、多角度地再现抗战时期山东军民众志成城、同仇敌忾、前仆后继、浴血奋战的壮丽史诗。山东省省长郭树清，中国社会科学院院长、中指组组长王伟光，中国社会科学院副院长、中指组常务副组长李培林先后作出批示，给予充分肯定。（吴亮）

【《济南史志文萃》出版】 11月，山东省济南市史志办编辑的《济南史志文萃》出版。《济南史志文萃》是《济南史志》期刊所发表的精华文章的荟萃。《济南史志》期刊创刊于2012年下半年，初为双月刊，2014年改为季刊，创刊后共刊发稿件200余篇。《济南史志文萃》分为史海钩沉、雪泥鸿爪、齐烟九点、文化撷英、如是我闻5个栏目，收录文章132篇，图片近200幅，70余万字。（吴亮）

【青岛市首部乡土教材《家·城阳》出版】 年内，山东省青岛市城阳区史志办编纂出版首部针对中学生进行区情教育的乡土教材——《家·城阳》。该书分新区城阳、沧桑岁月、文化灿烂、杰出人物4个单元、14课时，约6万字，选用图片近百幅。在排版设计方面注意结合中学生的认知特点，图文并茂；教学环节方面注重互动，故事性和知识性相统一，并设立启迪性思考探究问题；在时间安排上，结合中学学校第二课堂教育，授课周期为一个学期；在内容编选上注重挖掘历史文化和传承现代文明，突出地域特色。（吴亮）

【《崂山抗战》出版】 8月，山东省青岛市崂山区档案局、区史志办、区委党史研究室组织编纂的《崂山抗战》出版。该书从日军对崂山的侵占统治、崂山的抗日武装、抗战遗址、抗战时期人物、抗战文选、口述史辑编等方面进行记述。全书插图166幅，近30万字。

（吴亮）

【《淄博抗战记忆》出版】 8月，山东省淄博市史志办编纂的《淄博抗战记忆》由黄河出版社出版。该书编纂历经8个月，收录珍贵的老地图、老照片等近200幅。设滔天罪行、奋起抗战、英名千古、峥嵘岁月、老兵口述、抗战纪念设施和遗址6大板块，从不同侧面真实记述抗日战争时期淄博军民在中国共产党领导下进行的英勇斗争。全书40余万字。　(吴亮)

【《山东高青名物特产集萃》出版】5月，山东省高青县工商局编著的《山东高青名物特产集萃》由中国工商出版社出版。该书设农副产品、畜禽水产、传统食品、特色工业产品等19类，详细介绍高青县现有品牌产品、传统农林牧渔业和优势工业、手工业产品等，为高青名物特产申报中国驰名商标、地理标志证明商标、集体商标和省著名商标提供史料依据。全书13万字。　(吴亮)

【《岳拙园》出版】　12月，山东省东营市东营区抗日战争系列人物志第一部《岳拙园》由中共党史出版社出版。为纪念中国人民抗日战争暨世界反法西斯战争胜利70周年，东营区史志办组织开展东营区抗日战争系列人物志编纂工作。岳拙园是东营区较早的中国共产党党员之一、东营区著名革命烈士。全书图片30余幅，16万字。　(吴亮)

【《利津县中小学生地方教材》出版】　9月，山东省利津县史志办编纂的《利津县中小学生地方教材》由济南出版社出版。该书分“利津古邑、沧海桑田”“得天独厚、资源阜丰”“古今建筑、巧夺天工”“大河更迭、息壤育民”“名士英才、光耀千古”“革命志士、名垂青史”6个单元，约10万字，选用图片50余幅。在编纂过程中，注意结合中学生的认知特点，图文并茂，语言通俗易懂。在内容编选上，充分利用《利津县志》《利津年鉴》等大量的地情资料，是富有浓郁地方特色和鲜明时代气息的综合性教科书。　(吴亮)

【《广饶影存》(第一辑)出版】　12月，山东省广饶县史志办编纂的《广饶影存》(第一辑)由山东画报出版社出版。该书分为特载、人物春秋、人文印迹、述说历史、旧影纪事、民间珍藏6个栏目，共收录老照片259幅，大量老照片为首次披露，许多史料亦是首次公开。从多重侧面、多个角度全面挖掘展示广饶县地方历史文化资源，反映广饶经济社会发展变迁。全书18万字。　(吴亮)

【《灾难与抗战》出版】　9月，山东省东平县党史(史志)办公室编辑的《灾难与抗战》由中国文化出版社出版。该书以2006年征集的抗日战争时期人员伤亡和财产损失调研资料为基础，内容包括纪念抗战胜利70周年精品书画、人口伤亡和财产损失大事记、日军暴行、血泪控诉、党史征集研究成果、抗击日军、抗日先烈、抗战老兵口述实录等部分，真实客观地反映日军暴行，多角度、全方位再现东平人民不屈不挠的英勇斗争。全书27万字。

(吴亮)

【《文登文献集(一)》出版】　12月，山东省威海市文登区史志办整理的《文登文献集(一)》出版。该文献集主要收录未广泛流传而又有较高价值的稿本、抄本、刻本等，甄别遴选扫描整理，展示文登各个历史时期的社会风貌与风土人情。该书收集《宁海州志》《禹贡辑释》《学庸顺讲》《四书证疑》《文登温泉游览记》《昼梦集》6部文献，竖排繁体字印刷，保留原貌。　(吴亮)

【《口述：我们的抗战》出版】　12月，山东省威海市文登区史志办编纂的《口述：我们的抗战》出版。该书共挖掘、整理、汇编32篇口述史料，可佐证和补充正史之遗漏。全书12万余字。　(吴亮)

【《西里故事》出版】　5月，山东省沂源县西里镇党委、镇政府编写的《西里故事》由团结出版社出版。该书是一部关于镇情、村情、村史的地情文献，也是一部传承乡土记忆的地方

文化图书。设全景西里、美丽西里、厚德西里、情义西里、文化西里5个部分，收录140余幅图片。全书24.5万字。（吴亮）

【《左丘明研究文集》出版】 7月，山东省肥城市史志办编纂的《左丘明研究文集》出版。该书由历年来专家、学者关于左丘明的著述及其学术思想、里籍、祠墓、姓氏等方面的研究论文结集出版，突出由左丘明身体力行衍化而成的君子文化特色，弘扬肥城优秀传统文化。全书共收录研究文章10余篇，约16万字。（吴亮）

【《莱芜古今》（口镇专辑）出版】 6月，《莱芜古今》（口镇专辑）出版。该书设概说口镇、冶炼重镇、文物古迹、崇文重教、民俗文化、美食特产等11个栏目，收录文章60余篇，随文配图139幅。（吴亮）

【《兰陵县抗战大事记》出版】 8月，山东省兰陵县史志办编写的《兰陵县抗战大事记》由中国国际文化出版社出版。该书分为县情概况、建置区划、抗战大事记、抗战人物和附录等5部分，采用编年体，以事件发生的时间为序，以党的活动为主线，重点记述1937年“七七事变”至1945年8月15日日本宣布无条件投降这段时间，兰陵地区人民在中国共产党的领导下，积极开展抗日对敌斗争的重大活动和重要事件。（吴亮）

【《莒南抗日烽火》出版】 8月，山东省莒南县史志办编纂的《莒南抗日烽火》由山东大学出版社出版。该书分日寇侵略暴行、抗日武装组织、八路军一一五师在莒南、根据地组织机构、重要抗日战事、战时文教卫生、大众日报在莒南、抗大一分校在莒南、战时经济与军工、抗战老兵回忆、英模人物及群体、历史文献选载、附录等13个部分，并收录珍贵的老地图、老照片及抗日纪念遗址图片122幅。全书94万字。（吴亮）

【《临沭大事记》出版】 8月，山东省临沭县史志办编纂的《临沭大事记》由方志出版社出版。该书上限起于公元621年，下限止于2014年，采用编年体和纪事本末体相结合的形式，以事件发生顺序为线索编写，主要记述临沭县境发生的大事、要事，是一部临沭地方简史。（吴亮）

【《2015德州年鉴简明手册电子书》发行】 8月，山东省德州市史志办与山东麦德森文化传媒有限公司联合开发的《2015德州年鉴简明手册电子书》发行。该电子书可直接装入手机，文字内容可阅读、复制，极大地方便使用者。（吴亮）

【《临邑抗日烽火》出版】 8月，山东省临邑县史志办与县政协、县民政局共同编纂的《临邑抗日烽火》由中国社会出版社出版。该书集史料性、可读性于一体，图文配合，是一部全景式再现临邑抗战历史的地情书籍。全书70万字。（吴亮）

【《齐河县抗日战争志》出版】 8月，山东省齐河县史志办编写的《齐河县抗日战争志》由中国国际文化出版社出版。该书上起1928年济南“五三”惨案，下迄1945年10月，按编、章、节分类，共15编51章143节，系统再现了抗战时期齐河人民众志成城、同仇敌忾、不屈不挠的壮丽画卷，翔实展现齐河县三大抗日根据地建成的全过程。全书48万字。（吴亮）

【河南省方志资源开发情况】 年内，河南省用志工作开展较好的有郑州、驻马店。重大骨干项目有《郑州名典》系列丛书《中国河洛文化文献丛书》《开封地方文化全书》《安阳历史文化丛书》《漯河名片》《三门峡市地方志文献资料汇编》《驻马店历史文献丛刊》《古今济源》；特色项目有郑州微型地情书、《洛阳文献精品欣赏》《开封人物志》《濮阳杂技志》《平原省志》《淇河志》《中国信阳茶志》《济水志》，该系列由河南人民出版社出版。

（汪朝霞）

【《民族记忆——中原抗战实录》出版】 9月，政协河南省委员会牵头，河南省委党史研究室、省档案局、省史志办等单位联合编纂的《民族记忆——中原抗战实录》由中州古籍出版社出版。该书主要包括河南抗战大事记、抗战期间报刊资料和地方志抗战资料实录等内容。全书共5卷10册，前三卷为回忆录性质史料，后两卷为历史档案文献资料。（王颖）

【《郑州地情活页》出版】 年内，《郑州地情活页》共发行4期，总期数至18期。设经济关注、百业亮点、文化视窗、文明之根等栏目。每季度1期。（李占虎）

【《郑州名水》出版】 年内，《郑州名水》由河南人民出版社出版。该书是《郑州名典》系列地情书的一种，按照黄、淮两大流域在郑州形成的水系收录河流、湖泊、水库、泉池及一些历史名水，完整反映郑州河流湖泊的历史渊源、文化底蕴和功能定位。（李占虎）

【《美丽郑州》系列微型地情书出版】 年内，河南省郑州市史志办编纂的《美丽郑州》系列微型地情书编印出版。《美丽郑州》系列微型地情书包括《领航郑州》《数字郑州》《民生郑州》《荣誉郑州》等4部书。《领航郑州》以图片和文字形式记录各级领导人在郑州的视察、调研等工作情况；《数字郑州》以数字形式真实记录2015年郑州市经济社会发展基本情况；《民生郑州》记录全市为民办理民生实事目标及完成情况；《荣誉郑州》真实记录郑州市、各县（市、区）及市直机构获得的各类荣誉和称号。（李占虎）

【《守望乡俗》出版】 年内，河南省郑州市地方志部门指导、民间艺人连德林所著的《守望乡俗》由远方出版社出版。该书主要是作者的一些文稿、剪纸集萃，追忆古都郑州的民间风俗、特色见闻、文化名胜。（李占虎）

【《中岳庙》出版】 年内，河南省郑州市登封市史志办编纂的《中岳庙》由中州古籍出版社出版。作者吕红军。该书系统介绍中岳庙的历史，包括中岳庙的建筑、金石、祭祀、道教、旅游、大事等。（李占虎）

【《回眸中原（2014）》出版】 年内，河南省郑州市中原区史志办编纂的《回眸中原（2014）》年度资料出版。该书有特载、大事记略、重要会议、行业回顾等内容，是中原区2014年各项工作和成绩回顾。（李占虎）

【《古今洛阳》出版】 1月，河南省洛阳市史志办编纂的《古今洛阳》由中州古籍出版社出版。《古今洛阳》包括辉煌历史、今日成就、未来展望三大版块，分为区位环境、悠久历史、灿烂文化、旅游胜地、今日辉煌、风云人物、未来展望、魅力县区等8章，配图150余幅，16开本，全彩版印刷，硬壳精装。全书约45万字。（汪朝霞）

【《陕县历史大事记（远古~2013）》出版】 1月，河南省陕县档案局（陕县县委党史与史志办）编纂的《陕县历史大事记（远古~2013）》由中共党史出版社出版。陕县县委书记高永瑞、县长赵勇作序。该书分远古至清朝、中华民国、中华人民共和国3大部分，共收入大事记5000余条，35万余字。（汪朝霞）

【《商城民间传世文稿》出版】 5月，《商城民间传世文稿》由河南人民出版社出版。主编涂白松、黄善文。该书主要搜集、整理散落在商城县周边鄂豫皖三省多个县（市）的各种手抄本。分启蒙教育、读书札记、祭奠文稿、吟咏商城、民间趣联5大篇，每篇下分诸多版块。如第一篇启蒙教育分学训、学规五条、百家姓杂字、女儿经、学堂歌浅释、清朝中国大地形势歌、声律启蒙等版块。内容涵盖宋朝到民国时期工、农、商、学、民俗、礼仪等方

面。其手抄本在全省乃至全国都是孤本，具有较高的学术、历史和文化研究价值。全书60余万字。（汪朝霞）

【《图说商丘名胜》出版】 9月，河南省商丘市史志办编著的《图说商丘名胜》由中国摄影出版社出版。商丘市市长李公乐作序。该书分为魅力商丘、古城故城、堂院场馆、陵墓亭台、祠庙寺塔、故道园林等5部分。以图说的形式，系统地记述商丘文物古迹、历史遗迹、革命纪念地、著名建筑和黄河故道、湖泊湿地、园林风光等名胜。（汪朝霞）

【《邓州方言》出版】 9月，河南省邓州市史志办编纂的《邓州方言》由四季出版社出版。主编马成虎。该书收词11000余条，邓州流行的民间词汇基本涵盖其中。全书36万字。（汪朝霞）

【《新编洛龙史话》出版】 9月，《新编洛龙史话》由中州古籍出版社出版。主编马正标。该书共分“多彩建制、灿烂历史”“厚重国学、源远流长”“重大事件、影响深远”“浩瀚成语、洋洋大观”“千古名人、群星闪烁”“建设新区、再造辉煌”等9章，数百个条项。全书图片145幅，25万字。（汪朝霞）

【《武汉手艺人》出版】 9月，湖北省武汉市志办编纂的《武汉手艺人》由武汉出版社出版。该书主要收录民间铁匠、铜匠、石匠、木匠、秤匠、竹器匠、篾匠、伞匠、画匠、裱匠、雕匠、泥塑匠、绣匠、剪纸匠、贴花匠、裁缝匠、弹花匠、剃头匠、修脚匠、修鞋匠、劁猪匠等各类手艺人资料，由关于传承与发展武汉优秀传统手工艺的调研报告、对各类手艺人介绍以及附录等106篇组成。全书40万字。（范锐超）

【《千古绝唱话知音》出版】 12月，湖北省武汉市汉阳区志办编纂的《千古绝唱话知音》由武汉出版社出版。主编冯辉。该书设高山流水遇知音、阐释义理解知音、文化遗址存知音、文化传播扬知音、千古风流话知音、文化建设传知音等6章，阐释知音文化的源流、内涵、传播、影响和展望。全书30万字。（范锐超）

【《宜昌风物》出版】 12月，《宜昌风物》由武汉出版社出版。该书是《美丽宜昌》地情丛书的开卷之作。《美丽宜昌》地情丛书包括《宜昌风物》《宜昌人物》《宜昌风采》和《宜昌荣耀》等4册。该书共分建置区划、自然环境、历史印记、风景名胜、乡风民俗、民间工艺、地域文化、地方特产、宜昌美食等9个部分，图片261幅。全书20万字。（范锐超）

【《鄂州古镇》出版】 年内，《鄂州古镇》由世界图书出版公司出版。该书详细搜集、挖掘资料，系统记述鄂州市寿昌、樊口、燕矶、汀祖、泽林、葛店、白浒、华容、三江口、段店、丁桥、梁子、长岭、涂家垴、太和、谢埠等十余个古镇的历史文化。同时还深挖民风民俗、民间传说、诗词歌赋等非物质文化遗产等内容。（范锐超）

【《长沙史话》出版】 2月，《长沙史话》由社会科学文献出版社出版。湖南省委常委、长沙市委书记易炼红作序。该书系“十二五”国家重点图书出版规划项目“中国史话”系列丛书之一，分山水洲城文化名城、商周古邑楚汉名城、湖湘首邑潇湘洙泗、荆衡胜地战略要冲、革命圣地时代先声、伟人故里雷锋家乡等6个篇章。全书14.3万字。（范锐超）

【《益阳二十年》】 年内，湖南省益阳市志办编辑的大型画册《益阳二十年》出版。该画册由益阳市委书记胡忠雄定名。（隆清华）

【《辉煌历程》出版】 年内，湖南省郴州市为纪念郴州撤地建市20周年，《郴州新报》开辟专版大型图文报道“辉煌历程”，同时编撰大型精美画册——《辉煌历程》，以纸质版和电子版本的形式同时发行。该书以文字为延续叙述主题，以地图为背景渲染主题，文、图、照三者并重，设书名题字·序言、领导题词·领导视察图片、郴州·市情概览、最新郴州市交通旅游图、最新郴州市城区图、郴州撤地建市20年大事记、郴州20年来经济社会发展主要数据统计对比、城市提质、交通拓展、园区建设、旅游升温、行政机关、社会事业、魅力乡镇、和美乡村、邮电通讯、金融服务、和谐家园、企业风采、县市区风采等20章。（范锐超）

【《广东历代方志研究丛书》完成出版】 5月，“广东省地方志事业“十二五”发展规划”的项目——《广东历代方志研究丛书》完成出版。该丛书由广东省方志办组织编著，重在对广东历代方志资料进行较全面、系统的挖掘与整理，加强岭南历史文化研究，共4册：《环境史视野下的明清广东自然灾害研究》，作者赵艳萍、黄燕华、吴理清；《清代广府乡村基层建置与基层权力组织——以方志的记述为中心》，作者王一娜；《明清广东民间信仰研究》，作者顾书娟；《清代广东乡都图里建置沿革研究》，作者刘桂奇、魏超、郭声波。

（广东省志办）

【广州市地方志办编纂出版多种地情书籍】 10月，广东省广州市志办与市规划局、市文广新局、市政府研究室等单位合作编撰的《广州史话》由社会科学文献出版社出版。《广州史志丛书》系列出版《海上明珠初阙录》（与海珠区地方志办合作）等3部地情书籍。

（广东省志办）

【《广州市政府年度工作报告》出版】 12月，广州市政府办公厅牵头、广州市有关部门共同参与编写、广州市政府研究室统稿、广州市志办（广州年鉴社）编校的《广州市政府工作年度报告（2012）》《广州市政府工作年度报告（2013）》由广州出版社出版。两部书均从经济发展，城市建设和管理，交通运输，教育、文化、卫生、人口计生，科技创新发展，体育，环境保护，社会民生，外事、接待和港澳事务，民族宗教，民主法治建设，公共安全等12个方面，全面记述广州市政府2012年和2013年的工作情况。（贺坤）

【《广州史话》出版】 10月，广东省广州市志办牵头，与广州市国规委、市文广新局和广州市政府研究室共同编纂的《广州史话》由社会科学文献出版社出版。时任广州市市长陈建华作序，并与时任副市长贡儿珍共同担任主编。该书是“十二五”国家重点图书出版规划项目、大型系列历史文化丛书“中国史话”中富有岭南特色的组成部分。分为建城历史、史海钩沉、商贸辉煌、广府文化、名胜古迹、当代华章等6个部分，纵贯广州2200多年历史。记述城市建置的变化与城市区域的拓展，对广州现代风貌也进行了全方位展现，浓墨重彩地呈现出正在创建国家中心城市的广州重铸历史辉煌的鲜活成就。全书约15万字。（卢玉华）

【《天河区城市化——嬗变与超越》出版】 8月，广东省广州市天河区地方志编委会编纂的《天河区城市化——嬗变与超越》由广东人民出版社出版。该书是《广州市天河区地方志丛书》之一，作者为覃成林。分天河区城市化历程、天河区城市化挑战、天河区城市化未来发展之路3篇，共12章。运用城市化理论，以时间为主线，从人口增长、经济发展、空间拓展、环境变化、社会发展等方面对天河区城市化的历程作科学、系统的分析。在风格上，夹叙夹议，严谨缜密。（李玉平）

【《白云大地》丛书出版】 12月，广东省广州市白云区委宣传部牵头，白云区档案局与区志办联合组织白云区文史专家编写的《白云大地》丛书由岭南美术出版社出版。该丛书编写历经一年多，作14次大型修改。包含《白云深处》《流溪河畔》《帽峰山下》3本，全方位挖掘和介绍白云区的人文历史、民俗风情、自然风光及地方特产等。其中，《白云深处》主要介绍新中国成立前后白云区的历史沿革、区划变迁及重大历史事件、区内有影响的历史人物与艺术家，如明末陈子壮抗清、清末三元里抗英、20世纪30年代流溪河边抗日等事件，彰显白云区人民保家卫国、反抗外族入侵的民族精神。此外，科学家彭加木、岭南画派画家冯曼硕、作家陈残云、名医梁翰芬、粤剧演唱家何丽芳、说书艺术家张悦楷等名家小传也尽收其中。《流溪河畔》主要介绍白云区的民俗风情、人文地理及地方特产、乡村旅游、农家美食等，如白云猪手、沙河粉、龙归烧肉、太和烧鸡、夏茅香芒、萧岗菜心、竹料马蹄等白云特产尽收其中。《帽峰山下》以图文并茂的形式介绍白云区的古村落、祠堂文化、地方掌故等，如曾氏大宗祠、南村周氏大宗祠、华坑村、障岗村。 （李玉平）

【《深圳党史教育基地指南》出版】 3月，广东省深圳市史志办编辑的《深圳党史教育基地指南》出版。该书是深圳党史部门落实党的十八届四中全会精神的重要成果。介绍深圳市各党史教育基地的基本情况和历史事件。该书共印8000册，在全市各党史教育基地免费供参观者阅读。 （深圳市史志办）

【《执政深圳》系列丛书2013卷正式出版】 3月，广东省深圳市史志办编纂的《执政深圳》系列丛书2013卷由深圳报业集团出版社出版。该卷是深圳市史志办编纂的党史资料系列丛书《执政深圳》的第二本。内容设特载（市领导讲话和重要文献）、大事记、正文。正文共7篇：决策篇、法制篇、执行篇、经济篇、文化篇、团体篇、城区篇。卷首有彩图，文中有插图，全面记录和反映2013年在市委市政府的领导下，深圳市在政治、经济、文化等各方面的发展变化。全书配有700多幅图照，84.3万字。 （深圳市史志办）

【《深圳史志文丛之四——史志管窥集》出版】 7月，广东省深圳市史志办主编的《深圳史志文丛之四——史志管窥集》由深圳报业集团出版社出版。该书由深圳市社会科学院院长张骁儒作序。包含党史研究、地方志研究、地情研究、年鉴研究4个栏目。收录深圳市市、区两级史志工作者自2011年10月至2014年底在市级以上刊物及有关学术交流会议上发表的党史、地方志和年鉴理论研究等文章99篇，全书66万字。 （深圳市史志办）

【《李灏深圳特区讲话集》出版】 8月，广东省深圳市史志办主编的《李灏深圳特区讲话集》由深圳报业集团出版社出版。该书卷首设有图片集，共收录李灏主政深圳期间的99篇讲话，52多万字。 （深圳市史志办）

【《深圳改革开放实录》（第一辑）出版】 8月，广东省深圳市史志办编辑的《深圳改革开放实录》（第一辑）由深圳报业集团出版社出版。该书是深圳市史志办推出的此系列丛书第一辑。采用17篇文章，收录的文章百花齐放，从政治、经济、文化、教育和社会建设等多方面，反映深圳各有关部门贯彻执行党的路线、方针、政策的一系列富有特色的重要事件和重要经验。全书25万余字。 （深圳市史志办）

【《深圳历史文化丛书》第一辑出版】 9月，广东省深圳市史志办组织编撰和审定的《深圳历史文化丛书》第一辑由深圳报业集团出版社出版。该丛书由深圳市史志办组织本地热心历史文化学者撰写，第一辑包括廖虹雷《深圳民间节俗》，张一兵、曲文《深圳炮楼探秘》，程建《深圳古诗拾遗》和彭全民《深圳掌故漫谈》等4部书，收录图片1306张。4部图书分别从不同的文化层面和角度，反映深圳历史文化的精华。《深圳民间节俗》图文并茂地记述深圳的农事节俗、祭祀节俗、纪念节俗、游乐节俗等各种传统节俗。《深圳炮楼探秘》全面记述深圳炮楼的面貌与特点，是一部颇有特色、有内涵且严谨的学术专著。《深圳古诗拾遗》以诗窥史，以点带面，为读者提供深圳地区古代诗歌的面貌和重要诗歌介绍，通过这些诗歌，可以了解古代深圳的山川风貌、宗教文化、历史事件、物产人文等。《深圳掌故漫谈》为读者介绍深圳的各种历史掌故和人物故事，

既有严谨的学术性，同时也生动有趣，可读性强。全书122.3万字。　（深圳市史志办）

10月28日，深圳市史志办和深圳报业集团出版社联合主办《深圳历史文化丛书》第一辑首发式

【《深圳史志纪事》出版】　12月，广东省深圳市史志办编纂的《深圳史志纪事》由深圳报业集团出版社出版。主编黄玲，广东省政协常委、文史委副主任、省政府地方志办原主任陈强作序。该书由大事记、大事纪略、附录和图照4部分组成。其中，大事记记录深圳市党史、地方志事业自起步到2015年10月期间发生的大事、要事、新事，纵向反映史志事业发展的脉络，约7万字；大事纪略为全书的主体，将史志事业发展情况，按历程、党史、志书、年鉴、地情书、信息化、方志馆、学术研究与刊物、开发利用、人物、荣誉、媒体报道等篇进行归类，类下一事一记，条目呈现，共设置435个条目，约41万字，从不同角度和侧面反映深圳史志事业发展的情况及所取得的成就；图照依照文字内容分类编辑整理，集中归置于正文之间，约500幅；重要文件等附录于书末，包括市、区两级史志机构历年的史志文件等，计37种，约9万字。全书95万字。

（广东省志办）

【《阳江古村落简志》出版】　8月，《阳江古村落简志》由中州古籍出版社出版。该书是《阳江历史地情文库》系列丛书之一，翔实记述阳江市辖区内的27个古村落和塘口古堡群的地理环境、古屋建筑特点、姓氏源流、居民生活、民俗文化、名人逸事等，图文并茂。全书8万字。　（广东省志办）

【《洲心经验史录》出版】　年内，广东省清远市史志办与广东省委党史研究室、清城区委党史研究室合作编著的《洲心经验史录》出版。该书分为历史文献、报道与研究、回忆访谈、大事记和附录5个部分，并收录一些图片，力求从不同的层面和角度反映洲心经验的历史背景、历史进程与研究状况。该书由中共党史出版社出版。全书44万字。　（广东省志办）

【"美丽中国"地方乡土教材系列读本——《新丰乡情》出版】　11月，广东省新丰县史志办编的"美丽中国"地方乡土教材系列读本——《新丰乡情》由现代教育出版社出版。该书为新丰县中小学乡土教材。设置福寿妈妈、小红枫、小印子3个卡通形象，内容包括新丰概况、新丰风光、民间风俗、民间文艺、民族宗教姓氏方言、新丰名人、革命斗争史和新丰古遗址等8个方面，全方位、多角度地介绍新丰乡情，图文并茂，集乡土性、知识性、可读性于一体。　（广东省志办）

【《东莞名片（2015）》出版】　年内，广东省东莞市志办编纂的《东莞名片（2015）》出版。该书分概况篇、荣誉篇两大部分，以东莞市获得的主要荣誉为主线，简介东莞经济社会发展的历史和现状。　（广东省志办）

【《南宁地情手册（2015）》出版】　7月，广西壮族自治区南宁市政府志办编纂的《南宁地情手册（2015）》由广西人民出版社出版。该书设南宁速览、南宁聚集、产业发展、民生保障、文化建设、区县概览、邕城纵览、生活资讯8个栏目，其中区县概览、邕城纵览为新增栏目，突出反映南宁市辖区县、开发区及新区发展成就，以及从历史角度反映南宁城市发展历程。全书190张图片，22.4万字。　（覃庆梅）

【《琼崖抗战英杰》出版】　12月，海南省委党史研究室（海南省志办）、海南省中共党史学会主编的《琼崖抗战英杰》由中共党史出版社出版。该书共收文稿78篇，收录琼籍抗战人物和在琼崖投身抗战的非琼籍人物76名、英雄群体2个。全书47.5万字。（李鑫）

【《琼崖革命根据地概览》出版】 年内，海南省委党史研究室（省志办）、海南省中共党史学会主编的《琼崖革命根据地概览》内部出版。该书主要记述中共琼崖地方党组织在土地革命战争、抗日战争、解放战争时期创建的各个革命根据地，共29篇文章。全书29万字。（李鑫）

【《海南省抗日战争时期人口伤亡和财产损失》出版】 8月，海南省委党史研究室主编的《海南省抗日战争时期人口伤亡和财产损失》由中共党史出版社出版。该书为国家社科基金特别委托项目“抗日战争时期中国人口伤亡和财产损失调研丛书”之一。内容包括海南省抗战时期人口伤亡和财产损失调研报告、图片档案资料、文献资料、口述资料、大事记等。全书39.8万字。（李鑫）

【《拯救八所盟军战俘图片资料选编》出版】 年内，海南省委党史研究室（省志办）主编的《拯救八所盟军战俘图片资料选编》内部出版。该书内容包括抗战时期日据海南八所北黎盟军战俘营的图片资料和有关海南盟军战俘情况的文字资料。（李鑫）

【《海口抗战图册》出版】 11月，海南省海口市委党史研究室主编的《海口抗战图册》由中共党史出版社出版。该书为海口抗战历史图片汇编，分为抗日战争的爆发与琼崖抗日救亡运动的兴起、琼崖抗日民族统一战线的形成、坚持敌后游击战争、华侨支援抗战、日军在海口的暴行、夺取抗战的最后胜利等6个部分。全书10万字。（李鑫）

【四川省地情书出版情况】 年内，四川省各市（州）、县（市、区）地方志机构共出版地情书80部。分别是《新都春秋·新都抗日风云录》、《青白江区情》、《追寻——武侯抗战将士访谈录》、《青羊人物谱》、《尘封的记忆——中和场口述》、《双流图志农村》、《成华坐标》、《成华史话》、《革命星花——杨靖中及其时代》、《不能忘却的历史——郫县抗日战争史料汇编》、《往事如磐——曾祥麟回忆录》、《都江堰市地方志年报资料》、《小鱼洞》、《自贡大事记（1—3月）》、《自贡大事记（4—6月）》、《自贡大事记（7—9月）》、《枇杷沟》、《宋元之际的泸州》、《汉唐古韵酒乡长安》、《泸县卫生一画册》、《叙永县群众宣讲读本综合历史篇》、《叙永回族》、《白马文化拾遗》、《绚彩南坪》、《盐泉梦流》（碑文、书法、图录）《梓潼史话》、《内江市历任市级领导干部名录》、《内江概览》、《内江十贤》、《内江胜览》、《六十二年历程》、《经学大师廖平》、《史氏族谱》、《犍为抗战记忆》、《川北区志》、《当代南充第一》、《高坪建区二十周年大事记》、《阆中俗语》、《南充市第三次经济普查（2013）》、《宜宾史话》、《宜宾史话（英文版）》、《赵一曼图录》、《向家坝水电工程建设——宜宾县服务大工程纪实》、《抗日民族英雄赵一曼》、《抗战时期的宜宾县》、《铭记历史缅怀先烈——宜宾县纪念抗战胜利暨赵一曼诞辰诗词集》、《找回远逝的乡贤梁正麟》、《长宁名人录》、《走进乡镇》、《广安史话》、《岳池史海拾零》、《邻水百家姓》、《大竹进士概览》、《志说开江》、《川陕苏区宣传工作研究》、《白丁诗赋习作稿》、《谭氏通谱》、《谢氏族谱》、《陈再支系族谱》、《“4·20”芦山强烈地震雅安灾后恢复重建大事记（二）》、《“4·20”芦山强烈地震雅安灾后恢复重建大事记（三）》、《汉源简志》、《石棉简志》、《秀美芦山千古颂》、《印象彭山》、《闲说彭山》、《仁寿县抗日救亡纪实》、《白马文化拾遗》、《绚彩南坪》、《美姑县域经济发展探索》、《越西风土习俗》、《红色旅游》、《委员风采》（2015第1期、第2期）、《西昌史话》、《红军长征过会东沿线乡镇历史大事记》、《木里藏族自治县社会历史调查》、《木里藏族自治县30人物风采录》、《普格县大事记》、《凉山彝族自

治州领导机构沿革暨发展战略概要》（朱艳林）

【《西河诗文续集》出版】 1月，云南省志办李景煜撰写的《西河诗文续集》由香港天马出版有限公司出版。该书由诗联之部（含古风歌行、杂诗等）、散文之部（含序跋、杂文等）、附录（墓志、国庆献礼等）3部分组成。全书28.5万字。（赵芳）

【《勋二位陆军上将衔陆军中将黎公天才事略》出版】 10月，云南省丘北县史志办校注的《勋二位陆军上将衔陆军中将黎公天才事略》由云南民族出版社出版。该书记述黎天才（1865～1927）成长及至壮年为国家事业投军从戎、功勋卓著的情况，为研究辛亥革命历史的重要文献。丘北县史志办搜集到该书籍的手抄本及石刻本，将该书的繁体字转化为简化字，断句、校勘并将文言文注译，同时影印民国八年（1910）编修的原书籍。今译本及原书籍分别为线装书（1函2册）。全书6万字。（赵芳）

【《滇西抗日战争史集》出版】 12月，云南省保山市党史地方志工作委员会编纂的《滇西抗日战争史集》由中国文史出版社出版。该书内容包括日军轰炸滇西并发动细菌战，日军在滇西占领区的暴行，滇西人民支前抗日，中国远征军滇西反攻战史料，第十一集团军反攻龙陵、芒市、畹町战役史料，第二十集团军强渡怒江、反攻腾冲战役史料，中国驻印军反攻缅北战役史料以及相关的历史资料及其他史料文献，分为上、中、下三册，每册卷首均配有与内容相关的数十幅珍贵的黑白史料照片佐证。全书184.7万字。（赵芳）

【《南涧高原特色生态产业》出版】 10月，云南省大理白族自治州地方志编委会编纂的《南涧高原特色生态产业》由云南民族出版社出版。该书针对南涧彝族自治县生物药业、高山生态茶、无量山乌骨鸡、生态烟草泡核桃、牛肉等优势及资源进行逐一剖析。全书配178幅彩图，共8万字。（赵芳）

【《家在宾川》出版】 3月，云南省大理白族自治州宾川县委、县政府主办，宾川县志办承编的乡土教材《家在宾川》由云南教育出版社出版。该书包括美丽宾川我的家、热区宝地壮美河山、岁月悠悠人杰地灵等内容。全书使用地图9幅、图片134幅，共12.5万字。（赵芳）

【陕西省地情书出版情况】 年内，陕西省共出版地情书18部，分别是《2013凤县大事要览》《川陕革命老区——太白县历史回眸》《今古文人咏太白》《旬邑文库》《古豳今韵》《思影年华》《地理纵横》《璇玑图回文诗解》《中国共产党吴起历史》（一卷本）、《延安古今大事记》《陕北民俗方言》《抗战中的汉中》《汉中概略》《安康方言调查研究》《安康文存（甲午卷）》《旅游因文化而精彩》《安康文化》《宁陕县文史资料》（第六辑）。（陕西省志办）

【《铭记》丛书出版】 年内，陕西省志办编纂的纪念抗战胜利70周年《铭记》丛书由三秦出版社出版。该丛书包含《中流砥柱》《关河长风》《东方之光》《战地莺歌》等4个分册，近千幅图片，100余万字。出版后，样书在中央电视台新闻频道黄金时段被作为重要纪念书籍，连续滚动展示播出。《陕西日报》以《中流砥柱树丰碑，和平崛起开新篇》刊发专版。（丁喜）

【《陕北民俗方言》编印】 9月，陕西省横山县档案馆、县财政局、县文化馆联合编印的《陕北民俗方言》出版。执笔吴巨良。该书由目录、人与人部词语、农业、手动作词语、腿部动作动词、头部动作动词、水的词语、土部词语、女部词语、说话词语、颜色词语、木部词语、经营、天象与气候、味道词语、数字词语、时间词语、方位词语、形状和规模、办事、旧风俗方言、其他、俗语、陕北方言中的成语、附录等25部分组成，图文并茂、内容丰富。全书4万余条，72.6万余字。（丁喜）

【《西安村落记忆》出版】 年内，陕西省西安市志办编辑的《西安村落记忆》由陕西人民出版社出版。该书涵盖全市3000多个村落的演变脉络，分3册，收录3000多幅图照。全书300余万字。（姬娟妮）

【《古丝路与新西安》出版】 年内，陕西省西安市志办编纂的《古丝路与新西安》由三秦出版社出版。全书分8章，收录100多幅图片，全面系统地介绍丝绸之路的历史、现状、启示、意义等，约30万字。（姬娟妮）

【《2013凤县大事要览》出版】 7月，陕西省凤县县委党史研究室、凤县档案局编写的《2013凤县大事要览》出版。该书采用正文穿插图片的形式记述，设特载、凤县概述、凤县经济社会发展情况、重要会议、视察调研、重大活动、综合类、附录（县级领导、县级部门领导、乡镇领导名录，凤县年度获市级以上表彰奖励情况）等8个方面内容。全书图片200余幅，约16万字。（丁喜）

【《汉中概略》出版】 年内，陕西省汉中市志办编写的《汉中概略》由陕西人民出版社出版。该书分历史沿革、生态、资源、政治、经济、文化、社会、地域名人、历史事件、特产、精品旅游线路等11个部分，是首次对汉中市地方志资料的综合"浓缩"版本，也是地情资料服务大众的"口袋本"读物。全书13.8万字，收录图照90幅。（丁喜）

【《安康方言调查研究》出版】 年内，安康学院中文系教授周政、戴承元合著，安康学院与市方志办共同立项的《安康方言调查研究》由陕西人民教育出版社出版。该书被纳入"十二五"国家重点出版规划项目"安康市志办地情研究重点项目"。从地理历史人口到移民和方言的形成，从语音到词汇语法再到语料记音，从音韵历史演变的归纳到文白异读的讨论，系统地跟踪描绘安康方言的全貌。全书70万字。（丁喜）

【《酒泉艺术史》出版】 12月，甘肃省酒泉市史志办编写的《酒泉艺术史》由甘肃人民出版社出版。主编孙占鳌。该书以酒泉历史发展为脉络，以绘画、书法、音乐、舞蹈、雕刻、建筑、工艺等各项艺术门类为主要内容，体现不同历史时期的酒泉各民族的艺术追求、文化理念和审美趋向。全书45.7万字。（梁兴明）

【《酒泉文学史》出版】 12月，甘肃省酒泉市史志办编写的《酒泉文学史》由甘肃人民出版社出版。编著孙占鳌、张军山、张志明。全书32万字。（梁兴明）

【《历代长城诗选》出版】 5月，甘肃省嘉峪关市志办组织编写的《历代长城诗选》由甘肃人民出版社出版。主编杨生宝。该书整理、校注自先秦、两汉魏晋南北朝、隋唐宋金元明清，到近现代长城诗词，共选取523位诗人以长城为题的诗词905首。全书110万字。（梁兴明）

【《张掖春秋》第六集出版】 12月，甘肃省张掖市地方史志学会编写的《张掖春秋》第六集出版。主编张志纯、何成才。该书39万字。（梁兴明）

【《银川史话》出版】 11月，宁夏回族自治区银川市志办编纂的《银川史话》由社会科学文献出版社出版。该书是"十二五"国家重点图书出版规划项目、大型系列文化丛书《中国史话》的组成部分。全书由塞上江南、湖城沧桑、名人纪事、多彩文化、回乡风情、金岸明珠等6篇组成。（王玉琴）

【《银川移民史研究》出版】 10月，宁夏回族自治区银川市志办编纂的《银川移民史研究》由宁夏人民出版社出版。该书由银川地区历史移民纪略、宁夏省政府时期银川移民、宁夏回族自治区成立时期银川移民、三线建设时期银川移民、银川知识青年上山下乡特殊移民、银川市扶贫开发移民与生态移民、改革开放新时期银川地区的商业移民等8章组成。

（王玉琴）

【《平罗史话》（连环画）出版】 1月，宁夏回族自治区平罗县志办编纂的《平罗史话》（连环画）由阳光出版社出版。该书以图文并茂的形式记述平罗历史上的文物遗迹、著名人物、重大事件、教育事业、抗日救亡运动等情况。

（王玉琴）

【《吴忠年鉴工作手册》出版】 1月，宁夏回族自治区吴忠市志办编印的《吴忠年鉴工作手册》出版。主编胡建东。该书分重要文献、法规制度、年鉴文件、年鉴编辑、出版常识等5个板块，主要为吴忠启动首部年鉴提供业务理论和实践操作支撑，既是年鉴理论工具书，也是地方志工作的宣传手册。全书12万字。

（王玉琴）

【《吴忠日史（远古～1949.9）》】 11月，《吴忠日史（远古～1949.9）》由宁夏人民出版社出版。主编胡建东。该书分为远古商周、春秋战国、秦、汉、三国两晋南北朝、隋唐、五代、宋西夏金、元、明、清、中华民国等板块，是采用按日、按月、按年方式编纂的反映吴忠历史的大型资料性工具书。全书20万字。

（王玉琴）

【《泾源史话》（连环画）出版】 7月，宁夏回族自治区泾源县志办编纂的《泾源史话》（连环画）由阳光出版社出版。该书分上、中、下三册，以图画的形式将泾源县的历史由来、文化遗存、重大战事、著名人物、民间传说、地域文化等进行简述。全书配图片500幅，3万字。

（王玉琴）

【《彭阳史地文集（第二辑）》出版】 9月，宁夏回族自治区彭阳县志办编纂的《彭阳史地文集（第二辑）》由方志出版社出版。该书主要精选自2009年以来，以彭阳县内专家、学者为主体，发表在各类报刊上具有较大影响力和新见解的有关彭阳历史、地理等方面的学术文章。全书设红色记忆、域地考究、桑梓望族、文物考古、史海钩沉、往事忆录、人物春秋、方志漫谈、故乡寻梦、民俗民风、史志文苑等11个栏目，收录69篇文章。全书约40万字。

（王玉琴）

【《历代咏青铜峡诗词选注》出版】 10月，宁夏回族自治区青铜峡市志办与青铜峡市政研室联合编著的《历代咏青铜峡诗词选注》内部出版。全书对历代名人、重要人物、书法家褒扬青铜峡历史、经济、文化、风情的各类诗词186篇进行编辑校注。

（王玉琴）

【《中卫往事》出版】 12月，宁夏回族自治区中卫市志办编纂的《中卫往事》由宁夏人民出版社出版。主编李福祥、张发盛。时任中卫市委书记、市人大常委会主任张柱，时任市长万新恒分别作序。该书设黄河流金、名胜古迹、乡土文化、革命生涯、人物春秋、钩沉稽往、史镜重磨、沧桑岁月等8个大类，收录近80篇文章。全书收图片130余幅，35万字。

（王玉琴）

【《新疆辉煌60年》出版】 年内，新疆维吾尔自治区党委、自治区政府主编，新疆维吾尔自治区地方志编委会参与编纂的《新疆辉煌60年》出版。中共中央政治局委员、自治区党委书记张春贤作序。该书分为图片、文字、数据3大部分，记录60年来新疆经济社会发展的历史性飞跃，充分展现新疆各个历史阶段的老革命、老干部、各民族英雄模范和各行各业先进代表人物的风采。

（陈忠）

【《新疆地情通览》出版】 年内，新疆维吾尔自治区地方志编委会编纂的《新疆地情通览》出版。该书上限为事物发端，下限为2014年，全面系统地展现新疆自古以来各项事业的发展变化。全书约120万字。

（陈忠）

【《新疆生产建设兵团历史文件选编》出版】 11月，新疆生产建设兵团党委党史研究室、兵团志办公室编辑的《新疆生产建设兵团历史文件选编》由兵团出版社出版。该书是继《新疆生产建设兵团工作文献选编》之后党的屯垦戍边理论的又一重大成果，分两册。《新疆生产建设兵团历史文件选编（1952～1981年）》（第1册），收录历史文稿75篇；《新疆生产建设兵团历史文件选编（1981～2000年）》（第2册），收录历史文稿84篇。书中所选的文稿，均来自中央有关文献和兵团档案资料，部分文稿为首次公开发表。 （周崇）

【《兵团史料选辑·援外专辑》出版】 11月，新疆生产建设兵团党委党史研究室、兵团志办公室编撰的《兵团史料选辑·援外专辑》由新疆人民出版社出版。该书以珍贵历史文献、回忆录、口述史、图表等栏目形式系统反映20世纪60年代初兵团代表中国政府对越南、坦桑尼亚、索马里等国开展对外援建活动的情况，记录兵团在21世纪期间在巴基斯坦、塔吉克斯坦开展的紧急救援历程。 （周崇）

【《三师图木舒克市对口援建大事记》出版】 7月，新疆生产建设兵团第三师图木舒克市史志办历时两年编纂的《三师图木舒克市对口援建大事记》出版。该书是兵团第一部记载对口援建内容的史志书籍，收录图片150余幅。全书28万字。 （陈俊芳）

【《兵团草湖广东纺织服装产业园大事记》出版】 11月，新疆生产建设兵团第三师图木舒克市史志办编辑的《兵团草湖广东纺织服装产业园大事记》出版。该书真实记录兵团草湖广东纺织服装产业园的进展和变化，总结提炼三师跨越式发展和长治久安的经验和成效，全面展示近年来广东东莞对口援建三师图木舒克市的做法和成果。 （陈俊芳）

【《岁月的磨砺》出版】 8月，《岁月的磨砺》由兵团出版社内部出版。该书由退休回津的知青李祥丽牵头主编，天津知青筹划编辑，新疆生产建设兵团七师史志办审定。该书记载1965年200余名天津支边青年投身兵团七师，参加工业建设的光辉历程。 （朱世坤）

·信息咨询与服务

【北京市拍摄多部地情资料片及修志人物访谈】 年内，北京市拍摄3部地情资料片《百年天桥》《房山花会》和《密云河西村》。首次聚焦亲身参与地方志编纂工作的一线人员，邀请10位在北京市第一轮、第二轮地方志编纂工作中的代表人物进行访谈，拍摄《修志人物访谈》系列节目。全年完成会议、调研、访谈、专题等80多次拍摄任务，累计拍摄视频素材超过4000分钟，编辑制作新闻短播5条。 （赵文才）

【河北省志办开展征集地情资料活动】 3月31日、4月2日、4月4日，河北省志办在《燕赵都市报》头版连续刊登《河北省志办征集地情资料启示》。社会各界向河北省志办赠送包括民国二十年（1931）出版的《今县释名》、1976年河北省天文资料普查组出版的《河北省地方志目录汇编》等在内的很多有价值的资料。 （魏铁军）

【《史迹唐山》节目在唐山电视台开播】 1月11日，河北省唐山市档案局、市志办联合主办的《史迹唐山》系列节目在唐山电视台生活频道开播。该节目是一档史实性文化专题节目，主要撷取唐山历史长河中的重大事件、历史人物、重要史实，采用影像资料、历史图片、现场采录、专家点评等多种形式，全面系统地展示唐山的历史发展轨迹和重大史实。该专题系列节目每周日晚八点半在唐山电视台生活频道连续播出。 （魏铁军）

【“天下张姓出清河”学术研讨会在河北省清河县举行】 4月28日，“天下张姓出清河”学术研讨会在河北省清河县举行。来自国内16所高校和科研机构的研究人员、张氏宗亲嘉宾等50余人参加学术研讨。会议期间，邢台学院“天下张姓出清河——历史地理视角下张氏宗族文化研究”课题组负责人介绍课题研究进展情况。与会专家学者就张姓起源、张姓在历史时期迁徙等方面进行研讨。（魏铁军）

【邢台市志办与邢台市电视台联合打造“邢台记忆”栏目】 年内，河北省邢台市志办与邢台市电视台联合打造“邢台记忆”栏目。该栏目不定期邀请方志工作者和各类专家学者，讲解邢台的各类人文建筑和文物等“城市名片”，普及地情知识，传播邢台“正能量”。11月4日，邢台市电视台播放“邢台记忆”第一期“城市原点——清风楼”。（魏铁军）

【《修罗村志》被国家图书馆收藏】 年内，河北省河间市《修罗村志》被国家图书馆收藏。该志共14章15万字，记录修罗村的历史与现状。该志在内容编排上，前冠村名起源，次列自然地理、历史沿革、大事记、文教卫生、居民生活、民间传说等专志并设附录。采用资料大部分来自相关文献、党政史料、当事人座谈纪要、地方史志资料、谱牒、碑铭及口碑资料，内容涵盖修罗村的政治、经济、文化、教育等各个方面。（魏铁军）

【辽宁省信息咨询与服务工作情况】 年内，辽宁省志办与沈阳、营口、阜新等市地方志工作机构继续编辑大事记。除发送各有关单位外，还在网站上发布，扩大资料服务渠道和力度。沈阳市志办与市地方志学会协作，开展《地方志工作条例》现场咨询、方志理论征文和送书下乡活动。大连市志办编辑出版《数字看大连（2014）》，扩大在全市机关单位中的影响力。鞍山市史志办编纂《鞍山市情简介》《鞍山市情》《数字看鞍山（2014）》《鞍山通史》《中国共产党鞍山地方历史大事记（2011—2015）》等地情书，撰写《从历史上看从严治党》《没有共产党就没有新中国——读中国近代史体会》等资政文章。抚顺市志办利用“抚顺社科”政务微博，全年发布微博2700余条，普及社科和地方志知识，扩大抚顺市社科和地方志工作的影响。本溪市党史志办圆满完成“纪念抗战胜利70周年系列活动”，推出形式多样、内容丰富的“七个一”（即一部编著，一部大片，一场展览，一组特刊，一个讲堂，一个论坛，一次征诗）系列活动；充分挖掘利用史志资源，策划编辑《本溪人民抗日斗争纪实》《失血诗魂》，做好《史志资政参考》编辑工作（7期）；围绕市委、市政府中心工作，积极开展资政研究，撰写《数说千年本溪，打造文化强市》等，为领导决策提供史鉴。丹东市志办通过编纂《丹东手册（2014）》和《丹东大事记》（月刊），编辑4部丹东抗日书籍，策划编辑出版《丹东文史书库（一）》。并在《丹东日报》《丹东广播电视报》、丹东电视台开设专题专栏，用地方志的丰富资料，扩大本土文史的教育意义。营口市史志办编纂出版《营口通史》第二卷，编辑《营口市情（2014）》和《营口大事记》（月刊），并以《营口春秋》、“营口春秋”网站、“营口春秋”微信公众平台、“营口春秋”头条号为载体和平台，全面介绍营口地区经济和社会发展服务，其中以“营口春秋”命名的头条号在新闻媒体“今日头条”上运行；为纪念抗日战争胜利70周年，开展系列宣传、教育及抗日历史展播等活动，包括召开专题座谈会，出版纪念专刊，播放、录制电视专题片，接受媒体专访，利用新媒体宣传抗战历史，开设专题讲座等；积极响应、配合营口市开展“雷锋文化”宣传系列活动；在《营口社科研究》刊发历史、地情文章，宣传营口历史和介绍营口地域文化。阜新市史志办完成《阜新人民的抗日斗争》《阜新大事记》（月刊）的编纂出版工作，为现实、为市委中心工作服务。辽阳市志办利用地方史志资源积极开展历史文化研究，年内《辽宁地域文化通览·辽阳卷》出版，举办纪念抗日战争胜利70周年学术研讨会等；协助开展辽阳与铁岭两市之间“南辽北铁”大型文化交流活动，参与市委讲师团宣讲活动。铁岭市志办为各级领导和部门提供市志、年鉴和地情书，并为铁岭市“十三五”规划编制工作协调小组办公室提供《铁岭年鉴》。盘锦市志办主要开展研究抗战时期历史、日俄战争时期盘锦有关资料整理、研究辽河口文化等，并利用各种媒体对盘锦历史文化进行宣传。葫芦岛市志办为纪念抗日战争胜利70周年，组织编纂《葫芦岛地方史文集》。昌图县史志办与昌图县广播电视台合作，联合录制反映昌图境内辽河发展变化的风土人情、自然景观等专题片《昌图行》(20辑)。（姜潮洋）

【沈阳市志办开展送书下乡活动】 9月11日，辽宁省沈阳市志办、市地方志学会到沈北新区道义街道，向进步社区赠送图书、普及方志知识，作为沈阳市社会科学百日普及活动中市地方志学会开展活动的内容，共向进步社区图书室赠送《沈阳市志》《沈阳抗击非典日志》《张氏帅府志》《沈阳集萃》《沈阳综合年鉴》等图书共126册。（俄文亮）

9月11日，沈阳市志办到沈北新区进步社区送书

【“大连历史展（古代篇)”展出】 7月，辽宁省大连市委党史研究室（大连市志办）策划、主办的“大连历史展（古代篇)”以文化墙形式在市委办公楼展出。该展览以重大历史节点为主题，分原始社会与夏商西周、春秋战国、秦汉、魏晋南北朝隋唐、辽金元、明、清等共7个部分，布设版面25个，展出图片60余幅，附说明、释文4000余字。展览形式新颖、图文并茂，形象直观地展现出大连古代历史演变及文化发展进程。（刘成）

【《读霸争锋·铭记1945》电视节目播出】 8月至10月，辽宁省大连市委党史研究室（大连市志办）与大连广播电视台联合主办的多媒体互动竞技类真人秀节目《读霸争锋·铭记1945》在大连广播电视台新闻综合频道播出，每周一期，每期播出40分钟，共播出10期。该节目围绕中国人民抗日战争暨世界反法西斯战争胜利70周年和大连解放70周年这一重大历史节点，借助电视媒体、网络媒体、微信平台等现代视听传播手段，还原历史现场，阐释历史细节，考察时代背景、政治、经济、历史、人物、地理、文化、军事等历史知识。其间，从800余位报名者中推选的72名选手分36个组，进行初赛、复赛、决赛、总决赛4个环节的比赛。竞赛中有3000余名网友参与微信互动和网络答题。（阎利）

【“感动吉林”2015年度十大人物评选活动】 年内，吉林年鉴编辑部与新文化报社联合主办“感动吉林”2015年度人物评选活动。活动自2003年推出，到2015年已举办第十三届。吉林国健经开妇产医院、吉林省图书馆协办。2015年度评选的主题是“创业、创新、创造”，共有25位候选人入围，经过读者投票及专家评委综合评定，2015年度“感动吉林”人物为执着33年育出良种“人参娃”的张连学团队、与生命博弈的残疾女孩张久丽、独闯赌巢的孤胆英雄孙武等10人。“感动吉林”年度人物评选活动引起社会关注，参与手机、短信、网上、信件投票的群众达200万人。（马艾民）

吉林年鉴编辑部与新文化报社联合主办“感动吉林”2015年度人物评选活动

【吉林省地方志编委会与国家新闻出版广电总局“2015 年编剧研修班”进行座谈】 7 月 23 日，吉林省地方志编委会应国家新闻出版广电总局电影剧本规划策划中心的邀请，在吉林省博物院举行与“2015 年编剧研修班”学员就东北抗联事迹和伪满洲国历史进行座谈。研修班学员（来自全国各地的导演、编剧、作家、制片人）及国家新闻出版广电总局电影剧本规划策划中心的工作人员、长影集团相关人员等 22 人参加座谈。会后，双方互相赠送图书资料。8 月 5 日，《中国电影报》第六版《要闻》以《关注改革　缅怀英烈》为题刊载座谈会情况。（常京锁）

【吉林省地方志编委会开展文史专家专题讲座活动】 年内，吉林省地方志编委会邀请文史专家开展专题报告会活动 4 次。3 月 26 日，邀请方志学家、吉林省文史研究馆馆员金恩晖作题为《记住本来、延续根脉》专题报告；二季度，邀请吉林省民族研究所张璇如作《清代吉林历史》主题讲座；10 月 13 日，邀请吉林省社会科学院研究员、长春溥仪研究会副会长王庆祥于以《溥仪与伪满洲国》为题介绍伪满洲国历史；12 月 17 日，邀请中指办副主任、中国地方志学会秘书长邱新立以《志稿编写中需要注意的若干问题》为题做专题授课。

（常京锁）

【“家乡的记忆”微型展览首展在社区展出】 4 月 20 日，黑龙江省哈尔滨市方志馆在香坊区香电社区举行“家乡的记忆”系列微型展览首展，向协办展览的香坊区红旗大街街道办事处赠送《哈尔滨市志》。哈尔滨电视台新闻综合频道、《生活报》对该次微展进行报道。

（哈尔滨市政府志办）

【“讲述哈尔滨自己的故事”讲堂走进社区】 7 月 31 日，黑龙江省哈尔滨市方志馆携手“便捷 City”社区志愿者服务团队和网易黑龙江网站在道里区漫步巴黎社区主广场举办“讲述哈尔滨自己的故事”“哈尔滨老建筑背后的故事”讲堂。哈尔滨市地方志学会地情研究分会会员郭恒山主讲。（哈尔滨市政府志办）

【哈尔滨市志办举办纪念中国人民抗日战争暨世界反法西斯战争胜利 70 周年图片展】 8 月 31 日，黑龙江省哈尔滨市志办主办，市方志馆承办的“勿忘国耻 筑梦中华——纪念中国人民抗日战争暨世界反法西斯战争胜利 70 周年图片展”在哈尔滨市政府办公楼展出。展览内容所记述时间从 1932 年 1 月 27 日哈尔滨保卫战打响至 1946 年 4 月 28 日哈尔滨解放，包含保家、沦陷、斗争 3 个部分，共展出 22 张展板 340 余张图片。展览以时间为线索，用生动形象的图片和简洁准确的文字串联哈尔滨保卫战始末、日伪残酷统治哈尔滨、中国共产党领导哈尔滨人民开展抗日斗争三个主题。

（哈尔滨市政府志办）

【哈尔滨市“家乡的记忆”微型展览举行】 9 月 3 日至 18 日，黑龙江省哈尔滨市方志馆加大“微展进社区”的工作力度，在哈尔滨市繁华地段举办“家乡的记忆”微型展览。展览共展出图片展板 37 块、生活票证 50 余张。展览内容涵盖哈尔滨主城区自建市以来主要街道、建筑的照片及不同年代的家居模型。

（哈尔滨市政府志办）

【上海市地方志法规宣传日活动丰富多彩】 年内，为纪念中国人民抗日战争暨世界反法西斯战争胜利 70 周年，上海市地方志系统围绕爱国主义主题，策划和组织地方志法规宣传日活动。编纂出版《汶川特大地震上海市救灾援助实录》，举办《国之歌》画册首发式和“国歌从这里唱响”图片展，开展《义勇军进行曲》诞生 80 周年有奖知识竞答活动，邀请十一届全国政协副主席、著名经济学家厉无畏在“上海地方志论坛”上作《从地方志看中国现代化的断层与进程》主旨报告等。（陈畅）

【上海通志馆服务基层文化建设】 1 月 30 日，上海通志馆与黄浦区海西居委会联合举办“弘扬精神文明、促进社区和谐”基层文化讲座暨赠书仪式。讲座主题为“上海石库门的前世今生”，上海通志馆向海西居委会赠送《上海通志（干部读本）》。6月10日，上海通志馆举办主题为“俄罗斯解密档案选编——中苏关系”讲座。9月3日，上海通志馆与闵行区七宝镇七宝村联合举办基层文化讲座暨赠书仪式，讲座主题为“永远的纪念——《国歌》精神”，上海通志馆向七宝村村民委员会赠送《民国上海市通志稿》《上海通志（干部读本）》《上海滩》杂志等。（吕鲜林）

【上海市徐汇区志办与上海市中国中学签约高中生社会实践基地】 9月29日，上海市徐汇区志办与上海市中国中学签署高中生志愿服务共建协议，方志馆的“徐汇记忆”展厅作为徐汇区普通高中学生社会实践基地，为学生的志愿服务提供岗位、指导与保障。（胡俭）

【江苏省志办、扬子晚报社联合推出纪念江苏军民抗战胜利70周年系列报道】 年内，江苏省志办、扬子晚报社联合推出纪念江苏军民抗战胜利70周年系列报道——“不屈的江苏”。该系列报道共30期，分江苏抗战形势图、日本侵略者罪行图、江苏各地战斗场面、抗战英模等专题，由江苏省志办组织提供江苏军民抗战资料，每周一版，持续至2015年年底。5月9日，首期“78年前江阴海空大战”在《扬子晚报》头版配图见报，A07版焦点新闻全版刊发，并配发军事观察员深度解析。

（武文明　李海宏）

【江苏省志办和苏州市志办开展志书地情志书进院校系列活动】 4月19日和4月22日，江苏省志办和苏州市志办分别在苏州独墅湖科教创新区和苏州国际教育园开展志书地情志书进院校系列活动。该活动将近年来出版的《江苏省志》《江苏地名溯源》《苏州市志》和苏州各区（市）的志书、地情读物共9000多册，赠送给苏州工业园区独墅湖图书馆和中国人民大学苏州校区等45家高校、科研院所，并与苏州市志办分别与独墅湖科教创新区管委会、苏州大学社会学院签署全面合作框架协议。苏州大学社会学院在苏州市志办设立研究生工作站、苏州市志办在中国人民大学苏州校区设立方志文化进校园基地。（武文明）

【江苏省方志馆举办“记忆江苏·古塔名桥摄影展”】 5月，江苏省方志馆举办“记忆江苏·古塔名桥摄影展”，活动历时1个月。该活动设置46块展板，展出356幅江苏古塔名桥图片。《扬子晚报》《金陵晚报》《江南时报》和南京电视台、龙虎网、南京发布等媒体进行采访报道。（宫冠丽）

【江苏省方志馆举办“江苏省乡镇村志·民间文化展”】 6月，江苏省方志馆举办“江苏省乡镇村志·民间文化展”，展出江苏省内大量的乡镇（街道）、村志，既有早期的公社志，又有现在的街道志、居委会志，还有江苏省唯一的少数民族乡——菱塘回族乡志。展览内容翔实、丰富多彩，展厅还展出大量的民间工艺品。（宫冠丽）

【无锡市史志办开展纪念抗日战争胜利70周年宣传活动】 年内，为纪念抗日战争胜利70周年，江苏省无锡市史志办协助无锡都市资讯频道摄制系列纪实片《胜利之路》，协助无锡新闻频道摄制电视片《锡北烽火》，协助《发现》栏目组和锡北镇新四军六师师部旧址纪念馆制作专题宣传片，协助无锡104频率制作反映无锡抗战历史的《声音档案》节目，及时提供采访对象等相关文字资料信息，并配合平面媒体开展宣传报道活动。（武文明）

【宜兴市史志办举行纪念抗日战争胜利70周年系列专题展览】 8月，江苏省宜兴市史志办等单位联合举办的“铭记历史 开创未来——纪念抗日战争胜利70周年宜兴抗战文物图片展”在宜兴徐悲鸿艺术馆开展。该展览分“抗战名人”“军民抗战”“战时生活”3个部分，展出文物和图片200余件。首展结束后，至宜兴市各乡镇（街道）、机关部门巡回展出。9 月，由宜兴市史志办、宜兴市委市级机关工委联合举办的“正义之胜 · 不屈的宜兴——纪念抗日战争胜利 70 周年图片展”展出。该展览分“日军暴行”“共御外侮”“走向胜利”“缅怀英杰”4 个部分，展出历史照片 200 多幅。该展览自 9 月上旬起，分赴宜兴市各机关、镇(街道)、学校、社区等单位巡回展出。

（李海宏）

【常州市志办制作《历史上的今天》】 3 月，江苏省常州市志办和常州电视台联合制作的大型地方史实类节目《历史上的今天》在常州电视台都市频道《城市日历》栏目首播。该栏目选取从清道光二十年（1840）到 2012 年底，在常州市域范围内发生的具有重大社会影响的大事、特事、要事，内容涵盖政治、经济、文化、军事、社会事业发展等各个方面，通过图文并茂的形式，对历史事件进行回眸和描述。

（武文明）

【涟水县志办开展乡村民风民俗调查活动】 1 月，江苏省涟水县志办组织人员走进民风民俗保存较好的 4 个乡镇 11 个村庄，开展为期 1 个月的民风民俗调查活动。至 2 月 15 日，经过整理汇总，形成档案资料 60 多万字，拍摄图片 323 幅、视频影像资料 300 多分钟，内容涉及本地民风、节日民俗，嫁娶、生育、寿诞、丧葬、建房、乔迁、开业、饮酒礼俗、本地方言土语、歇后语、谚语等各方面。（武文明）

【涟水县志办开发方志资源服务地方发展】 年内，江苏省涟水县志办参与涟水烈士陵园亮化工程、五岛湖景区改造工程等 12 项县级重点工程的规划论证工作，会同县文物部门做好妙通塔、能仁寺及涟水旧城墙等文物的挖掘和保护工作。深入社区、老年大学及离退休老干部活动场所，免费发放《涟水县志》《涟水年鉴》及《淮安市外出务工手册》《涟水县招商引资手册》等地情资料 12000 多册。（武文明）

【扬州市江都区史志办举行抗战 70 周年纪念活动】 8 月，江苏省扬州市江都区抗战纪念馆开馆。该馆位于江都区学生校外活动实践基地内，占地近 200 平方米，由展厅和放映厅两部分组成。展厅面积约 120 平方米，分为“江都沦陷”“军事斗争”“陈毅高超的统战艺术”“抗日根据地建设”和“我们的胜利”5 个部分，展出 150 余幅珍贵图片。江都抗战胜利 70 周年图片展在江都史志网上线。江都区史志办还以“抗战中的江都”为主题，编印 2 万份宣传画册，开展“五进”（进机关、进军营、进学校、进社区、进企业）活动；以“铭记抗战历史，激励爱国情怀”为主题，在《江都日报》开设专版，宣传江都抗战历史。（李海宏）

【镇江市史志办开展史志成果“六进”活动】 年内，江苏省镇江市史志办连续第 4 年开展史志成果“六进”（进广场、进学校、进社区、进企业、进军营、进乡镇）活动。2 月 7 日，镇江市史志办、市党史学会、市地方志（年鉴）研究会参加全市 2015 年文化科技卫生三下乡活动，向句容市天王镇戴庄村村民赠送近 200 本史志书籍和 100 套党史电视片光盘。4 月 22 日，镇江市史志办将一批史志成果送进润州区和平路街道桃园第一社区。5 月 20 日，镇江市史志办开展史志成果进学校活动，组织镇江市穆源民族学校学生参观镇江博物馆珍藏的国家一级文物——《镇江沦陷记》手稿。7 月 27 日，镇江市史志办与丹徒区史志办联合组织将《镇江市志》《丹徒区志》等 30 多种近百本书籍、画册和光盘送进军营。

（武文明　李海宏）

【宿迁市史志办举办纪念朱瑞将军诞辰 110 周年座谈会暨《朱瑞纪念文集》首发式】 9 月，江苏省宿迁市史志办举办纪念朱瑞将军诞辰 110 周年座谈会暨《朱瑞纪念文集》首发式。宿迁地方文史专家及市史志办等部门领导和相关人员参加会议。《朱瑞纪念文集》由宿迁市史志办编纂、中共党史出版社出版。中共宿迁市委书记、宿迁市人大常委会主任魏国强

作序。该书由朱瑞传略、珍贵文稿、深切怀念、专题研究、大事记略5个部分组成。（李海宏）

【杭州市富阳区举行纪念抗战胜利70周年系列活动】 年内，浙江省杭州市富阳区史志办开展纪念抗战胜利70周年系列活动，重印《日军侵略富阳暴行调查》（上、下册），以便读者更好地了解和研究富阳的抗战历史。6月4日，在新登镇举办抗日战争暨新登战役胜利70周年纪念活动。该活动由区委宣传部和上海新四军研究会六师分会主办，区史志办和新登镇承办，部分新登战役经历者后人参加，活动内容包括党史宣讲、文艺演出、座谈会等。开展对大源镇骆村、新登镇潘堰村、富春街道西郎村等相关知情人的采访，完成烟头山国军抗战烈士陵园相关史料征集，分别撰写《77年前2名空战英雄牺牲于新登》《大源骆村骆家岭战斗》《日军在富阳实施细菌战调查》等专题，以及抗战英烈孙晓梅、郁达夫、金焕章、章秉华等人物事迹，并在《征途》《富阳日报》《新四军女兵传》等报刊书籍上刊发。协助区委组织部开展抗日英雄孙晓梅专题片的拍摄工作。协助新四军研究会和新登镇长兰村举办纪念抗战胜利70周年暨史风、高芬同志彩虹人生座谈会。（陈炜祥）

【杭州市"最美方志人"事迹】 9月，浙江省杭州市地方志编委会在杭州开展"最美方志人"推选宣传活动。根据各单位推荐，经集体研究，杭州市地方志编委会对叶菊伟、田金友、冯跃民、李忠民、杨企平、杨集勋、汪志华、张丽萍、唐剑平、黄建生10名"最美方志人"予以通报表彰。10月22日起，《杭州日报》《发现最美杭州人》栏目陆续刊登专篇报道方志工作者个人事迹。（冯跃民）

【奉化市志办参与奉化市村镇影像全记录工程】 年内，浙江省奉化市志办参与"图说奉化·为国守史"奉化市村镇影像全记录工程。该工程对全市11个镇（街道）、40个社区、353个行政村、近千个自然村的全景全貌、局部等进行拍照摄像，记录存档农村现状、历史文化、发展过程、独特历史建筑以及风土人情、特色农产品等。协助完成摄制"大堰镇篇"，共收录560余张照片以及部分音像资料。（高曙明）

【绍兴市柯桥区史志办开展各类史料和故事撰写】 年内，浙江省绍兴市柯桥区史志办会同区政协做好《王阳明在绍史料集》的编辑工作，会同区农办做好省级《千村故事》工程柯桥区16个村的故事撰写工作，指派专人参与全区重点帮扶村的整转工作。（绍兴市史志办）

【温州市地方志学会组织参加社会科学普及周活动】 10月10日，浙江省温州市地方志学会组织市委党史研究室（市志办）、龙湾区委史志办参加全市社会科学普及周广场咨询活动，向市民免费赠阅史志书籍及电子光盘600余册（个），扩大地方志的社会影响。（温州市史志办）

【浙江省文成县志办为旅游事业提供地情资料】 年内，浙江省文成县志办协助西坑畲族镇开发梧溪村旅游事业，为其提供富弼、赵超构等名人史实资料，参与文昌阁开发利用，使该村"生在梧溪外婆家"为主题的乡村旅游项目最终落地。（温州市史志办）

【湖州市史志办开展"湖州记忆"史事短信宣传工作】 年内，浙江省湖州市史志办继续做好"湖州记忆"短信宣传工作，每周按时向领导发送信息，并向全省推广，受到领导好评。（湖州市史志办）

【衢州市志办全年接待查阅70余人次】 年内，浙江省衢州市志办做好地情资料的利用与服务工作，为各单位编纂《浙江通志》相关卷衢州部分以及城市建设规划、部门志、乡镇志编修、家谱的编修等提供资料查阅服务。全年接待查阅70余人次，提供查阅的地情资料200多册（卷）。（衢州市志办）

【龙游县史志办参与举办抗战胜利70周年图片展与做好资料服务工作】 9月，浙江省龙游县史志办与县委宣传部、统战部、民革龙游支部联合举办抗战胜利70周年图片展，在城区学校巡回展出。此外，县第二次地名普查暨古地名保护工作，完成县民政局部署的龙游县第二次全国地名普查暨古地名保护工作相关资料提供。（衢州市志办）

【温岭市志办为社会各界提供地方史料查阅服务】 年内，浙江省温岭市志办为该市十多个部门单位和社会各界人士到市志办查阅地方史料提供便利，并为各级领导掌握当地历史提供第一手资料，起到资政借鉴作用。

（台州市志办）

【丽水市志办参与资政服务】 年内，浙江省丽水市史志办办理市政协三届四次会议上《关于加强处州文献整理工作的建议》和《关于挖掘地方文化遗产，整理出版地方经典文献的建议》两件提案。同时，向绿城集团提供有关丧葬方面的民俗资料、联系有关县的文化界人士帮助绿城集团制定在云和、庆元等县推进夕阳产业的开发规划；为市公安局制定方言档案提供丽水方言的资料，为建立声像档案提出具体建议；为建设部门提供资料咨询，参加有关论证会议，协助制定丽水文化名城建设规划，协助建设部门建立中山街改造历史文化方面可行性的方案。（丽水市志办）

【滁州市琅琊区举办区情知识电视大赛】 1月20日，安徽省滁州市琅琊区委宣传部、区直机关工委、区教育局、区党史志办等联合主办，区党史志办、创达义乌商贸城等承办的“创达义乌商贸城杯”“知我琅琊　爱我琅琊　建设琅琊”琅琊区情知识电视大赛在琅琊区扬子街道会议中心拉开帷幕。该次大赛共有24支代表队参加。琅琊区情知识大赛面向全区广大干部群众，竞赛内容主要是琅琊区的历史与现状。参考书目主要为县级《滁州市志》《琅琊区志》《琅琊人文》等。（史五一）

【福建省方志委完成第二次全省志鉴等地情书籍配送工作】 7月，福建省地方志编委会完成第二次全省志鉴等地情书籍配送工作，向全省93个市、县（区）和泉州开发区、台商投资区方志委（办）共配送书籍近2万册，大力支持基层方志书库建设。（林忠玉）

【福州市地方志编委会开展信息咨询与服务工作】 3月5日，福建省福州市地方志编委会副主任王小珍应邀出席闽江学院附中开展的“学雷锋志愿服务——传统文化传播月”启动暨第十届雷锋班命名仪式，为雷锋班师生开讲传统文化讲座。配合福州日报社查找福州人在台抗日的相关资料，并检索部分烈士名录。做好党史人物资料的收集。配合平潭池氏后人查询池源翰去思碑相关资料。为南屿镇周氏后人查询其宗族相关材料。（张灵）

【厦门市方志办组织市民参观抗战时期历史旧址】 4月26日，福建省厦门市志办组织市民参观“兴亚院厦门联络部”（原日本统治厦门和广东汕头的最高机关）、鼓浪屿原日本领事馆和五通灯塔公园“万人坑纪念碑”3处抗战时期历史旧址，邀请厦门市文史专家、厦门博物馆原馆长龚洁为市民进行现场讲解，制作并现场给市民派发与厦门抗战相关的《老厦门报》。（郑欣）

4月26日，厦门市志办组织市民参观抗战时期历史旧址

【厦门市志办开展“天一书殿”赠书活动】 8

月20日，福建省厦门市志办到“天一书殿”开展赠书活动，赠送包括道光版《厦门志》《厦门年鉴》（2002～2014）、《厦门方言志》、《漫画厦门》、《先行的脚步——改革开放30年纪事》（厦门篇）、《换了人间》等12种书籍，以及《厦门市志》《厦门年鉴》光盘。（郑欣）

【厦门市志办赠送地情资料】 2月，福建省厦门市志办向新上任的厦门市市长裴金佳和市政协主席张健赠送《厦门市志》《厦门年鉴》等地情书籍和光盘。9月15日，厦门市方志办委托市委组织部向全市新调入干部赠送40套《厦门市志》《厦门年鉴》（2002～2014）《厦门文史》杂志及宣传手册等地情书籍。（郑欣）

【“厦门记忆”历史影像展举办】 10月1日至12月31日，福建省厦门市志办主办、厦门市历史影像研究会承办的《厦门记忆》系列历史影像专题展览在厦门白鹭洲公园展出。该展览运用“旧志文献+新老照片”相互佐证的方式，通过30个鲜活的图文专题和近150幅新旧历史影像，图文并茂地展示厦门一系列人文原点的百年变迁，观展人次超过10万人次。

（郑欣）

【厦门市志办指导海峡两岸青少年民俗文化交流暨台湾青少年祖地寻根之旅活动】 10月29日，海峡两岸青少年民俗文化交流活动暨台湾青少年祖地寻根之旅和两岸青少年民俗艺术展演在厦门市志办、厦门市社会科学界联合会的指导下，于厦门港沙坡尾隆重举办。该活动以海洋文化特色为核心，助力厦门沙坡尾提升文化魅力，也进一步提升两岸青少年对两岸同根同源的文化认可。（郑欣）

【厦门市志办指导海峡两岸第八届“送王船”活动】 11月11日至15日，国家级非物质文化遗产——海峡两岸第八届“送王船”活动在厦门市志办的指导下，在厦门港沙坡尾避风坞举行。在活动中先后举办南音、歌仔戏、高甲戏、打城戏等非遗节目展演及王船巡境游街、阵头表演、烧王船的重头戏。活动邀请厦门市方志办原副主任洪仆仁、厦门市博物馆原馆长龚洁等专家参加“送王船”习俗专家研讨论证会，共同探讨送王船的意义及今后发展的方向。（郑欣）

【厦门市志办举办厦门文史沙龙活动】 年内，福建省厦门市志办与市政协文史宣委、市图书馆合作，分别以“厦门老照片的收藏与鉴赏”“科学家苏颂”“再起底，厦门的抗战记忆”“漫谈厦门姓氏族谱”“厦门文化遗产保存与历史场域的再生”“闽南民间信仰”“海事博物馆与沙坡尾社区”“那时我们南下——解放军南下历史回顾”“走寻老厦门之中山路”“漫谈厦门闽南红砖建筑”为主题，邀请厦门著名文史专家举办10场“厦门文史沙龙”活动，为青年文史研究者免费提供解地情与学术交流的平台，普及和共享地方史志知识。（郑欣）

【南平市地方志编委会多方面开展信息咨询与服务】 年内，福建省南平市地方志编委会积极围绕中心，广泛开展读志用志活动，组织编纂《南平习俗》《南平名产》《闽北诗谭》等地情书籍，服务南平绿色发展，保护传承优秀传统文化。建瓯市地方志编委会牵头组建闽北方言建瓯话研究课题中心，联合建瓯二中、一小、芝山小学等地情教育示范学校开展建瓯方言保护传承工作，举办多场校园建瓯话认读大赛、建瓯话讲故事比赛、建瓯话猜谜比赛、闽源文化知识讲座等，多形式、多渠道对家乡传统文化予以保护传承。（曹传宁）

【建瓯市地方志编委会推动地情文化进党校】 11月16日，福建省建瓯市地方志编委会主任赖少波应邀为南平市委党校第62期乡（科）级干部进修班、中青班学员主讲“闽北文化浅谈”专题讲座。赖少波从闽北文化的基本概念、孕育闽北文化的三大因子、构建闽北文化的三大内涵、闽北文化的三大价值等四个方面，解读闽北历史文化。（孙洁斐）

【龙岩市地方志编委会开展原中央苏区与革命老区地方志文献收藏工作】 福建省龙岩市地方志编委会组织实施原中央苏区与革命老区地方志文献收藏开发利用项目，取得明显成效，成为全国原中央苏区与革命老区地方志文献收藏最多、最全面，开发利用比较好的地方志馆，影响日益扩大。截至2015年年底，收藏原中央苏区16个设区市、56个苏区县及革命老区地方志书277种、1916册，年鉴63种、3386册；革命史文献472种、694册；地情文献1101种、3753册。（游友荣）

【长汀县方志办举行文化下乡服务活动】 2月3日，福建省长汀县志办组织人员到当年红军入闽的第一站——四都镇，利用春节前的墟日举行文化服务活动，向民众宣传国务院《地方志工作条例》《福建省实施〈地方志工作条例〉办法》，分发《长汀大事记》等地情书籍，热心为乡民们写春联，将地情文化宣传到乡村、宣传到群众门前。2月6日，县方志办再次组织赴联乡挂钩单位三洲镇兰坊村开展方志文化下乡活动，并走访党员干部，将《长汀县志》《长汀年鉴》等数十册地情资料书赠送给兰坊村。（游友荣）

【《福建家训》走进福建省检察院“道德讲堂”】 3月31日，福建省检察院“道德讲堂”邀请福建省地方志编委会副主任俞杰宣讲由福建省委文明办、省方志委、省妇联联合编纂的《福建家训》，福建省检察院相关领导及省院机关、福州铁路运输检察院100余名干警参加。讲座从取材广泛、体裁多样、底蕴深厚及特色鲜明等方面，对《福建家训》一书进行详细介绍，就如何让《福建家训》进一步走进机关、学校、社区、企业、农家并走向全国，发挥家训在当代家庭教育中的作用，扩大受众面、开发不同层次的《福建家训》读物等问题进行解答。（孙洁斐）

【宁德市开展《福建家训》巡讲活动】 12月23日，福建省宁德市地方志编委会邀请福建省方志委副主任俞杰到宁德，为该市德育教育培训班讲授推介《福建家训》，主要讲述编辑《福建家训》的意义、《福建家训》的精选内容、《福建家训》与社会主义核心价值观的关系。参与培训的有宁德市各县（市、区）分管德育工作的教育局副局长、宁德市教师进修学校副校长、市直学校校长和全市知名的德育名师等60余人。（龚美华）

【高安市史志办协助元青花博物馆做好布展工作】 年内，江西省高安市史志办充分发挥自身优势，对元青花博物馆布展内容的史实、人物等进行审核。从展览的人物照片是否与内容相符，风俗习惯、服装、官帽是否与朝代相符，人物与其著作是否相符，古代年号与公元纪年是否相符，古文点校是否正确，文字说明是否恰当等方面共提出500余处修改意见。（张志勇）

【山东省史志办向首都师范大学赠送史志成果】 1月14日，山东省政府办公厅党组成员、省史志办主任刘爱军代表山东省史志办向首都师范大学赠送《山东通志》（宣统版）、《第十届中国艺术节志》、《欧阳中石》等史志成果。首都师范大学纪委书记潘亮、图书馆馆长方敏等人出席赠书仪式。（吴亮）

【山东省史志办向烟台大学赠送史志成果】 4月29日，山东省政府办公厅党组成员、省史志办主任刘爱军代表山东省史志办向烟台大学赠送《山东通志》（宣统版）、《第十届中国艺术节志》等史志成果。烟台大学校长房绍坤、党委副书记张伟、副校长孙祥斌、海洋学院院长李秉钧等人出席赠书仪式。（吴亮）

【《第十届中国艺术节志》新闻发布会暨赠书仪式举行】 1月19日，山东省文化厅、省史志办、省档案局、省新闻办在山东省档案馆举行《第十届中国艺术节志》新闻发布会暨赠书仪式。会上，向省档案馆、省图书馆、山东博物馆、山东大学图书馆、山东师范大学图书馆、

济南市图书馆等8家单位授书。（吴亮）

【济南市史志办接听12345热线】 6月4日，山东省济南市史志办到12345市民服务热线接听电话，并通过12345短信平台与市民互动，就关于志书年鉴编纂、史志文化建设、服务社会等方面工作与市民进行沟通、交流。（张阳）

【济南市举办“地情资料开放周”活动】 7月，“济南地情资料开放周”活动在济南市政务大楼举办。该活动共提供咨询1500余人次，赠阅史志书籍2000余册，展示史志文化新成果，向社会提供公共文化服务。（吴亮）

【济南市史志办向济南市图书馆捐赠史志书籍】 9月18日，山东省济南市史志办向济南市图书馆捐赠一批史志书籍，包括济南市以及各县（市）区史志机构编修的各类志书，总数达300余套（册）。市图书馆设立济南史志文献专门书架，向读者提供济南地方文献借阅服务。（张阳）

【济南市史志办组织拍摄《济南历代著述考》电视专题片】 年内，山东省济南市史志办组织拍摄《济南历代著述考》电视专题片。该片系统介绍《济南历代著述考》的编纂背景和过程，邀请在全省乃至在全国具有较高学术地位的专家对济南深厚的文化底蕴和丰富的古代文献进行阐述和揭示，宣传济南厚重的传统文化。该片在济南电视台播出后，引起良好反响。（张阳）

【济南市史志办开展“送书到基层”活动】 年内，山东省济南市史志办广泛开展“送书到基层”活动，把史志成果送到敬老院、图书馆、村居社区、中小学校、部队军营和广场等公共场所，使史志成果走向社会。全年共赠送史志书刊上万册，受到普遍欢迎。（张阳）

【青岛年鉴社举办“网络在线问政”活动】 11月11日，按照山东省青岛市政府的统一部署，青岛年鉴社在“青岛政务网”举办以“依法编鉴，推动青岛年鉴事业快速健康发展”为主题的“网络在线问政”活动。在两个小时的时间里，青岛年鉴社与广大网民就年鉴的性质与作用、依法开展年鉴编纂出版工作、年鉴的发展与创新等问题进行沟通和探讨。（吴亮）

【青岛市市北区史志办举办“市北人家”主题展览】 6月，山东省青岛市市北区史志办举办“市北人家”主题展览，选取百余件家庭史料原件，展示青岛市市北区人们家庭生活的多样性。从生生不息、学海泛舟、干事创业、真情无限、生活宝典、畅享出彩等板块，真实反映家庭史料的各个方面，充分反映市北区家庭的成长、社会的变迁。（吴亮）

【青岛市崂山区举办“铭记历史 珍爱和平——纪念中国人民抗日战争胜利70周年图片展”】 8月26日，山东省青岛市崂山区委、区政府主办，区史志办、区档案局、区委党史研究室承办的“铭记历史珍爱和平——纪念中国人民抗日战争胜利70周年图片展”在崂山区行政大厦举行。该图片展分为前言、续篇、日本发动侵华战争及中国人民全面抗战、抗日战争的伟大胜利、沦陷地区人民的抗日斗争、崂山抗战主要遗址及重要人物、后记等7大板块，以文字和图片相结合的形式，按照时间的脉络，记述中国人民抗战的历史背景及抗战取得最终胜利的全过程。另外，还展示崂山区域特有的抗战历史过程和遗址遗迹。图片展共采用珍贵历史图片190余幅。（吴亮）

【招远市史志办大力协助中国粉丝博物馆建设工作】 年内，山东省招远市史志办配合中国粉丝之都·粉丝博物馆建设，积极协助提供相关信息。为协助粉丝博物馆布展，招远史志办以《招远市龙口粉丝志》作为脚本，提供全部的文字资料和历史图片，并派出资深史志编纂人员参与总体设计、文字修改、史料征集等工作。截至12月，中国粉丝之都·粉丝博物馆主体工程完工。（吴亮）

【临沂市举办“沂蒙革命根据地抗日图片展”】 8月15日，山东省临沂市史志办、临沂报业集团主办的“沂蒙革命根据地抗日图片展”开展。共展出展板78张、图片440余幅。该展览以中国抗战和山东抗战为背景，全面展示在中国共产党的领导下，沂蒙革命根据地创建、发展、壮大、胜利的全过程，深刻揭露日本军国主义在二战中、特别在是沂蒙地区犯下的滔天罪行，详细记载沂蒙军民抗击日军的感人事迹。图片展在临沂市方志馆、市行政审批中心、人民广场等5处同时开展，为期1个月。（吴亮）

【德州地方文献研究中心成立】 年内，山东省德州市史志办与德州学院共建的德州地方文献研究中心成立。德州地方文献研究中心属于开放型公共机构，德州市史志办与德州学院是主发起单位，旨在积极有效地组织德州地方文献的收集活动，建成反映德州地域特色的文献文库，积极开展德州地方文献资源的交流与研究，为德州地方经济社会发展提供信息参考，推动德州文化艺术产业发展。（吴亮）

【德州市史志办在《德州日报》开辟乡村记忆专版】 年内，山东省德州市史志办与德州日报社联合开辟乡村记忆专版，整版篇幅，定期刊发，内容设乡村之源、村庄之变、乡村传说、乡村文脉、大事记、专家点评等栏目，介绍特色村庄的历史文化，全面客观反映乡村原貌。（吴亮）

【临邑县史志办抢救修缮《明德堂赵氏家乘》】 11月，山东省临邑县史志办对清光绪二十四年（1898）纂修的珍贵氏族家谱《明德堂赵氏家乘》进行抢救修缮。修复工作采用洗补接描裁的方法，用时一个多月，基本恢复书籍原来的面貌。德州赵姓源于宋代分封，属著名郡望，“明德堂”是赵氏重要堂号之一。（吴亮）

【夏津县史志办积极参与乡村民俗文化发掘】 年内，山东省夏津县委、县政府启动苏留庄镇乡村连片治理项目，涉及义合庄、南双庙、温辛庄、后籽粒屯、左堤、西闫、东闫、于家仓等8个村庄。夏津县史志办负责所涉村庄民俗文化发掘，包括资料搜集、设计方案和成品制作等工作，收集文字资料5万余字、照片近100幅。（吴亮）

【夏津县史志办积极服务“城市展馆”设计工作】 7月，山东省夏津县委、县政府在市民服务中心设立“夏津县城市展馆”专区。夏津县史志办参加设计工作会议。“夏津县城市展馆”分序厅、城市概况展区、规划蓝图展区等6个部分。根据安排，县史志办负责序厅印象夏津及城市概况两大展区8个小项14个条目的文字材料及图片搜集工作。（吴亮）

【禹城市史志办参加市烈士陵园浮雕设计研讨会】 3月，山东省禹城市为迎接抗战胜利70周年，就该市烈士陵园设计召开研讨会，禹城市史志办受邀参加，对设计方案提出意见建议。（吴亮）

【曹县史志办开办“历史文化讲堂”】 12月，山东省曹县史志办与曹县电视台联合开办《历史文化讲堂》栏目，主要讲述曹县历史事件和历史人物，以普及曹县历史文化知识，激发人们热爱家乡、建设家乡的热情。曹县史志办编写讲稿，聘请曹县一中高级教师讲解，曹县电视台制作播出。（吴亮）

【河南省史志办开展向社区赠书活动】 6月30日，河南省史志办向所在辖区图书阅览室进行图书捐赠活动。活动共捐出《河南省志》《河南年鉴》《河南省大事记》《河南省修志30年》《河南省大事记》等书籍，以及河南省史志办职工捐献的文学类、励志类、艺术类、生活百科、工具书、科普类、人物传记等图书500本、杂志228本。（王颖）

【郑州市史志成果开发利用活动】 年内，河南省郑州市史志办对该市市花、市树、市歌、市徽及十大历史人物等进行查阅整理，提供确定时间、内容等情况；参与省广播电台纪念抗战胜利70周年回顾访谈节目等。登封市史志办组织并参与“嵩山论坛”“二十四节气”申报非物质文化遗产。新郑市史志办参与组织第九届黄帝文化国际论坛、建立白居易图书馆论证。（李占虎）

【开封市史志办向市委党校赠书】 6月1日，河南省开封市史志办向开封市委党校捐赠图书仪式在市委党校举行。此次捐赠包括《开封市志》《开封年鉴》《开封菊花志》《开封文化全书》《开封府志》《开封旅游文化》和《开封胡同与角巷》等书籍共计35册。（汪朝霞）

【开封市地方史志文化传播基地在敦复书院揭牌成立】 9月18日，河南省开封市地方史志文化传播基地在敦复书院揭牌成立。揭牌仪式结束后，开封市史志办举行向敦复书院赠书仪式。（汪朝霞）

【杞县史志办开展向“农家书屋”赠书活动】 3月，河南省杞县史志办向全县603个“农家书屋”及22个乡镇文化活动中心赠送《杞县志（1991～2003）》和《杞县人物大典》两部地方文献书籍，共1292册。（汪朝霞）

【濮阳市史志办开展志书拥军活动】 7月24日，河南省濮阳市史志办组织地情文化小分队先后到濮阳军分区、武警濮阳市看守所中队，向驻濮官兵赠送《濮阳市志》《濮阳年鉴》《魅力濮阳》《濮阳大事纪年》等图书30余本。（汪朝霞）

【三门峡市史志办向帮扶村赠送史志书籍】 5月，河南省三门峡市史志办主任杨献珺带队到文明单位帮扶村——渑池县南村乡仁村，开展史志成果“六进”活动，向该村赠送史志书籍500余册。赠送书籍包括《三门峡史志》《三门峡年鉴》《红色之旅·三门峡》《豫鄂陕第四分区史略》《走进三门峡》等十余种。（汪朝霞）

【南阳市宛城区史志办开展送年鉴下乡活动】 11月，河南省南阳市宛城区史志办在区人大常委会副主任、史志办主任汪静的带领下，深入到各乡镇街道，开展送《宛城区年鉴（2015）》下乡活动。（汪朝霞）

【通许县开展读鉴用鉴活动】 12月17日至18日，河南省留守儿童工作现场会在通许召开。通许县委、县政府在会上发送《通许年鉴》。《通许年鉴（2015）》被作为宣传通许和推介通许，尤其是宣传通许县留守儿童工作的重点资料，赠送给200多名与会代表。（汪朝霞）

【新县史志室运用地情资料服务2015年重点规划获好评】 年内，河南省新县史志室在“香山湖国家湿地公园项目申报”和“‘智慧新县’建设”两项工程规划过程中，提供关于新县县情、资源、环境、文史、民俗、旅游等方面的地情资料20余万字，提供《新县志》《新县文史》《新县民俗志》《新县古建筑精粹》等地情书籍给规划方参考。（汪朝霞）

【济源市史志办举办纪念国务院《地方志工作条例》颁布9周年宣传暨免费赠书活动】 5月18日，河南省济源市史志办举办纪念国务院《地方志工作条例》颁布9周年宣传暨大型免费赠书活动。活动赠送第一届《济源市志》（古代～1989年）、第二届《济源市志》（1990年～2000年）、《古今济源》《王屋山志》、1997年至2014年《济源年鉴》等图书，共1000余册（套）。（汪朝霞）

【湖北省地方志工作机构发挥资政功能】 年内，湖北省方志办继续向省“两会”人大代表、政协委员赠送《简明湖北省情手册》，推出《湖北省情概览》（英文版），并围绕全省经济社会发展战略开展资政专题研究，为党委、政府提供决策参考和智力支持。武汉市方志办为服务中部崛起战略，开展“中国红谷圈”研究工作。青山区方志办运用《资政参考》为区委、区政府提供地情信息；为纪念中国人民抗日战争胜利70周年，还编辑出版《武汉春秋——武汉抗战专辑》。汉阳区方志办积极参与区委、区政府市政规划工作，深入挖掘地域文化，编纂出版的《千古绝唱话知音》，首次全面系统地对知音文化进行开创性的研究整理。仙桃市方志办积极参加“沔阳三蒸”文化节，协助举办历史文化图片展、“沔阳三蒸”文化节研讨会。咸宁市方志办在建市50周年之际，编辑出版《咸宁50年大事精粹》。通城县方志办在纪念抗战胜利70周年之际，出版反映通城“八百壮士”的《家国忠魂》一书。孝感市方志办编发《孝感大事》（2015年）季刊。襄阳市方志办创刊《襄阳史志》，并研究出台《关于进一步加强新形势下史志资政工作的意见》，动员组织全市史志系统围绕中心、服务大局，突出地方志资政功能。

（湖北省志办）

【长沙市志办在《长沙晚报》开设“长沙史话”专栏】 11月24日，湖南省长沙市志办和长沙晚报社开展深度合作，在《长沙晚报》综合文艺版设置“长沙史话”专栏，由长沙市志办供稿，不定期刊载地情文化作品。

（长沙市志办）

【《长沙年鉴》年度人物、年度事件评选活动】 年内，《长沙年鉴》年度人物、年度事件评选活动开展，共收集和整理全市各组稿单位推荐的37个人物和39个事件的资料，通过初评，评选出候选人物20个、候选事件19个。9月底，在长沙市政府门户网、长沙方志网启动为期15天的网络投票。10月底，召开终评会议，市公证处的人员到会进行公证，通过网络票选、专家评委投票和公众评委投票，阿迪力等10人、长沙首条地铁线载客运营等10个事件入选为《长沙年鉴》2014年度人物和年度事件。评选出的年度人物、年度事件颁发入选证书，评选结果在《长沙晚报》公布，并载入《长沙年鉴（2015）》。11月23日至12月6日，长沙市志办在长沙市组织开展《长沙年鉴》2014年度人物、年度事件评选活动展览。

（长沙市志办）

【常德、宜章、汝城等地地方志工作机构开展地方志资源开发利用活动】 年内，湖南省常德市推进“常德文库”建设，对研究常德市各地历史地理、风俗文化具有重要参考价值。宜章县史志办整理新中国成立以来宜章县18次乡镇村调整情况和地名志资料，主动向县委、县政府汇报，为乡镇村区划调整作出贡献。汝城县史志办与县旅游局联合制定汝城红色旅游发展规划。

（隆清华）

【广州市各区地方志办加大地方志资源开发利用力度】 年内，广州市各区地方志办加大地方志资源开发利用力度。花都区充分利用编写《花都碉楼》所收集的图片资料等，举办“花都地情专题图片展”系列展览之“百年沧桑，花都碉楼”展览。荔湾区利用筹备广州方志新馆荔湾区情展的资料，在詹天佑故居纪念馆举办“走进西关——荔湾地情史展览”。海珠区志办举办“海珠科学发展十四年图片展”，反映2001年以来海珠区经济社会发展成就。为配合中国（广东）自由贸易试验区广州南沙新区片区挂牌，南沙区举办“自贸区航拍”地情图片展览。

（广东省志办）

【广州地情公众开放日活动】 年内，广东省广州市志办加大地方志资源开发利用力度，每月举办一次广州地情公众开放日活动，向社会公众免费提供内容丰富、形式多样的地情知识展览与民俗文化体验活动。广州地情公众开放日活动紧扣“传承岭南文化，启迪广州未来”宗旨，分别推出“青少年科普实验”“非物质文化遗产展览及教学”“花城水城文化”“羊城新年民俗” “社区居民参与十件大事评选”“‘十二五’大事宣传推介”“广州敢为人先精神大家谈”“倾听广府故事”“悦读广州涂画羊城”“地情文化走进书香节”“走进广州典籍，寻找城市文脉”“开发《广州大典》资源”等不同主题的系列活动。开放日固定栏目“羊城今古讲坛”推出广州与海上丝绸之路建设、岭南骑楼建筑历史、广州水文化、《广州大典》编纂与开发、改革开放与广州精神等主题讲座与大家谈活动，邀请广东省、广州市老领导和知名专家学者讲授，面向广大市民群众畅谈广州城市历史、当代发展成就、分享个人体会。广州市志办扩大覆盖范围，走出广州市地方志馆举办地情公众开放日活动，越秀区大塘街、海珠区南华西街、增城区小楼镇西园村等举办流动展览，在广州图书馆举行地情书籍阅读和绘画写生，在地铁站里举行广州大事图展，在广州塔举行“羊城今古讲坛”，并在2015年南国书香节期间，在琶洲会展中心举行地情书籍展及作者见面会，全面展示方志办历年来的地情书籍出版成果。年内，参与广州地情公众开放日活动的群众达8300人次。（郑剑锋）

【广州市志办创建五个地情教育基地】 年内，广东省广州市志办自筹资金并发动社会力量参与，在市地方志馆设置广州地情图志展示区、广州地情游戏和广州记忆动漫视频演示区、3D电子卡通图书阅览区、羊城今古讲坛、爱我广州少儿画廊等区域，打造各类地情教育平台。结合地情宣传进学校工作，与市教育信息中心合作开通“地情服务校校通、班班通、人人通”项目。先后与80家单位合作共建，将广州地情成果转化为地情教育素材。3月、6月和9月，广州地情青少年教育基地、粤港澳青少年交流活动基地、广州市文艺志愿者活动基地、广州市政府系统培训中心现场教学基地、广州市直属机关关心下一代教育活动基地相继在市地方志馆挂牌，爱国主义教育基地和科普教育基地申报工作稳步推进。截至12月底，接待市政府系统培训中心初任公务员班、军转干部班、副科级公务员班等5批400多名学员及5000多人次市民群众到馆参加基地组织的各类活动。（广东省志办）

【2014年广州地方志十件大事评选活动开展】

2014年度广州市入载地方志十件大事评选活动由广州市政府主办，市志办承办，市委宣传部、广州日报社（大洋网）协办，并成立由分管地方志工作的副市长担任主任的广州市年度入载地方志大事评审委员会，加强对评选工作的领导。5月26日，向社会公布2014年度广州市入载地方志十件大事。入选的十件大事分别为：行政区划调整、流行疫病联防联治、荣获全省社会信用体系和市场监管体系建设考核总分第一、交通枢纽地位全面提升、首次海选“十件民生实事”、第一资源热力电厂二分厂获中国人居环境范例奖、确立历史文化名城保护体系、“天河二号”超级计算机计算速度全球四连冠、南沙新区成为中国（广东）自由贸易试验区三大片区之一、率先推进“三规合一”工作及村庄规划编制。（陈喆）

【深圳市开展自然村落历史人文普查工作】

年内，广东省深圳市史志办积极参与省志办组织的赴福田区下沙村、宝安区凤凰村开展广东省自然村落历史人文调查项目专题调研。撰写调研报告报市委办领导。根据广东省志办要求，编制全市的自然村落统计表，统计深圳市1225个自然村落。12月2日，深圳市委办公厅、市政府办公厅联合下发《关于印发〈深圳市自然村落历史人文普查工作实施方案〉的通知》，对开展深圳市自然村落历史人文普查工作进行全面部署。12月25日，市史志办召开深圳市自然村落历史人文普查工作动员大会。福永街道、龙岗街道试点单位开展普查培训，全市范围内1225个自然村落的历史人文普查全面推开。（深圳市史志办）

【深圳市各（新）区积极完成地方志和地情资源开发利用工作】 年内，广东省深圳市盐田区史志办组织开展2014年度全区大事记收集、编辑工作，完成1.2万字、233个条目的《盐田区大事记》（2014年）。南山区志办积极撰写《〈南山区志〉编纂工作总结》和《南山区“十二五”期间地方志工作总结》。宝安区史志办完成《2014年宝安大事记》，全书共收录图片141幅，6万余字；结合纪念抗战胜利70周年，与宝安日报社合作，推出“东纵老战士口述历史”专题报道。龙岗区史志办积极配合区文体旅游局办理《关于保存“龙岗记忆”，突出客家特色的建议》的政协提案。龙华新区组织编撰2014年《龙华新区大事记》，图文并茂地展现新区经济建设、政治建设、文化建设、社会建设、生态文明建设和党的建设等领域取得的成绩，收录条目326条，图片156幅，约4.5万余字。大鹏新区档案管理中心完成《大鹏新区大事记》（2014）编写工作，全篇共计约7300字，涵盖新区2014年度的重大活动、重要会议等有关情况；积极开展新区领导政务活动、重要会议记录工作，主动参与新区内重大活动、重要会议档案的直接采集和收集，年内共参与各类政务活动拍摄约380次、存储照片档案约3200张、收集录音次约32次，为新区日后史志鉴编写提供材料基础。

（深圳市史志办）

【深圳市史志办赴平安集团指导专业志编修】 12月30日，应中国平安集团邀请，广东省深圳市史志办赴该集团具体指导专业志编修。双方主要围绕志书从收集资料到出版的整个流程，资料收集篇目大纲对收集资料的重要性，科学编排门类的依据和方法，志书在资料搜集、资料卡片编写、资料长编编写、成稿出版等阶段的评审制度和标准，以及“平安银行篇”的整体架构等问题进行现场提问与解答。

（深圳市史志办）

【深圳市史志办参与《深圳口述史（1992～2002）》工作】 年内，广东省深圳市政协、市史志办联合开展《深圳口述史（1992～2002）》项目工作。深圳市史志办主要承担从官方的权威角度，推荐口述者候选人，以及提供权威史料的任务。以史志办提供的重大事件资料和36人名单为参考，从推荐的113位口述者候选人名单中确定26人为首批口述者，其中14人为市史志办推荐的首批候选口述者。

（深圳市史志办）

【深圳市史志办在《晶报》上开辟“深圳抗战地理”大型文献专栏】 年内，广东省深圳市史志办与晶报社联合在《晶报》开辟大型本地文献专栏“深圳抗战地理”，从8月3日至9月3日，以“地理叙述历史”的方式，每天两版，连续推出该专栏。到9月3日全国抗日战争胜利日当天，集中推出24个版以图片为主的深圳抗战地理历史图集。专栏以地理空间为轴线，按深圳的地理地名线索展开历史叙述，以深圳人现在熟悉的地名为背景，通过对党史专家和健在的当事人的采访，讲述在抗日战争时期发生的重要故事和重大事件，还原当时的事件过程以及相关细节。 （深圳市史志办）

【肇庆市志办多渠道开展服务社会活动】 年内，广东省肇庆市志办突出服务社会，多渠道开展活动：每周编印《肇庆印记》，为领导干部提供资政服务；向各机关、学校、图书馆等赠送志书年鉴和地情书籍等6000多册，提供咨询服务2600多人次；为省委宣传部提供《郡县治，天下安——岭南历代基层治理经典故事选编》有关人物资料；为《两广总督府规划方案》《肇庆市古城墙保护规划》《肇庆市历史文化名城保护规划》“肇庆古城墙申报世界文化遗产”等市重大项目提供资料服务；协助市纪委做好包公文化园展览“执政为民”篇的组织策划及撰稿；与鼎湖区方志办合作完成《修复陈焕章故居及建立陈焕章孔学研究中心》等地情开发项目通过省结项验收；积极协助各级电视台、电台拍摄、录制专题节目、专题片等。

（广东省志办）

【“肇庆市地方志工作（1985～2015）成果展”举办】 9月10日，广东省肇庆市地方志学会与市志办、市社会科学界联合会联合主办“肇庆市地方志工作（1985～2015）成果展”。该展览由“中央领导关于地方志工作的重要论述”“肇庆市新方志编修30周年概况”等18

个部分组成，图文并茂展示肇庆市30年地方志事业的历程和业绩。该成果展还在城区的牌坊广场、肇庆学院图书馆和肇庆市图书馆进行巡回展出。（广东省志办）

【清远市开展史志文化进校园活动】 年内，广东省清远市史志办和市关心下一代工作委员会、市教育局、市档案局（馆）等单位合作，策划举办史志文化进校园活动。活动的主要内容有：编辑《清远略观》乡土读本，首批印10万册，分发给全市512所中小学，将读本内容融入小学五年级和初中一年级德育课程等教学环节之中；6月2日，清远市史志文化进校园活动启动仪式在清城区洲心第一中学举行，同时向学生代表赠送《清远略观》。

（广东省志办）

【东莞市各部门为“高埗桥文博园”地情开发项目建言献策】 11月11日，广东省东莞市志办在高埗镇牵头召开东莞市地情开发项目高埗桥文博园建设座谈会，研究探讨项目开发的必要性和可行性，推动地情资源开发项目落地、建设。该市文广新、规划、发改、财政、交通、国土、旅游、水务及高埗镇有关部门负责人参加会议。各与会单位分别结合本单位职能，就高埗桥文博园建设情况建言献策。

（广东省志办）

【南宁地情信息服务】 年内，广西壮族自治区南宁市志办向市委信息办报送信息16条（采用6条），向市政府信息办报送信息6条（采用5条）。为市纪委《南宁古代清官廉吏》提供历史资料、配文图片、审读把关并提出修改意见。派员参与市规划局关于南宁历史文化名城保护规划、南宁民居建筑特色研究。参加市委宣传部关于市人民公园镇宁炮台国防近现代历史陈列馆、昆仑关旅游风景区重新规划建设及昆仑关战役博物馆重新布展、南宁博物馆陈列内容设计方案、南宁市道路命名及地铁3号线站名等评审工作。（覃庆梅）

【昆明市官渡区党史志办参与主办纪念抗战胜利图片实物巡展】 7月1日，云南省昆明市官渡区委组织部、区党史志办等单位主办的纪念抗日战争胜利70周年图片实物巡展启动仪式举行。该巡展共展出7个国家的抗战实物，含纸质类、服装类、生活用品类、军械类、观察仪器类等物品共128件，抗战珍贵图片65幅。共分为“巫家坝机场”“驼峰航线”“滇缅公路”“滇越铁路”“官渡记忆”5个板块。

（字应军）

【“陕西省政府历史沿革展”布展工作稳步推进】 年内，陕西省政府决定在2011年陕西省政府沿革展（由陕西省地方办公室负责资料征集和布展）基础上，辟出展厅，采用声、光、电，投影，电子书等方式重新布展。该项工作明确由省政府副秘书长负责，省政府办公厅负责组织协调，省志办承担展厅陈列方案的设计、布展的整体思路，大纲的拟定、资料的征集等任务。（丁喜）

【青海省志办开展方志文化“六进”活动】 10月30日，青海省志办开展方志文化“六进”活动，举行志书集中捐赠仪式。青海省委党校、青海大学、武警青海总队、西宁市图书馆、西宁特钢集团、西宁市第七中学、兴海路办事处、湟中县西堡镇等8家受赠单位代表参加捐赠仪式。捐赠活动主要面向青海全省各级党政机关、事业单位、图书馆、学校、科研单位、新闻媒体、乡村及街道办事处等127个单位，捐赠书目包括《青海省志》各分志、《青海史话（1）（2）》、《青海年鉴》、《青海湖漫话》等地方志编纂成果，共计7万余册。

（马渊）

【青海省志办提供信息咨询服务】 年内，青海省志办积极面向社会开展读志用志服务，全年共向54家单位、110人（次）提供地方志图书资料的查阅服务，共查阅志书1180册。

（马渊）

【宁夏回族自治区地情研发概况】 年内，宁夏回族自治区吴忠市志办向市委、市政府提出“关于设立吴忠智库（市决策咨询委员会）的建议”。11月8日，宁夏首个决策咨询委员会在吴忠市成立。红寺堡区志办在宁夏移民博物馆增布以民族团结进步为主要内容的图片展，展出从社会各界收集整理的文学作品、史志资料、民间刺绣、书法、美术等作品。彭阳县志办参与任山河烈士陵园纪念馆史料搜集、订正、初设、布展、评审等工作；参与彭阳县博物馆革命文物征集、史料订等前期工作，并对革命文物的布展、史志专题的布展提出建议。西吉县志办完成兴隆镇、平峰镇、单家集和公易红军长征纪念碑图片及历史资料整理上报工作。中宁县志办以纪念抗日战争胜利70周年活动为契机，利用清明节，组织广大党员干部及学生，到革命烈士纪念碑及李吉武烈士纪念亭扫墓，以“铭记历史、缅怀先烈、珍爱和平、开创未来”为主题，组织青少年参观爱国主义教育基地，敬献花篮、宣读祭文、瞻仰遗物，学习抗战精神。（王玉琴）

【兵团志办公室编印《资政参考》】 年内，新疆生产建设兵团志办公室积极发挥史志资源资政功能，做好《资政参考》编辑工作，共编印发行9期，撰写资政报告11篇，为兵团领导决策提供参考服务。（周崇）

【兵团第四师地情资料为建市服务】 年内，新疆生产建设兵团第四师可克达拉市史志办充分利用自身资源优势，积极开展地情资料咨询服务，接受各类咨询70余次。其中，为可克达拉市筹建管理委员会提供地情资料，为可克达拉市建市定名，发挥重要参考作用。（张萍）

【兵团第七师在党校开设史志课】 年内，新疆生产建设兵团第七师史志办与第七师党校联手开设史志课，累计培训青干班、书记班、淮安援疆干部班等干部职工600多人次。师史志办为师工会、拟建胡杨河市文化馆、政法委、两办秘书科、宣传部等20多个部门和单位提供史志资料数万字。（朱世坤）

【兵团第九师史志办为社会提供服务】 年内，新疆生产建设兵团第九师史志办发挥自身优势，为38名新到九师工作的基层团干部和69名内地志愿者开设九师屯垦戍边历史课；为学校、社区及其他企事业单位、师有关部门、老知情和外来考察团提供屯垦戍边史料查阅100余次。（孙静）

【兵团第十一师史志办为兵团绿博会服务】 9月，新疆生产建设兵团第十一师史志办为兵团绿博会组委会提供相关资料共计630万字，并印发史志资料，对十一师近年来的政治、经济、文化及社会发展情况进行宣传。（陈远芳）

【兵团第十二师方志办协助开展地名普查工作】 年内，新疆生产建设兵团第十二师志办协助民政部门开展第二次全国地名普查工作，积极为各单位、各部门提供地情资料，配合考察核实地名来历与历史沿革等。（贺啸威）

【兵团第十三师方志办开展信息咨询与服务工作情况】 年内，新疆生产建设兵团第十三师志办积极参与师拟建市地名推荐资料的搜集整理工作，为拟建市选定地名提供资料保障；与师党校紧密协作，为党员干部培训班宣讲哈密和十三师的地情、历史；为各单位、部门开展“三严三实”和“四强”活动提供历史资料和模范人物素材；在十三师政务网“红星往事”栏目开展地理、历史、人文等知识的宣传教育，发布文章信息30余篇。（曾庆硕）

信息化与方志馆建设

·网站建设

【北京市启动全市16个区县网站集群建设工作】 年内，北京市志办在建设北京市地方志协同编纂平台的基础上，正式启动全市16个区县网站集群的建设工作。截至年底，16家网站的框架建设已经全部完成，并进行网站的后台配置，开展相关技术培训。特别是针对西城修志编鉴工作的需要，在网站平台上增设资料中心建设，配置年鉴目录和200家单位用户。（赵文才）

【京网栏目不断优化】 年内，京网发布要闻动态、通知公告、新闻短播、京韵视听等信息共计199条，浏览量（PV）达129398人次，独立访客数（UV）达46634人，对网站部分问题进行整修，对栏目进行优化。（赵文才）

【“方志宁晋”栏目在宁晋电子政务网站开通】 年内，河北省宁晋县电子政务网站“走进宁晋”开设“方志宁晋”栏目，下设三个板块：志鉴动态、历史回望和古今人物。志鉴动态主要刊登志鉴方面的法律法规、省市县文件以及志鉴工作进展、其他兄弟县市的经验做法等内容。历史回望主要刊登宁晋发生的重大历史事件、重大自然灾害、能唤起历史记忆的载满乡愁的民间故事等。古今人物主要刊登历史上和当代在国内有较大影响，或者对宁晋县经济政治文化等发展作出一定贡献的人物。（魏铁军）

【“内蒙古区情网”建设情况】 年内，“内蒙古区情网”设有16个一级栏目、52个二级栏目，另在首页上设有3个消息栏目和一个动态画面。截至2015年年底，网站总访问量227.79万人次，日访问量约1000人次，网站数据量2.27亿字。全区12个盟市志办全部建立网站，旗县（区）设置网站的有37个，初步实现与“内蒙古区情网”联网。年内，结合内蒙古民族特色，着手开发蒙文版区情网站。蒙文网站共分两部分：一是开发内蒙古区情网（蒙文版）网站；二是设计开发蒙汉对照的云端数据库应用系统。通过移动终端平台（包括：安卓系统、IOS系统），使每一个访问用户随时随地可以通过手机、平板电脑等移动工具进行交流与访问。（李向兵）

【辽宁省地方志系统网站建设情况】 年内，辽宁省共有省、市、县地方志网站12个。其中，辽宁省地方志网为省级地方志网站；市级地方志网站有沈阳地方志网（年内新建）、大连市地方志网、鞍山史志网、抚顺社会科学网、锦州市地方志网、营口春秋网、辽阳市情网、朝阳史志网、葫芦岛地方志网等9个；县级网站有瓦房店档案信息网、北方红色记忆（丹东风城）2个。辽宁省地方志网对网页版面进行部分调整，对版面进行升级，对栏目进行更新，其中辽宁大事记录入2013年、2014年全年辽宁大事记，对2015年辽宁省大事记按季度在网站发布更新，“辽宁概览”录入历史沿革、行政区划等8个子栏目，“史志动态”“省情播报”全年录入40余条，同时为保证省地方志网站安全、稳定运行，完成网站监控、网站普查整改工作。鞍山史志网站由鞍山市史志办主办，年内完善网站，建立工作微信平台和QQ群。抚顺社会科学网站，为抚顺市社会科学院、市委党史研究室、市社会科学界联合会、市政府志办共用网，设方志工作、科研成果、工作动态等22个栏目。锦州地方志网站按照“政府网站普查整改评分标准”进行对照检查，对网站栏目、内容和页面进行必要的调整完善，增加更新量。营口市史志办主办的营口春秋网站全年更新内容300余条，增加图片500多张，网站浏览量达10余万人次，通过营口春秋网站、“营口春秋”微信、“营口春秋”头条为载体和平台，全面介绍营口地区的历史文化，展示营口地区的市情和面貌，为营口的经济和社会发展服务。辽阳市志办主办的辽阳市情网注重政务公示、襄平史事、工作动态等栏目及时更新。朝阳市史志办主办的朝阳史志网站注重对史志动态、朝阳人物、地方志书等栏目的更新。葫芦岛市方志办与市信息中心共同设计葫芦岛地方志网站，设概况、志书、年鉴、大事记、概览等8个栏目。　（姜潮洋）

【沈阳市地方志网站建设情况】　年内，辽宁省沈阳市地方志网站按照政府部门网站的设计要求，设置政务公开、政策法规、业务规范、工作动态等基本栏目，以及领导信箱、民意征集、在线访谈等互动交流栏目。沈阳市志办对沈阳地方志网站部分栏目内容进行补充、修改和完善，增强网站内容的可读性，通过开设沈阳新闻、画说沈阳、史海钩沉、文物古迹等特色栏目，全面展示沈阳的历史和现实风貌，更加符合地方志工作特色。　（俄文亮）

【中共大连党史网（地方志网）建设情况】　年内，辽宁省大连市委党史研究室（大连市志办）加强中共大连党史网（地方志网）建设，调整网页框架结构，更新信息，借助网络宣传大连地方史志工作，展现地方党史、地方志成果和地方史志资源。全年上传史志信息、文史资料200余篇（条）88万余字，上传图片90余幅。增设“纪念中国人民抗日战争暨世界反法西斯战争胜利和大连解放70周年”专栏，上传纪念文章30余篇40万字。转载中国共产党历史网与人民网联合举办的“抗战知识知多少——纪念抗日战争胜利70周年网络知识竞赛”内容，设置网络答题链接入口。采集、上传“大连历史展（古代篇）”图文信息，上传图片60余幅，说明、释文4000余字。（阎利）

【黑龙江省网站建设情况】　黑龙江省志办网站“中国龙志——黑龙江省情信息网”采用“多主页、快速通道”的交互页面设计思路，将网站分为地情信息、文献资料、志鉴工作三大板块，下设龙江要闻、龙江图鉴、龙江精神、八大经济区、十大工程等近30个子栏目，并配以“图、文、音、像”等多元素材。中国龙志网新闻发布系统采用的是盛大CMS，以PHP5作为技术基础进行开发，通过OOP和MVC设计模式，进行基础运行框架搭建。各环节负责人对本环节信息质量和信息安全负责。网站所有栏目月均更新量为20条左右。全省13市（地）网站建设方面，除哈尔滨市地情网站、齐齐哈尔市地情网站、大庆市地情网站、伊春市地情网站外，其他各市（地）网站均为建设在龙志网系统架构下的子网站。

（徐萍）

【哈尔滨地情网建设情况】　年内，黑龙江省哈尔滨地情网优化栏目设置，新增“财政公开”栏目，发布本年度部门财政预算信息；继续做好地情信息数据录入工作，首轮市、区、县（市）志书及部分二轮志书上网发布，免费供社会各界阅览、摘录；网站主页加挂“共筑中国梦”“践行核心价值观”“建设全国文明城市”等链接。　（哈尔滨市政府志办）

【江苏省地方志网站建设情况】　年内，江苏省地方志网站积极充实内容，挖掘编辑各类地情资料150万字，音视频200个，图片1000幅，制作加载《江苏年鉴（2014）》（中文版）和《江苏年鉴（2013）》（英文版）。完成第二轮省志的市县概况、6本期刊数字化加载工作。完成网站已加载的全部数百本电子书的兼容性修改工作。启动全省志鉴数据库检索系统建设，开发制作网站监测工具。　（李海宏　朱崇飞）

【南京地方志网站建设情况】年内，江苏省南京市地方志网站注重提升建设水平，及时更新南京要闻、数字南京等栏目内容，全方位搜集整理提供相关文字、图片内容资料。9月3日，与南京市信息中心“中国南京”网站联合主办“纪念抗战胜利70周年专题”栏目，同时在“中国南京”网站和“南京地方志”网站上线。9月至12月，南京地方志网站升级改版，12月20日上线运行。升级改版后的网站，新增引导页，设有方志动态、修志编鉴、方志之窗、古都南京、地情名片、视听空间等栏目，栏目设计更加合理，内容更具资料性和可读性，功能更加齐全。“视听频道”作为重点打造栏目，在重视网站文字图片的同时，重视音视频资料的收集，先后推出关于南京建筑、文化的系列专题，音视频总容量近100G。全年网站点击量20万人次。 （李海宏　王艳荣）

【江苏省扬州档案方志网进行优化调整】 1月，江苏省扬州市档案局对扬州档案方志网站进行改进和调整，对部分重复性栏目、长期内容更新没有保障的栏目进行归并和关闭。调整后的扬州档案方志网，首页新增“城庆2500周年”栏目，关闭“爱国主义教育基地”栏目里的4个重复性冗余栏目，将其进行整合归并。 （李海宏）

【瓯海史志网站开通】 3月，浙江省温州市瓯海史志网上线运行。网站设机构设置、史志动态、瓯海方志、党史工作、瓯海年鉴、史志期刊、史志园地、网上投稿等8个栏目。

（温州市史志办）

【湖州史志网不断完善】 年内，浙江省湖州史志网页面设计不断完善，建立数据库，及时将党史、方志、著作期刊等相关内容数字化，开辟纪念抗战胜利70周年专栏，做好网站信息更新和日常维护工作。 （湖州市史志办）

【嘉兴市史志办开发利用“掌上档案”应用平台】 年内，浙江省嘉兴市“掌上档案”应用平台共推送图文信息427次，建立名人、民俗、民情等资源库51个，关注人数1846人，32.2万余人次共享利用相关数据，成为档案史志编研成果社会共享互动的新平台。嘉兴市“掌上档案”应用平台设置嘉兴记忆、网友晒宝、微服务3个主栏目，下设10个子栏目。

（嘉兴市史志办）

【嘉兴市档案史志网总访问量超过540余万人次】 截至年底，浙江省嘉兴市档案史志网总访问量超过540余万人次。网站设党务公开、政务公开、文明创建、信息动态、网上办事、法规标准、档案篇、党史篇、志鉴篇、学会工作、专题专栏11个栏目，分设10个子栏目。

（嘉兴市史志办）

【海宁史志网与海宁档案网合并】 年内，浙江省海宁史志网、海宁档案网经过调整，更名为海宁档案史志网。海宁档案史志网设机构职能、政务公开、机关党建、党史天地、潮乡志鉴、法律法规、馆藏资源、业务工作、特色园地9个栏目，近60个子栏目。

（嘉兴市史志办）

【平湖史志网与平湖档案网合并】 年内，浙江省平湖史志网与平湖档案网合并，更名为平湖档案史志网。平湖档案史志网分档案和史志两大板块，档案板块设政务公开、工作动态、馆藏资源、档案法规、业务管理、开放档案、档案学会、网上展厅、现行文件、档案文化、爱教基地11个栏目，史志板块设机构设置、史志动态、地方党史、地方志鉴、地方文史、史志成果、法规文献7个栏目。

（嘉兴市史志办）

【新昌县史志网开通运行】 2月26日，浙江省新昌县史志网正式开通。网站设有新昌概况、机构简介、史志动态、党史编研、方志编修、法规文件、史海钩沉、史志论坛、人物春秋、新昌年鉴、新昌史志、地情文献、新昌县

志、革命遗址、史志成果、影像视频等栏目，融中共新昌县委党史资料征集研究与地方志及地方文化资料于一体。（绍兴市史志办）

【绍兴市柯桥区史志网站全面升级】 年内，浙江省绍兴市柯桥区史志办网站全面升级，纳入政府门户网站群，在机构设置、方志馆藏、史志研究、机关党建的基础上，新增“柯桥概览”板块，重点介绍柯桥的自然人文环境和经济社会建设情况。（绍兴市史志办）

【金华地方志网站改版上线】 10月，浙江省金华地方志网站完成改版上线，增设家训村规、历史人物等板块。（金华市志办）

【临海史志网升级改版】 年内，浙江省临海市史志办按照《国务院办公厅关于开展第一次全国政府网站普查的通知》要求，对临海史志网进行自查、整改，并根据临海部门网站建设的统一要求，升级改版网页。（台州市志办）

【桐庐50个村完成“微村志”编纂工作】 年内，浙江省桐庐县志办继续开展“微村志”编纂工作。截至年底，完成50个村的“微村志”撰写任务，通过微信公众号正式上线40个村。微村志公众号推广取得进展，通过与“同乐汇”“桐庐发布”“桐庐旅游”等微信公众号合作，新增关注人数1000多人，受众面15万多人次。（张红）

【“岁月余姚”微信公众平台推出】 年内，浙江省余姚市史志办加强史志信息化建设，在宁波市地方志系统率先推出“岁月余姚”微信公众号，每周二期定期推送。截至年底，累计关注超过5000人。（高曙明）

【“缑乡史话”微信栏目推出】 12月23日，浙江省宁海县志办推出“缑乡史话”微信栏目。第一期简要介绍“宁海革命斗争简史”，附宁海话《节俗谣》，5小时阅读量破1000人次。该栏目借助“宁海新闻网”微信公众号，通过“周刊播报宁海史志知识+月刊史志答题送话费+年度评比送惊喜”的媒体运作模式，传播史志知识与发布工作动态。微信内容主要来自《宁海历史上的今天》《宁海话》《宁海的中国之最》等史志书籍。（高曙明）

【马鞍山市志办微信公众平台正式上线】 5月12日，安徽省马鞍山市志办官方微信公众平台正式上线运行。鞍山市地志办微信公众平台定期推送“马鞍山历史上的今天”“地情文化小资料”等内容。此外，公众平台还专门开设“悦读”栏目，不定期发布新书、推荐好书、分享美文。（史五一）

【岳西地方志网站开通运行】 4月8日，安徽省岳西县志办主办的“岳西地方志”网站正式投入运行。该网站是传播岳西方志信息的门户网站。网站首页设有单位概况、新闻中心、通知公告、大事记、志鉴园地、史志纵览、方志馆、党建专栏、政务公开、魅力岳西等栏目，其中，“志鉴园地”栏目内设县志、年鉴、地情书、博文回顾等小栏目，“魅力岳西”栏目内设县情概况、红色风云、岳西名人、乡村民俗、风景名胜、土特产品、在线留言等小栏目。此外，公布志办信箱与电话号码。研究制定《岳西县地志办网站信息发布管理制度》，就信息发布的范围、内容、格式、程序到网站安全、目标考核等作出具体规定。（史五一）

【“福建省年鉴之家”微信公众平台开通运行】 7月，福建省地方志编委会开通“福建省年鉴之家”微信公众平台，宣传《福建年鉴》及福建省地方志工作，及时传达地方志工作精神，传播省内外同行优秀经验，探讨年鉴编纂及修志工作理论和实践，挖掘《福建年鉴》珍贵史料信息资源等。年内发布过百期，获得较好的反响和回应。（孙洁斐）

【福州市地情网站建设】 年内，福建省福州市地情网被纳入全市政府网站群绩效评估日、季度监测考核，监测结果每日在政府门户网站公布。目前，福州地情网在全市政府网站群绩效考核排名中位于中上水平。福州地情网全面改版，改版后的网站设政务信息、地情文化、闽都文化、城市之窗、地情全文数据库、互动交流、政务微博微信等 7 个大类。在各大类栏目下设有志鉴动态、福州概貌、古今大事记、风景名胜、船政文化、志鉴期刊数据库、民意征集等 40 多个一级栏目。（张灵）

【“方志福州”微信公众平台试运行并正式上线】 年内，福建省福州市地方志编委会“方志福州”微信公众平台试运行并正式上线。“方志福州”开辟志鉴动态、话说福州、福州历史、文化村镇、福州一周要闻等话题，发布福州地情信息，累计发布 160 条信息。（张灵）

【厦门地情网改版上线】 1 月 1 日，福建省厦门地情网重新改版并正式上线。网站设置法规文件、时政要闻、工作动态、志鉴平台、历史影像、厦门文史、闽南神韵、历史上的今天、厦门走透透、地情数据库等 10 个模块，突出地情信息集成和服务社会功能。（郑欣）

【漳州市地情网站建设】 年内，福建省漳州市地方志编委会继续做好“漳州地情网”网站续建，进行网页栏目调整，图片、影视、文字资料搜集整理。漳浦县继续完善地情网站建设，做好信息维护，推动地方志数字化网络化，将大部分已出版书籍电子版上传至网站共享，便于民众查阅资料。长泰县创建长泰县地方志网站，网站设有方志快讯、通知公告、特色长泰、成果汇编、法规文件、理论探讨、年鉴写作、综合年鉴、地方志丛书等多个栏目，上传各类栏目信息 260 万字。（郑美华）

【泉州市地情网站建设情况】 年内，福建省泉州市地方志编委会升级改版“泉州通”网站，设置资源环境、经济建设、历史名人、地名概览、图片展示、海丝史迹等栏目。开通“泉州史志”微信公众平台和“文明方志”微信交流群。微信公众平台上线后，累计编发信息 700 条 134 万字。该市各县（市、区）的网站建设取得突破，“晋江市情信息网”“泉港地方志”“安溪县情资料库”“惠安地情资料数据库”“永春地情信息网”等网站全面展现各地的历史风貌和现代化建设成就。（陈建强）

【“方志鲤城”微信公众平台上线】 3 月 23 日，福建省泉州市区地方志学会举办的“方志鲤城”微信公众平台正式上线。（孙洁斐）

【沙县地情网站建设情况】 年内，福建省沙县志办及时调整沙县地情网站网页版面，更新网站内容。共完成 460 多条各类信息（含照片）的录入，成为外界人士了解沙县和沙县群众观察外界的一个重要的信息窗口。

（陈声华　张宣）

【南平市地情网站建设情况】 年内，福建省南平市地方志编委会大力推动县级地情网站的建设，建阳区、顺昌县、松溪县等地情网站新开通，全市 10 个县（市、区）地情网站开通率 80%。建瓯市地方志编委会还开通集图文、视频、服务等多功能于一体的地情微信公众平台和手机客户端平台，形成以建瓯地情网为中心、手机客户端和三微（微博、微信、微视）发布平台为支点的新媒体传播集群，实现与社会公众“微”距离接触、“零”距离交流。

（林忠玉）

【政和县地情网开通】 1 月 1 日，福建省政和县地方志编委会主办的政和县地情网正式开通。网站首页主要包括政和概况、机构设置、通知公告、史志动态、政和县志、政策法规、文化历史、地情活页、理论研究等 9 个栏目。

（孙洁斐）

【龙岩地情网建设情况】 年内，福建省龙岩地情网突出发展主题、海西视角、服务人民三大特色，开辟发展瞭望、区域经济、方志天空、红色土地、共有家园、客家故里六大板块，设发展动态、发展方略、区域概况、区域大事、经济运行、支柱产业、名优产品、厦津龙赣（梅）发展轴、方志简讯、方志书库、方志推介、方志鉴赏、姓氏寻踪、地方史、吃在闽粤赣、行在闽粤赣、居在闽粤赣、商在闽粤赣、游在闽粤赣、生态闽粤赣、客家活动、客家文化、客家人，以及照片新闻、区域图库等25个栏目。　（游友荣）

【龙岩地情微信公众平台开通】　12月，福建省龙岩市地方志编委会开通龙岩地情微信公众平台，该平台有地情新知、地情视窗、地情在线等栏目。　（游友荣）

【宁德市方志网站建设情况】　年内，福建省宁德市地方志编委会加强网站栏目更新完善，结合动态工作，增设“2015年地方志法规宣传月”“学习型文明单位”两个活动专栏，并根据要求做好政府网站普查自查工作。同时，督促、指导各县（市、区）开展方志网站建设，福安市方志委网站年内建成。截至年末，全市有蕉城、古田、屏南、寿宁、福安、福鼎6县（市、区）方志委开通网站。　（龚美华）

【江西省信息化建设取得新成就】　年内，江西省方志馆在“中国赣网”共上传48部省级综合年鉴、设区市志和县志，并在方志馆局域网中建立丛书、报刊数据库，包含《四库全书》《清实录》《国家图书馆古籍题跋丛刊》等书籍，以及《人民日报》《申报》《江西省政府公报》《〈解放〉周刊》等报纸期刊，1000部史料性电子书，将200多本家谱进行电子化制作。12月8日，“方志江西”微信公众平台正式开通。　（张志勇）

【山东省全面完成市县两级地情网站第二轮升级改版】　年内，山东省市、县两级154个地情网站全部完成改版升级。1月8日，山东省史志办印发《关于2014年市县两级地情网站改版情况的通报》，并在全省地情资料库建设培训班上进一步明确改版要求。4月，山东省史志办先后赴泰安、济宁、滨州、日照市岚山区等地调研改版工作进展情况。帮助鱼台县、梁山县，泰安市岱岳区、东平县，日照市岚山区，惠民县、无棣县、博兴县、邹平县等9个县级地情网站制定模板修改和栏目调整方案。为烟台市所属12个县（市、区）选定模板、制定修改和栏目调整方案，并协调其县（市、区）史志机构和政府信息中心开通二级域名。6月、9月，分别召开全省资料库建设培训班、县级网站升级改版培训班，为上述21个地情网站改版提供空间。帮助沂水县、无棣县、邹平县等在济南联通公司办理网站备案，并通过省联通公司协调惠民县、博兴县在当地联通公司办理网站备案。帮助烟台市芝罘区等21个单位完成网站设计制作。8月14日，在烟台市召开地情网站建设培训班，对全省最后一批21个县级单位进行培训，并帮助进行网站栏目修改。10月底，山东全省市、县两级地情网站第二轮升级改版工作全面完成。　（李坤）

【“山东史志”微信公众平台开通】　4月26日，“山东史志”微信公众平台正式开通。该平台设史志动态、山东历史上的今天、省情网、省情专题、资料库等栏目。组织开发手机模板，把省情网的省史志动态等4个新闻类栏目在微信中发布，并在“省情专题”栏目内增设重点书籍推荐、历史上的今天、山东省方志馆、地方志小知识等分栏目，给受众提供便捷的地情信息服务。　（李坤）

【青岛市史志办加强地情网站建设】　年内，山东省青岛市史志办制定和实施《青岛地情网站管理规定》，对网站栏目设置进行优化，增设《青岛年鉴》栏目PDF版，为市民阅读浏览市情资料提供方便。年内，市级网站共新增资料3400余万字，各区市网站新增资料900余万字。　（李乒）

【青岛市崂山区情网开辟“纪念抗战胜利70周年专题”栏目】　1月，山东省青岛市崂山区史志办在崂山区情网开辟“纪念抗战胜利70

周年专题”栏目，初设崂山抗战钩沉、崂山抗战人物、崂山抗战遗址三个子栏目，随着资料收集工作的不断深入，崂山区史志办不断优化栏目结构，丰富专题内容，多角度展现崂山抗日战争的整体情况。（李坤）

【淄博市地情网群升级改版后上线运行】 12月22日，升级改版之后的山东省淄博市情网及8个区县地情网上线运行。该网始建于1999年12月，中间经历两次改版，第三次升级改版自3月份开始全面启动，经过学习调研、动员部署、确定网络公司等一系列步骤和措施，市及区县上下联动，齐心协力，最终按时保质保量地完成改版任务。（李坤）

【“智慧临沂”安卓版手机客户端发布运行】 2月，山东省临沂市史志办“智慧临沂”安卓版手机客户端正式发布运行。这是多角度、全方位融合城市发展概况与民生服务信息的手机客户端，为临沂市的“智慧城市”建设开拓新的窗口。“智慧临沂”安卓版手机客户端可以为受众提供新闻、地情、志鉴、政务、便民等资讯，资料翔实、内容丰富，是便捷的政务手册和民生服务平台。（李坤）

【“沂蒙史志”微信公众平台进入临沂社科文化类微信排行榜前十名】 6月，“临沂微信公众影响力排行榜”发布，临沂市史志办“沂蒙史志”微信公众平台进入临沂社科文化类微信排行榜前十名。“临沂微信公众影响力排行榜”由临沂日报报业集团琅琊新闻网、新媒体指数联合发布，通过对全市165个微信公众号发布次数和篇数、总阅读数、阅读平均值、总点赞数等的统计，进行排名。“沂蒙史志”自开通以后推送信息1700余条，近2000人关注。（李坤）

【临朐县情网完成第三次改版】 1月，山东省临朐县情网完成第三次改版。改版后的临朐县情网采用PHP + MySQL架构，网站运转更加安全、稳定、高效。网站首页、栏目页和内容页设计条目清晰、内容实用，布局更科学合理。网站设新闻资讯、史志动态、视频播报、热点专题、县情概况、自然风光、人文遗产、历史人物、地方特产、风俗人情、镇街之窗、数字乡村、人物风采、临朐记忆、奇石、书画、文学、摄影、网上方志馆、地方志学会等20个栏目。（李坤）

【“威海史志”微信公众平台正式开通】 7月20日，山东省威海市史志办官方微信公众平台“威海史志”正式开通。“威海史志”微信平台旨在通过新媒体全面展示威海历史与发展成果，广泛宣传威海市情知识，设市情网站、史志动态、志鉴书库等固定栏目。（李坤）

【“德州史志”微信公众平台开通】 9月1日，山东省德州市史志办官方微信公众平台“德州史志”正式开通。该平台设置史志动态和德州概览两个栏目，发布史志工作信息，传播地情资料，交流沟通思想，弘扬传统文化。（李坤）

【菏泽市方志馆网站正式开通】 6月，山东省菏泽市方志馆网站正式开通运行。该网站设有本馆概况、全景方志馆、方志新闻、数字资源、特色馆藏、服务地方建设、教育科研基地、志愿者之窗、服务指南等一级栏目。（李坤）

【河南省情网站建设】 年内，河南省史志办对省情网站进行第二次改版，加大省情网信息采集力度，全年新发布和转载动态信息828条。积极配合阶段性中心工作，先后建立“三严三实”、省级精神文明创建等4个专题。网站访问量稳步增长，年访问量达19万人次。截至年底，该省共建成独立网站23家，数据库13个，进一步加大地方志的宣传服务力度。（胡柱文）

【郑州市情网运行良好】 年内，郑州市史志办不断完善、更新郑州市情网，刊载文章数量

4000余篇，共计约1000万字，访问量累计超过60万人次。（李占虎）

【“郑州市情”APP应用广泛】 年内，“郑州市情”APP依托郑州市情网，为用户提供地情类资讯服务，开设有郑州历史上的今天、郑州概览、郑州之最、历史名人、名山名水、少林武术等具有地情特色的栏目，并可免费查阅两轮《郑州市志》、30部《郑州年鉴》、旧志及几十部相关地情资料。截至年底，访问总量累计超过2万人次。（李占虎）

【湖北方志网栏目调整】 年内，湖北方志网调整栏目设置，顺利通过全国网站普查。该网严格执行网站发布流程，及时更新湖北方志网文章、图片，确保网站内容常编常新。截至年底，点击率逾22万人次。落实网站数据备份、保密审查、安全维护等相关规章制度，规范网站管理，确保网站的正常运转和信息安全。修复省情资料库栏目，修复后的省情资料库能保障2000人同时在线浏览，并兼容各主流浏览器。不断丰富省情资料库电子信息内容，全年共录入51本地情书籍，约3000万字。

（湖北省志办）

【长沙市地方志系统网站建设情况】 年内，湖南省长沙市志办升级“长沙方志网”网站，充实内容，上传《长沙市志（1840～1987）》17卷约800万字，《长沙年鉴》9卷，以及《长沙史话》1部、《长沙史志》期刊7期。浏阳市档案局建设“浏阳市市志档案局网”，各区地方志工作机构网站如“雨花区史志档案网”“芙蓉区史志档案网”“长沙县史志档案网”“宁乡县档案信息网”“望城区史志档案网”亦进行网站升级和框架调整。（范锐超）

【广东省信息化建设取得新进展】 年内，广东省地方志系统开通手机地情网2个，微博7个，微信9个，手机报1个。手机版广东省情网年访问量超过200万次，“方志广东”微信公众平台关注用户超5700个。（广东省志办）

【广州地情网升级改造完成】 年内，广州地情网完成升级。该网站共设置广州市情、广州方志和在线互动三大平台，一、二级栏目150多个。市情平台突出宣传广州地情，设有走进广州、国家中心城市、千年商都、广州大事记、城市当家人、广州人物、市情专题、行业之窗、珠三角视窗、泛珠三角视窗等近百个栏目。同时，注重紧贴市委、市政府中心工作，结合时代热点及广州地方特色，设置国家中心城市栏目，跟踪记录“三中心一体系”、广州区情、南沙自贸区、广州开发区、广州空港经济区、广州增城经济开发区等建设亮点及成果，并设有志书库、年鉴库、古籍库、地情文献库和刊物库等5个专题市情数据库。广州方志和在线互动平台开辟广州方志工作动态、方志之窗、方志常识、理论探讨、年度十件大事评选专栏，以及服务决策、服务社会、我与地方志、资料征集、网上调查等栏目，加强与市民群众的互动。截至年底，广州地情网共发布各类地情信息17000余条，文字量1.5亿字，图片1253幅，在线展览6个，视频资料71个（总时长约1136分钟），发布志书27部，年鉴32部，地情书籍（含古籍）22部，刊物130期，总浏览量逾77万次。（梁斯豪）

【广州地情网手机版开发完成】 2月，广东省广州市志办组织开发的广州地情网手机版开通，这是广东省首个地级市手机地情网站。广州地情网手机版设走进广州、今日广州、城市当家人、市情数据库、服务决策、服务社会、广州史话、千年商都、图说广州、通知公告、地方志之窗、“三中心一体系”等43个全面反映广州经济社会发展特色的一、二级栏目，与广州地情网的海量地情信息内容实时同步发布，使社会公众可通过手机随时随地获取广州地情信息。（梁斯豪）

【“深圳史志”微信公众平台正式开通运行】 5月22日，“深圳史志”微信公众平台正式开通。这是继深圳市情网后，又一个宣传深圳市情及党史工作的互联网平台。该公众号设置“市情动态”“认识深圳”“了解更多”三个栏目，“史志动态”“深圳市情网”“深圳地情”“深圳历史上的今天”“关于我们”“咨询服务”六个子栏目。截至年底，“深圳史志”微信公众号共发布史志类信息33篇，关注人数不断上升。（深圳市史志办）

【广西地情网建设成果显著】 年内，广西地情网设志鉴动态等20多个一级栏目和数字广西等48个二级栏目，4000个页面，建成拥有3亿多字的地情资料库，具备跨网站、跨服务器数据迅捷检索等功能，有效链接全国13个省市地情网站。该网刊登志鉴动态84篇，近5万字，注意及时宣传报道全自治区地方志系统工作动态。实施2015年度广西方志文化惠民工程，完成20个县级子站网站建设。截至年底，广西地情网站群建设全部完成，各市、县地情网子站共88个，有效实现自治区、市、县三级地情资源整合、地情资源共享的网络服务功能。（韦晓）

【南宁地情网站建设】 年内，广西壮族自治区南宁地情网站更新信息169条，累计发布信息3291条，新增访问量超过40万人次，累计访问量超过149万人次。富有南宁特色的南宁简介、南宁·北部湾、南宁·东盟、南宁视点、街巷故事、民风民俗等栏目点击率不断攀升。年内，整理上传《南宁年鉴2015》《南宁地情手册2015》电子书，为社会各界读志用志提供便利。（覃庆梅）

【海南史志网改版升级】 年内，海南史志网全面改版升级。一级栏目增加到19个。改版后内容翔实，分类明确，紧贴时代，风格简洁，及时上传新编志书和年鉴近2000万字。东方市史志办建立东方市史志网站。（李鑫）

【海南省志办与南海网、人民网合作开设专题网页】 年内，海南省志办与南海网合作，开设“孤岛抗战琼崖壮歌”网页，并开通微博、微信平台；配合人民网开展“我的家乡，我的好儿郎”专题报道，宣传海南抗战历史。

（李鑫）

【四川省地方志网站建设情况】 年内，四川省地方志网站改版，网站内容及时更新、充实。南充市新开通地方志网站，雅安、广安、巴中等市（州）改版升级地方志网站。成都市龙泉驿区、南充市嘉陵区、邻水县、天全县新开通地方志网站。（朱艳林）

【西安市地情网建设情况】 截至年底，陕西省西安市有9个区县建设地情网站。西安地情网点击率达到32万人次，位居陕西省地情网站群评第一。（姬娟妮）

【青海省地方志网开通】 12月31日，青海省地方志网站正式开通。该网站共设省情综览、机构职责、法规制度、工作动态、志鉴论坛、志鉴成果、志鉴百科等7大栏目和25个子栏目，以文字和图片的形式全方位展示全省地理、历史、资源状况和政治、经济、社会、文化、生态文明建设情况，权威发布全省地方志工作动态、法规文件、志鉴编修成果等内容。

（马渊）

【银川方志网改版更新】 年内，宁夏回族自治区银川市志办对银川市方志网的栏目设置、界面设计、内容安排、搜索系统等进行全新调整。改版后，对银川方志网的25个子栏目内容全部进行更新，更新照片13张，上传2006年至2014年《银川年鉴》9卷，共1100万字；《兴庆年鉴（2013）》约60万字，《灵武年鉴（2011）》约90万字，《西夏区志》约100万字，《银川档案志》约16万字。及时更新发布方志动态信息130多条。（王玉琴）

【兵团史志网建设情况】 年内，新疆生产建设兵团党委党史研究室、兵团志办公室在兵团史志政务网基础上，积极筹建新版兵团史志网。兵团史志网设史志宣传板块和史志工作板块，内含兵团记忆、军垦风采、兵团史事、兵团方志、兵团年鉴、兵团史料、兵团大事记等栏目，旨在打造兵团史志宣传教育和研究的交流平台，史志信息的传播渠道、史志工作的展示窗口。（周崇）

·数字化建设

【北京市志鉴资料数字化及网上展厅建设情况】 年内，北京市数字方志馆上传志鉴资料300余部，制作“老北京商业民俗文化展”“梅派艺术薪传展”“房山英烈展”三个专题展的网上展厅。通过后台数据统计，北京地情库数据浏览量近7万次。（赵文才）

【内蒙古自治区地方志系统数据库建设情况】 12月，内蒙古自治区地方志蒙文数据库正式启动。内蒙古地方志多功能数据库系统包括地方志数据库、区情数据库、多媒体数据库和蒙文数据库4部分，下设自治区级、盟市级、旗县级三级子库，能够全面展示内蒙古地方志编纂成果。截至年底，已有192部志书（合26180.6万字）完成数字化入库工作。区情数据库完成17部年鉴、78期刊物的数字化入库工作，约合3160万字。（李向兵）

【辽宁省地方志系统数字化建设情况】 年内，辽宁省志办基本完成数据库筹备工作。大连市志办对近900万字的第二轮志稿进行了汇总，形成768万字电子志稿，并按照层级建立数据链接，实现第二轮志稿数字化存储。完成资料室收藏的音像资料和纸质档案资料的数字化转换。（姜潮洋）

【吉林省推进志鉴图书数字化】 年内，吉林省地方志编委会完成《长春市志·计划分志》《长春市志·民政分志》等50部及《扶余县志(1988～2000)》、《辽源市志（1986～2000)》（上、下）、《乾安县志（1986～2000)》、《八道江区志（1985～2005)》、《梨树县志（1986～2005)》等志鉴图书的数字化工作，共2.53万页，数据全部录入吉林省情资源库，在吉林省情网上提供上述志鉴图书的浏览及内容全文检索。（于泳生）

【《黑龙江省志大全》（电子版）出版】 年内，《黑龙江省志大全》（电子版）出版。《黑龙江省志大全》（电子版）收入第一轮省志全部78分卷和《黑龙江省志简编》。《黑龙江省志大全》（电子版）采用双层PDF技术，省志各分卷的显示层内容和原书完全一致，数字层实现全文检索的功能。电子版中的《黑龙江省志简编》采用纯文本TXT格式，读者可以方便地导出文字内容使用。（徐萍）

【黑龙江省数字化建设情况】 年内，黑龙江省情资料库以600万字的速度扩容增量，开展第二轮志书、地方史、综合年鉴、部门年鉴、地方文献等录入工作。截至年底，已收录各类志书年鉴700余部，文字量达4亿字。按照信息公开的原则，对外公开发布全省史志鉴电子数据，面向社会提供数据检索服务。该数据库采用全文检索数据库系统，具有系统稳定、抽取率高等特点，用户可以通过查找关键字等方式对数据库的标题及正文等资源进行检索。（徐萍）

【哈尔滨市地方志资料年度化数据库建设情况】 年内，黑龙江省哈尔滨市严格执行《哈尔滨市地方志资料年度化实施办法》和《哈尔滨市地方志资料年度化实施细则》，推进年度化资料数据库建设和资料年度化录入工作。截至年底，新接收市直承编单位提供的数字化资料1066万字。（哈尔滨市政府志办）

【哈尔滨市方志馆资料数字化建设扎实推进】 年内，黑龙江省哈尔滨市方志馆严格执行《哈尔滨市方志馆多媒体资料管理办法》，全年整理《黑龙江日报》《哈尔滨日报》《新晚报》《生活报》等数字报刊共计25万余版，扫描史话系列图书116册，共1200多万字，进一步丰富馆藏资源。（哈尔滨市政府志办）

【“方志上海”微信公众平台上线】 8月5日，上海市志办主办的“方志上海”微信公众平台正式上线。内容由话说上海、上海轶事、史志课堂、工作动态、上海年鉴等栏目组成，每个工作日编发3条信息。 （陈畅）

【“江苏省数字方志馆”上线试运行】 1月，“江苏省数字方志馆”上线试运行。该网站主要设13个大项36个子栏目，主要以志鉴资料和各类专题数据库为主。截至年底，江苏省数字方志馆网站共建成（购买）馆藏书目数据库、新方志数据库、年鉴数据库、旧志数据库、工具书数据库、中国学术期刊数据库、江苏方言数据库、博硕论文数据库、中华再造善本数据库（一期）9个专题数据库，总共数据规模近1.5T，并积极调研筹备建设“方志百科”数据库。自试运行以来，月平均访问量700人次，访客数240人。 （宫冠丽）

【南京市方志馆纸质书籍数字化】 年内，江苏省南京市方志馆完成《南京年鉴》29卷、《南京市志》12册、《南京通史》5卷（六朝卷、明代卷、清代卷、民国卷、共和国卷）、《南京简志》2种（1986版和2013版）、《南京市志丛书》53部、《南京史志》杂志1983年创刊号至2015年共计80本等图书的数字化，超过4500万字，为读者提供在线阅读服务。此外，通过政府采购，购置北京万方数据股份有限公司的“新方志数据库”，免费提供来馆阅览查询的读者使用。 （王艳荣）

【《温州年鉴》编纂信息系统上线运行】 年内，《温州年鉴》编纂信息系统投入使用。该系统由组织管理、供稿、总纂和编务四个子系统组成。供稿单位可运用该系统在线报送稿件，从模板库获得稿件范本，获取历年年鉴信息；编辑部及时掌握供稿进度，实现远程在线编纂。整个编纂过程实现无纸化办公。

（温州市史志办）

【《嵊州春秋》网络版开通】 12月，浙江省嵊州市志办和嵊州市新闻传媒中心达成合作，将嵊州市志办编印的内部刊物《嵊州春秋》在嵊州市新闻传媒中心主办的“嵊州新闻网”上网。“嵊州新闻网”专门开辟一个“嵊州春秋”栏目，并将2009年以来的《嵊州春秋》共28期上网。《嵊州春秋》设有10个栏目。

（绍兴市史志办）

【金华“数字方志”项目启动】 9月，经浙江省金华市政府分管领导批准同意，金华市志办开始筹备启动“数字方志”项目，完成金华地情数据库结构设计，逐步扩充库存电子资料，结合数字方志馆建设，构筑金华市地情数据中心并适时面向社会公众开放。

（金华市志办）

【《金华总览（2013）》（电子版）开发完成】 年内，浙江省金华市志办完成《金华总览（2013）》制作，内容包含《金华市政府公报》《金华日报》《金华晚报》《金华年鉴（2014）》（电子版），全年大事要事视频报道等内容。

（金华市志办）

【《东阳年鉴（2014）》数字化完成】 年内，《东阳年鉴（2014）》光盘版制作完成并随书发放，同时依托东阳市政府门户网站，将《东阳年鉴（2014）》上传至门户网站，可登录网站下载。 （金华市志办）

【《柯城年鉴（2011～2012）》制成光盘】 年内，浙江省衢州市柯城区档案局（方志办）对《柯城年鉴（2011～2012）》进行数字化加工，并刻录成光盘进行保存。 （衢州市志办）

【《龙游县志》配套光盘制作完成】 年内，《龙游县志》配套光盘制作完成。光盘内编排一些有关龙游历史文化方面的电视专题片，并录制“方言和普通话读音对照”音像片，以弥补《方言》卷阅读和使用上的不足。光盘将3部旧志即明万历《龙游县志》、清康熙《龙游

县志》、民国《龙游县志》以及两轮新志收录其中。　（衢州市志办）

【“舟山网上方志馆”加快建设】 年内，“舟山网上方志馆”对部分重要电子书籍进行OCR识别，提高应用丰富内容，完善应用。完善4县区馆建设，通过对4县区地情等资料的集中搜集，统一扫描制作，完成4县区馆建设的前期工作。　（舟山市史志办）

【历年《仙居县志》电子书制作完成】 5月，浙江省仙居县史志办整理《光绪仙居集》（手抄本）、《光绪仙居志》（手抄本）、《光绪仙居县志》、《万历仙居县志》、《康熙仙居县志》、《民国仙居县新志》、《仙居县志》、《仙居县志（1986～2010）》共8册志书，经过扫描、编辑剪切、排版设计，于年底完成所有电子书光盘制作工作。　（台州市志办）

【福建省“数字方志”二期工程完成软件部署】 12月，福建省“数字方志”二期工程完成软件开发，并部署至省方志委服务器，进入试运行阶段。“数字方志”二期工程包含门户网站及三套业务系统（在线修志编纂系统、年鉴在线编纂系统、编纂论坛管理系统）。

（孙洁斐）

【厦门市推进地方志信息化工作】 年内，福建省厦门市志办正式启动信息化建设二期项目——“数字方志”，包括“厦门地情数据库”和“方志图书管理系统”两大系统，旨在实现地情数据库、地情网、OA网、微信数据、图书管理系统的共享和无缝链接。　（郑欣）

【厦门市地情数据库项目获批建设】 6月，福建省厦门地情数据库项目获批并招标开始建设。该数据库包括志书库、年鉴库、历史影像库、地图库、人物库、古籍库、族谱库、地情书籍库、论文库等9个子库，数据存储空间大于100T，收录各类地情书籍，并对古籍进行数字化加工并收录入库，可实现集纳古今、便捷索引、资源共享等功能。　（郑欣）

【泉州市数字化建设】 年内，福建省泉州市地方志编委会针对库网特点自主研发数字化软件，提高数字化工作效率，完成各类志、鉴、地情丛书数字化处理入库60多册，近亿字。举办该市地方志系统信息技术培训班，指导县（市、区）地方志信息化工作。加大指导、督促县级方志机构收集保存并上报已出版地情文献资料电子版，2015年度县（市、区）方志机构上报地情文献电子版16册。　（陈建强）

【南平市方志委持续推进志鉴数字化建设】 年内，福建省南平市地方志编委会加大志鉴资料上网力度，全年在南平市方志网上新增各（县、区）第一轮志书、《南平年鉴》等地情资料1600余万字。建瓯地情网自2006年开通以来，上传文字资料上亿字，图片资料上万幅，视频资料上千个，点击率突破600万人次。

（孙洁斐）

【山东省史志办省情资料库新软件发挥重要作用】 4月，山东省史志办使用省情资料库新软件录入8部《山东省志》分志，共394万字、600余幅图片。对2015版地情资料库后台管理软件进行实用检测并修改完善。6月16日至17日，举办全省资料库建设培训班，培训17市、17个县（市、区）技术人员40多人，学习掌握2015版地情库软件使用方法。10月，《山东年鉴》2015卷（125万字、154幅图片）出版后，及时上网发布，再次实现当年出版、当年上网发布的目标。10月，山东纪念抗战胜利70周年丛书在山东省情网专题栏目全文发布，共计200万字、3000余幅图片。截至11月，全省共入库92部志书、年鉴，共计3000万字。　（李坤）

【烟台市牟平区史志办启动网上区情资料库建设】 年内，山东省烟台市牟平区史志办以打造文化信息资源共享新平台为目标，在完成区情网站改版升级的基础上，启动牟平区情资料库建设工作。牟平区情资料库是以收录牟平地方志文献资源为主要内容、可全文检索的信息资源数据库，与山东省情资料库联网并用，现已全文收录《牟平县志》《烟台市牟平区志(1978—2000)》等300余万字内容。（李坤）

【德州市史志办全面开展地方志文献数字化工作】 8月，山东省德州市史志办与有关部门合作，开始对市方志馆所藏全市首轮、第二轮志书、地情文献等进行数字化处理。1982年以来，德州市史志系统共编纂出版各类志书、年鉴、地情书籍百余部。将前期出版书籍全部数字化，以保存、入库和开发利用，扩大地方志影响，实现资料价值，为社会各界提供便捷服务。（李坤）

【河南省地情数据库入库量跻身全国省级地情数据库前列】 年初，河南省史志办党组把“增强史志服务功能，拓展史志信息服务领域”列为年度工作目标。截至年底，入库总量增至10亿字。（胡柱文）

【郑州市史志办史志数字化建设情况】 年内，河南省郑州市史志办按计划完成地情信息化建设二期工程，数字化县（市、区）志鉴和地情书籍资料近百册、1亿字。将收集的康熙《登封县志》、乾隆《荥阳县志》（点校本）、民国《河阴县志》上下册（点校本）、嘉靖八年《登封县志》（点校本）、乾隆五十二年《登封县志》（点校本）、乾隆四十一年《新郑县志》（点校本）、嘉庆二十二年《密县志》（点校本）等7种旧志及旧志整理本进行数字化。该办现已拥有15种旧志及旧志整理本电子版。（李占虎）

【郑州市积极开发地情电子出版物】 年内，郑州市史志办依托地情数据库，开发《郑州地情文献集成》大型历史文献电子出版物，包括市、县（市、区）全部年鉴和史志书籍资料，共计160余部志鉴、230余册书籍、1.5亿余字。（李占虎）

【“三门峡史志”官方微博、微信正式开通】 11月18日，河南省三门峡市委党史史志办官方微博“三门峡史志”、微信公众平台“文明三门峡史志”正式开通运行。“三门峡史志”官方微博、微信主要发布史志动态、党史研究、志鉴崤函、崤函文化、民俗风情等内容。（汪朝霞）

11月18日，“三门峡史志”官方微博、微信正式开通仪式

【驻马店市“点击天中——驻马店方志馆掌上信息库”研制成功】 10月，河南省驻马店市史志办“点击天中——驻马店方志馆掌上信息库”研制成功。信息库共分修志文献、驻马店地区志、清汝宁府志、各县旧志、驻马店年鉴（1993~2014）、民间文化、古代文集、当代著作等8大类，收录各类文献51种，以电子版形式，借助平板电脑载体，为社会各界提供掌上阅读服务。（汪朝霞）

【湖南省方志数字化建设情况】 年内，湖南省地方志编委会完成近3000万字的志鉴全文数字化。同时，将《文献与人物》和《湖南年鉴》全部上传到“湖南省地方志网”。（张征远）

【广东省志办明确数字化建设主要任务】 4月23日，广东省志办通知，明确2015年广东省数字化建设的主要任务：一是继续做大做强基础数据库。上半年，完成二轮综合志书和

2014年综合年鉴数据入库；年底前，完成一轮综合志书数据入库，综合年鉴入库率达60%以上；积极开展地情文献书籍、旧志、谱牒的数字化和入库，全省完成2亿字地情数据入库量。二是各级地情网站要配合政府中心工作，全面开展现时地情电子数据的搜集、保存、入库和发布工作。　（广东省志办）

【广东省情网建设取得新进展】　年内，广东省情网累计访问量达4300多万次，肇庆、惠州、珠海、东莞、梅州、云浮、新兴、高要、兴宁、荔湾、端州、信宜等多个站点累计访问数均超过百万。数据更加丰富充实，全年省情数据库新增入库数据2.1亿字，总数据量超10亿字。市、县（市、区）志鉴入库率超60%。

（广东省志办）

【广州市地方志数字化建设】　年内，广东省广州市志办书库藏书的数字化工作完成80795页志书、年鉴，2000页族谱的扫描、识别、校对工作。截至年底，共完成期刊、地情书籍、资料汇编、志书、年鉴、族谱等38万页文字资料、10万张图片的数字化。图书资料数字化包括扫描、识别，以及软件一次校对、人工二次校对、第三方抽查等步骤，保证数字化后的文字准确率达到99.9%以上。数字化成果中的文字资料逐步录入到广州市情数据库，图片录入到照片档案管理系统，为社会公众查阅和修志工作服务。　（颜岳军）

【西安市地情资料数据库建设情况】　年内，陕西省西安市志办将地情书籍数字化，同步在西安地情网上公布，新增《咸宁县志》《长安县志》《咸宁长安两县续志》及《西安年鉴》等4部书籍的光盘。截至年底，西安地情网数据库共有电子志书240本，约1.2亿字。

（姬娟妮）

【西安启动移动地情资料库开发与建设项目】

年内，陕西省西安市志办申请启动移动地情资料库开发与建设项目。通过地情移动传播平台，面向拥有移动终端设备（平板电脑、智能手机等）的广大用户群，随时随地提供地情信息服务。该项目建设方案已通过审批。

（姬娟妮）

【青海省志办启动志鉴数字化工程】　年内，青海省志办成立省地方志数字化建设领导小组，并组织相关人员赴陕西、山东等地学习调研数字化、信息化建设工作。制定《关于一轮志书数字化实施方案》，对数字化工作进行谋划和安排。　（马渊）

【新疆维吾尔自治区志办积极推进地情资料库建设】　年内，新疆三级志书、年鉴数字化工作已完成80%，其中首轮《新疆通志》数字化工作全部完成，地县志接近完成，《新疆年鉴》完成工作量的50%。　（陈忠）

【兵团七师年鉴数据库建设情况】　年内，新疆生产建设兵团第七师史志办与七师信息化办公室，在七师政务网建立七师年鉴数据库，满足社会各界查阅相关资料的需求。同时，在七师政务网设置“走进七师”专栏，设七师概况、峥嵘岁月、经济建设、社会事业、历史文化五大板块，以图文并茂的形式，全面展示七师历史、现状和风土人情。　（朱世坤）

【《中国铁道年鉴》数字化建设情况】　年内，中国铁路总公司档案史志中心对《中国铁道年鉴》2010年至2014年卷约750万字进行数字化，并在中国铁路总公司网站设“铁道年鉴”栏目，刊载《中国铁道年鉴》有关篇目供查阅。　（中国铁路总公司档案史志中心）

·方志馆建设

【北京市方志馆馆藏图书报刊图片不断充实】

年内，北京市方志馆“2014年度资料年报”收到图书、期刊、文件资料、音像资料总计1873份；购置、交换、接收捐赠图书2798册。收到《北京志》老主编、专家学者的捐赠。全年拍摄图片6000余幅，购买老北京图片250幅，通过拍卖形式重点收集古地图，通过办展、向社会开展图片征集活动，征集图片80余幅。（赵文才）

【北京市方志馆地情展览维护不断更新】 年内，北京市方志馆完成地情展览维护30余次，更新表格数据49处，更新沙盘地图软件及14幅地图，增加警示标语，购买急救药箱和方便老弱伤残人士的轮椅等安全设施装备。

（赵文才）

【“老北京商业民俗文化展”在北京市方志馆举办】 年内，北京市方志馆和北京民俗博物馆·东岳书院在北京市方志馆共同举办“老北京商业民俗文化展”。展览分为北京的老字号、商业用具、坐商招幌、游商响器和商品包装五个部分，通过实物和图片，再现老北京商业民俗文化。展览中，可以通过地图了解京城各个商圈的餐馆、饭庄、鞋帽店、戏园子等行业的分布，通过老字号时间轴直观地看到众多老字号的兴衰浮沉。（赵文才）

【保定市方志馆正式开馆】 3月24日，河北省保定市方志馆正式开馆。该方志馆整体功能定位为展示保定地情，收藏全市范围内历代志书、年鉴、地情书和历代保定学人的著述、与保定有关的著述，保定抗日战争时期的相关史料，兼收国内各地历代志书、年鉴和地情书。开辟保定地情、历史文化学术讲堂，把其建设成为挖掘、研究保定地情、历史、文化的平台，宣传展示保定的窗口。方志馆由地方志展室、抗战史料室、光园与民国风云等组成。为配合纪念中国人民抗日战争和世界反法西斯战争胜利70周年，保定市开展红色文化走廊之旅，布置保定抗战史料专题展览，以图片形式再现以保定区域为核心的敌后抗战，用事实证明以中国共产党领导的八路军华北敌后抗战对取得全面抗战胜利起到的重要作用。7月，河北大学计算机科学与技术学院“爱国主义教育基地”揭牌仪式在保定市方志馆举行。

（魏铁军）

【国家方志馆秦皇岛分馆二期工程开工】 年内，国家方志馆秦皇岛分馆二期工程正式开工。方志馆二期工程处于一期工程后院，对院落中的正房5间、东西厢房各3间的危旧房屋进行修缮改造，计划总投资3863万元。秦皇岛市志办负责方志馆二期工程建设方案的审定和工程建设的指导与监督。（魏铁军）

【昌黎县方志馆首次接待国内外41家媒体】 年内，第十五届中国（昌黎）国际旅游电视片大赛开机仪式在昌黎县举行。仪式结束后，国内外41家媒体把昌黎县方志馆作为首个拍摄点，到馆参观并开机拍摄。方志馆工作人员向媒体记者讲解昌黎县的历史文化、秀丽的自然风光、良好的产业基础、发展的城市建设，耐心解答记者们提出的相关问题，从馆藏志书中协助查找拍摄所需资料。向媒体记者赠送续修《昌黎县志》80册。（魏铁军）

【山西省省情（方志）馆建设取得新进展】 年内，山西省省情（方志）馆项目29796平方米的建设用地得到落实，并取得建设项目选址意见书、规划设计条件通知。（杨建中）

【太原方志馆建设稳步推进】 山西省太原方志馆占地3000平方米、投资1500万元，紧跟省志办的省情方志馆一并规划后一体建设。在获批项目建议书后，又获批规划选址意见书。

（太原市志办）

【抚顺市方志馆开馆】 3月20日，辽宁省抚顺市方志馆正式开馆。馆藏图书300余册，文献资料百余册，其中包括抚顺市社会科学院1994~2015年出版的《平顶山惨案研究》《沈抚新城与城市生活垃圾处理》等图书。抚顺市方志馆全年共接待来访市民20余人次，查询、借阅书籍160余本。（姜潮洋）

【康平县地方史志馆获批建立】 11月16日，中共康平县委、县政府正式批准在康平县地方志展厅基础上建立辽宁省康平县地方史志馆，与志办合署办公，为财政全额拨款事业单位，核定事业编制1名。馆内展示各历史时期图照272幅，文字资料3万字，各类表格12张。主要内容有康平政区概况、自然概况、境域区划、人口民族、建置沿革等。馆内展示县志办编辑出版与收藏的方志类、地情类、文史资料类书籍2000余册。 (姜潮洋)

【吉林省方志馆建设情况】 年内，吉林省方志馆购买志书、年鉴及地情类图书3750册，接收报送图书2141册，交换图书248册；接收捐赠图书20册；配（赠）送图书607册。分别与四川等15个省、市及地区地方志工作机构建立志鉴交换关系。完成东北地区志书编目数据和数据审核，对已完成编目数据的地区和新出版的志、鉴、地情类图书进行数据编目和典藏；收集整理《来宾县志》《凌云县志》《黎县志》《大理县志》《顺宁府志》《建水县志》《阿坝州志》等旧志电子版300余部；接待来馆查阅、咨询家谱相关人员130余人次，搜集、购买、接收捐赠《吉林舒兰谭氏宗谱》《刘盈氏族谱》等15部。截至年底，吉林省方志馆馆藏图书种类达44660余种、11.65万册。其中，吉林省及省外旧方志187种，1031册，家谱165部。全年接待政府机关、企事业单位、学校院所、报社等单位来馆参观、查阅、咨询信息780家、1990人次。 (李刚)

【黑龙江省方志馆建设情况】 年内，黑龙江省方志馆（以下简称方志馆）再次装修布展，使方志馆在原来的展区面积基础上增加近2倍。这次布展采用多媒体技术和先进的科技手段对展览内容进行展示。共设4个展区，即省情展区、龙江历史发展沿革展区、龙江骄傲展区、全省地方志发展历程展区。这次布展，一是选取黑龙江历史上的重要时段、事件及亮点，二是展示全省省情及地方志事业发展历程，三是装修布展始终坚持和努力探索如何把方志馆办成地情、省情和国情教育基地的路径。全年共接待参观者近300余人。 (徐萍)

【哈尔滨市方志馆被命名为哈尔滨市首批爱国主义教育基地】 12月28日，黑龙江省哈尔滨市首批爱国主义教育基地授牌仪式在哈尔滨城乡规划展览馆举行，哈尔滨市方志馆成为哈尔滨市首批爱国主义教育基地。该方志馆以这次爱国主义教育基地命名为契机，利用馆藏的哈尔滨丰富的历史文化资源，不断完善配套设施，充实展示内容，继续开展好主题鲜明的活动，丰富教育内容、增强教育效果。

(哈尔滨市政府志办)

【江苏省方志馆建设情况】 年内，江苏省方志馆采购图书1088册，包括《近代中国地理志》《湖南图书馆藏稀见方志丛刊》《中国大运河历史文献集成》以及部分《中华再造善本》等大型丛书，著录书目数据库2400多册。截至年底，江苏省方志馆共有图书35400种，约12万册，著录书目数据库35400册，各类期刊60多种。整理各种修志编鉴初始原稿约2500多份。与全国17个省（自治区、直辖市）建立志鉴交流合作协议。积极支持各地市志办工作，赠送首轮《江苏省志》、年鉴和地情书15000多册。 (宫冠丽)

【江苏省方志馆拓展服务功能】 1月，江苏省方志馆与江苏省语言文字应用学会签署协议，双方共建“江苏方言文化传播研究基地”，并在数字方志馆网站设立“江苏方言库”，首批共展示江苏70个方言调查点的字、词、句共7350条音频资料，供读者试听。与高校共建教育科研实习基地，扩大方志馆社会影响，全年接收学生实践、实习2批次7人；做好方志馆日常读者和参观团队、会议的接待工作，全年共接待28批668人次，其中省外11批57人次、省内17批611人次。 (宫冠丽)

【南京市方志馆开馆】 4月3日，江苏省南京市方志馆开馆暨“南京市大学生地方志志愿者服务基地”揭牌仪式举行。南京市方志馆与南京市档案馆两馆合一共同建设，2011 年 12 月奠基，2014 年 3 月竣工，总投资 3 亿元。南京市方志馆集四大平台为一体，传承和宣传南京特色文化。一是修志编鉴平台，以志书和年鉴的形式传承南京历史文化。二是“方志南京”展陈馆平台，以方志的视角展示南京历史文化。三是方志文献阅览室平台，以收藏志书典籍保存南京历史文化。四是南京地方志专业网站平台，以“新编方志、地情书览、古籍整理、视听频道、代表建筑”等 37 个特色栏目宣传南京历史文化。（宫冠丽　王艳荣）

【“方志南京”展陈馆展出】 年内，江苏省南京市方志馆“方志南京”展陈馆以“建制沿革 · 重大历史事件”“南京历史文化”“南京方志历史与现代修志成果”3 个板块 4 个展区，将传统展示手段、现代科技和古城特色元素有机结合，全方位展示南京历史文化和方志文化成果。开馆后，共接待来自全国各地方志同仁和社会各界群众、机关各部门干部职工、香港爱国基金会学生参观团、社区夏令营亲自团、小记者团等 70 余批、近万人次。（王艳荣）

【常州市方志馆拓展服务功能】 年内，江苏省常州市方志馆立足于“5 分钟了解方志，1 小时读懂常州”的宗旨，围绕“读方志、观舆地、歌城府、阅人迹、览文化、仰文魁、研史籍”七大主题，建设思路跳出方志馆“传统、专业”的既有模式，在继续保留方志专业特色的前提下，通过布展一些市民“听得懂、想了解”的志书史料和地情信息，打造一座“让古志开口说话”的历史课堂式的方志馆。该方志馆服务功能不断拓展，先后被认定为常州市爱国主义教育基地和常州市社科普及示范基地。至 10 月 28 日开馆一周年，累计参观者达 3.7 万余人次。接待参观团队 78 批次，包括美国、丹麦、西班牙、坦桑尼亚等国外团队。

（宫冠丽）

【张家港市史志馆开馆】 1 月 22 日，江苏省张家港市史志馆开馆仪式举行。该馆由张家港市委党史办和市图书馆合作建成，馆藏面积 120 平方米，设计库容 12000 册。该馆收藏全市历年出版的史、志、鉴书籍和地方人士编纂的各类书刊、家谱族谱 6000 余册。是日，张家港数字地情网站同步开通运行。

（宫冠丽　李海宏）

【余杭方志馆全年接待参观者 9 万多人次】 浙江省余杭方志馆全年接待参观者 94838 人（次）。其中，接待浙江省委书记夏宝龙和各级党委、政府领导人及有关单位专家共 43 批 570 人，接待山东省史志办、安徽省史志办、六盘水市史志办等省、市、县史志界同行 17 批 125 人。该方志馆为游客设置防滑垫，双休日讲解等。全年在馆内开展 4 次临时展览，分别为“余杭历代书画展”“抗战画家张善子虎展”“余杭抗战展”“林永金个人邮票展”。

（李景苏）

【宁波市方志馆筹建加速】 年初，浙江省宁波市志办公开征集宁波市方志馆文物史料，包括全面反映宁波发展历史与现状等地情、市情的人文历史文物，其中有宁波宋元明清时期旧志文献以及现代文献，各县（市）区志和各部门志，江、湖、桥等专志，保国寺志等特色志、乡镇志、村志和民间族谱、家谱等史料、文物，以及国外保存的历代中国方志文献（影印版）等。7 月 27 日，中国共产党宁波历史馆（宁波市方志馆）文案策划和展陈大纲编制项目的采购公告发布。8 月 10 日定标。中国共产党宁波历史馆（宁波市方志馆）馆址位于江北区外马路 195 号现宁波城市展览馆。该馆面积 6790 平方米，展厅面积 3700 平方米。预计总投资 7460 万元。（高曙明）

【湖州方志馆开始施工】 10 月 18 日，浙江省湖州方志馆完成施工招标和合同签订等工作，正式进场施工。湖州方志馆选址在湖州市老城区项王公园望湖楼，为新建的五层仿古塔式建筑，建筑面积约 1500 平方米。年内，已完成

外立面油漆、内部电梯安全维护、项目基础设施建设、总体布局各项施工、设施设备和材料采购等工作。（湖州市史志办）

【义乌方志馆累计参观者达5.6万人次】 年内，义乌方志馆免费向市民开放。全年进行爱国爱乡教育50余次，累计参观者5.6万余人次。（金华市志办）

【绍兴市柯桥方志馆内新设史志陈列室】 年内，浙江省绍兴市柯桥方志馆新成立柯桥史志陈列室。年内，接待社会各界查询史料信息100余人次。（绍兴市史志办）

【松阳地情资料馆设立】 7月，浙江省松阳县史志办设立松阳地情资料馆，制作展台，陆续搜集松阳作者的作品和外地作者写松阳的地情资料。该馆面积80平方米，设八个区块：第一区块为地方志、部门专业志、年鉴，第二区为块党史、红色回忆录，第三区块为侵华日军罪行录，第四区块为地方文献，第五区块为松阳籍作者作品，第六区块为松州史话，第七区块为民间家谱1000余册，第八区块为松阳文学。（丽水市志办）

【岳西县方志馆揭牌开馆】 2月10日，安徽省方志馆正式挂牌开馆，对社会开放。该馆为克服方志馆位置不佳、无专职管理人员、不方便读者阅览的不利因素，积极探索、创新方式，与县图书馆合作构建联盟馆，图书馆免费为方志馆开放服务器端口，帮助方志馆组建力博图书管理终端，互联互通，两馆之间可随时查阅相互馆藏书目，实现文献资源“共知、共建、共享”。（史五一）

【福建省方志馆建设项目获批】 9月8日，福建省发改委批复福建省方志馆修缮改造及布展工程项目。项目地点位于福州市铜盘崎上路12号（原省档案馆屏西旧馆）。项目改造建筑面积7006平方米，主要内容包括外立面改造、室内装修改造、电气智能化、消防、展厅陈设布景等。项目估算总投资4530万元，建设资金由省发改委和省财政厅各承担一半。（孙洁斐）

【福州市方志馆建设列入福州市“十三五”规划】 年内，中共福州市第十届委员会召开第十一次全体会议通过《中共福州市委关于制定福州市国民经济和社会发展第十三个五年规划的建议》，在其中第46项“打响闽都文化品牌”中列入“设立福州市方志馆”。（张灵）

【漳州市芗城区、诏安县完善充实志书资料馆】 年内，福建省漳州市芗城区地方志编委会为丰富资料室的图书种类，增加藏书量，年内从省地方志编委会及其他有关单位征集、获赠200多套（册）新图书。诏安县方志委加强与各县市、闽南师范大学图书馆的志书、地情文献交流，从省方志委获赠150本文史书籍，充实资料库。（郑美华）

【泉港姓氏馆完成布馆】 10月，福建省泉州市泉港区志办在区文化活动中心方志馆开设专区，完成“泉港姓氏馆”布馆。该馆着重展示泉港各姓氏源流，展出收集到80本族谱等，展现泉港区各姓氏的发展轨迹。（孙洁斐）

【三明市方志馆建设有新进展】 年内，福建省三明市政府统筹安排市方志馆用房，部分藏书移交市图书馆统一管理。同时，宁化、清流、沙县、尤溪、将乐、泰宁、永安市、建宁、明溪9个县（市）建立了方志馆（室），并有大田、梅列2个县（区）方志馆落实用房。除三元区外，其他方志馆（室）均基本建立起来。（陈声华　张宣）

【永安市方志办完善市方志馆建设】 年内，福建省永安市志办完善“永安方志馆”建设，推进方志书库收藏、整理工作，打造永安志鉴收藏中心。新装修的方志馆添置整体书橱、配置中央空调与会议桌椅，可藏书1万余册。同时，加强与全国各地地方志工作机构和图书馆的联系，开展志书交换和购书活动。争取到省方志委配送的省志、省部门志、市县志等志鉴及地情书籍800余册。截至年底，收藏志鉴图书和地情文献4000余册。（陈声华　张宣）

【明溪县推进方志室建设】 年内，福建省明溪县志办与明溪县图书馆合作开设明溪县方志室。明溪县方志办提供近500册志书、年鉴等图书资料。截至年底，该项工作基本落实。

（陈声华　张宣）

【清流县推进方志馆建设】 年内，福建省清流县志办积极开展志书、年鉴交流活动，与省内外有关单位互通有无，充实自身馆藏。获省地方志编委会赠送《福建省志》1套及其他志书、年鉴、地情资料、人物传记等书籍计600余本，充实方志办收藏。（陈声华　张宣）

【尤溪县推进方志室建设】 年内，福建省尤溪县志办积极筹建方志资料室，充分利用现有《尤溪县志》《尤溪年鉴》《尤溪姓氏志》《尤溪县地名志》等藏书，与全国各地方志、党史部门交换史志书籍，丰富县志办藏书，使资料室初具规模。（陈声华　张宣）

【泰宁县推进方志分馆建设】 年内，福建省泰宁县志办充分利用县图书馆资源平台，与县图书馆联合共建泰宁县方志分馆，建立泰宁县的地情资料库，陈设志书资料，便于读者浏览查阅。泰宁县方志办积极向上级部门争取地情书籍，先后收到省、市方志委捐赠书籍300余册，丰富方志分馆馆藏。（陈声华　张宣）

【建宁县推进方志馆建设】 年内，福建省建宁县加快县方志馆建设步伐，对各项管理、借阅制度进行完善，提高管理服务水平；采取购置交换、征集等方式，收集各地各类志书、年鉴，丰富方志馆馆藏；及时对馆藏书籍进行分类整理、登记。全年新增各类志书、文史资料300余册。（陈声华　张宣）

【龙岩市推进方志馆（库）建设】 年内，福建省龙岩市地方志编委会组织实施龙岩市地方志馆（库）加挂福建省中央苏区地方志馆（库）项目。该馆按照“中央苏区、闽粤赣边、客家文化”主题，收集收藏地方志文献（图书）。

（游友荣）

【宁德市推进方志资料室（库）建设】 年内，福建省宁德市地方志编委会资料室面积扩大，由原来的1间16平方米扩展到3间48平方米。市地方志编委会进一步建立健全借阅制度，免费向社会提供服务。与省内外地方志工作机构、高等院校进行地情资料交换，交换志鉴近50部。寿宁、福鼎、周宁县（市）地方志编委会陆续建成方志书库并投入使用，全市有7县（市、区）地方志编委会建成方志资料室（库）。（龚美华）

【宁德市建设村级方志书屋】 1月，福建省地方志编委会作出“在宁德试点设立农村方志书屋”的决定。宁德市方志委按照要求，牵头落实书屋建设。组织人员到福安市范坑乡毛家坪村、寿宁县下党乡下党村了解村情，开展方志书屋建设可行性调研，制订书屋建设总体框架，牵头负责书屋室内建设，整理配送地方志书、年鉴、法律、科普等书籍280余部（册），划拨补助经费3万元。7月、9月，先后建成毛家坪村方志书屋和下党村方志书屋并投入使用，2个书屋面积合计130平方米，为村民提供良好的学习场所。12月，邀请宁德市电视台拍摄制作农村方志书屋建设与宁德地方志工作宣传光盘。（龚美华）

【福鼎市方志书库建成投用】 9月，福建省福鼎市方志书库建成投用。整个书库规范整洁，排列有序，便于查阅。该书库收藏国内、省内及宁德市、县（市、区）和本市的志鉴、地情资料等书籍2000余册。（龚美华）

【江西省方志馆开发利用持续深入】 年内，江西省方志馆完成全年图书采购任务；接待中央和部分省市人员的来访；接待江西省农业厅、江西省统计局等单位、参观者和读者2000余人次；充分挖掘和利用方志馆馆藏资源，与《江西晨报》联合举办“档案解密”栏目164期。（张志勇）

【淄博市博山区史志办积极筹建方志馆】 年内，山东省淄博市博山区史志办积极开展方志馆筹建工作。9月，博山区政府批复同意，划拨财政资金40余万元，将一处300平方米办公场所动工装修，用于建设区方志馆。在获得批复后，博山区史志办积极开展项目前期准备工作，制订方志馆建设方案，力争将博山区方志馆建设成为博山地情展示馆和地情研究中心，更好地保存、研究、开发利用博山的地情资料。（李坤）

【东营市方志馆获批成为国家方志馆黄河分馆】 7月16日，中指办批复同意东营市方志馆设立国家方志馆黄河分馆，增挂国家方志馆黄河分馆牌子。这是国家方志馆在全国设立的第二家分馆。东营市方志馆位于东营市东城文化核心区，与市图书馆新馆一体规划兴建，与市科技馆、少年宫、体育馆、水城雪莲大剧院等毗邻。方志馆馆舍套内使用面积2566平方米，以弘扬黄河文化、展示东营风采为主题，以建设地情资料收藏中心、地情展示中心、地情研究中心、地情服务中心和爱国爱家乡宣传教育基地为目标，努力打造具有浓郁黄河文化特色的专业方志馆。截至年底，东营市方志馆集中选购《黄河大移民》《黄河河情咨询报告》《黄河开发与治理60年》《黄河流域综合规划(2012～2030年)》《黄河河流地貌过程》等一批反映黄河文化的书籍390余册，争取财政资金28万元，面向社会采购文津阁《四库全书》和《山东文献集成》，征集到实物、照片、书籍等600余件。（李坤）

【河南省方志馆建设取得新进展】 年内，河南省方志馆改造方案经过多次酝酿，进入可行性论证阶段。18个省辖市中，三门峡、新乡、洛阳、安阳、周口、鹤壁、南阳、信阳、平顶山、焦作、漯河11个规模不等的市级方志馆（室）建成投入使用。郑州、濮阳、商丘等地正在规划筹建。（胡柱文）

【郑州市方志馆项目取得进展】 年内，河南省郑州市史志办积极与相关部门沟通，进一步筹划、论证方志馆项目，细化具体功能和空间布局。郑州市方志馆建设项目作为郑州西区市民公共文化服务区首批入驻项目开工奠基。（李占虎）

【平顶山市方志馆建成开馆】 12月22日，河南省平顶山市方志馆建成开馆。该馆位于市区建设路中段。2013年开始筹建，建筑面积300多平方米，分设藏书室、借阅室、微机管理室等。馆藏全国各地志书、年鉴及地情文献1.3万余部，其中志书约1万部，年鉴约3000部。截至年底，平顶山全市9个县（市、区）中7个建立方志馆（室）。其中，卫东区2009年建成全省首个县级方志馆，拥有各类藏书8000余册；宝丰县吸引投资200多万元，建成全省规模最大的县级方志馆，该馆占地260平方米，藏书1万余册。（汪朝霞）

【湖北省方志馆馆藏建设情况】 5月，湖北省方志馆组织人员赴北京、广州、南京考察方志馆的建设。7月，完成省方志馆扩建项目的申请报告，省政府及各有关部门原则同意省方志馆升级改造的立项。年内，湖北省方志馆积极购买或交换全国三级志书、修志业务工具书、与湖北相关的各类图书以及年度全国优秀图书，进一步规范志书、年鉴、地情资料等图书的信息化管理，并购入图书管理系统，初步实现省方志馆馆藏信息化管理。（湖北省志办）

【湖北省各地方志馆建设情况】 年内，湖北省各市、县方志馆建设稳步推进。宜昌市、孝感市方志馆主体工程完成，宜昌市方志馆陈列厅的布展设计任务书和展陈大纲通过中指办组织的专家组审查。截至年底，17个市州方志馆共收藏各级各类地方志资料约26万册。

（湖北省志办）

【湖南省方志馆建设情况】 年内，湖南省进一步拓展方志馆服务功能。湖南省方志馆加入国家图书馆联合编目中心成员馆，可共享国家图书馆的所有已正式出版图书的相关信息。

（张征远）

【浏阳市方志馆推进布展工作】 年内，湖南省浏阳市方志馆大力推进作为浏阳历史发展档案的“浏阳记忆”陈列布展项目，展览面积1260平方米，展线总长500余米。

（长沙市志办）

【广东省方志馆建设稳步推进】 截至年底，广东省已建、在建和已立项各级方志馆达到18个。年内，广东省方志馆、深圳市方志馆、全国首个镇级方志馆东莞大朗方志馆先后揭牌，广东省情馆、广州方志馆新馆、深圳市方志馆筹建布展有序推进。3月，成立广州市地方志新馆筹建领导小组和筹建办公室，按照新型地方志馆标准筹划新馆建设，推进展陈大纲编写和修改完善，布展有序推进。6月、7月，深圳市方志馆布展综合配套工程、信息化系统建设工作项目建议书首次专家评审会相继召开。广东省各级方志馆切实贯彻落实共享理念，积极提升方志馆的公共服务水平。广州方志馆每月举办一次广州地情公众开放日活动，以群众喜闻乐见的形式宣传广州历史文化和经济社会发展成就。

（广东省志办）

【广州市全力推进地方志新馆筹建和布展工作】 年内，广州市志办多措并举，全力推进市地方志新馆筹建、布展工作。一是成立广州市地方志新馆筹建领导小组及其办公室（下设12个专项工作小组），加强对新馆筹建工作的组织和领导，切实推进各项筹备工作。二是积极与广州市发改委、国规委、重点办等有关单位沟通协调，在方志新馆的功能布局、面积划分、结构调整、库房改造等问题上达成共识，形成新馆筹建工作合力。三是整合区级力量，探索区情展览思路。越秀、天河、白云、南沙等区协助建设区情展区并启动筹备工作。四是多形式、多渠道征集广州市机关和企事业单位、专家的意见和建议，反复修改补充，推动新馆展览文本基本成型，并形成新馆初步设计方案。五是在全市范围内开展文献文物和展品的征集工作。截至年底，已征集铜器、红木宫灯、广州木偶戏道具等具有岭南文化特色的物品100多件。六是积极主动向分管市领导汇报地方志新馆筹建、布展工作情况和问题。时任广州市市长陈建华于6月25日实地察看广州地方志新馆建设情况，召开现场办公会议，解决新馆建设工作中出现的问题。（王娜）

【广州市地方志馆加强馆藏建设与服务】 年内，广州市地方志馆在满足基本馆藏需求的同时，文献资料建设突出地方特色，重点搜集广州地区的地情文献，兼顾岭南地区、珠三角地区的地情文献，为社会大众提供图书资料查阅利用服务，为广州地情公众开放日书展和新馆展区的筹建提供保障。通过购买、征集、呈缴、交换、接受捐赠、复制等方式，搜集到图书资料3000余册，其中新购地情文献1100余册，征集复制族谱92种，地方志资料年报入库240多份，其他接收呈缴、捐赠或交换文献资料1600余册。馆藏地情资源服务主要包括以下方面：一是为广州地情公众开放日策划地情图书流动展和赠送书籍；二是利用方志馆展厅，组织相关图书以多种形式长期展示；在馆藏书库和阅览室，按照新馆展览大纲的主题，集合馆藏地情文献资料进行分类展示；三是挑选部分馆藏族（家）谱，为广东省地方志馆主办的“家谱家训家风展”提供展品；四是加强与本地职能部门、文化出版单位、学术研究机构的合作，为相关项目或课题提供文献资料的咨询查阅、信息整合和专题利用服务；五是根据全国第一次可移动文物普查的相关要求，配合市文广新局和普查办，完成对50件/套馆藏线装古籍的文物认定、信息采集、登录上传和报送审核工作；六是与广州图书馆签订“广州图书馆与广州市地方志新馆建设图书分馆合作意向书”，与广东人民出版社、花城出版社、广州出版社签订“共建广州地情图书资源库合作意向书”，筹划广州地区地情资源统筹共享和公共文化服务方面的合作。（朱忠泽）

【深圳市方志馆举行揭牌仪式】 11月18日，广东省深圳市方志馆举行揭牌仪式。该馆位于福田区梅林片区，与深圳市档案中心合建，建筑面积1万平方米，包括党史馆、地情馆、公共阅览室、历史影像编辑中心、口述历史中心、民间特色收藏室、馆藏库房、多功能会议厅及研究区域等，致力于打造为深圳的城市文化名片，成为保存、展示、传播深圳历史文化的“两个基地”（深圳市情教育基地、深圳党史教育基地）和“六个中心”（全国地方史志文献收藏中心、深圳地方文献收藏中心、深圳地方志编纂与地情研究咨询中心、深圳历史文化与城市发展变迁展示中心、中外地方史志交流中心、深圳党史研究与宣传中心）。7月，文献馆藏管理处正式进入方志馆办公；9月，黄玲被任命为深圳市方志馆馆长，方志馆开馆筹备各项工作进入紧张推进中。（广东省志办）

11月18日，深圳市方志馆举行揭牌仪式

【东莞市大朗镇建立广东省首个镇级方志馆】 11月6日，广东省东莞市大朗方志馆揭牌成立，成为广东省第一个镇级方志馆。该馆面积约1500平方米，集收集、保管、阅览、编纂、研究、咨询、展示、交流于一体，设有藏书区、展示区、服务区、编研区。对外免费开放，并开展借阅、参考咨询、数据库检索、文献传递、展览、交流培训及各类活动。

（广东省志办）

【广西方志馆建设稳步推进】 年内，广西方志馆搜集采购全国三级地方志书、广西地情书共289种740册，接受捐赠、交换及报送图书1200册。为社会各界研究人员提供有关资料和咨询服务，共接待150多人次。该馆综合运用文字、图片、雕塑、实物和现代媒体信息技术，多角度、直观生动地展示广西历史概貌、区情发展变化及广西地方志编修成果等，是广西区情教育和爱国爱家乡教育的重要基地。

（韦晓）

【南宁市方志馆建设情况】 7月，广西壮族自治区南宁市方志馆主体工程封顶，12月完成外墙装修，为广西首个地级市方志馆。该馆位于南宁市五象新区玉洞大道北侧。该方志馆与南宁市档案馆一并建设，项目总投资3.4亿元，总建筑面积33300平方米，其中方志馆设计为地下一层、地上五层，建筑面积5800平方米。（覃庆梅）

【海南史志馆项目进展顺利】 截至年底，海南史志馆项目基建进入尾声。布展工作有序推进，完成布展大纲框架说明及布展大纲框架A、B两个方案的草拟工作。海南史志馆位于海口市国兴大道文化公园，总建筑面积9000平方米，总投资6300万元（不含征地款）。建成后将成为海南省爱国主义教育和革命传统教育的基地、省情展示的重要窗口、红色旅游的重要景点。（李鑫）

【重庆市方志馆建设情况】 9月，重庆市方志馆建设项目通过重庆市第四届政府第105次常务会议审议，确定市方志馆与市档案馆合并建设，建设项目总规模5万平方米，其中方志馆规模5000平方米，预计两年完工。12月28日，重庆市方志馆（档案馆）建设奠基仪式在渝北区空港新城同茂大道举行。（司逸澈）

【四川省各地方志馆建设有序进行】 年内，四川省方志馆建设完成环评、节能审批工作。南充市方志馆（3800 平方米）主体工程完工；内江市方志馆（4500 平方米）动工修建；成都市方志馆立项、完善方案设计。成都市武侯区、青羊区方志馆，珙县史志馆建成。成都市金牛区、锦江区，乐山市市中区、营山县、西充县方志馆立项。 （朱艳林）

【昆明市方志馆运行机制逐步完善】 年内，云南省昆明市方志馆完成展厅和大堂 2 期的展板美化、空间绿化等工作，并制作展出“昆明历史简介”“昆明市全国重点文物保护单位概览”2 期展板。制作《昆明历史简介》宣传小册子免费向公众发放。该馆对大量图书进行整理、登记、编码等工作，整理完成入库上架图书 1.5 万余册，接待查阅资料人员和参观群众近万人。社会各界向方志馆捐赠图书，已故的昆明市志办副主任张维桢遗孀及女儿，将张维桢遗留的数百册地方志、年鉴、市情图书捐赠给方志馆；五华区史志办新购的近百册图书捐赠予昆明市方志馆；安宁市史志办、西山区志办、盘龙区志办、官渡区志办向昆明市方志馆分别赠送数十册志书、年鉴；昆明市志办字应军将个人收藏的近百册志书、年鉴、市情书赠送方志馆。云南年鉴研究会秘书长赵丕德代表研究会，向昆明市方志馆捐赠数百册图书。云南大学年四国、高国强，云南建工集团杨子人等也以个人名义向昆明市方志馆赠送图书。

（字应军）

【陕西数字方志馆正式上线运行】 4 月 7 日，陕西省志办与百度百科合作共建的创新项目百度百科·陕西数字方志馆正式上线运行，全方位、立体化、多层次地介绍数千年的陕西历史。该馆是自 20 世纪 80 年代陕西省启动新编地方志工作以来，首次利用百度优势网络媒体全面展示陕西境内自然、经济、政治、文化、社会等状况的权威性地情资料，是拓展读志用志新途径的重要途径，是为广大读者研究三秦文化的一个重要窗口平台。截至年底，列入百科词条计划编写目录的词条 1300 多个，发布百科词条 600 余条。 （丁喜）

4 月 7 日，陕西省志办与百度百科合作共建的创新项目百度百科·陕西数字方志馆正式上线运行

【青海省方志馆建设项目落地】 10 月 28 日，青海省财政厅下发《关于省政府办公厅所属省无线电管理办公室划转资产的批复》。至此，青海省方志馆建设选址工作终于落地，建设工作取得实质性进展。 （马渊）

【吴忠方志馆丰富馆藏资料】 年内，宁夏回族自治区吴忠方志馆通过志书置换、采购等方式，在收集各地各类志书、年鉴，丰富方志馆馆藏的基础上，开辟方志资料库，添置书架、书柜等设施，方便市直各部门和社会各界查阅方志资料。年内，新增各类志书、文史资料 80 余册，接待参观、咨询、查找资料 130 余人（批）次。同时，结合《宁夏经济史》编辑所需资料，吴忠市志办适时开展吴忠市经济发展相关资料的收集工作，收集相关资料约 40 万字。 （王玉琴）

【兵团第七师一二八团史志陈列馆开馆】 7 月，新疆生产建设兵团第七师一二八团史志陈列馆正式开馆。该馆于 2013 年 5 月由一二八团筹资 500 万元，在团原老机关办公室的基础上兴建，2014 年底建成，建筑面积 1000 余平方米。全部展区由永远铭记、亲切关怀、不能忘记、发展成果等 4 部分组成。展出历史图片

350张、文物300余件。（朱世坤）

【兵团第七师一三〇团史志陈列馆改扩建】 10月，新疆生产建设兵团第七师一三〇团史志陈列馆改扩建工程启动。该馆于2003年8月由一三〇团投资50余万元，在职工培训中心建成，是第七师第一家团级史志陈列馆。展区设大型浮雕1座，团场沙盘模型1个，由荒原篝火、春风化雨、绿色交响、幸福家园、碑铭大地、党的关怀、我们永远年轻等7部分组成。年内，接待观众10000人次。（朱世坤）

理论研究与理论研讨

·方志论点摘编

巴兆祥、张丽在《中国地方志》第6期发表《感知价值视角下上海社会群体对于方志文化建设的认识和态度》一文，指出将感知价值应用于方志文化建设中，开发地方志感知价值量表，对上海市的主要社会群体进行方志文化建设的认知和态度调查，掌握上海社会群体有关方志文化建设的认知与态度一手资料，明确方志界下一步应当努力的目标与任务，对推动方志文化建设提出可借鉴性的建设。一是要从“文化立国”的战略高度加强方志文化建设。地方志被公认为我国优秀文化遗产，地方志工作是社会主义文化建设的重要组成部分，就必然肩负着为“文化立国”战略服务的职责，各级地方政府与社会各界应当站在这一战略高度大力支持方志文化建设，自觉把弘扬方志文化作为自己的责任与义务。二是重视方志文化的普及。调研中发现社会群体缺乏方志文化知识，对目前方志工作知之甚少，跟近年来重商主义流行、价值观多元化、方志宣传不到位有一定关系。为促进方志文化建设的可持续发展，应当多形式扩大方志文化的传播，强化在社会群体中的宣传和推广，尤其是要针对90后等年轻社会群体加大宣传。三是进一步提高方志的质量，强化方志利用价值。方志之所以受到各方重视，关键在于其具有很高的使用价值。从目前出版的志书看，总体质量还是值得肯定，但在细节资料、档案外资料收集上还有待加强，社会生活、文化成果、基层从业群体状况等内容还有较大的丰富补充空间。四是改进地方志的载体形式和传播渠道。近年来由于计算机与网络技术的迅速发展，大大影响了人们的阅读习惯，“快餐化”“碎片化”“网络化”的阅读方式迅速流行。尽管方志与方志知识传播的传统形式仍居重要地位，但是也面临着新挑战。总之，通过研究对上海社会群体有关方志文化建设的认知与态度有基本了解，也明确方志界下一步应当努力的目标与任务。但因研究样本主要来自于上海市，存在一定的地域局限性；调研对象限定在一般的社会群体，没有专门聚焦在主要的地方志用户与方志专业工作者，也有一些缺憾。这些都是后续研究中需要进一步完善的。

周慧在《江西地方志》第1期发表《从方志发展看方志创新》一文，指出方志记述对象（即方志所要记述的内容）会随着时代发展而变化，这种变化是永恒的、绝对的。要记述地情，传承文明，就要不断地修志。所谓“代代相续、永不断章”的本质就是因为地情在不断发展变化，每间隔一段时间后志书就要再行编修，以反映新的地情。志书篇目同样会随着记述对象的变化而变化，这种变化也从未停止。要记述好变化的地情，必然要制定适宜反映新的地情的篇目，不同时期尤其是不同时代编修的志书篇目是不可能完全相同的。所以，志书内容和篇目的增减与调整是修志题中应有之义，就像人活着要呼吸一样。地情发生了变化，新修志书必然要对其所记述的内容进行增减，也必然要对篇目进行调整，而志书反映地情的基本体例（即横排门类、纵述史实、述而不论）始终不会变化，无论是旧志的门目体、纲目体、类书体、平列分目体，还是正史体、通史体、编年体、纪传体、三宝体、三书体，或者是新方志通行的章节体，莫不如此。这正是《地方志书质量规定》第八条规定“坚持志体”的根本所在。修志是一种为世人所公认的优良文化传统，它与生俱来的自新能力需要编纂者在继承传统基本体例的基础上，发现和运用能够最大限度反映地情的新方法、新手段，丰富和完善地方志的表现形式——述、记、志、传、图、表、录等体裁。所以，方志的创新不是摆脱传统的基本体例另行创造一个新形式，而是要不断地实现自我更新，丰富和完善记述地情的表现方法和手段，以适应不断发展变化的地情。套用和照搬其他学科理论或其他著述形式来记述地情，即不能称之为方志创新，也不能称之为方志。方志之所以被称为方志，就是因为方志具备了横排门类、纵述史实、述而不论的基本体例，是迄今为止世界上最好的地情载体。

陈泽泓在《广东史志》第2期发表《地方志功能析论——志说新语之四》一文，指出对地方志功能的认识，并非孤立的一个基础理论问题，而是事关为什么要编修地方志，也关系到如何编修地方志的牵涉面很广的根本性问题。地方志功能问题，说到底就是为何要修志的问题。新方志功能问题尚未得到应有的重视，相关的权威文件对新方志功能问题未作出明确的表述，在这种情况下，对新方志编修的指导思想和入志内容的确定，有着很大的影响。志籍之兴，皆因资治之需，图籍、计书具备重要的地情要素，是方志雏形的基本要素，这是资政的需要。志书在历史上是资治与存史，在当代仍在发挥其存史功能。地方志功能的重点有其嬗变过程，可作佐证的就是方志编目内容不断丰富、变化的历程。志书的资治、存史、教化功能，分别从不同角度发挥其作用并互补，使志书具有延续不息的活力。修志随政府的决策而起伏，体现了资治之需是官方修志最主要的动力。随着时代的变迁和岁月的流逝，在方志的三大功能中，存史的功能弥久益彰，居于最有价值地位。在中国各个朝代统治者都没有放松控制思想、维护秩序的意识，因此，体现统治者主流意识的教化，在修志功能中地位极为重要。在地方志发展历程中，对其功能的认识，先期也存在资政和教化的地位领先的情况，但越到后来，存史的作用越为人们所看重，实际上，资政和教化也赖资料的存史价值得以成立。在当今，存真求实为保全方志之基，扬长避短为发展方志之要。

毛志华在《海南史志》第6期发表《加强方志理论研究　服务全省修志实践》一文，指出海南省方志理论研究与编修实践的矛盾较突出，理论研究严重滞后，远远不能适应方志实践日益蓬勃发展的需要。表现在：一是对理论研究重视不足，二是理论研究人才严重匮乏，三是研究成果量少质低。由于方志理论研究的严重滞后甚至缺失，导致在方志编修实践中，有许多问题。这就要求充分认识加强方志理论研究的重要意义，不断增强方志理论研究的思想自觉和行动自觉：一是只有加强方志理论研究，才能做好修志实践；二是只有加强方志理论研究，才能实现方志人的使命价值；三是只有加强方志理论研究，才能履行好法律赋予的职责，贯彻落实好中央对地方志工作的部署要求；四是只有加强方志理论研究，才能确保地方志事业持续健康发展。扎实推进方志理论研究工作，全面如期圆满完成海南省修志编鉴任务：一是思想上务必高度重视方志理论研究，二是必须努力占据“依法治志”制高点，三是要大力营造重视理论研究氛围，四是要切实加强培训工作，五是要积极发挥学会平台作用。只有真正在思想上重视起来，在工作中担当起来，在行动中落实起来，大力加强方志理论研究工作，才能强力推进海南省第二轮修志任务的顺利完成，不断推动方志事业健康快速发展。

刘益龄在《中国地方志》第9期发表《试论地域文化入志的几个问题》一文，指出地域文化是传统文化的重要组成部分，是地方志应该全面系统记载的重要内容。要准确理解地域文化的概念、类型及构成要素，并从基础功能层面和衍生扩展层面两个维度去深刻认识地域文化入志的意义和价值。从基础层面看：一是对记录和保存地域文化资源具有不可替代的作用，二是对整理和研究地域文化资源具有不可或缺的作用，三是对开发和利用地域文化资源具有导向作用。从衍生扩展层面看：一是对提升国家文化软实力具有重要的推动作用，二是对培育和弘扬社会主义核心价值观具有积极的涵养作用，三是对经济建设和发展的潜在带动作用。记载地域文化的方法和路径需要通过全面分析地域文化情况，找准主要特点；兼顾地域性、文化性与可操作性，制订好志书篇目；深挖细掘，打好志书资料基础。真正把一个地方的地域文化写实、写透、写到位，还应当遵循横排门类、纵述史实、述而不论、全面系统、完整准确等编写志书的基本要求和基本规范。同时，还需要秉持精益求精、一丝不苟的严谨修志态度。

韩明武在《中国地方志》第2期发表《试谈再生性简志编纂难点的化解》一文，指出简志古已有之，在当代简志又脱颖而出。简志因其形式简约、内容简明、语言简洁，越来越受到广大方志工作者、读者的青睐，但如何编纂好再生性简志是需要研讨的问题。再生性简志编纂存在分门别类难，需要再生性简志是对繁志再加工。由于繁志篇目设置已经较为科学合理，在此基础上打破原有结构再进行分门别类，显然具有一定的难度。删繁就简难、合成统一难的现象，要化解和处理好困扰再生性简志编纂的难点问题，首先应选择适用的方法：一是广泛借鉴他人经验；二是深入研读原来的志书；三是妥善协调相关工作。只有抓住关键环节，才能全面破解和排除简志编纂的诸多难点。对于简志编纂而言，横排到位和竖写有序是重要的要求。因此，从抓住要项和抓准主线入手，即抓住简志编纂工作的关键，即抓住要项、主线等关键环节。全篇合成一体，风格保持一致是简志编纂工作面临的最大难点，要想解决这一难题，只有通过科学统筹才能得以实现：一是通过全面统揽将全篇合成一体，一方面要妥善处理好横向和纵向的关系，另一方面则要妥善处置相互交叉内容，避免重复记述。二是全程协调力求全篇风格统一，进行科学统筹。首先，应确立标准，让承编人员能够按照统一标准进行编纂，为全篇编纂风格一致打下基础。其次，在编纂过程中编纂人员之间应互通有无，及时修正偏差，确保在动态的编纂进程中保持风格一致。最后，由总纂进一步统一全志的风格。

赵庚奇在《北京地方志》第1期、第2期连载发表《去伪·存真·求实——对志鉴编纂中史料考辨的一些体会》一文，指出编纂志鉴需狠下一番考证功夫，力求掌握全面资料，通过各种途径详加考辨，去伪求真。不要轻信写书的、登报的、存入档案的。该文作者在多年审读志鉴（稿）的过程中，发现很多不真实、不准确的事例，选代表性的实例，分13条考辨：一是引用历史资料同档案、现场调查互相核对，二是引用重要数据要同全市、全国或权威著述对比核查，三是引用报刊资料时要同历史文献或主管部门核实，四是口述史料要同历史档案文献或知情人核对，五是引用历史文献要同原著核对，六是涉及重大政治历史事件的日期要同权威文献核实，七是中共重要人物的职务、史迹同权威文献核对，八是国民党和国民政府重要人物的史迹要同历史文献核对，九是具有重要历史意义的地址要同权威文献核对，十是图文要互相对照，十一是档案资料要同历史文献、同现实情况对照核实，十二是网络信息要同平面媒体、历史文献、主管部门核实，十三是重要疑难问题求教专家学者。地方志、年鉴是基础性的资料文献和资料性工具书。编纂原则千条万条，真实准确是第一条，是志、鉴生命之所在，是价值之所在。只有忠于真实，才能忠于真理。要本着对当代、对历史、对事实负责的精神，凡属入志资料、特别是重大历史事件、重要人物的史迹、数字、时间、地点、细节等，首先要把事实搞清楚，辨明是非、真伪、虚实，还历史以本来面目。

徐艳在《中国地方志》第8期发表《论志书编纂应科学把握略同》一文，指出略同是在编修地方志中，要简略记述雷同的事物。在修志实践中通过略同，使有些志书得以“瘦身”，可能导致部分志书资料性大大降低。志书作用的发挥有地域性，党政领导要了解地情、做决策、指导工作首先要参考的是本地志书。我国政治、经济、文化和社会生活都高度一致，各地雷同的事物太多，如果在修志时把雷同的事物都简略记述或不记，会造成志书缺项，降低其资料性。志书在略同时，与记述主体有密切联系的事物，略同时要认真分析，哪些要略，哪些不能略，应根据事物与主体联系的紧密程度而定。联系紧密的应尽量详记，如精神文明建设、思想政治工作，是宣传篇（章）中的重要内容，在记述时应尽量详细记述，不能随意省略。在雷同事物中，具有本地特色的不能省略不记或简记。有些雷同事物在本行政区域开展时有自己的特点，在记述时要根据情况适当增加记述量，不能省略不记或少记。

刘树藩在《中国地方志》第5期发表《志书篇目设计新探》一文，指出志书篇目是志书的纲领和蓝图，是影响志书质量的重要因素。篇目设计、科学分类以及彰显特色是志书篇目设计的基本问题。篇目设计不能拘泥某一种方法，而应该大胆创新。分析各种方法，取其利，去其弊，趋利去弊，实现既有大编部类对事物的总体统领，又有以小编将事物平列为主，并且吸收中编对部分事物的有机归类，设计出能够充分、科学、准确、恰如其分承载事物的地方志新型篇目格局。承载内容的分类不能随心所欲，应该用科学的角度、标准和方法进行有机分类。认真研究《地方志工作条例》、记述内容相关的法律法规、《三次产业划分方法》等依据，篇目设计中的内容分类问题都会得到解决。篇目设计应该以历史的责任、创新的勇气和科学的方法彰显地方、时代等特色。

王广才在《内蒙古史志》第1期发表《浅谈确定志书记述要素的有关问题》一文，指出确定志书记述要素对于规范志书内容的重要性。解决记述要素问题，应“突出重点，兼顾一般”。应用系统论的观点考虑要素问题，确定记述要素，有利于把“总结首轮修志经验教训、改进提高二轮修志工作”的要求落在实处；有利于通过制度规定解决志书内容主次失衡的问题，进而对志书内容结构作出新的调整；有利于在供稿、纂稿、评稿、审稿、评奖等环节，按照统一的内容标准去把握，进而减少随意性，增强科学性。确定记述要素，要注重反映社会“极重的事实”，志书篇幅有限，不能只加不减，要“加减法”综合运用，还要考虑压缩那些一般、次要、枝节性的内容。用系统论的观点考虑记述要素问题，一是要处理好综合性条目要素、主体性条目要素、单一性条目要素的关系。第二轮修志要通过大量的综合来达到“要素不缺、文字简约”的目的。搜集资料重在扩展，挖掘资料越深越广越好，有深度、有价值的资料越多越好。而选取资料重在提炼，统筹志稿重在浓缩。浓缩的目的就是约文丰事，简言赅意。要求博观约取，但从实际情况看，还存在较大差距，还须作出巨大努力。解决这一问题，加强综合记述是有效途径之一。二是要处理好指令性要素与指导性要素的关系，目前修志当中，大多是被动工作。鉴于此种情况，以及“取乎其上，得乎其中”之古训，在确定记述要素时，应把“地情之要”列入指令性范畴，以加强其刚性作用，不宜把其作为指导性、参考性要素，可执行也可不执行，毫无约束力，那实际结果可能就是自觉者执行，不自觉者不执行，难以达到确定记述要素的初衷。三是组织稿件上要处理好分与合、内与外的关系。为了做到既好又快，使记述要素及早成型，及时服务于修志实践，该文作者认为，要集众力于此役，坚持集中与分散相结合，内力与外力相结合。

任根珠在《云南史志》第5期发表《志书的版面编排与篇幅控制》一文，指出志书编纂是一项系统工程，从内容到形式，各个环节均需严密把关，精益求精。版面编排是志书编纂中的最后环节，志书要精编，篇幅须控制。第二轮修志多为断代体，时间较短，故其篇幅理应有合理的控制数额，在不影响美观的前提下，尽量节约版面，是志书编纂人员应遵循的基本原则，切不可等闲视之。版面编排虽为出版社编辑的责任，但志书主编一定要把好关。志书篇幅的控制，一定要量化，分解到各个类目，合理布局，有的放矢，唯此才能把住篇幅控制。就版式而言，有文字版、图片版、文字插照片版三种。文字版首要的是确定行文字体字号，以紧密严整为佳，卷首部分的排序为：扉页、版权页、编纂人员名单、图、序、凡例、目录。志书的目录是篇目的终极体现。目录编排要把握：内容要全面，不能有遗漏；标码要准确，包括志首和志尾部分要明确标示；编排要紧凑，方便读者阅览。目录编排最好用双栏，既经济节俭又方便读者查检。续志适应读书和藏书需要，多为硬壳精装，既美观大方，又便于长期翻阅保存，还省去护封的包装费用，收到一举两得之效。志书是一地域最重要的乡邦文献，在注重内容质量的同时，也要注重外在形式的设计，尤其要把好版面编排这一关，节约版面，压缩篇幅，达到内容与形式的完美结合，只有这样才能成为利于当代、惠及后世的良品佳作。

杨富中在《河北地方志》第6期发表《浅议志书中的无题小序》一文，指出无题小序与概述相似，具有承接前志、交代背景、概括内容、提示要点、做精当策论等功能。其内容主要针对本篇（编、卷）或章所写志文统摄提炼后做精要评述。其写法要注重高度浓缩、主线贯通、勾勒史实、引导读者、结构严谨、叙议精当而逻辑性强等。无题小序在志书中举足轻重，起着横连纵贯、揭示主题的重要作用。在志稿编纂时，必须运用辩证唯物主义和历史唯物主义的世界观和方法论详细地、透彻地研究本编（篇、卷）或章的基本内容及其主题，使用最精准的语言揭示其特有的主旨。编纂无题小序应注意的以下8个问题：一是无题小序的设置要准确到位。二是指导思想明确，政治性要强。紧紧围绕凡例中的指导思想，应一切为民族复兴和人民福祉服务。三是无题小序的设置要尽可能匀称。全书同一级的无题小序在文风和字数上要大致相当。四是站在历史的高度，统观全局。抓住历史跌宕起伏、曲折变化的主要脉络，不能将笔墨局限在某一非本质意义的事物上。五是语言要有文采。用语要选好角度，遣词要反复推敲。六是不拘一格，富有特色。大多是先叙后议，但也不可能排除以议理带出事物或夹叙夹议，在情调上或沧桑，或悲怆，或热烈，或沉稳，要因篇而异。七是记述和议论要贴切。所概括的史实和所发议论有内在的必然的本质的联系。八是不出现硬伤。无题小序与正文、表、图、概述、大事记等记述的人、事及数字必须完全一致。

李娟在《中国地方志》第7期发表《省志如何突出地域文化特色》一文，指出地域文化作为特定区域的独特文化是体现志书地方特色的重要方面。作为三级志书中最高一级的省志应当承担起全面、完整反映一省地域文化的责任。省志中最能体现志书地域文化特色的内容主要集中在自然部类、文化部类和社会部类。为突出地方特色，首轮省志中不少省都采用了升格法，单独成卷，即将本属于下一层次的内容提高到上一级来表现，多数是升格到第一层次，即卷这一层次。相对于大篇体，小篇体比较适合采用升格法，因为小篇体的分类较细，一级标题相对比较独立，采用升格法容易操作。加强篇目设计，运用多种表现形式，深入挖掘资料，注意微观资料的收录是突出省志地域文化特色的主要方式。对地名的研究应成为志书挖掘地域文化的重要工作。省志在介绍市县内容时一般都是宏观介绍，主要有代表特色的民居、古建筑、古村落，中国历史文化名城、名镇、名村等方面都可以搜集更多的微观资料来充实，并设专章专节介绍。在区域建置部分增加一些市县的具体资料，如市县地名的由来，将全省地名进行整合，全面介绍全省各地的地名信息，一方面可以充实省志的内容，另一方面也可以使读者对全省的概况有更深入、全面的了解。可以对全省的姓氏分布、特点、由来、变化等进行整体介绍。另外，饮食文化也是最能体现地域文化特色的重要方面。在体现地方特色方面，形式很重要，但不能过于依赖形式，重要的是把具有特色的内容浓墨重彩，写足、写实、写深。

梅森在《中国地方志》第8期发表《自然环境志编纂之历史演变》一文，指出在西方历史学、地理学传入之前，传统方志自然环境（自然地理）与人文地理内容是混记的，或称舆地，或称地理。近代，西方的历史学、地理学开始逐渐影响方志自然环境门类的编纂。自然环境门类编纂大致经历中国传统地理（舆地）观占统治地位时期、西方地理学影响传统方志地理观时期、传统方志地理观向新的科学地理观转变的过渡时期、新的地学理论指导下向自然环境分类转变时期。第二轮新方志亟待将次生环境观引入自然环境门类编纂中。

王卫明在《中国地方志》第4期发表《论当代志书对地理志编纂的认识与记述》一文，指出地理志是志书的一个重要组成部分，但旧志与新志的地理志则有很大差异，当代志书启动编纂时，地理学界就提出以现代地理学科的观点编纂地理志。在新编地方志中设地理专志，最初设计的思路是作为地理环境，与政治、经济、文化、社会并列，组成志书的几大部类，地理志是其基础。在实际的编纂中，新地理志所包含的内容则有很大不同，有的地理志包含位置、建置沿革、行政区划、地名、县城、自然地理；有的地理志只包含自然地理；还有些地理志除包含上述内容外，将人口、环境保护也纳入其中。第二轮志书普遍重视对自然资源的记述，这一点优于首轮志书，是时代发展的需要，但不能因为突出资源而无视自然环境。现在很多志书因为没有理解自然环境与自然资源的关系，对自然环境的认识不足，将自然的六个要素分离，在资源里写河流、土壤、生物，造成自然环境的记述缺失这些要素。自然环境是客观存在体，无论人是否利用它、是否被称之为资源，它都是客观存在的。第二轮志书对于自然与人的相互关系，重视的不够：一种表现是对自身的自然优势熟视无睹；另一种表现是没有考虑人与自然的关系，尤其是人对自然带来的影响。应该加强对自然环境记述的认识，并明晰各个自然要素的记述内容。地方志记述自然环境是从地域考虑，即在此行政范围内自然环境形成的特点和状况，自然环境由地质、地貌、气候、水文、土壤、生物等组成，在自然环境中，七大要素相互作用、相互制约。自然环境的横向分类是一致，并且排序是有规律的。第二轮志书除了对自然环境表象记述外，还要加强对自然环境纵深方面的记述，加强资料的纵向和横向比较。一是因为自然环境的发展变化十分缓慢，不经过长期的数据比较，很难反映。二是现在的污染并非一朝一夕，是人类对自然环境长期影响所造成的，这种影响不经过长期的资料比较很难看出来。三是有第一轮志书的存在，为数据比较提供了资料。

李秋洪在《中国地方志》第2期发表《简述志书民族篇章记述》一文，指出志书民族内容具有特殊的文化属性和政治属性，是志书的地方特色之一，尤其是民族自治地区所编志书。通过提高对民族篇章的地位和作用的认识，分析民族篇章编写存在的一些普遍问题，可以重新确定志书民族篇章的记述规范和要求，从而使志书功能得到更好的发挥。民族篇章在志书中的地位和作用主要体现在：民族内容的准确记述可以体现社会主义核心价值观；记述好本地民族内容，是凸显志书地域特色和文化特色的重要内容和手段，是发挥志书功能的重要前提。在第二轮志书民族篇章常出现不设置民族篇章，章节设置不当，记述的民族不完全或将人口中的民族成分与世居民族混为一谈，对民族人口的记述缺乏系统全面资料，民族要素记述不一致，对民族归属或识别的原因表述不确切，记述内容不符合民族平等的原则和有关法规，不注意记述民族语言和民族习俗的发展变化，就是回避民族矛盾等问题。提出民族篇章编写的基本要求与要素必须包括：一是严格遵循国家民族政策法规，二是客观真实记述民族关系，三是科学合理确定篇目框架的逻辑关系和记述层次，四是谨慎处理涉及民族关系的内容，五是掌握和运用客观真实且系统全面的资料，在首轮志书相关内容基础上，着重记述民族内容的新变化，六是统一规范民族篇章记述要素。

杨盛让在《湖南地方志》第3期发表《民俗与民俗志编纂探微》一文，指出不同的研究者，由于对民间传承民俗事象的观察、体验不同，立场和观念不同，对民俗特征的归纳也不相同。民俗主要有民众性、传承性、稳定性、变异性、地域性等特征，其中民众性是民俗的本质特征，地域性是民俗在空间上所显示出的特征。从民俗的构造上可以分为观念民俗、行为习俗和物质习俗等三方面。只要具有民众性和传承性的社会事象就是民俗事象，否则，只能是社会现象。在新编民俗志编纂中存在的主要问题有：一是记述范围比较窄，没有跳出旧风俗志的窠臼。二是将不是民俗的社会事象当作民俗记入志书。三是设立“新风”章节，缺乏科学性。民俗志编纂中应注意要坚持正确的指导思想，要重视物质生产民俗的记述，要处理好详略关系。应做到：第一详门类、略表述，只要不遗不漏，原委交代清楚，能做科研参考，能供社会借鉴即可；第二详今俗、略古俗，要着眼当代民俗，以体现新的社会的时代特点；第三详经济、略礼仪，要摆正位置，分清主次，做到详其所该详，略其所该略；第四详良俗、略陋俗，对民俗资料进行客观分析，在志书中都应有体现，只是详略不同而已；第五详独俗、略同俗，反映一方全貌的基础上突出地方特点。

姜昆阳在《北京地方志》第3期、第4期连载发表《如何写好志书的经济部类》一文，指出随着发展和进步，第二轮修志中的经济部类显得尤为重要；因为经济发展的巨大变化，生产力水平的提高，所有制结构的变化，经济行业、经济结构的重大变化，从计划经济到社会主义市场经济，区属经济与区域经济和人民生活水平的迅速改善等经济的大变化，第二轮修志要真实而深刻的记述，写好经济部类，地方志工作者要深刻地、全面地认识经济形势，掌握经济的巨大变化，才能真实和系统地在志书中写好经济部类的篇章节目。如照搬第一轮修志模式，则无法跟上时代，不能真实全面地反映社会。应该继承修志的优良传统，努力探索创新，坚持横分门类、纵写史实的方法。横分门类不能理解为按照单位分章节，要注意横不缺要项，要在门类中突出最主要、最有特色的部分。同时，要深入地把握史实，挖掘史实的内涵，最重要的史实是实实在在的事物，是各种经济活动。

李泰年在《中国地方志》第8期发表《浅谈宗教志的编纂——从北京、青海两部宗教志的比较谈起》一文，指出编纂宗教志是一项政治性很强、难度高的工作，应高度重视、谨慎编修。从志书规模、宗教志的定位、宗教政策、宗教内容记述处理等方面，对《北京志·宗教志》和《青海省志·宗教志》进行比较，能收获编纂宗教志的几点启示：一是认真编好宗教志，事关民族团结和社会稳定。二是在编纂第二轮宗教志时，应坚持指导思想应以党的理论为指导，以《宗教事务条例》等法律法规和一系列规范性文件为准则，特别是对宗教政策的执行贯彻为具体依据是编纂宗教志应有的原则。明确记载对象。以根据《宗教社会团体登记实施办法》在政府部门登记过的宗教为记述对象，也就是传统宗教。规范记载要素，注意宗教志应当写成一个地方宗教情况和宗教事务管理的综合反映。三是注意记述态度。要尽量避免篇章节名的趋同性，篇目层次模式选择上没必要统一，保证实体层面有最大记述空间即可，留存史料合理就行。记述内容注意邪教不入宗教志，宗教引起的有关事件归并到对应的其他志书。注意与其他卷篇交叉。注意民间信仰与宗教的本质区别，民间信仰归风俗志。注意突出地方特色和时代特征。为确保志书质量、学术水平和文化档次，注意充分吸收专家修志。

詹跃华在《福建史志》第4期发表《第二轮志书记述社会保障之我见》一文，指出建立健全社会保障制度，是完善社会主义市场经济体制的组成部分，也是具有时代特色的内容之一。第二轮志书全面系统地记述社会保障内容，不仅是志书体现时代特色的需要，也是志书服务现实的需要。第二轮志书设置专门的社会保障篇章加以全面系统地记述，可以为各级领导和社会各界人士了解有关情况提供重要的资料，为推进社会保障制度的完善提供必要的基础信息。编纂人员必须明确其归类问题，联系本地实际，科学设置篇目，全面涵盖社会保障体系的基本内容。社会保障指当生活困难时，能获得基本生活需求的保障，是社会生活中关系国计民生的一个重要方面，应该归入社会部类。从已出版的第二轮志书来看，专门记述社会保障渐成趋势。但是，把社会保障作为节或目，层次太低，也难以囊括社会保障事业的发展变化，难以充分反映社会保障制度改革这一新生事物。在划分社会保障内容时，必须弄清商业保险和社会保险的含义，不能把不同性质的事物放到一起，否则就违背编纂原则，故商业保险应归入经济部类的保险业。社会保障篇目构成应按照我国的社会保障体系进行合理设置。同时编纂人员必须把握社会保障基本内容，社会保险是社会保障制度的核心内容，对于社会保险、社会福利、社会救济等方面内容应该确定记述重点，充分运用数据，全面反映社会保障事业的发展变化和取得的成就。

谭烈飞在《北京地方志》第4期发表《关于〈北京四合院志〉的编修及延伸的思考》一文，指出在编修前应对北京四合院的全面调查和现有基本情况进行系统梳理，对北京四合院的入志内容进行认定，也包括方志体例的运用。《北京四合院志》记述的主要内容和特点：一是对四合院的源流演变进行了梳理，二是对四合院的类型和建筑要素设专章记述，三是四合院的装修展示了独具特色的人文景观，四是四合院包括了院中室内的陈设，五是专章记述有四合院的设计与施工，六是图文相间反映院落历史与现状，七是重点记述了北京中心城区的四合院，八是北京郊区的四合院也纳入志书中，九是志书中列专篇记述了四合院的保护、利用和嬗变。该文还指出，在志书的编纂过程中，浏览大量相关资料，并与文物管理部门进行接触，特别是对实地进行考察，也应该从对历史负责的态度、对人民负责的角度思考。如城区四合院的保护一定要考虑其整体性。要注意我国古代建筑其很重要的特点是与周围环境的协调与共生；对有历史价值的院落要慎拆；留住四合院的原住民才是留住四合院的根；郊区四合院的保护已经刻不容缓，考虑大规模城市化进程是原有的村落成区域性的整体拆迁，新农村改造对原有建筑形式的影响，无序建设影响原有风貌以及有价值的院落处于无力修复状态，在拆迁过程中，有意识地保护一批院落，请专家认定其价值，增设保护级别，并研究其保护措施；应该探讨新四合院建设中如何继承传统。四合院是北京特有的象征，凝聚着北京的厚重历史，带来的是北京人的乡愁，我们要像爱护生命一样爱护北京的历史文化，保护好、利用好北京的四合院。

李淑萍、吴畴在《河北地方志》第4期发表《探讨如何利用方志资源编纂区域性历史辞典——以〈秦皇岛历史辞典〉编纂为例》一文，指出地方志作为全面记载某一时期某一地域的自然、社会、政治、文化等方面情况的著作，可以满足区域性历史辞典编纂所需的材料要求。在取材于方志时，要正确区分方志中史的成分；要提炼方志中的史料精华，达到宁缺毋滥；要留心其与古代方志存在的区域概念差异。在表述方志内容上，要注意语言风格的转换，要按时间顺序引述，要考虑到方志的时代局限性。在处理方志和其他史料之间关系时，要旁征博引各种可以利用之史料、史观，忌成一家之言；分项叙述包括方志在内的各类材料给出的不同解释，达到最大限度地贴近历史真相之目的；要通过梳理其他史料的信息，核准所选用的方志，通过方志所反映的信息辨别其他史料真伪。方志内容经过处理后，可以作为重要的材料用于区域性历史辞典的编纂，这为传统的地方志工作又注入了一种新的思路，值得广大方志工作者进一步探讨、研究和实践。

起云志在《云南史志》第2期发表《“为了记住乡愁”——对农村编修村志（史）的思考》一文，指出村志（史）乃一个村庄历史的真实写照和理性总结，也是一个村庄村情资料的总汇。村志（史）作为地情书之一种，承载着“存史、资政、教化”之功能，亦为知史爱国、读志爱乡不可或缺的乡土教材。农村修志是传承发展农村优秀传统文化的需要，是凝聚力量共建家园的需要，是开展乡土教育的需要。农村村庄曾经的历史会让村民感知复兴的使命，村庄过去的辛酸波折能激发村民砥砺奋进的勇气。农村很多地方之所以编不出村志（史），是因为编修的条件还不成熟。随着农村经济的发展，这种情况正在改变，农村编修村志（史）的有利条件和积极因素正在日益增多：一有日渐浓厚的思想氛围，二有村情资料支撑，三有工作条件保障，四有乡土人才领头。以修志工作者的专业眼光和素养，加强管理，精心指导，确保质量，力求催生一批村志（史）的精品，从中实现“看得见山水，记得住乡愁”的美丽梦想。

潘捷军在《中国地方志》第9期发表《方志馆建设面面观》一文，指出伴随着新时期全国地方志事业的全面发展，近年来各地方志馆建设方兴未艾，从设计理念到建筑规模，从内容布展到服务创新，可谓亮点频出、精彩纷呈。强调各地方志馆在建设过程中呈现特点有：第一，在继承传统的基础上力求做大做强。不仅是省级方志馆，近年来一些市（地）、县（市、区）级方志馆也相继建成。第二，在同质竞争发展中凸显创新型理念。注重与区域文化传统的有机融合。注重在弘扬区域传统文化的同时彰显方志特色，是各地建馆的一个重要目标和特色。注重在环境资源的合理配置中发挥最佳效益。注重在博采众长中独树一帜。第三，在与时俱进中提升现代化手段。当代新型方志馆从史、情、志、人、物五个方面的展示内容，既各具特色、各有侧重，同时又非截然分离，而是相互结合，相互映衬，你中有我，我中有你，从而构成一个交织融合、交相辉映的有机整体。方志馆已成为全国地方志系统展示实现中国梦的重要平台，也是当代中国地方志事业全面发展繁荣的一个重要标志。

韩章训在《中国地方志》第1期发表《刘知幾史志思想综论》一文，指出刘知幾的《史通》既是首次对以往中国史学理论的全面总结，也是首次对以往方志理论的全面总结。《史通》研究史志编纂方法主要体现在：一是编纂。第一，在史志关系方面，刘知幾从广义历史角度来立论方志属历史，历史地理角度来立论方志属于地理。二，在史志作用方面，刘知幾在继承前人思想基础上，提出“三科”说，即“一曰叙沿革，二曰明罪恶，三曰旌怪异。”认为史志之书是具有存史、教化、鉴戒诸作用。二是编纂。刘知幾创造性地提出“史有三长：才、学、识”之说，编修史志必须广征博采，反对设局众修之制，主张个人撰写，并把古今史志撰写体式归纳为汇集体和著述体两种。对史志记载断限问题进行理性论述。三是文本。刘知幾提出史志内容分类必须做到以类相从，史志之书必须设置凡例，每书之首应设序的主张。在史志用语上使用今语、慎用虚及锤炼字句的要求。他的史志思想有相当的进步性，对古今有借鉴意义，被后世方志界所广泛采用。

梁滨久在《广东史志》第1期发表《章学诚方志学理论的经典价值》一文，指出章学诚是旧方志学理论集大成者和奠基人，他总结长期编修方志的经验，提出方志立三书说，其实质在于处理撰著文字与纂辑资料的关系。联系他的一些论述也可知章氏的主旨所在。史志之书有著述和纂辑两体。处理好两者关系，可使地方志既不失著述之体，又保存丰富史料。章氏立三书说就实质而言为两体，即撰著体的“志”和纂辑体的“掌故”“文征”。在信息时代编修地方志，如果让纸质本方志保持著述之体，附录部分尽量择要精简，而让光盘版方志收纳大量有存史价值的资料，使纸质版方志与光盘版方志各展所长，相辅相成，配套发行，实为吸收章氏编纂思想的良举。“方志乃一方之全史”说，是他在解决志书资料与著述性矛盾的工程中逐步形成的，是他的方志立三书说在理论上的总结与升华。即有著述部分的“志”，又有积存资料的“掌故”“文征”，故可谓“全史”。资料性为志书成为著述准备了条件，打下了坚实基础；著述又使资料得以精心整理、考实加工、精心选择、合理编排、提炼升华，以最简练的语言传达最丰富的内容，达到经世致用的目的。这就是“方志是资料性著述”的深邃含义。借鉴章学诚“志科”说，在地方工作机构改革中，可实行两种工作体制，即设立直属政府的地方志工作办公室，人员为公务员，平时行使政府赋予的职能，包括建立志书资料年报制度以完成平时的资料征集工作，有些业务工作还可以转给方志馆；而在编纂地方志书期间由编纂委员会组建编纂班子（编辑部或总纂室），地方志工作办公室的人可以参加编纂班子，也可以从社会上甚至在全国范围内招聘编纂人员乃至主编，完成修志任务。这是切合实际的。实际上这种地方志的体制改革是将政事分开，符合中央精神，而政事分开恰恰是章学诚“志科”说的精华所在。

蓝勇在《中国地方志》第12期发表《中国历史上特殊的地方志书——救生类志书》一文，指出救生类志书是中国旧志的组成部分，向来无人研究。实际上，清末救生志书体例已经成熟，包括文件案牍、规章制度、收支款项、田房契约、地图图绘五大部分内容。救生类志书的编修，首先丰富中国传统志书的品种，为当时及后世行业志书的编写提供可资参考的蓝本。其次，当时编修该类志书，主要是考虑促进此项事业的继续实施，对当时倡导张扬民间慈善救济，进一步推行水上救生事业的发展，无疑是颇有益处的。该类志书中的地图，特别是有关田土的地图，是其他地方志中所没有或极少见的，是研究农业经济史的重要资料，尤为珍贵，也为社会史、经济史、交通史研究留下宝贵的史料。最后，《峡江救生船志》中关于峡江滩险的地图，也是研究川江航道发展的重要文献资料。

王丽娃在《中国地方志》第2期发表《广东旧志整理回顾与展望》一文，指出广东省志办启动广东旧志整理工作。截至2014年底，《广东历代方志集成》11部276册及《总目》1册，已全部印刷。作为广东旧志整理主体部门，省方志办应通过数字化、分类整理、开展专题研究等形式，积极做好《广东历代方志集成》的开发和利用。各市县地方志机构在保存《广东历代方志集成》的同时，更应该将这笔宝贵财富开发利用好，彰显其价值。就《广东历代方志集成》的开发利用提出看法：一是赠送书籍，多方保存，二是与现代信息手段相结合，三是资源合理利用的类编，四是开展专题研究。乡土志的收集整理迫在眉睫。对广东方志整理工作提出展望：乡土志的收集整理迫在眉睫，方志馆的建设需要地方文献作后盾，分类整理应是后续工作的重中之重。广东的旧志整理为分类整理提供了基础条件，全国各方志机构应趁热打铁，从现实社会的需要出发，让旧志重新绽放光彩。

张全晓在《中国道教》第4期发表《明代武当山修志实践的若干启示》一文，指出明代修武当山志一方面保存大量珍贵的道教文化资料，具有较高的学术研究价值；另一方面，其修志实践和修志理论也为新时期道教山志的编纂提供经验教训，值得认真总结汲取。武当山志编纂应考虑：第一，作为道教名山，强调志书的旅游服务功能本无可厚非，但山志的功用也不仅仅局限于为旅游服务，山志的编修必须综合考虑其存史、弘道、资治、教化等功用。第二，武当山志的编修必须突出其道教特色。第三，作为道教山志，必须统筹兼顾，厘清正信与迷信的边界，保持宗教应有的神圣与庄严。第四，山志与国史不同，重在标榜先进，砥砺后学，故多载褒誉良言，鲜见微词訾议。第五，山志在传统史学中归属史部地理类，其详略处理自然也应遵循史部之书的编纂规律。第六，简有别是山志编修中的普遍现象，本无高下之分，关键在于简而不陋、繁而不滥。第七，山志的内容贵因而不贵创。第八，山志贵在传信，重在实用。明代武当山的修志实践表明，道教山志的编纂并非易事，唯有熟悉方志和道经的编纂规律，勤勉精进。

金光耀、金大陆在《当代中国史研究》第3期发表《从地方志资料看知识青年上山下乡》一文，指出《中国新方志知识青年上山下乡史料辑录》等新编地方志包含大量有关知青上山下乡的资料，对安置经费、动员政策、知青婚姻和与知青有关的案件等方面的讨论体现出地方志中知青史料的重要价值。知青安置经费的实际支出、人均经费及具体使用在各省间存在着较大的差异，即使在一个省区内，各县间的经费使用情况也不尽相同。在动员政策方面，个别地方率先进行调整，中央政策则受到地方政策的影响。地方志资料提供从区域史角度切入来深化知青史研究的可能性。该文强调对全国省、市、县三级地方志进行资料辑录是史料建设的大工程。地方志作为史料在史学研究中一直受到重视，史学工作者通常围绕自己的研究主题，从相关地方志中寻找史料并加以利用。当与知青上山下乡有关的史料从全国三级地方志中辑录并汇编后，仅使用传统的历史学方法来利用这些资料显然是不够的。面对数量庞大、信息丰富的地方志知青史料，应该在历史学方法之外，使用和借鉴其他学科尤其是社会学和统计学的方法，对所有知青上山下乡的信息在分门别类的基础上进行综合分析，并在此基础上提出新问题，从而将知青史的研究推进到一个新的水平。

郭双林在《中国边疆史地研究》第1期发表《〈南海群岛兵要地志初稿〉的内容及其价值》一文，指出收藏于美国哥伦比亚大学图书馆的《南海群岛兵要地志初稿》（油印稿）一书的内容及其价值做详细解读，并认为该书稿是一部极其罕见的以“兵要地志”命名的南海军事地理著作。书中不仅对南海诸岛的地理位置、地势、地质、气象及部分地区的海流、交通、物产、军事价值做初步介绍，而且记载国人发现、管理南海诸岛的经过，揭露了近现代日本、法国侵占南海诸岛、掠夺南海资源的罪行。由于编成在郑资约的《南海诸岛地理志略》出版之前，因此在论述的顺序和论及的岛礁数目与名称上，受1935年1月国民政府水陆地图审查委员会公布的《关于我国南海诸岛各岛屿中英文名对照表》影响较大；加之该书编写时间仓促，海军方面资料全未收入，以及当时测量技术有限等原因，会发现其中存在不足乃至舛误。但该书的发现为证明南海诸岛是中国的神圣领土增添了有力的证据。

顾成瑞在《中国经济史研究》第3期发表《唐代蠲免事务管理探微——基于对〈新安文献志〉所录唐户部蠲牒的考释》一文，指出唐代前期，在以租庸调收支为主体的赋役制度下，若干类型丁户享有蠲免权。唐代财赋官司对蠲免事务的管理围绕蠲符的颁发而进行，即户部对相关官司报送应受蠲免丁户的信息，根据令式以制作蠲符来核准其受蠲待遇，然后下颁州府施行。但是，这一稳定的管理程序到了唐代后期发生了变化。地方性文献《新安文献志》所收的一通唐贞元年间户部蠲牒，记录了平定歙州叛乱的地方首领吴仁欢以所受的朝廷赏官身份申请蠲免资格的经由。此蠲牒内所引唐《赋役令》与新出《天圣令》所附钞唐令相应条款吻合，且其所论及本应受蠲程序，与令式规定相一致，体现了唐代前后期蠲免事务管理原则的一以贯之。但是，从中亦发现以蠲牒作为蠲符补充的新变化。这与唐代后期赋役制度变革、官员身份来源复杂化等历史背景相关。

周录祥在《扬州大学学报》（人文社会科学版）第3期发表《〈扬州足征录〉志传部分点校疑误举例》一文，指出清代著名学者焦循所辑《扬州足征录》是重要的扬州文献资料，具有很高的研究价值。对于广陵书社的整理本，极大地方便了读者，但存在许多问题，该文就其志传部分（卷1至卷12）之讹误，分类进行举正：一是在文字校勘方面。整理文字总体讹误不多，但也偶有小问题，或表现在正文（主要为形近而讹），或表现在脚注所出校记（主要为误校或误改）。二是在标点失误方面。广陵书社版存在不少错误，多数情况是因为整理者对相关文化常识（如人名地名、科举术语）、语法虚词、所引用的诗文著作等不太熟悉。

李静在《中国史研究动态》第2期发表《〈清代地理志书研究〉评介》一文，指出邹逸麟顾问、华林甫主编《清代志书研究》一书具有较高价值。该书于2014年5月由中国人民大学出版社出版。该书为《清代地理研究》第一辑，共收录论文15篇，按内容可分为舆图研究6篇和文献考据9篇。其中，文献考据类涵盖《四库全书总目》序文检释、《清史稿·地理志》纠谬、方志史料的评介与利用等。该书以文献考据和舆图研究为核心，直接服务于《清史地图集》的编绘工作，并在地图研制过程中先期涌现出一批高水平的学术论文，其后续《清史地理研究》系列的出版值得期待。

颜越虎在《浙江方志》第5期发表《立足整体记述 注重反映全貌——〈海盐县志(1986～2005)〉经济部类评析》一文，指出《海盐县志（1986～2005）》经济部类的产业经济部分设置农业、工业、建筑业房地产业、商贸服务业、旅游业、金融业等6编，志书对海盐一、二、三产业的7个主要行业都做了系统的整体记述。每个行业都注重记述整体发展概貌和各个子行业的概貌。该书志均采用总分结合的方式，从两个或三个层次立体反映行业全貌，整体性很强。该志经济部类对企业经济的记述也非常精彩。工业编各子行业和下属行业都注重记述规模以上企业概况，并设骨干企业节来记产值超亿元工业企业、高新技术工业企业和典型的工业企业；建筑业编记述工程勘察企业、建筑设计企业、建筑施工企业等各类企业，内容非常充实。此外，该志编、章两级无题小序基本做到全覆盖，它们纵述各门类事物的整体发展概貌，交代源流，勾勒因果，彰显规律，画龙点睛，强化志书的整体性，提升志书的记述高度，应该说是比较成功的。以农业、工业、商业等编的无题小序为例，都是纵向记述农业经济、工业经济、商业经济等的整体发展概貌，并配以定量的纵向对比数据，而这些编下个各章的无题小序则相对较简单地记述各下位类事物的纵向发展概况，两者有所侧重，各展其长。该志在无题小序方面的成功经验无疑又展示出了第二轮修志试点单位的价值与贡献。

· 年鉴论点摘编

武星斗在《中国地方志》第12期发表《论年鉴属性》一文，指出年鉴是系统记述特定区域或专业（行业、部门）各方面情况的年度资料性文献。根据这一定义，年鉴属性有系统性、记叙性、区域性或专业性、全面性、年度性、资料性。系统性、记叙性、区域性或专业性、全面性是年鉴的一般属性。系统是指同类事物按一定关系组成的整体。年鉴是将上年度的信息资料按照年鉴的体例要求编纂而成的资料性文献，年鉴的系统性主要表现在两个方面：一是信息资料的系统性，二是信息资料编排的系统性。年鉴运用记叙体，对特定区域或专业（行业、部门）上年度发生的要闻大事、经济社会变化变革、先进模范等进行翔实的记述，言简意赅，通俗流畅。年鉴是记述各方面情况的年度资料性文献，它的信息资料具有全面性，表现在：一是收录记述的信息资料门类齐全、信息量大，可供读者借鉴使用的有效信息丰富，基础信息和要闻大事反映充分，是一次文献、二次文献、三次文献在年鉴中都有收录，三是信息资料表现手法多样，四是体裁形式不拘一格，五是检索手段齐全。资料性是年鉴的基本属性，资料性规定年鉴的本质为资料性文献，资料性规定影响年鉴编纂出版全过程。年鉴以事实为依据，以资料为根本。其资料性主要表现为：信息资料全面系统，有效信息含量大；信息资料准确权威，可信度高；信息资料连续可比，查检便捷。为方便读者，年鉴都配有较为详细的目录，相当多的年鉴编制主题索引，为读者查阅、使用提供了方便，增强年鉴信息资料的实用性。年度性是年鉴的特殊属性，是年鉴区别于其他资料性文献的特殊属性。年度性表现在两个方面：一是年鉴记述的信息资料一般以年为限，年鉴选题选材以年度性资料为主，以历史性资料为辅，不完全排除前瞻性资料。二是年鉴当年编辑，当年出版。年度性规定了年鉴的时效性。年鉴为现实服务，强调信息资料的时效性。

沈思睿在《社会科学报》2月12日第8版发表《年鉴，为谁而编?》一文，指出年鉴与地方志最大的区别在于，年鉴有着更为明显的公共信息传播性。公共信息传播的终点就是读者，明确了读者群，无疑就为编纂工作确定了方针，以后的所有步骤都是围绕这一原则展开，而这一特征在中国港澳台地区以及外国的一些年鉴上体现得尤为明显。不要过于强调年鉴的“官书”性质，要根据年鉴忠实记载史实的资料工具书和普通出版物的性质，确定年鉴的办刊宗旨，有的放矢，详略得当，同所有工具书和出版物一样“想读者所想，为读者服务”。探索年鉴未来发展之道需要：一是年鉴可以形成若干自己独创的特色内容或者特色栏目。二是依照读者的数据，目前《上海年鉴》较受关注的栏目是统计资料、大事记、专文、专记、上海概貌、申城速览、社会调查、图照表格、历史专辑等栏目。三是对一些读者关注度较弱的内容，要分析背后的原因，特别是一些内容较空泛、要素缺乏、年度特点地方特色偏弱的内容要果断调整删减。四是善于利用网络媒介和新媒体来推广年鉴的品牌，拓展内容发布的平台。五是高度重视年鉴类公共文化产品的属性，科学合理地安排推广和发行工作，不仅要让大众了解年鉴，还要能便捷地查阅年鉴。

吕鲜林在《中国地方志》第8期发表《名鉴诞生的困境与出路》一文，指出长期以来年鉴编纂存在一些问题，诸如教条式思维、保守式继承、封闭式交流、自圆其说式发展等。年鉴文化发展离不开史志鉴文化环境，今天的年鉴编纂工作受到外部环境、内部环境以及自身不足的限制。名鉴诞生的出路是做到编纂思想、技术、质量与民族特色上的突破，注重理论研究与学科建设，努力走出一条具有中国特色的编研结合之路。当今的年鉴文化环境不容乐观，业内对基础理论研究重视不够，尚不能很好借鉴国外先进年鉴文化经验，抓紧技术衔接与学科建设；各种规范、学说在缺乏深度理论支撑的情况下，言人人殊或人云亦云，几乎没有形成自己的经典与权威；评比活动多，评比活动中年鉴价值观日益变异，多在形而下之的标点、词语上兜圈子，俨然把年鉴的“事典”内涵降格为“词典”功能，且大有淡化存史、资政、教化的年鉴核心价值观之嫌疑。就城市综合年鉴编纂现状看，应该端正官书态度，引进市场规律，优化组稿渠道，果断淡化标点文字式评比游戏，潜心于规律探索、学科建设以及学术争鸣。一是编纂思想上的突破。突破传统官书模式，力求民主与科学。二是编纂技艺上的突破。首先，需要正确定位，做到高屋建瓴。其次，需要改进技术，做到技艺双修。最后，需要凝练文字功夫。从撰稿人员、编辑人员到出版发行人员都要本着对历史负责的态度完成年鉴工作。三是编纂质量上的突破。只有编纂质量的正当性问题、合理性问题、时效性问题和“创新”性问题系统优化、规范圆融、环环相扣，才有可能编纂出一方良鉴。四是民族特色上的突破。综合年鉴编纂工作在做大做强年鉴文化的同时，应该进一步继承发扬优秀传统文化，创新发展当代社会主义文化。

唐剑平在《史志学刊》第5期发表《论年鉴的“著述性”》一文，指出中国年鉴随着经济的繁荣而发展，但年鉴数量的增加与质量提高明显不同步，中国年鉴的整体质量不高，出现“千鉴一面”的局面，其主要原因在于未能把年鉴编撰上升到“著述性”的高度来认识和对待。年鉴条目编写没有任何一个一次文献可以替代，必须对一次文献进行加工、整合，并深度挖掘，形成一个有质量的三次文献，即原创作品。年鉴编撰的这种原创性就是“著述性”。年鉴“著述性”有其理论和法规依据。“著述性”是年鉴质量的核心和灵魂，是年鉴资料性、新颖性、可读性的前提条件和根本保证，而年鉴正确的编撰思路又是年鉴“著述性”的重要前提和保障。增强年鉴“著述性”的方法有：一是加强地方志、年鉴理论的学习。《地方志工作条例》是迄今为止地方志最高层面的法规条文，其中对年鉴的定性和规定是科学合理的，是最权威的。二是要不断增强年鉴“著述性”的认识。广大年鉴工作者，尤其是年鉴编辑要以不断提高年鉴编撰质量为己任，增强年鉴“著述性”的认识。三是要不断端正年鉴工作的态度。年鉴稿件分“撰”和“编”两个方面，“撰”是质量的基础，“编”是质量的升华。四是要领会并掌握年鉴正确的编撰思路。它是年鉴“著述性”的重要前提和保障。其条目体编撰、第一人称表述、语言记述客观三个方面比较容易控制，而条目分类、条目比例、条目标题、条目要素等方面相对比较灵活，弹性较大，较难把握，具体操作中质量高低就十分明显。其中，涉及编撰者的理解、文字语言功底、用心程度、信息挖掘深度及对撰稿人的指导、与撰稿人的磨合情况等。因此，只有强调年鉴的“著述性”，才能切实提高年鉴的编撰质量。

白文君、何永才在《江苏地方志》第2期

发表《浅谈提高地方综合年鉴的系统性连续性》一文，指出随着第二轮修志工作的深入，年鉴的编纂与利用更加受到重视。但综观现在出版的许多地方综合年鉴，普遍存在“资料不系统、不连续”的缺憾。概括看来，主要有以下四个方面的不足：栏目（包括类目、分目）设置的不系统、不连续，不注意维护整体设计，因为一些主客观原因造成类目设置缺乏系统性、连续性；年鉴内容的不系统、不连续，年鉴采用的是条目体，除常设条目外，主要内容是以特色条目的形式，择当年发生的大事、要事、新事记述，其内容都是当前社会的重点、热点、亮点，往往在下一本年鉴中难以找到后续发展；年鉴概况写作的不系统、不连续，相对于特色条目只反映一件具体事物而言，年鉴中反映事业、行业面上情况的概况、概述的写作对地方志搜集资料来说更为重要；部门色彩带来的不系统、不连续，由于年鉴撰稿人员大多是党政机关工作人员，收集资料受工作关系影响，收集的资料往往是本部门一年或几年工作的资料，缺乏全区域、全行业的综合资料。提高地方综合年鉴的系统性、连续性的对策有：一是年鉴的框架设计和选题选材要相对稳定。第一要在年鉴的栏目（类目、分目）设置上保持相对稳定，不能一本年鉴一个样；第二要在年鉴的选题选材上保持相对稳定，要选各行业、各事业的中心工作、主要业务作为条目的题材。二是加强年鉴条目的记述深度和广度，包括加强概述、概况性条目的记述，着力写好综合记事类条目，着力提高特色条目的记述深度。三是设置一些基本条目、常设表格。在表格中适当增加一些纵、横向比较的资料，纵向的资料即年度性与历时性相同的数据，横向的资料即本地区与邻近的同级别的地区相同的数据，使局部的、年度的数据资料在一定的范围内有直观的比较和展示，年鉴的存史价值就会更高，在地方志编纂时其作用就会更大。

吕鲜林在《中国地方志》第10期发表《综合年鉴编纂质量的改进优化与提升》一文，指出综合年鉴内容兼及百科，包罗万象，其质量的改进、优化与提升绝不能仅靠版面创新及缺乏系统思维的结构性割补来实现，需要有系统的更新与较全面的升级。包括框架结构的改进、入鉴内容的优化、编辑技术的提升、鉴体价值观的凝聚、编辑道德良知与文化使命感的培养等。在框架结构改进方面首先必须打破部门痕迹，严格按照事物、事务、事实本身的逻辑属性进行分类。其次，必须进行部类演绎，按照社会内容的性质，做到演绎周到、周延与周全。编纂者应立足这些较为典型的时代特征与地域特色，创新发展出更好的框架结构、体系体例来谋篇布局，升降显微，精准反映。入鉴资料的科学性加强，资料取舍的客观性加强，资料记载的形式创新，善用图标简化正文中大量繁杂的、低层次的文字资料，才能达到入鉴内容的优化。在编辑技术的提升方面一是编辑人员的专业素质需要提高，二是收集资料的能力有待提升。入鉴资料的价值观首先体现在条目内容的客观性与重要性上；其次体现在专文、专记、特载等栏目的事实评述上。史志鉴事业需要优良的知识素养与非凡的人格境界。优秀的主编是年鉴的灵魂，优秀的编辑是年鉴的生命，要求年鉴工作者要培养道德良知与文化使命感。

许家康在《广西地方志》第4期发表《论年鉴编纂出版转型——以地方综合性年鉴为例》一文，指出当前年鉴内容选择和出版方志与经济社会发展不相适应的矛盾十分突出，年鉴编纂出版转型、创新发展成为年鉴界面临的迫切任务。以地方综合年鉴为例，要从两个方面论述年鉴的转型：编纂转型，是要从记录和宣扬政绩转向全面记录社会现实，其中的关键是减少宣传味，增强客观性和实用性；出版转型，是要从传统出版转向数字出版。年鉴数字出版的主要步骤有：第一步，建立数字化工作平台。即在编纂单位建立基于内部局域网的辅助编辑、管理办公系统，实现年鉴组稿、编辑、审稿、排版、文稿传输和管理等工作环节的数字化。第二步，建立年鉴网站。作为面向社会的窗口，年鉴网站应当具备与读者交流互动、对作者队伍实行网络化管理、宣传推介年鉴产品、承载（发布）在线年鉴等功能。第三步，建立年鉴内容资源数字库。即以数字化方式整合和管理已经出版的年鉴内容资源，并以数字化方式对其进行开发利用。第四步，推出在线年鉴。在线年鉴又称网络年鉴，广义指一切通过互联网可以利用的年鉴。狭义指编纂和利用具有互动性的年鉴。年鉴编纂者提供体例规范、框架、样条等，作者按体例要求和技术格式规范撰稿供稿，读者在检索阅读过程中也可以发表自己的见解、作出自己的补充，从而实现年鉴编纂和利用一体化。当务之急是先行试点，探索在线年鉴的体例、框架、编纂方法和技术路线，总结出几种可复制、可推广的运作模式，然后通过示范效应，引领在线年鉴发展。总而言之，现代信息技术和网络技术的发展，虽在一定程度上压缩了传统书本型年鉴的生存发展空间，但同时又为年鉴的数字化、网络化发展开辟了新的天地。年鉴从传统出版转向数字出版既是大势所趋，也是年鉴编纂出版事业持续繁荣的希望所在。

赵庚奇在《中国地方志》第12期发表《年鉴标题十论》一文，指出标题是年鉴条目正文的题目，具有概括的功能。标题制作要做到以下十个方面：一是标题要实，忌一般化，标题制作时就要抓住条目中最重要、最有价值的信息，制成标题，使读者一目了然。二是标题求简，忌冗或过简。标题要简短、精练、醒目，既不能冗长无度，也不能随意简化。三是标题要明确，忌费解。标题要合乎逻辑，含义明确，用词精准，经得起推敲，避免引起歧义。四是标题要贴切，忌用词不当。标题要贴切，文从字顺，以免词不达意，造成误解。五是题文要相符，忌上下矛盾。标题是从条目正文提炼出来的，只有忠于正文才能题文相符。六是标题要适中，忌以全概偏。标题与正文是一个统一的不可分割的整体，要上下对应，字量适中，不能以偏概全，也不能以全概偏。七是标题行文一行即可忌多行。年鉴条目单一性内容决定年鉴标题要制成一行，不要制成两行或三行、四行，年鉴标题制作，力求符合版式特点，注意字行排列协调。八是标题要准确，忌制错。我国的年鉴理应把我国所处的地理位置记准，不应当记错。九是标题要正确记述涉法问题，对体制和层次、效力要做准确反映，符合法律规范和法律程序。十是标题要正确记述涉外问题，年鉴标题对外国访华贵宾的国籍务必记准，千万不可粗心大意，以免造成不良的政治影响。

朱彩云在《广东史志》第5期发表《年鉴条目篇幅过大原因探析与编辑处理——以〈韶关年鉴〉为例》一文，指出条目作为年鉴的基本单元讲求其独立性与完整性，一般分为大、中、小条目。但常见到超过1000字以上的条目，如学院简介、重要会议、事务性条目等，减弱可读性。编写年鉴提倡以小条目为主，条目篇幅过大主要有空洞的语句或解释性的语句太多。在年鉴中，如有关领导调研的条目，因概括性不强，导致讲话内容占整个条目的比例过大，增加了条目的篇幅，形成照搬领导讲话或者直接引用原文，造成记流水账。条目标题设置过大主要存在于“会议类条目”、条目主题意旨范围过大当中，造成条目下的字数过多，存在并列关系的工作内容。在条目篇幅过大的编辑处理上，一是应删去冗词赘句及解释性语句；二是高度概括领导讲话或者引文的主旨；三是条目标题设置过大，可以拆分几个条目来写；四是用子条目或段落主题句形式间隔大条目下涵盖的主旨，避免内容庞杂，条理不清的情况，利于读者阅读查找。年鉴的行文应遵循一事一条、条目精练的原则，条目应以中小条目为主。年鉴编纂工作者需要仔细研读年鉴稿，加以揣摩，尽量减少条目过大，增强可读性。

胡仁贵在《湖南广播电视大学学报》第1期发表《试析高校年鉴在高校管理中的作用及编撰》一文，指出作者结合自己多年编写的《湘西自治州民族广播电视大学年鉴》的经验，分析高校年鉴在高校管理中的主要作用，并提出编好高校年鉴的若干建议。高校年鉴是编年体史册，是一种全面性、综合性、实用性的工具书，它以其资料权威、连续出版、及时反映、服务高校发展等特点，在高校教育管理中发挥着独特的作用。编写高校年鉴是一项政治性、历史性、现实性很强的工作，日益受到高校的重视，它全面系统地记载了年度高校教育发展变化的最基本情况，突出反映了高校的办学定位、办学思路、办学特色、办学成绩及办学经验，在高校教育管理中能为学校领导科学决策提供参考，具有宣传交流、资政教化、存史鉴戒等作用，也是高校文化建设的重要载体。年鉴的编撰要做到客观、科学，经得起历史的检验。

詹跃华在《新疆地方志》第3期发表《如何编制年鉴索引》一文，指出索引是年鉴的一个重要组成部分，能为读者提供与目录不同的、简便快捷的检索途径。年鉴常采用主题索引，其标目由主题词、页码、栏号组成。编制年鉴主题索引，需要确定主题索引范围，提炼索引主题词，整理排列索引标目。编制年鉴主题索引，要注重质量，做到索引主题词规范准确、简洁明确，索引主题标引具有一定的广度和深度。首先，在编制年鉴主题索引之前，需要确定主题索引范围。年鉴主题索引的范围，应是百科类（正文）内容。其次，索引主题词的提炼很重要，关系年鉴的索引量和检索率。提炼索引主题词，就是按照年鉴百科类（正文）内容，以条目为基本单位，加以分析概括，提炼出简单的词组或短句提炼索引主题词，应有以下几步：认真阅读正文，熟悉所要编制索引的条目内容；从多角度出发，提取读者所需查找的显性主题，年鉴条目内容的主题存显性和隐性两种，显性主题是指能够直接从条目内容文字中提取主题词；深入分析内容，概括出条目内容中的隐性主题。最后，整理排列索引标目。年鉴索引主题词提炼出来，需在其右侧标引页码和栏号，再进行整理排列，步骤有：索引标目排序前整理，对索引标目进行排序，索引标目排序后整理。索引标目自动排序后，还要做进一步的处理，包括：恢复原来改过的内容，处理标目首字的多音字，合并主题词相同的标目，最后在每部分索引标目前加上首字拼音的声母。

衣彩天在《出版广角》第14期发表《“互联网+”年鉴出版探析》一文，指出传统工具书年鉴的编辑出版，面对互联网改变读者阅读习惯和出版思维的挑战，必然要走数字化道路。数字化年鉴的形态有如下四种：光盘、电子图书、年鉴网站和数据库。“互联网+”年鉴使年鉴从信息内容的记录，逐步转变成更易于查阅的史料。它带来的不仅仅是载体的变更，更重要的是经营理念的革新：一是销售产品将会是信息访问权。二是出版周期可以变得有弹性。三是广告范围将扩大。四是新增非营利的商业运作经营模式。“互联网+”年鉴的未来发展方向之一就是年鉴数据库的集成与利用。年鉴数据库的发展方向是资源整合、数据挖掘、智能分析。建立集成数据库是今后年鉴发展的方向。

刘爱军在《中国地方志》第12期发表《常编常新　切时如需——〈山东年鉴〉2015卷编纂实践》一文，指出《山东年鉴》2015卷大胆进行多项改革创新。由于准备工作充分、组稿手段灵活、编校方式多样、工作流程合理、表现形式新颖、审核环节严格，实现了在出版年度内上半年出版，是全国率先使用二维码技术的省级综合年鉴，较好地实现了年鉴特色化与实用性的统一。该卷年鉴能有改革创新之举，保证年鉴出版质量和时效的关键是领导重视，提高年鉴使用价值的重要手段是实现年鉴出版时效最大化。年鉴工作掌握着丰富的资源，只要肯动脑筋，踏实肯干，年鉴事业将大有作为；只有常编常新，切时如需，不断拓展年鉴的内容，才能满足读者的需求；只有贴近实际、贴近群众、贴近生活，才能保持年鉴旺盛的生命力。

刘书峰在《中国地方志》第10期发表《简析美国〈老农夫年鉴〉的内容特色》一文，指出美国《老农夫年鉴》是世界上连续出版最久的年鉴，在北美一直受到广泛欢迎。近年来《老农夫年鉴》积极创新求变，但一直秉持“新鲜、实用、有趣”的内容定位，实用性非常突出。例如，在占星术板块下，首先解释占星术与天文学的不同，还突出介绍占星术以太阳、月亮及其他行星的运动对地球生物造成不同影响的各种实际应用，随后以此为基础，以表格的形式列出2014年做某事最好的日子。在畜牧板块下，则是以表格为主，其中一张表格列出绵羊、山羊等常见动物的交配及生育的最佳年龄、时间、频率等，而且还有公母分别；另外一张表列出这些动物的发情期、排卵期等；还以更小的表格介绍鸡、鸭、鹅等家禽的孵卵期及家养的猫、狗、兔等动物的一般寿命等。在实用方面，《老农夫年鉴》的日历可谓是纯实用板块。这个板块有六部分内容。第一部分是2013～2015年的日历，仅占一页。第二部分是美国及世界各国节日，其中美国节日占一页，世界其他主要传统节日在另外一页上，占1/4页，包括中国的春节。第三部分是2014年的日历页，每月占两页，这也是全书最核心的内容。第四部分为书中提到的各种稀奇古怪的事情词汇表。第五部分是潮汐时间表。第六部分是时区时间表。《老农夫年鉴》除了内容设置方面十分实用之外，在形式方面也广泛采用参见、互见等方式，将全书有关内容有机串联起来，利于读者使用。我国年鉴应该结合自身情况，充分借鉴《老农夫年鉴》的长处，进行编纂理念创新、内容设置创新、编纂方式创新。

林靖在《福建史志》第3期发表《浅析〈台北年鉴〉的主要特点》一文，指出当今如何提升和改进地方综合年鉴的编纂工作，避免出现“千鉴一面”现象，已成为年鉴工作者探讨的热门话题。《台北年鉴》是我国台湾地区台北市政府编纂的地方综合年鉴，有其鲜明的个性：精美、亲民、实用。首先，《台北年鉴》彰显其版式设计和印刷的精美。《台北年鉴》的全彩设计，不仅体现在彩色图片上，甚至在文案设计中也充分利用彩色效果，清雅的彩色文字美化画面，每个章节的文字配色和背景配色都进行变化。堪称页页有彩，搭配相宜。从版面设计上，彩色图画的运用比例不少于1/3，甚至大多数页面图画和文字的比例是1∶1，甚至更高，有时候在找不到合适图片的文字版面还特意插入装饰性的卡通画。其次，《台北年鉴》在文字风格上突出追求亲民的风格。编纂者为使普通民众更有兴趣阅读年鉴，力图摆脱传统官修史志资料那种严肃、书面语化的叙述风格，文字风格追求浅显、平实。每年根据热点大事设深度报道或者专记，灵活使用第一人称叙述，对话体等风格表述。再次，《台北年鉴》编纂者围绕实用性收集许多便民的资料。编纂者从市民的日常生活需要出发，形成一个实用的便民信息收集体系，覆盖台北的轨道交通网络图、台湾地区的交通地图等，以及台北各种详尽的统计表格。《台北年鉴》除上述三大亮点之外，还有一些方面和中国大陆的地方综合年鉴有不同之处，如《台北年鉴》文体上采用章节体，体例规范采用中西混合的结构，内容基本不记或者很少记其上级机关或者单位在辖区的主要活动和年度情况。从某种角度来看，《台北年鉴》更像是一部台北市政府的机构年鉴或者说地方施政成果宣传册。

邵权熙在《科技与出版》第8期发表《奠定年鉴事业理论基础之作——评肖东发先生的〈年鉴学〉》一文，指出肖东发所著的《年鉴学》是站在当代年鉴学研究前沿的扛鼎著作。它是基于坚实的年鉴出版事业基础之上，以年鉴和年鉴事业为对象进行全面、系统研究的学问，具有的时代烙印、发展实践性特征尤为明显。学术体系完整，脉络清晰，结构严谨，是研究年鉴学的前沿之作。它的发展具有广阔空间，年鉴工作者是民族复兴中国梦的实践者，也是伟大时代的记录者、思考者。

（范锐超）

· 论文索引

方志论文索引

一　方志学基础理论

袁伦中　“士志于道”与修志人的担当　《河南史志》第4期

泉州市方志委　“四位一体”　存史修志——泉州市探索创新系统保存地情资料机制　《福建史志》第5期

韩　锴　“修志问道　以启未来”——学习李克强总理关于地方志工作重要批示的体会　《中国地方志》第8期

邱新立　“修志问道，以启未来”　《社会科学报》12月3日第7版

陈昌保　把握内在规律，推动地方志工作再上新台阶　《江西地方志》第3期
周延礼　保险史志是行业发展的根基　《中国金融》第12期
李升宝　倡导方志文化的普及　《内蒙古史志》第1期
严　萧　创新思路谋发展　开辟方志新天地　《云南史志》第1期
王广才　创新无穷期　改革正当时——河北省二轮市县修志改革创新成就、不足及其对策研究　《河北地方志》第6期
厉无畏　从地方志看中国现代化的断层与进程——在2015上海地方志论坛上的演讲　《社会科学报》5月21日第2版
金光耀　金大陆　从地方志资料看知识青年上山下乡　《当代中国史研究》第3期
周　慧　从方志发展看方志创新　《江西地方志》第1期
李迎春　地方志的学术性与实用性关系探究　《广西地方志》第1期
陈泽泓　地方志功能析论——志说新语之四　《广东史志》第2期
赵庚奇　地方志记述要符合法律规定——再谈志鉴涉法问题　《北京地方志》第4期
郝文军　地方志起源时间及其判定研究　《渤海大学学报》（哲学社会科学版）第4期
毛珏珺　地方志信息化建设刍议　《湖北方志》第4期
安　捷　地方志要为系统研究抗战历史作贡献　《太原日报》8月18日第10版
杜晋宏　地方志与“三严三实”　《楚雄日报》（汉）11月25日第3版
文坤斗　张　静　地方志与社会主义核心价值观的培育　《中国地方志》第12期
周　慧　地域文化：方志工作服务现实的重要途径　《中国地方志》第6期
何建明　孟进军　对几种中国地方志重刊和目录书的勘正　《中国地方志》第4期
李培林　发挥学会学术研究平台作用　积极推动方志理论研究　《中国地方志》第3期
高　山　发掘文化富矿　彰显方志活力——陕西地方志服务经济社会发展纪实　《陕西地方志》第4期
温勉双　发掘族谱资源　建设特色文化　《巴蜀史志》第4期
李鹏辉　方志编纂与法治精神　《今古大观》第5期
陈泽泓　方志发展史研究析论——志说新语之六　《广东史志》第4期
刘　辰　方志分体议　《广东史志》第4期
柳成栋　方志类型说略　《黑龙江史志》第2期
韩　锴　方志视域里“述而不作”的全方位考察　《浙江方志》第4期
韩　锴　方志视域里“述而不作”的全方位考察　《浙江学刊》第5期
陈泽泓　方志属性特征论析——志说新语之三　《广东史志》第1期
时培磊　史　雪　方志学与民族学（上）　《天津史志》第2期
时培磊　史　雪　方志学与民族学（下）　《天津史志》第4期
马春晖　方志艺文志学术评论简析　《图书馆工作与研究》第2期
王　翠　方志资料在史学研究中的使用演变　《云南史志》第1期
何云伟　高质量开展专业篇志稿评审的实践与思考　《浙江方志》第6期
管仁富　构建河南省史志事业科学发展体系　《河南日报》10月15日第5版
王　翠　关于地方志资料价值的思考　《云南史志》第3期
沈红岩　关于推动《北京年鉴》可持续发展的建议　《北京地方志》第1期
王丽娃　广东旧志整理回顾与展望　《中国地方志》第2期
柳成栋　黑龙江方志考略（上）　《中国地方志》第6期
柳成栋　黑龙江方志考略（下）　《中国地方志》第7期
陈守强　积极适应新常态　努力修好新方志　《河南史志》第4期
刘　峰　基于志书传承的地域文化与社会主义核心价值观之培育——以浙江省海宁市为例　《浙江方志》第2期
李培林　继往开来，谱写广东省地方志事业发展的新篇章　《中国地方志》第2期
毛志华　加强方志理论研究　服务全省修志实践　《海南史志》第6期
高　岩　加强依法治志的几点建议　《今古大观》第5期
马宝祥　坚持辩证唯物史观　强化史志工作政治导向　《山东史志》第4期
高　煜　杨松义　坚持依法治志　努力开创我省地方志事业发展的新局面　《青海日报》10月13日第6版
李秋洪　简论志书民族篇章记述　《中国地方志》第2期
姚金祥　建立独立的方志学　《社会科学报》3月26日第7版
曾　荣　近代方志转型的内涵与价值　《中国社会科学报》9月21日第4版
马春晖　近二十年来方志艺文志研究成果综述　《大学图书馆学报》第1期
李升宝　精心编织方志梦　《西藏地方志》第2期
鲍永军　旧志整理述论　《中国地方志》第10期
梅　森　抗日战争期间的方志文化——向在抗日战争战火和颠沛流离中献身方志事业的先辈致敬　《中国地方志》第12期
何云伟　科学把握五种关系着力推进新一轮修志工作　《浙江方志》第2期
部闫若　兰台修志本史传　周公面命常策鞭——重温周总理

教诲有感 《新课程》(下) 第10期

唐宏辉 历代方志整理与社会主义文化强国建设研究 《湖南地方志》第2期

温冠男 利用新兴媒体 展示地方历史 《黑龙江史志》第22期

江永红 六朝咏物诗与地志物类记述之比较——以其兴盛原因、主题类型、文体样式为中心 《成都大学学报》(社会科学版) 第5期

毛珏珺 论地方志信息化建设的发展 《安徽地方志》第3期

宋学清 张丽军 论莫言"高密东北乡"的方志体叙事策略 《当代作家评论》 第6期

潘捷军 论图书馆事业对中国方志馆建设的历史贡献和现实启示 《山东图书馆学刊》第1期

崔广哲 吕梁方志考述 《吕梁学院学报》第2期

冯 伟 略论地方志在经济社会发展中的作用 《史志林》第2期

郑渝川 民族和贫困地区志书出版应获更多帮助 《中国出版传媒商报》9月25日第9版

李培林 谋事创业 再续辉煌 《中国地方志》第4期

吴卓春 培育地方历史记忆 让方志文化走进千家万户 《山东史志》第4期

李荣喜 浅谈"修志问道，以启未来"的丰富内涵 《湖南地方志》第4期

蒋庆立 浅谈依法治志存在的问题及建议 《山东史志》第2期

胡海鹰 区域文化建设视野下民族地方文献发展前景 《史志学刊》第1期

江东洲 全面深化改革 依法修志编鉴 主动服务广西"两个建成"大局——访广西壮族自治区志办主任李秋洪 《科技日报》3月4日第7版

冉向阳 认真学习《规划纲要》 深刻领会精神实质 《云南史志》第5期

秦邕江 认真学习贯彻《规划纲要》加强方志理论研究和学科建设 《广西日报》10月14日第2版

陆智舫 认真做好史志工作努力服务对外传播工作大局 《中国广播电视学刊》第1期

冯林平 深入发掘我省旅游资源的重大文化建设工程——写在"山西旅游景区志丛书"编纂启动15周年之际 《前进》第7期

陆 奇 生态文明建设 志鉴有所作为 《黑龙江史志》第8期

王伟光 盛世修志助力中国梦 《人民日报》9月10日第10版

梅 宏 试述方志文化丛书的编纂 《江西地方志》第1期

熊 军 试述社会主义核心价值观与地方志工作 《云南史志》第2期

梁滨久 试说地方志体制改革 《今古大观》第1期

山东省史志办 树立精品意识 大胆改革创新 推动省志续修工作科学开展 《山东史志》第3期

马小彬 朱 丹 四川省旧志整理出版与利用情况述略 《湖北方志》第4期

傅燕芳 谈方志记述中的静态处理 《黑龙江史志》第8期

冉向阳 谈史志工作者的神圣责任 《云南史志》第3期

石千成 谈修志工作中的组织领导科学 《史志林》第1期

邹廷波 提高年鉴质量 拓展开发渠道 更好地为经济社会科学发展服务 《西藏地方志》第3期

株洲市地方志办 拓展方志服务领域 助推社会发展升级 《湖南地方志》第3期

王伟光 为福建经济社会发展服好务 《中国地方志》第1期

冉向阳 为子孙后代留下历史文化财富 《云南史志》第1期

梅 森 汶川特大地震对口援建概述 《巴蜀史志》第2期

梁滨久 我对编纂中国国家志的思考 《今古大观》第2期

梁滨久 我们需要编纂《中华人民共和国志》 《今古大观》第5期

农应忠 五次全国地方志工作会议解读 《云南史志》第1期

吉正芬 韩连启 西藏地区方志研究综述 《西藏大学学报》(社会科学版) 第2期

李长山 写好志书概述 打造精品佳志 《巴蜀史志》第1期

胡巧利 新方志地理部类记述内容研究述评 《中国地方志》第6期

李妙涛 新建市首部志书编修中的疑难问题及其处理——以《清远市志》为例 《广东史志》第1期

王天丽 新疆方志综述 《河南图书馆学刊》第2期

苏毅等 修志存史 服务现实 《陕西地方志》第2期

西昌市志办 修志问道 彰显本色 《巴蜀史志》第2期

李秋洪 修志问道 提升文化软实力——学习贯彻《全国地方志事业发展规划纲要》 《广西日报》10月13日第10版

昌吉州史志办 修志问道 以启未来——《昌吉回族自治州志(1996~2016)》编修启动 《昌吉日报》(汉)9月18日A09版

曹景宪 修志问道 助力"文化+" 《开封日报》11月18日第3版

王春雨 修志问道抒写华章传承服务 推动地方志事业不断迈上新台阶 《黑龙江史志》第6期

和卫国 修志之道贵在存史 《中国社会科学报》5月6日第A06版

张 蕴 依法修志 继往开来——省政府法制办负责人就《青海省地方志工作规定》答记者问 《青海日报》2月7日第3版

淄博市史志办 依法治志 继往开来——纪念《淄博市地方史志工作条例》颁布实施五周年 《山东史志》第3期

李忠文　以“纲要”为指导　用“九个坚持”引领绿春地方志工作　《云南史志》第5期
潘捷军　以《规划纲要》为纲　提升志书质量　《中国社会科学报》9月11日第12版
冯志农　以创新精神推动我省地方志工作的开展　《福建史志》第5期
何道勋　以习近平总书记系列重要讲话精神指导编史修志工作　《云南史志》第2期
毛志华　用法治思维和方式推进史志工作发展　《海南史志》第1期
李培林　用法治思维推进地方志工作　《中国地方志》第1期
梅　森　欲修志，先问道　《联合时报》10月23日第4版
王家范　在方志中阅读中国——对话华东师范大学历史系教授　《解放日报》3月13日第21版
朱克雄　毛存显　泽被传统精蕴　纂述时代新章　《湖南地方志》第5期
李　翔　找准定位　顺势而谋——墨江县志办贯彻落实法规侧记　《云南史志》第6期
史和志　找准服务切入点　提供发展正能量——访市委党史办、市地方志办负责人段绍镒　《抚州日报》10月10日第1版
易小兰　真抓实干谋事创业　全面推动史志事业科学发展　《湘潭日报》10月28日第6版
王书慧　指导思想的创新与发展论析　《湖北方志》第1期
王伟光　中国地方志讲的就是中国故事　《中国地方志》第3期
潘捷军　中国方志馆沿革考　《浙江方志》第1期
梅　森　中国方志史研究方法及思路　《中国地方志》第6期
梁滨久　中国国家志编纂的理论基础　《河北地方志》第6期
赵柔嘉　赵梦远　中国煤炭史志工作的参与者、见证者、记录者——访煤炭工业文献工作委员会副主任兼秘书长吴晓煜　《当代矿工》第1期
康　磊　钟情乡邦文献的地方史志专家康爵述论　《福建广播电视大学学报》第4期
朱克雄　自觉适应新形势新任务新要求　努力推动地方志事业转型升级　《河南史志》第5期　《湖南地方志》第2期
梅　森　自然环境志编纂之历史演变　《中国地方志》第8期

二　方志管理与实践

董常保　（光绪）《神池县志》同年两任知县考　《阿坝师范高等专科学校学报》第1期
李成晴　（弘治）《吴江志》所见《全宋诗》未著录诗人辑考　《贵州师范大学学报》（社会科学版）第3期
袁云才　“缠访者进县志”带来的思考　《长沙晚报》7月27日第F02版
王　慧　“欲凭文字播风潮”：南社人与上海通志馆　《理论界》第5期
梁滨久　“专家修志”新探　《广西地方志》第3期
孙小倩　《（乾隆）富平县志》考述　《宁夏师范学院学报》第5期
戴佳臻　《白沙村志》在姓氏、家庭、人口记述上的创新——兼论村志和家谱的融合之路　《中国地方志》第5期
马振君　《常郡八邑艺文志》及其纂刻、版本　《古籍研究》第2期
李成晴　《大明一统志》所见两宋“小家”佚诗考　《华夏文化论坛》第2期
李成晴　《大明一统志》所见唐逸诗考　《古典文献研究》第1期
王昭勇　周伟华　《大洋洲萧侯庙志》版本及其文献价值　《南方文物》第2期
高　畅　《丹徒县志·方技传》中的地方名医群体探微　《齐齐哈尔大学学报》（哲学社会科学版）第3期
熊　程　夏荣林　《岛夷志略》版本述略　《牡丹江师范学院学报》（哲学社会科学版）第1期
任俞新等　《甘肃省小陇山高等植物志》分类群增补及学名订正——金粟兰科、杨柳科、桦木科、壳斗科、榆科　《甘肃林业科技》第2期
任继文等　《甘肃省小陇山高等植物志》裸子植物学名订正　《甘肃林业科技》第1期
任继文等　《甘肃省小陇山高等植物志》学名订正（二）——荨麻科、石竹科、毛茛科、樟科、十字花科、五加科、木犀科　《甘肃林业科技》第3期
任继文等　《甘肃省小陇山高等植物志》学名订正（三）——虎耳草科、蔷薇科、豆科　《甘肃林业科技》第3期
任继文等　《甘肃省小陇山高等植物志》学名订正（四）——杜鹃花科、报春花科等10个科　《甘肃林业科技》第4期
杨　亮　何顺志　《贵州植物志》秋海棠属植物的修订及补遗研究　《贵州科学》第2期
曹绪勇　《湖北通志·卷二十二·物产》中的历史名茶录　《中国茶叶》第11期
田小彬　《华阳国志》及整理者提供的大禹资料　《文史杂志》第2期
竺济法　《华阳国志》记载两处茶事并非特指周代　《茶博览》第12期
竺济法　《华阳国志》两处“茶事”并非特指周代　《中国茶叶》第9期
仇锡廷　《蓟州志》载商仕芝原文　《搏击》第11期
尹楚兵　《江苏艺文志·无锡卷》补正　《图书馆杂志》第12期
王琛瑜　詹艺虹　《九宫山志》中湘南道教音乐活动考究

《兰台世界》第30期

曹慧敏　《灵岩志·艺文志三》禅诗考论　《名作欣赏》第20期

杜玉玲　《庐山太平兴国宫采访真君事实》与《太平宫志》考　《九江学院学报》(社会科学版)第2期

周　晟　《梦梁录》再考　《中国地方志》第2期

张全晓　《明代武当山志二种》补校　《中华文化论坛》第3期

刘松余　《明嘉靖黄陂县志校注》蓝本探究　《武汉文博》第1期

李成晴　《南雁荡山志》与宋诗辑佚　《古籍整理研究学刊》第1期

黄　露　《虔台志》考述　《福建图书馆理论与实践》第1期

罗　琴　《全宋文》补《宋朝方志考》例证　《历史地理》第1期

赵福山　《人物传记》之我见　《今古大观》第1期

孟凡港　《山左金石志》纂修考　《北华大学学报》(社会科学版)第3期

曾育荣　《寿昌乘》辑本辑佚之考察　《中国地方志》第2期

徐敬侠　《威海经济技术开发区志》编修启示　《山东史志》第4期

杜来锁　《文渊阁书目》中畿辅旧志与新志修撰时间考　《河北师范大学学报》(哲学社会科学版)第4期

刘　航　《汶上县志·艺文志》中的唐宋文人诗作　《湖北职业技术学院学报》第2期

孙师师　《西渎大河志》作者考及其文学文献价值探析　《牡丹江大学学报》第10期

吴春香　《小海场新志》所见明清淮南小海场的灾荒与赈济　《长江大学学报》(社科版)第12期

顾成瑞　《新安文献志》收录唐户部蠲牒考析　《安徽史学》第3期

熊燕军　《匡山集》作者考——兼论与《匡山志》的关系　《中国地方志》第9期

周录祥　《扬州足征录》志传部分点校疑误举例　《扬州大学学报》(人文社会科学版)第3期

黄启国　《鬻熊楚裔记》序言　《巴蜀史志》第4期

梁　迅　齐清文　《中国近代地图志》海图篇编研初探　《中国地方志》第7期

芦　笛　《中国通邮地方物产志》所记民国食药用菌资源和经济研究　《古今农业》第1期

王红星　张松波　季　山　李向东　《中国现代水利人物志》补遗　《浙江水利科技》第4期

李　军　20世纪初日本东亚同文书院对华北调查的个案研究——以《支那省别全志》直隶卷为中心　《外国问题研究》第4期

杨宝红　把脉当代志书的“常见病”　《天津史志》第5期

刘兴忠　把握特点　突出变化——第二轮《体育志》篇目框架制定回眸　《北京地方志》第2期

谭烈飞　北京旧志整理研究　《北京地方志》第2期

乔　良　比战争更早打响的战争——从日军对华兵要地志研究看中日战争准备的差异　《军事文摘》第15期

叶长青　编修家谱的历史渊源和现实作用　《中国地方志》第9期

王宗志　采撷精华　鉴往励今——浅议清乾隆《重修凤翔县志》校注　《陕西地方志》第2期

谭平娇　王薛刚　茶陵方志文化漫话　《湖南地方志》第4期

傩　送　缠访入县志，是权力的耻辱　《小康》第16期

梁滨久　刍言分志人物简介　《今古大观》第6期

梁滨久　刍议方志学术语研究　《今古大观》第4期

段文艳　传统与现代：民国知识分子眼中的民间信仰——以华北方志为例　《大连大学学报》第4期

杨建顺　从“缠访入县志”谈完善信访实效性保障机制　《检察日报》7月29日第7版

叶佳炜　陈爱平　陈安情　俞　佳　林浩川　龚　宇　袁　媛　从《赤城志》看宋朝台州经济和社会生活　《黑河学刊》第2期

谭德兴　从道光《平远州志》看晚清贵州艺文志的儒学色彩——兼论史学与儒学之互动　《中国地方志》第10期

王新亮　胡凯敏　从地方志看名人文化旅游资源的开发与应用——以淮南为例　《湖北经济学院学报》(人文社会科学版)第12期

丁晓蕾　胡乂尹　从方志记载的辣椒地方名称看辣椒在中国的引种传播　《中国历史地理论丛》第3期

尚　越　从方志记载谈牡丹资源开发　《农业考古》第4期

宾长初　从光绪《平乐县志》看清政府对城镇的统治与管理　《中国地方志》第1期

张　勤　从基础资料到科学文献的跨越——以浙江省第二轮市县志中自然灾害内容的记载为例　《中国地方志》第4期

陈泽泓　从杨孚《南裔异物志》一窥汉代海外交往　《暨南史学》第1期

李中华　从中国古代采风制度的兴衰谈史志民间采风机制的建设　《中国地方志》第1期

王建设　村落文化——亟待纂修的民俗遗存　《湖南地方志》第1期　《中国地方志》第9期

陈雪飞　李延明　村志给邮政一个理由　《中国邮政报》8月15日第5版

刘小文　村志文化信息资源的开发与利用研究　《科技情报开发与经济》第22期

董文廷　村志有记　百姓不忘　《山西老年》第10期

李　晶　马建平　档案管理与史志工作“血浓于水”　《兰台世界》10月增刊

关　涛　档案与《奉天通志》　《兰台内外》第5期

周忠泰　道光《广东通志》讹误考证一例——兼对冼夫人墓

再考　《湖南科技学院学报》第 11 期

潘友林　地方旧志整理的思考　《山东史志》第 2 期

董乾坤　地方政治势力的兴起与历史人物形象重塑——以罗愿《新安志》汪华记载为中心的考察　《安徽大学学报》(哲学社会科学版)第 5 期

罗志欢　刘艳艳　地方志疍民史料考述——以广东地方志为研究对象　《中国地方志》第 2 期

赵春满　地方志的基本特征刍议　《黑龙江史志》第 6 期

王新环　地方志对高校中国近代史教材补充探究　《忻州师范学院学报》第 1 期

赵春满　地方志年度资料整理之我见　《黑龙江史志》第 2 期

李俞霏　梁惠娥　地方志视野下的近代齐鲁民间服饰文化研究　《理论学刊》第 12 期

刘舜强　辛　岩　袁凯铮　地方志所见明末清初云贵地区钱币铸行　《中国钱币》第 1 期

王新环　地方志与高校中国古代史教材的互证探究　《黄河科技大学学报》第 1 期

李　楠　地方志与左权社火民俗研究　《中共山西省直机关党校学报》第 6 期

张　弦　杨竹颖　王华南　地方志中中医药文献信息的价值及利用研究　《中国中医药图书情报杂志》第 4 期

王兴明　地情网站要体现地方特色　《山东史志》第 1 期

杨泽荣　地域文化的收集整理和开发利用　《西藏地方志》第 3 期　《中国地方志》第 2 期

杨明仙　电子文档时代　资料长编编写初探　《史志林》第 2 期

韩章训　读《史记》《汉书》对方志体例的影响　《中国地方志》第 3 期

杨青林　对地方志体例的浅识　《巴蜀史志》第 2 期

王慧卿　对方志馆功能与定位的思考　《河北地方志》第 4 期　《河南史志》第 5 期

李应斗　对绿春地情开发工作的思考　《云南史志》第 2 期

冯占文　对省志《大事记》收录标准和收录范围的思考　《今古大观》第 6 期

俞慧军　对县级以下层面依法修志的思考　《湖南地方志》第 3 期　《云南史志》第 2 期

俞慧军　对县级以下层面依法修志的思考——以县级市张家港市为例　《河南史志》第 2 期

张　霞　韩卫红　鄂南方志中的明清灾害载记　《安徽农业科学》第 5 期

张　霞　鄂南方志中的明清灾荒应对调查　《安徽农业科学》第 15 期

朱永平　二轮修志基本完成后市、县地方志工作创新发展的几点思考　《内蒙古史志》第 1 期

李成晴　范仲淹、苏轼、黄庭坚轶诗辑考——以方志文献为中心　《重庆师范大学学报》(哲学社会科学版)第 2 期

麦思杰　方志的纂修与明清时期府江流域的民僮田产案——以乾隆《昭平县志》为中心　《中国社会经济史研究》第 4 期

潘捷军　方志馆建设面面观　《中国地方志》第 9 期

张桂江　方志史创新刍议——从《奉贤史志图志》说起　《史志林》第 1 期

康　薇　方志所见番禺莲花山、塔与城名小考　《广州文博》2015 年卷

黄利平　方志所见清代广州炮台　《中国地方志》第 1 期

李振聚　方志所载碑刻资料的校勘价值　《兰台世界》第 20 期

刘善泳　方志文献的文化价值归宿——缘于一次旧志文献利用实践　《中国地方志》第 3 期

李成晴　方志文献所见《全元诗》已著录诗人佚作辑补　《贵州民族大学学报》(哲学社会科学版)第 4 期

钱道本　方志小说：一种值得关注的文化现象　《中国地方志》第 5 期

段从学　方志叙事与“地方文学史”的新可能——《中国·四川抗战新诗史》自序　《中华文化论坛》第 9 期

王春林　方志叙事与艺术形式的本土化努力——当下时代乡村小说的一种写作趋势　《文艺报》3 月 6 日第 7 版

王　璋　方志与灾荒史研究——以山西地方志为例　《史志学刊》第 2 期

王新环　方志中的物产史料价值探究——以河南地方志为例　《史志学刊》第 1 期

刘　岩　冯国瑞辑佚《秦州记》辨误　郭延坡　《天水师范学院学报》第 3 期

林晓岚　林尔正　福建方志中医药信息的组织与系统构建　《福建中医药》第 5 期

巴兆祥　张　丽　感知价值视角下上海社会群体对于方志文化建设的认知和态度　《中国地方志》第 6 期

段昌华　高校图书馆地方文献校地共建的实践与探索——以安康方志馆建设为例　《四川图书馆学报》第 2 期

江阴市史志办　公众微信《江阴纪事》为地方志工作插上信息化翅膀　《江苏地方志》第 3 期

郭显斌　涂山河　关于城市区志文化部类如何体现和提升使用价值的几点思考　《湖南地方志》第 1 期

高常立　关于地方志资料年报编报形式的几点思考　《广东史志》第 1 期

戴佳臻　孙晓东　关于二轮县(市)志书容量的思考　《云南史志》第 3 期

梁　辰　关于二轮修志完成后的市县区地方志工作的思考　《黑龙江史志》第 24 期

胡箭馨　关于开发特色方志档案信息资源的思考　《黑龙江档案》第 2 期

刘爱军　关于山东省市县志自然环境编记述质量的考察与思考　《中国地方志》第 4 期

周　波　关于唐代藩王封邑常德的考证——参阅清同治《直隶澧州志》后的厘定　《湖南地方志》第 1 期

易介南　关于新方志彰显社会主义核心价值观的探讨——以

《洞庭湖志》和《湖南通志》为例 《中国地方志》第7期

段琼慧 关中方志图书编纂传播研究的价值与意义 《兰台世界》第24期

王建红 馆藏地方志文献的版权管理策略 《图书馆界》第3期

董 瑛 王召波 胡东斌 馆藏方志资源是廉政文化研究的一座宝库——以宁波天一阁为例 《浙江方志》第1期

安 玲 光绪《昌吉县乡土图志》所记罗克伦河校正 《昌吉学院学报》第1期

徐姗姗 光绪《镇南州志略》的几个问题 《西南古籍研究》2015卷

张 文 广西古村镇历史文化资源与史志编修 《中国地方志》第7期

唐有伯 广州湾地名考辨——明清方志舆图中的广州湾 《岭南师范学院学报》第4期

林 浩 贵州县级地方志书利用情况调查报告 《史志林》第1期

彭菊媛 张丰娟 李 敏 海防类地方古籍文献的教育价值探讨——以海南《正德琼台志》载录材料为例 《亚太教育》第35期

彭菊媛 李敏 傅白云 张丰娟 王 琳 海防类地方古籍文献价值探微——以《康熙琼州府志·海黎志》为例 《文教资料》第26期

张 硕 凌文斌 海纳百川 修志有为——福建省方志委收集史志文献团北美行见闻 《福建史志》第1期

王新环 河南方志中的农谚 《农业考古》第1期

马 珂 河南天主堂总修院藏地方志经眼录 《上海高校图书情报工作研究》第4期

朱曦林 黄景昉的家世及生平补正——通过对《檗谷黄氏族谱》的利用 《史志学刊》第4期

白丽萍 黄丕烈藏明刻本《石湖志略文略》流传源流考 《赤子》(上中旬)第12期

黄静静 徽州地方志中所记物产研究 《鸡西大学学报》第9期

韩素杰 基于地方志文献的禹州药市研究 《中医文献杂志》第6期

宁三香 基于数转模拍摄的普通古籍分册问题探讨——以国家图书馆馆藏地方志为例 《数字与缩微影像》第4期

宁三香 基于数字存档技术中缩微胶片密度影响因素研究——以中国国家图书馆馆藏地方志数字资源数模转换为例 《图书馆界》第5期

韩素杰 胡晓峰 基于中国方志库的药王庙研究 《中医文献杂志》第2期

王建设 亟待纂修入志的村落文化 《广东史志》第2期

朱 虹 加强江西书院文化的保护利用 《中国地方志》第10期

沈宏格 家法族规与乡村“礼治”社会——以浦江《郑氏规范》为例 《中国地方志》第10期

周录祥 嘉定《娄塘志》整理本点校讹误举正 《韩山师范学院学报》第2期

李淮东 嘉靖《河州志》所见明代河州社会 《北方民族大学学报》(哲学社会科学版)第1期

朱 蕾 嘉庆《重修扬州府志·巡幸志》的文献价值 《江苏地方志》第3期

陈伟莉 嘉兴历代方志类古籍的开发与利用 《图书馆学刊》第5期

杨伟民 邵念轩 建国以来湖州市乡镇志书修编情况的调研报告 《浙江方志》第1期

高发元 建文帝亡滇不再是传说——《梨花村志》与建文帝亡滇新证 《今日民族》第9期

赵晓峰等 江苏地方志泰州市药物研究述要 《长春中医药大学学报》第5期

曹蓓蓓 江苏省地方志中的莲藕栽培种植概况 《绿色科技》第11期

舒 锐 将缠访者写入县志本质是遇访无策 《民主与法制时报》7月28日第2版

舒 锐 将缠访者写入县志留“恶名”欠思量 《大连日报》7月27日第3版

林建永 宫少颖 将志书效益最大化 《社会科学报》4月30日第5版

孙营业 借鉴得失,突出志书的实用性 《广东史志》第1期

郭夏云 近代华北妇女婚姻心理的发展演变——以地方志民俗资料为中心的研究 《中国地方志》第12期

芦 笛 近代上海方志中的物产概念和文本书写 《地方文化研究辑刊》2015年卷

王 颖 旧志书校勘整理的思考 优先出版 《产业与科技论坛》第20期

刘善泳 旧志整理“六字诀” 《广西地方志》第3期

刘汉忠 旧志整理的感想和建议 《广西日报》10月14日第2版

陈其弟 旧志整理的实践和体会——从点校明洪武《苏州府志》说起 《浙江方志》第6期

张保见 康熙、乾隆《安岳县志》述论 《中国地方志》第5期

罗 志 康熙《泗州通志》考述 《史志学刊》第1期

王晓芬 康熙《通山县志》考 《湖北方志》第1期

李 红 口述历史的学习及其探索性实践 《天津史志》第4期

高青青 李濂《汴京遗迹志》中的汴京八景 《现代商贸工业》第22期

罗 志 历代泗州方志考述 《江苏地方志》第2期

俞慧军 利用方志资源 服务人民群众——地方志实践党的群众路线的几点思考 《黑龙江史志》第2期

柳 森 梁上椿与其岩窟藏志 《中国地方志》第2期

学　诚　临济寺、临济僧、临济宗——《临济寺志》序　《法音》第1期

党　斌　临潼县志与临潼碑刻　《碑林集刊》　2015年卷

李沈阳　论（道光）《重修博兴县志》的初刻本与重刻本　《图书馆工作与研究》第12期

刘亮红　张跃安　论“修志人”的个体考察与群体建设　《黑龙江史志》第4期

张跃安　论“修志人”的个体考察与群体建设　《黑龙江史志》第8期

黄俊军　论地方志的开发利用与文化旅游产业的发展　《湖南地方志》第1期

陈　雄　论地方志在国际旅游岛建设中的地位和作用　《海南史志》第7期

汤　敏　论民国《衢县志》的文本特色与价值　《浙江学刊》第2期

刘明坤　论明清楚雄旧方志中的“楚雄八景”诗　《楚雄师范学院学报》第5期

徐　艳　论志书编纂应科学把握略同　《中国地方志》第8期

饶国龄　论志书主编的统揽作用　《中国地方志》第2期

吉正芬　略论民国四川地方文化的变迁——以方志编纂为视野　《中华文化论坛》第10期

尹虹娟　略谈方志馆公共文化服务的特征和功能　《福建史志》第3期

旷天全　略谈乾隆《九姓司志》　《巴蜀史志》第2期

梁滨久　略议人物传的记言　《今古大观》第3期

张　洁　绵阳市游仙区打造玉河镇“状元文化”的启迪　《巴蜀史志》第1期

张淑利　民国年间内蒙古地方志繁荣原因探讨　《阴山学刊》第1期

高志勇　民国时期河北婚姻变革探析——以方志为中心的考察　《河北广播电视大学学报》第6期

吕志伟　民国时期上海修志人收集志书资料的方法——以上海市通志馆为例　《中国地方志》第6期

赵心愚　民国时期中甸县志中的民族资料及其记载特点　《西南民族大学学报（人文社会科学版）》第2期

杨盛让　民俗与民俗志编纂探微　《湖南地方志》第3期

王新环　民族主义关怀下的方志纂修——以晚清民国时期东北方志为例　《中国地方志》第3期

叶建金　闽北地区旧志修撰兴盛原因探析　《中国地方志》第5期

葛小寒　明代《松江府志》所见农文的整理与考察　《古今农业》第4期

杨军仕　明代地方官员与方志编修　《中国地方志》第3期

杨军仕　明代地方修志经费浅析　《史志学刊》第2期

张全晓　明代武当山志载录艺文考论　《文艺评论》第4期

肖　雄　明代云南书院考析——以明清云南方志为中心　《中国边疆史地研究》第2期

杨军仕　明代志局（馆）浅议　《中国地方志》第4期

仓修良　明洪武《苏州府志》点校本序　《中国地方志》第12期

王水香　明清闽粤赣客家府志“仙释”的客家文学性质　《赣南师范学院学报》第5期

张敏之　明清时期洪洞民间信仰——以碑刻和地方志所载庙宇为例　《山西档案》第6期

王　熹　明清顺天府附郭宛平县方志几个问题的辨证——兼与郗志群教授商榷　《北京联合大学学报》（人文社会科学版）第1期

屈直敏　南朝刘宋段国《沙州记》考略　《中国地方志》第4期

郭海等　南京地区地方志古代名医传承述要　《辽宁中医杂志》第7期

郭海等　南京地区地方志名医传承考录　《江苏中医药》第1期

王兆军等　南京地区地方志中记载的医家著作及医论分类述要　《辽宁中医杂志》第5期

陈　曦　王忠敬　南宋地方志与地方政务　《中南民族大学学报》（人文社会科学版）第4期

孟庆勇　南宋都城临安的学校及其变化——以南宋临安三志为中心　《美与时代》（城市版）第3期

蒋旅佳　南宋方志与地域总集编纂关系论——以李兼台州、宣城地域文化建树为中心　《文艺评论》第4期

刘　珂　年报资料的审查与验收对比分析——以广东15家省级行业协会2012年年报资料为例　《中国地方志》第10期

陈桥驿　宁波市《北仑区志》序　《中国地方志》第5期

胡玉冰　宁夏地方旧志述要　《宁夏社会科学》第3期

柴福善　平谷旧志考略　《北京地方志》第2期

任　洁　平时避暑拂虹霓——从《麟游县志》中走出的避暑胜地　《陕西地方志》第4期

阳水根　萍乡人由来考——基于《江西省萍乡市地名志》的分析　《萍乡学院学报》第5期

李　丽　普洱地方志工作的思考　《云南史志》第3期

周　娟　祁阳县利用方志资源助推苏区县申报工作　《湖南地方志》第3期

王　庆　恰同事风华　书史志热土　《当代矿工》第1期

王大文　乾隆续修《大清一统志》研究三题　《中国地方志》第6期

严启勇　浅论地方史志在中小学教育中的地位和作用　《史志林》第2期

付波涛　浅谈地方志信息化的必要性和做法　《决策探索》（下半月）第7期

游桃琴　浅谈地方志在公共文化服务体系中的地位和作用　《云南史志》第6期

俞富江　浅谈地方志主编素质与志书质量　《广东史志》第4期

杨南明　浅谈二轮《安龙县志》编修工作的问题及对策　《史志林》第1期

周晓东　浅谈国史研究中的史料问题　《海南史志》第3期
俞富江　浅谈提高第二轮志书的可读性　《黑龙江史志》第14期
王师梅　浅谈铁路档案在修志工作中的作用　《办公室业务》第14期
梁德珍　浅谈图片资料的使用　《海南史志》第6期
张　进　浅谈微信在读志用志中的作用　《湖北方志》第2期
俞富江　浅谈信息时代与二轮修志　《内蒙古史志》第1期
柳凌豪　高浦国　浅谈志书附录凸显地方特色　《黑龙江史志》第14期
陈家传　浅谈资料的鉴别与使用　《海南史志》第6期
郭传华　濮　潇　浅析社会调查在江宁区第二轮修志工作中的运用　《江苏地方志》第5期
姚明溪　浅析我国地方史志资料的数字化阅读　《兰台世界》第23期
康红梅　郑　红　汤朝阳　浅析新疆兵团地方文献与地方志的关系　《内蒙古科技与经济》第4期
朱艳林　浅析志书反映地域特色文化的主要形式——以四川省第二轮修志为例　《中国地方志》第5期
梁豫黔　浅议二轮黔南州志应做好扶持人口较少的少数民族发展工作的记述　《史志林》第1期
姚忠仁　浅议广西检察志的继承与创新　《广西地方志》第2期
杜育和　浅议良好方志工作心理倾向的培养　《湖南地方志》第2期
张志华　高　琪　浅议太仓在开辟海上丝绸之路中的历史地位——兼论明代《太仓州志》重要的史料价值　《江苏地方志》第5期
唐宏辉　浅议以“增容提质”法提升城市区志的学术品位和文化价值——以房地产、流动人口、城区居民生活三节为例　《湖南地方志》第1期
杨克亮　浅议在第二轮志书中如何突出地方特色——以《永清县志（1989～2007）》为例　《河北地方志》第4期
杨富中　浅议志书中的无题小序　《河北地方志》第6期
柏光曙　强化方志教化功能　助力反腐倡廉建设——从“教育”功能看收录反面人物入志的必要性　《史志林》第1期
张　静　强化文风审美设计　打造“品味志书”　《山东史志》第2期
杨清澄　清代《晃州厅志》中的两个问题　《怀化学院学报》第1期
赵艳珍　清代《香山县志》中的澳门　《广东史志》第4期
杨彩红　清代安徽淮河流域蝗灾及其社会应对——基于地方志的考察　《阜阳师范学院学报》（社会科学版）第5期
罗尔波　清代川西北民族地区教育经费的筹措与开支——以地方志为中心的考察　《阿坝师范高等专科学校学报》第4期
刁美林　清代方志艺文志之分类体系与类目设置探析　《史志学刊》第4期
霍丽娜　清代方志中的宁夏景观文化　《宁夏日报》6月17日第14版
施国新　清代广州府志所载广州满族考述　《满族研究》第3期
曾文静　清代衡山县宗族对基层社会的影响——基于《衡山县志》　《衡阳师范学院学报》第5期
孟义昭　清代江宁府方志的纂修　《江苏地方志》第4期
周　琼　清代南宁县地方志校注例言　《西南古籍研究》2015年卷
杜吉华　清代苏人修纂外省方志说略　《江苏地方志》第1期
吕君丽　陈恩虎　朱学同　清代皖志中辑存景物诗文与环境的变迁　《巢湖学院学报》第1期
张全晓　清代武当山志考略　《湖南科技学院学报》第6期
张爱华　清代县志与族谱编纂中的官民互动——以安徽泾县样本为中心　《清史研究》第3期
陈　凯　清代乡镇志书的发展分期　《浙江方志》第1期
李大旗　清代湘西“改土归流”后的筑城活动与居民生活的变迁——从湘西地方志中几篇筑城记入手　《长江师范学院学报》第3期
张安东　清代修志机构的人员设置和资料来源——以清代环巢湖方志为例　《中国地方志》第7期
李　想　清末奉天东部乡土志材料来源及价值述略　《山东农业大学学报》（社会科学版）第3期
刘桂芳　清末乡土志的特点及其价值　《史志学刊》第1期
刘超建　清末新疆乡土志及其史料价值　《历史档案》第3期
戴世德　清雍正《浙江通志》真身院戴氏女“名”有误小考　《浙江方志》第6期
朱佩云　丘北史志与丘北文艺创作　《中国地方志》第3期
李跃龙　全国第一个启动新方志编修工作省份的考证　《中国地方志》第3期
杨生国　如何推进乡（镇）志编修工作——以遵义县方志办的做法为例　《史志林》第2期
周田田　瑞安孙氏家族的修志传承　《温州职业技术学院学报》第4期
林蔚文　三本福建方志　探隋代台湾居民迁徙福清秘史　《福建人》第3期
钱曾怡　岳立静　刘　娟　张燕芬　山东沂山地区方言简志　《方言》第2期
李成晴　山水志宋元诗文献价值考述　《南都学坛》第3期
高叶青　陕西典藏古籍的地域文化价值——以方志资料为中心的考察　《陕西历史博物馆馆刊》2015年卷
陈兴贵　少数民族特色村寨民俗志刍议　《百色学院学报》第1期
温　锐　陈　涛　社区共同体：清末民初农村经济社会关系

再认识——以毛泽东《寻乌调查》及寻乌方志史料为例　《福建师范大学学报》(哲学社会科学版)第5期
李　娟　省志如何突出地域文化特色　《中国地方志》第7期
张怀寿　实事求是是史志工作者应坚守的职业道德　《云南史志》第3期
郑　琛　试论“割股疗亲”现象中的医疗心理问题——以《长安县志·孝友传》为例　《陕西中医学院学报》第4期
刘益龄　试论地域文化入志的几个问题　《中国地方志》第9期
顾志兴　试论明清时期地方志的官私收藏　《浙江学刊》第3期
王　明　试论如何提高城市区志的学术品位　《湖南地方志》第1期
周　维　试论数字方志馆的建设　《信息化建设》第9期
余崇威　试论新形势下地方志宣传工作——以内江地方志宣传工作为例　《巴蜀史志》第1期
俞富江　试论志书编辑的素质构成　《湖南地方志》第2期　《内蒙古史志》第4期
巴兆祥　试述《大明一统志》的刊本及其历史贡献　《中国地方志》第1期
熊　军　试述二轮志书如何记述党委重要决策　《黑龙江史志》第14期
杨继顺　韩雨颖　试谈康、乾《姚州志》点校中的几处失误　《云南史志》第3期
韩明武　试谈再生性简志编纂难点的化解　《中国地方志》第2期
尹　雯　试析近代西北方志方言文献中所记人称代词复数形式　《甘肃高师学报》　第3期
曹　斌　试析明清福建方志对清官群体的记述　《福建史志》第1期
张　勇　刁琳琳　首都地方志事业与党校干部教育培训事业相互助力发展若干思考　《北京地方志》第2期
徐　鹏　谁之身体，谁之孝？——对明清浙江方志记载女性“割股疗亲”现象的考察　《妇女研究论丛》第5期
刘兴亮　宋人著《荆门军图经》相关问题考辨　《古籍研究》第2期
陈　群　塑造新时期“五型”方志工作者　《安徽地方志》第1期
赵心愚　台北故宫藏乾隆《盐源县志》著者考　《民族学刊》第2期
李大海　台湾成文出版社影印《神木县志》成书年代小考　《中国地方志》第1期
张燕玲　谈编修地方志　《湖南地方志》第5期
刘德宝　谈谈修编村志十三法——为家乡壶关县若干村志阅稿写序的体会　《前进》第3期
董梁英　谈无题序在二轮志书中的应用　《山东史志》第4期
顾成瑞　唐代蠲免事务管理探微——基于对《新安文献志》所录唐户部蠲牒的考释　《中国经济史研究》第3期
曾福查　提升方志质量　打造精品佳作　《湖南地方志》第5期
李建武　天津旧志中宗教记载的价值与不足　《中国地方志》第6期
刘汉忠　天壤孤本康熙《荣县志》的发现　《文史杂志》第3期
张丽剑　赖智娟　天一阁藏书关涉云南方志考　《云南民族大学学报》(哲学社会科学版)第5期
葛许国　田汝成与《西湖游览志》　《杭州》(生活品质版)第4期
李东辉　同治《钟祥县志》研究　《黑龙江史志》第14期
陈　良　图书馆馆藏地方志文献的版权问题研究　《河南图书馆学刊》第5期
邓敏杰　拓展史志文化　重在履职担责　《广西日报》10月14日第2版
唐咸明　晚清民国时期广西城乡民众节庆喜日用糖现象探析　《中国地方志》第10期
孟凡松　晚清知识、观念及其叙事转型——基于贵州五府名志星野志的考察　《贵州社会科学》第3期
赵慧芳　皖北旧方志中明清女性文学史料探析　《淮北师范大学学报》(哲学社会科学版)第3期
王卯根　万历《山西通志》纂修与版本考略　《中国地方志》第8期
张新民　万历《铜仁府志》点校本序　《西南古籍研究》2015卷
肖华锟　习仲勋情系史志　《福建党史月刊》第6期
张海波　先秦志书源流考辨　《中国典籍与文化》第4期
张吉全　闲话族谱传承　《湖南地方志》第3期
步　进　写人物传要力求使传主“他还活着”　《西藏地方志》第2期
张征远　新时期地方志工作的定位　《湖南地方志》第4期
詹文华　新时期提升方志工作水平的几点思考　《福建史志》第3期
范文卫　新形势下要努力提高修志人员素质　《社会科学报》6月25日第5版
张　宁　修志应重视口述资料的运用　《中国地方志》第2期
王　强　宣化方志与宣府明清地位变迁　《邢台学院学报》第3期
赵心愚　宣统《西藏新志》“地理部·驿站”的主要资料来源考　《西藏大学学报》(社会科学版)第1期
李林荣　学理运思见功力——柴福善《志书补遗》序　《北京日报》11月19日第19版
刘湘琛　旬阳“县志门”背后的道德博弈　《决策》第9期
陈　明　寻找修志组织架构中的最优解　《北京地方志》第

1 期
左国春 尧 娜 以《弘治抚州府志》补遗《全宋诗》《现代语文》(学术综合版)第 11 期
饶怀民 益阳卢氏世系传承考 《湖南地方志》第 5 期
吴 畴 永平府方志考略 《河北地方志》第 1 期
褚半农 用档案为消失的村庄修志 《中国档案》第 2 期
洪永祥 由《和静县志》谈档案事业发展 《巴音郭楞职业技术学院学报》第 1 期
刘秀慧 由善本《华岳志》整理谈渭南市古籍保护现状及对策 《绥化学院学报》 第 11 期
王 庆 余杭方志馆和方志馆之设 《浙江方志》第 5 期
王 超 王福利 元代石刻刻工补正——以方志文献为据《江苏地方志》第 2 期
向明德 远安县首轮乡镇志编纂工作简述 《湖北方志》第 4 期
杨仁里 阅读厅志“四辨” 给力瑶祖正名 《湖南地方志》第 5 期
叶自明 甘德明 黄德平 张大千题写《内江市志》书名前后 《四川档案》第 2 期
李福源 赵慈和《续修博山县志》的两首诗 《淄博师专学报》第 2 期
沈志文 浙江通志局(馆)与通志编修的百年沧桑 《浙江方志》第 3 期
高兴学 着眼大局 紧跟时代 努力办好《泰安市情》《山东史志》第 4 期
李 军 整理宣统《山东通志》的意义 《山东史志》第 1 期
刘 珂 政府购买服务项目中地方志年报资料初稿与完稿质量对比分析与建议——以向广东 15 家省级行业协会购买的 2012 年年报资料为例 《广东史志》第 1 期
肖志刚 志稿编纂常见问题解析 《今古大观》第 6 期
李孟怡 志书编写与现代医院发展动态研究——以《西安交通大学第二附属医院七十五周年院志》为例 《知识文库》第 24 期
杜承平 志书的境域与志书记述的关系 《黑龙江史志》第 6 期
殷 勇 志书索引类型刍议 《中国地方志》第 3 期
王新环 志书中的物产资源探究——以河南地方志中的柿子为例 《中国地方志》第 5 期
严 寒 志书总纂的职责和能力 《今古大观》第 4 期
邓敏杰 志书总纂务必全程把好“三关” 《广西地方志》第 1 期
蓝 勇 中国历史上特殊的地方志书——救生类志书 《中国地方志》第 12 期
王现国 重修《铜鼓县志》工作回顾 《江西地方志》第 3 期
潘明涛 州县际水利纠纷与地方志书写——以 17 世纪滏水流域为中心 《史林》第 5 期
展浩民 张太安 吴维谦 驻村入户接地气 用心创新写村志 《山东史志》第 1 期
黄 铮 抓好方志成果的拓展与利用 《广西日报》10 月 14 日第 2 版
孙书第 抓住关键 把握要素 在修字上下功夫 《黑龙江史志》第 22 期
廖清香 专志、部门志、单位志在地方志中的作用 《湖南地方志》第 2 期
郭显斌 涂山河 撰好概述是提高城市区志学术品位的重要一环 《湖南地方志》第 5 期
于盼粘 自采资料在方志工作中地位及应用的思考 《内蒙古史志》第 2 期
陈泽泓 自然部类称名研究析论 《中国地方志》第 8 期
刘 彪 作为地方志文本的萧红乡土小说及其意蕴阐释《名作欣赏》第 36 期

三 方志编纂

赵云志 “为了记住乡愁”——对农村编修村志(史)的思考 《云南史志》第 2 期
张 军 《安徽省志(1986~2005)》综合经济管理卷编纂的思考 《云南史志》第 6 期
王茹芹 《北京商业志》编修要点 《时代经贸》第 20 期
曹刚华 《高丽华严慧因教寺志》的编撰及其在中韩文化交流史上的价值 《中国地方志》第 3 期
孙明海 《黑龙江省志·电信志》编纂方法纵横谈 《通信管理与技术》第 2 期
尹克加 《湖南省志(综合本)》的编写要力纠前志之错《湖南地方志》第 3 期
郭建群 《济南史志》编辑出版中的一些做法和体会 《山东史志》第 4 期
王敬涛 王庆国 《临沭县志(1986~2007)》篇目设置特点及编纂启示 《山东史志》第 1 期
张建国 《启东市志(1986~2005)》经济建设部分编纂札记《江苏地方志》第 2 期
邬才生 《苏州市志》是这样编纂出来的 《苏州日报》2 月 12 日第 A07 版
吴晓丛 《文物志》纂修笔谈三则 《文博》第 1 期
成 彤 《浙江通志·能源业卷》“天然气章节”编纂工作的若干体会 《浙江档案》第 3 期
张明明 《中华帝国全志》成书历程试探 《国际汉学》第 3 期
沈 阳 20 世纪以来中国地方气象志编撰情况概述 《改革与开放》第 10 期
蒯 甜 把握评审环节 提升志书品质 《湖南地方志》第 2 期
刘 姗 百年楚剧,意韵悠扬——《楚剧图文志》编后《中国美术》第 1 期
邹源清 编辑资料长编应注意的八个关系 《江西地方志》第 1 期
王作栋 编修《中国民俗志》的“宜昌模式” 《中国艺术

报》6月29日第8版
许亚绒　编修《中煤七十二公司志》的日子　《当代矿工》第1期
林其君　编修城市区志需要破解的三个难题　《湖南地方志》第4期
广州军区司令部编研部　编纂边海防志、军事地理志的十五个重点问题　《军事历史》第5期
黄文记　编纂突发重大事件类志书要注意的几个问题——以《汶川特大地震四川抗震救灾志》部分分卷为例　《广东史志》第2期
任根珠　城市区志突出特色漫议　《云南史志》第1期
王素琴　传世之作　质量为本——二轮志书编纂质量浅谈　《史志林》第1期
于海涛　创建军事志编纂学初探　《军事历史》第2期
乔方辉　从《曹口村志》出版谈乡镇村志编修　《山东史志》第2期
赵建民　从《伊春市红星区（林业局）志》（1986～2005）编纂实践谈志书如何体现地方特色　《黑龙江史志》第6期
张恒彬　从二轮区县志稿评审看得失　《北京地方志》第4期
毛运海　当代地方志书编纂体例研究　《襄阳职业技术学院学报》第3期
余秀杰　档案考证《吉林通志》修纂始末　《兰台内外》第6期
王恒柱　道光《安邱新志》纂修考　《山东图书馆学刊》第3期
周勇军　道光朝《海昌备志》纂修始末探析　《浙江档案》第8期
张凤雨　地方志“改革开放”记述存在问题及对策　《广西地方志》第1期
张志军　地方志编辑之我见　《内蒙古教育》第9期
胡良骥　地方志编纂要把握好两个基本要素　《北京地方志》第3期
尹亿民　地方志如何编写地方变迁　《湖南地方志》第5期
周继东　地方志书稿中需要注意的法律问题　《北京地方志》第4期
张凤雨　地方志书篇目、内容、资料的层次及其对应关系探讨　《内蒙古史志》第2期
鲍国海　地方志索引编制若干问题探讨　《中国索引》第3期
李啸浪等　第二轮《科学技术志》篇目分类与设置探析　《创新科技》第12期
张凤雨　第二轮志书公安篇编写存在的问题及对策　《广西地方志》第3期
詹跃华　第二轮志书记述社会保障之我见　《福建史志》第4期
詹跃华　第二轮志书民政篇章编纂浅见　《广西地方志》第3期
王楠等　读不朽经典　兴无穷之志——济南市史志办二轮修志工作“创新思路、重点突破、全面提速”　《济南日报》7月20日第F02版
杜赫德等　杜赫德《中华帝国全志》的编撰缘由和原则　《国际汉学》第3期
陈起荣　对编修重大事件志的几点思考　《史志林》第1期
王百江　对二轮修志工作的几点建议　《安徽地方志》第1期
王　铭　对雨花区史志档案工作的调查与思考　《档案时空》第4期
陈守强　二轮《河南省志》编修情况汇报　《河南史志》第4期
陈平军　二轮县志编修如何做好部类篇幅平衡　《湖南地方志》第5期　《云南史志》第6期
刘德权　二轮县志编修需要把握好“三个关键”——以《瓮安县志》编修为例　《史志林》第2期
陈平军　二轮县志编修在内容上如何创新　《湖北方志》第4期
陈平军　二轮县志编纂组织得失谈——以《紫阳县志》(1986～2010）为例　《湖北方志》第1期
陈平军　二轮县志地理部类编纂实践　《湖南地方志》第3期
田有才　二轮修志存在的问题及对策建议　《史志林》第2期
陈觉云　二轮志书编纂中有关问题的再思考　《史志林》第1期
梁小菊　方志编纂的实“虚”原则探讨——兼论二轮修志突出“改革开放”的务“虚”写作方法　《广西地方志》第1期
李晓平　方志的地名规范　《湖南地方志》第5期
李晓平　方志的数据运用　《湖南地方志》第3期
李晓平　方志的校对　《湖南地方志》第1期
李晓平　方志的注释　《湖南地方志》第2期
温益群　方志文化在民族团结和边疆稳定中的作用——以云南边境民族地区修志为例　《中国地方志》第12期
张福平　方志撰写如何“凹显”规律——以首轮《宾县志》为例　《黑龙江史志》第2期
谭烈飞　关于《北京四合院志》的编修及延伸的思考　《北京地方志》第4期
王　林　关于《福建省志·地震志》（1996～2005年）编纂工作的思考　《国际地震动态》第3期
郑春蕾　关于《中图法》（第五版）地方志类目设置的探讨——兼与周卫妮老师商榷　《图书馆杂志》第7期
王颖超　关于北京市区县志中风俗篇编纂的思考　《北京地方志》第1期
张启华　关于第二轮修志已出版志书的质量问题简析　《天津史志》第4期
张圣祺　关于人物志编纂的几点思考　《今古大观》第3期
赵继华　关于提高续修志书质量的思考　《天津史志》第

6期

梁燕鸣　陈小军　广西第二轮市县志商业部类编写存在的问题及对策　《广西地方志》第3期

韦韩韫　广西旧志体裁发展初探——广西旧方志的编纂特点研究之二　《广西地方志》第1期

张殿成　横排竖写是当代志书的“骨与肉”　《天津史志》第2期

涂明星　湖北省图书馆馆藏孤本《灵泉志》之编纂历程与史料价值　《中国地方志》第5期

隆清华　湖南省第二轮城市区志总体编纂情况及思考　《湖南地方志》第4期

衡中青　黄三角、长三角、珠三角明、清及民国通志一级类目比较　《图书馆论坛》第2期

钟再原　辉煌成果下的思考——四川省第二轮三级志书编修若干问题的反思　《巴蜀史志》第1期

郭绍明　坚持标准　突出重点——撰写《海南省志·政府志》的体会　《海南史志》第6期

任国瑞　简论人物志编纂的若干问题　《湖南地方志》第2期

史天社　简述志书结构体系及编纂方法　《中国地方志》第8期

刘树波　结合三部志稿谈编纂体会　《黑龙江史志》第22期

朱　玺　解决好续志中几个“偏弱”的问题　《内蒙古史志》第1期

俞富江　卷前彩页和随文照片在二轮志书中的应用　《今古大观》第5期

陶利辉　抗震救灾志综述撰写理论与实践的思考——《汶川特大地震四川抗震救灾志》“总述”编写的个案分析　《广西地方志》第2期

康红岩　科技档案在编纂《院志》工作中的相关思考　《办公室业务》第24期

林琼华　口述史与地方志编纂研究　《广西地方志》第2期

俞富江　理清概述编写思路　发挥志书基本功能　《海南史志》第1期　《黑龙江史志》第2期　《湖南地方志》第2期

刘晓瑜　临湘市搜集整理纪念抗战史料“三到位”　《湖南地方志》第4期

王卫明　论当代志书对地理志编纂的认识与记述　《中国地方志》第4期

周祝伟　论续志自然部类记述的现实困境与创新路径　《浙江方志》第3期

詹跃华　论志书的文体和文风　《黑龙江史志》第6期

由岳峰　论志书凡例撰写存在的四个问题　《黑龙江史志》第24期

郑冬香　曾健雄　论自然环境变化的记述和意义——以第二轮《铅山县志》为例　《中国地方志》第7期

靖　婧　略谈村志的编修——以《天河区村志系列丛书》为例　《黑龙江史志》第4期

管旬辉　略谈志书出版前的审校工作　《福建史志》第1期

王建魁　门头沟区村镇志编修工作调查　《北京农业职业学院学报》第6期

余正道等　绵阳抗震救灾志编纂研究　《巴蜀史志》第1期

张国鹏　李永胜　民国年间基层官绅的时代认知——从民国山东地方志的编修心路探析　《鲁东大学学报》（哲学社会科学版）第2期

范莉莉　明代方志书写中的权力关系——以正德《姑苏志》的修纂为中心　《安徽大学学报》（哲学社会科学版）第3期

吴恩荣　明代两京官署志的纂修及其政治文化解读　《历史档案》第2期

张全晓　明代武当山修志实践的若干启示　《中国道教》第4期

唐可杨　周　涛　明清海南方志《风俗志》编纂特征研究　《淮北职业技术学院学报》第2期

秦元元　明清河南地方士绅参与方志纂修初探　《晋图学刊》第4期

李雄野　谋求评审创新　提升志稿质量　《湖南地方志》第3期

吴忠礼　努力编修一部上乘的《贺兰山志》为自治区成立60周年献礼　《宁夏史志》第5期

朱华海　浅谈昌平区镇村志的编纂　《北京地方志》第2期

贾书峰　浅谈村志的编修　《山东史志》第3期

高　璇　浅谈档案在编写院志中的重要作用　《中小企业管理与科技》（上旬刊）第11期

田　维　浅谈地方志编纂工作的标准化　《品牌与标准化》第3期

胡光胤　浅谈地方志编纂与行政管理的关系　《史志林》第1期

胡承桂　浅谈地方志的编纂与开发利用　《湖南地方志》第2期

王耀生　浅谈第二轮市、县志财政税务门类的记述　《山东史志》第2期

韦俊帆　浅谈第二轮志书对文化体制改革的记述——以《贵阳市志（1978～2008）》为例　《史志林》第1期

寇旭华　浅谈对志书某些编写规则的把握和运用　《今古大观》第6期

郭承志　浅谈二轮修志资料的搜集与整理　《海南史志》第3期

曹新素　浅谈高校校志编纂与档案利用　《办公室业务》第7期

钱茂伟　浅谈公众社区史的编写　《中国地方志》第9期

史五一　浅谈如何提高志书记述的深度　《今古大观》第6期

史五一　浅谈市、县财政税务门类的记述　《中国地方志》第4期

黄荣发　浅谈县级志书审查验收　《福建史志》第4期

马金梅　浅谈新方志编纂的原则与发展趋势　《才智》第33期

李泰年　浅谈宗教志的编纂——从北京、青海两部宗教志的比较谈起　《中国地方志》第8期
田建元　浅析续编《陕西煤炭工业志》　《陕西煤炭》第2期
郑冬香　浅议方志横排门类的逻辑集合　《湖南地方志》第5期
任根珠　浅议续志篇目标题的制作　《云南史志》第2期
王广才　浅议志书自然环境部类存在的问题及对策　《中国地方志》第7期
赵庚奇　去伪·存真·求实——对志鉴编纂中史料考辨的一些体会（上）　《北京地方志》第1期
赵庚奇　去伪·存真·求实——对志鉴编纂中史料考辨的一些体会（下）　《北京地方志》第2期
《浙江通志·自然灾异卷》编辑部　认真做好资料考订　保证《浙江通志》编纂质量——以历史时期自然灾异资料考订为例　《浙江方志》第3期
杜　辛　李　纯　如何打造学术出版“长城”——江苏凤凰科学技术出版社《长城志》编辑出版体会　《中国出版》第11期
刘文海　如何写好村志概述　《湖北方志》第1期
姜昆阳　如何写好志书的经济部类（上）　《北京地方志》第3期
姜昆阳　如何写好志书的经济部类（下）　《北京地方志》第4期
罗芳琼　如何做好乡镇志、部门志编纂工作　《湖南地方志》第3期
谷仕爽　市县概况编辑工作之我见　《今古大观》第6期
任　帅　市县志稿文化部类问题刍析　《今古大观》第6期
钱道本　试论省志编纂的特点和要求　《云南史志》第5期
蔡德邻　试谈村志的编写　《今古大观》第1期
王广才　试谈确定志书记述要素的有关问题　《内蒙古史志》第1期
詹跃华　试析第二轮志书记述社会团体的三个问题　《浙江方志》第5期
韩章训　谈《景定建康志》编纂基本经验　《浙江方志》第6期
齐家璐　谈《淄博市志（1986～2002）》宏观经济内容的设置和记述　《山东史志》第1期
张成训　谈志书行文常见问题　《今古大观》第6期
李淑萍　吴　畴　探讨如何利用方志资源编纂区域性历史辞典——以《秦皇岛历史辞典》编纂为例　《河北地方志》第4期
曹景正　黄卫华　梯面镇村志编纂做法　《广东史志》第4期
杨金辉　我参与编修矿志的记忆碎片　《当代矿工》第1期
黄　成　我们需要一本怎样的志书——东方二轮修志的实践与思考　《海南史志》第6期
陈平军　县志编纂组织得失谈——以《紫阳县志（1986～2010）》为例　《陕西地方志》第2期
黄建生　乡镇修志需要注意的几个典型问题　《浙江方志》第6期
任国瑞　新编《洞庭湖志》结构探析　《中国地方志》第2期
朱永平　新阅读时代地方志书编纂创新漫议——由《中国名镇志》编纂引起的话题　《黑龙江史志》第22期
潘淑云　续志篇目设置探析——以《邵武市志（1990～2005）》为例　《福建史志》第1期
任根珠　续志政治部类篇目标题的规范化思考——以《高安市志（1986～2006）》等15部志书为例　《江西地方志》第1期
王广才　也谈县志的改造（二）　《河南史志》第4期
李祖炎　也谈志书“专记”的设置与编写　《史志林》第1期
宁　雨　一个人与一座古镇的对话——龚小元编纂《南董古镇志》的故事　《共产党员》（河北）第24期
吴德明　勇担当发掘历史文化　力统筹传承时代文明——创办《城阳纵横》的认识和做法　《山东史志》第4期
王广才　优长、不足与精品　《今古大观》第5期
吴道兴　在学习与实践中亲历清镇市二轮修志　《史志林》第1期
刘文海　怎样新修高质量的校志　《内蒙古史志》第4期
李晓平　怎样修好续志　《湖南地方志》第4期
汪丽菁　镇村志编纂需要量质并举　《内蒙古史志》第1期
郁　青　唐　娅　芝罘区编修基层志的做法与体会　《山东史志》第3期
潘捷军　志稿评审的基本类型和主要方法　《浙江方志》第2期
嵇发根　志书“条目体”管见　《广东史志》第4期
钱道本　志书编纂流派论　《广西地方志》第2期
王新春　志书编纂如何突出地方特色　《山东史志》第3期
任根珠　志书的版面编排与篇幅控制　《云南史志》第5期
王铁鹏　叶开峰　张　宁　志书记述自然环境谈　《中国地方志》第4期
李志华　志书年鉴编辑工作小议　《巴蜀史志》第1期
刘树藩　志书篇目设计新探　《中国地方志》第5期
张凤雨　志书数据问题探讨　《中国地方志》第3期
江境波　志书资料收集整理的点滴体会　《北京地方志》第3期
张世民　志书自然地理部类的编纂探讨　《中国地方志》第8期
汪丽菁　质量并举编纂镇村志　《广东史志》第4期
林衍经　撰志思辨例议　《浙江方志》第2期
杨南明　做好第二轮《安龙县志》编纂工作的思考　《黔西南日报》4月18日第3版

四　方志史与方志学史

仲晓凤　白永贞与《铁刹山志》　《图书馆学刊》第5期

冯子直　曾三同志主持编纂我国社会主义时代新地方志的实践和思想观点——纪念曾三同志诞辰 110 周年　《档案学研究》第 1 期
王永太　陈桥驿先生的治学精神和学术成就——悼念我的导师陈桥驿先生　《中国地方志》第 5 期
宋开金　陈仪《直隶河渠志》及其水利思想　《中国地方志》第 7 期
宋开金　方观承《直隶河渠书》稿本问题研究　《中国地方志》第 5 期
郭文岭　闫志国　龚小元和《南董古镇志》　《当代人》第 9 期
王学钊　怀念胡珠生先生——写在《大罗山志》出版十五年后　《温州文物》第 2 期
朱晓梅　来新夏新志编纂思想述论　《新世纪图书馆》第 2 期
江贻隆　刘文典致安徽通志馆佚书六则及其价值　《中国地方志》第 7 期
韩章训　刘知幾史志思想综论　《中国地方志》第 1 期
王云庆　论刘知几“当时之简”对档案文献编纂实践的影响　《史志学刊》第 4 期
魏光奇　吕志毅：在史料学田野上深耕细作　《中华读书报》12 月 9 日第 10 版
周　园　缪荃孙与两部《顺天府志》　《湖南人文科技学院学报》第 1 期
朱云瑛　阮元与《至顺镇江志》　《档案与建设》第 6 期
梁滨久　深入研究章学诚的方志学理论　《安徽地方志》第 1 期
陈景藩　陈冬莉　孙葆田与《山东通志》　《联合日报》7 月 25 日第 3 版
焦桂美　孙星衍的方志学特色及成就　《中国地方志》第 12 期
徐逸龙　孙衣言师生与近代浙江方志　《温州职业技术学院学报》第 4 期
黄俊军　陶澍与地方志　《湖南地方志》第 4 期
刘胜勇　王亨彦与《普陀洛迦山志》　《浙江方志》第 5 期
杨宗鸣　王永江为奉天三县志作序　《兰台世界》第 16 期
李善强　徐乃昌与《南陵县志》　《大学图书情报学刊》第 2 期
孙　宝　徐有贞别集版本及佚作辑考——以明清方志及艺术类文献为视角　《古籍整理研究学刊》第 6 期
罗超华　杨慎《全蜀艺文志》版本及流传考略　《重庆邮电大学学报》（社会科学版）第 1 期
杨　钊　杨慎编辑《全蜀艺文志》考释　《中华文化论坛》第 10 期
梁滨久　章学诚方志“立三书”的当代借鉴　《福建史志》第 1 期
谭烈飞　章学诚方志编修理论的现实意义和作用　《安徽地方志》第 1 期
梁滨久　章学诚方志学理论的经典价值　《广东史志》第 1 期
孔祥龙　章学诚谱牒入志思想浅析　《中国地方志》第 1 期
苑秀丽　温爱连　周至元对黄宗昌《崂山志》的继承与创新　《东方论坛》第 1 期

五　志书（稿）研究与评价

陈　思　“新方志”书写——贾平凹长篇新作《老生》论　《中国现代文学研究丛刊》第 6 期
张　军　《安徽省志·总述》初探　《安徽地方志》第 1 期
沈永清　《当代上海历史图志》述评　《中国地方志》第 1 期
胡同庆　《甘肃石窟志》简介　《美育学刊》第 2 期
陈林飞　《澉水志》四种简介　《浙江档案》第 5 期
姜淑纯　《湖南话剧志》评介　《艺海》第 2 期
孙文杰　《回疆通志》史学价值论析　《新疆大学学报》（哲学·人文社会科学版）第 6 期
姚　兰　《江苏公共图书馆志》简评　《新世纪图书馆》第 12 期
张保见　《开庆四明续志》管窥　《集宁师范学院学报》第 3 期
艾　予　《开弦弓村志》：了解中国农村经济社会变迁的窗口　《中国出版传媒商报》8 月 18 日第 13 版
张景钢　《路桥志略》简介　《浙江档案》第 10 期
郭双林　《南海群岛兵要地志初稿》的内容及其价值　《中国边疆史地研究》第 1 期
彭洪俊　《普思沿边志略》述论　《西南古籍研究》2015 卷
李　静　《清代地理志书研究》评介　《中国史研究动态》第 2 期
何孝荣　王荣湟　《清代直隶方志研究》评介　《史学集刊》第 3 期
徐靖波　《衢州府志》简介　《浙江档案》第 8 期
吉正芬　《四川省志·金融志》（1986～2005）述评　《西南金融》第 4 期
惠　颖　《苏州市志》是彰显城市魅力的文化名片　《苏州日报》2 月 12 日第 A07 版
吴鸿等　《天目山动物志》　《浙江大学学报》（农业与生命科学版）第 2 期
隆清华　《湘西州志（1989～2010）》稿评议意见　《湖南地方志》第 3 期
张军华　《新疆图志》述略　《西域图书馆论坛》第 2 期
郭岭松　《阎宗临传》读后　《史志学刊》第 1 期
滑红彬　《永乐大典》辑本《江州志》的目录学价值　《兰台世界》第 36 期
陶立璠　《中国民俗志》书写的典范之作　《中国艺术报》6 月 15 日第 7 版
张扬帆　《驻粤八旗志》读书报告　《吉林广播电视大学学报》第 12 期
王振忠　20 世纪初以来的村落调查及其学术价值——以社会学家吴景超的《皖歙岔口村风土志略》为例　《安

徽大学学报》(哲学社会科学版)第3期
艾　莲　穿在身上的文化　融进图文里的传统——评《羌族服饰文化图志》　《文史杂志》第4期
陈　立　传承创新　继承发展——论《江苏经籍志》研究价值与实现途径　《新世纪图书馆》第6期
梁滨久　从评议《哈尔滨市志·商贸财政金融卷》验收稿说起　《黑龙江史志》第4期
何芳芳　璀璨中华，羌服之魅——《羌族服饰文化图志》读后　《西藏民族学院学报》(哲学社会科学版)第3期
姚登恒　大时代的大见证——读《阜阳市志》(1986～2010)　《安徽地方志》第3期
万彩霞　林　燕　道光《遵义府志》初探　《贵图学苑》第4期
胡安徽　道光《遵义府志》的农学价值　《古今农业》第4期
方康顺　德清县志述略　《浙江档案》第4期
黄志繁　地方志在区域史研究中的学术价值——评《佛教与佛山文化》　《暨南学报》(哲学社会科学版)第11期
谭清洋　地理学家的诗人底色——范成大《吴郡志》的诗歌史料价值　《哈尔滨学院学报》第5期
欧阳发　读《淮北市志》(1991～2012)札记　《安徽地方志》第3期
陈泽泓　读《宁波市海曙区志》五说　《浙江方志》第2期
王颖超　读《厦门市集美区志》感受　《史志学刊》第1期
戴晋新　读毛奇龄《蛮司合志·序》　《遵义师范学院学报》第6期
王影聪　读清嘉庆《洪雅县志》　《巴蜀史志》第4期
姚炽昌　读续修《锦屏县志(1991～2009)》之喜　《史志林》第2期
西　樵　法古开新成一统　特色独具展芳容——读《涉县志(1991～2011)》有感　《河北地方志》第6期
晓　行　丰厚的土壤　不断的血脉——读《鄞州慈善志》　《宁波通讯》第21期
王文章　光绪《逍遥山万寿宫通志》成书及史料价值论略　《中国地方志》第1期
满时新　汇集历史精华　彰显发展进程——读《黑龙江省志简编》体会　《黑龙江史志》第22期
江时宜　记价格政策以存史　述物价监管以资治——品评《常德市物价志》(1989～2012)　《黑龙江史志》第14期
许起山　暨大校史中值得细说的一页——广州复校初期暨大历史系编修的《番禺新志》　《暨南史学》第2期
缴世忠　冀南佳志——读《涉县志(1991～2011)》后　《河北地方志》第6期
张光宇　简析民国25年《宝清县志·拾遗志》　《中国地方志》第5期
石海城　金融史林铸丰碑——第二轮《青海省志·金融志》出版发行　《青海金融》第1期
张　群　近三十年山志研究述评　《湖南工程学院学报》(社会科学版)第4期
韩春平　何旭佳　兰州大学馆藏清抄本《咸淳临安志》考　《天水师范学院学报》第4期
潘认若　历史本身就是一部好书——《方志四川》品读　《巴蜀史志》第1期
潘认若　历史本身就是一部好书——品评汪毅新作《方志四川》　《文史杂志》第2期
颜越虎　立足整体记述　注重反映全貌——《海盐县志(1986～2005)》经济部类评析　《浙江方志》第5期
杨　喜　略论《(同治)清江县志·刘昌诗传》　《语文学刊》第22期
陈泽泓　略论《匡山志》　《中国地方志》第4期
孙玉洁　略论地方志的史料价值——以民国《芜湖县志》为例　《鸡西大学学报》第6期
马来平　略论方志以人为纲突出地方特色——以《巨野县志1840－1990》评审稿为例　《齐鲁师范学院学报》第6期
张　蔚　漫谈《两浙金石志》　《文化交流》第4期
王远森　漫游四川"纸上的方志馆"——《方志四川——四集电视纪录片文本》赏析　《新华书目报》10月16日第A21版
王　平　民国《呼伦贝尔志略》的史料价值　《中国地方志》第2期
童　星　民国《南陵县志》文献价值之一二　《学理论》第24期
罗自强　民国《西康通志·教育志稿》及民国西康教育研究述论　《西藏大学学报》(社会科学版)第4期
李　蓉　柳凯华　明万历《续修建昌府志》述略　《重庆电子工程职业学院学报》第6期
胡发贵　披沙拣金　守正开新——读王健、唐茂松主编《江苏吴文化志》　《江南论坛》第1期
刘福铸　评独具特色的《莆田市名人志》　《莆田学院学报》第3期
方　亮　评嘉庆《重修扬州府志》点校本　《扬州教育学院学报》第3期
张消静　评康熙《潼关卫志》　《鄂州大学学报》第10期
田　亮　巧采粤风入志来——浅评嘉靖《广东通志》风俗门　《中国地方志》第6期
董恩林　程建　且善且美，更有所"处"——仓修良《方志学通论》修订版精装本面世　《历史文献研究》第1期
方　琛　确保质量标准　体现地方特色——《汉滨区乡镇志》审稿琐谈　《陕西地方志》第2期
吴泽宇　日编《支那省别全志：安徽省》评介　《开封教育学院学报》　第9期
王广才　山不争高任评说——《萧山市志》读后感　《浙江

年鉴论文索引

一　综论

《陕西史志》第4期
李登科　推进地方综合年鉴规范体系的建设　《江苏地方志》第5期
武星斗　论年鉴属性　《中国地方志》第12期
赵庚奇　年鉴标题十论　《中国地方志》第12期
杜胜男　浅谈加强地方综合年鉴为社会服务的功能　《黑龙江史志》第24期

二　年鉴框架设计

唐剑平　谈优化年鉴框架设计的思路　《今古大观》第1期
朱崇飞　年鉴大纲创新观点摘要　《江苏地方志》第1期
唐剑平　谈年鉴框架设计中存在的主要问题　《今古大观》第2期
孙晓东　浅谈地方综合年鉴的框架设计　《广东史志》第2期
唐剑平　论地方综合性年鉴框架设计的基本原则　《今古大观》第4期
徐凤琪　精心设计年鉴框架　广征博采信息资料——天津开发区年鉴常编常新　《天津史志》第6期
唐剑平　谈年鉴框架设计中存在的主要问题　《黑龙江史志》第6期
柳云飞　王达云　地方综合年鉴框架创新对策研究　《江苏地方志》第6期

三　年鉴条目编写

姚　兰　年鉴条目选题常见问题及其对应　《湖南地方志》第1期
赵　峰　论地方综合年鉴分目层次下条目体系的构建　《广西地方志》第2期
周能汉　年鉴条目稿件编辑举隅　《今古大观》第3期
陈超萍　闵　波　将新闻资料变成鲜活的年鉴典型性条目　《浙江方志》第3期
黎昌菊　浅析企业年鉴条目撰写　《新疆地方志》第3期
张　静　年鉴概况条目撰写方法浅谈——学习部分优秀年鉴心得体会　《山东史志》第4期
詹跃华　撰写年鉴条目不能搬用新闻报道　《新疆地方志》第4期
李　雯　年鉴条目主语承前省略的语境研究　《今古大观》第6期
铁　艳　张小莲　浅议年鉴条目标题的拟定　《黑龙江史志》第11期　《黑龙江史志》第15期

四　地方综合年鉴编纂

詹跃华　省级综合年鉴撰稿存在的问题及对策　《广西地方志》第1期
白文君　何永才　浅谈提高地方综合年鉴的系统性连续性　《江苏地方志》第2期
吕何生　年鉴编纂中需要注意的问题　《河南史志》第2期
覃建国　地方综合年鉴如何做到常编常新　《湖南地方志》第2期
李有毅　地方综合年鉴编纂的规范性初探　《巴蜀史志》第2期
杨军仕　地方综合年鉴大事记编写浅谈　《巴蜀史志》第2期
林　靖　浅析《台北年鉴》主要特点　《福建史志》第3期
王景忠　对年鉴人物遴选编排的思考　《山东史志》第3期
郭思宝　浅谈如何突出地方综合年鉴的地方特色——以《黑龙江农垦年鉴》为例　《黑龙江史志》第4期
杨伟民　地方综合年鉴之人物内容的编纂探析　《浙江方志》第4期
刘　慧　关于突出年鉴特色个性的思考　《广西地方志》第4期
许家康　论年鉴编纂出版转型——以地方综合性年鉴为例　《广西地方志》第4期
孙　祺　浅谈地方综合年鉴下级行政区类目编纂中应处理好的三种关系　《广西地方志》第4期
唐剑平　论年鉴的“著述性”　《史志学刊》第5期　《今古大观》第5期
任杏其　地方综合年鉴中“军事”类目的编纂　《宁夏史志》第5期
田润宇　试析地方综合年鉴工作中的四个基本问题　《海南史志》第7期
陈　胜　地方综合年鉴资料的撰写　《科技资讯》第13期
聂华中　编纂年鉴应把握“四性”　《黑龙江史志》第16期
詹跃华　谈地方综合年鉴编纂　《黑龙江史志》第18期
李丽华　浅析综合年鉴大事记的记载要点与规范原则　《兰台世界》10月增刊

五　专业年鉴编纂

杨乃华　军事年鉴编纂概述　《军事历史》第1期
胡仁贵　试析高校年鉴在高校管理中的作用及编撰　《湖南广播电视大学学报》第1期
朱得旭　浅谈公安年鉴大事记的编纂　《广东史志》第2期
黄　凯　新时期高校年鉴编纂可持续发展的思考——以贵州大学年鉴编纂为例　《史志林》第2期
白文锋　关于企业年鉴编纂工作的几点思考　《陕西档案》第2期
贾　淇　关于航天企业年鉴编撰工作的体会和思考　《航天工业管理》第5期
李　喆　关于如何改进企业年鉴工作的若干思考　《现代国企研究》第6期
张志军　论在行业年鉴编辑过程中出现问题的应对策略——以《内蒙古广播电影电视年鉴》(2012、2013卷)为例　《赤峰学院学报》(自然科学版)第8期
宋　洁　企业年鉴编纂过程中的问题与策略分析　《科技与企业》第9期
陈玉英　刘冬梅　高校年鉴编纂中数据使用的问题分析　《湘潮》(下半月)第9期

汤　淏　王雪芬　关于地方专业年鉴编纂的思考　《江苏科技信息》第10期

谢利娟　颜　玲　刘　薇　我国科技年鉴中普遍存在的几个问题　《黑龙江史志》第11期

崔　伟　关于如何改进企业年鉴工作的若干思考　《中小企业管理与科技》(中旬刊)第11期

曲丽峰　电力年鉴编纂研究　《经营管理者》第23期

李建兰　科技年鉴浅谈　《甘肃科技》第24期

马蓬华　谈如何做好企业年鉴的编写工作　《兰台世界》6月增刊

六　年鉴图照、编辑说明、附录、索引及装帧

王　源　图文质量并重　用好年鉴图照——浅谈《北京朝阳年鉴》照片的作用与选择　《北京地方志》第2期

王士亮　《宁河年鉴》封面与彩页设计　《天津史志》第2期

唐剑平　关于年鉴"编辑说明"编制规范的思考　《今古大观》第3期　《浙江方志》第3期

詹跃华　如何编制年鉴索引　《新疆地方志》第3期

王　源　浅谈《北京朝阳年鉴》附录的作用　《北京地方志》第4期

宋　洁　企业年鉴中照片的应用与创新探析　《经营管理者》第10期

郭思宝　试谈用电子表格和Word编排地方综合年鉴索引　《黑龙江史志》第16期

七　年鉴质量

杨才华　围绕中心　与时俱进　倾力铸就年鉴精品　《湖北方志》第1期

李招尚　提高县级年鉴编纂质量刍议　《史志林》第1期

周远德　谈谈审改年鉴稿子应注意的几个问题　《史志林》第1期

詹跃华　把好年鉴校对关口的几点看法　《巴蜀史志》第1期

詹跃华　提高年鉴可读性浅见　《湖北方志》第2期

周进银　规范条目编纂　打造精品年鉴　《湖南地方志》第2期

周光源　析年鉴校对及规范　《史志林》第2期

赵　旭　从细节入手提升年鉴整体品质　《今古大观》第3期

尤　斌　创新方式　彰显特色　不断提高综合年鉴编纂质量　《江苏地方志》第3期

陈妙生　以编纂理念的创新和作为全面提升《太仓年鉴》编纂质量　《江苏地方志》第3期

王守亚　年鉴编辑与审稿　《安徽地方志》第3期

梁百川　关于提高《阿勒泰年鉴》质量的思考　《新疆地方志》第3期

张艳君　提高年鉴质量的关键是加强科学性、资料性、规范性　《新疆地方志》第3期

邓建平　提高我省地方志年鉴质量思考　《湖南地方志》第4期

任小康　邓拴岐　认识创新涵义　提高年鉴质量　《陕西史志》第4期

柯　伟　史东娟　浅析年鉴在校对过程中出现的差错及消除差错的校对方法——以新疆地方年鉴与兵团各师农牧团场年鉴为例　《内蒙古科技与经济》第5期

刘红梅　提高年鉴编辑出版质量的思考——以《黄河年鉴》为例　《决策探索》(下半月)第6期

杜　丽　关于提高高校年鉴编撰质量的几点思考　《黑龙江史志》第9期

吕鲜林　综合年鉴编纂质量的改进优化与提升　《中国地方志》第10期

赵　青　提高地方综合年鉴编纂质量的几个途径　《黑龙江史志》第12期

八　年鉴数字化、网络化

王　锦　徐建功　用"互联网+"形式　提升年鉴使用价值　《北京地方志》第3期

《浙江财政年鉴》编辑部　从索引编制谈年鉴的数字化建设　《浙江方志》第4期

魏仕阔　方利宏　温州年鉴编纂信息化实践与体会　《浙江方志》第4期

马　豪　代　涛　胡红濮　李亚子　中国卫生统计年鉴数据分析系统设计　《中国数字医学》第5期

吕桂敏　三大年鉴数据库比较分析研究　《创新科技》第9期

衣彩天　"互联网+"年鉴出版探析　《出版广角》第14期

李　波　浅议统计年鉴数字化的几点思考　《经营管理者》第20期

蒋智炜　整合高校年鉴与信息公开的资源　《社会科学报》8月6日第5版

九　年鉴工作经验交流

陈立波　在探索中谋发展　在实践中求突破——《博山年鉴》编纂述评　《山东史志》第1期

刘　耀　沈晓娟　深圳市、区两级综合年鉴的创新实践与探索　《广东史志》第1期

李为平　十年磨一"鉴"　精心出精品——《延边年鉴》编纂经验谈　《今古大观》第2期

李仁喜　强化三种意识　打造郧西名片——郧西县史志办立足服务办年鉴　《湖北方志》第2期

熊永华　首部《南明年鉴》编纂的心得体会　《史志林》第2期

周　平　西藏年鉴的编修方法与规则　《西藏地方志》第2期

刘守华　《中国民间文艺学年鉴》十年回顾　《文化遗产》第3期

刘书峰　简析美国《老农夫年鉴》的产业经营与创新　《北

京印刷学院学报》第 3 期

谢　俊　张艳娣　马克思主义人学：回眸与前瞻——基于 1982－2014 年《中国哲学年鉴》的考察　《探索》第 3 期

吴海英　彰显时代特征　体现地方特色　《江阴年鉴》常编常新　《江苏地方志》第 4 期

游孙权　提升《福建年鉴》发展水平的思考与探索　《福建史志》第 5 期

付庆武　如何阅读使用《黑龙江统计年鉴》　《统计与咨询》第 5 期

沙　莹　艺术品拍卖的大观园——评五卷本“2015 年拍卖年鉴”　《文物鉴定与鉴赏》第 5 期

张　晶　梁建邦　见证“史记学”发展，为《史记》研究立传——论《司马迁与〈史记〉研究年鉴》的编撰　《渭南师范学院学报》第 7 期

张艳涛　老同志题词寄语《中国企业文化年鉴》　《中外企业文化》第 9 期

刘书峰　简析美国《老农夫年鉴》的内容特色　《中国地方志》第 10 期

刘爱军　常编常新　切时如需——《山东年鉴》2015 卷编纂实践　《中国地方志》第 12 期

古远清　道苦真无极——《世界华文文学研究年鉴》后记　《书屋》第 12 期

李　翔　陕西年鉴事业三十年的回顾与思考　《陕西日报》1 月 31 日第 5 版

王世巍　岁月悠悠：年鉴里的深圳　《深圳特区报》4 月 21 日第 B09 版

十　年鉴发展与创新

单传洪　县（区）年鉴发挥“资政”作用的几点建议——兼谈年鉴如何走出“越编越厚”的怪圈　《安徽地方志》第 1 期

王景忠　从《河口年鉴》看年鉴事业的创新　《山东史志》第 1 期

明安勇　解放思想办好年鉴　建设美好精神家园　《湖北方志》第 1 期

刘细学　年鉴编纂创新要重在“四突出”　《广东史志》第 1 期

马艾民　创新是年鉴业务指导的灵魂　《新疆地方志》第 1 期

范艳波　浅谈地方年鉴的创新问题　《现代经济信息》第 1 期

许辰君　浅议如何提高年鉴时效性　《陕西史志》第 2 期

黎昌菊　年鉴发展的动力在于创新　《新疆地方志》第 2 期

周永达　让年鉴出版更快更好——增强年鉴时效性的实践与思考　《黑龙江史志》第 4 期　《黑龙江史志》第 8 期

刘运华　地方综合年鉴如何适应时代变化　《湖南地方志》第 5 期

许家康　地方综合年鉴难得的发展机遇　《广西地方志》第 5 期

张佃鲁　浅谈地方综合年鉴创新　《云南史志》第 5 期

许家康　创新是年鉴事业发展的战略性选择　《史志学刊》第 6 期

吕鲜林　名鉴诞生的困境与出路　《中国地方志》第 8 期

高江勇　祁　隽　以院校研究发展视角探析美国大学年鉴发展及动向　《兰台世界》第 11 期

沈思睿　年鉴，为谁而编？　《社会科学报》2 月 12 日第 8 版

李　翔　关于陕西年鉴事业发展的几点建议　《各界导报》4 月 4 日第 5 版

王师师　英文年鉴，一张重要的城市名片　《社会科学报》5 月 28 日第 5 版

许家康　地方综合年鉴难得的发展机遇　《广西日报》10 月 14 日第 2 版

十一　年鉴队伍

贺　珍　关于年鉴编辑的社会责任分析　《黑龙江史志》第 1 期

王志迁　年鉴编辑应注重“十种素质”培养　《新疆地方志》第 2 期

王　泓　坚持创新驱动，力争做一个有想法、有办法的好编辑　《新疆地方志》第 3 期

冯爱玲　高校年鉴编辑队伍建设的现状与路径　《黑龙江史志》第 5 期

俞富江　关于年鉴编辑素质及其提高之我见　《黑龙江史志》第 20 期

诸葛平平　政法战线一功臣　法律年鉴奠基人——纪念甘重斗同志诞辰 100 周年　《民主与法制时报》2 月 1 日第 3 版

十二　其他

徐传谌　翟绪权　所有制结构中公有制经济规模对贫富差距的影响——基于《中国统计年鉴》数据的实证研究　《社会科学研究》第 3 期

金久仁　不同因素对我国教育公平状况的影响研究——基于《中国教育统计年鉴》的数据分析　《教学研究》第 3 期

赖厚桂　水文资料整编系统在恢复刊印水文年鉴中的应用　《水资源研究》第 5 期

孙楚仁　赵瑞丽　集聚经济对地区行业内工资不平等的影响——基于中国工业企业数据库和城市统计年鉴数据库 1998～2007 年的匹配数据　《产业经济研究》第 5 期

苏　哲　近年我国教育经费投入情况探析——基于《中国统计年鉴》（2002～2011 年）的数据验证　《现代经济》第 7 期

邵权熙　奠定年鉴事业理论基础之作——评肖东发先生的

《年鉴学》 《科技与出版》第8期

安小桐 专利申请数量之影响因素分析——基于我国1995年至2013年《国家统计年鉴》数据探究 《现代商业》第23期

郭 炜 区域间农民收入结构及其构成差异分析——基于中国农村住户调查年鉴（2010）数据的分析 《经济研究导刊》第24期

严凌燕 我国劳动者受教育程度差异的行业、职业研究——基于《中国劳动统计年鉴》的分析 《江苏教育研究》第27期

曹 杏 江苏省产业结构与就业结构关系研究——基于江苏省年鉴的统计数据 《现代商业》第28期

戴 豫 论年鉴的体育资源的开发和利用 《考试周刊》第99期

（杨卓轩）

·志鉴著述选介

【《京华讲坛文集（2013～2014）》】 8月，北京市方志馆编纂的《京华讲坛文集（2013～2014）》由中国书店出版社出版。该书以古都北京千年文化底蕴为依托，以源远流长的历史资源为基础，从自然、政治、经济、文化、社会等不同方面，讲述古老的北京、变革的北京和创新的北京，共收录文章15篇。"京华讲坛"是北京市方志馆面向公众的服务品牌。

（范锐超）

【《北京方志提要（修订版）》】 8月，《北京方志提要（修订版）》由中国书店出版社出版。主编谭烈飞。该书是在2006年出版的《北京方志提要》基础上进行大规模补充、完善后推出的地方志提要专著。《北京方志提要》收录北京现存的91种旧志和截至21世纪初编纂出版的330余种新编地方志。《北京方志提要（修订版）》在《北京方志提要》基础上新增近十年来新出版的北京地方志书100余种，还增加第二轮修志期间新编纂出版的67种北京地方志、近40种北京地方图志的提要。同时，对原有的427种新旧地方志的内容、特点、编撰时间、编纂单位等进行补充。全书字数从原来的53万字扩展到108万字。

（范锐超）

【《吉林省方志馆馆藏总目》（第一分册）】 10月，吉林省方志馆编著的吉林省地方志资源开发立项项目《吉林省方志馆馆藏总目》（第一分册）（项目编号201401）由吉林文史出版社出版。该书收录吉林省出版的首轮吉林省志、市（地、州）志、县（市、区）志、专业志及旧志共779册。按新编志书和旧志两大类分类编辑，收录新编志书639册，旧志140册。其中，新编志书中首轮《吉林省志》86部、市（地、州）志138部、县（市、区）志51部、乡（镇）志23部、专业志341部。该书著录书名、卷数、编纂单位、编纂者、出版地、出版者、出版年、印数、字数、页数、价格、标准（内部）书号、馆藏号、篇（章）的内容及篇章的数量。全书21万字。

（李刚 常京锁）

【《吉林省方志馆馆藏总目》（第二分册）】 12月，吉林省方志馆编辑的吉林省地方志资源开发立项项目《吉林省方志馆馆藏总目》（第二分册）由吉林文史出版社出版。该书收录吉林省方志馆馆藏年鉴（截止时间为2014年12月31日）共540部，其中省、市（州）、县（市、区）地方综合年鉴411部，专业年鉴129部。该书著录书名、卷数、编纂单位、编纂者、出版地、出版者、出版年、印数、字数、页数、价格、标准（内部）书号、馆藏号、篇（章）的内容及篇章的数量。全书14万字。

（李刚 常京锁）

【《镇江市史志论文集（第三辑）》】 4月，《镇江市史志论文集（第三辑）》出版。该书分宏观视野、史志研究、方志编修、年鉴编辑、史海钩沉等5个部分，汇集社会各界优秀论文49篇。

（李海宏）

【《江苏省年鉴编纂理论研讨会论文汇编》】 12月，江苏省首届年鉴编纂理论研讨会会议材料《江苏省年鉴编纂理论研讨会论文汇编》由江苏省志办内部编印。该书分年鉴框架设计创

新、年鉴记述内容与方法创新、年鉴版式与装帧设计创新、年鉴资源开发利用创新、年鉴编纂组织模式创新、附录6个部分。收录该省年鉴论文56篇。（朱崇飞）

【《宿迁文献书目提要》】 1月，江苏省宿迁市史志办组织编纂的《宿迁文献书目提要》由江苏人民出版社出版。该书分地情、文艺、科学三类对宿迁境内主要文献进行整理、研究并著录，收录全市文献1000余种。全书32万字。（李海宏）

【《〈慈溪市志（1988～2011）〉编纂实录》】 9月，浙江省慈溪市志办编著的《〈慈溪市志（1988～2011）〉编纂实录》由浙江人民出版社出版。该书分文件辑存、讲话发言、专家评审、论文选录、修志漫谈、修志掠影6个部分，卷首收录各种工作彩照、编纂回顾及编纂纪事。该书全面反映《慈溪市志（1988～2011）》编纂的全过程，作为地方志编纂工具书，可为第三轮修志提供借鉴和参考。全书近47万字。（高曙明）

【《秋斋聊志》】 7月，周乃复方志论文集《秋斋聊志》由宁波出版社出版。该书分方志与方志编纂、方志地图与图志、志稿评议、地方志资料的开发利用，凡4辑，加卷首代序《新方志编纂中亟待关注的若干问题》。全书共45篇，32万字。（高曙明）

【《史志研究（第一辑）》】 6月，中国地方志国际交流宁波中心主办、宁波市志办承办的《史志研究（第一辑）》由中华书局出版。该书收录海内外学者论文14篇，附发刊词、编辑委员会委员、编后记、征稿启事等。该刊物主要刊发史志修纂理论、方志资源开发利用、海内外方志收藏信息、史志文化推广等学术论文和讯息。全书42万字。（高曙明）

【《台州地方志提要》】 7月，浙江省台州市志办编纂的《台州地方志提要》由中国文史出版社出版。该书收录现存台州市（府）、县（市、区）旧志；第一轮编修地、县新志（20世纪80至90年代）；第二轮市、县新志（21世纪初期）；各类已出版（印行）专志。记述内容为各志书编纂机构、人员、出版（印行）简况，志书篇、章、节内容简介，志书层次结构等；转载各书《概述》。全书共11篇20章241节，78.5万字。（台州市志办）

【《江右志谭》】 6月，《江右志谭》由中国时代经济出版社出版。作者周慧。该书集作者从事地方志工作30年的经验，从方志理论探讨、方志管理探讨、区域志书编纂、志书评议评论、志书资料搜集、年鉴编辑工作、志书编纂忆事、修志采访纪实、修志访谈实录等9个方面系统进行理论探讨和经验总结。（张志勇）

【《志鉴编纂述谈》】 11月，《志鉴编纂述谈》由中国时代经济出版社出版。作者詹跃华。该书收录作者2011～2015年撰写发表的62篇文章，共42万余字。其中，志论文章42篇，鉴论文章20篇。（张志勇）

【《新志编纂通论》】 11月，《新志编纂通论》由江西科学技术出版社出版，共54万余字。作者夏侯炳。该书着眼于最近十多年来方志理论研究所取得的重要成果和志书编纂实践中提出的新情况和新问题，分修志基础、编纂体例、行文规范和组织管理四大板块。（张志勇）

【《史志管窥集》】 年内，深圳市史志办完成深圳史志文丛第四辑《史志管窥集》出版。该书收录2012年至2014年深圳市史志工作者在市级以上刊物发表的文章99篇。全书约66万字。（广东省志办）

【《海南省方志理论文集》】 10月，中共海南省委党史研究室（海南省志办）主编的《海南省方志理论文集》内部出版。该书主要收录2015年海南省史志系统方志理论研讨会的获奖论文，共28篇文章，分为方志编修、资料使

用、年鉴编纂、方志功能等4个类别。全书15.6万字。 （李鑫）

【《军事年鉴论文集》】 2月15日，山西省军区编纂的《军事年鉴论文集》出版。该书是军事志系统推出的首部军事年鉴论文集，也是全军军事年鉴基础理论研究的首部专著。从框架设置、收录内容、条目撰写、文图编配、体例规范等方面进行理性探索和尝试，共收录北京军区、山西省军区和所属师旅级单位撰写的论文20篇。

（山西省军区军事志领导小组办公室）

学会活动与期刊出版

·学会活动

【北京市高校志鉴研究会成立大会】 6月4日，北京市教委组织召开高校志鉴研究会成立大会。北京大学、清华大学、中国政法大学、北京工业大学等30家高等院校参加。中国人民大学代表10家发起单位发言。研究会团体会员单位已达到115家。（赵文才）

【第七届北京文史论坛——明北京学术研讨会召开】 12月8日，北京市志办、市文史研究馆、市政协文史和学习委员会、市社会科学院共同主办的“第七届北京文史论坛——明北京学术研讨会”在北京市文史馆召开。中央民族大学教授彭勇、北京市社会科学院历史所副研究员高福美、首都师范大学历史学院教授郗志群、明十三陵特区研究员胡汉生、中国社会科学院历史所研究员万明、北京市文史馆馆员李宝臣等6位专家学者从不同领域，阐述明代迁都北京、城市空间结构与功能、皇家坛庙、陵寝建设等问题，展示近期研究成果。（赵文才）

【冀皖方志理论研讨会召开】 11月2日至4日，河北省志办和安徽省志办联合举办的冀皖方志理论研讨会召开。两省40余人参加会议。会议由河北省志办主任杨洪进主持会议，安徽省志办巡视员刘成典发表讲话。会上，来自修志一线的两省方志专家就第二轮市县志编纂有关实践问题展开广泛而深入的研讨，从体例结构、内容形式、特色体会、成绩问题上谈认识，在纵横比较中发现问题不足，提出建议对策，在理论观点相互碰撞中产生智慧火花，取得重要成果。（魏铁军）

11月2日至4日，河北省志办和安徽省志办联合举办冀皖方志理论研讨会

【太原市地方志学会第四次会长例会召开】 6月16日，山西省太原市地方志学会召开第四次会长例会，组织学习贯彻全国地方志机构主任工作会议精神，完善落实第三次会长例会通过的学会工作机构组成人员相对分工和主要职责。会议首先组织学习全国地方志机构主任工作会议精神和中指组五届二次会议精神，重点学习贯彻两次会议精神中关于学会工作的意见。会议还研究增补副会长和副秘书长，通过学会秘书处和五个内设机构对外联络部、会员管理部、接待服务部、志鉴发行部、设计指导部负责人人选。（太原市志办）

【辽宁省市级地方志学会活动】 3月，辽宁省沈阳市地方志学会获沈阳市社科联“沈阳市社会科学先进社会组织”称号。辽阳史志研究会作为主要协办单位，积极参与“南辽北铁”文化交流活动。沈阳、鞍山、营口、盘锦等市地方志（史志）学会与市地方志（史志）机构

合作，积极开展赠书活动。沈阳市向沈北新区道义街道进步社区赠送市志、年鉴、地情书100余册。鞍山市向党校、社区、机关、企事业单位赠书500册。营口市向学雷锋志愿者优秀组织和先进集体赠送《雷锋在营口的故事》400余本；举办“送图书专刊进社区”活动，向站前区所辖的37个社区赠送书籍千余册。盘锦市为社区赠送地情书，支持社区书屋建设。营口市党史地方志学会被辽宁省社会社科联授予“先进社团”荣誉称号。（由林鹏）

【沈阳市地方志学会宣传方志工作】 5月13日，辽宁省沈阳市科普活动宣传周期间，沈阳市地方志学会按照沈阳市社科联的部署，开展纪念国务院颁布《地方志工作条例》颁布九周年现场咨询活动，展示近年来市志办编纂出版的地方志书、综合年鉴和其他地情类书籍，参与咨询活动群众近200人，现场解答60余人的咨询问题，达到宣传地方志法规、普及地方志知识、扩大地方志影响的目的。（俄文亮）

5月13日，沈阳市地方志学会开展咨询活动

【吉林省地方志学会启动“方志研究三百工程”】 4月8日，吉林省地方志学会发出通知，印发《“方志研究三百工程”实施方案》，标志着该工程启动。该工程以省地方志学会为平台，利用3—5年时间，确立100个研究课题，推出100项研究成果，培养100名专业人才，从中产生几十名方志专家。课题成果分为著述、调研报告或论文。吉林省在职、离职修志工作者、有研究能力的其他系统研究人员，均可申报。申报者可根据省地方志学会提出的研究方向，根据各自的兴趣、优势选择课题进行申报。省地方志学会根据课题申报情况，成立课题评审委员会，根据课题价值、承担人条件，确定立项课题。吉林省地方志编委会对该工程给予大力支持，对100个课题实行立项研究制度，每年投入10万至20万元专项经费，用于选题策划、设计、审查验收、出版印刷、稿费支出、编辑审稿以及获奖奖金等支出，保证研究工作的经费需要和顺利开展。（常京锁）

【哈尔滨市地方志学会第四届四次常务理事会召开】 4月1日，黑龙江省哈尔滨市地方志学会第四届四次常务理事会召开。哈尔滨市地方志学会秘书长李荣焕代表市地方志学会第四届四次常务理事会工作报告。该会议研究讨论市地方志学会《哈尔滨市地方志学会关于方志研究获奖成果的奖励办法》。（哈尔滨市志办）

【哈尔滨市地方志学会地情研究分会第二次会员代表大会暨第一届理事会第五次会议召开】 2月11日，黑龙江省哈尔滨市地方志学会地情研究分会第二次会员代表大会暨第一届理事会第五次会议召开。全体会员围绕2015年地情研究分会重点研究课题和“铭记历史 以启未来——纪念哈尔滨解放70周年系列活动之图片展”两项中心工作进行讨论。

（哈尔滨市志办）

【上海市地方史志学会活动丰富多彩】 年内，上海市地方史志学会举行理事会扩大会议、第14届上海市社会科学普及活动周、“上海抗日战争史丛书”出版座谈会暨上海抗日战争史研究学术研讨会、“上海国际经济中心建设的历史记忆和现状研究”研讨会、上海市地方史志学会2015年度学术年会暨纪念抗日战争胜利70周年专题报告会（获第九届学会学术活动月优秀组织奖）等。学会被上海市社科联评为“2012—2014年度优秀学会”，“《钱氏家训》申遗”获“特色活动组织奖”，学会副秘书长李洪珍获评“优秀工作者”。（刘雪芹）

【上海市年鉴学会开展学术活动】 年内，上海市年鉴学会开展学术活动，推动年鉴工作交流研讨。4月28日，举办年鉴主编研修班；4月29日，上海市郊区综合年鉴研讨会召开，主题为“年鉴如何更好地服务读者”；11月10日，上海市企业年鉴研讨会召开，主题为“互联网+时代下的年鉴编纂”。（孙长青）

【上海市志办接收上海滩杂志社】 年内，上海市志办接收上海滩杂志社，以打造地方志工作学术研究和社会普及两大平台为目标。其下辖《上海滩》和《今日上海》2本杂志。《今日上海》更名《上海地方志》，作为地方志理论研究的平台。（王继杰）

【南京市地方志学会第三次会员代表大会召开】 6月10日，江苏省南京市地方志学会第三次会员代表大会在南京市方志馆召开，选举产生新一届学会理事会、常务理事会和会长、副会长。会上，成立新一届南京市地方志专家委员会，由范金民、夏维中等16人组成。南京市志办主任张立新受常务理事会委托，作南京市地方志学会第二届理事会工作报告。新一届学会副会长范金民教授代表专家发言。（李海宏）

【南京市志办、市地方志学会联合举办2015年学术征文评选活动】 南京市志办、市地方志学会联合举办2015年学术征文评选活动。3月26日至7月31日，共收到论文50篇，经过初审、复审，其中23篇论文入围。10月14日，经过专家组终审，评出特别奖3篇、一等奖6篇、二等奖6篇、三等奖4篇。（李海宏）

【镇江市中共党史学会、地方志（年鉴）研究会完成换届工作】 7月29日，江苏省镇江市中共党史学会、地方志（年鉴）研究会分别召开会员代表大会。大会审议并通过上届理事会工作报告，讨论修改学会、研究会章程，选举产生新一届理事会理事。学会、研究会还召开新一届理事会第一次会议，选举产生新一届理事会领导机构。（李海宏）

【无锡市方志年鉴学会召开年会】 2月10日，江苏省无锡市中共党史学会第19次、市方志年鉴学会第9次年会召开。无锡市中共党史学会会长杨玉伦代表两个学会作工作报告。会议表决通过无锡市中共党史学会第五届理事会、市方志年鉴学会第四届理事会人员调整名单，选举产生新一届学会会长。（李海宏）

【苏州市地方志学会年会暨学术大会召开】 1月27日，江苏省苏州市地方志学会年会暨学术大会召开。苏州市委宣传部副部长、市社科联主席孙艺兵作《学习贯彻习近平总书记重要讲话精神，谱写中国梦的苏州篇章》专题报告，市地方志学会副会长陈其弟代表学会作题为《坚持开拓创新　强化责任担当》的工作报告。（李海宏）

【平湖市史志学会成立】 1月15日，浙江省平湖市史志学会成立大会举行。该学会现有团体会员12家，个人会员63人。（嘉兴市史志办）

【海宁市史志学会完成课题5项】 年内，浙江省海宁市史志学会组织会员参加重点课题调研和主题建言献策等活动，5项课题分别得到嘉兴市和海宁市社科联立项，年底全部结题，3项课题被评为优秀课题。（嘉兴市史志办）

【海宁市史志学堂举办4期】 年内，浙江省海宁市史志学会与海宁市史志办联合举办史志学堂4期。先后邀请4位专家讲座，为该市史志工作者开辟业务学习和开阔视野的平台。（嘉兴市史志办）

【卯山叶氏研究会工作】 年内，浙江省卯山叶氏研究会接待来自省内外30多批次400多人来松阳寻根谒祖。其中，有福建惠安县50余人、江西弋阳县40余人、永康市40余人、叶剑英元帅老家广东梅州叶氏宗亲会长等。（丽水市志办）

【平阳县地方志学会举行宣传活动】 5月，浙江省平阳县地方志学会联合县共青团、县交投集团举办庆祝地方志条例颁布9周年骑行活动，来自该县各地的30多位自行车骑行爱好者参加骑行，并向群众发放宣传资料1500多份。（温州市史志办）

【“涵育与超越：文化传统与鄞州近代人物”学术研讨会召开】 10月17日至19日，中国近代史论坛第5期——“涵育与超越：文化传统与鄞州近代人物”学术研讨会举行。该论坛由近代史研究杂志社、浙江省历史学会和鄞州区志办联合主办，来自中国社会科学院近代史研究所、浙江省社会科学院等单位的专家学者30余人参会。论坛分5场进行专题论述，与会专家围绕近代鄞州名人、近代鄞州著名家族、近代鄞州名人和地方文化传统、地方文化传统与近代中国文化价值认同等课题展开研讨，以文化积淀深厚的鄞州为个案，探讨大传统和小传统的并存互渗，追寻文化传统的内在精神和时代价值，提炼出学术价值和应用价值。（高曙明）

【福建历史文献收集整理暨中国地方志海外传播利用学术研讨会召开】 6月8日至10日，福建省地方志编纂委员会主办的福建历史文献收集整理暨中国地方志海外传播利用学术研讨会召开。海内外专家学者、地方志工作者70多人与会。研讨会特别邀请专家分别作题为《北美中文馆藏的百年历程及展望》《北美主要东亚图书馆地方志馆藏及使用》《闽台方志收藏整理及利用》《从方志文献看厦门的海丝文化》的学术讲座。会议期间，加州大学伯克利分校东亚图书馆向福建省地方志编委会赠送馆藏的闽台历代方志电子版9种，福建省地方志编委会向东亚图书馆赠送新旧方志89种。双方签订长期合作协议，东亚图书馆将长期帮助福建省方志委征集福建在美国的历代方志和其他有价值的1949年前的地情资料。（郑欣）

6月8日至10日，福建省地方志编委会主办的福建历史文献收集整理暨中国地方志海外传播利用学术研讨会召开

【山东省召开全省方志理论研讨会暨方志期刊座谈会】 11月20日，山东省召开全省方志理论研讨会暨方志期刊座谈会。会议收到论文83篇。会议采取大会发言与会外交流的形式进行。枣庄市、泗水县、德州市、阳信县史志办的重点论文作者作交流发言，《济南史志》《泰安市情》《城阳纵横》《周村史志之窗》主编作典型发言。山东电视台、《大众日报》等媒体对该次会议进行了报道。（孙杰）

11月20日，山东省召开全省方志理论研讨会暨方志期刊座谈会

【威海市地方史志学会第二届会员大会召开】 9月9日，山东省威海市地方史志学会第二届会员大会召开。会议审议通过学会第一届理事会工作报告及财务收支情况报告，通过修改《威海市地方史志学会章程（草案）》和学会会费标准，选举产生学会第二届理事会理事及领导成员。（孙杰）

【湖南省地方志学会第七次会员代表大会召开】 6月23日，湖南省地方志学会第七次会员代表大会召开，会员代表131人参加会议。会议首先召开全体会员代表预备会议。会议选举产生第七届理事会，共75人当选为新一届理事会理事。随后，召开第七届理事会第一次全体会议，选举产生常务理事、会长、副会长、秘书长和副秘书长。新当选的会长王晓天代表新一届理事会作表态发言。　（黄俊军）

6月23日，湖南省地方志学会第七次会员代表大会在长沙召开

【湖南省地方志研究与传播中心2015年度课题结项工作完成】 12月4日，湖南省地方志研究与传播中心2015年度课题结项工作完成。中心成立内外结合的专家评审组，通过严格的资格审查和两次评审，取得初步成果。共有44项课题准予结项，其中重点课题10项，一般课题15项，立项课题19项。该中心对立项以上课题分别给予资助。　（余勇辉）

【长沙市地方志学会2014年年会召开】 2月5日，湖南省长沙市地方志学会召开2014年年会。会上，常务副会长周秋光作学会2014年年度工作报告，会长郑佳明作《如何适应新形势，弘扬传统文化》的专题报告。

（长沙市志办）

【“《广州大典》与广州历史文化”学术交流会举办】 10月16日，广东省广州市志办联合广州市社会科学界联合会共同主办“《广州大典》与广州历史文化”学术交流会。会议探讨如何发掘《广州大典》资源、传承发展广州历史文化。时任广州市市长陈建华出席学术交流会并讲话。会议共收到专家学者交流论文54篇。研讨主题主要分为四类：一是针对《广州大典》文献特点、史料价值和重要意义的探讨；二是《广州大典》所收录的某一类文献的深入研究；三是依托《广州大典》，对广州建设世界文化名城路径选择的前瞻性思考；四是关于广州历史文化发展的交流与研讨。会上，13位与会专家代表就《广州大典》的有关研究发言。　（郑剑锋）

10月16日，“《广州大典》与广州历史文化”学术交流会举办

【“广东建设21世纪海上丝绸之路”学术研讨会举办】 11月7日，广东省社会科学界联合会主办，广州大学十三行研究中心、广州市地方志学会等单位共同协办的“广东建设21世纪海上丝绸之路”学术研讨会召开。会议共收到论文66篇，主要围绕海上丝绸之路的发展与特点、海上丝绸之路物质文化交流情况、广州十三行与海上丝绸之路的发展、海上丝绸之路文献文物、广东海上丝绸之路的地位与文化资源开发利用、建设21世纪海上丝绸之路展望与设想等主题展开研讨。　（杨宏伟）

【海南省地方志学会第六次会员代表会议召开】 8月14日，海南省地方志学会第六次会员代表会议在海口召开。会议听取并通过学会换届工作报告，讨论并通过对学会章程的修改，选举梁振球为学会第六届理事会会长，陈波、符和积为第六届理事会常务副会长，李朱全、侯小幸、詹兴文、谢越华、李勃、林日举为第六届理事会副会长，雷晓玲为第六届理事会秘书

长，28人当选第六届理事会常务理事。（李鑫）

【海南省史志系统方志理论研讨会暨《琼海市志》（初稿）评议会召开】 9月17日至18日，海南省委党史研究室（海南省志办）与海南省地方志学会联合举办海南省史志系统方志理论研讨会暨《琼海市志》（初稿）评议会。研讨会共收到论文36篇。经组织专家评审，评选出一等奖论文3篇、二等奖论文4篇、三等奖论文7篇、优秀奖论文13篇。（李鑫）

【海南省志办合作开展“海南与海上丝绸之路”课题研究】 年内，海南省志办与中国社会科学院边疆研究所合作开展“海南与海上丝绸之路”课题研究，完成40万字的科研成果，包括《海南服务海上丝绸之路建设路径设想》《着力建设生态环境保护示范区与海上丝路旅游特区》《〈更路簿〉——海南文化强省战略的重要抓手》《倾力构筑环南海公共外交前沿阵地》等多篇文章。（李鑫）

【四川省地方志学会七届四次理事会召开】 4月29日，四川省地方志学会七届四次理事会召开。会议调整学会副会长、秘书长、常务理事、理事人选。7月，主管单位四川省地方志编纂委员会更名为四川省地方志工作办公室后，按照省民间组织管理局要求，修改学会章程，积极沟通相关证照更换工作。（刘艳平）

【四川省地方志理论研究课题工作有序推进】 年内，四川省地方志学会印发《2013～2014年度课题规划方案》，确定省级地方志理论研究课题16个，完成2个；市县级地方志理论研究课题22个，完成18个。11月，启动2016年地方志理论研究课题工作。（刘艳平）

【四川省开展地方史和历史文献研究】 年内，四川省地方志工作办公室召开《四川抗战历史文献》丛书编纂工作座谈会，印发《〈四川抗战历史文献〉丛书编纂工作方案》，多措并举征集抗战史料。积极参与《四川当代史》编纂研究。（刘艳平）

·期刊出版

【《北京地方志》】 年内，《北京地方志》共出刊4期，发稿52篇，28万多字。该期刊固定栏目有：志鉴论坛、工作交流、地情文物；常设栏目有：会议专稿、特稿专递、史志杂瓣、读志用志等，随机增设的栏目有开发利用、方志人物等。该期刊为季刊，每期64页，10万字左右，内部刊物，主要面向北京市地方志系统内发行。（赵文才）

【《朝阳方志》】 年内，《朝阳方志》出刊12期。该期刊由北京市朝阳区志办主办。该期刊刊登全国地方志工作先进经验，反映日常工作情况，设新闻广场、志鉴研修、朝阳风物等四大板块，使用彩版印刷，每月一期。（赵文才）

【《海淀史志》】 年内，《海淀史志》出刊4期和增刊1期。该期刊由北京市海淀区史志办主办。该期刊为史志类学术理论季刊，辟有海淀史迹、史海钩沉、人物春秋、海淀风俗、专题研究、读史用志、京西村镇、旧宅故居、寺庙观堂、园林荟萃、口述历史、海淀遗韵、籍海寻珍、杏林溯往、工作探讨、文史知识等近30个栏目。（赵文才）

【《河北地方志》】 年内，《河北地方志》出刊6期。该期刊为双月刊，包括特载、方志论坛、志鉴评论、河北史地、网管建设、方家风采等栏目，其中第2期为纪念抗日战争胜利70周年专刊，第3期为石家庄城市文化研究专刊。（张耀鑫）

【《史志学刊》】 年内，《史志学刊》出刊6期。该期刊经新闻出版广电总局同意、山西省新闻出版广电局批准，由原《沧桑》杂志更名的集历史学、方志学、编纂学于一体的学术研究刊物。该期刊设有史学理论、历史研究、史

实考证、方志编纂、区域地理研究等栏目，是中国知网全文入编期刊、中国学术期刊综合评价数据库来源期刊。（杨建中）

【《内蒙古史志》更名为《内蒙古方志》】 8月，内蒙古自治区区志办主办的期刊《内蒙古史志》更名为《内蒙古方志》，全年出刊6期，共60余万字，发行赠送6000余份。该期刊对部分栏目进行调整，增设志鉴论坛、民俗风情、大事辑录、珍珠沙滩等栏目。（姚思泰）

【《翁牛特史志》】 年内，《翁牛特史志》出刊6期，十余万字。该期刊由内蒙古自治区翁牛特旗志办主办，1994年创刊，双月刊。主要以研究、挖掘翁牛特旗的历史文化为主。设专家论坛、文化视点、地方掌故、龙乡人物等栏目。（姚思泰）

【《昌图史话》】 年内，辽宁省昌图县史志办在纪念抗日战争胜利70周年暨世界反法西斯战争胜利70周年之际，以史实、考证为主线，编辑出版《昌图史话》（总第7、8辑）合订本，印刷2000册。（由林鹏）

【《大连方志》】 年内，《大连方志》出刊4期，18万余字，附图200余幅。增设志海钩沉、史料考证等栏目，探究、考证大连志书记载的遗址、遗迹、文物、人物、事件等。该期刊开发供稿渠道，年内征集介绍大连地区独有风情的稿件7篇，征集介绍大连地区非物质文化遗产项目的稿件4篇，征集不同历史时期、不同主题的叙述类和研究性稿件8篇。（孙建宏）

【《营口春秋》】 《营口春秋》出刊4期（总第12—15期），近36万字。该期刊由辽宁省营口市史志办、中共营口市委党史研究室主办。除历史时空、史海钩沉、营口之最、封面介绍、图说营口、史志拾萃等固定栏目外，每期《营口春秋》根据内容，灵活设置难忘瞬间、怀念雷锋、峥嵘岁月、风俗人物、风俗民情、人物春秋、港城印记、滨城英烈、时代先锋、地域文化、家族史事等非固定栏目。8月，编辑出版《纪念抗日战争胜利70周年专刊》。（由林鹏）

【《今古大观》】 年内，《今古大观》出刊6期，60余万字。该期刊由吉林省地方志编委会主管，省地方志编委会、省地方志学会联合主办，省地方志编委会研究室、省方志馆承办，为吉林省连续性内部出版物，双月刊。年内另出版增刊1期，约16万字。（常京锁）

【《黑龙江史志》】 年内，《黑龙江史志》出刊24期。该期刊设特载、方志论坛、志鉴编纂、地情研究等专栏及时报道黑龙江省地方志工作重点。据中国知网统计，《黑龙江史志》有机构用户5140个，分布在24个国家和地区；个人读者分布在21个国家和地区。据中国引文数据库期刊被引用指标统计，在2234份社科类期刊中，《黑龙江史志》排名第15位。（徐萍）

【《哈尔滨史志》】 年内，《哈尔滨史志》出刊4期，共32万字。该期刊为内部资料性期刊，发行赠送2000份。（哈尔滨市政府志办）

【《上海地方志》】 年内，《上海地方志》出刊6期，刊载文章131篇，近39万字。该期刊由上海市志办、市地方史志学会、市年鉴学会主办。（陈畅）

【《江苏地方志》】 年内，《江苏地方志》出刊6期。该期刊是江苏省志办主办的地方志专业刊物，双月刊，1986年创刊。该刊设城市文脉、文化遗珍、风物揽胜、江南味道、口述非遗、田野调查、古籍钩玄、修志研究、年鉴论坛、人物长廊、历史探秘、地名溯源等栏目。全年共刊发120篇文章，200幅图片，60万字。每期发行4500册。（李海宏　朱崇飞）

【《南京史志》】 年内，《南京史志》出刊2

期。该期刊为南京市志办主办的半年刊，1983年创刊。该期刊设有文化名城、金陵文脉、探索发现、修志园地、历史人物、秦淮杂忆、城市变迁、风情民俗、掌故逸闻、书影书讯、文教今古等12个栏目。全年刊发文章81篇，27.8万字，照片366幅。（朱崇飞）

【《徐州史志》】 年内，《徐州史志》出刊4期。该期刊为江苏省徐州市史志学会、市史志办主办的季刊，2007年创刊。全年共发行7200份，刊发纪念历史事件、重要人物以及反映徐州风土人情等文章110余篇，约55万字，图片230余幅。（朱崇飞）

【《滨海史话》】 1月，江苏省盐城市滨海县志办编辑的《滨海史话》创刊，设往事追忆、人物长廊、轶闻杂说、风俗礼仪、沧海桑田、文化遗珍、史研动态等栏目。（李海宏）

【《龙城春秋》】 年内，《龙城春秋》出刊4期。该期刊是江苏省常州市委党史工委、市志办、市政协文史委员会主办的地方文史季刊，1982年12月创刊，创刊名《常州史志通讯》，1991年改版更名为《龙城春秋》。每期发行2500份。第3期为纪念抗日战争胜利70周年常州专辑。3月，《龙城春秋》第1期（总第133期）改版，以全彩的版式设计，新改设历史文化研究、人物、记忆、发现等栏目。

（朱崇飞）

【《无锡史志》】 年内，《无锡史志》出刊3期。该期刊为江苏省无锡市史志办主办的季刊，于1986年创刊，2013年停刊，2015年5月复刊。每期发行1000本，共刊发纪念重要历史纪念日、重大历史事件、重要人物，反映无锡党史、地方人文风土，以及地方史志工作动态、研究性文章等44篇，约45万字，图片72幅。（朱崇飞）

【《浙江方志》】 年内，《浙江方志》出刊6期。该期刊由浙江省地方志学会、省志办主办，为双月刊。在传统的志鉴论苑、读志用志、浙人浙事栏目外，增设修志工作、方家约稿、方志学人等栏目，并配合《浙江通志》的编纂要求及时开辟省志编纂栏目，顺应第二轮修志之需适时重启新志评论栏目。

（浙江省志办）

【《杭州方志》】 年内，《杭州方志》出刊4期，刊登文章84篇，计36.1万字，图照37张。该期刊增设抗战烽火栏目，刊登杭州地区与抗战相关的文章；增设村志编纂、镇志编纂栏目；增设蹲点日记栏目，反映农村工作指导员黄琦峰在联乡结村工作的所见所闻和工作体会。（冯跃民）

【《湖州史志》】 年内，《湖州史志》出刊4期，近95万字。该期刊由湖州市委党史研究室、市志办主办。常设领导讲话、史志研究、人物春秋、县区之窗、文史钩沉、大事记、史志动态等栏目，每期可根据内容需要新设部分栏目。（湖州市史志办）

【《德清史志》】 年内，《德清史志》出刊3期，约17万字。该期刊由浙江省德清县委党史研究室、县志办主办。常设党史专题、调研纪实、余英文化、德清纪事、英溪笔谈、舆地纪实等栏目，每年根据县委、县政府中心工作对栏目进行适当调整。（湖州市史志办）

【《嘉兴档案史志》】 年内，《嘉兴档案史志》出刊4期。截至年底，累计编辑出刊55期。该期刊为季刊，主要设党史天地、业务研究、历史钩沉、馆藏揭秘、史海揽胜、大事记、艺苑撷英等栏目。（嘉兴市史志办）

【《海盐史志》】 年内，《海盐史志》出刊4期，累计刊印45期。该期刊为季刊，是在原《海盐党史》《海盐方志》基础上合刊的。年内专设纪念抗战胜利七十周年专栏、缅怀步鑫生、海盐风俗、读书时空、史志论坛等专栏。

（嘉兴市史志办）

【《海宁史志》改名为《海宁档案史志》】 年内，因海宁市史志办与海宁市档案局合署办公，自2015年第4期开始，原《海宁史志》刊名改为《海宁档案史志》。全年出刊4期。其中第3期为纪念中国人民抗日战争暨世界反法西斯战争胜利70周年专辑。该期刊设特载、史志学堂、潮乡人文、海昌考略、编研手记、盐官图经、宁志余闻、争鸣论坛、市志初稿选登等栏目。（嘉兴市史志办）

【《嘉善记忆》】 1月16日，《嘉善记忆》举行创刊首发式。该期刊由浙江省嘉善县档案局、县地方档案史料收藏研究会主办，系嘉善县首本由民间组织编辑的介绍嘉善人文历史、民俗风情的会刊。首部《嘉善记忆》由30多篇文章组成，配以照片、图片。

（嘉兴市史志办）

【《宁波史志》创刊】 3月，《宁波史志》创刊。该期刊由浙江省宁波市委党史研究室、市志办主办。该期刊由原《宁波党史》《宁波方志》《宁波史志信息》合并创立，设有特稿特载、史志论坛、口述访谈、史海钩沉、人物春秋、宁波纪事、工作动态、史志书讯等栏目。

（高曙明）

【《海曙记忆》创刊】 年内，《海曙记忆》创刊。该期刊由浙江省宁波市海曙区史志办、区档案局合办。该期刊由原简报《史志工作通讯》改版，设党史研究、方志编修、档案编研、史海钩沉、地情新探、兰台风采、人物春秋等栏目。（高曙明）

【《余姚史志》改版】 5月，《余姚史志》2015年第1期（总第101期）出刊。这是该刊物全新改版后出版的首期刊物。改版后的《余姚史志》设余姚党史、余姚方志、新四军历史研究、姚江文化研究四大板块内容。《余姚史志》前身为1982年3月创刊的《余姚党史资料》，由余姚市史志办、余姚市新四军历史研究会、余姚市姚江文化研究会3家单位合办。2月10日，浙江省余姚市史志办组织召开《余姚史志》出刊100期座谈会。（高曙明）

【《奉化史志》】 年内，《奉化史志》栏目改进，开设抗日战争胜利70周年纪念专辑。

（高曙明）

【《苍水文化研究》】 年内，《苍水文化研究》出刊2期。该期刊由浙江省象山县志办主办。

（高曙明）

【《越地春秋》】 年内，《越地春秋》出刊文字量约45万字。该期刊优化栏目设置，增设“越地风物”板块，专题记载越地史上名产名品；在封面设计上推出绍兴著名水利工程，以应“五水共治”之热点；结合纪念抗战胜利70周年，设置纪念专辑。（绍兴市史志办）

【《嵊州春秋》】 年内，《嵊州春秋》出刊4期。该期刊1997年创刊，由嵊州市志办编印。原为不定期刊物，2009年后按季度出刊。

（绍兴市史志办）

【《新昌史志》】 8月，《新昌史志》第1期（总第10期）编印出刊。该期刊包括卷首语、方志编修、抗战纪念、忆往叙旧、史迹钩沉、人物春秋、动态简讯等栏目。（绍兴市史志办）

【《衢州方志简讯》】 年内，《衢州方志简讯》共出刊7期，累计出刊44期。（衢州市志办）

【《柯城档案》】 年内，《柯城档案》出刊10期。该期刊刊登浙江省衢州市柯城区档案局的各种工作和动态。（衢州市志办）

【《常山地方志工作简报》】 年内，《常山地方志工作简报》共出刊8期，累计出刊63期。

（衢州市志办）

【《金华方志丛刊》】 年内，《金华方志丛刊》

编印4辑6册。该丛刊是金华市志办主办的地方志资料汇刊，分别是《八华山志（上、下）》《五峰书院志（上、下）》《东明书院志》《忠清书院志》。（金华市志办）

【《兰溪方志》】 年内，《兰溪方志》出刊1期，累计出刊69期。（金华市志办）

【《永康志鉴》】 年内，《永康志鉴》出刊6期。该期刊设永康历史文集、永康社会文化、永康史料汇编、古代永康人物、永康名胜古迹、永康旧事纪痕6个专题。（金华市志办）

【《东阳史志》】 年内，《东阳史志》（季刊）累计出刊35期。该期刊是由浙江省东阳市史志办和东阳市历史文化研究会主办，文章体例多以述、记、传、录、考据为主。

（金华市志办）

【《椒江方志》】 年内，《椒江方志》出刊2辑，分别为总第10辑和总第11辑。其中，总第10辑共6万余字，设大事记、史志园地、人物春秋、史海钩沉、东山文苑等5个栏目；总第11辑约7万字，设《椒江区志》稿选载、史志园地、往事钩沉、史海沙金、旧籍新刊、东山文苑等6目。（台州市志办）

【《临海史志》】 年内，《临海史志》共出刊4期，整理编辑地方历史文化基础性资料50余万字。其中，第2期为纪念抗战胜利70周年专刊，汇总临海抗战历史、抗战烈士、日军两次地面入侵和击毙日军中将档案、抗战大事记等史料；第3期为2014年临海市委、市政府执政纪要专刊。（台州市志办）

【《三门史志》】 年内，《三门史志》出刊3期。其中，第2期（总第3期）为纪念抗战胜利70周年专辑。（台州市志办）

【《天台方志》】 年内，《天台方志》出刊4期。该期刊由浙江省天台县志办主办。栏目有政策传递、史海钩沉、地情研究、文化旅游、当代写照、抗战老兵、人物风采、大事记等，采用文史稿件50余篇，约计22万字，照片图片110余幅。（台州市志办）

【《温州史志》】 年内，《温州史志》出刊5期，约47万字。该期刊由浙江省温州市委党史研究室、温州市政府办公室主办，为季刊。年内，在原有栏目上增加“改革开放实录”栏目。其中一期为“世界反法西斯战争、中国人民抗日战争胜利70周年”纪念特刊，约17万字。（温州市史志办）

【《乐清方志》】 10月21日，《乐清方志》创刊。该期刊设志界动态、编修论坛、志稿选登、史迹考录、人物选介、民俗留影6个栏目，含16篇文章，28幅图片。

（温州市史志办）

【《永嘉方志》】 年内，《永嘉方志》出刊2期。该期刊设有修志纪要、舆地纪实、春秋纪盛、人物纪略、民俗纪趣等栏目，刊载地情文章。（温州市史志办）

【《文成史志》】 年内，《文成史志》出刊3期。该期刊设时政要闻、工作动态、史志征集、品读刘基、人物春秋、文成大事记等栏目。（温州市史志办）

【《平阳史志》】 年内，《平阳史志》出刊2期，分别刊登《平阳县志（1989～2012）》部分志稿，向社会广泛征求意见和建议。

（温州市史志办）

【《栝苍史志》】 年内，《栝苍史志》出刊2期，累计出刊19期。该期刊由浙江省丽水市莲都区史志办主办。栏目适当增加反映学术前沿和社会热点问题的版块。（丽水市志办）

【《青田方志》】 8月，《青田方志》第2期出刊。为纪念中国人民抗日战争胜利暨世界反法西斯战争胜利 70 周年，该期增设抗日专辑，主要由抗日专辑、红色旋律、建设记事、石雕之乡、先贤痕迹、本土名家、地域文艺、岁月民俗 8 个部分组成，共 11 万字，印数 2000 册。（丽水市志办）

【《遂昌史志》】 年内，《遂昌史志》出刊 2 期。该期刊由浙江省遂昌县史志办编辑，内设党史专题、方志天地、遂昌往事、遂昌人物、探究争鸣、大事记等栏目。该期刊为半年刊，每期刊印 1000 份。（丽水市志办）

【《福建史志》】 年内，《福建史志》出刊 6 期。该期刊由福建省地方志编委会、省地方志学会主办，为公开刊物，双月刊。全年发表各类文章约 110 篇，50 多万字。（孙洁斐）

【《方志田园》】 年内，《方志田园》立春版、初夏版、中秋版、联奎公园文庙专刊、立冬版出刊。该期刊由福建省永泰县地方志编委会编辑，内部出版。每期分别以“永泰”为主题，文稿体现鲜明地域特色。立春版收录文章 53 篇，初夏版收录文章 57 篇，中秋版收录文章 72 篇，立冬版收录文章 88 篇。全年 5 期共 35 万字，1000 张图。（孙洁斐）

【《泉州月志》】 年内，《泉州月志》继续对每日大事要事资料进行采集，实时编录，发挥泉州地方志系统上情下达的全景窗口作用。创新拓展服务功能，增印 1000 份，每月向市人大代表、政协委员寄送《泉州月志》。（陈建强）

【《永春志苑》】 6 月，《永春志苑》出刊第 4 期。该期刊由福建省永春县志办主办，以内部资料形式不定期发行。栏目有特载、方志研究、人物春秋、史海钩沉、文物胜迹、侨亲情缘、姓氏宗教、地方名产、企业风采等，配以彩页插图。（孙洁斐）

【《德化月志》】 年内，《德化月志》出刊 6 期，计 21.6 万字，图片 195 幅，刊发信息 682 条。该期刊为双月刊，设专记、大事剪辑、本期纪要、方志动态等栏目，收录德化县境内每月发生的政治、经济、社会、文化等各领域的特事、大事、要事。（孙洁斐）

【《漳州今古》】 年内，《漳州今古》出刊 3 期。该期刊由福建省漳州市地方志编委会编辑，以宣传漳州为主题。全年发表文章 39 篇，15 万字。（郑美华）

【《江西地方志》】 年内，《江西地方志》出刊 6 期，发表志鉴编纂理论和地情文化文章共 102 篇，近 40 万字。该期刊由江西省地方志编委会主管，省志办、省地方志学会主办。为纪念抗日战争暨世界反法西斯战争胜利 70 周年，第 4 期上开办江西抗战专栏，介绍江西在抗战中的地位与贡献。（张志勇）

【《南昌大事记》】 年内，《南昌大事记》出刊 12 期，23 万余字。该期刊调整部分栏目，将城市规划和管理、市政公用事业、城市绿化与美好合并为城市建设和管理，政法工作和社会管理综合治理改为法治，科教文卫体和计生工作改为科教文卫体工作，党的建设和干部队伍建设改为党建工作，廉政建设和纪检监察工作改为纪检监察工作，媒体报道改为媒体关注。（南昌市史志办）

【《景德镇方志》创刊】 5 月 4 日，《景德镇方志》创刊。该期刊由江西省景德镇市地方志编委会主管、市志办主办。该期刊为季刊，设有志鉴研究、地情研究、经验交流、资政服务、古镇文化、昌南名家、动态信息、大事记等栏目。（张志勇）

【《史鉴》】 年内，《史鉴》出刊 4 期，刊登历史、地情和方志理论等文章 100 余篇。该期刊由山东省青岛市史志办编纂。为纪念中国人民抗日战争暨世界反法西斯战争胜利 70 周年，该期刊开辟抗战胜利 70 周年纪念专栏，连续

刊登12篇文章，宣传青岛市抗战历史事件和抗日英模人物。（孙杰）

【《崂山春秋》】 年内，《崂山春秋》出刊4期，每期发稿20余篇。该期刊由山东省青岛市崂山区档案局、崂山区史志办、中共崂山区委党史研究室合办。（孙杰）

【《城阳纵横》】 年内，《城阳纵横》出刊4期，每期发稿20余篇。该期刊由山东省青岛市城阳区档案局、城阳区史志办编纂。（孙杰）

【《即墨古今》】 年内，《即墨古今》出刊2期。该期刊由即墨市史志办编纂。（孙杰）

【《枣庄史志》创刊】 12月15日，《枣庄史志》创刊。该期刊由山东省枣庄市史志办主办，为16开本、季刊，86页，全书采用四色印刷。设有志鉴论坛、枣庄往事、人物春秋、文苑撷英、史志信息等栏目，刊载文章17篇，约9万字。（孙杰）

【《河南史志》】 年内，《河南史志》出刊6期，发表各类稿件150篇，约45万字。该期刊由河南省史志办主办，为河南省连续性内部资料出版物，双月刊。主要栏目有特载、重要文献、修志问道、志鉴编修、理论探索、读志用志、新书评价、经验交流、地方法规、指导意见、修志人物、史志资料、史海钩沉、地方史话、动态信息等。（汪朝霞）

【《湖北方志》】 年内，《湖北方志》出刊6期。该期刊由湖北省地方志编委会编辑。（范锐超）

【《武汉春秋》】 年内，《武汉春秋》出刊4期。该期刊由湖北省武汉市志办编辑。为纪念中国人民抗日战争胜利70周年，推出纪念特刊《武汉春秋——武汉抗战专辑》。（范锐超）

【《湖南年鉴·文献与人物》】 8月，《湖南年鉴·文献与人物》编辑出版。该书设“湖南抗战专辑”。该专辑设湖南抗战综述、正面战场、其他战事、民间抗战、抗战人物、抗战文艺、芷江受降、日寇暴行选录等8个专题栏目，近40万字。（余勇辉）

【《长沙史志》】 年内，《长沙史志》出刊2期。该期刊由湖南省长沙市志办编辑。设史志研究、志鉴编纂、历史回眸、旧志选刊、开发利用等栏目，发表文章42篇。（长沙市志办）

【《羊城今古》】 年内，《羊城今古》出刊4期，发表65篇文章。为纪念中国人民抗日战争暨世界反法西斯战争胜利70周年，第3期、第4期相继推出“抗日战争胜利70周年”专题栏目，集中刊发9篇文章，从金融抗战、抗战史迹分布及保护、抗战革命老区、抗战回忆等多角度呈现广州抗战历史。为集中报道广东省广州市方志办首创的地情公众开放日活动，每期《羊城今古》均利用封二、封三刊载开放日活动图片及相关文字资料。9月，《羊城今古》的主办单位在广州市文广新局组织的广州市连续性内部资料出版物评选活动中荣获“优秀出版单位”称号。（张丽蓉）

【《白云史志》】 7月，《白云史志》创刊。该期刊由广东省广州市白云区委党史研究室、区志办主办。该期刊设白云大地、党史工作、地方志工作、文献资料、简讯五大部分，内设地域特点、文化特色、镇街概况、口述历史、改革开放实录、革命遗址介绍、党旗飘扬、白云风韵、史海钩沉、春秋史话、古韵遗风等主要栏目。该期刊为内部刊物，在白云区内机关系统免费交流，半年出版一期。（李玉平）

【《深圳史志》】 年内，《深圳史志》申请内刊刊号，出刊4期，收录文章90篇，约45万字。该期刊在版式设计、刊物内容等方面进行改版，增加转载文章、亲历者回忆及人物类文章。（深圳市史志办）

【《广西地方志》】 年内，《广西地方志》出刊6期，约60万字。在广西壮族自治区A类97种期刊中，《广西地方志》以第四名的成绩通过国家首批学术期刊认定。（韦晓）

【《海南史志》】 年内，《海南史志》出刊6期正刊和1期增刊。该期刊由海南省中共党史学会、海南省地方志学会主办，为内部刊物。（李鑫）

【《巴蜀史志》】 年内，《巴蜀史志》出刊6期，刊登文章125篇，约40万字。该期刊由四川省地方志工作办公室主管主办。设时政辑要、封面故事、抗战胜利70周年、红军长征在四川、志鉴研究、读志用志、史料之窗、蜀中人物、历史掌故、民风民俗等栏目，并结合时事推出"抗战胜利70周年""红军长征在四川"两个专栏。（刘艳平）

【《史志林》】 年内，《史志林》出版4期，约40万字。（贵州省志办）

【《云南史志》】 年内，《云南史志》出刊6期，刊登文章100余篇，约60万字。（郑灵琳）

【《昆明史志》】 年内，《昆明史志》在栏目设计、稿件选择、图片登载方面进行优化，结合护国起义100周年（昆明为全国首义之地）、抗日战争胜利70周年等事件，开辟了纪念抗日战争胜利70周年、纪念护国运动100周年两个栏目，组织、刊载一批有关护国起义、昆明抗战的文章。（字应军）

【《西藏地方志》】 年内，《西藏地方志》出刊4期，刊登文章62篇，40余万字。该期刊以指导志书编纂、探讨方志理论与修志技巧、交流修志工作经验、介绍西藏古今地情、反映西藏与祖国不可分割的历史、宣传社会主义新西藏为主要内容。（西藏自治区志办编辑部）

【《陕西地方志》】 年内，《陕西地方志》自第2期改版，在内容设置上，将原24个栏目整合为12个，完成内文栏目的优化组合。合并工作研究、总纂工作初探、工作交流、专题研究、志鉴探讨和工作交流为志鉴探讨，地情总汇和人文掌故为地情研究，特载和省情研究为省情研究，序跋选粹和新志评弹为史志评弹，史海钩沉、史海拾贝、人物春秋和史事稽考为史海钩沉，文化遗产和乡风民俗为文化遗产。（丁喜）

【《甘肃史志》】 年内，《甘肃史志》出刊4期，每期80万字，共约320万字。该期刊由甘肃省史志办主办。（梁兴明）

【《宁夏史志》】 年内，《宁夏史志》出刊6期，近100篇文章，约43万字。该期刊由宁夏回族自治区志办承编。该期刊继续调整版面，优化栏目，增设专栏和刊首语，增强刊物的时效性与可读性。该期刊结合宁夏市县的方志编纂、年鉴编辑工作，刊登大量理论稿件。开设家谱源流、思路絮语、《贺兰山志》编修专题等特色栏目。（王玉琴）

【《彭阳史志》】 年内，《彭阳史志》出刊4期，刊登文章60多篇，约30万字。该期刊由宁夏回族自治区彭阳县志办承编。新增党史研究、口述回忆等栏目。（王玉琴）

【《新疆地方志》】 年内，《新疆地方志》（汉文版）出刊5期，刊发70余篇论文；《新疆地方志》（维吾尔文版）出刊4期。该期刊由新疆维吾尔自治区地方志编委会编辑。（陈忠）

·通讯简报

【北京市《志鉴信息》】 年内，北京市志办共编辑《志鉴信息》11期，为地方志工作者了解志书和年鉴的评审、出版等动向提供最新资讯。（赵文才）

【北京市《区县修志动态》】 年内，北京市志办将《区县修志动态》由两月一期改为每月一期，在内容上增添评审意见等专栏，为区县提供志书审读的参考标准。（赵文才）

【《第二轮〈北京志〉编纂工作月报》】 年内，北京市志办坚持一月编辑一期编辑《第二轮〈北京志〉编纂工作月报》，共编辑月报12期、年报1期。根据修志工作的推进，在月报中适时新增初审评议、复审评议、志书终审等栏目，及时反映修志工作进展。（赵文才）

【《河北方志工作简讯》】 年内，河北省志办编印《河北方志工作简讯》22期，刊发信息83条。其中，省志编纂工作信息14条，市、县（市、区）方志编纂工作信息62条，年鉴编纂工作信息1条，其他信息6条。（魏铁军）

【辽宁省《家园》】 11月16日，辽宁省志办创办内部刊物《家园》，主要刊载办内人员撰写的心得体会文章。全年共刊印5期，刊登各种文章15篇。（由林鹏）

【《抚顺方志动态》】 3月，抚顺市志办编印《抚顺方志动态》1期（总第18期）。其动态报道辽宁省《中指办专题调研组到辽宁就〈全国地方志事业发展规划纲要（2015—2020年）〉（征求意见稿）调研》《地方综合年鉴编纂出版规定（试行）》《2015年抚顺地方志工作计划》等8篇稿件。（由林鹏）

【《吉林省方志工作通讯》】 年内，吉林省地方志编委会编印的《吉林省方志工作通讯》出刊42期。（周玉顺）

【《吉林市志鉴通讯》】 年内，吉林市方志委编印《吉林市志鉴通讯》8期，另编印《地方人物》1期。（周玉顺）

【《黑龙江方志信息》】 年内，《黑龙江方志信息》编印22期。该信息利用简报专业性强、时效性快等特点，为黑龙江省地方志工作者搭建信息交流平台，包括志办信息、省直信息、市县信息、简讯等内容，及时将各级修志信息摘辑编发，由一月一报，改为即时编发，而且扩大发行量。（徐萍）

【《哈尔滨市情活页》】 年内，《哈尔滨市情活页》出刊6期，共40万字。该期刊为内部资料性期刊，发行赠送2000份。

（哈尔滨市政府志办）

【《江苏方志信息》】 年内，《江苏方志信息》编发14期，刊发各类信息200多条。该信息反映全省修志编鉴的新思路、新举措，第二轮修志中出现的新情况、新问题，推进修志编鉴工作、创新修志编鉴模式的新做法、新经验，发挥地方志工作优势、服务地方经济社会发展的新进展、新成效，全面及时反映地方志工作动态。寄送范围扩大至省政府分管领导和市、县（市、区）政府办公室。（武文明）

【江苏省《省志工作简报》】 年内，江苏省《省志工作简报》编印4期，约1.2万字。该简报面向省志各编纂单位印发，及时介绍各编纂单位的工作进展、研讨培训、成功经验以及志书的终审和出版发行情况。（朱莉萍）

【《苏州地方志简报》】 年内，《苏州地方志简报》发行电子版10期，并在苏州地方志官网上发布。内容主要记录地方志系统工作动态、地情书目出版信息、中国名镇志工作进度等内容。刊发文章130余篇，约8万字。

（朱崇飞）

【《扬州档案方志通讯》】 年内，江苏省扬州市档案局（馆）、市志办主办的《扬州档案方志通讯》编印12期，约20万字。设工作动态、业务交流、信息之窗、领导论坛、他山之石、档案法规等6个栏目。（李海宏　朱崇飞）

【《〈浙江通志〉编纂工作简报》】 年内，

《〈浙江通志〉编纂工作简报》编印3期。登载《浙江通志》编纂工作相关文件、信息80余篇。（浙江省志办）

【《温州史志工作通讯》】 年内，由浙江省温州市委党史研究室（市地方志编委会）主办的《温州史志工作通讯》编印12期。设本期特讯、工作动态、宣传教育、短讯、纪念活动5个栏目组成。（温州市史志办）

【绍兴市《修志简报》】 年内，《绍兴市志》续志编辑部编印《修志简报》2期。内容涵盖重要会议纪要、修志教程、编纂经验交流等，全年面向127个承编单位，累计发放500份。（绍兴市史志办）

【《温岭市志通讯》】 年内，浙江省《温岭市志通讯》编印2期。（台州市志办）

【福建省《修志简讯》】 年内，福建省地方志编委会主办的《修志简讯》编印18期，其中专刊6期，共9万多字。主要刊载该省地方志工作动态及兄弟省市修志工作经验。（孙洁斐）

【《宁德方志简讯》】 年内，福建省宁德市地方志编委会主办的《宁德方志简讯》编印8期。（龚美华）

【龙岩市《市情导读专刊》】 年内，龙岩市《市情导读专刊》采用活页发行，每期一个主题，共出刊7期。内容分别是：城镇化建设、龙岩的由来和汀州府的变迁、毛泽东才溪乡调查的实践本色、龙岩地方志30年、习近平在闽西、树立绿色发展理念推进生态文明建设——龙岩市生态文明建设综述。（游友荣）

【《闽源之窗简报》】 年内，福建省建瓯市地方志编委会主办的《闽源之窗简报》编印12期。（孙洁斐）

【《江西省地方志工作动态》】 年内，江西省志办编辑的《江西省地方志工作动态》编印25期，发布动态信息145条。（张志勇）

【《江西省志工作简报》】 年内，江西省志办编辑的《江西省志工作简报》编印14期，刊登稿件51篇。（张志勇）

【《河南大事月报》】 年内，《河南大事月报》编印12期。该月报编印连续开展10年，共编印120期。全省18个省辖（管）市及省直机关、学校为等200多个撰稿单位，共报送稿件近6000条，采用约2300条。该月报栏目主要设卷首语、特别关注、中原亮点、创新动态、时政、新农村建设、经济、社会等。（马俊明）

【《郑州都市区建设大事月报》】 年内，《郑州都市区建设大事月报》编印12期，每月1期，累计总期数51期。（李占虎）

【《郑州史志通讯》】 年内，郑州市史志办根据史志工作实际，适时编发《郑州史志通讯》，及时反映全市史志工作动态。（李占虎）

【《广州地方志简报》】 年内，由广东省广州市志办主办的《广州地方志简报》编印12期，其中专刊11期。每月1期，每期印发300份，（潘虹）

【《深圳史志工作简报》】 年内，广东省深圳市史志办编辑的《深圳史志工作简报》编印85期（即总第442期至总第526期）。（深圳市史志办）

【《海南史志工作信息》】 年内，海南省委党史研究室（海南省志办）主办的《海南史志工作信息》编印24期。（李鑫）

【《四川地方志简报》】 年内，四川省志办编辑的《四川地方志简报》编印28期。（黄绚）

【《青海省地方志通讯》】 年内，青海省志办编辑的《青海地方志通讯》编印1期。（马渊）

【青海省《地方志工作动态》】 年内，青海省志办编辑的《地方志工作动态》编印40期。（马渊）

【《宁夏地方志工作简报》】 年内，宁夏回族自治区志办编辑的《宁夏地方志工作简报》编印17期，下发1100多份。（王玉琴）

【《新疆方志信息》】 年内，新疆维吾尔自治区志办编辑的《新疆方志信息》编印93期，约30万字。（陈忠）

【《兵团史志工作简讯》】 年内，新疆生产建设兵团志办公室编辑的《兵团史志工作简讯》编印4期。该简讯设特载、领导讲话、干部任免、修志动态、年鉴工作、理论研究、经验交流、二轮修志答疑等栏目，共刊载各类信息、稿件、文章100余篇，约10万字。（周崇）

法规规章与督察指导

· 法规规章

【《北京市志办行政许可工作规定（试行）》公布实施】 7月16日，北京市志办在京网正式发布《北京市志办行政许可工作规定（试行）》。针对行政审批事项“以行政区域名称冠名的地方志组织编纂许可”，在京网上提供下载包括《行政许可提交材料目录》《行政许可申请书》《行政许可延续、变更申请书》《行政许可受理决定书》《行政许可不予受理决定书》《行政许可专家评审通知书》《行政许可补正材料通知书》《行政许可审批表》《准予、延续、变更行政许可决定书》《不予批准、延续、变更行政许可决定书》等文件。（赵文才）

【衡水市政府出台《关于加强和改进地方志工作的指导意见》】 年内，河北省衡水市政府办公室出台《关于加强和改进地方志工作的指导意见》，在全市各县（市、区）、市直各部门送发。该意见共25条，指明今后一段时间内全市的地方志工作努力方向，确立指导思想、奋斗目标及工作重点。（魏铁军）

【邯郸市政府办公厅出台《关于进一步加强地方志工作的意见》】 年内，河北省邯郸市政府办公厅出台《关于进一步加强地方志工作的意见》。该意见从积极推进地方志编纂工作、全力做好年鉴编纂工作、全面开发利用地方志资源、加强地方志基础工作建设等四个方面制定下一步地方志工作的目标和任务。从加强组织领导、健全工作体制和强化工作责任、提高保障水平两个方面明确加强地方志工作的措施，保障全市地方志工作顺利开展。（魏铁军）

【太原市志办编辑出版《地方志工作法规读本》】 3月，山西省太原市志办编印的《地方志工作法规读本》出版。该书22万字，分为五部分，第一、二、三部分分别选编国务院和中指组、山西省、太原市关于地方志工作的法规、规定、规范26篇，第四部分为国家有关图书编辑和出版方面的法律、规定等8篇，第五部分选编国务院领导讲话和有关重要文件16篇。（太原市志办）

【太原市志办推进《太原市地方志工作条例》立法申报工作】 年内，山西省太原市志办贯彻《全国地方志事业发展规划纲要（2015—2020年）》，进一步完善《太原市地方志工作条例（草案）》，连续13年报送立法计划，市人大法制委首次召开地方志工作立法专题座谈会。（太原市志办）

【内蒙古自治区志办印发《关于进一步加强全区地方志系统有关工作的通知》】 10月，内蒙古自治区志办印发《关于进一步加强全区地方志系统有关工作的通知》，重申地方志工作机构的法规定位和行政管理职能，明确与各级地方志工作机构建立请示报告和约谈制度。（董丽娜）

【辽宁省地方志法规规章建设情况】 年内，辽宁省大连市志办推进《大连市地方志工作管理办法》立项。根据市政府法制办公室的要求，撰写《大连市地方志工作管理办法》立法依据及参考依据。葫芦岛志办学习、吸收、借鉴先进市工作经验，研究制定《葫芦岛市地方志工作管理办法》，完成征求意见稿。

（由林鹏）

【沈阳市志办制定《沈阳市地方志书编纂规划备案规定》和《沈阳市地方志书审查验收办法》】 年内，辽宁省沈阳市志办制定《沈阳市地方志书编纂规划备案规定》和《沈阳市地方志书审查验收办法》两个规范性文件。按照市志办行政权力清单，初步建立依法行政工作制度、执法流程图、执法职权分解表，进一步规范具体行政行为。同时，加强督促检查，健全和完善地情资料收集及管理、修志编鉴业务制度和主编责任制，确保在篇目设计、资料收集、总纂统稿、文稿评议、审查验收、出版发行、报送备案等各个环节都有章可循、有序推进。

（俄文亮）

【吉林省政府办公厅印发《吉林省地方志事业发展规划（2016～2020）》】 12月31日，吉林省政府办公厅发出通知，印发《吉林省地方志事业发展规划（2016～2020）》。该规划包括发展基础与机遇、指导思想与基本原则、总体目标与主要任务和加强组织领导四大部分。

（刘传仁）

【江苏省政府办公厅印发《江苏省贯彻〈全国地方志事业发展规划纲要（2015～2020年）〉实施方案》】 12月17日，江苏省政府办公厅印发《江苏省贯彻〈全国地方志事业发展规划纲要（2015～2020年）〉实施方案》。该方案明确，到2020年全面完成第二轮修志规划任务，实现省、市、县三级综合年鉴全覆盖。

（武文明）

【《宁波市地方志事业发展规划（2015～2020年）》发布】 6月18日，浙江省宁波市政府办公厅印发《宁波市地方志事业发展规划（2015～2020年）》。该规划分为指导思想、基本原则、总体目标、主要任务、保障措施五个部分。该规划提出：全面完成二轮修志任务方面，2018年完成出版二轮《宁波市志》，2016年各县（市、区）完成二轮修志，全面开展“宁波市志丛书”编修，2020年50%完成乡镇（街道）地方志书编修；扎实推进年鉴编纂方面，推动《宁波年鉴》科学发展，2016年各县（市、区）实现“一年一鉴”，逐步开展部门、专业年鉴编纂；整理地方历史文献方面，制定整理规划，继续整理出版“宁波历史文献丛书”，开展文献目录整理、提要编纂，完善资料年报制度；其他方面，开展地方志理论研究，继续推进“智慧地方志”建设，建好学术交流基地，强化地方志宣传。

（高曙明）

【福建省政府办公厅印发《福建省地方志事业发展规划纲要（2016～2020年）》】 12月27日，福建省政府办公厅印发《福建省地方志事业发展规划纲要（2016～2020年）》。规划纲要是福建省第一个由省政府办公厅印发的地方志事业发展规划纲要。该规划纲要明确提出，至2020年，全面完成全省第二轮地方志书编修规划任务，做好第三轮修志准备工作，省、市、县三级综合年鉴全部公开出版，逐步启动并抓好地方史编写工作，持续推进地方志工作法治化、规范化建设，构建闽台数字方志平台、福建地情展示平台和“海丝”方志文化对外交流平台，基本形成地方志编修体系、质量保障体系、资源开发利用体系、理论研究体系、工作保障体系“五位一体”的地方志事业发展综合体系，丰富和拓展福建省现代方志工作格局，努力使福建省地方志事业发展整体水平走在全国前列。

（孙洁斐）

【龙岩市政府印发《关于进一步加强地方志工作的实施意见》】 10月，福建省龙岩市政府印发《关于进一步加强地方志工作的实施意见》。该意见确定进一步加强地方志工作的总体要求：高度重视地方志编纂、管理和开发利用工作，持续优化提升志鉴主业、服务党政大局、融入人民群众“三位一体”地方志工作新格局；进一步加强市、县方志系统建设，打造与时俱进的人民方志、服务方志、科技方志、活力方志。该意见强调，各级党组织要加强对地方志工作的领导，各级政府要将地方志事业发展经费列入本级财政预算，并确保经费足额到位。各级政府要重视地方志人才的选拔、培养、使用、交流，建立健全人才使用和激励机制。（游友荣）

【龙岩市地方志编委会印发《县级地方志书审查验收指南》】 5月18日，福建省龙岩市地方志编委会印发《县级地方志书审查验收指南》。该指南包括提交材料、组织实施、时间要求、审稿要求等，规范县级地方志书审查验收。（游友荣）

【山东省政府办公厅印发《山东省地方史志事业发展规划纲要（2016~2020年）》】 10月20日，山东省政府办公厅印发《山东省地方史志事业发展规划纲要（2016~2020年）》。这是《全国地方志事业发展规划纲要（2015~2020年）》出台后第一个省级史志事业发展规划纲要。该规划纲要明确，到2020年，全面完成第二轮修志任务，做好第三轮修志工作准备，实现省、市、县三级综合年鉴全覆盖。进一步提升信息化建设水平，省、市、县三级方志馆全面建成，加强对社会修志和编修地方史的指导与管理，基本形成修志编鉴、理论研究、质量保障、开发利用、工作保障“五位一体”的史志事业发展综合体系，确保山东史志工作继续走在全国前列。（李坤）

【三门峡市史志办印发《关于深化地方志资料长编工作的试行办法》】 5月，河南省三门峡市史志办印发《关于深化地方志资料长编工作的试行办法》。该办法从选题立项、结项评审、入库备案、转化运用、激励机制等方面，以制度的形式对地方志资料长编及成果转化提出具体要求。（汪朝霞）

【《方城县地方志工作规定》发布实施】 11月3日，河南省方城县政府发布《方城县地方志工作规定》。自发布之日起实施。该规定全文38条，包括适用范围、领导体制和工作机制、编纂时限、编纂业务管理、史志队伍、资料征集与管理、审验制度、用志工作、奖励与处罚、附则共10项内容。（汪朝霞）

【郑州市史志办制定《郑州市地方志工作规定（送审稿）》】 年内，郑州市史志办研究制定《郑州市地方志工作规定（送审稿）》，报市政府法制局审理，并经过专家论证，列入2016年全市立法项目，史志工作法规建设迈出重要一步。（李占虎）

【长沙市政府印发《关于进一步加强新时期地方志工作的意见》】 11月3日，湖南省长沙市政府印发《关于进一步加强新时期地方志工作的意见》。该意见进一步明确新时期地方志工作的重要意义，特别是能为新时期长沙市经济社会发展提供精神动力和智力支持。该意见特别凸显“一纳入、八到位”的地方志工作机制。（长沙市志办）

【《长沙市地方志事业发展规划纲要（2015~2020）》印发】 12月14日，湖南省长沙市政府办公厅印发《长沙市地方志事业发展规划纲要（2015~2020）》。规划纲要提出长沙地方志事业在“十三五”期间的主要工作任务和保障措施，真正将地方志工作纳入长沙国民经济和社会发展规划。（长沙市志办）

【中共河源市委办公室、市政府办公室联合印发《关于加强地方志工作的通知》】 6月11日，中共河源市委办公室、市政府办公室印发《关于加强地方志工作的通知》，为进一步做好河源市地方志工作提供依据。（广东省志办）

【中共中山市委办公室、市政府办公室联合印发《关于加强地方志工作的通知》】 6月30日，中共中山市委办公室、市政府办公室印发《关于加强地方志工作的通知》。该通知要求进一步加强中山市地方志工作，全面发挥地方志存史、育人、资政功能。（广东省志办）

【中共汕头市委办公室、市政府办公室联合制定《关于加强地方志工作的通知》】 10月12日，中共汕头市委办公室、市政府办公室联合印发《关于加强地方志工作的通知》。该通知明确今后汕头市地方志工作的目标和任务，切实部署开展地方志工作，推动汕头市地方志事业深入发展。（广东省志办）

【中共湛江市委办公室、市政府办公室联合印发《关于进一步加强地方志工作的通知》】 9月9日，中共湛江市委办公室、市政府办公室联合印发《关于进一步加强地方志工作的通知》。（广东省志办）

【中共广州市委办公厅、市政府办公厅联合印发《关于加强地方志工作的意见》】 9月7日，中共广州市委办公厅、广州市政府办公厅联合印发《关于进一步加强地方志工作的意见》。这是广州市首次以市委、市政府名义印发加强地方志工作的规范性文件。该意见主要包括高度重视地方志工作、继续深化依法治志、着力拓展志鉴编纂业务、有序筹备第三轮修志工作、全面提升地方志服务水平、加快推进方志馆阵地建设、不断提高方志信息化水平、全面加强地方志队伍建设等八个方面，凸显“一纳入、八到位”的地方志工作新要求，强化地方志资源的开发利用，进一步明确部门、行业、街镇志书（年鉴）的编纂任务，提出打造一流地方志馆的具体需求，全面谋划第三轮修志工作。（卢玉华）

【《广州市地方志事业“十三五”（2016～2020）发展规划》发布】 8月26日，广东省广州市地方志编委会印发《广州市地方志事业“十三五”（2016～2020）发展规划》。该规划明确今后五年广州地方志事业的发展方向、目标任务和保障机制。“十三五”期间，广州地方志事业需做好六个方面的工作：做好第三轮修志理论研究和资料准备工作；建立综合志、专题志、部门志、行业志、街镇村社志多元化体系；实现市和区两级年鉴出版时效和质量双提升，推动街镇年鉴编纂；编纂地情书，丰富服务形式，全面提升地方志资源开发利用水平和能力；建设多功能现代化新型广州市地方志馆；以学会、地情刊物为平台，推动理论研究开展，并从法治、制度、经费、队伍、宣传等五个方面提供保障，全面构建广州地方志事业发展新格局。（杨宏伟）

【中共深圳市市委办公厅、市政府办公厅联合印发《深圳市自然村落历史人文普查工作实施方案》】 12月2日，中共深圳市委办公厅、市政府办公厅联合下发《关于印发〈深圳市自然村落历史人文普查工作实施方案〉的通知》。该实施方案包括充分认识开展自然村落历史人文普查工作的重大意义、普查对象与内容、目标任务、工作步骤与时间安排、组织实施及普查表（模板）及人文调查（范文）两个附件等内容，明确将深圳约1225个自然村落纳入普查范围，建立以副市长为召集人、市规划国土委等十余个部门负责人参加的联席会议制度，对各单位任务、经费保障等作出具体规定，要求2018年底完成普查并出版《深圳市自然村落历史人文调查》丛书。（广东省志办）

【茂名市政府办公室印发《茂名市自然村落历史人文普查工作方案》】 12月18日，广东省茂名市政府办公室印发《茂名市自然村落历史人文普查工作实施方案》。该方案明确普查的目的意义、普查对象与内容、普查工作目标任务、普查工作步骤与时间安排、普查工作组织实施、普查表（模板）及人文调查（范文）两个附件等内容，并就茂名市普查领导小组成员组成、工作任务、经费保障等作出具体规定。根据方案，茂名市普查工作于2015年10月启动，2018年2月完成普查和《广东省自然村落历史人文调查》（茂名部分）编纂、审查、上报工作。2020年12月完成普查工作调研报告的编写。（广东省志办）

【《南宁市地方志工作“十三五”发展规划纲

要》出台】 12月，《南宁市地方志工作“十三五”发展规划纲要》出台该规划纲要，从第二轮志书编修，地方综合年鉴编纂，专业志鉴、部门志、村镇志和地方史编修，旧志整理，地方志理论研究，人才队伍建设，地方志质量建设，地方志资料建设，地方志信息化建设，南宁方志馆建设，地情资源开发利用等11个方面明确任务。 （覃庆梅）

【中共四川省委办公厅、省政府办公厅联合印发《关于进一步加强和改进新形势下地方志工作的意见》】 2月28日，中共四川省委办公厅、省政府办公厅印发《关于进一步加强和改进新形势下地方志工作的意见》。四川成为全国第一个修订《条例》、第一个以“两办”名义下发《意见》的省份。为理顺依法行政工作，省委编委会、省政府常务会批准同意省地方志编委会更名为省地方志工作办公室。

（刘艳平）

【青海省政府颁布《青海省地方志工作规定》】 1月12日，青海省政府第38次常务会议审议通过《青海省地方志工作规定》。1月19日，时任省长郝鹏签署青海省政府第107号令，予以公布。2月6日，青海省志办配合青海省政府法制办部门就贯彻实施《青海省地方志工作规定》组织召开新闻发布会。该规定自2015年3月1日起正式施行。 （马渊）

【《银川市地方志工作规定》颁布】 1月4日，宁夏回族自治区银川市政府颁布《银川市地方志工作规定》。该规定共28条，对地方志书、地方综合年鉴的编纂与出版，地方志资料的年报，各级地方志工作机构职责，读志用志及奖惩措施等进行明确规定。该规定自2015年2月5日起施行的颁布实施。 （王玉琴）

【兵团第十二师汇编二轮修志系列文件】 年内，新疆生产建设兵团办公室结合《第十二师志（2001～2015）》大纲和自身实际，制定《〈第十二师志〉（2001～2015）编纂工作实施方案细则》《第十二师第二轮师志和团场志编纂出版规范》《〈第十二师志（2001～2015）〉资料收集工作的若干要求》《第十二师第二轮志书评审验收办法》，并汇编成册。 （贺啸威）

·督查指导

【北京市志办领导调研西城区地方志网站建设】 5月27日，北京市志办副主任侯宏兴一行到西城区调研，就西城地方志网站建设工作进行座谈。与会人员对西城地方志网站的功能定位、栏目设置以及协同编纂系统的开发利用等进行深入研讨。 （赵文才）

【北京市西城区人大常委会副主任沙秀华带队参观北京市方志馆】 3月19日，北京市西城区人大常委会副主任沙秀华带领牛街历史文化收集领导小组办公室一行赴北京市方志馆学习，参观一楼专题展览“老北京商业民俗文化展”和二楼常设展览“北京地情展”。参观结束后，与北京市志办副主任、北京市方志馆馆长侯宏兴等就展馆设计、布展及展陈资料收集等问题进行座谈交流。 （赵文才）

【河北省志办对地方志工作进行督察指导】 8月17日至31日，河北省志办派出11个督导小组，对全省11个设区市及10个省管县的《河北省志·方志志》资料收集，《河北省方志提要》撰写，各市县古建地标、市树市花筛选，河北省抗战资料征集，最美方志人推荐，河北省方志理论丛书资料报送，各设区市及省管县地方综合年鉴编纂出版情况，《河北省地方志》供稿等工作进行督导。12月14日至18日，河北省志办对全省地方志工作进行第二次督导。

（魏铁军）

【山西省志办推进依法行政】 年内，山西省志办依照省审改办要求，对地方志系统的行政权力第一次进行梳理，确定省级志书、省级综合年鉴出版许可，行政奖励，省级志书、省级综合年鉴冠名权三项行政权力，编制完成权力清单，并在地方志网站公布，受到省政府办公厅通报表扬。经省编办同意，在省志办综合处加挂行政审批管理处牌子，负责行政审批管理工作。（杨建中）

【内蒙古自治区政府修志工作督查组对修志工作进行督查】 年内，内蒙古自治区志办协调政府督查室组成自治区政府修志工作督查组，对自治区委办厅局、企事业单位中未完成首轮修志任务和第二轮修志的22个部门、单位进行实地督查，对29个部门、单位进行书面督查，并以政府办公厅名义下发督查情况通报。（董丽娜）

【辽宁省督察指导工作情况】 年内，辽宁省志办加强对省志承编单位的调度和指导，围绕宣传贯彻《全国地方志事业发展规划纲要（2015～2020年）》，业务人员对60多个承编部门进行工作调研，全面准确掌握各部门修志进展情况，及时解决编纂过程中遇到的具体问题。对个别重点、难点省直修志部门，采取电话催、发函催、上门催、反复催，有针对性地督促指导。经过督办，一些长年未启动的部门着手研究启动，推动效果初步显现。沈阳市志办全面履行行政执法主体责任，加大地方志工作法规规章执行力度，定期开展执法监督检查，依法纠正、查处执行不力和违法行为。抚顺市志办根据各部门、县（市、区）地方志工作开展情况，采取督察与指导相结合，帮助县（市、区）解决问题。坚持半年对全地区修志工作进行一次督查指导，面对面查摆问题，面对面制定解决问题的办法，面对面确定进度和责任。本溪市党史志办联合市委督查室对全市4个城区史志部门续志编纂情况进行全面督查，有效地推动全市第二轮修志总进度。5月，锦州市对各区第二轮修志工作进行检查，市政府办公厅下发《关于加强各区第二轮修志工作的通知》。（由林鹏）

【吉林省地方志编委会调研组到各市（州）调研】 9月8日至24日，吉林省地方志编委会组成分别由党组书记、副主任李云鹤，副主任严寒、李正奎分部带队的3个调研组，分赴该省各市（州）开展调研。调研组在各地召开由市（州）所辖县（市、区）地方志工作机构负责人参加的座谈会，对学习贯彻《全国地方志事业发展规划纲要（2015～2020年）》的有关要求进行现场部署，听取各地关于《地方志工作条例》修订和“十三五”规划制定方面的意见。通过在全省召开9个片区座谈会，对全省“十二五”期间的成绩、问题、教训进行系统梳理，对各市（州），县（市、区）“十三五”期间的工作思路和宏观目标设定进行细致的调查研究，取得“十三五”规划编制的基础资料。（刘传仁）

【中共上海市委副秘书长、市委宣传部副部长、市地方志编委会副主任委员朱咏雷到上海市志办调研地方志工作】 7月13日，中共上海市委副秘书长、市委宣传部副部长、市地方志编委会副主任委员朱咏雷到上海市志办调研地方志工作。朱咏雷听取上海市志办党组书记、主任洪民荣有关近两年上海市二轮修志、《上海世博会志》编纂和市方志办内部建设进展情况的工作汇报，对下一阶段工作提出要求：一是要大力宣传依法修志，二是全力以赴做好第二轮修志工作和《上海世博会志》编纂工作，三是做好地方志成果的推广和宣传工作，四是大力加强地方志队伍建设。（王荣发）

【上海市政府副秘书长陈靖一行到上海市志办调研】 8月5日，上海市政府副秘书长陈靖一行赴上海市志办调研。上海市志办党组书记、主任洪民荣主持调研座谈会。陈靖肯定上海市志办对编纂工作的重视和已有成绩，同时就《上海援疆实录》编纂提出具体的建设性指导意见。（王荣发）

【金山区志办开展地方志行政执法检查】 9月9日，上海市金山区志办联合区政府法制办，邀请部分区人大代表对区经委等8家单位依法开展地方志行政执法检查。9月11日，金山区档案局（志办）向 8 家被查单位分别下发行政检查意见书，督促各单位有效落实检查意见，推动地方志工作规范化建设。（胡俭）

【江苏省志办主任方未艾调研苏州市地方志工作】 4 月 19 日，江苏省志办主任方未艾到苏州市调研地方志工作。苏州市志办汇报近三年来工作情况。方未艾对苏州地方志工作给予充分肯定，她要求苏州市志办认真贯彻落实全国会议精神，以《苏州市志（1986～2005）》出版发行和全市第二轮修志全面完成为新起点，认真落实“一纳入、八到位”。同时要从服务中心工作、大力传播方志文化、认真组织编纂名镇志、开发利用方志资源 4 个方面开展工作，不断扩大方志文化的影响力。（武文明）

【常州市政协主席邹宏国视察常州方志馆】 2 月 13 日，江苏省常州市政协主席邹宏国到常州方志馆视察。常州市志办介绍常州方志馆布展思路以及倾力打造全面介绍城市历史、展示地域风情、传承历史精髓、弘扬人文精粹的地方历史文化展览场馆所进行的各项探索和努力。邹宏国对常州方志馆的建设、布展内容及开馆以来开展的“寻找第一万名参观者”“常州文史专家‘坐堂’答疑”等活动给予充分肯定。他希望常州方志馆成为常州城市形象宣传的“乡土读本”和“历史课堂”。（武文明）

【常州市副市长张云云督查常州方志馆运行工作】 7 月 24 日，江苏省常州市副市长张云云一行对常州方志馆运行工作进行现场督查。张云云检查方志馆各项设施运行情况，并对常州方志馆今后工作作出要求和部署。（武文明）

【无锡市副市长王进健调研史志工作】 3 月 5 日，江苏省无锡市副市长王进健到无锡市史志办调研工作。王进健视察无锡方志馆，听取市史志办关于 2015 年度工作总体思路、重点工作以及《无锡市志（1986～2005）》编修工作进展情况的汇报，并提出 5 点要求：一要学习领会习近平总书记系列重要讲话精神，增强责任意识；二要认真做好市志年鉴编纂工作，确保编研质量；三要深入挖掘地域市情资源，培育亮点特色；四要探索建立合作机制，拓宽工作渠道；五要切实加强史志队伍建设，提升能力水平。（武文明）

【苏州市副市长王鸿声调研地方志工作】 1 月 8 日，江苏省苏州市副市长王鸿声一行到苏州市志办调研地方志工作。王鸿声充分肯定 2014 年全市地方志工作，对做好下阶段工作提出 5 点要求：一是在《苏州市志》编纂出版后，继续做好编志主业，精心编纂特色专业志，加快《苏州丝绸志》编纂进度，适时启动《苏州工艺美术志》编纂工作；二是开发利用方志资源，更好地为苏州古城保护和建设服务；三是召开全市方志工作会议，总结《苏州市志》编纂出版工作；四是积极筹建新方志馆，尽早落实项目选址；五是提档升级苏州方志网，打造升级版的地情网。（武文明）

【湖州市开展史志工作督查】 4 月 21 日、23 日，浙江省湖州市委副秘书长、市委党史研究室（市志办）主任方杰率党史、地方志工作人员赴各县区开展史志工作督查，就贯彻落实全省第九次党史工作会议精神、进一步做好史志工作提出要求。（湖州市史志办）

【丽水市开展县（市、区）第二轮修志督查】 11 月，浙江省丽水市政府组织对各县（市、区）二轮修志进展情况进行督查。通过查阅台账、听取汇报等形式，了解县（市、区）二轮修志工作中资料收集、编纂、审核及出版情况，第二轮修志工作“一纳入、八到位”落实情况。（丽水市志办）

【福建省地方志编委会开展地方志工作调研】 年内，福建省地方志编委会由委领导带队，多次调研地方志工作。省地方志编委会主任冯志农带队，1 月 21 日至 23 日到寿宁县、福安市、宁德市调研，8 月 12 日到福州市台江区调研，8 月 20 日到莆田市调研，8 月 26 日到尤溪县调研，11月20日到永春县调研。省地方志编委会副主任俞杰带队，12月25日到福州市马尾区调研。省地方志编委会副主任林浩带队，4月5日至7日到武夷山市调研，6月24日至26日到三明市调研，10月23日到泉州市泉港区调研。（孙洁斐）

【泉州市政府第63次常务会议专题研究地方志工作】 2月2日，福建省泉州市政府召开第63次常务会议，专题研究地方志工作。市长郑新聪在会上充分肯定市地方志编委会的工作，并就市方志委提出的四点建议给予答复。内容包括：加强依法修志工作，将地方志工作纳入全市国民经济社会发展规划、文化事业发展规划和各级政府年度工作任务；将第二轮修志完成情况纳入各县（市、区）直部门年度绩效考核内容；原则同意在新建的市图书馆内专设方志馆，并加挂方志馆牌子；地方志工作必要的经费，各级财政要给予保障。（陈建强）

【宁德市政府开展全市志鉴编纂进展情况督查】 7月23日，福建省宁德市政府办公室印发《关于开展全市志鉴编纂进展情况督查的通知》。受市政府办公室委托，7月27日至31日，宁德市地方志编委会分组对9个县（市、区）和6个第二轮修志进度相对滞后的市直单位，进行全面督查。这是第二轮修志工作以来宁德市政府对地方志工作的首次督查。督查组现场查看各地第二轮志书、年鉴编纂的进展及所面临的困难和问题，听取各县（市、区）政府分管领导、地方志编委会主任工作汇报。督查组将督查情况及存在的问题及时向市政府进行反馈。（林忠玉）

【山东省政府督查组到省社科规划办督查史志工作】 6月11日，由山东省政府办公厅党组成员、省史志办主任刘爱军带队，由省史志办、省政府办公厅、省政府督查室等有关人员组成的山东省政府督查组到省社科规划办督查史志工作。省委宣传部副部长、省文明办主任刘宝莅主持督查座谈会，并对下步工作提出要求。（李坤）

6月11日，山东省政府督查组到省社科规划办督查史志工作

【山东省政府督查组到省文物局督查史志工作】 6月17日，由山东省政府办公厅党组成员、省史志办主任刘爱军，山东省政府办公厅党组成员、副主任卢杰带队，由省史志办、省政府办公厅、省政府督查室等有关人员组成的山东省政府督查组到省文物局督查史志工作。省文物局局长谢治秀主持督查座谈会，并对下步工作提出要求。（李坤）

【山东省政府督查组到省卫生计生委督查史志工作】 6月18日，由山东省政府办公厅党组成员、省史志办主任刘爱军，山东省政府办公厅党组成员、副主任卢杰带队，由省史志办、省政府办公厅、省政府督查室等有关人员组成的山东省政府督查组到省卫生计生委督查史志工作。山东省卫生计生委党组书记、主任刘奇主持督查座谈会。（李坤）

【山东省政府督查组到团省委督查史志工作】 6月18日，由山东省政府办公厅党组成员、省史志办主任刘爱军，山东省政府办公厅党组成员、副主任卢杰带队，由省史志办、省政府办公厅秘书、省政府督查室等有关人员组成的山东省政府督查组到团省委督查史志工作。团省委书记张涛汇报《共青团志》编纂情况，副书记任海涛主持督查座谈会。（李坤）

【山东省政府督查组到省水利厅督查史志工作】 6月23日，由山东省政府办公厅党组成员、省史志办主任刘爱军带队，由省史志办、省政府督查室、省政府办公厅等有关人员组成的山东省政府督查组到省水利厅督查史志工作。省水利厅党组书记、厅长王艺华主持督查座谈会，并对下一步工作提出要求。省水利厅巡视员梁振洋汇报第二轮修志工作有关情况，水利厅办公室及信息中心有关同志参加座谈会。

（李坤）

【山东省政府督查组到省民委（宗教局）督查史志工作】 6月23日，由山东省政府办公厅党组成员、省史志办主任刘爱军带队，由省史志办、省政府督查室、省政府办公厅等有关人员组成的山东省政府督查组到省民委（宗教局）督查史志工作。省民委主任、省宗教局局长马文艺主持督查座谈会，并对下一步工作提出要求。省民委副主任、省宗教局副局长马银平汇报第二轮修志工作有关情况。（李坤）

【河南省史志办副主任王中华到南阳市调研督导史志工作】 年内，河南省史志办由办领导带队，多次调研地方志工作。省史志办党组书记、主任管仁富带队，6月26日到信阳市平桥区调研，7月15日到开封市三门峡市调研，8月31日到南阳市调研。省志办副主任王中华带队，5月13日至15日到南阳市调研。

（汪朝霞）

【河南省政府史志工作督查组到开封督查】 11月30日，河南省政府史志工作第四督查组到开封市督查开封市、县两级史志工作。督查组一行听取开封市史志工作汇报，对开封史志工作长期以来取得的成绩给予充分肯定，并就今后工作提出要求。（汪朝霞）

【河南省政府史志工作督查组到濮阳督查】 12月2日至3日，河南省政府史志工作第一督查组到濮阳市督查指导工作。督查组听取濮阳市史志办工作汇报，对濮阳市史志工作给予充分肯定，并就今后工作提出要求。（汪朝霞）

【河南省政府史志工作督查组到商丘督查】 12月2日，河南省政府史志工作第四督查组对商丘市督查指导工作。商丘市史志办作该市史志工作开展情况汇报。督查组对商丘市史志工作开展情况给予充分肯定，并就今后工作提出要求。

（汪朝霞）

【河南省政府史志工作督查组到三门峡督查】 12月8日至9日，河南省政府史志工作第五督查组到三门峡市督查市、县两级史志工作。督查组听取三门峡市史志办2015年全市地方史志工作开展情况汇报，对三门峡市工作给予充分肯定，并就今后工作提出要求。（汪朝霞）

【河南省政府史志工作督查组到信阳督查】 12月21日至22日，河南省政府史志工作第三督查组到信阳市督查2015年市县两级史志工作。督查组听取信阳市史志办关于2015年史志工作开展情况汇报，对信阳市工作给予充分肯定，并就今后工作提出要求。（汪朝霞）

【河南省政府史志工作督查组赴郑州市调研指导检查工作】 12月22日，河南省史志办党组书记、主任管仁富为组长的河南省政府史志工作督查组赴郑州市调研指导、检查工作。督查组听取郑州市史志办工作汇报，就郑州市今后工作提出要求。（汪朝霞）

12月22日，河南省政府史志工作督查组赴郑州市调研

【郑州市召开县（市、区）史志工作督查会】 12月4日，河南省郑州市2015年县（市、区）史志工作督查会召开。会上，各县（市、区）史志机构负责人就学习贯彻《全国地方志事业发展规划纲要（2015～2020年）》、落实“一纳入、八到位”、修志工作、年鉴月报编纂和方志资源开发等情况进行自查汇报，郑州市史志办对各县（市、区）工作进行点评。

（李占虎）

【湖南省地方志编委会到省安监局指导修志工作】 8月31日，湖南省地方志编委会一行3人到省安全生产监督管理局指导《湖南省志·安全生产监督管理篇》编纂工作。省安全生产监督管理局副巡视员何星球，宣教中心主任龚永华，原副局长、省志编辑室主任彭伏桂及相关人员参加会议。彭伏桂介绍省安监局地方志编纂工作总体情况，《湖南省志·安全生产监督管理篇》已完成部分章节，总体编纂工作正在积极稳步推进。黄俊军对省安监局修志志工作给予充分肯定。（徐纪进 李献珍）

【海南省志办领导开展地方志工作】 5月，海南省志办主任毛志华先后到屯昌、琼中、五指山、保亭、定安、海口等市、县，省志办副主任许达民先后到临高、澄迈、昌江、东方、白沙、儋州等市、县，省志办副主任陈波先后到文昌、琼海、万宁、陵水、三亚、乐东等市、县调研指导市、县地方志工作。（李鑫）

【南宁市志办纳入行政执法单位】 10月21日，广西壮族自治区南宁市政府部门权力清单和责任清单（第二批）公布，南宁市志办依据《地方志工作条例》《广西壮族自治区实施〈地方志工作条例〉办法》等相关法律、法规、规章，保留行政权力4项，分别为地方志工作督促检查，对在地方志工作中作出突出成绩、贡献的单位、个人的表彰和奖励，地方志资料征集，对违反规定出版地方志书或综合年鉴及未按规定参与或配合地方志编纂行为查处的提请。

（覃庆梅）

【南宁市开展地方志工作督查】 年内，广西壮族自治区南宁市政府地方志编纂办公室对12个区县地方志工作实行分类督查，全面推进地方志各项工作落实。对已完成二轮县（区）志编修的武鸣县、隆安县、江南区、青秀区，主要督查其地方综合年鉴“一年一鉴”“年内出版”情况，以及地方志资料年报制度实施情况、县级地情网站信息更新情况；对志稿通过三级评稿、市级复审、自治区终审的县（区），主要督查其编修进度情况；对二轮修志进度较慢的上林县、马山县、兴宁区，进行“一对一”帮扶，手把手传授修志业务，加快初稿编修进度。

（覃庆梅）

【四川省地方志工作办公室联合省人大常委会教科文卫委、省政府法制办开展调研】 年内，四川省地方志工作办公室联合省人大常委会教科文卫委、省政府法制办开展地方志工作调研，分期、分批前往眉山、广元、巴中、雅安、南充、遂宁、甘孜、宜宾、内江等9个市（州），仁寿、平昌等15个县（区），通过实地考察、座谈交流、现场研讨等形式，对各地贯彻落实《全国地方志事业发展规划纲要（2015～2020年）》等情况及学习落实第五次全国地方志工作会议、全省第八次地方志工作会议精神情况等进行深入检查和调研。（刘艳平）

【四川省地方志工作办公室领导对全省进行全覆盖调研】 年内，四川省地方志工作办公室党组书记、主任马小彬，党组成员、机关党委书记王孝平，副巡视员汪毅分别率队对全省21个市（州）、部分县（区）及10余个省直部门进行全覆盖调研。每个调研组都形成调研报告，就调研中发现的问题及解决的措施建议及时反馈当地政府，并向省政府呈报专题报告。

（刘艳平）

【贵州省地方志行政执法检查组赴紫云县开展执法检查】 7月6日，贵州省人大常委会教科文卫委、省政府法制办和省志办组成省地方志行政执法检查组，赴紫云县开展执法检查。检查组提出，要进一步加强对地方志工作领导，突出解决好体制机制问题；要强化对《地方志工作条例》等法规规章的宣传贯彻落实；要用法治思维和法治方法推进地方志工作。

（贵州省志办）

【贵州省地方志行政执法检查组赴安顺市开展执法检查】 7月7日，贵州人大常委会教科文卫委、省政府法制办和省志办组成省地方志行政执法检查组赴安顺市开展执法检查。检查组提出，要加快《安顺地区志》和区县志书的工作进度；要强化区县志书及年鉴编纂的指导和监督；要依法治志，加强人才培养，加强队伍建设。（贵州省志办）

【贵州省地方志行政执法检查组赴贵定县开展执法检查】 7月29日，贵州省人大常委会教科文卫委、省政府法制办和省志办组成省地方志行政执法检查组，赴贵定县开展地方志工作执法检查。检查组提出，要加大重视支持力度，确保职能职责到位，明确修志编纂工作机构及人员，稳定地方志工作队伍，加强专业人才的培养；地方志工作要常态化，围绕服务中心大局修志；要依法推进修志工作，确保地方志工作在新常态下，科学持续有效地发展。

（贵州省志办）

【贵州省地方志行政执法检查组赴都匀市开展执法检查】 7月30日，贵州省人大常委会教科文卫委、省政府法制办和省志办组成省地方志行政执法检查组，赴都匀市开展地方志工作执法检查。检查组指出，市委、市政府要加强领导，形成氛围；要制定志书篇目大纲；要调整充实力量，要细化工作方案，用质量弥补进度；要走新路、谋发展，依法推进修志工作，围绕中心搞好服务，做到有为有位。

（贵州省志办）

【贵州省地方志行政执法检查组赴黔南州开展执法检查】 7月30日，贵州省人大常委会教科文卫委、省政府法制办和省志办组成省地方志行政执法检查组，赴黔南州开展地方志工作执法检查。检查组要求，地方志工作要守住“进度”和“质量”两条底线；要破解人员不足、发展不平衡和基础设施落后的难题；要走分类指导、协调发展新路，围绕州委、州政府的工作大局搞好服务；要谋发展，坚持依法修志、依法治志。（贵州省志办）

【贵州省志办一行到遵义市调研】 7月9日，贵州省志办副主任归然一行就地方志事业发展“十三五”规划编制工作到遵义市进行调研，并召开调研座谈会。针对遵义市第二轮修志任务已接近尾声的实际，归然一行对市志办“十三五”期间工作打算进行了解，并征求对全省地方志事业“十三五”规划制定的意见与建议。归然指出，“十三五”期间，已完成第二轮修志任务的地方，要重点抓好部门志、乡镇志的编修以及地方综合年鉴的编纂工作，同时要注重人才队伍的建设，为第三轮志书编修打好基础。（贵州省志办）

【贵州省志办一行到安顺调研】 4月28日至29日，贵州省志办副主任归然一行到安顺市进行调研。28日，归然一行与安顺市史志办领导班子及相关业务处室主要负责人进行座谈。在听取市史志办工作汇报后，归然首先对市史志办领导班子的工作给予充分肯定。对于市志办下一步工作，归然指出，要甩掉包袱，不纠结过去；要切实做到“一纳入、八到位”，尤其是规划到位；要坚持依法行政，搞好行政督查、依法修志；要切实加快修志进度，倒排市志及县志的编修时间；要抓好市县两级综合年鉴的编纂。调研中，归然与安顺市政府分管史志工作的副市长罗晓红就相关问题交换意见。29日，归然一行到紫云县方志办进行调研，召开调研座谈会。归然还就紫云县志相关编修工作与紫云县委副书记范成荣进行交谈。

（贵州省志办）

【西藏自治区志办检查指导全区地方志工作】

年内，西藏自治区志办对西藏地区地方志、年鉴工作进行检查，对工作开展较好的，尤其是民航西藏区局、拉萨市堆龙德庆县和山南地区错那县等单位和地方的地方志工作予以充分肯定；对地方志工作落后的日喀则市、昌都市、那曲地区和阿里地区进行督促。同时，指派人员与部分修志单位联系，在业务上加以指导，力求在保证志稿质量的前提下加快修志进度。（西藏自治区志办）

【新疆维吾尔自治区地方志编委会领导赴各区调研】 3月21日至4月2日，新疆维吾尔自治区地方志编委会党组书记、副主任廖运建一行5人先后赴阿克苏地区、和田地区、喀什地区调研地方志系统贯彻落实第五次全国地方志工作会议和自治区第四次地方志工作会议精神情况、“一纳入、八到位”落实情况、依法修志情况、队伍建设情况及第二轮修志和年鉴编纂工作中存在的问题和困难。调研组先后在墨玉县、皮山县、叶城县、泽普县、英吉沙县、疏勒县、岳普湖县、麦盖提县、巴楚县调研检查并座谈。（陈忠）

【兵团史志工作调研组赴兵团第二师调研】 3月26日，新疆生产建设兵团志办公室副主任何喜清、班永杰率兵团史志工作调研组赴第二师铁门关市调研第二轮修志及史志资料开发利用工作。调研组听取第二师铁门关市史志工作情况介绍，并与师团史志人员座谈。调研组指出，要严格按照《地方志书质量规定》和《兵团第二轮修志工作规划（2009～2020）》的总体要求，按时保质完成二轮修志目标任务。要采取措施，加大开发利用史志资源的力度，更好地服务中心工作，为新疆、兵团的跨越式发展和长治久安作出更大贡献。（周崇）

【兵团志办赴兵团第九师调研】 8月19日至22日，新疆生产建设兵团志办公室副主任班永杰一行赴兵团第九师就史志宣传教育、第二轮修志等工作进行调研。调研组一行相继到一六一团、一六二团、一六三团、一七〇团、团结农场，实地察看团史馆建设、红色旅游场馆建设、戍边文化建设情况，听取第九师史志工作情况汇报。调研组通过现场走访、与师团有关领导和史志编纂人员进行面对面交流等方式，现场答疑解惑，并结合第九师实际，共同研究如何进一步推进九师二轮修志工作。（周崇）

【兵团地方志工作调研组赴南疆督导】 9月14日至19日，新疆生产建设兵团志办公室副主任班永杰率兵团地方志工作调研组赴南疆，先后对第三师、第十四师、第一师贯彻落实第五次全国地方志工作会议精神和《全国地方志事业发展规划纲要（2015～2020年）》情况进行督导调研。在五十一团、二二四团、四十七团、十团、八团、六团，调研组分别开展座谈会，与各师分管史志工作的领导和师、团史志系统人员座谈，听取史志工作情况汇报，并对第二轮修志工作提出要求。（周崇）

【兵团志办到兵团第十二师调研】 10月9日，新疆生产建设兵团志办公室副主任班永杰赴第十二师就加大史志资源开发利用等工作进行专题调研。调研中，班永杰一行先后到第十二师一〇四团和西山农牧场，实地考察团场史馆及红色旅游设施建设情况，听取基层史志工作者的汇报，并进行现场指导。（周崇）

【兵团志办赴兵团第六师督导修志工作】 12月3日，新疆生产建设兵团志办公室副主任班永杰率调研组赴第六师五家渠市就加快推进第六师第二轮修志工作进行调研督导。调研组在第六师召开座谈会。在听取第六师第二轮修志、史志宣传研究工作情况介绍后，调研组对第六师史志资政育人工作给予肯定和鼓励，并对今后进一步推进第二轮修志工作提出意见。（王元武）

工作会议

·地方志工作会议

【2015 年北京市地方志工作会议召开】 3 月 17 日至 18 日，北京市地方志工作会议召开。北京市地方志编委会常务副主任、《北京志》主编段柄仁，中指办副主任邱新立，北京市志办主任王铁鹏，副主任侯宏兴、张恒彬、谭烈飞出席。会上，王铁鹏作《北京市地方志工作 2014 年总结和 2015 年安排》的工作报告，邱新立介绍了 2014 年全国地方志工作取得的一些新成果以及 2015 年主要工作思路。段柄仁发表讲话，指出地方志工作必须适应经济社会发展的新形势和新常态，在适应过程中也要形成自身发展的新常态。当前修志工作存在的难点，一是方志学科的创建，二是志鉴的开发利用，三是地方志信息化建设与之配套的体制机制和人才培养，四是旧志的整理，应引起高度重视。他还强调，新形势下地方志工作还有几个需要关注的问题，应当引起注意。一是如何在保持自修志的单位和个人修志积极性的前提下，帮助他们提高志鉴质量；二是如何对待在互联网中收集的资料和口述史资料；三是在推进全面依法治国战略的新形势下，地方志工作如何自觉纳入到战略部署当中，依法修志、依法用志、依法管志。（赵文才）

【河北省地方志机构主任工作会议召开】 5 月 8 日，河北省地方志机构主任工作会议在石家庄召开。会上，省志办主任杨洪进发表讲话，为在省方志办工作 30 年的人员颁发荣誉奖杯，各地交流工作经验和做法。会议传达全国地方志机构主任工作会议精神，听取各设区市及省管县（市）志办主任 2014 年各项工作情况汇报，汇总各设区市及省管县（市）地方志工作机构编纂第二轮地方志所面临的困难问题，总结部署今后一个时期全省修志工作目标和任务。会议强调，以《地方志工作条例》《河北省地方志工作规定》为重要抓手，全面推进依法治志。加快第二轮修志主体工作转变，在完成第二轮修志、编鉴基础上，推进全省地方志事业纵横发展。省志办全体干部、各设区市及省管县（市）志办主任约 50 人参加会议。（魏铁军）

【唐山市地方志工作会议召开】 5 月 19 日，河北省唐山市召开全市方志办主任会议。会议学习传达全国、全省地方志机构主任工作会议精神，安排部署下一步全市地方志工作，各县（市、区）方志办主任汇报工作情况。会议决定，尚未完成第二轮志书编纂任务的单位全力以赴加快工作进度，按照第二轮修志的目标要求完成任务；未开展地方综合年鉴编纂的县（市、区）2015 年内开始全部编纂县（市、区）地方综合年鉴，实现全市年鉴编纂全覆盖；完成第二轮志书编纂任务的县（市、区）要积极开展地情书的编纂工作，为当地党委和政府提供决策参考；有条件的县（市、区）要逐步开展旧志整理工作，为保存唐山市史志资源作出贡献；积极加强后备人才的培养，加强理论研究和信息工作，全面推进唐山市地方志工作再上新台阶。（魏铁军）

【秦皇岛市地方志工作会议召开】 5 月 26 日，河北省秦皇岛市组织召开全市地方志工作会议。会议传达全国、全省地方志机构主任工作会议精神。与会各单位汇报2014年的工作情况和2015年下半年的工作目标。会议指出，各单位要认真学习全国、全省地方志机构主任会议精神，全面落实好“一纳入、八到位”，认真向党委、政府主要负责人和主管领导进行专题汇报；加快全市村镇志编修工作进度，各区、县村镇志编修要按照“六突出、五结合、走一线”的工作思路稳步推进；要进一步提高年鉴质量，加大自采资料比例，增强年鉴的资料性，体现亮点、特点，丰富年鉴内容，坚持一年一鉴，实现按年度出版；要总结推广一批修志用志好做法和好经验，同时推进方志馆建设，完善地方志信息化、数字化建设，与社会各界广泛开展合作，开创修志新思路，不断拓展地方志事业的广度深度。 （魏铁军）

【邯郸市地方志工作会议召开】 5月29日，河北省邯郸市地方志机构主任工作会议在广平县召开。会议传达全省地方志机构主任工作会议精神，听取广平、涉县、大名、临漳、曲周、鸡泽、邱县等典型经验，相互交流工作情况。会议指出，要采取切实措施，确保在2017年全面完成列入省政府规划的第二轮志书编纂出版任务，落实名村、名镇志书的编纂。加强对部门志、行业志等志书的编纂和指导，开发利用地方志资源，抓好地方志的“馆、库、网站”建设，进一步扩大为地方经济建设的服务面。会议要求，2015年重点抓好地方综合年鉴编纂出版工作，做到“一年一本，逐年出版”，个别未启动的县（市、区）要抓紧时间尽快启动年鉴编纂工作，确保2015年全市地方综合年鉴编纂全覆盖。会议强调，各县（市、区）政府要把地方志工作纳入到当地经济社会发展和政府年度工作目标之中，统筹解决地方志工作中遇到的困难和问题，确保“一纳入，八到位”真正落实。 （魏铁军）

【邢台市地方志工作会议召开】 5月26日，河北省邢台市召开县（市、区）志办主任工作会议。会议传达学习河北省地方志机构主任工作会议精神，指出要认真理解领会“一纳入、八到位”的深刻含义，充分认识各要素间的有机联系，切实学习好、领会好、贯彻好。会议对下一步地方志工作进行安排部署，要求各县（市、区）加快第二轮修志进度，做好乡镇志、村志、家谱的统计工作，并就地方志工作量化考核办法及《魅力邢台》征求县（市、区）志办主任的意见。 （魏铁军）

【沧州市召开县（市、区）方志工作会议】 6月，河北省沧州市召开县（市、区）方志工作会议。会议采取召开会议与调研督导相结合的方式进行。会议全面总结2014年以来全市地方志工作取得的进展和成绩，分析存在的问题和不足，并部署下一个阶段全市修志工作任务。会议指出，全市地方志系统要认真学习和贯彻落实全国、全省地方志机构主任会议精神，各县（市、区）政府办公室主管负责人和志办主任要把“一纳入、八到位”精神，认真向当地政府主要领导和主管领导进行专题汇报，争取对方志工作的最大支持。同时，组织方志机构人员学习，结合实际进行讨论，深刻领会精神实质，为推动各项工作突破提升提供坚实保障。 （魏铁军）

【廊坊市地方志工作会议召开】 6月5日，河北省廊坊市召开全市地方志机构主任工作会议。会议传达全国、全省地方志机构主任工作会议精神，听取各县（市、区）地方志（史志）办公室主任工作汇报，交流志鉴编写、旧志整理、理论研究等方面的经验和做法，总结部署下一阶段全市地方志工作重点。会议针对各个县（市、区）地方志工作的不同情况分别提出要求。文安县、固安县在完成修志任务后，要马上筹备地方综合年鉴编纂，广阳区、大城县要在年内做好准备工作，尽快启动年鉴编纂；网站建设要充分利用现有廊坊地方志网站资源，拟以大厂回族自治县为先行试点，拓展建设二级网站。鼓励推进乡镇村志编修、旧志集成等工作，并从应用实际出发，与图书馆、档案馆等公共文化场所合作，积极搭建用志平台，使地方志成果充分服务社会。

（魏铁军）

【山西省地方志主任工作会议召开】 1月20日，山西省地方志主任工作会议召开。山西省志办党组书记、主任李茂盛总结2014年地方志工作，安排部署2015年全省地方志工作。11个市级志办主任出席会议。（杨建中）

【山西省志办主任工作会议召开】 6月3日，山西省地方志主任工作会议召开。山西省志办党组书记、主任李茂盛传达全国地方志机构主任工作会议精神，部署全省地方志工作，副主任刘益龄作市县地方史编写工作动员报告，副主任张晓光作市县地名志编纂工作动员报告。11个市级志办主任出席会议。（杨建中）

【内蒙古自治区召开全区地方志工作电视电话会议】 年内，内蒙古自治区组织召开全区地方志工作电视电话会议。会议传达自治区主席巴特尔对地方志工作的批示，自治区副主席白向群部署全区地方志工作并提出要求。全区3400余人参加会议。（董丽娜）

【辽宁省各市地方志（史志）办公室主任会议召开】 4月8日，辽宁省志办组织召开辽宁省各市地方志（史志）办公室主任会议。会议交流各市（县）2014年主要工作及2015年工作安排。会上，省政府办公厅巡视员赵云升总结2014年全省地方志工作，就2015年坚持高质量、高标准，加快推进第二轮修志工作，推进年鉴工作整体起步，提高方志资源服务现实工作水平，加强方志工作基础建设，贯彻落实《地方志工作条例》、完善规章制度，加强队伍建设等六方面工作进行安排部署。全省14个市和昌图、绥中县地方志（史志）办公室主任参加会议。（宁芳）

【沈阳市召开区县（市）志办主任工作会议】 4月24日，辽宁省沈阳市志办组织召开全市区县（市）志办主任工作会议，传达全国地方志机构主任工作会议和全省各市地方志（史志）办公室主任会议精神，全面总结工作、部署任务、提出要求。会议强调，要进一步完善工作机制，扎实推动续修志工作，增强服务意识，提高服务水平，开创依法修志的新局面。市志办主任吴歌做总结和部署讲话。沈阳市、区县（市）两级志办有关人员25人参加会议。

（佟文亮）

【大连市党史研究室（志办）主任工作会议召开】 5月26日，辽宁省大连市党史研究室（志办）主任工作会议召开。市委党史研究室主任李奇主持会议，市委常委、市委副书记宋善云出席会议并讲话。会议传达贯彻全国党史、地方志工作会议和省党史、地方志工作会议精神，肯定全市党史和地方志系统紧紧围绕中心、服务大局，在理论研究、资料征编、宣传教育、队伍建设等方面取得的成果。会议强调编史修志工作的重要作用，并提出要进一步提高对史志工作重要性的认识，不断增强紧迫感和责任感；要在做好基础性研究的前提下，把“资政”这个重点突出出来，紧紧围绕党委、政府的工作大局开展工作。（何玉红）

【吉林省地方志工作机构主任会议召开】 4月29日，吉林省地方志工作机构主任会议在长春市召开。会议传达全国地方志机构主任工作会议和中指组五届二次会议精神；全省9个市（州）地方志工作机构主任做汇报交流；宣读《吉林省地方志编委会关于表彰全省资料基础建设先进单位的决定》，对长春市地方志编委会等21个全省地方志系统资料基础建设先进单位进行表彰。最后，省地方志编委会党组书记、副主任李云鹤作题为《笃行修志问道　坚持依法修志　努力推动我省地方志事业协调健康发展》的工作报告。省地方志编委会领导，全省各市（州）、长白山管委会，梅河口市、公主岭市，各县（市、区）地方志工作机构负责人等100余人参加会议。（周玉顺）

**【黑龙江省政府召开全省第九次地方志工作会

议】 8月25日，黑龙江省政府召开全省第九次地方志工作会议。黑龙江省副省长于莎燕，中指组秘书长，中指办党组书记、主任赵芮，省人社厅副巡视员于夫出席会议。会议向全省地方志系统先进集体和先进工作者颁发奖状。会议传达省委书记王宪魁和省长陆昊对全省地方志工作的批示，通报全省地方志工作督查结果。省志办主任隋岩作地方志工作报告。副省长于莎燕在会上讲话。各市（地）政府分管领导及地方志工作机构负责人，省直承编单位负责人近260人参加会议。（徐萍）

【江苏省各市志办主任会议召开】 5月12日，江苏省各市志办主任会议召开。会议学习贯彻全国地方志机构主任工作会议精神，总结2014年以来全省地方志工作情况，以落实“一纳入、八到位”为主线，以加快推进第二轮修志工作为重点，研究部署2015年工作。江苏省志办主任方未艾出席会议并讲话。会上，江苏省志办与无锡等12个市志办签订“2015年度市、县（市、区）二轮修志目标责任书”。各市、部分县（市、区）志办和部分省志承编单位负责人参加会议。（武文明）

【江苏省各市志办主任会议召开】 10月28日，江苏省各市志办主任会议召开。会议动员部署《全国地方志事业发展规划纲要（2015～2020年）》贯彻落实工作。江苏省志办主任方未艾主持会议并讲话。会议传达省政府常务会议精神，要求真正把学习贯彻规划纲要转化为进一步推动地方志事业向前发展的持久动力，转化为推进修志编鉴的重要举措，转化为服务文化强省、社科强省建设的实际行动；传达中指组学习贯彻规划纲要会议精神，对开展江苏省地方志书优秀成果评奖作说明；对制定《江苏省贯彻〈全国地方志事业发展规划纲要（2015～2020年）〉实施方案》作说明。与会人员交流规划纲要学习体会，对全省实施意见进行深入讨论。（武文明）

【苏州市志办主任会议召开】 6月19日，江苏省苏州市志办主任会议召开。会议传达贯彻全省各市志办主任会议精神，总结交流上半年全市地方志工作情况，提出下半年工作重点和具体措施。会议对做好下半年工作提出4点要求：一是多向市领导做工作汇报，积极争取上级领导的支持；二是出书的同时要出人，做好人才培养工作，对照中央有关精神洞察自身本职工作；三是善于发现问题、解决问题，多关注苏州政治经济发展方向；四是地方志工作者要转换角色，做好服务员、指导员、引导员，进一步务实创新，努力促进苏州方志事业迈向新台阶。（武文明）

【镇江市史志办主任会议召开】 3月3日，江苏省镇江市史志办主任会议召开。会上，各辖市（区）史志办主任回顾总结2014年史志工作，研究交流2015年史志任务。会议对2015年镇江市史志工作提出明确要求。（朱崇飞）

【杭州市志办召开城区地方志工作会议】 10月12日，杭州市志办召开城区地方志工作会议。杭州市志办主任蒋文欢主持会议并做总结讲话。会议就贯彻落实《全国地方志事业发展规划纲要（2015～2020年）》提出要求。针对部分城区地方志工作薄弱落后的情况，杭州市志办将加大督促、督查力度，实行每年通报制度。在每年的综合考评之前，对各区地方志工作“一纳入、八到位”情况、二轮志书编修进度情况、年鉴工作开展情况进行通报。上城区、下城区、西湖区、拱墅区、江干区、滨江区政府分管领导和有关人员参加会议。

（冯跃民）

【宁波市党史和地方志工作会议召开】 3月18日，宁波市委、市政府召开全市党史和地方志工作会议。浙江省委常委、宁波市委书记刘奇在会上讲话，要求全市广大党史、地方志工作者要努力做到“三个坚持”和“三大作为”。市志办对全市党史地方志有关规划作说明，市委组织部等4家单位交流经验。会议还通报表彰全市党史、地方志工作先进集体、先进工作

者。市直及部省属有关单位分管负责人，各县（市）区党委、政府分管领导和党史、地方志部门负责人等约250人参会。（高曙明）

【嘉兴市召开全市史志办主任会议】 4月15日，浙江省嘉兴市召开全市史志办主任会议。会议回顾总结2014年全市史志工作，部署2015年全市史志工作任务。嘉兴市档案局（市志办、市委党史研究室）领导与相关处室负责人，以及各县（市、区）史志办主任参加会议。（嘉兴市史志办）

【金华市召开全市志办负责人会议】 3月18日，浙江省金华市召开全市志办负责人会议。会议学习李克强总理在义乌视察期间有关地方志的讲话精神。各县（市、区）志办负责人、金华军分区军事志办公室负责人和市志办工作人员参加会议。（金华市志办）

【衢州市地方志机构负责人会议召开】 1月8日，浙江省衢州市地方志机构负责人会议召开。会议总结交流各县（市、区）2014年工作情况和2015年工作思路，对2015年工作进行部署。会议还传达第四届中国地方志学术年会精神，并评议《衢州年鉴（2013）》稿。（衢州市志办）

【舟山市史志办主任会议召开】 5月28日，浙江省舟山市史志办主任会议在市档案局（史志办）召开。会议传达浙江省地方志主任会议精神，对全市地方志工作规划作出要求。（舟山市史志办）

【台州全市方志办主任会议召开】 10月30日，浙江省台州全市方志办主任会议召开。会议传达全省学习贯彻《全国地方志事业发展规划纲要（2015～2020年）》座谈会精神，并交流、讨论全市地方志工作。9个县（市、区）志办负责人参加会议。（台州市志办）

【安徽省辖市志办主任会议召开】 7月15日，安徽省辖市志办主任会议召开。省志办主任朱文根在会上作题为《认真贯彻落实“一纳入、八到位”，大力开拓全省“修志问道，以启未来”新领域》的工作报告。会议传达了王伟光在安徽地方志工作调研座谈会上的讲话精神、全国地方志机构主任工作会议精神和省委书记王学军任省长时关于地方志工作的批示、副省长谢广祥关于地方志工作的批示精神。16个省辖市和2个省管县志办负责人汇报交流上半年工作情况和下半年工作安排。16个省辖市和广德县、宿松县志办主任，省志办各部门负责人30多人参加会议。（章慧丽）

【福建省设区市方志委（办）主任座谈会召开】 3月11日，福建省地方志编委会召开全省设区市方志委（办）主任座谈会。会议听取各设区市近期方志工作情况汇报，并就一些具体问题进行沟通、讨论。省地方志编委会主任冯志农作总结讲话。省地方志编委会领导，各处负责人和各设区市方志委（办）主任等参加会议。（孙洁斐）

【福建省地方志机构主任工作会议暨方志系统党建工作会议召开】 6月2日，福建省地方志机构主任工作会议暨方志系统党建工作会议在福州召开。会前，副省长李红审阅会议方案并作出批示，充分肯定全省地方志工作成效明显并提出殷切厚望。会议强调，各级地方志工作机构要抓落实求实效，强队伍振精神，全面完成好今年地方志工作任务。（孙洁斐）

【福建省设区市地方志机构主任会议暨地方志工作创新经验交流会召开】 9月9日，2015年福建省设区市地方志机构主任会议暨地方志工作创新经验交流会召开。会议学习贯彻《全国地方志事业发展规划纲要（2015～2020年）》，对照年初工作要点检查落实情况。会上，福建省地方志编委会主任冯志农作题为《主业带动、创新驱动，实现我省地方志事业“十二五”顺利收官》的讲话。各设区市编委会和平潭综合实验区党史研究中心，以及德化、长泰、宁化、荔城、建阳等县（区）作工作情况汇报并交流地方志工作创新经验。

（孙洁斐）

9月9日，福建省2015年全省设区市地方志机构主任会议暨地方志工作创新经验交流会召开

【三明市召开全市方志委（办）主任工作会议】 3月3日，福建省三明市召开全市方志委（办）主任工作会议。会议总结2014年全市地方志工作，部署新一年地方志工作任务。市政府副市长张丽娟到会讲话。

（陈声华　张宣）

【南平市方志委主任会议召开】 3月12日，福建省南平市地方志编委会主任会议在延平区召开。会议传达贯彻福建省方志委（办）主任座谈会精神，总结交流2014年全市地方志工作，部署2015年地方志工作任务。南平市地方志编委会领导、南平市10县（市、区）地方志编委会主任参加会议。（孙洁斐）

【宁德市全市地方志工作会议召开】 1月30日，福建省宁德市政府主持召开全市地方志工作会议。会议总结第四次全国地方志工作会议以后全市地方志工作情况，重点部署2015年地方志工作。宁德市副市长周秋琦到会讲话。会议回顾总结5年间宁德市地方志工作在志、鉴、库、网、用和地情资料开发利用等方面取得的新进展、新成效，以及工作在发展中存在的主要问题。会议指出，2015年是全市如期实现地方志事业发展“十二五”规划收官之年，要精益求精完成第二轮修志任务；持续做好地方综合年鉴编纂及县级年鉴公开出版全覆盖；加快县级库（室）网建设的全覆盖；进一步组织开展地情资料开发和成果转化，编纂出版《宁德市情手册》；加强队伍建设，着力提升综合素质；研究编制《宁德市地方志事业发展“十三五”规划纲要》。市、县（市、区）政府分管领导参加会议。（龚美华）

【江西省设区市方志办主任会议召开】 4月25日至26日，江西省设区市方志办主任会议召开。会上，省志办党组书记、主任梅宏传达全国地方志机构主任工作会议精神，并结合江西省工作实际，对下一步工作安排提出要求。各设区市主任分别汇报2014年的工作情况，对《江西方志文化丛书》《江西省志·市县概况》的审稿意见进行讨论交流。全省11个设区市方志办公室主任及省地方志办有关人员参会。

（张志勇）

【南昌市县区史志办主任座谈会召开】 3月24日，江西省南昌市史志办召开全市县区史志办主任座谈会。会议总结交流2014年史志工作，研究部署2015年任务，并表彰史志工作先进集体。（南昌市史志办）

【山东省全省各市史志办主任座谈会召开】 1月22日，山东省全省各市史志办主任座谈会召开。会议总结交流2014年工作，安排部署2015年工作任务。山东省政府办公厅党组成员、省史志办主任刘爱军出席会议并讲话。各市史志办主任在会上作交流发言。会议要求，要深入学习研究习近平总书记系列重要讲话精神，特别是对史志工作的重要指示，认识新常态，适应新常态，引领新常态，认真分析研究史志工作发生的新变化、面临的新任务、出现的新问题。要转变思想认识，创新方式方法，加大工作力度，积极落实全面推进“依法治志”的各项要求，主动适应“九位一体”多业并举的工作格局，大力提升转变职能完善机制的管理能力，推动形成资源整合开放协作的工作力量，促进实现注重质量提高效益的内涵增长，努力满足公共文化服务各个层面的需求，不断开创史志事业科学发展的新局面。会前，举行《第十届中国艺术节志》赠书仪式，刘爱军向17市史志办赠送《第十届中国艺术节志》。　（吴亮）

1月22日，山东省全省各市史志办主任座谈会召开

【山东省全省各市史志办主任座谈会召开】 9月24日，山东省全省各市史志办主任座谈会召开。会议学习贯彻《全国地方志事业发展规划纲要（2015～2020年）》，研究编制《山东省地方史志事业发展规划纲要（2016～2020年）》，总结交流工作，安排部署下一步任务。山东省政府办公厅党组成员、省史志办主任刘爱军出席会议并讲话。会议就《山东省地方史志事业发展规划纲要（2016～2020年）》（征求意见稿）制订情况做说明，就《山东地方史志年鉴》稿件修改工作作安排部署。各市史志办主任在会上作交流发言，介绍今年以来总体工作和学习贯彻《全国地方志事业发展规划纲要（2015～2020年）》有关情况，并结合各自实际，对《山东省地方史志事业发展规划纲要（2016～2020年）》（征求意见稿）提出修改意见和建议。　（吴亮）

【青岛市召开全市史志工作会议】 3月20日，山东省青岛市全市史志工作会议召开。会议总结2012年以来青岛市地方史志工作情况，部署今后一个时期青岛市史志工作任务。青岛市副市长栾新出席会议并讲话。会议还表彰2012～2014年青岛市优秀地方志成果。各区市、各部门分管领导和史志工作者近200人参加会议。　（吴亮）

【淄博市召开全市区县史志办主任会议】 1月27日，山东省淄博市史志办召开全市区县史志办主任会议。学习传达全省各市史志办主任座谈会精神，部署抗日战争胜利70周年纪念宣传活动工作。会议印发《全市史志系统抗战胜利70周年纪念宣传活动工作方案》，对纪念宣传活动作重点部署。　（吴亮）

【枣庄市召开全市史志办主任会议】 5月26日，山东省枣庄市史志办召开全市史志办主任会议，对第二轮修志工作进行调度推进。会上，各区（市）分别介绍各自工作进展情况、面临的困难和问题、下一步工作打算等。会议对《山东省志·地方史志志（1981～2018）》编纂工作进行安排，调整充实枣庄市《地方史志志》编纂工作领导小组。各区（市）史志办主任及市史志办全体人员参加会议。　（吴亮）

【东营市召开全市史志办主任会议】 1月23日，山东省东营市召开全市史志办主任会议。会议传达全省各市史志办主任座谈会精神，对各县区近两年的史志成果进行综合评比，并部署抗日战争胜利70周年纪念活动及全市网站再次改版等工作。各县区史志办主任及市史志办全体人员参加会议。　（吴亮）

【济宁市召开全市史志办主任会议】 1月28日，山东省济宁市召开全市史志办主任会议。会议总结交流2014年工作，安排部署2015年工作任务。会议强调，要充分认识史志事业面临新的形势，把握机遇，努力适应史志事业发展的新常态，坚持依法修志，“九位一体”多业并举，科学谋划，完善机制，强化服务功能，突出质量效益，扎扎实实地做好各项工作，确保全市地方志事业健康发展。　（吴亮）

【泰安市政府召开史志工作座谈会】 7月3日，山东省泰安市政府召开史志工作座谈会。泰安市副市长成丽出席会议。在听取各县（市、区）政府史志工作汇报和市史志编委会的工作报告后，成丽要求统一思想，提高认识，切实增强做好史志工作的责任感；改革创新，扎实苦干，推动全市史志工作再上新台阶；加强领导，为史志工作创造良好的环境和条件。会议强调，要严格执行《地方志工作条例》和《山东省地方史志工作条例》，依法修志、依法管理，扎实推进第二轮修志工作，组织开展好抗战胜利70周年纪念宣传活动，不断提高年鉴编纂工作水平，加紧编制地方史志事业发展“十三五”规划，着力提升史志工作为现实服务的水平，努力开创全市史志事业新局面。（李坤）

【泰安市召开县（市、区）主任座谈会】 1月29日，山东省泰安市召开县（市、区）主任座谈会。会议总结交流2014年工作，研究安排2015年度任务目标。会议要求，全市史志系统提高认识，加快进度，保证质量，完成抗日战争胜利70周年纪念宣传活动等重要任务。泰安市6个县（市、区）史志办主任、市史志办全体人员和各县（市、区）纪念抗日战争胜利70周年纪念宣传活动联络员参加会议。（吴亮）

【威海市全市史志办主任座谈会召开】 1月14日，山东省威海市召开全市史志办主任座谈会。会上，各区市史志办主任汇报2014年史志工作开展情况和2015年工作打算，并集中展示2014年各区市史志办的史志成果。会议对2014年全市史志工作进行了总结，对下一步的重点工作提出具体要求。（吴亮）

【莱芜市召开市、区史志办主任工作座谈会】 1月27日，山东省莱芜市召开市、区史志办主任工作座谈会。会议总结2014年全市史志工作开展情况，并就2015年年鉴编写、基层志编纂、《莱芜地方史志志》编纂、地情网站建设、方志馆建设、志类产品出版、开展抗日战争胜利70周年纪念宣传活动等工作任务进行安排部署。两区史志办主任及分管副主任、市史志办各科室人员参加会议。（吴亮）

【临沂市召开各县区史志办主任座谈会】 1月30日，山东省临沂市史志办召开各县区史志办主任座谈会。各县区史志办主任分别介绍县区史志办基本情况、2014年工作开展情况、2015年工作打算和纪念抗战胜利70周年宣传活动开展情况。各县区史志办主任及市史志办全体人员参加会议。（吴亮）

【德州市召开全市史志办主任会议】 3月18日，山东省德州市召开全市史志办主任会议。会议认真学习省长郭树清等领导指示精神，对2015年工作进行再研究、再部署。各县（市、区）史志办主任、市史志办全体人员参加会议。（吴亮）

【德州市召开全市史志工作现场会】 6月26日，山东省德州市在齐河县召开全市史志工作现场会。会前，市史志办主任带领部分县（市、区）史志办新任主任到东营市、临朐县观摩学习史志工作经验。现场会上，各县（市、区）史志办主任汇报上半年工作情况和下半年打算，畅谈外出观摩学习体会和收获，表示要认真学习东营、临朐的创新意识，借鉴先进经验，进一步开阔思路，开拓史志事业。（吴亮）

【河南省全省地方史志工作会议召开】 3月24日，河南省全省地方史志工作会议召开。省地方史志编纂委员会秘书长、省史志办主任霍宪章在会上作《全面提升地方史志事业科学发展水平为建设河南文化强省而努力奋斗》的工作报告。会上对全省修志工作和用志工作先进单位进行通报表彰。（王颖）

3 月 24 日，河南省全省地方史志工作会议召开

【郑州市地方史志工作会议召开】 3 月 31 日，河南省郑州市地方史志工作会议召开。会议总结 2014 年工作，安排 2015 年工作。郑州市副市长刘东出席会议并讲话。会议对郑州市修志用志工作先进集体和个人进行表彰，部分先进单位代表作典型发言。（李占虎）

【平顶山市县（市、区）史志办主任工作会议召开】 3 月 31 日，河南省平顶山市召开市县（市、区）史志办主任工作会议。会议安排部署 2015 年工作任务，对 2014 年省、市先进单位进行表彰。会议指出，要全面完成第二轮修志任务，已完成第二轮修志的县（市、区）要认真总结修志经验，为下轮修志开展奠定理论和队伍基础，未完成任务的《石龙区志》10 月底必须出版；要编修《阅读鹰城》，图文并茂，记录发展，展示特色，打造新的地情产品。（汪朝霞）

【焦作市地方史志工作会议召开】 4 月 22 日，河南省焦作市地方史志工作会议在焦作召开。会议宣读焦作市委书记孙立坤 3 月 18 日对史志工作的批示，传达全省地方史志工作会议精神，宣读焦作市荣获 2014 年度全省修志工作先进单位名单。各县市区座谈汇报地方志工作，交流经验。（汪朝霞）

【濮阳市地方史志工作会议召开】 3 月 19 日，河南省濮阳市地方史志工作会议召开。会议学习贯彻第五次全国地方志工作会议精神，回顾总结 2014 年濮阳市地方史志工作，安排部署 2015 年工作任务。按照工作安排，2015 年重点做好以下工作：南乐县续志完成送审；2015 年卷《濮阳年鉴》和县区年鉴完成出版；大事月报按时出版；市方志馆开展前期准备工作；做好乡镇志撰写人员培训；《濮阳杂技志》编纂工作启动；加强史志理论研究，推出高质量研究成果；开展志书赠阅，扩大史志影响。（汪朝霞）

【漯河市史志档案工作会议召开】 5 月 12 日，河南省漯河市史志档案工作会议召开。会议总结 2014 年全市史志档案工作的成绩与不足，部署 2015 年主要工作任务。会议指出，要进一步发挥党史资政育人作用，为经济社会发展凝聚合力；挖掘资源，出版《漯河名典》，收集漯河建省辖市 30 周年相关资料，推进乡镇志编撰，为文化强市战略服务。（汪朝霞）

【三门峡市党史地方史志工作会议召开】 6 月 5 日，河南省三门峡市召开党史地方史志工作会议。会议传达贯彻全国、全省党史研究室主任会议和全省地方史志工作会议精神，总结 2014 年以来全市党史、地方史志工作，研究部署当前和今后一个时期工作任务。会上，宣读关于命名三门峡市第一批中共党史教育基地的决定。（汪朝霞）

【南阳市地方史志工作座谈会召开】 5 月 13 日，河南省南阳市地方史志工作座谈会召开。会议传达全省地方史志工作会议精神，宣读省史志办表彰决定，部署 2015 年全市地方史志工作的重点工作和重点任务。会议要求，各县区要及时向主管、主要领导汇报工作思路，学会造势与借力，通力做好史志工作；要抓好工作落实，着力打造一支“风正心齐、和谐有序、务实创新、廉洁高效”的史志队伍。（汪朝霞）

【商丘市史志工作会议召开】 4 月 2 日，河南省商丘市史志工作会议召开。会议总结回顾

2014年全市史志工作，表彰2014年度全市史志工作先进单位和个人，安排部署2015年工作任务。会议强调，要紧紧围绕市委、市政府工作大局，以修志编鉴为重点，以提高质量为中心，继续秉持崇高信念，以更加饱满的热情、以求真存实的作风进一步做好地方志编纂、管理和开发利用工作，全面推进史志事业向深度、广度发展。（汪朝霞）

【信阳市召开2015年地方史志工作会议】 3月31日，河南省信阳市地方史志工作会议召开。会议传达贯彻全省地方史志工作会议精神，总结全市2014年史志工作，安排部署2015年史志工作任务。受省史志办的委托，会议还对获2014年度全省史志工作综合先进单位进行颁奖。会议期间，市县两级史志部门负责人就如何做好新常态下的史志工作进行交流。（汪朝霞）

【湖北省市州志办主任会议召开】 2月10日，湖北省市州志办主任会议在武昌召开。省方志办主任文坤斗出席会议并讲话。各市州方志办主任结合本地实际交流2014年工作情况和2015年工作打算。全省17个市（州）方志办主任和省方志办机关干部50余人参加会议。（湖北省志办）

【广州市第八次地方志工作会议召开】 9月24日，广东省广州市召开第八次地方志工作会议。广州市委常委、副市长欧阳卫民，广东省政府方志办主任温捷香等出席会议并讲话。会议强调，方志工作责任重大，使命光荣，要把地方志工作摆在市区两级党委、政府的重要位置，提上重要议事日程，切实贯彻“一纳入、八到位”的地方志工作新要求，主要领导亲自过问，分管领导真抓真管，定期听取汇报，协调解决问题，将地方志事业发展经费列入本级财政预算，确保地方志各项工作正常开展。会议还宣布成立广州地情专家库和广州地方志专家库，为来自科研机构、高校等部门的24名专家颁发聘书。市地方志编委会委员，市地方志资料年报呈报单位、年鉴供稿单位有关负责人以及各区政府分管领导、方志办负责人140多人参加会议。（杨宏伟）

【深圳市史志办召开全市史志系统2014年度工作总结会议】 1月15日，广东省深圳市史志办召开全市史志系统2014年度工作总结会议。会议总结回顾2014年工作，研究部署2015年全市史志工作思路和任务。会议听取各区（新区）2014年工作情况及2015年工作计划汇报，对在过去一年取得突出成绩的7个先进集体和10名先进个人进行表彰，市史志办主任黄玲作工作总结报告。会议强调，一直以来，全市史志系统面临着队伍、经费、阵地、工作模式四大问题，困扰着全市史志工作的发展，希望大家在新的一年里高度重视，多想办法，群策群力，共同推动问题解决，切实推进深圳史志事业朝着现代化、国际化、社会化方向发展。市史志办全体人员、各区史志办主任、各新区综合办分管负责人及业务骨干参会。（深圳市史志办）

【汕头市召开全市方志办主任会议】 6月2日，广东省汕头市召开全市方志办主任会议。会议传达广东省第七次地方志工作会议精神，动员部署全市地方志工作任务。汕头市副市长林依民出席会议并讲话。会议充分肯定全市地方志工作取得的成绩，并对进一步做好地方志工作提出具体要求。全市各区（县）地方志办主任与有关人员22人参加会议。（广东省志办）

【佛山市政府召开地方志专题会议】 5月26日，广东省佛山市政府召开地方志专题会议，副市长王玲专门听取佛山市志办作专题工作汇报。会议要求，地方志工作要全面落实中央和省“一纳入、八到位”要求，尽快理顺机构，整合资源。在地方志资源开发利用方面，要注重“三个更加”，即更加开放的姿态，更加紧密的结合，更加深入的挖掘，紧紧围绕党委、政府和社会需要，进行认真选题和开展研究，充分发挥社会力量，做好组织、策划及审核把关，编写出对党委、政府和各部门有参考价值的文章。要开发出社会读者喜闻乐见的研究成果。在信息化工作方面，要下大力气完善，加强与省里沟通，全面提升佛山地情网站建设水平，加大网络宣传力度。在对外宣传方面，要更加主动，善于“借力”，积极扩大地方志工作的影响力。要搞好方志馆建设，完善硬件配套设施保障，更好地为广大市民、读者服务。

（广东省志办）

【茂名市召开全市党史地方志工作会议】 8月12日，广东省茂名市委、市政府召开茂名市党史地方志工作会议。会议传达广东省第七次地方志工作会议精神，总结经验，部署下一阶段工作。茂名市委常委、组织部部长陈小锋，副市长崔爽出席会议，对茂名今后的地方志工作作出具体部署：一是做好地方志资料年报工作和年鉴编修工作，为第三轮志书的编修做准备；二是积极推动地方志工作向市直、镇、村基层延伸，鼓励和支持各行各业编纂部门志、行业志以及部门年鉴、行业年鉴，有条件的地区开展编修乡镇（街道）志、年鉴和村志；三是做好地方志资源开发利用，推动茂名方志馆建设、推进地方志信息化建设；四是做好茂名市地方志工作“十三五”规划。各党史地方志工作机构负责人参加会议。

（广东省志办）

【肇庆市2015年地方志资料年报工作评议会召开】 9月11日，广东省肇庆市2015年地方志资料年报工作评议会召开。省志办副主任马建和出席会议。会上，肇庆市科技局、市文广新局和德庆县播植镇年报组稿人介绍开展地方志资料年报工作做法和经验；肇庆市方志办和全市各县（市、区）工作机构业务骨干共12人分别对肇庆市级和各县（市、区）地方志年报资料进行评议。会议对肇庆市地方志资料年报工作提出五点意见：一是加强领导，精心组织，按时完成资料年报编写任务；二是严格审查验收，确保年报质量；三是协调好逐年报和补报的关系；四是加强督促检查；五是开展形式多样的评议活动，提高年报质量。

（广东省志办）

【清远市召开全市史志工作电视电话会议】 6月1日，广东省清远市召开全市史志工作电视电话会议。会议传达广东省第七次地方志工作会议精神，总结近几年全市史志工作取得的成绩，部署2015～2020年史志工作任务。市委常委、常务副市长曾贤林出席会议并讲话。会议对下一步工作提出要求：一是要坚持科学严谨的精神编史修志，忠实记录社会发展进程；二是要着眼当前和长远发展深入研究，更好地服务经济社会发展；三是要充分履行工作职责加强领导，切实为史志编纂工作提供坚实保障。对近期即将铺开的全市自然村落历史人文普查工作，会议强调要做到“三个必须”：一是必须高度重视。原则上要求各县（市、区）由常委、常务副县（市、区）长担任普查领导小组组长。二是必须大力支持。各县（市、区）党委政府以及各地财政要给予支持，特别是在经费、人员上。三是必须相互配合。此项工作是一项重大的文化工程，在各地政府统一领导下，相关部门要积极配合支持，确保按省的部署要求做好该项工作。在主会场参加会议的有清远高新区管委会、市直、中央和省驻清有关单位、市有关人民团体分管领导，市史志办全体干部等。各县（市、区）设分会场，各县（市、区）政府分管领导、自然村落历史人文普查试点镇党委副书记，各县（市、区）直各单位分管负责人以及史志部门全体干部等收听收看了电视电话会议。（广东省志办）

【广西地方志工作电视电话会议召开】 11月20日，广西地方志工作电视电话会议召开。自治区党委常委、自治区副主席李康出席会议并讲话，自治区志办主任李秋洪作工作报告，自治区政府副秘书长、办公厅副主任吴建新主持会议。会议充分肯定第二轮修志以来广西地方志工作在依法修志、编修业务、队伍建设、基础设施建设等方面取得的成绩，要求全区各级政府、各部门要加强领导、落实责任，要把贯彻“一纳入、八到位”和第二轮修志编修进度情况纳入政府工作目标、政府督办和绩效考评体系，有关部门要依法支持、共同推动全区地方志事业发展。各市、县（市、区）设分会场，各市、县（市、区）政府分管领导，各市、县（市、区）地方志编委会各成员单位负责人，各市、县（市、区）直属有关单位分管领导，各市、县（市、区）政府地方志工作机构全体工作人员共5877人在各分会场参加会议。（韦晓）

【海南省史志工作机构主任会议】 1月7日，海南省史志工作机构主任会议召开。海南省志办主任毛志华作工作报告，总结回顾2014年全省史志工作，安排部署2015年工作任务。会议要求，全省史志系统在2015年要紧紧围绕省委、省政府工作重心，继续深化改革，坚持依法治室、制度立室、科研兴室。要坚持作风建设常抓不懈，继续巩固和拓展教育实践活动成果，深入整治“庸懒散奢贪”，重点整治“不干事、不担事”突出问题，以作风促落实，全力推动各项工作齐头并进，为圆满完成“十二五”发展目标、启动“十三五”发展规划奠定坚实基础。（李鑫）

【2015年贵州省地方志工作会议召开】 5月7日，贵州省地方志工作会议召开。会议深入贯彻第五次全国地方志工作会议和2015年全国地方志机构主任工作会议精神，回顾2014年全省地方志工作，安排部署2015年工作任务。贵州省志办主任田洪在会上作题为《认真贯彻落实“一纳入、八到位”，大力推动贵州地方志事业发展再上新台阶》的讲话。会上，宣读《贵州省志办关于贵州省年鉴质量评比结果的通报》，并对获奖单位颁奖。参会人员还就《贵州省市州地方志工作目标管理考核办法（征求意见稿）》和《市州志办2015年度综合考核指标体系（征求意见稿）》进行讨论。各市州、省直管县地方志工作机构负责人，省志办有关人员50余人参加会议。（贵州省志办）

【西藏自治区党委党史（地方志）工作委员会召开全区党史（地方志）系统视频会议】 5月15日，西藏自治区党委党史（地方志）工作委员会召开全区党史（地方志）系统视频会议。自治区党委常务副书记、区党委党校校长吴英杰就深入贯彻落实习近平总书记系列重要讲话精神，准确把握做好新形势下党史（地方志）工作的重点任务，全面落实全国党史研究室主任会议和全国地方志机构主任工作会议精神，不断开创西藏自治区党史（地方志）工作科学化水平，作出安排部署、提出明确要求。自治区党委党史（地方志）工作委员会的主任、副主任、委员，七地市分管党史（地方志）工作领导、党史研究室主任、志办主任分别参加自治区主会场和各地市分会场会议。

（西藏自治区志办）

【陕西省市级志办主任会议召开】 1月30日，陕西省市级志办主任会议召开。会议听取12个市、区志办主任关于2014年工作和2015年工作打算的汇报，研讨交流修志工作。省志办领导，各市、杨凌示范区志办主任，省志办相关人员40余人参加会议。（丁喜）

1月30日，陕西省市级志办主任会议召开

【铜川市全市史志办主任会议召开】 5月20日，陕西省铜川市召开全市史志办主任会议，各区县史志办主任和市委史志办有关人员参加会议。（丁喜）

【渭南市全市地方志工作会议召开】 2月9日，陕西省渭南市召开全市地方志工作会议。各县（市、区）志办主任参加会议，分别汇报2014年工作和2015年工作设想。会议就2015年全市地方志工作作安排部署。（丁喜）

【汉中市全市志办主任会议召开】 3月13日，陕西省汉中市召开全市志办主任会议。会议学习传达全省市级志办主任会议精神。各县区志办主任分别汇报2014年工作情况和2015年工作思路，并就2015年全市地方志主要工作任务、重点工作和措施进行讨论。各县区志办主任和市志办全体工作人员参加会议。（丁喜）

【榆林市委、市政府全市地方志工作电视电话会议召开】 3月4日，陕西省榆林市委、市政府召开全市地方志工作电视电话会议。市委常委、宣传部部长陈宁，市政府副市长马秀岚，市地方志办全体干部在主会场参会。各县区分管地方志工作的领导、县区志办工作人员在分会场参会。（丁喜）

【安康市全市地方志工作会议召开】 3月11日，陕西省安康市志办召开全市地方志工作会议。会议贯彻落实全省地方志工作会议和安康市社会事业工作会议精神，安排部署安康市2015年地方志工作。会议听取各县（区）志办主任关于地方志工作汇报，会议具体落实安康市副市长杜寿平在全市社会事业工作会议上关于地方志工作的各项要求，对2015年地方志工作作出安排部署。（丁喜）

【商洛市志办主任会议召开】 3月20日，陕西省商洛市志办主任会议在商州召开。会上，各县区志办汇报2014年工作和2015年工作设想，并邀请商南县委督导员、《商南县志》主编黄元雍作修志工作经验介绍。各县区志办主任及市志办全体干部等20余人参加会议。（丁喜）

【青海省全省各市州及部分县区志办主任工作会议召开】 5月7日，青海省志办召开全省各市州及部分县区志办主任工作会议。各市州志办负责人分别围绕2014年所做的工作、取得成绩、存在的问题及如何进一步贯彻落实《青海省地方志工作规定》，做好2015年地方志工作进行交流发言。会上，省志办主任高煜作题为《依法治志　统筹推进　全面提升地方志事业科学化水平》的报告。省志办副主任杨松义主持会议并作总结讲话。会议采取以会代训的形式，进行了《青海省地方志工作规定》专题辅导讲座和志鉴业务知识培训。（马渊）

【宁夏回族自治区全区地方志机构主任工作会议召开】 4月20日，宁夏回族自治区志办在银川市召开全区地方志机构主任工作会议。会议深入学习贯彻落实习近平总书记等中央领导重要讲话、重要批示精神和第五次全国地方志工作会议、中指组五届二次会议精神，推动全区地方志工作。（王玉琴）

【银川市全市地方志工作会议召开】 2月6日，宁夏回族自治区银川市志办召开全市地方志工作会议。银川市副市长钱秀梅出席会议并讲话，对全市地方志工作提出具体要求。会议总结五年来全市地方志工作，对今后一个阶段地方志工作进行安排部署。会议还表彰奖励全市地方志系统工作成绩突出的20个先进集体和46位先进工作者。各县（市、区）政府、市直各部门、直属机构、市委各部委、市级国家机关、人民团体、市属各事业单位分管领导和《银川年鉴》供稿人员以及6个县（市）区年鉴供稿人员460多人参加会议。会后，邀请专家对全市年鉴撰稿人员进行业务培训。

（王玉琴）

【新疆维吾尔自治区全区地方志机构主任会议召开】 4月29日，新疆维吾尔自治区地方志编委会召开全区地方志机构主任会议。会议学习贯彻习近平总书记、李克强总理、刘延东副总理对地方志工作的重要讲话和批示、指示精神，贯彻落实第五次全国地方志工作会议、全国地方志机构主任工作会议精神，传达学习中国社会科学院院长、中指组组长王伟光在全国地方志机构主任工作会议上所作的《认真落实“一纳入、八到位”大力推动地方志事业发展再上新台阶》报告和在中指组五届二次会议上的讲话，传达中国社会科学院副院长、中指组常务副组长李培林在全国地方志机构主任工作会议上的总结讲话，安排部署今后一个时期的新疆地方志工作。（陈忠）

【兵团第十四师史志工作会议召开】 2月6日，新疆生产建设兵团第十四师召开史志工作会议。会议安排部署2015年全师史志业务工作，要求各团按时保质完成第二轮修志目标任务。师分管史志工作领导与团场领导签订2015年史志工作责任书。（兵团第十四师史志办）

【兵团第八师石河子市史志工作会议召开】 3月11日，新疆生产建设兵团第八师石河子市召开史志工作会议。八师石河子市党委常委、八师副委政孙长青讲话。会议总结2014年度史志工作，安排部署2015年工作。各团场分管史志工作的领导、史志办主任或负责人50余人参加会议。（张畅）

【兵团第八师石河子市第二轮修志工作推进会】 4月21日，新疆生产建设兵团第八师石河子市史志办召开第二轮修志工作推进会。14个团场和石河子镇的单位分管史志工作领导和史志办负责人参加会议。会议通报各修志单位工作动态和进展，对遇到的困难和问题提出了解决办法，并对下一步修志工作提出相关要求。（张畅）

·年鉴工作会议

【2015年北京工业志鉴工作会议召开】 2月15日，2015年北京工业志鉴工作会议召开。市志办主任王铁鹏、市经信委副主任樊健等人出席会议。北京工业志鉴编委会委员、《工业志》副主编、市产业经济研究中心主任张一平汇报2014年北京工业志鉴编修工作完成情况。会议向北京工业志鉴专家代表颁发聘书。会后，与会专家、领导参观“口述工业史”采访室和编辑部，纷纷表示要努力完成好工业志鉴编修任务。（赵文才）

【2014年北京年鉴工作会暨2015年《北京年鉴》组撰稿会召开】 3月12日至13日，2014年北京年鉴工作会暨2015年《北京年鉴》组撰稿会召开。市志办主任王铁鹏、副主任张恒彬出席会议。会议总结2014年《北京年鉴》编纂工作，部署2015年的组撰稿任务，对2014年《北京年鉴》编纂工作44家先进集体和82名先进个人进行表彰。王铁鹏在讲话中回顾2014年各级领导对史志工作的重要指示精神，同时结合年鉴工作的特性，对2015年如何提高编纂质量提出具体要求。会议期间，还开展内容丰富的业务交流活动。全市109家供稿单位的组撰稿人员、《北京年鉴》责任编辑及北京市部分年鉴编纂单位编辑人员175人参加会议。（赵文才）

【天津市区县年鉴工作会议召开】 3月23日，天津市志办召开天津市区县年鉴工作会议。会议总结2014年全市区县年鉴工作，安排部署2015年工作任务。市地志办主任苏长伟出席会议并讲话。会议指出，区县综合年鉴作为地方志工作的重要组成部分，要适应新形势新任务的要求，以服务党的中心工作为已任，更好发挥自身不可替代的作用，使年鉴成为各级领导的案头书。会议要求：年鉴编纂在内容上要贴紧经济社会发展，围绕党的中心工作，突出发展特点，记述好各个方面的奋斗历程；年鉴编纂在质量上要提高文字表述水平，特别注意对资料的整理筛选，对语言的锤炼，文字表述要简约直白，防止拖沓啰唆；年鉴编纂在时间上要力争早出版快出版，在保证质量的前提下，各级各类年鉴要力争在10月份以前出版。

（天津市志办）

【《大连年鉴（2015）》编纂工作会议暨年鉴通讯员培训会议召开】 3月12日，辽宁省《大连年鉴（2015）》编纂工作会议暨年鉴通讯员培训会议召开。市委党史研究室主任李奇出席会议并讲话。会议总结2014年度年鉴编纂工作，部署2015年度年鉴编纂任务，并对首次参会的57位年鉴新通讯员单独进行年鉴编纂基础知识和年鉴稿件撰写技巧的培训。会上，河名年鉴通讯员进行经验交流。会议还就编纂出版市情手册《数字看大连（2014）》的相关事宜提出要求。全市190个委办局、高等院校、企事业单位的209位通讯员参会。（刘成）

【《江苏年鉴（2015）》省级机关组稿会议召开】　3月，江苏省志办召开《江苏年鉴（2015）》省级机关组稿会议。会议总结《江苏年鉴》2014年卷编纂工作经验，部署2015年卷编纂任务，明确撰稿要求。江苏省志办副主任牟国义就年鉴编纂的规范和创新做专题讲解，并介绍《江苏年鉴》办刊思路和创新措施。与会人员还围绕年鉴编纂中遇到的问题进行探讨和交流。120余名省直机关的组稿人、撰稿人参加会议。（朱崇飞）

【2015年南京都市圈年鉴编纂研讨会召开】　12月10日至11日，2015年南京都市圈年鉴编纂研讨会召开，研讨主题为“进一步调整优化年鉴框架，提升年鉴编纂水平”。与会代表围绕会议主题作交流发言，共同探讨如何调整和优化年鉴框架结构，将年鉴规范和创新并举，打造高质量、高水准的精品年鉴。省志办副主任牟国义作年鉴编纂专题讲座，并就地方年鉴编纂工作提出意见和建议。（朱崇飞）

【徐州市年鉴编纂工作会议召开】　3月30日，江苏省徐州市委、市政府召开全市年鉴编纂工作会议。徐州市委副书记李荣启、江苏省志办副主任牟国义出席会议并讲话。会议要求，全市各地、各有关单位要以建设文化强市的视野和依法编鉴的高度做好年鉴编纂工作；要加大投入和保障，对各地“一纳入、八到位”情况要展开督促检查，形成年鉴工作长效机制。各县（市）区、徐州经济技术开发区、新城区、各部委办局、企事业单位、驻徐各部省属单位的分管领导、撰稿人280余人参加会议。（朱崇飞）

【苏州市年鉴工作会议召开】　11月4日，江苏省苏州市年鉴工作会议在张家港市召开。会上，张家港和太仓市介绍年鉴编纂经验，各市县区作交流发言。会议对苏州年鉴工作提出相关要求。江苏省志办副主任牟国义，苏州市、县、区地方志工作机构主要领导、分管领导和年鉴编纂人员参加会议。（朱崇飞）

【《淮安年鉴》编纂研讨会召开】　5月7日，江苏省淮安市志办召开《淮安年鉴》编纂研讨会。会议通报江苏省第三届年鉴奖评奖情况，并对《淮安年鉴》存在的不足进行点评，并提出要求。会上，还向各位编辑分发最新的《〈淮安年鉴〉编纂规范》。市志办有关人员以及全体年鉴编辑参会。（朱崇飞）

【《温州年鉴》编纂工作会议暨温州史志讲坛召开】　4月2日，浙江省《温州年鉴》编纂工作会议暨温州史志讲坛召开。会议表彰2014年度《温州年鉴》“菱华奖”获奖人员。会议首次公布年鉴在线编纂信息系统使用说明。210余人与会。（温州市史志办）

【衢州市年鉴工作会议召开】　12月3日至4日，浙江省衢州市年鉴工作会议召开。会议学习《全国地方志事业发展规划纲要（2015～2020年）》中有关年鉴编纂工作的要求、任务，总结交流全市各县（市、区）自开展年鉴编纂以来的做法、经验、存在的问题以及下一步打算，提出“十三五”时期全市年鉴编纂工作的主要任务和工作目标，并对《开化年鉴（2015）》送审稿进行评议。（衢州市志办）

【《安徽年鉴》编纂工作会议召开】　3月24日，《安徽年鉴》编纂工作会议召开。会议总结2014年《安徽年鉴》编纂工作情况，部署2015年《安徽年鉴》编写任务。省直领导机关、省直各部门、各企事业单位、各市和部分县（市、区）的撰稿人员等270人参加会议。（章慧丽）

【《福州年鉴（2016）》组稿会召开】 12月28日，福建省《福州年鉴（2016）》组稿会召开。会议表彰优秀撰稿人20名。（张灵）

【《南昌年鉴（2015）》编纂工作会召开】 2月20日至22日，江西省南昌市史志办分6组先后召开年鉴编纂工作会，采取以会代训方式，讲评2014年度年鉴编辑情况及年鉴条目撰写常识，总结经验，明确要求，提高编辑质量和水平。（南昌市史志办）

【《南昌年鉴（2016）》编纂工作会召开】 12月23日至24日，江西省南昌市史志办分3组先后召开年鉴编纂工作会，采取以会代训方式，讲评2015年度年鉴编辑情况及年鉴条目撰写常识，总结编辑工作经验，指出存在的问题和不足，通报表彰年鉴优秀稿件，并就《南昌年鉴（2016）》编辑工作进行全面部署。

（南昌市史志办）

【山东省全省年鉴编纂工作座谈会召开】 7月10日，山东省全省年鉴编纂工作座谈会召开。会议部署《山东地方史志年鉴（2015）》编纂工作，交流全省史志系统学习优秀年鉴活动进展情况。省史志办副主任郭永生出席会议并讲话。在座谈会上，各市交流全省史志系统学习优秀年鉴活动第一阶段进展情况及下一步工作安排，并就《山东地方史志年鉴》撰稿要求作详细说明。（李坤）

7月10日，山东省全省年鉴编纂工作座谈会召开

【《湖南年鉴（2015）》编纂工作会议召开】 4月16日，《湖南年鉴（2015）》编纂工作会议召开。省政府副秘书长、湖南年鉴编辑委员会副主任张银桥出席会议并讲话，省地方志编委会党组书记、副主任易介南作工作报告。会议总结《湖南年鉴（2014）》编纂工作，安排部署《湖南年鉴（2015）》编纂工作。

（刘运华）

【《广东年鉴（2015）》编纂工作会议召开】 3月9日，《广东年鉴（2015）》编纂工作会议召开。会上，省志办主任温捷香作《进一步擦亮广东年鉴品牌，当好全国排头兵》讲话。省委政法委、省文化厅、云浮市地方志办等3家组稿单位，分别从高度重视、及早布置、专人负责、精选特色内容、严格审核把关等方面介绍相关组稿工作经验，为其他编写单位提供借鉴。广东年鉴社社长莫秀吉作《努力增强年鉴的实用性》辅导报告。（广东省志办）

【《广州年鉴（2015）》编纂工作会议召开】 1月21日，广东省广州市志办召开《广州年鉴（2015）》编纂工作会议。市志办主任、《广州年鉴》副主编黄小晶出席会议并讲话。会议对《广州年鉴（2014）》编纂工作进行总结，并对《广州年鉴（2015）》的编纂工作作出具体部署，就调整完善篇目框架和拓展年鉴收录内容提出指导性建议。会议印发《广州年鉴（2015）》编写工作方案和篇目大纲及组稿计划（征求意见稿）。（贺坤）

【中山市地方志年报年鉴工作会议召开】 2月12日，广东省中山市志办召开中山市地方志年报年鉴工作会议。会议肯定全市较好地完成2006～2008年、2013年共4年的年报资料征集任务，地方志资料年报工作步入正轨；《中山年鉴（2014）》编纂质量有大幅度提升。针对2014年年报年鉴初稿完成时间滞后、个别文稿编写质量不高等问题，会议要求2015年要改正上述存在问题，克服工作量大、时间紧等困难，按时高质量完成年度全部工作任

务。市方志办有关人员、年报年鉴承报单位通讯员等159人参加会议。（广东省志办）

【东莞市大朗镇《巷头年鉴》暨村级年鉴编纂座谈会召开】 8月27日，广东省东莞市志办召开《巷头年鉴》暨村级年鉴编纂座谈会。会议通报《巷头年鉴》编纂进度，分析存在问题和困难，并提出工作建议。会议指出，《巷头年鉴》作为东莞市最基层综合年鉴的代表，意义重大，影响深远，要高度重视。社区、镇、市编纂人员要紧密协调配合，高质量、高品位、高效率完成编纂工作。会议要求，《巷头年鉴》编纂要做到既符合年鉴体例规范，又充分突出巷头作为“中国毛织第一村”的地方特色。（广东省志办）

【2015年贵州年鉴工作会议召开】 4月13日，2015年贵州年鉴工作会议召开。贵州省方志办副主任归然出席会议并讲话。《贵州年鉴》执行总编周端敏作《贵州年鉴2014年编纂工作总结及2015年编纂工作安排》报告。为确保高质量如期完成2015年卷《贵州年鉴》编纂出版任务，会议要求：一是贯彻十八大和十八届三中、四中全会精神，突出时代特点；二是抓住各市州和各部门特点，突出地方和行业特色；三是增强条目题材的新颖性；四是增加信息量，增强实用性；五是通力合作，编纂精品，树立省级年鉴品牌。各市州《贵州年鉴》工作站分管领导、工作人员，《贵州年鉴》特约编审、责任校对共36人参加会议。会上，表彰2014年度先进工作站。六盘水市、毕节市、遵义市工作站获一等奖，黔东南州、黔南州、贵阳市工作站获二等奖，黔西南州、铜仁市、安顺市工作站获三等奖。（贵州省志办）

专业培训与考察交流

·业务培训

【2015年第一次北京市年鉴编纂业务培训举办】 4月16日，北京市志办、北京地方志学会年鉴工作委员会主办的2015年第一次全市年鉴编纂业务培训举办。中国人民大学新闻学院讲师王亦高为培训授课。全市各年鉴编纂单位50余名年鉴编纂人员参加培训。（赵文才）

【2015年第二次北京市年鉴编纂业务培训举办】 5月14日，北京市志办、北京地方志学会年鉴工作委员会主办的2015年第二次全市年鉴编纂业务培训举办。海淀区史志办副调研员、《北京海淀年鉴》常务副主编钟冷讲授《年鉴条目编写存在的几个问题》，市统计局秦丽媛讲授《年鉴中统计表的应用——以〈北京统计年鉴〉为例》。全市各年鉴编纂单位80余名年鉴编纂人员参加培训。（赵文才）

【2015年第三次北京市年鉴编纂业务培训举办】 6月11日，北京市志办、北京地方志学会年鉴工作委员会主办的2015年第三次全市年鉴编纂业务培训举办。北京印刷学院教授王彦祥讲授《年鉴的检索系统和索引编制技术》，从目录、索引、书眉等几个方面整体介绍年鉴的检索系统，并针对年鉴的索引问题，通过类型、特点、范围、容量、制作方式等方面进行详细讲解。全市各年鉴编纂单位80余名年鉴编纂人员参加培训。（赵文才）

【2015年第四次北京市年鉴编纂业务培训举办】 7月9日，北京市志办、北京地方志学会年鉴工作委员会主办的2015年第四次全市年鉴编纂业务培训举办。中国新闻社摄影部采访组长廖攀讲授《从瞬间到全貌——新闻摄影的技与艺》，北京出版集团美术编辑洪春帆讲授《浅谈年鉴版面设计和图片编辑》。全市各年鉴编纂单位60余名年鉴编纂人员参加培训。（赵文才）

【2015年第五次北京市年鉴编纂业务培训举办】 9月24日，北京市志办、北京地方志学会年鉴工作委员会主办的2015年第五次全市年鉴编纂业务培训举办。《中国会计年鉴》编辑中心主任郑维桢介绍中国年鉴的八大问题、现状、未来发展趋势，结合《中国会计年鉴》多年的经验总结，讲解年鉴组稿、队伍建设与撰稿要求。全市各年鉴编纂单位60余名年鉴编纂人员参加培训。（赵文才）

【2015年第六次北京市年鉴编纂业务培训举办】 10月20日，北京市志办、北京地方志学会年鉴工作委员会主办的2015年第六次全市年鉴编纂业务培训举办。中国知网副主编赵瑞红讲授《大数据年鉴的互联网+》，北京华博创科数码科技有限公司产品中心副总监任俊华讲授《协同编纂平台在年鉴工作中的应用》。全市各年鉴编纂单位70余名年鉴编纂人员参加培训。（赵文才）

【2015年第七次北京市年鉴编纂业务培训举办】 12月3日，北京市志办、北京地方志学会年鉴工作委员会主办的2015年第七次全市年鉴编纂业务培训举办。中国社会科学院语言研究所副编审李志江、中关村志鉴编辑部主任徐建功

等专家为与会人员授课。全市各年鉴编纂单位70余名年鉴编纂人员参加培训。（赵文才）

【2015年北京志和区县志主编业务培训班举办】 10月28日至29日，北京市志办举办北京志和区县志主编业务培训班，市地方志编委会常务副主任、《北京志》主编段柄仁出席培训班并讲话。市志办主任、《北京志》副主编王铁鹏，市志办副主任张恒彬，市志办副主任、《北京志》副主编谭烈飞，《北京志》副主编周继东，市志办年鉴指导处处长崔震等专家为培训班授课。段柄仁作总结讲话。《北京志》副主编、《北京志》各分志和区县志主编、部分地方志工作机构负责人、第二轮志书责任审稿100多人参加培训。（赵文才）

【2015年北京市地方志资料工作培训会召开】 11月18日至19日，北京市志办召开2015年北京市地方志资料工作培训会。会议总结2015年地方志资料工作的总体情况和存在问题，布置2016年资料工作，阐述下一步资料工作构想，并对相关工作提出具体要求。北京市志办副主任侯宏兴，第二轮《北京志》承（参）编单位和各区修志单位负责资料工作人员出席会议。（赵文才）

【2015年度北京市地方志系统宣传报道员培训举办】 11月26日至27日，2015年度北京市地方志系统宣传报道员培训举办。市志办副主任侯宏兴、北京晨报副刊部主任蔡辉、原北京晚报高级记者刘一达、北京日报高级记者彭俐和海内与海外杂志负责人朱小平就《传达中指组和领导同志对地方志宣传工作的论述》《怎样写出精彩的历史作品》《民间传说与纪实文字的写作》《诗歌与人生》和《史料中的中共隐蔽战线斗争》等专题进行授课。部分部委办局和区县近70人参加培训。（赵文才）

【中关村史志办举办学习贯彻《全国地方志事业发展规划纲要（2015～2020年）》培训会】 10月29日，北京市中关村科技园区管理委员会史志办举办学习贯彻《全国地方志事业发展规划纲要（2015～2020年）》培训会。会上，中关村管委会史志办副主任王锦结合中关村志鉴编纂工作的实际情况，对《规划纲要》进行详细讲解。中关村志鉴编辑部责任编辑以及参编单位通讯员40余人参加培训。（赵文才）

【《天津市志》编修和专业年鉴编纂业务培训交流会议召开】 10月26日至27日，天津市志办召开《天津市志》编修和专业年鉴编纂业务培训交流会议。天津市志办主任苏长伟传达国务院办公厅印发的《全国地方志事业发展规划纲要（2015～2020年）》。培训班围绕“天津方言与城市性格”，对天津方言形成和天津城市性格特点进行阐述，并就志鉴编修工作存在的问题及工作安排进行讲解。与会人员围绕贯彻落实《规划纲要》及全面完成第二轮志书编修进行深入研讨。《天津市志》承修单位与专业年鉴编纂单位主管领导、总纂、志鉴编修人员80人参加会议。（天津市志办）

【天津市区县年鉴编纂培训会召开】 11月30日至12月1日，天津市志办召开天津市区县年鉴编纂培训会。天津市志办主任苏长伟出席培训会并讲话。培训会围绕地方综合年鉴编纂中存在的问题进行讲授。同时，召开座谈会，交流工作经验，对下一步工作提出意见和建议。会议强调，地方综合年鉴工作要以服务本地区党委、政府中心工作为己任。要进一步明确工作定位，创新工作方法，围绕中心，服务大局，更好发挥综合年鉴存史、资政功能。年鉴编纂人员要加强学习交流，坚持“走出去、请进来”，进一步扩大年鉴的赠阅范围。各区县志办要加强对年鉴工作的领导，深入贯彻国务院办公厅印发的《全国地方志事业发展规划纲要（2015～2020年）》和市委、市政府的部署要求，将公开出版列入议事日程，完善主编责任制，完善资料报送制度，挖掘使用年鉴资源，进一步延伸年鉴工作的服务功能。（天津市志办）

【《河北省志》编纂工作第五期培训班举办】

6月18日，河北省志办举办《河北省志》编纂工作第五期培训班。会上，《河北省志》总纂龚焕文与省志办主任杨洪进出席培训班并讲话，方志专家齐家璐对《河北省志》部分分卷存在的问题及其处理方法进行培训指导。《河北省志》各分志承编单位相关人员100余人参加培训。（华晓梅）

【内蒙古自治区全区地方志工作机构负责人会议暨修志人员业务培训会议召开】 9月，内蒙古自治区志办召开全区地方志工作机构负责人会议暨修志人员业务培训会议。会议聘请区外知名专家授课。全区近200人参加会议。（董丽娜）

【辽宁省全省地方志编纂业务培训会议召开】 8月19日，辽宁省志办在沈阳市召开全省地方志编纂业务培训会议。辽宁省地方志学会会长高静、副会长冯长江，沈阳市教育局副局长孙勇分别以《志书总纂的基本要求与注意把握的问题》《志稿撰写中应注意把握的几个问题》《当前志书存在的问题及解决途径》为题进行授课。省直及各市、县（市、区）地方志（史志）办公室业务骨干150余人参加培训。（宁芳 俄文亮）

【《辽宁省志·卫生志》编纂培训会召开】 11月4日，辽宁省志办与省卫生和计划生育委员会联合举办《辽宁省志·卫生志》编纂培训会。全省各市卫生局，省属高等医学院校，辽河油田、鞍钢、沈铁卫生处及昌图、绥中县卫生局等70余个承编单位的120名编撰人员参加培训。（宁芳 俄文亮）

【抚顺市全市年鉴撰稿工作培训会召开】 4月，辽宁省抚顺市志办召开全市年鉴撰稿工作培训会。培训会采取以会代训的方式，对《抚顺年鉴》2015年卷的撰稿内容、时间安排、质量保证及行文规范等提出要求，为《抚顺年鉴》2015年卷质量的提高打下良好基础。（宁芳 俄文亮）

【吉林省志书总纂培训班举办】 6月25日，吉林省志书总纂培训班举办。省地方志编委会副主任严寒就《志书总纂的职责和能力》作专题授课。省地方志编委会党组书记、副主任李云鹤在开班仪式上做动员讲话。全省市（州）、县（市、区）地方志工作机构87人参加培训。12月17日，省地方志编委会对全省地方志工作机构确定的91名志书总纂进行第二次集中培训。中指办副主任、中国地方志学会秘书长邱新立以《志稿编写中需要注意的若干问题》为题授课。（肖志刚）

【吉林省年鉴业务交流培训班（2015）举办】 10月28日至30日，吉林省地方志编委会举办吉林省年鉴业务交流培训班（2015）。省地方志编委会党组书记、副主任李云鹤等出席培训班。培训班组织全省已出版年鉴的各市（州）、县（市、区，含开发区）等64家年鉴编纂单位全部参与年鉴质量的交叉点评。省地方志编委会在吉林省年鉴编辑单位中组织专家组成评审组，对点评稿进行评审并在培训班上交流发言。点评者根据《吉林省地方综合年鉴编纂规范（试行）》相关规定，按照精品年鉴编纂出版质量要求，从框架设计、条目编写、装帧设计、检索手段、校对质量等方面对点评的年鉴进行全面品评和剖析，指出其优长之处、缺点所在，结合书中实例进行分析并提出相应的改进建议。全省各市（州）、县（市、区）及行业年鉴的工作人员近140人参会。（李雯）

10月28日至30日，吉林省地方志编委会举办吉林省年鉴业务交流培训班（2015）

【《吉林年鉴（2016）》撰稿人培训班举办】 12月16日，吉林省地方志编委会举办《吉林年鉴（2016）》撰稿人培训班。培训班为撰稿人发放新出版的《吉林年鉴（2015）》和《吉林年鉴（2016）》编纂大纲。会议宣读《关于表彰〈吉林年鉴（2015）〉优秀撰稿人的决定》。会议以《〈吉林年鉴（2016）〉撰稿要求》《〈吉林年鉴〉行文规范变化情况说明》为题分别作专题辅导。《吉林年鉴》入鉴单位的150名撰稿人接受培训。（李雯）

【辽源市全市年鉴编纂业务培训会议召开】 5月7日，辽源市地方志编委会召开全市年鉴编纂业务培训会议。培训会议对《辽源年鉴（2014）》做点评，针对年鉴的整体设计、框架结构、条目等存在的问题提出修改意见和建议。培训会以《年鉴编纂中需要牢记的重要数字》为题作专题辅导，对学员在年鉴编纂过程中遇到的问题进行现场答疑。辽源市及辖内县（区）年鉴编纂人员26人参加培训。（赵杰）

【松原市年鉴编纂业务指导会议召开】 5月12日至13日，吉林省松原市地方志编委会在扶余市召开年鉴编纂业务指导会议。会议以《年鉴编纂中的八项注意》为题作专题辅导，并对《松原年鉴（2013）》《扶余年鉴（2013）》进行点评。（李雯）

【延边朝鲜族自治州2015年全州县（市）年鉴编纂业务培训班举办】 5月29日，吉林省延边朝鲜族自治州地方志编委会举办2015年全州县（市）年鉴编纂业务培训班。培训班教授地方综合年鉴的封面设计、排版规范、图片编修、常见词语用法、校对程序、如何消灭年鉴中的“硬伤”等专题。州内8个县（市）地方综合年鉴执行主编、责任编辑及《延边大学年鉴》《八家子林业局年鉴》等行业年鉴编纂人员20多人参加培训。（李为平）

【《长白山保护开发区年鉴（2015）》编纂工作暨撰稿人培训会召开】 4月8日，吉林省长白山管委会召开《长白山保护开发区年鉴（2015）》编纂工作暨撰稿人培训会。会议回顾总结2014年年鉴编纂工作，安排部署2015年工作。培训班作题为《怎样为〈长白山保护开发区年鉴〉撰稿》的讲座。长白山保护区各区、机关各部门和单位、各直属企事业单位、驻区各中省直单位、各军警部队以及驻区部分重点企业年鉴负责人及撰稿人100余人参加培训会。（李雯）

【《黑龙江省志·档案志》续志编修培训会召开】 3月19日，《黑龙江省志·档案志》续志编修培训会召开。省档案局局长齐秀娟、省志办副主任袁建勋出席会议并讲话，省志办侯明作专题授课。相关修志人员参加会议。（徐萍）

【黑龙江省地方志书与年鉴编纂业务培训班举办】 9月20日，黑龙江省地方志书与年鉴编纂业务培训班在哈尔滨市举办。省志办副主任袁建勋出席会议并讲话。哈尔滨市志办原巡视员宋洪军、大庆市志办副主任韩玉玲分别就志书和年鉴编纂业务进行授课。省（中）直、各市（地）、县（市）志书、年鉴编纂人员185人参加会议。（徐萍）

【上海市市级志书编纂业务培训班举办】 年内，上海市志办举办第28期至33期市级志书编纂业务培训班，包括4期编写班和2期主编班。编写班开设6个培训单元，讲授“志书体裁运用”“志书选材与纂稿”“上海改革开放30年”“志书行文规范”“方志文化专题讲座”“专题研讨”等课程。主编班开设5个培训单元，讲授“志书体裁运用”“志书分纂与总纂”“新方志名志解析”“方志文化专题讲座”“专题研讨”等课程。80多家编纂单位350余人参加培训。（刘雪芹）

【2015年度上海市地方志系统青年专题培训活动举办】 11月12日至13日，上海市志办举

办2015年度上海市地方志系统青年专题培训活动。培训活动围绕地方志纂稿、上海港与国际航运中心建设、解读《全国地方志事业发展规划纲要（2015～2020年）》举行主题讲座。与会人员座谈学习规划纲要，讨论编纂第二轮地方志中的新问题和新思路，并对市志办区县工作建言献策。（胡俭）

【江苏省第十期省志编纂人员业务培训班举办】 9月7日至8日，江苏省志办在南京举办第十期省志编纂人员业务培训班。江苏省志办主任方未艾出席开班仪式并讲话，针对第二轮省志进展情况及存在的问题，提出要求。9位省志责任副总纂到会指导修志工作，培训班上就志稿编纂中需要把握的问题、省志编纂工作的规范要求进行授课。培训期间还安排分组讨论。省志各承编单位约70人参加培训。（朱莉萍）

【江苏省苏南、苏中、苏北三片年鉴编纂培训班举办】 4月至5月，江苏省志办先后在江阴市、南通市、徐州市铜山区举办年鉴编纂培训班。培训班主要内容有年鉴框架设计创新、年鉴记述内容的价值取向、年鉴编纂基本规范、年鉴编辑中的若干问题。各省辖市志办年鉴处长、县（市、区）志办年鉴主编170多人参加培训。（朱崇飞）

【江苏省市县志分片业务培训班举办】 5月27日至29日，江苏省志办在淮安市召开市县志分片业务培训班。培训会根据全省第二轮市县志编修的现状和进度，特邀专家对修志人员进行审稿和总纂方面的业务强化培训。淮安、扬州、泰州、宿迁4个省辖市及其下辖的县（市、区）地方志工作人员约50人参加培训。（张丽）

【江苏省部分市县志业务培训班举办】 7月14日至15日，江苏省志办在连云港市举办部分市县志业务培训班。根据全省大多数市、县（市、区）志编修处在审稿及终审验收阶段的实际情况，培训班紧贴各地编纂工作实际，着重在志稿评审和志稿审读，如何听取、吸收、落实好专家意见以提高志书质量等方面进行培训。连云港、盐城、南通、徐州4市及其下辖县（市、区）地方志工作人员约60人参加培训。（张丽）

【南京市方志馆讲解员业务培训举办】 5月28日，江苏省南京市方志馆讲解员业务培训举办。培训邀请南京市六朝博物馆社教部主任李舟作题为《讲解员的礼仪规范》的辅导讲座。讲座分两部分，前半部分为理论部分，介绍什么是“讲解员”以及如何提升讲解员的内部和外部形象；后半部分则是实地指导，根据方志馆展陈的具体内容、布展特点、展陈走向演示讲解要领，并从笑容仪态、语气声调、手势规范、路线带领等各方面细节入手，指出方志馆兼职讲解员的不足。（宫冠丽）

【扬州市《维扬区志》初审稿修改培训会召开】 5月20日，江苏省扬州市邗江区史志办举办《维扬区志》初审稿修改培训会。培训会上，扬州市志办方志编纂处负责人从内容格式、体例、语言文字等方面进行详细指导。（张丽）

【苏州市名镇志编纂实务培训班举办】 8月14日，江苏省苏州市志办举办名镇志编纂实务培训班。培训班讲授中国名镇志的篇目设计，并以周庄为例进行实例授课。为提高培训质量，苏州市志办专门印制《中国名镇志文化工程苏州片编纂实务教材》，辑录《中国名镇志文化工程贯彻落实细则》和首批入选4个镇志的参考纲目、3个镇志的参考概述，供培训班学员参考。苏州县（市、区）地方志工作机构和申报“中国名镇志文化工程”出版计划的所在乡镇修志人员近60人参加培训。（张丽）

【浙江省保密工作及通志编纂培训班举办】 9月28日，浙江省志办在杭州市举办保密工作及通志编纂培训班。省保密局副局长朱方洲、《浙江通志》副总编李志廷等专家受邀授课。

《浙江通志》总编、副总编及相关责任单位近400名编辑参加培训。（浙江省志办）

【《杭州年鉴（2015）》审稿暨培训会召开】 9月8日至11日，浙江省《杭州年鉴（2015）》审稿暨培训会召开。杭州市志办主任蒋文欢做动员讲话。会议提出，要坚持创新、体现特色，提升年鉴品牌影响力；注重规范、精心打磨，切实保证年鉴质量；围绕中心、强化服务，彰显年鉴存史资政价值。《杭州年鉴》执行主编蔡建明对年鉴审稿中的重点内容作讲解。市直各部门、区县（市）等年鉴供稿单位作者和杭州年鉴编辑部责任编辑39人参加会议。（秦文蔚）

【《杭州文化年鉴》创编动员会暨业务培训会召开】 5月5日，浙江省《杭州文化年鉴》创编动员会暨业务培训会召开。杭州市委常委、宣传部部长、市地方志编委会副主任翁卫军，市委宣传部常务副部长杨志毅，市委宣传部副部长、市委外宣办（市网信办）主任龚志南，杭州市志办主任贾大清出席会议。会议肯定《杭州文化年鉴》编纂工作的意义和重要性、必要性，对编纂工作提出要求。《杭州年鉴》资深编辑余显幕与参会人员就年鉴基本概念、条目编写要领和资料搜集方法作交流和探讨。市委宣传部、市志办相关人员，杭州文化年鉴编辑部编辑，以及市级宣传文化系统有关单位、各区县（市）委宣传部负责人和撰稿人员70余人参加会议。（吴铮）

【宁波市全市史志系统领导干部拓展性培训举办】 5月4日至8日，浙江省宁波市志办举办全市史志系统领导干部拓展性培训。复旦大学、南京政治学院上海分院等单位专家、学者作讲座，培训还安排互动交流。部分市直机关党史地方志工作分管领导或职能处室负责人，各县（市）区委党史研究室（志办）主任、副主任和市委党史研究室有关人员40人参加培训。（高曙明）

【余姚市全市地方志编修和年鉴编纂实务培训会召开】 10月9日，浙江省余姚市史志办召开全市地方志编修和年鉴编纂实务培训会。浙江省志办专家围绕乡镇志、村志编纂和年鉴编纂进行授课。余姚市各市直部门、乡镇（街道）史志工作联络员及编写人员参训。（高曙明）

【《绍兴年鉴》编撰业务培训会召开】 4月1日，浙江省《绍兴年鉴》编撰业务培训会召开。培训会重点讲解近几年《绍兴年鉴》稿件中存在的主要问题及解决办法，并就年鉴条目的撰写方法，年鉴语言、图片和表格等的规范提出要求。近110家撰稿单位代表参加培训会。（绍兴市史志办）

【《衢州年鉴（2014）》编纂业务培训会召开】 4月14日，浙江省《衢州年鉴（2014）》编纂业务培训会召开。省志办主任助理韩锴作《年鉴条目的基本知识与编写要求》专题讲座。全市150余个承编单位撰稿人员参加培训。（衢州市志办）

【《衢江年鉴（2012～2014）》编纂暨培训工作会议召开】 12月22日，浙江省《衢江年鉴（2012～2014）》编纂暨培训工作会议召开。衢州市志办和衢江区有关领导出席会议。（衢州市志办）

【《常山年鉴（2015）》撰稿业务培训会召开】 3月18日至20日，浙江省常山县志办召开《常山年鉴（2015）》撰稿业务培训会。培训内容包括年鉴知识、年鉴编撰问题与案例分析等。培训方式采取集中授课和互动交流的方式进行。全县各单位、部门120余名撰稿人分6批参加培训。（衢州市志办）

【台州市县区级志书编纂培训举办】 6月3日，浙江省台州市志办举办县区级志书编纂培训。《台州市路桥区人民代表大会志》编写人员参加培训。（台州市志办）

【《三门县志（1989～2013）》编纂业务培训会召开】 7月16日，浙江省《三门县志（1989～2013）》编纂业务培训会召开。全县各承编单位150余人参加会议。（台州市志办）

【《丽水年鉴》编纂培训会召开】 3月3日，浙江省《丽水年鉴》编纂培训会召开，授课内容包括年鉴的基本概念、撰稿、编辑、条目撰写等方面。各县（市、区）、市直各有关单位、《莲都年鉴》各承编单位及市志办全体人员280余人参加培训。（丽水市志办）

【《青田年鉴》业务培训班举办】 4月30日，浙江省青田县志办首次举办《青田年鉴》业务培训班。培训会着重讲授年鉴系统性、真实性、权威性三大特点与年鉴工作"存史、资政、教化"的重要意义，并从年鉴的资料收集、选题选材、条目编写和名称表述等方面进行辅导。全县140个承编单位160人参加培训。（丽水市志办）

【《缙云年鉴》编纂业务交流会议召开】 11月25日，浙江省《缙云年鉴》编纂业务交流会议召开。会议学习贯彻《全国地方志事业发展规划纲要（2015～2020年）》，对年鉴撰稿人进行集中辅导培训，帮助撰稿人了解和掌握年鉴编纂的目的、意义、要求和方法，提高撰稿能力。各承编单位撰稿人员70多人参加。（丽水市志办）

【景宁县全县年鉴业务培训会召开】 3月13日，浙江省景宁县志办召开全县年鉴业务培训会。会议就年鉴的基本知识、年鉴的编写规范、条目的撰写等方面内容进行详细讲解，并分析《景宁年鉴》编纂过程中各单位存在的问题和解决方法。培训会分两批对全县121名年鉴撰稿人进行培训。（丽水市志办）

【安徽省地方志系统政秘人员培训班举办】 7月30日至31日，安徽省地方志系统政秘人员培训班举办。这是省志办成立35年来第一次举办政秘人员培训班。省辖市地方志机构和省志办50多名政秘人员参加培训。（章慧丽）

【《安徽年鉴》编纂业务培训会议召开】 5月22日，安徽省志办在绩溪县举办《安徽年鉴》编纂业务培训会议。省直机关、企事业单位以及市县区和经济开发区等单位160多名年鉴撰稿人参加培训。（章慧丽）

【黄山市名镇名村志编纂人员培训班举办】 11月18日至19日，安徽省黄山市名镇名村志编纂人员培训班举办。复旦大学历史系教授、中国地方志学会学术委员巴兆祥应邀授课。会议分别就地方志纂稿、编委会和编辑部职责、主编需要具备的素质、资料搜集方法等介绍经验和体会。各区县志办负责人和有关名镇名村志编纂人员60余人参加培训。（章慧丽）

【淮北市地方志在线编纂系统业务培训班举办】 12月16日至18日，安徽省淮北市志办举办为期3天6批次的地方志在线编纂系统业务培训班。参训人员学习了志书卡片、资料长编以及年鉴的编纂要求与技巧，并熟练掌握如何利用地方志在线编纂系统进行志书、年鉴、图片编纂与上传的业务技巧。市直机关、省属驻淮单位、大中型企事业单位、驻淮部队和院校志鉴编纂人员约150人参加培训。（章慧丽）

【肥东县全县党史地方志年鉴编纂工作与培训会议召开】 3月26日，安徽省肥东县召开全县党史地方志年鉴编纂工作与培训会议。省志办相关处室负责人到会授课。会议要求，要统一思想，提高认识，高标准、高质量开展乡镇志和年鉴的编纂工作。会议还表彰了《肥东年鉴（2014年卷）》《肥东大事记》编纂工作先进单位和优秀撰稿人。该县党史地方志联络员和年鉴撰稿人参加培训。（史五一）

【福建省年鉴业务编纂培训班举办】 6月3日至4日，福建省年鉴业务编纂培训班举办。培训先后安排4场讲座。福建省各市县（区）地方志编委会、平潭综合实验区党史方志研究中心和省直单位编鉴机构相关负责人员近200人参加培训。（孙洁斐）

【福建省年鉴编纂业务研修班举办】 8月12日至14日、19日至21日，福建省年鉴研究会举办两期全省年鉴编纂业务研修班。福建省宏观经济研究会秘书长宋小佳，《福建年鉴》编辑部主任、副编审林丹英，《福建年鉴》资深编辑、副编审郑棻进行专题授课。省直单位和各市、县（区）政府办及平潭综合实验区党史方志研究中心年鉴编写人员120余人参加培训。（孙洁斐）

【福建省乡镇志编纂业务培训班举办】 9月10日至11日，福建省乡镇志编纂业务培训班举办。各设区市中国名镇志丛书编纂工作分管领导、主编和泉州市所辖县（市、区）方志委（办）负责人以及德化县已开编乡镇志、部门志总纂120余人参加培训。（林忠玉）

【福州市地方志系统第二期年鉴编辑业务培训班举办】 11月26日至27日，福州市地方志编委会在福清市举办福州市地方志系统第二期年鉴编辑业务培训班。全市11个县（市）区以及平潭综合实验区地方志机构负责人、编辑约50人参加培训。（张灵）

【《厦门年鉴（2015）》组稿培训会召开】 1月30日，福建省厦门市志办召开《厦门年鉴（2015）》组稿培训会。会上，市志办主任白延蜻对厦门市2014年年鉴工作情况进行总结回顾，《厦门年鉴》执行主编葛向勇从年鉴条目的选题、内容的审核把关、各类条目的编写、照片和表格的应用等方面进行授课。全市140多家供稿单位代表参会。（郑欣）

【山东省全省地情资料库建设培训班举办】 6月16日至17日，山东省全省地情资料库建设培训班在济南举办。省史志办副主任郭永生出席培训班并讲话。培训班采取专题讲座与现场交流、个人上机实际操作相结合的形式，围绕2015版地情资料库后台管理软件的操作方法进行培训。全省17市17个县（市、区）40余名技术人员参加培训。（孙杰）

6月16日至17日，山东省全省地情资料库建设培训班举办

【山东省地情网站建设培训会召开】 8月13日至14日，山东省史志办在烟台召开地情网站建设培训会。会议交流全省第二轮地情网站升级改版收尾工作情况，现场展示省史志办地情网站群系统设计制作的20个县级地情网站，讲授站群系统后台操作、图片处理和安全上网等要求。烟台市11个县级史志部门，鱼台县、梁山县，泰安市岱岳区、东平县，日照市岚山区，惠民县、无棣县、博兴县、邹平县等20个县级史志机构网站管理人员30余人参加会议。（孙杰）

【山东省中小企业局修志业务培训会召开】 3月20日，山东省中小企业局召开修志业务培训会。省中小企业局局长王兆春出席会议。培训会上，省史志办业务人员结合《山东省志·工业志》中小企业篇的编写，就志书体例运用，初稿撰写中应重点把握的原则、方法向与会人员进行讲解，并就下一步篇目的调整完善进行交流探讨。局有关处室负责人及20余名志稿撰写人员参加会议。（孙杰）

【山东省建材工业协会修志业务培训会召开】

5月14日，山东省建材工业协会召开修志业务培训会。邀请省史志办业务人员以《山东省志·工业志》建材篇部分初稿为样本，采取样稿剖析的办法，就初稿撰写中应把握的基本原则及常见问题处理进行讲解，并就下一步编写工作提出计划安排。（孙杰）

【济南市史志工作半年讲评暨业务培训会召开】 8月14日，山东省济南市史志工作半年讲评暨业务培训会召开。会上，各县市区史志办负责人汇报上半年工作，对各自在第二轮修志、年鉴编纂、地情网站和信息化建设等方面的进展情况和遇到的问题进行交流。市史志办分管领导对县（市、区）工作进行讲评，并对下阶段工作进行部署。市史志办有关业务处室的业务骨干还分别就二轮修志和年鉴编纂进行专题授课。市史志办、各县（市）区史志办50余人参会。（张阳）

【青岛市全市地情网站建设业务培训班举办】 11月9日，山东省青岛市史志办举办全市地情网站建设业务培训班。参加培训人员学习新修订的《青岛市地情网站管理规定》，并结合本次市电政办后台数据库升级工作，学习青岛市部门网站管理平台操作方法。各区市史志办分管领导、网站管理员及栏目管理员23人参加培训。（孙杰）

【淄博市地情网站管理培训班举办】 12月15日，山东省淄博市地情网站管理培训班在山东正舟信息技术公司举办。技术人员为地情网站管理人员进行网站管理培训，并详细解答参训人员提出的技术问题。在此基础上，参训人员还就网站形式及内容等进行探讨与交流。淄博市史志办及8个区县地情网站管理人员12人参加培训。（孙杰）

【德州市全市"名村志丛书"编纂培训班举办】 4月26日至27日，山东省德州市史志办举办全市"名村志丛书"编纂培训班。北京大学教授、博士生导师肖东发和德州市史志系统修志业务专家组成员郝德禄分别授课。授课老师通过案例分析、图表分析等方式，深入浅出地讲解方志文化发展历史、方志文化特色及方志在经济社会文化发展中的重要性，讲授乡村志编修涉及的内容范畴、体裁、篇章结构、注意事项等。德州市13个县（市、区）的80余名村志编纂人员以及河北省邢台市有关县的相关人员参加培训。（孙杰）

【河南省全省乡镇志编纂业务培训班举办】 10月13日至16日，河南省史志办举办全省乡镇志编纂业务培训班。培训班以集中授课为主，辅之以互动交流、集中讨论等方式。另外，专门安排时间，集中参训人员对省史志办起草的《关于乡镇志编纂若干问题的意见》（讨论稿）进行讨论。各省辖市、各省直管县、各县市区史志办（局）负责乡镇志编纂协调指导的领导或业务骨干以及部分试点乡镇（办）的主编或主笔230余人参加培训。（汪朝霞）

10月13日至16日，河南省全省乡镇志编纂业务培训班举办

【郑州市乡镇（街道）志编纂业务培训班举办】 10月21日至23日，河南省郑州市史志办举办乡镇（街道）志编纂业务培训班。培训班以集中授课为主，辅之以互动交流。为强化培训效果，市史志办向11个县（市、区）的乡镇（街道）赠送《大冶镇志》《大金店志》《告成镇志》等乡镇（街道）志书80本供其参考借鉴。11个县（市、区）史志办业务骨干、部分乡镇（街道）的主编或主笔以及市史志办相

关业务人员89人参加培训。（汪朝霞）

【郑州市地方志业务培训班举办】 8月23日至29日，河南省郑州市史志办举办地方志业务培训班。复旦大学继续教育学院副院长李辉，郑州市史志办党组书记、主任张群保出席开班仪式并讲话。在开班仪式上，郑州市史志办向复旦大学图书馆赠送了第一轮、第二轮《郑州市志》和《郑州年鉴》《郑州大辞典》等史志成果。全市地方史志系统和市直有关单位从事志书、年鉴编纂的业务骨干70余人参加培训。（汪朝霞）

【平顶山市年鉴培训会召开】 5月8日，河南省平顶山市年鉴培训会召开。会议对年鉴编辑的法律法规、基础知识、基本方法和相关注意事项等作系统全面的培训。（汪朝霞）

【新郑市乡镇（街道）志编纂业务培训班举办】 11月20日至21日，河南省新郑市史志办举办乡镇（街道）志编纂业务培训班。新郑市乡镇、街道、市直有关单位50余名编修骨干参加培训。（汪朝霞）

【湖北省第六届县（市、区）年鉴业务培训会召开】 6月12日，湖北省第六届县（市、区）年鉴业务培训会在武昌市召开。会议对部分年鉴编纂出版工作不够规范的市县进行年鉴业务知识培训，重点解决全省年鉴质量参差不齐等问题。会上，省方志办党组书记、主任文坤斗对今后的年鉴工作提出要求。汉阳区方志办、枣阳市方志办分别作业务交流。湖北省年鉴研究会副会长赖洁玉就年鉴出版相关问题做讲解。（湖北省志办）

【湖北省2015年全省地方志系统新进人员培训班举办】 10月31日至11月3日，湖北省方志办公室举办2015年全省地方志系统新进人员培训班。培训班采取专题讲座、分组讨论、交流发言等方式进行。2014年至2015年度新任主任、副主任、主要业务干部101人参加培训。（湖北省志办）

【2015年度《湖南省志（综合本）》编纂业务培训班举办】 10月29日至30日，2015年度《湖南省志（综合本）》编纂业务培训班举办。开幕式上，省地方志编委会党组书记、副主任易介南讲话，重点解读《全国地方志事业发展规划纲要（2015～2020年）》，要求与会者认真完成《湖南省志（1978～2002）》和《湖南省志（综合本）》编修任务。培训班特邀全国著名方志专家作专题讲座。《湖南省志》承修单位修志人员、省地方志编委会业务人员150多人参加培训。（蔡素云）

10月29日至30日，2015年度《湖南省志（综合本）》编纂业务培训班召开

【长沙市地方志资料年报第二期业务培训班举办】 5月29日，湖南省长沙市志办举办地方志资料年报第二期业务培训班。市志办业务指导处处长高路授课，培训班上，对2014年年报工作情况做小结，并就2015年年报报送单位的确定、报送时间、组织保障等提出要求。全市140多个市直机关、企（事）业单位的170多名分管地方志资料年报的领导和具体编写人员参加培训。（长沙市志办）

【邵阳县谷洲镇2015年村志编修业务培训班举办】 6月，湖南省邵阳县谷洲镇举办2015年村志编纂业务培训班。培训班从村志的编写内容、特点、要求、范例以及资料的收集、鉴

别、整理、运用等方面作讲解。全镇36个村40余名编纂人员参加培训。（周田田）

【广东省2015年省级地方志资料年报业务培训会议召开】 4月21日，广东省志办召开2015年省级地方志资料年报业务培训会议。会上，省志办副主任马建和对2014年年报工作做总结，并部署2015年年报工作；省卫生计生委、广东保险学会和省食品行业协会代表交流年报工作经验；中国地方志学会学术委员陈泽泓讲授业务规范与编写要求，并以广东海事局和广东物资集团的年报资料为例，作题为《省级地方志资料年报例析》专题辅导。省直及中央驻粤单位、行业协会年报编写人员110余人参加会议。（广东省志办）

4月21日，广东省2015年省级地方志资料年报业务培训会议召开

【2015年广东省地情网站建设培训暨业务交流会召开】 6月24日至25日，广东省地情网站建设培训暨业务交流会召开。省志办副巡视员吕克坚出席会议并做动员讲话。会议采取以会代训形式，通过讲授广东省三级地情网络系统操作和地情网站建设基础知识，结合2015年政府网站普查要求，指出这些年来一些信息员在具体建库过程中出现和存在的问题，交流地方志信息化工作经验。全省各级地方志工作机构信息员35人参加会议。（广东省志办）

【2015年广东省年鉴主编培训会召开】 8月21日，广东省年鉴主编培训会召开。省志办主任温捷香作题为《依法治鉴创新发展 加快推进年鉴强省建设》的讲话，深圳、清远、佛山南海分别介绍工作经验，中国学术期刊（光盘版）电子杂志社有限公司赵瑞红作《大数据年鉴互联网+》专题授课。会议回顾2011年以来全省年鉴工作，充分肯定全省在理顺管理体制、推动综合年鉴编纂工作全面开展、加强规范化建设、总体质量不断提升等方面取得的显著成绩。会议强调，要重点抓好四项工作：一是深入贯彻全国会议和“两办”《通知》精神，全面提高依法治鉴工作水平，做到依法编鉴、依法用鉴、依法管鉴，实现“一年一鉴、公开出版、当年出版”规范化要求；二是继续做好年鉴评议审读工作，将评议审读与中国年鉴精品工程、年鉴试点工作结合，争取用5年时间评议审读全省各级综合年鉴，努力打造综合年鉴精品；三是积极做好乡镇（街道）年鉴编纂试点工作，推动地方志工作向基层延伸，至2020年，全省中心镇与历史文化名镇要开展综合年鉴编纂；四是做好“互联网+年鉴”，推动年鉴资源开发利用工作。全省各级地方志机构负责人参加会议。（广东省志办）

【广州市2015年地方志资料年报业务培训班举办】 7月16日，广东省广州市志办举办2015年地方志资料年报业务培训班。培训班采取集中授课、经验交流、分类培训等形式，安排讲解年报工作总体要求、年报编写基础知识和年报单位工作经验介绍等内容。市方志办副主任胡巧利作题为《地方志资料年报工作总体要求》的专题讲座。培训班分别对经济部类、政治部类、社会文化部类编写人员作专题讲座，讲授各部类年报编写的具体要求，结合实例剖析各部类年报存在的不足及改进措施。年报单位、区志办工作人员围绕年报组织模式、确保编写进度和质量等进行交流。全市81个年报单位、12个区方志办年报编写人员118人参加培训。（李启伦）

【《广州扶贫开发与援建志》业务培训班举办】 1月27日，广东省广州市志办举办《广州扶

贫开发与援建志》业务培训班。市志办主任黄小晶作开班动员讲话，市志办副主任胡巧利主讲《地方志基础知识及篇目设计》。会议提出两点意见：一是关于志书的编纂上限，各单位应继续深入研究；二是关于篇目设计，各单位应尽量细化提纲，补充“抗震救灾”等重要内容，同时要突出“社会帮扶”等亮点，将有创新意义和广州特色的内容作为篇目名称，并希望各单位领导组织召开座谈会进行专题研究。市协作办、市发改委、市扶贫办、市建委等单位相关人员28人参加培训。（李玉平）

【深圳市2015年史志业务培训会召开】 4月1日至2日，广东省深圳市史志办召开2015年史志业务培训会。市委副秘书长胡谋出席会议并讲话，市史志办主任黄玲宣读对2014年全市史志年报与年鉴供稿工作成绩突出的128个单位和348名个人的表彰决定。培训班分别就网上党史舆情和党史教育基地、党史年报资料报送规范、地方志资料年报报送规范、地方志资料年报工作要点、年鉴条目编写、年鉴资料收集与条目撰写等6个专题进行授课。会上，市史志办给学员赠送出版的图书。全市各区、市直单位等部门党史联络员、地方志资料年报人员、年鉴供稿作者200余人参加培训。

（深圳市史志办）

4月1日至2日，深圳市史志办举办2015年史志业务培训会

【深圳市街道年鉴编纂培训会召开】 6月5日，广东省深圳市召开街道年鉴编纂培训会。省志办副主任马建和、市史志办主任黄玲出席会议。会议要求，切实加强组织领导、加强质量建设、注重开发利用，把这项工作抓出实效。会议对全市街道年鉴工作作出统一部署。会议还就街道（办事处）年鉴编纂框架及结构、条目标题及内容、条目实例分析、年鉴组稿经验等方面作相关培训。全市6个行政区、4个新区11个街道43人参会。（广东省志办）

【茂名市自然村落历史人文普查试点工作培训班举办】 12月15日，广东省茂名市在化州市新安镇举办茂名市自然村落历史人文普查试点工作培训班。茂名市方志办兰红娟授课。培训班对地方志工作的现实意义、自然村落历史人文普查的现实作用作通俗易懂、接地气的讲解并对普查工作提出具体要求。新安镇镇政府全体干部职工、各行政村村委书记和文书、各中小学校长和部分老师以及新安镇社会热心人士150多人参加培训。（广东省志办）

【广西市县志业务培训班举办】 6月、9月，广西壮族自治区志办分别在百色市、梧州市举办广西市县志业务培训班第一期、第二期，分片区对全区修志队伍进行轮训。14个地级市及所辖县、市、城区的修志机构负责人、具体负责编纂的业务骨干以及资料员200多人参加培训，实现全区市县志主要业务骨干培训全覆盖。（韦晓）

【河池市全市地方志、年鉴工作业务培训班举办】 9月，广西壮族自治区河池市志办举办全市地方志、年鉴工作业务培训班。培训班主要讲授志书、年鉴的编纂理论与编纂实践，11个县（市、区）志办主任及志书和年鉴编纂人员、市方志办全体人员30多人参加培训。

（韦晓）

【海南省市县方志年鉴培训会召开】 5月26日至28日，海南省市县方志年鉴培训会在澄迈县召开。海南省志办主任毛志华结合海南省史志工作实际，对2015年全国党史研究室主

任会议、全国地方志机构主任工作会议精神进行全面解读，提出贯彻意见和要求。培训会围绕“二轮修志资料收集与整理”“志书记述的规范要求”“年鉴索引的编制”“年鉴索引编制操作办法”等专题进行授课讲解。各市县史志工作机构主任、地方志业务骨干70余人参会。（李鑫）

【2015年海南省方志业务研修班举办】 7月19日至8月2日，海南省志办与华南师范大学历史文化学院合作，举办2015年海南省方志业务研修班。省志办副主任陈波出席开班典礼并做动员讲话。研修班开设史志基础、编撰技能与研修扩展三项课程。（李鑫）

【《海南年鉴》新撰稿人培训会召开】 4月9日，《海南年鉴》新撰稿人培训会在海口市召开。培训会围绕年鉴条目分类、条目撰写存在的主要问题以及如何提高条目撰写质量等进行讲解，并结合2014年海南年鉴编纂实际，就相关单位的稿件进行点评，提出改进要求。

（李鑫）

【海口市地方志编纂专题培训讲座举办】 8月24日，海南省海口市史志办举办地方志编纂专题培训讲座。讲座重点讲解志书和年鉴的查缺补漏和保密审查，以推动各承编单位强化保密意识，建立机制，明确责任，做好所承编志书、年鉴稿件保密审查工作。（李鑫）

【《海口年鉴》编纂业务培训班举办】 3月31日，海南省《海口年鉴》编纂业务培训班在海口市举办。培训班对2015年年鉴工作进行布置，提出两点要求：一是树立时间观念，落实组稿责任，确保按照时间节点供稿；二是强调以质为先，做到多措并举，不断提升年鉴编纂质量。会议还宣读《海口市政府办公厅关于表彰2014年度〈海口年鉴〉优秀撰稿人的通报》。全市各撰稿单位150人参加培训。

（李鑫）

【儋州市全市二轮修志工作推进会暨修志业务工作培训会议召开】 3月18日，海南省儋州市召开全市二轮修志工作推进会暨修志业务工作培训会议。会议对《儋州市志（1991～2010）》编修工作进行部署，并对全市各承编单位修志人员进行业务培训。市长、市地方志编委会主任张耕出席会议并讲话，副市长、市地方志编委会副主任王月花对全市二轮修志工作进行部署。海南省志办主任毛志华、副主任陈波到会指导，并就加快推进儋州市第二轮修志工作提出要求。培训班围绕地方志的特征、志书的要求、资料搜集、行文规则等方面进行讲解。（李鑫）

【四川省直部门（行业）年鉴大事记编纂培训会召开】 6月12日，四川省直部门（行业）年鉴大事记编纂培训会召开。会议就部门（行业）年鉴、大事记的编写要求、注意事项、存在问题和解决途径进行解析。部分省直机关、中央驻川单位、国有大企业从事年鉴或大事记编写工作的单位65人参加培训。（牛淼）

【四川省名镇志编纂业务培训班举办】 8月31日至9月1日，四川省名镇志编纂业务培训班举办。培训班指出，中央、省委高度重视城镇化建设中对传统乡土文化和民俗文化的保护和继承，加强历史文化名镇资料保护和开发，开展历史文化名镇志编纂工作，对全面、翔实记录四川省城镇化发展历程，传承和抢救乡土历史文化，激发爱国爱乡情怀有强大的推动作用。各市（州）志办业务负责人、涉及国家或省级历史文化名镇的县（市、区）志办负责人以及各历史文化名镇工作人员约120人参加培训。（朱艳林）

【四川省全省方志系统宣传、信息暨公文写作骨干培训班举办】 9月14日至15日，四川省地方志工作办公室举办全省方志系统宣传、信息暨公文写作骨干培训班。培训班立足“学工作条例，明工作大局，领工作任务，促实际应用”，精心准备9种学习辅导资料，安排3

个专题讲座。全省各市（州）、县（市、区）以及部分省直单位地方志工作者178人参加培训。（黄绚）

【贵州省行政执法人员法治培训举办】 4月17日，贵州省志办举办行政执法人员法治培训。省政府法制办副主任舒葳韧结合学习党的十八届四中全会、省委十一届五次会议精神，围绕依法治国的指导思想、总目标、五大体系、六大任务、特点原则和依法行政的六项措施等问题，进行分析和讲解。（贵州省志办）

【贵州省乡镇志暨“中国名镇志”编纂业务培训班举办】 8月24日，贵州省乡镇志暨“中国名镇志”编纂业务培训班举办。培训会上，贵州省志办副主任归然作动员讲话，要求参会人员充分认识做好贵州省乡镇志和“中国名镇志”编纂工作的重要性，认真学习编纂业务知识，回去后要做好对各乡镇编纂人员的业务指导；中指办副主任邱新立讲授《中国名镇志体例、体裁的运用》。中指办方志处副处长陈旭讲授《“中国名镇志”编纂实务》，江苏省昆山市志办主任徐秋明讲授《中国名镇志篇目的设计与思考》。各市（州）、省直管县（市）、各县（市、区、特区）地方志机构负责乡镇志和“中国名镇志”编纂指导工作的100余名业务人员参加培训。（贵州省志办）

【第二轮贵州省志编修主编培训班举办】 10月27日至28日，贵州省志办举办第二轮贵州省志编修主编培训班。培训班分别教授《如何提升志书内在品质》《谈二轮省级专志总纂中的几个问题》《提高志稿质量的基本途径》和《概述、无题引言、大事记、编纂说明、附录的纂写》4个课题。培训过程中，授课人对学员提出的第二轮志书与第一轮志书时间、内容衔接等问题作现场解答。省直有关单位90余名省志编修人员参加培训。（贵州省志办）

【安宁市史志编纂业务培训会召开】 2月12日，云南省安宁市史志编纂业务培训会召开。培训班就年鉴编纂工作应注意的问题、撰写执政纪应注意的问题、史志图片资料征编要求、如何编纂大事记等内容进行讲解授课。全市各撰稿单位108人参加培训。（字应军）

【石林县地方志纪录片首期培训班举办】 4月10日，云南省石林县地方志纪录片首期培训班举办。培训内容为纪录片历史和理论、纪录片拍摄和剪辑实务、地方志纪录片展望。通过纪录片专家授课、学员开展地方志纪录片拍摄和作品讨论评比分享等方式，建立一套规范化常态化可持续的地方志纪录片制作培训交流机制，打造一支立足石林的地方志纪录片摄制队伍。（字应军）

【陕西省全省市县志审稿人员培训班举办】 8月31日至9月1日，陕西省全省市县志审稿人员培训班举办。培训班以《丹凤县志（1991～2010）》送审稿为例，形成了10余篇学术论文。培训班采取问题导向和典型解剖的办法，通过对市县两级审稿业务的切磋研讨，解决市县志稿编审工作中存在的突出问题，明确任务，规范标准，强调程序，以期保障第二轮修志的质量和进度。（丁喜）

8月31日至9月1日，陕西省全省市县志审稿人员培训班举办

【2015年《西安年鉴》培训会议召开】 11月26日，陕西省西安市志办召开2015年《西安年鉴》培训会议。全市年鉴各承编单位分管领导及年鉴撰稿人130余人参加了会议。

（姬娟妮）

【甘肃省全省二轮修志业务培训班举办】 11月5日至8日，甘肃省史志办举办全省二轮修志业务培训班。省内外长期从事地方志工作的专家为学员授课，主要内容包括地方志基础知识、第二轮志书的篇目设计和类目划分、资料收集取舍、志书总纂审定及出版理论等。省直有关修志单位、各市（州）、县（市、区）地方志工作机构130多人参加培训。（梁兴明）

【宁夏年鉴工作经验交流暨年鉴培训会议召开】 5月18日，宁夏年鉴工作经验交流暨年鉴培训会议召开。宁夏社会科学院院长张进海出席会议并讲话，全区五市年鉴工作代表进行交流发言。会议对全区各地方志部门及各厅局年鉴工作人员进行年鉴知识培训学习，重点为新启动年鉴编纂的单位提供经验及工作指导，推动年鉴编纂工作。（王玉琴）

【昭苏县第二轮修志业务培训班举办】 3月30日至31日，新疆维吾尔自治区昭苏县举办第二轮修志业务培训班。培训包括编写志书基本知识及须注意的问题、志书资料收集基本方法等内容，讲解编写志书的方法和技巧。全县86个修志单位近百名撰稿人参加培训。

（陈忠）

【额敏县第二轮修志撰稿人培训班举办】 5月12日，新疆维吾尔自治区额敏县志办举办第二轮修志撰稿人培训班。培训主要针对志稿未报或志稿虽已报送但存在问题较多的单位，30余人参加培训。6月9日，额敏县志办又举办乡镇场撰稿人员培训班，全县各乡镇场的撰稿人员参加培训。（陈忠）

【新疆地方综合年鉴工作经验交流现场会暨年鉴主笔培训班举办】 8月，新疆维吾尔自治区地方志编委会在沙湾县举办新疆地方综合年鉴工作经验交流现场会暨年鉴主笔培训班。会议总结30年来新疆年鉴工作的经验和教训，部署年鉴工作全覆盖的具体步骤。同时，针对年鉴编纂工作的需求，进行主笔业务培训。

（陈忠）

【新疆维吾尔自治区农业厅第二轮修志第四期培训班举办】 9月17日，新疆维吾尔自治区农业厅举办第二轮修志第四期培训班。培训班强调，各单位要高度紧张起来，制定切实可行的措施，确保圆满完成任务，力争把第二轮农业志打造成一部观点正确、体例严谨、内容全面、特色鲜明、记述准确、资料翔实的精品志。厅属各承编单位领导和撰稿人员40余人参加培训。（陈忠）

【阿图什市第二轮修志工作推进会暨业务培训会议召开】 11月19日，新疆维吾尔自治区阿图什市召开第二轮修志工作推进会暨业务培训会议。会议部署新一轮地方志编修工作，宣读《阿图什市第二轮修志工作推进方案》，并对各修志单位就如何做好编纂工作进行业务指导培训。与会人员就编纂方法、条目的审核、如何写作等方面作经验交流。全市100余家修志单位负责人及撰稿人参加会议。（陈忠）

【昌吉回族自治州第二轮修志暨《昌吉回族自治州志（1996～2016年）》编修业务培训班举办】 9月22日，新疆维吾尔自治区昌吉回族自治州举办第二轮修志暨《昌吉回族自治州志（1996～2016年）》编修业务培训班。昌吉州第二轮修志工作进入全面征集资料和编纂阶段。培训结合地方志书编纂要点、难点和工作实例进行，主要解决“怎么干”的问题，让所有编修人员掌握编修志书的基本方法。全州140多个单位近260名撰稿人员参加培训。

（陈忠）

【兵团第八师石河子市修志业务交流培训班举办】 3月17日至4月5日，新疆生产建设兵团第八师石河子市修志业务交流培训班在辽宁省鞍山市举办。培训采取专题讲座与交流研讨相结合的方式进行，除邀请鞍山市从事地方志、年鉴编纂的专家、学者举办《如何科学设置年鉴栏目》《如何撰写年鉴条目》《地方志资料搜集方法与运用》等多个专题讲座，还组织学员赴鞍山市史志办进行业务交流研讨。（张畅）

【兵团第八师石河子市地方志业务培训班举办】 12月2日，新疆生产建设兵团第八师石河子市史志办举办地方志业务培训班。兵团志办公室副主任何喜清及业务骨干应邀授课。八师80余名方志工作者参加培训。（张畅）

【兵团第五期二轮修志业务培训班举办】 4月27日至29日，新疆生产建设兵团志办公室举办兵团第五期第二轮修志业务培训班。培训班课程设置力求有针对性和实用性，兵团志办公室的领导和业务骨干理论联系实际，分别就地方志基础知识、篇目大纲和资料长编的编写、地方志书的编写、概述写作等内容进行系统授课。各师、团史志办领导和业务骨干、志书主编200余人参加培训。（周崇）

【兵团第十二师五一农场第二轮修志业务培训班举办】 6月17日，新疆生产建设兵团第十二师五一农场举办第二轮修志业务培训班。兵团志办公室领导和业务骨干为学员授课。培训内容为《如何编纂改革开放的新方志》《如何设计篇目大纲、搜集资料与编辑资料长编》《地方志稿的编写》等。农场机关各部委办局、各基层单位撰稿人员80余人参加培训。（周崇）

【兵团第十师北屯市第二轮修志暨年鉴业务培训班举办】 8月31日，新疆生产建设兵团第十师北屯市举办第二轮修志暨年鉴业务培训班。兵团志办公室副主任何喜清及业务骨干应邀授课。培训班对全面推进师市第二轮修志工作作出安排部署，要求建立定期汇报制度和通报制度，确保2020年前完成第二轮志书编修工作。十师各团场、机关各部门及直属企事业单位100余人参加培训。（周崇）

【兵团第十一师（建工师）年鉴编写培训班举办】 年内，新疆生产建设兵团第十一师（建工师）举办年鉴编写培训班2期。31个部门、22个师属单位年鉴撰稿人员参加培训。（陈远芳）

·考察交流

【北京地方志学会代表团赴台湾交流研讨】 5月10日至16日，北京市志办副主任、北京地方志学会年鉴工委主任张恒彬率北京地方志学会代表团赴台湾交流研讨。在台期间，代表团一行先后与台北市文献委员会、台湾文献馆等地方志编纂机构交流，向台湾同行介绍北京市第一、二轮修志工作情况，北京市方志馆的社会功能和服务情况，还实地考察台北“故宫博物院”和高雄历史博物馆。（赵文才）

【北京市地方志系统考察组赴新疆考察调研】 7月20日至27日，北京市和部分区县志办组成考察组，由市志办主任王铁鹏带队，到新疆维吾尔自治区地方志编委会进行学习考察，并赴新疆和田地区，深入北京市对口援建的和田市、洛浦县、墨玉县史志办进行调研。（赵文才）

【北京市志办赴拉萨市调研交流第二轮修志和年鉴编纂工作】 8月7日至12日，中指办副主任邱新立、北京市志办副主任谭烈飞带队一行赴拉萨市调研交流第二轮修志和年鉴编纂工作。调研组一行与拉萨市志办就进一步开展有针对性的对口支援工作及《拉萨年鉴（2015）》编纂情况进行交流和座谈。（赵文才）

【北京市志办赴青海省玉树州考察地方志工作】 8月5日至8日，北京市志办副主任侯宏兴带队一行5人赴青海省玉树藏族自治州考察地方志工作。玉树州志办主任介绍玉树州地方志工作开展情况以及存在的主要问题和困难。考察组一行就《玉树藏族自治州年鉴》在篇目框架设计、概况写法、大事记和条目编写等方面存在的问题提出评议意见。在西宁期间，考察组一行与青海省志办修志人员进行座谈。

（赵文才）

【内蒙古自治区志办考察团一行到山东省考察交流】 4月23日，内蒙古自治区志办主任胡满达率考察团一行7人到山东省考察交流史志工作。考察团一行与山东省政府办公厅党组成员、省史志办主任刘爱军等人举行座谈。双方就第二轮修志、年鉴编纂、方志馆和信息化建设、人才培养等展开深入交流和探讨，达成许多有建设性的共识。座谈会前，考察团一行参观山东省方志馆。（李坤）

4月23日，内蒙古自治区志办考察团一行到山东省考察交流

【辽宁省地方志系统开展考察交流】 9月28日至29日，辽宁省志办派两人专程赴黑龙江省志办就网站及数据库建设与应用技术情况进行调研。调研期间，与黑龙江省志办相关人员以“黑龙江省省情数据库的建设及发展情况”为议题举行座谈，了解数据库建设过程及运营维护经验。辽宁省各市地方志（史志）办公室之间也开展不同形式的考察交流活动，鞍山市史志办到沈阳、大连、营口、辽阳等市地开展业务交流；辽阳与铁岭两市开展“南辽北铁”文化交流活动；铁岭市志办与丹东等市修志同行进行业务交流，互相交流与借鉴好的经验和做法。（宁芳）

【黑龙江省志办一行赴福建考察交流】 4月9日，黑龙江省志办主任隋岩、副主任袁建勋带领的黑龙江省地方志工作考察团一行到福建省地方志编委会考察交流。福建省地方志编委会主任冯志农从抓主业、抓特色、抓基础、抓队伍等方面介绍福建省志鉴编修、特色志书编纂、库网建设及队伍建设情况，尤其是推进依法修志及理顺年鉴工作体制等工作开展情况。隋岩介绍黑龙江省地方志工作情况。双方就地方志工作存在问题、主要做法与经验进行了充分交流，表示下一段要进一步加强两省地方志工作横向联系与合作交流。（孙洁斐）

【黑龙江省志办一行到江西省交流考察】 4月13日，黑龙江省志办主任隋岩一行6人到江西省志办交流考察，并参观江西省方志馆。双方就地方志有关工作进行座谈。江西省志办主任梅宏简要介绍江西省志办的发展历程、干部队伍状况、地方志工作总体情况，并就第二轮省志编纂、年鉴编辑、馆库建设、市县指导等方面工作进行交流。隋岩就黑龙江省经济社会发展状况及对地方志工作的影响、工作中存在的共性问题和个性问题进行探讨。（张志勇）

【黑龙江省政府办公厅一行到山东省学习交流《政府志》编纂工作】 5月5日，黑龙江省政府办公厅一行3人到山东省史志办学习交流《政府志》编纂工作。山东省史志办省志处人员介绍《山东省志·政权志》（政府部分）的编纂工作过程和做法，双方就编写领导和工作机构、工作开展模式与方法、资料搜集途径与范围、志书编写重点等问题进行深入交流。

（孙杰）

【江苏省志办赴安徽、湖北、重庆三地调研学习】 7月13日至17日，江苏省志办副主任牟国义带领调研组赴安徽、湖北、重庆三地调研学习年鉴编纂、指导、开发利用等工作。调研组与上述省市地方志工作机构分管年鉴工作的领导和年鉴编纂人员进行工作交流，重点了解对方在年鉴编纂流程、推动县区综合年鉴全覆盖、提高年鉴编纂质量等方面的相关情况和

经验。（朱崇飞）

【江苏省地方志代表团赴加拿大、美国考察访问】 9月13日至19日，江苏省志办主任方未艾带领由江苏省志办和镇江、无锡两市志办共同组成江苏省地方志代表团赴加拿大、美国进行专业考察访问。代表团先后访问加拿大多伦多大学郑裕彤东亚图书馆，美国哈佛燕京图书馆、哥伦比亚大学东亚图书馆、斯坦福大学东亚图书馆以及波士顿公共图书馆，与各图书馆馆长及中文部负责人进行沟通与学术交流，并参观中文藏书和期刊馆、善本书库。代表团分别向各馆赠送最新的《江苏年鉴》（英文版）《江苏历代方志全书目录》和《江苏省档案馆藏江苏旧志电子书专辑》。（武文明）

【苏州市志办一行到金华交流】 7月22日，江苏省苏州市志办一行到浙江金华交流地方志工作。双方进行座谈，就第二轮修志完成后进一步推动地方志工作发展的新举措、新方向交换意见。两家单位互赠方志书籍资料，并就史料征集事项达成互助承诺。（金华市志办）

【苏州市吴中区档案局一行到山东省方志馆考察交流】 9月29日，江苏省苏州市吴中区档案局一行4人参观考察山东省方志馆。考察团一行听取山东省方志馆基本情况介绍，双方就史料陈列展览的理念、做法和作用等进行座谈交流，希望与山东省方志馆进一步加强交流合作、共同发展。（孙杰）

【浙江省志办一行赴广东考察】 7月28日，浙江省志办主任潘捷军一行4人到广东省志办考察。考察团一行就广东省方志馆建设、《广东省志（1979～2000）》出版印刷工作等有关问题与广东省志办党组书记、主任温捷香，广东省政协常委、中国地方志学会副会长、省志办原主任陈强等人进行座谈。陈强介绍广东方志馆的立项缘起、功能定位、展厅设置以及《广东省志（1979～2000）》出版印刷工作的做法和经验，对有关省志出版印刷工作中的采购招标、质量控制、出版进度等问题作出详细解答。潘捷军介绍浙江省志办有关方志馆专题研究课题的进展情况与《浙江通志》的编纂情况。考察团一行实地考察广东方志馆、广州市方志馆及深圳市方志馆建设。（浙江省志办）

【浙江省志办到吉林省调研】 12月8日，浙江省志办主任助理韩锴一行4人到吉林省地方志编委会调研。双方召开调研座谈会，围绕年鉴编纂、档案管理等问题进行交流。会后，浙江省志办一行4人参观吉林省方志馆。

（周玉顺）

【杭州市志办一行赴台湾采访有关抗日史料】 3月22日至28日，浙江省杭州市志办主任贾大清一行赴台北市采访、搜集台湾抗日将领李友邦及夫人严秀峰（出生于杭州）在杭州的抗日足迹和史料。访问团向台北有关专家和单位赠送《武林旧事》、《〈台湾通史〉研讨会论文选集》和“魅力方志·品质杭州”宣传折页。（金利权）

【杭州市政府主要领导考察北京市方志馆】 6月2日，浙江省杭州市委副书记、市长张鸿铭一行到北京市方志馆参观考察。北京市委常委、秘书长、副市长张工，北京市地方志编委会常务副主任、《北京志》主编段柄仁，中指办副主任刘玉宏陪同考察。在参观考察过程中，双方就北京市第二轮修志、旧志整理、自然环境、人口数量、建置沿革及方志馆建设管理等情况进行交流。而后，双方举行赠书仪式。（赵文才）

【杭州市志办一行赴北京、南京、常州考察】 7月15日至17日，浙江省杭州市志办主任蒋文欢带领方志馆展陈设计组一行6人分别赴北京市方志馆、南京市方志馆和常州方志馆参观交流学习。（倪晴）

【宁波市志办赴苏州、长沙等地考察】 7月，浙江省宁波市志办一行赴江苏省苏州市志办考察乡镇志组织发动以及编修情况。考察期间，考察团赴苏州工业园区地方志工作部门以及昆山市志办调研。10月，宁波市志办组织考察团赴湖南省长沙市志办等单位考察。（高曙明）

【安徽省地方志办室组织帮扶调研组赴西藏考察交流】 8月7日至9日，安徽省志办组织帮扶调研组到西藏考察交流。调研组由省志办相关处室主要负责人和合肥市、芜湖市、黄山市志办主要负责人组成，由巡视员刘成典带队。调研组除深入错那县走访调研外，还为山南地区12个县的地方志工作者作修志业务辅导报告。（章慧丽）

【安徽省地方志系统赴藏考察团到西藏考察交流】 8月8日，安徽省志办巡视员刘成典率安徽省地方志系统赴藏考察团到西藏考察交流。考察团一行与西藏自治区志办主任汪德军在拉萨召开座谈会。（西藏自治区志办）

【福建省地方志编委会在泉州与美国南加州福建同乡会一行座谈交流】 1月17日，福建省地方志编委会主任冯志农在泉州与美国南加州福建同乡会会长杨式耻和副会长杨秋育、杨式辉一行座谈交流。双方就流失海外的福建地方文献和华人华侨史料征集事宜进行协商探讨，达成许多共识。（孙洁斐）

【福建省地方志编委会一行到河南、山东学习调研】 4月10日至14日，福建省地方志编委会副巡视员林浩一行4人到河南、山东学习调研。调研组重点就旧志整理出版、方志馆建设、年鉴编纂等工作与河南省史志办和山东省史志办有关人员座谈交流，交流工作经验，实地参观河南省方志馆、山东省方志馆、山东博物馆。（孙洁斐）

【福建省地方志编委会一行赴西藏调研交流对口支援地方志工作】 10月9日至17日，福建省地方志编委会副主任林浩一行7人赴西藏自治区调研交流地方志工作，看望慰问福建省方志系统援藏干部，商谈启动编纂《福建援藏二十年志》。调研组先后与朗县、林芝市、波密县、墨脱县等地志办和西藏自治区志办进行座谈，察看郎县卓村小康村文化建设和正在建设中的援藏项目朗县体育场、光明新区光明大道第一标段建设情况，以及尼洋阁藏东南文化遗产博物馆、墨脱门珞历史文化遗产博物馆等福建文化援藏项目，并前往朗县朗镇巴热村看望慰问贫困户。（孙洁斐）

【福建省地方志编委会与台湾妈祖联谊会会长郑铭坤举行座谈】 12月31日，福建省地方志编委会副主任俞杰在莆田市与台湾妈祖联谊会会长郑铭坤举行座谈。双方商谈两岸合编《妈祖文化志》总纂、出版等有关事宜，商讨下一步完成全书总纂、审稿、出版等有关事宜，并达成共识。（孙洁斐）

【龙岩市地方志编委会一行到浙江金华交流】 4月，福建省龙岩市地方志编委会一行到浙江金华、衢州交流地方志工作。

（金华市志办、衢州市志办）

【南平市地方志编委会一行到景德镇地方志馆考察交流】 9月23日，福建省南平市地方志编委会一行5人到江西景德镇地方志馆考察交流。南平市地方志编委会一行先后参观古镇春秋展厅、馆藏阅览室、方志文化交流中心、县（市、区）馆，并和景德镇市志办有关人员就地方志工作思路、方法等进行交流座谈。

（张志勇）

【江西省地方志学会第四批地方志专业考察团赴台湾考察】 6月26日至7月3日，江西省地方志学会组织第四批地方志专业考察团赴台湾考察。考察团成员由江西省、市、县三级从事地方志工作的人员14人组成。考察团先后到台湾“故宫博物馆”、台湾文献馆、台湾史前文化博物馆等地，深入了解台湾民俗文化，地方文献馆藏，地方志的编纂、保存、利用等，并与台湾有关学者进行广泛的交流和探讨。（张志勇）

【山东省史志办考察团一行赴上海、福建、安徽考察学习】　12月6日至12日，山东省史志办副主任郭永生率考察团一行5人赴上海市、福建省、安徽省考察学习年鉴和信息化工作。考察团一行分别与上海市志办主任洪民荣、福建省地方志编委会主任冯志农、安徽省志办主任朱文根等进行座谈，围绕省级年鉴编纂、县级年鉴一年一鉴全覆盖、年鉴的开发与利用，三级地情网站、省情数据库建设，微博、微信等新媒体应用，志鉴编纂平台和办公自动化系统开发，网络安全防护技术、云平台构建等“互联网+地方史志”开发利用情况展开探讨交流。　（孙杰）

【山东省史志办赴台湾考察交流】　10月25日至30日，山东省政府办公厅党组成员、省史志办主任刘爱军率山东省史志办考察交流团一行6人赴台湾考察交流。考察交流团分别拜访海峡两岸跨世纪交流协进会、台湾博物馆、台湾文献馆、台湾史研究所、国民党党史馆、台湾史前文化博物馆等历史文化研究机构，会见部分山东籍在台知名人士，并与海峡两岸跨世纪交流协进会理事长王绍平、台湾文献馆副馆长刘泽民及台湾地区修志和历史文化研究人员等进行深入交流。　（李坤）

10月25日至30日，山东省史志办考察交流团赴台湾考察交流

【新疆、西藏、青海、云南、内蒙古五省（区）考察团参观考察山东省方志馆】　8月26日，参加山东省全省精品志书编修培训班的新疆、西藏、青海、云南、内蒙古五个省（区）史志工作者50余人参观考察山东省方志馆。考察团一行听取山东省方志馆基本情况介绍，并参观考察方志馆书库、专题书库、资料室、陈列室等库室。五省（区）考察人员希望与山东省方志馆进一步加强交流合作，相互学习借鉴，共同推动方志馆事业发展。　（孙杰）

【德国下萨克森州政府对华合作顾问迪特·舒伯特一行到山东省史志办访问】　8月17日，德国下萨克森州政府对华合作顾问迪特·舒伯特一行访问山东省史志办。山东省政府办公厅党组成员、省史志办主任刘爱军等与迪特·舒伯特一行就开展历史文化交流合作展开座谈并达成初步意向。迪特·舒伯特与中国和山东有不解之缘，热心中国文化和中德交流，为征集山东省海外历史文献提供了大量宝贵线索，对开展旧志整理工作十分有帮助。刘爱军对迪特·舒伯特的来访表示欢迎，希望迪特·舒伯特担任山东省史志办与德国交流顾问，协助开展山东旧志等地情文献搜集和对德交流合作等工作。迪特·舒伯特愉快地接受了聘任，表示将尽己所能，为山东地方史志工作和德国相关机构牵线搭桥，并邀请刘爱军在合适的时候访问德国，进一步增进双方的交流合作。座谈结束后，迪特·舒伯特还参观山东省方志馆，实地了解山东地方史志工作情况和山东旧志等有关信息。　（孙杰）

8月17日，德国下萨克森州政府对华合作顾问迪特·舒伯特访问山东省史志办

【济南市史志系统一行到菏泽市方志馆调研交流】 9月21日，山东省济南市史志系统一行10人到菏泽市方志馆调研交流。在参观菏泽市方志馆地情展厅、志鉴书籍室、古籍珍本室、报刊阅览室等之后，双方就方志馆机构设立、筹备、装饰、布展、开馆运行及方志馆建设服务等具体问题和运行情况进行座谈交流，并互赠志鉴及特色书籍。（张阳）

【韩国国际文化交流院一行到菏泽市方志馆访问交流】 5月22日，韩国国际文化交流院院长宋基础、京畿道投资和招商局局长姜显道一行5人到菏泽市方志馆访问交流。宋基础一行参观地情展厅、志鉴书籍室等，详细了解菏泽有关历史事件、历史人物和志鉴藏书量等情况，对菏泽历史文化表现出浓厚兴趣。略通中文的宋基础还为方志馆题写汉字“欲穷千里目，更上一层楼”，作为访问交流纪念。

（孙杰）

【河南省史志办赴广东考察交流】 11月4日，河南省史志办党组书记、主任、方志馆馆长管仁富一行赴广东省志办考察交流。广东省志办主任温捷香参加座谈。双方就第二轮志书编修、信息化及方志馆建设工作进行交流学习。考察团一行还参观广东省方志馆，了解广东省方志馆省情展厅布展、藏书及书库建设等情况和今后的发展思路。（王颖）

11月4日，河南省史志办党组书记、主任、方志馆馆长管仁富一行赴广东省志办考察交流

【河南省史志办一行赴东莞考察交流】 11月5日，河南省史志办党组书记、主任、方志馆馆长管仁富一行赴广东东莞志办考察交流工作。考察团一行参观东莞市方志馆。参观结束后，双方就方志馆和信息化建设进行座谈。会后，东莞市志办向河南省史志办捐赠图书。考察团一行还并赴虎门鸦片战争博物馆参观。

（王颖）

【河南省史志办一行赴深圳考察交流】 11月5日至6日，河南省史志办党组书记、主任、方志馆馆长管仁富一行赴广东深圳考察交流。考察团一行首先参观《深圳改革开放史》展览。双方进行座谈交流，深圳市史志办主任、市方志馆馆长黄玲参加座谈会。双方就方志馆建设、志书编修等方面进行交流与学习。在座谈结束后，考察团一行参观深圳市方志馆各功能区域。（王颖）

【郑州市史志工作业务骨干一行到上海参观学习】 8月26日，河南省郑州市史志办组织全市各县（市、区）和市直相关单位史志工作业务骨干一行70余人到上海国歌展示馆和上海通志馆参观学习。郑州市史志办与上海通志馆还举行互换赠书仪式。（李占虎）

【新乡市地方史志局考察团一行到山东省考察交流】 4月27日，河南省新乡市地方史志局考察团一行4人到山东省考察。考察团一行与山东省史志办就史志工作进行座谈交流。会后，考察团一行参观山东省方志馆。（孙杰）

【焦作市史志办一行赴北京东城区考察学习】 5月8日，河南省焦作市史志办一行6人赴北京市东城区志办进行参观考察、学习交流。双方进行座谈，分别介绍机构设置、队伍建设、第二轮志书编修、综合年鉴编纂、信息化建设以及地情资料开发利用等方面情况，并就如何提高地方年鉴质量、打造精品年鉴，如何利用地方志优势、挖掘地情资料进行广泛交流和探讨。最后，双方互赠志书、年鉴及其他地情资料。（汪朝霞）

【湖北省志办一行赴广东调研交流】 5月13日，湖北省志办一行7人到广东省志办调研交流。双方进行座谈，就年鉴工作和广东方志馆建设等情况进行交流探讨。（广东省志办）

【湖北省委党史研究室调研组赴兵团第五师调研】 7月22日，湖北省委党史研究室副主任张帆率调研组赴新疆生产建设兵团第五师双河市党史研究室、志办考察调研，并捐赠援助资金5万元。调研组一行参观五师红星之旅陈列馆，并与五师史志工作人员座谈。

（兵团第五师史志办）

【武汉市地方志编委会到吉林省调研】 7月6日，湖北省武汉市地方志编委会副主任程鹏一行到吉林省地方志编委会调研。吉林省地方志编委会副主任李正奎、研究室主任张孟桐、省方志馆馆长竭宝峰分别介绍吉林省地方志编委会的基本情况和方志馆建设情况，并向武汉市地方志编委会赠送志鉴及地情资料42种43册。

（周玉顺）

【武汉市志办赴藏考察团到西藏考察交流】 7月14日，湖北省武汉市志办赴藏考察团一行到西藏考察交流。考察团一行与西藏自治区志办在拉萨进行座谈，双方就修志工作进行深入交流。（西藏自治区志办）

【深圳市史志办一行赴前海参观学习】 5月7日，广东省深圳市史志办主任黄玲率全办干部职工20余人到深圳前海深港现代服务业合作区参观学习。市史志办一行先后参观前海规划展示馆、前海企业公馆、深港青年梦工场、前海平行进口汽车试点、前海景观石、前海E站通服务中心等处。通过参观学习，市史志办一行深入了解到对前海在中央深化改革开放、推进粤港澳合作、广东自贸区建设、国家“一带一路”倡议中肩负的使命及其规划建设情况。

（深圳市史志办）

【深圳市史志办一行赴广州、韶关实地考察】

7月3日至5日，广东省深圳市史志办主任黄玲率考察组一行6人赴广州、韶关实地考察广州市方志馆（新馆）和中共广东省委粤北省委五里亭旧址，与广州市方志办和韶关市史志办有关人员深入交流地情展和党史展立项布展工作。

（深圳市史志办）

【深圳市史志办一行赴龙岗区开展客家民居考察活动】 10月16日，广东省深圳市史志办主任黄玲率全办干部职工到龙岗区龙新社区叶姓环水楼参观考察。市史志办一行还考察粤赣湘边纵队第三团团长李群芳故居，观看龙新社区老年协会组织的文艺演出。（深圳市史志办）

【深圳市史志办一行赴江苏、湖北学习考察方志馆建设经验】 11月4日至9日，广东省深圳市史志办副主任王地久率深圳市方志馆工作人员一行5人赴江苏省方志馆、南京市方志馆、湖北省方志馆进行考察交流。考察组一行分别与江苏省方志办、南京市方志办、湖北省方志办座谈交流。其间，考察组一行还到南京大学、武汉大学图书馆就图书报刊种类、书库和阅览室管理、文献数字化处理等方面进行学习交流。（深圳市史志办）

【云浮市志办一行到九江考察】 5月21日至22日，广东省云浮市志办一行5人到江西九江考察佛教禅宗相关情况，为编纂《慧能志》核实、补充资料。云浮市志办一行先后考察九江市史志办、永修县史志办、云居山真如禅寺，并就地方志有关工作与九江市史志办人员进行探讨和交流。（张志勇）

【海南省志办一行赴江苏考察交流】 7月1日至4日，海南省志办副主任陈波一行4人赴江苏考察交流，并就省级年鉴英文版编纂和提高市县地方综合年鉴编纂质量等问题进行专题调研。考察团一行先后与扬州市、南京市及栖霞区志办领导和相关人员进行座谈。（李鑫）

【海南省地方志学会组团赴台湾进行交流】 7月12日至18日，海南省地方志学会会长毛志华率团赴台湾进行交流。在台期间，毛志华一行先后考察了“中央图书馆”、台湾“故宫博物院”、中国国民党党史馆、“历史博物馆”、高雄市历史博物馆等方志、地方文献收藏整理机构，与台湾有关人员就琼台史志相关问题进行交流探讨。 （李鑫）

【四川省地方志编委会一行赴湖南考察交流】 6月2日至3日，四川省地方志编委会副巡视员汪毅一行7人到湖南考察交流地方志工作。考察团一行参观考察湖南方志馆、韶山毛主席故居。在考察交流中，双方进行深入的工作探讨。考察团一行还向湖南方志馆赠送《华阳国志》。 （张征远）

【四川省地方志工作办公室一行赴河南、山西学习考察】 7月15日至20日，四川省地方志工作办公室主任马小彬率成都市、南充市、省地方志办有关人员一行6人到河南、山西学习考察。考察组重点围绕第二轮三级志书编修及第三轮编修筹备情况，开发利用地情资源的做法和经验、加强方志馆建设、加强干部人才队伍建设的做法和经验等内容与两省修志人员进行座谈交流。考察组实地考察河南省、山西省资料收集、馆藏、管理等方面的做法，并建立长期地方志成果交换关系。 （朱艳林）

【四川省地方志工作办公室考察团到江西考察交流】 8月6日，四川省地方志工作办公室主任马小彬率考察团到江西考察交流工作。考察团与江西省志办召开座谈会，双方围绕机构编制、队伍建设、地方志工作督查、市县志鉴工作指导、第二轮省志编纂、地方志期刊编辑与发行、权力清单制订等7个方面介绍各自的工作方法、特点及遇到的问题，互相交流、借鉴。8月8日，考察团到江西省方志馆参观考察。 （张志勇）

【遵义地方志工作者赴上海七宝九星村实地交流】 5月12日，贵州遵义年鉴培训班学员一行60多人到“中国第一市场村”——上海闵行七宝九星村就村镇志编纂进行交流。上海市志办副主任生键红到会致辞。遵义市志办向上海市志办、九星村委会赠送整理出版的《遵义府志》《续遵义府志》。会上，介绍闵行区第一、二轮乡镇村志编纂情况并分析其异同，提出“村志应成为村民自己的书，成为大家共同的家谱”。 （孙长青）

【云南省志办考察团参观山东省方志馆】 7月8日，云南省志办主任任玉华一行3人参观考察山东省方志馆。考察团一行听取山东省方志馆基本情况介绍，并参观考察省方志馆书库、专题书库、陈列室等库室，双方就志鉴交换等业务工作进行探讨交流。 （孙杰）

【青海省志办一行3人到山东省考察交流】 8月23日，青海省志办副主任杨松义一行3人到山东省考察交流史志工作。杨松义一行与山东省史志办进行座谈，双方就志鉴编修、信息化建设、旧志整理以及政务督查、方志馆建设、资料年报制度等进行了深入座谈交流并在许多方面达成合作意向。山东省政府办公厅党组成员、省史志办主任刘爱军出席会议并向客人赠送山东纪念抗战胜利70周年丛书。 （李坤）

8月23日，青海省志办一行到山东省考察交流

【青海省志办开展考察交流】 年内，青海省志办先后组织3批7人（次）赴河南洛阳、甘肃天水及山东临朐等地进行考察学习交流。

（马渊）

【宁夏回族自治区志办一行赴广东考察交流】 4月14日，宁夏回族自治区志办主任负有强一行4人到广东省志办考察交流。广东省志办主任温捷香会见考察组一行。考察组一行参观广东方志馆，并与广东省志办进行座谈。会上还达成双方每年交换地情书籍的意向。

（广东省志办）

【兵团地方志工作者到浙江台州考察交流】 4月25日，新疆维吾尔自治区第一师阿拉尔市志办、三团史志办、第三师图木舒克市党史研究室有关负责人到浙江台州考察市、县两级第二轮修志的经验和做法，并就业务培训和援建事宜进行交流磋商。 （台州市志办）

机构队伍

·机构设置

【北京市地方志编纂委员会办公室】 北京市地方志编委会成立于1988年，下设办公室。办公室参照公务员法管理，为负责本市地方志工作的市政府直属事业单位。办公室内设机关党委、秘书处（人事处）、市志指导处、区县志指导处、研究室、宣传培训处、开发利用处、年鉴指导处8个处室；下属2个单位北京年鉴社和北京市方志馆（北京地情信息中心），皆为正处级全额拨款事业单位，其中北京市方志馆（北京地情信息中心）被纳入北京市规范收入管理的事业单位。办公室公务员编制37人，在编32人；北京市方志馆事业编制29人，在编21人；北京年鉴社事业编制5人，在编4人。（赵文才）

【天津市地方志编修委员会办公室】 天津市地方志编修委员会办公室1984年成立，是天津市政府负责地方志工作的职能部门，为具有行政职能的副局级事业单位。参照公务员法管理，归口市政府办公厅。办公室内设秘书处、规划研究处、市志指导处、区县志指导处、年鉴指导处5个处。办公室人员编制25名（含工勤人员2名）。办公室下属事业单位天津市地方志馆（正处级），编制7名，实有5名。

（天津市志办）

【河北省地方志办公室】 河北省地方志办公室内设秘书科、省志总编室、市县指导科、年鉴科、宣传发行科、资料科6个科室，参照公务员法管理，人员编制31名，在编22名，其中正处级1名、副处级4名，正科级13名、副科级1名、工勤人员3名；下属科级事业单位河北年鉴社。河北年鉴社定编3名，在编1名。

（李苍绵）

【石家庄市地方志办公室】 截至年底，河北省石家庄市地方志办公室实有12人，其中副县级1人、正科级2人、科以下干部7人、工勤人员2人。所辖21个县（市、区）均设有地方志工作机构，人员队伍相对稳定。

（肖海军）

【山西省地方志办公室】 8月，山西省地方志办公室内设纪检组撤销，归省纪委驻省政府办公厅纪检组管理。12月，经省编办研究同意，在综合处加挂行政审批管理处牌子，并增加副处级领导职数1名。（杨建中）

【内蒙古自治区地方志办公室】 内蒙古自治区地方志办公室成立于1983年，2005年实行参照公务员法管理，2009年升为副厅级参公单位，属自治区地方志编委会常设机构，归政府办公厅管理。办公室内设综合处、区志业务处、盟市志业务处、地情资料处、财务室5个处室。办公室定编27人，在编20人，在岗19人，聘用4人。（董丽娜）

【辽宁省地方志工作机构】 年内，辽宁省共有省、市、县三级修志机构105个。其中，辽宁省地方志办公室为独立机构，副厅级单位，由省政府办公厅领导；14个市地方志工作机构中，机构独立的4个，属政府办公厅（室）的3个，与党史办公室合并的6个，与社科院、党史办、社科联合并的1个；100个县（市、区，未含4个经济技术开发区）有地方志工作机构90个，其中机构独立的16个，属政府办公厅（室）的45个，与党史办公室合并的19个，与档案局（馆）合并的8个，与党史办公室、档案局（馆）合并的2个。辽宁省志办及14个市地方志工作机构均参照公务员法管理。90个县（市、区）地方志工作机构中，公务员管理6个，参照公务员法管理72个，事业单位12个。

年内，辽宁省三级地方志工作机构定编625人（其中省级20人、地市级242人、县区级363人），在编547人（其中省级20人、地市级220人、县区级307人），聘用157人（其中地市级14人、县区级143人）。在编人员中，行政管理人员519人（其中省级20人、地市级210人、县区级289人）、专业技术人员28人（其中地市级10人、县区级18人）；大专以上学历540人，其中博士1人、硕士48人、本科360人、大专131人。（胡亮）

【大连市地方志办公室】 中共大连市委党史研究室（大连市地方志办公室）为中共大连市委、大连市政府直属事业单位，以市委管理为主。内设党史研究处、方志编审处、年鉴编辑处、宣传教育处、秘书处5个处，编制36人，在编34人。在编人员中，正局级1人，副局级2人，正处级9人，副处级8人，正科级8人，副科员4人，工勤2人。（何玉红）

【吉林省地方志编委会】 年内，吉林省地方志编委会参照公务员法管理人员编制34人，实有33人。其中，研究生学历5人，本科学历22人，专科学历9人。直属事业单位吉林省方志馆编制15人，实有15人。其中，研究生学历1人，本科学历13人，大专学历1人；管理人员5人，聘任专业技术人员10人，其中正高1人（研究馆员），中级7人（馆员6人、助理研究员1人），初级2人（助理馆员1人、研究实习员1人）。（周玉顺）

【黑龙江省地方志办公室】 黑龙江省地方志办公室下设秘书处、机关党委、省直指导处、市县指导处、编纂处、研究室、省情信息处7个处室。办公室人员编制43人，在编40人。其中，正厅级1人，副厅级3人，正处级8人，副处级9人，正科级8人，副科级6人，科员1人，工勤人员4人。（徐萍）

【上海市地方志办公室】 上海市地方志办公室内设秘书处（组织人事处）、市志工作处、专志工作处、区县工作处、年鉴工作处（《上海年鉴》编辑部）、研究室（信息处）6个处室。办公室编制35名，在编34名。办公室下属公益一类事业单位2个，编制35名，在编22名（上海通志馆编制25名，在编17名；当代上海研究所编制10名，在编5名）。上海市16个区县均成立志办，按上海市机构编制委员会《关于本市区（县）地方志工作机构“三定”工作的若干意见》落实“三定”方案，实行参照公务员法管理。其中，有1个单位独立办公，有6个单位与党史办公室合署办公，有5个单位与档案局（馆）合署办公，有4个单位与党史办公室和档案局（馆）合署办公。（王荣发）

【江苏省地方志办公室】 江苏省地方志办公室成立于1986年，为省政府直属、参照公务员法管理的副厅级事业单位，是江苏省地方志编委会的办事机构，由江苏省政府办公厅代管。内设秘书处、省志编纂指导处、市县指导处、年鉴工作处、研究室（信息处）5个处室和江苏年鉴社、江苏省方志馆2个全额拨款事业单位。（江苏省志办）

【浙江省人民政府地方志办公室】 浙江省人民政府地方志办公室前身为浙江省地方志编纂室，1984年5月成立，1996年9月更名为浙江省地方志编纂办公室，2003年11月改名为浙江省志办。2006年4月，浙江省机构编制委员会发文，同意省志办由县处级升格为副厅级，为省社会科学院代管的纯公益性事业单位。

2009年3月，省机构编制委员会办公室发文，同意省志办增挂“浙江省志办”牌子。办公室内设综合处、省志工作处（总编办）、市县工作处、研究室4个处室。（浙江省志办）

【宁波市地方志系统机构设置情况】年内，浙江省宁波市11个县（市、区）均设有志办，其中8家与党史部门合署、3家与党史或档案部门合署，均为参照公务员法管理的事业单位。截至年底，市、县两级地方志工作机构（包括市史志研究中心）共有在编人员92人，其中市级37人，另有聘用人员69人；40%人员拥有研究生以上学历；22%人员拥有中级以上职称，其中10%人员拥有高级职称。

（高曙明）

【安徽省地方志办公室】 安徽省地方志办公室机关事业编制39名，另接收安置巢湖区划调整人员事业编制2名，机关事业编制共41名。办公室内设人秘处、省志处、市县志处、年鉴处、资料处、机关党委6个处室。

（章慧丽）

【福建省地方志编委会】 福建省地方志编委会编制46人。其中，厅级领导职数3人，厅级非领导职数1人；15人具有研究生学历，包括博士6人。（孙洁斐）

【福州市地方志编委会】 年内，福建省福州市地方志编委会在编16人。其中，行政管理人员正处级1名，副处级3名，正科级2名，副科级2名，科员及以下4名；中级职称2名，初级职称1名，职员1名；博士学历2名，硕士学历2名，福建省委党校在职研究生学历1名，大学本科学历7名，大学专科学历3名，高中学历1名。（张灵）

【江西省地方志办公室】 江西省地方志办公室成立于1983年，是省政府直属的参照公务员法管理的全额拨款事业单位。办公室内设秘书处、方志处、年鉴处、指导处、机关党委5个处室和机关后勤服务中心、江西省方志馆2个下属事业单位。办公室编制58个，在编48名。8月4日，经江西省政府批准，秘书处、方志处、年鉴处、指导处及机关党委5个内设处室级别由副处级升为正处级。（张志勇）

【山东省地方史志办公室】 山东省地方史志办公室成立于1981年，原名山东省地方史志编纂委员会办公室，1995年改为现名，为省直属全额拨款副厅级事业单位，隶属省政府办公厅领导。2007年被批准为参照公务员法管理单位。根据山东省机构编制委员会《关于在全省开展政府部门责任清单编制工作的通知》要求，公布主要职责为负责山东省史志资料的编纂和指导工作。办公室内设人事秘书处、省志编审处、市县基层志编纂指导处、年鉴工作处、省情资料处5个处，编制45人，在编45人，参照公务员法管理；下属全额拨款事业单位山东省方志馆，编制16人，现有15人。办公室领导班子编制主任1名，副巡视员职位1名，副主任3名。全省17个市都设有史志工作机构，隶属市政府或市政府办公室领导，其中副厅级单位2个，正处级单位11个，副处级单位4个，全部参照公务员法管理。137个县（市、区）均设有独立的史志工作机构。全省三级史志机构共有编制1200余名，加上聘用和兼职人员，全省史志系统有工作人员近2000人。行政管理人员中，副厅级4人，正处级55人，副处级90人，正科级284人，副科级254人，科员及以下392人；专业技术人员中，高级职称61人，中级89人，初级及以下94人；全部工作人员中，博士学历2人，硕士学历102人，本科学历846人，大专学历224人，高中及以下学历46人。（李坤）

【河南省地方史志办公室】 河南省地方史志办公室成立于1981年，原名河南省地方志编委会，正厅级事业单位；1995年改为河南省史志办，是省政府办公厅代管事业单位，参照公务员法管理；2004年批准挂河南省方志馆牌子。办公室内设综合处（机关党委）、省直工

作处、市县工作处、年鉴工作处、信息资料工作处5个处室。（王颖　胡柱文）

【湖北省地方志办公室】　湖北省地方志办公室成立于1980年，是省政府直属副厅级事业单位，办公室原由湖北省社会科学院代管。1982年增加为25人；1988年增加为30人，并成立湖北年鉴编辑部。1997年，办公室内设秘书处、省志处、市县志处、湖北年鉴编辑部、文献资料研究室5个处室，编制36名，领导班子一正两副。2001年，内设机构不变，编制调整为29名（含离退休干部服务人员编制）。2007年被批准为参照公务员法管理。2009年，办公室内设机构调整为综合处、省志工作处（市县志工作处）、年鉴工作处、省情资料信息工作处4个处室，编制34名。2015年内设机构不变，编制36名，在编33名，工作人员（除1名驾驶员外）均为参照公务员法管理人员。其中，副厅级2名、正处级5名、副处级9名、科级16名、其他1名；研究生学历5名，本科学历21名，其他学历7名。

（湖北省志办）

【湖南省地方志编委会】　年内，湖南省、市、县三级地方政府共设有地方志工作机构137个，其中正厅级单位1个、正处级单位13个、副处级单位1个、正科级单位122个；共有工作人员742名。湖南省地方志编委会有内设机构4个，直属二级机构1个，核编53名，其中在编46名，在职56名（含聘任人员10名）。

（张征远）

【长沙市地方志办公室】　湖南省长沙市地方志办公室为长沙市政府直属正县级事业单位，机关全额拨款事业编制24名（含离退休人员管理服务编制1名、机关后勤服务事业编制2名）。其中，主任1名，副主任4名，纪检组长1名，处长领导职数5名（含机关党支部专职副书记1名），副处长领导职数4名。办公室参照公务员法管理，内设综合处、市志处、年鉴处（加挂长沙年鉴编辑部的牌子）、业务指导处4个处室。（长沙市志办）

【广东省人民政府地方志办公室】　11月17日，广东省机构编制委员会印发《关于广东省志办机构编制方案的通知》，明确广东省人民政府地方志办公室内设人事秘书处、方志处、年鉴处、地方史处、方志资源开发处5个处，下设机构和人员编制数不变。

年内，全省2个副省级市、19个地级市和119个县（市、区），全部设置地方志工作机构。21个地级以上市地方志工作机构中，独立设置8个，与党史部门合署7个，与档案部门合署4个，与党史、档案部门合署2个。119个县（市、区）地方志工作机构中，独立设置38个，与党史部门合署38个，与档案部门合署10个，与党史、档案部门合署25个，归口党委办或政府办8个。2个副省级市地方志工作机构中，1个正局级，1个副局级；19个地级市地方志工作机构中，15个正处级、4个副处级。全省县级以上地方志工作机构在编人员886人。（广东省志办）

【深圳市地方史志办公室】　广东省深圳市史志办公室是深圳市委直属事业单位，参照公务员法管理，归口深圳市委办公厅管理。办公室内设地方志处、党史处、年鉴处、文献馆藏管理处、综合处5个处，2015年底在编25人。在编人员中，副局级1人，正处级3人，副处级6人，正科级8人，副科级4人；高级职称8人，中级职称6人；博士研究生2人，硕士研究生16人，大学本科5人，大学专科2人。

（深圳市史志办）

【广西壮族自治区地方志编委会办公室】　年内，广西壮族自治区地方志编委会办公室编制52名（干部编制44名、工勤人员编制8名），在编人员49名，聘用人员5名。其中，主任1名，副主任3名，副巡视员1名，处级干部21名，科级干部11名，未定级人员3名，工勤人员8名。办公室内设秘书处、通志工作处、市县志工作处、古籍整理处、地情信息处、年鉴处和机关党委7个处室。

年内，14个设区市均设立有地方志工作机构，其中独立常设机构8个、与党史研究室合署5个、挂靠政府办公室1个，均为正处级事业单位，参照公务员法管理。102个县（自治县、市、区）地方志工作机构中，独立常设机构56个，与党史研究室合署30个，与党史研究室及档案局合署3个，挂靠政府办公室12个，其他1个。自治区直属有关部门（单位）、中直驻桂有关单位设立《广西通志》专志编辑室67个。广西有专职修志人员973名，其中在职在编人员783名、聘用人员190名。（韦晓）

【南宁市地方志工作机构】 年内，广西壮族自治区南宁市地方志工作机构有市级地方志工作机构1个，区县地方志工作机构12个（独立常设机构4个，与党史研究室合署4个，挂靠区县政府办公室4个）。修志人员118人，其中聘用人员40人。南宁市政府地方志编纂办公室内设秘书科、志书编审科、年鉴编辑科、地情信息科和机关党支部；在职在编18人，其中具有中级、高级专业技术职务任职资格8人。（覃庆梅）

【海南省地方志办公室】 2002年1月，中共海南省委党史研究室和海南省志办合并，设立海南省史志工作办公室（保留中共海南省委党史研究室和海南省志办牌子），作为省委省政府工作机构，隶属省委，负责海南中共党史和地方志研究编纂工作，为正厅级事业单位。2004年3月，海南省史志工作办公室更名为中共海南省委党史研究室（海南省志办）。省委党史研究室（省志办）内设秘书处（机关党委、工会）、资料征集处、党史一处、党史二处、科研宣教处、省志编审处、市县志指导处、年鉴工作处8个处。年内，在编人员46名，其中管理人员41人、工勤人员5人。在41名管理人员中，厅级干部4人，处级领导干部16人，处级非领导职务7人，科级干部14人；博士研究生1人，硕士研究生8人，大学本科24人，大学专科8人。（李鑫）

【重庆市地方志办公室】 重庆市地方志办公室为参照公务员法管理、财政全额拨款的正厅级行政类事业单位，直属于重庆市政府。12月，办公室内设秘书处、年鉴处、总纂处、编辑处、地方文献研究室、经营发行处6个处室。办公室编制25人，在编18人，其中正厅级领导干部1人、副厅级领导干部1人、处级8人。

年内，重庆市共有区县级地方志工作机构39个（含万盛经济技术开发区志办）。其中，独立设置的7个，与党史办合并的10个，与档案局（馆）合并的13个，与党史办、档案局（馆）合并的7个，与政府办公室合并的2个。39个地方志工作机构定编273人，在编270人。此外，39个区县地方志工作机构共有聘用人员74人。（司逸澈）

【四川省地方志工作办公室】 四川省地方志工作办公室是省政府直属正厅级事业单位，2006年实行参照公务员法管理。7月3日，四川省政府办公厅下发通知，将四川省地方志编委会更名为四川省地方志工作办公室。办公室编制40名，年内在编人员35名，离退休人员29名。办公室内设综合处（与机关党委合署办公）、省志工作处、市县志工作处、政策法规宣传处和省情信息工作处（挂四川省地方志编委会方志馆牌子）5个处室。四川年鉴社为直属事业单位，1986年成立，编制11名，其中财政补贴5名，经费自筹6名；年内在编人员6人，其中经费自筹1人，退休6人。

四川省21个市（州）级地方志工作机构中，成都市志办为副厅级单位，自贡市、泸州市、绵阳市、遂宁市、内江市、乐山市、南充市、宜宾市、广安市、巴中市、雅安市、眉山市、资阳市、阿坝藏族羌族自治州、甘孜藏族自治州、凉山彝族自治州等16个志办为正县级单位，攀枝花市、德阳市、广元市、达州市等4个志办为副县级单位。成都市、自贡市、绵阳市等13个市（州）志办为独立机构，泸州市、内江市、宜宾市、巴中市、雅安市、凉山彝族自治州等6个市（州）志办与党史办合并，攀枝花、德阳2市志办归口政府办公室管理。市（州）级地方志工作机构全部实行或参照公务员法管理。183个县级地方志工作机构中，181个实行或参照公务员法管理，占全部县级地方志机构数量的98.9%，2个为事业单位。

年内，全省各级地方志工作机构定编1294名，在编1078人。在编人员中，大学专科以上学历1074人，占总人数的99.60%。

（朱艳林）

【贵州省地方志办公室】 年内，贵州省地方志办公室内设办公室、政策法规处、业务一处、业务二处、业务三处、业务四处、业务五处、业务六处、业务七处、业务八处、业务九处、业务十处、宣传处、人事处、机关党办、离退休处16个处室；编制132人，在编123人，聘用3人。在编人员中，硕士学历1人，本科学历96人，大专学历17人，高中以下学历9人。（贵州省志办）

【云南省地方志办公室】 1981年8月17日，云南省政府发文成立云南省志编审委员会。1982年8月20日，省政府办公厅颁发通知，将其更名为云南省志编纂委员会。1986年10月12日，云南省政府作出《关于加强领导，确保质量，克期完成全省地方志编纂工作的决定》，将云南省志编纂委员会更名为云南省地方志编委会。编纂委员会编制24人，在编21人。（郑灵琳）

【西藏自治区地方志办公室】 1996年成立西藏自治区地方志编委会及其办公室，编委会主任由自治区主席担任，自治区志办挂靠区党委办公厅，与区党委党史研究室合署办公，区党委党史研究室（区志办）为事业参公建制。2001年升格为副厅级单位，领导职数一正三副；内设综合处、党史研究处、地方志处、刊物编辑部，副处级，2010年升格为正处级，地方志处增设业务指导处和编审处，正处级。2015年，编制28人（含党史），在编22人，其中副厅级1名、正处级4名、副处级6名、正科级2名、副科级1名、科员2名、事业编制2名、工人编制4名。（西藏自治区志办）

【陕西省地方志办公室】 1982年6月2日，陕西省政府下发通知成立以省委书记陈元方为主任的陕西省地方志编委会，确定其为省政府直属正厅级事业机构，主要任务是负责全省地方志编纂的规划、指导、审查和出版工作。1996年6月，省政府第13次常务会议决定成立新的省地方志编委会，省长程安东任编委会主任，原省地方志编委会更名为省志办。会议还决定，《陕西年鉴》交由陕西省志办主办。陕西省志办为省政府直属事业机构，编制39人，内设秘书处、省志处、市县志处、出版发行处（保留《陕西地方志》编辑部名义）、监察室5个处室。1997年9月，省机构编制委员会办公室同意成立陕西年鉴社，为省志办下属事业单位，编制5人。同年11月8日，陕西省政府办公厅就有关《陕西年鉴》交由陕西省志办编辑的具体问题下发通知。其后，陕西各地市、县原先未由各级地方志工作机构主办的地方综合年鉴陆续交由地方志工作机构主办。年内，陕西省志办事业编制50名，在编48名，其中正厅级2名、副厅级2名。（丁喜）

【西安市地方志办公室】 年内，陕西省西安市地方志办公室在编28人。其中，副局级4人、正处级9人、副处级3人、主任科员5人、副主任科员4人、机关工勤人员1人、信息中心事业编制2人。（姬娟妮）

【甘肃省地方志工作机构】 年内，甘肃省省市县三级地方志工作机构中，省级机构1个、地市级机构14个、县区级机构86个。

（梁兴明）

【青海省地方志办公室】 年内，青海省地方志办公室人员编制22名，实有人员24名，其中厅级3名（含1名非领导）、县级8名、其

他人员13名。（马渊）

【宁夏回族自治区地方志办公室】　宁夏回族自治区地方志办公室挂靠宁夏社会科学院，为处级单位事业编制。办公室编制15人，实有人员12人，其中处长1名、副处长1名；内设业务指导科、年鉴指导科、资料征集科、综合科4个科；正高级专业技术人员1名，副高级专业技术人员7人，中级专业技术人员4名。截至年底，全区共有24个市、县（区）地方志工作常设机构，或独立设置，或合并在党史办、档案馆，共有专职编修工作人员100人，在编人员全部实行参照公务员法管理。

（王玉琴）

【新疆维吾尔自治区地方志编委会】　年内，新疆维吾尔自治区地方志编委会编制48名，在编45名，其中正厅级1名、副厅级4名、正处级6名、副处级11名。编纂委员会内设机关党委、综合处、地县志工作处、新疆年鉴工作处、新疆通志工作处、编译处、信息处7个处室。（陈忠）

【新疆生产建设兵团史志机构】　年内，新疆生产建设兵团党委党史研究室、新疆生产建设兵团志办公室（二级局）内设综合处、党史处、方志处、年鉴处4个处，核定人员编制16人。年内，新招考录取4名公务员，实有16人（含1名为援疆干部）。核定领导职数3人，其中主任1名、副主任2名。在编人员全部参照公务员法管理。（周崇）

【全国铁路系统修志机构队伍】　年内，全国铁路有19个史志机构。其中：中国铁路总公司档案史志中心，为正局级单位；铁路局档案史志室18个，其中副处级单位10个、正科级单位8个。

全国铁路有史志工作人员49名，其中中国铁路总公司5名、哈尔滨铁路局1名、沈阳铁路局3名、北京铁路局2名、太原铁路局1名、呼和浩特铁路局2名、郑州铁路局2名、武汉铁路局2名、西安铁路局1名、济南铁路局2名、上海铁路局2名、南昌铁路局2名、广州铁路（集团）公司2名、南宁铁路局5名、成都铁路局2名、昆明铁路局3名、兰州铁路局6名、乌鲁木齐铁路局3名、青藏铁路公司3名；副高级专业技术人员18名（其中副编审9名、副研究馆员2名、高级政工师5名、高级工程师2名），中级专业技术人员17名（其中编辑3名、馆员1名、工程师2名、政工师8名、经济师2名、讲师1名），初级专业技术人员11名，行政管理人员3名（不包括既有专业技术职称，又担任领导职务的）；研究生学历1名，本科学历34名，大专学历12名，大专以下学历2名。

（中国铁路总公司档案史志中心）

·表彰先进

【吉林省地方志编委会表彰全省地方志系统资料基础建设先进单位】　4月29日，在吉林省地方志工作机构主任会议上，省地方志编委会对21家全省地方志系统资料基础建设先进单位进行表彰。受表彰单位有：长春市地方志编委会、榆树市志办、长春市朝阳区志办、长春市宽城区志办、吉林市志办、舒兰市志办（档案局）、桦甸市志办（档案局）、吉林市丰满区志办（档案局）、吉林市昌邑区志办（档案局）、辽源市地方志编委会、通化市志办、集安市方志办（档案局）、抚松县志办（档案局）、松原市志办、延边朝鲜族自治州地方志编委会、汪清县志办（档案局）、敦化市志办（档案局）、龙井市史志办、和龙市志办（档案局）、梅河口市志办、公主岭市志办（档案局）。

（周玉顺）

【吉林年鉴编委会表彰《吉林年鉴（2015）》优秀撰稿人】　年内，吉林年鉴编纂委员会作出《关于表彰〈吉林年鉴〉（2015）优秀撰稿人、优秀组稿人等的决定》，表彰《吉林年鉴（2015）》方国辉等9名优秀组稿人、王福泉等103名优秀撰稿人；授予李冬梅等13人“条目

撰写奖”、朱言等4人“体例规范奖”。（李雯）

【黑龙江省人力资源和社会保障厅、省志办联合表彰全省地方志系统先进集体和先进工作者】 7月2日，黑龙江省人力资源和社会保障厅、省志办联合印发《关于表彰全省地方志系统先进集体和先进工作者的决定》，表彰齐齐哈尔市志办等18个单位为“黑龙江省地方志系统先进集体”，王占元等8人为“黑龙江省地方志系统先进工作者”。8月25日，在全省第九次地方志工作会议上，向全省地方志系统先进集体和先进工作者颁发奖状。（范锐超）

【黑龙江省志办表彰全省方志系统先进集体和先进工作者】 7月6日，黑龙江省志办印发《关于表彰全省方志系统先进集体和先进工作者的决定》，授予哈尔滨市志办等67个单位“全省地方志系统先进集体”荣誉称号，授予王宏等152人“全省地方志系统先进工作者”荣誉称号。8月25日，在全省第九次地方志工作会议上，对受表彰的先进集体和先进工作者进行通报表扬。（范锐超）

【松阳县史志办主任洪关旺入选“浙江好人榜”】 6月15日，《浙江日报》公布由省文明办等单位组织开展的当月“浙江好人榜”名单，由全省地方志系统推选的松阳县史志办主任洪关旺作为“敬业奉献类”先进人物名列榜单。（浙江省志办）

【中共宁波市委党史工作领导小组、市地方志（年鉴）编纂委员会联合表彰宁波市党史地方志工作先进集体和先进工作者】 年内，中共宁波市委党史工作领导小组和市地方志（年鉴）编纂委员会联合发布《关于表彰省、市党史地方志工作先进集体和先进工作者的通报》，表彰宁波市党史地方志工作先进集体15个、先进工作者30名，其中县（市、区）先进集体5个、先进工作者11名；市级机关和省部属驻甬单位先进集体10个、先进工作者19名。（高曙明）

【山东省政府办公厅通报山东省优秀史志成果奖获奖成果】 4月14日，山东省政府办公厅发出《关于山东省优秀史志成果奖的通报》，62项成果荣获2014年度山东省优秀史志成果奖，涵盖“优秀省志分志”“优秀市县级志书”“优秀基层（专门）志”“优秀综合年鉴”“优秀地情网站”“优秀方志馆”“优秀旧志整理成果”“优秀地情研究成果”8个方面。（孙杰）

【河南省史志办表彰2014年度省直修志工作先进单位】 2月4日，河南省史志办印发《关于表彰2014年度省直修志工作先进单位的决定》，对全省16个省直修志工作先进单位予以表彰。其中，授予河南省军区军事志办公室等4个单位“省直地方史志综合先进单位”荣誉称号，授予中国人民银行郑州中心支行金融研究处等5个单位“省直修志工作先进单位”荣誉称号，授予河南省司法厅史志办等7个单位“省直用志工作先进单位”荣誉称号。（程茜）

【青海省志办通报表扬《青海年鉴》供稿单位】 年内，青海省志办对《青海年鉴》197个供稿单位的稿件进行综合评比，评选出66家年鉴供稿先进单位，并进行通报表扬。（马渊）

【兵团通报表彰兵团史志系统先进集体、先进工作者和优秀成果】 8月20日，新疆生产建设兵团党委党史研究室、兵团志办公室印发《关于表彰兵团史志系统先进集体、先进工作者和优秀成果的通报》，对2010年1月1日至2014年12月31日期间涌现出的兵团史志系统先进集体、先进工作者和优秀史志成果进行表彰。共通报表彰各类工作先进179个，其中先进集体63个（史志先进集体10个、党史工作先进集体8个、方志工作先进集体22个、《兵团年鉴》组稿先进集体23个），先进工作者82名［史志工作先进工作者11名、党史工作先进工作者11名、方志工作先进工作者26名、

《兵团年鉴》优秀组（撰）稿人34名]，优秀成果34部（党史类23部、方志类6部、年鉴类5部）。（周崇）

【兵团通报表彰70名年鉴组稿优秀个人】 12月18日，新疆生产建设兵团志办公室印发《关于表彰〈兵团年鉴（2015）〉组稿优秀个人的通报》，对肖冰等70名《兵团年鉴（2015）》组稿优秀个人进行表彰。（周崇）

【兵团第三师通报表彰史志系统先进集体和先进个人】 3月，新疆生产建设兵团第三师图木舒克市根据《第三师图木舒克市史志目标管理考核办法》，组织考核组进行2014年度史志考核打分，并将考核结果通报全师，对师市史志系统的2个先进集体和6名先进个人给予通报表彰奖励。（陈俊芳）

【兵团第十二师表彰年鉴组稿优秀个人】 1月，新疆生产建设兵团第十二师志办召开年鉴组稿撰稿会议，对丁少鹏等6名年鉴组、撰稿优秀个人进行表彰。（贺啸威）

【全军军事志指导小组通报表彰全军军事志获奖优秀论文】 6月，全军军事志指导小组印发通报，对全军军事志理论研讨及论文评选活动中获奖的辽宁省军区军事志领导小组办公室渠鸿章主编的《从第二轮修志实践看第三轮续修应着力把握的几个问题》等10篇优秀论文和作者进行通报表彰。2014年，全军军事志指导小组办公室组织全军各编纂单位展开理论研讨及论文评选活动。各军区军事志指导小组办公室、各省军区军事志领导小组办公室共报送论文80余篇。全军军事志指导小组办公室组织专家对报送的论文进行认真评选，遴选出10篇优秀论文。（全军军事志指导小组办公室）

人　　物

· 领导名录

中国地方志指导小组办公室
中指组秘书长，中指办党组书记、主任：赵芮
中指组副秘书长、中指办副主任：冀祥德
中指办副主任：刘玉宏　邱新立

北京市地方志编纂委员会办公室
主任：陈玲（2015 年 11 月新任职）
　　　王铁鹏（2015 年 11 月退休）
副主任：侯宏兴　张恒彬　谭烈飞

天津市地方志编修委员会办公室
主任：苏长伟
副巡视员：赵富民

河北省地方志编纂委员会办公室
主任：杨洪进
副主任：王荣环（2015 年 9 月退休）
　　　　宋士青（2015 年 11 月任职）
　　　　杨胜旗（2015 年 11 月任职）
　　　　王蕾（2015 年 11 月任职）

山西省地方志办公室
党组书记、主任：李茂盛
党组成员、副主任：赵群虎　刘益龄
党组成员、纪检组长：郑小豹
党组成员、副主任：张晓光

内蒙古自治区地方志编纂委员会办公室
主任：胡满达
常务副主任：查干浪涛
副主任：孟秀芳

辽宁省人民政府地方志办公室
主任：樊文忠
副主任：林燕燕
副巡视员：麻志杰

吉林省地方志编纂委员会
党组书记、副主任：李云鹤
党组成员、副主任：李正奎
　　　　关连珠（2015 年 8 月退休）
　　　　严寒（2015 年 12 月退休）
副巡视员：赵飞

黑龙江省地方志办公室
主任：隋岩
副主任：袁建勋　石再军　章磊

上海市地方志办公室
党组书记、主任：洪民荣
副主任：生键红

江苏省地方志编纂委员会办公室
党组书记、主任：方未艾
副主任：蔡金良　牟国义

浙江省人民政府地方志办公室
主任：潘捷军
副主任：章其祥
主任助理：韩锴

安徽省地方志办公室
主任、党组书记：朱文根
巡视员：刘成典
副主任：吴静　王守亚
副巡视员：严希

福建省地方志编纂委员会
主任：冯志农
副主任：俞杰　林浩
副巡视员：戴振华

江西省地方志编纂委员会办公室
党组书记、主任：梅宏

党组成员、副主任：周慧　杨志华

山东省地方史志办公室

主任：刘爱军

副主任：刘娟　翟世林　郭永生

河南省地方史志办公室

党组书记、主任：管仁富（2015年5月任职）

党组成员、副巡视员：王中华

湖北省地方志编纂委员会办公室

党组书记、主任：文坤斗

党组成员、副主任：陈章华（2015年9月退休）　司念堂

湖南省地方志编纂委员会

党组书记、副主任：易介南

党组成员、副主任：邓建平　李晓平

党组成员、副厅级纪检员：毛青山

副巡视员：杨盛让（2015年11月任职）

广东省人民政府地方志办公室

党组书记、主任：陈强（2015年1月退休）　温捷香（2015年1月任职）

党组成员、副主任：马建和（2015年12月退休）　许民　丘洪松（2015年6月任职）　刘卫（2015年12月任职）

副巡视员：吕克坚（2015年1月任职）

广西壮族自治区地方志编纂委员会办公室

党组书记、主任：李秋洪

党组成员、副主任：唐中克　邓敏杰　秦邕江

副巡视员：王艳珍

海南省地方志办公室

主任：毛志华

副主任：许达民　陈波

副巡视员：徐冰

重庆市地方志办公室

主任：周焕强

副主任：黄家琦（2015年4月退休）　夏小平（2015年11月任职）

副巡视员：戴克春（2015年3月退休）

四川省地方志工作办公室

党组书记、主任：马小彬

党组成员、机关党委书记：王孝平

贵州省地方志编纂委员会办公室

主任：田洪

副主任：曾健　归然　黄远良　梁贵钢

专职纪检员：黄劲松

副巡视员：张异莲

云南省地方志编纂委员会办公室

主任：任玉华

副主任：陈天武　袁丽萍

西藏自治区地方志编纂委员会办公室

主任：汪德军

副主任：李天明（2015年6月调离）　冯志端（2015年6月调离）　杨付静

陕西省地方志办公室

党组书记、主任：王锦春

党组副书记、副主任（正厅级）：秦向东

巡视员：焦博武

党组成员、副主任：史天社　吴玉莲

甘肃省地方史志办公室

党组书记、主任：李虎

副主任：车安宁

副主任、党组成员：钱旭　李振宇　孙奇明

青海省地方志编纂委员会办公室

主任：王振青（2015年1月退休）　高煜（2015年2月任职）

副主任：杨松义

宁夏回族自治区地方志办公室

主任：负有强

副主任：张明鹏

新疆维吾尔自治区地方志编纂委员会

党组书记、副主任：廖运建

党组成员、副主任：刘星　阿不都拉·阿吾提

新疆生产建设兵团志办公室

主任：刘和鸣

副主任：何喜清　班永杰（援疆干部）

·人物选介

昂果　男，藏族，1963年出生，中共党员，本科学历，青海省化隆回族自治县人。1999年调入青海省海东市化隆县志办工作至今。多年来他把地方志工作作为自己最崇高的事业，在志鉴编写过程中，不仅担任常务副主编、总纂，而且亲自承写志稿。十余年来特别是在第二轮县志编纂过程中没有休过一次公休假。在他的领导和参与下，先后出版志、鉴、自治县概况等图书300多万字。他的敬业精神和淡泊名利、任劳任怨的高尚品格，赢得了省、市、县领导和广大群众的高度赞扬，曾多次在青海省、市方志工作会议上作经验介绍。2010年，荣获“全国方志系统先进工作者”荣誉称号。他还注重读志用志，多次举办以县志为内容的全县干部职工知识竞赛活动，创办《化隆史志简讯》，创建全县地情资料信息中心和网络平台。十余年来，在他的领导下，化隆县地方志工作始终站在全省地方志工作的前沿。（马渊）

陈泽泓　男，汉族，1947年出生，中共党员，广东省汕头市澄海区人。历史学研究员。现为广州市文史馆馆员兼文史学术委员会主任、《文史纵横》主编、《广州市志》副总纂、广州市志办原副主任、方志馆原副馆长、中国地方志学会学术委员、中国名镇志系列丛书学术委员会委员、广东省地方志书审查委员会委员、广东方志地情研究丛书编审委员会副主任、《羊城今古》原主编，曾获“广东省劳动模范”“全国地方志先进工作者”荣誉称号。他曾担任《汶川特大地震抗震救灾志》专家组专家、《广东省志（1997～2000）·总述》主编、《广府文化年鉴（2014）》执行主编、《广东地方志纪事》《广东省行政区划图志》《广东资政志鉴》执行副主编、《广东省志·政事记略》《广东省情简明读本》副主编及撰稿人、《汕头市志（1979～2000）》《揭阳市志（1979～2000）》总纂及多部志书顾问，担任《广州近现代大事典》《广州话旧》主编、《羊城文脉1911～1949广州城市建设》总纂、《广州大典》《岭南近现代优秀建筑（1949～1990）》《广州市文物普查资料汇编》副主编、《广州百科全书》专家组成员（撰“历史分述”）。他多次为各级修志人员授课，讲授方志理论。审改志稿约300部。他出版专著18部，合著（主要作者）8部。其中，《岭表志谭》是全国首部以全省首轮新方志县志为分析对象的理论著述，《历代入粤名人》获第三届国家图书奖。发表论文300余篇，其中在《中国地方志》发表30余篇。（广东省志办）

黄宪礼　男，汉族，1966年5月出生，中共党员，大专文化，四川三台人，现任四川省北川羌族自治县党史、志办主任。汶川特大地震使北川县志办损失惨重，黄宪礼临危受命。2009年3月底，收集整理地震前出版的北川地方志书籍、资料、音像作品300余册（套）；9月，重新出版《石泉县志（清乾隆）》《石泉县志（清道光）》《北川县志（中华民国）》和新编《北川县志》。2015年4月底，完成《北川羌族自治县志（1988～2007）》总纂稿，通过地方志专家学者评议后正式申报中国志书精品工程。组织编纂《汶川特大地震北川抗震救灾志》，于2013年4月报请县政府同意公开出版。中指组授予他2010年度“全国地方志系统先进个人”荣誉称号。2015年，其领导下的北川羌族自治县志办荣获“全国地方志系统先进集体”荣誉称号。

（四川省地方志工作办公室）

季正团　男，汉族，1966年12月出生，中共党员，本科学历，1985年参加工作，2007年任云南省丽江市永胜县史志办主任。2008年以来，他主编出版《永胜年鉴》《中共永胜县委执政纪要》《永胜县志（1978～2008）》《政党群团志》《永胜县革命遗址》《中共永胜县地方是资料选编（1978～2000）》《中国共产党永胜地方史（1937～1978）》《永胜农业志》，参与主编《永胜林业志》，组织审核《永胜县人大志》《永胜县教育志》《永胜县国土资源志》《永胜县人口和计划生育志》《中共永胜县委组织志》《永胜县民政志》《永胜县水利志》《永胜县司发志》《永胜县财政志》等20部专业志，协助编纂《中共永胜县委组织志》。他审核并指导编修《永胜县程海镇志》《永胜县公安志》《永胜县地震志》《永胜县供销志》《永胜县习甸志》（村志）；组织参与《毛泽东祖先客籍地丽江永胜考》初审工作；积极组稿，参与和支持市委党史研究室主编的《经典丽江——建国六十年丽江辉煌历程图志》纪念画册的编辑出版工作；综合协调多部门联动完成革命遗址普查成果的利用工作，与县文广局联合制作《永胜红色记忆》50集，在永胜电视台《永胜新闻》栏目中播放；配合市委党史研究室制作电视片《脉动之歌》《丽江红色史迹寻踪》。2008～2009年度被评为云南省地方志系统先进个人，2011年被中共云南省委办公厅评为革命遗址普查工作先进个人和丽江市委评为党史工作先进个人。被评为2010～2011年度云南省地方志系统先进个人、2012～2013年度云南省地方志系统十佳先进个人、2012～2014年度全省党史部门先进工作者。（云南省志办）

李祥琨　男，汉族，1944年出生，中共党员，正高级职称。本科学历，山东省莒南县人。曾任高中语文教师、教研组长、教导主任、分管教学副校长，当选过市、县模范教师，模范党员，县人大代表，地县骨干教师。1995年调任莒南县史志办副主任，分管编纂业务，任《莒南县志》副主编，1997年被省地方史志办评为省年鉴优秀撰稿人，1998年因编写出版《莒南县志》被莒南县政府记三等功一次。

在任期间，他撰写军事、水利、城建、风俗、宗教、帮会、艺文、附录及部分人物等篇章，为县志撰写序言、凡例，并负责志书统稿修改工作。他一直致力于地方历史文化研究著述工作，出版专著11部，其总纂的《大店镇志》获山东省优秀史志成果奖。1998年后，自费跑遍北京、保定、武汉、东北等地，采访38军第一英雄曹玉海事迹，历时十几年，于2011年出版《特等功臣曹玉海》一书。他2005年编写出版《山东大药房》，2008年编写出版《明代重臣王璟》，2011年编写出版《东鲁史缀》，2012年总纂出版《莒南县地震志》，《红色莒南》。2013年，他担任组稿和总纂工作，编纂出版《马鬐山研究》第一、二辑，20万字。2007年至2014年，编纂出版《大店镇志》和《大店镇村庄志》。2015年，出版《山东水库之母石泉湖》，67万字。为纪念抗日战争胜利70周年，他担任执行主编，参与编纂《莒南抗日烽火》一书。（李坤）

林　立　女，1971年3月出生。1996年2月参加工作，2000年7月到浙江省德清县史志办工作，2004年任德清县史志办方志科副科长，2008年任方志科科长，2012年任史志办副主任。在职期间，担任主编并参与编写《德清古今人物》《德清年鉴》，并参与编辑《德清史志》期刊51期。在她的努力下，《德清县志（1986～2005）》经过十余年辛勤编纂，数易其稿，送出版社出版。德清县史志办被列为浙江省第二轮修志创优工程试点单位。（湖州市史志办）

鲁人勇　男，汉族，1941年出生，重庆市万州区人。1960 年从交通部重庆航运学校毕业后，先后在宁夏航运公司、宁夏汽车运输公司任技术员、文书、宣传干事、调度员。1980 年任宁夏回族自治区交通厅史志办副主任，1985 年任科技处副处长兼史志办主任，1990 年任自治区交通厅办公室主任，1998 年任助理巡视员，2001 年退休。2000～2003 年，到交通部从事修志工作。2004 年至 2009 年 4 月，任《宁夏通志·交通邮电卷》主编。2011 年 12 月 9 日，被自治区政府聘为宁夏文史馆馆员。现为自治区地名学会专家委员会主任委员、银川市规划委员会专家。主要研究领域历史地理、丝绸之路、地方史志、交通史，出版有专著《塞上丝路》《宁夏交通史》《丝路宁夏段揽胜》《宁夏历史地理考》《领导干部交通知识读本》《西夏地理志》《宁夏交通史话》，与他人合著有《宁夏历史地理变迁》《西夏通史》《中国地域文化通览宁夏卷》等十余部。发表论文百余篇。曾荣获全区修志先进个人等称号。

（王玉琴）

孟庆斌　男，汉族，1957 年 10 月出生，中共党员，河北省景县人。1976 年参加工作，1982 年毕业于河北师范学院（今河北师范大学）历史系。先后在河北省泊头市、沧州市政府办公室工作。曾任泊头市志办主任，沧州市志办主任、编审，河北省地方志学会副会长，河北省燕赵文化研究会常务理事。编写、主持编写和参加编写著作 13 部，近 900 万字。主编和参加编写著作有《沧州市志》《河北城市发展史》《乡村治理的历史与现实》《燕赵纵横五千年》，个人著作有《泊头市梨业志》《河北省杂技志》。在《中国地方志》《文史杂志》《河北师范大学报》《燕山大学学报》等期刊发表论文 40 余篇。曾获河北省方志专业优秀论文一等奖、河北省社会科学优秀成果佳作奖。多次被评为省地市修志先进工作者，曾受到泊头市政府记大功奖励和省政府办公厅表彰，2006 年被评为全国地方志工作先进工作者。

（魏铁军）

邱　阳　男，汉族，1967 年 6 月出生，中共党员，本科学历。现任嘉兴市档案局（市委党史研究室、市志办）地方志编纂处处长，浙江省和嘉兴市地方志专家组成员。他协助局领导和市志主编制定《嘉兴市志（1991～2010）》《嘉兴年鉴》工作计划，提出各阶段目标任务。参加嘉兴市志初编稿、基础稿的审核，参加市志编辑部整理入志人物名单和初稿，选取摘录诗文、碑记等。参加《嘉兴历史上的今天》的资料收集、选取和编辑、校对工作，初选条目 1889 条，定稿 1542 条；组织协调《光绪嘉兴府志》整理标点校勘工作，截至 2015 年底完成 21 卷的初步校勘。他为浙江省通志编修提供资料、核实材料等，参与《浙江通志》有关卷的志稿复审。他还配合嘉兴市中心工作，为市外办宣讲嘉兴历史名人，为市文明办撰写嘉兴传统文化故事，为本市及外地有关人士提供嘉兴历史文化方面的资料。负责或参与编审的《嘉兴年鉴》多次在全国、浙江省年鉴评比中获一等奖，他指导和评审的续修《海盐县志》《平湖市志》《嘉善县志》已顺利出版，志书质量得到省内外修志专家的一致好评，续修《嘉兴市志》《海宁市志》《桐乡市志》已进入编审或审稿阶段。曾数次荣获浙江省地方志工作先进个人和嘉兴市优秀公务员等荣誉称号。

（浙江省志办）

冉向阳　男，汉族，中共党员，大学文化，四川省平昌县人。1980 年 10 月参军入伍，1989 年 2 月转业到地方工作。2003 年 12 月到云南省文山壮族苗族自治州志办担任副主任，2010 年 4 月担任主任职务。2011 年以来，州志办连续 4 年被中共文山州委评为党风廉政建设优秀单位，获得奖

励；被州委、州政府评为挂钩扶贫先进单位；被文山市委命名为“文明单位”。他个人于2010年被中指组评为“全国地方志系统先进个人”；连续3年考核优秀，荣立1次“三等功”。十多年来，他共在报刊发表涉及政治、经济、文化、业务等领域的文章120多篇。组织起草编制文山州地方志工作“十一五”“十二五”“十三五”发展规划，制定出台《文山州地方志工作规定》。2007年，他提出建立办公室专业人员读书学习写作制度，建立办公室专业人员读书学习写作的长效机制。2010年，他提出建立编辑和主编责任制度、“双月”续修工作通报制度，及时分析、研究、解决工作中的困难问题，使《文山州志（1996～2010）》如期完成编辑出版任务。2010年4月，文山州发生持续高温干旱的严重自然灾害，他用时一个多月编辑出版《文山州自然灾害实录》一书，得到州委、州政府的充分肯定。2011年至2015年，他带领办公室专业人员先后编辑出版《收获——文山州“十一五”农业发展回顾》《七乡腾飞——文山州发展通道经济掠影》《情洒红土地——纪念文山州对外开放20周年》《文山大事记》《老山诗抄》《生命赞歌——记文山百岁老人》等地情书籍。（云南省志办）

任小燕　女，1964年出生，中共党员，山西省石楼县人。1986年毕业于山西师范大学历史系。参加工作后，先后任教于石楼一中和山西省煤机厂子弟中学，1991年调入山西省志办，历经1995年合并成立山西省史志研究院、2009年山西省志办恢复独立建制。2000年3月破格晋升为副编审，2003年任山西省史志研究院方志一室副主任，2004年山西省委党校法律在职研究生班毕业，2009年被评为山西师范大学中国近现代史硕士生导师，2013年入聘中国煤炭工业文献工作委员会、《中国煤炭工业志》编纂委员会评审组专家。现任省志办省志二处处长兼第三党支部书记、《山西省志》编辑二部副主任、“山西旅游景区志丛书”编辑部副主任。为各类书籍撰稿50余万字；撰写、发表论文近20篇，其中《中国地方志》4篇，省级刊物14篇，有3篇4次获奖；参加编修两轮山西省志、山西旅游景区志丛书及其他书籍80余部，近1亿字。其中，担任副主编或责编、编辑、撰稿人的《山西通志》获“省政府地方志优秀成果”一等奖4部、二等奖4部、三等奖4部，《山西大典》2000年获省政府地方志优秀成果一等奖，《晋商文化旅游区志》2007年获省第五次社会科学研究优秀成果二等奖，《山西通史》获2001年度晋版优秀图书一等奖，《山西省志·供销合作社志》获2012年度省“百部（篇）工程”三等奖。此外，她在2000年、2003年被山西省劳动竞赛委员会分记三等功、一等功，2005年获“全国地方教育史志先进工作者”称号，2007年获第五届“山西省青年科技奖”及“山西省优秀青年科技工作者”称号，2010年获中指组“全国方志系统先进工作者”称号，2015年获人力资源和社会保障部、中指组“全国地方志系统先进工作者”称号。（杨建中）

汪丽菁　女，1973年出生，中共党员，研究生学历，江苏省常熟市人。现为张家港市委史志办副主任，兼任张家港市政协文史委副主任。1997年9月进入张家港市委史志办工作，先后参与主编38部史志书籍。多篇论文在国家级或省级刊物上发表，《建好三支队伍是编纂优质志书的保证》一文荣获2012～2013年度全国经济建设与科学发展理论实践成果，《年鉴要为地方志编纂积累可用资料》获江苏省地方志系统优秀理论成果奖。先后担任《张家港市地名志》《张家港指南》《张家港市志（1986～2005）》《张家港纪事》《科技之光》《辉煌二十年》等近20部图书的执行主编，每年直接编辑量在百万字以上。在她的努力下，张家港史志办开办史志网站、设计“史志”标识，创立史志微信平台，建立史志鉴资料中心，开设乡镇史志馆、开辟历史纪念馆、创刊《张家港史志》杂志等。她

主编的《张家港年鉴》每年都有新创新，2005年获全国地方志系统首届年鉴评奖特等奖，并获中国年鉴奖。至2013年，年年获编校质量特等奖，并连续获国家和省综合特等奖。推动《张家港市水利志》《张家港市军事志》《张家港市纪检监察志》《张家港市政协志》《崇实初中志》《包基村志》等专业志、村志和全市乡镇地名志、乡镇志的出版，她更是树立方志工作“一线”意识，坚持“有为才有位”，将“育人”进行到底。通过“传帮带”，她培养出一批方志工作接班人，形成张家港史志办人人是专家的良好局面。　（武文明　朱崇飞）

王超英　女，回族，1964年3月出生，中共党员，云南省大理市人。1984年12月参加工作，历任云南省洱源县委常委、妇联主席，大理州妇联党组成员、副主席，大理州民委党组成员、副主任。2011年1月任云南省大理州志办主任。2011年，王超英紧紧抓住机构改革的机会，积极向州委、州政府和组织人事编办部门反映志办系统体制上存在的问题。在全州机构合并、人员编制压缩的情况下，州志办编制的“三定”方案得到州委的认可，增加机构编制和科级职数，建立健全业务科室。2014年，12个县市志办都成为单独设立的正科级单位，并且都配齐正副科职数。王超英聘请在地方志领域及相关学科的专家学者指导修志工作，并加大培训力度，不断提高修志工作者的水平和能力。担任《大理州年鉴》主编，不断在版面设计、内容上进行创新。在云南省志办和云南省年鉴研究会第十届年鉴系列评奖中，《大理州年鉴》2011年卷获综合一等奖，2012年卷获综合特等奖；2014年卷在云南省年鉴研究会第十一届质量评比中获特等奖。通过督促和协调，到2014年实现全州12县市全部出版发行年鉴。她积极编辑出版地情资料丛书，起草印发《大理州地情资料丛书编纂规划》，从2012年起州政府每年给予40万元用于组织编纂出版发行“大理地情资料丛书”。她担任“大理地情资料丛书”主编和策划，2012年组织编纂出版“大理地情资料丛书”之《幸福大理》篇，由《大理名城》《大理名山》《大理名水》《大理名胜》《大理名食》《大理风情》6册组成，被评为云南省第二届十佳出版物；2014年组织编纂出版《特色大理》，由《大理石谱》《大理茶花杜鹃花》《弥渡花灯民歌》《南涧高原特色生态产业》4册组成，同时还出版由云龙县原主任副编审王文松编写的清道光年间陕西巡抚《杨名飏传》；2015年，组织编纂《品牌大理》，由《百年沱茶》《苍山泉水》《洱源梅子》《鹤庆工艺》4册组成。2013年，王超英还组织人员完成研究白语大理方言的《白语疏证》出版工作。　（云南省志办）

王占元　1968年12月生，中共党员，大学学历，副编审。1989年8月参加工作，1998年11月到绥化市（地区）志办工作至今，现任黑龙江省绥化市志办主任，黑龙江省志书终审专家。组织指导审改绥化市第二轮《北林区志》《肇东市志》《海伦市志》《绥棱县志》《兰西县志》《绥化市永安满族镇志》《望奎正蓝前二村志》，以及《绥化地区粮食志》《绥化地区公安志》《绥化市人大志》《绥化中级法院志》《绥化广播电视志》等部门志专业志54部，文字量8000余万字。2010年以来，参加评议、终审《黑龙江省志简编》《黑龙江省志·政协志》《黑龙江省志·气象志》《黑龙江省志·审计志》《黑龙江省农垦志》《哈尔滨市志》等省、市（地）级志书、年鉴21部，4200余万字。他提出并践行“提升地方志服务经济社会发展贡献率”用志主题，先后被评为绥化市第二、三届劳动模范，绥化市优秀共产党员，绥化市直机关“十佳公仆”，多次被评为绥化市市直机关实绩突出领导干部，多次被

评为黑龙江省地方志先进工作者等。2015年获中指组通报表彰。（徐萍）

运子微　女，回族。北京市志办市志指导处处长。她从事修志工作二十余年，全程参与首轮《北京志》编纂工作，承担首轮12部志书的责审工作。2004年，开始承担《北京年鉴》总审工作，该年鉴2005年2月获中指组“全国地方志系统首届年鉴评奖一等奖”。2008年任市志指导处处长后，负责第二轮《北京志》编修工作。2009年在全国率先建立地方志编纂联系人制度，在北京市修志工作中首次建立修志进度月报和年报制度，2013年提出建立分审合议制，为本市第二轮修志工作留存下宝贵资料。她在地方志编纂指导思路和方法上进行有益尝试，提出“用情指导”“专业化引导”“案例分析”“范例指引”，并形成一套独特的指导模式，逐渐成为具有北京市特色的指导模式。2011年8月，在患病放疗期间，坚持为承编单位开展培训工作，在北京市各修志单位中获得良好口碑。截至年底，她在全市开展第二轮修志业务培训近百场，共制作培训课件百余件，编写教案逾10万字，培训全市修志队伍3000余人次。她积极参与市志办援助拉萨、玉树工作，为两地培训修志人员200余人次。共审读志书、编辑及总审《北京年鉴》累计达3000余万字。（赵文才）

张殿成　男，1958年出生，天津市宝坻区人。1982年毕业于南开大学历史系。1983年开始从事地方志工作，参与第一轮《宝坻县志》编修。1997年任宝坻区志办主任。为天津市第二轮修志和天津军事志专家组成员，参与多部专志和区县志稿评审。2010年被评为全国地方志系统先进工作者。两次被评为天津市地方志系统先进个人。2002年起，主持编写第二轮《宝坻县志》《宝坻年鉴》《宝坻军事志》《宝坻话古今》《宝坻灾害志》等，点注翻译明代《宝坻政书》《宝坻劝农书》和清代《宝坻县志》，参与《宝坻交通史》《宝坻水利志》《宝坻评剧史》等书籍的编写与评审。整理和编写数万字的“小靳庄典型始末”，在地方报刊上开设史话专栏。在《天津史志》《天津档案》《天津日报》《今晚报》《中国档案报》《宝坻文史资料》《宝坻报》等报刊发表《当代志书记述内容之我见》《方志属性综论》等多篇论文和地域文史类文章。（天津市志办）

张华玲　女，现为安徽省阜阳市志办副主任，《阜阳市志（1986～2010）》执行主编、总编纂。张华玲调参与编纂《阜阳要闻（阜阳大事记）》90多期，近50万字；承编《阜阳年鉴》《颍州年鉴》10卷，600多万字。所编纂年鉴分别获安徽省年鉴评比内容编纂质量一等奖。在《安徽地方志》等刊物发表多篇学术研究论文，两篇分获省地方志成果一等奖、三等奖。2012年《阜阳市志》编纂工作启动后，担任执行主编，完成220万字志书的总纂和校对任务。（安徽省志办）

赵新亮　男，汉族，中共党员，本科学历，副编审。1996年调入新疆生产建设兵团第七师一三一团机关从事史志工作，先后编纂完成《一三一团志》《一三一团年鉴》《一三一团简史》等史志地情资料书籍16部，830余万字，多次被兵团、七师评为史志工作先进个

人。2009 年，他所在的团史志办获“全国党史部门先进集体”荣誉称号。2014 年，他被评为兵团史志工作先进工作者。2015 年，获中指组表扬。在近 20 年的基层史志工作中，作为《一三一团志》主编，赵新亮在人员少、任务重的情况下，创新史志工作思路，2000 年高质量完成约 70 万字的《一三一团志》出版工作。2001 年起，他又组织《一三一团年鉴》逐年编纂出版工作，出版年鉴 12 部，共计 360 万字。2006 年，在他的努力下，团场启动《中共一三一团历史资料》编纂工作，包括《组织史资料》《党史大事记》《党史专题资料》《党史文献汇编》4 个部分，共计 52 万字。在此基础上，编纂出版《一三一团简史》，约 23 万字。

（周崇）

文　献

·修志文件

吉林省政府办公厅关于印发《吉林省地方志事业发展规划（2016—2020年）》的通知

（吉政办发〔2015〕73号）

各市（州）政府，长白山管委会，各县（市）政府，省政府各厅委办、各直属机构：

《吉林省地方志事业发展规划（2016—2020年）》已经省政府同意，现印发给你们，请认真贯彻执行。

吉林省政府办公厅
2015年12月28日

吉林省地方志事业发展规划（2016—2020年）

为推进我省地方志事业科学发展，根据《地方志工作条例》《吉林省地方志工作条例》（以下简称“两个《条例》”）和《全国地方志事业发展规划纲要（2015—2020年）》（国办发〔2015〕64号），结合我省实际，制定本规划。

一、发展基础与机遇

（一）工作体制机制基本建立

我省地方志事业在省委、省政府的领导下，得到全面发展，党委领导、政府主持、人大监督、地方志工作机构依法组织实施、社会各界广泛参与的地方志工作体制更加完善，“志、鉴、用、馆、网、研”六位一体的地方志工作格局初步形成。

（二）法规制度体系更加完善

自2007年1月1日《吉林省地方志工作条例》颁布实施以来，一些地区制定了地方志工作的政府规章，省地方志编委会（以下简称省方志委）先后制定了24个规范性制度文件，初步形成了地方法规、政府规章和部门工作制度相配套的法规制度体系，推进依法修志有了坚实基础。

（三）志鉴编纂工作呈现新局面

完成首轮《吉林省志》89部分志，50部市（州）、县（市）志的编纂出版工作。组织开展第二轮修志工作，已出版省、市、县三级志书68部，终审87部。55个市（州）、县（市、区）启动2001—2010年续志资料长编纂工作。《吉林年鉴》连续编纂出版29卷，9个市（州）全部做到一年一鉴、公开出版。长白山保护开发区及52个县（市、区）出版首卷年鉴，省、市、县三级地方综合年鉴编纂工作体系已经形成。严格执行《吉林省志书、年鉴编纂审查验收办法》，创立志稿责任总纂制度，建立全省地方志系统编纂出版物年度质量评估工作机制，形成年鉴质量交叉点评交流工作新模式，志鉴编纂质量全面提升，90余部志鉴成果在国家和省级评比中获奖。在全国首创地方志资源立项开发新模式，设立地方志资源开发项目62个，出版图书53部58册。连续13年组织开展“感动吉林”年度人物评选活动，评选出年度人物130人，在社会上产生广泛影响。

（四）基础建设初具规模

建成省级方志馆1个，9个市（州）全部建有独立或合作性的方志馆。全省各级方志馆（资料室）馆藏文献超过25万册。编纂《吉林省旧志目录》，收集旧志电子版500余部。开通《吉林省情网》，创建“方志吉林”微信公众服务平台。9个市（州）全部开通拥有独立域名的地情网站，形成以吉林省情网为中心，互联互通、资源共享、覆盖全省的地情网络平台。省情数据库志鉴成果总量达到349部，2.7亿字。

（五）建立队伍建设和理论研究长效机制

组建吉林省志鉴专家库。启动全省市（州）、县（市、区）志书总纂人员长期业务培训规划，切实培养专家型人才队伍。省地方志学会召开五次代表大会、七次学术年会，组织开展“方志理论研究三百工程”，推出方志理论成果532篇（部）。编辑省级方志理论期刊《今古大观》187期。

按照“四个全面”战略部署，党和国家对地方志工作提出了新的要求，强调要高度重视修史修志，把历史智慧告知后人。全省地方志事业呈现良好发展态势，迎来重要发展机遇。各级地方志工作机构要深刻认识承担的历史使命，增强地方志工作的历史责任感，科学谋划，锐意进取，为文化强省建设提供信息服务和智力支持。

二、指导思想与基本原则

（一）指导思想

全面贯彻党的十八大精神，紧紧围绕省委、省政府中心工作，落实第五次全国地方志工作会议、第八次全省地方志工作会议的各项部署，坚持依法修志，笃行修志问道，加强科学谋划，锐意改革创新，追求志以载道，大力推进全省地方志事业协调健康可持续发展。

（二）基本原则

1. 坚持正确方向。坚持马克思主义的指导，坚持中国特色社会主义道路，坚持为人民服务、为社会主义服务的方向，坚持修志问道，通过不断编修、开发利用地方志成果，深刻总结和忠实记载党领导人民进行中国特色社会主义建设伟大实践的历史经验和丰功伟绩，为实现“四个全面”的战略部署提供翔实、可靠的历史借鉴，为培育和践行社会主义核心价值观提供丰富、优秀的精神文化产品。

2. 坚持依法修志。深入贯彻落实“两个《条例》”，推动全省地方志工作法治化建设，坚定不移走依法修志道路。推动建立各级政府依法履行领导责任、各级地方志工作机构依法履行组织实施和管理职责、政府各部门和社会各界依法履行修志义务的法治化工作格局。

3. 坚持科学发展。坚持推进“一纳入、八到位”（即将地方志工作纳入各地国民经济和社会发展规划、各级政府工作任务，“认识、领导、机构、编制、经费、设施、规划、工作”到位）的贯彻落实，切实加强人才队伍建设，不断完善以志鉴编修为主业，“志、鉴、用、馆、网、研”六位一体协调健康可持续发展的工作格局。

4. 坚持与时俱进。认真总结工作经验，正确把握发展规律，积极探索新时期地方志工作的新途径、新模式，推动理论创新、制度创新、管理创新、方法创新。充分运用现代科技手段，建设现代化公益服务平台，增强地方志事业发展活力。

5. 坚持质量第一。牢固树立质量第一观念，把质量建设放在工作首要位置。健全完善质量控制体系，将“三审制”等质量制度落到实处，编纂出版经得起历史检验的地方志成果。

6. 坚持修用并举。紧紧围绕全省中心工作、社会大众的文化需求，开发利用地方志资源，扩大和提高地方志资源立项开发的影响力与应用水平。拓宽用志领域，加快地方志成果转化，把历史的智慧挖掘出来，为党政机关、社会各界和人民群众服务。

三、总体目标与主要任务

（一）总体目标

到2020年，全部完成第二轮修志规划任务，加强对志鉴编纂的指导和管理，探索开展地方史编写工作。实现省、市、县三级地方综合年鉴全覆盖，稳步提升编纂质量。提升地方志资源立项开发水平，打造全方位的方志开发利用服务平台。大力推进方志馆（资料室）规范化建设，建立资料征集管理的长效机制。完善全省地情网络平台建设，建设信息海量的省情数据库。促进志鉴理论研究持续深入发展，培养一支业务精湛的专业人才队伍，推动地方志事业“志、鉴、用、馆、网、研”六位一体协调健康可持续发展。

（二）主要任务

1. 建设完善地方志工作法规制度体系。继续推动贯彻落实“两个《条例》”，适时开展《吉林省地方志工作条例》的修订工作，推动尚未出台地方志工作法规、规章的地区尽早启动立法程序，研究制定相关规章。进一步健全和完善与“两个《条例》”相配套的制度规范，形成闭合的法规、规章和制度规范体系，为地方志事业发展提供法律依据和制度保障。

2. 完成第二轮修志规划任务。在保证质量的前提下，到2020年，完成《吉林省志》剩余36部分志的终审，加快出版进度。完成剩余5部县（市、区）志的终审，力争全部出版。各市（州）、县（市、区）要完成2001—2020年续志资料长编的全部资料征集工作。认真总结两轮修志工作经验，切实做好第三轮修志的准备工作。省方志委要统筹规划，认真研究，科学编制好全省第三轮修志规划。

3. 实现地方综合年鉴全覆盖。到2020年，各级地方综合年鉴全部实现由地方志工作机构组织编纂，一年一鉴，公开出版。《吉林年鉴》编纂质量要进入全国前列；市（州）、长白山保护开发区年鉴要达到质量评估优秀等次；县（市、区）年鉴要做到规范编纂。加强对地方综合年鉴编纂的业务指导。逐年编纂出版《吉林省地方志年鉴》。

4. 加强对社会上志鉴编纂的指导管理，开展地方史编写的探索工作。加强对志鉴编纂工作的业务指导和管理。指导有条件的乡镇（街道）、村（社区）开展志书编纂工作。做好中国名镇志文化工程、中国名村志文化工程的组织落实工作。统筹规划地方史编写工作，采取适当措施，开展地方史编写的试点工作，探索规律，积累经验。

5. 提高地方志资源开发利用水平。制定地方志资源立项开发规划，深入挖掘吉林历史和地域文化资源，加强重大选题策划论证工作。到2020年，推出3—5个具有重大存史价值、较高学术水平和较大社会影响的项目。探索运用现代科技手段，开发可读性、趣味性较强的方志读物。继续开展“感动吉林”年度人物评选活动。各地要广泛开展读志用志工作，推动方志成果进机关、进农村、进社区、进校园、进企业、进军营。

6. 认真落实“质量第一”原则。进一步健全和完善质量控制体系。建立覆盖志书、地方综合年鉴、地方志资源开发等地方志工作全过程的质量标准、规范和制度体系，健全完善保证各项质量标准、规范、制度落实的关键环节衔接程序和质量责任追究机制，努力提高全省地方志系统编纂出版物年度质量评估工作的规范性、科学性水平。贯彻分类指导原则，创新业务指导方法，提高业务指导水平。

7. 推进方志馆（资料室）规范化建设。制定全省方志馆建设指导意见，推动方志馆建设标准化。到2020年，完成省方志馆新（扩）建工作，不断丰富馆藏文献，完善地情展室建设，构建数字化方志馆平台。各市（州）要全部建成方志馆，有条件的县（市、区）要争取建立方志馆，其他县（市、区）要有独立的方志资料室，切实发挥方志馆公益服务功能。

8. 加强依法征（收）集资料管理工作。严格执行地方志系统出版物报送备案制度，与全国各级地方志工作机构建立志鉴交换合作关系。大力推动建立资料年报制度，拓展资料征（收）集范围和渠道，建立稳定长效的资料征（收）集机制。加强与高等院校、图书馆、档案馆等单位的合作，开展旧志收集、整理、影印等工作。

9. 加快地方志信息化建设。按照全国地方志事业信息化发展意见，加大对全省地情网络平台建设的投入，做好与国家地方志数据网络的互联共享。不断完善和改进吉林省情网站建设。建设信息海量的省情数据库，到2020年，再完成300部地方志文献的数字化，实现新出版志鉴同步进入数据库。应用现代信息技术，打造“方志吉林”微信公众服务平台等新型载体，构建多界面、多渠道、多元化的综合信息服务体系。

10. 加强专业人才队伍建设。制定人员培训长期规划，建立分级分类培训体制和多层次、全方位的业务培训体系。到2020年，完成全省市、县志书总纂人员五年培训计划，建成一支各市（州）1—2人、各县（市、区）1人，胜任志书总纂和年鉴主编工作的专业队伍，力争实现专家修志。各级地方志工作机构要采取措施吸引优秀人才参加地方志工作。按照国家和我省有关规定，开展全省地方志系统先进集体和先进工作者评选表彰活动。

11. 深化理论研究和学术交流。加强方志理论研究的顶层设计，加大学术研究经费投入，以省地方志学会为平台，推动落实“方志理论研究三百工程”，到2020年，确立100个研究课题，推出100项研究成果，培养100名专业人才。充分发挥各级地方志学会等学术团体和《今古大观》等方志期刊的交流平台作用，积极参加全国性的学术合作、研讨、交流活动，召开学术年会，开展论文评奖，活跃学术研究，促进学术争鸣，造就一批在全国有影响的方志理论专家。

12. 加大宣传力度。要充分利用各种宣传媒介和载体，大力宣传地方志工作机构贯彻落实党和国家大政方针的新举措、地方志工作服务经济社会发展的新成绩、地方志工作者投身中国特色社会主义建设的奉献精神。挖掘地方志资源的现实价值、历史价值，设计宣传主题，创新宣传形式，推出一批人民群众喜闻乐见，有较大社会影响力的地方志宣传精品。

四、加强组织领导

落实国家关于地方志工作要坚持和健全党委领导、政府主持、地方志工作机构组织实施、社会各界广泛参与的工作体制的要求。各地要结合工作实际，根据本规划的要求，制定本地地方志事业发展规划或实施方案。要认真组织实施发展规划和实施方案，保障各项任务落到实处，努力实现全省地方志事业协调健康可持续发展。

省方志委要对本规划落实和执行情况进行督促检查。

吉林省年鉴编纂出版审查验收办法

根据国务院《地方志工作条例》和《吉林省地方志工作条例》的有关规定，为规范年鉴出版工作、提高省和市（州）、县（市、区）地方综合年鉴及各专业年鉴的编纂出版质量，制订《吉林省年鉴编纂审查验收办法》。

一、审查验收原则

1. 年鉴的编纂、审查和验收，坚持以历史唯物主义和辩证唯物主义为指导。

2. 严格执行国务院《地方志工作条例》和《吉林省地方志工作条例》以及相关法律、法规和政策规定。

3. 各级各类年鉴编纂出版实行初审、复审和终审三级审查验收制度，按时依序逐级审阅。

二、审查验收对象

年鉴三级审查验收的对象是吉林省行政区域内由地方志工作机构编纂出版的地方综合年鉴和由各机关、企业、事业单位等编纂出版的专业年鉴。

三、审查验收主体

年鉴编纂出版审查验收的主体是各级地方政府主管本行政区域地方志工作的机构以及主管、主办专业年鉴的单位。

1. 初审组织机构：为年鉴供稿的各撰稿单位。

2. 复审组织机构：年鉴编辑部。

3. 终审组织机构：年鉴编纂委员会。

四、审查验收人员

1. 省、市（州）、县（市、区）地方综合年鉴审查验收委员会的人员应具有广泛性、代表性，要根据实际需要，组建包括地方志、保密、档案、历史、法律、经济、政治、军事等方面的专家组成审查验收委员会。专业年鉴审查验收委员会的人员以行业专家和部门领导为主。

2. 审查验收机构的人员应具有权威性，熟悉本行政区域内的全局工作，聘请的专家应精通所在领域的历史及现状，能够体现或代表该领域的较高水平。

3. 参与三级审查的机构和人员应在出版的年鉴上署名，以示对年鉴负责、对历史负责。

五、审查验收内容

年鉴的审查验收工作要依据中指组关于年鉴出版的有关规定进行。审查验收的主要内容包括政治方向、资料、内容、记述、行文等方面。此外，各级审查验收机构应重点审查年鉴内容是否符合宪法和保密、档案等法律、法规的规定，是否全面、客观地反映了本行政区域内的自然、政治、经济、文化和社会的历史、现状。

1. 观点正确。年鉴的记述要坚持正确的政治观点、立场，符合宪法和国家有关法律、法规的规定，符合国家的民族、宗教、外事政策，重要事实和重大事件、重要人物的记述要与中共中央的路线、方针、政策保持一致，正确把握记述尺度和角度。

2. 资料真实。年鉴所采用的资料要全面系统，丰富多彩，要素齐全，具有代表性和权威性，真实准确，能客观真实地反映本行政区域、行业或部门的历史与现状，经得起社会和历史的检验。年鉴资料不得涉及国家秘密、商业秘密以及个人隐私。

3. 体例科学。年鉴体例要设置科学，门类齐全，结构严谨，层次分明，逻辑清晰，排列有序，归属得当，题文相符。地方综合年鉴以条目为主体，广泛使用图、表、彩页以及特载、专文、大事记、人物、文献、附录等各种体裁。

4. 内容全面。年鉴要充分反映年度特点、地域特点，以新事、大事、特事、要事为记述重点，全面反映行政区域内或行业内的基础信息和大事要闻。各部类之间比重适当，充分体现本地域、本行业生动、鲜明的特色与风貌。

5. 记述准确。年鉴的记述要以上一年度内容为主，以本地域、本行业为记述范围。寓观点于客观记述之中，以事系人，人随事出。所使用的数字、人名、地名、计量单位等均应准确无误。

6. 行文规范。年鉴的行文要做到用语规范，用词准确，用法标准。以记叙文和说明文体为主，以第三人称表述。行文严谨、准确、简洁、流畅，无政治性、常识性等差错。

六、审查验收程序

吉林省各级各类年鉴审查验收实行三级审查制度。各级地方志工作机构和专业年鉴编纂单位均应严格履行初审、复审和终审程序，做到严肃、认真，责任明确。

1. 初审程序。年鉴文稿完成后，各供稿单位要由负责年鉴供稿工作的分管领导进行初审，认为符合报送标准后，由撰稿单位负责人签字，报年鉴编辑部。

2. 复审程序。由年鉴编辑部组织相关人员对供稿单位送交的稿件进行复审，将复审意见反馈撰稿单位。

3. 终审程序。年鉴编辑部对所有稿件复审之后，形成全部书稿的清样，在终审会议召开前10天，送交年鉴编纂委员会成员。由年鉴编纂委员会组织召开终审会议。

4. 批准出版。各级年鉴编纂单位持终审意见向当地政府申请出版。地方综合年鉴需经当地政府批准后方可印刷、出版；专业年鉴须由主管、主办单位批准后印刷、出版。

七、相关责任追究

拒绝接受年鉴各级审查机构修改意见的，或在年鉴审查验收后擅自篡改年鉴内容的，由年鉴编纂单位提请本级政府或上级主管部门，对直接负责的主管人员和其他直接责任人员依法给予行政处分。

凡未经审查验收和批准，擅自将年鉴交付印刷和出版的，或者年鉴存在违反宪法、法律和法规内容的，由年鉴主管单位责令采取相应措施予以纠正，视情节追究有关单位和个人的责任；构成犯罪的，依法追究刑事责任。

本办法自公布之日起实行。以往吉林省对年鉴编纂审查验收方面所作的规定于本办法实行之日起自行废止。

江苏省政府办公厅关于印发江苏省贯彻《全国地方志事业发展规划纲要（2015—2020年）》实施方案的通知

（苏政办发〔2015〕133号）

各市、县（市、区）政府，省各委办厅局，省各直属单位：

《江苏省贯彻〈全国地方志事业发展规划纲要（2015—2020年）〉实施方案》已经省政府同意，现印发给你们，请结合实际认真组织实施。

江苏省政府办公厅

2015年12月17日

江苏省贯彻《全国地方志事业发展规划纲要（2015—2020年）》实施方案

为深入贯彻党中央、国务院决策部署和习近平总书记视察江苏时关于推动文化建设迈上新台阶的重要讲话精神，进一步推动全省地方志事业繁荣发展，充分发挥地方志工作促进经济社会发展和文化建设的重要作用，根据《国务院办公厅关于印发全国地方志事业发展规划纲要（2015—2020年）的通知》（国办发〔2015〕64号）精神，制定本实施方案。

一、重要意义

地方志是自然、政治、经济、社会、文化历史和现实记载的重要资料宝库，是传承和彰显中华文明的重要载体。江苏修志历史悠久，素有“方志之乡”美誉。近年来，我省认真贯彻中央决策部署，坚持把地方志作为重要文化基础工作来抓，各级地方志工作机构认真履行职责，广大地方志工作者不懈奋斗努力，全省地方志事业呈现良好发展态势。工作机制日益完善，省及部分市出台地方志工作法规，地方志法治化建设深入推进，党委领导、政府主持、地方志工作机构组织实施、社会各界广泛参与的工作体制基本形成。志书编修成果丰硕，省、市、县三级首轮修志任务全面完成，《江苏省志》填补了江苏建省300多年无完整省志的空白，第二轮修志工作加快推进，地方综合年鉴在全国率先实现省、市、县三级全覆盖，并率先编纂省级年鉴英文版。做好旧志整理工作，建立较为完备的江苏旧志数据库，启动有史以来整理江苏古代地方文献最大的出版工程——《江苏历代方志全书》。用志领域进一步拓展，方志理论研究、资源开发、信息化建设和方志馆建设等工作协调开展，建成各级各类地方志网站58个、各级各类方志馆13家。发展环境日益优化，地方志工作机构、经费、人员等保障条件不断完善，修志队伍整体素质明显提升。在全国地方志书首轮优秀成果评比中，我省有21部志书获奖；在全国地方志系统第一、二届年鉴奖评比中，我省特等奖年鉴获奖数占全国总数的1/3，特等奖、一等奖获奖数占全国总数的1/5。但也要清醒地看到，工作中还存在一些问题，主要是事业发展不平衡现象仍比较突出，少数地区和部门对地方志工作重要性认识不够，方志人才建设有待加强，方志文化传播方式方法还有待进一步创新等。

在新的发展阶段，中央领导同志就修史修志多次发表重要论述，习近平总书记强调“要高度重视修史修志”，“把历史智慧告诉人们”，李克强总理提出“修志问道，以启未来”。2014年年底习近平总书记视察江苏时，要求协调推进“四个全面”，推动包括文化建设在内的五个方面迈上新台阶，建设经济强、百姓富、环境美、社会文明程度高的新江苏。省委十二届十一次全会对“十三五”发展作出全面部署，要求“加强地方史志研究”。各地、各有关部门和单位要深刻把握新形势新要求，充分认识编修和开发利用地方志有助于强化核心价值引领、形成良好道德风尚，有助于汲取有益历史经验、提高科学执政水平，有助于推进文化传承创新、增强民族凝聚力，进一步明确地方志工作在发展改革大局和文化强省建设中的地位作用，以高度的责任感使命感，着力优化发展思路，强化工作举措，深化改革创新，在新的起点上奋力开创我省地方志事业发展新局面。

二、目标任务

根据《全国地方志事业发展规划纲要（2015—2020年）》，结合我省实际，地方志工作的主要目标是：到2020年，全面完成第二轮修志规划任务，实现省、市、县三级综合年鉴全覆盖。加强对社会修志编鉴工作的指导管理，加快信息化和方志馆建设，充分做好第三轮修志工作的各项准备，基本形成地方志编修、理论研究、质量保障、开发利用、工作保障“五位一体”的地方志事业综合发展体系，确保我省地方志工作继续走在全国前列，扩大方志文化影响力，增强江苏文化软实力。

（一）加大第二轮修志推进力度。力争到2016年年底基本完成市、县（市、区）志编纂任务，到2018年年底基本完成《江苏省志》编纂任务，到2020年全面完成110部省、市、县三级志书出版任务。全面总结第一轮、第二轮修志工作经验和薄弱环节，认真研究第三轮修志的组织管理、运作模式、续修方式等，为第三轮修志做好工作准备。

（二）做好地方综合年鉴工作。进一步理顺管理体制，做到地方综合年鉴统一由地方志工作机构组织编纂，一年一鉴，公开出版。尚未开展年鉴编纂的市辖区，力争在2017年年底前组织编纂年鉴。有条件的地区，要在编纂中文版年鉴的同时，编纂英文版等外文版年鉴。结合年鉴编纂实际，建立和完善年鉴编纂规范。

（三）推进部门、乡镇（街道）、村（社区）等志书年鉴编纂。制定相关制度、规范，加强对已开展和准备开展志书年鉴编纂工作的行业、部门、单位和乡镇（街道）、村（社区）的业务指导和管理。积极参与实施中国名镇志文化工程、中国名村志文化工程。试点乡镇（街道）年鉴编纂工作。具备条件的，可将地方史编写纳入地方志工作范畴，统一规范管理。

（四）开展旧志整理。加强与国内外高等

院校、科研院所、公共图书馆、档案馆等单位的交流合作，深入开展旧志整理，抢救保护文化遗产。策应江苏文脉整理与研究工程，做好《江苏历代方志全书》影印出版工作。选编点校《江苏方志典藏》100种，包括历代名志、各府州县代表性志书。完成《江苏历代方志考》《江苏艺文志》出版及《乾隆·江南通志》点校出版任务。各地可结合实际选择有价值的旧志进行整理。

（五）深化地方志质量建设。严格执行中指组制定的《地方志书质量规定》《地方综合年鉴编纂出版规定》以及我省有关志书年鉴审查验收和编纂出版规定，完善地方志质量保障体系。坚持正确方向，坚持质量第一，将精品意识贯穿于地方志编纂出版工作全过程，严把政治关、史实关、体例关、文字关、出版关，编纂出版经得起历史检验、具有鲜明时代特征、代表江苏文化形象的优秀志鉴成果，打造一批在全国有影响的精品志书。

（六）加快信息化和方志馆建设。广泛应用“互联网+”等现代信息技术，加快地情网站建设，到2017年建成集地方志信息发布于一体、实现省、市、县三级联网全覆盖的地情资料网站群。推进数字化建设，建成全社会各界共享共用的江苏方志文献资源数据库。加强现有方志馆建设，积极开展方志资源收藏、研究、展示和咨询服务，努力建设成为志书年鉴和地情资料收藏中心、地情研究咨询开发中心、地方文化对外交流宣传中心及爱国主义教育基地。尚无方志馆的省辖市要积极创造条件，加快方志馆立项和建设。各县（市、区）要充分利用公共图书馆、档案馆等公共资源，通过“一馆多用”等方式，确保有专门场所集中收藏志书年鉴和地情资料。在完善实体方志馆布局的同时，积极推进数字方志馆建设。

（七）提高地方志资源开发利用水平。坚持修志为用，深入发掘地方志资源，积极拓展地方志工作领域和工作内涵，更好发挥存史育人资政作用。将地方志工作纳入现代公共文化服务体系建设范围，拓宽服务渠道，加大宣传力度，推动地方志成果进机关、进农村、进社区、进校园、进企业、进军营，通过开展地方志成果展、书展等特色项目展示，制作纪录片、动画片、微电影以及举办论坛、讲座等多种形式，广泛进行地情宣传和历史文化传播，鼓励和倡导全社会读志、传志、用志。进一步提升《江苏地方志》办刊水平，扩大发行量和影响力。

（八）完善地方志资料保障机制。加大依法收（征）集地方志资料力度，按照规定要求做好地方志资料长编工作。推广运用社会调查、口述史等方法，拓展资料收（征）集范围和渠道，为第三轮修志做好资料准备。加强地方志资料的集中收藏、保存和管理，逐步建立能够全方位适应地方志编纂、地方志事业发展和地情研究需要的资料保障机制。

（九）加强地方志理论研究和学术交流合作。充分发挥方志期刊和各级各类地方志学会的作用，加强地方志基础理论和编纂实践研究，推动理论创新、制度创新、管理创新、方法创新。围绕总结第二轮修志工作、准备第三轮修志工作，开展理论研讨和学术交流，组织撰写第三轮修志培训教材。积极参与文化走出去，采取多种形式，加强与香港、澳门和台湾地区以及国外高等院校、科研机构、档案机构和图书馆等单位的学术交流合作。

三、保障措施

（一）强化组织领导。各地要继续坚持党委领导、政府主持、地方志工作机构组织实施、社会各界广泛参与的工作体制，坚持“一纳入、八到位”的工作机制，即将地方志工作纳入各地经济社会发展规划、各级政府工作任务，确保认识到位、领导到位、机构到位、编制到位、经费到位、设施到位、规划到位、工作到位。各级政府要将地方志工作所需经费列入财政预算。承担编纂任务的国家机关、社会团体、企业事业单位和其他组织要将编纂地方志工作列入年度工作计划。各级地方志工作机构要充分发挥统筹规划、组织协调作用；各有关部门要增强全局观念，加强沟通配合，大力支持地方志工作，确保高质量完成各项目标任务。

（二）强化依法治志。深入贯彻国务院《地方志工作条例》及我省实施办法，逐步健全完善地方性法规规章，进一步明确各级政府对地方志工作的领导责任，加强地方志工作机构履行组织、指导、督促和检查地方志工作的职责，确保地方志工作依法开展。加大地方志工作法规规章的宣传、执行力度，定期开展执法监督检查，依法纠正、查处执行不力和违法行为。

（三）强化队伍建设。各级政府要明确承担地方志工作的机构，到2016年实现全省地方志工作机构全覆盖。地方志工作机构设置和人员编制要与其有效履行职能、顺利开展工作的要求相适应。按照德才兼备原则和专业要求，配齐配强地方志工作机构领导班子。重视人才选拔、培养和使用，加强专兼职结合、结构合理的人才队伍建设，培养和引进一批高端人才，建设一支高素质的地方志编修和研究工作队伍。建立省级地方志专家库，聘请各行各业专家学者参与地方志工作，健全地方志工作机构主导、社会各界有序参与修志编鉴的途径和方式。采取多种形式，分层次分类型加强队伍教育培训。

（四）强化督促检查。各地、各有关部门要结合工作实际，根据本方案要求，制定地方志事业发展规划或推进计划，强化责任落实。按照国家和省有关规定，开展先进集体和个人以及地方志质量评选，形成干事创业的激励机制。完善目标考核责任制、督查通报制，各地要把地方志工作纳入政府督查内容与考核目标，省地方志办公室要对本实施方案落实和执行情况进行督促检查，定期通报工作进展情况，推动全省地方志事业平稳、有序、健康发展。

福建省行政审批制度改革工作小组办公室关于公布省地方志编委会责任清单的通知

（闽审改办〔2015〕231号）

各设区市政府，平潭综合实验区管委会，省直各单位：

根据中共中央办公厅、国务院办公厅《关于推行地方各级政府工作部门权力清单制度的指导意见》（中办发〔2015〕21号）和省政府办公厅《关于进一步推进简政放权深化行政审批制度改革有关工作的通知》（闽政办〔2015〕62号）精神，经省政府研究同意，明确省地方志编委会责任事项共20项。

各部门要按照责任清单，全面正确履行职责，进一步建立健全岗位责任制，落实责任主体，完善监管制度，接受社会监督，防止行政不作为和乱作为。对不按责任清单履行职责的单位和人员，有关部门要按规定追究相应责任。

未列入责任清单的其他职责，仍按“三定”及相关规定执行。

福建省行政审批制度改革工作小组办公室

2015年7月1日

福建省政府办公厅关于印发《福建省地方志事业发展规划纲要（2016—2020年）》的通知

（闽政办〔2015〕161号）

各市、县（区）政府，平潭综合实验区管委会，省政府各部门、各直属机构，各大企业，各高等院校：

《福建省地方志事业发展规划纲要（2016—2020年）》经省政府领导同意，现印发给你们，请认真组织实施。

福建省政府办公厅

2015年12月27日

福建省地方志事业发展规划纲要（2016—2020年）

为推进全省地方志事业科学发展，充分发挥地方志工作在福建加快发展、深化闽台交流、打造21世纪“海上丝绸之路”核心区中的重要作用，根据国务院办公厅《全国地方志事业发展规划纲要（2015—2020年）》，结合我省实际，制定本规划纲要。

一、发展基础

地方志是中华民族特有的文化基因，是探索地情规律、提炼历史智慧、提升治理能力的文献宝库。1980年，我省在全国率先倡议传承优秀历史文化传统、编修社会主义新方志。三十多年来，在全省各级党委政府的领导下，经过广大地方志工作者不懈努力，形成了志鉴主业全面推进、“方志馆（书库）、网站、刊物、学会、用志”协调发展的现代方志工作格局，锻造了一支状态好、工作实、能创新、讲奉献的方志队伍，取得了丰硕成果，充分展示了地方志的当代价值及永恒魅力，为推动全省经济社会发展和文化强省建设发挥了独特作用。

（一）工作体制机制逐步完善。形成党委领导、政府主持、地方志工作机构组织实施、社会各界广泛参与的工作体制；形成将地方志工作纳入全省各地国民经济和社会发展规划、地方各级政府和承担修志编鉴任务的部门单位（以下简称各承编单位）工作任务、“认识、领导、机构、编制、经费、设施、规划、工作”到位（以下统称“一纳入、八到位”）的工作机制。

（二）依法治志取得重大进展。省政府贯彻国务院《地方志工作条例》，制订施行《福建省实施〈地方志工作条例〉办法》，在全国率先出台《关于进一步加强地方志工作的若干意见》、公布《福建省地方志编委会责任清单》，各地也相应制订了配套的制度规范，进一步明确了各级政府对地方志工作的领导责任，强化了地方志工作机构履行组织、指导、督促、检查的行政职能，推动了地方志工作的法治化。

（三）方志文化成果丰富多元。完成首轮地方志书编修任务，第二轮编修进度过半、进入攻坚阶段，在全国率先实现省、市、县三级地方综合年鉴全部开编。已出版213部省、市、县三级地方志书和数千部特色志、乡镇（村）志、年鉴、地情书籍，加上现存的287

种历代方志及其整理成果，以及《福建史志》等方志期刊、大量的地情资料和6.5亿字的地方志数字化资料，构成不断丰富的地方史志成果群。

（四）基础平台建设稳步推进。全力推进省方志馆建设，74个市、县（区）设有方志书库（资料室）；福建省“数字方志”首期工程完成、二期工程启动建设，44个市、县（区）开通地情网站。方志馆、书库、地情网站成为留住乡愁记忆，研究地方历史，提供资政服务，开展地情教育的新载体。

（五）公共服务水平有效提升。通过修志、传志、读志、用志，我省地方志工作机构在闽台交流交往、申报“世遗”“非遗”、寻根谒祖、旅游开发、申报地理标志产品等方面提供大量有效服务，发挥了不可或缺的作用。

（六）闽台方志文化不断融合。通过开展志书合编、志书交换、合作办展、族谱对接、学术研讨等活动，搭建闽台方志文化交流新平台。

修志问道，以启未来。在新的历史时期，党中央、国务院对地方志工作寄予厚望，强调要高度重视修史修志，用历史的智慧推进治理体系和治理能力的现代化。我省地方志工作必须全面贯彻党中央、国务院的指示精神，全面落实省委省政府的决策部署，紧紧围绕工作大局，进一步明确“十三五”期间总体思路、目标任务、方法路径和保障机制，全面推动全省地方志事业发展繁荣。

二、指导思想与基本原则

（一）指导思想。高举中国特色社会主义伟大旗帜，全面贯彻党的十八大和十八届二中、三中、四中、五中全会精神，以马克思列宁主义、毛泽东思想、邓小平理论、“三个代表”重要思想、科学发展观为指导，深入贯彻习近平总书记系列重要讲话精神和对福建工作的重要指示，树立创新发展、协调发展、绿色发展、开放发展、共享发展的理念，按照全国第五次地方志工作会议精神和全省第八次地方志工作会议部署，落实“一纳入、八到位”的工作机制，以存史、资政、育人为目标，以依法治志为导向，以完善现代方志工作格局为抓手，推动全省地方志事业再上一个新台阶。

（二）基本原则

1. 坚持正确方向。坚持走中国特色社会主义文化发展道路，为党立言、为国存史、为民修志，为践行和培育社会主义核心价值观提供精神养分和历史智慧。

2. 坚持质量第一。坚持辩证唯物主义和历史唯物主义的立场、观点、方法，存真求实，严把政治关、史实关、体例关、文字关、保密关、出版关，做到思想性、科学性、资料性有机统一，编纂出版经得起历史检验、具有鲜明时代特征和地域特色的方志文化成果。

3. 坚持改革创新。在继承弘扬中华民族优良修志传统的基础上，解放思想、探索规律、与时俱进，推动思维观念、理论方法、机制制度、管理运作、能力素质等方面创新。

4. 坚持依法治志。坚持依法修志、用志、传志、管志，倡导“开门修志”“众手成志”，汇聚社会各方力量，积极参与地方志工作。

5. 坚持信息引领。利用“互联网+”的重大国家战略契机，综合运用现代信息技术，整合汇聚全省地方志资源，推行地方志数据文化，打造“智慧方志”，实现开放共享。

6. 坚持修志为用。充分挖掘福建历史文化资源，紧紧围绕中心、服务大局，适应社会需求、人民需要，积极探索开发利用的新途径，不断拓宽用志新境界。

7. 坚持协调发展。以修志编鉴为主业，统筹方志馆（书库）建设、信息化建设、开发利用、历代方志整理、理论研究、队伍建设等各项工作。

三、总体目标与主要任务

（一）总体目标。至2020年，全面完成全省第二轮地方志书编修规划任务，做好第三轮修志准备工作，省、市、县三级综合年鉴全部公开出版，逐步启动并抓好地方史编写工作，持续推进地方志工作法治化、规范化建设，构建闽台数字方志平台、福建地情展示平台和“海丝”方志文化对外交流平台，基本形成地方志编修体系、质量保障体系、资源开发利用体系、理论研究体系、工作保障体系“五位一体”的地方志事业发展综合体系，丰富和拓展我省现代方志工作格局，努力使我省地方志事业发展整体水平走在全国前列。

（二）主要任务

1. 全面完成第二轮地方志书编修规划任务。2017 年基本完成、2020 年全面完成全省第二轮地方志书编修规划任务，省、市、县三级地方志书全部出版发行。全面总结志书编修经验，为启动第三轮志书编修做好队伍建设、资料收（征）集和理论准备等工作。

2. 全面推进地方综合年鉴编纂工作。2016 年，省、市、县三级综合年鉴全部做到一年一鉴，2020 年前全部公开出版。有条件的地方同时出版纸质版和电子介质版。争创若干全国知名年鉴品牌，并争创全国综合年鉴质量评比最佳成绩。

3. 加强特色志鉴和地方史的编纂工作。深入挖掘福建历史文化资源和多元文化内涵，编纂福建“海丝”史料、福建地情、福建特色文化志、福建地方史志读本等精品丛书。指导有条件的乡镇（街道）、村（社区）做好志书编纂工作，参与中国名镇志文化工程、中国名村志文化工程，启动编纂福建省国家级历史文化名镇名村志丛书。加强对已开展和准备开展专业志鉴编纂工作的行业、部门、单位等的业务指导和规范管理。把地方史编写纳入地方志工作范畴，统一规范管理，编纂出版我省首部百科全书式地方文献《福建通鉴》。

4. 深入开展旧方志保护整理工作。实施方志典籍整理工程，重点加强闽台方志文化遗产保护，收集、整理、保存闽台旧方志，2018 年全面完成《闽台历代方志集成》项目，2020 年建成闽台历代方志数据库。同时，加强旧方志资料的分类整理工作。

5. 加快地方志信息化建设。按照统一标准、分级建设、资源共享、安全保密的原则，制订全省地方志信息化建设实施方案。完成福建省“数字方志”二期工程，启动并实施三期工程。至 2020 年，全面建成省、市、县三级方志资源全文检索数据库、影像资料数据库、在线修志编鉴系统、地方志资料年报系统和地方志全媒体展示平台，数字化资源达 8 亿字；与中指办合作，建设闽台数字方志馆免费开放，实现两岸方志资源共享。大力整合方志资源，吸收社会资本参与方志资源的深度开发，发展一批有竞争力的福建特色数字文化产品。

6. 创造条件加快方志馆（书库）建设。2018 年，省方志馆开馆运行，打造成集收藏保存、宣传展示、学研交流和省情教育等功能于一体的公共文化服务综合场馆，在国家方志馆支持下，建设国家方志馆闽台分馆；2020 年，设区市和有条件的县（市、区）建成方志馆或通过各种方式推进方志馆建设。加强全省方志书库专业化、标准化建设，每个设区市重点建设市本级及 1～2 个县（市、区）级方志书库，构建多层次读志传志用志免费开放平台。

7. 深化地方志资源开发利用。加强对地方志资源的深加工，拓宽服务渠道，增强服务功能，创新服务手段，更好地贴近经济社会发展实际，贴近人民群众需要。开展家谱、家训、家风、村规民约系列丛书征集、编纂工作，为培育和弘扬社会主义核心价值观提供滋养。引导社会各界开发利用地方志资源，推动地方志成果进校园、进机关、进军营、进企业、进社区、进农村等，推动乡土文化建设，提升成果普及程度，培育地方历史记忆。加强对地情信息的分析研究，探索编纂《福建省情报告》《福建地方志发展报告》。

8. 扩大方志文化交流合作。服务国家文化“走出去”战略，加强与海外有关机构学术交流，探索依托海外闽侨文化中心、闽侨书屋、闽籍同乡会馆等场所设立“方志书屋”或“方志书柜”，推动福建地情文化进华人社区、社团、会馆，推介一批高质量的地方志成果。开展与福建有关的“海丝”文献史料的收集整理工作，为福建打造“海丝”核心区提供历史佐证和新鲜素材。开展两岸共享史料、共修史志、族谱对接、学术研讨等活动，促进闽台方志文化深度融合，2016 年完成两岸学者合编的《妈祖文化志》出版工作。

9. 重视地方志资料工作。加大依法收

(征）集地方志资料力度，建立和完善地方志资料收（征）集、保存、管理制度，建立全省地方志资料年报制度并形成常态机制。总结完善推广志书、年鉴、月报、日记“四位一体”系统保存地情资料工作机制。与机关企事业单位、高校、科研院所、图书馆、档案馆等协作，开展田野调查、社会调研、口述史和音像影像资料收集，建立能够适应地方志事业发展需要的全覆盖、多渠道的地方志资料工作保障体系。

10. 深化地方志质量建设。严格执行中指组《地方志书质量规定》《地方综合年鉴编纂出版规定》和《福建省地方志书编写通则》《福建省地方综合年鉴管理办法》等，推动地方志质量标准化建设，完善主编负责制和总纂“一支笔”统稿、志稿评议、审查验收等制度，落实地方志编纂、出版、印刷三环节无缝衔接，实施精品志鉴工程，将地方志书、年鉴和学术成果纳入各级社会科学优秀成果奖或有关图书评奖范围。

11. 加强地方志理论研究。开展福建省地方志系统中青年学术人才梯队建设和课题研究，至2020年，形成由“学术研究带头人”“学术研究骨干”“学术研究新秀”组成的人才梯队和一批研究成果。充分发挥《福建史志》等方志期刊作用，加强省地方志学会等团体的标准化建设，开展地方志编纂、地方志事业发展等重要理论问题研究。

12. 加强地方志队伍建设。建立健全人才的选拔、培养、使用、交流的良性机制，加强专兼职结合、结构合理的人才队伍建设，培养和引进一批高端人才，建设一支高素质的地方志编修、研究工作队伍。实施全省地方志人才培训工程，开展分层次、多样化的教育培训。建立完善省级、设区市级地方志专家库，争取有一批专家列入国家级专家库。进一步弘扬修志问道、直笔著史的方志人精神，加强学习型、专业型、创新型、服务型、和谐型方志机关建设和机关党建、精神文明建设。

四、保障措施

（一）法治保障。贯彻落实《福建省实施〈地方志工作条例〉办法》，进一步健全相配套的地方志制度规范。每年5月组织开展全省地方志法规宣传月活动。县级以上政府定期组织开展执法监督检查，依法通报、纠正、查处执行不力和违法行为。

（二）制度保障。健全地方志工作机构主导、社会各界参与修志编鉴的途径和方式。健全和完善目标考核责任制、督查通报制、年度绩效考评制，建立志鉴业务指导档案制度，落实责任清单。健全完善地情资料收（征）集及管理制度、修志编鉴业务制度和主编（总纂）责任制，保证在组织启动、篇目设计、资料收（征）集和资料长编编写、初稿编纂、总纂统稿、志（鉴）稿评议、审查验收、出版发行、报送备案等环节均有章可循、有序推进。

（三）机制保障。进一步完善省级地方志书、综合年鉴高层指导的运行机制，各地可根据实际完善相应工作运行机制。建立地方志人才培养机制，探索与高等院校、科研院所和研究团队等合作建立地方志学术研究和培训基地，保障出精品、出人才、出经验。探索项目与经费结合机制，汇集全省方志系统合力。建立地方志工作评估激励机制，在志书、年鉴编纂出版后，县级以上政府表彰作出突出成绩和贡献的单位与个人。

（四）经费保障。改善地方志工作条件，保障修志编鉴、印刷出版、方志馆与信息化建设、开发利用、图书资料文献保存、对外交流等工作经费。县级以上人民政府要把地方志事业经费列入本级政府财政预算。各承编单位也要将修志编鉴经费列入本部门单位预算。

（五）宣传保障。充分运用新闻媒体和新兴媒体，以及各级地方志工作机构的宣传平台，大力宣传地方志工作机构贯彻落实党和国家大政方针的新举措、地方志工作服务经济社会发展的新成绩、地方志工作者投身现代化建设的新贡献。挖掘地方志资源的现实价值、历史价值，推出一批人民群众喜闻乐见、有较大社会影响力的地方志宣传精品。

五、加强领导

（一）坚持和健全党委领导、政府主持、

地方志工作机构组织实施、社会各界参与的工作体制。县级以上人民政府和各承编单位要把地方志工作摆上重要议事日程，主要领导关心过问，分管领导每年定期听取专题汇报，研究部署地方志工作，统筹解决人财物等实际问题。

（二）坚持和落实“一纳入、八到位”的工作机制。地方志工作机构的设置和人员编制，要与其有效履行职能、顺利开展工作的要求相适应，确保编制人员在编在岗。要按照德才兼备原则和专业要求，配齐配强地方志工作机构的领导班子。省地方志编委会每年针对“一纳入、八到位”落实情况组织开展一次督促检查，并将督查情况报告省政府。

（三）县级以上政府和各承编单位要根据本规划纲要的要求，结合工作实际，制定本地区本部门地方志事业发展规划或实施方案，全面提高地方志工作水平，确保全省地方志事业平稳、有序、健康发展。

（四）省地方志编委会要对本规划纲要落实和执行情况进行督促检查，并将督查情况报告省政府。

《江西省志（1991～2010年）》编纂行文规范

（2015年5月）

为保证二轮《江西省志》编纂的规范性、科学性，依据国务院令〔2006〕第467号《地方志工作条例》、国务院令〔2011〕第594号《出版管理条例》、中指组〔2008〕3号《地方志书质量规定》和江西省政府令〔2008〕第162号《江西省实施〈地方志工作条例〉办法》有关规定，结合《江西省志》编纂工作实际，制定本规范。

第一章　书写格式

第一条　用字、用词规定。简体字以2013年6月5日国务院批准教育部、国家语言文字工作委员会组织制定的《通用规范汉字表》（国发〔2013〕23号文《国务院关于公布〈通用规范汉字表〉的通知》）为准。

第二条　现代汉语标点符号使用。标点符号按中华人民共和国国家质量监督检验检疫总局、中国国家标准化管理委员会2011年12月30日发布的《标点符号用法》（GB/T15834～2011）进行标点。

1. 注意引号的使用。词语用引号常常带有比喻义或贬义，如“大跃进”“文化大革命”等，而中共十一届三中全会、中共十六大、改革开放等不加引号。引用整句而且引号前用了冒号的，最后的标点符号放在引号内；不是引用整句，而且引号前不用冒号的，最后的标点符号放在引号外。

2. 连接号是标号的一种，标示某些相关联成分之间的连接，形式有短横线“－”、一字线、“～”或波纹线“～”。在表示数值范围时，为保证《江西省志》行文的同一性，统一使用波纹线“～”。

示例：9亿～16亿，不能写成9～16亿；13万元～17万元，不能写成13～17万元；15%～30%，不能写成15～30%。

第三条　编次形式。篇、章、节一律用汉字标明次序号，并居中。如，第一篇、第二章、第三节。目和子目标题置段首，目（不标序号）占一行，另起一行接正文。如有子目，子目后空1格接正文，子目下不设子子目。行距为多倍行距1.25倍。

示例：

第一篇　××××（一号隶书）

（如篇下有无题概述，用五号宋体）

第一章　××××（二号宋体）

（如章下有无题概述，用五号宋体）

第一节　××××（三号楷体GB2312）

××××（目，四号黑体）

（正文，五号宋体）

××××（子目，五号楷体）（空一格接正文，五号宋体）

第二章　文体语言

第四条　采用述、记、志、传、图（含照片）、表、录等体裁，以志为主。除引文和附录的文献资料外，一律使用规范的现代语体文，不用口头语、方言、俚语或文言文，也不要文白夹杂。要注意与总结报告、议论文、教科书、文学作品、新闻报道等文体相区别。

第五条　行文朴实、严谨、简洁、流畅。对人物事物的褒贬寓于事实的记述之中，述而不论。杜绝空话、套话、废话、浮词，尤其杜绝宣传渲染性和广告性文字。在使用判断词和修饰语要仔细斟酌，注意分寸，不以偏概全，不言过其实，慎用国内领先、国际水平、第一等文字。

第六条　不使用含混不清或易出现歧义的词语。如上级的指示、由于种种原因、多数人的意见等。切忌犯知识性、常识性错误，不改动科学定义、理论概念、政治术语、历史典籍、名家名言的提法和内涵。

第七条　专门术语一定要避免用错，专业性较强的术语运用时应加上注释说明。忌用仅在行业内使用的简称，如“砼”，应使用通俗易懂的“混凝土”。

第三章　称谓名称

第八条　为了表示记述的客观性，除引文或特殊情况外，志书均以第三人称进行记述，不使用第一人称或第一人称代词，如我党、我军、我省、本省、我集团、本校等。为了避免第三人称叙事的单调，可视情况选用全省、省内、省境、境内、全集团、校内等词。

第九条　记述国家、朝代、政府机构、军队、区划名、职务职称名、学衔名、机关单位名时，应采用当时称谓，在使用时要注意名称变化及其变化的对应时间。历史朝代名称，一律以新版《辞海》附录的《中国历史纪年表》为准。根据记述时间不同，原则上使用当时当地的原名，并括注今名，如清朝不称满清，国民政府不称伪政府、旧政府。

1. 1949 年 10 月 1 日中华人民共和国成立后，涉台用语遵照 2002 年中共中央台湾工作办公室、中共中央宣传部、中共中央对外宣传办公室联合下发的《关于正确使用涉台宣传用语的意见》执行，称台湾政权为台湾当局。如果运用 1949 年以后国外和港台报刊资料，须将其“中华民国政府”“国府”等的称谓改为“台湾当局”。文化教育单位同样注意表述方式，如台湾的“清华大学”称“台湾清华大学”，“国立台湾大学”称“台湾大学”，原文引录除外，但需加引号。

2. 1922 年 12 月～1991 年 12 月称苏联，不称前苏联。

第十条　人物的称谓，除引用原文外，应直呼姓名，不冠褒贬，不加先生、女士、同志等泛称。需反映活动者身份的可加职务（职称）、学衔，如江西省省长某某、南昌大学教授某某、全国人大代表某某等，所加身份冠于人名之前，身份须与人物活动内容相关。对华侨、海外华人以华侨、香港居民、澳门居民、台湾同胞、外籍华人的称呼为准。志书以史实反映人物事迹，不作评价。人物的字、号、别名、曾用名、绰号等，必要的可在首次出现时标出，此后不重复。

第十一条　各种组织、机构、单位、法律法规、文件、会议、公报等专用名称须用全称，一般不用简称和俗称。须直书本省区划名称、实体名称，如中国共产党江西省委员会、江西省政府等。如名称过长，总述、概述、大事记首次出现用全称，并加括号注明简称，其后用简称；正文中，以篇为单位（不设篇的以章为单位），首次出现用全称，并加括号注明简称，其余用简称。简称应概念准确，不产生歧义。如“文化大革命”不能简称为“文革”。各部、委、办、厅、局首次出现时用全称，并加括号注明简称，即冠实体名、厅局名，如中国共产党江西省委员会办公厅、江西省外事侨务办公室等，再次出现用简称，即省委办公厅、省外侨办。

第十二条　文件名书写应记文件标题全称，括注文件号。如《江西省政府关于进一步精简省级行政机构审批事项的决定》（赣府发〔2009〕10号）。

第十三条　空间概念表述准确具体，指代明确。地名使用省、市、县政府审定的标准地名。历史地名使用当时名称，括注志书下限时名称。跨区域的山脉、河流、湖泊、水库、公路、铁路、航线、文物古迹、重大事故、重大事件，其名称和数据以国家有关部门公布的为准。涉及其他行政区域名称的，其行政隶属关系应当明确。

第十四条　译名准确。外国国名和常见地名、人名、党派名、机构名、报刊名等译名，以新华通讯社的译名为准。新华通讯社没有译名的，首次使用译名时括注外文全称。

第十五条　生物、矿物名称，使用中文标准学名，括注拉丁学名。

示例：小口白甲鱼（Onychostoma lini）属于鲤形目（Cypriniformes）鲤科（Cyprinidae）鲃亚科（Barbinae）白甲鱼属（Onychostoma），主要分布于沅江水系、珠江水系、汀江和九龙江等水系。

第四章　时间表述

第十六条　时间概念要表述准确具体。中华人民共和国成立前用历史纪年，括注公元纪年。如清光绪二十六年二月初二（1900年3月2日）。民国时期也可用历史纪年（括注公元纪年），如民国二年（1913）。中华人民共和国成立后一律用公元纪年。公历世纪、年代均使用全称，如1995年，不能写成95年。江西解放时间以1949年6月19日中共江西省委正式成立为准，不能与中华人民共和国成立时间1949年10月1日相混淆。

第十七条　含有日月简称表示事件、节日和其他意义的词组用汉字。如涉及一月、十月、十一月、十二月等容易产生歧义的月份，须用间隔号“·”将表示月与日的数字隔开，如“一·二八事变”“一二·九运动”等。涉及其他月份时不用间隔号，如“九一八事变”“八一三”　“五四运动”　“五一国际劳动节”等。

第十八条　记述时间不得使用时间代词，如今年、前年、上月等，也不要使用最近、不久以前、多年来、目前、现在、近年来、已经、即将等模糊时间词语。

第十九条　人物的生卒年代、年龄、任职起讫时间等用阿拉伯数字表述。在括号内注明人物生卒年份，不必加“年”字，如鲁迅（1881～1936）、周恩来（1898.3.5～1976.1.8），年月用脚点表示。

第五章　数字和数据的用法

第二十条　数字用法以2011年7月29日国家质量监督检验检疫总局和国家标准化管理委员会发布的《出版物上数字用法》为准。

1. 使用阿拉伯数字。数字用法全书前后应统一，不能同时采用阿拉伯数字和汉字数字。

示例：20世纪90年代，不写成：二十世纪九十年代

2004年10月2日，不写成：2004年十月二日，或二00四年十月二日。

2. 5位数以上，尾数有多个0的整数数值一律改为以万、亿作单位，如268000公里写为26.8万公里。多位阿拉伯数字尾数不是零，或改为亿万为单位影响数据精确的，按原精确数书写，如2211661。凡是小数的数据一般取小数点后2位（小数点后第三位不作四舍五入）。

第二十一条　数字书写时必须用汉字的，包括：

1. 非公历纪年。如干支纪年、农历月日、历史朝代纪年及其他传统上采用汉字纪年等用汉字表示。

示例：丙寅年十月十五日　腊月二十一　清咸丰十年九月二十日　八月十五中秋

2. 已定型的含汉字数字的词语、古文中的数字或数字后不带量词的词语等。

示例：一律　四书五经　“十一五”规划　九三学社　十一届三中全会　华东六省一市　第一书记　三省　五国　四大项等。

3. 为突出庄重典雅的表达效果，应使用汉字数字。如：十一届全国人大一次会议，不能写成11届全国人大1次会议；六方会谈，不写成6方会谈。

第二十二条　表示数量的增减升降，要注意下列情况：

1. 为（是）过去的两倍，即过去为一，现在为二；增加了两倍，即过去为一，现在为三；翻一番，即过去为一，现在为二；翻两番，即过去为一，现在为四；降低到80%，即原为100%，现为80%；降低了80%，即原为100%，现为20%。不能用降低（减少）××倍的不确切表述（因为降低或减少一倍即原数减去原数等于零）。

2. 数量上升（增长）的比较，年度比较的为比某年上升（增长）X%，一般不用同比上升（增长）X%或上升（增长）X个百分点，对增长速度进行比较时用提高（上升）X个百分点。如：国内生产总值达到63.6万亿元，比上年增长7.4%；消费对经济增长的贡献率上升3个百分点，达到51.2%。

第二十三条　数据使用以国家统计部门公布的法定数据为主，专业部门的为辅，调查资料再辅之。统计口径和计算方法清楚、准确，不错用、滥用。计算国内生产总产值、工业总产值、农业总产值时采用的价格有两种，即不变价格和现行价格（当年价），要在省志各分志的“编纂说明”中交代清楚，以便整理资料和编纂中掌握。一般顺时行文采用现行价（当年价），进行纵向比较用统一的某年不变价，并括注清楚，如统一为1990年不变价比较。相关产值的表格，采用现行价或不变价需交代清楚，若设反映增长率一栏，必须换算为统一的现价或统一的不变价再计算出比率。

第六章　计量单位

第二十四条　计量单位名称、符号的运用，按1993年国家技术监督局公布的《量和单位》（GB3100－3102－93）国家标准的规定执行。

第二十五条　计量单位的名称使用全书保持统一。

第二十六条　行文中的计量单位用中文而不用字母、符号书写，如用克、米，一般不写成g、m。如确需使用相关字母、符号，可酌情使用。

一般要求度量衡单位使用法定公制计量单位（部分习惯用法可沿用，如亩、亩产等），如长度单位用米、厘米、千米，不用公尺、公分、公里。面积单位，可用亩、公顷，但不用千公顷；平方米不能简写成平米或平方。体积单位立方米，不能简写成立方；质量（重量）单位用千克、克，不用公斤。容量中的公升用升，不用立升、加仑；电能单位中的“度”用“千瓦时”。

第二十七条　历史上的旧计量单位和外国计量单位，如旧制斗、石、英制的哩、码、磅，日制的坪、町，俄制的普特、沙绳，中华人民共和国成立初的旧人民币（与新人民币的兑换比为10000：1）元等，在引文或叙述当时历史史实时可以使用，但要作出与当今法定计量单位换算的说明。如与当今法定单位换算有困难，也须作必要说明。

第二十八条　计量单位名称的使用要根据具体情况确定，但志书中的计量单位的名称使用应统一。如机关单位用“个”，学校、幼儿园、托儿所、医院等用“所”，公园、体育场馆、图书馆、文化馆、影剧院等用“座”，病床用“张”，商店、工厂、企业用“家”，汽车、自行车用“辆”，学生、医生、教师、职工、科技人员用“人”（称谓在后时用名、位，如10名学生、5位教师）。

第七章　图表、照片

第二十九条　综合宏观内容的图、彩照、黑白照等集中于志首。志首的图、照要照顾志书内容的全面性、时代性和地方特色。正文中的黑白随文图、照与所随正文内容要吻合。凡入志图照都要按照出版的要求进行清绘。所有照片均要有准确精练的文字说明，包括时间、地点、人物、活动内容，重要人物还需要说明人物的位置及当时职务等。凡涉及党和国家领导人的图片，必须采用报刊或出版物已公开发表和出版的图片、照片。

第三十条 图包括地图和专题图、示意图等。含有省界（与外省交界）的地图应当严格按照国家地图出版社最新出版的地图绘制，包括物产、资源图等也须使用省测绘局的底图绘制，并经省测绘局审定。地图注明比例尺（注意应为原图缩小成书出版后的比例）。图标题位于图的上方居中，图序号以各分志的章为基本单位，流水排图序于图左，如图 1－2－3 即为某分志第一篇第二章第 3 张图。

第三十一条 表格包括统计表和文字表。表格排在相关正文之后，不要与正文内容脱节。统计表包括综合统计表和分类统计表。统计表格式一般包括标题（表题）、表体、说明三个部分。表体包括栏头（表头）、表项和表框。标题首标时间，次标地域范围（或行业、单位），再标内容事项。标题（表题）居中排列，左肩标明表的序号，以各分志的章（不设篇的分志以节）为基本单位，流水排表序，如表 1－2－3 即为某分志第一篇第二章第 3 份表。

1. 栏头表示表格中各项目类别的名称，居于表格首列或首行，表示主要项目类别的栏头一般居于首行（称为表头）。表项是表格中纵向或横向自成系列的一组项目栏，所有表项构成表身。统计表的总计栏居于表的下端最后一栏或右端最后一列。统计数据表应标明计量单位，在表右肩标明，如单位：亿元、单位：万公里。如果计量单位 2 个以上，可加括号直接标在表格的具体项目栏中，如：工资收入栏为（万元），月可供消费金额栏为（元）。表格中的数据，如均为整数或均为保留两位小数的以个位数对齐；如既有整数又有小数的采用个位对齐。

2. 部分文字性表格，如任职表、人物表不标单位。数据表格一律采用方框式。

3. 统计数据栏中，无统计用短杠表示，有统计未查出用空格表示。文字表格采用方框式，四边均有边框线，以保证文字内容的准确框定。表格中数字全部采用阿拉伯数字书写。年份横列的项须加年字，如 1992 年、1995 年。根据表格内容，合理地安排为单栏或双栏，以尽可能地少占篇幅。必须转页续表的，横表项和纵表项不能省略，右上角标续表，如再转页，上页续表标续表一，次页续表标续表二，以此类推。对表格需要说明的，可在表格左下方标注“说明”字样进行必要的说明。

第八章 引文、文献选录

第三十二条 志书尽量少用引文，必须引用时，要用脚注的方式详细注明引自何书、何文、页码、作者、出版社等关键信息。

第三十三条 重要文献选、辑、录必须引用原文，并要加引号；转述大意的内容不加引号。

第三十四条 志书正文，尤其文献辑存中所选、辑、录的一些重要文献，必须如实辑录，保证文献的真实和原始性。具体做法两种：一是全文辑录保持文献的原貌；二是删去非本质核心的内容，予以节录。节录必须保存原文核心部分（句词不动），采用引号、省略号进行处理，文献标题下标明节录字样。

第三十五条 对历史档案，如须做必要的文字加工时，统一使用以下符号：系错字的，可在错字后用方括号［］标明正字；增补的漏字，用实心方头括号【】标明；残缺的文字，能判明字数者，每个字用一个空方格显示，如能准确判明缺字为何字时，将字写于空方格内；不能判明何字者，以方框格表示；有疑问的字句，在其后注问号，以示存疑；原文标题不确切者，重拟或修改者，采用页下注说明。

第九章 词语使用

第三十六条 现代汉语部分字词在使用中常出现不一致情况，为了志书编纂的统一性，应尽可能予以避免。如截至 2005 年底的“截至”表示到的意思，不使用“截止”。报名日期 12 月 31 日截止表示中止、停止，不使用“截至”。“唯一”与“惟一”统一使用“唯一”，“撤消”统一使用“撤销”，“其他”与“其它”统一用“其他”。“制定”与“制订”，法律、决定、规定、制度用“制定”，计划、规章、章程用“制订”。指代时间、地点用“其间”不用

“期间”。在同一部分志中，同样含义的，尽量用词统一，如文件的下发统一为“下发”。

第十章　目　录

第三十七条　志书目录必须与正文标题、页码严格相符。目录标题一般到节，特殊的重要内容也可不受此限，包括附录中文献的标题，也可在目录中出现。

山东省政府办公厅关于山东省优秀史志成果奖的通报

（鲁政办字〔2015〕62号）

各市政府，各县（市、区）政府，省政府各部门、各直属机构，各大企业，各高等院校：

2014年，全省史志系统认真学习贯彻党的十八大和十八届三中、四中全会精神，学习贯彻习近平总书记系列重要讲话精神，主动适应和引领史志事业发展，传承弘扬优秀文化，开拓创新，锐意进取，涌现出一批好成果、好典型。为充分发挥典型的示范引导作用，加快推进第二轮社会主义新方志编修工作，进一步促进全省史志事业科学发展，经省政府同意，省史志办组织开展了2014年度山东省优秀史志成果评选活动。经过对申报成果严格评审，62项成果荣获2014年度“山东省优秀史志成果奖”，现通报如下：

优秀省志分志：《山东省志·国土资源志（1949—2005）》（上、下）、《山东省志·农业志（1986—2005）》、《山东省志·档案志（1991—2005）》、《山东省志·外事志（1986—2005）》、《山东省志·民主党派工商联志（1998—2005）》。

优秀市县级志书：《济南市志（1986—2010）》（第六、七册）、新修《莱芜市志》、《济南市历城区志（1986—2007）》、《巨野县志（1986—2005）》、《青岛经济技术开发区·青岛市黄岛区志（1984—2005）》《奎文区志（1994—2010）》、《蓬莱市志》、《高密市志（1986—2008）》、《临沭县志（1986—2007）》、《济南市长清区志（1986—2008）》。

优秀基层（专门）志：《第十届中国艺术节志》、《潍坊人居环境志》、《沂蒙革命根据地志》、《大桥镇志》、《山东河口经济开发区志》、《曹口村志》、《东昌府区人民代表大会志》、《莲花山志》、《东流亭社区志》、《鲁中职业学院十年发展志》、《大店镇志》。

优秀综合年鉴：《济南年鉴》（2014）、《日照年鉴》（2014）、《威海年鉴》（2014）、《东营年鉴》（2014）、《烟台年鉴》（2014）、《环翠年鉴》（2014）、《滕州年鉴》（2014）、《乐陵年鉴》（2014）。

优秀地情网站（优秀信息化建设成果）：菏泽市情网、德州市情网、临朐县情网、招远市情网、齐河县情网、“沂蒙史志”微信。

优秀方志馆：崂山区方志馆、文登区方志馆、沂水县方志馆、诸城市方志馆、章丘市方志馆。

优秀旧志整理成果：《山东通志》（清宣统版）、《安丘古志集成》、《德州志》（明嘉靖、天启、万历版）、《费县志》（清康熙版）、《广饶旧志集成》、《泗水县志》（清光绪版）、《博山县志》（清乾隆版）、《莒州志》（清雍正版）。

优秀地情研究成果：《淄博史志》《威海史志文集》《商都亳研究》《济南历代著述考》《滨州百家诗歌词曲》《村庄影像志》《东营区老照片》《胶东红色人物志》《东昌府区情手册》。

山东省政府办公厅

2015年4月14日

山东省政府办公厅关于印发
山东省地方史志事业发展规划纲要（2016~2020年）的通知

（鲁政办发〔2015〕46号）

各市政府，各县（市、区）政府，省政府各部门、各直属机构，各大企业，各高等院校：

《山东省地方史志事业发展规划纲要（2016~2020年）》已经省政府同意，现印发给你们，请认真贯彻执行。

山东省政府办公厅

2015年10月20日

山东省地方史志事业发展规划纲要（2016~2020年）

地方史志事业是中国特色社会主义文化事业的重要组成部分，是各级政府行政管理的必要职责。近年来，在省委、省政府的正确领导和社会各界的关心支持下，全省史志事业发展实现了新的突破，多项工作走在全国前列，创造出“山东经验”。目前，第二轮修志加快推进，编纂出版省志分志29部，市级志书4部3册5卷，县级志书83部。部门（行业）志和乡镇村志编修蓬勃开展，出版部门（行业）志2000余部，乡镇村志800余部。方志理论研究和修志队伍建设不断加强，推出了一批理论研究成果，实施了人才培训五年规划，培训专业人员上千人，修志人员业务水平不断提高。年鉴工作改革创新、提速增效，服务功能大为增强，各级各类年鉴达到240多种，数量和质量均居全国前列，《山东年鉴》2015卷6月底出版，2014卷荣获全国最高奖项（综合特等奖）。省、市、县三级地情网站全面升级改版，省情资料库入库资料20亿字，省情网用户访问量1200万人次，微信、微博、英文地情网等极大拓展了信息服务领域。方志馆建设得到加强，建成省级方志馆1家、市级14家、县级80家，各级方志馆不断扩容增藏，软硬件设施改善，社会影响扩大。旧志整理取得突破，《山东省历代方志集成》整理工程启动，完成宣统版《山东通志》整理影印，全省累计整理出版旧志200余种。法治化建设全面推进，在全国率先实现省、市、县三级史志工作法规规章体系全覆盖。史志资源开发利用成果丰硕，编纂出版《汶川特大地震山东省救助援建志》、《第十届中国艺术节志》、山东纪念抗战胜利70周年丛书、《山东省历史地图集》，为现实服务的能力进一步增强。

总体来看，全省史志事业发展已经站在一个新的历史起点上，展现出前所未有的大好局面。但也存在一些制约事业发展的困难和问题：一是第二轮修志进度极不平衡，部分省志承编单位重视不够、进展缓慢，有的市县级志书编纂力量薄弱、保障不力，甚至有的尚未启动，在2018年全面完成修志任务难度较大；二是县级综合年鉴逐年连续出版的不足30%，全部实现一年一鉴、公开出版的难度较大；三是部分地区和部门对史志工作重要性认识不够，特别是县级史志机构不够健全，有的编制、人员、经费严重不足；四是为现实服务的能力有待提高，方志文化的作用有待彰显等。这些困难和问题，必须通过科学发展和深化改革，采取有效措施，认真予以解决。

按照“四个全面”战略部署，党中央、国务院对史志工作提出了新任务、新要求，习近平总书记强调“要高度重视修史修志”，李克强总理提出“修志问道，以启未来”，省委、省政府领导高度重视史志工作，多次作出重要指示、批示，史志事业发展迎来重要机遇。为促进和指导今后五年全省史志事业科学发展，根据《全国地方志事业发展规划纲要（2015～2020年）》，结合我省实际，制定本规划纲要。

一、指导思想与基本原则

（一）指导思想。全面贯彻党的十八大和十八届三中、四中全会精神，认真落实“把史志工作纳入各地国民经济和社会发展规划、各级政府工作任务，认识、领导、机构、编制、经费、设施、规划、工作到位”（以下统称“一纳入、八到位”）的总要求，紧紧围绕省委、省政府中心工作，解放思想，实事求是，锐意进取，改革创新，依法推进全省史志事业科学发展，为加快经济文化强省建设提供精神动力、决策参考、信息服务和智力支持。

（二）基本原则

1. 坚持正确方向。坚持走中国特色社会主义文化发展道路，坚持为人民服务、为社会主义服务的方向，通过编修和开发利用地方史志成果，为弘扬优秀传统文化、建设文化强省提供有力支撑，为培育和践行社会主义核心价值观提供丰富、优秀的精神文化产品。

2. 坚持依法治志。按照《地方志工作条例》和《山东省地方史志工作条例》，省、市、县三级史志机构依法履行组织、指导、督促和检查职责，各级、各部门和社会各界依法履行相关职责和义务。

3. 坚持科学发展。以修志编鉴为主业，统筹兼顾信息化建设、方志馆建设、旧志整理、理论研究、开发利用等工作，实现史志事业科学发展。

4. 坚持改革创新。继承和弘扬中华民族编史修志的优良传统，认真总结史志工作经验，正确把握发展规律，深化改革，与时俱进，推动理论创新、制度创新、管理创新、方法创新，不断拓展史志工作领域，丰富史志成果表现形式。

5. 坚持质量第一。质量是志书的生命，要将精品意识贯穿于志鉴编纂出版工作全过程，严把政治关、史实关、体例关、文字关、出版关，编纂出版经得起历史检验、具有鲜明时代特征和地域特色的优秀史志成果。

6. 坚持修用并举。发挥史志资源优势，加快史志成果转化，全面提升开发利用水平。拓宽用志领域，创新用志手段，提升服务大局能力，为党政机关、社会各界和人民群众服务。加大宣传力度，提高全社会读志用志水平，形成修用结合、良性互动机制。

二、总体目标与主要任务

（一）总体目标。到2020年，全面完成第二轮修志任务，做好第三轮修志工作准备，实现省、市、县三级综合年鉴全覆盖，进一步提升信息化建设水平，省、市、县三级方志馆全面建成，加强对社会修志和编修地方史的指导与管理，基本形成修志编鉴、理论研究、质量保障、开发利用、工作保障“五位一体”的史志事业发展综合体系，确保我省史志工作继续走在全国前列。

（二）主要任务

1. 全面完成第二轮修志任务。力争2018年完成省、市、县三级第二轮修志任务。实施齐鲁名镇志、名村志文化工程，推出100部名镇志、名村志精品。健全完善志书质量保障体系，确保志书质量不断提升，打造一批在全国有影响的精品志书。全面总结第一轮、第二轮修志工作经验，认真研究修志工作的组织管理、运作模式、续修方式等，为启动第三轮修志做好准备。

2. 大力推进年鉴编纂出版。各级史志机构切实担负起组织编纂地方综合年鉴的职责。尚未启动综合年鉴编纂的县（市、区）2016年年底前全面启动，所有县（市、区）2018年全部达到一年一鉴、公开出版，实现省、市、县三级综合年鉴全覆盖。加强对编纂年鉴的行业、部门、单位的业务指导和质量管理，推动年鉴工作改革创新、提速增效，缩短出版周期，增强为现实服务能力。省地方史志办逐年编纂《山东地方史志年鉴》。

3. 加快信息化建设。按照全国地方志事业信息化发展意见，广泛应用“互联网+”等现代信息技术，逐步实现修志编鉴的数字化、网络化，建成地方史志全文数据库，面向社会提供服务。加大资金投入，不断升级完善地情网站和地情资料库软硬件设施，建设新的载体平台，构建多界面、多渠道、多元化、全方位的综合服务体系。加强地情网站和地情资料库管理，确保网络信息安全。

4. 加强方志馆建设。把方志馆建设纳入各地公共文化服务设施建设规划，确保市、县（市、区）方志馆全部建成。已建成但面积及硬件设施不能满足需要的要升级改造，尚未建设的要抓紧立项建设或利用现有设施进行改扩建。开展数字化方志馆建设，实现资料数字化、传递网络化、信息共享化、使用便捷化，充分发挥“全省志类成果交换平台”的作用，提高资料管理利用水平。

5. 深化方志理论研究。深入总结社会主义新方志和传统编史修志经验，用不断发展创新的理论成果指导工作实践。充分发挥各地史志学会等学术团体和方志期刊等交流平台的作用，活跃学术研讨，营造良好氛围，推动理论创新，推出一批有分量的方志理论研究成果，造就一批在全国有影响的方志理论专家。

6. 强化史志资料建设。加大依法收（征）集史志资料力度，健全完善年报制度并形成常态机制，按年度整理汇编地情基础资料。建立史志资料库，为修志编鉴和地情开发服务。运用社会调查、口述历史等方法，大力拓展资料收（征）集范围和渠道，建立能够全方位适应史志编纂、史志事业发展和方志文化建设需要的史志资料保障机制。

7. 提高史志资源开发利用水平。广泛开展读志用志工作，推动史志成果进机关、进农村、进社区、进校园、进企业、进军营。建立为重大活动修志的常态化工作机制，引导社会各界开展对史志资源的开发利用，进行重大课题研究。加快修志成果转化，利用群众喜闻乐见的形式，制作齐鲁历史文化系列动漫，扩大方志文化影响。全面完成《山东省历代方志集成》整理出版任务，及时将旧志整理成果数字化。完成《山东省对口支援西藏志》《山东省对口支援新疆志》《齐鲁历史名人传略》等编纂工作。发挥史志部门优势，深入挖掘和阐发齐鲁历史文化，深入开展抗战研究，推出一批有分量的研究成果。

8. 扩大对外交流合作。坚持开门修志，采用多种形式，加强与国外和港澳台地区的高等院校、科研机构、档案机构、图书馆等单位的交流与合作。引进一批海外藏山东地情文献资料，推介一批高质量的史志成果，增强齐鲁文化和方志文化的影响力。

三、保障措施

（一）加强组织领导。坚持和完善“党委领导、政府主持、地方史志工作机构组织实施、社会各界广泛参与”的工作体制，全面落实“一纳入、八到位”。各级史志机构特别是县级机构的设置和人员编制要与其履行职能、顺利开展工作的要求相适应。按照德才兼备原则和专业要求，配齐配强史志机构的领导班子。按照政治强、业务精、作风硬的标准，充实史志工作队伍。各级各部门要把关心支持史志工作作为义不容辞的职责，切实解决人员、经费、必要工作条件和工作中的困难。各级政府要把史志工作所需经费列入财政预算。省志承编单位要稳定修志队伍，保障修志条件，确保工作有序开展。

（二）加强依法治志。认真履行《地方志工作条例》和《山东省地方史志工作条例》赋予的各项职责，切实提升依法行政的能力和水平。根据形势发展的要求，进一步完善与两个条例相配套的工作制度体系和实施细则，为全省史志事业发展提供法律依据和制度保障。适时开展《山东省地方史志工作条例》修订工作。开展政府行政执法检查和定期政务督查，依法纠正、查处执行不力和违法行为，推动史志工作法规规章的贯彻落实。建立修志工作动态管理机制，定期检查通报工作进展情况，保障史志事业健康发展。

（三）加强队伍建设。实施新一轮修志人员培训五年规划。建立分层次分类型培训的长效机制，分级实施对修志编鉴、理论研究、开发利用、信息化和方志馆建设、史志资料征集管理等不同层次的专项培训。建立省级、市级史志专家库，充分发挥史志专家和社会各界有关专家、学者的作用，为史志事业发展提供智力支持。吸纳社会力量参与史志工作，利用购买服务、课题外包、建立志愿者队伍等形式，拓宽人才渠道，建立灵活的用人机制。鼓励和支持业务人员接受专业继续教育，不断优化人才成长环境。按照国家有关规定，开展先进集体和先进工作者评选表彰活动，营造干事创业的良好氛围。

（四）加强舆论宣传。利用各级各类新闻媒体，大力宣传史志部门贯彻落实党和国家大政方针及省委、省政府重大决策部署的新举措、史志工作服务经济社会发展的新成绩、史志工作者投身经济文化强省建设的新贡献。挖掘史志资源的现实价值、历史价值，设计宣传主题，创新宣传形式，推出一批人民群众喜闻乐见、有较大社会影响力的宣传精品。

（五）加强督促检查。各级各有关部门要结合各自实际，制定本地区本部门的发展规划或实施方案，搞好任务分解落实，对工作不力的地方和单位及时进行督查，确保各项任务落到实处。

本规划纲要由山东省地方史志办负责对落实和执行情况进行督促检查。

河南省地方史志办公室关于印发《关于乡镇志编纂工作的若干意见》的通知

豫史志〔2015〕30号

各省辖市、县（市、区）地方史志办公室（局）：

《关于乡镇志编纂工作的若干意见》经过反复征求意见，并报经省政府办公厅同意，现印发给你们，请认真贯彻执行。

河南省地方史志办公室
2015年11月12日

关于乡镇志编纂工作的若干意见

第一章　总则

第一条　为了进一步推进全省乡镇志编纂工作，保证质量，根据国务院《地方志工作条例》、国家关于出版管理的法律法规、中指组《地方志书质量规定》和河南省政府《河南省地方志工作规定》、河南省政府办公厅《关于做好乡镇志编纂工作的通知》等，制订本意见。

第二条　本意见所称乡镇志，是指河南省辖区内所有乡镇编纂的综合性志书，包括派驻办事处的街道志。

第三条　乡镇志质量的总体要求：观点正确，体例严谨，内容全面，特色鲜明，记述准确，资料翔实，表达通顺，文风端正，印制规范。

第四条　凡涉及国家法律、法规和有关标准的内容，以现行法律、法规和有关标准为准。

第二章　指导思想

第五条　高举中国特色社会主义伟大旗帜，全面贯彻党的十八大和十八届三中、四中、五中全会精神，以马克思列宁主义、毛泽东思想、邓小平理论、“三个代表”重要思想、科学发展观为指导，深入贯彻习近平总书记系列重要讲话精神，坚持辩证唯物主义和历史唯物主义的立场、观点和方法。

第六条　坚持依法治志。记述民族、宗教、政法、军事、外事等方面内容，必须审慎；志稿形成后，要主动征求有关主管部门的意见，严格履行审查验收程序。

第七条　坚持实事求是。既要客观反映本地的优势、成绩和经验，也要客观反映本地的劣势、不足和发展中的教训，不溢美、不诿过。处理重大历史问题，必须遵照中国共产党六届七中全会和十一届六中全会分别通过的《关于若干历史问题的决议》和《关于建国以来党的若干历史问题的决议》执行。

第八条　坚持质量第一。着力提高乡镇志编纂质量，把质量意识贯穿于修志工作的全过程和各个环节；正确处理质量与进度的关系，坚持进度服从质量。

第三章　体　例

第九条　坚持志体。横排门类，纵述史实，述而不论。体例科学、规范、严谨，适合内容记述的要求。

第十条　乡镇志书冠以下限时的规范的行政区域名称，在本行政区域名称前冠以上一级行政区域名称，如“××县××乡志”；街道志书冠以下限时的规范的街道名称，并连同冠以所在市区名称，如“××市××区××街道志”；续修志书名称后要标明上下限年份，如“××志（××××～××××）”。为避免因书名过长影响美观，可改用不同的字体字号，标明市、县（区）。

第十一条　体裁分为述、记、志、传、图、表、录、引等，以志为主；合理运用“特载”“专记”等形式，注意处理好与正文的关系；探索使用专题调查、口述历史等创新体裁；正确处理继承与创新的关系，注意融合章节体、条目体等体式的长处。

第十二条　创修乡镇志，要贯通历史，系统完整；曾经编纂出版过正式志书的地方，可以续修；乡镇（街道）成立不足15年的，上届志书下限距今不足20年的，可以不修；行政区域、管理系统发生变化的，或前志质量不高（没有正式刊印）的地方，可以重修。

根据实际情况，选择编纂简志或图志的，必须达到《地方志书质量规定》的基本要求。

第十三条　志书的界限必须做到“两个明确”，即区域界限明确：以本行政区域为记述范围，越境不书；时间界限明确：不随意突破志书的上限和下限，严格控制上溯或下延。

第十四条　篇目设置符合“事以类聚”“类为一志”的基本要求，科学分类与社会分工（现行管理体制）、全志整体性与分志相对独立性的关系处理妥当。

第十五条　整体布局合理，结构严谨，归属得当，层次分明，排列有序；类目的升格或降格，使用适当；避免缺项漏项，以及不必要的交叉重复；客观存在的交叉内容，应根据情况从不同的角度记述，也可采取互见方式处理。

第十六条　标题简明准确，题文相符，同一门类各级标题不重复。

第十七条　在突出个性特点时，篇目设置可以适当打破“科学分类”的一般规则，但须遵循志书编纂的基本原则。

第四章　内　容

第十八条　处理好历史与现实的关系，尤其注意处理好中华人民共和国成立前后各个历史阶段、改革开放前后“两个三十年”的关系；处理好与上层级志书的关系，尤其在自然环境、民俗方言等部分，须着重记述本辖区特色，不许大段引用甚至抄录上层级志书相关记述内容。

第十九条　内容横不缺要项，纵不断主线；恰当处理政治、经济与自然、文化、社会等各部分内容的比重关系，用翔实资料充分反映事物发展变化内在规律及因果关系，避免流水账式、平面式、观点加例证式的记述方式；在记述重大问题时，可采取集中与分散相结合方式。

第二十条　突出个性特点，避免千志一面。对于历史特性、时代特点、地方特色等个性内容的记述，可以适当打破常规。比如，农耕文明、古旧民居、传统村落、集市庙会、乡土风情等。

第二十一条　注重记述基层元素和普通百姓喜闻乐见的内容。乡镇名称的由来、隶属关系的变化、行政区划的调整，以及境内各村的位置、户数、人口、耕地等，尤其是自然村落（社区），尽量收集相关信息，确保记述完整。广泛开展乡村（街区）考察、入户调查，注重收集运用乡土气息浓郁、鲜活典型的第一手资料，突出草根性、泥土味。

第二十二条　位置图、地形图、区划图、交通图等卷首插图，必须采用国家测绘部门和有关部门绘制或者审定的，重要地理信息数据采用测绘部门公布的法定数据。

第二十三条　照片无广告色彩，除人物传、人物简介外，无个人标准像；党和国家领导人视察要选用新华社等官方媒体发布的照片，并说明视察时间、当时职务，标出照片中领导位次；图照与文字内容相配合，说明文字要准确到位；采用照片，应尽量使用老照片，须注明作者和拍摄时间；提倡使用文内插图，以增强新旧对比、扩大信息含量。

第二十四条　大事记选录大事得当，时间、地点、人物（单位）、经过、结果等要素齐备。

第二十五条　表格设计应当科学规范、内容明晰、要素齐全、形式美观。表格栏目设计全面，如果全表计量单位统一，计量单位放在表格右上角，否则计量单位随各栏目；全书表格统一编号。

第五章　人物

第二十六条　入志人物的收录标准要明确具体，记述要素统一规范，分类排序标准一致；记述人物要准确客观、要素齐全。

第二十七条　坚持“生不立传”，立传人物为在本行政区域有重大影响者，以及本籍人物在外地有重大影响者；人物传记述传主的生卒年月、籍贯（出生地）、主要经历、典型事迹、个性特征、社会评价等；人物简介略记人物履历及主要事迹，不面面俱到，严禁有评论性、盖棺定论性语言；人物表、人物名录要素不缺。

第二十八条　在人物传、人物简介、人物表以外记述人物，以事系人、人随事出，但要严格掌握收录标准。

第二十九条　历史人物籍贯、事迹、遗存等考究不清的，比如乡际争执、村间争论等，可以多说并存。

第六章　资料

第三十条　资料要全面系统。自然、政治、经济、文化、社会、人物等方面的资料齐全；反映事物发生、发展过程的资料连贯完整；人、事、物，时间、地点、过程等要素齐备。

第三十一条　资料要真实准确。认真做好资料鉴别筛选工作，避免失实、欠缺和选材不当等问题，保证资料的可靠性与真实性；注重使用原始资料，重要资料来源注明出处；有歧义但不可或缺的资料，要多说并存。

第三十二条　加强资料收集力度，拓展资料收集范围。重视社会调查，注意收集口碑、音像等资料；编写志稿前，对入志资料要进行系统梳理和研究，编辑好资料长编。志书出版后，应加强对原始资料的保管和再利用。

第七章　行文

第三十三条　使用规范的现代语体文记述，不用总结报告、新闻报道、文学作品、教科书、论文等写法。

第三十四条　行文严谨朴实、简洁流畅。文字、数字、量和单位、标点符号的用法等符合国家有关出版物的规定；除引文和特殊情况外，以第三人称记述。

第三十五条　使用规范汉字，用词概念准确，符合现代汉语语法规范；使用口语、方言、土语、俗语要适当适量；不滥用时态助词，不用模糊、空泛词句。

第三十六条　时间、空间概念表述准确具体，指代明确。

第八章　出　版

第三十七条　志稿交付出版前，要加强通编通审，既要“众手成志”，又须“如出一人之手”；按照国家出版法规的规定，加强对审校、设计和印制等环节的跟踪监督，确保全书差错率不超过万分之一。

第三十八条　乡镇志书用 16 开本（889 × 1194mm），横排印刷。

第三十九条　统一使用河南乡镇志徽标，符合全省统一版式设计要求（另行发文）；以省辖市或者县（市、区）为单位出版的志书，在整体设计上应整齐划一，形成系列。

第四十条　在出版纸质版地方志书的同时，提倡出版以电子为介质的地方志书。

第九章　组织领导

第四十一条　加强组织领导。各级党委要加强对修志工作的领导，各级政府要切实履行主体责任。省地方史志办公室吸收省、市两级史志机构领导和专家，成立河南省乡镇志编审委员会（另行发文），负责全省协调指导工作；市、县两级修志机构也要成立相应机构，具体负责业务指导。

第四十二条　强化官修意识。有修志任务的乡镇（街道）要建立乡镇志编纂委员会，成立编写班子，负责人员培训、资料搜集、篇目设计、志稿编写等工作，初稿完成后，要广泛征求意见、核实资料、完善篇目、修改志稿。

第四十三条　加强人员培训。发挥省市县三级专职人员的主动性和创造性，分层次划地域开展对主编、主笔及参与修志人员的业务培训；吸收熟悉地情的机关、学校、企业等离退休人员，包括老支书、老村长、老党员等，以及大学毕业选派生和有业务专长的其他人员参与修志工作。

第四十四条　严明工作程序。志稿内部评议并征求意见后，由县级史志机构组织专家评审；修改完善形成送审稿后，先经县级史志机构审核，再报省辖市史志机构验收；经审核验收合格的志稿，方可交付印刷出版；志书出版后 3 个月内，报省地方史志办公室备案，并向省、市、县方志馆（室）无偿提供藏书。省直管县所属乡镇志的验收工作，由省史志办负责。乡镇志审核验收意见书，由省辖市、直管县史志办（局）统一制订（可参考省史志办印制的市县志书审核验收意见书）。

第四十五条　强化修志保障。各地要结合实际，把全面贯彻落实“一纳入（将地方志工作纳入各地国民经济和社会发展规划、地方各级政府工作任务）、八到位（‘认识、领导、机构、编制、经费、设施、规划、工作’到位）”作为实现依法治志的总抓手，特别是县、乡两级，要把乡镇志编纂纳入经济社会发展规划，建立修志经费保障机制。

第四十六条　加强制度建设。各级史志机构要坚持和完善在修志实践中建立的目标考核、依法检查、政府督查、责任追究等行之有效的工作制度，根据新形势新要求，提倡各地结合乡镇志编纂工作实际，探索建立和完善保障志书质量的各种规章制度。

第四十七条　未经审查批准将地方志文稿交付出版，或者存在违反宪法、法律、法规规定内容的，由本级政府或者上级政府责令采取相应措施予以纠正，并视情节追究有关单位和个人的责任；构成犯罪的，依法追究刑事责任。

第十章　附则

第四十八条　村级（含城市社区）志书质量的审查监控，参照相关规定和本《意见》执行，具体指导意见由各省辖市、省直管县史志机构统一制订。

第四十九条　各级史志机构要切实负起责任，将乡村（社区）两级地方史编写工作纳入业务指导范围，确保成果质量。

第五十条　自本《意见》发布之日起，2014 年 2 月 21 日河南省地方史志办公室印发的《乡镇志编纂指导意见》（豫史志〔2014〕6 号）停止执行。

广东省政府公布省地方志办权责清单

2015 年 2 月 13 日，省政府印发《广东省政府关于公布省直部门权责清单（第二批）的决定》（粤府〔2015〕24 号），公布广东省政府办公室权责事项 12 项。

一、行政许可（2 项）

序号	项目名称	子项名称	实施依据	审批对象	其他共同审批部门	备注
1	省级地方志书、综合年鉴冠名编纂许可		《地方志工作条例》（2006 年国务院令第 467 号）第八条。	《广东省志》、《广东年鉴》冠名、编纂单位	无	
2	省级地方志书、综合年鉴出版许可	1. 省级地方志书出版许可	《地方志工作条例》（2006 年国务院令第 467 号）第十二条。	《广东省志》出版单位	无	
		2. 省级综合年鉴出版许可	《地方志工作条例》（2006 年国务院令第 467 号）第十三条。	《广东年鉴》出版单位	无	

二、行政处罚（1 项）

序号	可予处罚的违法行为	处罚种类	实施依据	备注
1	违规、违法出版地方志书或综合年鉴	采取相应措施予以纠正，并视情节追究有关单位和个人的责任；构成犯罪的，依法追究刑事责任	《地方志工作条例》（2006 年国务院令第 467 号）第十八条、第十九条。	

三、行政检查（1 项）

序号	项目名称	实施依据	备注
1	检查地方志工作	1.《地方志工作条例》（2006 年国务院令第 467 号）第五条、第六条。2.《广东省地方志工作规定》（2007 年粤府令第 120 号）第五条。	

四、行政指导（2 项）

序号	项目名称	实施依据	备注
1	地方志编纂业务指导	《广东省地方志工作规定》（2007 年粤府令第 120 号）第六条。	
2	部门志、行业志、部门年鉴、行业年鉴编纂业务指导	《广东省地方志工作规定》（2007 年粤府令第 120 号）第十四条。	

五、其他（6 项）

序号	项目名称	实施依据	备注
1	地方志工作督促	《广东省地方志工作规定》（2007 年粤府令第 120 号）第十八条。	
2	地方志工作规划报备	《广东省地方志工作规定》（2007 年粤府令第 120 号）第四条。	
3	地方志书备案	1.《地方志工作条例》（2006 年国务院令第 467 号）第十四条。2.《广东省地方志工作规定》（2007 年粤府令第 120 号）第十四条。	
4	修志资料移交	《地方志工作条例》（2006 年国务院令第 467 号）第十四条。	
5	地方志资料报送	《广东省地方志工作规定》（2007 年粤府令第 120 号）第七条。	
6	地方志资料、编纂报酬支付，工作经费发放	1.《地方志工作条例》（2006 年国务院令第 467 号）第九条、第十一条。2.《广东省地方志工作规定》（2007 年粤府令第 120 号）第六条、第九条。	

中共广东省委办公厅　广东省政府办公厅
关于加强地方志工作的通知

（粤委办〔2015〕19 号）

各地级以上市党委、政府，各县（市、区）党委、政府，省委各部委，省直各单位，省各人民团体，中直驻粤各单位：

为做好我省地方志工作，全面发挥地方志存史、育人、资政功能，当好全国地方志工作排头兵，经省委、省政府领导同意，现就进一步加强地方志工作通知如下。

一、高度重视地方志资源开发利用。一是开展地情研究，认真总结历史经验教训，深入探索社会发展规律，为推进治理体系、治理能力现代化和经济社会发展献计献策；二是开展地情教育，举办方志讲坛与地情展览，编写省情干部读本、中小学生乡土教材与社会普及读物，推动地情教育进党校、进学校、进社区；

三是开展省情调查，对全省自然村落历史人文与现状进行全面普查，组织编写出版广东省自然村落历史人文通典丛书；四是挖掘岭南历史文化资源，开展优秀家训和族谱家谱征集，出版广东经典家训；五是加强方志馆建设，将方志馆建成集地情展示与教育、地方文献收藏与服务、地情信息搜集与发布为一体的公共文化服务设施。各级领导干部要带头读志用志，重视学习和总结历史，借鉴和运用历史经验指导工作。

二、推进地方志工作信息化建设。依托省政府数据资源，建立省情资源数据平台，开发和建设省情资源数据挖掘和采集系统、智能检索分析系统、谱牒非结构化数据库和数据仓库等，全面提升省情数据搜集和解析能力。推广运用手机广东省情网和方志广东微信平台，进一步提升省情网及各级地情网站的社会服务水平，向社会广泛宣传广东历史与新成就，为群众提供全面便捷的地情信息服务。

三、认真做好第三轮修志准备工作。坚持与完善每两年开展一次全省地方志理论研讨制度，认真总结第一、二轮修志经验，编辑出版两轮修志文件汇编，做好第三轮修志工作方案。全面开展地方志资料年报工作，2020 年年底前，完成第二轮志书下限年至 2020 年地方志资料的收集整理任务。分期分批培训地方志干部，不断提高地方志干部队伍的思想素质与业务水平。2018 年启动第三轮修志试点工作，分别选取省直单位、地级以上市、县（市、区）为试点。

四、推动地方志基础工作全面开展。落实广东省地方综合年鉴编纂规范要求，建立综合年鉴出版前评议、出版后审读制度，不断提升综合年鉴编纂质量。2016 年全面实现一年一鉴、公开出版、当年出版，积极推动乡镇（街道）年鉴、部门与行业年鉴编纂。积极开展乡镇（街道）志编修工作，中心镇与历史文化名镇应于 2020 年年底前开展此项工作。积极推动部门志、行业志与村志编修工作。加强与港澳台史志界、国外文史年鉴编纂机构的学术与成果交流，积极推动地方志文化产品走向海外，充分发挥地方志文化在宣传推介广东的积极作用。

五、加强组织领导。各级政府应加强对本地区地方志工作的领导，把地方志工作纳入当地经济社会发展规划，每年要研究一次地方志工作。各级党委和政府主要领导同志要主动关心过问地方志工作，分管领导同志要及时了解和解决地方志工作中的困难与问题。加强地方志干部队伍建设，为地方志工作提供良好条件。各相关单位要按照当地政府的地方志工作规划，明确分管领导和负责部门，完善工作条件，接受地方志工作机构的业务指导和督促检查，按时按质完成任务。将依法治志纳入全省依法行政工作范畴，适时推进广东省地方志工作条例的制订，为地方志事业发展创造良好法制环境。各级地方志工作机构要认真履行职责，加强对部门志、行业志与部门年鉴、行业年鉴以及乡镇志、乡镇年鉴与村志编纂工作的管理、指导与服务，确保编纂质量，擦亮广东地方志品牌。

中共广东省委办公厅
广东省政府办公厅
2015 年 4 月 23 日

中共四川省委办公厅　四川省政府办公厅
关于进一步加强和改进新形势下地方志工作的意见

各市（州）、县（市、区）党委和政府，省直各部门：

为充分发挥地方志存史、资治、教化、育人的作用，经省委、省政府领导同意，现就进一步加强和改进新形势下地方志工作提出如下意见。

一、加强对地方志工作的领导

（一）高度重视地方志工作。地方志是全面系统记述本行政区域自然、政治、经济、文化和社会历史与现状的资料性文献，对于了解和把握国情、地情，促进经济社会发展，增强文化软实力，培育和践行社会主义核心价值观等具有独特作用。编纂地方志是中华民族的优秀历史文化传统。当前，我省正处于统筹推进全面建成小康社会、全面深化改革、全面依法治省、全面从严治党和大力实施“三大发展战略”、奋力推进“两个跨越”的关键时期，地方志将全面、客观、系统地记述省委、省政府各项重大战略决策部署的实施和各项工作目标的实现，为我省经济社会持续平稳健康发展提供重要借鉴。各级党委、政府要高度重视地方志工作，认真贯彻落实中央和省委、省政府关于地方志工作的安排部署和要求，明确分管领导，及时研究解决地方志工作中的重大问题，切实加强地方志工作部门班子和队伍建设，把地方志干部培养交流、选拔任用列入统一规划，为地方志工作顺利开展提供组织领导保障。

（二）依法加强对地方志工作的领导。《地方志工作条例》和《四川省地方志工作条例》《〈四川省地方志工作条例〉实施办法》等法规、规章对依法加强地方志工作、保障地方志事业可持续发展提出了明确要求。各级政府要依法履职尽责，做到认识到位、领导到位、责任到位、力量到位、经费到位、设施到位、规划到位、工作到位，加快方志馆、地情网站、数据库等基础设施建设，为地方志工作创造良好条件；支持地方志部门依法履行统筹规划、组织协调及监督指导本行政区域内机关、社会团体、企事业单位和其他组织的地方志工作等职责。

（三）切实把握地方志工作总体要求。坚持以马克思列宁主义、毛泽东思想、邓小平理论、“三个代表”重要思想、科学发展观为指导，深入贯彻落实习近平总书记系列重要讲话精神，围绕中央和省委、省政府工作大局，树立依法修志和开放、服务、精品意识，把以史为鉴、资治育人作为根本任务，进一步提高科学化规范化水平，为统筹推进“四个全面”提供历史借鉴和智力支持，为继承和弘扬中华优秀文化传统、增强文化软实力、培育和践行社会主义核心价值观、建设中国特色社会主义文化强国作出新贡献。

二、完善地方志工作体制机制

（一）坚持统一领导，实行分级管理。地方志工作必须坚持并不断完善党委领导、政府主持、地方志部门组织实施、各部门（单位）共同参与的工作机制，确保分工明确、各司其职，密切配合、形成合力，促进地方志事业协调发展。各级地方志部门主管本行政区域内的地方志工作。

（二）坚持依法履职，健全长效机制。各级地方志部门要主动适应新形势新任务，不断总结经验、探索规律，全面加强和改进地方志工作。要结合实际制定地方志工作规划纲要，不定期开展执法检查、执法调研、执法总结。要充分利用现代科技手段，创新地方志工作方式方法，健全地方志工作长效机制，努力提高地方志工作科学化规范化水平，推动地方志事业全面协调可持续发展。要探索基层地方志管理新模式，拓展地方志工作新领域，指导有条件的企业、学校、乡镇（街道）、村（社区）等开展地方志工作。各部门（单位）要按照地方志工作规划，落实专兼职人员负责本部门（单位）地方志工作，修志任务较重的部门（单位），可明确专门机构或专职人员负责此项工作。

（三）坚持规范引导，鼓励社会参与。充分发挥各级地方志学会等社会团体的作用，积极动员和组织各类社会力量广泛参与地方志编纂，引入竞争机制，鼓励通过政府转移委托、项目课题制等方式向社会组织购买服务。鼓励单位和个人向方志馆捐赠地方志资料或从事地方志文献开发研究。

三、做好地方志各项基础工作

（一）认真开展志书编纂。2020 年前全省要全面完成第二轮三级规划志书编纂任务。正开展第二轮三级志书编纂的市（州）、县（市、区）和省直部门要加大工作力度，严格程序，坚持质量标准，确保在规定时间内完成地方志编纂任务和资料年报报送工作，为启动第三轮省、市、县三级志书编纂工作作好准备。有条件的民族自治地方志书要同时运用汉语言文字和当地通用的少数民族语言文字编纂。

（二）切实做好年鉴编纂。各级地方志部门要加强综合年鉴的组织编纂，各级党政机关、企事业单位要按时保质完成组稿任务，省、市（州）、县（市、区）综合年鉴要一年一鉴、公开出版。有条件的省直部门要开展行业（专业）年鉴编纂工作。年鉴要围绕中心，突出记述反映经济建设、政治建设、社会建设、文化建设、生态文明建设和党的建设的新形势新气象。要提高年鉴编纂出版的及时性、针对性、实用性。有条件的地方和部门可开展年鉴英文版的编纂出版工作。

（三）加强地方志资源收集和抢救保护。各级地方志部门要结合本地实际，开展地方特色文化资料、家谱族谱、历史文化名镇名村、重大历史事件、重要历史文化人物、非物质文化遗产文献的文字、图片、照片、录音、录像等地方志资源纸质和电子载体的收集征集及整理工作。要充分运用信息技术、古籍保护技术，加强对地方志文献的整理、抢救和保护。已完成修志任务的部门（单位）要按照要求及时将修志中的资料长编、大事记等资料向同级地方志部门或方志馆移交，确保资料妥善保管和有效利用。要加强资料安全和保密工作，严防失泄密事件发生。

（四）加强方志馆建设。县级以上地方政府建立的方志馆是地方文献的编修、征集、收藏、展示、研究、开发利用中心，有条件的市（州）、县（市、区）要整合资源、科学规划建设方志馆，确保地方历史文献的科学保管和有效开发利用。对已建成的方志馆要加强业务管理，依法免费向公众开放，积极打造成为地方志或地情资料收藏展示、地情研究咨询、地方文化交流中心和爱国主义宣传教育基地，充分发挥方志馆服务社会功能。

四、加强地方志资源开发利用

（一）加大研究和开发利用力度。各级地方志部门要加强对各类志书、年鉴的分析研究、综合加工、深度开发，提供深层次、高质量的地方志产品，不断挖掘地方志价值，充分发挥地方志作用，更好地为党委和政府决策管理提供参考，为提高人民群众文化生活水平服务。要配合国家文化“走出去”战略，积极开发适合对外交流合作的地方志产品，增强巴蜀文化的影响力。

（二）深入开展读志传志用志。各地、各部门（单位）特别是地方志部门要积极整合资源、创新形式，组织编写适合各级领导干部、党员、群众、大中小学生等不同对象阅读的地方志读物或乡土教材，鼓励编纂富有地方、行业、时代特色的部门志、专业志、专题志、历史文化名镇（村）志和乡镇（街道）、村（社区）志，推出一批有文化特色、有社会影响力、人民群众喜闻乐见的宣传省情、地情的精品力作。各级干部尤其是党政领导干部要带头读志传志用志，充分借鉴历史经验，推进治理体系和治理能力现代化。

（三）创新服务手段和方式。各级政府要鼓励地方志部门发挥人才和资源优势，充分利用现代信息手段及已有的信息传输网络和平台，实现地方志资源的整合共享、远程利用。各级地方志部门要通过举办地方志展览、制作地情电视节目、发布地情网络视频、发行地情音像制品和送志书年鉴进学校、进企业、进农村、进社区等多种形式，服务经济社会发展，满足人民群众不断增长的精神文化生活需要。

中共四川省委办公厅

四川省政府办公厅

2015 年 2 月 28 日

云南省志办关于学习贯彻国务院办公厅《全国地方志事业发展规划纲要（2015—2020年）》的通知

云志办字〔2015〕15号

各州市地方志办公室、滇中产业新区管委会：

2015年8月25日，国务院办公厅发布了《全国地方志事业发展规划纲要（2015—2020年）》（国办发〔2015〕64号文件）（以下简称《纲要》），并于9月3日，即中国人民抗日战争暨世界反法西斯战争胜利纪念日正式向社会公布。

《纲要》是国家对全国地方志事业发展的顶层设计，目标明确，措施有力，是国家实施“四个全面”战略布局在文化领域的一项重大举措，是今后一个时期全国地方志工作的行动纲领。

根据中指组要求，为全力贯彻落实《纲要》列出的各项目标任务，全面推进，圆满完成好我省的相关工作任务，现将《纲要》转发给你们。请你们及时将《纲要》转发给所辖县市区地方志办公室，并组织落实好以下工作：

一、各州市县地方志工作机构要集中一段时间，组织全机构工作人员认真学习《纲要》，深刻领会《纲要》的精神和重点。修志人员培训班、业务讲座、理论研究班、研讨会等，都要把学习贯彻《纲要》作为首要内容，组织讨论，交流心得。云南省地方志办公室将适时举办不同类型的专题学习班，分批、分层次进行培训。通过学习，把广大修志工作者对地方志工作的认识统一到《纲要》的精神和各项要求上来。

二、各州市县地方志工作机构要积极争取宣传部门和新闻媒体的支持，搞好《纲要》的宣传工作，形成学习贯彻《纲要》的良好环境和舆论氛围。要充分利用报刊杂志、广播电视以及互联网等各种媒体，提高公众对《纲要》和地方志工作的了解。要通过组织专家撰写体会文章、编发知识问答、开展知识竞赛、宣扬先进事例等多种形式，努力增强对《纲要》的宣传效果。

三、各州市县地方志工作机构要在学习宣传《纲要》的过程中，积极主动地向政府及有关部门的领导汇报情况，引起他们的重视，取得他们的支持，用《纲要》来检查和推动地方志工作。

四、各州市县地方志工作机构要对本系统学习、宣传、贯彻、落实《纲要》的工作进行指导、督促、检查，发现问题，及时解决；同时，注意总结学习贯彻《纲要》的好典型、好经验，及时加以宣传推广；注意收集大家提出的意见和建议，及时向省地方志办公室反馈。省地方志办公室将对《纲要》的学习贯彻情况进行专题调研、督促检查，以有序推进各项工作的落实，推动地方志工作迈上新台阶。

学习贯彻《纲要》情况的汇报材料，请各州市收集整理后于2015年11月20日前以电子邮件形式报送省地方志办公室（邮箱：87325643@qq.com），以为我省地方志系统召开学习贯彻《纲要》经验交流会作准备，为出台我省地方志事业发展“十三五”规划奠定基础。

《纲要》是全国地方志事业发展的第一部规划性文件，是新时期全国地方志事业的行动纲领，是今后一个时期开展地方志工作的基本依据。希望各地地方志工作机构在当前乃至今后一个较长时期，都把学习、宣传、贯彻、落实《纲要》当作一项重要工作来抓，借助《纲要》颁布的东风，有计划、有步骤、有重点地推动地方志事业科学发展。

联系人：方爱琴　0871－68213463

　　　　张炳贵　0871－68213467

附件：国务院办公厅关于印发全国地方志事业发展规划纲要（2015—2020年）的通知（略）

云南省志办

2015年9月25日

西藏自治区贯彻落实《全国地方志事业发展规划纲要（2015—2020年）》的实施意见

为全面贯彻落实《全国地方志事业发展规划纲要（2015—2020年）》（国办发〔2015〕64号，以下简称《规划纲要》）精神，推进西藏地方志工作科学发展，结合我区修志编鉴工作实际，提出如下实施意见。

一、认清面临的形势

党中央、国务院历来高度重视史志工作。党的十八大以来，习近平总书记多次就史志工作作出重要指示，强调"要高度重视修史修志，以史鉴今，启迪后人，激发我们的民族自豪感和自信心，坚定全体人民振兴中华、实现中国梦的信心和决心。"李克强总理作出了"修志问道，以启未来"的重要批示。为加快推进全国地方志事业发展，国务院办公厅制定印发了《规划纲要》，对当前和今后一个时期的地方志编修工作作出了全面安排部署，提出了明确具体的要求，并强调"要重视民族地区地方志编纂工作""支持民族地区做好地方志编纂"。自治区党委、政府坚决贯彻落实党中央、国务院的决策部署，紧紧围绕"为谁修志、修什么志、怎样修志"这一根本问题，坚持正确方向，强化质量提升，我区地方志事业取得了良好的发展成就。

在肯定成绩的同时，也要清醒认识到当前我区地方志工作与全国的要求和各省（区、市）的质量进度差距明显。截至目前，全区首轮规划的三级志书任务完成率仅为52%，74个县（区）志书任务完成率仅为51.4%；全区第二轮修志工作启动缓慢，地方综合年鉴编纂工作滞后，完成国务院《规划纲要》确定目标的任务十分艰巨。各地各部门一定要充分认识到地方志工作是传承中华文明、发掘历史智慧的重要载体，是一项国家基础性文化建设工作。西藏是重要的国家安全屏障和反分裂斗争的主战场，编修好西藏社会主义新方志是一项重大的政治工程、战略工程、文化工程、固边工程。要从坚持党的治藏方略、维护祖国统一、加强民族团结、巩固党在西藏的执政基础、增强各族干部群众"五个认同"的重要战略高度，充分认识加强地方志工作的重要性、必要性和紧迫性，采取有效措施，加快工作进度，提升工作质量，坚决圆满完成好国务院《规划纲要》确定的目标任务，充分发挥地方志在我区经济社会发展中的重要作用，为推进西藏经济社会发展和长治久安、与全国一道全面建成小康社会作出更大贡献。

二、明确指导思想

西藏地方志工作要始终高举中国特色社会主义伟大旗帜，深入贯彻落实党的十八大和十八届三中、四中、五中全会精神，以邓小平理论、"三个代表"重要思想、科学发展观为指导，贯彻落实习近平总书记系列重要讲话精神特别是治国必治边、治边先稳藏的重要战略思想和"加强民族团结、建设美丽西藏"的重要指示，坚持以"四个全面"战略布局为统领，坚持党的治藏方略，坚持依法治藏、富民兴藏、长期建藏、凝聚人心、夯实基础的重要原则，坚持正确方向，强化依法治志，推进改革创新，提升质量标准，扩大用志领域，用无可辩驳的史志事实，展示西藏政治、经济、社会、文化、生态文明等各方面取得的辉煌成就，展示西藏翻天覆地的变化和各族人民幸福安康的美好生活，为推进西藏长足发展和长治久安提供智力支持和史志保障。

三、明确目标任务

按照国务院《规划纲要》要求，到2020年我区地方志工作的总体目标是：全面完成全区第一轮和第二轮修志规划任务，实现自治区、地市、县（区）三级综合年鉴编纂全覆盖，加快信息化和方志资料建设，做好第三轮修志工作准备，积极构建地方志事业发展综合体系，努力开创西藏地方志事业发展新局面。

（一）全面完成第一轮、第二轮修志规划任务。到2020年，已经完成第一轮修志规划任务的（包括进入总编、编辑阶段的）自治区部门、各地市和各县（区）启动并完成第二轮修志规划，确保全部出版；进入复审、终审阶段的自治区各相关部门和各相关县（区），在2018年前完成第一轮修志规划任务，并立即启动第二轮修志规划，确保2020年完成并出版；还处在初审和撰写初稿阶段的自治区各相关部门和各相关县（区），按照第一轮、第二轮志书合并编修的要求，2020年全面完成志书规划任务，确保全部出版。第二轮志书内容时间下限到2010年。

（二）全面完成地方综合年鉴编纂出版工作。已开展年鉴编纂工作的单位在精益求精的基础上，继续做好年鉴编纂出版工作；还未开展年鉴编纂工作的单位，积极创造条件，加快推进年鉴编纂工作。到2020年，实现自治区、地市、县（区）三级地方综合年鉴编纂工作全覆盖，做到一年一鉴、公开出版。

（三）深化地方志质量建设。严格执行《地方志书质量规定》《地方综合年鉴编纂出版规定》有关要求，完善地方志质量评议、审查验收制度，强化质量管理、质量监督，有效提高修志编鉴工作质量。

（四）加快西藏地方志信息化建设。按照统一规划、统一标准、分级建设、资源共享、安全保密的原则，制定全区地方志事业信息化发展意见，抓住国家支持民族地区地方志信息化建设的机遇，切实加快地方志信息化建设步伐，利用现代信息技术采集全区地方志信息，加强对不同载体的文献收（征）集、保护和开发利用，逐步建立地方志全文数据库，逐步实现自治区、地市、县（区）三级地方志资源共享，为社会提供权威、准确、全面的优质信息服务。

（五）加快推进依法治志。按照国务院《地方志工作条例》要求，结合我区实际，制定颁布《西藏自治区实施国务院〈地方志工作条例〉的办法》，用法治手段全面推进地方志工作。

（六）推动地方志资料建设。加大依法征集地方志资料力度，建立和完善地方志资料收（征）集、保存、管理制度，推行地方志资料年报制度并形成常态机制；运用社会调查、口述史等方法，拓展资料的征集范围和渠道，建立能够全方位适应地方志编纂、地方志事业和文化建设需要的地方志资料保障机制。建立地方志资料征集补助机制，对开展地方志资料征集工作成效突出的单位和部门给予适当补助，鼓励地方志从业人员开展口述史的征集工作，努力抢救散失在民间的史志资料。

（七）启动特色行业志编纂工作。在全面完成地方志志书编修规划的同时，组织动员有条件的单位、已经完成第二轮修志规划任务的单位，编修风景名胜志、专业文化志、乡镇名镇志等特色行业志，不断丰富志书编修成果。

（八）做好第三轮修志启动工作准备。在完成第二轮修志工作的同时，全面总结第一轮、第二轮修志工作的经验教训，认真研究第三轮修志的组织管理、运作模式、续修方式等，为启动第三轮修志做好资料收（征）集、队伍培训等准备工作。

四、加强组织领导

（一）强化地方志工作领导机制建设。按照国务院提出的“一纳入、八到位”要求，切实将地方志工作纳入各地国民经济和社会发展规划、文化事业发展规划和各级党委、政府工作任务之中，做到认识到位、领导到位、机构到位、编制到位、经费到位、设施到位、规划到位、工作到位，全面形成党委领导、政府主持、负责地方志工作机构组织实施、社会各界广泛参与的地方志工作体制机制。各级政府主要领导、各部门党政一把手要亲自担任地方志编委会主任，常务副职要分管地方志工作，明确一名班子成员主管史志工作，定期研究、及时解决史志工作面临的困难和问题，推进地方志事业科学发展。要积极探索地方志援藏工作新渠道、新方式，争取将地方志援藏工作纳入对口支援省份的援藏工作总计划，依托援藏省市的项目、资金、人才优势，为我区地方志事业发展提供有力支持。

（二）强化地方志工作机构建设。按照德才兼备原则和专业要求，配齐配强各级地方志工作机构领导班子。自治区地方志办公室要强化职能发挥，进一步加大对全区地方志工作的指导管理，促进地方志工作规范化、制度化、标准化建设，提升全区地方志工作整体水平。根据地方综合年鉴编纂等新任务的需要，自治区地方志办公室新设年鉴编纂处，有效启动自治区、地市、县（区）三级地方综合年鉴编纂工作。要高度重视基层地方志工作机构建设，积极创造条件，采取地市内部调剂余缺的办法，适当增加地市级机构、编制，每县（区）至少安排1个地方志工作专项编制，专人专编、专人专办，切实解决县一级地方志工作无专职人员的问题，形成适应新形势发展要求的地方志工作体系。自治区各部门要进一步强化地方志工作力量，做到任务明确清晰、人员相对固定、支撑保障到位、工作接续推进。

（三）强化地方志工作人才和队伍建设。坚持严明政治纪律、突出提升能力素质，积极培养地方志工作领军人物和学科带头人，大力培育地方志工作后备人才，努力建设一支政治强、业务精、作风正、纪律严的高素质地方志干部队伍。要完善地方志教育培训制度，分级分类强化各方面教育培训，实现修志编鉴人员岗前培训全覆盖、培训工作常态化。要采取灵活多样的方式，广泛动员社会力量参与地方志工作，特别要本着专兼职结合的原则，注重调动和发挥亲身经历西藏革命和建设事业的老领导、老专家、老学者、老同志等的作用，建立自治区地方志专家库和专家聘请经费保障制度，集中精力开展地方志编纂、审稿等工作，为地方志事业发展提供重要的智力支持和力量保障。充分发挥自治区地方志办公室驻成都办公室在修志编鉴工作中的重要作用。

（四）强化工作任务落实和监督。逐级层层签订地方志编纂和地方综合年鉴编纂工作责任书，明确质量要求、进度安排和完成时限。要把志鉴编纂任务完成情况列入各级党委、政府督查工作计划，每年进行一次集中督查和工作评比，对后进地市、县（区）和部门实行问责制，督导推动工作落实和进度跟进，确保到2020年如期实现《规划纲要》确定的“两个全面”目标任务。

（五）强化对地方志事业发展的支持。各级机构编制委员会要重视地方志工作机构建设，协调解决必要编制，满足地方志事业加快发展的需要。各级宣传文化部门要大力宣传地方志事业，制定宣传方案，丰富宣传载体，推动地方志文化进机关、进农牧区、进社区、进学校、进企业、进军营、进寺庙，更好地发挥地方志传承文明、记录历史、弘扬文化、服务社会、借史鉴今、启迪后人的作用。各级发展改革部门要将地方志基础设施建设纳入重点项目建设总体规划，积极推动西藏革命建设改革纪念馆、方志资料库、方志信息化等建设项目，不断改善地方志事业发展条件。各级财政部门要切实为修志、编鉴、出版及方志资源开发利用、方志人员培训提高、地方志专家库建设及聘用、自治区地方志成都办公室修缮、资料征集等提供经费保障。要动员全社会支持方志事业，鼓励和倡导全社会“读志”“传志”“用志”，努力构建大方志的工作格局。

各地市、县（区）和自治区各有关部门，要根据国务院《规划纲要》和本实施意见精神，结合本地本部门实际，制定工作实施方案，确保我区地方志事业有序、规范、健康发展。

附件：1. 西藏自治区地市、县（区）地方志书编纂出版任务分解表（略）
2. 西藏自治区地市、县（区）地方综合年鉴编纂出版任务分解表（略）
3. 西藏自治区行业志书编纂出版任务分解表（略）

青海省政府令

（第 107 号）

《青海省地方志工作规定》已经 2015 年 1 月 12 日省政府第 38 次常务会议审议通过，现予公布，自 2015 年 3 月 1 日起施行。

省长　郝鹏

2015 年 1 月 19 日

青海省地方志工作规定

第一条　为全面、客观、系统地编纂地方志，科学、合理地管理和开发利用地方志及相关地情文献信息资源，发挥其传承文明、资政育人、服务经济社会发展的作用，根据《地方志工作条例》，结合本省实际，制定本规定。

第二条　本省行政区域内地方志的组织编纂、管理和开发利用工作，适用本规定。

第三条　本规定所称地方志，是指以县级以上行政区域名称冠名的地方志书、地方综合年鉴。

地方志工作是指组织编纂、管理、开发利用地方志书、地方综合年鉴以及相关地情文献等活动。

第四条　编纂地方志应当遵循存真求实、忠于史实、据事直书的原则，全面、客观地记述本行政区域自然、经济、政治、文化、社会和生态文明建设的历史与现状。

第五条　县级以上政府应当加强对地方志工作的领导，将其纳入国民经济和社会发展规划。

县级以上政府应当建立健全地方志工作机构，加强地方志工作队伍建设，将地方志工作经费列入同级财政预算；加强地方志工作基础设施建设和信息化建设，逐步建设地方志资料库和地方志网站。

第六条　县级以上政府地方志编委会负责统筹规划、组织协调和督促指导本行政区域内的地方志工作，其办公室（以下简称地方志工作机构）具体主管本行政区域内的地方志工作。

县级以上地方志工作机构履行下列职责：

（一）组织、指导、督促和检查地方志工作；

（二）拟定地方志工作规划和编纂方案；

（三）组织编纂地方志书、地方综合年鉴及相关地情文献；

（四）组织搜集、整理、保存地方志文献资料；

（五）开展地方志学术交流，推动地方志理论研究；

（六）组织开发利用地方志及相关地情文献信息资源，推进地方志数字化、网络化。

第七条　县级以上政府有关部门应当按照职责做好地方志相关工作。

按照规划承担地方志编纂任务的国家机关、社会团体、企事业单位和其他社会组织（以下简称承编单位），应当确定负责编纂工作的机构和人员，保障经费和办公条件，并接受同级地方志工作机构的工作督查和业务指导，按照质量和时限要求完成编纂任务。

第八条　省地方志工作机构拟定省地方志编纂总体工作规划，经省政府批准后组织实施，并报国家地方志工作指导机构备案。

市（州）、县（市、区、行委）地方志工作机构根据省地方志编纂总体工作规划，拟定本行政区域地方志工作规划，经本级政府批准后组织实施，并报上一级地方志工作机构备案。

第九条　以县级以上行政区域名称冠名的地方志，由本级地方志工作机构按照规划组织编纂，其他组织和个人不得编纂。

地方志书每20年左右编修一次。地方综合年鉴每年一卷，逐年编辑。

第十条　地方志书编纂实行承编责任制度，按照下列规定签订承编责任书：

（一）以省、市（州）级行政区域名称冠名的地方志书的承编单位应当与省政府签订承编责任书；

（二）以县级行政区域名称冠名的地方志书的承编单位应当与市（州）级政府签订承编责任书。

第十一条　县级以上地方志工作机构应当建立资料征集制度，向有关单位及个人征集地方志资料，有关单位和个人应当提供支持。地方志资料所有人或者持有人提供有关资料被采用的，应当给予适当报酬。

第十二条　在地方志编纂过程中收集的地方志资料以及形成的地方志文稿，由县级以上地方志工作机构指定专人集中统一管理、妥善保存。编纂工作完成后，依法移交本级地方志馆或者档案馆。

承编单位撤销、合并或者注销的，应当将所存地方志资料移交本级地方志工作机构；承编单位承担编纂工作的机构或者人员发生变化的，应当向承编单位移交所存地方志资料。

资料移送前，任何单位、个人不得将地方志资料据为己有或者损毁、出租、出让、转借、变卖。

第十三条　编纂地方志应当吸收有关方面专家、学者参加，主编和专职编纂人员应当具备相应的专业知识和编纂能力，实行编纂人员专兼职相结合。涉及少数民族内容的，应当有相关民族专业人员或者从事民族工作的人员参加。

科研机构、高等院校和其他组织应当支持科研人员、专家学者参与地方志编纂工作。

第十四条　建立地方志书审查验收制度，明确审查验收组织单位和参与人员责任。地方志书经下列程序审查验收后，方可公开出版：

（一）省志各分志，由承编单位地方志工作机构初审，承编单位编委会复审，省地方志工作机构终审，省地方志编委会验收；

（二）市（州）志，由本级地方志工作机构初审、编纂委员会复审，省地方志工作机构终审并验收；

（三）县（市、区、行委）志，由本级地方志工作机构初审、编纂委员会复审，市（州）地方志工作机构终审并验收。

审查验收工作应当组织有关保密、档案、民族、宗教、历史、法律、经济、军事等方面的专家、学者参与，并听取其意见。

地方志书审查验收工作中存在重大意见分歧的，应当报请同级政府决定 。

第十五条　以县级以上行政区域名称冠名的地方综合年鉴，由本级地方志工作机构组织编辑，上一级地方志工作机构参与审定，经本级政府批准后出版。地方综合年鉴出版后1个月内，应当按要求报上一级地方志工作机构备案。

第十六条　地方志书、地方综合年鉴出版后3个月内，由编纂单位向上一级地方志工作机构报送样书和电子文本，并向本级和上级方志馆、档案馆、公共图书馆无偿提供馆藏书。

第十七条　地方志书、地方综合年鉴为职务作品，其著作权归负责组织编纂的地方志工作机构享有，参与编纂的相关人员享有署名权。

县级以上地方志工作机构或者编纂单位应当按国家有关规定，向参与地方志编纂的专家、学者及有关人员支付相应的资料费、撰稿费、编辑费、审稿费及其他工作报酬。

第十八条　县级以上地方志工作机构应当加强旧志整理和研究，加强少数民族文字志书搜集、整理、保护和翻译、出版工作。

第十九条　县级以上地方志工作机构可根据本行政区域的历史发展和自然资源特点，立项编纂特色志书。

鼓励编纂部门志、行业志、专业志、企业

志以及乡镇（街道）志、村志等志书、年鉴或其他地情文献。编纂单位开展编纂工作时，应当接受所在地地方志工作机构的业务指导，并将出版后的志书、年鉴或者其他地情文献及时报送备案。

第二十条 县级以上地方志工作机构应当将已出版的地方志在政府网站、地方志网站公布，并通过电视、广播、报刊等媒体向社会推介。

方志馆（地情馆）、地方志资料库应当公示服务项目，免费向公众开放。

第二十一条 县级以上政府应当建立地方志工作督查通报制度，对本行政区域内的地方志工作进行督查，并通报督查情况。

第二十二条 有关单位和个人有下列情形之一的，由县级以上地方志工作机构责令限期改正，逾期未改的，予以通报；情节严重的，由有关主管部门或者所在单位追究其负责人和直接责任人的责任：

（一）明示或者暗示编纂人员在地方志中作虚假记述，或者故意提供虚假地方志资料的；

（二）拒绝承担地方志编纂任务的；

（三）擅自修改已通过审查验收的地方志书的；

（四）无正当理由不报送或者拖延报送地方志资料的；

（五）未按照规定移交所存地方志资料或者将地方志资料损毁、出租、出让、转借、变卖或者据为己有的；

（六）拒不执行地方志工作机构督促检查意见的；

（七）盗用地方志工作机构名义编纂、出版地方志的。

第二十三条 地方志工作机构及其工作人员有下列行为之一的，由县级以上政府责令限期改正，逾期未改的，予以通报；情节严重的，追究有关单位负责人和直接责任人的责任：

（一）故意在地方志编纂中加入虚假资料或者作虚假记述的；

（二）故意损毁地方志资料的；

（三）未按照规定对地方志进行审查验收，出现重大质量问题的；

（四）未按照规定将出版的地方志报送备案或者提供馆藏书的；

（五）其他滥用职权、玩忽职守、徇私舞弊的行为。

第二十四条 本规定自2015年3月1日起施行。

《中国边海防志》《中国军事地理志》编纂工作实施方案

全军军事志指导小组

（2015年6月25日）

根据《全军军事志工作“十二五”规划》要求，为了进一步统一思想、明确任务、规范工作，确保《中国边海防志》《中国军事地理志》（以下简称“两志”）编纂质量，在总结试点工作经验的基础上，制定本方案。

一、指导思想

“两志”编纂，坚持以中国特色社会主义理论体系为指导，运用辩证唯物主义和历史唯物主义立场、观点和方法，实事求是，全面、客观、系统记述中国边海防和中国军事地理的历史与现状，为国防和军队建设提供地情资料，为军事斗争准备和实现强军目标服务。

二、“两志”规模

（一）《中国边海防志》

《中国边海防志》共设6卷，即《中国边海防志·东北边防卷》（主要包括辽宁、吉林、黑龙江和内蒙古东北部有关地区）；《中国边海防志·西北边防卷》（主要包括甘肃和新疆及内蒙古中西部有关地区）；《中国边海防志·西南边防卷》（主要包括广西、云南及西藏有关地区）；《中国边海防志·黄海海防卷》（主要包括辽宁、河北、天津、山东、江苏沿海与当面海域及其中海洋岛屿）；《中国边海防志·东海海防卷》（主要包括上海、浙江、福建、台湾沿海与当面海域及其中海洋岛屿）；《中国边海防志·南海海防卷》（主要包括广东、广西、海南和香港、澳门沿海与当面海域及包括南海诸岛在内的海洋岛屿）。全志约600万字。各卷篇幅视内容多少而定。

（二）《中国军事地理志》

《中国军事地理志》共设33卷，一省（直辖市、自治区、特别行政区，现行政区域）一卷，如：《中国军事地理志·河北卷》《中国军事地理志·上海卷》《中国军事地理志·内蒙古卷》《中国军事地理志·香港卷》。全志约3000万字。各卷篇幅视内容多少而定。

三、组织领导

为确保"两志"编纂质量，高效率、高水平完成编纂工作，成立"《中国边海防志》《中国军事地理志》编纂委员会"（简称"全志编委会"），下设编辑部，编辑部设总纂、副总纂和编辑。全志编委会由全军军事志指导小组兼，主任由全军军事志指导小组组长、解放军副总参谋长王冠中担任，副主任由全军军事志指导小组副组长、军事科学院副院长何雷担任，成员由全军军事志指导小组其他成员担任。全军军事志指导小组办公室承担全志编委会日常工作。

"两志"各卷成立分卷编纂委员会，下设编辑室，编辑室设主编、副主编和编辑。分卷编纂委员会在全志编委会领导下开展工作。

四、任务分工

《中国边海防志·东北边防卷》由沈阳军区军事志指导小组组织编纂，北京军区军事志指导小组协助；《中国边海防志·西北边防卷》由兰州军区军事志指导小组组织编纂，北京军区军事志指导小组协助；《中国边海防志·西南边防卷》由成都军区军事志指导小组组织编纂，广州军区军事志指导小组协助；《中国边海防志·黄海海防卷》由济南军区军事志指导小组组织编纂，沈阳军区、北京军区、南京军区军事志指导小组协助；《中国边海防志·东海海防卷》由南京军区军事志指导小组组织编纂；《中国边海防志·南海海防卷》由广州军区军事志指导小组组织编纂。

《中国边海防志》均在省军区（卫戍区、同级警备区，下同）和驻香港部队、驻澳门部队编纂初稿基础上进行汇集编纂。

《中国军事地理志》各卷编纂由各省军区军事志领导小组和驻香港部队、驻澳门部队组织实施。

五、编纂步骤

全志编纂工作分筹划准备、资料收集、志稿撰写、组织评审、全志总纂和印刷出版等步骤组织实施。

（一）筹划准备阶段。成立本卷领导机构，组建编纂队伍，制定工作实施方案，明确分工任务，提出目标要求；研讨和消化、吸收全志拟制的《〈中国边海防志〉凡例》《〈中国军事地理志〉凡例》和《〈中国边防志〉参考篇目》《〈中国海防志〉参考篇目》《〈中国军事地理志〉参考篇目》，结合本卷实际，分析区域特点，拟制本卷篇目。

（二）资料收集阶段。依据参考篇目，制定资料收集工作方案，明确目标单位，广泛采集各种资料；对收集的资料进行分析、鉴别、筛选，编辑资料长编。

（三）志稿撰写阶段。确定撰写人，进行任务分工，系统组织培训，掌握体例规范和撰写要求，明确方法和目标；熟悉资料，根据资料长编进行志稿撰写。

（四）组织评审阶段。志稿评审依照全军军事志指导小组制定的《军事志志书质量标准及评审办法》实施，实行初审、复审、终审的评审制度。《中国边海防志》初审、复审由各卷编委会负责组织实施，终审由全志编委会负责组织实施。《中国军事地理志》初审由各分卷编委会负责实施，复审由所在军区军事志指导小组负责实施，终审由全志编委会负责组织实施。

（五）全志总纂阶段。各任务单位完成“两志”复审稿后，交由全志编辑部对全志实施总纂，各分卷编辑室配合实施。主要处理全志的体例规范、交叉矛盾、政治观点、涉外、敏感等问题。

（六）印刷出版阶段。“两志”志稿完成总纂后，经全志编委会终审和审批，按照国家和军队的有关规定，由全志编辑部统一组织印刷、出版和发行。《中国边海防志》作为机密级内部出版，《中国军事地理志》作为秘密级内部出版。

六、时间安排

（一）《中国边海防志》

2016年12月底前，具有边海防内容的省军区和驻香港部队、驻澳门部队完成本行政区域的《中国边海防志》志稿撰写，交各卷任务单位；

2017年6月底前，各任务单位完成本卷《中国边海防志》的志稿统编；

2017年10月底前，各任务单位完成本卷《中国边海防志》志稿的初审和复审，复审稿交全志编委会；

2018年12月底前，全志编委会完成《中国边海防志》的志稿终审和总纂；

2019年6月底前，完成《中国边海防志》的印刷出版。

（二）《中国军事地理志》

2016年12月底前，各任务单位完成本卷《中国军事地理志》的志稿撰写和初审，初审稿交各军区军事志指导小组；

2017年6月底前，各军区军事志指导小组完成所辖省军区《中国军事地理志》的志稿复审，复审稿交全志编委会；

2018年12月底前，全志编委会完成《中国军事地理志》的志稿终审和总纂；

2019年6月底前，完成《中国军事地理志》的印刷出版。

七、经费保障

各任务单位自筹经费，总部给予适当补助。

关于表彰全军军事志理论研讨获奖优秀论文的通报

全军军事志指导小组

（2015年6月25日）

各军区军事志指导小组：

近年来，全军军事志指导小组办公室认真贯彻落实全军军事志第三次工作会议精神，组织全军各编纂单位展开理论研讨及论文评选活动。各军区军事志指导小组办公室、各省军区军事志领导小组办公室高度重视，严密组织，通过学术交流、专题研讨、专家攻关等多种形式，组织广大修志人员结合编纂实践，积极撰写理论文章，共报送论文80余篇。全军军志办组织专家对报送的论文进行认真评选，遴选出10篇优秀论文。为表彰先进，促进军事志学术研究，经研究决定，对以下10篇获奖优秀论文和作者进行通报表彰：

1.《从第二轮修志实践看第三轮续修应着力把握的几个问题》

作者：辽宁省军区军事志领导小组办公室主编　渠鸿章

2.《军事志工作要为部队多样化军事任务服务》

作者：吉林省军区军事志领导小组办公室编辑　赫荣华

3.《军事志的管理与利用》

作者：内蒙古军区军事志领导小组办公室参谋　高宇

北京军区军事志指导小组办公室处长　张金春

4.《加强军事志研究利用工作》

作者：兰州军区军事志指导小组办公室副

编审　李海明

5.《突出新疆部队工作特色编修军事志的思考》

作者：新疆军区军事志领导小组办公室参谋　贾振宇

新疆军区军事志领导小组办公室主任　徐葆生

6.《军事环境篇应充分体现军事特征》

作者：山东省军区军事志领导小组办公室副主编　刘元浩

山东省军区军事志领导小组办公室主任祁冰

7.《关于围绕中心、服务使命，开展军事志工作的思考》

作者：南京军区军事志指导小组办公室主任　陈赋斌

8.《从史志关系看军事志的横排竖写》

作者：江苏省如皋市人武部参谋　冷玉健

9.《军事志编纂原则探讨》

作者：广州军区军事志指导小组办公室副主任　邹黎明

10.《军事志记述方法探讨》

作者：成都军区军事志指导小组办公室

希望以上受到表彰的单位和同志谦虚谨慎，戒骄戒躁，发扬成绩，再接再厉，为推进全军军事志理论研究和学科建设，做出新的更大贡献。全军军事志广大修志人员要以先进为榜样，继续发扬爱岗敬业、无私奉献的精神，解放思想，与时俱进，锐意进取，扎实工作，为军事志工作持续健康发展贡献力量。

·领导讲话摘要

在《驻马店市志（1978～2012）》稿评审会上的致辞

（2015年1月7日）

赵　芮

这次来河南调研地方志工作，适逢《驻马店市志（1978～2012）》稿评审会召开，很高兴受邀参加会议。作为地方志战线的一名新兵，这是我第一次参加志稿评议活动，是十分难得的了解方志、认识方志的宝贵机会。首先，我谨代表中指办，向一直关心支持地方志工作的驻马店市委、市政府表示衷心的感谢！向为志稿编写付出辛勤劳动的全体修志人员，并通过你们向默默奉献的全市地方志工作者致以崇高的敬意！

当前，全国第二轮修志工作进展顺利，成绩斐然。不少地方已完成第二轮修志任务，其中广东省全面完成修志规划任务；按照编纂出版规划，第二轮省市县三级志书共有5900多部，现在已累计出版近2000部。各地在修志工作中，都能认识到志书质量问题的极端重要性，在方案编制、篇目设计、资料搜集、志稿撰写、审查验收等各个环节，牢固树立质量意识、精品意识，建立健全质量保障机制，努力提高志书编纂质量。总体来看，已出版的第二轮志书，绝大多数是质量过硬的，全面系统记述了本地自然、政治、经济、文化、社会等方面的历史和现状，尤其是在改革开放和社会主义现代化进程中取得的辉煌业绩和成功经验。这是全国地方志系统向党和人民呈送的又一笔文化财富，不仅可以为全面深化改革和全面建成小康社会提供历史借鉴，为推进治理体系和治理能力现代化提供智力支持，在传承中华文明和地方文化、丰富人民群众文化生活、开展科学研究等诸多方面，也必将逐渐凸显自己的巨大价值，发挥不可替代的重要作用。

驻马店市的地方志工作，在市委、市政府

的坚强领导和全市地方志工作者的共同努力下，也取得了不凡的业绩。主要表现在：首轮修志成果丰硕，第二轮修志工作进入收尾阶段；乡镇志编纂开始启动，行业志、部门志编纂方兴未艾；市县两级综合年鉴编纂工作全面铺开，地方文化典籍、历代方志和家谱族谱整理成绩喜人；数字化、网络化建设成效明显，利用地方志资源为现实服务的方式丰富多彩。这些工作成绩来之不易，得到了上级部门的充分肯定，2010 年 11 月，在全国方志系统先进工作者和先进集体评选活动中，驻马店市地方史志办公室获得方志先进集体荣誉称号。

今天，驻马店市召开市志稿评审会，标志着驻马店市的地方志工作尤其是第二轮修志工作迈入了一个新阶段，这是全市修志工作中的一件盛事。开展修志工作，必须毫不动摇地坚守质量第一的原则，而志稿评审是提高志书质量的一个重要环节，丝毫不能懈怠。借此机会，我对《驻马店市志》编修谈几点原则性意见。

一是广泛征求意见，博采众家之长。现代方志横陈百科、纵观古今，仅靠少数人的力量是难以高质量完成的，因此，我们历来倡导开门修志，主张众手成志，动员最广大的社会力量参与修志。已完成的《驻马店市志》稿，由总述、大事记、46 个专志和索引组成，550 余万字，主要记录了 1978 年至 2012 年全市各个方面的基本情况，有的部分在记述时限上进行了较大的拓展，可称得上是一部鸿篇巨制。对这部志稿的评议、修改，要有胆魄气量和宽广视野。俗话说得好：良药苦口利于病，忠言逆耳利于行。除召开这次评审会认真听取修志专家的意见外，要积极借助全市有志于此的在职和离退休干部、相关专业专家学者的力量，虚心倾听它们的想法和建议。对收集到的各种观点，要认真归纳梳理，分析研究，在志稿修改工作中进行消化吸收。可以预见，凝聚了众人智慧的《驻马店市志》稿，一定会成为高水平的志稿。

二是防止急躁情绪，反复打磨志稿。按照工作部署，到 2020 年，全国第二轮修志任务要全部完成。因此，今后五年将是第二轮修志的攻坚期和收获期，时间紧迫、任务艰巨。越是时间紧、任务重，我们就越要保持清醒的头脑，坚决不能放松对质量的要求，坚决防止急躁冒进倾向，坚持时间服从质量，进度服从质量。《驻马店市志》编修，现在已进入后期的志稿修改和审查验收阶段，要始终坚持高标准、严要求，以十年磨一剑的毅力和执着，沉下心来、耐住寂寞，围绕观点、篇目、体裁、内容、资料、特色、时空范围、文体文风、行文规范等方面，对志稿进行精雕细琢。在志稿修改中，还要注意选用有责任心和较高理论水平、较强文字功底的人员，由他们担任主编和总纂，通盘掌控整部志稿，切实把好政治关、史实关、体例关、文字关、出版关等重要关口。

三是严格质量标准，打造传世名志。第二轮修志的主要目标，就是要秉持高度的时代责任感和历史使命感，以科学的态度、严谨的学风、刻苦的探究，锻造出流芳百世的精品志书，绝不允许将不合格志书流传于世、贻误后人。正是为确保志书编纂出版质量，2008 年 9 月，中指组颁布施行了《地方志书质量规定》，其中提出的志书质量的总体要求是：观点正确，体例严谨，内容全面，特色鲜明，记述准确，表达通顺，文风端正，印制规范。《规定》内涵丰富，质量标准具体明确。《驻马店市志》作为第二轮志书，从志稿评议修改直至送交印刷出版，一定要将《地方志书质量规定》提出的各项标准和要求作为标尺，逐一对照，严格衡量，避免在出书后留下遗憾，努力将《驻马店市志》打造成经得住时代和历史检验的高质量志书，相信《驻马店市志》编修一定能达到这样的目标。

同志们，今年是第五次全国地方志工作会议召开后的开局之年。目前，全国地方志系统正在深入学习贯彻落实习近平总书记系列重要讲话、李克强总理对地方志工作的重要批示、刘延东副总理与第五次全国地方志工作会议部分代表座谈时的重要讲话精神，全面贯彻落实第五次全国地方志工作会议精神，《驻马店市志》稿评审会在此时召开，更具有特殊的意义。最后祝愿《驻马店市志》稿评审会取得圆满成功。希望驻马店市的地方志工作2015年再跨上一个新台阶，为建设富强、文明、平安、美丽的驻马店，实现富民强市加快崛起目标，作出新的更大贡献。

在山东省地方志工作调研座谈会上的讲话

（2015年4月27日）

赵　芮

这次来山东，上午参加了中国社会科学院中指组国情调研临朐基地揭牌仪式，下午在潍坊召开调研座谈会。首先感谢山东省政府、省史志办和潍坊市的领导对这次揭牌活动和调研活动的高度重视。这次调研活动是今年全国地方志机构主任工作会议召开后，中指办的第一次调研活动。我们此行除了参加揭牌仪式还有两个目的，一是贯彻习近平总书记、李克强总理、刘延东副总理关于地方志工作的重要讲话、重要批示精神，第五次全国地方志工作会议、指导小组五届二次会议精神，以及伟光、培林同志的重要讲话精神，推进地方志工作深入开展。二是加强基层调研，了解基层实情，进一步改进作风，提高工作能力和水平。

我从事地方志工作还不到六个月，学习对我来说非常重要。刚才听了九个市地方志机构主要负责人的工作汇报，感到他们的工作都有各自的特色。潍坊工作思路理得清晰，亮点抓得准，协调有创新，典型树得好。青岛地方志质量保障机制完善，对基层的指导扶持有力，旧志整理、公共文化拓展服务有创新，成绩突出。淄博史志工作法规全覆盖，二轮修志进展快、质量高，方志馆、信息化、开发利用全面开展。东营“大文化”的工作理念凝聚人心；方志馆建设突出“黄河文化”，突破了地域限制，提高了工作层次；“互联网+”的新理念比较超前，快乐修志的新常态体现了方志人精神。烟台工作突出主业、服务中心、加强基层指导。威海抓主业，强制度，出创新，重开发。日照克服困难，连续两年把史志工作纳入政府工作报告，扎实推进，年鉴工作成绩突出。莱芜地方志事业按照五次会议工作部署全面开展，成绩显著。滨州史志工作强调大数据背景下的创新思维，特别是设计开发了全国首套方志馆管理系统。这些都给我留下了深刻印象。

整体来看，九个市的工作，一是贯彻中央领导指示精神，按照第五次全国地方志工作会议和中指组五届一次、二次会议部署，对地方志事业和工作认识到位。二是围绕中心，服务大局，赢得了省市各级领导对地方志工作的重视，提高了地方志工作的地位，对全国地方志工作做出了贡献。三是对地方志工作存在的问题认识比较清晰。四是紧密结合中指组和省史志办的部署开展工作，工作思路清晰，今年开端良好。五是意见建议有建设性，人才培养问题、依法治志等建议非常重要。可以看出，山东省地方志工作者大局观强，精神面貌与众不同。

大家在工作汇报中，提到加强人才培养、加强学历学位教育、加强与高等院校合作、依法治志等方面的建议。这些建议很富有建设性，就此我也谈点意见。关于人才队伍建设问题。地方志系统人才队伍缺乏，是我们面临的一个大问题。针对这种情况，伟光同志在福建调研时提出，要将2015年办成“培训年”，有计划、分步骤开展对志鉴队伍的培新。中指办专门研究了伟光同志的指示精神，拨出了比往年更多的经费来落实这项工作。应当指出，人才培养不能单纯靠传统的办培训班的方法解决。培训班的时间非常有限，一般培训一个星期左右，即使再延长时间，离大家的要求还是有差距。所以，我们正积极探索用新的方式、新的思维做好培训工作。比如，可以采用“慕课”这种新的教学方式解决大家的培训需求。“慕课”是最近教育界比较关注的新型教学模式，我们已经派出同志专门学习。可以把大家需要的培训内容系统化、体系化，针对大家的培训需求设计课程，不仅请熟悉理论的老师讲课，还要请系统内部懂实务的专家讲课。我们很快要建立全国性的专家库，让在全国做得好的同志给大家讲课，也许在座的同志就有这样的专家。开展培训工作首先要做培训需求调查，尤其要弄清楚基层的同志需要什么，根据大家的需要组织培训工作。将来开展培训调查的时候，希望大家认真填写，给我们多提建设性意见建议。关于学历学位教育。中国社科院研究生院的领导非常支持我们的学历学位教育，包括设立博士后工作站，在更高层次上加强人才培养。当然，这项工作将来也需要大家的支持。关于依法治志。国务院《地方志工作条例》颁布实施已经九年了。今年伟光同志在全国地方志机构主任工作会议的工作报告中提出，要研究《中华人民共和国地方志法》立法的可行性。无论是《条例》修订调研还是立法调研，需要大家的支持。大家提到的其他建议也都非常好，我们回去之后会认真梳理研究，制定相应的工作措施。

去年9月17日，伟光和培林同志在威海召开史志工作座谈会的时候，伟光同志从工作主动性自觉性、能力建设、志鉴主业、服务中心、组织保障等五个方面对山东地方志工作提出了要求。大家对伟光同志说的这五个方面，不是领导说完了就放在一边，而是用不同的形式扎扎实实进行了落实。听了大家的汇报，我感觉到在省史志办的领导下，山东地方志工作体现了山东人实实在在的特点。借这个机会，向大家提几点希望。

一是服务中心，留住春天。我到地方志工作以后听得最多的词是“春天”。无论到哪里，大家都认为地方志工作迎来了一个新的春天。去年以来，习近平总书记、李克强总理、刘延东副总理先后对地方志工作发表讲话，作出指示、批示，在党和国家领导人层面上，这种密集程度是从来没有过的。一年来，习近平总书记在讲话中提到史志工作。李克强总理两次作出重要批示。刘延东副总理发表重要讲话，两次作出很长的批示。刘延东副总理的批示直接推动了《全国地方志事业发展规划纲要（2015—2020年）》的转发工作。目前，地方志事业发展规划纲要正在征求部分部委的意见。因此，从中央层面上来说，我们迎来了春天。就山东地方志工作来讲，也是迎来了春天。郭树清省长作为省主要领导，8次对地方志工作作出批示，这个力度据我所知前所未有。现在伟光、培林等中指组领导抓工作抓得非常实，这都是历史的机遇，我们一定要抓住。以前，李铁映同志曾说过“以有为谋有位”。今天上午，王随莲副省长风尘仆仆地专门参加地方志系统的揭牌活动，她跟我说的一句话很有启发性，她说：“山东地方志工作做得好，领导自然就重视。”我们要服务好中心工作，真正发挥地方志工作应有的作用，抓住难得的历史机遇，留住春天。

二是总结经验，形成机制。山东是文化大省，方志工作底蕴很深，有良好的基础。指导小组及其办公室的领导到山东来的是比较多的，包括我们这次，在全国第一次把临朐作为地方志方面的国情调研基地。留住春天不能光靠热情，要靠工作机制，靠制度来完成。山东是全国第一个实现地方志法规规范性文件“全覆盖”的省份。从制度出发才能保证形成工作机制，我们要总结山东这种制度化建设的经验。当然，总结经验不是停滞的过程，而是看未来的过程。指导小组办公室设立国情调研临朐基地，要用五年时间在基层一个县开展调研实践，通过经验的总结，使地方志工作形成一种良好的工作机制，从各方面推动地方志工作体制化、机制化建设，达到伟光同志上次来山东提出的法制化、规范化、制度化、科学化“四化”要求。

三是工作到位，不辱使命。这次全国地方志机构主任工作会议，一个很突出的亮点就是伟光同志全面阐释了“一纳入、八到位”的总要求。"八到位"中有七个"到位"是给政府提的，最后一个"工作到位"完全是对我们自己提的。从目前全国的情况来看，地方志工作中还有很多问题值得重视，尤其是第二轮修志工作进度不是很令人满意。从工作质量上来说，也存在一些问题，包括已经出版的志书。质量问题是历届中指组领导都非常重视的。第五次全国地方志工作会议要求"一市一鉴"，这是国家规定的任务，这项任务我们完不成，还怎么留住春天，怎么引起领导的重视？要是质量再不好，情况就更糟糕。大家一定要抓好质量，确保质量和进度并重。

四是相互学习，协调发展。地方志工作在全国来说存在不平衡的现象。从大家的汇报中听出来，山东省也存在人才不平衡、资源不平衡、发展不平衡等情况，有些市率先完成了二轮修志工作，有些还相当艰巨。率先完成的要对二轮修志进行总结，对三轮修志提出构想。其他人才和资源较多的市也可以相互借鉴、相互学习、相互交流。山东史志工作基础很好，在刘爱军主任领导下，史志工作队伍团结得非常紧密。山东形成的经验，值得在全国推广。

没有果实的春天不叫春天，没有好的果实的春天也不叫春天。希望指导小组办公室、省史志办和地方各级史志机构的同志们共同努力，真正留住地方志事业新的春天。

在中指办国情调研临朐基地揭牌仪式上的致辞

（2015年4月27日）

赵　芮

经中指办研究，并报请中国社会科学院批准，决定在山东省临朐县设立中国社会科学院中指办国情调研临朐基地。经过精心筹备，今天在这里举行揭牌仪式。我谨代表中指办，对国情调研临朐基地的设立和揭牌，表示热烈的祝贺！

当前，全国地方志事业面临大好的发展形势和难得的发展机遇，迎来了又一个春天。中央领导同志非常关心地方志工作，多次发表重要讲话、作出重要批示。习近平总书记强调，要高度重视修史修志，让文物说话、把历史智慧告诉人们，激发我们的民族自豪感和自信心，坚定全体人民振兴中华、实现中国梦的信心和决心。李克强总理指出，地方志存史、育人、资政，做好编修工作十分重要，希望广大地方志工作者修志问道，以启未来。刘延东副总理提出，要进一步明确地方各级政府管理和发展地方志事业的重要职责，切实做到认识到位、领导到位、机构到位、编制到位、经费到位、设施到位、规划到位、工作到位。中央领导同志的重要讲话和重要批示，饱含对地方志工作的殷切希望，为地方志事业科学发展指明了前进方向。根据中央领导同志重要讲话、重要批示精神，第五次全国地方志工作会议进一步统一思想，凝聚共识，描绘了全国地方志事业发展的崭新蓝图。认真贯彻落实中央领导同志重要讲话、重要批示精神和第五次全国地方志工作会议精神，全面推进地方志事业改革创新和转型发展，是中指办必须完成好的重要任务和重大课题。

毛泽东同志指出："没有调查，没有发言权。"习近平总书记也强调："调查研究是谋事之基、成事之道。没有调查，就没有发言权，更没有决策权。"设立国情调研基地，深入开展调查研究，有助于及时了解地方志工作的现状和存在的问题，有助于提高决策水平和指导工作的科学性、针对性，从而更好地服务于地方志事业发展。

临朐文化底蕴深厚，地方志工作有着良好的基础。近年来，临朐县地方志工作在山东省史志办、潍坊市史志办和临朐县委县政府的正确领导和大力支持下，锐意进取，勇于创新，在实践中逐步形成了新机制、新方法、新路子。在威海召开的地方工作座谈会上，中国社会科学院院长、中指组组长王伟光，中国社会科学院副院长、中指组常务副组长李培林对临朐县地方志工作给予了充分肯定。

中指办在临朐设立国情调研基地，是地方志事业发展的需要，是对临朐地方志工作的肯定。这也是全国第一个地方志工作调研基地，是深入基层、联系基层、了解基层、服务基层的重要载体。指导小组办公室要制订科学合理的长远规划，建立高效运行的工作机制，确保调研基地健康可持续发展。调研基地要注重总结经验，深化理论认识，发挥示范引领作用，为推进地方志事业发展提供成功模式和智力支持。也希望临朐县委县政府继续高度重视调研基地建设，进一步加大对调研基地的扶持力度。

此时此刻，站在朐山之巅，临朐秀美风光尽收眼底，真切感受到了临朐县委县政府带领全县人民不懈奋斗、改天换地的良好精神面貌。更为感动的是，你们舍得拿出临朐的标志性建筑文会阁来建设方志馆、作为调研基地办公场所，充分体现了临朐县委县政府的远见卓识和对地方志工作的深刻理解。我们相信，有临朐县委县政府的鼎力支持，有地方志同仁的坚守和努力，临朐的地方志工作一定能取得更大成绩，为全国地方志事业发展作出新的更大贡献。

最后，预祝调研基地不断推出高质量的调研成果！祝愿临朐县地方志工作再上新台阶！

在专业技术人才知识更新工程2015年全国地方综合年鉴资源开发利用高级研修班上的讲话

（2015年6月25日）

赵　芮

在国家人社部和中国社科院人事教育局的大力支持下，由中指办承办的全国地方综合年鉴资源开发利用高级研修班今天正式开班了。首先，我代表中指办，对高度重视年鉴工作的国家人社部和社科院人事教育局表示衷心的感谢，对参加研修班的各位学员表示热烈的欢迎！

举办地方综合年鉴资源开发利用高级研修班，这在全国地方志系统还是第一次。这次办班的目的，就是要深入贯彻落实习近平总书记、李克强总理、刘延东副总理等中央领导同志关于地方志工作的重要讲话、重要批示精神，认真落实第五次全国地方志工作会议精神和中指组五届二次会议精神，培养地方综合年鉴资源开发利用高级人才，大力提升开发利用水平，充分发挥年鉴资源在促进经济社会发展和文化建设中的重要作用。

改革开放以来，我国年鉴事业快速发展，地方综合年鉴编纂出版更是异军突起。经过30多年的发展，截至目前，我国已编纂出版32种、770多部省级综合年鉴，338种、4350多部地市级综合年鉴，2000多种、1万多部县区级综合年鉴。这2万多部地方综合年鉴，涵盖了各地的自然、政治、经济、文化、社会等各方面的信息资料，无疑是一座巨大的国情信息和地情信息资源宝库。这些具有权威性、系统性的海量资料，既可以为领导科学决策提供依据、为机关开展工作提供参考，也可以为人文社会科学研究提供文献数据、为社会公众提供信息资讯，亟需我们投入必要的人力、物力和财力，大力发掘、充分利用，努力将其转化为巨大的经济财富、文化财富和社会财富，也只有如此，年鉴事业才能持续焕发出蓬勃生机。

近年来，全国各级地方志工作机构和年鉴

编纂单位逐步认识到了年鉴资源开发利用的极端重要性，在编纂年鉴的同时，不断研究新办法，探索新方式，推动年鉴工作与现实服务接轨，取得了一定的成绩。主要表现在：一是利用地方综合年鉴资源，出版年鉴简本、袖珍本、便民本、英文本等不同版本，编写地情手册、地情概览或实用指南等地情资料书籍；二是利用地方综合年鉴资源，建立图片库，编纂出版系列图片集或反映地域文化的画册，举办地方图片展览；三是配合国家发展战略和地方发展战略，编纂出版区域性年鉴；四是制作年鉴光盘，建立年鉴数据库或年鉴网站，将年鉴资料免费提供给社会公众使用。以上成绩都是在各地党委政府的大力支持下，广大年鉴工作者辛勤耕耘的结果。这些开发利用年鉴资源的好形式，我们今后仍然可以继续使用，可以相互借鉴。

同时，我们也要清醒地认识到，地方综合年鉴资源开发利用工作总体仍相对薄弱，还存在着一些困难和问题。主要有：一是部分地区对开发利用的意义认识不到位，缺乏危机意识，重编纂出版，轻开发利用；二是年鉴内容的深度和广度不够，影响了年鉴资源的开发利用价值；三是开发利用形式比较简单，信息化建设落后，年鉴资源得不到充分利用；四是人员和资金不足，教育培训滞后，开发利用工作得不到有力保障。这些困难和问题，已经影响到年鉴事业的健康和可持续发展，各级地方志工作机构和年鉴编纂单位要切实树立起责任感和紧迫感，在以后的工作中逐步加以解决。

当前，在全面建成小康社会和全面深化改革的伟大征程中，在地方志事业迈入又一个春天的大好形势下，年鉴资源开发利用工作面临着难得的发展机遇，我们一定要乘势而为，抢抓机遇，做好开发利用这篇大文章。借这次参加研修班的机会，我就开发利用工作谈几点意见。

第一，牢固树立质量意识，为开发利用工作打下坚实基础。质量是年鉴的生命。编纂不出高质量的年鉴，年鉴开发利用工作就是无源之水、无本之木。因此，要毫不动摇地坚守质量第一的原则，真正使年鉴成为翔实可靠的地情资料文献。年鉴内容要贴近党委政府中心工作，围绕发展大局，全面反映各行业各部门的情况；要贴近社会大众，系统记载民众生活，全面反映人民群众的喜怒哀乐。当前，尤其要紧紧围绕“四个全面”战略部署，围绕国民经济和社会发展的总需要，突出记述各地在实现“两个一百年”奋斗目标和中华民族伟大复兴中国梦的伟大进程中，取得的新成绩、新经验，以及存在的新困难、新问题，及时收录新事物、新学科、新观点、新知识、新问题。年鉴资料要拓宽搜集渠道，保证全面性；要坚持客观真实的原则，保证权威性；要提高存史、资政、育人的价值，保证有效性。总之，通过我们的不懈努力，认真编纂出高质量的精品年鉴，为开发利用筑牢深厚的根基。

第二，牢固树立服务意识，充分展示年鉴资源蕴含的巨大价值。国务院《地方志工作条例》明确规定：“地方志工作应当为地方经济社会的全面发展服务。县级以上地方政府负责地方志工作的机构应当积极开拓社会用志途径，可以通过建设资料库、网站等方式，加强地方志工作的信息化建设。”因此，做好年鉴资源开发利用工作是各级地方志工作机构的法定职责。各地在继续沿用以往各种开发利用方式的同时，要大力提升工作水平。可以考虑整合一个地区的年鉴信息资料，编纂出有深度的行业部门发展报告，或者是地域发展报告，为行业部门发展服务，为党委政府决策服务；也可以利用年鉴辑录的文献资料建立专题资料库，利用记录的数据资料建立数据库，利用积累的图片资料建立图片资料库，为社会各界服务。可以肯定地说，只要我们始终重视开发利用工作，始终坚持服务理念，年鉴资源一定会越来越显示出无穷的魅力，年鉴事业一定会越来越受到社会的关注和认可，被称为“冷部门”的地方志机构和年鉴编纂单位也一定会越来越热火起来。

第三，牢固树立研究意识，为开发利用工作提供理论支撑。没有理论指导的实践是盲目的实践，同样，没有科学的开发利用理论作为指引，开发利用工作肯定会走弯路。做好开发利用这篇文章，既要有实践中的真抓实干，更要有理论上的探索研究，理论和实践两者相辅相成，不可或缺。目前，各地在开发利用方面做了不少创新，想了不少办法，也摸索了一些经验，形成了一些研究成果，但总体来看，零散的、单一的、低层次的成果比较多，系统的、整体的、有深度的成果明显欠缺，与现实结合度高、得到社会关注的成果更不多见。今后，我们要紧密结合经济社会发展实际和开发利用工作实践，通过有计划、有目的地召开学术研讨会，设立专项课题，组织编写著作，动员广大专家学者和年鉴工作者，对开发利用的意义、方式以及在服务大局中的定位等问题进行深入讨论。通过理论研究和学术研讨，进一步提高认识，明晰思路，拓宽视野，科学谋划年鉴资源开发利用工作。

第四，牢固树立人才意识，永葆开发利用工作的生机和活力。干事创业关键在人，工作做得好不好，关键在人才。目前，各地年鉴编纂人员普遍不足，对开发利用工作有深入研究的人才更是缺乏，这一状况严重制约了开发利用工作的开展。因此，各地不仅要把开发利用工作摆到重要位置，更要真正把培养开发利用人才列入议事日程。要努力为年鉴工作者提供更多的学习机会，创造更好的工作条件，提高他们工作的积极性、主动性、创造性。我们举办这次高级研修班，其中重要目的，既是要培养高素质的开发利用人才，也是在表明中指办对年鉴队伍建设是高度重视的。可喜的是，绝大多数省市区积极响应，派出业务骨干参加学习，有的省志办领导同志还亲自来参加研修，这是一个很好的开端。各地要以此为契机，进一步做好业务培训工作，抓好人才队伍建设。也应该看到，开发利用工作是一项庞大的系统工程，仅仅依靠地方志机构和年鉴编纂单位有限的人力、物力、财力是不够的，要积极导引社会力量参与，借助科研机构、高等院校和社会组织的人才优势弥补自身的不足，要学会借力，在合作共享中实现双赢。

同志们，此次研修班是人社部首次以地方综合年鉴为主题设立的研修项目，充分体现了国家对年鉴工作的重视，这是我们年鉴界的一件大事、喜事。为办好研修班，我们特别邀请了知名专家学者授课，邀请开发利用工作有特色的单位介绍经验做法，还要实地参观考察中国学术期刊数字化基地，机会难得。希望大家认真学习研讨、积极交换意见、勇于提出建议，通过学习能够有所启发、有所收获，通过研讨交流能够碰撞出新的思想火花。

最后，预祝这次研修班取得圆满成功，祝各位学员学习愉快，身体健康！

在全国第二轮省级志书编纂工作座谈会暨精品志书编纂研讨会上的讲话

（2015 年 7 月 7 日）

赵　芮

上午好！今天，在素有“四面荷花三面柳，一城山色半城湖”美誉的泉城济南，全国第二轮省级志书编纂工作座谈会暨精品志书编纂研讨会召开了。这是第二轮修志工作全面开展以来，中指办继 2009 年在安徽省黄山市召开全国第二轮省级志书编纂工作经验交流会之后，组织召开的第二次全国性省级志书编纂工作会议，也是贯彻落实第五次全国地方志工作会议精神的一次重要会议。来自全国各省（自治区、直辖市）、新疆生产建设兵团、武警部队的 100 多位代表出席了会议。在此，我谨代表中指组及其办公室向各位代表的到来表示热烈的欢迎！向为承办这次会议付出艰辛劳动的山东省地方史志办公室的同志们表示衷心的感谢！

这次会议的主题是：深入学习贯彻习近平总书记系列重要讲话精神和李克强总理、刘延东副总理关于地方志工作的重要批示、重要讲话精神，全面贯彻落实第五次全国地方志工作会议精神，总结交流经验，研究布置工作，狠抓质量建设，为至 2020 年全面完成第二轮修志规划任务提供保障。会议的主要内容是：总结交流首轮二轮省级志书编纂经验，研讨第二轮省级志书如何进一步提升编纂质量和编纂重点热点难点问题。

目前，全国地方志事业面临大好形势，迎来了又一个春天。党的十八大以来，新一届中央领导集体高度重视传统文化，多次强调要继承和发扬中华民族的优秀传统文化和民族精神，为新形势下传承弘扬中华优秀传统文化提供了根本遵循，同时也对地方志工作给予了高度关注。2014 年以来，习近平总书记强调“要高度重视修史修志”，并在澳门大学考察时，向澳门大学赠送《北京大学图书馆藏稀见方志丛刊》等书籍，充分体现了对地方志工作的厚爱和对志书价值的肯定。李克强总理就第五次全国地方志工作会议的召开专门作出重要批示，提出“修志问道，以启未来”，并就《汶川特大地震抗震救灾志》出版工作做出重要批示，对地方志工作提出了殷切期望和明确要求。刘延东副总理与第五次全国地方志工作会议部分代表座谈时发表了重要讲话，并连续作出两次重要批示，要求抓住地方志事业发展的好形势，切实采取有效措施，推动地方志事业迈上新台阶。在短短一年的时间内，中央领导同志如此集中地对地方志工作作出重要批示、发表重要讲话，对地方志工作提出新的更高的要求，是极为罕见的，极大地鼓舞了地方志工作者的热情，对我们做好地方志工作具有非常重要的指导意义。

根据中央领导同志重要讲话、重要批示精神，在第五届中指组的领导下，我们在去年成功召开了第五次全国地方志工作会议。会议总结了过去五年全国地方志工作的基本经验，科学判断了地方志工作的发展形势。会议明确，当前地方志事业发展面临着难得的大好形势，处在一个崭新的发展起点上，“时代的车轮快速向前，地方志事业不进则退”，亟需乘势而上、顺势而为。为此，会议提出了到 2020 年基本形成地方志编修体系、理论研究和学科建设体系、质量保障体系、资源开发利用体系、工作保障体系“五位一体”的地方志事业发展综合体系的奋斗目标，并部署了到 2020 年应当圆满完成地方志工作的主要任务。其中，首要的工作任务就是到 2020 年全国第二轮修志任务要全面完成，第三轮修志工作准备充分，使高质量的地方志成果群更为丰富。这指明了今后一段时期地方志工作的前进方向，特别是主攻方向。

按照第五次全国地方志工作会议确定的奋斗目标，第五届中指组着力于抢抓机遇、迎接挑战，立足当前、谋划长远，开展了一系列重要工作。中国社会科学院院长、中指组组长王伟光，中国社会科学院副院长、中指组常务副组长李培林两位主要领导全心投入地方志工作，对制订《全国地方志事业发展规划纲要(2015—2020 年)》进行安排部署，全力推动规划纲要出台，不遗余力地为推动地方志事业发展进行顶层设计。同时，他们在贯彻新一届中央领导集体提出的落实群众路线、改变工作作风方面以身作则，亲力亲为，在一年半的时间里，连续走访 20 个省（区、市），从省到市、再到县，深入修志一线开展调查研究，看望慰问基层的修志工作者，了解基层地方志事业发展的具体情况，问需、问计于一线，积极协调各地解决机构、编制、经费不到位等问题，不仅促进了指导小组决策的科学性、针对性、实用性，也有力推动了各地的工作，开创了工作的新局面。

当然，在大好的形势下，我们也要看到目前的修志形势不容乐观，还存在着一些制约事业发展的问题，主要是：事业发展不平衡的现象比较突出；部分地区和部门对地方志工作的重要性认识不够；法规规章落实不到位；机构不健全，编制、人员和经费不足；质量有待进一步提高；人才队伍青黄不接，人员素质亟待提高；信息化与方志馆建设比较滞后；方志文化的作用有待彰显，等等。对省级志书编纂工作来说，形势尤其严峻。

据统计，截至 2014 年底，全国第二轮省、市、县三级志书规划 5916 部，累计出版 1972 部，完成规划数约 33.3%。其中，全国第二轮省级志书规划 2586 部，累计出版 378 部，完成规划数约 14.6%；市级志书规划 394 部，累计出版 150 部，完成规划数约 38.1%；县级志书规划 2936 部，累计出版 1444 部，完成规划数约 49.2%。总体上说，全国第二轮省级志书编纂进度较为滞后，质量仍需不断提高。横向来看，各省（区、市）第二轮省级志书编纂极不平衡：高于全国进度平均值 14.6% 的有 13 家，其中广东省全面完成规划任务，湖南、宁夏两省（区）任务完成过半；低于平均值 14.6% 的有 19 家，其中 8 省（区、市）尚无一本出版。纵向来看，第二轮修志时间过了大半，第二轮省级志书编纂任务远未过半。根据 2011 ~ 2014 年第二轮省级志书的出版情况来看，2011 年出版 26 部，2012 年出版 38 部，2013 年出版 44.5 部，2014 年出版 137 部。虽然进度呈上升趋势，但相较于我们面临的任务还有非常大的差距。2015 ~ 2020 年六年间，我们还有 2208 部省级志书需要出版，每年平均需要出版 368 部，任务非常艰巨。再来看看首轮省级志书编纂情况，截至 2014 年底，规划 2262 部，出版 2245 部，完成规划数 99.2%，十余年来迟迟无法收尾。有的同志在经验交流材料里说，首轮省志计划 5 年全部完成，结果编了 20 年才全部完成。按照这样的进度，完成既定的工作任务面临的困难和压力是显而易见的。所以，我们必须要对第二轮省级志书编纂工作高度重视起来，及早采取措施，以免首轮省级志书迟迟无法收尾的情况重现，确保落实第五次全国地方志工作会议的部署，至 2020 年能全面完成全国第二轮省级志书规划任务。这是一项硬性指标，必须不折不扣地坚决完成；也是一场硬仗，必须坚定不移地坚决打赢。

经过中指组及其办公室的广泛调研，我们发现，广大基层修志工作者，尤其是省级志书工作者，迫切要求召开各类经验交流会，以总结经验，弥补不足，迎头赶上。自第二轮修志工作全面开展以来，全国性的省级志书编纂工作会议，唯有 2009 年在安徽黄山召开过一次全国第二轮省级志书编纂工作经验交流会。会议交流了第二轮省级志书编纂工作经验，重点评读了《山东省志（1991—2005）·烟草志》《广东省志（1979—2000）》（环境·资源卷）两部志稿，取得了较大反响。随后，中指办抽调力量编纂《汶川特大地震抗震救灾志》，原先加强省级志书编纂工作指导的设想受到影响，相关工作没有开展起来。随着第二轮省级志书编纂工作进入关键时期，加强省级志书编纂工作经验交流、学术研讨的制度化、规范化也是迫在眉睫。今年 4 ~ 5 月，指导小组办公室规划处就此专门咨询了十多个省（市、区）分管省级志书编纂工作的领导或省（区、市）志指导处的负责人，就今后如何加强对省级志书工作的指导征求意见。大家都希望，通过经验交流，查摆问题、理清思路，发现差距、借鉴经验，明确下一步的工作重点和工作步骤，以便采取有力措施，加快进度，保质保量完成第二轮修志任务。所以，这次会议也是应大家的强烈要求而召开的。

这次会议，得到了各地的积极响应，均提交了本省（区、市）第二轮省级志书总体编纂情况的经验交流材料，内容包括首轮省级志书编纂成功经验和存在问题，第二轮省级志书编纂规划、开展情况、好的做法和经验、存在的重点热点难点问题，以及对协调推进全国第二轮省级志书编纂工作的意见和建议。另外，各省还报送了本省（区、市）第二轮省级志书总篇目，会前也已汇总刻制成光盘，分送给大家参考借鉴。从材料情况来看，各地普遍准备充分，总结出一些好的经验和做法，梳理了工作中存在的重点热点难点问题，还提出了很多有价值的意见和建议，对于我们进一步深化对省级志书编纂工作的认识，总结推广省级志书编纂工作的成功经验，加强对省级志书编纂工作的指导力度，在确保质量的前提下加快进度，圆满完成既定工作任务有着重要意义。下面，我就如何进一步做好省级志书编纂工作谈几点看法：

第一，要结合学习好、贯彻好、落实好习近平总书记系列重要讲话和李克强总理、刘延东副总理的重要批示、重要讲话精神与第五次全国地方志工作会议精神，来推动第二轮省级志书编纂工作。落实到具体工作中，就是要切实贯彻落实好“一纳入、八到位”。“一纳入”没有实现，“八到位”到位不了，省级志书编纂工作开展起来肯定就有这样那样的困难。我们要抓住主要矛盾，以落实“一纳入、八到位”为主要抓手，把任务一项一项理出来，困难一个一个列出来，以抓铁有痕、踏石留印的工作作风，以脚踏实地、主动有为的工作态度，逐一解决每个困难，逐项落实每个任务。这样，省级志书编纂工作一定会有所成效，既定任务也就一定会保质保量完成。

第二，结合贯彻落实《全国地方志事业发展规划纲要（2015—2020 年）》，来推动第二轮省级志书编纂工作。规划纲要的前期工作已全部完成，正式报送到国务院，即将由国务院转发。规划纲要在总体目标和主要任务中都进一步明确了第五次全国地方志工作会议提出的工作目标，明确至 2020 年要全面完成第二轮修志规划任务。制定出一个好纲要，只是万里长征走完了第一步，关键还在于落实。必须有“一万年太久，只争朝夕”的紧迫感，有“不进则退，慢进也是退”的危机感，有夙夜在公的责任感，将贯彻落实规划纲要与推动完成第二轮省级志书编纂任务结合起来。已经完成第二轮省级志书编纂工作的地方，要按照规划纲要要求先行动起来，全面总结第一、二轮修志的经验教训，认真研究第三轮修志的组织管理、运作模式、续修方式等问题，为启动第三轮修志做好资料收（征）集、队伍培训及理论准备等工作。尚未完成第二轮省级志书编纂工作的地方，要认真进行谋划，倒排工期，狠抓落实，一步一个脚印地开展工作，确保质量与进度。

第三，结合质量建设，不断提高第二轮省级志书组织编纂的规范化、科学化。我们要不断探讨、完善省级志书的编纂规范、组织规范，不断将经验认识从修志实践上升到理论高度，进行理论升华，再指导修志实践。这样，省级志书组织编纂的科学性才能不断提升，志书质量才能更有保障，也才会出现更多更好的精品良志。今后，第二轮省级志书要力争建立定期编纂工作经验交流制度，不断研究出现的问题，不断总结推广好的经验，通过规范化、制度化建设，实现志书编纂工作的科学化管理。同时，要注意在业务上加强梳理总结，尤其是这次会议上提出的好的做法，会后要全国范围内推广。这次会议还专门安排“精品志书编纂研讨”环节，就组织实施中国志书精品工程有关事宜征求意见，进行讨论，就是希望就此做积极的尝试，为推动全面提升包括省级志书在内的各种志书质量做一些探索。

同志们，时间紧，任务重，唯有凝心聚力，振奋精神，才能实现目标；唯有求真务实，真抓实干，才能不辱使命。希望大家能珍惜这次难得的机会，深入交流，认真研讨，使这次会议能够理清今后省级志书编纂工作的基本思路和大体工作步骤，成为全面促进第二轮省级志书编纂工作的一次重要会议。

最后，祝大家在会议期间工作、生活愉快，预祝会议取得圆满成功。

在黑龙江省第九次地方志工作会议上的讲话

（2015 年 8 月 25 日）

赵　芮

黑龙江省第九次地方志工作会议的召开，充分体现了黑龙江省委、省政府对地方志工作的高度重视，必将对全省地方志工作产生重要而深远的影响。在此，我谨代表中指组及其办公室，向会议的召开表示热烈的祝贺！向一直以来关心和支持地方志工作的黑龙江省各级党委、政府和各界人士表示衷心的感谢！向多年来辛勤耕耘、甘于奉献的黑龙江省广大地方志工作者致以崇高的敬意！

黑龙江省地域辽阔，资源丰富，虽然开发较晚，但从清代至今也有了数百年编史修志的优良传统。20 世纪 80 年代以来，黑龙江省地方志工作在省委、省政府的坚强领导下，在全省地方志工作机构和广大地方志工作者的共同努力下，各项工作都取得了不平凡的业绩。在首轮修志中，黑龙江省高质量地完成了 253 部志书编纂任务，还出版了各类志书 1230 部，进度上位居全国第三位。第二轮修志工作开展以来，黑龙江省响应早，起点高，进度快，质量好，在全国位居前列。同时，黑龙江省在史志鉴文化资源开发利用、网站建设、方志馆建设、期刊编发、方志理论研究和培训交流等工作上也取得了丰硕的成果，为黑龙江省经济社会发展作出了积极贡献。

黑龙江省地方志工作取得这样显著的成绩，离不开黑龙江省委、省政府和各级党委、政府对地方志工作的重视与支持，离不开各行业、各部门和社会各界的密切配合与关心关注；同时，也与全省拥有一支爱岗敬业、开拓进取、甘于奉献的方志队伍密不可分。像享誉全国的方志理论专家梁滨久同志、柳成栋同志，还有扎根基层，为基层志书编修作出突出贡献的王占元同志，包括今天在大会上获得表彰的先进集体、先进工作者，都是这支出色队伍当中涌现出来的杰出代表。

借这个机会，对黑龙江省的地方志工作提几点意见，供大家参考。

一、深入学习贯彻落实习近平总书记等中央领导同志重要讲话、重要批示精神和第五次全国地方志工作会议、指导小组五届二次会议、全国地方志机构主任工作会议精神

党的十八大以来，习近平总书记作出了一系列重要论述，其中有很多涉及地方志工作的重要讲话。今年 7 月 30 日，习近平总书记在主持中共中央政治局以中国人民抗日战争的回顾和思考为主题的集体学习时，把地方志机构与党史、军史、档案、政协文史资料、社科院、高校等部门和机构并列，要求整合协调力量，对抗战进行系统研究，推出高水准的权威专著和通俗读物，再次充分体现了党中央对地方志工作机构的信任和对地方志工作的高度重视。在去年第五次全国地方志工作会议召开前，李克强总理专门作了重要批示，刘延东副总理亲自到会并与部分与会代表进行了座谈。学习贯彻落实好中央领导同志的重要讲话、重要批示精神，落实全国地方志工作会议的部署要求，是我们地方志工作者当前和今后一个时期的首要任务。要通过学习，充分认识、理解地方志工作在全面建成小康社会、弘扬社会主义核心价值观、实现中华民族伟大复兴中国梦进程中的重要作用和重大意义，不断提升热爱地方志事业、干好地方志事业、献身地方志事业的决心与信心。

二、加大依法治志力度，增强依法修志的能力

党的十八届四中全会吹响了全面推进依法治国的新号角，各级地方志工作机构要抓住有利契机，运用法治思维，落实好国务院《地方志工作条例》，大力推进依法治志进程。目前，全国大部分省（自治区、直辖市）颁布了相关的法规，一些市县也颁布了相关的规范性文件。黑龙江省政府在2014年正式颁布了《黑龙江省地方志工作规定》，为做好地方志工作提供了法治保障。下一步，希望加大对地方志法规规章的宣传力度，依法落实“一纳入、八到位”的总要求，增强全社会对地方志工作的关注和支持；要加强人员培训工作，提高广大地方志工作者知法、懂法、守法，进一步增强依法治志的意识和能力。同时，加大相关法规、办法的执行情况检查，切实做到依法修志、依法用志、依法传志、依法管志。

三、全面推进地方志各项工作，不断提升服务经济社会发展能力

与直接参与决策制定、项目实施的主要部门相比，地方志机构确实是个小部门，但是小部门要有干成大事业的雄心。要在做好地方志各项工作的基础上，积极打造地方志文化名片，发挥好史料库、信息库、特色智库的独特优势，更好地服务于经济社会发展大局。一是要抓好修志主业。要按照全国总体规划，加快推进，在确保质量的同时，顺利完成好第二轮修志任务。要切实加强年鉴工作，全面记述政治、经济、社会、文化发展变化，及时提供信息服务和智力支持，实现志鉴并举，共同发展。二是要抓好队伍建设和理论研究。事业能不能发展，主要在队伍，关键在人，要继续加大人才队伍培训力度，加强对外交流合作，培养一支高素质的干部队伍。要发扬老一辈方志人学理论、钻理论的传统，不断提升理论研究水平，在方志基础理论和应用理论研究方面创造出更多成果。三是要提高地方志信息化建设水平。要主动适应信息传播的新趋势、新要求，努力抓好地方志网站、数据库和方志馆建设，不断拓展地方志资源数字化应用的新途径、新手段，推动地方志与时俱进，贴近大众，贴近发展，贴近需求，开创方志利用工作的新局面。四是要发挥主动性，创造更多地方志成果。地方志要干成大事业，就要切实做到围绕中心，服务大局，开动脑筋，积极作为。刚才隋岩主任的报告中提到，省志办围绕全省中心工作编纂出版了一批特色志书，各市（地）也结合本地实际，进行了许多有益尝试，收到了很好的反响。希望同志们继续发挥优势，不断提升地方志资源开发利用水平，打造鲜明的文化名片，创造更多的文化成果，为经济社会发展发挥独特作用。

同志们，当前和今后一个时期的地方志工作，机遇与挑战并存，在前进中还会遇到各种困难和问题，我们要深入学习习近平总书记等中央领导同志的重要讲话、重要批示精神，切实贯彻落实国务院《地方志工作条例》和全国地方志工作会议要求，不断探索地方志工作规律，逐步解决发展中出现的矛盾和问题，努力建立事业发展的长效机制，为促进地方志事业全面协调可持续发展而不懈奋斗。

最后，预祝会议取得圆满成功，祝各位领导和同志们身体健康、工作顺利！

在山东省地方志工作调研座谈会上的讲话

（2015年4月27日）

冀祥德

这几天连轴奔波，但收获颇丰。以前就听到很多褒扬山东省地方志工作的话语，知道山东省地方志工作成绩突出。这几天近距离地跟省史志办爱军主任一起工作，更加感受到他们工作的方法、力度、效率。总体感觉是，山东省史志工作在不到两年的时间，在新班子的带领下开拓创新，跨越发展，成绩突出，已经成为全国地方志工作的排头兵。

山东省史志办的工作，我觉得至少有“四有”，即有高度，有谋略，有章法，有成绩。

第一，有高度。爱军主任这个班子在谋划山东省地方志工作中，不是仅从山东看山东、仅从方志看方志，而是站在全国地方志事业发展的高度、站在全省中心工作开展的高度，来看待山东省地方志工作，眼光长远，特别是把地方志工作与当地中心工作相结合，在这方面高度高、办法多。

第二，有谋略。这个谋略不仅是一个方面，而且是多个方面。从山东省的经验介绍和大家的发言中可以听到，大家都能在志书、年鉴、旧志整理、方志馆建设、地情网站建设，以及管志、修志、用志、传志等多个方面，多面开花，结出了丰硕成果。这些谋略体现了一个省的方志领导机构统筹规划、引领发展、顶层设计的能力和谋略。在地情网建设方面，山东省史志办已经成为山东省地方志工作的指挥中心，也希望指导小组办公室能成为全国地方志系统的“110”。山东在这方面不仅是全国地方志工作的排头兵，也为指导小组办公室的工作树立了榜样、积累了经验。

第三，有章法。爱军主任不仅有眼光、谋略多，而且办法多、资源多、人脉广。不仅用地方志系统的老办法，更多地是创造很多新方法。在开源节流方面有大手笔，过去向财政要钱要不来，现在有关部门对地方志高看一眼。新一届领导班子不仅在山东，而且与全国多个地方志机构有着密切的来往。既传输山东的经验，又借鉴其他省的先进经验，同时还和指导小组及其办公室保持着密切的联系。之所以全国地方志系统第一个国情调研基地在山东挂牌，之所以全国地方志系统十大先进工作者山东能占一名，之所以全国四个名镇志模板山东能占其一，都是因为山东省史志办有一个好的领导班子。

第四，有成绩。不仅是省史志办的成绩突出，刚才听了九个市史志办主任的发言，也觉得成绩突出、各有特色。包括没来参加这次座谈会的，像菏泽市地方志工作，十年磨一剑，把《菏泽市志》打磨得具有了进入精品志书的可能性。这都是山东史志工作的亮点。

刚才，九位同志的发言也各有特点。潍坊最大的特点是出了好典型，把中国地方志第一个国情调研基地设在了潍坊。临朐以前在我的印象中是沂蒙山区、贫穷落后。我到地方志系统工作后，一说到“临朐经验”，眼前一亮。在威海的座谈会上，我就对临朐的工作产生了浓厚的兴趣。经过了解，特别是听了省领导的介绍，我又专门去考察，果然名不虚传。开展地方志工作，山东省内比临朐基础条件好的县（市、区）还有很多，但是中国社会科学院中指办国情调研基地设在了临朐。作为党中央、国务院思想库和智囊团这样一个团队的调研基地设在临朐，不是仅仅就地方志而调研，而是从临朐的地方志调研为切入点，推动临朐在政治、经济、文化、社会、生态文明等方面进一步发展。所以，我们要充分认识建立这个基地的重要意义。

青岛总编室、专家库、“五轮十校”的制度，业务指导、政策扶持、志书评议的三个环节，政府主导、课题开放、专家参与的模式，以及存史、资政、教化功能的进一步定位，尤其是向地方公共文化服务领域拓展，也走在了全国的前列，在全国都是亮点。青岛不仅是经验，建议也很好。《全国地方志事业发展规划纲要（2015—2020 年）》由国办转发，正在积极推动，将成为继国务院《地方志工作条例》之后又一个里程碑式的事件。

淄博早就是全国的先进。在方志出版社以前组织的精品志书的评选中，全国有四本，《淄博市志》是其中一本。淄博组织编纂《淄博抗战记忆》，组织抗战胜利 70 周年纪念宣传活动，可以跟方志出版社联系，我们正在通过中国社科院向国家报送抗战系列图书的出版资助。若初稿成熟，可以通过方志出版社申报国家出版基金。淄博建议指导小组办公室加强顶层设计，加强行政管理职能，谈得既坦率又真诚。

东营在方志馆建设中体现黄河文化的特

色，提出要加挂国家方志馆黄河分馆的牌子，对此，伟光院长在威海给予肯定，爱军主任为此到指导小组办公室沟通了几次，指导小组办公室党组已经在考虑，现在进入了操作层面。你们把要求再细化一点，下一步我们实地了解一下，从国家方志馆分馆这个角度看看你们还缺什么，再进行沟通。地情网站建设，山东走在全国前列，东营做得非常有特点。开展全国数字方志与信息方志工程建设，我们想找几个典型，在全国推动这项工作。另外，快乐修志应当成为我们全体史志同仁的新常态。你们为了征集志书，有些五六十岁的同志，包括女同志，好几个夜晚都在列车上度过，为了编纂《东营图志》，好几个编纂人员七个月没休过双休日，这都是非常感人的，地方志工作能做到这样一种程度是令人钦佩的。快乐修志很重要，这点东营做到了，山东刘爱军主任带领大家也做到了。我来地方志工作才一年多的时间，也深切感受到地方志工作大有作为、大有可为。

烟台打造胶东红色文化龙头城市、搞村村修志工程，这两点非常好。胶东红色文化龙头城市可能还有威海和青岛，烟台做龙头不是容易的事。但是口号提出来了，关键在于动作要快，地方志冷部门的人也要热情做事、激情做事。红色文化龙头城市建设如果动作不快，青岛、威海也能去做。今年中国名镇志丛书首发式之后，马上就要启动中国名村志文化工程。烟台的村村修志能不能往前推进，中国名村志如果搞样板，可以看看烟台有没有经验可以总结，有没有样板可以提供。

威海也是出经验的地方，耿祥星主任到位时间也不长，原来的毕吉玲主任是地方志的先进人物，这给你的工作提出了更高要求、更高标准。《威海市志》要好好打磨，努力争取进入第一轮的中国地方志精品工程。

日照2002年到2012年史志工作停滞了10年，2012年8月启动市志编修，短时间也取得了成绩，在与市委、市政府的沟通方面效果很好。但是，前面的底子不好、困难也很多，可以积极联系省里和指导小组办公室，沟通联系参与一些项目和活动。

莱芜的年鉴质量不断得到提升。要争取进入中国年鉴精品工程。莱芜提出要在全市启动村镇志、部门志、行业志、企业志等基层部门、行业志书的编修，也走在了全国的前列。说山东是排头兵，莱芜也是一个代表。莱芜提的建议很好，建议修改《地方志工作条例》，提高依法治志水平，地方志系统搞学历学位教育，刚才赵芮书记做了很好的回应。中国地方志博士后工作站依托方志出版社设立，目前已经上报。博士后工作站设立后，将在全国招收博士后，开展对地方志立法，方志学理论，用志、管志、修志、传志等问题的研究，博士后出站以后可以到各级地方志机构工作。

滨州提出“既要栽树，也要乘凉”，用台历和手册的方式传志，很有意义。你们在全国率先开发出首套方志馆数字化管理软件，值得国家方志馆建设中予以调研。孝文化也是滨州的特色。孝文化在中华传统文化中具有独特的价值和作用，特别是当前习近平总书记重视从历史文化传统中发掘我们实现中国梦的智慧和办法。滨州提出依托地方特色引导孝文化，这个设想非常好。

九个地方有很多经验、有很多特色、有很多好的建议，但是各地工作还存在发展不平衡的问题。有的地方第二轮修志还没启动，能不能在2020年之前完成，值得担忧。我们应该既看到成绩，也看到不足和后劲。

当前，我们要在全面深化改革的形势下考虑如何深化地方志改革，在全面推进依法治国的形势下考虑如何推进依法治志。依法治志是指导小组五届二次会议的新提法，经过了精心论证。依法治志不仅是对地方志机构及地方志工作者的要求，而且是对各级政府、相关单位和个人在法律调整的范围、框架之内开展地方志工作作出的规定。

近期，指导小组办公室正在着手实施六大工程，将要实施四大工程，加起来是“十大”工程。

一是经济欠发达地区志书出版资助工程。属于经济欠发达地区，在志书编纂方面有困难的地区，可以申报该项工程。二是中国名镇志文化工程。临朐《冶源镇志》已经入选，其他地区可以在省史志办统一协调指导下开展工作，争取推出第一批名镇志的时候山东省能占一定比例。三是中国地方志精品工程。所有入选的精品志书，统一设计封面，并颁发证书和牌匾。四是“一体两翼”文化工程。以《中国地情报告》为主体、《中国方志发展报告》《中国年鉴发展报告》为两翼，均为每年出版一本，其中《中国方志发展报告》已经基本完成。围绕中心工作和社会热点开展报告的编纂，在全国进行排名，每年发布，这是相当有冲击力的，有助于让地方志机构从冷部门变成热部门。同时，还要搞中国地情论坛。五是全国地方志出版基地建设工程。不但考虑志书的出版，而且要规范、统一、讲求质量。六是中华家训文化工程。习近平总书记有良好的家风，对家训十分重视。指导小组编纂的《中华家训精编100则》即将出版，下一步各省要组织编修家训，最后形成中华家训集成。这项工作我们不做，可能有人去做。地方志不能“闭着眼睛打瞌睡，醒来之后修修志”，而要“瞪起眼睛往前冲”，要把想做的工作、想得到的果实装进我们的筐子里。

将要开展的四大工程包括：一是数字方志与信息方志工程。今年，地方志工作被纳入中国社科院“八名”工程，这一工程得到了中国社科院的大力支持。各地在与一些公司合作信息化工作的同时，要具有高度的敏感性和保密性。伟光院长和培林副院长高度重视，明确指示指导小组办公室统领统管，并在国家方志馆加挂国家数字方志馆牌子。二是方志学学科建设工程。刚才赵芮书记也讲到了，下一步的人才培养、队伍培训等工作也要一体化考虑。三是中国年鉴精品工程。四是中国名村志文化工程。这“十大”工程，指导小组办公室欢迎大家通过努力加入进来。

最后，我再提几点要求。

一是抓住机遇，坚定信心。地方志工作已到了难得的大好时期，机遇难得。越是冷部门，越容易做出热事业，越容易体现我们的人格魅力、事业心和社会责任。为官一任，并不见得留下多少东西，但历史却通过我们的手为一座城市、一个地区留下可以名垂青史的珍贵资料和灿烂文化。地方志书上写有你们的名字，这就是沉甸甸的历史责任，也是一份很厚重的礼物。从指导小组到山东省史志办，给予大家这么好的条件，大家应该有信心，更要抓住机遇。

二是取人之长，补己之短。寸有所长，尺有所短。每个单位都有自己的长处和经验，每个单位也有需要提高的地方。如果大家能按照中指办和山东省史志办的要求去做，就会少走很多弯路，获得最佳的路径选择。我们不必走太远，向我们身边的同志，如毕吉玲同志、刘建国同志学习，看看一个条件并不太好的县的史志办是如何把工作做到副省长和指导小组办公室、省史志办领导为他们的基地揭牌的。

三是勇当先进，帮扶后进。伟光院长和培林副院长早已肯定了山东的成绩。今天王随莲副省长百忙之中为基地揭牌，体现了省领导对地方志工作的关怀。山东要勇当先进，各地也要争当先进。我们不仅要有一个刘建国，还要有更多的张建国、王建国。不仅要在一个地方创造经验，还要在多个地方创造经验，东营、莱芜等地要好好总结。同时要帮扶后进，全国还有一些地方志工作较为落后，山东省能不能在这方面带个头，支援落后地区的地方志工作，确保2020年全面完成修志任务。

四是众志成城，开创方志。习近平总书记、李克强总理、刘延东副总理等党和国家领导人，自2014年2月以来6次对地方志工作发表重要讲话、作出重要批示。山东省史志办有这样一个坚强的班子，要有众志成城的精神，不仅要搞好内部建设，而且要把方志向社会各界和各行各业拓展，让大家都知道方志。去年我参加广东省地方志工作三十年纪念大会，得知陈强主任从事地方志工作17年，这么有激情，干得这么好，让人感动。我想创造一个概念，创造一个用来表扬与肯定人的概念，希望这个概念不仅可以用在方志人身上，而且可以用在各行各业淡泊名利、甘于奉献、默默付出、不求回报的人身上，这个词就是“你真方志”。而且，我们已经把它做到牌匾上，在今年全国地方志机构主任工作会议上颁发给了三位离职的省级方志办主任，成为推介方志人精神和地方志工作的一个口号，也成为我们方志文化的一个重要组成部分。希望在座的各位，发扬山东人不怕困难、敢于牺牲的精神，在新形势、新机遇下作出更大的成绩，到时候“你真方志”牌匾也能发到你的手中。

在浙江省各市方志办主任工作会议上的讲话

（2015年5月8日）

冀祥德

在全国地方志机构主任工作会议召开后不久，浙江省专门召开各市方志办主任会议，传达工作会议精神、交流各地工作经验、布置下一阶段的工作，充分表明浙江各级地方志工作机构务实高效的工作作风。2015年4月17日在合肥召开的全国地方志机构主任工作会议，是第五届中指组组成以来召开的第一次年度工作会议，跟以往的省级地方志工作机构主任会议相比，从形式到内容都有很大的不同。会议规格高、内容丰富、成效显著，中国社会科学院院长、中指组组长王伟光出席会议并作工作报告，中国社会科学院副院长、中指组常务副组长李培林作总结讲话。会议对2014年工作进行了全面总结梳理，对2015年的工作作出了重点部署。贯彻落实全国地方志机构主任工作会议精神，是2015年各级地方志工作机构的重要任务，各位主任要吃透会议精神，理解好会议精神，贯彻好会议的各项工作部署。下面，围绕当前全国地方志工作的发展形势，就贯彻落实工作我讲几点意见：

一是要牢牢把握当前全国地方志工作发展的大好形势。党中央、国务院高度重视地方志工作，2014年2月以来，习近平总书记发表了要高度重视修史修志的重要讲话，李克强总理为第五次全国地方志工作会议、《汶川特大地震抗震救灾志》的出版作出两次重要批示，刘延东副总理发表了重要讲话、作出了两次重要批示，《全国地方志事业发展规划纲要（2015—2020年）》目前正在走报送国务院办公厅转发的程序，已经完成了对9个部委的征求意见。在国家高度重视传统文化的继承和发展、高度重视文化建设的大背景下，地方志工作在国家文化发展战略中的地位和作用越来越突出。以王伟光同志为组长的第五届中指组以身作则、率先垂范、真抓实干，在短短的一年间，就到15个省市区开展了16次调研，深入基层了解工作实情，倾听基层地方志工作者心声，提出系列工作要求，推出了系列工作措施，有力地推动了各地的工作。当前，全国地方志工作正处于蓬勃发展的“窗口期”，机遇好，时机好，前景好。我们一定要充分利用当前的大好形势，牢牢把握地方志事业发展的春天，守得住春天。认清了形势，就能坚定信心；有了信心，就能增强责任感和工作动力，就能更好地开展工作。

二是要以抓好“一纳入、八到位”作为贯彻全国工作会议精神的总抓手。“一纳入、八到位”是第五届指导小组提出的对地方志工作的总要求，是在总结30余年地方志工作经验的基础上凝练而成的。刘延东副总理在与第五次全国地方志工作会议部分代表座谈时还代表党中央国务院明确强调。在这次全国地方志机构主任工作会议上，王伟光同志所作的工作报告就是以贯彻落实“一纳入、八到位”为主题，深刻阐述了重要意义，对如何贯彻落实提出了明确要求。“一纳入、八到位”内容十分丰富。“一纳入”，就是要把地方志工作纳入国民经济和社会发展规划、各级政府工作任务之中；“八到位”，就是要做到认识到位、领导到位、机构到位、编制到位、经费到位、设施到位、规划到位、工作到位。“一纳入”是保证地方志事业持续繁荣的必要条件；“八到位”中，认识到位是前提，领导到位是关键，机构到位是基础，编制到位是基本，经费到位是保障，设施到位是保证，规划到位是指针，工作到位是目的。“一纳入、八到位”既有对地方各级党委政府的要求，又有对地方志工作机构和地方志工作者的要求；既有对事业发展的全局规划，又有开展工作的重点举措，是地方志事业发展的保障体系。实践证明，凡是“一纳入、八到位”贯彻落实得好的地区，地方志工作肯定做得好；凡是贯彻落实不到位的地区，地方志工作肯定困难重重。大家一定要按照“一纳入、八到位”的要求，创新贯彻落实的方法和手段，建立系列的保障机制，抓细抓实，真正落到实处。

三是要全面实施依法治志。全面推进依法治国是党中央治国理政方略的核心组成部分之一，“法者天下之公器”，有法可依、有法必依、执法必严、违法必究，这是能否实现依法治国的根本要求。国务院《地方志工作条例》已经实施9年，《浙江省实施〈地方志工作条例〉办法》已经颁布2年多。这次全国会议明确提出了要依法治志，要进一步建立健全与法律规章配套的制度体系，加大宣传贯彻力度等。各地在推进依法治志方面也有不少好的做法，比如与人大、法制办联合开展执法检查，与督查室开展行政督查等。浙江省要加大宣传力度，创新贯彻落实的方法和手段，建立配套的保障体系，通过推进依法治志全面提升各地地方志工作的发展水平和工作质量，开创政府履行职责有力度、地方志工作发展有进度、地方志社会影响有热度的生动活泼的工作局面。

四是要在规定动作和自选动作中选好平衡点。按照国务院《地方志工作条例》和第五次全国地方志工作会议的要求，修志编鉴是各级地方志工作机构的规定动作，要在2020年全面完成第二轮修志任务、实现地方综合年鉴编纂的省市县全覆盖。规定动作是必须完成的，是基础分。规定动作做不好，事业发展的根基就不牢靠。浙江省要按照第五次全国地方志工作会议的要求，在修志编鉴方面下大功夫。现在距离2020年就剩5年的时间，要有只争朝夕的紧迫感，高质量完成规定动作。第五届指导小组为了继续扩大地方志工作的影响，让地方志工作机构这个冷部门热起来，让地方志的死资料活起来，让地方志工作能够进入到各级党委政府的中心工作，扩大社会影响力，抓了中国名镇志文化工程、中华家训文化工程等自选动作。最近几年，各地在乡镇志编修、地方志资源开发利用方面作了很多探索，河南、湖北等省的乡镇志编修已经全面铺开，有不少省份利用地方志资料搞地情网、数据库、微信公众号、手机APP等。经过30余年的积累，全社会对地方志工作的认知度在不断提升，各级地方志工作机构积存下来的大量、系统的地情资料的价值越来越重要。在做好规定动作的同时，要考虑开展一些自选动作来发挥地方志的作用和社会效益、进入党委政府的中心工作，引起领导的重视、民众的支持。规定动作和自选动作配合得好，相得益彰，基础分和提高分都高了，地方志工作发展的总体水平自然就高了。

五是要统筹兼顾，不断提升全省地方志工作的发展水平。浙江是方志之乡、修志大省，历朝历代名家、名志迭出，对地方志的产生、发展、繁荣有着重要的贡献。浙江的人文气息浓厚，人文荟萃，有民间重视修志的优良传统，特别是乡镇志的编修是全国的先行者，地方志工作有着肥沃的土壤和人文基础。浙江又是经济大省，有能力有条件有基础全面提升地方志事业的发展水平。浙江省地方志工作要谋定而后动，“不谋万世者，不足谋一时；不谋全局者，不足谋一域。”“识大势而后伐谋”，要判断好两个大势：全国地方志事业的发展大势和浙江省经济社会文化发展的大势，在谋大势的基础上找准定位、确定方向、明确目标，构建发展全局。省市县三级地方志工作机构要互联互通，上下互动，形成发展合力。浙江省地方志工作的发展，对全国具有重要的示范意义，要努力开创发展的新局面。

六是弘扬修志问道、直笔著史的方志人精神。地方志是一个冷部门，但是，就是在这样一个冷部门，几十年来，数以万计的全国地方志工作者，不图名，不图利，辛勤耕耘，默默奉献，有的一干就是十几年、二十几年，甚至三十几年，心系地方志，情系地方志，把青春和激情献给了地方志事业，把热血和汗水洒在了地方志这块热土上，他们用实实在在的行动实践了习近平总书记“以史鉴今，启迪后人”、李克强总理“修志问道，以启未来”、王伟光院长“冷板凳需要热心肠”和李培林副院长“冷部门也可以做出火热事业”的讲话精神，值得肯定，值得祝贺，值得钦佩。2014 年 12 月 22 日，在广东省纪念新方志编修 30 年座谈会暨《广东省志（1979—2000）》首发式上，我创造了一个表扬与激励人们的词语，用以表扬那些“把冷板凳坐热”、耐得住寂寞、兢兢业业、任劳任怨的方志人——你真方志。在今年合肥召开的全国地方志机构主任工作会议上，中指组还把“你真方志”四个字制成了印章，盖在了在志坛耕耘十八载的广东省地方志办公室原主任陈强等三位同志的荣誉纪念牌匾上。希望我们广大地方志工作者进一步弘扬修志问道、直笔著史的方志人精神，有朝一日，你也能站在主席台上，领取“你真方志”的荣誉牌匾。

最后，我代表中指办向浙江省广大地方志工作者致以诚挚的问候，祝会议取得圆满成功。

在全国第二轮省级志书编纂工作座谈会暨精品志书编纂研讨会上的总结讲话

（2015 年 7 月 8 日）

冀祥德

经过大家的共同努力，全国第二轮省级志书编纂工作座谈会暨精品志书编纂研讨会圆满完成了各项议程，马上就要结束了。下面，我从三个方面对会议作一个简要总结。

一、会议的总体评价

这次会议，既是贯彻落实第五次全国地方志工作会议精神的一次重要会议，也是立足全国地方志工作实际解决存在问题的一次工作会议，对于进一步提升第二轮省级志书编纂质量，加快编纂进度，确保至 2020 年全面完成第二轮修志规划任务，并打造一批流传百世的精品志书，必将产生积极的影响。根据我的体会和大家的反映，我认为，会议符合中央关于“谋事要实”的要求，突出了一个“实”字，达到了预期目的，是一次成功的工作会议。具体来说，表现出如下特点：

第一，领导重视。一年多来，中国社会科学院院长、中指组组长王伟光，中国社会科学院副院长、中指组常务副组长李培林先后深入 20 个省（区、市）开展调研，了解到目前第二轮省级志书推进速度慢，质量有待提高，广大基层修志工作者强烈要求加强经验交流的情况，多次作出批示，强调要确保在 2020 年前完成第二轮修志任务，在保证质量的基础上，打造一批精品志书；要加强经验交流，总结出可资借鉴的经验加以推广，并研究解决具有共性的问题。李培林同志要求中指办（以下简称“中指办”）及时呈报修志进度情况，关心和重视第二轮省级志书编纂进展与质量情况。山东省政府副省长、第四届中指组成员王随莲专门听取关于这次会议的汇报，要求一定要把会议办好。山东省政府副省长季缃绮专程到会，并发表热情洋溢的讲话。中指办党组也结合基层地方志工作者的实际需求，多次研究部署，对会议的召开提出了明确的要求，并专门安排中指办有关业务处室负责人及骨干人员来参会。有关领导的高度重视，是这次会议成功举办的重要保障。

第二，准备充分。一是前期调研工作扎实。中指办开展多次调研，系统地了解了包括省级志书在内的志书编纂进展情况，研究思考下一步的工作思路和步骤。中指办规划处还就此咨询了十多个省（区、市）地方志工作机构分管省级志书编纂工作的领导或省（区、市）志指导处负责人。二是会议材料准备扎实。会议材料有两份：一份是经验交流材料汇编，除个别省份因各种原因来不及提交外，绝大多数省（区、市）都在会前提供了经验交流材料；一份是光盘材料，收录各地第二轮省级志书总篇目。这些材料内容全面、丰富、扎实，充分展示了全国第二轮省级志书编纂工作的进展情况，不仅为会议成功召开奠定了重要基础，更是会后供各省级地方志工作机构参考使用的重要工具书，将发挥持久的影响。三是各地积极响应，广泛参与。除认真准备会议材料外，一些同志还积极就会议的组织形式及今后的工作安排等献计献策，有的还另行准备了关于提高志书质量的交流材料，确保了会议交流的深度与广度。

第三，内容充实。这次会议虽然只有短短一天半时间，但内容非常丰富。大家紧紧围绕“总结交流经验，研究布置工作，狠抓质量建设”的主题，进行了广泛、深入的交流。会议采用大会发言交流与分组讨论相结合的方式，山东、广东、北京、江西、河南、湖南6个省（市）代表作大会发言交流，给大家留下了深刻的印象。分组讨论分两个环节：一是工作经验交流；二是精品志书编纂研讨。通过充分的讨论，进一步深化了我们对全国第二轮省级志书编纂工作的认识，并且就全国第二轮省级志书编纂工作、精品志书编纂工作达成了很多共识，对我们下一步更加有效地推动全国第二轮省级志书编纂工作，确保第五次全国地方志工作会议工作部署圆满完成，具有非常重要的意义。

第四，后勤服务工作细致。会议得到了会议承办方山东省地方史志办公室的大力支持。为了办好会议，在刘爱军主任的亲自督导下，山东省地方史志办公室的同志倾注了很多心血，早在一个月前就抽调精干力量组成了会务组，多次召开筹备会议，协调、督促工作进展，做了大量扎实细致的工作。他们不仅在会务工作上认真严谨、服务周到，而且为丰富大家会议期间的精神文化生活做了精心、贴心的安排，付出了极大的辛劳。他们热情好客的风气、勤奋工作的精神，感染了每个参会的同志，得到了大家一致的肯定。主办方中指办会务组的同志们精心谋划，周密安排，做了大量组织协调工作，保证了会议的实效。在此，我代表中指组及其办公室提议，大家以热烈的掌声，向为会议顺利召开付出艰辛劳动的山东省地方史志办公室的同志们和中指办会务组的同志们表示衷心的感谢！

二、会议的主要收获

这次会议，大家本着一起谋事创业的目的，进行了热烈的讨论，都有很多收获。我认为，认真梳理会上提出来的工作难点，推广总结出来的成功经验，汇总关于进一步做好工作的意见和建议，并将其转化为我们下一步做好第二轮省级志书编纂工作的思路和具体步骤，必将对推动第二轮省级志书编纂工作产生极大的推动力。刚才，各组召集人的发言都很精彩，对这些问题都有很多分析、研究。翻阅会议材料，结合听了大家的发言，我也做了一些整理，汇总如下，与大家分享。

关于第二轮省级志书编纂工作普遍存在的难点。主要有：一是贯彻落实“一纳入、八到位”不到位，一些领导重视不够、省级志书分（专）志编纂机构不健全、修志队伍不稳定、修志经费缺乏等问题或多或少的存在，有些甚至还比较严重；二是省级志书编纂资料搜集难，资料断档严重，补充完善大多不力，资料保管也存在漏洞；三是部分省级地方志工作机构规格较低，协调推动工作存在很多现实困难；四是部分省级志书承编单位没有常设机构，队伍流动性大，使得工作周期延长，严重影响修志进度与质量；五是同时兼顾加快编纂进度与精打细磨志稿比较困难，难以把握，志书编修进度慢、质量有待进一步提高等问题同时存在；等等。

关于第二轮省级志书编纂工作成功经验和做法。主要有：一是要坚持依法治志理念，不断提升编纂工作的法治化水平，这是开展好工作的有力保障；二是要全面落实“一纳入、八到位”，这是做好编纂工作的关键所在；三是要坚持和完善党委领导、政府主持、省级地方志工作机构组织实施、省（区、市）直及中直驻省（区、市）有关单位和专家参与的编修工作体制；四是要坚持主要领导亲自抓，分管领导直接抓，落实专人具体抓，使编纂工作“事事有人管、时时有人抓”，形成常态化工作运行模式；五是要坚持提前制定科学的、符合当地实际的工作规划，这是确保地方志编纂工作科学发展的重要前提；六是要坚持整合社会资源参与第二轮省级志书编纂，组建专家库，为修志出谋划策、审查把关，形成专家主纂、众手成志、群策群力做好编纂工作的格局；七是要坚持狠抓责任落实，明确任务，责任到人，强化依法督查考核，重点解决修志进度问题；八是要坚持质量第一，业务指导及时跟进，相关审核提前介入，工作制度全面保障，确保志书编纂质量；九是要坚持和推广地方志资料年报制度，做好资料搜集，夯实修志基础；十是要坚持人才培养，将业务培训制度化，同时完善激励机制，激发工作活力。

关于第二轮省级志书编纂工作的意见和建议。主要有：一是要搭建动态交流平台，加强业务培训与指导，强化省级志书编纂理论研讨的制度化；二是要在全国范围内倡导重视资料保存工作，省志承编部门志书编纂工作结束后应开展部门年鉴的编纂工作，为下一轮修志保存资料；三是要认真开展第三轮省级志书编纂工作研究，总结首轮、二轮省级志书编纂实践经验和教训，为第三轮省级志书编纂工作做好准备；四是要成立全国方志专家库和地情专家库，充分发挥专家在志稿指导及评审中的作用；五是要加强地方志法治化建设，建议适时修订国务院《地方志工作条例》，增加支付省级志书编审人员合理劳动报酬的内容，以提高修志人员的工作积极性。

三、做好下一步省级志书编纂及精品志书编纂工作的几点意见

要切实做好第二轮省级志书编纂工作，确保在 2020 年前完成既定任务，并保证质量，打造出一批精品志书，会后要认真做好以下几项工作：

第一，要进一步增强法治意识，用法治思维推进第二轮省级志书编纂工作。在大家梳理的工作难点中，很多问题是可以依靠“法”来解决的。让法治观念、法治思维始终贯彻省级志书编纂工作的全过程，就是要坚持有法可依、有法必依、执法必严、违法必究，做到依法修志、依法行政督查等。省级志书承编部门依法编纂省志，不是想干就干，不想干就不干，而是依法必须做好，这是硬性要求。经费、人员、机构有落实不到位的，就要依法落实，补齐补强，切实做到办事依法、遇事找法、解决问题用法、化解矛盾靠法。只有这样，才能为推动省级志书编纂工作提供坚强保障。

第二，要进一步增强规划意识，用发展思维推进第二轮省级志书编纂工作。“凡事预则立，不预则废”。第二轮省级志书编纂工作也要有规划、有目标、有措施、有保障。《全国地方志事业发展规划纲要（2015—2020 年）》即将由国务院办公厅转发，一旦出台，大家在抓紧抓好贯彻落实的同时，也要以此为契机，认真谋划下一步的第二轮省级志书编纂工作，确定目标，坚定不移地去推动完成，推进第二轮省级志书编纂工作健康有序发展。

第三，要进一步强化质量意识，全力确保省级志书质量。质量是地方志安身立命之本，关系到志书的功能价值，关系到地方志事业的可持续发展。王伟光同志在调研地方志工作时反复强调，地方志工作者要有精品意识，要打造精品良志。2015 年，中指办推出十大工程，其中就有中国志书精品工程。这次会议还专门安排环节进行了讨论。这就要求我们必须严格执行《地方志书质量规定》的有关要求，完善地方志质量评议、审查验收制度等制度，在确保进度的同时，严格保证质量。

第四，要进一步加强总结，做好第二轮省级志书编纂工作成功经验推广工作。这次会议非常成功，达到了预期的“总结交流经验，研究布置工作，狠抓质量建设”的目的。会后，中指办将进一步梳理这些经验，形成有价值的经验性材料、切实可行的规范性文件，在全国范围内推广，为第二轮省级志书编纂工作落后地区提供借鉴。

同志们，第二轮修志已进入攻坚期和收获期，省级志书的编纂形势却不容乐观，希望大家充分发扬“修志问道、直笔著史”的方志人精神，未完成规划任务的，拿出破釜沉舟的勇气，咬紧牙关，再加把劲儿，力争按时按质完成任务；已完成规划任务的，不要懈怠，要加强经验总结工作，做好三轮省级志书编纂工作的材料搜集、试点准备、理论研讨等各项工作。“兄弟同心，其利断金”。我相信，只要我们携起手来，共同努力，第五次全国地方志工作会议提出的工作目标就一定会实现。

在这里，我代表主办方，感谢大家来参加会议，也感谢大家在会议上的积极参与。祝大家工作愉快、身体健康、全家幸福！

在专业技术人才知识更新工程2015年全国地方综合年鉴资源开发利用高级研修班上的总结讲话

（2015年6月27日，根据录音整理，略有删减）

冀祥德

全国地方综合年鉴资源开发利用高级研修班圆满完成各项学习研讨任务，现在就要结业了。根据安排，我就本期研修班进行简要总结。

一、关于研修班的基本评价

总体来看，这次培训班主要有五个特点：

一是领导重视。这个特点不仅表现在中指组、中指办领导对研修班的重视，还包括中国社会科学院职能部门，特别是人事教育局领导对培训班的重视，以及各级地方志机构及其负责同志对研修班的重视。

6月24日，我向王伟光院长汇报要在这个周末举办全国地方综合年鉴资源开发利用高级研修班，落实他提出的2015年作为地方志培训年的指示时，他指出，此次培训项目拉开了培训年的一个序幕，并就下一步如何搞好地方志系统的培训年作进一步指示，也对这次研修班给予了充分肯定。

中指办党组成员都参加了本次研修班。赵芮书记在开班式上作了主题报告，刘玉宏副主任、邱新立副主任也来参会并和同志们进行交流。

此次研修班从开始筹划到具体组织，中国社会科学院人事教育局都很重视。今天是周末，人事教育局阮林处长亲自到研修班给予指导。各级地方志机构的领导对研修班也十分重视。一方面体现在像杨洪进主任、牟国义副主任、白延蜻主任、黄玲主任等这些志办领导放下身价当学员，带头来参加研修班；另一方面有多位专家也参加研修班。

二是知识前沿性。作为知识人才工程研修班，知识的前沿性应该是一个基本要求。这次研修班所安排的内容中既有关于年鉴数字化方面的前沿知识，也有大数据时代为年鉴开发利用带来的机遇与挑战这方面的前沿知识，还有关于在依法治国的背景之下，如何依法治鉴，以及在深化改革的背景下如何深化年鉴工作等，这些都是前沿性的、知识性的问题。

三是研修层次高。主要表现在三个方面：首先是组织主体的层次高。这次是中指办2015年组织的第一次全国性培训。王伟光院长提出把2015年做成地方志系统的培训年，为此我们进行了一系列思考和设计，这次研修班就是一次开始。其次是授课老师的层次高。包括北京大学的肖东发教授、中国社会科学院的左玉河研究员。再次是学员的层次高。很多省级志办主任、地市级志办主任，还有许多专家、学者都来参加研修班。大家既能听，又能说，还能干，都是高层次的学员。

四是研修性强。研修班是研而有修，研而又修；修而有研，修而又研。这表现在专家授课与现场实证教学、地方经验交流三者的有机结合，这也是研修班讲实效的一个重要表现。不是灌输式，也不是坐在会议室内的交流，而是把学员与老师之间的互动，把室外与室内的交融有机联合在一起，使研修班的研修性充分体现出来。

五是实用价值高。此次研修班具有一定的实用价值，包括如何开发年鉴资源，如何收集整理口述史料、志书年鉴编纂出版中的法律问题等方面。特别是江苏、山东、湖北、浙江、北京、广东、四川、广州、深圳等省市地方志机构的交流发言更增强了研修班的实用性。

浙江韩锴同志建议对年鉴的各个类目组织课题攻关，这是很实用的一个课题。如果每一个类目都能梳理清晰，年鉴的质量就会大大提高。北京崔震处长谈到的《北京市民生活年鉴》编纂经验非常有启发意义。他们创而又停，停而又复。一个方面说明这项工作重要，另一方面说明这项工作其实也不容易。在我看来，不仅北京市民生活中需要年鉴，各地的市民和百姓的生活中都有年鉴的需求，所以北京的经验值得借鉴。广东刘波处长介绍《广东印记》，把一个具体而微的年鉴做成一个大而上的工作，进入广东省正厅级干部视野之中，引起强烈反响。这不仅在地方志系统，而且在全省事业发展中进一步拉动和提升了人们对年鉴的认识，这样的视野和做法很值得大家借鉴。四川年鉴社的刘志文同志谈到年鉴如何进入寻常百姓家，实用价值也非常大。提升年鉴对干部的影响和年鉴进入寻常百姓家的有机结合，是各地都要学习和借鉴的经验和做法。

二、关于下一步工作的建议

下一步年鉴开发利用工作开展的核心是“一纳入、八到位”。第五届中指组对地方志事业发展的标准要求概括起来就是“一纳入、八到位”，要把地方志工作纳入到国民经济和社会发展规划及各级政府工作任务之中，做到认识、领导、机构、编制、人员、经费、设施、规划、工作等八个到位。

具体来说，重点应该从以下几个方面着手：

第一，要抓住机遇。目前至少有三个机遇：首先是中指组换届以来地方志事业的新机遇，即领导空前重视。习近平总书记、李克强总理、刘延东副总理等党和国家领导人在不到两年时间多次对地方志工作作出讲话或批示，这是空前的。地方志事业与中国梦的实现，与中华民族的伟大复兴紧密结合，成为不可或缺的一项重要而光荣的事业。第五届中指组组建后，王伟光院长、李培林副院长积极开展地方志工作调研，他们现在已经非常了解全国地方志的情况，而且每到一处提出的都是切实可行的解决问题的思路和对策。今年中指办推出的“十大工程”就是在调研过程中针对发现的问题，进行的策划和部署。

其次是年鉴工作开展的新机遇。王伟光院长在全国地方志机构主任工作会议上的讲话，以及国务院办公厅即将转发的《全国地方志事业发展规划纲要（2015—2020年）》很重视年鉴工作。一是“一体两翼”文化工程。“一体”即《中国地情报告》。我们先组织编写《中国地情报告》，把各地的情况予以汇总，然后带动各地做各地的地情报告。“两翼”中，一翼是《中国方志发展报告》，另一翼是《中国年鉴发展报告》。《中国方志发展报告》已经基本完成，《中国年鉴发展报告》正在策划之中。二是中国年鉴精品工程。不少地方都在编修综合年鉴，这也是法定的职责。那么如何提高它的质量，怎样打出品牌，年鉴精品工程就是一个重要抓手。

再次是年鉴开发利用的新机遇。不仅是年鉴，也包括志书，一定要改变编出来就是束之高阁、无人问津的传统局面。如何进行开发利用早已成为一个很现实的问题，亟待我们去讨论解决。唯有做好开发利用工作，年鉴的价值才能体现出来，年鉴事业的繁荣发展才能获取强劲的动力，才能达到修志编鉴为用的目的。我们要以此为龙头，带动志书资源包括新方志和旧志的开发利用。

第二，要强化认识。各级地方志机构和年鉴编纂单位要充分认识到开发利用的重要意义，并且要担负起志鉴资源开发利用的重要职责，切实采取有效措施解决工作中存在的问题，不断提高志鉴开发利用水平。要在抓好年鉴编辑工作的同时，将年鉴资源开发利用摆在事关未来发展的重要位置，及早科学谋划。广大年鉴工作者要增强开发利用年鉴资源的责任感，不仅要做一个优秀的年鉴编辑人员，还要做一个优秀的年鉴资源开发利用的研究者、开拓者和宣传者。

第三，要突出特色。年鉴的编修和开发利用，既有一些规律可循的共性，也有一些独有的特点和特色。从刚才浙江、北京、广东、四川等省市经验交流的情况看，他们各自有特色，都非常有价值。还有更多没有发言的与会代表，也有他们独特的经验和做法。要注重结合实际，通过建章立制来促规范，牢固树立研究意识，努力培养年鉴开发利用方面的人才。拓宽年鉴资料搜集渠道，提高年鉴编纂质量，编纂出版年鉴简本、英文版，搭建区域合作平台，编纂区域性年鉴。年鉴工作如何在遵循年鉴事业发展基本规律的前提下，立足本地实际，突出本地年鉴工作的特色，这是在深化改革的大背景下，年鉴工作者应该作出的思考。

第四，要真抓实干。做任何事情，光空喊口号是不行的。习近平总书记说“实干才能兴邦”，尤其是地方志工作更需要实干。要编出精品年鉴和精品志书，要能提出建设性意见，挖掘历史智慧，总结传统文化中的精髓，为领导决策发挥参谋作用。抓实干的关键还在于工作常态化和长效化，同时各省级地方志机构在资源开发利用工作中要起表率作用，要带动地市级和区县级年鉴的开发利用工作。

经过三十多年的努力，地方志工作走到今天很不容易，上下联动、同心协力、共同发展的局面已经形成，现在缺少的是每一个同志、每一个部门、每一个机构的真抓实干。再过三年、五年、十年，在全国地方志系统表彰先进大会上，希望你们能够领到盖有中指组“你真方志”印章的荣誉牌匾。

同志们，全国地方综合年鉴资源开发利用高级研修班就要结束了，但是我们的学习没有结束，年鉴工作还在继续，我们要以这期培训班为契机，继续提高认识，完善体制机制，持之以恒地开展好全国地方综合年鉴资源开发利用工作，共同推动这项工作朝着更加科学、更加规范的方向发展。

以奋发有为的新姿态迎接事业发展新高潮

——在2015年全国地方志工作机构新任负责人培训班上的动员讲话

(2015年10月19日)

冀祥德

2015年全国地方志工作机构新任负责人培训班在美丽的滨海城市泉州举办，来自全国省市县、全军、国务院有关部委局地方志工作机构的近150位学员参加此次培训。加上今年，全国地方志工作机构新任负责人培训班已经连续举办4年，成为全国地方志系统队伍建设的重要依托，对于提高全国地方志工作发展水平有重要意义。这次培训班的举办得到了福建省地方志编委会、泉州市政府、泉州市地方志编委会的大力支持。刚才，泉州市政府副市长林万明和福建省地方志编委会主任冯志农分别致辞，我代表中指办，向福建省地方志编委会、泉州市政府、泉州市地方志编委会表示衷心感谢，向参加此次培训的各位学员表示热烈欢迎，希望各位学员在泉州期间学有所成，学有所获。借此机会，我讲三个方面的问题：

一、要充分把握当前全国地方志事业发展的大好形势

党中央国务院高度重视地方志工作，习近平总书记、李克强总理、刘延东副总理自2014年以来就地方志工作作出系列重要讲话、批示；2015年8月25日，国务院办公厅印发《全国地方志事业发展规划纲要（2015—2020年）》，为地方志事业的跨越式发展提供了重大战略机遇、勾画了宏伟和美好的蓝图。自2013年底完成换届以来，第五届中指组全力推进全国地方志工作的转型发展，不到两年的时间，指导小组组长王伟光、常务副组长李培林已经到27个省（自治区、直辖市）调研和开展业务指导，亲自领导各项重要工作的推进，推出系列的重要政策措施，开创了全国地方志事业发展的新局面。当前，全国地方志事业发展进入历史最好时期，大有可为。

一是依法治志全面推进。依法治志是依法治国在地方志工作领域的具体体现。伴随依法治国的深入推进，国务院《地方志工作条例》的贯彻落实不断深化。截至目前，全国有27个省（自治区、直辖市）由人大或者政府出台了地方志工作条例、规定、实施办法等法规规章，形成了以国务院《地方志工作条例》为上位法，以省级地方志法规规章为组成部分的依法治志法规规章体系。特别是第五届指导小组换届以来，依法治志作为依法修志的升级版，不断向市县延伸，有不少副省级城市、地级市、县区由政府出台了本地区的地方志工作规章。依法治志，就是要实现有法可依、有法必依。目前，全国地方志系统在有法可依的基础上，正在逐步实现有法必依，用法治的手段全面推进地方志工作。

二是“一纳入、八到位”的贯彻落实不断深化。“一纳入、八到位”是第五届中指组全面总结改革开放以来地方志工作实践和经验，刘延东副总理代表党中央国务院在第五次全国地方志工作会议上对各级政府提出的明确要求。“一纳入”，就是把地方志工作纳入到国民经济和社会发展规划、文化事业发展规划和各级政府工作任务之中，“八到位”，就是要切实做到认识到位、领导到位、机构到位、编制到位、经费到位、设施到位、规划到位、工作到位。实践证明，“一纳入、八到位”贯彻落实好的地方，地方志工作就做得成绩突出；贯彻落实不到位的地方，地方志工作就出现这样那样的困难和问题。这几年，各级党委政府加大对地方志工作的重视和支持力度，多个省份的党委政府主要领导就地方志工作作出多次批示、发表讲话，党委政府出台了加强地方志工作的规范性文件，有不少地方志工作机构实现了升格或者独立，在经费、基础设施建设上给予倾斜。特别是进入2015年以来，利用今年是“十三五”规划制定年和全面贯彻《全国地方志事业发展规划纲要（2015—2020年）》的有利时机，有不少省份正在制定地方志工作“十三五”规划，做好今后五年发展的顶层设计。

三是地方志事业全面发展格局基本形成。改革开放以来，全国地方志事业发展经历从“一本书”主义，到“志鉴编纂齐头并进”，到以修志编鉴为主业，数据库、方志馆、地情网、开发利用、理论研究等各业全面发展的新格局。截至2014年底，全国地方志系统形成了由7000多部省市县三级地方志书，2万多部行业志、部门志、军事志、武警志、专题志、乡镇村志，1900多种、1.5万多部地方综合年鉴，1000多种、7000多部专业年鉴以及大量的地情文献资料组成的成果体系；建成1个国家级地方志网站、27个省级地方志网站、1000余个市县级网站，还有日益增多的微信公众号、手机报；建成1个国家方志馆、16个省级方志馆、近300个市县级方志馆；方志理论研究和学科建设不断深入，出版了大量理论专著和论文等，全国地方志出版专业基地也在建设当中。

四是地方志工作的社会影响不断扩大。经过30余年的不断积累，地方志这座文化资源宝库正在发挥越来越重要的社会效益，存史、资政、育人的社会功能日益凸显。特别是近几年来，各级地方志工作机构通过不断创新服务手段，比如紧紧围绕党委政府中心工作推出资治志鉴成果、地情读物，通过简报为党委政府领导提供地情信息参阅，通过网络、数据库为社会公众提供地情信息咨询服务，通过进社区、进学校、进部队推广地方志成果，通过方志馆为公众全面展现本地地情，通过科研项目推出高质量的地情研究成果等。

二、要在思想上高度重视地方志工作

地方志工作机构是“冷部门”，地方志工作要坐“冷板凳”，“艰苦、辛苦、清苦”，做好地方志工作并不容易。但是，我们又要看到地方志工作的重要性，特别是党的十八大以来，党中央国务院高度重视文化工作，高度重视传统文化的继承和发展，把实现社会主义文化大发展大繁荣当作全面建成小康社会、实现中华民族伟大复兴中国梦的必然要求。中央领导同志的重要讲话、批示和国务院办公厅文件，进一步明确地方志事业发展在实现“两个百年”奋斗目标和中华民族伟大复兴中国梦进程中的地位和作用，把促进地方志事业发展作为协调推进“四个全面”战略布局在文化领域的一项重要工作来抓，提升到新的高度。在座的各位都是各级地方志工作机构的主要负责人，一个地区、一个部门地方志工作的好坏系于一身。要做好工作，首先要做到认识到位，在思想上高度重视。

一是要树立奉献意识。王伟光组长在多次讲话中强调，地方志工作虽然是坐“冷板凳”，但是方志人要有热心肠，要热爱地方志事业，要弘扬“修志问道、直笔著史”的方志人精神，要以高度的事业心，使“冷部门”火起来。热心肠、热爱地方志事业，首先是要树立奉献意识。一直以来，淡泊名利、甘于奉献、恪尽职守、锲而不舍都是方志人的精神追求。干好地方志工作，离不开热心肠，离不开奉献意识。

二是要树立法治意识。十八届四中全会开启了中国法治新时代，依法治志是今后推进地方志工作的根本保障。比如，国务院《地方志工作条例》明确规定：“县级以上地方政府应当加强对本行政区域地方志工作的领导。地方志工作所需经费列入本级财政预算”，这就是各级政府必须做好地方志工作的法律依据。《条例》还规定了县级以上地方政府负责地方志工作的机构主管本行政区域的地方志工作，履行五项职能，规定了“以县级以上行政区域名称冠名、列入规划的地方志书经审查验收，方可以公开出版”“以县级以上行政区域名称冠名的地方综合年鉴，经本级政府或者其确定的部门批准，方可以公开出版”，这就是依法授予各级地方志工作机构的职能和各级地方志工作机构可以行使综合志书、年鉴出版的行政审批权的法律依据。大家一定要吃透条例，吃透各地地方志法规规章，努力做到有法必依。用条例的规定建立“党委领导、政府主持，各级地方志工作机构组织实施，社会各界广泛参与”的组织领导机制，用条例的规定推进“一纳入、八到位”的贯彻落实。

三是要树立大局意识。不谋全局者不足以谋一域，不谋万世者不足以谋一时。牢固树立高度自觉的大局意识，自觉从大局看问题，把工作放到大局中去思考、定位、摆布，做到正确认识大局、自觉服从大局、坚决维护大局，地方志工作才能上层次，才能上高度。树立大局意识，要从两个方面看问题。首先是要从当地经济社会发展的大局中看问题，自觉把地方志工作发展和当地党委政府的中心工作紧密结合起来；其次要从当前全国地方志事业发展的大局看问题，自觉把当地地方志工作发展和全国地方志事业发展的新形势、新格局紧密结合起来。

四是要树立创新意识。创新是地方志工作和事业发展的不竭动力。地方志编修能够连绵两千余年而不断，从地记到图经，再到方志的定型和古代地方志编修的繁荣，再到民国时期的转型和社会主义新编地方志事业的大发展大繁荣，靠的就是不断地创新，不断适应经济社会文化发展的需要。越是面临新形势、新机遇，越要不断进行创新。与时俱进、开拓进取、推陈出新是一种创新；勇于探索、不断变革、狠抓落实、解决难题也是一种创新。只有不断强化创新意识，才能自觉破除不合时宜的陈旧思想观念、领导方式和工作套路，才能不断适应新形势、新发展，才能不断解决新问题、新困难。

三、要高质量完成当前面临的主要任务

当前和今后一个时期，全国地方志系统的核心任务就是全面贯彻落实习近平总书记系列重要讲话，李克强总理、刘延东副总理关于地方志工作的重要批示和讲话，国务院办公厅印发的《全国地方志事业发展规划纲要（2015—2020年）》。最近几个月以来，王伟光组长、李培林副组长发表了多次讲话、撰写了专门的文章，指导小组及其办公室印发了相应的文件，大家一定要利用培训期间，认认真真学，实实在在学，结合老师的授课，吃透精神实质，吃透任务部署，在今后的工作中带头贯彻落实。贯彻落实一定要做到有的放矢，当前地方志事业发展面临的主要任务，重点是要打造“四个体系”。

一是要紧紧围绕“两个全面”打造志鉴编修体系。到2020年全面完成第二轮修志规划任务、实现省市县三级综合年鉴编纂的全覆盖，是《规划纲要》确定的硬指标、硬任务。这是规定动作，必须完成。志鉴编纂是主业，是事业发展的根基和活力所在，是衡量地方志工作开展好与坏的核心指标，必须始终牢牢抓好，力争出精品佳志。同时，大家还要看到，伴随地方志的社会影响不断扩大，社会关注度不断提高，最近几年，部门志、行业志、专题志、乡镇村志、部门年鉴、行业年鉴的编纂日益增多，成为地方志工作发展新的增长点和亮点。地方志作为资料性文献，形成以综合志鉴为龙头，以部门志、行业志、专题志、乡镇村志、部门年鉴、行业年鉴为组成部分，不同志鉴互相补充的成果体系，将大大提升地方志事业发展的质量，大大提升地方志成果的价值。自2014年以来，中指办相继启动了“中国名镇志文化工程”“经济欠发达地区志书出版资助工程”，即将启动中国志书精品工程，正是适应这种发展趋势的具体举措。

二是要紧紧围绕依法治志和“一纳入、八到位”打造地方志工作保障体系。从事地方志工作以后，大家可能会感到工作推动起来很难。难在什么地方？难在是“冷部门”，难在有的领导不重视，难在我们推动工作的手段行政约束力不够，难在体制机制不健全等。新形势下的地方志工作，需要完成硬指标、硬任务，需要事业全面发展。要适应新形势，必须建立起以依法治志为核心，以“一纳入、八到位”为总抓手，以“党委领导，政府主持，各级地方志工作机构组织实施，社会各界广泛参与”为领导机制，以执法检查、行政督查为管理手段的地方志工作保障体系。

三是要紧紧围绕当地经济社会发展水平打造事业发展体系。志、鉴、库、馆、网、开发利用、理论研究等各业齐头并进，是几代方志人实践和努力的结果，是《规划纲要》确定的地方志事业今后发展的基本方向。实现地方志事业的全面发展，既是地方志工作不断适应国家经济社会文化发展新形势的需要，也是地方志工作自身不断发展的客观要求。地方志工作要做大做强，要发挥更大的社会效益，就必须当事业来做。大家一定要有事业观，不能举步不前。当然，也要因地制宜，与当地的经济社会发展水平相适应，不能脱离实际，不可能一蹴而就。

四是要紧紧围绕地方志独特优势打造资源开发利用体系。与其他部门相比，各级地方志工作机构最大的优势就是掌握了全面系统丰富的地情资料。如何发挥优势，用方便快捷、群众喜闻乐见的方式发挥地方志文化资源的社会效益，建立地方志资源开发利用体系，是摆在我们面前的重要命题。地方志资源开发利用体系的建立，关键在于明确服务对象、完善基础设施、拓宽服务路径。地方志工作的属性决定了地方志成果属于公共文化范畴，是公益性的，必须为社会公众提供服务，以满足人民群众的文化需求为目的。而要提供高质量的公共文化服务，需要以地方志网站、数据库、方志馆等基础设施为依托，通过提供地情咨询服务、宣传地情信息、编纂地情读物、开展地情调查等有效路径来实现。当前，打造地方志资源开发利用体系还处于探索阶段，服务对象还不够广泛，基础设施还不够健全，服务路径还比较单一，需要大家去不断探索。

同志们，激流勇进方显英雄本色。地方志事业发展的新形势、新机遇、新要求，需要我们有新思维、新姿态、新举措，希望大家不辜负当前地方志事业发展的大好形势，奋发有为、努力拼搏，开辟地方志工作和事业发展的新天地。

在2015年新方志论坛上的讲话

（2015年10月20日）

冀祥德

今天，由中指办主办、上海市地方志办公室承办的2015年新方志论坛在美丽的国际化大都市——上海召开了。在此，我代表中指办，向来自方志界和科研院校的修志同仁和专家学者表示热烈的欢迎！向承办此次论坛的上海市地方志办公室表示衷心的感谢！

2009年，为了进一步提升方志理论研究水平，切实解决编纂中出现的重点与难点问题，有效推动第二轮志书编纂工作，中指办创办了新方志论坛。论坛每年举办一次，自首届论坛在苏州举办以来，已连续成功举办六届。六年来，论坛除了对志书社会、经济、政治、文化、自然等五大部类编纂的理论和实践问题进行专门研讨外，同时还对志书编纂的热点和难点问题，如方志基础理论、方志文化、改革开放及地域文化记述等进行了专题研讨。

目前，地方志事业迎来千载难逢的发展机遇，党中央、国务院非常重视地方志工作，国务院办公厅前不久印发了《全国地方志事业发展规划纲要（2015—2020年）》（以下简称《规划纲要》），为了贯彻落实中央领导同志关于地方志工作的系列重要讲话和批示，深入学习贯彻《规划纲要》，本次论坛以“修志问道、依法治志和修志之道”为主题，目的是通过深入研讨地方志事业发展的目的意义、法治建设、理论方法等重要问题，为进一步推动地方志事业在“四个全面”战略布局中发挥更大作用、实现更大发展贡献力量。结合此次论坛主题，我谈三点意见。

一、认真学习贯彻中央领导同志关于地方志工作重要批示和讲话精神，修志问道，开拓前进，推动全国地方志事业迈上新台阶

中央领导同志一贯重视修史修志工作。习近平总书记非常了解地方志，十分重视地方志工作。昨天，全国地方志工作机构新任负责人培训班在泉州举办。得知习近平总书记曾在福建工作17年多，一直重视地方志工作。他在福建宁德工作时曾说，“要马上了解一个地方的重要情况，就要了解它的历史，而了解历史的可靠方法就是看地方志”。他特别指出，“修志是一项很有意义的工作”，可以“鉴古知今”。尤其是今年7月，习近平总书记在中央政治局第二十五次集体学习时强调，要整合协调党史、军史、档案、政协文史资料、地方志、社科院、高校等部门和机构的力量，对抗战进行系统研究，首次将地方志与党史、军史、档案、政协文史资料、社科院、高校等并列，给我们方志人以极大鼓舞。

李克强总理就第五次全国地方志工作会议作出重要批示，强调“修志问道，以启未来”，并希望方志工作者“进一步做好地方志编纂、管理和开发利用工作，为弘扬优秀传统文化、服务经济社会发展做出新的贡献”，首次将地方志工作的价值意义提升到求道问道的极高境界，为地方志事业发展创新明确了目标。刘延东副总理在与第五次全国地方志工作会议部分代表座谈时指出，“推动地方志事业的发展，既能展示中华文化的博大精深和无穷魅力，也能体现现代文明与历史文明的一脉相承”，“对实现‘两个百年’和中华民族伟大复兴中国梦的奋斗目标具有重要意义”。习近平总书记系列重要讲话、李克强总理重要批示和刘延东副总理重要讲话，高屋建瓴，意义深远，极大提升了地方志工作地位，明确了地方志事业目标指向，我们一定要认真学习领会中央领导同志重要批示、讲话精神，并切实贯彻于具体工作之中。

第一，要进一步明确修志工作的重要意义，做到“修志明道”。编史修志不仅仅是一项工作，更是中华民族源远流长的一项文化传统，是一项具有崇高意义的伟大事业。我们方志人要有一种为事业献身、文化传承献身的伟大精神，也就是伟光院长在云南调研时指出的“司马迁精神”，以“究天人之际，通古今之变”的开阔胸襟与史家心怀编史修志，积极探索，求道明道，直笔存信史，继往开未来。

第二，要进一步夯实志书编纂工作，做到“修志载道”。一地之志实乃一方之史，是传承中华文明、发掘历史智慧的重要载体。广大方志工作者要认真研究地方志书编纂的内在规律，全面、客观、系统地记录当代经验教训，把握时代脉搏，反映发展轨迹，“让历史说话，用史实发言”，从而实现保存历史智慧，福泽千秋后世的长远目标。

第三，要进一步拓展修志工作的空间，做到“修志弘道”。地方志工作要有创新意识，在坚持修志主业的同时，要加大开发利用力度，积极服务中心工作，为政治、经济、社会、文化、生态建设提供智力支持，为弘扬中华优秀传统文化、实现中华民族伟大复兴中国梦贡献力量。

二、全面贯彻落实《全国地方志事业发展规划纲要（2015—2020年）》各项要求，积极推进依法治志，确保地方志事业健康发展

2015年8月25日，国务院办公厅印发《规划纲要》。这是继2006年5月颁布施行《地方志工作条例》后，国务院出台关于地方志工作的又一个重要文件，也是全国地方志事业发展的第一个规划性文件，是指导今后相当长时期全国地方志工作的重要政策性文件。它标志着地方志从一项工作向一项事业的转型。《规划纲要》出台后，中指组、中指办第一时间启动学习宣传工作。9月8日，中指组印发《关于学习贯彻〈国务院办公厅关于印发全国地方志事业发展规划纲要（2015—2020年）的通知〉的通知》，要求各省级地方志工作机构及军队、武警、国务院有关部委局史志机构组织学习宣传、贯彻落实。9月10日、11日，中国社会科学院院长、指导小组组长王伟光，中国社会科学院副院长、指导小组常务副组长李培林就《规划纲要》的出台，分别在《人民日报》《光明日报》上发表署名文章。9月11日，中指办组织召开学习贯彻《规划纲要》动员部署会议，李培林常务副组长出席会议并讲话，强调《规划纲要》出台的意义，要求抓紧抓好《规划纲要》的学习宣传和贯彻落实工作。同日，中指办在《中国社会科学报》以4版的篇幅，专版宣传学习《规划纲要》。方志中国微信公众平台、方志中国手机报、中国地方志网、中国方志出版网和各地网站、平台都对《规划纲要》进行了大力报道。全国各地兴起了学习高潮。为了进一步夯实学习贯彻工作，中指办还专门制订《关于学习贯彻落实〈全国地方志事业发展规划纲要（2015—2020年）〉的意见》，将全国地方志工作任务进行分解，共分为15大项67小项，目前正在征求意见阶段。在这一系列部署安排之后，全国各地掀起了学习贯彻《规划纲要》的热潮。作为地方志事业未来五年的任务书、时间表、路线图，学习贯彻落实《规划纲要》仍是目前工作的重中之重，借此机会，我想强调几点。

第一，必须坚持依法治志。全面理解、领

会、把握、贯彻依法治志的内涵和外延。依法治志是全面推进依法治国方略在地方志事业中的重要体现，是贯彻落实《规划纲要》的法治保障。《规划纲要》首次确立了依法治志的原则。如果说《地方志工作条例》的颁布，标志着地方志工作步入依法修志的新阶段，《规划纲要》的出台，则标志着地方志事业进入到依法治志的新阶段。依法治志就是要用法律的认识、法律的思维、法律的方式来开展地方志工作，切实做到依法识志、依法修志、依法管志、依法用志、依法存志、依法传志，在方志理论研究中，就是要依法研志。依法治志所依之“法”，不仅包括《地方志工作条例》和《规划纲要》以及地方性法规规章，还包括宪法、法律等。根据《地方志工作条例》和《规划纲要》，地方志工作不是想不想干、要不要做的事，而是必须完成的一项法定职责。各级地方政府必须承担的主体责任，各级地方志工作机构承担的是执行责任。依法治志要求要做到地方志“一纳入、八到位”，实现从一项工作到一项事业的转型。

第二，必须坚持“一纳入、八到位”。“一纳入、八到位”是贯彻落实《规划纲要》的机制保障。“一纳入、八到位”，即将地方志工作纳入各地国民经济和社会发展规划、各级政府工作任务，认识、领导、机构、编制、经费、设施、规划、工作到位，这是刘延东副总理在与第五次全国地方志工作会议部分会议代表座谈时明确提出来的。“一纳入、八到位”既是贯彻落实党和国家领导人重要讲话、重要批示精神的具体要求，又是对国务院《地方志工作条例》各项规定的总体凝练和具体深化。准确把握落实“一纳入、八到位”这条主线，就能理清思路，明确目标，稳步推进，完成《规划纲要》规定的各项工作任务。调研发现，凡是“一纳入、八到位”贯彻得好的地方，地方志工作就开展得好；凡是“一纳入、八到位”贯彻得不好的地方，地方志工作也开展得不好。

第三，必须确保完成《规划纲要》设定的目标和任务。这是贯彻落实《规划纲要》的最终体现。《规划纲要》设定了今后五年地方志事业发展的总体目标，即基本形成地方志书编修体系、理论研究体系和学科建设体系、质量保障体系、资源开发利用体系、工作保障体系“五位一体”地方志事业发展综合体系。《规划纲要》还明确了今后五年必须完成的主要任务，共11项，包括志书编修、年鉴工作、旧志整理、理论建设、队伍建设、质量建设、资料建设、信息化建设、开发利用、交流合作以及地方史编纂等，覆盖了地方志工作的各个主要方面。其中两项任务尤为紧迫，即“两个全面”：一个是至2020年，全面完成第二轮省、市、县三级志书编纂规划任务；另一个是至2020年，实现省、市、县三级综合年鉴编纂全覆盖，一年一鉴，公开出版。这两项“硬任务”是我们贯彻落实工作的重点，也是难点，需要我们下工夫、花力气，做好统筹规划，具体详细地安排好时间进度，确保2020年前不折不扣地完成。

三、系统总结两轮修志经验，大兴方法理论研究之风，深入探索修志之道，谱写地方志事业发展新篇章

首轮修志是在理论和实践准备都不充分的情况下启动的，尽管取得了很多成果，积累了很多经验，但也出现了不少问题。第二轮修志有首轮修志经验可循，一些问题本可避免，可以少走弯路，但由于首轮修志结束后，全国范围内系统、全面地总结首轮修志经验教训活动开展得不够充分，很多修志经验、修志理论没有很好地梳理和提炼，以至于第二轮修志仍然存在很多问题，包括法治建设、制度建设、编修模式、队伍建设、质量建设、区域差异、学科建设、资料收集等。这些问题，有的是新情况，更多的是“老面孔”，需要引起重视。根据《规划纲要》，各地要全面总结首轮、第二轮修志的经验教训，将大家公认的经验和做法及时推广，以达到促进第二轮修志工作，提高第二轮志书编纂质量的效果，同时也为第三轮修志做好充分准备。

第一，探索修志之道，始终坚持质量第一。质量是志书价值所在，也是修志工作的根本追求。《规划纲要》要求五年之内完成第二轮修志规划任务。时间非常紧迫，任务相当艰巨，但这并不意味着可以一味追求编纂进度，而置编纂质量于不顾。无论时间多么紧，任务多么重，修志工作一定要将质量意识放到第一位。要遵循志书编纂规律，快成稿，精改稿，慢出书，这是提高编纂质量的内在要求；要培养人才，建设队伍，这是提高编纂质量的基本前提；要强化资料建设，这是提高编纂质量的重要基础；要强化管理，严把质量控制关，这是提高编纂质量的关键手段。第二轮修志大多采用众手成志的模式，涉及部门多、行业广、人员多，如果质量上稍稍放松，把控不严，一定会出现问题。在志书出版阶段，把好“五关”，即政治关、史实关、文字关、体例关、保密关。目前中指办已经启动“中国志书精品工程”“中国年鉴精品工程”，其目的就是为了提高志鉴质量。

第二，加强业务钻研，营造良好学习氛围。志鉴编纂工作是地方志工作主业，也是地方志工作的基础。从业务来看，地方志工作是一项学术性、业务性很强的事业，无论组织管理还是志鉴编纂，都必须要了解、熟悉编纂业务。从学科属性来看，地方志属于历史学科，地方志工作者必须学习史学基本理论，掌握其观点方法。当前，方志学在历史学科中作为二级学科还没有被充分认识，这很遗憾。根据我这两年作为方志出版社总编辑终审志书年鉴的体会，只有历史学知识是不足以编出一部高质量的志书的，方志学应该是集历史学、法学、经济学、社会学等学科于一体的交叉综合学科，应该向一级学科发展。

第三，打造研讨平台，壮大方志研究力量。充分发挥各级地方志学会和方志期刊、网站的阵地作用，办好地方志学术年会、新方志论坛及相关方志理论研讨会，创建方志理论研究的交流平台，广泛吸引、联络各方面人才，形成方志理论研究的合力，扩大方志理论研究的影响，丰富方志理论研究的成果，提升方志理论研究的水平，夯实方志学科建设的基础，推动实践，尽快建立成熟的方志学学科体系。组织各方面研究力量，集中开展方志重大课题研究，解决修志工作中重点、难点问题。加强与相关学科的交流合作，探索方志研究的新天地，开辟方志研究的新领域。

同志们，良好的开始是成功的一半。2015年既是《规划纲要》出台之年，也是《规划纲要》贯彻落实的开局之年。只要我们认清形势，抓住机遇，坚定信心，发扬敢打硬仗、敢闯险滩的精神，就一定能攻坚克难，全面完成《规划纲要》设立的目标任务，实现地方志从一项工作到一项事业的转型。

在内蒙古自治区地方志工作电视电话会议上的讲话摘要

（2015年6月9日）

内蒙古自治区政府副主席　白向群

白向群副主席在讲话中指出：一、坚持修志主业，编修优秀方志。二、坚持依法修志，为地方志事业发展提供法治保障。三、坚持谋事作为，拓宽地方志事业发展途径。

白向群副主席强调：要加速完成首轮修志任务。国家要求在2020年前全面完成第二轮修志任务。各单位要切实加强组织领导，尽快制定时间表、任务书和路线图，切实加大工作力度，确保按时完成工作任务。

白向群副主席要求：各委办厅局要定期出版各类专业年鉴，各盟市要继续抓好年鉴的质量和效益，做到一年一鉴。没有启动年鉴编纂工作的55个旗县（市区），要把年鉴摆到与修志同等重要的位置，列入年度工作计划，抓紧启动实施，努力实现全区三级年鉴全覆盖。

要认真落实“一纳入、八到位”要求，健全完善督查通报制度，建立健全激励机制。

当前，各级方志馆、地情网、旧志整理等工作还比较薄弱，难以适应地方志事业发展的需要。自治区地方志办公室抓紧筹划方志馆选址事宜。有条件的盟市、旗县也要因地制宜建设方志馆。这既是国家的要求，也是我区地方志事业可持续发展的需要。各委办厅局要在门户网站建设地方志工作网页，盟市、旗县（市区）要依托政府网建立地方志工作网页，实现自治区、盟市、旗县三级地情网互联互通、资源共享。各地区要多方收集留存的旧志孤本、善本，下大力气保护好珍贵的历史文化财富，做到古为今用。

在全省第九次地方志工作会议上的讲话

（2015 年 8 月 25 日）

黑龙江省政府副省长　于莎燕

这次会议主要任务是总结近年来修志编鉴工作，安排部署今后一个时期地方志工作。中指组秘书长赵芮同志在百忙中出席会议并将作重要讲话，这是对我省地方志工作的重视和支持，更是对我们的鞭策与鼓舞，希望大家认真学习领会，抓好贯彻落实。

刚才，大会表彰了全省地方志系统先进集体和个人，通报了全省地方志工作督查结果，隋岩主任代表省地志办作了工作报告，内容全面，措施具体，我都同意。下面，就进一步做好全省地方志工作，我讲三点意见。

一、提高认识，坚定做好地方志工作的信心

地方志工作是一项具有中国特色的文化传承工作，中华民族数千年的优秀文明能够薪火相传，特定地域内的风土人情能有世代承继，地方志都发挥了不可替代的作用。作为保存历史、传承文明的重要载体，地方志工作既能展示中华文明的博大精深和无穷魅力，也能体现现代文明和历史文明的一脉相承，具有以古鉴今、助推发展、启迪未来的重要作用。近几年，全省地方志系统围绕省委、省政府中心工作，充分发挥“存史、资政、教化”三大功能，坚持修志为用、服务发展、治史经世，做了大量卓有成效的工作，地方志工作逐步由单纯编修志书向“志、鉴、馆、网、刊、会、用”并举发展。全省广大地方志工作者爱岗敬业，辛勤耕耘，无私奉献，编纂出版了一大批地情文献，为黑龙江改革发展提供了借鉴，为子孙后代留下了宝贵财富，涌现了一批先进典型。这些成绩的取得，得益于中指组的鼎力支持，得益于省委、省政府的正确领导，得益于各有关部门的密切配合和广大地方志工作者的共同努力。在此，我代表省政府向全省地方志战线的同志们致以诚挚问候！向受到表彰的先进集体和先进工作者表示热烈祝贺！向多年来关心支持我省地方志事业发展的中指组及其办公室和社会各界表示衷心感谢！

当前，我省地方志事业正面临新的发展机遇。十八大明确提出扎实推进社会主义文化强国建设，十八届三中全会对推进文化体制机制创新做出重要部署。省委、省政府也将推进文化发展繁荣作为重要战略目标。地方志工作作为一项重要的文化基础工作，是推进我省文化大省、强省建设不可或缺的重要支撑，也是全面建成小康社会的重要体现。作为“地方百科全书”，地方志不仅有助于人们了解黑龙江省经济社会发展历程，为留存我省历史文化提供完备的记忆载体，而且能够为弘扬社会主义核心价值观提供生动的乡土教材，更能够为各级领导干部了解地情、科学决策提供资政服务，为各级政府提升治理能力提供历史借鉴，为推动全省经济社会发展和各行各业深化改革提供智力支持。因此，我们必须站在全局高度认识地方志工作的重要性，进一步增强做好地方志工作的责任感和使命感，抓住机遇，统筹谋划，改革创新，利用成果优势、地情优势、资料优势，加强对优秀传统文化的挖掘和整理，弘扬中华优秀传统文化，推出质量更高、数量更多的文化产品，满足人民群众日益增长的文化需求，推动我省地方志事业持续稳定发展。

二、把握重点，充分发挥地方志服务功能

一是紧密围绕中心工作，提高服务意识。当前，我省经济社会发展进入了新的历史阶段。在经济发展进入新常态，特别是经济下行压力持续加大的情况下，省委、省政府坚持稳中求进总基调，着力提升经济发展质量和效益，在稳增长、促改革、调结构、惠民生、防风险等方面出台了多项重大战略举措。地方志工作应紧密围绕经济社会发展大局，服务重大战略决策，在实现全省经济社会平稳健康发展中发挥积极作用。例如省委、省政府正在加快实施的“东部陆海丝绸之路经济带”建设，是一项涉及地域广、部门多、情况复杂的系统性工程，地方志部门应主动作为，在地情资料、历史传承、发展建议等方面提供有价值成果。在推进美丽乡村建设、养老服务业发展、农业产业化经营、互联网+发展等重大项目建设中都可以创新思路，找好结合点，提供具有地方志特色的服务。

二是切实抓好志鉴编修，提升服务能力。修志编鉴是国务院《地方志工作条例》确定的地方志中心工作，是发挥地方志服务功能的重要前提和根本保证。目前，全省第二轮修志工作已进入攻坚阶段，各级地方志工作机构和广大地方志工作者要一鼓作气，努力按照国家确定的计划安排，圆满完成修志任务。已经完成修志任务的地区和部门，要保留、巩固好现有修志机构，认真总结经验，及时收集资料，为适时启动第三轮修志工作做好准备。多年来，我省年鉴工作取得了长足发展，各级地方志工作机构高度重视并认真做好年鉴工作，出版了一批质量较高、反响较好、服务现实工作较为得力的各类年鉴。特别是2014年，在省政府的协调下，省地志办按照《地方志工作条例》和《黑龙江省地方志工作规定》的要求理顺了省级年鉴管理体制，今年由省地志办负责编辑的《黑龙江年鉴2015》将要出版发行，这必将对全省年鉴工作产生积极影响。年鉴具有信息密集、材料准确、内容新颖、记述及时的特点，服务经济社会发展的能力很强。因此，各级地方志工作机构和相关部门要更加重视年鉴编辑工作，加强力量，提高质量，把本地区、本部门的重点、难点、热点工作吸收进去，把有利于领导决策、事业发展、民生改善的信息资源反映出来，编辑出更多、更好记录龙江时代变迁、展示龙江精彩画卷、服务龙江全面发展的精品年鉴。

三是积极开发方志资源，丰富服务内容。我省虽然地处边陲，地方志工作起步较晚，但是近年来取得了不少成果，特别是第二轮修志工作启动以来，各级地方志工作机构编纂出版了大量志书、年鉴和地情资料，极大丰富了我省地方志资源宝库。如何开发利用好这些宝贵资源，更好地为中心工作和经济社会发展服务，是值得大家深入思考的问题。省地方志办公室近年来陆续编辑出版了《黑龙江省志简编》《黑龙江图志（综合卷）》《黑龙江省参与2010上海世博会图志》《黑龙江省保障性安居工程建设志》《黑龙江省公路建设志》等特色志书，以及积极建设、开放省方志馆，并正在着手旧志整理工作，哈尔滨市开展的“讲述哈尔滨自己的故事”“哈尔滨外文旧文献整理”系列地情研究、齐齐哈尔市开通的《齐齐哈尔历史上的今天》微信平台、牡丹江市在《牡丹江晨报》开辟的地方志专栏、大庆市建立《大庆图片资料库》等工作，不仅为开发利用地方志资源进行了有益尝试，也为全省地方志工作做出了表率。在今后的工作中，应更多地开展类似探索与创新，及时总结经验，加以推广，促进全省地方志资源的有效开发利用，不断提升地方志工作的服务能力。

四是满足群众文化需求，拓展服务途径。地方志一项重要功能就是“教化”，这一功能在当前语境下的含义就是引导广大群众读志用志，弘扬社会主义核心价值观，汲取优秀历史文化精髓，认识家乡、了解家乡、热爱家乡，为黑龙江科学发展、和谐发展凝心聚力、提气鼓劲。要充分发挥方志馆功能，从公共文化服务设施建设的角度出发，不断丰富馆藏、改进设备、完善功能，创新服务手段，提升服务能力，将其打造成为集收藏、展示、教育于一体的公众服务平台。要借助信息化手段推动地方志服务能力建设，不断改进完善地情网站和其他信息化平台，注重形式创新与内容拓展，紧贴现时地情推广和社会关注热点，增强与群众的互动。要广泛开展与各种社会组织和力量的合作，动员和组织各种社会力量参与地方志事业，推动全社会修志、读志、传志、用志。大力推动地方志成果进机关、进农村、进社区、进校园、进企业、进军营，努力在公共文化服务体系建设中发挥地方志的重要作用。

三、依法履职，切实加强对地方志工作的领导

一要提高法治意识，切实推进依法治志。各级政府部门要切实提高法治意识，按照国务院《地方志工作条例》和《黑龙江省地方志工作规定》要求，将地方志工作纳入地方国民经济社会发展规划、文化事业发展规划和各级政府年度工作任务，确保认识到位、领导到位、机构到位、编制到位、经费到位、设施到位、规划到位。相关领导要真抓真管，定期听取汇报，协调解决问题，将地方志事业发展经费列入本级财政预算，配齐配强工作人员。有条件的地方要设立独立的地方志工作机构，没有独立工作机构的必须明确具体机构、具体人员承担地方志工作任务，确保法定职责任务得以落实。在这里我要强调一下，按照国家的总体安排，第二轮修志工作要在2018年基本完成，我省是在2003年启动的，当时省政府还与各市（地）和省（中）直各承编单位签订了责任状，所以，大家一定要按照国家的时间节点，根据责任状要求，按时保质完成修志工作。

二要强化部门协作，合力推进地方志各项工作。地方志工作是一项需要全社会共同参与的公共文化建设工程，离不开各级政府和有关部门的支持配合。必须坚持“党委领导、政府主持、编委组织、志办专职、专家修志、群众参与、部门配合、社会支持、法律支撑”的工作机制。各承担修志任务的部门要将修志工作纳入本部门的总体规划，加强领导，有力保障，按照进度，高质量地完成好本部门志书的编纂工作。一些修志工作启动晚、进度慢的部门，要拿出具体可行的计划书、路线图，尽快赶上全省进度，绝不能因为本部门、本单位的工作滞后影响全省的修志进程，拖全省修志工作的后腿。对不认真履行供稿义务、工作敷衍推脱、进度严重滞后的单位，各级地方志工作机构要专题报告本级政府，提请政府出面协调解决。

三要加强自身建设，不断提升队伍能力素质。地方志涉及面广，综合性强，业务性、学术性突出，对修志人员做人、做事、做学问有很高的要求。加强修志队伍建设，努力培养高素质修志人才，是地方志事业发展的根本保证。各级地方志工作机构要把加强自身建设放在重要位置，加强内部管理，健全规章制度，倡导理论研究，强化培训交流，切实提升地方志工作队伍的业务能力和综合素质。要将一些业务水平较高、熟悉地情、热爱且安心地方志工作的专业人才，吸引和充实到修志队伍中来，为修志工作提供人才、智力支持。要重视对修志人员的培养使用，关心修志人员生活待遇，稳定修志队伍，努力帮助解决实际问题，增强地方志工作的凝聚力，为我省地方志事业发展夯实基础。广大地方志工作者要继续发扬“淡泊名利、甘于奉献、恪尽职守、锲而不舍、开拓进取”的修志人精神，高标准、高质量、高水平做好有关工作，为地方志事业繁荣发展作出不懈努力。

“清明写史、盛世修志、政通编鉴”，纵观历史，凡是政通人和时期，都是编史修志的黄金时期，都会有史志巨著问世。当前，我省改革发展站在新的历史起点上，为地方志工作发展提供了丰富的素材，让我们在省委、省政府的正确领导下，团结奋斗，开拓创新，扎实工作，努力开创地方志工作新局面，为我省全面建成小康社会作出新的更大的贡献。

在浙江省地方志办公室视察工作时的讲话

（2015年2月4日）

浙江省委常委、宣传部部长、省地方志编委会副主任　葛慧君

今天我主要是来看望大家，看望我们省地方志办公室的全体同志，并通过你们向全省地方志系统的广大干部职工致以新春问候。特别是参与《浙江通志》编纂工作的几位老领导、老同志，原来我们就很熟悉，以前工作中也很有感情，所以今天和大家在一起感到特别亲切，你们所付出的辛勤努力和敬业奉献精神更值得敬佩。

从分工范围来说，地方志工作总体上属于政府工作。但省地方志办公室是省社科院的一个重要组成部分，同时我还是省地方志编委会副主任，对这项工作也比较了解。从你们汇报的情况来看，省地方志办公室现在还存在力量配备不足等实际困难。但我认为你们同时也有自身独特的优势，如你们虽然人数少，但按人员学历和职称比例看，却大大高于全国其他省级方志机构。而修志工作既是行政工作，也是学术工作，如何有效地把行政、业务和学术研究有机结合起来，这正是省社科院的体制优势。所以任何一种体制都有利有弊，关键是如何把优势发挥好，把它的弊端克服到最低限度。现在在大家共同努力下，全省地方志工作进展顺利，成果丰硕，成绩可喜可贺。刚才听了汇报和大家的发言，都很好。借此机会我也谈谈感受并提几点希望要求。

首先，地方志工作是一项十分崇高的事业，责任重大、使命光荣。人的一生中，有的可能会在很多岗位从事不同的工作，有的可能一辈子也就干那么一两件事，而修志工作就是一件很有意义、很有价值的事。这个过程虽然很艰辛，很清苦，但当看到成果问世特别又能传之后世，内心应当是很充实的。浙江又是文物之邦，历史悠久，文化璀璨，如果我们能把历史客观真实地记录下来，传给后人，功德无量。远的不说，就说2002年到2007年习近平总书记在浙江工作的这段历史，在我们修志中所占的分量就非常重。这一段历史与习总书记当前治国理政的理念有直接联系，有些在浙江的实践现已上升到治国理念的层面，从这个意义上说，浙江对当代中国的历史发展贡献是很大的。因此，修志这项事业非常光荣崇高，希望从事这项工作的人，特别是年轻人，一定要心无旁骛，静得下心来，甘坐冷板凳。还有，方志工作的主业是首先要把“志”修好，不要过多地因不切实际拓展其他业务而影响主业，等到修志告一段落后，可以再考虑重心转移的问题，这个关系一定要处理好。特别是大家一定要想明白，要到2018年基本完成《浙江通志》编纂工作，也就这么三四年的时间，所以请大家一定要把主业做好。省政府如要考核评价其他有关单位的地方志工作，主要考量的也是主业即《浙江通志》编纂情况。目前省社科院对方志办的人员、编制等工作是很重视的，今后还要给他们多创造一些条件。

其次，《浙江通志》的编撰工作一定要尊重历史，保证质量，确保成为精品工程。现在我们回顾历史，有许多谬误，真假难分。我们修史、修志的目的就是要把真实的东西留给社会，传给历史，这就是对历史负责的精神。修志不能靠想象，这不是文学创作，文学创作有时可以在事实的基础上发挥无限的创作空间，但是修志必须讲事实，对有争议的事情，必须要沿着脉络刨根问底。对一些争议比较大的事情，更需要尽量多找一些史料，认真进行科学论证，力求做到志书里的每一句话，有时甚至包括一些标点符号，都应该尊重历史，这样才能把真实的历史留给后人。

我看过很多地方志，给我印象很深的是一轮《诸暨县志》。因为我是在诸暨土生土长，

也曾在绍兴工作过，所以对诸暨情况很熟悉。这部县志中对民情和民风的概括，我至今仍记忆犹新，这就是：秉性耿直、重义轻财、使气少耐、耕读传家。我觉得这几句话真实反映了诸暨的民情民风，这就是尊重历史，尊重民风。而现在的志书一般很少看到能把这种话作为一地的民情民风记录下来，很多志书讲的都是“普通话”，缺少特点。所以作为文化强省的标志性工程，而且又是盛世修志，我们一定要把《浙江通志》修好，不能把一项不负责任的粗糙工程留给后人。

第三，各级党委政府要为地方志工作创造条件、提供保障。特别是几位总编、副总编和其他一些老同志，本来完全可以享受天伦之乐，但是为了这番事业，他们却选择了继续奉献。而且并不是所有退下来的老同志都能修志，必须具备很强的研究能力和扎实的文字功底，又能够静得下心来，否则就做不了这件事，因此他们的精神更为可贵。我们一定要发挥好这支队伍的作用，尤其是方志办的同志，本身编制就少，因此更需要好好地向老同志学习，认真按他们的要求去做好工作并提供服务。

你们刚才讲有些部门对通志编纂工作还重视不够，我看可以列一份清单，将进展情况如实客观地向省地方志编委会领导汇报，对进度慢的也可以召开各责任单位负责人会议，把任务交办下去并督促落实到位，以起到行政推动的作用。宣传口更要带好这个头，你们可以把任务清单列得更具体一点，我会适时在适当场合强调一下，要求各部门各单位一定要支持这项工作。总之，希望通过大家的共同努力，把这项工作做好，为文化强省建设作出新贡献。

在《浙江通志》编纂工作座谈会上的讲话

（2015 年 6 月 18 日）

浙江省政府副省长、省地方志编委会副主任　郑继伟

《浙江通志》编纂工作自 2012 年启动以来，大家做了许多工作，总体进展比较顺利。但和省委、省政府的要求相比，仍有不小的差距。今天，省政府召开《浙江通志》编纂工作座谈会，把部分单位分管通志编纂工作的领导请来，听一听工作中碰到的困难、问题和下一步安排。刚才，省地方志办公室简要汇报了《浙江通志》编纂工作基本情况，其他 11 个单位分别汇报了各自的工作进展，几位总编谈了很好的意见。下面，我再提几点要求。

一、提高认识，统一思想

习近平总书记曾经指出：“修志是一项很有意义的工作。”去年，他又强调要高度重视修史修志，把历史智慧告诉人们，激发全国人民的民族自豪感和自信心，坚定全体人民振兴中华、实现中国梦的信心和决心。李克强总理去年在给第五次全国地方志工作会议的批示中指出：“地方志是传承中华文明、发掘历史智慧的重要载体，存史、育人、资政，做好编修工作十分重要。”“修志问道，以启未来。”修志是中国梦的重要内容和实现中国梦的重要体现，是党和政府的重要工作。

省委、省政府对《浙江通志》编纂工作高度重视。2012 年 2 月 13 日，时任省长夏宝龙同志出席全省地方志工作电视电话会议，并作重要讲话，对《浙江通志》编纂工作提出了明确要求，希望各牵头单位、承编单位、参编单位“要把编纂任务纳入本单位工作计划，组织力量，明确分工职责，密切协作，合力推进通志编纂工作”。2014 年 1 月 29 日，省委副书记、省长、省地方志编委会主任李强同志就《浙江通志》编纂工作作出重要批示：“《浙江通志》编纂工作是个大工程，需要全省上下密切配合、通力协作。”

编纂《浙江通志》，还有一个具有特别重要意义的时间段，即 2002 年到 2007 年，习近

平总书记在浙江工作的这段历史，在我们志书中理应占有很重的分量。我们要有这个思想意识和政治觉悟。

总体而言，《浙江通志》编纂工作使命崇高，责任重大，大家务必要切实提高认识，真正重视起来。这件事不是中心工作，也不是应急工作，但它是省委、省政府布置的必须保质保量完成的硬任务，各个责任单位要再加把劲，真正把编纂工作摆上重要议事日程。

二、找准问题，攻坚克难

到2018年基本完成《浙江通志》编纂工作，这是一项硬任务。但从目前的情况看，问题还不少，要按期完成绝非易事。

习总书记说过："修志是一件十分艰巨的工作。难就难在古今资料浩如烟海，进志书的资料是否真实可靠，要订正；难就难在资料残缺、散失，收集起来很艰难；难就难在横排门类，不能缺项，不能割裂与孤立，不能失去整体性；难就难在志书要合体例，又要有时代性、科学性、思想性。"这么难的工作，没有相当的人力、物力、财力作保证，要做好是难以想象的。

浙江是全国省级志书编纂任务最重的省份。目前《浙江通志》编纂工作还存在不少问题，有的问题还比较突出。一些单位对《浙江通志》编纂工作不够重视，一年甚至几年都没有专题研究过相关卷的编纂工作。一些单位编纂人员不落实，有的至今没有一名专职编纂人员。一些单位编纂经费不到位，缺少经费，编纂工作开展起来自然困难重重。一些单位编纂工作不规范，没有按照方志办的要求和地方志工作的规律去做，不做资料卡、不编资料长编，这必然影响志书的质量。还有一些单位把编纂工作转包给高校老师，一包了之，没有真正承担起应该承担的编纂责任。因为存在这样那样的问题，导致有的单位资料质量低下，考证工作不到位；有的单位志稿质量较低，甚至需要推倒重写；还有不少单位进展迟缓。对存在的问题，各相关单位务必高度重视，认真研究解决，真正为编纂工作提供好人力、物力、财力等方面的保障，确保编纂工作能够按计划、高质量完成。

《浙江通志》编纂工作时间紧，任务重，大家务必处理好时间与质量的关系。2018年基本完成《浙江通志》编纂工作，这个时间节点不能破。但修志是件非常严肃的事情，志书更要保证质量，质量的追求永无止境。

三、加强领导，落实职责

（一）主要领导要真正负起第一责任人的职责。相关单位的主要领导都是《浙江通志》编纂工作的第一责任人，必须亲自关心、亲自过问。请大家回去后及时向主要领导汇报会议精神，希望各单位主要领导能够再推进一下这项工作。

（二）分管领导要切实抓好编纂工作的整体推进。分管领导是编纂工作的具体负责人，要按照总目标、总要求，做好任务分解，抓好责任落实。要抓实抓细，在有效性上下功夫，真正做到在进度和质量上不留死角、不留隐患。

（三）编辑部主任、主编要严把进度关和质量关。编辑部主任、主编，是志书编纂的关键人物。在很大程度上，主编水平的高低、精力投入的多少，决定了志书水平的高低。编辑部主任、主编一定要全身心投入，严把各个关口，既保编纂进度，更保志书质量。

（四）全体参编人员要兢兢业业、恪尽职守。前面说过，修志是一件非常艰苦的工作，绝不是轻轻松松可以完成的任务。大家要弘扬"淡泊名利、甘于奉献、恪尽职守、锲而不舍、开拓进取"的修志人精神，忘我工作，善始善终。没有全体参编人员严谨细致、扎扎实实的工作，就不会有高质量的《浙江通志》。

（五）省地方志办公室要集中精力抓好《浙江通志》编纂工作。方志办要加强专业指导，帮助各单位解决一些编纂工作中的实际问题。同时，要把各单位存在的带有普遍性的问题梳理一下，方志办解决不了的问题，及时向省政府汇报。省社科院要全力支持方志办做好《浙江通志》编纂的各项工作。

希望通过大家的共同努力，圆满完成《浙江通志》的编纂任务。

在全国第二轮省级志书编纂工作座谈会暨精品志书编纂研讨会上的致辞

（2015 年 7 月 7 日）

山东省政府副省长　季缃绮

今天，全国第二轮省级志书编纂工作座谈会暨精品志书编纂研讨会在山东召开，在此，我谨代表山东省政府，对会议的召开表示热烈的祝贺！向出席会议的同志们表示诚挚的欢迎！对中指组和兄弟省区市长期以来对山东工作的关心支持，表示衷心的感谢！

借此机会，我首先向大家简要介绍一下山东情况。山东位于我国东部沿海，是一个经济大省、人口大省、资源大省和文化大省，陆域面积 15.7 万平方公里，海岸线 3345 公里，总人口 9789 万，现辖 17 市、137 个县（市、区）。山东是中华文明的重要发祥地和儒家文化的发源地，历史悠久，文化灿烂，人文荟萃，素有“孔孟之乡、礼仪之邦”的美誉。改革开放以来特别是近年来，在党中央、国务院正确领导下，山东经济持续健康发展，综合实力显著增强，人民生活水平不断提高。2014 年，山东实现生产总值 5.94 万亿元，居全国第三位，增长 8.7%；地方一般公共预算收入 5026.7 亿元，增长 10.2%；城镇、农村居民人均可支配收入分别增长 8.7% 和 11.2%。今年以来，在经济下行压力加大的情况下，山东经济保持了良好发展势头，一季度实现生产总值 1.29 万亿元，增长 7.8%。

编史修志是传承文明、垂鉴后世的事业，对于弘扬社会主义核心价值观，提高中华文化软实力具有非常重要的意义。党和国家领导人高度重视史志工作，习近平总书记把修志工作上升到振兴中华、实现中国梦的战略高度。李克强总理作出“修志问道，以启未来”的重要批示，刘延东副总理出席第五次全国地方志工作会议并作重要讲话，这充分说明这项工作大有可为，大有作为，十分重要。第五次全国地方志工作会议以来，中指组及其办公室抓大事、谋长远，紧紧围绕党和国家发展大局做了大量创新性工作。尤其是王伟光组长和李培林常务副组长，去年专门到山东调研指导工作，两位领导求真务实的工作作风给我留下非常深刻的印象。据我所知，他们现在已经调研了全国 20 多个省（区、市），这种敬业精神也让人深受感动。赵芮秘书长以及中指办各位领导思路开阔，真抓实干，为基层做了大量实事，使全国地方志事业在改革创新中迈上了一个新台阶。我们坚信，在中指组及其办公室的带领下，史志工作一定会越来越好。

山东省委、省政府十分重视地方史志工作，始终坚持“党委领导、政府主持”的工作体制，把史志工作纳入国民经济和社会发展规划，不断加大投入力度，完善各项措施，确保史志工作与经济社会各项事业同步协调发展。去年以来，郭树清省长 12 次对史志工作作出重要批示，指出“修志是国家行政管理的必要组成部分，各级政府要把发展史志事业作为重要职责，纳入经济社会发展规划，确保各项工作落实到位，不断推进全省史志工作跨上新的台阶”，在今年《政府工作报告》中明确要求“推进第二轮地方志编修”。全省广大史志工作者辛勤耕耘、无私奉献，编纂出版了一大批具有重要价值的方志文献，为建设经济文化强省做出了积极贡献，特别是省史志办有个坚强的领导班子，勇于担当，大胆创新，干事雷厉风行，创业扎实认真，年年都推出新成果，各项工作很有成效。当前，全省史志部门正深入贯彻第五次全国地方志工作会议和全国地方志机构主任工作会议精神，以改革创新为主线，从思想观念、组织管理、具体措施等方面进行大胆探索和创新，努力促进全省史志事业再上新水平。

多年来，中指组对山东史志工作给予了大力支持和帮助。这次研讨会在山东召开，既是对我省史志工作的有力推动和鼓舞，也为山东提供了一次难得的学习机会。我们将以此为契机，认真学习借鉴先进经验，充分运用研讨成果，全面推动山东史志工作持续健康发展。

最后，预祝全国第二轮省级志书编纂工作座谈会暨精品志书编纂研讨会圆满成功！真诚地欢迎大家在山东多走走，多看看，多指导，衷心祝愿大家在山东期间工作顺利，身体健康，生活愉快！

在山东纪念抗战胜利70周年丛书和《图说山东抗战》新闻发布会暨赠书仪式上的讲话

（2015年8月24日）

山东省政府副省长　王随莲

今天，我们在这里隆重举行山东纪念抗战胜利70周年丛书和《图说山东抗战》新闻发布会暨赠书仪式，这是全省纪念抗战胜利70周年活动的一项重要内容。我代表省政府，对丛书的出版发行表示热烈祝贺！向为丛书编纂出版付出辛勤劳动的全体人员致以深深的敬意！向李培林常务副组长和中指组长期以来对山东的关心支持表示衷心的感谢！

今年是中国人民抗日战争暨世界反法西斯战争胜利70周年。70年前，中国人民经过浴血奋战，打败了日本军国主义侵略者，赢得了近代以来中国抗击外敌入侵的第一次完全胜利，为世界反法西斯战争的胜利作出了重大贡献。

党中央、国务院和省委、省政府高度重视抗战胜利70周年纪念宣传活动。7月30日，习近平总书记在主持中央政治局集体学习时强调，要深入开展中国人民抗日战争研究，必须坚持正确历史观，加强规划和力量整合，加强史料收集和整理，加强舆论宣传工作，让历史说话，用史实发言。省委书记、省人大常委会主任姜异康，省委副书记、省长郭树清等领导同志，分别就红色文化建设、开展好纪念抗战胜利70周年活动作出重要批示。

山东作为抗战时期的主要战场之一，在全国抗战中发挥了重要作用。中国共产党领导的抗日军民，取得了歼敌60多万、解放山东全境92%以上国土的伟大胜利。到1945年大反攻胜利结束时，山东全省有3500万人生活在解放区的蓝天之下，占党领导的全国解放区人口的三分之一；人民军队发展到33万人，占全国人民军队总数的四分之一；党员发展到30多万人，占全国党员总数的四分之一。在取得辉煌胜利的同时，山东也为抗战胜利作出了巨大牺牲，抗战造成了几百万的人员伤亡和巨额的财产损失。

真实的记录历史，就是为了以史为鉴、开创未来。山东纪念抗战胜利70周年丛书，真实地记录了102位战争亲历者的记忆、163位英勇牺牲的将士传略、1000多幅反映山东根据地发展历程的珍贵图片，全方位、多角度地再现了山东军民奋勇抗战的生动历史。《图说山东抗战》收集整理了抗战时期近600幅图片资料，勾画出了山东抗战的全景面貌，展示了山东军民不屈不挠的抗战历程。两套丛书是深入开展抗日战争研究的优秀成果，对于我们牢记历史、不忘过去，珍爱和平、开创未来，具有十分重要的意义。

希望全省档案、史志系统的广大干部职工认真贯彻习近平总书记系列重要讲话精神，充分发挥部门优势，加强史料收集和整理，深入系统的开展抗战研究，再接再厉，不断推出高水平的档案和史志著作。希望各位新闻媒体的朋友，围绕抗日战争研究成果，开展形式多样的宣传活动，广泛宣传山东的抗战历史，号召全省人民继承和弘扬伟大的抗战精神，为加快经济文化强省建设，实现中华民族伟大复兴的中国梦而努力奋斗。

在广东省第七次地方志工作会议上的讲话

（2015 年 5 月 19 日）

广东省委常委、省政府常务副省长　徐少华

今天我们在这里召开广东省第七次地方志工作会议，主要是传达学习第五次全国地方志工作会议精神，总结我省第六次地方志工作会议以来的成绩，部署当前和今后一个时期我省地方志工作。借此机会，我代表省委、省政府向为经济社会发展作出贡献的全省地方志工作者，向关心支持地方志事业发展的社会各界人士表示衷心感谢并致以崇高敬意！

刚才，中国社科院副院长、中指组常务副组长李培林同志对我省地方志工作给予充分肯定与高度评价，提出了很重要的指导意见和工作要求，对我省是极大的鼓励和鞭策。我们要认真学习领会，抓好贯彻落实。省地方志办主任温捷香同志全面总结了过去几年全省地方志工作，提出了今后五年的工作安排，我十分赞成。请各地、各部门抓好会议精神的贯彻落实。下面，我讲三点意见：

一、深化思想认识，强化使命担当

地方志是传承和彰显中华文明的重要载体之一，是中华民族优秀文化的瑰宝。“盛世修志”“治天下者以史为鉴，治郡国者以志为鉴”是中华民族的优良传统。

党中央、国务院历来高度重视地方志工作。2014 年以来，习近平总书记、李克强总理、刘延东副总理多次就地方志工作发表重要讲话、作出重要批示，为我们做好地方志工作指明了方向。习近平总书记强调，要高度重视修史修志，让文物说话、把历史智慧告诉人们，激发我们的民族自豪感和自信心，坚定全体人民振兴中华、实现中国梦的信心和决心。李克强总理指出，地方志是传承中华文明、发掘历史智慧的重要载体，存史、育人、资政，做好编修工作十分重要。

去年召开的第五次全国地方志工作会议，就贯彻落实党和国家领导人重要讲话精神进行部署，明确提出了至 2020 年地方志事业发展目标和具体任务。去年 8 月，中国社科院院长、中指组组长王伟光同志到广东调研时，希望我省认真学习好、贯彻好、落实好习近平总书记系列重要讲话精神，贯彻落实好第五次全国地方志工作会议精神，对照国务院领导提出的“一纳入、八到位”要求，进一步加强地方志工作，特别是深入开发利用地方志资源，更好地服务经济社会发展。刚刚召开的全国地方志机构主任工作会议特别强调，各地要切实落实“一纳入、八到位”的总体要求，大力推动地方志事业再上新台阶。

省委、省政府一直重视支持地方志工作，胡春华书记、朱小丹省长经常给予关心指导，要求把地方志工作作为文化建设的重要内容和政府的基础性工作，纳入文化强省建设规划纲要，不断加强机构与队伍建设，加大经费投入，切实解决地方志工作中存在的问题，为我省成为全国地方志工作排头兵提供了有力的支持与保障。今年 4 月，省委办公厅、省政府办公厅印发《关于加强地方志工作的通知》，要求高度重视地方志资源开发利用、推进地方志工作信息化建设、认真做好第三轮修志准备工作，全面发挥地方志存史、育人、资政功能，当好全国地方志工作排头兵。

做好地方志工作意义重大，全省各级地方志工作机构和地方志工作者要认真学习领会习近平总书记、李克强总理的重要讲话和批示精神，积极贯彻落实省委、省政府作出的工作部署，切实承担起传承文明、记录历史、弘扬文化、服务社会、借史鉴今、启迪后人的使命，努力承前启后、继往开来，推动我省地方志事业迈向新台阶。

二、充分发扬成绩，更好履职尽责

地方志工作是一项责任重要而又默默无闻的工作，它所作出的成绩不像经济工作那么明显，常常被认为是相对较“冷门”，但这又是一项意义重大、十分光荣的工作。近年来，全省地方志工作者带着责任、带着情感，以把“冷板凳”坐“热”、“冷部门”做“火”的精神，勇担重任、不辱使命、真抓实干，推动我省地方志工作取得了丰硕成果，在平凡岗位上做出了不平凡的新业绩。主要体现在三个方面：

一是立足本职、服务大局。紧紧围绕省委、省政府和各地党委、政府的决策部署，积极寻找地方志工作与经济社会发展的结合点，主动为各级党委、政府提供资政参考，为经济社会改革发展提供资政服务。同时，开展地情宣传，推动地方志进党校、进学校、进社区。特别是紧跟时代发展潮流，大力推进地方志信息化建设，建立了广东省情网，开通了手机省情网和“方志广东”微信，推进地方志走进社会、走进群众、走进生活，已经成为认识广东、宣传广东的重要渠道与窗口。

二是开拓进取、富有创新。全省地方志工作者不断更新观念，创新思路，推动地方志工作创新发展，多项工作走在全国前列。如在全国率先完成第二轮修志任务，首创并率先完成历代方志全面搜集整理出版，在县级以上行政区域全面编纂综合年鉴、全面建立地情网站并实现资源共享，在全国首创地方志资料年报制度并全面开展地方志资料年报工作等。

三是艰苦奋斗、默默奉献。全省地方志工作者在比较艰苦的工作条件下，淡泊名利、敬业爱岗，默默无闻、忠实履职、作出奉献，做了大量卓有成效的工作，倾注了宝贵的心血和辛勤的汗水，涌现了一大批长期坚守地方志工作岗位、无私奉献的地方志工作者，更有一大批从事地方志工作15周年以上甚至30周年的地方志工作者。

有为才有位，有位更要有为。希望全省地方志工作机构和地方志工作者不断加深对地方志工作性质、地位、任务的认识，进一步增强从事地方志工作的光荣感，继续发扬埋头苦干的精神，秉持求真存实的作风，在忠实履职、修志问道的征程上作出新的业绩、新的贡献。

三、修编服务并重，努力创新发展

地方志对保存历史、推动文明进步具有潜移默化、长期持续的积极作用。当前和今后一个时期，我们要认真贯彻落实中央领导同志的重要讲话精神，以及第五次全国地方志工作会议精神，切实抓好我省《关于加强地方志工作的通知》部署的各项任务，推动地方志事业实现新发展，继续当好全国地方志事业发展排头兵。王伟光院长、李培林副院长对我省地方志工作寄予很高期待，我们要有真正当好全国排头兵的勇气、志气和干好事业的实际行动，为我省实现“三个定位、两个率先”目标提供历史借鉴与智力支持。重点抓好以下三项工作：

（一）修志编鉴记录社会进程。地方志的“官修”与“官书”地位，使其在记录与保存历史中具有其他文献与著作所没有的权威性。党的十八大确立了“两个百年”的奋斗目标，目前国家正在协调推进全面建成小康社会、全面深化改革、全面依法治国、全面从严治党。习近平总书记视察广东时，提出了“三个定位，两个率先”的目标任务。人常说“盛世修志”，在实现“两个百年”奋斗目标、协调推进“四个全面”和“三个定位、两个率先”目标任务的伟大进程中，全省地方志工作机构、地方志工作者要坚持科学精神，以实事求是、秉笔直书的态度，认真组织地方志书、综合年鉴编纂，做好地方志资料年报，忠实记录这个伟大时代的进程，鼓舞全省人民不断奋勇前进，这是地方志工作者一项义不容辞的责任和义务，也是地方志工作的重大意义所在。目前，我省已在全国率先完成第二轮修志任务。今后几年，要全面总结前两轮修志的经验教训，深入开展理论研究，为第三轮修志做好充分的理论、队伍、资料等各项工作准备。一是不断提升综合年鉴编纂质量。认真落实我省综合年鉴编纂规范化要求，继续做好《广东年鉴》和市县综合年鉴编纂工作。2016 年要全面实现“一年一鉴、公开出版、当年出版”的要求，客观、系统、及时地记录我省经济社会发展历程。二是继续做好地方志资料年报。请各地各单位认真组织，加强督查，严格把关，进一步提高年报资料质量。报送资料不仅要有纸质版，也要有数字版和联网版，既可以提供给上级单位使用也要加强自身应用；要建立资料年报搜集、整理、统计、联网、互用的体系。三是积极推动地方志工作向基层延伸。鼓励有条件的部门、单位编纂部门志、行业志与部门年鉴、行业年鉴，有条件的地区编修乡镇（街道）志、年鉴和村志。各级地方志工作机构要加强对基层编鉴修志的管理、指导与服务。

（二）开发利用服务文明进步。编修地方志既是为了保存资料、记录历史，更是为了服务社会、资政育人。要坚持开放性，面向社会，面向群众，要从“故纸堆”里走进社会、跟上时代，做好开发利用，服务文明进步。重点做好五项工作：一是加强地方文献服务。加大对志书、年鉴、家谱族谱等地方历史文献资料的搜集，分类整理保存，科学设置目录，方便群众查阅，为广大群众提供全面丰富的历史文献服务，使广大群众更好地享受地方志文化成果。二是推进信息化建设。志书是历史典籍，在“故纸堆”里保持其历史生命力。在信息化快速发展的大趋势下，要善于运用信息化、数字化手段，开展实施“互联网 + 地方志”行动，让地方志加快活起来，帮助人们快捷、系统、及时地查阅、使用所需资料。要加快全省地情资料数字化进程，做大做强省情信息数据库。建立省情大数据中心和数据分析系统，提高省情信息库的智能化水平。要紧跟信息化发展进程，不断创新地方志工作，社会信息化建设延伸到哪里，地方志信息化建设和成果运用也要延伸到哪里。三是加强阵地建设。不仅要巩固已有的志书、年鉴、省情信息网等阵地，还要继续加强方志馆建设。广东方志馆已经建成，目前要抓紧开馆前的布展与文献征集、整理工作，确保 2016 年上半年向社会开放，力争将广东方志馆办成全国最好的方志馆，使方志馆不仅成为地方志工作的重要载体，更要成为地方志服务社会文明进步的重要平台。同时，珠三角各市要加快建设方志馆，其他有条件的地级市要积极争取建立方志馆。四是做好省情调查。重点开展全省自然村落历史人文普查，全面摸清基本省情，编写出版《广东省自然村落历史人文通典》，抢救与保护岭南历史文化遗产。普查工作实行“党委政府领导、地方志机构牵头、有关部门配合、以乡镇为单位组织实施”的工作机制，省、市、县（市、区）要成立普查工作领导机构，明确分管领导，按照省的工作方案制定具体实施方案，做好动员部署、组织协调以及人财物保障工作。省地方志办要加强业务指导和督促检查，全力推进，及时通报进展情况，重大问题及时向省政府汇报。五是加强地情研究和地情教育。深入挖掘岭南文化的内涵与人文精神，认真总结历史上包括改革开放以来广东治省理政的经验教训，为弘扬优秀传统文化、提高治理体制和治理能力现代化及经济社会发展服务。同时，继续推动地情教育和地方志文化进学校、进社区，帮助干部群众和青少年了解广东、认识广东，培养与激发热爱广东、建设广东的感情。

（三）加强领导推动健康发展。地方志工作是党和政府工作的重要组成部分，加强地方志工作的领导，是地方各级党委、政府的重要职责。我特别强调一点，越是相对“冷门”的部门，党委、政府越要给予热情关注和重视支持，要加强地方志机构建设和人才的培养、使用，认真听取地方志部门的工作意见，帮助解决实际问题。一是强化组织领导。要不断完善党委领导、政府主持、地方志工作机构组织实施、社会组织和力量参与的工作体制。认真落实地方志工作“一纳入、八到位”要求，把地方志工作纳入经济社会发展规划，认识到位、领导到位、机构到位、编制到位、经费到位、设施到位、规划到位、工作到位，确保地方志事业健康发展。要推动地方志法制化建设，贯彻执行国务院《地方志工作条例》和《广东省地方志工作规定》，提高依法治志水平。二是形成工作合力。各级地方志工作机构是地方志工作的主体，要切实履职尽责，加强对地方志工作的管理、指导与服务。各级机关、企事业单位、有关社会组织、中直驻粤、省驻各地单位是地方志编纂的重要力量，要按照当地政府地方志工作规划，明确分管领导和负责部门，认真做好志书编修、年鉴编纂和地方志资料年报等工作。三是加强队伍建设。地方志工作者是地方文化建设的重要实践者和推动者，要加大对地方志干部的任用、培养、交流力度，建设一支专兼职结合、具有较高素质的地方志工作队伍。在事业单位机构分类改革中，参照同类部门在机构分类改革中的定性，防止简单地把地方志工作机构并入其他部门的做法，保证地方志机构的应有地位和工作职能。全省地方志工作机构暂不列入事业单位机构分类改革，维持原来的管理体制，请各地依照执行。

同志们，盛世修志，惠泽千秋。希望各级各有关部门和地方志工作者按照中央和省的部署安排，进一步增强光荣感、使命感、责任感，脚踏实地，奋发有为，努力开创我省地方志工作新局面，为国家、为我省的现代化事业作出新的更大贡献！

在第八次全省地方志工作会议上的讲话

（2015 年 3 月 18 日）

四川省委常委、省政府常务副省长　钟勉

这次全省地方志工作会议，主要任务是认真贯彻全国第五次地方志工作会议精神，全面落实省委、省政府最近出台的关于进一步加强和改进新形势下地方志工作的意见，总结我省近年来地方志工作，安排部署今后一个时期工作。中指组对我省地方志工作高度重视，中国社科院副院长、中指组常务副组长李培林同志亲自莅临会议并作了重要讲话。我们对中指组和培林同志给予四川的支持帮助表示衷心感谢！请大家抓好培林同志和马小彬同志对全省地方志工作所作具体安排的落实。

近年来，在省委、省政府领导下，在中指组指导下，经过全省广大地方志工作者的努力，我省地方志工作取得了明显成绩。一是党委领导、政府主持、地方志工作机构组织实施、社会组织和力量积极参与的工作格局进一步形成，逐步进入依法修志的新阶段。二是各项修志规划有序实施，《“5·12”汶川特大地震四川抗震救灾志》编纂工作进展顺利，地方志资源开发利用水平提高，服务经济社会发展能力增强。三是地方志工作机构与队伍建设进一步优化，培养了一支老中青结合、专兼职相融，具有良好专业水平和工作作风的修志队伍。这些都为我们进一步做好地方志工作打下了良好基础。

省委、省政府最近专门研究印发了进一步加强和改进新形势下地方志工作的意见，要求围绕中央和省委、省政府工作大局，树立依法修志和开放、服务、精品意识，把以史为鉴、资治育人作为根本任务，为统筹推进“四个全面”提供历史借鉴和智力支持，为继承和弘扬中华优秀文化传统、增强文化软实力、培育和践行社会主义核心价值观、建设中国特色社会主义文化强国作出新贡献。下面，我就进一步做好新形势下的地方志工作讲四点意见。

一要进一步提高思想认识，切实增强做好

地方志工作的责任感。地方志是全面系统记述本行政区域自然、政治、经济、文化和社会历史与现状的资料性文献，对于了解和把握国情、地情，促进经济社会发展，增强文化软实力，培育和践行社会主义核心价值观等具有独特作用。四川是方志大省，重视修志是四川的优良传统。特别要看到，当前我省正处于统筹推进全面建成小康社会、全面深化改革、全面依法治省、全面从严治党的关键时期，地方志将全面、客观、系统地记述省委、省政府各项重大战略决策部署的实施和各项工作目标的实现，为推动全省改革发展提供重要借鉴。各级党委、政府要高度重视和加强地方志工作，认真贯彻和全面落实中央和省委、省政府关于地方志工作的安排部署和要求，将其作为政府基础性工作的重要组成部分，更好发挥地方志记载历史、传承文明、资治育人的作用，为我省实施“三大发展战略”、推进“两个跨越”提供历史借鉴和智力支持。

二要进一步做好志书编纂工作，确保圆满完成各项工作任务。要把握正确政治方向，全面系统、客观真实地记录历史，打造无愧于时代、无愧于人民、无愧于历史、无愧于民族的系列精品佳志。要突出抓好第二轮三级志书编修工作这一重点任务，集中精力攻坚克难，坚持高标准严要求，在保证质量前提下加快工作进度，特别是工作进度滞后的少数省志分卷承编单位和还没有编纂出版市志的地方，要加强领导，倒排时间，全力推进，确保2020年前全面完成任务。要加强综合年鉴的组织编纂，各级党政机关、企事业单位要按时保质完成组稿任务，省、市（州）、县（市、区）综合年鉴要一年一鉴、公开出版，有条件的省直部门要开展行业（专业）年鉴编纂工作，不断提高年鉴编纂出版的及时性、针对性、实用性。要加强地方志资源收集和抢救保护，开展地方特色文化资料、历史文化名镇名村、重大历史事件、重要历史文化人物、非物质文化遗产文献的收集征集及整理工作，确保资料妥善保管和有效利用。

三要进一步抓好开发利用，积极服务经济社会发展。地方志是一座巨大的文化宝库，是各级党政领导、广大人民群众熟悉地情，了解地方发展历史的重要载体。要加大研究和开发利用力度，加强对各类志书、年鉴的分析研究、综合加工、深度开发，提供深层次、高质量的地方志产品，充分发挥好地方志在引领风尚、教育群众、服务社会、推动发展方面的作用，重点服务好经济建设、改革开放、依法治省、繁荣文化、防灾减灾等领域，更好地为党委、政府决策管理提供参考，丰富人民群众精神文化生活。要深入开展读志传志用志，组织编写适合各级领导干部、党员、群众、大中小学生等不同对象阅读的地方志读物或乡土教材，鼓励编纂富有地方、行业、时代特色的部门志、专业志、专题志、历史文化名镇（村）志和乡镇（街道）、村（社区）志，推出一批有文化特色、有社会影响力、人民群众喜闻乐见的宣传省情、地情的精品力作。各级干部尤其是党政领导干部要带头读志传志用志，充分借鉴历史经验，推进治理体系和治理能力现代化。要积极创新服务手段和方式，利用网络、期刊、媒体和音像制品等宣传、传播地方志资源，开展送志书年鉴进学校、进企业、进农村、进社区等活动，满足社会各界的文化需求。要把地方志工作纳入公共文化服务体系建设，整合资源、科学规划建设方志馆，开展数字化、网络化建设，推进地方志资源的整合、共享与开发利用。已建成的方志馆要免费向公众开放，打造地方志或地情资料收藏展示、地情研究咨询、地方文化交流中心和爱国主义宣传教育基地，充分发挥方志馆服务社会功能。

四要进一步加强组织领导，健全完善地方志工作格局。各级党委、政府要深入贯彻《地方志工作条例》，认真落实各级政府管理和发展地方志事业的职责，做到认识到位、领导到位、责任到位、力量到位、经费到位、设施到位、规划到位、工作到位，为地方志工作创造良好条件。要坚持和完善党委领导、政府主持、地方志部门组织实施、各部门（单位）共同参与的工作机制，支持地方志部门依法履行统筹规划、组织协调及监督指导本行政区域内机关、社会团体、企事业单位和其他组织的地方志工作等职责，动员和组织各种社会力量参与地方志事业。要坚持依法修志、依法治志、依法用志、依法兴志，加大执法检查力度，严格执行审查验收制度，探索基层地方志管理新模式，努力提高地方志工作科学化规范化水平。广大地方志工作者要勇于肩负传承文明、记录历史、弘扬文化、服务社会的光荣使命，以对人民、对历史高度负责的严肃态度，以科学严谨、求真存实的优良作风，扎实做好地方志编纂、管理和开发利用工作，打造能够信今传后、服务当代、惠及子孙的精品良志，努力为全省推进“两个跨越”、全面建成小康社会做出新的更大贡献！

在《贵州省减贫志》编纂工作启动会议上的讲话

（2015年12月2日）

贵州省政府副省长　何力

今天会议的主要任务是：贯彻落实秦如培常务副省长和中指组常务副组长李培林同志关于编纂《贵州省减贫志》的指示精神，明确推进时限，细化分解责任，启动编志工作，确保按时保质完成《贵州省减贫志》编纂的目标任务。前一段时间，经省政府同意，省地方志办在征求各相关方面意见基础上印发了《〈贵州省减贫志〉编纂工作方案》，一会省地方志办还将作具体说明，各有关部门和单位要结合实际抓好落实。下面，我先讲五点意见。

一、要真正重视起来

一是党中央、国务院和省委、省政府高度重视修志工作。去年2月，习近平总书记在北京首都博物馆考察时强调，要高度重视修史修志，把历史的智慧告诉人们，激发我们的民族自豪感和自信心。李克强总理对去年召开的第五次全国地方志工作会议专门作出重要批示，提出“修志问道，以启未来”。刘延东副总理出席第五次全国地方志工作会议并作了重要讲话。今年6月，陈敏尔书记在省档案局（省地方志办）报送的有关情况报告上作出重要批示，强调要深入贯彻落实部省战略合作协议，有力推进全省档案事业实现较快发展。孙志刚代省长在任安徽省常务副省长时，就曾在省地方志办送阅的《治皖一叶》2007年第21期上批示：“这个刊物办得很好，对了解治皖历史颇有帮助”。

二是编纂志书特别需要围绕中心、服务大局，特别需要因时而动、顺势而为，编纂《贵州省减贫志》很好地体现和落实了这一要求。在座的各位都知道，也都能感受得到，当前全国和全省上下推进扶贫开发的广度、力度和深度之大，前所未有。今年来，我省相继出台实施了《“33668”扶贫攻坚行动计划》《关于坚决打赢扶贫攻坚战确保同步全面建成小康社会的决定》及10个配套文件，提出举全省之力、集全省之智，坚决打赢科学治贫、精准扶贫、有效脱贫这场输不起的攻坚战。省委十一届六次全会更是将大扶贫和大数据作为两大战略行动，支撑我省守底线、走新路、奔小康，将扶贫开发提到了一个新的高度。可以说，此时编纂《贵州省减贫志》，是将地方志有效地聚焦聚合聚力到了全省工作的中心和大局上，抓得到位、抓得适时、抓在了点子上。

三是“治天下者以史为鉴，治郡国者以志为鉴”。《贵州省减贫志》将为我省深入推进扶贫开发工作提供有益借鉴。为贯彻落实中央扶贫开发工作会议和省委十一届六次全会精神，我省正在研究制定大扶贫战略行动计划，今后也必将接续出台实施一系列有关扶贫开发的政策措施。《贵州省减贫志》将为各级党委政府、各有关部门和单位科学决策提供经验借鉴，真正在扶贫开发方面起到为领导决策所用、为一线工作作用、为百姓知情所用、为专家研究所用、为宣传交流所用的实际功效。

二、要注重志书质量

质量第一是编纂志书的核心原则。扶贫要精准，《贵州省减贫志》编纂更要做到精准。一是要以资料翔实保质量。各有关部门和单位要对照《编纂任务分解表》，将经过搜集汇总和分析梳理后的详细资料，按时反馈省地方志办、省扶贫办和省社科院，决不允许将未经分析梳理的伪材料、粗材料“一发了之”。二是要以志书价值保质量。编纂工作要以党中央、国务院和省委、省政府的有关决策部署为指导，坚持辩证唯物主义和历史唯物主义，全面客观地记述我省在扶贫开发实践中走过的历程、取得的成绩、积累的经验，确保志书具有较高权威性、学术水平和重要的政治价值、文化价值、社会价值。三是要以深入调研保质量。《贵州省减贫志》编辑部要进行广泛深入的调查研究，摸清我省扶贫开发“家底”，对每一件事实、每一个数据，都要审核无误，所记录的文字，必须真正经得起历史的检验。同时，要注重运用我省前两轮修志积累的好经验好做法，并充分利用现代化手段推进编纂工作。

三、要切实加快进度

根据秦如培常务副省长和中指组常务副组长李培林同志的有关要求，各有关部门和单位要按照以下几个时间节点加快推进，抓紧完成本部门本单位的编纂工作任务。一是从总体时限上讲，2016年6月前必须完成编纂任务，各环节、各方面、各时段的工作都要围绕这个总体时限来安排部署和推进落实，坚决不能拖总体时限的后腿。二是从具体进度上讲，要按照“今年底前完成项目论证、篇目讨论和资料收集整理；2016年2月底前完成初稿纂写，3月初召开初稿审查会，3月底前完成初稿修改完善，4月初召开复审会，4月底前修改完善形成总纂志稿，5月上旬召开终审会，5月底前进行审验、修改完善后进入出版程序”的要求加快实施，确保每项编纂工作都能按时间节点有序推进。

四、要细化落实责任

一是各有关部门和单位要重点落实好以下几项工作：（1）按照省政府和省地方志编委会的安排部署，制定实施本部门本单位编纂工作细化方案。（2）明确一位分管领导统筹协调本部门本单位按时保质完成《贵州省减贫志》编纂工作分解任务。（3）明确一位相关处室负责同志作为联络员，具体负责编纂工作。二是由省地方志办、省扶贫办、省社科院组成的《贵州省减贫志》编辑部要按照《贵州省减贫志》编委会的要求，认真组织开展志稿编纂各项工作，做好《贵州省减贫志》的篇目设计，组织对相关资料收集、整理，以及志稿撰写、修改、会商和分纂总纂，协助编委会完成志稿审查验收和出版工作。编辑部要调配熟识扶贫开发和编志工作的“笔杆子”，真正用精干力量编出精品佳志。三是省地方志办要充分发挥督查协调作用，积极争取中指组及其办公室的帮助支持，及时发现和解决推进编纂过程中存在的困难和问题，定期对各有关部门和单位完成编纂工作任务情况进行督促指导，并适时向省政府和省地方志编委会报告。

五、要强化协调配合

修志工作是一项较为复杂、多因素、多层次的系统工程，靠几个人不行，靠地方志办也不行，需要汇集各方力量和集体智慧共同完成。各有关部门和单位要充分认识编纂《贵州省减贫志》的重要意义，切实增强全局观念和合作意识，按照任务要求和职责分工，各司其职、密切配合、互通有无、通力协作，在大家共同努力下，真正把《贵州省减贫志》编纂成一本观点正确、体例完整、资料翔实、特点突出、文风端正、实效明显的优秀志书。省财政厅要对编纂《贵州省减贫志》专项经费纳入2015年度财政预算给予积极支持。

这里，结合当前和今后一个时期的地方志工作，我再强调几点，一是关于编制“十三五”相关专项规划。省地方志办要按照全国地方志和档案事业发展规划的要求，抓紧编制我省“十三五”地方志和档案事业发展规划，并指导督促各级做好专项规划，在“十三五”时期全面落实“一纳入、八到位”的工作要求，即：将地方志和档案工作纳入各地国民经济和社会发展规划、各级政府工作任务，做到认识、领导、机构、编制、经费、设施、规划、工作到位。二是关于我省二轮修志工作。各有关部门和单位要对照二轮修志目标责任书和省委办公厅、省政府办公厅印发的编纂工作方案，梳理自查当前工作进展情况，相对滞后的部门和单位要认真分析影响和制约修志进度的原因，采取强有力措施加快二轮修志进度，绝不能因为个别部门和单位工作不力、志稿质量不高、修志进度不快而影响全省二轮修志的大局。省地方志办要对二轮修志工作定期进行督查通报。

今天会议的召开，标志着《贵州省减贫志》编纂工作正式启动。会后，希望大家进一步把思想重视起来、把责任落实下去，真正把这项利省利民的大事好事抓出成效。我就讲这么多，谢谢大家。

在自治区地方志编委会会议上的讲话

（2015年11月17日）

西藏自治区党委副书记、自治区政府主席　洛桑江村

这次自治区地方志编委会会议十分重要。主要任务是，深入贯彻落实国务院《全国地方志事业发展规划纲要（2015—2020年）》精神，贯彻落实陈全国书记关于“要重视地方志工作”的重要批示精神，审议研究我区贯彻落实国务院《规划纲要》的实施意见，安排部署我区地方志相关工作。

刚才，我们传达学习了陈全国书记的重要批示和中国社会科学院院长、中指组组长王伟光，中国社会科学院副院长、中指组常务副组长李培林一行在藏调研期间的重要讲话精神，听取了全区地方志工作情况汇报，审议研究了《西藏自治区贯彻落实〈全国地方志事业发展规划纲要（2015—2020年）〉的实施意见》、自治区地方志办公室《关于适度修订〈西藏自治区地方志编纂大纲〉行业志编修规划的请示》，各位领导和各部门负责人发表了很好的意见和建议，我完全赞同。

党中央、国务院历来高度重视地方志工作，特别是党的十八大以来，习近平总书记反复强调知史爱国、知史爱党，要求广大干部要读党史国史军史，并就史志工作作出重要指示，提出“要高度重视修史修志，以史鉴今，启迪后人，激发我们的民族自豪感和自信心，坚定全体人民振兴中华、实现中国梦的信心和决心”。李克强总理作出“修志问道，以启未来”的重要批示。8月25日，国务院办公厅印发了《全国地方志事业发展规划纲要（2015—2020年）》，安排部署了新时期地方志工作、提出了新的目标要求。《规划纲要》明确强调，“要重视民族地方志编纂工作”、“支持民族地区做好地方志编纂”、“加大对民族地区、贫困地区地方志工作的支持力度”，充分体现了党中央、国务院对民族地区地方志工作的高度重视和特殊关怀，为我们进一步做好地方志工作指明了方向、提供了动力。

这些年来，在自治区党委、政府的高度重视和正确领导下，我区地方志工作全面贯彻落实党中央、国务院决策部署，紧紧围绕“为谁修志、修什么志、怎样修志”这一根本问题，坚持正确方向，强化质量提升，较好地发挥了史志的存史、育人、资政等方面的作用，已成为我区中国特色社会主义文化建设事业的重要组成部分。广大方志工作者按照中央和自治区的要求，切实承担传承文明、记录历史、弘扬文化、服务社会、以史鉴今、启迪后人的光荣使命，为方志事业的发展付出了心血和汗水，取得了良好成绩。自治区党委、政府对此给予

充分肯定。

虽然我区地方志事业取得了一定的成绩，但客观地讲，离中央的要求和自治区的现实需要还有一定的距离。一些地方和部门对地方志工作的重要性认识还不够，存在着前紧后松、时紧时松的现象，缺乏工作的连续性和持久力；个别地方和部门志书编纂任务下达近20年，工作还停留在资料搜集阶段；一些地方和部门忽视地方志队伍和人才建设，人员变动频繁，工作缺少长远打算和延续性，影响了编纂工作任务的圆满完成。我们必须正视并着力解决存在的问题，克服困难，务实进取，推动和促进地方志事业加快发展。

西藏是重要的国家安全屏障和反分裂斗争的主战场，编修好西藏社会主义新方志意义十分重大。各级党委、政府和各部门要把此项工作作为一项重大的政治任务，按照国务院《规划纲要》提出的“一纳入、八到位”的要求，把地方志工作纳入国民经济和社会发展规划、文化事业发展规划和各级党委、政府工作任务之中，切实做到认识到位、领导到位、机构到位、编制到位、经费到位、设施到位、规划到位、工作到位，以高度负责的态度、扎实有力的举措，开创地方志事业发展新局面。

第一，思想认识要到位。地方志是传承中华文明、发掘历史智慧的重要载体，是激发民族热情、汇聚民族信心的重要思想结晶。志书统合古今、纵横社会各领域，修志对于记述中华文明的代代相传和中华民族的血脉相连，促进社会主义文化大发展大繁荣，建设文化强国，意义十分重大。西藏有深厚的历史底蕴、悠久的民族文化，是中华文化的重要组成部分。编修好我区地方志是全面展示在中国共产党领导下，社会主义新西藏各项事业历史性成就的重要载体，也是建设重要的中华民族特色文化保护地的重要内容。各级各部门一定要站在全面贯彻治国必治边、治边先稳藏的重要战略思想，维护祖国统一、加强民族团结、巩固党在西藏的执政基础、进一步增强各族干部群众“五个认同”的战略高度，充分认识做好地方志工作的深远历史意义和重要现实意义，按照陈全国书记的重要批示精神，切实把编修社会主义新方志作为一项重大的政治工程、战略工程、文化工程和固边工程，采取有力措施，加快工作进度，提升工作质量，坚决完成好中央和自治区确定的目标任务。要始终坚持正确方向，用无可辩驳的史志事实，全面系统展示中国共产党领导西藏各族人民开创西藏和平解放、民主改革、社会主义建设、改革开放的光辉历程，全面系统展示西藏政治、经济、社会、文化、生态文明等方面取得的辉煌成就，全面系统展示西藏各族人民幸福安康的美好生活，使之成为一部权威的社会主义新西藏史志、客观的爱国主义教育读本、生动的核心价值观历史教材、优秀的中华民族文化集成，为推进西藏长足发展和长治久安提供智力支持和史志保障。

第二，工作落实要到位。按照国务院《规划纲要》精神，自治区提出了“十三五”时期地方志工作的八项重点任务，核心的就是“两个全面”，即全面完成第一轮、第二轮规划修志任务，全面完成地方综合年鉴编纂出版工作。我们一定要创新思路、强化措施，合力攻坚、扎实落实，坚决圆满完成好规划目标任务，绝不拖全国后腿。

一要加强组织领导。要坚持和健全党委领导、政府主持、地方志工作机构组织实施、社会各界广泛参与的工作体制，特别是各级政府主要领导、各部门一把手要亲自担任地方志编委会主任，常务副职要分管地方志工作，同时，要明确一名班子成员主抓地方志日常工作。自治区地方志编委会主任和副主任继续由我和吴英杰、邓小刚等同志担任，日常协调由区党委常委、秘书长王瑞连同志、区政府党组成员、秘书长艾俊涛同志负责。

二要重视机构建设。要强化自治区级机构，根据地方综合年鉴编纂工作新任务的需要，在自治区地方志办公室新设年鉴编纂处，切实启动区、地（市）、县（区）三级地方综合年鉴编纂工作，加快推动第一轮、第二轮修志；各地市采取内部调剂余缺的办法适当增加地市级地方志办公室内设机构、编制，县级地方志人员编制由各地市调剂，每县至少1人，专人专编、专人专办，切实解决县一级地方志工作无专职人员的问题。自治区地方志办公室要尽快向自治区机构编制委员会上报请示，确保在全区地方志工作会议召开前解决好机构和编制相关问题。

三要强化经费保障。要将地方志工作所需经费纳入各级财政年度预算，切实保障工作的正常运转，为修志、编鉴、出版及方志资源开发利用、方志人员培训提高等提供必要的经费支持。自治区地方志办公室就修缮地方志成都办公室以及专家聘用经费、工作业务经费、资料征集经费等需求向自治区政府上报请示，并且，要本着精打细算的原则，把资金用在刀刃上，切实发挥出效益。同时，要抓住对口省市进一步加大援藏力度的重大机遇，依托对口省市的项目、人才等优势，积极探索地方志援藏新渠道、新方式，为我区地方志事业发展提供有力支持。

四要拓展人才渠道。特别要本着专兼职结合的原则，注重调动和发挥亲身经历西藏革命和建设事业的老领导、老专家、老学者、老同志等的作用，建立自治区地方志专家库，由政府解决必须要的专家聘用和工作经费，采取实地编纂或异地审改等多种有效方式，集中精力开展地方志编纂、审稿等工作，为地方志事业发展提供重要的智力支持和力量保障。

五要加强基础建设。需要特别强调的是，国家批准的西藏革命建设改革纪念馆建设项目是我区党史、地方志行业的一项重大项目。请王瑞连同志牵头，发改、财政、拉萨市要积极配合，尽快做好前期工作，落实好征地费用，解决好征地拆迁等问题，确保早建成、早见效。要提升项目设计质量和层次，在设计上体现地方特色和民族特色，在功能上体现现代化和前瞻性，在布局上体现科学化和合理性，确保将纪念馆项目建成优质工程、标志工程。

六要强化督促检查。要按照“长安排、短计划”的要求，根据地方志五年长远规划目标任务，制定年度实施计划，层层分解好任务，切实把地方志工作任务完成情况列入党委、政府年度督查工作计划，进行强力督导检查，实行考核评比工作制度，对领导重视、工作推进快、任务完成好、志书质量高的单位和部门进行表彰奖励，严肃追究后进单位和部门的领导责任和工作责任，坚决确保与全国同步完成“两个全面”目标任务。

第三，会议筹备要到位。本次自治区地方志工作编纂委员会会议同意提请自治区党委、政府召开全区地方志工作会议，对当前和今后一个时期全区地方志工作作出全面安排部署，会议经费由自治区财政解决；原则同意以自治区党委办公厅、政府办公厅名义印发《西藏自治区贯彻落实〈全国地方志事业发展规划纲要(2015—2020年)〉实施意见》；同意自治区地方志办公室《关于适度修订〈西藏自治区地方志编纂大纲〉行业志编修书目规划的请示》，重点保留全国性必须完成的任务，延后启动部分条件尚不成熟的地方性特色志编纂计划；同意提请自治区政府将《西藏自治区地方志条例》纳入政府规章计划，争取尽快出台，用法治手段全面推进地方志工作。自治区党委办公厅、政府办公厅要加大对会议筹备工作的统筹指导，自治区地方志办公室要切实承担会议筹备具体任务，优质高效推进各项会务工作。要严把质量，撰写领导讲话。会议领导讲话要全面贯彻国务院《规划纲要》精神，贯彻陈全国书记重要批示精神，既要总结工作、肯定成绩，又要分析形势、找出差距，既要直面问题、梳理不足，又要坚定信心、鼓舞斗志，既要统一思想、明确目标，又要细化措施、落实责任，既要突出重点、把握关键，又要统筹全局、协调推动。讲话稿由地方志办公室草拟后报政府研究室审改。要认真吸纳，修改《实施意见》。地方志办公室要根据今天会议所提意见，对自治区的《实施意见》进行进一步修改完善，并上报中指组征求意见后，正式报送自治区党委、政府，以自治区党委办公厅、政府办公厅文件印发实施。要精心设计，签订目标责任书。为扎实有力推动我区地方志“两个全面”目标任务的完成，决定在全区地方志工作会议上，自治区政府与各地市和区中直有关部门签订地方志、地方综合年鉴编纂工作目标管理责任书。地方志办公室要提早拟定责任书文本，明确目标任务、工作要求、完成时限和奖惩措施，以严和实的要求推动地方志工作任务的全面落实。

同志们，地方志事业发展使命光荣、任务艰巨。我们一定要以时不待我、只争朝夕的精神，锐意进取、攻坚克难的干劲，深入落实国务院《规划纲要》精神，按照陈全国书记的重要批示要求，切实在思想上、行动上、措施上重视地方志工作、支持地方志事业，坚决圆满完成好“两个全面”目标任务，为推进西藏全面建成小康社会和长治久安、实施“四个全面”战略布局、实现中华民族伟大复兴的中国梦作出更大的贡献。

在自治区地方志编委会会议上的讲话

（2015 年 11 月 17 日）

西藏自治区党委副书记、自治区政府常务副主席、区党委政法委书记　邓小刚

今天，我们召开自治区地方志编委会会议，主要任务是，深入贯彻落实国务院办公厅印发的《全国地方志事业发展规划纲要（2015—2020 年）》，传达学习中国社科院院长王伟光一行赴藏调研时的重要讲话和陈全国书记关于地方志工作的重要批示精神，总结我区地方志工作，审议研究我区贯彻落实国务院《规划纲要》的实施意见和调整《西藏自治区志》编修书目相关事宜，安排部署全区地方志工作。

刚才，我们传达学习了《全国地方志事业发展规划纲要（2015—2020 年）》、王伟光院长和李培林副院长赴藏调研时的讲话、陈全国书记的重要批示精神，听取了自治区地方志工作情况汇报，审议研究了自治区地方志办公室代拟的《西藏自治区贯彻落实〈全国地方志事业发展规划纲要（2015—2020 年）〉的实施意见》和《关于适度修订〈西藏自治区地方志编纂大纲〉行业志编修书目规划的请示》。洛桑江村主席的重要讲话，通篇贯穿了习近平总书记“以史鉴今、启迪后人”的指示要求和李克强总理“修志问道，以启未来”的批示精神，全面贯彻了陈全国书记“要重视地方志工作”的批示要求，深入分析了我区地方志事业面临的新形势新任务，全面论述了做好西藏地方志工作的重要性、必要性和紧迫性，深刻阐述了“一纳入、八到位”工作的内涵要求，明确提出了坚决圆满完成“两个全面”的目标任务，并对做好全区地方志工作会议筹备工作进行了具体安排。讲话内涵丰富，指导性、操作性、针对性很强，我们要认真学习，深刻领会，切实抓好落实。

下面，我就贯彻落实陈全国书记的重要批示和洛桑江村主席的重要讲话精神强调几点：

一、统一思想，提高认识。自治区地方志编委会各成员单位和各级各有关部门，要深入学习习近平总书记、李克强总理对地方志工作的重要指示、批示精神，学习陈全国书记重要批示和洛桑江村主席重要讲话精神，深刻领会国务院《规划纲要》和我区《实施意见》的精神实质，切实从贯彻落实“治国必治边、治边先稳藏”重要战略思想和“依法治藏、富民兴藏、长期建藏、凝聚人心、夯实基础”重要原则的战略高度，从弘扬优秀民族文化、展示在党的领导下西藏发生的巨大变化的大局高度，充分认识地方志工作的重要地位和作用，严肃认真把握好地方志编纂的政治观和政策方向，全面准确把握好新时期地方志工作的新目标、新任务和新要求，切实把思想、认识和行动统一到中央和区党委的决策部署上来，统一到今天会议的精神要求上来，统一到地方志事业发展的工作要求上来，统一到圆满实现“两个全

面”的目标任务上来，扎实有力地推进地方志事业发展迈上新台阶。

二、强化领导、狠抓落实。各级领导特别是党政主要领导要牢固树立政治意识、大局意识和职责意识，真正把地方志工作作为必须承担的一项重要任务，突出政治性、教育性、真实性、历史性，持续推进地方志事业向纵深发展。要坚决贯彻落实陈全国书记“要重视地方志工作”的批示精神和洛桑江村主席“思想认识要到位、工作落实要到位”的工作要求，切实把地方志工作摆上议程、纳入决策，亲自部署、周密安排，提供支持、强化保障。要关心解决地方志工作面临的困难和问题，切实加强地方志机构、队伍和人才建设，确保地方志工作有具体领导分管、有具体部门负责、有具体团队和人员落实、有良好的支撑保障条件。要创新地方志工作方式方法，积极拓展人才支撑渠道，组织动员一批政策理论水平较高、热爱方志事业、熟悉西藏区情的退休干部、专家、学者，参与地方志编纂工作，有效缓解地方志工作人才短缺、力量薄弱的问题。要强化地方志工作责任落实，逐级层层分解任务，明确目标责任，强化督促检查，推进考评问责，确保自治区确定的地方志各项工作任务如期圆满完成。

三、精心筹备、开好会议。本次计划召开的全区地方志工作会议时机很好、任务繁重、意义重大，必将对全区地方志事业发展产生重要而深远的影响。自治区党委办公厅、政府办公厅和地方志办公室要按照洛桑江村主席对会议的部署和要求，成立专门班子、明确专门人员，扎扎实实开展好各项会务筹备工作。要通过会议进一步统一全区各级各部门的思想，坚定信心、理清思路，明确目标任务、强化措施落实，为当前和今后一个时期地方志工作指明方向、提供坚强指导和强大动力，确保圆满完成我区“两个全面”的目标任务。同时，还要认真落实今天会议议定的关于机构、编制、经费等方面的各项部署要求，地方志办公室要主动作为，各有关部门要大力支持，为地方志事业发展提供有力保障。

在《西藏自治区志·民航志（2001—2010）》终审会上的讲话

（2015年7月9日）

西藏自治区党委常委、自治区政府常务副主席　丁业现

在民航西藏区局的高度重视和自治区地方志办公室的有力指导下，经过《西藏自治区志·民航志（2001—2010）》（以下简称《民航志》）全体编修人员的辛勤努力，《民航志》已形成终审稿，今天由自治区地方志编纂领导小组进行终审。在此，我代表自治区党委、政府，代表陈全国书记、洛桑江村主席，代表自治区地方志编委会，向民航西藏区局和《民航志》全体编修人员表示热烈的祝贺，向参加今天终审会的各位同志表示诚挚的问候！

下面，我再讲几点意见。

一、充分认识编修《民航志》的重要意义

第一，中央高度重视地方志的编修工作。修志以存史、资政、启迪教化。新中国成立后，全国从20世纪60年代起就开始了大规模的社会主义新方志编修工作，进入80年代后，工作力度进一步加大。党的十八大以来，以习近平同志为总书记的党中央更加关注关心编史修志工作。2014年春节刚过，习近平总书记考察北京，强调要高度重视修史修志，将史志工作提升至关乎中华民族伟大复兴的高度；同年12月，习近平总书记在澳门大学考察时，赠予

《北京大学图书馆藏稀见方志丛刊》，倾注了总书记对方志的厚爱、对志书价值的充分肯定。李克强总理强调“修志问道，以启未来”，并就《汶川特大地震抗震救灾志》作出重要批示，对方志工作提出殷切期望。这充分表明了方志工作在党和国家工作全局中的重要地位，说明了方志工作在中央领导同志心中的特殊分量。

第二，编史修志既是历史见证，也是历史借鉴。鉴史可以知兴替，编史修志是中华民族的优良传统，也是社会主义先进文化建设的重要组成部分。历代中央政府及全国各级地方官员都十分重视治内的编史修志工作。在中华民族数千年的发展进程中，先人们用方志这一载体有效地记载我们民族的前行足迹，讲述一个地域独具特色的人文风情，形成了浩如烟海的珍贵文献资料，为历代中央和地方政府有效治理辖区政务事务提供了历史借鉴，为中华文化增添了华彩乐章。这也是中华文明绵延不断、历久弥新的重要经验，是中华民族薪火相传、屹立于世的历史见证。

第三，西藏修志成绩斐然、功能突出。历史上，西藏地方没有官方修志的传统，直到1995年中央领导提出“西藏也要修志”的要求后，才开始规划、部署全区社会主义新方志编修工作。20年来，在区党委、政府的关心重视下，经过各方面的共同努力，特别是广大方志工作人员的辛勤耕耘，区、地、县三级修志工作取得了较好的成绩。截至目前，全区规划的74部自治区志完成了33部，7部地（市）志已全部完成，73部县（区）志完成了30部，尚有10余部志稿在出版社等待付印。已经出版和即将面世的志书，比较全面、客观、准确地记述了相关地县、部门、行业自始至今的发展历程和现状，重点记录了和平解放以来，在中央亲切关怀和全国大力支援下，西藏经济、政治、社会、文化等各方面发生的翻天覆地的变化，实事求是地反映了社会主义新西藏的新面貌、新气象、新生活，对于全区各族干部群众特别是青少年进一步增强对伟大祖国的认同、对中华民族的认同、对中华文化的认同、对中国共产党的认同、对中国特色社会主义道路的认同，增强中国特色社会主义的道路自信、理论自信、制度自信，巩固党在西藏的执政基础和执政地位，都具有积极的促进作用，有效发挥了志书存史、资政、教化的功能。

第四，《民航志》继往开来谱新篇。在全区首轮修志中，《民航志》是最早面世的8部区志之一。它比较全面客观地记录了和平解放以来，在中国共产党的坚强领导下，西藏民航事业从无到有、从小到大、从弱到强的光辉历程，真实准确地反映了到2000年年底西藏民航工作的情况。从2001年至2010年的10年，是西藏民航事业发展的又一个黄金时期，西藏民航在基础设施建设、航线网络布局、航空市场空间、客货运输数量、安全保障能力、服务水平质量等方面都上了一个大台阶，实现了跨越式发展。西藏民航这10年的发展变化，是整个西藏的一个缩影和典型代表。记述好这10年西藏民航的发展历程、辉煌成就，总结好这10年西藏民航工作的宝贵经验，对于进一步加快西藏民航事业发展，带动全区经济社会持续快速发展，加快西藏融入全国统一大市场，增进全国各民族共同团结进步、共同繁荣发展，具有十分重要的意义。同时，对于尽快完成我区首轮修志任务、全面启动第二轮修志工作，也具有积极的促进作用。

二、对《民航志》的基本评价

一是《民航志》编修工作走在了全区前列。2011年6月，经自治区政府批准，全区三级志书续修工作正式启动。民航西藏区局积极响应自治区政府号召，2014年2月组织召开民航志续修工作启动会议，成立了由区局有关负责同志牵头带队的《民航志》续修编纂委员会，抽调精兵强将组成编修班子，制订了详细的编修工作方案。一年多来，在民航西藏区局党委及编纂委员会的坚强领导和精心组织下，《民航志》全体编修人员克服人手少、时间紧、任务重、没有续志编修工作经验等困难，团结协作、攻坚克难、抢抓进度，在短短的一年多时间里，通过辛勤笔耕和不懈努力，形成了质量较高、比较成熟的志稿，编修工作走在了全区修志工作的前列。这是值得充分肯定的。

二是《民航志》今天通过终审，标志着我区第二轮修志工作取得了实质性进展。本轮续修的《民航志》较为全面系统地记述了2001—2010年间西藏民航事业发展变化的方方面面，是我们了解、研究西藏民航事业发展的重要文献。该志指导思想明确、观点鲜明，资料翔实、内容丰富、文风朴实、体例结构符合志书要求，图文表并茂，随文图片设置新颖、富有创意，较前志有所创新，亮点较多。《民航志》终审稿的形成及通过终审，是民航西藏区局机关文化和企业文化建设取得的又一重要成果，标志着我区第二轮修志工作取得了实质性进展。

三、努力把《民航志》打造成精品

我们一定要深入学习贯彻落实习近平总书记系列重要讲话精神，特别是“治国必治边、治边先稳藏”重要战略思想和“努力实现西藏持续稳定、长期稳定、全面稳定”重要指示，从协调推进“四个全面”战略布局，加快西藏发展、维护社会稳定、巩固西南边防的高度，来认识和对待编修《民航志》，进一步增强责任感和使命感，努力把《民航志》编撰成为精品。

地方志是严谨的、科学的资料性著述，不同于个人著作，它是“官书”，具有很强的权威性。1997年8月，在全国地方志奖颁奖大会上，李铁映同志指出：“质量是志书的生命，是志书的价值所在；凡流芳百世，皆为精品。因此，志书编修工作发展越快，越要注意志书的质量，要强调质量第一。”我区志书出版后，不仅面向区内读者，而且面向国内外受众，如果我们的志书质量不高，漏洞百出，错误满篇，将会严重影响志书的信誉，降低志书的价值，其存史、资政、教化的作用将大打折扣，甚至会造成严重的后果。尤其是一些涉及政治、民族、宗教、历史、边境等敏感问题的志书，如果付梓面世后再发现有问题就无法弥补了，将会给党和国家的工作带来很大的被动。所以，志书修编，质量第一；志书审稿，严把质量关非常重要。

刚才，大家从不同角度对《民航志》志稿提出了许多宝贵的修改意见和建议，自治区地方志办公室也宣读了《终审意见》，这些意见和建议很中肯，我完全同意。希望民航西藏区局和《民航志》续修编纂委员会进一步加强对《民航志》编修工作的领导，在人力、物力、财力等方面继续给予关心支持，为志书编修提供有力的保障。一是所有编修人员要本着对历史、对社会、对人民高度负责的精神，坚持高标准、严要求，去粗取精，去伪存真，反复核对资料，严把史实关，确保把《民航志》编修成信史。二是要认真消化吸收今天终审会上大家所提的意见建议，严格按照自治区地方志办公室的《终审意见》，作好志稿的修改工作。三是要发扬不怕吃苦、连续作战的精神，再接再厉、一鼓作气，以西藏民航人的速度、效率和标准，配合自治区地方志办公室做好志书后期的修改、总编、出版等各项工作。

在首轮修志中，民航西藏区局走在了全区的前列。我们相信在这轮修志工作中，民航西藏区局不仅在编修进度上，而且在志书质量上，为全区当好表率、做出榜样。

同志们，盛世修志，惠泽千秋！今年是西藏自治区成立50周年，中央第六次西藏工作座谈会也即将召开，同时也是西藏民航通航暨民航西藏区局成立50周年。大事多、喜事多。编修出版《民航志》，是西藏民航人献上的一份厚礼。区党委、政府和全区各族干部群众期盼着我区第一部续志的早日出版问世。

预祝同志们尽快修改好《民航志》，尽快与读者见面，为喜庆之年献上一份厚礼！

在全省地方史志工作会议上的讲话

(2015 年 5 月 11 日)

甘肃省政府副省长、省地方史志编纂委员会主任　夏红民

这次全省地方史志工作会议，主要是传达贯彻全国地方志机构主任工作会议精神，回顾总结两年来全省地方志工作，安排部署 2015 年和今后一个时期的任务。刚才，李虎同志向大会作了工作报告，对过去两年的工作做了全面总结，对 2015 年和今后一个时期全省地方志工作做了安排，希望各级各部门认真抓好落实。下面，我讲三点意见。

一、统一思想，深化认识，进一步增强做好新形势下地方志工作的责任感和使命感

地方志是传承和彰显中华文明的重要载体，是中华民族优秀文化的瑰宝。古人云：治天下者，以史为鉴；治郡国者，以志为鉴。党中央国务院历来高度重视地方志工作。2013 年 3 月，习总书记在中央党校建校 80 周年庆祝大会上讲话时指出，学史可以看成败、鉴得失、知兴替。2014 年 2 月，习总书记在考察首都博物馆时又强调，搞历史博物展览，为的是见证历史、以史鉴今、启迪后人。要在展览的同时高度重视修史修志，让文物说话，把历史智慧告诉人们，激发我们的民族自豪感和自信心，坚定全体人民振兴中华、实现中国梦的信心和决心。2014 年 4 月，李克强总理在第五次全国地方志工作会议召开之际对地方志工作作出批示，指出，地方志是传承中华文明、发掘历史智慧的重要载体，存史、育人、资政，做好编修工作十分重要。修志问道，以启未来。希望广大史志工作者继续秉持崇高信念，以更加饱满的热情、以求真存实的作风进一步做好地方志编纂、管理和开发利用工作，为弘扬优秀传统文化、服务经济社会发展作出新的贡献。刘延东副总理在会见与会代表座谈时发表重要讲话，对下一步做好地方志工作提出了新的要求。她说，一个国家、一个民族不仅要有经济实力，而且还要有文化魅力。推动地方志事业发展，既能展示中华文化的博大精深和无穷魅力，也能体现现代文明与历史文明的一脉相承，对于促进社会主义文化大发展大繁荣、提高国家文化软实力具有十分重要的意义。各位领导同志的指示要求为我们做好新时期地方志事业指明了方向。

省委省政府对于地方志工作是高度重视和大力支持的。我认为，做好地方志工作，是传承保护祖业的重要内容，是我省文化事业的重要组成部分，也是我们做大做强产业的坚实基础和有力支撑。省政府每年将地方志工作写入政府工作报告，并由分管副省长担任省地方史志编纂委员会主任，与各市州签订目标管理责任书，着力推动。各级各部门要认真学习领会、坚决贯彻中央和省委省政府的部署要求，进一步统一思想、深化认识，以战略目光和全局高度深刻认识新形势下地方志工作的重要性，切实增强做好地方志工作的责任感和使命感，将其纳入当地文化建设的总体布局，不断推动地方志事业健康发展。

二、明确目标，强化落实，全面完成各项工作任务

过去两年，全省各级地方志工作部门认真贯彻习近平总书记系列重要讲话精神，按照第五次全国地方志工作会议的部署和省委、省政府要求，苦干实干，志书编纂不断推进，年鉴工作有序开展，志书质量有了新的提高，修志部门自身建设进一步加强，地方志事业取得了新的发展。但也存在地方志工作机构不健全、工作制度不完善、工作进度跟不上以及修志机构自身能力不强等问题，尤其是与省政府确定的目标任务相对照，还有较大差距。各级政府以及各有关部门要牢固树立政治意识、大局意

识、责任意识，认真查找工作中存在的差距和薄弱环节，采取有效措施加以推进。

一是要始终坚持地方志工作的正确方向。第二轮修志记述改革开放以来甘肃社会的发展变迁。总结编纂这段历史，必须坚持以马克思主义为指导，运用辩证唯物主义和历史唯物主义的立场、观点和方法，全面、系统、客观、准确地记述全省自然演进和社会发展取得的伟大成就。要以深入学习党的十八大和十八届三中、四中全会精神以及习近平总书记系列重要讲话精神为指导，正确处理好政治与学术、理论与实践、修志工作与中心工作的关系，依法履行好统筹规划、组织协调、督促指导的职能。

二是要坚持依法修志。今年是全面推进依法治国的开局之年，全省地方史志系统要认真落实好《地方志工作条例》和《甘肃省地方志工作规定》，实现地方志工作规范化、长远化和法治化。要以修志编鉴为重点，进一步明确工作职责，落实工作责任，开拓工作思路，切实做到“一纳入、八到位”（将地方志工作纳入各地经济社会发展规划之中，切实做到认识到位、领导到位、机构到位、编制到位、经费到位、设施到位、规划到位、工作到位）。要加强与各级人大、政府法制部门和出版行政部门的协同配合，通过开展法律宣传教育、组织执法检查等活动，敦促有关方面落实法律规定事项，依法调节和规范社会修志、用志行为。要立足地方志工作和省情实际，探索建立促进地方史志事业发展长效机制，建立健全相关制度，瞄准解决问题的着力点，不断提高工作水平，推进地方志事业全面协调可持续发展。

三是要进一步加快修志编鉴进度。编修志书和编辑年鉴是地方志工作的两项基本任务。根据李虎同志刚才的报告，我省的修志编鉴工作总体进展是好的，但是要按期完成省政府确定的目标任务，特别是省政府与各市州政府签订的 2013 至 2015 年目标任务，还需付出很大的努力，尤其是有的单位至今还没有启动相关志书的编纂工作，必须引起足够重视。第五次全国地方志工作会议提出，到 2020 年要全面完成二轮省、市州、县市区三级志书编纂任务，省政府《关于进一步加强地方志工作的意见》确定 2018 年基本完成省、市州、县市区第二轮志书编纂任务，而目前仅完成了 32%，今后几年要完成近 120 部志书的编纂，任务相当艰巨。这里需要强调的是，既然省政府与各市州签订了目标管理责任书，就必须按照责任书的要求，100% 的圆满完成任务，这既是对各市州、各有关部门的一次能力检验，也是“工作落实年”给予我们的政治考量，更是践行“三严三实”的必然要求。各级各部门要紧紧抓住二轮修志和年鉴编辑两项重点任务，充分发挥修志部门和审志部门两个积极性，进一步细化任务目标，明确工作责任，强化工作措施，不断加快修志编鉴工作进度。对工作滞后、进度缓慢、质量不达标的志书编修工作，要提前介入、靠前服务，认真查找原因，督促提高效能，尽快迎头赶上。

四是要不断提高志书年鉴的质量和水平。志书质量是地方志的生命所在。各级修志部门要把保证质量作为首要责任，将质量意识贯穿于修志编鉴工作的始终。要以严谨务实的科学态度，精益求精的工作作风，严格遵循地方志工作的规律和特点，健全和完善志稿评议、质量评价、审查验收、批准出版等制度，精心把好各个关口，确保史实的真实性、准确性，绝不能在政治观点以及敏感问题上出差错，努力创编出经得起历史检验的精品佳志。要进一步发挥好省地方史志办统筹规划等职能，动员和组织各地、各有关部门和各种社会力量参与到地方志事业中来，整体推进全省第二轮修志工作。

五是要加强与中心工作的融合。资政是地方史志工作三大功能之一，也是最具时代性的特征之一，只有开发利用好地方史志资源，更好地服务于经济社会发展，才能赋予其更加旺盛的生命力。各级各有关部门要以“四个全面”战略布局为引领，紧盯省委、省政府 1236 扶贫攻坚行动、3341 项目工程、华夏文明传承创新区建设、丝绸之路经济带甘肃黄金段建设等中心工作部署，积极寻找地方志工作与经济社会发展的结合点，主动为全面深化改革、经济社会转型跨越发展、富民兴陇服务。要进一步解放思想、拓宽视野，坚持问题导向，结合地方、行业、单位和重点专项工作特点，用法治的思维和改革的办法，整合各方面力量，全面推动地方史志工作做好、做实、做细。要树立修以致用、修用并举理念，不断拓宽工作领域和服务领域，加大地方文献挖掘、地情资料收集、区域特点研究和部门、行业、大事记等史志研究及课题咨询等方面工作力度，挖掘历代方志中高含金量的资料，实现地方志工作与中心工作的有效对接和有机融合，为华夏文明传承创新和经济社会发展提供有力支撑，真正做到用历史的智慧创新工作思路、提高工作水平。

三、加强领导，强化地方志事业发展保障

编纂地方志是一项复杂系统的文化工程。要继续坚持和完善党委领导、政府主持、社会参与的地方志工作基本格局，按照国务院《条例》和省政府《规定》的要求，进一步明确地方志工作领导责任制，各级政府主要领导要亲自过问，分管领导要真抓实管，真正做到一级抓一级，层层抓落实。要结合重大经济文化项目，给地方志工作部门出题目、压任务，发挥地方志工作部门的作用，加快地方志成果向智力成果的转化。要推动志书进机关、进学校、进企业、进社区，努力扩大史志文化的受众面。社会有关方面要积极参与支持地方志工作，建立健全鼓励、扶持、引导社会参与修志的激励措施，形成全社会重视修志、支持修志的良好氛围。省史志办要不断强化对全省修志编鉴工作的业务指导和督促检查，及时掌握进展情况，定期向政府报告。要高度重视地方志专业人才培养，通过专门选调、定向培训、进修提高等途径，吸收引进专门人才，造就高层次修志队伍。要切实关心修志人员工作和生活，为他们创造良好工作环境。

盛世修志，惠泽千秋。修志问道，以启未来。做好新时期地方志工作使命光荣，责任重大。希望各级各部门和广大修志工作者，振奋精神，锐意进取，脚踏实地，埋头苦干，以更加饱满的精神状态和更加务实的工作作风，积极投入文化大省建设事业，为华夏文明传承创新区建设和经济社会发展做出新的更大贡献！

在全军《中国边海防志》《中国军事地理志》试点成果推广暨工作部署会上的讲话

（2015 年 7 月 2 日）

全军军事志指导小组副组长、军事科学院副院长　何雷

这次会议，是经总部首长批准召开的全军军事志系统的一次重要会议。主要任务是积极适应深化改革和军事斗争准备的新形势新要求，总结推广《中国边海防志》《中国军事地理志》编纂试点经验，汇报交流军事志工作情况，进一步深化认识，统一思想，明确任务，推动工作。实际上，是对“两志”编纂工作的再动员、再部署。刚才，曲爱国部长对“两志”编纂工作进行了具体安排，对编纂工作方案作了说明，讲得很明确、指导性很强，我都赞同。先行试点单位介绍的经验做法，实在管用，非常可贵难得。各单位的情况交流和提出的意见建议，较好地起到了相互启发、相互借鉴的作用。这些都为“两志”编纂工作在全军全面展开、深入推进，奠定了一个很好的基础。全军军事志指导小组组长王冠中副总参谋长对开好这次会议非常重视，亲自审定了会议方案和编纂实施方案，并报请房总长批准。在这里，我也代表王副总长对各先行试点单位付出的辛勤努力，表示诚挚的谢意，向受到表彰

的优秀论文作者表示热烈的祝贺。下面，我就新形势下做好“两志”编纂工作，讲几点意见。

一、深刻认识编纂“两志”的重大意义

编纂“两志”是军委赋予全军的一项重要任务，是加强国防和军队建设、做好军事斗争准备的一项重要基础性工程。军委总部对“两志”编纂工作十分重视，全军军事志指导小组对这项工作进行了科学论证和筹划部署，《全军军事志工作“十二五”规划》和全军军事志第三次工作会议对“两志”编纂都提出了明确要求。因此，对这项工作，我们要站在国防和军队建设发展全局的高度，充分认清重要意义，进一步增强责任感和使命感。

（一）编纂“两志”是服务实现中国梦的需要。党的十八大提出，要加强国土空间开发，统筹内陆与边疆建设，建设海洋强国。第五次全国边海防工作会议明确指出，“努力建设强大稳固的现代边海防，为实现‘两个一百年’奋斗目标、实现中华民族伟大复兴的中国梦提供坚强保障。”习主席在这次会议上强调指出，要“统筹边海防建设和边境沿海地区经济社会发展”。我们编纂“两志”，全面系统地记述国家疆域军事地理和边海防的历史与现状，为实现中国梦提供历史借鉴，就是贯彻党中央、习主席的决策指示和国家有关战略部署的实际举措，就是按照“四个全面”战略布局，为实施“一带一路”战略、协调推进经济建设和国防建设服务的有益实践。

（二）编纂“两志”是适应深化改革、服务强军备战的需要。高度重视经略海洋，突出海上军事斗争准备，加强边境防卫管控，是新形势下军事战略方针的明确要求，也是深化国防和军队改革的重要内容。习主席强调，要贯彻总体国家安全观，周密组织边境管控和海上维权行动，坚决维护领土主权和海洋权益，着力解决制约边海防工作的体制机制问题，加强边海防各项建设，不断增强新形势下防卫管控能力。贯彻习主席的重要指示，需要以史鉴今，汲取历史智慧。尽快编纂出全面系统反映从古至今边海防斗争与治理、军事地理变迁与现状的《中国边海防志》和《中国军事地理志》，为强军备战提供历史借鉴，是直接服务军事斗争准备的迫切需要。随着国防和军队改革一系列重大举措出台实施，军事志工作将面临新的挑战和机遇。职能任务决定机构设置，有作为才有地位。我们一定要保持清醒头脑，抓住编纂“两志”的大好机遇，积极作为、奋发有为，这对军事志系统适应深化改革具有重要的现实意义。

（三）编纂“两志”是传承军事文化的需要。习主席深刻指出，历史是一个民族、一个国家形成、发展及其盛衰兴亡的真实记录，是前人的“百科全书”，即前人各种知识、经验和智慧的总汇。我们编纂的军事志是军事文化的重要载体。编纂志书是中国独特的历史文化传统。中国边防线之长，海疆之辽阔，地形地貌之多样，军事人文活动之丰富，为军事志提供了宝贵资源，理应通过系统编纂成为军事文化的重要组成部分。但是，据查证，在志书这个宝库中，还没有专门的边海防志和军事地理志，直到明末清初，著名历史地理学家顾祖禹，倾30年心血编纂而成的《读史方舆纪要》，才涉及军事地理的内容。新中国建立后，直到近年才有了一部完整的边疆史。因此，编纂一部系统完整的《中国边海防志》和《中国军事地理志》，既是填补我国志书空白、传承军事文化的开创性事业，也是一项资政育人、弘扬爱国主义优良传统、提振民族精神的伟业善举。

二、把握“两志”特点，认真借鉴和运用试点经验

编纂“两志”，是一项开拓性、创新性的工作，具有鲜明的特点，概括地说，就是“一专三多”。一是我军首次编纂大型专题志。相比综合志来说，专题志需要更深的历史挖掘、更翔实的史料记述、更专业的知识素养。二是难以确定的问题多。由于历史久远，获取和考证史料难度大；边界变迁情况复杂，有的至今尚无定论。三是涉及的敏感性问题多。“两志”编纂必然涉及民族宗教、边界争端、海洋权益等政治外交诸多敏感问题，政治性、政策性都很强。四是需要协调地方事项多。同“两志”编纂密切相关的国土资源、武警、公安边防、海关、海事、海监、交通等单位或部门，多达30余个，协调任务十分繁重。做好编纂工作，必须把握这些特点。试点单位针对这些特点，积极探索，勇于实践，取得的经验做法值得我们很好地学习借鉴。

（一）坚持高起点，实施强有力的组织领导。试点单位把“两志”编纂作为一项使命任务，领导高度重视，摆上党委议事日程，坚持高起点筹划推进，高标准组织实施。沈阳军区将“两志”编纂工作纳入年度工作计划，在军区党委全会上进行部署。军区主要首长明确要求，“两志”工作要聚焦强军目标、围绕能打胜仗展开，紧贴战区部队的重大实践，编纂出精品。南京军区两位主官亲自担任军区“两志”编纂委员会主任，专门作出重要批示，强调“两志”工作是一项涉及全国、全军和军区国防长远建设的基础工作、重大工程，要专门部署、精心筹划，集中力量，分步分层展开，拿出精品，经得起历史、政治、实践的考验。分管首长亲自抓筹划部署，多次身临试点单位具体督促指导。广州军区“两志”编纂工作，启动早、抓得实。分管首长亲力亲为，抓筹划部署和组织指导，在全军军志办部署试点之前先行抓了湖南、广东省军区试点工作，专门召开全区编纂任务部署会，并先后四次召开“两志”编纂会议，对各省军区和驻港澳部队修志情况及时进行集中分析研究，推动编纂工作全面落实。我们学习试点单位的经验，就是要进一步深化认识，切实把“两志”编纂工作摆上重要位置，确保组织领导坚强有力。

（二）注重拓宽思路，创新编纂工作机制。编纂“两志”没有先例可循，没有现成的路子可供借鉴，需要我们大胆探索实践。“两志”试点单位勇于开拓创新，在摸索新的编纂工作机制上为我们提供了有益的经验。比如，建立军地协作机制。福建省军区成立了军地协作运行的编纂委员会，将省海防委员会办公室，省政府台湾事务办公室、档案局、海洋渔业厅、人民防空办公室，福州海关、厦门海关、福建海事局和厦门出入境边防检查总站等部门和单位的分管领导，纳入编委会成员，形成了整合军地力量、发挥各方面参编积极性的有效工作机制。又比如，完善队伍建设机制。在编纂力量方面，湖南省军区注重吸纳军地有关人员充实编纂力量，实现优势互补，形成了以专职编纂队伍为骨干、省军区各级力量为依托、地方志人员为补充的修志队伍，为军事地理志编纂提供了充足的人力资源保障。黑龙江省军区采取多种形式，提高边防志编纂人员专业素质，分别以函授形式进行普遍培训，对篇目设置、资料收集进行专项培训，对重点内容进行集体攻关培训，收到很好效果。在编纂资料保障方面，湖南省军区注重搞好本系统、驻军单位、地方部门“三个协调”，充分挖掘各方面掌握的第一手数据资料，确保了资料收集横向要素齐全、纵向衔接配套、资料权威可靠；黑龙江省军区建立上下联动的资料收集网络，形成了上至省军区边防志编写小组、下至各边防部队的联络员制度，保证资料收集各级有人管、有人提供。再比如，强化条件保障机制。福建省军区党委对海防志编纂特事特办，多渠道筹措编纂经费，本级每年安排固定经费、协调地方财政补助、投入专项经费共计65万元，用于改善条件、提高老干部回聘补助标准等，各沿海军分区也专项投入共计80余万元，使编纂工作有了稳定的经费保障措施。

（三）勇于攻坚克难，发扬服务中心、敬业奉献的修志精神。“两志”试点工作的成功，不仅标志着我军专题志编纂服务强国强军实践取得突破，更是展现了我们军事志系统敢啃硬骨头、能打硬仗的拼搏精神。福建省军区注重突出“三个导向”，也就是高举旗帜的政治导向、聚焦作战的使命导向、唯实求真的信史导向，为我们研究解决“两志”编纂重点难点问题提供了原则遵循。比如，他们在涉及政治外交等敏感问题时，坚持为党修志、代军立言，特别是在台湾和钓鱼岛问题上，采取特设专记的办法，有效解决了海防志中难以收录台湾的有关问题，旗帜鲜明地宣示了对钓鱼岛的主权立场。又比如，他们针对保证编纂质量的难点问题，注重严把“三关”。严把篇目设置关，在海防内涵、记述范畴、福建特色等方面科学把握和界定；严把资料搜集关，坚持不用有政治偏差、来源不明、争而未决的史料；严把志稿试写关，做到源于历史忠实记录、高于历史理性概括，从而真正把海防志写成信史。再比如，他们为了激发修志人员的敬业奉献精神，深入宣扬姜天裁、杨国华两位老同志“年逾八旬笔不辍，潜心修志三十年”的感人事迹。这些老同志身上体现的优良传统和修志精神，值得我们全军军事志系统的同志很好地学习和发扬。

（四）遵循编纂规律，把试点成果与以往经验紧密结合起来。各试点单位在探索实践中，针对“两志”编纂特点，不仅创造了许多新鲜经验，而且对反映三十年修志规律的成功经验进行充分运用，收到了很好的效果。主要体现在三个方面。一是注重发挥官方修志的优势。各单位在充分发挥省地县三级修志体系作用的基础上，拓展驻军、地方参与编纂的工作网络，高效统筹人力、资料、信息等资源配置和使用，强化了官方修志的组织力和执行力。二是注重体现军事志书的特色。湖南省军区在“两志”编纂试点中，总结了“突出三个特色”的经验。他们在突出军事特色上，对军事行动相关的内容详述，对其他内容略记；在突出时代特色上，着重反映军事活动与信息化密切相关的重点领域、行业和内容；在突出地域特色上，着重记述本行政区域重要枢纽、重要战场、红色资源等要素和内容。他们的这一经验既反映了军事志一般规律，又凸显了专题志的特色。三是注重坚持依法修志的原则。依据法规制度修志，既是做好军事志工作的基本规律，又是“两志”编纂规范有序运行的重要保证。广州军区专门制定了《广州军区边海防志、军事地理志编纂工作规划》《广州军区军史编研工作规定》《广州军区军事志工作聘用人员规定》等法规文件，对军区系统、驻粤部队、地方协作单位的工作职责、任务分工、方法步骤、保障措施等进行明确规范，建立和完善了会议协商、通报讲评、奖惩激励、评审会审等具体制度，进一步提高了修志工作的法制化规范化水平。

三、注重协调发展，整体推进编纂工作落实

“两志”编纂是一项规模宏大的系统工程，也是一项史无前例的创新工程，迫切需要加强组织指导，调动各方资源，集全军之智，汇军地之力，确保编纂工作协调发展、整体推进。

（一）坚持编研结合。解决“两志”编纂工作中的重点难点问题，离不开理论的创新突破和科学指导，离不开相关领域研究成果的基础支撑和专家咨询把关的智力保障。因此，我们要做到编研结合，把握好以下三点。一是学好用好党的军事指导理论。做好两志编纂工作，最根本的是要贯彻落实习主席国防和军队建设重要论述，特别是要学习贯彻好习主席关于党史国史军史和边海防工作的一系列重要指示，切实用于指导“两志”编纂实践。同时，我们要在实践中加强专题志编纂理论的研究探讨，用理论的创新破解编纂难题，发挥理论的先导引领作用。二是深入搞好专题调研。编纂“两志”涉及许多我们不熟悉的领域和专业。解决这些问题，很重要的是深入实地考察考证，深入科研院所讨教咨询，在调研中获取和掌握相关专业领域最新的研究成果、最权威的史料数据、最前沿的信息资源，以提高“两志”的时代性和科学性。三是发挥好专家咨询把关作用。专题志最显著的特征就是专业性强，发挥好专家学者的作用至关重要。下一步，全军军志办要成立“两志”编纂专家组，聘请军内外相关领域的权威专家参与咨询、编纂和评审。各级也要相应地成立专家小组，切实使专家起到解疑释惑、指导编纂和质量把关的作用。

（二）加强协调配合。编纂“两志”需要军区系统、驻军单位和地方相关部门的密切协作。这里特别需要强调两个方面。一方面，大单位之间的协调问题。根据总参首长批准的《两志编纂工作实施方案》，边海防志基本是按战略方向划分的卷本，各军区都分别承担着牵头编纂或者协助配合的任务。作为牵头单位，应该主动搞好组织协调，及时通报工作计划和编纂要求；协助单位要积极配合，按时间节点高质量完成所承担的编纂任务，双方都要强化大局观念，注意做好“结合部”的工作，确保各卷本的编纂有效衔接、顺利推进。另一方面，军区和省军区两级的协调配合问题。边海防志的编纂，省军区这一级是基础，也是关键，要确保按时高质量提供初稿，不能依赖上级统编。同时，军区这一级要加强检查督促，跟踪指导和同步参与重难点问题的解决，不能单纯等靠下面拿成果。

（三）谋求整体效益。“两志”编纂工作，是军委总部作为两项整体性任务下达和部署的，对质量标准和时间节点有统一明确的要求，需要齐头并进，缺一不可，任何一个单位的工作滞后、质量不高，都会影响整体编纂任务的完成。各单位要强化“一盘棋”思想，自觉站在全局的高度筹划思考问题、展开和推进工作。因此，要特别强调始终把住进度和质量两个关键点，把时限和质量要求贯穿编纂工作的每个阶段、每个环节，既不能等靠改革停滞不前，又不能简单求快忽视质量，确保我们的编纂成果经得起历史和实践的检验。

同志们，利用这次会议的机会，我强调一下军事志的经常性工作。长期以来，各级领导特别是军区、省军区军志办领导和编纂工作人员，对军事志工作倾注了大量心血，付出了辛勤努力，取得了显著成绩和丰硕成果。下一步，在重点抓好“两志”编纂工作的同时，对军事年鉴、军事大事记编纂等经常性工作，也要及时分析编纂形势，研究解决新情况新问题，通过常抓不懈，持续积累，为第三轮修志打下良好的基础。按照军委的部署要求，今年要承前启后抓规划，我们军事志系统也要研究制定“十三五”规划，希望各单位着眼深化改革的新形势和军事志工作的创新发展，积极建言献策，使我们制定的规划符合军委总部的决策意图和军事志工作建设发展的实际，为服务强军实践和军事斗争准备作出积极贡献。

索　引

说　明

1. 本索引采用主题分析索引法编制，主题词以正文出现的地方志工作机构名、志书年鉴名、地情资料书名为主。特载、大事记、理论研究、文献、志鉴人物等类目以及年鉴出版等分目的内容不在标引范围内。

2. 本索引按汉语拼音音序排列（阿拉伯数字0～9放在汉语拼音前），首字相同时，则以第二字排序，依次类推。

3. 索引款后的数字和拉丁字母（a、b）分别表示内容所在的页码和栏别（a表示左栏，b表示右栏）。

0～9

A

B

C

D

E

F

G

H

J

K

L

M

N

O

P

Q

R

S

T

W

X

Y

Z